플루타르코스

현대지성 클래식 6

플루타르코스
영웅전 전집 I

BIOI PARALLELOI

플루타르코스 | 이성규 옮김

현대
지성

목차 Contents

1권

일·러·두·기

1. 본 역서는 존 드라이든(John Dryden)이 영역하고, 아서 휴 클러프(Arthur Hugh Clough)가 7년 동안의 개정 작업을 거쳐 1859년에 출간한 영역본을 바탕으로 완역하였다. 이 영역본은 영미권에서 가장 널리 보급된 판본이다.

2. 본 역서는 가능한 한 외래어 표기법에 따라 인명·지명을 표시하였고, 이해하기 쉽게 현 지명을 따랐다.

   예) 퓌타고라스 → 피타고라스   실리시아 → 킬리키아   크랏수스 → 크라수스

       퀴로스 → 키로스   그락쿠스 → 그라쿠스   퓌르로스 → 피로스

       뤼십포스 → 리시포스   아이귑토스 → 이집트   헬라스 → 그리스

3. 본 역서는 다양한 일화, 기원, 관습 등 여담으로 기록한 부분과 시(詩) 등의 인용문을 빠짐없이 모두 완역하였다.

4. 원래 띄어써야 할 단어를 익숙한 단어는 예외로 하였다.

   예) 로마 인→로마인, 아테네 인→아테네인, 그리스 인→그리스인

5. 로마의 이름은 '우스'로 끝나지만, 그리스의 이름은 '오스'로 끝난다. 가능한 한 외래어 표기법대로 맞추었다.

   예) 로마식: 파울루스, 카밀루스, 코리올라누스   그리스식: 헤라클레이토스, 리쿠르고스, 피로스

해제

아서 휴 클러프(Arthur Hugh Clough)

「플루타르코스 영웅전」으로 잘 알려진 모음집은 형식으로든 배열로든, 저자 플루타르코스가 남긴 것과 동일하지 않다. 각각 한 사람의 그리스인과 한 사람의 로마인에 대한 이야기를 말하고 이어서 둘을 비교하는 일련의 책들로 구성된 비교열전(比較列傳)이라는 원래의 작품에는 비교 없이 인물의 생애 이야기가 몇 편 첨부되어 있는데, 그렇게 된 것은 다름 아니라 그것들도 전기이기 때문이다. 오토와 갈바는 아마도 아우구스투스로부터 비텔리우스까지 이르는 일련의 로마 황제에 속했을 것이다. 아르타크세르크세스와 정치가 아라토스는, 헤라클레스, 아리스토메네스, 헤시오도스, 핀다로스, 다이판투스, 견유학파 크라테스, 시인 아라토스 등 한때 존재했다고 하는 다른 사람들처럼 개별 전기에 기록되었다.

비교열전에도 공백이 있다. 에파미논다스와 소(小) 스키피오의 비교열전을 담은 책이 한 권 있었다. 많은 비교 부분이 모자라는데, 소실되었거나 완성되지 못했다. 그리고 독자는 현존하는 전기의 여기저기에 표시된 언급 구절을 볼 때 원래의 순서가 현재의 순서와 달랐다는 것을 스스로 알게 될 것이다. 가령 이 책의 첫 페이지부터 시작되는 테세우스의 생애에는 이미 기록된 리쿠르고스와 누마의 생애에 대한 언급이 나온다.

플루타르코스의 생애의 분명한 사실들은 아주 짤막하게 언급할 수 있다. 그는 아마 주후 45년이나 60년에 클라우디우스 치세에 태어났을 것이다. 그의 고향은 보이오티아 카이로네아였다. 이곳에서 그의 가문은 오래 전에 정착하였는데 신분이 높았고 지역에 명성이 자자했다. 그는 아테네에서 암모니오스라는 철학자 밑에서 공부했다. 그는 이집트를 방문했다. 생애 말년 즉 주후 90년 이전의 어느 때에는 "공무차" 로마에서 지냈는데 카이로네아의 파견 대표였을 것이다. 그는 로마에서 오래 지내면서 강의를 했는데, 사람들의 이목을 끌었다. 그가 이탈리아를 한 번 방문했는지 더 자주 했는지는 확실하지 않다.

그는 소시우스 세네키오와 친했는데, 어느 모로 보나 세네키오는 네 번 속주 총독을 지냈던 바로 그 인물이다. 둘의 친분 관계는 로마에서 시작되었는데, 이곳에서 아주 젊어 보이던[1] 소시우스가 강연자로서 플루타르코스를 처음 보았던 것 같다. 아니면 그들은 그전에 그리스에서 알았을 것이다.

플루타르코스는 그리스의 카이로네아로 돌아와 작은 읍에서 지냈던 것 같다. 그곳에서 그는 인생의 남은 기간을 "한 주민으로 물러나 형편없이 지내기"를 싫어했다. 그는 그곳의 공적 활동과 이웃 일에 참여했다. 그는 읍장으로 지내며, 많은 세월을 아마 델포이에서 아폴론의 사제로서 직무를 맡았던 것 같다.

그는 결혼을 하여 적어도 다섯 아이의 아버지가 되었다. 아이들 가운데 두 아들은 생존하여 어른이 되었다. 그의 대작인 영웅전과 몇몇 작은 저술은 트라야누스의 치세에 해당하는 이 후반기에 씌어졌다. 그가 하드리아누스 치세까지 살아 있었는지는 확실하지 않다. 주후 45년을 그의 출생 시점으로 추측해 본다면, 주후 120년 하드리아누스의 제4년을 그의 사망 시기로 거의 엇비슷하게 추정해 볼 수 있다. 확실한 것은, 그가 아주 오래 살았다는 것과, 그가 자신의 한 허구적 대화록에서 주후 66-67년 네로가 그리스를 방문하던 때 암모니오스와 철학에 관하여 이야기를 나누는 젊은이로 자신을 서술한다는 것과, 트라야누스가 도나우 강의 다리를 만든 다음 다키아로 갔던 주후 106년 겨울에 그가 살아 있었다는 것이다. 그는 추위의 원리에 관한 연구에서 "우리는 지금 황제와 더불어 도나우에서 겨울을 지내고 있는 자들에게서 물이 얼면 배가 산산조각 날 것이라는 말을 들었다"고 말한다.

---

1) 만일 "나의 아들들이 당신의 일행"이라는 표현을 농담으로 보지 않는다면 말이다.

윤곽에 불과한 이 확실한 사실들 외에도 그의 글에서 몇몇 이름과 상황을 살필 수 있다. 사실 우리는 이 윤곽을 제시할 때 그의 저술만을 안전하게 의존할 수 있다. 영웅전에 몇몇 인유와 일화가 나온다. 그리고 상상력을 동원하여 그의 잡문들, 평론, 강연, 대화록, 좌담 등을 읽으면, 흥미진진하고 재미있는 생각이 다채롭게 펼쳐질 것이다.

그의 증조부 니카르코스의 이름이 안토니우스의 전기에 부수적으로 기록되어 있다. 그는 "나의 증조부는 안토니우스의 마지막 전쟁에서 카이로네아의 시민 전체가 코린트 만의 해안에 밀을 갖다 놓으라는 징발령을 접수했을 때 각 사람이 얼마간의 짐을 운반했고 군인들이 채찍으로 그들을 독려하려고 옆에 서 있었던 일을 말씀하시곤 했다"고 말한다. 실제로 그런 수송 여행이 이루어졌고, 그들은 두번째 수송 여행을 위하여 짐을 분배했는데, 그때 악티움에서 패배의 소문이 당도했다.[2] 그의 아버지 람프리아스도 역시 안토니우스의 전기에 언급되어 있다. 의원인 필로타스가 람프리아스에게 안토니우스의 호사스러운 이집트 생활을 설명하는 일화를 말해 주었다. 그의 아버지는 작은 작품들에 여러 번 언급되지만, 그 이름이 거명되지는 않는다.

아테네에서 그의 스승인 암모니오스의 이름은 작은 작품들에 여러 번 나타나며, 특별히 영웅전에서는 한 번 언급된다. 테미스토클레스의 후손 하나가 암모니오스 밑에서 플루타르코스와 함께 공부했다는 대목이다. 우리는 암모니오스가 세 차례 공직을 맡았으며 그 가운데 한 번은 세계사에서 아주 유명한 일로 아테네 스트라테고스의 공직을 맡았다는 기록을 발견한다.[3] 이는 보이오티아에 있는 보이오타르코스의 직무와 비슷하게 황제에게서 본토 시민을 맡게 되는데, 정치 지침이라는 작은 논문에서 말하는 바에 비추어 보면 로마 속주 총독의 관할하에 있는 아주 중요한 자리 가운데 하나였다.

플루타르코스는 말한다. "한 번은 우리의 스승 암모니오스가 오후 강의에서 몇몇 청강생이 너무 분방하게 아침 식사에 몰두하는 것을 발견하고 우리가 있는 자리에서 자기 아들에게 시행하는 징계의 지침을 제시했다. 그가 말하기를, 젊은이가 동시

---

2) 하지만 플루타르코스가 조부를 뵙고 조부에게서 그 이야기를 들었던 것을 기억한다고 말한 증거는 확실히 없는 듯하다.

3) 이는 비잔틴 역사가 유나피우스가 한 다음의 진술(하지만 이것이 이 진술과 절대적으로 상치되는 것은 아니다)에 상당한 의심을 던질 것이다. "비범한 플루타르코스의 스승 암모니오스는 이집트인이었다." 플루타르코스는 확실히 그리스-이집트인의 모든 지혜에 능통했다. 박식한 부인 클레아에게 보낸 이시스와 오시리스에 관한 그의 논문을 보라. 그러나 잘은 몰라도 그는 알렉산드리아에서 오랫동안 많이 공부했을 것이다.

에 학급의 기분 상하게 하는 학생들에게 눈을 고정시키면서, 쓴 포도주와 더불어 아침을 먹지 않으면 아침 식사하는 데 마음이 빼앗기기 때문이라고 했다."

다음의 일화는 아테네 연구 시절보다 약간 이후의 시기에 속하는 것 같다. "기억하건대, 내가 아직 젊었을 때 속주 총독의 대리자인 사람과 함께 동행하도록 파견되었다. 그런 일이 발생하자 나의 동료는 일을 할 수 없었다. 그래서 나는 총독을 뵈었고, 그후 임무를 혼자 수행했다. 돌아오는 길에 직무를 그만 두고 면직 사유를 제출하려 할 때, 부친께서 모임에서 일어서시더니 은밀히 내가 갔다고 하지 말고 우리가 갔다고 하며, 내가 말했다고 하지 말고 우리가 말했다고 하라고 일러주셨다. 그리고 이야기를 하면서 내 동료에게 그의 몫을 돌려 주라고 일러주셨다."

이탈리아에 체류할 때 그는 로마를 방문했거나 거기 거주했는데, 우리는 그가 데모스테네스의 전기에서 말하는 내용말고는 거의 알지 못한다. 철학의 주제에 관하여 그와 이야기를 나누려고 온 방문객들과 공적 업무에 시간이 너무 많이 들어가는 바람에, 그 시기에 그가 라틴어를 거의 배우지 못했다는 것밖에는 알지 못한다. 그는 여러 곳을 여행했음에 틀림없다. 왜냐하면 마리우스의 전기를 시작하는 부분에서 말하듯이 그가 라벤나에서 마리우스의 흉상 혹은 조상을 보았기 때문이다.

그는 형제 사랑에 관한 논문에서, 로마에 있을 때 두 형제를 중재하는 일을 맡은 것을 말한다. 형제 가운데 하나는 철학을 사랑하는 사람으로 알려져 있었다. "그러나 그는 실제로 형제나 철학자의 이름을 가질 합당한 자격이 없다. 내가 그에게 말했을 때 그로부터, 첫째로 그런 말을 공언하지 않는 일반 사람들에 대하여 철학자의 행동을, 둘째로 첫 번째 요지와 같이 형제의 행동을 기대하지 않을 수 없었다. 그는 이렇게 대꾸했다. 그것은 아주 당연합니다만, 나는 같은 부모에게서 난 두 사람이라는 사실에 큰 의의를 부여하지 않습니다." 물론 이는 플루타르코스의 분개에 찬 질책과 책망을 받은 불경건하고 자유분방한 생각이다.

좀 더 주목할 만한 일화는 호기심에 관한 그의 담론에서 나온다. 결점을 피하거나 고치기 위한 지침들 가운데서 "우리는 편지가 올 때 많은 사람들처럼 즉시로 성급하게 열어 보거나 손가락으로 즉시 개봉하지 못할 경우 줄을 물어 자르지 않도록 습관을 길러야 한다. 심부름꾼이 올 때는 달려가서 그를 만나지 말아야 한다. 친구가 새로운 일을 말하려 할 때 벌떡 일어서지 말아야 한다. 오히려 친구가 우리에게 좋은 충고나 유익한 충고를 줄 때 그렇게 해야 한다. 한번은 로마에서 강연을 하고 있을 때, 후에 도미티아누스가 그 명성에 질투하여 죽여 버린 루스티쿠스가 청강자 가운데 있었다. 내가 강연을 계속하고 있는 동안, 한 군인이 들어오더니 그에게 황제의 서신을 전달했다. 모든 사람이 조용하고 그에게 편지를 읽게 하려고 내가 강연을 멈추었을 때, 그는 그것을 사양했고, 내가 강연을 끝내고 청중들이 물러갈 때까지 갖고 있었다. 큰 존경을 불러일으키는 신중하고 근엄한 행위의 모범이다."

플리니우스와 타키투스의 친구이며 아그리콜라의 전기에 이름이 기록된 스토아주의 순교자들 가운데서 찬사를 받는 유니우스 아룰레누스 루스티쿠스(L. Junius Arulenus Rusticus)는 젊을 때 트라세아 파이투스의 열렬한 제자였다. 그리고 파이투스가 네로에 의하여 사형당하게 되었을 때, 루스티쿠스는 끓어오르는 감정에 휩싸여 당시 맡고 있던 호민관의 공무에 공식적으로는 여전히 부착되어 있는 거부권을 행사하려고 했고, 네로가 그로 하여금 사실 입증을 못하도록 만류할 수 없을 정도였다. 이런 정도의 태도라면 이전에는 희생자가 되었을 것이다.

네로의 사망 이후에 생긴 내전에서 집정관의 임무를 수행한 후에, 그는 도미티아누스 치세에 트라세아의 전기를 출간했다. 세네키오가 헬비디우스의 전기를 출간하고, 타키투스가 (아마도 직접) 아그리콜라의 전기를 출간한 것처럼 말이다. 타키투스의 대담한 말은 사형당하고도 남을 정도였다. 후에 젊은 마르쿠스 아우렐리우스에게 교훈을 주었던 선생들 가운데, 아룰레누스 루스티쿠스(아마도 유니우스의 손자)의 이름이 있다. 그는 플루타르코스의 조카 카이로네아의 섹스투스와 나온다. 저 덕망 높은 황제는 "그[섹스투스]는 자신이 권하는 정의롭고 지혜로운 습관에 관하여 친히 모범을 보이며 나를 가르쳤다"고 말한다. 아우렐리우스는 말년에도 여전히 섹스투스에게 학생으로 가서 배우기를 바랐던 것으로 보인다.

물론 이 이야기와 관련하여, 그 사건이 도미티아누스 시대에 일어났고 플루타르코스의 강연이 도미티아누스의 편지보다 못했다는 것은 아니다. 그러나 플루타르코스가 도미티아누스 치세에 혹은 그 이후에 로마에 있었다는 것은, 그가 도미티아누스의 궁전과 다른 제국 건물이 부당하게 화려하다고 하는 말에서 정당하게 추론할 수 있을 것 같다.

그의 두 형제 티몬과 람프리아스는 그의 평론과 대화록에 자주 언급된다. 그들도 역시 암모니오스의 제자였던 것 같다. 형제 사랑에 관한 논문에서 이 감정의 강렬함에 관한 여러 가지 예가 나오고나서 다음의 문장이 나온다. "그리고 나로서는 행운을 얻어 감사해 마지 않을 수 없는 많은 호의 가운데 나에 대한 나의 형제 티몬의 사랑이 과거나 현재의 다른 호의 전체와 견줄 수 있으며, 우리를 만난 모든 사람이 알아야 하며, 물론 우리의 친구들이 잘 알고 있는 바이다" 하고 말한다.

그의 아내는 알렉시온의 딸 티목세나였다. 가정 생활은 아내에게 보낸 한 편지에서 가장 잘 예시된다. 아들을 낳은 지 오래되어 말년에 얻은 딸아이를 잃은 일에 관한 편지였다.

"플루타르코스가 아내에게. 당신이 우리 아이의 죽음을 알리러 보낸 심부름꾼들이 아테네로 가는 길을 잃어버렸던 모양이오. 타나그라에 당도할 때 딸아이에 관한 이야기를 들었다오. 장례식과 관련된 모든 일은 이미 시행되었을 줄로 믿소. 나의 바람은 이 모든 절차가 지금이나 이후로 당신에게 가장 위로를 안겨다 주도록 이루어졌으면 하는 것이오. 만일 당신이 하고 싶은 것이나 빼고 싶은 것이 있고 나의 의견을 기다리는 당신의 마음에 그것이 편하다면, 모든 지나침과 미신을 떠나서 그 일을 살펴야 할 것이오. 누구라도 당신만큼이나 그 일을 좋아할 것이오. 나의 아내여, 다만 적절한 슬픔 가운데서 당신이 자신을 지탱하고 나를 붙들어 주기를 바랄 따름이오. 우리의 슬픔이 정녕 어느 정도인지 나도 잘 안다오. 그러나 당신의 괴로움이 견딜 수 없을 정도라는 것을 알면, 당신으로 인하여 나는 딸아이를 잃을 때보다 더욱 괴로울 것이오. 우리가 집에서 하나하나 키운 우리의 많은 아이를 돌보는 일에 동반자인 당신이 증거할 수 있듯이 나는 '목석'이 아니오. 그리고 이 아이, 이 딸아이는 아들 넷을 낳고 당신이 원해서 낳았으며 당신의 이름을 기록하는 기회를 내게 주었으니 특별히 사랑하던 아이였던 것을 나는 잘 알고 있소."

아이의 얌전한 성격과 예쁜 짓을 생각하면 아이를 잃은 것이 특별히 가슴아프다고 그는 이어서 말한다. "하지만 우리가 [아이 잃은] 다른 사람들에게 해주던 말을 잊고 현재의 아픔이 이전의 기쁨을 지우고 없애는 것처럼 보여서야 되겠소?" 하고 말한다. 거기 있던 사람들은 플루타르코스 부인의 고요하고 검소한 행동을 칭찬했다. 장례식은 쓸데없고 무의미한 사치가 없었고, 그녀의 집안도 사치스런 애도를 나타내는 일이 전혀 없었다. 이는 사실상 플루타르코스에게 놀라운 일이 아니었다. 그는 그녀의 검소하고 단아한 생활에 철학을 하는 친구들과 방문객들이 얼마나 놀랐는지 알고 있었으며, 전에 큰아이를 잃었을 때 그리고 "우리의 아름다운 카론이 우리를 떠났을 때" 아내의 평정을 잘 기억했다. 그는 말한다. "아이가 죽었다는 소식을 받았을 때 바다를 건너 몇몇 지인이 나를 찾아와서는, 우리의 다른 친구들을 따라 집으로 왔소. 그런데 그들은 완벽한 순서와 고요함을 보고서, 후에 들은 바에 따르면, 아무 일도 일어나지 않은 듯이 보여 앞서 들은 것이 잘못된 것이 아닌가 하고 생각하게 되었다고 하오."

위로라고 이름 붙은 이 편지는 개별 인간의 불멸성에 대한 믿음을 표현하는 말로 끝맺는다. 여기서 플루타르코스 부부는 조상의 전통에 힘을 얻고 마음을 굳게 했다. 그들은 신비적인 디오니소스 의식으로 전달된 영혼불멸의 계시를 받아들였던 것이다.

이 편지에는 집안에 불행한 일이 일어났을 때 플루타르코스와 티목세나가 이미 조부모였다는 것을 암시하는 듯한 구절이 있다. 아들 아우토불로스의 결혼식 때, 만찬 파티를 열었다는 기록이 토론회 질문에 있다. 그리고 대화록 가운데 하나에 아우토불로스의 아들에 대한 분명한 언급이 있다. 플루타르코스는 티마이오스를 설명하는 작은 논문을 두 아들 아우토불로스와 플루타르코스에게 헌정한다. 그들은 확실히 성년이 되어, 그렇게 까다로운 주제와 상관있었을 것이다. 젊은이가 시를 읽는 방법에 대한 탐구에서 플루타르코스는 마르쿠스 세다투스를 다루면서 이렇게 말한다. "나의 소클라로스와 당신의 클레안더의 나이에 해당하는 젊은이에게 그런 글을 전혀 읽지 못하게 막는 것은 쉽지 않습니다." 그러나 소클라로스가 아들이었는지 손자였는지 혹은 다소 먼 친척이었는지 혹은 제자였는지는 분명하지 않다. 플루타르코스가 결혼의 지침을 전해 주는 유리디체(또한 그녀의 신랑 폴리아누스에게도 전해 줌)는 최근에 그의 가문에서 함께 사는 사람으로 언급되어 있는 듯하다. 그러나 그녀가 딸이었다고 추론할 수는 없으며, 어린 티목세나의 자리가 채워졌을 법하지 않다.[4]

플루타르코스가 고향 읍에서 맡았던 읍장의 직무는 아마 1년 임기였던 것 같다. 그러나 그는 여러 번 봉직했을 것이다. 그는 읍의 온갖 소소한 문제로 분주하며 아주 겸손하게 일을 처리했던 것으로 보인다. 청소부장직을 존엄하게 본 에파미논다스의 이야기를 말한 다음, 그는 이렇게 말한다. "나도 그 문제에 관해서, 늘 그렇듯이 공적으로 그와 아주 비슷한 일을 처리하는 나를 보는 이웃에게 웃음거리가 되곤 한다. 그러나 안티스테네스에 관한 이야기는 나에게 도움을 준다. 어떤 사람이 그가

---

4) 그에게 청년으로 자란 아들이 둘 이상 있었다는 것은, 어린 아들들이 극장에 너무 오래 있고 따라서 저녁 식사에 너무 늦다고 말하는 구절에서 나타난다.

시장에서 주운 고기를 손에 들고 집으로 가는 것을 보고 놀랐다고 했을 때, 그는 이렇게 말했다. 이는 나 자신을 위한 일이오. 역으로, 내가 옆에 서서 타일을 계산하고 돌과 모르타르를 계속 계산하는 사람을 감시한다는 비난을 당할 때 나는 이렇게 말한다. 이 일은 나 자신을 위한 게 아니오. 이는 조국을 위한 것이오."

늙은이가 공무를 계속 맡아야 하는가에 관한 질문을 다룬 평론이며, 오래 전 아테네 아레오파고스와 암픽티오니(인보동맹) 회의의 저명한 구성원이었던 유파네스를 칭송하는 작은 평론에서, 그는 공무를 그만두지 않으려고 이렇게 말한다. "우리의 오랜 교우 관계에 단절이 없게 하고, 우리 가운데 누구라도 자신이 선택한 삶을 포기하지 않게 하라." 그리고 그는 다른 지면에서, 델포이의 아폴론 사제였던 자신의 일을 암시하면서 이렇게 덧붙인다. "당신은 내가 지난 많은 피티아드[5] 동안 델포이의 신을 섬겼던 것을 안다. 하지만 당신은 이제 내게 이렇게 말하지 않을 것이다. 당신은 제사와 행렬과 춤에서 충분한 역할을 했으며, 플루타르코스여, 이제 노인이 되었으니 화관을 벗고 신탁에서 은퇴하기에 적합한 때가 되었다라고."

이처럼 비교적 적지만 좀 더 적극적이고 사실적인 인유와 일화의 구절에서도, 그가 학문과 지방 정부 활동에 참여하고 다정한 친척과 유명한 친구들과 더불어 지내면서 행복한 가정 생활을 영위했던 모습이 잘 드러난다. 이 친척들과 친구들은 대개 문학적 도덕적 연구에 전념했지만 그래도 시민의 의무와 본업에서 단절되지 않았다. 물론 우리는 좀 더 나아가 허구적 대화록의 장면을 역사적인 사실로 받아들일 수 없다. 하지만 대화록에는 말하자면 생생하고 근거 있는 것이 많으며, 아마도 여기저기에 말 그대로 사실과 일치하는 부분이 상당할 것이다. 아홉 권으로 모아져 소시우스 세네키오에게 헌정된 토론회 혹은 만찬 후 질문은 로마와 그리스에서 소시우스와 교제하면서 토론한 것이 많다고 한다.

가령 소시우스가 아우토불로스의 결혼 잔치 때 참석한 사람들과 함께 있으면서 토론했다. 저자의 형제들인 람프리아스와 티몬이 대화에서 자주 연설했는데, 각자가 분명한 성격을 갖고 있었다. 아버지와 할아버지 람프리아스도 이따금씩 토론에 참석하는데, 할아버지가 활기차게 참여한다. 암모니오스가 책 전체에서 두드러지는 경우도 있다. 그 장면은 때로는 델포이이기도 하고 때로는 아테네이기도 하며, 거의

---

5) 올림픽 경기처럼 델포이 경기의 축전이 4년마다 한 번씩 벌어지는데 그 기간을 일컫는 말이다.

드물게 로마가 되기도 하고 때로는 경기 축하장일 때도 있다.

플루타르코스는 델포이에서 시인 승리자를 축하하여 연회를 베푸는데, 코린트에서는 코린트 지협의 만찬을, 엘리스에서는 올림피아 잔치가 벌어진다. 레온티드 족 출신으로서 입양된 아테네 시민인 그는 친구인 철학적 시인 세라피온의 성공 축하연에 참여한다. 다양한 작품의 등장인물이 철학자, 수사학자, 문법학자, 몇몇 의사, 사제직을 맡은 동료 유디네모스, 장인 알렉시온, 네댓 명의 사돈 친척, 나중에 하드리아누스에게 총애를 받는 프로방스 아를르의 철학자 파보리누스 등 80명 이상의 이름이 하나의 일행을 형성한다.

플루타르코스는 파보리노스에게 자신의 한 논문을 헌정했으며, 여기에 화답하여 파보리노스는 아카데미의 철학에 관해서 플루타르코스라는 제목의 평론을 기록했다. 세라피온은 케피소스 강둑에 있는 정원에서 그들을 환대한다. 그들은 히암폴리스 언덕에서 한 사교적인 의사와 식사하며, 아이데프소스의 목욕탕에서 열린 파티에서 만난다. 질문들은 대단히 신변잡기적인 기록들인데, 때로는 장중한 맛이 있는 도덕적 문법적인 것이나 골동품 연구에 관한 것이며, 종종 잔치 분위기를 띠는 익살스러운 것이다. 어떤 의미에서 플라톤은 신이 기하학을 사용한다고 말하는가? 왜 우리는 낮보다 밤에 더 잘 듣는가? 왜 가을에 꾼 꿈은 별로 맞지 않는가? 닭과 달걀 가운데 무엇이 먼저 존재했는가? 디오메데스는 아르테미스의 어느 쪽 손에 상처를 입혔는가?

조부 람프리아스는 자기의 아들이자 플루타르코스의 아버지에게 "알렉산드리아에서 집으로 돌아왔을 때" 벌인 잔치에 너무 많은 손님을 초대했다고 꾸짖는다. 암모니오스는, 아테네에서 장군으로 있으면서 문법과 수사학과 기하학과 시학에 관한 기량 경진에서 탁월한 성적을 낸 젊은이들에게 만찬을 베푼다. 그리고 적절하게 혹은 부적절하게 인용된 시구와 관련하여 일화를 이야기한다.

다른 작은 작품에서 어떤 사람들은 로마에서 전하고 후에 간단한 헌정사를 붙여 출간된 강연과 같은 것을 많이 발견한다. 코르넬리우스 풀케르에게 쓴 우리의 원수들에게서 도출할 수 있는 이익론, 피소에게 보낸 것으로부터 운명론, 니그리누스와 퀸투스에게 보낸 것으로부터 형제 사랑론이 있다. 하지만 많은 것은, 좌담을 아름답게 하는 다양한 장면과 풍부한 세부 사항을 가진 대화이다.

"오래 전 네로가 그리스에 있을 때" 플루타르코스가 참석한 자리에서 암모니오스와 다른 친구들이 벌인 대화에서 델포이에 있는 이상한 명각 글자 EI의 의미를 토론한다. 플루타르코스의 몇몇 친구들은 방문객을 델포이의 신성한 건물로 안내하며, 명소를 보여 주던 전문 안내자들이 다소 지리한 이야기를 말하는 사이에 신탁의 본질에 관한 토론이 벌어진다. "얼마 전에 칼리스트라토스의 시대에 델포이 경기가 벌어졌는데, 우리는 거기 델포이에서 두 여행객을 만났다. 둘은 세상의 끝에서 왔는데, 문법학자 데메트리오스는 타르소스에서 영국의 집으로 가는 중이었고, 스파르타인 클레옴브로토스는 상부 이집트에서 멀리 에리트라이 해까지 살피며 재미와 교훈을 얻기 위하여 여행을 갔다가 막 돌아오는 중이었다."

질문이 있고, 뒤이어 신탁의 중단에 관한 대화가 벌어진다. 이 대화의 한 구절은 위대한 판(Pan)의 죽음을 선언한 음성에 관한 유명한 이야기이다. 아우토불로스가 아들의 친구인 소클라로스와 더불어 그들이 사냥에 관하여 들었던 찬사에 대한 이야기를 나눈다. 그들이 할 수 있는 가장 훌륭한 찬사는, 사냥이 검투사 대회에서 보는 데서 발산하는 열정을 좀 덜 불쾌한 방향으로 돌린다는 것이다. 얼마 있지 않아서 사냥과 수렵의 애호가들인 젊은이들을 위한 큰 잔치가 벌어지고, 선정된 두 명의 웅변가가 육상 동물과 수상 동물 가운데 어느 것이 더 총명한가에 관한 질문을 의례적으로 진술한다. 코끼리에 대한 이야기가 있고, 육상 동물의 옹호자인 아리스토티모스가 자신이 로마에서 보았고 황제를 포함하여 구경꾼들에게 감동을 불러일으킬 정도로 완벽하게 연출되었던 광경(개가 연극에서 독약의 영향에 관하여 흉내 내는 광경)을 이야기한다. 나이 든 베스파시아누스도 마르켈루스의 극장에 있었다. 이는 마치 아리스토티모스가 아니라 플루타르코스가 목격자인 것처럼 읽힌다.[6]

아우토불로스는 사랑에 관한 대화록에 다시 등장한다. 그는 친구 플라비아노스의 부탁을 받아 흥미로운 사건들을 담아 긴 대화를 되풀이한다. 그의 아버지는 헬리콘 산에 일어난 사건에 등장했다. "오래 전에 우리가 태어나기 전, 어머니가 테스피아이에서 열린 제전에서 사랑의 신에게 제물을 바쳐도 되는지에 관하여 아버지와 어머니의

---

6) 베스파시아누스의 무자비하게 엄한 기질에 대한 일종의 개인적인 기억은, 사랑에 대한 대화록에서 말하는 이야기에 나온다고 생각할 수 있다. 이 이야기는 골(Gaul)족 반역자 사비누스와 그의 아내 에포니나에 관한 것인데, 타키투스가 그의 역사서에서 언급했다. 그들은 몇 년 동안 지하에서 숨어 지낸 후에 발각되어 사형당했다. 은신처에서 그들은 두 아들을 낳았는데, "하나는 불과 얼마 전에 여기 델포이에서 우리와 함께 지냈다"고 플루타르코스는 말한다. 그리고 그 아들이 "이 잔인하고 냉혹한 행동에 신의 노여움을 사서 베스파시아누스의 일족이 전멸했다고" 생각했다고 덧붙인다.

부모님들이 논쟁과 불화를 일으킨 후에 아버지가 우리 어머니를 데리고 왔을 때였다."

여기서 인용된 불화는 분명히 하나의 사건임에 틀림없다. 그리고 일반적으로 대화의 수법을 형성하는 이 쾌활한 허구 혹은 반(半)허구들은 사실상 문자 그대로 받아들여지도록 의도되지 않았지만, 후대의 저술가들이 말하는 저자들에 관한 허위적인 역사적 진술에는 있을 수 없는 진정성을 갖고 있다. 사전편찬자인 수이다스는, 트라야누스가 속주 총독의 지위를 자기에게 주었고 일리리아의 행정관 가운데 아무도 자기에게 자문을 구하지 않고서 일을 처리하지 않도록 하라는 명령을 내렸다고 이야기할 때 그건 꾸민 이야기에 불과하다. 비잔틴 역사가 쉰켈루스는 하드리아누스의 치세 초기에 관한 한 기록에서, 카이로네아의 철학자 플루타르코스가 노년에 황제에 의하여 그리스 총독직에 임명되었다고 말할 때 역시 혹은 훨씬 더 과장한다. 트라야누스와 안토니누스의 시대가 철학자들의 황금기였고, 철학자들이 도미티아누스 치하에서 짧은 기간 박해를 받아 일종의 정신적 우월성을 획득한 듯이 보였지만(마치 디아클레티아누스 치하의 박해 이후 새로운 종교의 사역자들이 철학자들로부터 박해를 받아 유사한 정신적 우월성을 얻었듯이 말이다), 여전히 이런 주장은 표면적으로는 전혀 믿어지지 않는 것이다.

사실 플루타르코스의 출간된 작품 가운데, 왕들과 사령관들의 어록 모음을 트라야누스에게 헌정한 편지가 있다. 그리고 상당히 의심스럽긴 하지만, 그것이 플루타르코스의 글이라는 것이 전혀 개연성 없는 건 아니다. 글의 내용에는 주목할 만한 것이 전혀 없으며, 이 편지의 어조가 (의심할 나위 없이 가짜인) 다른 편지와 대조를 이루는 점이 가장 주목할 만하다. 이 가짜 편지는 솔즈베리의 존이 라틴어로 처음 출간했는데, 플루타르코스가 제자 트라야누스에게 보냈다고 하는 매우 교훈적인 글이다.

수이다스는 현존하지 않는 많은 글을 포함하여 플루타르코스의 작품 목록이 플루타르코스의 아들 람프리아스에 의하여 작성된 것으로 또한 제시한다. 그리고 그가 어떤 정보를 알아보기 위하여 아시아에서 알게 된 한 친구에게 보내는 다소 서론적인 편지가 이 목록에 첨부되어 있다. 이 목록은 상당히 정확하겠지만, 람프리아스의 이름이 그의 아들 가운데 하나의 이름으로서 플루타르코스의 모든 현존 작품 가운데 어디서도 나타나지 않는다. 그리고 플루타르코스의 이름이 채용되어, 아시아에 있는 익명의 친구에게 보내는 이 편지가 오랜 후에 저자의 현존 작품에 대한 통상적 목록에 중요성을 부여하고자 했던 어떤 문법학자가 작성한 게 아닌지 의심하지 않을 수 없다.

플루타르코스의 글을 읽을 때, 다음의 요점을 기억해야 한다. 첫 번째로, 그는 역사가라기보다 도덕가이다. 그의 관심은 정치와 제국의 변화보다는 개별 인물과 개인적 행위와 행동 동기에, 수행하고 보답받는 의무에, 징계받는 교만과 시정되는 성급한 분노에, 공평한 대우를 받는 겸손함과 가시적 세계에서 승리하고 혹은 비가시적 세계에 근거한 관대함에 있다. 전기적 회고록을 기록할 때 그의 생각은 아리스토텔레스주의적 윤리학과 절정기의 플라톤주의적 이론에서 움직이고 있다. 이 윤리학과 이론이 그 당시 교육받은 사람들의 종교를 형성했던 것이다.

두 번째는 시기이다. 이는 네르바와 트라야누스와 하드리아누스의 시대이며, 대로마 제정 시대에서 가장 훌륭하고 행복한 시기가 시작되는 때이다. 그리스와 이탈리아를 중심 삼아 지중해의 모든 해안에 퍼져 있고 동양과 당시에 알려져 있는 가장 멀리 떨어져 있던 서양도 관련되었던 사회 제도는 진보와 완성의 최고 단계에 도달했다. 로마법과 그리스 철학은 티그리스로부터 영국 제도까지 위력을 떨쳤다. 이는 그리스 로마 문학의 마지막 위대한 시기였다. 에픽테토스는 마르쿠스 아우렐리우스가 황제로서 모범을 보이고 있던 덕을 그리스어로 가르치고 있었다. 디오 크리소스톰과 아리아노스는 매우 유명한 아티카의 수사학자와 역사가들에 대한 기억을 뒤살리고 있었다. 그리고 플루타르코스는 카이로네아에서 저술하고 있었고, 타키투스, 소(小) 플리니우스와 마르티알리스, 그리고 유베날리스는 로마에서 저술하고 있었다.

또한 대도시의 라틴 저술가들은 단순한 보이오티아 속주 출신의 저술보다 시대의 일반적 정신과 특징을 덜 충실히 반영했다고 말할 수 있을 것이다. 이 보이오티아 출신의 저술가 플루타르코스는 좀 더 보편적인 언어로 글을 썼고, 원로원과 공화정의 옛 고향에 대한 강력한 지역적 추억에 정신이 왜곡되지 않았다. 타키투스와 유베날리스는 아마도 위대한 지중해 제국 시민들보다 "옛 로마적인" 것을 더 많이 갖고 있는 것 같다. 수도에서 감지되는 제국 정부의 해악은 심지어 도미티아누스 치세 때의 제국 세계에 대한 일반적인 설명보다 더 생동감 넘치고 통렬하게 로마의 산문과 운문에서 묘사된다.

어쨌든 플루타르코스의 삶과 저술에 반영되어 있는 것은 좀 더 조용하고 훌륭한 시대이다. 그의 언어는 자신과 주변의 삶에서 행복을 누리는 사람의 것이다. 제국의 취약함에서 비롯된 즉각적인 공포를 느끼며 지낸 세월의 위압적인 기억에 의하여 그의 천성적인 유쾌함은 줄어들지 않으며, 그의 태평스럽고 유쾌한 단순성은 손상

되지 않았으며, 그의 기쁨은 우울해지거나 비통해지지 않았다. 물론 그도 네로를 기억할 수밖에 없었고, 도미티아누스가 황제가 되었을 때 살아 있었지만, 우리가 말할 수 있는 것은 아마도 그가 해악에서 벗어난 좋은 시대에 살았던 사람의 넘치는 행복을 보여 준다는 것과 그 힘 있는 내용은 그 글의 뿌리가 그다지 관대하거나 호의적인 상황 가운데 박혀 있지 않았음을 입증한다는 것뿐이다.

플루타르코스의 부정확함에 관해서 많은 말이 있어 왔다. 그리고 그가 수에 관하여 부주의하며 때때로 모순적인 진술을 말한다는 점은 부인할 수 없다. 아마도 좀 더 큰 잘못은 일화에 대한 그의 열정이다. 그는 자신이 누구보다도 잘 알고 있는, 있을 법하지 않는 이야기를 반복하지 않고는 배길 수 없는 사람이었다. 그래서 그는 단순한 반복에 의하여 부당한 인상을 남겨 놓는다. 그는 데모스테네스와 페리클레스에게 이런 식으로 공평한 태도를 취하지 않는다. 하지만 그는 페리클레스에 대하여 플라톤이 철학자들에게 물려준 편견을 이어받았음에 틀림없다.

사실 그는 전기의 주제에 대한 비역사적인 연구 때문에 종종 자신이 묘사하는 내용을 불만족스럽고 불완전하게 만들기도 한다. 물론 정치인의 공적 생활에 속하는 많은 내용은 그들의 정치적 입장을 설명하는 데서만 설명될 수 있다. 그리고 이 점에 관하여 플루타르코스는 종종 너무 알지 못했다고 생각하지 않는다. 현대 역사가들의 조사에 따라 이런 종류의 이야기에 관한 지식이 실제로 복구되므로, 이 전기들은 시정될 필요가 있다. 하지만 현대의 모든 역사적 복구에 틀림없이 동반되는 불확실함에 비추어 볼 때, 그처럼 논쟁 가능한 판단의 토대를 언급하지 않고서 단순히 옳고 그름에 대한 고대의 도덕 규범의 폭넓은 원리에 근거하여, 새로운 사고와 견해가 계몽된 세계를 차지하기 전에 묘사된 그림을 다시 살피는 것은 적절하고 확실히 유익하다.

지금까지 언급된 그런 사건들에서 약간의 결론을 이끌어내고, 약간 지나치게 이야기를 좋아하고 플라톤의 조롱을 불러일으켰던 민주적 지도자들에게 상당히 종교적인 반감을 보이며, 테세우스의 이야기와 비슷한 이야기에서 사실과 우화를 분간하지 못하는 자신의 무능력함을 그가 고백한다는 점을 기억한다면, 만대의 독자들이 플루타르코스의 영웅전에서 그리스와 로마의 위인에 대한 유익하고 충실한 전기를 발견하게 될 것이라고 말할 수 있다. 혹은 어쨌든 플루타르코스의 시대에 참으로 충실한 전기를 생각하는 것이 시기적으로 너무 늦다 해도, 여기 그 시대의 역사적 전통에 대한 충실한 기록이 있다. 이는 주후 2세기에 그리스인과 로마인이 지난날 자신들의 전사(戰士)와 정치가들에 관하여 믿고 싶어했던 것이다.

적어도 가장 뛰어난 그리스 로마의 도덕적 견해와 도덕적 판단에 대한 그림으로서, 그리스와 로마의 도덕 사상의 결과에 대한 소개로서, 재난의 압력에 눌려 제시된 게 아니라 평범한 시대에 존재했고 실제로 평범하게 살았던 그 나라 사람들이 일상 생활에서 지니고 있던 것으로서, 플루타르코스의 저술은 논쟁할 여지 없이 값진 것이다. 그리고 이 저술들에 묘사된 플루타르코스의 성품은 현존하는 모든 고전적 저자들 가운데서 견줄 만한 인물을 찾기 쉽지 않은 유쾌함과 온화함이라는 천성적 매력을 갖고 있다고 말할 수 있겠다.

이 번역서는 17세기 말에 출간되고 드라이든(Dryden)의 플루타르코스 생애가 붙은 번역서의 수정판이다. 드라이든은 아주 진지하게 작업한 겸손한 사람들에게 빛을 되비추어 주곤 한다고들 생각했다. 물론 그들의 활동은 전혀 동일하지 않다. 그러나 지난 세기 중반에 오래된 책을 버리고 새로 만든 랭혼(Langhorne)의 번역서는 생동감에서 아주 뒤떨어지고 사실상 너무 무미건조하고 무거운 책이라, 전혀 새로운 번역서가 없는 한 독자들이 여기 시도한 수정판으로 얼마간 유익을 얻을 수 있기를 바란다. 롱(Long) 씨가 나이트(Night) 씨의 실링 라이브러리로 아주 유익한 각주를 첨부하여 출간한 시리즈를 로마의 내전과 관련된 영웅전까지로 제한하지 않았다면, 이 번역서는 필요하지 않았을 것이다.

드라이든의 플루타르코스 생애는 드라이든의 많은 저술처럼 서둘러 썼지만 훌륭한 글이며, 부정확하지만 읽기에 좋은 글이다. 프랑스 번역의 마지막 권에 인쇄되어 있는 다시에르(Dacier)의 플루타르코스 생애는 여러 모로 아주 훌륭하다. 루알두스는 1624년 옛 파리판에 첨부한 역작 플루타르코스 생애에다 두 글의 자료와 참고 문헌을 모아 놓았다. 그러나 중요한 모든 자료는 파브리키우스의 *Bibliotheca Graeca*에 실린 항목에 제시되어 있고, 가장 최근의 자료를 포함하여 파울리(Fauly)의 *German Cyclopoedia*에 제시되어 있다. 예상할 수 있듯이 클린턴(Clinton)의 *Fasti romani*에 유익한 자료가 많이 나온다. 여기서 다음의 도표를 빌렸다.

연대(주후)	사 건	저 자
41년	클라우디우스의 즉위.	
54년	네로의 즉위.	
66년	네로가 그리스에 감. 플루타르코스의 대화록.	세네카
	《델포이의 EI에 관하여》에 인용됨.	루카누스
67년	네로가 코린트 지협 경기를 축하함. 플라미니누스의 《플루타르코스의 생애》에 인용됨.	페르시우스
68년	갈바가 황제가 됨. 내전.	
69년	비텔리우스, 오토, 베스파시아누스.	
70년	예루살렘 점령.	
74년	철학자들이 로마에서 추방됨.	
79년	골 사람 사비누스의 사망. 베스파시아누스의 사망과 티투스의 즉위. 베수비우스 화산 폭발. 플루타르코스가 왜 델포이 신탁이 더 이상 운문으로 전달되지 않는지에 관한 탐구에서 최근의 사건으로 인용함.	대(大) 플리니우스의 사망
81년	도미티아누스의 즉위.	퀸틸리아누스
90년	철학자들이 루스티쿠스의 사망 후에 다시 로마에서 추방됨.	스타티우스, 실리우스이탈리쿠스, 마르티알리스.
96년	네르바의 즉위.	디오 크리소스톰
98년	트라야누스의 즉위.	타키투스 (60년 출생)
100년	플리니우스의 찬사.	
103년	에픽테토스가 니코폴리스에서 가르침. 아리아노스가 그를 수행함.	플루타르코스 에픽테토스 아리아노스
104년 106년	비티니아의 플리니우스. 트라야누스가 도나우에서 겨울을 보냄. 플루타르코스가 《추위의 원리에 관하여》에서 인용함.	소(小) 플리니우스 (61년 출생), 유베날리스(59년 출생)
113년	트라야누스의 기둥을 세움.	
114년	트라야누스의 파르티아 승리. 플루타르코스는 이 승리 이전에 안토니우스의 생애를 씀.	파보리노스, 수에토니우스(70년 출생)
117년	하드리아누스의 즉위. 유세비우스에 따르면 하드리아누스 제3년에 플루타르코스가 여전히 살아 있었음.	
138년	안토니우스의 즉위.	프톨레마이오스, 아피아노스

| 161년 | 마르쿠스 아우렐리우스의 즉위. | 파우사니아스, 갈레노스 |
| 181년 | 코모두스의 즉위. | 루키아노스, 아테나이오스, 디온 카시오스 |

여기 고딕체로 표시된 저자들은 그리스 저술가들이다.

루알두스의 전기로부터 시작되는 모든 초창기 전기에 공통되는 결점은, 플루타르코스가 로마에서 40년 동안 살았다고 하는 가정인데, 이는 전혀 견지할 수 없는 것이다. 물론 그런 인상에 의하여 그의 생애의 전체적 성격이 달라진다. 그러므로 여기서 드라이든이 처음에 서문으로 쓴 플루타르코스의 생애를 다소간의 수정을 거쳐서 사용하는 번역서에 다시 첨부하는 것은 가치없다. 한두 군데 특징적인 발췌문으로 충분할 것이다. 처음의 플루타르코스 생애는 현대의 독자에게 다소 모호한 주제에 빛을 던져 줄 것이다. 드라이든은 한두 가지 사소한 점에서 틀렸지만, 플루타르코스의 저술에 퍼져 있는 귀신 신앙에 대한 그의 전체적 견해는 상당히 적절하다.

"우리는 그의 나머지 견해를 오직 그의 철학에서 추적할 수 있다. 이 철학을 우리는 일반적으로 플라톤주의적인 것이라고 말했다. 물론 아우구스투스 제국에서 포타몬에 의하여 시작되었고 다른 모든 분파 가운데 하나에만 유독 매달리지도 않고 모든 것을 거부하지도 않으면서 그 분파들에서 가장 그럴 듯한 것을 취택한 절충주의적 분위기가 약간 있다는 것은 부인할 도리가 없다. 나는 영혼에 관한 그의 신념만 다루려고 한다. 신탁에 대한 그의 두 논문에서, 즉 신탁 중단의 이유에 관한 논문과 왜 신탁이 이전처럼 운문으로 주어지지 않았는가를 탐구하는 논문에서, 그는 피타고라스주의의 영혼 윤회론을 주장하는 듯하다. 앞에서 우리는, 플루타르코스가 신의 단일성을 인정했음을 보여 주었다. 플루타르코스는 신을 그 속성에 관하여 몇 가지 이름으로 부르는데, 전능한 능력으로부터는 제우스라고 하고 지혜로부터는 아폴론이라 부른다.

그러나 그는 신적 본성과 인간적 본성의 중간적 본성을 가진 수호신이나 귀신이라고 하는 존재들을 신에 포함시킨다. 왜냐하면 그는 불멸적 존재와 사멸적 존재의 양극단 가운데 중간이 없다는 것을 부조리하게 생각하기 때문이다. 자연에는 양자를 공유하는 중도적 생명이 없는 그렇게 큰 틈이 있을 수 없다는 것이다. 그러므로 영혼과 몸의 교통이 동물적 영혼에 의하여 이루어지듯이, 신성과 인간성 사이에 이런 종류의 귀신이 있다. 처음에 인간이었다가 엄격한 덕의 규칙을 따라 지상적 존재의 천박함과 더러움을 정화한 자는 이 수호신으로 격상된다. 그리고 그때로부터 그들은 여전히 덕스러움을 유지할 경우 천상적 생명으로 높아지거나, 자신의 영광스러운 존재를 형성한 순수성을 잃은 후에 다시 썩을 몸으로 떨어지고 육신 속으로 빠진다.

그리고 이런 종류의 수호신들은, 우리의 저자 플루타르코스가 상상하는 대로 신탁을 주재한 자들이며, 정념과 경향에 종속될 만큼 그 속에 지상적 원리가 남아 있는 영혼들이다. 그래서 자신을 정화하는가 아니면 불순물을 모으는가에 따라서 자상하기도 하고 심술궂게 되는데 인간에게 자상한 경우가 심술궂은 경우보다 많다. 신탁의 중단, 좀 더 정확하게 말하면 신탁의 감소(왜냐하면 신탁 가운데 더러는 플루타르코스의 시대까지 남아 있었기 때문이다)는, 위대한 신 판이 죽었음을 선포하라는 명령을 받은 이집트 타무스의 이야기가 보여 주듯이 이 귀신들의 죽음 때문이거나 그들이 전에 신탁을 베풀었던 장소를 버렸기 때문이라고 플루타르코스는 말한다. 그들이 그 장소를 버린 것은 그들이 더 강력한 수호신에 의하여 시대의 회전을 위하여 추방되었기 때문이다.

이 마지막 성격에 속하는 것으로는, 신들에 대한 거인들의 전쟁, 유피테르가 사투르누스를 몰아낸 일, 아폴론이 하늘에서 추방된 일, 불카누스의 몰락, 그리고 다른 많은 일들이 있다. 저자에 따르면 이 모든 일은 수호신 혹은 귀신들이 서로간에 벌이는 전쟁이었다. 그러나 플루타르코스가 명백하게 밝히듯이 이 영혼들이 최고 존재 아래서 덕스러운 자들을 보살피고 악한 자들을 추방하며 때때로 가장 뛰어난 자들과 의사 소통하면서(특별히 소크라테스의 수호신은 언제나 소크라테스에게 위험이 다가오는 것을 경고하여 그에게 위험을 피하라고 가르쳤다) 인간사를 다스렸다고 한다면, 나는 지금까지 플루타르코스의 생애를 쓴 모든 사람이, 특별히 그 가운데 가장 잘 알고 있는 루알두스가 플루타르코스에 의하면 이런 신탁이 나쁜 영혼에 의하여 주어졌다고 그렇게 확신있게 주장한다는 것에 의아해하지 않을 수 없다. 사실 그리스도인으로서 우리는 그들을 그렇게 생각할 수 있다. 그러나 플루타르코스가 그렇게 생각했다는 것은 매우 분명한 허위이다.

조리있는 사람에게, 우리의 저자가 노년에(그리고 그때 그는 망령들지 않았다. 노인이 공무를 경영해야 한다고 하는 그의 논문에서 알 수 있듯이 말이다) 델포이의 신성한 제의를 시작했고, 우리가 분명히 알아야 하듯이, 아폴론의 사제로서 죽었다는 것을 분명히 짚고 넘어가는 것으로 충분하겠다. 그런데 그가 자신이 섬기는 신을 악귀라고 생각했다고 생각해서는 안 된다. 이 거룩한 철학자의 의견과 관행에서 그보다 천박한 불경건은 있을 수 없다. 그가 신탁의 중단에 관한 논문을 끝낸 즉시 말하는 피티아스 혹은 아폴론 여사제의 이야기는, 나의 주장을 뒤흔들지 않고 오히려 확증한다. 왜냐하면 거기서 이런 내용이 전달되기 때문이다.

"상당히 주저하면서 영감을 받으려고 신성한 곳으로 들어갈 때 그녀의 입에 거품이 일었고, 그녀의 눈은 커졌고, 그 가슴은 부풀어 올랐고, 그 목소리는 그녀의 속에서 지진이 일어난듯이 분간할 수 없이 날카로웠고, 그녀는 분출하려고 안간힘을 썼다. 간단하게 말해서, 그녀는 자신이 감당할 수 없는 신에게 그처럼 괴로움을 당하면서 며칠 후에 미쳐 죽었다. 왜냐하면 전에 그는, 여사제가 신탁을 받으려 할 때 마음의 동요나 불순한 열정이 없어야 하며 만일 그녀가 마음의 동요나 불순한 열정을 가지면 조화로운 소리를 내지 못하는 악기처럼 신탁을 받을 자격이 없다고 말했기 때문이다."

그리고 그는 이 이야기를 마칠 즈음에 이런 말을 함으로써 우리로 의심하게 한다. "이 피티아스는 전에 어느 기간 순결하게 살지 않았고, 그래서 그녀의 죽음은 본성적으로 불행을 즐거워하는 영혼의 단순한 악의보다 거룩한 능력에 의하여 해이한 삶에 가해지는 형벌처럼 보인다."

사실 그들의 목적에 근접하는 또 다른 지적이 있다. 나는 잠시 이 지적을 살피려고 하는데, 이것이 우리나라와 다소 관련되기 때문이다. 그는 이렇게 말한다. "영국 주위에는 우리의 스포라데스 제도처럼 흩어져 있는 섬이 많다. 그 섬에는 사람이 살지 않으며, 섬 가운데 얼마를 일러 헤로데스 혹은 수호신의 섬이라고 부른다."

데메트리오스라는 사람이 황제에 의하여(시간을 계산하면 칼리굴라나 클라우디우스의 시대임에 틀림없다)[7] 이 지역을 탐험하러 보냄을 받았고, 전에 언급한 섬에 가깝고 브리튼족이 소수 살고 있는 한 섬에 도착했는데 도착한 직후에 대기가 검고 어지러워졌으며, 괴상한 유령이 보였고, 바람이 폭풍우를 일으켰고, 사나운 물기둥 혹은 회리바람이 땅을 향하여 춤추며 나타났다. 이 장관이 끝났을 때, 섬 사람들이 우리의 본성보다 우월한 공중의 존재 가운데 하나가 죽었다고 그에게 말해 주었다. 가느다란 초가 여전히 타면서 유쾌하고 해롭지 않은 빛을 비추지만 그것을 끌 때 악취가 나고 불쾌하

---

7) 의심할 나위 없이 그보다 훨씬 이후이다.

듯이, 이 영웅들이 친절하게 우리에게 빛을 비추며 선을 행하지만 그들이 죽을 때 모든 것이 뒤집어지고 폭풍우가 일어나고 대기에 독한 증기가 생기게 하기 때문이다. 그가 말하는 저 거룩하고 불가침의 사람들이란 의심할 나위 없이 드루이드들이다. 그들은 어떤 분파든지 거기에 속한 피타고라스주의자에 가장 가까웠다. 그리고 수호신에 대한 이 견해는 아마 그들의 것이었을 것이다.

하지만 이는 모든 귀신이 그처럼 악의적임을 입증하지 않는다. 공중에 살면서 행한 못된 짓 때문에 장차 인간의 몸에 들어가도록 저주를 받게 되는 귀신만 그렇다. 그러나 이제 그처럼 기상천외하고 이렇게 부조리한 주제를 떠날 때이다. 나는, 마치 자연적 증기들이 처음에 우연히 그것을 발견한 목동 코레타스에게 그랬듯이, 신전이 세워진 동굴에서 일어나는 자연적 증기가 거룩한 곳에 들어가는 자들의 영혼에 영향을 미치고 그들로 열정과 예언적 광증에 빠지게 했을 것이라고 상상하곤 한다. 이 증기의 위력이 약화되면서(일반적으로 몹수스나 트로포니우스나 델포이의 동굴과 같은 동굴에서 그랬다), 영감도 동일하게 약해졌으며, 그 증기들이 이것을 의식하며 들어가지 않으려 했던 피티아스를 죽였을 때 더 강해졌으며, 시인이 사제가 되지 않았을 때 신탁이 운문으로 주어지지 않게 되었으며, 소크라테스의 수호신(소크라테스는 그 수호신을 결코 보지 못하고 내면으로 소리를 들었을 뿐이며 다른 사람은 알아차리지 못했다)이 소크라테스의 상상력에 다름 아니었다고, 기독교적 플라톤주의자의 말을 빌리면 그의 수호 천사에 다름 아니었다고 상상하곤 했다."

마지막 문장은 이 서론적 논문의 결론으로 적절할 것이다. 그 문장은 다음과 같다. "그런데 네덜란드 서문 기록자들의 통상적인 허영심을 가지고, 나는 우리의 저자에게 저술가들의 찬사와 축하를 안겨줄 수 있었다. 왜냐하면 옛날 사람이나 현대 사람이나 그를 명예스럽게 언급했기 때문이다. 그러나 이런 종류의 내용으로 책을 거추장스럽게 만들면, 일반 독자들에게 플루타르코스가 그런 찬사를 원했다는 의심이 일어났을 것이다. 사실 루알두스는 그런 찬사에 대한 많은 증언을 모아 두었다. 그러나 나는 몇몇의 이름만 되풀이하고자 하며, 여러분에게 그에 대한 특별한 인용을 살펴보게 하고자 한다. 그는 겔리우스, 유세비우스, 궤변가 히메리우스, 유나피우스, 알렉산드리아의 키릴루스, 테오도레투스, 아가티아스, 포티우스, 크시필린, 콘스탄티노플의 총대주교들, 요하네스 사리스베리엔시스, 유명한 페트라르카, 페트루스 빅토리우스, 유스투스 립시우스를 거명한다.

그러나 200년 이상 이전에 살았고 라틴어에 능숙하며 그리스의 위대한 회복자인 테오도루스 가자는 동의하는 말을 길게 기록할 만한 자격이 있다. 왜냐하면 다른 사람들은 플루타르코스를 어떤 단일 저자보다 낫다고 추천할 뿐이었지만, 그는 그를 모든 저자보다 낫다고 칭찬했기 때문이다. 한 친구가 그에게 이런 엉뚱한 질문을 던졌다고 한다. 만일 학문의 배가 대대적인 난파를 당할 경우 한 사람의 저자를 보존할 선택권만 주어진다면, 누구를 택하겠느냐고 했을 때 그는 플루타르코스라고 대답했다 한다. 그리고 아마도 그는 이런 이유를 말했을 것이다. 그를 건져 놓으면 그가 그 모든 것의 가장 훌륭한 모음집을 안전하게 지킬 것이라는 것이다. 아가티아스의 경구도 기억해 둘 만하다. 이 저자는 황제 유스티니아누스의 치세인 500년 경에 활약했다. 명문집들에 그의 운문이 남아 있는데, 나는 그 시를 번역함으로써 우리 저자에 대한 찬사를 마무리하려 한다. 처음에 여러분에게 알려 주었듯이, 이 시들은 로마인들이 그를 기억하려고 세운 조상에 기록되었다고 한다.

> '카이로네아의 플루타르코스여, 그대에 대한 불후의 찬사를 위하여
> 용맹한 로마는 이 감사의 조상을 세우니,
> 이는 그리스와 로마가 그대의 명예를 공유하였음이로다.
> (그의 영웅이 기록되고 그들의 생애가 비교되었음이로다).
> 그러나 그대는 그대의 전기를 결코 쓸 수 없었도다.
> 그들의 생애는 비교되어도, 그대의 생애는 그렇지 못하다네.'"

플루타르코스의 생애

J. W. 랭혼 (J. W. Langhorne)

인생의 과정에서 우리가 처음에는 순수와 평화, 환상과 같은 아름다운 것들을 경험하다가 나중에는 사회의 부조리를 겪게 되는 것처럼, 우리는 한 철학자가 기록한 생명력 넘치고 재미있는 주제를 펼치기 전에 철학자로서의 그의 평화로운 고독을 즐겁게 음미해 볼 것이다. 한 철학자의 생애가 그의 작품보다 교육적이지 못하다고는 아무도 얘기할 수 없을 것이다. 후자가, 위대한 사악함이 위대한 능력과 만날 때 한 나라를 파괴시킬 수도 있다는 것을 가르쳐 준다면, 또한 야망과 너그러움이 만나고 탐욕과 정치적 총명함이 만나고 시기와 복수심이 개인적인 용맹과 대중적인 지지로 편승할 때, 가장 신성한 창조물을 파괴시키고 인류의 휴식과 안전의 울타리를 깨뜨린다는 것을 가르쳐 준다면, 전자는 우리에게 최고 특권의식보다는 마음의 평정이 훨씬 더 바람직하다는 확신을 줄 것이다. 과학의 미덕의 후원자인 시대에서 삶에 있어 가장 고귀하고 가치 있는 것은 조용한 운명을 시기당하지 않고 살아가는 것이란 확신을 줄 것이다.

플루타르코스 시대보다 훨씬 전에 핀다로스와 에파미논다스는 보이오티아의 신용을 얼마간 회복시켰으며 그 나라 사람들을 어리석음이라는 오명으로부터 구해내었다. 그리고 플루타르코스의 등장으로 그 명성은 완전히 회복되었다. 천재란 어떤 특정 토양에서만 성장하는 것이 아니며, 또한 성장에는 특별한 기후조건이 필요없다는 것을 그는 보여 주었다.

포시스와 아티카 사이에 있는 보이오티아의 한 마을인 카이로네아는 그가 태어난 고장이라는 명예를 가지게 되었다. 안토니우스의 군대가 점령하고 있었던 이 지역은 동물과 같은 복종과 굴종으로 일관된 땅에 불과했다. 또한 매우 불리한 지리적 조건 때문에 위대한 자연의 혜택을 전혀 받지 못한 땅이었다. 그런 척박한 땅에서도 한 위대한 인물의 탄생이 이루어진 것이다.

플루타르코스 자신도 일반적인 보이오티아 인들의 어리석음을 시인했다. 그는 그 이유가 음식탓이라고 주장한다. 그의 〈동물먹이〉에 관한 논문에서 그는 동족들이 추잡한 방종으로 일삼았던 일반적인 여건이 지적인 능력을 떨어뜨리는데 크게 작용했음을 암시하고 있다.

그가 태어난 정확한 연도를 확인하는 것은 쉽지 않은 일이다. 루알두스는 클라우디우스의 재위 중일 것으로 추정했고, 다른 이들은 그 임기의 후반일 것이라고 말하고 있다. 다음의 상황은 그 추측의 근거가 될 수 있을 것이다.

플루타르코스는 네로가 그리스로 진군했을 당시 암모니오스의 제자로 철학을 공부했다고 한다. 이는 파울리누스 수에토니우스와 폰티우스 테레시누스가 통치한 황제의 재임 12년째의 해이며, 올림피아드 211의 두 번째 해이고, 서기 66년을 의미한다. 다시에르는 플루타르코스가 철학 연구에 몰두한 때가 적어도 열일곱 살이나 열여덟 살은 되었을 것으로 주장하며, 클라우디우스가 죽기 5~6년쯤 전에 태어났다고 단정짓는다. 그러나 이것은 단지 추측일 뿐이며, 대부분의 의견은 그렇지 못하다. 그리스의 젊은이들은 아주 어릴 때부터 철학자의 가르침을 받았다. 철학뿐 아니라 시인이나 수사학자로서의 공부도 주요 교과를 이루었다.

그러나 그가 클라우디우스의 재임 중에 태어났는지, 네로 시대의 초기에 태어났는지에 대한 의견이나, 좀 더 분명한 이해를 위해 델포이 시에서 공부했을 때가 10살인지 아니면 18살이었는지에 대해 왈가왈부하는 것은 중요하지가 않다. 중요한 것은 그가 어떤 경로로 어떤 이들의 지원을 받았기에 그토록 인도주의적이고 이성적인 철학을 얻었는가 하는 점이다.

그의 스승은 암모니오스였다. 그에 관해서는 제자들이 갑자기 그의 문하를 떠났다는 점 외에는 알려진 바가 거의 없다. 플루타르코스는 그가 제자들을 가르치는 방법이 매우 독특했다고 서술하고 있다.

"스승은 어느 날 제자들에게 아주 호화로운 오찬을 즐기도록 했다. 그러고는 오후 강의에서 제자들이 보는 앞에서 노예에게 그의 아들을 회초리로 다스리며 훈계하도록 명령했다. 동시에 그는 그 형벌을 재료 없는 음식을 먹지 못했기 때문에 감수해야 한다는 암시를 했다. 스승은 줄곧 시선을 우리에게 두었고, 우리는 이 체벌이 예정된 본보기였음을 잘 알 수 있었다."

이러한 상황으로 볼 때 암모니오스는 적어도 에피쿠로스 학파는 아니었다. 훈련의 엄격한 정도는 오히려 스토아 학파의 경향에 가까웠다. 그러나 그 당시 그리스에서 가장 높은 평판을 얻었던 아카데미 학파에 속한다고 하는 것이 가장 적합할 것이다.

체벌의 권리는 오직 부모에게만 있었다. 부모의 고독한 의무는 정신을 훈련시키는 것이었다. 그러나 영혼을 타락시킬 권리는 없었다. 비록 체벌을 하여 저질스런 노예 근성은 가르칠 수 있었지만 고결한 자유의 불꽃을 꺼버리거나 고귀한 영혼의 독립성을 깨뜨릴 힘은 없었던 것이다. 아직도 남아 있는 이러한 체벌의 형태는 우리에게 만연되어 있는 야만성의 잔재 중에 최악의 것이다.

분별력 있는 사고는, 초년기에는 변덕스럽고 부주의하기 쉽지만, 여러 가지 방법으로 그러한 체벌보다 자유로운 본성에 의해 수치와 두려움으로 그들의 의무감을 발휘시킨다. 그러므로 감정이 결여된 체벌은 그 효과가 행복하지 않다. 스승으로서 주의를 기울였다고 하더라도 그것은 오히려 비효과적이다.

신체를 때리는 것은 정신의 격을 떨어뜨리는 것이다. 이보다 더 빨리 더 완벽하게 수치심을 파괴하는 것은 없다. 감정은 곧 선을 보호하는 가장 좋은 수단이며, 인성에 자극이 된다.

고대 그리스의 교육 방법에 있어서 또 하나의 중요한 장점은 학생들에게 어렸을 때부터 다양한 갈래의 철학 연구에 가깝게 접근할 수 있는 기회를 주었다는 점이다. 그들은 현재의 우리처럼 단지 언어를 습득시키기 위해 교육한 것이 아니라 사물을 인식함으로써 고귀한 본질을 추구하도록 하였다. 또한 죽은 언어 교육을 위해 쓸모없이 7년이나 10년의 세월을 보내지는 않았다. 그 세월은 자연을 연구함으로써 그 본질적인 경제와 법률로부터 철학적 지식의 요체를 얻는 데 사용되었다. 그러므로 플루타르코스가 암모니오스 밑에서 수학한 연령이 17살인지 18살인지에 관해 왈가왈부한 다시에르의 연구는 가치없는 일이리라. 고대 그리스의 수학적·철학적 지식을 얻는 방법은 현재 우리의 방법과 비교할 때 참으로 쉬운 것이었다. 모든 학문과 과학은 우리가 결코 정확하게 이해할 수 없을 정도로 서로 연관되어 그들의 파생된 언어를 이해해야만 알 수 있다. 플루타르코스가 로마 어를 배웠을 때는 아직 그가 그의 인생에서 두각을 나타내지 못하였으나, 사물에 대한 지식으로부터 언어의 지식을 얻을 수 있었다.

그리스인들은 비록 다른 언어의 지식 없이 과학을 접하였지만, 나름대로의 수업 방식에 매우 세심한 주의를 기울였다. 수학과 철학 다음으로는 언어학이 그들의 주요 과제였으며, 비판적인 연구를 아끼지 않았다.

이에 대한 증거는 델포이 시의 아폴론 신전에 새겨진 글자 'εἰ'에 대한 플루타르코스의 논문에서 찾을 수 있다. 이 논문에서 그는 학문적인 논란에 관해 소개하고 있으며, 그 속에서 중요한 상징을 만들어 내었다. 이 단어에 해당되는 다른 여러 가지 다양한 의미를 제시한 후 그는 그 자신만의 생각을 추가시켰다. 이것은 그가 '다신 숭배자'가 아니라는 것을 증명하는 것이므로 우리에게 중요한 의미를 준다. 그는 이렇게 말하고 있다.

"εἰ은 '당신은 ~이다(Thou art: You are의 고어)'라는 의미이며, εἰ εν이라면 '당신은 하나이다(Thou art one)' 라는 뜻이 된다. 나는 보통 군대나 사람의 몸 등 각각의 개체로 구성된 전체로서의 의미를 나타내는 것이 아니라, 반드시 하나로써 존재할 필요가 있는 것을 의미하였다. 존재한다는 의미는 개성을 내포하고 있다. 하나라는 것은 혼돈이나 혼합으로부터 자유로운 단순한 존재이다. 그러므로 이런 의미에서 하나가 된다는 것은 변화나 쇠퇴하지 않는 원리 원칙 그대로의 본질 자체와 일치한다."

이제 우리는 플루타르코스의 신조는 완벽하게 이해할 수 있겠지만, 비평의 관점에서는 그렇지 못하다. εἰ이라는 단어가 유일신의 존재만을 의미하는 것으로 가정한다면 너무나 억측에만 의존하는 것이 되며 모든 이교도들의 신학에 역행하는 일이다.

그리스 식 교육 방법의 또 다른 획기적인 효과는 암기를 위한 반복적인 연습이다. 선조 시인들의 귀중한 작품과 철학자들의 가르침, 그리고 수학자들의 오류 등을 경험함으로써 쉽게 잊혀지지 않도록 기억력에 무의식적인 힘으로 작용하게 하였다.

플루타르코스에게 있어서도 이러한 반복 연습의 효과는 그의 작품 여러 곳에서 나타난다. 시인의 작품들은 그의 기억 속에 저장되어 있다가 적절한 상황에 적용되고 사용될 준비가 되어 있다. 사람들은 감정을 확인하고 그 영웅 심리를 정의하여 그 자신의 것으로 만들거나 표현하는 데 매우 능숙하다. 이러한 뛰어난 기억력의 도움으로 플루타르코스 역시 그 당시의 수많은 삶에 대해 작품을 쓸 수 있었으며, 같은 사건이나 내용의 반복 없이 인물을 묘사하는 시대별 흐름과 사건들을 적절한 비율로 분배할 수 있었다. 이 점이야말로 그의 작품에서 가장 어려운 부분이었으나 놀라운 재능과 솜씨로 발휘되었다. 하지만 때때로 플루타르코스도 동시대 인물들의 삶을 묘사하는 데 있어서 같은 상황을 반복한 적이 없지는 않으며, 이것은 불가피했다고 보아야 한다. 그러나 놀라운 것은 그렇게 중복되는 경우가 거의 없다는 사실이다.

그러나 어떤 경우, 뛰어난 기억력은 그에게 단점으로 작용하기도 하였다. 기억력을 너무 과신한 탓에 부정확성과 모순에 빠지게 되어 전에 서술한 내용과 완전히 다르게 이야기를 이끌어나가기도 하였다.

플루타르코스의 철학자적 위치, 교육의 정도, 논리적 합리성, 학문적 중용 등을 평가한다면 그는 후기 아카데미 학파에 속한다고 할 수 있을 것이다. 그가 스승 암모니오스를 떠나 사회에 소속됐을 때는 이미 어느 정도의 지위를 확고히 하고 있었다. 그러나 그의 작품은 그가 철학적 세계의 시민이 된 이후의 사고 방식을 보여 준다. 선과 행복이라는 목적을 위한 사고 방식을 살펴보면 그는 매우 관조하고 편견이 없는 시각에서 모든 위치를 파악했던 것으로 보인다.

아카데미 학파로부터 그는 사상의 중용을 배웠고 원칙적인 회의론을 남겼다. 그는 그들의 논리적인 신학을 빌려와서, 그 위에 헛되지만 유혹적인 그들의 열정과 함께 형이상학적인 품위를 포함시켰다.

소요학파(아리스토텔레스 학파, 그가 LYCEUM의 숲을 거닐면서 제자들을 가르친 데서 유래)와 함께 그는 자연과학과 그 논리의 연구에 입문하였으나 모든 실용적인 지식 또한 마음껏 받아들였으며, 그들 스스로 자연과학의 가설을 다시 한 번 생각해 보고 논리의 미궁 속에서 이성의 그림자를 좇을 수 있도록 도움을 주었다.

스토아 학파로부터는 특정한 신에 대한 믿음에 영향을 받았으나 내세의 보상과 응벌에 대한 사상은 받아들이지 못했다. 테오도레투스가 말했듯이, 그가 기독교에 관해서 들은 적이 있었으며 몇몇 작품(그러나 플루타르코스가 기독교와 관련되었다는 추측을 할 수 있는 기록은 전하지 않는다)에도 삽입시키고는 있지만, 그는 신의 현존과 내세의 인물을 조화시키는 방법은 알지 못했다. 스토아 학파로부터도 역시 플루타르코스는 인내의 교훈을 빌려왔으나 선이라는 개념 위에 세운 부자연스러운 기본 사상은 거부하였다.

그는 이제 그가 안주했던 소크라테스의 원리로 돌아오게 된다.

에피쿠로스 학파의 영향면에서 살펴보면, 그의 정치관이나 삶의 일반 철학에 아리스티포스의 철학이 종종 등장하지만 그다지 큰 영향을 주지는 못했던 것으로 보인다. 그리스의 한 작은 도시에서 철학은 큰 영향을 줄 일이 별로 없었던 것이다. 그러나 로마 점령하에서는 좀 더 폭력적인 방법으로 사용되었으며, 유명한 전기작가들은 그러한 파괴와 피로 얼룩진 장면들을 경쟁과 편견, 반목으로 묘사하며 한 국가가 잿더미로 변한 것을 변명하였다. 만약 플루타르코스가 에피쿠로스 학파에서 더 배운 것이 있다면 쾌락에 대한 그의 이성적인 사상일 것이다. 그것은 분명 그 자신의 사상이었다. 자연의 질서에서 벗어나 행복을 추구하는 철학자의 사상으로 그의 사상을 간주하는 것은 불가능하기 때문이다.

그러나 만약 플루타르코스가 피타고라스 학파였다면 어떤 사상들이 그에게 영향을 주었을까? 아카데미학파의 한 사람으로서나 철학적 세계의 한 시민으로 여전히 남아 있었을 것인가?

선천적인 자비심과 인도주의 정신으로 그는 그의 본성에 완벽한 신성과 철학의 체계를 이루었다. 그는 모든 창조된 동물로부터 본받을 점이 있다는 온화한 시각을 지니고 있었다. 그러나 자연주의자 피타고라스는 창조물의 특권을 지키기 위하여 종교를 언급하였다.

그는 윤회주의를 심어줌으로써 정직한 예술로써 자연의 본질에 역행하는 잔인성을 약화시켰다. 인간적이고 자비심 많은 플루타르코스로서는 자연주의자의 휘하에서 연구하는 일을 절대로 거절할 수 없었을 것이다. 그는 윤회사상을 받아들였다.

그는 피타고라스의 자비정신을 받아들여서 인간 본연의 이기심과 자만심을 죽이고 동정심을 발휘함으로써 인류의 잔인성을 전환시켰다. 내세에서 파충류로서 살아갈지도 모른다는 것을 믿었기 때문이었다.

이러한 그의 정신과 사상 경향은 카토 장군에 대한 그의 고찰에서 강하게 표현된다. 플루타르코스가 묘사한 것보다 더 생생한 표현은 없으므로 다음과 같이 인용한데 주저할 필요는 없을 것이다.

"나로서는, 사람과 사람 간의 유일한 유대는 이익과 필요성에 의한 것이라는 그의 사상과, 비열하고 인색한 방법으로 짐승처럼 많은 짐을 지우거나 죽이거나 나이가 들면 팔아 버리는 식으로 혹독하게 하인을 다루는 것을 비난하지 않을 수 없다. 그러나 선은 정의보다 더 큰 힘을 갖는다. 법률이나 공평성의 책임은 인간에게만 해당되는 것이다. 그러나 친절과 자선은 모든 종류의 창조물에게도 그의 범위를 확대시킬 수 있다. 그리고 이것은 삶의 원천으로부터 흘러나와 선한 사람들의 가슴속에 흐르고 있다. 선한 인간은 어렸을 때 뿐만 아니라 나이가 들어 은퇴했을 때에도 그의 말이나 개들을 잘 돌본다. 아테네 사람들은 헤가툼페돈이라는 신전을 완성했을 때 그 작업에 동원되었던 짐승들에게 자유를 주어 큰 목장에서 자유롭게 살도록 하였다. 이것은 사람들을 기쁘게 했으며, 결국에는 그 소들을 살아 있는 동안 돌보도록 하는 법률을 지키도록 포고령을 내렸다. 그래서 올림픽 경기에서 3번이나 우승을 한 사이몬의 말 무덤은 아직도 그 주인의 무덤 곁에서 볼 수 있다. 그 외에도 이러한 경우는 많아서 살아 있는 동안 사랑을 쏟았던 개를 묻어 주는 경우가 많았다.

그 중에서 유명한 일화는, 산티포스의 개가 아테네를 떠나는 주인을 따라 살라미스까지 가는 배 옆에서 함께 헤엄을 쳐서 따라왔으며, 후에 그 개가 죽자 그 바닷가에 묻고 그날을 개무덤의 날로 기념하였다. 물론 우리는 살아있는 생물체를 쓰고 나면 버리는 신발이나 가정용품 정도로 취급하지는 않는다. 그들은 인간에게 자비심을 가르치며, 우리는 다른 창조물에 관대해져야 한다. 내 경우 나를 위해 노동을 제공한 늙은 소조차도 약간의 돈을 위해서 팔아치우지는 못하는데, 하물며 내 밑에서 성장하고 함께 숙식을 같이한 인간에게랴! 그러나 카토 장군은 그가 집정관이었을 때 운반 비용을 절약하기 위해 그의 군마를 스페인에 남겨 두었다. 그의 영혼의 위대함 때문인지 비열함 탓인지 판단하는 것은 독자의 판단에 맡기자!"

얼마나 자비로운 철학자의 관대한 사상인가! 얼마나 가치 있는 자연주의자로서의 가르침인가! 진리와 우주과학의 위대한 선각자로서 그 명예를 빛내는 것이며, 그의 사상은 모든 의심스러운 문제에 확고히 대처하며, 그의 격언은 침묵의 확신으로부터 나온 것이다.

플루타르코스의 박식함과 그 학문의 관대함을 생각할 때 이 두 가지가 서로 연관되어 있다는 것은 매우 중요요하다. 피타고라스는 인간의 지식들을 모아서 이성적이고 유용한 과학의 도구로 집약시켰다. 위대한 베이컨처럼 그는 철학을 학파의 특수 학문과 교파의 겉치레에서 한 걸음 더 발전시켰다. 그는 철학을 본연의 위치로 돌려놓아 창조물에 순응하고 법률에 신뢰하는 '자연의 시녀'로 인정하였다. 인간 연구를 통해서나 광범위한 의문과 관찰 등을 통해서 얻어진 모든 지식을 그는 가능한 한 모든 방법과 기회로 이용하였다. 도덕적인 삶의 법률과 시민사회의 관습에서 그는 그리스의 다양한 사상과 업적을 통해 여러 가지 장단점을 배울 수 있었다.

이러한 그의 업적은, 후에 그가 올림픽 대회에서 논쟁하게 되었을 때 불가사의한 현명함과 지식을 갖춘 사람으로 인정받게 하였다. 그러나 그 자신이 호칭을 선택하도록 주어졌을 때 '현명한 사람'이라는 호칭을 겸손하게 거절하고 '지혜를 사랑하는 사람'이라고 불리기를 자처하였다.

위대한 사람으로 존경받는 대상으로서 만약 그가 그의 철학의 고귀한 부분만을 수용하지 않고 그가 피하고자 했던 다른 교파의 영향을 따랐다면 그는 상상할 수 있는 방종과 쾌락에 탐닉했을 것인가? 특히 꿈에 관한 그의 사상은 전기작가들의 관심을 너무나 많이 받았다. 그러나 이러한 점에 대해 그를 비난하는 것은 아마도 그를 완벽하게 보호하는 것만큼 위험한 일일 것이다.

우리가 인식하여야 할 점은 폴리나나 로저 경이 말한 것과 같이 '양면성을 모두 가지고 있다'는 것이다. 그러나 신뢰성이 특출했던 폴리나가 이 문제에 의문을 가졌다면, 그보다 신뢰도가 낮은 신탁에 관한 논문에서 그의 강력한 율법에 의해 그의 사조가 유지되고 있음을 보여 주고 있다.

그러므로 우리는 이 점은 그대로 두는 것이 좋을 것이다. 그가 어떤 방법으로 인생을 살았는지, 제논이 신탁에 의견을 물었을 때 그 대답은 그가 죽음에 대해 의문을 가졌다는 것이었다.

읽기에 관한 주도면밀하고 끈질긴 연습은 그리스 교육에서 중요한 부분을 차지한다. 이를 통해서 전기작가들도 위대한 업적을 남길 수 있었으리라.

그 시대에는 인쇄술이 아직 발달되지 않았고, 필사본은 구하기가 매우 어려울 뿐 아니라 값이 비쌌을 것이라는 점을 감안한다면 그가 작품 속에 인용한 수많은 책들이 어떻게 가능했는지 불가사의한 일이다.

그의 가족은 참으로 부와는 관계가 없었다. 그의 평론에서 그는 그의 선조가 카이로네아로부터 왔다고 서술하고 있다. 그의 선조들은 상당히 높은 지위에 있었으며, 특히 그의 증조부 니카르코스는 지식의 행복함을 아는 사람이었다고 한다. 안토니우스 군대의 혹독한 처우로 인한 그들 동족 시민들의 불행에 관해서도 서술하고 있다. 그의 조부 람프리아스는 뛰어난 상상력을 가진 위대한 웅변가였다고 전해진다. 쾌활한 성격을 지닌 그는 디오니소스 신에게 제물을 바칠 때 수성의 은혜를 받은 행복한 사람이었다. 그의 뛰어난 유머와 재치는 경험에 따라 늘어갔다. 람프리아스에게 있어서 포도주란 가장 좋은 향유의 효과를 높이기 위해 불을 가까이 하는 것과 같은 효과가 있었다고 말한다. 플루타르코스는 그의 아버지에 관해서도 마찬가지로 서술하고 있으나 아버지의 이름은 기록으로 전해오지 않는다. 그러나 그는 명예로운 집안에서 태어나 교육을 잘 받은 선한 인간이었다고 전해진다. 또한 그 시대의 철학과 신학에 대해 많이 알고 있을 뿐 아니라 시인들의 작품에도 정통하였다. 플루타르코스는 그의 정치에 관한 지침서에서 그의 아버지를 명예롭게 한 위대한 결정에 관해서 실례를 들고 있다. 플루타르코스는, "나는 카이로네아의 다른 시민들과 함께 총독부에 사절단으로 파견되었던 것으로 기억한다. 나의 동료들은 사고로 중간에서 중지할 수밖에 없었고, 나는 혼자서 임무를 수행했다. 카이로네아로 돌아온 후나는 사람들 앞에서 협상 내용을 공표하게 되었다. 그때 아버지는 나에게 이렇게 말씀하셨다. '내 아들아, 사람들에게 너 혼자서 그 일을 해냈다는 것을 말하지 않도록 조심해라. 네 동료들과 함께 했다고 말하거라. 내가 가서, 내가 말했고 내가 이루었다, 라고 하지 말고 우리가 가서, 우리가 말했고, 우리가 이루었다, 라고 말하거라. 비록 네 동료들이 너를 돕지는 않았지만 네가 이룩한 성공의 영예를 나누어 가질 수 있을 것이고, 그리하면 항상 뒤따르는 남의 것을 가로채려는 시기심을 피할 수 있을 것이다.' 라고 회고하고 있다.

플루타르코스에게는 티몬과 람프리아스라는 이름의 두 형제가 있었다. 이들은 그의 수업과 오락에 함께 하였으며, 플루타르코스는 항상 그들에 대해서 기쁨과 애정을 가지고 이야기하였다. 특히 티몬에 대해서 그는 이렇게 말한다.

"많은 경우 행운은 내게 더 호의적이었지만, 나의 형 티몬이 가졌던 귀중한 우정과 상냥함에 비교할 때 나는 그다지 큰 은혜로 느끼지 못했다."

람프리아스 역시 조부의 쾌활한 성격과 놀라운 유머를 물려받아 조부와 같은 이름을 가지게 되었다고 설명하고 있다.

어떤 작가들은 플루타르코스가 이집트에 간 적이 있다고 주장한다. 그러나 다른학자들은 그 같은 주장에 근거가 없다고 반박했다. 그것은 사실이다. 이 점에 대한 기록이 없기 때문이다. 그럼에도 불구하고 우리는 플루타르코스가 각 나라들을 여행했을 것이라고 믿는 경향이 있다.

그리고 그 같은 우리의 믿음에는 다음과 같은 이유가 있다.

첫째로, 그 같은 여행은 그리스의 자유스러운 교육 방법 중 하나이며, 플루타르코스는 좋은 가문에서 태어났으므로 이 같은 특권을 쉽게 누렸을 것이다. 다음으로, 그는 이시스와 오시리스에 대한 논문에서 이집트의 종교적인 미스터리에 대해 일반 상식으로 보기에는 상당히 많은 지식을 보여 주고 있다. 그러므로 그들 틈에서 직접 그와 같은 지식을 얻었을 가능성이 높다. 난해한 주제의 논문을 쓰는 데 있어서 다른 작가들이 제공할 수 있는 것보다 더 확실한 증거 없이 작품에 임한다는 것은 플루타르코스와 같은 천재적 작가에게는 있을 수 없는 일이다.

그가 이집트에 갔었는지 여부에 대해서는 논란이 있으나 이탈리아에 갔었다는 사실에 대해서는 논란의 여지가 없다. 이 나라를 방문한 목적은 확실하지 않으나 아마도 카이로네아 인들을 위한 공인의 자격으로 로마를 방문했을 것이다. 그는 그때가 데모스테네스가 생존해 있을 때이며, 공무 때문에 이탈리아에 있는 동안 라틴어를 공부할 만한 여가가 없었다고 말하고 있다.

이제 플루타르코스의 생애를 고찰하는 데 우리에게 많은 의미를 제공하는 그의 말을 여기 인용해 보겠다.

"사건들의 역사를 기록하려고 하는 작가가 어떤 연유로 다른 나라에 갈 기회가 주어지더라도 그는 그의 작업에 바로 들어갈 수가 없다. 각지에 산재해 있는 각기 다른 도서관들로부터 다양한 책들을 구하여 자료를 수집해야 하기 때문에 작가의 첫 번째 관심은 문헌이 많은 도시에 체류하는 일이다. 그곳에서 작가는 귀중하고 신비스런 수많은 책들을 접하고 그가 원하던 특징들을 찾아내어 귀중한 기억의 보고에 담아둘 것이다. 이렇게 함으로써 자료 부족이라는 난점을 해결할 수 있을 것이다. 나 역시 마찬가지로 작은 마을에서 태어나 그곳에서 생활하도록 선택되었다. 내가 로마와 이탈리아의 다른 지방에 있을 때, 내게 부과된 공공의 임무를 수행해야 했을 뿐 아니라, 내게 철학을 배우려는 사람들이 많이 찾아왔기 때문에 라틴어를 공부할 여유가 없었다. 그러므로 내가 로마 작가들의 작품을 읽기 시작한 것은 한참 후의 일이다."

이 짧은 이야기로부터 우리는 어떤 확실함으로 다음과 같은 상황을 파악할 수 있을 것이다.

플루타르코스는 처음 로마에 체류하는 동안 공무와 철학 강의 때문에 라틴어를 공부할 여유가 없었다고 한다. 그리고 그 전에 외국의 인물과 사건의 역사를 기록하려는 사람은 그 인물이 존재했던 나라의 역사 및 주어진 상황에 정통해야 한다고 언급하였다. 그리고 그는 로마에 머물렀을 때 시간이 없었기 때문에 라틴어를 배우지 못했다고 인정하고 있다.

그러므로 우리는 그가 로마에서는 도덕을, 카이로네아에서는 그의 삶을 기록했다고 결론지을 수 있다. 도덕에 관해 집필하는 데는 로마어를 알 필요가 없었다. 그리스어도 로마에서 일반적으로 통용되었기 때문이다. 철학 강의를 할 때에도 다른 언어를 사용할 뚜렷한 필요가 없었다. 그 강의는 아마도 분명 지금까지 우리에게 전해지는 도덕에 관한 것이었을 것이다. 비록 그가 로마의 역사학자들과 깊이 교류하지는 못했지만 전기를 기록하는 위대한 목적에서 볼 때, 그는 그리스어에 정통하였으므로 그의 계획에 도움이 되고 작품세계를 풍부하게 할 수 있는 중요한 상황과 인물들의 일화, 사건들을 수집했을 것이다. 이렇게 해서 그가 얻은 귀중한 자료들은 언제나 가지고 다니던 비망록에 기록되었다.

그가 로마와 이탈리아의 여러 지방에 있었던 시기는 베스파시아누스의 통치 초기부터 트라야누스의 재임 말기까지인 것으로 보이며, 거의 40년에 가까운 세월이었으므로 모든 종류의 자료를 수집할 충분한 시간과 기회를 가질 수 있었을 것이다.

플루타르코스가 그 자료들을 주로 대화를 통해서 수집했다는 점은 거의 확실하다. 어떤 방법과 주제로 수집했는지를 생각해 본다면 그것은 선조들의 대화 방법이리라. 그 당시의 대화 교육법의 특징은 현재 우리의 것과 다소 다르다.

그러나 고대 로마에는 대화법에 대한 조예가 깊지 않았다. 과학에도 헤베나 호일 같은 대가가 없었다. 그 당시에 관한 평가는 그다지 높지 못하다. 인간의 생애와 살아가는 방법에 대한 학문으로서, 또한 지식인으로서의 수양, 정신력의 배양, 그 나라의 모든 역사적 정치적 사건에 대한 협의로서 시와 철학의 힘은 강력하였고 대화의 중요한 주제였다. 이에 관해 플루타르코스는 우리에게 토론회라는 것을 통해서, 혹은 셀던이 탁상토론이라고 말하기도 하는 방법을 통해서 증거와 실례를 보여 준다.

그러한 대화를 통해 그가 전기작가로서의 약속을 이행하기 위해 필요한 그토록 많은 귀중한 자료들을 어떻게 구할 수 있었는지는 알 수가 없다.

그러나 전에 인용한 문장의 결론에서 우리는 플루타르코스의 로마 역사에 관한 지식이 주로 대화를 통해 얻어졌다는 의견에 대해 다른 논쟁이 있을 수 있음을 발견할 수 있다.

"나의 로마어 습득법은 이상하게 보일런지도 모른다."라고 그는 말했고, 그것은 사실이다.

"언어를 통해서 사물을 알게 된 것이 아니라, 사물을 인식함으로써 언어를 습득하게 되었다."

이것은 그가 배우고자 했던 언어를 사건들을 겪으면서 익숙해졌음을 암시하는 것이다.

로마의 역사는 폴리비오스에 의해서 이미 그리스어로 씌어져 있었음이 확인되었으며, 이에 대한 과거의 논란은 어느 정도 잦아들었다. 더욱이 이제는 이를 뒷받침해 줄 수 있는 충분한 증거가 확보되었다. 그렇지만 폴리비오스가 기록한 내용에는 플루타르코스의 삶 중의 많은 부분들이 제외되어 있으며, 또한 분명한 것은 라틴 문학에 대한 지식을 많이 이용하지 못했음을 시인한다. 아마도 그때는 트라야누스의 통치 후기쯤이었을 것이며, 플루타르코스는 조국을 사랑하는 마음에서 공무와 정치적 임무를 수행하는 데에만 힘썼던 것으로 보인다.

하지만 로마의 언어를 배우려고 했더라도 별다른 진전이 없었다는 것은 확실하다. 이 사실은 가끔씩 그가 라틴어의 단어를 사용하는 짧은 문장에서나, 그의 자전 중에서 로마의 역사학자들을 표면적으로 추종하던 당시 그들의 불확실하고 잘못된 방법들을 그대로 따랐던 점에서 엿볼 수 있다.

카이로네아에서 데모스테네스와 키케로의 생애에 관해 집필하였을 때는 그 스스로의 판단에 의해서 썼다는 것이 확실하다. 그의 자전 중 나머지 부분은 그가 은퇴한 이후에 카이로네아에서 씌어졌다는 점도 거의 확실하다. 만약 로마에서였다면 언어를 배울 시간조차 거의 없었으므로 작품에 필요한 자료 수집 이외에 더 많은 작업을 할 수 있었으리라고는 짐작하기 어렵다.

우리가 지금까지 플루타르코스에 의해 씌어졌다고 오랫동안 믿어온 격언집 〈Book of Apophthegms〉이 사실은 그의 작품이 아니라는 의견이 점차 확실해지고 있다. 이 책은 트라야누스 황제에게 봉헌되었는데 그 봉헌자의 이름과 인물이 플루타르코스로 추정되었으나, 이보다 전에 그는 카이로네아에서 위대한 사람들의 삶에 관한 작품을 쓰고 있었으며, 카이로네아로 은퇴한 때는 트라야누스 황제가 죽은 이후의 일이다. 이 작품이 가짜라는 사실을 증명할 수 있는 또 다른 증거를 든다면, 트라야누스 황제에게 봉헌되었다는 책임에도 불구하고 플루타르코스가 그의 스승이었다는 사실과 집정관의 위치에까지 올랐으며 일리리아의 총독으로 임명되었다는 점에 대한 언급이 한 마디도 없기 때문이다.

이 점에서 다시에르는 수이다스의 주장과 반대로 또 다른 결론을 도출해 내었는데, 플루타르코스는 트라야누스 황제의 스승이었던 적도, 그의 관리로 임명된 적도 없다는 것이다. 그러나 격언집이 플루타르코스의 작품이 아니라고 생각되기는 하지만, 어떤 문법학자에 의해 실제로 플루타르코스의 작품에서 발췌한 것이라는 점은 인정되어야 할 것이다. 플루타르코스가 트라야누스 황제와 관계가 있었다는 의견을 받아들이는 데 의문을 가질 필요는 없으며, 플루타르코스가 황제에게 보내는 편지 자체를 불신할 필요 또한 없을 것이다. 기록으로 전해지고 있는 편지 내용은 다음과 같다.

트라야누스 황제 폐하

저는 폐하께서 제국을 위해 노력하고 있지 않다는 것을 느낄 수가 있습니다. 폐하는 선천적인 겸손함으로 인해 법으로 폐하의 자리에 임명되었다고 생각하시어 폐하의 특출함을 알지 못하고 계십니다. 그러나 그 겸손함은 폐하가 야망을 추구하지 않는다는 점을 더욱 명예롭게 지켜 주고 있습니다. 그러나 앞으로 폐하의 정부는 어떤 방법으로든 폐하의 그 같은 장점을 증명해야 하며, 그래야만 이 위대한 사건에 관한 폐하의 은덕과 소인에게 주어진 행운을 경축할 명분이 생길 것입니다.

그렇지 않으면 폐하에게는 위험이, 소인에게는 불명예가 따를 것입니다. 그러한 제국의 불명예를 로마는 도저히 견딜 수 없을 것이며 학자들의 잘못 또한 폐하의 탓으로 돌려지게 될 것입니다. 세네카는 네로의 사악함으로 인해 비난받았고 아직도 불명예를 씻지 못했으며, 퀸틸리아누스는 그 신하들을 잘못 통솔한 탓에 평판이 금이 갔으며, 소크라테스조차도 알키비아데스의 교육을 소홀히 했다는 이유로 비난받았습니다.

그러나 폐하의 영도력은 폐하의 은덕을 명예롭게 할 것이라고 감히 희망을 품고 말씀드립니다. 현재의 폐하 그대로 정진하옵소서. 폐하의 가슴에 제국을 세우고 폐하의 열정으로 그 기반을 확립하십시오. 선의 법률로 통치하면 종국에는 모든 것이 조화와 질서 속에서 순조롭게 진행될 것입니다. 폐하께 설명드렸듯이 모든 법률과 율법의 정신은 이미 선조들에 의해 완성되어 있으므로 폐하는 그저 집행하시면 되는 것입니다. 만약 이것이 옳다면 제가 은혜의 제국을 이룩시킨 영광을 갖게 되는 것이며, 그렇지 않더라도 플루타르코스의 조언과 능력으로 인해 로마 제국을 멸망시키지 않을 수 있었다는 증거로 이 서신을 후세에게 전하도록 해주십시오.

한 철학자의 영혼의 힘과 인간으로서의 자유, 그리고 감각적인 경향을 모두 나타내고 있음에도 불구하고 왜 다시에르는 이 편지를 문학적으로는 플루타르코스의 글 쓰는 방식에 대한 척도로서 가치가 없다고 생각했는지 알 수가 없다.

플루타르코스가 살아온 방식이나, 그가 로마에 갔을 때 받은 환대 등을 고려해 본다면 그와 트라야누스의 관계가 어떠했는지 상상하는 일은 어렵지 않을 것이다. 그 도시에서 머무는 동안 플루타르코스의 집은 중요한 시민들의 집결지였다. 그들의 지위나 취향, 학식, 혹은 그의 대화나 강의에 참여하는 공손함조차도 모두 품격 높은 것이었다. 그 당시 그리스 어와 그리스 철학을 공부하는 것은 로마 귀족들에게 매우 중요한 일이었으며, 황제들조차도 직접 참여하고 지원을 함으로써 당시 가장 유명한 교수였던 플루타르코스를 더욱더 명예롭게 하였다. 플루타르코스는 〈호기심에 관한 논문〉에서 그 당시 그의 강의에 집중되었던 세인들의 관심을 아주 상세히 소개하고 있다.

"내가 로마에서 대중들에게 연설하고 있을 때 한 사건이 발생하였다. 후에 명성이 높아지자 암살을 당하게 되는 아룰레누스 루스티쿠스라는 인물 역시 나의 청중이었다. 한참 강연 중에 한 병사가 들어오더니 황제로부터의 서신을 그에게 전했다. 이때 청중들은 아무런 소요도 없이 침묵하였으며, 나 역시 그에게 편지를 읽을 시간을 주기 위해 강의를 멈추지는 않았다. 그도 역시 개의치 않고 내 강의가 끝나고 청중들이 흩어질 때까지 편지를 개봉하지 않았다."

이 사실의 중요성을 더 잘 이해하려면 플루타르코스에게 경의를 표했던 인물의 지위와 성격을 고려해 볼 필요가 있을 것이다. 아룰레우스는 명예와 영광을 갖춘 지체높은 집안 출신으로, 로마의 특출하고 위대한 사람들 중 하나였다. 그는 네로 시대에 집정관들과 소라누스가 원로원의 포고령에 따라 극형에 처해지게 되었을 당시 호민관이었다.

소라누스가 그의 친구들과 변호를 할 것인가 포기할 것인가를 논의하고 있을 때 아룰레누스는 호민관의 자격으로 원로원의 결정에 불복하려는 마음을 굳히고 있었다. 실제로 그는 그대로 행동에 옮겼다.

그는 이의를 제기한 집정관들에 굴복하지 않고 친구를 위해서 자신을 파멸시킬 수도 있는 방법으로 대항하였다. 그는 후에 비텔리우스의 후임으로 집정관이 되었으며 최고의 성실성으로 임무를 수행하였다. 그러나 그가 펼친 정신과 아량은 파이투스와 헬베티아우스 프리스쿠스에 대한 찬사에서 더욱 명예롭게 평가된다. 그의 모든 행동은 철학의 가르침에 따른 것이었으며, 위와 같은 상황에서 그가 플루타르코스에게 보여준 존경심은 그 증거이다. 황제의 편지를 철학자의 강의 다음으로 연기한 그런 인물이었던 것이다.

그러나 플루타르코스가 지위가 높은 로마의 사람들에게서 대중적으로만 높은 평가를 받았던 것은 아니다. 그는 매우 특별하고 존경할 만한 우정 관계를 맺고 있었다. 네르바 황제 시대에 한 번, 그리고 트라야누스 황제 시대에 세 번, 총 네 번이나 집정관을 지낸 소시우스 세네키오는 그의 가장 절친한 친구였다. 세네키오와는 로마에 있는 동안에만 우정을 간직한 것이 아니라 플루타르코스가 그리스로 돌아간 후에도 계속되었다. 이처럼 시기심 많고 막강한 친구의 관심 하에서 트라야누스 황제의 스승으로만 지명되지 않고 동시에 집정관의 지위에까지 오를 수 있었는지는 쉽게 믿어지지 않는다. 철학의 선각자로 로마에서 얻은 플루타르코스의 명성을 생각하면 트라야누스 황제의 스승 이외의 역할은 상상할 수 없지만, 트라야누스 황제 휘하의 집정관 세네키오의 각별한 관심을 따져보니 집정관이 된 것도 당연할 수 있다.

트라야누스 황제와 같은 선한 황제의 스승이었다는 영광은 플루타르코스의 전 생애에 있어서 매우 중요한 사실이며, 이 때문에 쉽게 포기할 수는 없었을 것이다. 수이다스는 이렇게 주장한다. 위에 인용되었던 편지를 우리가 의심없이 플루타르코스의 작품이라고 인정한다면 모든 사실은 확인된다. 페트라르카 역시 인정하는 사실이다. 유일하게 다시에르만이 의문을 제기하며 부정하기까지 한다. 그러나 그의 의견에는 증거가 뒷받침되지 못한다. 다시에르는 플루타르코스가 트라야누스 황제보다 나이가 3, 4세 정도밖에 많지 않으므로 철학의 스승으로 부적합하다고 말하고 있다. 이 점에 관해서 다시 한 번 의문을 가져보자. 트라야누스는 젊은 시절을 군대에서 보냈다. 플루타르코스는 과학을 연구하며 보냈다. 태자가 어느 정도 나이가 들자 학문을 추구하고 싶어했고, 플루타르코스 역시 더욱 그러했을 것이다. 그렇다면 군인에게 철학을 가르치는 스승이 겨우 서너 살 많다고 해서 부적당할 이유가 무엇인가? 이 이유는 반박의 근거가 될 수 있다고 보기 어렵다. 더욱이 다시에르는 플루타르코스가 트라야누스보다 겨우 네 살이 많다고 얘기함으로써 '미증명의 오류(Petito Principii)'를 범하고 있다.

플루타르코스가 태어난 정확한 시기를 확인하는 것은 불가능하므로 다시에르의 주장은 추측에 불과하다. 그러므로 우리는 대부분의 학자들과 마찬가지로 플루타르코스가 트라야누스의 스승이었음을 인정하며 확실히 그랬을 것으로 결론지을 것이다. 이러한 주장을 뒷받침하는 데는 의문점이 거의 없다. 오히려 그 학자들과 황제를 명예롭게 한 교육의 본질과 효과에서 내면적인 증거를 찾을 수 있으며, 논쟁을 마무리짓는데 도움을 준다. 몇몇 학자들은 플루타르코스가 로마에서 명성을 얻은 시기를 확인하려고 노력하였다. 알렉산드리아의 페트루스는 그때가 네로의 통치 13년째이며 카피토와 루푸스가 집정관이었을 때라고 못박고 있다. 그는, "그 당시 로마 인들 중에서 루키아누스가 가장 위대한 명성을 얻고 있었으며, 무소니우스와 플루타르코스는 잘 알려져 있는 정도였다."라고 말한다. 유세비우스는 그보다 1년을 늦춰서 네로 재위 14년이며, 무소니우스와 플루타르코스가 가장 높은 명성을 얻고 있었다고 주장한다. 그러나 이 작가들은 분명히 오류를 범하고 있다. 우리는 네로 재위 12년에는 플루타르코스가 아직 암모니오스 밑에서 수학하고 있었다는 사실을 이미 알고 있다. 수학 중인 학생이 2,3년만에 로마에서 유명한 철학자로 이름이 날린다는 것은 거의 있을 수 없는 일이다. 유세비우스는 모순된 말을 하고 있는 것이다. 어떤 경우에는 그때를 하드리아누스가 통치하던 시기로서, 올림피아드 224의 세 번째 해, 서기 120년이라고 말한다. 그는, "이 해에 카이로네아의 철학자 플루타르코스는 6번째 인물로 활약 중이었다."라고 말한다. 따라서 그는 플루타르코스를 너무 높게 평가하지 않고 너무 낮게 평가하고 있는 것이다. 플루타르코스가 명성을 얻기 시작한 것은 베스파시아누스가 재위 하에서였으며, 철학자로서의 명성을 확고히 한 것이 트라야누스 시대임은 명확한 사실이다.

그 당시 그리스와 라틴의 작가들은 서로의 작품에 대해서 잘 알지 못했거나, 서로 문학적인 시기심이나 적의를 품고 있었던 것으로 보인다. 플루타르코스가 활약할 당시에는 뛰어난 능력을 갖춘 몇몇 동시대 작가들이 있었다.

페르세우스, 루카누스, 실리우스 이탈리쿠스, 발레리우스 플라쿠스와 젊은 작가로는 플리니우스, 솔리누스, 퀸틸리아누스 등이 그들이었다. 그러나 이들 중 누구도 플루타르코스에 관해 언급하지 않았다. 시기심 때문이었을까? 아니면 로마인으로서의 자존심 때문이었을까? 아마도 그들은 카이로네아와 같은 하찮은 지역 출신의 그리스인 소피스트를 염두에도 두지 않았을 것이며, 로마의 문학적인 찬양에 심취하여 있었을 것이다. 동시에 로마의 작가들에게는 그 시대를 풍미하고 있던 그리스 철학자들에 대한 근본적인 시기심이 있었던 것 또한 분명하다. 이 점에 관해서는 그리스 웅변가에 대한 감찰관 카토의 반대 연설을 기록한 플리니우스의 작품에 매우 강렬하게 나타나 있다. 카토는 그리스의 소피스트에게 승리를 거두었는데 경멸하는 의미로 "얼마나 수시로 태도를 바꾸는지 모르겠군(Quanta Morum Commutatio!)"라고 외쳤다.

그러나 동시대 작가들에 의해 비판을 당하였어도 플루타르코스의 작품에 필적할 만한 것은 결코 없었다. 지금도 마찬가지이지만 뛰어난 천재의 운명 뒤에는 다른 사람의 침묵이나 매도성 시기심이 언제나 도사리고 있다. 그것은 태양과 같은 것이어서 다른 물체가 주위를 지나가서 그 광채를 줄이지 않으면 고통으로 바라볼 수 밖에 없다. 그래서 우리는 그림자나 구름을 열망하고, 그 빛이 일식으로 가려질 때 쾌감을 느낀다. 그러나 플루타르코스는 다른 위대한 사람들처럼 '질투는 죽음으로써만이 정복될 수 있다.'는 사실을 깨닫고, 죽은 후의 영혼이 최상의 보상으로 위로 받을 것이라고 생각하였다. 그의 영광을 추모하는 많은 찬미가 중에서 다음의 내용은 기록될 만한 가치가 있다.

아울루스 겔리우스는 과학의 학문에서 최고의 영예로 찬미하고 있다. 겔리우스에 의해 인용된 문장에서 타우로스는 그를 가장 완벽한 지식과 지혜를 가진 사람으로 칭송하고 있다.

유세비우스는 그를 그리스 철학자들 중 최고봉으로 인정한다. 사르디아누스는 '철학자들의 생애' 서문에서 그를 가장 신성한 플루타르코스 철학의 미와 조화라고 칭송하였다.

페트라르카는 그의 도덕에 관한 작품에서 종종 그를 위대한 플루타르코스라는 칭호로 구분짓고 있다. 또한 플루타르코스의 영광은 오리게네스, 소피스트 히메리우스, 키릴루스, 테오도레투스, 수이다스, 포티우스, 크실리필리누스, 조아네스, 살리스베리엔시스, 빅토리우스, 립시우스, 아가시아스에 의해서 짧은 서사시로 표현되어 드라이든에 의해 번역되었다.

카이로네아 인 플루타르코스여, 그대를 향한 불멸의 칭송들이

호전적인 로마인들로 하여금 이 감사의 동상을 세우도록 했는가.

그리스와 로마가 그대의 명예를 공유하였음이로다.

영웅에 관한 글이 씌어지고 그 삶이 비교된다네.

그러나 그대는 그대 자신의 글을 결코 쓰지 못했고

그들의 생애는 비교되어도 그대의 생애는 그렇지 못하다네.

그러나 이것은 빈약한 작품이다. 우리는 차라리 콘스탄틴 모노마코스 휘하에 있었던 정직한 대주교의 그리스 시에서 더 뛰어난 표현을 볼 수 있다.

이교도의 과학으로는 구할 수 없었던 잃어버린 아들을 구한

빛과 생명과 힘의 지배자여.

모든 것들이 그대가 베푸는 자비로움을 의미한다면,

플라톤을 따르라. 지배자여. 플루타르코스를 따르라. 나의 신도여.

은총도 없고 새로운 변화도 없는 곳에서

사람들은 그대만의 사상의 신성함을 느끼고

은혜를 입어

그대가 그들의 신임을 발견한 최후의 목격자이다.

학식이 뛰어나고 위대한 문헌고증학자였던 테어도어 가자는 플루타르코스에게 특별한 애정을 가지고 있었다.

그는 "책들이 모두 망가지게 된 경우 어떤 작가의 책을 구하겠는가?" 하는 질문에 플루타르코스라고 대답했다. 그는 플루타르코스의 역사적 · 철학적 작품들이 이 사회에 가장 유익하다고 생각하였으며, 물론 다른 모든 책들과 바꿀 수 있는 최고의 작품으로 평가하였다.

플루타르코스의 우수성에 대해서 다른 이들의 동의가 좀 더 필요하다면, 그 당시 최고의 비평가들과 유능한 작가였던 몽테뉴, 세인트 에버몽, 몽테스키외 등에 의해 칭송되었다는 사실로 충분할 것이다.

철학자로서 누릴 수 있는 최고의 영예를 누리고, 세계의 중심지에서 지혜와 선에

관해 신화적인 가르침을 펼치고, 황제를 선의 길로 인도하고, 인류의 행복에 대한 그의 가르침의 효과를 눈으로 확인한 후 플루타르코스는 그의 조국으로 돌아갔다.

그의 제자였던 황제의 죽음은 인간으로서의 그의 감정에 고통마저 심어 주었다. 철학의 영향을 받아 정신의 수양을 닦았더라도 진심에서 우러나오는 마음으로의 이 끌림보다 강할 수는 없다.

플루타르코스가 카이로네아로 은퇴한 이후 그는 쇠퇴기를 맞았다. 그러나 그가 세상의 분주한 일선에서 물러났기는 하지만 무익하고 나태한 고독에 안주했던 것은 아니었다. 은퇴한 이후 플루타르코스는 그토록 오랜 동안 자료를 준비해 왔던 위대한 작품 〈훌륭한 사람들의 생애〉를 완성하였다.

그를 칭송한 내용이 얼마나 광범위하고 다양한 것이었는지 언급하는 것은 불필요할 것이다. 그러나 그의 작품에서 우수성과 함께 결점을 찾아내어 플루타르코스가 다른 이들보다 출중하였던 점과 실패했던 점을 고찰해 보는 것은 쓸모 있는 일일 것이다.

립시우스는 플루타르코스가 역사책을 쓴 것이 아니라 역사를 스크랩했을 뿐이라고 주장하였다. 그가 기록한 여러 사람들의 생애에 관해서 하는 말이라면 한편으로 진실이기도 하다. 그가 기록한 내용 중 한 사람의 인생으로는 그 당시의 역사를 충분히 설명하지 못하며, 또한 그 당시는 그렇게 하는 것이 불가능하였다.

그의 계획은 수많은 동시대 사람들의 삶을 포함시키고자 하였으며 대부분을 대중적인 인물로 묘사했으므로 그 당시의 사건들은 개개인에게 나누어져 묘사되었다. 그 당시의 전반적인 역사는 각각의 비율로 나뉘어졌으며 각 비율은 몇몇 주요 사건들에 흥미를 가졌던 몇몇 인물들에게 분배되었다. 이것은 어느 정도 플루타르코스에 의해 이루어진 것이었으나 위대한 예술성이나 정확성을 기울여 이루어진 것은 아니다. 동시에 우리가 이미 확인했던 바와 같이 내용이 반복되는 경우에는 몇몇 인물들이 중요한 사건들에 모두 개입되어 있다는 단점을 새삼 지적할 필요는 없을 것이다.

그러나 이 역사의 스크랩들이 나뉘고 흩어져 있더라도 집합적으로 모이게 되면 그 시대에 대한 서술로 그다지 불완전하지는 않다. 등장인물의 사소한 상황에 대한 전기작가들의 주의를 고려하더라도 플루타르코스의 원리와 연구 방법, 그리고 정치적 · 철학적 논문을 살펴보면 그가 얼마나 이해하기 쉽고 지적인 방법으로 사건들을 묘사했는지 알 수 있다.

그의 서술이 때때로 무질서하고 너무 자주 부적절한 여담으로 흘렀다는 점을 부정할 수는 없다. 계속되는 아이디어에 너무 탐닉한 나머지 그는 종종 사건의 순서를 제멋대로 바꾸어 엉뚱한 시기로 사건들을 묘사하고도, 그러한 태만한 탈선에 대해 사과의 말도 하지 않지만, 충분한 시간이 없었기 때문이라고 이해된다.

플루타르코스 시대에는 '각주'라는 것은 사용되지 않았다. 플루타르코스가 '각주'의 편리함을 알았다면 대부분의 본제 외 여담들을 이 형식을 이용하여 기록했을 것이다. 그 내용들은 말할 필요도 없이 지루하고 장황한 것이다. 이 경우 우리는 가능하면 기억하도록 노력하고, '각주'의 사용을 플루타르코스가 몰랐다는 사실로 스스로를 달래는 수밖에 없다. 플루타르코스가 그러한 사소한 내용들까지 언급하게 된 동기는 모든 지식을 전달하려는 열망에서 비롯된 것이었다. 그리고 이 점은 역사와 철학에 관한 논문에서 종종 나타나는 현상이다.

인간의 관습을 묘사하는 데는 플루타르코스가 가장 뛰어나다. 그의 도덕적 탁월성보다 명확하고, 그의 정신에 관한 서술보다 뛰어난 작품은 없다. 철학적인 관찰과 의문의 정신은 적절히 사용되면 역사 저술에 최상의 효과를 줄 수 있는데, 플루타르코스는 이 능력을 훌륭히 갖추고 있었다. 그의 자전적인 저술은 교훈과 실례로서 동시에 철학을 가르쳤으며, 그의 도덕성과 성격은 상호 보완하여 그 빛을 더욱 발하게 하였다.

플루타르코스의 역사학자로서 의무감은 특히 확고하고 섬세한 것이었다. 그에게는 선천적인 신앙과 같은 것으로서, 혼신을 기울여 이바지하려는 본질적이고 생산적인 기질과 열정을 가지고 있었다. 원초적인 신앙심의 원리에 의해 태어난 사람이 있다면 우리는 플루타르코스를 지명하기에 주저할 필요가 없을 것이다.

이 같은 그의 기질 때문에 때때로 미신까지도 관대하게 받아들였거나 이교도의 신학에 비이성적으로 심취한 적도 있었으나, 그다지 걱정할 바는 못 되었다. 전체적으로 볼 때 플루타르코스는 유일신에 대해 매우 일관되고 영광스러운 인식을 가지고 있었기 때문이다.

그가 믿었던 신성한 자연의 통일성에 대해서는 아폴론 신전에 새겨졌던 단어 'ἐἰ'에 대한 그의 고찰에서 이미 확인한 적이 있다. 세계는 여러 개라는 관점을 부정하는 스토아 학파에 반대하는 플라톤 학파의 입장에서 쓴 〈신탁 중지에 관한 논문〉에서 똑같은 의견을 다시 한 번 엿볼 수 있다.

"스토아 학파들은 어째서 여러 세계가 존재하는 경우 그 여러 세계를 인도하는 운명과 신이 오직 하나뿐이라고 생각하는지 의문이다. 왜 그 많은 세계를 지배하는 데 여러 명의 제우스나 다른 신들이 필요하지 않은가?"

플루타르코스는 이렇게 답변하고 있다.

"세계가 다수이기 때문에 제우스가 여러 명이어야 할 필요가 있는가? 이성과 지성을 부여받은 위대한 존재가 한 분 계시어서 우리가 모든 사물들의 주인인 하느님으로 인정하는 신이 모든 세계를 관장하여 통치한다면 그것으로 충분하지 않은가? 만약에 더 많은 초월적 존재가 있다면 오히려 그들의 섭리는 서로 모순되고 헛될 것이다."

플루타르코스는 초월적 존재의 유일함을 인정하고 있지만, 신성과 인간의 본성 사이에서 인간의 질서를 관장하는 중간자의 존재 또한 믿고 있다. 그는 이들을 지니, 혹은 다이몬이라고 부른다. 그는 창조의 일반적인 질서와 원리로는 영원불멸의 존재와 유한한 존재의 두 극한 사이에 중간이란 있을 수 없다고 생각한다. 또한 양쪽을 모두 관장할 수 있는 중간자의 존재 없이는 그토록 거대한 진공 상태가 있을 수 없다고 생각한다.

우리가 동물과 구분될 수 있도록 영혼과 육체를 함께 가지고 있는 것과 마찬가지로 다이몬들은 신성과 인간성 사이에 지성을 가지고 있다. 그러나 그들의 본성은 변화한다고 믿어진다. 처음에는 영혼이 선한 인간으로 여겨지다가, 그 공덕과 타락의 정도에 따라 그 존재로서의 삶이 거듭되어 높은 지위의 지니로 인정된 후, 좀 더 향상된 천상의 존재로 높아지거나 아니면 유한한 존재로 격하된다는 것이다. 이와 같은 지니의 평가는 신탁에 의해 이루어진다고 생각하며, 그밖의 인간사나 그 운명의 결정, 은혜의 선택이나 악한 이의 처벌, 때때로 지고지순한 자연의 상호교감까지도 초월적 존재인 신에 의해 관장된다고 생각한다. 이로 인해 소크라테스는 플루타르코스가 위험한 사상에 접근하고 있다고 경고하고 피하도록 가르쳤다.

이러한 존재에 대한 질서는 후에 플라톤 주의에 심취하고 피타고라스학파에 관심을 가졌던 톰슨에 의해 그의 〈계절〉이라는 작품에서 아주 아름답게 묘사되고 있다. 마치 훌륭한 시인이 그 주위를 신봉하듯이 감상에 젖어서 기원하고 있다.

그대, 스탠리여, 신성한 시인인가?
오, 우리에겐 너무 빠르리!

그것은 플루타르코스의 신앙의 원리였으며 그 중요성을 증명이라도 하듯이 은퇴

후에는 신성한 삶을 추구하여 아폴론 신을 섬기는 사제가 되었다.

사제로서의 의무가 카이로네아로 은퇴하여 있을 때의 유일한 과업은 아니었다. 그는 성직자와 치안관으로서의 역할을 통일하여 신을 위한 봉사와 사회를 위한 의무를 위해 헌신하였다. 그는 철학이나 문헌학을 추구한다고 해서 그가 속한 공동체를 위한 봉사에서 면제될 수는 없다고 생각하였다. 그의 문학적인 작품이 전세계에 미치는 영향이 매우 중요하였음에도 불구하고 작은 도시 국가 카이로네아에서 세인들의 신뢰로 주어진 임무를 회피하려는 시도조차 하지 않았다.

플루타르코스는 여러 종류의 임무를 맡았던 것으로 보이며, 마지막에는 집정관이나 도시의 최고 치안관으로 임명되었던 것으로 생각된다. 트라야누스 황제가 죽은 이후에 일리리아의 통치권을 갖게 되었는지는 확실히 알 수 없으나 간단하게나마 정의를 실현한 철학자로서의 태도를 연구해 볼 가치가 있을 것이다.

플루타르코스는 그가 공공치안관의 자리에 있을 때 끊임없이 시민들의 동의를 구하였다. 이 방법을 좀 더 효과적으로 하기 위하여 그는 첫 번째 원칙으로, 치안관은 친절하고 대하기 편해야 한다는 점을 실천하였다. 그의 집은 정의를 추구하는 이들의 은신처로서 언제나 활짝 열려 있었다. 그는 하루에 몇 시간만을 공무를 보는 시간으로 할애한 것이 아니라, 집안 싸움, 개인 간의 협상, 멀어진 친구들의 화해 등에 사적인 시간을 할애하였다. 이 일은 그의 임무 중 중요한 부분을 차지하게 되었다. 그러나 이러한 일들이 너무 자주 발생하여 결국에는 오해에 의해 부추겨져서 가장 위험한 대중들의 파벌 싸움으로까지 번지게 되었다. 그렇기 때문에 플루타르코스는 이 점에 관해 정치적인 관점에서 충분히 고려했어야 했다.

플루타르코스는 후에 작품의 일부에서 같은 결론을 내리고 있다.

"대중들에 의한 논란의 화제는 항상 대중들의 조직 내에서 시작되는 것은 아니다. 오히려 각 개인의 집에서 소홀히 한 등불에서 더 자주 발생할 수 있다. 따라서 나라를 다스리는 데 있어 폭동의 불꽃은 언제나 정치적인 이견에서 시작되는 것이 아니라 각 개인의 의견 차이에서 시작되어 긴 연결고리를 통해 전 시민에게 영향을 미친다. 이 때문에 나라를 다스리는 관리나 판사의 주요 의무 중 하나는 이 같은 개인적인 적의를 무마시켜서 대중 전체의 불화로 커지지 않도록 막는 일이다."

이 같은 내용에 덧붙여서 그는 그와 같은 작은 이유로 파멸에 이른 몇몇 나라들과 도시에 대해 언급하고 있다. 그리고 우리는 개개인의 오해를 소홀히 해서는 안 되며 적절한 시기에 제거해야만 한다고 덧붙이고 있다.

플루타르코스는 그 당시 부유층 사람들이 하급 치안관들에게는 존경을 표하지 않는 것이 유행처럼 되어 있는 점을 지적하고, 예를 들어 가르침으로써 그 같은 무분별한 죄악을 뿌리뽑고자 노력하였다.

그는 이렇게 말하고 있다.

"치안관에 대한 복종과 존경을 배우는 것은 수양에 있어서 최우선의 원칙이다. 비록 지위나 재산에 있어서 우리보다 못하다고 해서 치안관들을 무시해서는 절대로 안 된다. 지금 우리는 치안관에게 마땅히 주어져야 할 존경을 권력과 부를 가진 자에게만 표하고 있다. 그러나 우리가 꼭 기억해야 할 것은 눈앞의 일만을 중요하다고 주장함으로써 국가의 명예를 실추시키고 있다는 사실이다. 개인의 존엄성은 언제나 공공의 이익을 위한 것이어야 한다."

플루타르코스의 정치에 관한 원칙에 대해서는 그가 로마에 있을 때조차도 진정으로 자유를 추구했던 공화주의자였다는 것이 확실하다. 그러나 이 사실은 그의 명예에 그다지 도움이 되지 못했다. 로마에서 그는 세계적인 철학자로서 행동하였다. 그는 그가 결코 바꿀 수 없는 권력을 가진 조직을 발견하였다. 그러나 그는 인류를 자유롭게 할 수는 없더라도 그 당시의 통치자에게 관대함을 가르침으로써 일시적으로나마 행복하게 만들었다.

우리는 카이로네아에서 플루타르코스가 좀 더 공공연히 자유의 원리를 펼쳤던 것을 알 수 있다. 로마에 체류할 때 그는 경찰에 관해 아주 중요한 실수를 범하였다. 모두 불만과 그 처리 과정에 있어서 사소한 일이라도 사람들은 우선 나라의 관리에게 호소하게 된다.

카이로네아의 집정관으로서 플루타르코스는 이 방법에 반대한다. 그는, "한 도시를 치안관에게 복종시키려는 노력을 하려면 동시에 비굴함과 모욕적인 상황을 감소시키는 방법을 알아야 한다. 최고 치안관에 대한 인식을 조금씩 늘려감으로써 국가에 대한 봉사로써 이바지하는 것이다."라고 말한다. 통치권에 대한 관습적이고 광범위한 노력은 독재의 일반적인 경향을 띠게 된다는 점은 의심할 나위 없는 사실이다.

우리는 지금까지 철학자로서, 전기작가로서, 그리고 치안관으로서의 플루타르코스를 살펴보았다. 또한 우리가 확보할 수 있는 모든 정보를 동원하여 그의 도덕적·신앙적·정치적 특징에 접근해 보았다. 이제 남은 것은 그의 삶에 있어서 가족과 관련된 사실과, 그의 본성과 교육에 영향을 주지 못한 특징에 대해 알아보는 것이다.

다시에르는 이 같은 플루타르코스의 역사적 측면에 대해 독특한 연구를 이루었다. 그는 이렇게 말하고 있다.

"한 인간의 삶에 있어서 행·불행을 결정하는 두 가지 중요한 관점이 있는데, 그것은 출생과 결혼이다."

결혼에 있어서 불행하다면 행운을 가지고 태어났더라도 아무 소용이 없다. 다시에르가 어떻게 그러한 점성가의 논리를 받아들이게 되었는지는 알 수 없다.

이 원리에서 보면 인간은 적어도 두 개의 좋은 별을 가지게 되는데, 하나는 생일을 위한 것이고, 다른 하나는 혼례일을 위한 것이다. 출생 별자리는 신부가 되는 날에까지 영향을 주지는 못하여 그 후 인간은 다른 운명에 의해 지배되는 것으로 보인다.

플루타르코스가 언제 이 주장에 동의하게 되었는지는 확실하지 않으나 지혜로운 그가 중년에 결혼하였을 가능성은 없다. 그의 부인은 카이로네아 원주민이었을 것이다. 비록 그의 부인이 태생이 좋고 훌륭한 교육을 받지는 못했더라도 현명한 감각과 미덕을 갖춘 여인이었으므로 그의 선택은 행운이었던 것으로 보인다. 그녀의 이름은 티목세나였다. 플루타르코스는 그녀와의 사이에 적어도 다섯 명의 자녀를 두었던 것으로 보이는데, 4명의 아들과 어머니 티목세나로부터 관심을 끌지 못했던 딸이 1명 있었다.

플루타르코스는 딸에게까지 자연스러운 호의를 베풂으로써 아이들에게 자상한 아버지로서의 모습을 보여주었다고 이렇게 회고하고 있다.

"딸이 아주 어렸을 때, 그 애는 어머니에게 다른 아이들과 똑같은 보살핌과 사랑을 주도록 간청하였다."

이 같은 간단한 상황에서 부모의 편애와 인간에 대한 호의적인 성격을 나타내지 않았을까? 그러나 철학자는 곧 인간애의 전성기를 잃게 된다. 그의 아내 티목세나가 아이를 낳다가 죽었기 때문이다. 그때 플루타르코스가 그녀의 어머니에게 보내는 위로의 편지에서 우리는 철학자가 된 것 이상의 상실감을 맛보고 있음을 알 수 있다.

"죽음은 티목세나에게서 작은 기쁨들을 앗아갔음을 생각하십시오. 그녀가 알고 있는 모든 사물은 작지만 중요한 것이었으며 사소한 것에서 기쁨을 찾았었습니다."

이 편지에서 우리는 최상의 영예를 가진 그녀의 초상을 찾아볼 수가 있다.

티목세나는 여성으로서의 가냘픔과 애정을 아주 많이 지니고 있었던 것으로 보인다. 그녀는 값비싼 의복이나 대중 앞에서 드러내는 일 따위에는 관심을 두지 않았다. 그녀는 모든 사치는 비난받아야 한다고 생각했으며, 그녀의 야망은 품위와 예의범절에 결코 어긋나지 않았다.

플루타르코스는 아내보다 먼저 맏아들과 샤론이라는 이름의 아들, 둘을 앞서 보내야 했다. 앞서 언급한 편지에서도 알 수 있듯이 티목세나의 품행은 철학자의 아내로서 칭송될 가치가 있는 것이었다.

그녀는 대부분의 여인들처럼 의상의 변화나 슬픔의 과장 등으로 품위를 손상시키는 일이 없었으며, 혹독하리만치 엄숙하고 이성적인 판단으로 근검절약의 법도를 따랐다.

고결한 정신과 우아한 성품을 가진 여인과 함께 함으로써 지혜와 박애의 수호자인 플루타르코스는 끝없는 행복을 누릴 수 있었으며, 그가 우리에게 남긴 부부애의 가르침은 그 자신의 경험을 통해서 그의 가족을 본보기로 삼아 이루어진 것이다.

그에게는 플루타르코스와 람프리우스라는 두 아들만이 남았다.

람프리우스는 철학자로서 후에 아버지의 작품 목록을 작성하였다. 그러나 불행히도 우리는 그 내용을 확인할 길이 없다.

현재 전하지 않고 있는 플루타르코스의 작품은 다음과 같다.

〈헤라클레스의 생애〉, 〈헤시오도스의 생애〉, 〈핀다로스의 생애〉, 〈크라테스와 다이판토스의 생애〉, 〈레오니다스의 생애〉, 〈아스트토메네스의 생애〉, 〈스키피오 아프리카누스 2세의 생애〉, 〈메텔레우스의 생애〉, 〈아우구스투스의 생애〉, 〈클라우디우스의 생애〉, 〈네로의 생애〉, 〈칼리굴라의 생애〉, 〈비텔리우스의 생애〉, 〈에파미논다스와 스키피오의 생애〉 등 영웅전 14편.

〈호메로스 평론집〉, 〈헤시오도스 비평집〉, 〈엠페도클레스〉, 〈에세이〉, 〈영혼의 소개〉, 〈철학자들의 사상 발췌본〉, 〈감각론〉, 〈도시 법령집〉, 〈정치학〉, 〈테오프라토스의 에세이〉, 〈역사의 폐기물〉, 〈아리스토텔레스의 원리〉, 〈크리스포스의 정의론〉, 〈시론 에세이〉, 〈회의론파와 아카데미학파 사이의 차이점에 관한 논문〉, 〈플라톤의 유일아카데미에 관한 논문〉 등 철학, 종교, 과학, 문학을 주제로 하는 대화집과 논문 16편.

아울루스 겔리우스는 플루타르코스의 노예 다루는 법에 관해 타우로스에서 긴 이야기를 찾아내었는데, 그 내용은 그가 철학자로서 노예를 다루고 이성적으로 그를 가르쳤다는 것 외에 특별한 것은 없다.

플루타르코스에게는 섹스투스라는 조카가 있었는데 문헌학에 있어서 상당한 명성을 가지고 있었으며, 마르쿠스 아우렐리우스 황제에게 그리스어와 지식을 가르쳤다. 그의 첫 번째 회고록에서 그는 철학자로서 물려받은 성격과 박식함을 그의 삼촌의 영향이라고 말하였다. 아우렐리우스 는 다음과 같이 말했다.

"플루타르코스를 예로 들어서, 섹스투스는 내게 관대함과 인간애를 가르쳐 주었으며 한 가정의 좋은 아버지처럼 내 집을 다스리는 법과, 단순하고 꾸밈없는 진지함에 몰두하는 방법과 자연에 순응하여 살아가는 방법, 예술의 발견과 친구들의 요구를 물리치는 방법, 무지몽매한 소인배들을 물리치는 방법, 인간들의 이해와 유머를 얻는 방법을 가르쳐 주었다."

철학의 장점 중 하나는 그 생명이 길다는 것이다. 플루타르코스는 이 점을 한껏 누렸을 것이다. 그러나 플루타르코스의 죽음에 대한 시기나 상황에 대해서는 만족할 만한 기록이 없다.

그리스와 로마의 영웅 50인 이야기

플루타르코스

영웅전 전집

테세우스
(THESEUS)

아테네의 정치가이며 군인. 아테네의 건설자. 펠로폰네소스 지방의 펠로프스 집안에서 태어났으며 아버지는 아이게우스, 어머니는 아이트라이고 헤라클레스와는 사촌지간이다. 바다의 신 포세이돈의 아들이라고도 불리었다. 영웅심이 강하고 용감했으며, 그리스에서 폭군을 몰아내고 여러 차례에 걸쳐 큰 사업을 벌였다.

소시우스 세네키오처럼, 지리책을 쓰는 사람들은 흔히 자기가 잘 모르는 나라들은 지도 가장자리에 몰아버리고 이렇게 말한다. "이곳은 사나운 짐승들이 들끓는 메마른 사막의 땅이다." "이 늪지대는 아직 사람의 발길이 닿지 않는 곳이다." "여기는 추위가 아주 심하며 바다가 온통 얼음이다." 마찬가지로 이 글도 자세한 기록을 찾을 수 있는 시대까지만을 다루기로 하고, 나머지에 대해서는 '그 이전의 기이한 전설은 시인이나 신화작가들의 몫이므로 믿을 만하지 못하다'는 입장으로 쓰고자 한다. 그러나 법을 제정한 리쿠르고스와 누마 왕의 전기는 지금까지 전해지고 있으므로 로물루스 시대까지의 이야기는 다루도록 하겠다. 물론 신화적인 요소는 보류해 놓고 역사적으로 가치 있는 것만을 말하는 것이 가장 옳은 일이겠지만 때로 믿기 어려운 일, 있을 수 없는 일이라 생각되는 것들도 이해에 도움이 될 만한 일들은 이야기하기로 하겠다. 아이스킬로스의 다음 시는 아테네를 세운 테세우스를 기억할 수 있게 한다.

이렇듯 거룩한 영웅 앞에 맞설 자 누구냐.

그 어떤 사람을 영웅과 맞서게 할 것인가.

테세우스는 로마를 세운 로물루스에 비견할 만한 사람으로, 아름답기로 이름난 아테네를 건설한 인물이다.

테세우스는 여러 가지 점에서 로물루스와 비슷한 점이 많다. 두 사람 모두 부모가 누군지 모르는 사생아였으며, 신의 아들이라는 전설이 전해지고 있다. 또 두 사람은 힘과 지혜를 모두 갖춘 인물로 로마와 아테네라는 이름난 도시를 세우기도 했다. 여자를 완력으로 취하였다는 점과 사생활이 불행했다는 점, 그리고 말년에 그 나라 사람들과 불화를 면치 못하였다는 점 등에 있어서도 두 사람은 비슷했다.

테세우스의 혈통은 아버지 쪽으로 보면 에렉테우스의 자손이며 어머니 쪽으로는 펠로프스의 후예였다. 펠로프스는 펠로폰네소스 지방에서 가장 권세 있는 집안으로 그 자손의 숫자나 재산이 막대했으며, 많은 딸들을 지방의 이름난 집안에 시집보내고 많은 아들들은 여러 도시의 지배자로 내보냈다. 그 중에 피테우스는 바로 테세우스의 할아버지인데 그는 트로이젠 시를 처음 세운 사람이기도 하다. 피테우스가 세운 도시 트로이젠은 그리 큰 것은 아니었지만, 그는 당시에 현명하고 지혜로운 인물로 매우 높은 명성을 얻고 있었다. 그의 지혜는 헤시오도스의 〈사업과 시대〉에서 찾아볼 수 있다.

친구에게 주겠다고 약속했다면

그것을 반드시 지켜야 한다.

피테우스가 한 이 말은, 철학자 아리스토텔레스도 인용하고 있다. 또 에리피테스가 히폴리토스를 가리켜, '거룩하신 피테우스의 자손'이라 부른 것을 보아도 그 무렵 사람들이 그를 얼마나 높이 존경했던가를 짐작할 수 있다.

테세우스의 탄생에 대해서는 다음과 같은 일화가 전한다.

아테네의 왕 아이게우스가 자식을 두고 싶어 델포이의 신탁을 물었더니, 아무 여자와도 가까이 하지 말고 아테네로 가라는 대답을 얻었다. 아이게우스는 트로이젠에 가서 피테우스에게 그 신탁의 내용을 이야기했다.

왕이시여,
아테네에 도착하기 전까지는
술 주머니를 풀지 마시오.

이 말의 뜻이 분명하지 않음을 안 피테우스는 아이게우스를 속여 자기의 딸 아이트라와 가까이 하게 했다. 아이게우스는 나중에야 그 여자가 피테우스의 딸인 것과 자기 아기를 가졌다는 것도 알게 되었다. 그는 자기의 칼과 신발을 큰 돌 밑에 숨겨놓고 아이트라에게 조용히 말했다. 만일 아기가 아들이거든 자라서 이 돌을 들어올릴 수 있을 정도의 젊은이가 되면 돌 밑에 둔 물건을 꺼내 가지고 아무도 모르게 자신을 찾아오라고 일렀다. 아이게우스의 형제인 팔라스의 아들들이 자식이 없는 그를 시기하며 목숨을 노리고 있었기 때문에 그는 이 일을 비밀로 했던 것이다.

아이트라는 아들을 낳았다. 그 아기의 이름은 돌 밑에 감추어 두었다는 뜻으로 테세우스라고 지었다. 테세우스는 외할아버지 피테우스의 슬하에서 자라며 콘니다스라는 선생에게서 공부를 했다. 지금도 아테네 사람들은 테세우스의 제사 때 양을 바치는데, 이것은 테세우스의 스승인 콘니다스에 대한 존경의 뜻이라고 한다.

그리스에서는 아이들이 성년에 이르면 델포이에 있는 아폴론 신전에 가서 머리를 잘라 신에게 바치는 풍습이 있었다. 테세우스도 성년이 되어 이 풍습을 따랐는데 머리를 호메로스의 작품에 나오는 아반테스 족처럼 앞쪽만 잘랐기 때문에 이 머리를 테세우스 형이라고 부르게 되었다. 아반테스 족의 머리 모양은 아라비아인들이나 미시아인을 모방한 것처럼 보이지만 사실은 그렇지 않다. 호전적인 민족이었던 그들은 싸움을 할 때 적에게 앞머리를 잡아 끌릴까봐 머리를 잘랐던 것이다. 이것은 아르킬로코스의 시 한 구절로도 충분히 짐작할 수 있다.

용감한 장수는 화살은 던져 버리고
싸움터에서는 오직 일 대 일
손에손에 칼을 휘두르며
나아가 싸워 승리를 거듭한다.

마케도니아의 알렉산드로스 대왕도 모든 군병들에게 수염을 깎도록 명령했는데,

이것도 적게 잡히지 않도록 하기 위한 것이라고 한다. 테세우스를 낳은 아이트라는 한동안 테세우스의 아버지가 누구인가를 숨기고 있었으며 아이트라의 아버지 피테우스는 테세우스가 바다의 신 포세이돈의 아들이라는 소문을 퍼뜨렸다. 트로이젠 사람들은 포세이돈을 수호신으로 숭배하고 있었다. 추수를 하면 먼저 포세이돈에게 햇곡식을 바쳤고, 돈에도 그 신의 세 가닥으로 된 창을 새겼다.

테세우스는 나이가 들면서 점차 지혜가 뛰어나고 기운도 남달리 강한 청년으로 성장했다. 이윽고 아이트라는 테세우스에게 아버지에 대해서 이야기를 해주었다. 그리고 바윗돌에서 아버지가 두고 간 칼과 신발을 꺼내 가지고 아테네로 가라고 일렀다.

테세우스는 아버지를 찾아 나섰다. 그는 어머니가 권하는 빠르고 안전한 바닷길을 피해 육로로 가려 했다. 그 무렵 아테네까지의 육로는 흉포한 도둑 떼들이 들끓어 매우 위험한 상황이었다. 당시에는 힘세고 걸음이 빠르고 체력이 좋은 사람들은 대부분 도둑이 되어 있었다. 그들은 정의와 공정심, 자비심 같은 것들은 힘이 약한 자들이나 하는 소리이며, 힘을 가진 자신들에게는 그런 것이 필요없다고 생각했다.

이 무렵 헤라클레스는 각 지방을 돌아다니며 이런 도둑들을 물리쳤는데, 도망쳐서 잡히지 않았거나 죄를 인정하며 용서를 비는 자들은 살려 주기도 했다. 그런데 실수로 이피토스를 죽이는 사건이 있었고, 그 때문에 그는 리디아로 가서 동지를 죽인 자신의 죄를 씻기 위해 스스로 옴팔레의 노예가 되었다. 그때부터 다시 도둑들이 사방에 들끓기 시작했다. 따라서 펠로폰네소스에서 아테네까지 가는 육로는 대단히 위험한 상태였다.

할아버지인 피테우스는 도둑들의 흉포함을 이야기하며 안전한 해로로 가도록 테세우스를 설득했다. 그러나 테세우스는 헤라클레스의 용감함을 전해 듣고 이미 그의 용맹성을 가슴 깊이 존경하고 있었다. 그래서 할아버지의 간곡한 만류도 소용이 없었다. 테세우스는 밀티아데스가 승리했다는 소문을 듣고 밤잠을 못 잤다는 테미스토클레스처럼, 밤낮으로 헤라클레스를 생각하며 마음이 들떠 있었다.

테세우스와 헤라클레스는 사실 가까운 혈연 관계였다. 아이트라는 피테우스의 딸이었고, 헤라클레스의 어머니 알크메나는 리지디케의 어머니였는데, 리지디케와 피테우스는 또 남매였다. 자기의 종형인 헤라클레스는 곳곳을 돌아다니며 공을 세우는데 테세우스 자신이 위험을 피해 해로를 택하는 것은 스스로는 물론, 자신의 아버지로 알려져 있는 바다의 신 포세이돈에게도 부끄러운 일이라고 생각했다. 또 처

음으로 찾아가는 아버지에게 피 한 방울 묻지 않은 칼과 신발을 아들의 증거로 가져
간다는 것도 수치스러운 일이라고 생각했다.

결국 테세우스는 자신의 생각을 굽히지 않고 위험한 육로를 택했다. 그는 누구를
해치려는 것은 아니었지만 만약 자기에게 덤벼드는 자가 있다면 그가 누구라도 그
냥 두지 않으리라고 단단히 결심했다.

테세우스는 길을 떠나 맨 먼저 페리페테스라는 도둑을 만났다. 이 도둑은 몽둥
이를 무기로 쓴다고 해서 '몽둥이 장군'이라고 불렸는데, 테세우스의 길을 가로막고
가지 못하게 방해를 했다. 테세우스는 그를 죽이고 몽둥이를 자신의 무기로 삼았다.
헤라클레스가 자신이 쓰러뜨린 사자가 얼마나 거대한 것이었는지를 보이기 위해 그
사자의 가죽을 어깨에 메고 여러 곳을 돌아다닌 것처럼, 테세우스는 몽둥이로 그의
승리를 과시한 것이다.

펠로폰네소스의 이스트로스에 이르러서는 시니스를 죽였는데, 그는 서있는 나
무의 고개를 숙이게 하는 재주를 가졌다는 사람이었다. 테세우스는 시니스처럼 거
목을 휘게 하는 재주는 없었지만 진정한 용기가 하찮은 재주보다 강하다는 것을 보
여 주었다.

시니스에게는 페리구네라는 키가 크고 아름다운 딸이 있었다. 그녀는 테세우스
가 아버지를 죽이는 것을 보고 달아나 버렸다. 테세우스가 찾아보니, 그녀는 우거
진 아스파라거스 숲에 숨어서 마치 그 숲이 자기를 살려 주기라도 할 것처럼 나지막
이 속삭이고 있었다.

"나를 잘 숨겨 주기만 한다면 앞으로 너를 불태우지 않을거야."

테세우스는 그녀를 해치지 않고 보호해 주겠다고 약속하고 숲에서 데리고 나왔
다. 그리고 나중에는 자신의 아들을 낳게 하고 이름을 멜라니포스라고 지어주었다.
멜라니포스의 아들인 이오크소스의 자손들은 약속을 지켜 아스파라거스를 불태우
지 않고 신성하게 여기는 풍습을 지킨다고 한다.

테세우스는 다시 코롬미온 지방으로 갔다. 그곳에는 파이아라는 매우 사납고 무
서운 멧돼지가 살고 있었는데(파이아는 회색 여자라는 뜻으로서, 어떤 기록을 보면 파이아는 살인을
함부로 일삼는 음탕한 여자로 그 별명이 멧돼지였다고 한다) 이 말을 들은 테세우스는 파이아를 물
리치고 사람들을 구해 주었다. 그는 악한 사람은 자신을 지키기 위해 죽이는 것이
지만, 악한 짐승은 찾아내서라도 죽여야 한다고 생각하고 있었다.

메가라로 가는 길에 테세우스는 또 스키론이라는 도둑을 붙잡아 절벽 위에서 떨어뜨려 죽였다는 이야기도 있다. 스키론은 나그네의 물건을 빼앗은 다음 자신의 발을 내밀어 씻기라고 하고는 발길로 차서 절벽 아래로 떨어뜨려 사람을 죽였다고 한다. 그러나 메가라인의 기록을 보면 스키론은 도둑이 아니었으며 오히려 도둑들을 잡아 없앤 의로운 사람으로 나타난다.

스키론은 성인으로 존경받는 키크레우스의 사위였으며, 의인인 아이아코스의 장인이고, 아름다운 행실로 칭송받던 펠레우스와 텔라몬의 할아버지였다. 이처럼 그 시대에 존경받는 많은 사람들과 가까웠던 스키론이 그렇게 흉악한 도둑일 리가 없다는 것이다.

또 다른 기록에 의하면, 테세우스가 스키론을 죽인 것은 처음 아테네에 갔을 때가 아니라, 엘레우시스를 공격한 이후의 일이라고도 한다. 테세우스가 그곳 사람인 디오클레스와 함께 도시를 점령하고 스키론을 죽였다는 것이다.

엘레우시스에서 테세우스는 케르키온과 씨름을 하여 그를 죽였고, 다마스테스라는 자도 죽였다고 기록되어 있다. 다마스테스는 잡아당겨 길게 한다는 뜻으로, 그가 사람을 죽일 때는 긴 침대에 눕혀 놓고 침대 길이가 되도록 사람을 잡아당겨서 죽였다고 하는데, 테세우스는 그를 똑같은 방법으로 죽였다.

이와 같이, 공격해 온 상대를 그들이 썼던 방식대로 보복했던 자가 바로 헤라클레스였다. 부시리스는 제물로 삼아 죽였고, 키크노스는 결투를 해서 죽였으며, 테르메로스는 머리통을 깨뜨려서 죽였다. '테르메로스의 장난'이라는 것이 있는데, 이것은 테르메로스가 사람을 제 머리로 받아서 죽였기 때문에 생긴 말이라고 한다. 테세우스도 헤라클레스의 이런 방식을 본받아서 처치했던 것이다.

테세우스가 케피소스 강에 이르자, 피탈로스 사람들은 모두 나와서 그를 반갑게 맞아 주었다. 그는 신 앞에 나아가 사람을 죽인 일을 모두 이야기하고 용서와 은혜를 빌었다. 피탈로스 사람들은 신에게 제물을 올리고 그를 후하게 대접해 주었다. 테세우스는 힘겨운 여정 끝에 이곳에서 처음으로 따뜻한 사람들의 친절을 느낄 수 있었다.

테세우스가 아테네에 도착한 것은 크로니오 달의 여덟 번째 날이었다. 당시 아테네는 내분으로 정치가 흐트러지고 아이게우스의 집안은 질서를 잃고 복잡한 상태였다. 그 와중에 또 코린트에서 추방당한 메데이아라는 여자가 아이게우스와 같이 살며 자식을 낳기 위해 비방을 쓰고 있었다.

메데이아는 테세우스가 누구인지를 한 눈에 알아보았다. 그러나 늙은 아이게우스는 정치가 어지러운 상태라 사람들을 의심한 나머지 아들 테세우스조차 알아보지 못했다. 메데이아는 테세우스가 위험한 인물이니 없애야 한다고 아이게우스를 설득하여 테세우스를 독살하기 위해 파티를 열어 그를 초대했다.

초대를 받은 테세우스는 아버지가 자기를 알아보도록 하기 위해 식탁 위의 고기를 자르려는 것처럼 칼을 뽑았다. 그것을 본 아이게우스 왕은 한눈에 그가 자신의 아들 테세우스임을 알고 그릇에 담겨 있는 독약을 쏟아 버리고 아들을 힘껏 끌어안았다. 그는 시민들 모두에게 자신의 아들 테세우스가 왔음을 알렸다. 시민들은 아테네에 이르는 길에 테세우스가 보여준 용감한 행동을 이미 듣고 있던 터라 이 소식을 듣고 매우 기뻐했다.

아이게우스에게는 아들이 없었다. 그래서 팔라스의 아들들은 자신 중의 하나가 왕위를 이어받을 것이라고 믿고 있었다. 그런데 테세우스가 갑자기 나타나서 왕의 후계자로 선포되자 그들은 몹시 놀랐다. 그들은 판디온의 양자인 아이게우스가 에

〈테세우스에게 독이 든 술잔을 건네는 메데이아〉,
윌리엄 러셀 플린트.

렉테우스와는 전혀 혈연도 없이 왕이 되었던 것도 마땅치 않았는데, 이제 테세우스 까지 나타나자 불만을 품게 되었다.

결국 그들은 전쟁을 선포했다. 그들은 군사를 편성하여 그들의 아버지 팔라스가 지휘하는 한 편은 스페토스로부터 공격을 시작하고, 나머지 한 편은 가르케토스에 숨어 있다가 양쪽에서 동시에 공격을 하기로 계획을 세웠다.

그러나 그 계획은 전령으로 숨어 있던 레오스가 테세우스에게 모두 알려 주었다. 테세우스는 곧 팔라스를 공격하여 전멸시켰다.

이러한 사건이 있은 후 팔레네 사람들은 그때 전령이었던 레오스의 고향 사람들 과는 혼인을 하지 않게 되었다. 또 전령들이 쓰는 말인 "아코우테 레오!(들어라, 시민들 이여!)"라는 말도 '레오'라는 음이 들어간다고 해서 쓰지 않았다.

팔라스와의 싸움에서 승리한 테세우스는 다시 마라톤을 향해 길을 떠났다. 테라 폴리스 사람들에게 큰 해를 끼치고 있는 사나운 황소를 잡아 죽임으로써 국민들의 호감을 얻기 위해서였다. 테세우스는 사나운 황소를 사로잡아서, 사람들이 많은 거 리로 몰고 다니며 구경시킨 다음 델포이의 신전에 제물로 바쳤다.

전설에 의하면, 이 일로 헤칼레가 테세우스를 초대하여 고마움을 표시하며 큰 잔 치를 베풀어 주었다고 한다. 지금도 아테네 사람들은 헤칼리시아라고 부르는 헤칼 레의 제사를 지내는데, 이것은 테세우스를 대접한 그를 기리기 위한 것이라고 한다. 이 제사는 또 '헤칼레네'라고도 부르는데, 그가 테세우스를 마치 어머니처럼 따뜻하 게 대해 주어 테세우스가 흔히 사용하던 애칭이다.

헤칼레는 테세우스가 전쟁에 나갈 때 테세우스가 무사히 돌아오면 감사의 제사 를 드리겠다고 제우스에게 약속했다. 그러나 그는 테세우스가 돌아오는 것을 보지 못하고 죽었기 때문에 테세우스는 헤칼레에 대한 감사의 뜻으로 이러한 제사를 드 리게 된 것이라고 필로코로스의 기록은 전하고 있다.

이러한 일이 있은 얼마 후, 아테네에 크레타 섬으로부터 공물을 받기 위한 배가 들 어왔다. 이것은 오래 전부터 행해지는 두 나라 사이의 약속 때문이었다.

오래 전 크레타의 왕자가 아테네에서 암살당하는 사건이 있었다. 이때 크레타는 보복으로 군대를 이끌고 쳐들어와 많은 피해를 입혔다. 게다가 흉년이 심하게 들고 전염병까지 돌아 아테네는 황폐해지고 말았다. 아테네 사람들은 신탁을 물었고 크 레타의 미노스 왕과 평화의 화해를 하면 신의 노여움이 풀려 고생이 끝날 것이라는 신탁을 받았다. 그래서 아테네는 휴전을 요청하고 대신 9년에 한 번씩 소년과 소녀를 각각 일곱 명씩 보내기로 약속하게 된 것이었다. 크레타에 들어간 소년소녀들은 한 번 들어가면 절대 빠져나올 수 없다는 미로 속에 갇혀서 미노타우로스라는 괴물의 먹이가 되거나 굶어 죽었다고 한다.

에우리피데스의 시에 의하면, 미노타우로스는 반은 사람이고, 반은 소의 모습을 한 괴물이었다.

> 서로 다른 두 개의 얼굴
> 몸뚱이는 하나
> 서로 다른 본성이 한 몸에 합쳐져
> 반은 소이고 반은 사람이네.

한편 필로코로스의 기록은 이와는 약간 다른 내용을 담고 있다. 이 기록에서는 소년소녀들이 갇힌 곳은 보통의 감옥과 같으며, 미노스 왕은 소년소녀들을 가두었다가 안드로케우스 운동제에서 우승한 사람에게 상으로 주었다고 한다. 당시 미노스 왕 밑에는 가장 큰 힘을 가진 타우로스 장군이 있었는데 그는 이 경기에서 여러 차례 우승하였다. 그러나 그는 성격이 사나워서 이 소년소녀들을 심하게 학대했다는 얘기도 전한다.

아리스토텔레스도 필로코로스의 기록과 비슷한 이야기를 적고 있는데, 미노스는 그들을 죽이지 않고 노예로 삼아 늙을 때까지 데리고 있었다고 한다. 또 언젠가 크레타 사람들이 델포이의 아폴론 신전에 첫아들을 바친 일이 있었는데, 그 중에는 아테네에서 간 아이들의 후손도 있었다. 크레타로 간 소년소녀들은 그곳에서 편히 살 수가 없자 이탈리아로 옮겨 갔다. 그리고 크레타의 처녀들은 아테네를 위로하기 위해 "가세, 가세. 다 같이 아테네로!"라고 하는 노래를 불렀다고 한다.

지금도 아테네의 극장에서는 미노스가 극악무도한 인물로 등장하여 사람들의 야유를 받는다. 헤시오도스가 그를 '가장 왕다운 왕'이라 지칭하고, 호메로스는 그를 '제우스의 친구'라고까지 얘기했지만 아무 소용이 없었다. 오히려 그를 잔인하고 무자비한 인물로 선정한 비극 시인들의 생각이 더 많은 시민들의 호응을 받았다.

한편 세 번째의 공물을 받기 위한 배가 오자, 사람들은 제비를 뽑기 위해 모였다.

크레타에 보낼 아이들을 결정해야 했기 때문이다. 많은 시민들은 아이게우스 왕을 원망하고 있었다. 아이게우스 왕은 이러한 불행을 만든 장본인이면서도, 자신이 아닌 시민들의 아이들만 보내고는 그들의 불행과 슬픔을 모른 체한다는 것이었다. 뿐만 아니라 외국에서 사생아를 데려다 왕위를 이어받을 후계자를 삼았다고 해서 많은 사람들의 비난을 받고 있었다.

테세우스는 마음이 편하지 않았다. 그래서 그는 시민들과 운명을 같이하기로 결심하고, 제비도 뽑지 않고 크레타로 가겠다고 나섰다. 사람들은 그의 용기와 애국심에 놀라워하며 그의 행동을 칭찬했다. 아이게우스 왕은 처음에 그를 말렸지만 아무리 달래도 아들이 말을 듣지 않자 하는 수 없이 테세우스의 뜻에 따르기로 했다. 헬라니코스의 기록을 보면, 제비를 뽑아 정한 것이 아니라 크레타 왕 미노스가 와서 마음대로 골랐다고도 하는데, 맨 처음에 테세우스를 선정했다고 한다.

이러한 일에 대해 아테네는 몇 가지 조건을 제시했는데, 아테네 사람들이 한 척의 배를 준비할 것과, 소년소녀들은 무기를 가지고 가지 않을 것, 그리고 미궁 속에 있는 미노타우로스를 죽이면 앞으로는 공물을 바치지 않겠다는 것이 그것이었다.

지금까지 그들은 한 번도 살아서 돌아올 것이라는 희망이 없었으므로 언제나 죽음을 상징하는 검은 돛을 달고 떠났다. 그러나 테세우스는 이번에는 반드시 미노타우로스를 죽이고 돌아오겠다는 약속을 했다. 아이게우스는 테세우스에게 흰 돛을 건네주면서 살았다면 흰 돛을 달고, 그렇지 않으면 검은 돛을 달고 돌아오라고 말했다.

크레타에 갈 아이들이 결정되자 테세우스는 그들을 데리고 델포이로 가서 흰 양털을 감은 올리브 나뭇가지를 바치며 목숨을 보살펴 달라고 빌었다. 그러자 아폴론과 아름다움의 신 아프로디테가 길을 안내할 것이라는 신탁이 내려왔다. 그들은 암염소를 제물로 바치고 제사를 지냈다. 그런데 암염소가 갑자기 수컷으로 변했다고 한다. 그래서 사람들은 이 여신을 숫염소라는 뜻의 에피트라기아라고 부르게 되었다.

여러 시인이나 역사가들에 의하면, 배가 크레타에 도착했을 때 미노스 왕의 딸 아리아드네가 테세우스를 보고 그를 사랑하게 되었다고 한다. 그녀는 그가 미궁에 들어갈 때 삼으로 만든 실을 매달아 길을 찾아 나오는 법을 알려 주었다. 테세우스는 미로 속에서 미노타우로스를 죽이고 소년소녀는 물론 아리아드네까지 데리고 그곳을 빠져나와 무사히 아테네로 돌아올 수 있었다.

여기에 대해서는 또 다른 많은 기록들이 전해져 오고 있다. 페르키데스의 기록에

미노타우로스를 죽이는 테세우스.

는, 테세우스가 크레타에 있는 배 밑에 구멍을 뚫어 배를 타고 잡으러 오지 못하게 했다고 한다. 또 데몬의 기록에는 미노스 왕의 장군 타우로스가 테세우스와 싸우다가 죽었다는 얘기도 있다.

필로코로스에 의하면, 미노스 왕이 경기를 열었는데 여기에 타우로스 장군이 참가했다고 한다. 미노스 왕은 타우로스가 오만한 데다가 왕비 파시파에와 가까이 지냈기 때문에 그를 몹시 싫어했는데, 이번 경기에서도 승리를 다짐하자 왕은 테세우스를 경기에 참가시켜 그를 패배시키라고 했다. 이때 참석했던 공주 아리아드네가 테세우스가 늠름한 모습으로 모든 경쟁자들을 물리치는 것을 보고 사랑에 빠진다. 그리고 테세우스가 타우로스를 물리치자 미노스 왕은 매우 기뻐하면서, 아테네의 아이들을 테세우스에게 돌려주며 앞으로는 공물을 바치지 않아도 좋다고 말했다.

클리데모스는 이 이야기를 좀 더 독특하고 자세하게 기록하고 있다. 그는 훨씬 옛날로 거슬러 올라가서 이야기를 시작한다.

그리스 사람의 공동 규약에 의하면 어떤 배라도 다섯(오십의 잘못인지도 모른다) 명 이상을 태우지 못하게 되어 있는데, 다만 아르고의 선장 이아손은 해적을 처부수기 위해 그 이상의 사람들을 배에 태웠다고 한다. 크레타의 조각가 다이달로스가 배를 타고 아테네로 도망쳐 왔을 때, 미노스 왕은 규칙을 위반하고 큰 배를 여러 척 몰아 다이달로스를 뒤쫓다가 폭풍을 만나 시칠리아 섬에서 죽었다. 그러자 그의 아들인 데우칼리온이 아테네로 사람을 보내, 다이달로스를 내놓으라고 하며 미노스 왕이 데리고 있는 사람들을 죽이겠다고 위협했다.

테세우스는 자신의 사촌 형제이기도 한 다이달로스를 선뜻 내어줄 수가 없었다. 그래서 그는 크레타를 공격하기로 결심하고 비밀리에 배를 만들어 서둘러 출항하였다. 이들이 공격해 오는 것을 눈치 채지 못한 크레타 사람들은 그 배를 자기 나라 배로 착각하여 아무런 방어도 하지 않았고 테세우스는 무사히 항구를 점령할 수 있었다. 그리고 곧 크노소스로 진군하여 미궁 입구를 지키는 병사들과 싸워 데우칼리온과 호위대를 모두 없애 버렸다. 그렇게 해서 테세우스는 정권이 아리아드네의 손으로 넘어가자 휴전을 하고 앞으로 두 나라가 싸우지 않을 것을 약속한 후 아테네의 젊은이들을 다시 찾게 되었다고 한다.

이 사건이나 아리아드네에 대해서는 이 외에도 여러 가지 이야기가 전해온다. 아리아드네가 테세우스에게서 버림을 받아 목을 매어 죽었다고도 하고, 선원들에게 잡혀 낙소스 섬으로 가서 디오니소스를 섬기는 이나로스와 결혼해 살았다고도 하고, 테세우스가 다른 여자를 사랑하여 아리아드네를 버렸다고도 한다.

> 아이글레에 대한 불 같은 사랑은
> 이 사람을 불행으로 몰아넣었구나.

헤시오도스의 이 시는 이렇게 그들의 이야기를 다루고 있다. 또 호메로스의 시 〈지옥행〉에서,

> 테세우스와 페이리토스는 이름 높은 신의 후손

이라는 한 구절을 덧붙인 것은 모두 아테네 사람들을 즐겁게 하기 위한 것이었다고 헤레아스는 말했다. 또 어떤 사람은 아리아드네가 테세우스의 아들 이노피온과 스타필로스를 낳았다고 한다. 역사가 이온은 자기의 조국에 대해, "테세우스의 아들 이노피온이 세운 이 도시"라고 적으며 테세우스의 아들 이노피온의 이름을 언급하고 있다. 아리아드네에 관한 신화에 대해 파이온의 이야기는 아주 독특하다. 테세우스가 풍랑을 만나 키프로스 섬에 밀려갔을 때, 임신 중이던 아리아드네는 배멀미를 해서 배에서 혼자 내리게 되고 그는 배로 돌아갔다. 섬의 여자들은 홀로 슬퍼하는 그녀를 위로해 주며 도와주었다. 너무도 보기가 딱해 일부러 편지를 써서 그것이 테세우스에게서 온 것이라고도 하고, 해산을 할 때도 자기 일처럼 도와주었다. 그러나 아리아드네는 아기를 낳지 못한 채 죽고 말았고 섬 사람들은 그의 시체를 정성껏 장사지냈다.

테세우스는 다시 그녀를 찾아왔다가 아리아드네의 죽음을 듣고는 몹시 슬퍼했다. 그는 사람들에게 앞으로 아리아드네의 제사를 지내 달라고 하면서 돈을 맡겼다.

그리고 은과 청동으로 조그마한 조상 두 개를 만들어서 바쳤다.

섬 사람들은 아리아드네를 불쌍히 여기는 뜻에서 고르피아에우스 달 제2일에 아리아드네의 제사를 지내게 되었다. 이 제사 때에는 한 젊은이가 마룻바닥에 누워 산모처럼 아기를 낳는 시늉을 하는 풍습이 있으며 지금도 아리아드네의 숲이라는 곳에 가면 그녀의 무덤이 남아 있다고 전한다.

낙소스 섬의 사람들은 미노스 왕도 두 사람 있었고, 아리아드네라는 이름을 가진 여자도 둘이었다고 한다. 그 중 한 명의 아리아드네는 낙소스의 디오니소스와 결혼해서 스티필로스 형제를 낳았고, 이보다 나이가 어린 또 한 사람의 아리아드네는 테세우스의 꼬임에 빠졌다가 뒷날 버림받고 낙소스로 되돌아왔다고 한다. 그래서 사람들은 두 명의 아리아드네를 위한 제사를 지내는 데 디오니소스와 결혼했던 아리아드네의 제사 때에는 기쁨에 싸여 즐거운 잔치를 벌이지만, 테세우스와 결혼했던 아리아드네의 제사는 슬픔과 침울한 마음으로 치른다고 한다.

한편 크레타로부터 돌아오는 길에 테세우스는 델로스 섬에 들러 신에게 제사를 드리고 아리아드네로부터 받은 아프로디테의 조각상을 바쳤다. 그리고 젊은이들과 춤을 추며 기도를 했는데, 이 춤은 그 후 델로스 섬의 전통이 되었다. 그들이 추었던 춤은 미궁의 꼬불꼬불한 길을 빠져나오는 동작을 되풀이하는 것인데 델로스 사람들은 이 춤을 '학의 춤'이라고 불렀다. 테세우스는 이 춤을 케라톤이라는 제단 둘레에서 추었다.

다시 배를 띄워 아티카 항구에 이르렀을 때, 테세우스 일행은 승리에 들뜬 나머지 아이게우스 왕에게 자기들이 무사히 돌아왔음을 알리는 흰 돛을 깜빡 잊고 달지 않았다. 그래서 검은 돛을 보고 상심한 아이게우스 왕은 절벽 위에서 몸을 던져 죽고 말았다.

테세우스는 항구에 들어오자마자 신전에 제물을 바치고, 승리를 알리기 위해 아테네로 사람을 보냈다. 소식을 전하러 갔던 사람은 왕의 죽음에 슬퍼하는 사람들을 보았다. 그리고 테세우스의 무사 귀환을 기뻐하며 꽂아준 꽃다발을 단장 끝에 꽂고 다시 돌아왔다. 바닷가에서는 테세우스가 아직도 제사를 지내고 있었다. 그는 제사가 끝날 때까지 기다렸다가 테세우스에게 왕의 죽음을 알렸다. 그래서 지금도 오스코포리아 제사 때에는 머리에 관을 씌우지 않고 단장에다 관을 씌우고 곡을 하는 풍습이 생기게 되었다.

테세우스가 아버지를 장사지내고 아폴론에게 맹세를 한 것은 피아네프시온 달의 제7일이었다. 이 제사 때에는 콩을 삶아 먹는 것이 관례로 되어 있는데, 그것은 돌아온 젊은이들이 남긴 식량을 가마에 삶아 나눠 먹는 데서 생긴 풍습이다. 이 날에는 또 올리브 나뭇가지에 양털을 감아 들고는 에이레시오네를 돌아다니며 이런 노래를 부르기도 한다.

에이레시오네는
무화과를 익게 하고 빵을 만드네.
달콤한 꿀과 올리브 기름과
포도주를 주시고
피곤한 우리들을 편히 쉬게 하시네.

이것은 테세우스가 똑같은 올리브 나뭇가지를 들고 여러 가지의 제물로 신에게 제사를 드렸더니 그 날로 땅의 신이 움직여 다시 곡식이 잘 되게 된 유래에 따른 행사이다.

그러나 어떤 설에 의하면 이 행사는 아테네 사람들이 헤라클레스를 위해 만든 것이었다고 전하기도 한다.

테세우스와 젊은이들을 무사히 태우고 돌아온 그 배는 데메트리오스 팔레레우스 시대까지 보존되었다. 그리고 배의 낡은 부분이 보이면 늘 수리를 해서 다시 새로운 나무로 갈아 끼웠다고 한다. 그래서 철학자들은 그 배를 가리켜 성장과 변화의 상징이라고 일컫기도 했다. 이렇게 오스코포리아 제사를 처음 지낸 것은 테세우스였으며, 올리브 나뭇가지를 들고 다니는 풍습도 그때 처음 생겨서 오늘날까지 전해지고 있다.

테세우스는 크레타로 떠나기 전에 제비에 뽑힌 여자들 대신 그들의 애인들 가운데 기상이 씩씩하고 얼굴이 곱게 생긴 소년들을 골라 여자의 목소리와 행동을 연습시켜 함께 데리고 갔었다. 그리고 아테네에 돌아왔을 때에 여자로 변장했던 두 소년을 제사 행렬에 참가시켰는데, 그때의 복장이 그대로 전승되어 지금의 포도 가지를 들고 다니는 모습이 되었다. 포도 가지를 든 것은 디오니소스와 아리아드네를 기념하는 것이라고 하지만 그보다는 크레타에서 돌아왔을 때가 포도를 수확하는 시기였기 때문에, 여장을 했던 소년들을 기념하는 것으로 보는 것이 더 믿을 만하다.

이 행사 때 음식을 운반하는 여자는 제비에 뽑힌 처녀의 어머니를 표시하는 것으로, 크레타로 배가 떠날 때 어머니들이 고기와 빵을 날라다 주던 것을 기억하기 위함이다. 그때 딸의 마음을 위로하기 위해 어머니들은 옛날 이야기를 들려 주었는데 이것 또한 풍습이 되었다.

이 행사는 피알리다에 사람들이 맡아서 치렀는데 이것은 테세우스가 후히 대접해 주었던 것에 대한 감사의 뜻으로 이루어진 것이다.

아이게우스 왕이 죽은 후 테세우스는 큰 사업을 구상했다. 그는 아티카에 사는 모든 주민들을 한 곳에 모아 놓고, 흩어져 있던 사람들을 하나의 국가, 하나의 민족으로 통일시키기 위한 사업을 시작했다.

테세우스는 여러 마을을 돌아다니며 자신의 뜻을 얘기했다. 평민과 가난한 사람들은 즉시 그의 뜻에 찬동했지만, 권세있는 사람들은 달갑게 여기지 않았다. 테세우스는 그들에게 새로운 제도는 왕을 두지 않는 민주 정치로, 자기는 다만 전쟁과 법률에만 관여할 것이며 다른 분야는 모든 사람들이 평등하게 관여하도록 할 것이라고 약속을 하여 그들을 설득하였다. 테세우스는 각 마을이나 씨족의 공회당과 의사당, 행정청을 폐지하고 아크로폴리스에 공통된 하나의 공회당과 의사당을 세웠다. 그리고 도시의 이름을 아테네로 정하고 공통적인 제사를 정했다. 그리고 외부에서 이주해 온 사람들을 위해서는 헤카톰바이온 달 제16일을 명절로 정했는데 이 제사는 오늘날까지도 지켜지고 있다.

테세우스는 약속대로 왕의 정치를 폐지하고 새로운 정치 체계를 발표한 뒤 델포이의 신탁을 받았다.

> 아이게우스와 피테우스의 딸 사이에서
> 태어난 아들이여.
> 하늘의 신 제우스는
> 그대의 도시에
> 축복을 내리셨으니
> 근심 걱정은 접어 두어라.
> 떠오르는 바람을 따라
> 평화로이 바다를 건너리라.

테세우스는 도시를 확장시키기 위해 외지에서의 이주를 적극적으로 권장하였으며, 그들에게도 아테네 시민들과 동등한 권리를 주었다. 오늘날 쓰이는 "모든 나라의 사람들이여, 이 땅에 오라"는 말은 테세우스가 공화국을 만들 때 세계 각국을 향해 호소한 말이다.

그러나 테세우스의 원래 의도는 모든 대중들을 아무 차별 없이 모아 질서 없는 민주 정치를 세우려는 것이 아니었다. 그는 우선 공화국을 귀족, 농민, 공인의 세 계급으로 나누었다. 귀족에게는 제사와 정치, 법령과 풍속에 관한 일을 맡겼으며, 계급적으로 다른 두 계급과 동등한 권리를 가지고 있었다. 귀족들은 명예를, 농민들은 이익을, 공인은 많은 숫자를 가짐으로써 그들은 서로 견제하며 평등한 세력을 유지할 수 있었던 것이다.

아리스토텔레스가 말한 것처럼, 대중에게 호의를 보이고 민주 정치를 펴기 위해 왕의 자리를 내던진 것은 테세우스가 최초의 인물이었다. 호메로스는 《군선軍船목록》에서 아테네 사람들은 '인민'이라는 말을 썼다고 하여 평등한 그들의 정치 제도를 언급하였다.

테세우스는 또 화폐에 왕의 얼굴이 아닌 황소의 모습을 새기게 했다. 이것은 마라톤의 사나운 황소 혹은 미노스 왕의 장군이었던 타우로스를 의미하는 것 같은데, 어쩌면 인민들에게 농사를 장려하려는 뜻에서였다고 생각할 수도 있다. 물건값을 계산할 때 황소를 단위로 하는 것도 바로 이 돈에서 유래한 것이다.

그는 메가라를 아티카와 합치고, 이스트로스에 기둥을 세워 동쪽에 "여기는 펠로폰네소스가 아니라 이오니아다"라고 쓰고, 서쪽에는 "여기는 이오니아가 아니라 펠로폰네소스다"라고 새겼다. 이것은 두 종족의 화합을 위한 테세우스의 지혜가 엿보이는 일화이다.

그리스 사람들이 제우스를 기리기 위해 올림픽 경기를 하는 것처럼 테세우스는 처음으로 바다의 신 포세이돈에게 제사를 드리고 이스트로스에서 경기를 개최하였다. 이것은 헤라클레스에게 지지 않기 위해 만든 경기였는데, 군중들의 구경을 위한 것이라기보다는 종교 행사의 성격이 강했다. 이스트로스 운동제는 또 스키론에 대한 위령제이기도 했다. 스키론은 피테우스의 딸 헤니오카와 카네토스 사이의 아들이었다. 테세우스와도 친척이었으나 몹시 행실이 나쁜 도둑이었기 때문에 죽임을 당했다고 한다. 또 다른 기록에는 스키론이 아니라 시니스라고 적혀 있는 것도 있다.

그는 코린트 사람들과 의논하여 이 운동제에 오는 아테네 사람들에게는 맨 앞줄의 좌석을 주고, 관람자가 타고 온 배의 돛을 펼쳐 놓을 넓이만큼 자리를 내주도록 하였다. 이러한 이야기는 헬라니코스와 안드로의 기록에 실려 있다.

필로코로스와 그 밖의 사람들의 기록을 보면, 테세우스는 헤라클레스와 함께 배를 타고 에우쿠시네 해(지금의 흑해)에 가서 아마존 족과 싸워 여왕 안티오페를 상으로 얻었다는 이야기도 있다. 그러나 페레키데스, 헬라니코스, 헤로도토스 등 여러 역사가들은 테세우스가 헤라클레스보다 늦게 출정하여 아마존 족을 사로잡았다고 기록하고 있으며, 테세우스가 아마존 족을 속여서 잡아온 것이라 한다.

아마존의 여자들은 원래 남자를 좋아했기 때문에 그들은 테세우스를 피하려 하지 않고 오히려 선물까지 주었다. 그래서 테세우스는 선물을 가지고 온 여자를 배에 오르라고 권하여 태우고는 그대로 육지를 떠나버린 것이라고 역사가 비온은 전하고 있다.

그러나 메네크라테스는 테세우스가 안티오페를 데려와서 니카이에서 한동안 살았다고 기록하고 있다. 테세우스의 군사 중에는 에우네오스, 토아스, 솔로온이라는 삼형제가 있었는데, 그 중에서 솔로온이 안티오페를 무척 사랑하였다. 그는 안타까운 마음을 친구에게 이야기했는데 친구는 다시 안티오페에게 그 사정을 전해 주었다. 그러나 안티오페는 쌀쌀하게 사랑을 받아 주지 않았고 솔로온은 너무도 슬픈 나머지 강물에 몸을 던져 죽고 말았다. 테세우스는 그의 죽음을 듣고, 외국에서 슬픈 일을 당하거든 그곳에 도시를 세우고 그들의 친구를 지사로 임명하라는 아폴론 신탁을 기억해 냈다. 그래서 테세우스는 도시를 건설하여 이름을 피티우스의 아폴론을 생각하는 마음에서 피토폴리스라고 정하고, 그가 자살했던 강을 솔로온 강이라고 불렀다. 그리고 솔로온의 형제들을 지사로 임명하고 아테네의 귀족인 헤르모스를 함께 남아 있게 했다. 그곳에는 헤르모스의 집이라는 곳이 있는데, 이 집은 헤르메스 신의 집으로 잘못 불리게 되었다.

테세우스가 안티오페를 데려온 사건은 아마존 족들에게 전쟁의 구실을 주었다. 아마존 족은 테세우스에게 만만치 않은 적수였다. 그들은 아테네 시내 서쪽의 프닉스 언덕과 남쪽의 무세움 언덕에서 치열한 싸움을 벌이며 근처 여러 지방을 점령하고 시내까지 침입해 들어왔다.

처음 한동안 양편 군대는 서로 맞붙어 싸우기를 망설이며 눈치를 보고 있었다. 그러다가 테세우스가 먼저 신탁에 따라 공포의 신 포보스에게 제사를 드린 다음 아마존 족을 공격했다. 이 전쟁은 보이드로미온 달에 벌어졌다. 그래서 지금도 아테네 사람들은 보이드로미온 제를 지내고 있다.

클리테모스의 역사서를 보면 한층 자세한 기록이 나타난다. 그는 아마존 족의 세력이 아마조니움과 프닉스에까지 넓게 펼쳐져 있었다고 한다. 아테네 군은 무세움으로부터 아마존 족을 공격했다. 전사자들의 무덤은 지금도 이 거리에서 칼코돈 사당까지 늘어서 있다. 한 쪽에서는 아마존 족이 분노의 신전까지 아테네 군을 후퇴시켰지만, 또 한쪽에서는 아테네 군이 팔라디움, 아르데토스 신전, 그리고 리케움까지 아마존 족을 밀어부쳤다. 결국 전쟁은 넉달 후에야 히폴리테의 중재로 휴전에 이르렀다.

역사가 클리테모스는 테세우스의 아내를 안티오페가 아니라 히폴리테라고 기록하고 있다. 또 다른 기록에는 안티오페가 테세우스 곁에서 함께 싸우다가 몰파디아라는 사람이 던진 창에 맞아 전사했다고 하면서 올림피아의 신전 옆 기둥은 이것을 기념하기 위해 세워진 것이라고 한다.

안티오페는 아마존 족의 부상자들을 몰래 칼키스로 운반시켜 치료해 주고, 죽은 사람은 잘 묻어 주었다고 하는데, 그 자리가 지금의 아마조니움이라고 한다. 그리고 이 전쟁의 휴전 조약을 맹세한 자리는 현재 테세우스의 사당이 있는 근처로 호르코모시움이라 불리는 곳이며, 테세우스의 기념제 전에 아마존 족들의 위령제를 지내고 있다. 메가라에서 루스로 가는 길에는 마름모꼴 건물로 된 무덤이 있는데 그것이 아마존 족들의 무덤이라고 한다. 또 아마존 족으로서 카이로네아에서 전사한 사람들은 그곳을 흐르는 작은 강에 장사를 지냈는데, 그 강을 테르모돈이라고 불렀으며 지금은 하이몬이라고 부른다. 그리고 테살리아 지방의 스코토사와 키노스케레에 아마존 족의 무덤이 많이 남아 있는 것으로 보아 아마 여기에서도 치열한 접전이 있었던 것 같다.

테세이드를 쓴 시인은 아마존 족의 공격은 안티오페가 스스로 일으킨 것이라고 말한다. 테세우스가 페드라와 사는 것을 질투한 안티오페가 스스로 아마존 족을 거느리고 아테네로 공격해 들어갔다는 것이 그 이야기인데 이 군대를 헤라클레스가 토벌했다고 하지만 확실한 것은 알 수가 없다. 테세우스는 안티오페가 죽은 뒤에 페드라와 살았는데 안티오페는 히폴리토스라는 아들을 낳았다. 한편 핀다로스의 시에는 아들의 이름이 데모폰이라고 씌어 있다. 그리고 테세우스의 아들인 히폴리토스와 페드라의 슬픈 운명에 대한 이야기는 여러 비극 시인들의 작품 속에서 자주 등장한다.

테세우스의 결혼에 관한 것도 여러 가지 이야기가 전해진다. 트로이젠에 살던 아낙소라는 여자를 유괴했다고도 하고, 시니스와 그의 아내 케르키온을 죽이고 딸들을 강제로 빼앗아 왔다고도 한다. 그리고 아이아스의 어머니 페리보이아(Periboea)를 아내로 삼았으며, 다시 페레보이아(Phereboea)와, 또 이피클레스의 딸 이오페 등의 여자들과 살았다는 이야기도 있다. 또 아리아드네를 버리고 파노페오스의 딸 아이글레를 사랑했으며, 헬레네를 꾀어내어 아티카에서 전쟁이 일어나게 했다는 이야기도 있다.

헤로도토스는, 당시 훌륭한 공을 세운 용사들이 많았지만 테세우스는 그렇게 내세울 만한 공도 별로 세우지 못한 사람이라고 그를 평가했다. 단지 라피테스와 협력하여 괴물 켄타우로스(반은 사람, 반은 말)를 죽인 것이 그래도 가장 큰 공헌이라 하였다. 그러나 다른 사람의 기록을 보면, 테세우스가 이아손과 콜키스에 가서 칼리도니아의 멧돼지를 죽이는 일에 협력을 했던 일화가 실려 있으며 이 때문에 "테세우스 없이는 안 된다", "이 사람은 새로운 헤라클레스다"라는 말이 생겼다고 한다.

에우리피데스의 비극 〈애원하는 사람들〉에는 테세우스가 테베 지방에 가서 전사한 사람들의 시체를 찾아 장사지내는 이야기가 실려 있는데 이것은 휴전을 한 뒤의 관례에 따른 것이었다.

필로코로스는 전사자의 시체를 찾기 위해 휴전을 한 것은 이것이 처음이었다고 하였다. 더욱이 헤라클레스가 적군에게 적의 시체를 넘겨준 최초의 인물이라는 것은 헤라클레스의 전기에도 적혀 있는 사실이다. 일반군인들의 무덤은 엘레우테라이에 오늘까지도 남아 있지만 지휘관의 무덤은 엘레우시스에 있는데, 이것은 테세우스가 아드라스토스를 원하는 마음에서 그렇게 한 것이었다.

한편 테세우스에게는 페이리토스라는 친한 친구가 있었는데 그들이 우정을 맺게 된 데에는 다음과 같은 일화가 전해져 온다.

테세우스가 힘과 용기로 이름이 높았을 때 페이리토스는 그것을 시험해 보려고 테세우스의 소들을 마라톤의 들판에 몰아냈다. 그러고는 테세우스가 무기를 들고 쫓아오는 것을 보고 돌아서서 기다렸다. 두 사람은 서로의 늠름한 풍채와 용기에 감탄하며 한참을 마주보았다. 페이리토스는 먼저 손을 내밀며 말했다.

"소를 도둑질한 데 대해서 그대가 심판을 하라. 어떠한 벌이라도 기꺼이 받겠다." 그러자 테세우스는 "무죄로 판결한다"라고 말하고는 페이리토스를 친구로 삼게 되었다. 그들 두 용사는 변함 없는 친구로 사귀며 우정을 맹세했다.

그때 페이리토스는 히포다메이아와의 결혼을 준비하고 있었다. 테세우스는 기뻐하며 그들을 자기 나라에 초대하고 여러 사람들에게 소개를 하고 잔치를 열어 켄타우로스 족을 초대했다. 그러나 이들이 술에 취해 함부로 여자를 건드리려 하자 켄타우로스 족을 공격하여 여러 명을 죽이고 내쫓아 버렸다.

그러나 헤로도토스의 기록에는, 켄타우로스와의 전쟁은 이미 벌어져 있었고, 이때 테세우스가 라피테스 족과 합세해서 싸우게 된 것이라면서 헤라클레스를 처음 만난 것도 바로 그때였다고 한다. 테세우스는 많은 공을 세운 헤라클레스를 미리부터 만나고 싶어했기 때문에 그를 보자 무척 반가워했으며 두 사람은 서로를 존경하며 칭송했다고 한다.

헤라클레스는 테세우스의 권유로 종교도 가지게 되었다. 그는 지나친 행동으로 죄를 범한 일도 있었기에 죄를 씻으려고 기도했다는 기록이 여러 곳에서 발견된다.

또 테세우스의 결혼에 관한 얘기로 헬라니코스의 기록에 의하면, 테세우스가 헬레네를 꾀어낸 것은 그가 50세 때의 일로 헬레네는 그때 아직 어린 소녀였다. 어떤 사람들은 테세우스가 스스로 헬레네를 꾀어낸 것이 아니라, 이다스와 린케우스가 헬레네를 납치하여 테세우스에게 맡겨 두었다고도 한다. 또한 헬레네의 아버지 틴다로스가, 에나로포로스가 헬레네를 납치할 것을 두려워하여 그녀를 직접 테세우스에게 맡겨 두었다고도 한다.

또 페이리토스가 스파르타에 갔다가 아르테미스 신전에서 춤을 추고 있는 헬레네를 납치해 왔다는 이야기도 있다. 그들은 추격해 오는 사람들이 테게아까지 쫓다가 포기하고 돌아가자 안심하면서 펠로폰네소스 지방으로 들어섰다. 그들은 제비를 뽑아서 이긴 사람이 헬레네를 아내로 삼기로 하고, 대신 이긴 사람은 진 사람의 아내를 찾아 주기로 약속을 했다. 제비를 뽑은 결과 테세우스가 이겼고, 그는 헬레네를 아내로 맞게 되었다. 그러나 헬레네는 아직 너무 어려서 결혼을 할 수 없었기 때문에 어머니와 친구 아피드네에게 맡기고 그는 곧 약속을 지키기 위해 에페이로스로 갔다. 몰로시아의 왕 아이도네오스의 딸을 그에게 아내로 얻어 주기 위해서였다.

에페이로스에는 왕비 프로세르피나, 왕녀 코라, 그리고 왕이 기르는 개 케르베로스가 있었는데 왕은 그 개와 싸워서 이기는 사람에게 자신의 딸을 주겠다고 했다. 그러나 왕이 생각하기에 테세우스와 페이리토스는 정식 청혼을 위해서가 아니라 딸을 납치하기 위해 온 듯하여 그들을 감옥에 가두어 버렸다. 그러고는 개를 풀어 페이리토스를 물어 죽이게 했으며 테세우스를 엄중하게 감시했다.

그러자 메네스테오스라는 사람이 오래 전부터 테세우스를 미워하던 아테네의 귀족들을 선동하여 그들을 뭉치게 했다. 귀족들은 테세우스가 자신들의 지위를 빼앗고 자신들이 세력을 펴던 지방을 아테네로 통합하여 지위를 떨어뜨렸기 때문에 그를 몹시 싫어하고 있었다. 메네스테오스는 또 평민들을 선동했다. 그는 평민들에게 지금 자유를 얻는 것처럼 보이지만 사실은 조상 때부터 가지고 있던 권리와 종교 의식을 빼앗기고 같은 피를 타고 난 여러 왕의 어진 정치를 받지 못하게 되었으며, 다른 나라에서 굴러들어온 포악한 사람의 학대를 참으며 살고 있다고 선동했다.

메네스테오스가 이렇게 선동을 하며 돌아다니고 있을 때 마침 틴다로스의 아들인 카스토르와 풀룩스가 쳐들어와서 메네스테오스의 음모에 큰 힘을 주게 되었다. 공격해 온 그들은 처음에는 무력을 쓰지 않고 다만 누이 헬레네를 내놓으라고만 했다. 그러나 헬레네는 아테네에 있지 않으며 어디에 있는지도 모른다는 말을 듣고 이내 싸움이 빌어졌다. 그런데 그때 아카데모스라는 사람이 나타나 헬레네는 아피드나이에 있다는 사실을 그 두 사람에게 알려 주었다. 이 일로 아카데모스는 죽을 때까지 틴다로스의 아들들에게 후한 대접을 받았으며, 그 후 스파르타인이 아티카를 공격해 왔을 때도 아카데모스 덕택으로 아카데미아는 군대의 해를 입지 않았다고 한다.

그러나 디카이아르코스의 저술에 의하면, 아카데모스와 마라토스가 이 전쟁에 끼어들어 카스토르와 폴룩스의 군대를 도왔기 때문에 지금의 아카데미아를 에케데미아라고 부르게 되었고, 마라토스는 신탁에 따라 자기 몸을 스스로 제물로 바쳤기 때문에 마라톤이라 했다고 전해진다.

틴다로스의 아들들은 곧 아피드나이를 공격하여 그곳을 점령했다. 이러한 전쟁의 와중에 스키론의 아들 알리코스는 디오스코리 카스토르와 풀룩스의 편에서 싸우다가 전사했다. 그래서 그 주검을 보존해 둔 메가라 지방의 땅을 알리코스라고 부르게 되었다.

그러나 헤레아스의 기록에는, 알리코스가 아피드나이에서 테세우스에게 살해되었다고 전하는데, 그 증거로 다음의 시 구절을 보여 주고 있다.

　아름다운 헬레네를 위해 아피드나이 평야에서
　테세우스에게 죽임을 당한 알리코스.

그러나 테세우스가 그곳에 있으면서도 그의 어머니와 아피드나이 시(市)를 빼앗 겼던 것 같지는 않다. 아피드나이 시가 함락되어 아테네 사람들이 두려움에 떨고 있 는 것을 보고 메네스테오스는 민중을 달랬다. 메네스테오스는, 카스토르와 풀룩스 는 무력을 쓰는 테세우스를 상대로 싸움을 일으킨 것이며, 다른 사람들에게는 전혀 나쁜 감정이 없으므로 은혜를 베풀고 생명을 구해 줄 것이라고 사람들을 설득했다. 그리고 두 사람은 메네스테오스의 말대로 아무것도 요구하지 않았고, 오직 아테네 의 종교적 의식에 참가하게 해 달라는 것만을 요구했다. 그들의 요구는 곧 받아들여 졌고, 아피드노스는 그들을 양자로 삼았다. 그리고 휴전이 성립된 뒤 많은 군대가 시내에 들어왔지만 단 한 사람도 피해를 입지 않았기 때문에 그들은 '아나케스'라고 불리며 신처럼 존경받았다. 감독자나 보호자를 뜻하는 '아나코스 에케인'이나, 왕을 의미하는 '아낙테스'라는 말도 여기에서 유래된 말이다.

그러나 또 다른 설에 의하면, 아나케스는 하늘에 그들의 별이 나타났다고 해서 아 티카의 사투리 '위'의 뜻에서 생겨난 말이라고도 한다.

그리고 테세우스의 어머니 아이트라는 스파르타로 포로가 되어 갔다가 그곳에 서 헬레네와 함께 트로이로 끌려갔다고 한다. 호메로스는 이것에 대해, "피테우스와 클리메네의 딸 동그란 눈의 아이트라"라고 그의 시에 쓰고 있다.

그러나 어떤 사람은 이 시구를 무니코스에 관한 전설, 즉 라오티케가 트로이에서 데모폰과 살다가 낳은 이 무니코스를 아이트라가 길렀다는 이야기와 함께 잘못 전 해진 것이라고도 한다.

또 역사가 이스트로스는 그의 저서 《아티카의 역사》 제13권에서, 아이트라에 관 하여 전혀 다른 이야기를 적고 있다. 그 이야기는, 아킬레우스와 파트로클로스가 스 페르키우스 강가에서 트로이를 쳐부쉈지만, 헥토르는 트로이젠의 도시를 점령했고 이 때 아이트라도 그 곳에서 포로가 되었다는 것이다.

한편 몰로시아의 왕 아이도네오스는 헤라클레스가 방문했을 때 테세우스와 페 이리토스가 자신의 딸을 납치하려다가 한 사람은 부끄러운 죽음을 당했고, 다른 한 사람도 생명이 위태롭다는 이야기를 했다. 이 소식을 듣고 헤라클레스는 몹시 슬퍼 했다. 그리고 페이리토스는 죽었으니 왕을 비난한다 해도 소용이 없다면서 테세우 스를 놓아 주라고 간절히 청했다. 결국 아이도네오스 왕은 그의 간절한 청에 마음이 움직여 테세우스를 놓아 주었다.

테세우스가 석방되어 고국에 돌아와 보니 자기의 위력은 이미 조금밖에 남아 있지 않았다. 그리고 예전에 있던 자신의 땅도 몇 곳을 제외하고는 모두 헤라클레스의 것이 되어 있었으며, 땅 이름도 헤라클레아라고 고쳐져 있었다. 테세우스는 다시 정치에 힘써 보려 했으나 반대의 소리가 사방에서 일어났다. 예전에 그의 적이었던 사람들은 그가 없는 동안 세력이 커져서 이제는 그를 두려워하지 않을 정도였을 뿐 아니라 평민들도 순순히 복종하려 들지 않았다. 테세우스는 강압적으로 힘에 의한 정치를 펴 보려고 했으나 반대파의 선동과 반항은 점점 더 거세어지기만 했다. 결국 그는 계획을 단념하고 아들들은 유비아에 있는 엘레페노르에게 보내고, 자기는 아테네 사람들을 저주하며 스키로스를 향해 뱃길을 떠났다. 그곳 사람들은 자기에게 호의를 가지고 있었으며 아버지의 땅도 있었기 때문이었다.

테세우스는 스키로스의 왕 리코메데스에게 가서 자기가 거주할 토지를 달라고 부탁했다. 어떤 사람의 말로는, 아테네와의 싸움을 원조해 달라고 청했다고도 한다. 그러나 리코메데스 왕은 테세우스의 명성이 두려웠는지, 그에게 토지를 보여 준다고 하며 산꼭대기로 데려가 그를 절벽 아래로 떨어뜨려 죽이고 말았다. 그러나 다른 사람의 기록에 의하면, 평소의 습관대로 산책을 하다가 발을 헛디뎌 죽은 것이라고도 한다.

테세우스가 죽자 아무도 그를 오래 기억하지 않았다. 메네스테오스는 아테네의 왕이 되었으며, 테세우스의 아들들은 평범한 시민으로 자라다가 트로이 공격에 참여하였다. 그 후 아들들은 메네스테오스가 죽자 아테네로 돌아와 왕위를 되찾았다.

그 후 여러 가지 사건이 일어나 아테네 사람들은 테세우스를 숭배하였는데, 마라톤 싸움터에서는 테세우스의 혼령이 무장을 한 채 앞장서서 적을 무찌르는 모습을 여러 사람들이 보았다고 하여 신처럼 모셔지게 되었다.

아테네 사람들은 파이도 장군 지휘 아래 페르시아와의 전쟁이 끝난 다음 델포이의 신탁을 물었을 때, 테세우스의 유골을 가져와 아테네 시에 정중히 모시라는 신탁이 내려왔다. 그 섬에는 몹시 사납고 야만적인 종족이 살았기 때문에 그의 유골을 찾아오는 것은 쉽지 않은 일이었으나 키몬이 나서서 그 섬을 점령했다. 그리고 어느 날 독수리 한 마리를 발견하여 따라가 땅을 파보았더니 큰 시체를 넣은 관과 청동관, 그리고 칼이 놓여 있었다. 키몬은 이것을 배에 싣고 아테네로 돌아왔고, 아테네 사람들은 마치 테세우스가 살아 돌아온 것처럼 크게 기뻐하며 그의 유골을 맞아들였다.

테세우스의 유골은 아테네 시 중앙, 지금의 김나지움 자리에 묻혔는데 이곳은 지금도 노예나 그 밖의 약하고 어려운 사람들의 안식처가 되고 있다. 그것은 테세우스가 살아 있을 때 항상 고통받는 사람을 구제하고 보호해 주었기 때문이다. 그에게 와서 구원을 빌었던 사람들은 단 한 번도 기도를 거절당하지 않고 구원을 이루었다고 한다.

테세우스를 추모하여 드리는 제사는 크레타에서 소년소녀들을 구출해 왔던 피아네프시온 달 제8일에 올려진다. 또 매달 8일에도 테세우스의 제사가 있는데, 헤카톰바이온 달 제8일에 트로이젠을 떠난 그가 아테네에 도착했던 날을 기념하기 위한 것이다. 또 포세이돈의 제사를 8일에 지냈던 것과 관련하여, 그의 아들인 테세우스가 숫자 8과 관계가 깊다는 생각과 '영원 불변하는 사람', '대지의 바탕이 되는 존재'라고 일컬어지는 바다의 신의 확고부동한 힘을 뜻하기도 한다.

2
로물루스
(ROMULUS, BC 8세기)

> 로마의 정치가이며 군인. 레무스와 쌍둥이 형제로 라틴 민족을 행방시켰다. 그의 나이 54세, 재위 38년째 되던 해에 염소늪에서 행방불명되어 퀴리누스 신이 되었다고 한다. 미천한 집안에서 자라났으며 여러 민족을 하나로 굳게 결합시키고 로마라는 거대한 도시를 건설했다.

　로마라는 이름은 어떤 사람이, 어떤 이유로 붙인 것인가 하는 데 대해 역사가들은 각기 다른 의견을 제시하고 있다. 어떤 사람은, 옛날 펠라스기 족이 세계 각처를 돌아다니며 여러 나라를 정복한 후, 이곳에 자리를 잡고 '강력하다'는 뜻으로 이 도시를 로마라 이름하였다고 한다.

　또 하나의 무척 흥미로운 이야기도 있다. 트로이를 공격할 때 도망친 사람들이 풍랑에 밀려 토스카나 연안에 이르러 티베르 강 어귀에 닻을 내렸다. 그때 뱃길에 지친 여자들은 로마라는 지혜로운 한 여자의 제의에 따라 타고 온 배를 모두 불태워 버렸다. 그것을 본 남자들은 처음에 몹시 화를 냈지만 팔라티움 산 근처에 자리를 잡고 정착하게 되면서, 자신들이 생각했던 것보다 훨씬 풍요롭게 되자 그 여자에 대한 감사의 뜻으로 그 땅을 로마라고 명명하였다는 이야기가 있다. 여자들은 배를 불태워 버린 후 남자들의 화를 달래기 위해 입을 맞추었는데 오늘날 친척이나 남편에게 키스로 인사하는 습관은 바로 이 때 시작된 것이라고 한다.

그 외에 로마는 이탈루스 왕과 레우카리아 사이의 딸이었다는 이야기도 있고, 헤라클레스의 아들 텔라푸스의 딸로 아이네아스와 결혼한 여자라고도 하며, 아이네아스의 아들 아스카니우스의 딸이라고도 전해진다. 어쨌든 이 도시의 이름이 어떤 여자의 이름에서 유래된 것으로 보는 것에는 견해가 일치한다.

그리고 율리세스와 키르케의 아들 로마누스가 로마를 창건했다는 이야기도 있고, 라틴 족의 왕 로무스가 테살리아를 출발하여 이곳에 들어와 원주민을 몰아내고 세운 도시라는 말도 전해진다.

이렇게 많은 전설 가운데서 가장 믿음직한 것은 로물루스가 이 도시를 처음 세우고 자신의 이름을 따서 로마라고 불렀다는 이야기이다. 이에 관한 많은 사람들의 의견은 일치하지만 로물루스의 과거에 대해서는 또다시 많은 이야기가 거론된다. 로물루스는 아이네아스와 덱시테아의 아들이며, 그의 동생인 레무스와 함께 어릴 때 이곳에 왔다가 홍수를 만난다. 다른 배들은 모두 가라앉았으나 두 아이가 탄 배는 언덕에 얹혀 무사히 살아났는데, 그들이 이곳을 로마라고 불렀다.

또 하나의 설에 의하면, 로마라는 여자와 라티누스 사이에서 난 아들이 로물루스였다고 한다. 또는 아이네아스와 라비니아의 딸 에밀리아가 군신(軍神) 마르스를 알게 되어 낳은 아들이라고 전해지기도 한다.

로물루스의 출생에 대해서는 신화 같은 이야기가 있다.

알바니아의 왕 타르케티우스는 성질이 사납고 잔인한 사람이었다. 어느 날 그의 집 난로 속에 환영처럼 남자의 모습이 나타났다. 그때 토스카나에 있는 테티스의 신전에 신탁을 물으니 한 처녀를 그 앞에 바치면 힘과 용기가 매우 뛰어난 사내 아이를 낳게 될 것이라 했다. 왕은 이 신탁을 듣고 자기 딸에게 환영을 가까이 하라고 했다. 그러나 딸은 이를 수치로 여기고 시녀를 대신 보냈고 결국 왕에게 노여움을 사서 시녀와 함께 옥에 갇혀 죽임을 당할 운명에 처하고 말았다. 그러나 베스타 여신이 꿈에 나타나 그들을 죽이지 말라고 했다. 왕은 그들을 궁궐 속 깊은 곳에 가둔 채 옷감 짜는 일을 시키기 시작했다. 옷감 짜는 일이 끝나면 두 사람은 혼인할 수 있었다. 그러나 왕은 밤마다 몰래 사람을 들여보내 낮에 짠 옷감을 풀어 놓는 일을 되풀이하여 옷감을 완성하지 못하게 했다.

그러는 동안 시녀는 쌍둥이 아들을 낳게 되었다. 타르케티우스 왕은 곧 테라티우스에게 그 아기들을 죽이도록 명령했다. 그러나 테라티우스는 차마 아기들을 죽일 수 없어 강가에 두고 돌아왔다.

　그런데 강으로 늑대가 찾아와 젖을 먹이고 여러 새들이 먹이를 물어다 주어 아기들을 살리고 있었다. 그리고 어느 날 목동이 지나가다가 이 아기들을 발견하고는 데려다 길렀으며, 이들이 자라나 타르케티우스 왕을 습격하여 죽였다. 이탈리아의 역사를 쓴 프로마티온은 이렇게 기록하고 있다.

　그러나 가장 믿을 만한 증거를 가진 이야기는 디오클레스가 말한 것으로 그리스 사람들에게도 널리 알려진 이야기이다. 파비우스 픽토르도 대체로 이 설을 따르고 있다. 이 설도 여러 차이가 있지만, 대체로 다음과 같다.

　아이네아스 왕으로부터 대대로 이어져 온 혈통이 알바의 왕을 거쳐 누미토르와 아물리우스 형제의 대에 이르렀을 때였다. 아물리우스는 모든 재산을 둘로 똑같이 나누자고 제안하였다. 아물리우스는 트로이에서 가져온 황금과 보물을 왕궁의 가치와 상응할 만큼 쌓아놓고, 선택하도록 하였다. 누미토르는 왕위를 선택하였다. 그러나 많은 재물을 갖게 된 아물리우스는 나중에는 누미토르보다 세력이 더 커져서 결국 누미토르 왕국을 차지하게 되었다. 그리고 누미토르의 딸이 아들을 낳아 왕위를 다시 빼앗을 것을 염려하여 그녀를 베스타 여신의 사제로 만들어 평생 독신으로 지내게 하였다. 일리아, 레아, 또는 실비아라고 불리는 그 여자는 여사제의 신분으로 결국 아기를 갖게 되어 벌을 받게 되었으나, 왕의 딸 안토의 간곡한 청으로 가혹한 형벌은 면할 수 있었다. 그 후 일리아는 외부와의 접촉이 전혀 없는 곳에 유폐되어 있다가 체구가 크고 잘생긴 쌍둥이 형제를 낳게 되었다. 아물리우스는 이 사실을 알고 신하를 시켜 이 두 아이를 갖다버리게 하였다. 어떤 사람들은 이 신하의 이름이 파우스툴루스였다고 하고, 또 다른 사람들은 아기를 양육한 사람이 파우스툴루스라고 한다. 신하는 쌍둥이 아기를 광주리에 넣어 강에 버렸다. 아기가 든 광주리는 강을 따라 흐르다가 케르마누스라는 곳에 멈추었는데, 아마도 이 이름은 형제라는 뜻의 '게르마니'에서 비롯된 것으로 보인다.

　그 부근에는 루미날리스라고 부르는 한 그루의 무화과 나무가 서 있었다. 루미날리스라는 이름은 로물루스의 이름에서 온 것이거나, 아니면 새김질(루미네이트)에서 유래한 것 같다. 그러나 이보다 더 타당성 있는 말은 쌍둥이가 그곳에서 젖을 먹을 수 있었기 때문이라는 것이다. 옛날 사람들은 모든 동물의 젖꼭지를 '루마'라고 했는데 지금도 어린 아이들의 수호신을 루밀리아라고 부른다.

〈로물루스와 레무스〉, 페테르 파울 루벤스.

전설에 의하면 아기들이 이곳에 누워 있을 때 늑대가 와서 젖을 먹여주고, 또 딱따구리가 그들을 지켜 주었다고 한다. 사람들은 이런 동물들을 군신 마르스의 심부름꾼이라고 생각했는데, 지금도 라틴 사람들은 딱따구리를 신령스러운 새로 모시고 있다고 하며 이런 것들로 미루어 두 쌍둥이의 아버지는 마르스라 할 수 있다.

그러나 다른 설을 보면, 아물리우스가 조카딸을 사제로 만든 다음, 자신이 누구인지 모르게 갑옷을 입고 나타나 관계하여 낳은 것이라는 이야기도 있다. 또 그것과는 달리, 이 전설의 기원이 쌍둥이의 유모 이름에서 비롯되었다고 생각하는 사람들도 있다. 라틴 사람은 암늑대를 '루피'라고 하는데, 방탕한 여자도 루피라고 부른다. 그리고 그 아이들을 기른 파우스툴루스의 아내 아카 라렌티아가 바로 그런 여자였다고 한다.

로마 사람들은 이 여자에게도 제물을 드리며, 4월이면 벌어지는 마르스의 제사를 라렌티아제라고 부르는데 바로 그녀의 이름에서 유래한 것이다.

로마 사람들은 이 여자 말고도 한 명의 라렌티아의 제사를 지내는데 거기에는 다음과 같은 이유가 있다.

헤라클레스를 섬기는 신전지기 한 사람이 어느 날 너무 심심해서 신에게 주사위 내기를 걸었다. 만약에 자기가 이기면 신께서 무엇이든지 귀한 것을 주시고, 자기가 지면 훌륭한 잔치를 열고 아름다운 여자를 바치겠다고 제안했다. 먼저 신을 대신해서 주사위를 던지고, 다음 번은 자기 몫으로 던진 결과 신전지기가 지고 말았다. 신전지기는 약속대로 잔치를 베풀고 라렌티아라는 여자를 불러 신전에 앉혀 놓고 빗장을 잠가 버렸다. 그랬더니 정말로 신이 나타나 여자에게 "아침 일찍 장터에 나가서 맨 처음 만나는 남자를 가까이하라"고 했다. 여자는 신이 말한 대로 아침 일찍 장터에 나갔다가 나이는 많으나 유복해 보이며 아이도 없이 사는 타루티우스라는 사람을 만났다. 그는 라렌티아를 사랑하였고 죽은 뒤에는 많은 재산을 남겨 주었다. 라렌티아는 그 유산의 대부분을 시장 사람들에게 나누어 주었다.

라렌티아에 관해서는 또 이런 이야기가 있다. 그녀는 처음에는 별로 알려지지 않았던 사람인데 신의 사랑이 각별하여 점차 유명해졌으며, 어느 날 또 다른 라렌티아 무덤 옆에서 홀연히 자취를 감추고는 다시는 보이지 않았다. 그 자리를 지금은 벨라브룸이라고 하는데, 강이 자주 넘쳐 공회장에 배를 타고 다니는 일이 잦았으므로 건넌다는 뜻의 '벨라투라'에서 이 이름을 따온 것이라고 한다.

또 어떤 사람은, 장터에서 운동장으로 오는 길은 천막을 친 노점이 늘어서 있는데, 라틴어로 이 천막을 '벨룸'이라고 한 데서 생긴 지명이라고 한다. 아무튼 로마 사람들이 또 한 사람의 라렌티아도 존경하고 있음을 알 수 있는 이야기이다.

한편 그 두 아이는 아물리우스 왕의 돼지를 맡아 기르던 파우스툴루스라는 자가 데려다 아무도 모르게 길렀다. 두 아이는 글을 배우고, 또 이름 있는 집안의 아들이 배우는 공부도 모두 하였다. 그들은 늑대의 젖(루마)을 먹고 자랐기 때문에 각각 로물루스, 레무스라는 이름을 가지게 되었다.

늑대의 젖을 먹는 로물루스와 레무스.

그들은 어릴 때부터 이름 높은 가문의 자식과 다름없었으며 커갈수록 더욱 씩씩하고 용맹스러워졌다. 특히 로물루스는 씩씩할 뿐 아니라 지혜로웠으며, 소치는 일이나 사냥하는 일, 이웃 사람들과 교제하는 일에 뛰어났고 어려서부터 지도자의 기질을 종종 발휘했다. 두 사람은 모두 많은 사람들에게 친절했지만 왕의 신하나 집행관, 감독관들만은 경멸하였고, 그들이 위협을 해도 결코 두려워하는 일이 없었다. 그들은 명문가의 자식들처럼 자라면서 부지런하고, 사냥과 경주에 뛰어나, 산적이나 도둑으로부터 마을을 보호하여 이름을 날리기도 하였다.

한 번은 누미토르와 아물리우스의 목동들 사이에 싸움이 벌어졌다. 아물리우스 편에서는 누미토르의 가축들 때문에 자기네 소가 쫓겨났다면서 그들을 습격하여 빼앗긴 소들을 찾아 왔다. 누미토르는 몹시 화를 냈으나, 그들은 오히려 더 많은 사람들을 모아 싸움을 준비하고 있었다.

하루는 로물루스가 제사를 지내러 가고 없는 동안 누미토르가 공격을 해왔다. 많은 부상자가 생긴 후 결국 싸움은 누미토르 편이 이겨 레무스를 포로로 잡아갔다. 누미토르는 아물리우스의 분노를 두려워하여, 그에게 가서 정당한 판결을 요구하였다. 결국 아물리우스는 누미토르에게 레무스를 도로 데려가 생각하는 대로 처벌하도록 할 수밖에 없었다. 레무스를 자기 집으로 데려간 누미토르는 그의 건장한 신체와 의젓한 품위에 크게 감탄했다. 아무리 어려운 지경에 이르러서도 얼굴에 용감한 빛과 태연한 것을 잃지 않는 태도를 보고 누미토르는 그에게 어떤 신비한 힘의 보호가 있다고 생각했다. 그래서 그는 친절한 태도로 그의 신분이 무엇이며 누구의 아들인지를 물었다. 레무스는 조금도 두려움 없이 대답했다.

"모든 것을 솔직히 말씀드리겠습니다. 당신은 아물리우스보다도 더 왕다우십니다. 당신은 벌을 주기 전에 먼저 까닭을 물어 옳고 그름을 판단하려 하는데, 아물리우스 왕은 옳고 그름을 듣지 않고 함부로 형벌을 줍니다. 저희들은 쌍둥이이며, 지금까지 파우스툴루스와 라렌티아의 아들인 줄로만 알고 있었습니다. 그런데 이번에 죄인으로 몰려 당신 앞에 서게 되기까지 저희들에 대한 많은 이야기를 듣게 되었습니다. 저희들은 신비롭게도 새와 짐승의 힘으로 살았다고 합니다. 늑대의 젖과 딱따구리가 물어다 준 먹이로 자랐으며 큰 광주리에서 발견되었다고 합니다. 그리고 그 광주리에는 청동 띠가 둘러져 있고 거기에는 글씨가 새겨져 있었다고 합니다. 그러나 우리가 죽고 난 뒤에는 부모님들이 그것을 보게 되더라도 아무 소용이 없게 되겠지요."

이 이야기를 듣고 그 청년의 나이를 따져 본 누미토르는 반가움을 감출 수가 없었다. 그는 아직도 엄중히 감금되어 있는 딸에게 이 일을 알릴 방법을 궁리하였다.

한편 파우스툴루스는 레무스가 누미토르에게 잡혀갔다는 소식을 듣고 로물루스를 불러 레무스를 도와야겠다고 말하고, 두 사람의 출생에 대해서도 자세히 얘기해 주었다. 지금까지도 은연중에 그 사실을 비치기는 했지만 이제 위급한 때를 당하니 가만히 있을 수가 없었던 것이다. 파우스툴루스는 급한 마음으로 광주리를 가지고 누미토르를 찾아갔다. 그러나 왕궁 문지기의 의심을 받아 조사를 당하는 바람에 외투 속에 숨기고 있던 광주리를 들키고 말았다. 그런데 마침 문지기와 같이 서 있던 군인이 바로 그 광주리에다 아기를 갖다 버린 사람이었다. 그는 광주리를 알아보고는 곧 왕에게 이 사실을 알리면서 파우스툴루스를 잡아들이게 했다. 파우스툴루스는 심한 고문을 당하였으나 사실을 다 털어놓지는 않았다. 다만 아기들은 구원을 받아 아직 살았으며 지금은 알바에서 멀리 떨어진 곳에 살고, 일리아가 아이들이 살아 있다는 증거를 보여달라고 하여 이 광주리를 들고 가는 것이라고 말했다.

왕은 분노에 떨며 그 아이들이 살아 있다는 소식을 들은 일이 있는가를 물어보기 위해 누미토르에게 사람을 보냈다. 마침 심부름을 간 사람은 누미토르의 친구로 마음이 어진 사람이었다. 그는 레무스를 끌어안고 있는 누미토르를 보고는, 외손자임에 틀림없다고 생각하고 힘껏 돕겠다는 약속을 했다.

이 때 이미 로물루스는 아물리우스 왕을 미워하던 시민들을 모아 공격을 준비하고 있었다. 로물루스는 군대를 백 명씩 나누어 각 대장에게 마른 풀과 관목을 끝에 동여맨 장대를 들게 했다. 이것을 사람들은 '마니풀리'라고 불렀는데, 이 때문에 지금도 군대에서는 중대장을 마니풀라레스라고 부른다.

드디어 레무스는 성 안에서 시민들을 반란에 끌어 넣고 로물루스가 성 밖에서 공격을 개시하여 아물리우스 왕은 싸울 틈도 없이 붙잡혀 죽고 말았다.

이 이야기는 신화적 요소가 매우 짙게 깔려 있기는 하지만 운명이란 것이 얼마나 오묘한 것인가, 그리고 로마라는 도시가 얼마나 신비로운 기원을 가지고 있는가를 보여 주는 기록이라 할 수 있을 것이다.

이제 아물리우스는 죽고, 사태는 평화롭게 처리되었다. 그러나 로물루스와 레무스는 통치자가 아닌 평민으로서 알바에 살고 싶지도 않았고, 그렇다고 외할아버지가 살아 있는데 정권을 잡을 수도 없었다. 그래서 두 사람은 영토를 누미토르에게 넘겨 주고 어머니에게는 지난 날의 고통에 대한 보상으로 상당한 영예를 드린 뒤, 자신들은 독자적인 생활을 하고자 결심하고 어릴 때 자라던 땅으로 가서 도시를 건설했다.

그들은 이 도시를 어려운 처지에 있는 사람들의 피난처로서 '아실라이우스 신전'이라고 이름 붙이고 이곳으로 오는 모든 탈주자를 맞아들여 보호해 주었다. 이곳에 들어온 이상 종들도 그 주인에게 돌려보내지 않았으며, 채무자는 물론 살인자까지도 보호를 받을 수 있었다. 그래서 이 도시는 특권의 지역이 되었으며 신탁을 받아 언제까지나 지키겠다고 맹세했다. 이렇게 하여 처음 도시를 세웠을 때 약 1,000세대 정도 되던 인구는 차츰 늘어가게 되었다.

두 형제는 도시 건설에는 같은 견해를 가지고 노력했지만 장소를 정하는 일에서는 서로 마음이 맞지 않았다. 로물루스는 사각형의 로마라고 불리는 곳에 도시를 세우려 했지만 레무스는 군사적으로 유리한 아벤티누스 언덕(이곳은 그의 이름을 따서 레모니움이라 했는데, 지금은 리그나리움이라고 불린다)을 택했다. 의견이 일치하지 않자 그들은 새가 날아가는 것을 보고 점을 쳐서 장소를 결정하기로 하고 서로 멀리 떨어진 곳에 서서 날아가는 새를 보았다. 그때 레무스 쪽에는 여섯 마리의 독수리가 날았는데, 로물루스 쪽으로는 그 두 배인 열두 마리의 독수리가 날아 올랐다. 어떤 기록을 보면, 레무스는 그때 독수리를 보았지만 로물루스는 보지 못했으면서 본 것처럼 말했으며 나중에 레무스가 가까이 왔을 때 비로소 열두 마리의 독수리가 날았다고 한다.

헤로도루스 폰티코스의 기록에는 헤라클레스도 큰 일을 할 때 독수리가 나타나는 것을 좋은 징조로 여겼다고 한다. 원래 독수리는 사람에게 해를 끼치지 않고 사람들이 심은 곡식이나 목장에서 기르는 짐승에게도 가까이 오지 않으며, 오직 시체를 먹을 뿐 살아 있는 것은 결코 죽이지 않는 짐승이다. 그리고 솔개나 올빼미, 매 같은 새들은 서로 싸우며 동족을 해치지만, 독수리는 같은 새라면 시체라도 먹지 않는 순결한 새라고 한다. 이것에 대해 아이스킬로스는 다음과 같이 읊었다.

새를 잡아먹는 새를
어찌 순결하다 할 수 있을까.

또 다른 새들은 사람들 눈에 쉽게 띄지만 독수리는 희귀한 새이며, 특히 그 새끼를 본 사람은 아주 드물다. 그래서 독수리는 알 수 없는 먼 곳으로부터 날아온다고 생각하여 사람들은 독수리를 신의 뜻을 받아 나타나는 새라고 여겼다.

레무스는 독수리를 보고 친 점이 로물루스의 속임수임을 알고 크게 화를 냈다. 그래서 로물루스가 성벽의 토대를 세우고 도랑을 파는 것을 보고 비웃으며 공사를 방해하기도 했다. 로물루스는 자신을 모욕하는 레무스를 보고 화가 난 나머지 마침내 그를 죽이고 말았다. 그러나 어떤 사람은 로물루스의 부하인 켈레르가 죽였다고도 한다.

결국 이 싸움에서 파우스툴루스도 죽고, 그의 동생으로 함께 로물루스를 길러 준 플리스티누스도 죽었으며 켈레르는 토스카나로 도망을 가게 되었다. 이 이야기 때문에 로마 사람들은 재빠르고 날쌘 사람을 켈레레스라고 부르게 되었다.

로물루스는 아버지를 레모니아에 장사지낸 다음, 곧 새로운 도시 건설에 착수했다. 모든 의식은 신성한 법칙에 따라 치렀고, 모든 행사를 종교적인 의식처럼 엄숙하고 고귀하게 모셨다. 그는 우선 코미티움이라 불리는 의사당 둘레에 도랑을 파고 여러 가지 햇곡식을 던지고 거기에다가 여러 땅의 흙을 가져와 한데 섞었다. 그러고는 이곳을 중심으로 금을 그어 시가지를 만들고, 암소와 수소 두 마리가 끄는 청동 쟁기를 스스로 끌면서 땅을 가는 의식을 치렀다. 이렇게 만들어진 선을 경계로 성벽을 쌓았으며 성벽 뒤, 혹은 성벽 옆이라는 말로 포모이리움이라고 이름을 지었다. 이 의식이 끝난 다음 쟁기가 지나간 자리는 신성한 곳, 성문을 만들 자리는 신성하지 못한 곳으로 정했다. 신성하지 못한 곳에 성문을 만든 것은 그 문으로 정결하지 못한 물건들을 가지고 드나들 때 마음에 꺼리는 일을 예방하기 위한 것이었다.

로마를 건설하기 시작한 날짜는 4월 21일로 알려져 있다. 그래서 로마 사람들은 이 날을 국가 창건일로 정하고 매년 성스러운 행사를 베풀고 있다. 또 이 날은 생명 있는 것은 제물로 쓰지 않는데, 조국의 탄생일에는 피를 뿌리지 않아야 한다고 생각했기 때문이다.

오늘날에는 로마와 그리스의 달이 전혀 틀리지만, 그리스 사람들의 기록을 보면 로물루스가 로마 시를 세운 것은 그들의 달로 30일이었다고 한다. 그 날 일식이 있었는데, 그것은 제6올림피아드 제3년에 시인 안티마코스가 보았다는 것과 일치하는 기록이다.

로마인 중에서 자기 나라의 역사에 대해 가장 많은 것을 아는 사람은 철학자 바로(Varro)였는데, 그에게는 철학자이며 수학자인 타루티우스라는 친구가 있었다. 그는 설계나 통계 등을 작성하였으며, 미술도 뛰어났다고 한다. 바로는 그에게 로물루스가 탄생한 날을 계산해 보라고 했다. 그것은 기하학적인 문제이며 복잡한 일이었다. 타루티우스는 로물루스의 업적과 사건들을 조사하고, 그가 살고 있던 때와 죽음의 형태를 자세히 조사하여 이것들을 비교, 검토하였다. 그렇게 해서 뽑아낸 타루티우스의 계산에 의하면, 로물루스가 어머니의 자궁에 자리를 잡은 것은 제2올림피아드의 제1년, 이집트 달력으로는 코에악 달인 12월 23일의 일몰 3시간 뒤이며, 이 시간에 개기일식이 있었다고 했다. 그리고 그의 탄생일은 토트 달인 9월 21일 일출 때였고 그가 로마 시를 건설하기 위해 첫 초석을 놓은 것은 파르무티 달 제2시와 제3시 사이라고 추정해 냈다. 이런 이야기는 신비롭기도 하지만 신화적이기 때문에 더욱 관심을 가질 만한 이야기이다.

로물루스는 도시를 세운 뒤 장정들을 모아 군대를 만들었다. 각 군대는 보병 3천 명과 기병 3백명으로 이루어졌으며 전쟁에 적합한 사람을 골랐다는 뜻에서 레기오라고 불렀다. 그리고 나머지 사람들은 민중이라고 했으며, 그들 가운데서 백 명을 다시 뽑아 의원에 임명하여 파트리키우스라 부르고, 그들이 가지는 집회를 원로원이라고 하였다.

파트리키우스란 적자의 아버지라는 뜻인데, 사생아가 아닌 혈통이 뚜렷한 사람들을 의미하는 것이라고 한다. 처음 로마에 이사해 온 사람 중에는 혈통이 분명치 않은 사람이 많았기 때문에 이들과 구별을 하기 위해 파트리키우스를 따로 모은 것으로도 볼 수 있다. 또 다른 설에는, 약자를 보호한다는 뜻을 가진 말로, 파트론이라는 사람이 약자와 가난한 사람의 수호자였기 때문에 붙인 이름이라고도 전해진다. 그러나 가장 관심을 끄는 이야기는, 애정과 관심을 갖고 비천한 사람을 위로하는 것이 부귀한 사람들의 의무이며, 서민들도 웃어른을 경애하여 자신의 아버지로 생각하기 때문에 아버지를 뜻하는 파트리키안이라고 불렀다는 주장이다. 당시 다른 나라에서는 장로를 '공'이라고 불렀는데, 로마인들은 좀 더 명예로운 이름을 붙이기 위해 '아버지'라 불렀다. 이것은 나중에 '선택된 아버지'라고 덧붙여 불리게 된다.

로물루스는 이와 같이 원로인 파트리키우스와 서민을 구별하고, 귀족과 평민을 '보호자'와 '피보호자'라는 이름으로 다시 나누었다. 이에 따라 두 계급의 사람들이 평화롭게 지내도록 하였으며 그 관계가 공정하게 이루어지도록 여러 가지 방법을 구상해냈다. 보호자인 파트로네스는 항상 피보호자인 클리엔테스의 후견인으로서 의무를 가졌으며, 법정에서는 변호인이 되었고, 모든 일을 함께 의논했다. 때로는 클

〈사비니 족 여인들의 납치〉, 페테르 파울 루벤스.

리엔테스 가운데 가난하여 딸의 혼수가 부족한 사람이 있으면 파트로네스가 그것을 분담하고, 빚이 있으면 갚아 주는 일도 있었다.

파비우스의 기록에는, 도시를 건설한 지 넉 달만에 여자들을 약탈해 온 사건이 있었다고 한다. 어떤 사람은 이렇게 말한다: 워낙 싸움을 즐긴 로물루스가 전쟁을 하면 로마가 크게 발전할 것이라는 예언을 듣고 이유 없이 사비니를 공격했는데 이 때 30명 정도의 여자들을 납치해 왔다. 이것은 그가 부하들에게 아내를 구해 주려는 것보다도 오히려 전쟁을 일으킬 기회를 만들려고 했다는 것이다.

그러나 이것은 납득하기 어렵다. 오히려 다음 설명이 더 타당할 것 같다. 로마는 점차 시민들의 수가 늘어갔지만 아내를 가진 사람은 많지 않았다. 더구나 그들 대부분은 아직 훈련이 되어 있지 않은 상태였기 때문에 다른 나라의 공격을 받을 위험이 컸다. 그리하여 로물루스는 사비니의 공격을 미리 막기 위해 여자들을 납치해 와서, 사비니 사람들에게 동맹을 요구하려 했던 것이다.

먼저 로물루스는 땅 속에 숨겨져 있던 신의 제단을 발견한 것처럼 소문을 냈다. 사람들은 그 신을 콘수스 즉 상담의 신이라고 불렀다. 이 제단을 발견한 후에 로물루스는 제단에 훌륭한 제물을 바치고 전국적으로 운동 경기와 갖가지 행사를 거행하며 많은 사람들을 참가시켰다. 사람들이 모여들자 로물루스는 붉은 옷을 입고 앉아 있다가 시작을 알리는 신호로 붉은 옷을 접었다가 몸에 걸쳤다. 신호를 본 사람들은 일시에 칼을 뽑아들고 함성을 지르며 사비니 처녀들을 붙들었는데 이렇게 잡힌 여자들이 30명이었으며 이들을 쿠리아이라고 이름 붙였다. 그러나 발레리우스 안티아스는 총 527명이라고 하고, 유바는 683명이라고 하는데 모두 처녀였다고 한다. 로물루스는 그럴듯하게 변명하였다. 한 사람만 유부녀였는데 그것은 실수라고 했다. 로물루스는 난폭한 사람이 아니라 두 부족을 결합시키기 위한 강제적 수단으로 이런 행사를 벌였다고 한다. 잡혀온 여자들 중 유부녀는 헤르실리아 한 명이었는데 그녀는 귀족인 호스틸리우스와 결혼했다는 설도 있고 로물루스와 결혼하여 두 자녀를 두었다는 이야기도 있다. 그 두 아이 중 딸의 이름은 프리마, 아들은 아올리우스라고 했는데 나중에 아빌리우스라고 고쳤다.

간혹 신분이 낮고 미천한 사람이 우아하고 아름다운 여자를 차지한 경우도 있었다. 그러자 귀족들이 여자를 빼앗으려 했는데, 신분이 낮은 사람은 큰소리로 탈라시우스에게 데리고 가는 여자라고 대답했다. 탈라시우스는 높은 가문의 유명한 청년이었기 때문에 사람들은 언제나 "탈라시우스, 탈라시우스!" 하고 소리치며 그 뒤를 따라갔다고 한다. 결국 그는 행복한 결혼 생활을 할 수 있었고 오늘날에도 로마 사람들은 결혼식 축하 노래에 탈라시우스라는 이름을 부른다. 또 '탈라시오'란 말은 로물루스가 처녀 약탈을 시작하는 신호로 했던 말이라는 이야기도 있다. 한편 유바를 비롯한 역사가들은 이 말이 여자들이 실을 자을 때 부르는 노래라고 말한다. 그 무렵 이탈리아 사람들은 실잣기를 장려하는 뜻으로 '탈라시아'라는 말을 했었다.

또 다음과 같은 추측도 가능하다. 로마 사람들과 사비니 사람들이 휴전을 맺을 때, 여자들에 관한 특별한 조문에는 실을 잣는 일 말고는 아무 일도 시키지 않겠다는 약속이 있었다. 신랑 친구들이 신랑을 놀릴 때 탈라시우스를 부르는 풍습이 있는데, 그것도 신부한테는 실잣기만 시킨다는 뜻으로 쓰였다.

오늘날까지도 신부가 신랑 집으로 걸어들어가지 않고 신랑이 안고 들어가는 풍습이 있는데 이것은 사비니 여자들을 강제로 빼앗을 때 안고 들어온 것에서 유래한 것이다. 신부의 머리카락을 창끝으로 가르는 것도 이 전쟁에 의해서 최초의 혼인이 이루어졌다는 것을 나타내는 것이라고 하는 사람도 있다.

사비니 여자들을 납치한 것은 섹스틸리스 달, 즉 8월 18일이었는데 그 후로 이 날에는 콘수알리아라는 기념 행사를 열게 되었다.

사비니 인은 그 수효가 많고 용감했지만 성벽도 없는 작은 마을에서 살았다. 그들은 라케다이몬의 후예로 대담하고 두려움이 없어야 한다고 생각했기 때문이었다. 그러나 여자들을 빼앗기게 되자 할 수 없이 로물루스에게 사람을 보내 딸들을 돌려주면 두 종족 간에 우호적인 동맹을 맺겠다고 했다. 로물루스는 딸들은 돌려보내지 않을 것이지만 동맹은 받아들인다고 대답했다. 그러자 케니넨시아 족의 왕인 아크론은 로물루스의 오만함에 분노한 나머지 대군을 이끌고 로물루스를 공격하기에 이르렀다. 로물루스도 이에 맞서 군대를 거느리고 전쟁에 나섰다. 그들은 서로 가까이 접근하여

장군끼리 먼저 결판을 내기로 했다. 로물루스는 이 전투에서 자기가 이기게 되면 유피테르에게 적으로부터 빼앗은 갑옷과 무기들을 바치겠다고 맹세했다.

〈아크론을 꺾은 로물루스〉, 장오귀스트도미니크 앵그르.

장군끼리의 싸움은 결국 로물루스의 승리로 끝났다. 로물루스는 승리의 기세를 몰아 적의 수도를 함락시켰다. 그는 사로잡힌 시민들에게 해를 가하지 않고 자기를 따라 로마에 들어오면 시민의 특권을 주겠다고 약속했다. 이처럼 로물루스는 언제나 정복지의 사람들을 자기 편으로 끌어들였다.

로물루스는 자기의 맹세를 지키고 시민들을 기쁘게 하기 위해, 큰 떡갈나무를 벤 다음 아크론의 갑옷과 무기를 걸었다. 그리고 월계관을 쓰고 커다란 나무 기둥을 어깨에 멘 채 승리의 노래를 부르며 군대와 함께 로마로 행진했다. 시민들은 환호하며 로물루스와 그 군대를 맞이했다. 이 행진이 바로 후세의 모든 개선 행진의 시작이었다고 한다. 승리를 표시하는 기둥을 바치는 것을 가리켜 '유피테르 페레트리우스'라고 하는데, 페리레(ferire)는 무찌른다는 뜻의 라틴어이다. 이 말은 로물루스가 상대자를 무찌르도록 도와 달라고 유피테르에게 기도한 것에서 비롯되었다. 그리고 전리품은 '오피마(opima)'라고 하였는데 바로 '부유(richness)'를 뜻하는 '오페스(opes)'에서 온 말로 '왕가의 귀한 전리품'을 의미한다. 그러나 이것은 '행동'이라는 뜻의 '오푸스(opus)'에서 왔다고 하는 것이 더 타당할 것같다. 왜냐하면 오피마 스폴리아(opima spolia)를 드리는 일은 장군이 적장을 죽였을 때에만 차지할 수 있는 영광스러운 행위였기 때문이다.

이런 영광을 누린 로마의 장군은 세 명이 있는데 아크론을 죽인 로물루스, 톨룸니우스를 죽인 코르넬리우스 코수스, 비리도마루스를 죽인 클라우디우스 마르켈루스가 그들이다. 코수스와 마르켈루스는 전리품을 들고 전차를 타고서 도성으로 들어갔다고 한다. 역사적으로 타르퀴니우스가 제일 처음으로 개선식을 성대하게 열었으며, 개선식에 전차를 처음으로 사용한 것은 푸블리콜라라고 전해진다. 로물루스의 동상은 로마에서 볼 수 있는 것처럼 전차를 탄 모습은 없고, 모두가 걸어가는 모습이다.

케니넨시아 족이 정복된 뒤에도, 사비니 족은 계속 전쟁을 준비하여 피데나이, 크루스투메리움, 안템나 등에 사는 사람들과 힘을 합쳐 로마를 공격했다. 그러나 모든 전쟁에서 패하여 로물루스에게 도시와 영토를 빼앗기고 로마로 끌려가는 신세가 되고 말았다. 로물루스는 빼앗은 영토를 로마 시민들에게 나누어 주었는데, 전에 딸을 약탈당했던 사람의 땅은 그대로 두었다.

사비니 족의 남은 부족들은 로물루스에 대한 원한이 너무나 큰 나머지 다시 타티우스가 지휘하는 군대를 앞세우고 로마로 쳐들어갔다. 그러나 로마 시는 카피톨리누스에 있는 성벽 때문에 도저히 접근할 수가 없었다. 그런데 이곳 수비대의 대장 타르페이우스에게는 타르페이아라는 딸이 하나 있었다. 그녀는 사비니 족 사람들이 왼팔에 차고 있는 금팔찌를 보고 탐이 났다. 그래서 그녀는 아버지와 로마를 배반하기에 이르렀다. 성문을 열어 주는 대가로 금팔찌를 받은 것이다.

배반은 고맙지만 배반자는 증오한다고 안티고노스는 말했었다. 카이사르도 트라키아인 리미타클레스를 보고 "나는 반역은 좋아하지만 반역자는 증오한다"고 했다. 사나운 짐승의 독이 필요할 때가 있는 것처럼 때로는 악인도 필요하지만, 결국 느끼는 마음은 서로 공통점이 있다. 필요할 때는 좋아하지만 일이 끝나고 나면 그 악인의 악을 미워한다. 타르페이아에 대해 타티우스가 느낀 심정이 바로 그런 것이었다. 그는 타르페이아에게 약속대로 금팔찌를 주었다. 그는 자기가 먼저 금팔찌를 빼어 방패에 싸서 타르페이아에게 던졌다. 그러자 군사들도 모두 그를 따라 방패와 금팔찌를 던졌다. 결국 방패에 짓눌린 타르페이아는 그 자리에서 죽고 말았다. 이 일로 모든 사건의 앞뒤를 알게 된 로물루스는 타르페이우스를 반역죄로 체포했다고 유바의 기록은 전하고 있다.

타르페이아에 대해서는 다른 이야기도 있다. 그 중 안티고노스의 기록을 보면, 그녀는 사비니 족의 장군 타티우스의 딸로 로물루스에게 납치되어 와 있다가 아버지를 도와 원수를 갚았다는 것이다. 또 시인 시밀루스는, 타르페이아는 사비니 족이 아니었고 갈리아 왕을 사랑하여 그에게 성문을 열어 준 것이라는 이야기도 있지만 증거는 확실하지 않다.

도시 근처에 살던 여자
타르페이아는 로마를 팔아넘기고
갈리아를 사랑한 나머지
제 아버지의 집마저 허물어뜨렸구나.

시밀루스는 이렇게 쓴 뒤, 나중에는 타르페이아의 최후를 노래했다.

수많은 켈트족인 적군은 그녀를
아름다운 포(Po) 강둑에 데려가지 않고
거센 팔에 잡았던 방패를 던져
묻어 버렸다네.

그 뒤 타르페이아는 언덕에 묻혔으며 그녀의 이름을 따서 그곳을 타르페이우스라고 불렀다. 그러나 타르퀴니우스 왕 대에 이르렀을 때 그곳을 유피테르에게 드리기 위해 그녀의 유골을 다른 곳으로 옮겼기 때문에 지금은 그 이름도 없어지고 말았다. 단지 언덕 한 자락에는 타르페이아 바위라 불리는 곳이 남아 있으며, 지금은 죄인들을 산골짜기 밑으로 떨어뜨려 죽게 하는 곳이 되었다.

한편 사비니 족의 군대가 그 언덕을 점령하자, 로물루스는 분격한 나머지 맞서 싸웠다. 타티우스도 자신만만하게 응전을 시작했다. 형세가 불리해지더라도 성으로 다시 후퇴하면 그만이었기 때문에 두려울 것이 없었다. 양쪽 군대가 서로 마주 바라보고 있는 중앙의 평원은 사방이 산으로 둘러싸여 있었고 그들의 싸움은 서로의 목숨을 건 것이었다. 게다가 강이 범람하여 주위에는 깊은 늪이 발달해 있었다. 사비니 족이 앞을 다투어 공격해 들어오다가는 이 늪에 모두 빠질 것이 뻔한 일이었다. 그러나 쿠르티우스라는 용감한 장군이 앞장섰다가 늪을 미리 발견하여 사비니 족은 위기를 모면할 수 있었다. 이곳을 '쿠르티우스 늪'이라 부르는 것도 이 때문이다.

타티우스와 로물루스 군의 싸움은 많은 사상자를 내며 여러 차례에 걸쳐 계속되었다. 그 중에는 호스틸리우스라는 사람도 있었는데 그는 헤르실리아의 남편으로 나중에 누마 다음으로 왕위에 오른 호스틸리우스의 할아버지가 되는 사람이었다.

좁은 전쟁터에서 여러 번의 열띤 격전이 벌어졌다. 로물루스는 마지막 전투에서 머리에 돌을 맞아 쓰러지고 말았다. 이것을 본 로마 군은 모두 팔라티누스 산으로 도망을 쳤다. 겨우 기운을 차린 로물루스가 도망치는 병사들에게 "걸음을 멈추고 싸우라"고 외쳤지만 병사들은 이미 사기를 잃은 상태였다. 로물루스는 하늘을 향해 두 손을 들고 유피테르에게 기도를 드렸다.

"군사들을 멈춰 서게 하시어 로마를 구해 주소서."

이 기도가 끝나자 군사들은 곧 태도를 바꾸어 달아나기를 멈추었으며 싸울 용기를 되찾았다. 그래서 다시 전투가 맞붙게 된 곳이 스타토르 신전 앞인데, 유피테르 스타토르라는 말은 '멈추어 싸우게 하신 유피테르'라는 뜻이라고 한다.

그들은 방패를 나란히 하고 사비니 족을 향해 달려들어 팔라스가 있는 곳까지 격퇴시켰다. 그런데 양편 군대가 또다시 결전을 준비하고 있을 때, 이상한 일이 벌어졌다. 전에 납치되어 온 사비니 족의 딸들이 갑자기 비명을 지르면서 나타나 시체 사이에서 남편과 아버지를 찾는 것이었다.

여자들은 아기를 안거나 머리를 풀어헤친 채, 애처로운 소리로 사비니 군과 로마 군을 불렀다. 이런 광경을 본 양쪽 군사들은 슬픔을 느끼고 서로 물러섰다. 두 군대의 중간에서 여자들은 천지가 진동하도록 통곡을 했다. 군사들은 눈물을 흘리며 여자들의 말에 귀를 기울였다.

〈전투를 말리는 사비니 족 여인들〉, 자크루이 다비드.

"우리가 무슨 잘못을 저질렀다고 이런 슬픔을 주십니까? 예전에는 강제로 납치를 당하는 수모를 겪고, 그 뒤로 부모 형제 아무도 도와주지 않아서 지금은 원수인 적들과 인연을 맺고 살고 있어요. 그래서 이제는 그 전에는 미워하던 적도 싸운다고 하면 겁이 나고 죽는다면 슬퍼 울게 되었어요. 지금 당신들이 로마로 쳐들어 온 것은 처녀인 우리들을 구하기 위해서가 아닙니다. 당신들은 지금 우리의 남편과 아기들을 죽이려는 겁니다. 우리들 불쌍한 여자를 돕는다며 이런 짓을 하는 것은, 차라리 모르는 체하는 것보다도 나빠요. 이곳 사람들로부터 우리는 사랑을 받았어요. 이제는 당신네들로부터 동정을 받을 필요가 없게 된 거예요. 우리들은 이제 한 집안이 되었으니 제발 싸움을 그쳐 주세요. 또 이 전쟁이 우리를 위한 것이라면 우리를 사위나 아기들과 함께 데리고 가서, 가족과 친척들을 만나게 해주세요. 아, 내 남편과 내 자식을 빼앗지 마세요. 다시 우리를 납치해 가는 짓은 제발 그만두세요."

헤르실리아는 이렇게 호소했다. 그리고 다른 여자들도 제각기 소리쳐 애원했다. 양쪽 군대는 우선 싸움을 중지하고 장군들끼리 만나 의논을 했다. 그 결과 여자들이 자기 남편을 아버지나 오빠와 만나게 하고 자식들을 인사시킬 수 있게 해주었으며, 음식들을 가져와 대접하고 부상자를 데려가 간호하도록 했다. 그들은 여자들이 한 집안을 맡아 살림을 하고 있다는 것과 남편이 여자를 사랑하고 보호하고 있다는 것을 직접 확인하게 되었다. 그리하여 여자들 가운데서 지금의 남편과 계속 같이 살고 싶은 사람은 원하는 대로 해주고, 실 잣는 일 외에는 아무 일도 하지 않도록 했으며, 로마에서 사비니 족도 함께 살 수 있게 되었다. 시의 이름은 로물루스의 이름을 따서 그대로 쓰고, 모든 로마인은 타티우스 조국의 이름을 따서 퀴리테라 부르기로 했으며, 로물루스와 타티우스는 공동의 지위를 가지기로 결정되었다.

이 협정을 맺은 곳이 코미티움인데, 이것은 만난다는 뜻의 코이레(coire)에서 유래된 말이다. 이렇게 해서 로마의 인구는 약 두 배로 늘어나게 되었다. 그 때문에 로물루스와 타티우스는 다시 사비니 족 가운데서 100명을 더 뽑아 원로로 추가하였고 군대도 보병은 6천 명, 기병은 6백 명으로 늘렸다. 또 시민을 세 부족으로 나누는데 첫 번째 부족은 로물루스의 이름을 따서 람넨세스, 두 번째 부족은 타티우스의 이름을 따서 타티엔세스, 세 번째 부족은 루케레스라고 하였다. 이것은 루쿠스, 즉 덤불숲이라는 단어에서 따온 것이다. 각 부족은 다시 열 개의 쿠리아(민간 단체)로 이루게 했다. 쿠리아의 이름은 사비니에서 납치되어 온 여자들의 이름에서 따온 것이라는 얘기도 있지만 땅 이름을 따서 지은 것들도 많이 찾아볼 수 있다.

여자들을 존경하는 뜻에서 여러 가지 제도도 만들어졌다. 예를 들면, 여자가 길을 걸을 때는 앞을 비켜 주어야 했고, 추잡스러운 말을 삼갔으며, 여자 앞에 벗은 몸을 보여서는 안 되는 등 여러 가지 규칙이 있었는데 이를 지키지 않으면 살인죄로 법정에 서야 했다. 그래서 이런 여자의 아이들은 특별한 목걸이를 달고 프라이텍스타라는 자줏빛 단을 두른 의복을 입고 다녔다.

로물루스와 타티우스 두 왕은 처음에는 같이 회의를 열지 않고 각기 원로원 의원 100명과 함께 회의를 했으나, 나중에는 모두 한 곳에 모여 회의를 열게 되었다.

타티우스는 지금의 모네타 신전이 있는 자리에 살았고, 로물루스는 팔라티누스 산에서 경기장으로 내려오는 산수유 나무 옆에 살았다. 전설에는, 로물루스가 자기의 힘을 시험해 보기 위해 산수유 나무를 자루로 단 창을 아벤티누스 산에서 던졌는데 창이 어찌나 깊이 박혔던지 여러 사람이 달려들어도 도저히 뽑을 수가 없었다고 한다. 그리고 얼마가 지난 후, 창자루는 기름진 땅에 뿌리를 내리고 가지를 뻗으며 크게 자라 산수유 나무가 되었다는 것이다. 로물루스의 자손들은 이곳을 신성한 곳으로 여겨 제사를 지내며 주위에는 담을 쌓고 서로 돌아가면서 나무가 마르지 않도록 보살폈다. 그러나 이 나무는 카이우스 카이사르가 그 앞 층계를 수리할 때 일꾼들의 실수로 뿌리를 다쳐 말라죽고 말았다.

한편 사비니 인들은 우수한 로마의 달력을 쓰게 되었고, 로물루스도 지금까지 써 왔던 아르고스 식 둥근 방패를 사비니 식의 긴 방패로 바꾸었으며, 로마 군의 무기와 갑옷도 개량했다. 두 백성들은 서로 다른 편 사람들의 기념 행사에도 참석했고, 예전부터 지켜온 자신들의 풍습과 함께 새로운 행사를 만들어내기도 했다. 그 중 하나가 마트로날리아 제사인데 전쟁을 끝나게 한 여자들에 대한 감사의 뜻으로 만들어진 것이다.

카르멘탈리아도 여자들의 제사였다. 카르멘타는 출산을 맡은 여신으로 어머니들의 존경을 받았다고 하며, 혹은 여신이 아니라 신탁을 시로 노래해 주는 예언자로 에반데르의 아내였다고도 한다. 그녀의 원래 이름은 니코스트라타였는데 그 여자가 신이 들렸을 때의 광란적인 모습 때문에 카르멘타라고 불렸다고 하며, 노래라는 뜻의 카르멘에서 이름을 따와 카르멘타라고 한 것이라는 이야기도 있다.

루페르칼리아 제사는 정결을 위한 행사였던 것 같다. 그 제사는 2월의 재판이 없는 날 올리게 되어 있는데 2월, 즉 페브루아리란 정결하게 한다는 뜻으로 옛날에는 페브루아타라고 불렀었다. 그러나 이 명칭은 그리스의 리케아 제사와 비슷한 것으로 보아, 옛날 에반데르와 함께 이주해 온 아르카디아 사람들로부터 생긴 것으로 짐작된다. 또 이 제전은 로물루스에게 젖을 준 암늑대 이야기에서 생긴 것이라는 말도 전해지며, 제사를 지내는 사람들인 루페르키는 로물루스가 버려져 있었다는 곳에서 첫 행렬을 시작한다고 한다. 이와 같이 이 행사의 기원에는 여러 가지 설이 있어서 정확히 밝히기는 어렵다.

행사는 우선 산양을 죽이고 귀공자 두 사람을 데려오는 것으로 시작된다. 그들은 피가 묻은 칼로 그들의 이마에 자국을 내고, 다른 사람들은 산양의 젖에 담근 양털로 그 핏자국을 닦아낸다. 피를 닦고 나면 그 귀공자는 산양 가죽으로 만든 끈을 들고, 거의 벌거벗은 몸으로 뛰어다니면서 만나는 사람을 때린다. 젊은 부인들은 가죽에 맞아도 피하지 않는데 이것이 임신과 출산에 좋다고 믿었기 때문이다. 이 제사에는 또 개를 제물로 바치는 풍습이 있었다. 어떤 시인은, 로물루스와 레무스가 아물리우스 왕을 죽이고 너무나 기뻐 암늑대가 젖을 먹여 주던 곳까지 달려왔었는데 이 일을 기리기 위해 이러한 제사가 생겼다고 전한다.

두 젊은 귀공자가 끈으로 사람을 때리면서 부른 노래는 이런 것이다.

쌍둥이가 칼을 손에 쥐고
알바에서 달려왔듯이
만나는 사람을 때리며 달려간다네.

또 피묻은 칼을 소년들의 이마에 대는 것은 그 날의 위험과 살해를 물리치는 상징이고, 젖으로 그것을 닦는 것은 두 사람을 기른 늑대를 기리는 것이다.

카이우스 아킬리우스가 기록한 역사에는, 로마 시를 세우기 전 어느 날 로물루스와 레무스의 소가 없어진 일이 있었다고 적고 있다. 두 사람은 파우누스[1]에게 기도를 드리고 소를 찾으러 나갔는데, 땀이 흐를까봐 옷을 입지 않고 뛰어다녔기 때문에

---

1) Faunus:그리스 신의 판(Pan)에 해당하며 임야 목축을 맡은 신. 뿔과 꼬리를 가지고 있으며 귀는 뾰족하고 다리는 산양의 그것과 비슷하다고 하는 반인반수의 신.

이것을 흉내 내어 루페르키도 벌거숭이로 뛰어다니는 것이라 했다. 제물로 개를 바치는 것도 이 제사가 정결을 위한 것이기 때문이라는 것을 알 수 있게 해 준다. 만약 이 제물이 로물루스를 길러주고 보호해 준 늑대에 대한 고마움으로 드리는 것이라고 보아도, 늑대의 적인 개를 죽이는 것은 정결을 의미하는 것이 된다. 또 개는 루페르키가 뛰어다니는 것을 방해하기 때문에 개를 벌주는 것으로 볼 수도 있다.

로물루스는 또 신에게 성화를 바치는 풍습을 처음으로 만들었고, 깨끗한 처녀들을 골라 베스타의 제사를 드리게 했다. 로물루스는 신앙이 강하여 예언도 할 수 있었기 때문에 리투우스(lituus)라는 지팡이를 가지고 다니며 하늘을 갈라 점을 쳤다는 얘기도 전해져 온다. 이 지팡이는 팔라티움 궁전에 보존되어 있었으나 갈리아 군이 로마에 쳐들어왔을 때 없어졌다. 그러나 그 뒤 야만족이 격퇴되었을 때 폐허가 된 잿더미 속에서 이것이 다시 발견되었다고 하는데 오직 이 지팡이만 불길에서 벗어났다고 한다.

로물루스는 또 몇 가지 법률을 정했다. 그 중 아내가 남편을 버리지 못하게 한 것, 아이들에게 독약을 먹이거나 혹은 남편의 열쇠를 위조하거나 간통을 할 경우에는 내쫓을 수 있도록 한 법률은 특이하다. 만약 그 외 다른 이유로 아내를 버릴 경우에는 남편이 그 재산의 일부분을 아내에게 주어야 했고 나머지 반은 속죄를 위해 수확의 여신 케레스에게 바쳐야 했다. 또 부모를 죽인 자에 대한 형벌은 따로 정해져 있지 않고, 모든 살인자를 '부모를 죽인 자'라고 부른 것은 주목할 만하다. 로마에는 근 600년 동안 한 번도 이 죄를 범한 사람이 없었다고 하며, 다만 한니발 전쟁 때 루키우스 호스티우스란 사람이 부모를 죽였다는 이야기가 전해져 올 뿐이다.

타티우스가 왕좌에 오른 지 5년이 되던 해에 그의 신하와 친척들이 로마에 오는 사절단 일행을 습격하여 금품을 강탈하여 죽인 사건이 있었다. 로물루스는 이 엄청난 범행을 듣고 당장 범인들을 처벌하려 했지만 타티우스가 계략을 쓰는 바람에 처벌이 연기되고 있었다. 살해된 사람의 가족들은 타티우스가 범인들을 보호하여 원한을 풀지 못하게 되자, 타티우스를 습격하여 그를 죽이고 말았다. 그리고 타티우스는 나라를 다스릴 자격이 없으며 로물루스만이 옳은 정치를 할 수 있다고 주장하였다. 로물루스는 죽은 타티우스의 시체를 성대하게 장사 지내고 아벤티누스 산에 묻어 주었다. 그리고 그는 타티우스를 죽인 자들의 살인죄를 더 이상 추궁하지 않았다고 한다. 역사가들 중에는 라우렌툼 시민들이 타티우스를 죽인 범인들을 잡아 주었지만, 로물루스는 살인자는 살인으로 갚는다면서 그들을 다시 놓아 주었다고 전한다.

타티우스가 죽은 다음 사람들 사이에서는, 로물루스가 권력을 혼자 쥐게 되어 기뻐하고 있다는 말과 억측이 떠돌았다. 그러나 나라 정치는 조금도 흔들리지 않았고, 사비니 족의 반항도 전혀 일어나지 않았다. 사비니 인들은 로물루스에 대한 존경과 권력에 대한 두려움 때문이었는지 예전과 다름없이 그를 받들며 평온하게 지냈다. 그래서 많은 외국 사람들도 그를 존경하게 되었고 로물루스와 동맹을 맺고 싶어하는 나라도 많이 생겼다.

그러나 그 일이 있은지 얼마 후 로마에는 커다란 재앙이 닥쳐오기 시작했다. 라우렌툼에 갑자기 전염병이 돌아서 사람들이 죽고, 곡식은 열매를 맺지 않았으며, 가축은 새끼를 낳지 못하게 되었다. 게다가 로마시에는 하늘에서 피의 비가 내려 사람들은 공포에 떨게 되었다. 사람들은 죽임을 당한 타티우스와 사절단들이 원한을 풀지 못했기 때문에 이런 재앙이 생긴 것이라고 생각했다. 그리하여 로물루스가 그들을 죽인 살인범들을 모두 체포하여 벌을 주었더니, 과연 재앙이 점차 물러나기 시작했다. 그 뒤 로물루스는 도시를 깨끗하게 하기 위해 제사를 지냈는데, 이 고사는 오늘날도 페렌티나 숲에 전해져 온다고 한다.

한편 기회를 엿보고 있던 카메리움 군은 재앙이 채 마무리되지 않은 로마에 군사를 이끌고 쳐들어왔다. 로물루스는 재빨리 군대를 모아 그들과 맞서 싸웠는데, 6천 명을 죽이고 그들의 도시까지 함락시키는 큰 승리를 거두었다. 전쟁이 끝나자, 로물루스는 살아남은 주민의 반을 로마로 옮겨 왔으며, 남아 있는 주민의 두 배의 인구를 카메리움으로 보냈다. 이것은 8월 첫째날의 일로, 로물루스가 로마를 건설한 지 16년이 되던 해이다. 로물루스는 이 전쟁에서 얻는 전리품 중 네 필의 말이 이끄는 청동 전차를 대장간의 신 불카누스에게 바치고, 기념으로 승리의 여신이 자신에게 관을 씌우는 모습을 동상으로 만들게 했다.

로물루스는 또 로마의 이웃 도시인 피데나이를 공격하여 함락시킨 일도 있었다. 여기에 대해 어떤 사람은, 로물루스가 어느 날 갑자기 기병들을 보내 성문을 부수고 쳐들어갔다고 하고 또 다른 사람은, 피데나이 사람들이 먼저 로마에 쳐들어와서 가축들을 끌고 가는 등 로마의 땅을 침범했기 때문에 로물루스가 군대를 이끌고 가 도시를 함락시킨 것이라고 한다. 그는 피데나이를 점령하였으나 시가를 파괴하지는 않았으며, 그 도시를 로마의 식민지로 삼았다.

로마가 이처럼 왕성해지자 이웃에 있는 작은 나라들은 로마에 복종하며 조용히 살게 되었다. 그러나 어느 정도 힘이 있는 나라들은 두려움과 시기심으로 로마를 주시하며 로마가 커지는 것을 억제해야 한다고 생각하였다. 그리고 꽤 넓은 영토를 가지고 있던 토스카나의 베이엔테스 사람들이 맨 먼저 로물루스에게 전쟁을 걸어왔다. 그들은 터무니없이 피데나이 시가 자기들의 영토라고 주장해 왔는데, 이 요구에 대해 로물루스의 모욕적인 답장을 받은 베이엔테스 사람들은 군사를 둘로 나누어 한편은 피데나이를 치고, 다른 한 편은 로물루스를 공격하였다. 그들은 피데나이에서 로마 군 약 2천 명을 죽이고 승리했지만, 로물루스와의 싸움에서는 크게 패하여 군사를 8천 명 이상 잃었다. 두 번째의 피데나이 전투에서도 그들은 로물루스의 뛰어난 전략과 용기에 크게 패하고 말았다. 전설 같은 이야기이긴 하지만, 1만 4천 명이 넘었던 전사자 중 반은 로물루스가 직접 죽인 것이라는 이야기도 있다.

적군을 전멸시킨 로물루스는 군대를 거느리고 적의 도시로 향했다. 베이엔테스 사람들은 감히 맞서 싸울 생각도 못한 채, 서둘러 100년 동맹을 맺었다. 로물루스는 그 대가로 셉템파기움 부근의 영토와 강가에 있는 염전, 귀족 50명을 볼모로 인수했다. 그 중에는 늙은 장군이 하나 있었는데, 어리석은 짓으로 나라를 온통 빼앗겨 버렸다고 하여 사람들의 비웃음을 당했다. 오늘날 승리를 축하하는 제사 때에 한 늙은 이가 자주색 옷에 어린이 장난감을 목에 걸고 "사르디니아 사람을 사세요" 하고 외치며 다니는데, 이것은 사르디니아 사람이었던 그를 풍자하기 위해 생겨난 풍습이다. 토스카나인은 사르디니아가 고향이고, 베이엔테스는 그들의 도시였다.

피데나이에서 베이엔테스 사람들과의 이 싸움은 로물루스가 직접 칼을 들고 싸운 것으로는 마지막 전쟁이었다. 그 후 그는 점차 변해가기 시작했다. 권력과 지위를 가지게 된 대부분의 사람들이 그렇듯이 로물루스도 자기의 위대한 업적을 자랑하며 점차 교만한 태도를 가지게 된 것이다. 특히 그는 붉은 옷을 입고 그 위에 자주색 단을 단 기다란 웃옷을 걸치고 호화로운 옥좌 위에서 사람들을 내려다 보았는데 이러한 행동은 국민들의 반감을 샀다. 그리고 그는 켈레레스라고 불리는 젊은 소년들을 곁에 두고 시중을 들게 했다. 또 로물루스가 어디든 행차하게 되면, 몸에 가죽띠를 두르고 몽둥이를 든 자들이 앞장서서 사람들에게 길을 비켜서게 하고 만약 이 명령을 어기는 사람이 있으면 누구든 잡아 묶을 준비를 하고 있었다.

라틴어의 리가레(ligare)는 오늘날의 알리가레(alligare), 즉 묶는다는 뜻이며, 길을 비켜서게 하는 사람을 릭토르(lictores)라고 하고, 경고하는 몽둥이를 바쿨라라고 불렀다. 비켜서게 하는 사람을 릭토르라 한 것은 본래의 리토르에 'c'가 더 들어간 것으로도 볼 수 있다. 혹은 그리스어의 리투르기, 즉 관리에서 온 말인지도 모른다. 오늘날에도 그리스어에서는 서민을 레이토스라 하고, 일반대중을 라오스라고 부른다.

그 후 로물루스의 외조부 누미토르가 알바에서 죽고 왕위가 로물루스에게 주어지자 그는 민중들의 뜻을 받아들여 정권을 민중의 손에 돌려 주었으며, 알바 사람을 통치하기 위하여 1년 임기의 집정관을 임명했다. 그러나 이것은 국가를 어지럽히는 계기가 되고 말았다. 당시는 정부도 명목상의 이름뿐이어서 평의회도 다만 의례적으로 행해졌으며, 단지 왕의 명령을 좀 더 일찍 듣게 된다는 것 말고는 평민들과도 다른 것이 없었다. 그렇게 때문에 로물루스는 원로원과 협의도 하지 않은 채, 전쟁에서 빼앗은 땅을 병사들에게 나눠주고, 잡아온 볼모를 모두 돌려보내기로 하는 등 마음대로 국가의 일을 처리해 버렸다.

그러나 그 후 로물루스가 홀연히 자취를 감추어 버리자, 세상의 불평과 의심은 원로원으로 쏟아졌다. 사람들은 원로원이 그러한 일을 합의하여 결정한 것이라고 생각했기 때문이다.

로물루스는 아무도 모르게 행방불명이 되었는데 그것이 7월 7일이었다는 것밖에는 아무것도 알 수가 없다. 예나 지금이나 까닭 모를 일이 간혹 있으므로 그가 어떻게 죽었는지 모르더라도 이상할 것이 없다. 스키피오 아프리카누스가 저녁 먹은 후 죽었을 때 아무런 증거가 없었다. 그의 시체는 공개되었기 때문에 온갖 억측이 난무했다. 그런데 로물로스는 옷자락 하나도 남기지 않았기 때문에 그가 죽었다는 증거도 찾을 수가 없다. 그래서 간혹 원로원이 그를 습격하여 그의 몸을 토막낸 다음 한 토막씩 품에 숨겨 가지고 갔을 것이라고 생각하는 사람도 있었다. 또 어떤 사람들은 로물루스가 불카누스 신전에서 없어진 것이 아니라 시 외곽에 있는 염소 늪이었다고 말하기도 했다.

로물루스가 염소 늪이라는 곳에서 민중들에게 열변을 토하고 있을 때였다. 돌연히 해가 빛을 잃고 캄캄해지며 폭풍이 몰아치자, 사람들은 사방으로 흩어져 숨었으나 원로원 의원들은 그 자리에서 움직이지 않았다고 한다. 이윽고 폭풍우가 지나가고 햇볕이 다시 났을 때 사람들이 돌아와 보니 왕의 모습이 보이지 않는데, 왕이 어디로 가셨느냐고 묻자 원로원 의원들은 말했다.

"이제는 왕의 행방을 찾거나 그 때문에 수고할 필요가 없소. 그보다는 차라리 로물루스 왕을 찬양하는 것이 좋을 것이오. 왕께서는 신의 부름을 받아 사라진 것이며, 땅 위에 있을 때 어진 임금이듯이 지금은 자비로운 신이 되어 그대들 위에 계신다오.”

군중들 중에는 이 말을 믿고 돌아간 사람들이 많았지만, 그 중에는 그들이 왕을 죽여 놓고 엉뚱한 말로 민중을 속인다고 대드는 사람도 있었다.

로물루스가 사라진 후, 사람들이 그의 죽음을 놓고 이야기들을 하고 있을 때 로물루스의 친구인 리우스 프로쿨루스가 공회장에 나타났다. 그는 엄숙하게 맹세를 한 다음 민중들에게 명백하게 말했다.

“내가 여행하는 도중에 로물루스 왕을 만났었소. 왕은 휘황찬란하게 빛나는 갑옷을 입고 계셨고 여태까지 보지 못했던 높은 품위를 가지고 있었소. 그래서 나는 두려움을 느끼며, ‘왕이시여, 무슨 까닭으로 우리들을 혼란에 빠뜨리고 로마를 비탄에 빠지게 하십니까?’ 하고 물었더니 왕께서는 ‘오, 프로쿨루스여, 나는 신의 나라에서 와 오랫동안 인간 세상에 살았으며, 권세와 영광이 세상에서 으뜸가는 도시를 건설했소. 그러니 이제 하늘로 돌아가는 것이 신의 도리라고 로마 사람들에게 전해 주시오. 만일 의리와 절개를 지켜나가면 그들은 인류의 권세 중 가장 높은 자리에 이를 것이며, 나 퀴리누스는 신이 되어 언제까지라도 그들을 지켜줄 것이오’ 하고 말씀하셨습니다.”

로마 사람들은 성실한 그의 태도를 보고 그가 한 말을 믿었다. 더구나 그에게는 신성한 빛이 나타났기 때문에 한 사람도 그의 말에 의심을 품지 않았으며, 모든 사람들은 로물루스가 퀴리누스 신이 되었다고 믿고 예배를 드렸다.

이것은 그리스 신화에 나오는 아리스테아스와 클레오메데스 이야기와도 아주 비슷하다. 전설에 의하면, 아리스테아스는 어느 빨래터에서 죽었는데 친구들이 달려가 보니 시체가 보이지 않았다. 그런데 마침 외국 여행에서 돌아오는 사람들의 말을 들으니, 도중에 크로톤으로 가는 아리스테아스를 만났다는 것이다.

또 클레오메데스는 힘이 세고 몸집이 컸으며 성질도 거칠고 포악한 사람이었는데, 어느 날 지붕을 받치고 있던 기둥을 주먹으로 쳐서 학교가 무너지는 바람에 아이들이 깔려 죽은 일이 있었다. 사람들이 그를 잡으러 쫓아가자, 그는 커다란 궤짝 속에 들어가 안에서 잡고 있어서 도저히 문을 열 수가 없었다. 나중에 할 수 없이 궤짝을 부수고 보니 안에는 아무것도 없었다. 이상하게 생각한 사람들이 델포이의 신탁을 물었더니, 이런 말이 내려왔다.

“클레오메데스는 이 세상의 마지막 영웅이다.”

또, 알크메나의 시체를 묻으러 가는 도중 시체는 사라지고 상여 위에 돌덩이만 하나 놓여 있었다는 이야기도 있다. 신화 작가들은 이처럼 터무니 없는 얘기를 기록하여 생사를 모르는 인간을 신으로 올려세우기도 한다. 그러나 핀다로스는 여기에 대해 다음과 같이 이야기하고 있다.

> 인간의 육신은 죽음의 법칙을 따르지만
> 영혼은 영원히 사라지지 않는 것.

그의 말에 따르면, 영혼은 신에게서 받은 것이므로 나중에는 신에게 다시 돌아간다는 것이다. 그렇지만 영혼과 육체는 함께 가는 것이 아니라 영혼만이 신에게 다가가는 것이다. 완전한 영혼이란, 헤라클레이토스의 말처럼 쏟아지는 빛과 같은 것이어서, 번갯불이 구름 사이에서 번쩍이듯 인간의 육체에서 튀어나온다. 그러나 벌레 먹은 영혼은 마치 썩은 향기와 같아서 빨리 불타오르지 못한다. 그러므로 아무리 선한 사람의 육체라고 해도 자연의 이치에 어긋나게 하늘로 올라갈 수 있다고 할 수는 없다. 자연의 법칙에 따라 착한 사람의 영혼은 영웅으로, 영웅에서 반신으로, 반신에서 비로소 완전한 신이 되고 완성의 경지에 이르는 것이다. 이것은 사람들이 정한 것이 아니라 하늘의 이치에 따라 만들어진 법칙이다.

로물루스가 죽은 뒤에 받은 '퀴리누스'라는 이름은 군신 마르스를 의미한다는 얘기도 있고, 로마 국민을 퀴리테스라고 하기 때문이거나, 혹은 투창이나 창을 퀴리스라고 하기 때문에 그렇게 부른 것이라고도 한다. 그래서 창을 잡고 서 있는 유노의 초상을 퀴리티스라고 하고, 레기아에 모신 투창은 마르스의 모습을 하고 있는 것이다. 전쟁에서 공을 세운 사람에게는 창을 주는 것이 관례였기 때문에 로물루스를 퀴리누스라고 부른 것은 곧 군신을 의미하는 것이며, 따라서 전쟁의 신이 되었다는 이야기도 있다.

그의 이름을 딴 퀴리날리스 산에는 그를 모신 신전이 남아 있다. 그리고 이날 모든 사람들은 염소 늪으로 제사를 지내러 가기 때문에 거리에는 사람들을 찾아볼 수 없다고 한다. 로물루스가 없어진 날을 '인민의 도망', '염소의 노네스[2]'라고 부르는 것

---

2) 로물루스가 없어진 날은 7월의 노네스였다. 노네스는 로마 달력으로 아이데느 전 9일째를 뜻하며 날짜로는 7월 7일에 해당한다.

도 바로 이 때문이다. 사람들은 제사를 지내러 나가면서 마르쿠스, 루키우스, 카이우스라는 로마 사람들의 이름을 부르며 다닌다. 이것은 로물루스가 없어진 그 날의 두려움과 혼란을 의미하는 뜻에서 생겨난 풍습이라고 한다. 그러나 어떤 사람은, 두려움을 뜻하는 것이 아니라 미칠 듯이 좋아하는 시늉이라고 하면서 다음과 같은 이유를 들었다.

로마를 점령했던 갈리아 인을 몰아낸 직후 로마가 아직 세력을 회복하지 못하고 있을 때, 리비우스 포스투미우스라는 사람이 지휘하는 라틴의 대군이 로마를 공격해 왔다. 그는 로마에 전령을 보내어 사비니처럼 동맹을 맺고 싶으니 처녀와 과부들을 보내라고 전했다. 이 말을 들은 로마 사람들은 전쟁을 하기는 두렵고, 여자들을 보내는 것은 포로를 만들어 주는 것이나 다름없는 것이므로 한동안 결정을 내리지 못하고 있었다. 그때 필로티스라고 하는 한 여종이 나와서 한 가지 계략을 알려 주었다. 필로티스와 그 밖의 여종들을 지체 있는 집안의 여자처럼 꾸며서 적진에 보내면, 밤중에 횃불을 들 테니 그때 군사들이 쳐들어 와서 잠들어 있는 적을 쳐 없애라는 것이었다. 그리고 이러한 계획은 성공하였다. 필로티스는 밤중에 무화과나무에 올라가서 횃불을 높이 들어 로마 군에게 신호를 보냈고 로마 군은 횃불을 보자 서로 이름을 부르며 쳐들어갔다. 적은 뜻밖의 공격에 미처 대항해 보지도 못하고 도망쳤다.

이 전쟁의 승리를 기념하는 제사를 염소의 노네스라고 부르는 것은, 로마인들이 무화과나무를 카프리피쿠스, 즉 염소의 나무라고 불렀기 때문이다. 로마 사람들은 무화과 가지로 지은 정자에서 부인들을 대접하는데 여종들은 이곳에 모여 놀다가 마지막에는 전쟁놀이를 한다. 이것은 그때 여자들이 로마 군과 합세하여 싸움을 도왔던 것을 기념하는 행사다. 그러나 이 이야기는 널리 인정되어 있지는 않다. 대낮에 사람들이 서로 이름을 부르며 염소 늪으로 나가서 제사를 지내는 것에 대해서는 로물루스에 대한 맨 처음의 설을 믿는 사람들이 많은 것 같다. 또 이 두 사건은 해는 다르지만 같은 날 일어났다고 믿는 사람들도 있다.

로물루스가 세상을 떠난 것은 그의 나이 54세 때요, 왕위에 오른지 38년 째 되던 해의 일이었다고 전해진다.

테세우스와
로물루스의 비교

    테세우스와 로물루스는 여러 방면에서 서로 비교할 만한 인물이다. 두 사람 모두 영웅이었으나 그들이 세운 업적이나 행동에는 많은 차이점을 찾아볼 수 있다.

    우선, 테세우스는 트로이젠의 왕위에 올라 훌륭한 대제국을 다스리며 호화롭게 세월을 보낼 수도 있었던 사람이었다. 그는 영웅심에 충만해 있었다. 아버지를 만나러 가는 길에는 스스로 위험한 육로를 택하여 스키론, 시니스, 프로크루스테스, 코리네테스 등의 악인과 폭군들을 없애 세상을 평정시킨 점을 보아도 어떤 일에도 두려움을 느끼지 않는 인물이었다. 그리고 여러 차례에 걸쳐 큰 사업을 일으켰다.

    반면, 로물루스는 아물리우스가 살아 있는 동안 늘 불안에 싸여 있었다. 그의 용맹심은 현실적으로 닥치는 형벌을 피하기 위한 두려움에서 비롯되어 큰 일을 해낸 것이며, 사실 그의 가장 큰 공적은 알바 왕을 죽인 일뿐이다. 또 테세우스는 자기 자신을 위해서가 아니라 세상 사람들을 위해 악인들을 없앤 데 반해, 로물루스와 레무스 형제는 아물리우스가 폭군으로서 국민을 억압함에도 자신들과 직접 관계되지 않는 동안은 방임하였다. 만약 로물루스가 아크론을 죽이고 전쟁에서 많은 공을 세운 일이 위대한 것이라면, 테세우스가 괴물 켄타우로스를 퇴치한 일과 아마존 원정을 갔던 일에는 쾌거가 있다. 테세우스는 너무나 많은 위험에도 불구하고 자진해서 크레타의 제물이 되었으며, 이것은 국민에 대한 사랑과 진정한 용기가 없었다면 결코 흉내 낼 수도 없는 일이었다. 사랑의 마음이란 어린 사람을 돌보아주기 위한 신의 뜻이라는 말에 직접으로 공감할 수 있으며 바로 테세우스에게 쓸 수 있는 말일 것이다.

사실 아리아드네의 사랑은 테세우스를 구하기 위한 신의 뜻이었던 것 같다. 어느 누구도 그 여자의 사랑을 비난할 수는 없으며, 오히려 그녀가 테세우스를 사랑하지 않았다면 그것이 더 이상한 일일 것이다. 테세우스를 사랑한 아리아드네는 신의 사랑을 받을 자격을 가지고 있었으며, 훌륭한 용사를 사랑한 여자였다.

테세우스나 로물루스는 둘 다 뛰어난 정치인이기는 했지만 그렇다고 왕으로서의 임무를 완전하게 수행했다고는 볼 수 없다. 한 사람은 너무나 민주적인 성격이 강했고, 또 한 사람은 지나치게 독재적이었다. 모든 지배자는 그들의 임무를 잊지 말아야 하는 것은 물론, 하지 말아야 할 일을 지킬 줄도 알아야 한다. 지나치게 관대하거나 지나치게 엄격한 통치자는 폭군이나 선동가가 될 수밖에 없으며 그들은 백성들의 반감을 사거나 멸시를 받게 될 것이다. 너그러움이나 친절, 교만이나 사악함, 어느 하나가 지나칠 경우에는 결코 훌륭한 통치자를 창출해 낼 수가 없다.

테세우스와 로물루스가 둘 다 만년에 불행을 겪게 되는 것은 단순히 운명의 탓만은 아닌 것 같다. 로물루스가 동생에게 한 행동이나 테세우스가 아들에게 한 행동이 바로 나중에는 자신을 불행하게 만든 이유가 되었던 것이다. 로물루스의 불행은 집안일을 의논하면서 생긴 불화가 원인이 되었고, 테세우스의 불행은 애욕과 질투와 비방 때문에 생겨난 것이었다. 하지만 로물루스는 그 일에 심하게 화를 냈기 때문에 불행한 결과가 닥쳤으나, 테세우스의 분노는 욕과 다만 늙은이다운 저주에 그쳤기 때문에, 아들이 당한 재난은 순전히 불운에 의한 것으로 보인다.

그러나 로물루스는 미천한 처지에서 성장하여 훌륭한 업적을 이룩했다는 점에서 높이 평가할 만하다. 그들 형제는 돼지를 기르는 노예의 아들로 자라났지만, 라틴 민족을 해방시킨 공적으로 영예로운 명성을 얻었다. 또 그는 조국의 적을 무찔렀으며, 조국을 지킨 왕이었고, 로마라는 도시를 창건한 사람이기도 하다.

테세우스는 한 집안을 융성하게 만들었지만, 아름다운 도시를 많이 파괴하기도 하였다. 로물루스가 건설한 도시는 아무것도 없던 자리에 새로 세운 것이었지만, 테세우스는 옛 영웅과 왕자들이 건설했던 도시들을 전쟁으로 폐허가 되게 하였던 것이다. 그러나 로물루스는 사람을 함부로 죽이는 일이 없었으며, 집과 가정을 원하고, 사회 구성원과 시민들이 되기를 원하는 사람들에게 은혜를 베풀었다. 그는 도둑이나 악인들도 죽이지 않고 많은 나라를 정복하고, 수많은 도시를 쓰러뜨리며, 왕과 장군들을 상대로 승리를 거두었다.

레무스의 죽음에 대해서는 확실히 말할 수 없다. 로물루스가 그를 죽였다는 말이 있긴 하지만, 많은 역사적 기록은 제각기 다른 살인자를 기록하고 있기 때문이다. 그러나 로물루스가 위기에 처해 있던 어머니를 구했으며, 곤란한 처지에서 고생하고 있던 자신의 외할아버지를 왕위에 앉히는 영광을 드렸다는 것은 확실하다. 반면에 테세우스가 검은 돛을 바꾸지 않아 부친을 죽게 했다는 것은 직접적인 살인은 아니더라도, 그의 경솔한 행동이 원인이 되었던 것은 분명하다. 그 때문에 어떤 아테네의 역사책에는 이야기가 고쳐져 있는데, 아이게우스가 검은 돛을 보고 절망해서 죽은 것이 아니라, 배를 자세히 보기 위해 뛰어가다가 넘어져서 죽었다고 씌어 있다. 그러나 왕이 시종이나 신하도 없이 혼자 다녔다는 것은 납득할 수 없는 부분이다.

테세우스가 여자들을 납치한 데 대해서는 변명할 여지가 별로 없다. 그는 아리아드네, 안티오페, 아낙소, 그리고 헬레네에 이르기까지 여러 번에 걸쳐 여자들을 납치했다. 특히 그가 이미 노령에 접어들어 결혼 연령이 지났음에도 불구하고 어린 헬레네를 납치한 것은 결코 이해할 수 없는 행동이었다. 또 여자를 납치한 이유도 문제가 있는데 그가 납치한 여자들과 정식으로 약혼도 하지 않았던 것으로 보아 그의 행동은 단순히 오만과 쾌락을 위한 것이었을지도 모른다.

그러나 로물루스가 800명에 가까운 여자를 납치했어도 헤르실리아 한 사람만을 취하고 나머지는 시민들에게 나누어 준 것을 보면, 그가 여자들을 납치한 목적이 두 도시의 결속을 위한 정략적인 수단으로 사용되었다고 볼 수도 있겠다. 로물루스는 이런 방법으로 여러 민족을 결합시켜 정치적 협력과 강대한 무력을 성취했던 것이다. 그리고 또 그는 부부 사이의 사랑과 존경, 그리고 정조에 대한 규율을 엄격히 하였으며, 이것이 잘 지켜져 그 후 230년 동안 단 한 번도 부부간에 이혼하는 일이 없었다고 한다. 그러나 호기심이 많은 그리스인들이 최초로 부모를 살해한 자가 누구인지 아는 것처럼, 로마인들은 처음으로 아내를 버린 사람을 모두 알고 있다. 곧 스푸리우스 카르빌리우스인데, 그는 아이를 못 낳는다는 이유로 최초로 아내를 버린 남자이다. 어쨌든 로물루스의 이 방법이 두 나라의 국토와 정치를 통일시키는 데 중요한 역할을 했던 것은 결과적으로 사실이다. 이 두 부족간의 혼인으로 인하여 두 왕이 공동으로 나라를 통치하고, 두 부족이 공동으로 참정권을 가질 수 있었다.

그러나 테세우스의 결혼은 이런 좋은 결과를 만들지 못했다. 아테네와 다른 나라 사이에는 혼인이 이루어졌다고 해도 우호적인 현상은 나타나지 않았으며, 오히려 전쟁과 피비린내 나는 싸움이 일어났고, 끝내는 아피드나이 시(市)까지 잃고 말았다. 그때 시민들은 적군을 신처럼 대접하고 환영함으로써 적군의 환심을 사, 파리스가 트로이에 초래한 운명을 피할 수 있었다. 또 테세우스의 어머니는 아들로부터 버림받아 적에게 잡혀가는 일까지 있었다고 한다.

테세우스와 로물루스의 일생은 종교적으로도 차이가 있었다. 로물루스의 성공은 신의 도움에 의한 것이었다. 그러나 외국에서는 모든 여자를 멀리하라고 한 신탁을 어기고 태어난 것이 테세우스였으므로, 그의 출생은 신의 뜻에 어긋난 것이었다고 볼 수도 있다.

3
리쿠르고스

(LYCURGUS, BC 9세기)

스파르타의 뛰어난 정치가. 원로원을 처음으로 만들고 토지 재분배, 공동 식사, 청년 교육, 결혼 등에 관한 법률을 만들어 스파르타의 기초를 다졌다. 에우노모스의 후처 디오나사의 아들로 헤라클레스의 11대 손이다.

여러 역사가들이 리쿠르고스에 대해 남긴 이야기들은 분명치 않은 부분이 많다. 이들은 그가 스파르타의 법을 제정했다는 사실을 제외하고는 그가 태어난 가정, 그의 항해, 죽은 장소, 그리고 임종의 모습 등에 대해서까지 각기 다른 주장을 하고 있다. 그렇기 때문에 그가 제정한 법률이나 그가 건설했던 정치 구조 등에 대해서는 정확히 말하기가 더욱 어렵다.

아리스토텔레스는, 리쿠르고스가 이피토스와 같은 시대의 인물이라고 하면서 올림픽 경기가 거행되는 동안에는 전쟁을 하지 않는다는 조약을 이 두 사람이 함께 결정했다고 한다. 그는 자신의 학설을 뒷받침하기 위해 올림픽 경기 때 썼던 동제 원반에 새겨진 리쿠르고스의 이름을 증거로 내세웠다.

그러나 에라토스테네스, 아폴로도로스 등의 연대기 학자들은 스파르타 왕의 왕위 계승에 의한 시대를 추정하면서, 리쿠르고스는 올림픽 경기가 창설되기 훨씬 이전의 사람이라고 주장했다.

티마이오스는, 살았던 시대는 다르지만 리쿠르고스라는 이름을 가진 사람이 스파르타에 두 명 있었다고 했다. 그러나 리쿠르고스가 워낙 유명했기 때문에 두 사람이 세운 공로가 마치 한 사람의 것과 같이 전해졌으며, 진짜 리쿠르고스는 호메로스보다 조금 후에 태어난 사람이라고 했다. 어떤 사람은 두 리쿠르고스가 서로 만나본 일이 있다고 말하기도 한다.

또 역사가 크세노폰은 리쿠르고스를 헤라클리다이[1]와 같은 시대의 인물로 취급하였다. 그는 리쿠르고스를 헤라클레스 최초의 직계 후손으로 생각하고 아주 먼 옛날에 태어났던 것으로 파악한 것이다. 그러나 이러한 혼란과 모호함에도 불구하고, 우리는 리쿠르고스의 생애를 구성하려고 노력할 것이다. 모순이 가장 적은 기록들과 가장 믿을 만한 저자들에 의존하면서 말이다.

시인 시모니데스는 리쿠르고스는 에우노모스의 아들이 아니라 프리타니스의 아들이라고 한다. 그러나 이것은 그의 생각이며, 나머지 다른 사람들은 다음과 같은 계보를 추측하고 있다.

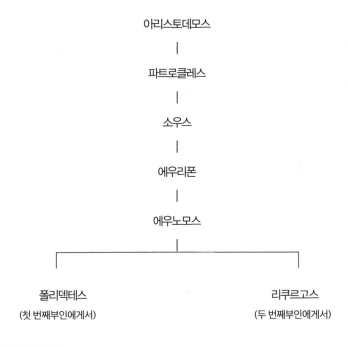

1) Heraclidae: 헤라클레스의 맨 마지막 후손을 총칭하는 뜻으로 스파르타의 귀족을 뜻한다.

디에우키다스의 설에 의하면 리쿠르고스는 파트로클레스로부터 6대, 헤라클레스로부터 11대가 된다고 한다.

리쿠르고스의 조상들 가운데 가장 이름을 떨친 사람은 소우스(Soüs)였다. 스파르타 사람들은 그의 지휘에 따라 헬로트 사람들을 노예로 만들었으며, 아르카디아를 정복하여 영토를 넓혔다. 이 소우스 왕에 대해서는 이런 이야기가 전해오고 있다.

소우스 왕이 이끄는 군사가 어느 날 바위가 치솟은 황야 한가운데에 놓이게 되었다. 그들은 클리토리아 군대에 포위당해, 먹을 물이 없어서 심한 갈증으로 고생을 하고 있었다. 소우스 왕은 마침내, 가장 가까운 샘에서 자신과 부하들이 물을 마실수 있게 해준다면, 정복한 땅을 돌려 주겠다고 조건을 제시하였다. 정해진 서약에 서명을 마치자 소우스 왕이 부하 장병을 모두 불러 모아놓고 말했다. "여러분들 중에서 물을 마시지 않고 참는 자가 있다면 상으로 내 왕국을 주겠소."

그러나 갈증을 참아내는 병사는 하나도 없었다. 그러나 소우스 왕은 적군이 보는 앞에서 샘물로 세수만 하고 물은 한 방울도 마시지 않았다. 결국 그는 적에게 땅을 돌려주지 않게 되었으며 이 일로 세상 사람들의 높은 칭송을 받았다.

또 그의 아들 에우리폰으로서는 처음으로 왕의 독재를 물리치고 민중을 위해 노력했던 사람이었다. 사실 그의 집안이 소우스의 이름으로 불리지 않고 아들인 에우리폰으로서 대표되는 것은 바로 이 때문이다. 이 때부터 민중들은 자유를 요구할 줄 알게 되었으며, 왕이라 하더라도 민중을 압박하는 자는 미움을 받았고 민중의 비위를 맞추는 왕은 멸시를 당했다. 그래서 스파르타는 오랫동안 무정부 상태에 있었으며 계속되는 정치적 혼란에 빠져 있었다. 결국 리쿠르고스의 부왕은 죽임을 당했으며 왕위는 맏아들인 폴리덱테스가 이어받게 되었다.

폴리덱테스가 죽은 다음에는 왕위 계승권이 리쿠르고스에게 돌아왔으며, 그는 얼마 동안 통치하였다. 그러나 형수인 왕비가 임신중임을 알자, 그는 왕위에서 물러나 만약 사내아이가 태어나면 왕위를 물려 주고, 자신은 단지 섭정만을 하겠다고 선포했다. 이 섭정의 지위를 스파르타 말로는 프로디코스라고 불렀다.

그런데 왕비가 비밀스럽게 사람을 보내어, 아이를 유산시키고 자기와 결혼하여 왕과 왕비의 자리에 오르자고 하였다. 리쿠르고스는 왕비의 간교한 속셈을 알았으나, 그 자리에서 거절하지는 않았다. 다만 약을 먹어서 아기를 떼면 몸이 상하므로 그냥 아기를 낳으면 자기가 알아서 처리하겠노라고 말했다. 그는 왕비가 해산할 때까지 안심하게 해놓고, 측근들에게 계집아이거든 시녀들에게 맡기고, 사내아이거든 자기에게 데려오라고 당부해 두었다.

왕비는 아들을 낳았다. 리쿠르고스는 마침 여러 사람들과 만찬을 하고 있었는데, 부하들이 옥동자를 안고 들어왔다. 리쿠르고스는 그 아기를 받아 안고 사람들에게 선포했다.

"스파르타여, 그대들의 왕이 탄생했다!"

그는 아기를 왕좌에 눕히고 카릴라오스라고 이름을 지었는데 이것은 '모든 백성의 기쁨'이라는 뜻이다.

실제로 리쿠르고스가 왕좌에 있었던 것은 겨우 8개월 정도였다. 비록 짧은 동안 왕좌에 있었지만 시민들은 그를 진심으로 존경했다. 그러나 젊은 나이에 그토록 높은 권세를 가진 것을 보고, 그를 시기하고 반대하는 사람들도 있었다. 더욱이 태후가 모욕을 당했다는 것을 알게 된 태후의 친척들은 특히 그를 못마땅하게 생각했다. 그 중에서 태후의 오빠 레오니다스는 리쿠르고스가 멀지 않아 왕위에 오를 것이라고 면전에서 떠들어대곤 했는데, 만약 어린 왕이 죽더라도 리쿠르고스의 음모로 생긴 일처럼 꾸미려는 속셈 때문이었다. 리쿠르고스는 뜻하지 않은 불행이 닥쳐올 것을 염려하여 카릴라오스가 자라서 대를 이을 왕자를 낳게 될 때까지 외국을 여행하며 돌아오지 않기로 결심했다.

리쿠르고스는 여행길에 올라 가장 먼저 크레타에 이르렀다. 그는 크레타에서 여러 정치 제도를 배우고, 덕망 있는 사람들과 사귀며 견문도 넓혔다. 특히 탈레스라는 사람과는 가까운 친구로 사귀었는데 탈레스는 서정시인으로서 이름이 높았지만 사실은 유능한 정치가이기도 했다. 그가 지은 노래는 아름다운 가락과 함께 협동과 순종을 권하는 가사로 이루어져 있어서, 그의 노래를 듣는 사람들은 모두 온화한 성격과 아름다움을 되찾았다고 한다. 리쿠르고스는 탈레스에게 스파르타로 갈 것을 권유하였으며 리쿠르고스가 수립한 규범을 행하게 한 것도 탈레스였다고 해야겠다.

리쿠르고스는 그와 우정을 맹세하며 이오니아로 향했다. 그는 절제적인 크레타와 사치스럽고 안일한 이오니아 식의 생활 태도를 비교하고 양쪽 국민의 차이를 알아보고 싶었던 것이다.

리쿠르고스는 그곳에서 크레오필로스의 후손들이 보존해 온 호메로스의 시를 접하게 되었다. 그는 그 작품 속에서 국가에 대한 진지한 교훈과 윤리의 법칙 등을 발견하고 큰 감명을 받았다. 그리고 조국 스파르타에서 필요할 것이라는 생각으로 직접 시의 원본을 필사하고 순서대로 정리하였다. 호메로스의 작품은 이미 그리스 사람들 사이에서는 명성이 높아 그의 시를 가지고 있는 사람도 간혹 있었다. 그러나 호메로스의 시를 세상에 알려 유명하게 만든 것은 바로 리쿠르고스였다고 한다.

리쿠르고스는 이집트로 가서 엄격한 계급 제도를 보고 감탄했다. 그는 그것을 나중에 스파르타에 적용시켰는데, 군인과 상공업자를 구별하여 국가의 품위를 높이고 아름다운 풍속을 기르려 했던 것이다.

그리고 리쿠르고스는 다음으로 스페인, 아프리카 및 인도로 갔으며, 그곳에서 고행하는 사람들과 대화를 나누었는데 이것은 스파르타의 아리스토크라테스의 기록에서만 발견된다.

스파르타 사람들은 나라를 떠나 외국에 머물고 있는 리쿠르고스를 그리워하며 몇 차례나 사람을 보내어 돌아오도록 권유했다. 스파르타의 두 왕 카릴라오스와 아르켈라오스는 백성들을 다스리기 위해 리쿠르고스의 뛰어난 지도력이 필요했던 것이다. 리쿠르고스는 오랫동안의 여행을 마치고 스파르타에 돌아왔다. 그리고 곧 근본적인 개혁을 시작했다. 그는 마치 뛰어난 의사가 난치병을 치료하기 위해 환자의 체질을 완전히 바꾸는 것처럼, 개정이나 보수가 아니라 바탕으로부터 완전한 개혁을 단행하였다.

그는 모든 준비를 마치고 아폴론에게 신탁을 받으러 갔다. 그 신탁에는 그를 "신의 은총을 받은 자" 또는 "사람보다는 신에 가까운 자"라 부르고 있었다. 또 "그대의 기도를 들었노라. 그대가 정한 법률은 가장 우수한 것이며, 그것을 지키는 나라는 천하에서 가장 큰 명성을 얻게 되리라"는 내용을 담고 있었다. 이것을 보고 큰 용기를 얻은 리쿠르고스는 귀족들을 모아 협력을 요청했다. 그는 친구들에게 그의 계획을 말했으며, 점차 민중들과도 가까이하여 이 사업에 협력하도록 유도했다.

그는 어느 날 30명의 귀족에게, 아침 일찍 무장을 하고 모이라고 명령하였다. 이들 중 약 20명의 이름을 헤르미포스가 기록하고 있는데, 그 중에는 리쿠르고스의 신임을 가장 두텁게 받았으며, 실제로 법률의 제정과 실시를 도운 아르트미아다스라는 이름도 적혀 있다.

반대파인 카릴라오스 왕은 이 소식을 전해 듣고 위협을 느껴 아테나 신전으로 피신을 하였다. 그러나 왕을 거역하려는 것이 아니라는 대답을 듣고 신전에서 나와 스스로 그들과 동맹을 맺었다. 그는 본래 천성이 온화하다는 말을 많이 들었는데, 동생 아르켈라오스 왕은 이 소식을 듣고 "악당들에게조차 순종하는 카릴라오스를 어찌 온화한 사람이라고 할 수 있겠소?" 하고 사람들에게 반박했다고 한다.

리쿠르고스가 행한 개혁 중에서 가장 중요한 것은 원로원을 구성한 것이었다. 원로원은 중요한 국가의 일에 대해 왕과 동등한 권한을 가지는 것으로, 플라톤은 원로원이란 왕정을 제한하여 국가를 안전하고 공고히 하는 것이라고 했다.

실제로 원로원은 나라의 정치가 허공에 떠서 왕에 의한 독재정치가 되거나 다수의 민주 정치가 되는 것을 막고, 평평한 세력을 견제하여 안녕과 질서를 유지할 수 있게 했다. 28명의 원로원 의원들은 한편으로는 왕을 도와 민중의 힘을 누르고, 또 한편으로는 독재 정치를 견제하여 민중의 힘을 강하게 했다.

아리스토텔레스의 말에 따르면, 원로의 수가 28명인 것은 리쿠르고스가 모은 30명 중 두 사람이 개혁안에 반대하며 지위를 내놓았기 때문이라고 한다. 그러나 스파이로스는 원로의 수가 처음부터 28명이었다고 말했다. 그는 그 이유로 28은 신비스런 수이고, 7에 4를 곱한 수이며, 6 다음에 오는 첫 번째 완전한 숫자로서 평등의 의미를 가지고 있기 때문이라고 했다. 하지만 또 한편으로는 원로의 수를 28로 정한 것은 두 왕을 포함하여 30이 되기 때문이라고도 생각할 수 있다.

리쿠르고스는 이 제도가 매우 중대한 것이라고 생각하고 델포이에 가서 신탁을 받아오게 했다. 이 신탁을 레트라라고 한다.

"그대는 그리스의 제우스와 아테나에게 신전을 지어드린 뒤 백성을 종족으로 나누어 '필레스'라 하고, 그 백성을 계급으로 나누어 '오베스'라 부를 것이며, 지도자 두 사람을 포함하여 30명의 장로로 된 원로원을 만들라. 그리고 때때로 회의를 하면서 정치에 대한 일을 의논하고, 국민을 바바카와 크나키온 사이에 소집하여 그들이 최종 결정을 내리게 하라."

'필레스'와 '오베스'는 백성의 분할을 말하는 것이며, 지도자란 두 왕을 가리키는 것이다. 그리고 '소집하다'라는 뜻으로 '아펠라제인'이란 말이 있는데 이 제도를 비호해 준다고 믿은 아폴론의 이름에서 유래되었다. 아리스토텔레스의 말에 의하면, '크나키온'은 강이고, '바바카'는 다리라고 한다. 그들은 의사당이 없었으므로 이 바바카와 크나키온 사이에서 회의를 열었던 것이다. 게다가 리쿠르고스는 신상이니, 연단이니, 그림이니 하는 천장의 온갖 장치들이 보이는 건물 내부에서 회의를 하면

주의가 분산되어 회의가 잘 되지 않는다고 생각했다. 이 회의에서 백성들은 실질적으로 발언권은 없었으며, 다만 왕과 원로들이 내놓은 안건에 대해서 결의를 하는 권한만 가지고 있었다. 그러나 후세에 와서는 이 방법이 여러 가지로 고쳐졌으며, 폴리도로스 왕과 테오폼포스 왕은 "국민이 부당한 결정을 할 때에, 장로 및 지도자는 그들을 해산시킬 수 있다"는 조항을 레트라에 덧붙이기도 했다. 국민들은 그들의 권력을 위해 만들어낸 이 조항도 신의 뜻으로 굳게 믿고 지켰다. 이런 사실에 대해 티르타이오스는 다음과 같은 시를 썼다.

사람들이여, 들으라.
델포이에 내려온 아폴론의 신탁을.
민회의 첫 번째는 신이 내리신 왕이요,
두 번째는 원로다. 그리고
국민을 제일 나중으로 한 것은
신성한 레트라를 따르는 것이다.

리쿠르고스는 정치적 권력을 분산시켜 민중들과 함께 개혁을 해나가려 했지만, 후세의 두 왕은 왕권만을 부각시켰다. 그래서 민중들은 그들의 세력을 견제하기 위해 에포로스(ephor)라고 부르는 민선 행정 감독관을 두었다. 에포로스는 리쿠르고스가 죽은 지 130년 뒤 테오폼포스 왕 때 처음으로 설치되어 시행되기 시작했다. 그래서 왕비는 어느 날 테오폼포스 왕에게, 조상에게서 물려 받은 왕권을 중간에 줄여서 자손에게 물려주게 되었다고 불평을 했다고 한다. 그러자 왕은 이렇게 대답했다.

"그런 것이 아니라 권력은 오히려 확대된 것이오. 이제부터는 왕권이 훨씬 더 오래 가게 되었으니 말이오."

실제로 스파르타의 왕들은 그들의 권한을 적당히 제한함으로써, 오히려 여러 가지 위험에서 벗어날 수 있었다. 적어도 메세네나 아르고스와 같은 이웃의 왕들처럼 국민에 의해 왕좌에서 쫓겨나는 불행은 피할 수 있었던 것이다. 사실 이들 이웃 나라는 위치로나 혈연으로나 스파르타와 가까웠지만, 백성들의 폭동이 끊이지 않았다. 이들 나라는 처음에 스파르타와 동등한 위치에서 평화로워 보였으나 왕의 오만과 민중의 불복종으로 질서는 혼란스러워지고 제도와 조직은 붕괴되고 말았다. 이에 비해 스파르타가 왕과 국민이 함께 하는 정치를 이룩해낸 것은 매우 놀라운 일이라고 할 수 있다. 이런 사실로 미루어 리쿠르고스의 뛰어난 지혜와 놀라운 예지 능력도 짐작해 볼 수가 있다.

리쿠르고스가 시도한 두 번째 개혁은 토지를 다시 분배하는 일이었다.

당시의 토지 분배는 매우 불평등한 상태로 이루어져 있었다. 토지를 전혀 가지지 못한 사람들이 있었는가 하면, 얼마 안 되는 사람들의 손에 많은 토지가 집중되어 있어서 교만과 시기와 사치와 범죄 등 온갖 악폐가 생겨나고 있었다. 리쿠르고스는 국가적 병폐라고 할 수 있는 이러한 빈부의 차이를 없애기 위하여 국민들에게서 토지를 모두 거두어들인 다음 모든 사람들에게 다시 골고루 분배받는 일에 동의하도록 했다. 그래서 부자들도 다른 사람과 같은 기반 위에서 살며, 다만 용기와 덕으로 명예를 얻도록 했다. 그래서 경제적 여건에 있어서는 아무런 차이도 없게 하였으며, 오직 개인의 용기와 덕에 따라서만 사람들은 차이를 따질 수 있게 되었다.

부자들이 이 제안에 동의하자 그는 라코니아 지방의 토지를 3만 필지로 등분하여 스파르타 시민들에게 나누어주고, 스파르타 시에 인접해 있는 지역을 9만 필지로 나누어 지방에 사는 주민들에게 분배했다. 이 때 그는 6천 가구의 스파르타 시민들에게 토지를 나누어 주었고, 나머지 3천 가구는 나중에 폴리도로스 왕이 추가해서 분배한 것이라고 한다. 또 리쿠르고스가 세운 것은 4천 5백 가구 정도에 지나지 않았으나 폴리도로스 왕이 이것을 두 배로 늘렸다고 말하는 사람도 있다.

한 가구에서 수확하는 것은 주인의 몫으로 약 70부셸, 아내의 몫이 12부셸, 그리고 적당한 양의 기름과 포도주였는데 이 정도가 건강과 활동에 필요한 양이라고 리쿠르고스는 생각했다.

토지 개혁을 끝낸 뒤 리쿠르고스는 시골을 지나다가 똑같은 분량의 곡식단이 나란히 쌓여 있는 것을 보고 얼굴에 웃음을 가득 띠고는, "라코니아 전국토는 마치 많은 형제들과 땅을 고루 나눠 가진 한 가족과 같소"라고 옆에 있는 사람들에게 말했다고 한다.

리쿠르고스는 불평등과 불공평을 완전히 뿌리뽑으려는 생각에서 집이나 재산 등도 똑같이 분배해 보려고 했다. 그러나 모두 자기의 재산을 나라에 바치는 것을 싫어했기 때문에 그는 다른 방법을 써서 사람들의 탐욕을 억제하기로 했다. 그는 우선 금화와 은화를 모두 거두어들이고 쇠돈만을 쓰게 했다. 이 쇠돈는 부피가 크고 무거웠지만 그 가치는 얼마되지 않았다. 그래서 2, 30파운드의 돈을 저장하려면 커다란 방이 필요했고 이것을 운반하기 위해서는 여러 마리의 소가 끄는 마차가 있어야 했다. 이러한 정책을 시행하자 나라 안에 여러 가지 범죄가 없어지기 시작했다. 부피가 많은 돈을 숨겨 놓을 수도 없었고, 많이 가졌다고 남들이 부러워하지도 않았다. 또 이 돈은 벌겋게 달군 쇠에다 초를 쳐서 만들었기 때문에 돈을 깨뜨려 다른 물건을 만들 수도 없었다. 그래서 아무도 그런 돈을 훔치거나 뇌물로 쓰지 않게 되었다.

리쿠르고스는 다음으로 생활에 꼭 필요하지 않은 사치스러운 것들은 모두 없앴다. 장사꾼, 점쟁이, 조각가, 금은 보석을 만드는 기술자들을 없애 사치는 발붙일 곳이 없도록 하였다. 대신 생활에 꼭 필요한 침대나 의자, 책상 등 가구들의 질을 향상시켰고 그 중에서도 특히 컵을 만드는 기술은 대단히 평판이 좋았다. 이 컵은 물빛으로 만들어져 있어서 군인들이 행군할 때 흐린 물을 담아도 깨끗해 보이고, 물 속에 섞인 더러운 것들은 컵 밑바닥으로 가라앉게 되어 있어서 군인들이 특히 좋아했다고 한다. 이것들은 모두 리쿠르고스의 지혜가 만들어낸 결과였다. 쓸데없는 사치품을 만들던 기술자들은 더 많은 사람들이 사용하는 물건을 위해 그들의 솜씨를 맘껏 뽐낼 수 있게 되었던 것이다.

사치를 억제하고 재물에 대한 욕심을 없애기 위한 목적으로, 그는 세 번째 정책을 세웠다. 그것은 여러 사람들이 한 곳에 모여서 함께 식사를 하도록 한 것이다. 국민들은 모두 똑같은 요리와 빵을 같은 곳에 모여 앉아 먹게 되었다. 리쿠르고스는 호사스런 소파와 식탁에 앉아 산해진미를 쌓아 놓고 시중을 들어가며 먹는 음식과 게으른 잠과 사치스러운 목욕탕은 사람의 정신과 육체를 병들게 만든다고 생각했다.

테오프라토스가 말한 것처럼, 리쿠르고스의 정책은 사람의 눈을 멀게 하고 욕심을 생기게 하는 모든 재물을 없애고, 공동 식사와 함께 음식의 간소화를 이루게 했다. 부자나 가난한 사람이나 모두 같은 식탁에 앉아 식사를 하고, 사치스런 음식을 만들어 남에게 자랑하는 일도 없어지게 되었으니 "재물이 나무처럼 누워서 썩는다"라는 말이 스파르타에서는 과연 사실이었다. "부의 신 플루투스는 맹인이다"라는 속담의 의미가 그대로 통했던 곳은 이 세상에서 스파르타를 제외하고는 없었을 것이다. 부자들이 자기 집에서 미리 식사를 하고 공동 식사장에 나가는 것도 금지되었으며, 만약 그랬을 경우에는 참을성 없는 인간, 공동으로 먹는 음식을 소화시키지 못하는 인간이라고 비난을 받았다.

리쿠르고스가 시행한 이 정책에 대해 부자들은 당연히 큰 불만을 품었다. 어느 날 리쿠르고스가 공회장에 나왔을 때 부자들이 갑자기 몰려오더니 돌팔매질을 하고 욕설을 퍼부으며 그를 쫓아왔다. 리쿠르고스는 몸을 피하기 위해 신전으로 들어갔다. 그때 알칸데르라는 성질 급한 청년이 달려들어 돌아서는 리쿠르고스의 얼굴을 몽둥이로 내리쳤다.

리쿠르고스는 심한 상처를 입었고 한쪽 눈이 찢어져 시력을 잃게 되었다. 그러나 그는 조금도 겁내는 기색 없이 시민들에게 가서 피투성이가 된 자신의 얼굴과 찢겨진 눈을 보여 주었다. 이 광경을 본 사람들은 모두 놀라워하면서 알칸데르를 붙잡아 리쿠르고스에게 넘겼다.

리쿠르고스는 자기를 집까지 부축해 준 사람들이 모두 돌아간 다음 알칸데르를 불렀지만 아무런 벌도 주지 않았다. 그리고 그는 알칸데르에게 식탁 담당일을 시키고 하인으로 삼아 집안에 두었다. 그러는 동안 알칸데르는 그의 명령에 잘 따르며 성실히 일을 하였고 무례하고 사납던 그는 리쿠르고스의 온화하고 부지런한 모습을 가까이 지켜보면서 마침내는 점차 그를 존경하게 되었으며, 겸손하고 성실한 인간이 되었다.

그러나 리쿠르고스는 그 사건을 잊지 않기 위해 아테나 여신에게 신전을 지어 바치고, 옵틸레티스라는 이름을 지어 올렸다. 옵틸레티스란, 즉 눈이라는 말인데 그가 다쳤던 눈을 기억하기 위해 이런 이름을 지었던 것 같다. 어떤 역사가들의 기록을 보면, 리쿠르고스는 그 사건으로 부상은 당했지만 시력을 잃지는 않았으며 아테나 신전도 눈이 나은 것을 감사하여 세운 것이라는 이야기도 있다. 그리고 그 사건이 있은 뒤, 스파르타 사람들은 여러 사람이 모이는 장소에 몽둥이는 가져오지 못하게 되었다고 한다.

한편 공동 식사는 그리스 어로 여러 가지 명칭으로 불렸다. 크레타 사람들은 남자들만 참석한다고 해서 안드리아라고 불렀다. 또 스파르타 사람들은 한자리에 모여 먹고 마시는 것이 친구를 만드는 기회가 된다고 해서 피디티아라고 했으며, 이것은 또 검소함, 즉 피도에서 온 말이라고도 한다. 그러나 '먹는다'라는 말 에도데의 고어 에디티아에서 유래한 것인지도 모른다.

식사에는 보통 15명 정도가 모였다. 이 사람들은 보리 1부셸과 포도주 8갤런, 치즈 5파운드, 무화과 2.5파운드, 그리고 고기와 생선 등의 반찬값으로 약간의 돈을 내게 되어 있었다. 이 외에 제사를 지냈거나 사냥한 짐승이 있을 때는 그 음식 중 일부를 공동 식사장에 보내기도 했다. 그러므로 제사나 사냥으로 인해 식사 시간에 늦은 사람은 집에서 식사를 해도 괜찮았지만, 다른 이유로 늦는 것은 허용되지 않았다.

이 공동 식사의 풍습은 오랜 기간에 걸쳐서 엄격하게 시행되었다. 아기스 왕의 일화로도 이것을 충분히 짐작할 수 있다. 아기스 왕은 아테네와의 전쟁을 승리로 이끌고 돌아온 후 집에서 아내와 식사를 하려고 공동 식사장에 자기 몫의 음식을 가지러 보냈다고 한다. 그러나 이 명령은 거절당했고, 전쟁의 승리를 축하하는 음식을 바치지 않았다고 해서 벌금을 내야 했다.

공동 식사장에는 예절을 가르치기 위해 사내아이들을 데리고 나오는 일이 많았다. 어린이들은 이곳에서 정치에 관한 이야기들을 주워들으며 어릴 때부터 정치적 지식을 쌓아갔고, 유쾌한 이야기로 남과 어울리는 습관을 길렀다.

남의 비난을 듣고도 태연한 모습을 보이는 스파르타인의 특색은 이곳에서도 마찬가지로 지켜졌다. 그래서 농담을 듣고 불쾌해하는 사람이나 그런 기색을 보이는 사람에게는 그 다음부터 아무도 말을 시키지 않았다. 그리하여 식당에 사람들이 들어오면 그 중 제일 나이 많은 사람이 출입문을 가리키며, "단 한 마디도 저 문 밖으로 나갈 수 없소"라고 말하는 풍습이 생겨나게 되었다고 한다.

공동 식사에 새로운 사람을 가입시킬 때는 아주 독특한 방법을 썼다. 사람들은 모두 빵 조각을 들고 있다가 시중드는 사람이 그릇을 머리에 이고 지나가면 그릇에 빵 조각을 넣는다. 새로 들어오는 사람을 환영하면 빵을 그냥 넣고, 반대하는 사람이면 빵을 손으로 꼭 쥐어 찌그러뜨려서 넣는다. 그리고 다 모인 빵 조각을 조사하여 한 개라도 찌그러진 것이 있으면 가입이 허락되지 않았다. 다같이 유쾌한 식사를 할 수 있게 하기 위해서는 한 사람의 반대도 있어서는 안 된다고 생각했기 때문이다. 그리고 가입이 허락되지 않은 사람은 빵 조각을 넣었던 그릇을 지칭하는 '카디코스'라고 불렸다.

이 공동 식사에 나오는 음식 중에서 검은 수프는 특히 유명했다. 노인들은 고깃덩이를 젊은이들에게 주고 검은 국물을 마시는 것을 좋아했다고 한다.

이 수프가 하도 유명하다는 말을 듣고 폰토스의 어느 왕은 일부러 스파르타의 요리사를 불러왔다. 그리고 그로 하여금 검은 수프를 만들게 했는데, 먹어 보니 도무지 맛이 없었다. 왕이 불평을 하자 그 요리사는, "왕이시여, 이 수프는 먼저 에우로타스 강에 가서 목욕을 하신 다음에 잡수셔야 제 맛이 납니다" 하고 왕에게 말했다는 이야기가 전해진다.

　사람들은 식사를 마치고 나면 포도주를 조금 마신 다음 등불을 켜지 않고 집으로 돌아갔다. 그들은 밤중에도 등불을 들고 다니는 일이 거의 없었는데 평소 어둠에 익숙해지는 습관을 길러 두려움을 없애기 위한 것이었다.

　한편 리쿠르고스는 법률을 글로 기록해 두지 않았다고 하는데 이것은 신성한 레트라에서 그것을 금지하고 있었기 때문이다. 리쿠르고스는 국가의 행복에서 가장 중요한 것들은 성장해 가는 청년들의 가슴속에 새겨지는 것이기 때문, 강제로 시켜서가 아니라 마음으로부터 잘 지켜나가야 하는 것이라고 생각했다. 그리고 그밖에 사소한 약속이나 때에 따라 조금씩 달라질 수 있는 일들은 기록을 해서 속박할 것이 아니라, 그들의 교양과 그때의 사정에 따라 적절히 고쳐 나가게 하였다. 이처럼 리쿠르고스는 모든 법을 교육과 관련시켜서 시행하려고 했고, 그래서 레트라 제1조는 법을 기록하지 않는다는 원칙을 세우고 있는 것이다.

　레트라 제2조는 사치와 낭비를 금한다고 규정하고 있다. 집을 지을 때 천장은 도끼로 찍은 나무만을 사용하고, 드나드는 문은 톱으로 썬 나무만 쓰며, 그 밖의 다른 연장은 사용하지 못하게 했다. 에파미논다스는 검소한 식사를 하면서, "이런 음식을 먹고 있으면 반역의 생각을 가질 수가 없소"라고 말하면서 생활의 검소함을 강조하고 있다. 그와 마찬가지로 이런 집에서 산다면 적어도 조각한 다리가 달린 가구나, 붉게 물들인 화려한 웃옷, 황금으로 만든 술잔 등 사치스런 물건을 들여놓으려는 욕심은 내지 않을 것이며, 그 집에 맞는 수수한 침대와 의자와 책상보를 들여 놓아 다른 물건들과 어울리게 하고 살게 되리라는 것이 리쿠르고스의 생각이었다. 실제로 사람들은 이런 생활을 몸에 익혔고 검소함에 익숙해졌다.

　한번은 레오티키데스[2]가 손님으로 초대받아 코린트에 가게 되었는데 그는 식사를 하면서 값비싼 판자를 붙인 천장을 보고, "이 나라에서는 나무가 네모나게 자라는가요?"라고 주인에게 물어 보았다는 이야기가 있다. 이러한 일화들은 스파르타의 검소한 생활 습관을 잘 보여 주는 것들이다.

　리쿠르고스의 또 하나의 레트라에는 한 나라와 여러 번 전쟁을 해서는 안 된다는 내용이 있다. 자주 싸우는 가운데 스파르타의 전술을 파악하게 되면 적군이 강해져

---

2) 스파르타의 왕. 기원전 479년에 페르시아 해군을 쳐부수고 전쟁을 승리로 이끈 사람.

서 전쟁에서 패하게 될 우려가 있다는 것이다. 후세의 아게실라오스 왕은 테베와 자주 전쟁을 했기 때문에, 전에는 스파르타의 상대가 되지도 않을 만큼 약하던 테베가 나중에는 맞서서 세력을 다툴 정도로 강해졌다. 그래서 왕이 전쟁에서 상처를 입은 것을 보고 스파르타의 장군 안탈키다스는, 전쟁을 하려 하지도 않고 싸울 줄도 모르던 테베 사람들을 공격하여 전쟁을 가르쳐 준 값을 톡톡히 받았다고 말했다고 한다. 이러한 원칙과 교훈들은 모두 신의 계시에서 나온 것이었기 때문에 리쿠르고스는 이것을 레트라라고 했던 것이다.

리쿠르고스는 또 교육을 중히 여겨서 청년들에 대한 교육을 철저히 하였으며 결혼과 아기를 낳는 일도 법령으로 규정했다. 그러므로 아리스토텔레스의 말은 틀린 것이다. 그는, 리쿠르고스는 스파르타의 여자들을 정숙하고 단정하게 만들려고 노력했으나, 결국 여자들을 내버려 둘 수밖에 없었다고 하였다. 스파르타에서는 남자들이 전쟁에 나가 집을 비우는 때가 많았기 때문에 여자들은 가정에서 자유와 통솔력을 길렀고, 남편들은 아내를 매우 존경했다고 한다.

리쿠르고스는 특히 여자들의 신체에 대해 많은 관심을 쏟았는데, 달리기나 씨름, 원반던지기, 창던지기 등으로 여자들의 신체를 단련시켜 건강한 아기를 낳을 수 있게 하였다. 그래서 그들은 운동 경기에서도 남자들에게 지지 않았으며 제사 때에는 남자들과 함께 춤도 추고 노래도 불렀다고 한다. 또 남자들이 바르지 못한 짓을 했을 때 여자들의 비난은 직접적인 충고보다 더 큰 효과를 냈으며 여자들로부터 칭찬을 받은 남자는 친구들로부터 축하를 받으며 의기양양해했다.

그렇기 때문에 당시 스파르타에서는 나쁜 생각을 하지 않는 이상 처녀들이 벌거벗는 일은 조금도 부끄러워할 일이 아니었다. 오히려 건강한 신체를 드러내어 서로 경쟁심을 갖도록 했고, 남자들에게는 용기와 명예심을 일깨워 주었다. 레오니다스의 아내인 고르고의 일화는 이러한 풍토를 잘 드러내고 있다.

어떤 외국 여자가 고르고에게 이렇게 말했다. "남자를 지배하는 여자는 당신네 스파르타 여자들 뿐입니다." 이 말을 듣고 고르고는, "남자를 낳는 것은 우리들 여자 뿐이니까요" 하고 대답했다는 이야기이다.

여자들이 남자들과 함께 경기에 참가하거나 벗은 몸을 남에게 보이는 이들의 풍습은 결혼을 장려하는 데에도 도움이 되었다. 결혼하지 않고 독신으로 지내는 남자에게서는 법률에 따라 어느 정도의 권리를 빼앗기도 했다. 그들은 젊은 남녀가 나체로 춤추는 공개 행렬을 구경할 수 없었으며, 겨울이 되면 옷을 벗고 거리를 돌아다니면서 자신을 조롱하는 노래를 불러야 했다. 뿐만 아니라 젊은 사람들의 존경도 받지 못했다.

데르킬리다스는 유명한 장군이었지만 결혼을 하지 않았기 때문에 젊은 사람들의 조롱을 받았다. 이 장군이 들어왔을 때 어떤 젊은이가 그에게 자리를 양보하지 않고 이렇게 말했다. "장군께서는 지금 저에게 자리를 양보해 줄 아들을 낳지 않으셨잖습니까?"

스파르타인의 결혼은 신랑이 신부를 납치해 가는 식으로 이루어졌다. 그러나 아직 나이가 어려서 결혼할 수 없는 소녀에게는 허락되지 않았고, 성숙한 처녀에 한해서만 이것이 허락되었다.

납치해 온 처녀는 시중드는 여자가 맞이하여 머리를 짧게 잘라주고 남자의 옷을 입힌 채 신발을 신겨서 어두운 방에 놓인 침대에 데려다 놓는다. 신랑은 여느 때와 마찬가지로 공동 식사를 마치고 돌아와 정중한 태도로 신부에게 가서 허리띠를 풀고 침대에 눕힌다. 잠시 동안 같이 지내다가 신랑은 다시 옷을 단정히 입고 방으로 돌아가 다른 청년들과 잔다. 이렇게 같은 나이 또래의 청년들과 같이 시간을 보내다가 밤에만 신부가 있는 곳으로 조심스럽게 찾아가서 만나는데 이 때 신랑신부는 서로 만나는 것을 남의 눈에 띄지 않도록 해야 한다.

이렇게 지내는 것은 꽤 오랫동안 계속되는데, 어떤 사람은 아기를 낳을 때까지 아내의 얼굴을 한 번도 똑똑히 보지 못하고 지내는 경우도 있었다. 이러한 부부 생활은 자제심을 기르고 신체를 건강하게 하기 위한 것이었다. 또 부부는 만날 때마다 항상 새로운 기분이 들었기 때문에 권태나 피곤함도 줄어들며, 언제나 서로 사랑하고 그리워하는 마음을 가질 수 있었다.

리쿠르고스는 이처럼 결혼 생활에서 질서를 지키게 하는 한편 쓸데없는 질투심을 없애는 데에도 상당한 주의를 기울였다. 그는 음탕한 행동을 일체 금하는 동시에 아내를 다른 훌륭한 남자에게 보내어 좋은 자손을 얻게 하는 것을 허락했다. 그는 아내를 한 사람의 소유물로 생각하여 전쟁이나 살인을 저지르는 사람들을 비난하며, 좋은 자손을 위해 아내를 다른 사람에게 보내는 것은 남자의 도리라고 생각했다. 그래서 젊은 아내와 사는 늙은 남자가 마음에 드는 청년을 자기 아내와 관계하게 하여 거기서 낳은 자식을 자기 아이로 삼는 일도 종종 있었다.

또 남의 아내가 마음에 들면 남편에게 허락을 받고 그 여자를 자기 집에 데려와 자식을 낳게 하는 일도 있었다. 이는 곧 좋은 땅에 씨를 뿌리는 것과 같은 일이라고 생각했기 때문이다. 리쿠르고스는 아이들을 부모의 소유물이 아닌 국가의 것이라 생각했기 때문에, 남편에게서 허약한 아이를 낳는 것보다 다른 남자에게서 건강한 아이를 낳는 것이 더 바람직하다고 생각했던 것이다.

리쿠르고스는 좋은 개나 말을 얻기 위해서 좋은 가축을 가진 사람에게 돈을 주고 부탁을 하는 것처럼, 자기가 병자이거나 아이를 낳을 수 없는 몸이면서 아내를 가두어 두는 것은 옳지 못하다고 생각했다. 그러나 그들이 훌륭하고 건강한 시민을 낳기 위해 이처럼 아내를 빌려 주기는 했지만 결코 풍기가 문란해지는 일은 없었다.

스파르타의 게라다스라는 사람에게 어느 외국인이, 스파르타에서는 간통을 한 죄인에게 어떤 벌을 주느냐고 물었다. 게라다스는 이렇게 대답했다. "우리나라에는 그런 사람이 없습니다." "만일 있다면 어떻게 합니까?" 외국인이 이렇게 묻자 그는 태연한 표정으로 대답했다. "그런 일을 한 사람은 에우로타스 강의 물을 모두 마실 수 있는 커다란 소를 벌금으로 바쳐야 합니다." 외국인은 깜짝 놀라며 다시 물었다. "아니, 그렇게 큰 소가 어디 있습니까?" 게라다스는 껄껄 웃으며 말했다. "글쎄, 스파르타에는 간통하는 사람이 없다니까요."

한편 스파르타에서는 아기가 태어나면 아버지가 마음대로 기르지 못했다. 먼저 레스케라고 하는 곳에 데리고 가서 검사관에게 보여야 했다. 아기를 검사해 보고 튼튼하면 기르도록 하여 땅을 나누어 주지만, 건강하게 자랄 가망이 없는 아기는 타이게토스 산의 아포테타이 계곡에 갖다버리게 했다. 따라서 여자들은 갓난아기의 건강함을 알아보기 위해 포도주로 몸을 씻겼다. 그렇게 하면 건강한 아기는 포도주로 더욱 튼튼한 몸이 되지만 허약하거나 간질병이 있는 아기는 경련을 일으킨다고 한다.

아기를 기르는 유모에 대한 감독도 매우 엄격했다. 손발과 몸을 자유롭게 하기 위해 아기에게 이불을 덮지 못하도록 했고, 음식을 가리지 않고 아무것이나 잘 먹는 습관을 길러 줬다. 또 어둠을 무서워하지 않으며, 혼자 있어도 두려워하거나 보채지 않도록 길러야 했다. 그래서 외국 사람들 중에는 아기를 훌륭하게 키우기 위해 스파르타 출신의 유모를 구하는 사람들이 많았다.

스파르타에서는 아이들을 가정교사에게 맡기지 않았다. 국가에서는 아이가 일곱 살이 되면 모두 모아서, 똑같은 규율 속에서 먹고 생활하고 운동하고 놀게 하였다. 그리고 아이들 가운데서 가장 용감한 아이를 반의 대표로 뽑아 나머지 아이들에게 여러 가지 명령을 하고 이 말에 복종하도록 교육시켰다. 노인들은 가끔 아이들의 발표회에 참석하여 그들 각자의 특성을 찾아내고, 위험에 처한 경우에는 누가 가장 용감한지를 지적해 주었다. 읽고 쓰기는 실제 생활에 필요한 것을 가르쳤으며 그 밖의 공부도 대체로 명령에 대한 복종과 힘든 일을 견디는 것, 싸움에서 이기는 방법 등을 가르쳤다. 아이들의 나이가 들어가면서 수업은 점점 더 엄격해지고 대개의 경우 머리는 짧게 자르고 맨발로 다니며 운동 경기에는 나체로 나오게 했다.

열두 살이 되면 속옷을 입지 않고 지내도록 하여, 1년에 한 벌의 옷만 나누어 주고 신체를 단련시켰다. 목욕을 하고 몸에 기름을 바르는 일은 사치스럽기 때문에 금지되어 있었지만 1년에 한 번 특별한 날에는 허락되었다. 잠을 잘 때는 작은 조로 나뉘어 풀을 깐 자리에서 자는데, 잠자리는 에우로타스 강변에서 자라는 갈대 끝을 손으로 잘라다가 만든 것이었다. 그리고 겨울이 되면 그 풀 위에 엉겅퀴 관모를 섞어서 따뜻하게 만들어서 사용했다.

이 나이가 되면 가장 촉망받는 젊은이들을 뽑아 특별히 노인들이 돌봐주게 되는데, 그들은 아버지나 교사나 감독자의 역할을 하게 된다. 노인들은 경기장에 나와서 아이들이 서로 힘과 지혜를 겨루는 모습을 눈여겨보았다가, 아이들을 나무라기도 하고 칭찬하기도 한다.

그뿐 아니라 스파르타에서 가장 훌륭한 사람이 그 소년들의 감독관으로 임명된다. 감독관은 소년들을 몇 개의 조로 나누어 대장을 뽑는다. 이 대장을 이렌이라고 부르는데 소년 계급을 벗어난지 2년을 지난, 즉 스무 살이 된 사람을 가리키는 말이다. 가장 나이가 많은 소년은 멜이렌이라고 하는데, 곧 이렌이 될 사람이라는 뜻이다. 이렌은 전쟁에서 대장이 되며, 집안에서는 가장의 역할을 하게 된다. 이렌은 몸이 건장한 아이들에게 나무를 해오게 하고, 어린 아이들에게 채소를 날라오도록 시켰다. 그러면 아이들은 그것을 채소밭이나 공동 식사장에 들어가서 훔쳐오기도 하는데 만약 잘못해서 들키면 도둑질이 서툴다고 심한 벌을 받게 되며 이 때엔 매를 맞거나 끼니를 굶는 것이 벌이었다.

아이들에게는 항상 식사를 적게 주었는데 모자라서 양을 보충하기 위해서는 대담하고 영리한 방법을 쓰라는 것을 가르치기 위한 것이었다. 또 아이들의 키를 크게 하기 위해서 적은 양의 식사를 하게 했다는 이야기도 있다. 몸이 살찌거나 뚱뚱한 사람은 몸을 잘 움직이기가 어렵기 때문에 키가 크고 몸을 가늘게 만들어서 팔다리를 자유롭게 움직이고 재빠르게 행동할 수 있게 한 것이었다. 그래서 임신 중인 부인은 마르고 작으면서도 균형이 잡힌 아이를 낳기 위해 설사약을 먹는 일도 있었다.

또한 스파르타의 아이들은 도둑질하는데 진지했다. 어떤 아이는 여우 새끼를 훔쳐서 옷 속에 감추어 오다가, 여우가 내장을 다 찢는 것을 참고 내보내지 않으려 하다가 죽었다고 한다. 오늘날 스파르타에서 행해지는 일을 보면 그 이야기는 믿을 만하다. 몇몇 아이들이 아르테미스 제단 아래에서 죽도록 매맞는 것을 참는 것을 내 자신이 목격했기 때문이다.

아이들이 저녁밥을 먹고 나면 대장인 이렌은 아이들에게 노래도 시키고 질문을 하기도 했다. 예를 들면, "이 도시에서 가장 훌륭한 사람은 누구냐?" "훌륭한 사람은 어떻게 행동하지?" 하는 따위의 질문을 하였다. 아이들은 이런 질문에 대답하면서, 어릴 때부터 훌륭한 판단을 배우고 사회에 대한 흥미를 가지도록 습관을 붙였다. "훌륭한 시민이란 어떤 사람을 말하는가?" "나쁜 평판을 받는 사람은 어떤 사람들이지?" 하는 질문들에 만약 대답을 못하면 어리석고 주의가 산만하다는 평가를 받았다. 대답은 충분한 이유와 증거를 가지고 짧으면서도 분명해야 했다. 틀린 답을 한 아이는 이렌에게서 엄지손가락을 물리는 벌을 받았는데 때로는 연장자나 감독관이 보는 앞에서도 벌을 주었고, 처벌을 받는 것이 타당한지에 대해 스스로 말하게 하기도 했다. 벌을 줄 때 연장자나 감독관은 아무 말도 하지 않고 있다가 처벌이 다 끝나고 나면, 그 벌이 너무 가벼웠다거나 심했다는 평가를 해주기도 한다.

소년의 명예와 불명예는 그들의 후견인도 함께 받아야 했다. 어떤 아이가 싸움을 하다가 엄살을 부리고 소리를 지르면, 그 아이의 후견인도 벌을 받거나 벌금을 내야 했다. 이렇게 같은 남자끼리 서로 보호하고 함께 벌을 받는 일을 전혀 이상하게 생각하지 않았고, 소년끼리 서로 사랑하는 일도 많았다. 마찬가지로 귀족의 부인들이 처녀들을 사랑하는 일이 있어도 아무렇지도 않게 생각했다. 또 한 소년을 두 청년이 사랑해도 그것 때문에 질투로 싸움을 하는 일이 없었고 도리어 우정이 깊어져, 자기들이 사랑하는 소년이 훌륭한 인물이 될 수 있도록 함께 도와주었다.

아이들은 짧고 간결한 말을 쓰도록 교육받았다. 돈은 크기를 크게 하여 가치를 떨어뜨렸지만, 말은 이것과 정반대로 짧은 몇 마디의 말에 풍부한 뜻을 담아 표현할 수 있도록 했다. 그래서 스파르타의 아이들은 평소에는 말이 없다가, 대답을 할 때는 짧은 말로 충분히 자신의 생각을 표현할 수 있었다.

어떤 아테네 사람이 스파르타의 칼은 너무 짧다고 조롱하면서, 이 정도의 칼은 마술사가 목구멍으로 삼킬 수도 있다고 했다. 그러자 아기스 왕은, "우리는 그 정도로도 충분히 적을 죽일 수 있다"고 대답했다. 이 이야기는 스파르타의 짧은 칼에 대한 것이지만 그들의 짧고 간결한 말을 비유한 것이기도 하다.

리쿠르고스도 말이 적은 사람이었다. 그러나 그도 마찬가지로 짤막한 몇 마디 말로 자신의 생각을 정확하게 전달할 줄 아는 사람이었다. 그는 스파르타에서 민주 정치를 해야만 한다며 국민들을 설득하고 다니는 사람에게, "당신이, 그리고 당신 집안에서 먼저 민주 정치를 실천하시오"라고 말했다. 또 어떤 사람이, 신에게 바칠 제물인데 왜 그렇게 싸고 작은 것을 고르느냐고 물었을 때 리쿠르고스는, "오랫동안 신을 섬기기 위해서요"라고 대답했다.

또 리쿠르고스는 어떻게 해야 적군의 침입을 막을 수 있느냐는 국민들의 질문에 "가난하지만 남들보다 위대해질 수 있어야 합니다"라고 대답했다.

또 한 번은 스파르타의 도시를 성벽으로 둘러싸서 적의 침입을 막아야 한다고 사람들이 주장하자, "돌 대신 사나이들로 둘러싼 도시는 결코 허물어지지 않습니다"라고 대답했다는 이야기도 있다.

스파르타 사람들이 말을 길게 늘어서 하는 것을 얼마나 싫어했는지 알려 주는 일화가 있다. 어떤 사람이 중요한 일로 레오니다스 왕을 만났을 때, 그는 눈치도 없이 아무데서나 말을 계속 늘어놓았다. 그러나 왕은 이렇게 말했다. "당신은 말을 할 때 거기가 어딘지를 한 번쯤 생각해 보는 것이 좋겠소."

또 조카 카릴라오스가 리쿠르고스에게 그가 만든 법률의 수가 적은 이유를 물었을 때 그는, 많은 말을 하지 않는 사람들에게 많은 법률은 필요하지 않다고 대답했다고 한다.

철학자 헤카타이오스가 초대를 받아 여러 사람이 모인 자리에 앉았을 때 식사하는 동안 왜 한 마디도 하지 않느냐고 사람들이 묻자, 그는 "정말로 말을 할 줄 아는 사람은 말할 때를 아는 법이오" 하고 대답했다. 스파르타의 짧고 간결한 말에 대한 감칠맛나는 이야기는 이 밖에도 많이 전해온다.

데마라토스는 어떤 사람으로부터, "스파르타에서 가장 훌륭한 사람은 누굽니까?"라는 질문을 받았다. 그가 대답하지 않자, 이 사람은 계속 그를 따라다니며 똑같은 질문을 했다. 그는 참을 수가 없어 "가장 훌륭한 사람은 가장 당신과 닮지 않은 사람이오"라고 대답했다.

또 어떤 사람이 엘레아 사람들은 올림픽 경기를 공정하고 훌륭하게 잘 치렀다고 계속 떠들어대자 아기스 왕은, "엘레아 사람이 5년에 단 하루 동안 공정한 일을 한 것이 뭐가 그리 대단하오?" 하고 그에게 되물었다는 이야기도 있다.

테오폼포스 왕은 어느 외국 사람이 스파르타를 칭찬하면서, 자기는 자기 나라 사람들로부터 스파르타를 사랑하는 사람으로 알려져 있다고 말하자, 그에게 "자기 나라를 사랑하는 사람이라고 알려졌더라면 더 좋았을 걸 그랬소"라고 말했다.

아테네의 어떤 연설가는, 스파르타 사람들은 뭔가를 배우려는 생각이 조금도 없다고 떠들어댔다. 이 말을 듣고 있던 파우사니아스의 아들 플리스토아낙스는 그에게 이렇게 말했다. "그렇소. 그리스 사람들 가운데 당신네들의 나쁜 풍습을 조금도 배우지 않은 사람은 우리들뿐이오."

또 아르키다미다스는 스파르타의 인구가 얼마나 되느냐고 묻는 사람에게, 적을 막아내기에는 넉넉할 만큼의 인구가 있다고 대답했다고 한다.

농담을 섞어서 말하는 스파르타 사람들의 말에서 그들의 습관을 충분히 짐작할 수 있을 것이다. 그들은 절대 말을 함부로 하지 않으며, 한 번 입을 열면 깊은 뜻을 지닌 말을 하는 것이 그들의 대화 습관이었다. 예를 들어 꾀꼬리 울음 소리를 흉내 내는 신기한 사람이 있으니 들으러 가자는 사람에게, "나는 진짜 꾀꼬리 소리를 들은 적이 있다네" 하고 말했다는 이야기도 있고, "폭정의 불길을 끄기 위해 그들은 셀리노스 벌판에서 죽었다"는 무덤의 비석글을 보고 "이 사람이 죽은 건 당연해. 독재 정치를 완전히 불태워 없애지 못했으니까 말이야" 하고 대답했다는 이야기는 지금까지도 전해지고 있다.

그리고 어떤 젊은이가 싸움닭을 사러 온 사람에게 죽을 힘을 다해 싸우는 수탉을 주겠다는 말에, "아닐세, 상대방을 죽일 때까지 싸우는 놈을 주게"라고 했다는 이야기도 전해온다. 그래서 어떤 사람은, 스파르타는 체육을 사랑했다고들 하지만 사실 그들은 지혜를 사랑했던 것 같다고 말한다.

한편 스파르타에서는 노래와 시에 대한 공부도 무척 중요하게 여겼다. 스파르타 사람들은 노래가 용기를 자아내고 피를 끓게 하는 숭고한 일을 짧은 말로 읊은 것이라고 생각했다. 그래서 노래의 내용은 대개 스파르타를 위해 용감하게 싸우다 죽은 사람들의 전설이거나, 겁이 많은 사람들을 비웃는 것들이었다. 용기를 북돋우는 노래들은 사람의 나이에 따라서 다르게 만들어졌으며 엄숙한 제사 때에는 합창단원들이 노래를 부르는데, 그들은 노년반, 청년반, 아동반으로 나누어져 다음과 같은 노래를 차례대로 불렀다.

우리들도 한 때는 용감한 청년이었다네.(노년반)

바로 지금 우리들은 용맹스러운 청년,
어느 누가 가까이 와도 두렵지 않네.(청년반)

우리는 누구보다
용감한 사람이 되겠어요.(아동반)

일반적으로 오늘날까지 전해오는 스파르타의 시들을 연구해 보면, 적을 공격할 때 부른 행진곡의 가락을 가진 것은 대체로 테르판드로스와 핀다로스가 쓴 시들이라고 한다. 그들의 노래는 용기와 힘을 음악과 결합시킨 것들이었다. 테르판드로스와 핀다로스가 스파르타 사람을 노래한 시로는 다음과 같은 것들이 남아 있다.

창이 노래와 어우러지는 스파르타 땅.
정의가 자유로운 그곳 스파르타.(테르판드로스)

민회를 가진 지혜로운 도시.
젊은이들에게는 정복의 창이,
그리고 춤과 노래와 환희가 있는곳.(핀다로스)

이 두 시인은 다같이 스파르타 사람들이 용감한 국민이며, 동시에 음악의 국민이라는 것을 묘사하고 있다. 스파르타의 한 시인도 이런 노래를 불렀다.

날카롭게 번쩍이는 칼 끝에
하프 소리가 내려앉는다.

그들이 전쟁을 시작할 때 왕은 우선 뮤즈[3]에게 제물을 바쳐 전쟁을 승리로 이끌어주기를 기도했다. 이 행사는 전쟁에 나가는 젊은이들에게, 소년 시절에 배운 용기를 다시 생각하게 하고 역사에 빛나는 공적을 세울 결심을 하도록 북돋우기 위한 것이었다.

전쟁을 시작할 때는 청년들에 대한 엄격한 규율들도 조금 느슨하게 풀어 주었다. 청년들은 머리를 말아 장식을 하고 금빛이 번쩍이는 값비싼 무기를 가질 수도 있고 화려한 옷도 입을 수 있었다. 그래서 경마장을 향해 가는 용맹한 말처럼 전쟁에 출정하는 청년들은 기쁘고 들뜬 마음이 되었다. 그 때문에 스파르타의 젊은이들은 성인이 되면 머리 손질에 신경을 쓰면서 출정할 날만을 기다렸다.

전쟁을 하는 동안은 신체 훈련도 심하게 시키지 않았으며 풍부하고 질 좋은 음식들을 주었다. 상관들도 부하들에게 너그럽게 대했기 때문에 스파르타에서는 오히려 전쟁의 시기가 더 평화로웠다. 전쟁이 본격적으로 벌어지기 시작하여 적이 눈앞에 다가오면 왕은 양 한 마리를 제물로 바치고 병사들은 머리에 화관을 썼다. 군악대는 카스토르 신에게 찬가를 연주하는데 이것은 굳고 강한 마음을 가진 사람들에게 두려움이나 지나친 분노를 없애고, 신이 가까이 와 있는 것처럼 느끼게 해주어 군인들에게 승리의 확신을 주기 위함이었다.

왕은 올림픽 경기에서 영광을 차지한 사람을 뽑아 전쟁 동안 늘 오른쪽에 거느렸다. 이것에 대해서는 이런 일화가 전해지고 있다. 어떤 스파르타 사람이 경기장에 나가는 것을 보류하면 막대한 뇌물을 주겠다는 것을 거절했다. 그러고는 치열하게 싸워 적을 쓰러뜨렸다. 그러자 관중 속의 어떤 사람이 그에게, "그렇게 열심히 싸워서 얻는 게 뭐요?"라고 물었다. 그는 이렇게 대답했다. "왕 곁에서 싸우게 되는 것이오."

그들은 적군을 격파하면 승리가 확실해질 때까지만 쫓아가다가 군대를 철수했다. 싸우기를 단념하고 도망치는 자를 죽이거나 칼로 찌르는 것은 비겁하고 정당하지 못한 행동이며 그리스인답지 못한 모습이라고 생각했던 것이다. 이것은 품위를 지키는 일이기도 하지만 그들 자신에게도 유리한 일이었다. 대항하면 죽지만 항복하면 살게 된다고 적들이 믿게 되면, 그들은 도망가는 것이 더 유리하다고 생각하여 싸움의 사기가 떨어지기 때문이다.

---

3) Muse: 예술과 문화, 과학을 다스리는 여신, 그리스 어로는 무사이(Musai)라고 부른다.

궤변철학자인 히피오스는 리쿠르고스가 여러 차례 직접 전투에 나가서 공을 세웠다고 말하였다. 필로스테파노스는 리쿠르고스가 기병대를 50명 단위로 나누었다고 한다. 그런가 하면 데메트리오스는, 리쿠르고스가 세운 여러 가지 법률 가운데 올림픽 경기 동안에 서로 전쟁을 하지 않도록 하는 올림픽 신성휴전조약을 지적하면서 그는 인자하고 평화를 사랑하던 사람이었다고 전하고 있다.

그러나 헤르미포스의 기록에는 올림픽 신성휴전조약에 대해서 다른 이야기가 있다. 처음에 리쿠르고스는 이 조약에 대해 별로 관심이 없었다. 그러자 국민들이 이 민족적인 행사를 위해 왜 아무 노력도 하지 않느냐고 비난하는 소리가 뒤에서 들려왔다. 리쿠르고스가 뒤를 돌아보았으나 거기에는 자신에게 그런 말을 할 만한 사람이 없었다. 그래서 리쿠르고스는 신의 말씀이라 생각하고, 이피토스와 협력하여 올림픽 제전을 더욱 유명하고 성대하게 치르는데 힘을 기울였다.

스파르타인의 훈련은 어릴 때부터 시작해서 어른이 된 뒤에까지 계속되었다. 어느 누구도 자기 마음대로 생활을 하지 못하였고 도시 자체가 하나의 군대 내무반 같았다. 그 속에서 그들은 식량과 자신의 업무를 할당받아 생활했으므로, 그래서 스파르타인들은 나라의 이익을 위해 태어났다고 해도 크게 틀린 말은 아닐 것이다. 그들은 어떤 경우라도 자기의 몸은 개인의 것이 아니라 국가의 것이라 생각하였다. 그래서 그들은 누가 굳이 명령하지 않아도 스스로 아이들을 감독하고, 그들에게 유익한 일을 가르치며, 학식이 높은 사람들에게 배우는 일은 습관처럼 몸에 배어 있었다.

한편 리쿠르고스는 국민들에게 많은 여가를 주었다. 국민들은 천하고 계산적인 상업을 배우는 것이 금지되어 있었고, 재물을 멸시하였기 때문에 재산이나 돈을 모으는 일에는 아무런 관심을 두지 않았다. 그리고 헬로트 족이 농사를 지어 해마다 일정한 양의 곡식을 바쳤으므로 그들은 서로에게 배우고 가르치는 일에 시간을 투자하였다. 따라서 그들은 기술이나 돈을 위해 쉬지 않고 일하는 것을 매우 천하다고 생각했다.

어떤 스파르타 사람이 아테네에 갔을 때였다. 그는 그 곳 사람들이 직업을 가지지 않고 게으르게 지낸 죄로 벌을 받는 것을 보고 이상하게 여겼다. 그래서 그는 이것은 자유를 위해 받는 것이라 생각하며 위로를 해주었다고 한다.

금은 등의 사치품을 금지함과 동시에 사람들끼리 법률 소송하는 일도 결코 없었다. 스파르타 사람들은 탐욕도 빈곤도 없이 고르게 잘 살며 모두 평화롭고 마음 편히 지내면서 전쟁이 일어나기 전까지는 노래를 부르거나 춤을 추고, 제사나 사냥, 체육 경기 등으로 시간을 보냈다.

또 재물을 사들이는 것을 천하게 생각했기 때문에 아직 서른이 안 된 사람들은 시장에 출입하는 것도 금지되었다. 그 집의 필수품은 나이가 많은 친척들에게 부탁하여 사들였는데 나이 많은 사람이라도 시장에 너무 자주 드나드는 것은 명예롭지 못하다고 생각했다. 그러므로 시민들은 하루 중 대부분의 시간을 체육관이나 레스케라 부르는 얘기 나누는 장소에서 보냈다. 레스케에 모여서도 돈벌이나 시장에 관한 이야기는 거의 하지 않았다. 좋은 일을 한 사람은 칭찬하고, 못된 짓을 한 사람은 비난하는 얘기들을 했으며 얘기 가운데 섞이는 웃음과 유머는 대화를 생기있게 해주었다. 이렇게 이야기를 나누면서 서로를 충고하고 좋은 행동을 배우기도 했다.

리쿠르고스도 엄격하고 딱딱하기만 한 사람은 아니었던 것 같다. 소시비오스(Sosibius)가 전하는 말에 의하면, 리쿠르고스는 '웃음의 신'이라는 조그마한 조각상을 자신의 방에 세워 두었고, 만찬이나 그 밖의 잔치에서도 적당한 유머를 섞어 재미있게 이야기를 할 줄 아는 사람이었다고 한다. 그는 딱딱하고 엄격한 생활 속에서 웃음은 샘물처럼 시원한 활력소가 된다고 생각했다.

리쿠르고스는 마치 꿀벌이 항상 공동 생활을 하며 여왕벌 둘레에 모여들 듯이, 국민들의 생활을 억제시키면서 언제나 나라를 위한 마음을 갖도록 국민들을 교육시켰다. 스파르타 사람들의 이러한 기질은 다음과 같은 그들의 이야기 속에서도 나타난다.

파이다레토스는 300명의 용사 중에 자기가 뽑히지 못했을 때, 자기보다 더 훌륭한 사람들이 300명이나 있다고 기뻐하며 웃음을 가득 띠었다고 한다.

폴리크라티다스는 페르시아 왕의 군대 사절로 파견되었을 때, 개인 자격으로 왔는가, 나라의 사절로 왔는가 하는 질문을 받았다. 그러자 그는 일이 잘되면 나라의 사절로 온 것이고, 실패하면 자기 개인 자격으로 온 것이라고 말했다.

또 브라시다스의 어머니인 아르길레오니스는 암피폴리스에서 온 사람들에게 자신의 아들이 스파르타 사람답게 용감하게 죽었느냐고 물었다. 이 말에 그들은 브라시다스를 크게 칭찬하며, 스파르타에 그토록 훌륭한 군인은 다시 없을 것이라고 말했다. 그러나 브라시다스의 어머니는 화를 내며, "그런 말은 하지 마세요. 브라시다스는 훌륭한 군인이기는 하지만, 그 애보다 더 훌륭한 군인이 스파르타에는 많아요"라고 말했다고 한다.

앞에서도 말했던 것처럼 원로원은 처음에 리쿠르고스에게 도움을 주었던 사람들로 구성되었다. 그러나 나중에 그들이 죽어서 결원이 생겼을 때는 60세 이상의 사람들 중 덕망 있는 사람들을 골라서 임명하였다. 가장 빨리 달릴 수 있는 사람이나 가장 힘이 센 사람을 뽑는 것이 아니라, 가장 현명하고 지혜로운 사람을 선발하는 것은 결코 쉬운 일은 아니었다. 그들은 평생 동안 훌륭한 업적을 이루어야만, 국가의 최고 권력을 맡아 전 국민의 생명과 이익을 보호하는 중대한 권한을 가질 수 있게 되는 것이었다.

그 선거는 독특한 방법으로 진행되었다. 우선 국민들을 모두 한 곳에 모이게 한다. 선발된 일부 사람들은 선거장 근처에 있는 한 방에 갇히는데, 그 방은 밖은 볼 수 없고 밖에서도 안을 볼 수 없으며 다만 안에서 말하는 소리만을 들을 수 있게 되어 있다. 그들은 사람들이 이야기하는 것을 듣고 그 중 하나를 결정한다. 후보자는 제비를 뽑아 한 사람씩 모인 사람들 사이를 말없이 지나간다. 방 안에 갇혀 있는 사람들은 밖이 보이지 않으므로 순서대로 후보자가 지나갈 때 시민들이 지르는 환호성의 크기와 높고 낮음에 따라 점수를 기록한다. 즉 몇 번째 사람에게 얼마만큼의 환호성이 울렸는가 판가름하는 것이다. 그렇게 해서 가장 많은 사람들의 호응을 받은 사람을 당선자로 결정하게 된다. 당선된 사람은 머리에 화관을 받아쓰고 신전에 가서 감사의 기도를 올린다. 그리고 젊은이들은 그를 칭송하고 여자들은 노래를 부르며 그의 행운을 빌어 준다.

이렇게 해서 행렬이 광장을 한 바퀴 돌고난 뒤에는 친척이나 친구들을 초대하여 음식을 대접한다. 사람들은 그에게 "스파르타는 이 잔치로 어른께 존경의 마음을 드립니다"라고 축하의 말을 해준다. 그러나 당선된 사람은 이 음식을 먹지 않고 늘 다니던 공동 식사장에 나간다. 식당에서는 여느 때처럼 식사를 하게 되지만, 따로 한 사람의 음식이 더 나온다. 당선자는 이것을 받아서 식사가 끝난 뒤 들고 공동 식사장 앞에서 기다리는 그의 친척들 중 가장 존경하고 좋아하는 여자에게 이 음식을 주며 "내가 받은 최고의 선물을 그대에게 주고 싶습니다"라고 말하고 그 여자를 집에까지 배웅해 주게 된다.

리쿠르고스는 또 시민들의 장례에 대해서도 여러 훌륭한 규정을 만들었다. 그는 미신을 물리치기 위해 시체를 시내나 신전 근처에 묻게 했다. 이렇게 하면 젊은 사람들도 장례식을 자주 보게 되어, 시체를 만지거나 묘지를 지나는 사람은 부정을 타게 된다는 미신을 믿지 않게 되기 때문이다. 시체를 묻을 때 다른 물건을 같이 집어넣는 것도 금지했다. 시체는 붉은 옷과 올리브 잎으로 싸서 묻게 했고, 전쟁에서 죽은 사람이나 성직자의 무덤 외에는 비석을 세우지 못하게 했다. 상복을 입는 기간은 11일 동안으로 열이틀 째 되는 날에는 데메테르에게 제사를 드리고 슬픔을 거두게 했다.

리쿠르고스는 이런 여러 가지 규정을 만들어 필요한 일은 좋은 풍습으로 기르고, 나쁜 일은 줄이거나 없애도록 하였다. 착한 일에 대해 모범을 보이게 하여 시민들이 보고 듣는 가운데 그들 스스로가 배우고 실천하게 하려는 것이 그의 정책이었다.

또 리쿠르고스는 외국 여행을 금지시켜, 다른 나라의 관습과 교양 없는 생활, 그리고 여러 면에서 다른 정치 구조를 사람들이 모방하지 못하게 했다. 뿐만 아니라 별 목적도 없이 스파르타에 들어오는 사람들도 막았는데, 이것 또한 그들의 나쁜 행동이나 생각을 배우지 못하도록 하기 위해서였다고 투키디데스는 전하고 있다. 외국 사람들과 사귀려면 외국 말을 써야 하는 것은 가치관을 다르게 한다고 생각했던 것이다. 그는 전염병을 미리 예방하는 것처럼 외국의 좋지 않은 풍습에 물들지 않도록 많은 주의를 기울였다.

리쿠르고스의 법률은 용기 있는 사람을 기르는 데는 좋지만 동시에 결점도 많이 가지고 있다. 그러나 적어도 그의 법률에서, 정의롭지 못하거나 불평등한 것은 찾아볼 수가 없다.

크립티아 법[4]에 의해 장관은 가장 유능한 청년들을 뽑아 그들에게 단검과 식량만 주고 나라 안을 돌아다니게 했다. 청년들은 낮에는 남의 눈에 띄지 않는 곳에 숨어 있다가 밤이 되면 나타나 헬로트인들을 잡아 죽였으며 때로는 낮에 밭에서 일하고 있는 사람을 습격하여 죽이기도 했다. 투키디데스가 쓴 《펠로폰네소스 전쟁사》에 의하면, 스파르타 사람들은 헬로트 족에서 가장 용감한 사람을 뽑아 자유인으로 풀어주기도 했다고 한다. 그들은 노예에서 풀려났다는 표시로 머리에 화관을 씌우고 여러 신전을 참배하였다.

그러나 그런 행사를 하고나서 행방불명이 되어버린 헬로트인이 2천 명을 넘는다고 하며, 그들이 어떻게 죽임을 당했는지에 대해서는 아무것도 전하지 않는다. 아리

---

4) 스파르타인들이 노예인 헬로트족에 대해 잔인한 벌을 주도록 한 법률. 스파르타인들은 노예라는 것을 잊지 않도록 하기 위해 하루에 한 번씩 헬로트인들을 때렸는데 이 법을 리쿠르고스가 만들었다고 전해지고 있다.

스토텔레스는, 에포로스[5]가 취임할 때도, 헬로트 족을 죽일 것을 선서하는 의식이 행해졌다고 덧붙여 기록하고 있다.

그외에 스파르타 사람들은 헬로트 족에 대해 참으로 가혹하고 무서운 태도를 취하고 있었다. 예를 들면, 그들에게 술을 먹여 취하게 만든 다음 광장에 끌고 나가, 술에 취하면 이렇게 된다는 것을 아이들에게 가르치고, 억지로 저열한 춤을 추게 하거나 괴상한 노래를 부르게 하기도 했다. 그래서 테베인이 스파르타에 쳐들어 가서 포로로 잡은 헬로트인에게 고상한 노래를 한 번 불러 보라고 시켰더니 그런 노래는 아는 것이 없다고 말했다고 한다. 그래서 세상 사람들은 "스파르타에서는 자유인은 가장 자유롭고, 노예는 가장 심하게 속박되었다"라고 말하는 것이다.

그러나 처음부터 이와 같은 잔인한 행위가 있었던 것은 아니었다고 말하는 사람들도 있다. 대지진이 있은 뒤 헬로트인들이 메세네 사람들과 공모하여 스파르타를 위태롭게 하고, 국토를 황폐하게 만든 일이 있었는데 그 때문에 스파르타인들이 그들에게 복수를 하게 된 것이라는 것이다. 그러나 리쿠르고스의 온화한 성격과 그의 행동으로 볼 때, 이런 사악하고 야만적인 법을 리쿠르고스가 만들었다는 것은 좀 믿기 어려운 사실로 보인다.

아무튼 리쿠르고스가 세운 모든 제도는 일반 국민들의 관습이 되어 국가의 모든 정치 체계는 확고한 기초 위에서 성숙해 갔다. 이 세상을 처음 만든 창조주가 삼라만상이 운행을 시작하는 것을 보고 기뻐한 것처럼, 그 또한 질서 있게 움직이는 제도와 법률들을 보며 이것이 먼 장래에까지 변함없이 이어지기를 간절히 기원했다.

그는 모든 시민들을 모아놓고 말했다.

"모든 일은 국가의 행복을 위해 잘 짜여져 있소. 이제 가장 크고 중요한 일은 신의 뜻을 물어보는 것이니 내가 델포이 신전에 가서 신의 말씀을 듣고 오겠소. 내가 돌아오기 전까지 지금 쓰고 있는 법을 고치지 않고 잘 시행하고 있겠다고 약속할 수 있겠소?"

이 말에 모든 사람들이 찬성하였다. 리쿠르고스는 두 왕과 원로원, 그리고 시민들로부터 나라 정치를 변함없이 계속하겠다는 약속을 받은 다음 델포이를 향해 길을 떠났다.

델포이 신전에 도착한 리쿠르고스는 자기가 정한 법률이 나라의 행복과 도덕에

---

5) 국민들이 뽑는 행정관으로 정원은 모두 5명이었다.

맞는 것인지를 신에게 물었다. 신은, 법률은 잘 만들어진 것이며 리쿠르고스의 정책 때문에 나라의 이름이 더욱 높아지게 된 것이라고 대답했다. 리쿠르고스는 이 말을 기록하여 스파르타에 보내고 시민들에게 다음과 같은 말을 덧붙였다. "나는 살려면 더 살 수도 있지만, 죽으려면 죽어도 좋을 나이에 이르렀소. 가까운 친구들이 모두 행복하게 살아가고 있는 것을 보았으니, 이제 나는 여기에서 죽기로 하였소."

리쿠르고스는, 정치가는 나라에 도움이 되는 보람있는 죽음을 선택해야 하고 덕과 실천이 남의 모범이 되어야 한다고 하면서 음식을 끊고 조용히 죽음을 맞았다. 리쿠르고스는 여러 가지 훌륭한 사업을 이룩한 뒤 행복하게 마지막을 장식한 것이다. 시민들은 그가 돌아올 때까지 정치를 고치지 않겠다고 맹세했고, 이제 그가 죽음으로써 그의 일평생의 사업은 영원히 지속될 수 있게 되었다.

스파르타는 리쿠르고스의 법률을 500년 동안 그대로 지속하였다. 그리스의 여러 나라 가운데 가장 협력이 잘되는 나라로 손꼽힌 스파르타는 아르키다모스의 아들 아기스 왕에 이르기까지 14대에 걸쳐 어떠한 왕도 리쿠르고스의 법률을 고치지 않았다. 다만 에포로스를 새로 세운 일은 서민들의 이익을 위한 것으로 보인다. 그것 때문에 스파르타의 귀족정치적 특질이 약해지지는 않았고 오히려 강화되었다고도 볼 수 있다.

그러나 아기스가 왕위에 있을 때 리산드로스라는 사람이 전쟁에서 돌아오며 스파르타에 처음으로 금은을 들여왔다. 그러면서 탐욕과 재물에 대한 욕심이 나라 안에 범람하게 되었고, 그리고 이것은 사치와 탐욕을 더욱 심화시켜 리쿠르고스의 법률을 붕괴시키는 결과를 낳았다.

리쿠르고스의 법률이 지배하고 있는 동안, 스파르타는 한 국민의 정부라기보다는 오히려 한 사람의 현인이 지키는 깨끗한 신전 같았다. 시인들은, 헤라클레스가 사자의 가죽을 어깨에 둘러메고 한 자루의 몽둥이를 들고 세계를 돌아다니며 잔악한 악당들을 무찔렀던 신화처럼, 스파르타는 한 개의 지팡이와 남루한 옷차림으로도 충분히 그리스 전체를 지배했다고 했다. 그들은 군주 정치와 독재를 없애고, 전쟁을 중재하고 내란을 조정하며, 방패 없이 그리스에서 승리를 거두었던 것이다. 스파르타는 여왕 둘레에 모여드는 성실한 일벌들처럼 뚜렷한 질서와 정의를 가진 나라였다고 할 수 있다.

사람들은 스파르타의 평화로운 정치가, 왕들에게 통치력이 있었기 때문이라고 말하지만, 테오폼포스 왕의 말처럼 국민들이 복종할 줄 알았기 때문이었다는 말이 오히려 적당할 것이다. 사람들은 명령할 자격이 없는 사람의 명령은 듣지 않기 때문에 복종이라는 것도 통치하는 사람의 덕과 가르침을 심판하는 척도이다. 국민들은 올바르게 지도하면 순종하지만 그렇지 않으면 거부하는 법이다. 말을 훈련시키는 가장 좋은 방법은 말을 유순하게 만드는 일인 것처럼, 나라를 다스리는 것도 국민들을 순종하게 하는 것이 가장 좋은 방법이다. 스파르타 사람들은 그리스 사람들에게 복종할 줄 아는 마음을 가르쳐 주었으며, 그래서 그들은 스파르타의 지배를 받고 그들의 명령에 따르기를 원했다. 그리스에서 가장 필요했던 것은 군함이나 돈이나 군대가 아니라 오직 한 사람, 스파르타의 지휘관이었다. 그들은 지휘관을 모셔서 존경과 겸손으로 대접하며 국가의 지도자와 교육자로 만들었다. 스트라토니코스는 이런 말을 했다. "내가 법률을 만든다면 우선 아테네 사람들에게 제사를 맡기고, 엘레아 사람들에게 올림픽 경기를 맡기고, 스파르타 사람들에게는 이들이 잘못했을 때 채찍으로 벌을 주게 하는 일을 맡기고 싶다."

이것은 물론 농담처럼 한 말이지만, 안티스테네스가 스파르타와의 전쟁에서 이긴 테베 군에게, "선생을 이긴 아이들처럼 좋아하는구나"라고 한 말은 농담만은 아니었다.

그러나 리쿠르고스는 스파르타가 다른 여러 도시를 지배하기를 바라지는 않았다. 그는 나라의 행복이란, 한 사람의 생활처럼 서로가 높은 덕을 가지고 어우러져야 하는 것이라고 생각했기 때문에 국민이 자유인으로서, 스스로에게 만족하고 절제하며 살아가기를 원했다. 따라서 플라톤이나 디오게네스나 제논과 같은 철학자들은 리쿠르고스의 가치관을 모범으로 삼아 정치에 대한 책을 썼던 것이다. 그러나 이들이 남긴 것은 실천이 아닌 한 가닥의 계획과 쓸데없는 말장난에 불과하다. 반면 리쿠르고스는 장엄한 정치체계를 종이 위가 아니라 땅 위에 창조한 작가였다. 사람들은 한 개인의 철학적 인격을 이루는 것도 쉽지 않다고 생각하지만 리쿠르고스는 완벽한 철학을 나라 전체에 세웠던 위대한 인물이었던 것이다.

리쿠르고스는 안티오로스라는 아들이 하나 있었지만, 그가 자식을 낳지 못하여 대가 끊어지고 말았다. 그러나 리쿠르고스의 친구들과 친척들은 오랜 기간 그에게 제사를 지냈으며, 리쿠르기데스라고 부르는 행사도 가졌다고 전한다. 그리고 사람들은 그의 신전을 지어 해마다 제사를 드리며 신으로 숭배하였다. 그러나 "그의 공덕에 비하면 스파르타 사람들의 그에 대한 존경은 아무것도 아니다"라는 아리스토텔레스의 말은 기억할 만하다.

그의 유해를 스파르타로 옮긴 다음, 무덤은 번개를 맞아 사라졌다는 이야기도 전하는데, 사람들은 이것을 하늘이 특별히 사랑하는 사람에게만 내리는 영광스러운 일로 생각했다. 이런 축복을 받은 사람은 리쿠르고스와 마케도니아의 에우리피데스가 전부라고 한다.

리쿠르고스는 키르하에서 죽었다는 설도 있고, 엘리스에서 죽었다는 설도 있으며, 티마이오스와 아리스토크세노스는 크레타에서 죽었다고 전한다. 그리고 크레타 사람들은 페르가모스 지방의 외국인 거리에 있는 무덤을 리쿠르고스의 것이라고 가르쳐 주기도 한다.

아리스토크라테스는 리쿠르고스의 유언에 대해 이렇게 말했다.

"리쿠르고스는 크레타에서 죽었는데 친구들은 유언대로 그를 화장하고 재를 바다에 뿌렸다. 만일 그의 시체를 라코니아로 옮겨가면 그가 돌아온 것으로 되어 법을 고칠까봐 두려워 본인이 미리 부탁한 것이었다."

리쿠르고스는 자신이 평생을 통해 이룬 제도를 영원히 지속되도록 해 놓고 평화롭게 생애를 마친 것이다.

4
누마 폼필리우스

(NUMA POMPILIUS, BC 715~673 재위)

폼필리우스의 넷째 아들로 타티우스의 딸인 타티아와 결혼하였다. 서민 출신이며 외국인의 신분이었으나 타티우스와 함께 로마 공동의 왕이 되었다. 시민들을 전투적으로 훈련시켰으나 민주적이고 평화적인 정치의 틀을 세운 현명한 사람이었다. 뮤즈의 사랑을 받았다고 한다.

로마 명문 귀족의 계보는 안타깝게도 누마 폼필리우스 시대 이후부터 정확하게 알려져 있다. 그래서 누마 왕 당대에 관해서는 확실한 기록이 남아 있지 않으며 역사가들의 기록도 조금씩 다르게 전해진다. 역사가 클로디우스는 로마의 오래된 문서들은 갈리아 족 침입 때 없어졌다고 《연대기 비판》에 기록하고 있다. 결국 지금 남아 있는 기록들은 모두 근거가 확실하지 않은 이야기들을 끌어다 모은 것이라는 것이다. 그러나 이러한 기록들도 누마의 생애를 알아보는 데는 큰 도움이 될 수 있을 것이다.

누마 왕은 사비니 족이었으며, 피타고라스의 제자였다고 전해진다. 그러나 피타고라스는 누마보다 훨씬 뒤에 태어난 사람이며, 그가 사귄 피타고라스는 스파르타 출신의 다른 사람이라는 얘기도 있다. 스파르타 출신의 피타고라스는 제16회 올림픽 경주에서 우승했던 사람으로 이탈리아를 여행하던 중 누마 왕과 알게 되어 로마 왕국의 건설을 도와주었다고 전해진다.

로마를 건국한 지 37년이 되던 해에 로물루스가 갑자기 염소 늪에서 사라지자,

로마는 새로운 왕을 세우기 위한 파벌 싸움이 벌어졌다. 귀족들은 물론이고 평민들도 서로 자신들에게 유리한 왕을 세우기 위해 결투와 항쟁을 시작했고, 로마 원주민과 이주해서 들어온 사비니 족 사이에서도 갈등이 끊이지 않았다. 새로운 왕을 모셔야 한다는 데는 의견이 모아졌지만, 누구를 왕으로 모시느냐 하는 문제 때문에 날카로운 대립은 계속되었다.

<누마 폼필리우스를 그린 목판화>, 파올로 지오비오.

로물루스와 함께 로마를 건설했던 사람들은 이미 토지와 재산을 사비니 족에게 나누어 주었으므로 자기 나라 사람이 왕이 되어야 한다고 주장했다. 또 사비니 족은 타티우스 왕이 죽은 뒤 로물루스가 혼자서 나라를 다스려 왔으니 이번에는 자기네 종족에서 왕이 나와야 한다고 주장했다. 그러면서 사비니 족들은 로마에 합병된 것이 아니라, 오히려 자기들을 모셔온 것이었고 그 때문에 로마가 더 강대해진 것이라고 소리를 높였다. 이러한 서로의 주장들은 수많은 분열을 일으켰다.

그들은 결국, 150명의 원로원 의원들이 교대로 왕의 업무를 수행하기로 일단 의견을 모았다. 최고 관리자는 왕의 표시가 없는 복장을 하고 밤 여섯 시간과 낮 여섯 시간씩 왕의 업무를 대신 맡아 하게 되었다. 이러한 정부의 형식에서 최고 관리자는 왕으로 올랐다고 생각할 겨를도 없이 금세 평범한 사람이 되었으므로 국민들의 왕에 대한 질투를 막는 데도 효과가 있었다.

이러한 정부의 형태를 로마 사람들은 인테르레그눔이라고 불렀다. 그러나 국민들은 귀족들이 이것을 과두정치로 변형시켜 정권을 독점하려 한다고 의심을 하기 시작했다. 결국 두 종족은 각자 상대방의 사람들 중에서 왕을 뽑는 방법을 택하기로 결정했다. 로마인이 사비니 인을 선출하거나, 아니면 사비니 인이 로마인 중에서 그들의 왕을 뽑는 것이었다. 이것은 모든 당파심을 없애기 위한 최선의 방법이었다. 이런 방법으로 왕을 뽑는다면 왕은 상대파에서 자기를 뽑아 주었기 때문에 자기 종족의 이익만을 위해 일하지 않고, 두 당파 모두에게 공평한 태도를 가지게 될 것이라고 생각했다.

그래서 사비니 족은 로마인들에게 먼저 우선권을 주었다. 로마 사람들은 사비니 족이 뽑은 로마 사람을 왕으로 앉히는 것보다, 자신들이 사비니 족 중에서 왕을 선택하는 것이 유리할 것이라고 생각했다. 그리하여 그들은 사비니 족 중에서 누마 폼필리우스를 왕으로 결정했다. 누마는 당시 로마에 살고 있지는 않았지만, 훌륭한 인물로 소문이 나 있었기 때문에 사비니 사람들도 그들의 선택에 매우 만족해했다. 그들은 시민들에게 이 결과를 알리고 두 종족의 대표자를 뽑아 누마에게 보냈다. 누마 폼필리우스는 쿠레스라는 사비니 수도에 살고 있었는데, 이 지명을 따서 합병한 로마인과 사비니 인들은 자기들을 퀴리테라고 불렀다.

그는 폼필리우스 가문의 넷째 아들로서 신의 축복을 받았는지, 로물루스가 로마를 세운 4월 21일에 태어났다고 한다. 그는 매우 지혜로웠으며, 타고난 성격이 어진 데다가 어려움을 견디는 용기 또한 대단히 강했다. 오락이나 재물, 사치에 관심을 두지 않았으며 항상 신에 대한 기도로 마음을 가다듬은 사람이어서 로물루스와 함께 왕으로 있었던 타티우스가 외동딸을 주어 그를 사위로 삼았을 정도였다. 그러나 타티우스 왕의 사위가 된 다음에도 그는 살던 곳을 떠나지 않고 아버지를 모시면서 사비니 사람들 틈에서 평범하게 살았다. 아내가 된 타티아도 아버지 옆에서 화려하게 사는 길을 버리고, 평범한 남편과 함께 조용한 생활을 했다. 그러나 타티아가 결혼한 지 13년만에 죽자, 누마는 도시를 버리고 한적한 농촌으로 거처를 옮겨 숲과 들을 돌아다니며 사람들과 떨어져 조용한 생활을 보내고 있었다. 그래서 사람들은 그가 여신 에게리아[1]와 함께 사귀면서 지혜와 덕이 더욱 높아졌다는 소문을 전하기도 한다.

이런 이야기는 신들의 축복과 은총을 입은 사람들에게 흔히 만들어지는 것으로, 뛰어난 사람은 신들과도 가까이 사귀며 서로 이야기를 나눈다고 사람들은 믿었던 것이다. 그래서 그들은 여신과 인간이 서로 사랑하여 아기를 낳을 수도 있다고 생각했다. 이집트에서도, 여자에게 신의 입김이 가까이 가면 아기를 가질 수 있다는 신화가 전해지고 있다.

특히 히폴리토스는 아폴론의 특별한 축복을 받았다고 하여 그가 배를 타고 나갈 때에 그 지방 사람들은 "우리 히폴리토스가 배를 타고 나가시네요"라는 노래를 부르며, 마치 신이 그가 오는 것을 알고 기뻐하는 듯이 환영하였다고 한다. 또 숲속에 사는 목동들의 신 판은 핀다로스와 그의 시를 지극히 사랑했다는 신화도 있다. 헤시오도스와 아르킬로코스는 죽은 뒤에도 음악의 신 뮤즈의 사랑을 받았고, 아이스쿨라

---

1) 에게리아(Egeria): 샘의 여신 중의 하나

키오스는 소포클레스의 집에 머물렀다는 이야기도 남아 있다.

이러한 전설에 의하면, 잘레우쿠스, 미노스, 조로아스터, 누마 등이 법을 펼 때에 하늘의 축복과 은혜를 받았다는 것도 신

〈누마와 에게리아가 함께 있는 풍경〉, 니콜라 푸생.

빙성 있는 이야기이다. 흔히 신들은 때때로 사람들과 이야기를 나누기도 하고 특별한 사람들에게는 훌륭한 일을 가르치며 축복을 내린다고 생각했던 것이다. 그러나 다른 한편으로 보면 정치가들이 그들의 법을 시행할 때 이러한 하늘의 신비한 힘을 내세워 사람들을 다스리는 데 이용했다고 볼 수도 있을 것이다.

한편, 로마에서 온 대표자들은 누마를 찾아가 왕이 되어 주기를 청했다. 대표자들은 누마가 쾌히 승낙할 것이라고 믿었으나, 그는 기대와 달리 청을 거절했다. 자신은 조용하고 평화로운 생활을 해온 사람이니, 전쟁으로 기초를 세운 강력한 도시를 다스리는 것은 벅찬 일이라고 답변했다. 대표자들이 여러 가지 말로 간곡히 누마에게 왕이 되기를 간청했으나 누마는 그의 아버지와 친척인 마르키우스가 있는 자리에서 다시 이렇게 말했다.

"한 인간이 자기의 생활을 갑자기 바꾼다는 것은 위험한 일입니다. 그리고 아무 부족함이나 불만이 없는 사람이 지금의 생활을 버리고 다른 생활에 뛰어든다는 것은 어리석은 일이라고 생각합니다. 간혹 지금의 생활에 부족함이나 불만이 있다고 하더라도 앞으로 어떤 일이 닥칠지도 모르는 다른 생활을 택하는 것보다는 낫다고 생각합니다. 특히 로마의 정치를 맡는다는 것은 더욱 어려운 일입니다. 로물루스가 왕위에 있을 때 그는 동료인 타티우스를 죽였다는 의심을 받았고, 이번에는 다시 원로원 의원들이 똑같은 처지에 놓여 있습니다. 사람들이 나를 좋은 말로 칭찬하기는 하지만, 그것과 왕이 되는 일은 다른 일입니다. 그리고 로물루스는 신의 아들로 보

호되어 왔지만, 나는 한낱 평범한 인간의 아들일 뿐이오. 세상일과 동떨어져 숲을 산책하고, 신에게 제사를 지내고, 밭을 갈며 가축을 기르는 일이 내 오랜 생활이 되어 버렸습니다. 그래서 나는 신을 숭배하라고 설교하고, 정의를 사랑하고, 폭력과 전쟁을 싫어한다고 되풀이해서 말하는 것밖에는 모릅니다. 로마는 인자한 왕이 아니라 용맹스러운 왕을 필요로 하고 있는데, 미안하지만 나는 그런 사람이 못 됩니다."

누마는 이렇게 말하며 왕의 자리를 간곡히 사양했다. 그러나 로마의 대표들은 다시 한 번 애걸하며, 로마인 모두가 당신을 원하고 있으니 로마를 내란과 분열에 빠지지 않게 해 달라고 간청했다. 누마의 아버지는 그들의 말을 듣고 있다가 누마를 조용히 딴 방으로 데려갔다.

"너는 부족한 것이 없어서 부자도 되기 싫고, 훌륭한 덕으로 이름이 났으니 남을 지배하는 권력으로 명예를 얻는 것도 원하지 않는다고 했다. 그러나 진정한 왕은 신을 섬길 줄 아는 사람이고 너의 재능은 결코 세상에 불필요한 것이 아니란다. 어진 사람이라면 위대하고 명예로운 공적을 위해, 그리고 신들의 성대한 예배를 위해 그에게 맡겨진 일을 피하거나 등을 돌려서는 안 되는 것이다. 타티우스는 외국인이었지만 사랑과 존경을 받았고, 로물루스는 지금도 신으로 존경받고 있다. 그 뿐만이 아니다. 승리를 맛본 국민들은 이제 전쟁에서 얻는 전리품에 만족하고 있고, 지금은 정의와 평화를 지켜 줄 왕을 원하고 있다. 또 만일 로마 국민들이 여전히 전쟁을 일삼는다고 해도, 그들의 사나운 마음을 부드럽게 어루만져 주는 것이 왕의 할 일이 아니겠느냐?"

아버지의 말을 듣고 마침내 왕이 될 것을 결심한 누마는 신에게 장엄한 제사를 드리고 로마를 향해 출발했다. 그를 보려고 마중나온 원로원 의원들과 시민들은 열렬하게 그를 환영하며 기뻐했다. 사람들의 모습은 환희에 넘쳐 있었다. 그들은 한 사람의 왕을 맞이하고 있다기보다 한 왕국을 맞이하고 있는 듯했다. 누마는 국민들의 열렬한 지지를 받으며 왕이 되었음이 선포되었다. 그러나 누마는 신께서도 왕이 되는 것을 허락하시는지 알아보고 싶다면서 제관을 데리고 카피톨리누스로 올라갔다.

제관은 누마의 머리를 가리고 그의 얼굴을 남쪽으로 향하게 한 다음, 등 뒤에 서서 오른손을 그의 머리에 얹고 기도를 드리기 시작했다. 한참이 지난 뒤 드디어 독수리가 하늘에서 나타나 오른쪽으로 날아올라갔다. 그제야 누마는 국왕의 옷을 입고 언덕을 내려와 군중들 속으로 걸어갔다. 가장 깊은 신의 사랑을 받은 누마를 맞이하는 사람들의 환호성이 천둥소리처럼 울렸다.

누마가 왕이 되어 맨 처음 한 일은 로물루스의 호위병을 해산시킨 것이었다. 충성스런 시민이라면 의심하고 싶지 않았고, 충성스럽지 않은 시민이라면 다스리고 싶지 않았던 것이다. 그 다음으로 유피테르와 군신 마르스를 모시는 두 제관 외에 로물루스를 위한 제관 하나를 더 두고, 그를 플라멘 퀴리날리스라고 부르게 하였다. 로마 사람들은 제관을 플라미네라고 불렀는데 이것은 두건을 뜻하는 필레우스로부터 파생된 말, 필라미네가 변형된 단어이다. 그 무렵, 그리스어에는 라틴어가 현재보다 더 많이 섞여 있었다. 예를 들면, 로마에서 '라이나'라고 부르는 왕의 옷은 그리스어의 '클라이나'와 같은 뜻이며 유피테르 신전에서 봉사하는 어린 동자를 카밀루스라 했는데, 이것도 그리스의 헤르메스가 여러 신의 사자이므로 카드밀루스라고도 부른 데서 온 것이다.

국민들의 지지를 받게 된 누마는 호전적인 국가를 부드럽게 만들기 위해 곧바로 큰 사업을 시작했다. 그 당시 로마는 플라톤의 말처럼, '열에 들뜬 도시'였다. 두들겨 박을수록 더욱 튼튼히 박히는 기둥처럼, 나라와 국민 모두 한층 강인해졌다. 누마는 국민들을 부드럽게 만들기 위해 제사 때마다 춤을 곁들인 행사를 벌이고, 행사마다 오락을 섞었다. 때로는 기괴한 징조가 보였다는 소문을 일부러 퍼뜨려서 종교적이고 초자연적인 두려움을 일으켜 사람들의 마음을 누그러뜨렸다.

누마의 이런 정책들은 피타고라스의 영향을 많이 받은 것이라고 한다. 피타고라스는 정치에 신의 힘이 굳게 자리잡아야 한다고 생각했으며, 그 자신이 솔개를 불러들이는 등 이상한 힘을 가지고 있었다고 한다. 피타고라스는 또 올림픽 경기 중 황금으로 만들어진 자신의 다리를 내보이기도 했고, 티몬이 말한 것처럼 여러 가지 재주를 부릴 수 있었다고 전한다.

이와 같은 이상하고 놀라운 일 외에, 누마도 어떤 여신과 사랑을 하며 비밀스럽게 만난다는 얘기를 퍼뜨리고 자기의 예언은 여신들이 가르쳐 준 것이라고 하면서 침묵의 여신 타키타를 숭배하라고 권했다.

우상에 대한 생각도 피타고라스와 비슷한 점이 많았다. 피타고라스는, 존재의 근본 원리는 감정을 초월한 추상적 지각에 의한 것이며 그것은 눈으로 볼 수도 들을 수도 없다고 했다. 누마의 생각도 그와 같아서, 로마 사람들이 동물이나 사람을 본떠서 신의 조각상을 만드는 일을 금지시켰다. 건국 이후 170년 동안 신전을 지었지만 신상을 만들어 놓지 않은 것은, 오히려 잘못된 형상을 만들어 원래의 모습을 해치는 외람된 일을 저지를까 두려워했기 때문이라고 하였다. 또 누마는 제사를 지낼 때도 피타고라스의 제사처럼, 산 짐승을 죽여 피를 흘리게 하는 것을 금하고, 밀가루나 포도주 등의 값싼 제물을 신에게 바치도록 했다.

이 밖에도 시인 에피카르무스는 그의 저서 속에서, 피타고라스는 로마의 자유 시민권을 가지고 있었다고 전한다. 또 누마 왕의 네 아들 가운데 한 아들은 피타고라스의 아들 이름과 같은 마메르쿠스였던 것을 보면 피타고라스와 누마는 매우 친밀한 관계를 맺고 있었던 것 같다.

나는 또한 로마에 갔을 때 들은 이야기를 기억하고 있다. 신탁이 내려오기를, 두 개의 동상을 세우도록 하는데, 하나는 그리스에서 가장 현명한 사람의 것으로, 다른 하나는 가장 용감한 사람의 것으로 세우라는 것이었다. 사람들은 두 개의 동상을 세웠는데, 하나는 알키비아데스의 것이었고, 하나는 피타고라스의 것이었다고 한다.

사제 제도 또한 누마 왕이 처음 만들었으며 그 스스로가 최초의 사제였다. '폰티피케스'라고 불렸던 사제란 이 이름은 '불가능한 경우는 예외'라는 뜻이라고도 하는데, 제관은 그들의 힘이 미치는 데까지 가능한 모든 일을 해야 한다는 의미이다. 이 말은 폰스, 즉 다리에서 온 말로 폰티피케스는 '다리를 만드는 자'라는 뜻이라고도 한다. 다리 위에서 집행되는 제사는 가장 신성하고 유서 깊은 것으로 교량은 다른 신성한 유물과 마찬가지로 제관이 관리하였으므로 이 이름도 그런 이유에서 나온 것으로 보인다.

폰티펙스 막시무스, 즉 제관 중의 우두머리는 신의 뜻을 해석하고 제사 의식을 진행하는 임무를 가지고 있었다. 공식적인 제사 의식을 지휘할 뿐 아니라 개인적인 제사도 단속하였다. 그는 또 신전의 불을 지키는 베스타의 처녀를 감독하기도 했다. 베스타 처녀와 영원한 성화 제도는 누마 왕 때부터 시작된 것이라 전해지고 있으며, 처녀들이 성화를 지키게 한 것은 정결한 몸의 처녀라야 영원한 불을 지킬 수 있다고 생각했기 때문이었다. 그러나 그리스에서는 로마와 달리, 처녀가 아닌 과부들에게 성화를 지키게 했다고 한다.

그러나 이 신성한 불이 꺼진 일도 있었다. 아테네가 폭군 아리스티온의 압제하에 있을 때 성화는 타오르지 않았다. 또 페르시아 군이 델포이에서 신전을 태워 버렸던 것처럼, 미트리다테스 왕과의 전쟁과 내란이 생겼을 때도 로마의 성화는 사그라들었었다. 그리고 이럴 때 신성한 불은 태양의 광선으로부터 새롭게 만들어졌다. 그것은 대개 직각 이등변 삼각형의 거울로 흩어져 오는 빛을 한 점에 모아 불을 피운 것이었는데 사람들은 이렇게 만든 불이 영원한 힘을 지녔다고 믿었다. 그리고 이 영원한 불을 지키는 베스타 처녀들은 그 영원한 불을 돌보는 것뿐이었다고도 하지만, 어떤 비밀 의식을 행했다는 기록도 있다. 여기에 대해서는 카밀루스의 전기에서 언급했다.

처음 누마 왕은 이러한 임무를 맡길 처녀로 게가니아와 베레니아 두 사람을 임명하였는데, 뒤에 세르비우스가 카눌레이아와 타르페이아 두 사람을 추가하여 그 후로는 네 명이 함께 이 일을 맡게 되었다고 한다.

누마 왕의 명령으로 이 베스타의 처녀는 30년 동안 처녀를 지킨다는 선서를 해야 했다. 그들은 10년 동안은 일을 배우고, 다음 10년 동안은 직접 임무를 수행하며 나머지 10년 동안은 어린 처녀들을 가르치게 되어 있었다. 30년의 임무를 마치면 이곳을 떠나 자기가 원하는 생활을 할 수 있었고 결혼도 허락되었다. 그러나 그러한 생활에 적응해서 결혼을 했던 여자는 매우 적었고, 결혼한 후에도 우울하고 불행한 세월을 보낸 여자들이 많았기 때문에 오히려 죽을 때까지 처녀로 있는 경우가 대부분이었다고 한다.

누마는 그들을 위로하기 위해 특권을 주었다. 예를 들면, 베스타의 처녀는 아버지가 죽기 전에도 자신의 유서를 작성할 수 있었고, 후견인이나 보호자 없이도 자신의 일을 자유롭게 처리할 수 있는 권리가 있었다. 그리고 그들이 외출할 때는 무기를 든 시종들이 앞에 서서 호위를 해주었다. 더욱이 베스타 처녀가 길을 가다가 사형을 받으러 가는 죄수를 만나게 되면 그 죄수는 사형을 면하였고, 가마를 타고 길을 갈 때 그 가마를 밀치는 사람은 무조건 사형을 받아야 했다.

이 처녀들이 가벼운 죄를 저질렀을 때는, 대사제만이 벌을 줄 수 있었는데 대사제는 벌로 여자의 옷을 벗기고 장막을 늘어뜨린 어두운 방에서 매질을 하기도 했다. 그러나 선서를 지키지 못하고 처녀성을 잃은 여자는 콜리나라는 문 근처에 산 채로 매장당했다. 그 아래에 좁은 방이 있는 이 무덤을 라틴어로 '아게르'라 하였다. 매장할 여자는 가마에 태워서 아게르에 도착하게 된다. 가마가 사방을 덮고 죄인은 꽁꽁 묶여 있기 때문에 아무리 소리를 질러도 밖에는 아무 소리도 들리지 않았다. 사람들은 이 가마를 보고 길을 비켜주며 슬퍼하기도 하였다. 여자를 태운 가마가 아게르의 작은 지하실에 도착하면, 사람들은 묶인 여자를 풀어 놓는다. 그러면 제관은 하늘을 향해 손을 들고 기도를 드린 다음, 여자를 끌어내어 사다리를 타고 지하실로 데려간다.

지하실에는 좁은 방이 하나 있고, 여기에 등불과 물, 한 병의 우유와 약간의 등잔용 기름이 마련되어 있다. 지금까지 신을 위해 봉사해 온 사람을 굶겨 죽였다는 비난을 듣지 않기 위해 최소한의 준비를 한 것이다. 여자가 지하실 바닥에 내려서면 사다리를 올리고 입구는 흙으로 덮어 평지로 만들어 버린다. 이곳에서 선서를 지키지 않고 순결을 잃은 처녀들은 천천히 죽음을 맞이하게 되는 것이다.

성화를 모셔둔 베스타 신전을 처음 지은 것은 누마였다고 전해지는데 베스타는 우주의 중심에 불이 자리잡고 있음을 의미하는 것이다. 베스타 신전이 둥글게 생긴 것은 지구의 모양을 딴 것이 아니라 전 우주를 모방한 것이고, 중심에 불을 모신 것은 불이 만물의 근본이라고 생각했기 때문이었다. 또 그들은 지구가 하늘의 중심에서 가만히 있는 것이 아니라 불을 중심으로 돌아가며, 지구는 수많은 천체 가운데 하나라고 생각했다. 이와 같은 생각은 플라톤이나 피타고라스에게서도 찾아볼 수 있는데, 그들도 지구를 다른 천체에 딸린 작은 존재이며 더 중요한 무언가가 우주의 중심에 있다고 보았다.

한편 제관은 장례 의식을 국민들에게 가르치는 일과 장례의 여신 리비티나를 받드는 일을 하였다. 누마는 사람들에게, 죽음이란 썩어 없어지는 것이 아니고 생전에 착한 일을 한 사람은 지하의 신이 영접해 준다면서 그 신들을 잘 섬겨야 한다고 가르쳤다. 특히 장례식을 맡은 신 리비티나를 잘 섬겼는데, 이 신은 사망뿐만 아니라 탄생도 주관한다고 믿었으며, 로마인들은 그를 프로세르피나 또는 베누스라고도 불렀다.

또 누마는 죽은 사람의 나이에 따라 상복을 입는 기간을 다르게 정했다. 세 살 이하의 아기가 죽었을 때는 상복을 입지 않고, 열 살 미만의 경우는 그 나이만큼의 달 동안 상복을 입게 하였다. 가장 긴 기간을 열 달로 정하고 이 기간이 지나면 과부도 재혼을 할 수 있었는데, 만약 그 이전에 재혼을 할 때는 누마의 법률에 따라 새끼 밴 암소를 제물로 바쳐야 했다.

누마는 또 그 밖에도 여러 제관들의 계급 제도를 만들었다. 그 중에서 그의 경건함과 고결함을 가장 잘 나타내는 것이 '살리이'와 '페키알'이라는 제관 제도이다. 페키알 제관, 즉 평화의 감독자는 대화나 논의에서 생기는 싸움을 중재하고 판결해 주는 일을 맡았다. 그들은 화해할 가능성이 있는 한 무기를 들지 못하게 하고, 서로 대화를 통해 풀 수 있도록 옆에서 도와주는 역할을 했다. 그리스 말로도 평화라는 것은, 서로 폭력을 쓰지 않고 말로 해결한다는 것을 의미한다. 페키알은 사람들 사이의 중재뿐 아니라 그릇된 일을 하는 나라에 찾아가서 충고하는 일을 하기도 했다. 상대편 나라가 말을 듣지 않을 때에는, 신들에게 적을 공격하는 것이 잘못이라면 큰 재앙을 내려도 좋다고 맹세를 한 뒤 전쟁을 시작했다. 그리고 페키알들이 금지하거나 찬성하지 않을 때는 로마의 군대나 왕도 무기를 들 수 없도록 하였다.

갈리아 인이 로마인에게 가한 살육과 파괴는 이 신성한 규정을 지키지 않았기 때문에 내려진 형벌이었다고 한다. 이것은 갈리아 군이 클루시움 시를 포위했을 때 파비우스가 경솔한 행동을 해서 생긴 일이었다.

파비우스 암부스투스가 포위당한 군대의 대표로 갔다가 무례한 대답을 듣고 돌아와서, 자기로서는 더 이상 할 수 있는 일이 없다면서 갈리아 군에게 싸움을 걸었다. 그는 갈리아 군을 향해 자기와 싸울 만큼 용기있는 사람이 있으면 덤벼보라고 도전을 했다. 파비우스는 상대방을 쓰러뜨리고 무기까지 빼앗았다. 그러나 갈리아 인들은 곧 그가 파비우스라는 것을 알고 로마에 대표를 보냈다. 그리고 파비우스가 휴전의 약속을 어기고 자기들에게 선전포고 없이 공격을 했다고 항의했다. 일이 이렇게 되자 페키알은 원로원에 이 사실을 알리고 파비우스를 갈리아 인에게 넘겨줄 것을 청원했다.

그러나 파비우스는 어딘가로 숨어 버리고 말았다. 갈리아 인들은 몹시 분노하여 로마로 쳐들어와 카피톨리누스를 빼앗고 모든 건물을 닥치는 대로 부숴버렸다. 이것이 바로 페키알의 신성한 약속을 지키지 못한 데 대한 재앙이었다.

한편 살리이라는 사제는 방패를 지키는 임무를 가진 사람들이었는데 여기에는 재미있는 이야기가 전해 내려온다.

누마가 왕위에 오른 지 8년 째 되던 해, 이탈리아에 전염병이 퍼져 로마 시는 혼란에 빠지게 되었고 모든 시민들이 병으로 신음하고 있었다. 이 때 하늘에서 청동으로 만들어진 방패가 떨어져 누마 왕의 손에까지 들어오게 되었다. 그러자 에게리아와 예술의 여신 뮤즈가 다음과 같은 말을 전했다. 그 방패는 로마를 구하기 위해 하늘에서 내려준 것이니, 이것을 잘 보존하기 위해서 크기가 똑같은 열한 개를 만들어

〈누마에게 방패를 건네는 에게리아〉,
안젤리카 카우프만.

혹시 도둑이 이 방패를 훔쳐가도 어느 것이 진짜인지를 모르게 해야 한다는 것이었다. 또 누마가 신들과 이야기하던 마을을 뮤즈들에게 바치고, 베스타 처녀들이 그곳 샘물에서 성수를 길어와 신전에 뿌리라고 했다. 누마는 이 말을 사람들에게 전하고, 장인들에게 하늘에서 떨어진 방패와 똑같은 것을 만들도록 명령했다. 처음에는 아무도 엄두를 못냈지만, 당시의 유명한 기술자였던 마무리우스 베투리우스가 진짜 방패와 똑같은 것을 만들었다. 어찌나 똑같았던지 누마도 어느 것이 진짜인지 찾아낼 수 없을 정도였다. 누마는 진짜와 함께 열두 개의 방패들을 지키는 사람들을 임명하고 그들을 살리이라고 불렀다. 그리고 하늘에서 시키는 대로 모든 일을 끝내자, 정말로 전염병이 조용히 물러가고 로마에는 다시 평화가 찾아왔다고 한다.

이 때 만들어진 살리이라는 제관의 이름은, 사모트라케라는 말에서 따온 것이라고도 하고, 살리우스라는 사람의 이름에서 온 것이라고도 한다. 그러나 이것은 매년 3월에 방패를 들고 다니며 추는 춤에서 나온 이름이라고 보는 것이 가장 신빙성이 있다. 3월의 행사 때 사람들은 짧은 핏빛 웃옷에 구리로 장식한 넓은 띠를 두르고, 머리에 구리 투구를 쓰고, 칼로 방패를 두드리면서 춤을 춘다. 이 춤은 다리를 멋지게 움직이면서, 빠른 리듬에 맞추어 힘차게 뛰어오르며 위치를 바꾸는 것이 특징이었다. 그리고 춤을 출 때는 안킬리아라는 방패를 팔에 걸었는데, 이것은 보통 방패처럼 둥글고 불룩하게 생긴 것이 아니라, 파도 모양의 조각으로 방패를 곡선이 되게 만든 것이 색달랐다. 안킬리아라는 이름은 팔꿈치에 걸고 다녔기 때문에 생겨난 이름이라고도 하고, 방패가 높은 곳에서 떨어졌기 때문에, 혹은 병자들을 낫게 한 일에서 온 이름이라고도 한다. 또 가뭄을 그치게 한 데서 왔다거나, 아나스케시스, 즉 '재난을 구원'했다는 데서 온 말이라고 주장하는 사람들도 있다.

사람들은 이 춤을 출 때, 귀신 같은 솜씨로 똑같은 방패를 만들어낸 마무리우스를 기억하기 위해 노래 가사에 그의 이름을 집어넣었다. 그 가사에는 '베투리움 마무리움'이라는 말이 들어가는데, 이것은 그의 이름이 아니라 옛날을 기억한다는 뜻의 '베테렘 메모리암'이라고 말하는 사람들도 있다.

한편 누마 왕은 종교적인 행사를 마련한 다음, 베스타 신전 근처에 레기아라는 왕궁을 지었다. 누마는 왕궁에서 대부분의 시간을 지내며 제사를 올리기도 하고, 제관들과 얘기를 나누기도 했다. 그리고 그는 퀴리누스 언덕 위에 또 하나의 왕궁을 가지고 있었는데 그 집터는 지금도 남아 있다.

누마는 또 모든 공식행사나 엄숙한 제사가 있을 때는 미리 사람을 보내어 시민들에게 행사 때 참가하라고 알렸다. 피타고라스 파에서 신을 모실 때 잡념을 버리고 신에 대한 생각에 집중시키도록 한 것처럼, 누마 왕도 시민들이 신에 대한 생각에 전념하도록 하기 위해 이것을 마련하였다. 그래서 시민들은 신성한 행사가 있을 때는 하던 일을 모두 멈추고 제사 장소에 가는 길을 깨끗이 청소한 다음, 신에 대한 순수한 마음만을 갖도록 노력했다.

그 밖에 누마 왕의 법률 가운데는 피타고라스의 것과 비슷한 것들이 많다. 칼로 불을 쑤셔서는 안 된다는 것, 먼 여행을 할 때 뒤를 돌아보아서는 안 된다는 것, 하늘의 신에게는 홀수의 제물을 드리고 땅의 신에게는 짝수의 제물을 드려야 한다는 것 등이 그런 것들이다. 또 말리지 않은 포도로 담근 술을 신에게 드리는 것을 금지시키고 밀가루를 쓴 제물만을 신께 드리며, 신들에게 기도할 때는 한 바퀴 돌고 예배가 끝나면 자리에 앉아야 한다는 것도 모두 피타고라스 학파와 깊은 관계가 있는 규정이었다. 이런 하나하나의 세심한 규정들은 모두 깊은 철학적 의미를 지닌 것들이다.

앞의 두 가지 명령은 토지를 개간하고 경작하는 일을 종교와 연결시킨 것이다. 그리고 기도하는 사람이 한 바퀴 회전해야 된다는 규정은 우주의 회전 운동을 나타내는 것이라고도 하지만, 그보다는 태양의 신에 대한 기도를 위한 것이었다. 즉, 신전이 동쪽을 향해 있으므로 기도할 때 태양을 향했다가, 다음으로 돌아서서 신을 향하게 되면 신전 안의 신과 태양의 신 모두에게 경배를 드리는 것이 되기 때문이다. 혹은 이집트 사람들이 신전에서 쓰는 수레바퀴[2]처럼 일종의 신비한 의미가 있어서, 신이 우리의 운명을 바꾸어 놓더라도 우리는 그것을 받아들여야 한다는 것을 의미하는 것이라고도 한다.

기도를 마친 뒤에 앉는 것은 하늘에서 기도를 들은 뒤 축복을 내리는 것을 받으려는 것이고, 예배의 다음 순서를 기다리며 잠시 쉬기 위한 목적도 있었다. 이러한 규칙은 신에게 소원을 풀어 달라고 성급하게 기도하는 것을 막고, 충분히 예배에 전념할 수 있는 시간과 여유를 갖게 하기 위한 것이었다.

이와 같은 종교적 훈련 때문에 시민들은 누마의 터무니없는 말까지도 믿었으며,

---

2) 수레바퀴: 이집트에서는 제관이 예배하고 있는 곳에 수레바퀴를 돌려 참배인들에게 녹색 지팡이를 주는 풍습이 있다.

그들의 왕은 못하는 일이 없다고 생각하게 되었다.

언젠가 누마가 많은 시민들을 초대하고 초라한 그릇에 변변치 않은 음식을 담아낸 일이 있었다. 손님들이 자리에 모두 앉자 누마는 자기와 친한 여신이 지금 들어오셨다고 말했다. 그러자 갑자기 식탁 위에 금으로 만든 그릇과 훌륭한 음식들이 가득해졌다는 이야기도 떠돌았다.

누마 왕이 유피테르와 이야기를 했다는 전설도 있다. 아벤티누스 산이 로마 시의 성벽 안에 포함되기 전, 그곳에는 피쿠스와 파우누스[3]라는 두 신이 샘물과 나무를 놀이터 삼아 지내고 있었다. 이 신들은 의약과 마술로 장난을 치며 이탈리아를 돌아다니기도 했다. 누마는 그곳으로 찾아가, 이 신들이 마시는 샘에 포도주를 잔뜩 부어서 그 샘물을 마신 두 신을 붙잡았다. 그들이 정신을 차려 온몸이 밧줄에 묶여 있다는 것을 알고는, 무서운 여러 가지 모습으로 변해 누마를 겁주려고 했다. 그러나 아무 소용이 없자 누마에게 여러 가지 재주와 미래의 일에 대해서 가르쳐 주기로 했다. 그 중에는 양파와 머리털과 송사리로 벼락을 피하는 법도 있었다. 그러나 이 방법을 가르쳐 준 것은 이들이 아니라 유피테르라고도 한다. 누마는 에게리아가 가르쳐 준 대로 유피테르와 이야기를 하여 이 방법을 알아냈다고 하는데 그 이야기는 다음과 같다.

피쿠스와 파우누스 두 신이 마술로 유피테르를 불렀을 때, 누마는 유피테르에게 벼락을 피하려면 어떻게 해야 되느냐고 물었다. 유피테르는 머리로 피한다고 말했다. 그러자 누마는 "양파의?" 하고 말했다. 다시 유피테르가 "아니, 사람의"라고 말하자 누마는 "머리털로"라고 말머리를 돌렸다. 마지막으로 유피테르가 "살아 있는"이라고 말하자, 누마는 "송사리"라고 대답하였다. 이것은 누마가 에게리아 여신으로부터 배운 것이었다. 이렇게 얘기를 마치고 유피테르는 하늘로 올라갔는데 그곳을 그리스에서는 일리키움이라고 불렀다. 좀 우스꽝스러운 이 전설은 그 시대 사람들이 신을 어떻게 생각했는지를 알려주는 이야기이다.

누마 왕은 이처럼 신들과 가까이 지내며 그들의 축복과 가르침을 받고 있었다. 그래서 언젠가 적이 쳐들어왔다는 소식을 듣고도 웃으면서, "그래서 나는 신께 제물을 바치고 있다"라고 대답했다는 이야기도 전해지고 있다.

누마는 또 믿음의 신 파이드와 종말, 즉 경계의 신 테르미누스의 신전을 세운 사람

---

3) 파우누스: 피쿠스는 이탈리아의 농사의 신이고, 파우누스는 숲의 신이다.

이기도 하다. 그래서 그는 가장 중대한 맹세를 할 때에는 파이드 신전 앞에서 하라고 로마 사람들에게 가르쳤는데 이 관습은 지금까지도 지켜지고 있다. 테르미누스는 땅의 경계선을 맡은 신이었으며, 그들은 땅의 경계선 위에서 제사를 올렸다. 지금은 살아있는 짐승을 제물로 드리지만, 옛날에는 테르미누스가 공정과 평화를 사랑하는 신이므로 피를 좋아하지 않을 것이라고 생각하여 피를 흘리지 않는 제물을 드렸다고 한다.

영토에 경계선을 만들었던 것도 누마 왕이 처음이었다. 그 이전의 로물루스는 전쟁으로 땅을 빼앗은 왕이었기 때문에, 내 땅을 정하는 것은 얼마나 빼앗았는지를 나타내는 것이라고 하여 경계를 만드는 것을 싫어하였다. 경계선이란 이것을 지키는 사람에게는 하나의 방어물이 되지만, 이것을 빼앗은 자에게는 자신의 부정함을 나타내는 표시밖에는 안 되는 것이다.

그러나 누마는 로물루스가 점령했던 땅을 가난한 평민들에게 나누어주고 자기 땅에 경계를 만들어 이것을 지키도록 했다. 그리고 농업을 장려하여 좀 더 나은 생활을 일으켜 질서를 잡으려고 했던 것이다. 땅을 정해 농사를 짓는 일은 평화로운 마음을 불러일으켜 주는 것이었다. 그리고 자기 것을 위해 싸운다는 마음은 있지만 적어도 불의와 탐욕으로 남의 것을 빼앗으려는 마음을 없앨 수 있는 일이었다. 그러므로 누마는 경제적인 이익을 위해서라기보다는, 국민들의 마음에 전쟁이 아닌 평화를 깊이 심어주기 위해 이러한 정책을 마련했던 것이다.

그는 영토를 작은 구획으로 나누어 구라고 하고, 각 구마다 감독자를 두었다. 그리고 자신이 직접 여러 구를 시찰하여, 우수한 사람에게는 명예와 신용의 지위를 주고, 게으르고 열성없는 사람은 꾸짖기도 하며 앞으로 농사에 더욱 힘쓰도록 유도하였다.

누마가 만든 정책 가운데서 가장 많은 칭송을 받는 것은 사람들을 직업에 따라 나누어 조합을 결성한 것이었다. 로마는 원래 두 종족이 모여서 만들어졌기 때문에 그들 사이의 분쟁이 좀처럼 사라지지 않고 다투는 일이 항상 끊이지 않았다. 누마는 굳고 딱딱한 것은 혼합되기 어렵지만 잘게 부숴 놓으면 서로 섞이기 쉬운 것이라는 생각으로, 국민들을 직업별로 나누어 조합을 만들었다. 금은공, 목수, 염색공, 구두공, 피혁공, 도공 등의 여러 조합은 종족들을 모두 한데 섞어 직업으로만 사람들을 구분한 것이었다. 이 조합에는 독자적인 법정, 회의소, 제사가 따로 마련되었다. 누마의 이 정책은 성공했다. 사비니 인과 로마인, 타티우스파와 로물루스파라는 구분이 없어졌으며 사람들은 점차 융화되어 가기 시작했다.

누마의 정책 중에서 또 하나 중요한 것은 아버지가 자식을 노예로 팔 수 있도록 되어 있는 로물루스의 법률[4]을 고친 것이었다. 누마의 새 법률은 결혼한 자식들을 노예로 팔 수 없도록 했는데, 결혼한 여자까지 노예의 아내가 되는 것은 억울한 일이라고 생각했기 때문이었던 것 같다.

누마는 또 역학에 관한 법을 제공하기도 했다. 로물루스 시대에는 달을 아무렇게나 정해서 어떤 달은 20일, 어떤 달은 35일이 한 달이 되어 있었다. 이것은 해를 표준으로 한 것과 달을 표준으로 한 것의 차이를 조절하지 못하고, 1년이 360일이 되게만 만들었기 때문이다. 그래서 누마는 달을 표준한 태음력은 1년이 354일, 해를 표준으로 한 태양력은 365일이므로 그 차이는 11일이라고 계산하고, 이것을 교정하기 위해 2년마다 2월 다음에 22일이 되는 윤달을 만들어 이것을 메르케디누스라고 불렀다. 또 달의 순서를 바꾸어 지금까지 1월이었던 마르티우스를 3월로, 야누아리우스를 1월로, 그리고 12월이었던 페브루아리우스를 2월로 했다.

당시에는 1년을 3개월로 나눈 나라도 있었는데, 그리스의 아르카디아인은 4개월, 아카르나니아 인은 6개월을 1년으로 정하고 있었다. 그런가 하면 이집트는 1년이 1달이었다고 한다. 그래서 한 달은 1년이 되므로, 그들은 세계에서 가장 새로우며 동시에 가장 오래된 나라에 살고 있었고 그들의 족보를 보면 모두가 굉장히 오래 사는 것처럼 보이는 것이다. 이 후에는 4달로 나누었다고 한다. 로마에서는 마지막 달이 10월을 뜻하는 데켐브리스인 것으로 보아 누마 이전에는 열 달을 1년으로 정했던 것을 알 수 있다. 그런데 누마가 두 달을 더 두게 되면서 1년이 모두 열두 달이 되었다.

로물루스가 만들었던 열 달의 이름을 보면, 마르티누스는 군신 마르스에게 바친 달이었고, 아프릴리스는 아프로디테에게서 따온 이름이었다. 그리고 마이우스는 헤르메스의 어머니 마이아에게 바쳐진 달이었고, 유니우스는 유노 여신의 달이었는데, 늙음과 젊음을 뜻하는 마요레스와 유니오레스에서 왔다고 주장하는 사람도 있다. 그 나머지는 순서대로 이름을 붙여 퀸틸리스, 6월은 섹스틸리스, 그 다음은 셉템브리스, 옥토베리스, 노벨베리스, 데켐브리스였다. 그 뒤 폼페이우스를 쳐부순 율리우스 카이사르가 넷째 달 다음에 자기 이름을 붙여 율리우스라고 했고, 카이사

---

4) 로물루스의 법률에 의하면 아버지는 아들을 세 번까지 팔 수 있었다. 그러므로 아들이 자기의 자유를 세 번 다시 사야 비로소 완전한 자유인이 될 수 있었다.

르 2세가 그 다음 달에 위대하다는 뜻으로 아우구스투스라는 자기 이름을 붙였다. 그리고 그 다음 두 달은 나중에 도미티아누스 황제가 게르마니쿠스, 도미티아누스라고 자기 이름을 달았지만 그가 죽은 뒤에 다시 셉템브리스, 옥토브리스가 되었다.

누마가 추가한 달 가운데 페브루아리우스는 정결히 한다는 의미를 가지고 있었다. 그래서 이 달에 죽은 사람에게는 청결을 의미하는 제물을 바치고 루페르칼리아라는 제사를 지냈다. 야누아리우스는 야누스에서 그 이름을 딴 것인데, 야누스는 오랜 옛날 짐승처럼 살고 있던 사람들을 질서 있게 이끌어준 신, 혹은 왕이었다고 전설은 전하고 있다. 그래서 야누스의 초상에는 얼굴이 둘인데 이것은 사람들의 생활을 변화시켰다는 것을 뜻한다. 이것으로 보아 누마가 군신 마르스를 위한 마르티우스 앞에 야누아리우스를 둔 것은, 무력보다 어진 정치를 상징하는 달을 맨 앞에 두기 위해서였음을 알 수 있다.

야누스의 신전은 로마에 있었는데 거기에는 그의 얼굴처럼 두 개의 문이 있었다. 사람들은 이것을 전쟁의 문이라 부르는데 전쟁이 났을 때는 열어 놓고 평화로울 때는 닫아 두었다. 이 문은 로마가 세력을 넓히기 위해 쉴새없이 이웃 나라들과 충돌했을 때에는 닫혀 있는 때가 거의 없었다. 그러나 누마가 왕이 된 후로는 43년 동안 단 하루도 열린 적이 없었다고 한다. 그만큼 누마 왕이 집권하던 시기는 태평스러웠고, 이것으로도 그의 어질고 온유한 성품을 읽을 수가 있다. 누마 왕의 시대는 로마뿐만 아니라 인접한 여러 도시들까지도 평화로운 시기였다. 마치 따뜻한 바람처럼 로마로부터 그의 온화한 입김이 불어가서 사람들은 모두 다 평화와 질서를 지키며 농사에 몰두하고, 신을 예배하는 사람으로서 생활하였으며, 즐거운 명절과 놀이가 이탈리아의 곳곳에서 벌어졌다. 그래서 시인들이 읊은 다음과 같은 시는 그 시대의 모습을 나타내기에 오히려 부족할 정도다.

> 방패에는 거미줄이 엉켜 있고
> 날카롭던 칼은 누렇게 녹슬고
> 사나운 나팔소리도 멈추었으니
> 달콤한 잠을 깨울 것이 없구나.

누마 왕의 시대에는 전쟁이나 폭동 또는 나라 변혁이 전혀 일어나지 않았다. 왕을 시기하고 미워하여 왕위를 빼앗으려는 음모도 없었다. 그것은 왕을 보호해 주는 신에 대한 두려움이나 왕의 덕을 존경해서였거나, 아니면 사람들이 모두 순박한 평화의 마음을 되찾았기 때문이었는지도 모른다.

플라톤은 "인간의 재앙을 그치게 하고 잘못된 것을 바로잡는 유일한 희망은 우연히 한 사람이 왕의 권세와 철학자의 지혜를 모두 갖추고 덕을 높이고 악을 누르는 데 있다"고 후세에 말했다. 현명한 사람은 신의 축복을 받은 자이며, 그의 입에서 흘러나오는 말을 듣고 받아들일 줄 아는 사람도 축복받은 자임에 분명하다. 그런 사람들의 왕은 아무런 구속이나 벌도 줄 필요가 없다. 왕의 어진 태도와 밝은 생활을 지켜보는 가운데 사람들은 스스로 어진 마음을 가지게 되고 정의와 겸손을 배우게 된다. 사람을 다스리는 이런 지혜를 가지고 있는 왕이 진정한 왕이며, 누마는 누구보다도 이런 왕에 가까운 사람이었다.

누마의 아내와 아들에 관해서 역사가들의 의견은 다소 차이가 있다. 어떤 사람은 누마에게 아내 타티아와 외동딸 폼필리아밖에 없었다고 전한다. 그러나 또 다른 사람은 그가 폼포, 피누스, 칼푸스, 마메르쿠스라는 네 아들까지 두었다고 하면서 여기서 네 가문이 생기게 되었다고 한다. 그러나 네 가문의 영광을 위해서 지어낸 말이라고 비난하는 사람도 있고, 폼필리아는 타티아의 딸이 아니라 루크레티아에게서 난 아이라고 말하기도 한다. 그러나 누마에게 왕이 되라고 권한 마르키우스의 아들과 폼필리아가 결혼했다는 것은 대부분의 역사가들이 인정하는 사실이다.

마르키우스는 누마를 따라 로마에 와서 원로원 의원이 되었고, 누마가 죽은 뒤에는 툴루스 호스틸리우스와 왕권을 놓고 경쟁까지 하였으나, 선거에서 진 후 절망하여 자살하였다. 그러나 폼필리아를 아내로 맞은 그의 아들 마르키우스는 로마에 살며 안쿠스 마르키우스를 낳았고, 그 아들은 툴루스 호스틸리우스가 죽은 뒤 왕위에 올랐다고 한다.

역사가 피소의 말에 의하면, 누마는 팔십이 넘도록 살다가 조용히 숨을 거두었다고 한다. 누마는 그 장례식으로 보아도 참으로 호화로운 일생을 보냈음을 알 수 있는 사람이었다. 동맹국과 이웃 나라에서 예물을 가지고 와서 장례에 참가하였을 뿐만 아니라 원로원 의원들이 상여를 메었고, 제관들이 그 뒤를 따랐으며, 국민들은 어른 아이 할 것 없이 모두 거리로 나와 그의 죽음을 슬퍼하며 울었다. 마치 한참 혈기왕성한 친척이 죽은 것처럼 애통해하는 모습은 80살까지 산 사람의 장례식 같지가 않았다고 한다. 살아 있을 때의 그의 소망대로, 두 개의 석관을 만들어 하나는 그의 시체를 넣고, 다른 하나에는 그가 저술한 성스런 책들을 넣어 야니쿨룸 산에 묻었다. 생전에 제관들과 여러 사람들에게 그 책의 내용과 가르침을 베풀어 왔던 그가 죽은 뒤에 생명 없는 책으로 남기지 않기 위해 함께 묻어 달라고 했던 것이다. 그는 진정한 배움은 책 속에 남겨 두는 것이 아니라 살아 있는 사람의 마음에 새겨 두는 것이라는 피타고라스파의 가르침대로 그 책을 가지고 갔다.

역사가 발레리우스 안티아스에 의하면, 누마의 석관에 넣은 책은 열두 권의 종교 서적과 열두 권의 그리스 철학 서적이었다고 한다. 4백년이 지난 코르넬리우스와 바이비우스가 집정관으로 있을 때 폭우로 그 석관이 드러나 뚜껑을 열어 보니 관 하나에는 시체가 들어 있던 흔적조차 없이 텅 비어 있었고, 다른 하나에는 책이 들어 있었다. 이 책을 세심하게 읽어본 페틸리우스는 그 책의 내용을 세상에 알리지 않는 것이 좋겠다고 원로원에 보고하고, 코미티움으로 가져다 모조리 불살라 버렸다고 한다.

누마의 영광은 그의 뒤를 이었던 왕들의 불행한 정치로 인해 더욱 부각되었다. 누마 다음의 다섯 왕 가운데 한 명은 외국으로 쫓겨가서 죽었고, 또 한 명은 누마의 법률을 비난하다가 무서운 병으로 죽었다. 그리고 나머지 세 명의 왕도 음모에 의해 죽임을 당했다. 특히 누마의 뒤를 이은 툴루스 호스틸리우스는 누마의 덕을 조롱하고, 그의 경건을 겁쟁이라고 조소했다. 그리고 전쟁을 일으켰다가 고통스런 질병에 걸려 누마의 신앙과는 다른 미신에 사로잡혔다. 신하들도 호스틸리우스가 번개에 맞아 죽는 것을 보고 공포에 싸였다고 한다.

선하고 의로운 영웅의 운명은 그가 죽은 뒤에 더욱 빛나는 법이며 누마 또한 죽은 뒤 더욱 큰 빛을 보인 위대한 인물 중의 하나로 기억될 만하다.

리쿠르고스와
누마의 비교

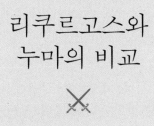

앞에서 살펴본 누마와 리쿠르고스 두 사람의 공통점과 차이점을 살펴보기로 하자. 두 사람은 사실 공통점이 많다. 그들은 자제심과 신앙심, 정치와 교육에 있어서 탁월한 능력을 드러냈다. 그러나 공통된 능력 속에도 분명 차이점은 있다. 즉, 누마는 왕위에 오름으로써 명예를 얻었고, 리쿠르고스는 왕위에서 물러남으로써 명예를 얻었다는 사실이다. 그렇지만 누마가 왕위에 오른 것도, 리쿠르고스가 물러난 것도 결코 개인적인 욕망 때문만은 아니었다. 누마는 서민이며 외국인의 신분으로 로마의 왕위에 올랐고, 리쿠르고스는 존귀한 왕의 자리를 버리고 서민의 자리로 내려섰다. 정의에 의해 왕위를 얻는 것이 명예로운 일이라면, 왕위를 버리고 정의를 택하는 것 또한 명예로운 일일 것이다. 누마는 덕이 높아서 왕으로 추대되었고, 리쿠르고스는 덕이 높아 왕위에서 스스로 물러난 것이다.

그들은 악기의 현을 바로잡는 조율사처럼, 한 사람은 긴장되고 호전적인 로마 국민의 마음을 평온하게 안정시켜 주었고, 또 한 사람은 긴장이 풀려 방만하고 음탕하던 스파르타 국민을 굳게 결속시켰다.

리쿠르고스의 정책은 결코 쉽지 않은 것이었다. 그의 정책은 시민들에게 갑옷을 벗고 칼을 버리라고 설득한 것이 아니라, 금과 은을 버리고 풍요로운 식탁을 금지하라는 것이었기 때문이다. 더욱이 전쟁 대신 축제와 제사를 벌이자는 것이 아니라, 잔치와 술 대신 힘들고 고된 군사 훈련을 받자고 설득하는 것이었기 때문이다. 그러므로 국민의 호응과 존경을 받으면서 쉽게 목적을 성취한 누마와 비교해 볼 때, 리쿠르고스는 한층 더 어렵고 힘겨운 일을 해낸 것이었다.

한편, 인자하고 온유한 성품을 가진 누마는 불같이 과격하던 로마인들을 다독거려서 평화와 법률을 존중하는 시민으로 만들었다. 헬로트 계급 대우법이라는 잔혹한 법률을 만든 리쿠르고스와 비교해 본다면, 확실히 누마는 인도적인 왕이었다. 누마는 추수 후의 명절인 사투르날리아 제사 때에 노예들에게 주인과 나란히 식탁에 앉을 권리를 주었다. 이러한 풍속은 해마다 과실을 맺는 데에 많은 노력을 기울인 사람들과 더불어 즐거움을 함께 나누자는 것으로, 주인이나 노예의 구별이 없이 모든 사람들이 다같이 평등했던 사투르누스[1] 시대 아래로 전래된 풍습이라는 주장도 있다.

누마와 리쿠르고스는 국민들에게 절제되고 검소한 생활을 하도록 유도하는 데 있어서는 공통된 정책을 폈다. 그러나 여기에 덧붙여 누마는 정의를, 리쿠르고스는 용기를 중요한 미덕으로 여기고 사랑하였다는 점에서 차이가 있다. 물론 이러한 차이는 각 국민들이 지니고 있던 습성과 기질이 달랐기 때문이기도 하다. 누마가 전쟁을 하지 않은 것은 비겁해서가 아니라 부정을 행하지 않으려는 목적에서였고, 리쿠르고스가 전쟁을 중시한 것은 다른 나라를 침략하기 위해서가 아니라 침략을 막아내려는 목적 때문이었다.

두 사람은 기존 질서의 테두리 안에서, 지나친 것은 억제하고 부족한 것은 보충하기 위해 개혁을 펼쳤다는 데서도 공통점을 찾아볼 수 있다.

누마의 개혁은 민주적이고 평화적이었다. 그는 여러 종족의 국민들을 차별없이 조화시켜, 대장장이 · 악사 · 구두 기술자 등 직업별로 구분된 공동체를 형성시켰다. 반면 리쿠르고스는 매우 귀족적인 성향을 가지고 있었으며 힘든 일은 노예와 타국인에게 맡기고, 시민들은 전쟁 업무에만 종사하게 했다. 그래서 시민들은 군신 마르스의 제사 때 쓰는 창과 방패에 관한 일이나 지휘관에 대한 복종, 적을 정복하는

---

1) 사투르누스: 유피테르 이전의 황금시대에 천지를 주재했다는 신. 그리스 신화의 크로노스에 해당한다.

일 이외에는 아무 일에도 관심을 갖지 않았다. 스파르타의 시민들은 장사에도 손을 댈 수 없었고, 부엌일이나 식탁을 차리는 일, 돈을 계산하는 일 또한 노예나 헬로트 계급에게 맡겼다. 이러한 그의 정책은 누마와는 차이가 있었다.

누마는 군인이 무력으로 약탈하는 행위는 금지시켰지만, 그 밖의 것에 대해서는 자유롭게 하였다. 또 그 때문에 발생하는 부의 불균등에 대해서도 별다른 관심을 두지 않았다. 그러나 그는 국민의 재산이 대체로 균등했던 국가 형성 초기에, 리쿠르고스처럼 빈부 격차 때문에 발생할 폐해를 예방했어야 옳았다. 이러한 폐해들이 이후 중대한 재난을 일으키는 원인이 되었기 때문이다.

토지 재분배의 문제에 관해서는, 재분배를 실시한 리쿠르고스나 실시하지 않은 누마나 다같이 각 국가의 실정에 따라 올바른 정책을 세웠다고 할 수 있다. 리쿠르고스의 토지 재분배 실시는 평등한 토지 소유를 이루었으며 이후 스파르타 제도의 기반이 되었다. 그리고 로마에서는 이전에 만들어진 로물루스의 제도가 잘 시행되고 있었기 때문에 굳이 새로운 토지 분배를 실시할 필요가 없었던 것이다.

다음으로 아내와 자식을 공유하는 문제에 대해 살펴보기로 하자. 이 정책에서는 누마와 리쿠르고스가 각각 다른 방법을 썼는데, 질투를 없애는 것을 목적으로 하였다는 점에서는 공통된 것이었다. 로마인들은 만약 자식이 없는 친구가 자식이 많은 사람에게 아내를 요청하면, 일정 기간이나 영구히 그의 아내를 주기도 했으며, 그것은 법률적으로도 보장되어 있었다. 스파르타인들도 아이를 낳고자 하는 사람에게 자신의 아내를 빌려 주기는 하였으나, 결혼이라는 본래의 약속은 그대로 존속시켰다. 뿐만 아니라 훌륭한 아이를 얻기 위해 건강한 친구를 자기 집에 초대하는 남편도 적지 않았다.

이러한 두 나라의 모습에는 몇 가지 차이점이 있다. 대부분의 스파르타인들은 이러한 관습에 대해 분노나 질투를 느끼지 않는 척 행동했으나, 로마인들은 그러한 마음을 법적인 절차를 통해 점잖게 은폐시켰다. 이것은 아내를 남에게 빌려 준다는 것이 얼마나 어려운 일인지를 알 수 있게 해준다. 여성에 대한 배려라는 측면에서 본다면 누마의 법률이 더 질서 있고 예의바른 것이었다. 리쿠르고스의 법은 지나치게 개방적이어서 오히려 비여성적이었다고 할 수 있다.

그래서 시인들의 비난이 쏟아지기도 했다. 시인 이비코스는 스파르타의 여자들을 '벌거벗은 허벅다리'라고 비난했으며, 에우리피데스는 '남자광'이라고 비꼬면서 다음과 같은 시를 쓰기도 했다.

젊은 남자와 함께 집을 나서는 여자들은
허벅다리를 드러내고 치마를 펄럭이네.

실제로, 여자들이 입었던 당시의 옷은 옆이 벌어진 채로 끝부분을 꿰매지 않았으므로 걸어다닐 때면 허벅다리가 드러나 보였다. 그 모습에 대해서는 소포클레스가 가장 명확하게 표현하고 있다.

허벅다리까지 보이는 치마를 입고
걸어다니는 저 여자는
아름다운 스파르타의 여자 헤르미오네.[2]

허벅다리까지 보이는 옷을 입었던 스파르타의 여자들은 용감하고 남성적이었으며 가정에서도 절대적인 지위를 소유하고 있었고, 중대하고 공적인 일에 대해서도 서슴지 않고 자신의 의견을 발표하였다.

그러나 로마의 여자들은 좀 달랐다. 로마 여자들은 겸손과 정숙, 침묵의 부덕을 견지했으며 술을 마시지 않는 것은 물론, 남편이 없는 자리에서는 말도 하지 않는 것을 도리로 삼았다. 그래서 어떤 여자가 법정에서 자신을 변호하는 말을 한 것이 매우 큰 사건이 되어, 이 일을 나쁜 징조라고 생각한 원로원에서는 신탁까지 받았던 일이 있다. 로마 여자들이 얼마나 순종적이고 겸손했는지는 나쁜 행실을 한 여자에 대한 기록을 살펴보면 확실히 알 수 있다.

그리스 역사가들의 연대기에는 형제를 죽인 사람이나 부모를 죽인 사람들의 이름을 기록하고 있는데, 로마에서 처음으로 아내를 내쫓은 사람의 이름도 적혀 있다. 즉, 스푸리우스 카르빌리우스라는 사람이 아내를 내쫓은 것이 로마 창건 이후 230년 만에 처음 있었던 일이었다고 기록하고 있다. 또 타르퀴니우스 스페르부스 왕 시대에 피날리우스의 아내인 탈라이아라는 여자가 처음으로 시어머니인 게가니아와

---

2) 헤르미오네: 메네레아와 헬레나의 딸로서 아쿠리스의 아들인 니오도리모스의 아내가 되었다.

다투었던 사람이라고 기록되어 있다. 누마가 세운 혼인 제도가 질서 있고 엄격하게 지켜지고 있었음은 이러한 기록들로 충분히 짐작할 수 있을 것이다.

누마와 리쿠르고스가 제정한 처녀의 교육과 결혼에 관한 법률은 대체로 비슷한 점이 많다. 다만 혼인의 적령기로 생각한 나이는 조금 차이가 있는데, 여자의 혼인 적령기를 리쿠르고스는 조금 늦추었고, 누마는 앞당겼다. 리쿠르고스는 미성숙한 소녀가 강제로 이루어지는 결혼에 대해 두려움이나 염증을 느끼지 않도록 하기 위해서, 그리고 결혼의 유일한 목적인 출산과 육아를 위해서도 일정한 나이가 필요하다고 생각한 것이다. 반면 로마에서는 딸들이 열두 살 정도가 되면 출가를 시켰는데, 몸도 마음도 순결한 상태로 남편에게 맡기는 것이 올바르다고 생각했기 때문이다. 스파르타의 방식은 아이를 낳는다는 것에, 로마의 방식은 행복한 부부 관계에 더 큰 의미를 두었던 것이다.

한편 청년 교육에 있어서는 리쿠르고스의 정책이 누마보다 뛰어났다고 할 수 있다. 리쿠르고스는 청년들을 모집하여 부대로 편성한 다음, 훈련이나 식사, 체육 등을 통한 단체 생활을 교육시키는 데 역점을 두었다. 그러나 누마는 청년들의 교육을 아버지들이 시키는 대로 방임했기 때문에 농부가 되든, 목수나 악사가 되든 전혀 상관하지 않았다. 로마의 시민들은 처음부터 어떤 공동의 목적을 위한 지도나 훈련을 받지 않았으며, 그래서 그들은 제각기 다른 목적을 지니고 우연히 한 배를 탄 사람들과 같았다. 그들은 위험한 일이 닥쳤을 때만 잠시 협력할 뿐이지 그 외에는 제각기 자기 일에만 몰두하였다. 만약 다른 왕이 이런 정책을 펼쳤다면 힘과 지식이 부족해서라고 생각했을 것이다. 그러나 누마는 현명했을 뿐만 아니라, 건국 초기의 왕이었기 때문에 그가 어떤 정책을 썼어도 반대하는 사람이 없었을 것이다. 그럼에도 불구하고 그는 젊은이들에 대한 교육에 별다른 관심을 보이지 않았다.

젊은이들에 대한 교육을 강화하여, 그들이 공동의 목적을 위해 전념하도록 하는 일은 분명 중요한 일이다. 리쿠르고스의 법률이 오랫동안 지속된 것도 바로 이러한 이유 때문이다. 그가 만일 젊은이들의 마음속에 자신이 제정한 법의 정신과 애국심을 심어 주지 않았더라면 그의 법이 500년 이상까지 지속되지는 않았을 것이다. 실제로 스파르타의 역사에는 그의 법률과 정신의 막대한 영향이 곳곳에서 우러나오고 있다.

그렇지만 누마가 제창했던 평화와 우호는 그의 죽음과 동시에 사라져 버리고 말았다. 그가 살아 있을 때에는 전쟁을 가두어둔 것처럼 굳게 닫혀 있던 야누스 신전의 문이 누마의 죽음과 함께 활짝 열렸고 온 이탈리아 땅은 피로 물들고 말았다. 그의 훌륭하고 정의로운 정책도 올바른 교육이 들어 있지 않았기 때문에 오래 계속되지 못했던 것이다. 로마는 오히려 전쟁 덕분에 발달하고 진보하지 않았느냐고 말하는 사람이 있을지 모른다. 만일 행복이라는 것이 평화나 독립, 자유보다는 부유함과 사치, 그리고 넓은 영토에 있다고 생각하는 사람이라면 그렇게 말할 수도 있을 것이다. 그러나 로마인들이 누마의 정책을 버린 후에 훨씬 부강해졌으며, 스파르타인들이 리쿠르고스의 정책을 버린 후에 높은 지위에서 떨어져 가장 천대받는 국민이 되었다는 사실은 리쿠르고스의 정책이 더 우수했음을 증명하고 있다.

한편 누마는 외국인이었으면서도 로마인들의 간청에 의해 로마의 왕이 되었고, 모든 개혁을 강권이 아닌 권유와 설득으로 이끌어나갔다는 점은 기억해 둘 만하다. 그리고 그가 혼란스럽던 도시를 정의와 지혜로써 통일, 융합시켰다는 사실 또한 참으로 위대하고 영광스러운 업적이 아닐 수 없다.

솔론

(SOLON, BC 630~560경)

아테네의 시인 · 정치가 · 군인. 귀족 출신이며 에우포리온 혹은 엑세케스티데스의 아들이라고 한다. 그리스의 7현인 중 한 사람으로 알려진 그는 여러 편의 시를 남겼는데, 그의 시는 철학적인 것보다는 세속적인 쾌락을 주로 노래하고 있다. 리디아의 왕 크로이소스와의 행복에 대한 문답으로도 유명하다.

언어학자 디디모스[1]가 아스클레피아데스에게 보낸 편지를 보면, 그는 필로클레스의 말을 인용하면서 솔론의 아버지 이름은 에우포리온이었다고 전하였다. 이것은 지금까지 솔론에 관해 씌어졌던 다른 모든 학자들의 견해와는 조금 다르다. 역사가들은 일반적으로 솔론이 엑세케스티데스의 아들이라는 데 의견을 모아왔다. 엑세케스티데스는 재산이나 권력으로는 아테네에서 중류 계급 정도였으나 집안으로는 아테네의 왕족인 귀한 가문이었다.

헤라클레이데스 폰티코스의 기록을 보면, 솔론의 어머니는 페이시스트라토스의 어머니와 사촌간이었다고 한다. 또 페이시스트라토스와 솔론은 어렸을 때부터 가까운 사이였으며 솔론이 그의 뛰어난 재능과 미모를 지극히 사랑했다고 한다. 그

---

1) 디디모스(Didymus): 율리우스 카이사르 시대의 유명한 언어학자. 아스클레피아데스라는 사람은 둘인데 한 사람은 기원전 200년대의 피시디아 사람으로 언어학자이며, 또 한 사람은 폼페이우스 시대에 제자들을 가르치던 사람이다.

들은 뒤에 정치적으로 의견이 달랐을 때도 서로 적대시하지 않았으며, 어렸을 때의 우정을 생각하여 "타다 남은 재 속에 아직도 강한 불꽃이 타고 있다"고 서로의 애정을 말하기도 했다.

페이시스트라토스는 아카데미에 사랑의 신을 조상으로 만들어 바쳤으며 신성한 횃불을 들고 경주하는 사람들은 이곳에서 불을 붙인다고 한다.

역사가 헤르미포스의 기록을 보면, 솔론의 부친은 매우 너그러운 사람이어서 재산을 모두 남에게 나누어 주어 집안이 어려웠으며, 사람들의 도움을 받으려 하지 않았다고 한다. 따라서 솔론은 어렸을 때부터 남에게 베풀기를 좋아했으며, 청년이 되어서는 남의 도움을 받지 않으려고 혼자서 장사를 시작했다. 그가 이곳저곳을 두루 여행한 것은 돈을 벌기 위해서가 아니라 지식과 경험을 얻기 위해서였다고 얘기하는 사람들이 많다. 이렇듯 솔론은 학문에 대한 열성이 남달라서 늙어서도 배움의 자세를 잃지 않았다.

> 나이는 하루하루 늘어 가지만
> 배움의 길은 나날이 새롭구나.

솔론 자신이 이렇게 노래하고 있는 것을 보아도, 그가 노년에 이를 때까지 배움의 길을 포기하지 않았음을 알 수 있다. 그에 반해 그는 재산에 관한 한 별다른 중요성을 두지 않았다. 그는 다음과 같은 것을 가진 사람들은 모두가 부유한 사람이라고 말했다.

> 손바닥만한 금과 은,
> 말과 노새 몇 마리, 약간의 밀밭,
> 등에 걸칠 옷들과 신발 한 켤레,
> 젊은 아내와 자식,
> 건강한 생명을 가진 사람도
> 모두가 다 부유한 사람이다.

또 그는 다른 시에서 이렇게 적고 있다.

재물을 갖는 것은 좋지만
부정한 방법으로 얻기는 싫다.
왜냐하면 그렇게 쌓은 재산에는
언제건 반드시 재앙이 따르기 때문이다.

우수한 정치가가 넉넉한 재물을 가진다 해도 그것이 지나친 정도가 아니라면 조금도 경멸할 필요가 없다. 그 시대에는 헤시오도스가 말한 것처럼 노동은 누구에게나 부끄러운 일이 아니었으며, 직업에 대해서도 상하의 구별이 전혀 없었다. 그 중에서도 무역은 외국의 왕들과 사귈 수 있고, 견문을 넓히는 기회가 되었기 때문에 매우 명예로운 일로 생각하였다.

상인들 중에는 대도시를 건설한 사람들도 적지 않았다. 예를 들면, 로느 강 유역에 사는 갈리아 인들에게서 많은 사랑을 받는 프로티스는 마실리아 도시를 세웠고, 철학자 탈레스와 수학자 히포크라테스도 무역상인이었다고 하며, 플라톤은 이집트에 기름을 가지고 가서 팔아 여비로 썼다고 전한다. 솔론의 생활이 사치스러웠던 것과, 그의 시가 세속적인 쾌락을 노래하고 있는 것도 그가 상인이었기 때문인 것 같다. 무역에는 항상 많은 위험이 뒤따르므로 쾌감과 향락이 요구되기 때문이다. 그러나 솔론이 스스로를 부자보다는 가난한 사람들에 속한다고 생각한 것은 다음의 시에서도 엿볼 수 있다.

천한 사람은 풍족하게 살고
착한 사람은 가난하게 산다네.
그러나 우리가 가진 덕을
부자들의 금과 바꾸지 않으리.
덕은 누구도 빼앗아갈 수 없지만
재물은 이 손에서 저 손으로 떠도는 법.

솔론은 처음, 한가로운 시간을 달래기 위해서 시를 썼지만 나중에는 도덕적인 내용이나 철학적인 뜻을 담았고, 정치적인 사건을 다루기도 했다. 그것은 한 사람의 역사가로서가 아니라 자기 자신에 대한 위안을 위해, 그리고 때로는 아테네 사람들에게 올바른 길을 안내하기 위해서 씌어진 것이었다.

어떤 사람은 솔론이 법률을 긴 서사시의 형식으로 쓰려고 했다면서 그 글의 앞부분을 보여 준다.

기도하자, 거룩하신 제우스께
우리의 법에 축복과 행운을 보내 달라고.

현명한 철학자들처럼 솔론은 윤리와 도덕의 정치를 중요시하여 여기에 깊은 조예를 나타냈다. 반면 과학에 대해서는 단순하고 진부한 지식을 가지고 있었던 것으로 보이며 다음의 시에서도 그것을 알 수 있다.

눈과 비는 구름에서 나오고
번개가 치면 반드시 천둥이 온다.
센 바람이 일어나면 파도 또한 거세어지고
바람이 없으면 바다도 잔잔하다.

그 당시 자연 현상까지 제대로 파악한 철학자는 오직 탈레스뿐이었고 다른 사람들은 모두 나라를 다스려 태평천하를 이루어야 한다는 정치 철학으로 이름을 얻고 있었다. 현인들은 델포이에서 모임을 가졌으며 그 후 페리안더 왕이 주선한 향연으로 코린트에서 만났다고 한다. 이 때 왕으로부터 세 발 솥을 선사받았지만 거절해서 그들의 높은 명성이 더욱 유명해진 일이 있었다. 그 이야기는 다음과 같다.

코스 섬의 어떤 어부가 바다에 그물을 치고 있을 때 밀레토스에서 온 나그네가 다가와서 말했다. 그는 어부에게 그물 안에 든 것을 사겠다고 했다. 그런데 그물을 끌어올리고 보니 뜻밖에도 금으로 만든 세 발 솥이 걸려 있었다. 이 솥은 헬레네가 트로이에서 배를 타고오다가 신탁에 따라 그곳에 빠뜨린 것이었다. 이 금솥으로 해서 나그네와 어부는 실랑이를 벌였고, 나중에는 양쪽 도시의 전쟁으로까지 이어지게 되었다. 그래서 신탁을 받았더니 그 솥은 그 시대의 가장 현명한 사람에게 주어야 한다고 적혀 있었다.

코스 섬 사람들은 맨 먼저 그 보물을 탈레스에게 보냈다. 그러나 탈레스는 비아스가 자기보다 더 현명한 사람이라면서 그 솥을 비아스에게 보냈다. 그런데 그도 자기보다 현명한 다른 사람에게 보냈고, 여러 사람을 돌고돌아 결국 탈레스에게 되돌아왔다. 탈레스는 그것을 테메로 보내 아폴론에게 바쳤다고 한다. 그러나 그것은 세발 솥이 아니라 크로이소스 왕이 보낸 술잔이라고도 하고, 바티클레스의 접시였다고 전해지기도 한다.

당시 철학자들 사이에는 다음과 같은 이야기가 전해지고 있다.

어느 날 아나카르시스가 아테네로 솔론을 찾아왔다. 외국에서 온 그는 자기를 소개하며 서로 친하게 지내고 싶다고 했다. 그러자 솔론은, "친하게 지내고 싶으면 고향에서 벗을 사귀는 것이 좋을 것이오" 하고 대답했다. 그러자 아나카르시스는, "그러면 당신은 지금 고향에 계시니 저와 가까이 지내시면 되지 않습니까?" 하고 말했다. 솔론은 그의 재치 있는 말을 듣고 곧 반가워하며 자신의 집에 머물게 한 뒤 정중히 대접했다고 한다.

그때 솔론은 정치적인 업무와 법률에 대한 책을 편찬하고 있을 때였다. 아나카르시스는, 법률은 거미줄과 같아서 거미줄에 걸린 놈이 약한 놈일 때는 꼼짝못하지만, 힘이 세고 재물을 가진 놈은 줄을 찢고 달아나는 것이라며 비웃었다. 이 말에 솔론은, 자신이 법률을 만드는 것은 법률을 위반하는 것보다 지키는 것이 유리하다는 것을 가르쳐 주기 위해서라고 말했다. 그러나 결과적으로 솔론보다는 아나카르시스의 말이 옳았다. 또 어느 날 회의에 참석했던 아나카르시스는, 그리스에서는 정치에 관해 논의하는 것은 현명한 사람들이 담당하는데, 그 결정은 무식한 사람들이 담당한다는 점에 놀랐다고 한다.

전하는 기록들을 보면, 솔론이 밀레토스에 있는 탈레스를 찾아갔던 일도 있었다. 솔론이 탈레스에게, 왜 결혼해서 아이를 가지려 하지 않느냐며 물었지만 탈레스는 그의 물음에 아무 대답도 하지 않았다. 그리고 며칠 후 탈레스는 사람을 시켜 열흘 전에 아테네에서 왔다고 거짓말을 하게 했다. 당연히 솔론은 그에게 고향인 아테네의 소식을 물었다. 그 사람은 탈레스가 미리 시킨 대로 이렇게 대답했다.

"별다른 일은 없었습니다만 한 젊은이의 장례식이 있어서 구경을 했지요. 시민들의 말에 의하면 아주 덕망 높으신 분의 아드님이라고 하는데, 그분은 오랫동안 외국에 나가서 돌아오지 않았다고 하더군요."

"저런, 그거 안 됐군. 그래, 그 사람의 이름은 무어라던가요?"

"아, 이름을 듣긴 했는데 그만 잊어버렸습니다. 아무튼 현인이면서 이름 높으신 분이라고 했는데 … "

이렇게 묻고 대답하는 동안에 솔론은 그 죽은 사람이 혹시 자기 아들이 아닌가 싶어 걱정이 되었다. 그래서 솔론의 아들이라고 하지 않더냐고 했더니 그는 바로 그렇다는 것이었다. 이 말을 들은 솔론은 머리를 감싸쥐며 통곡을 했다. 그러자 탈레스가 다가와 그의 손을 잡으며 말했다.

"그래서 제가 아내를 얻지 않는 것입니다. 선생처럼 침착하신 분도 이처럼 가슴 아파하시니 말입니다. 하지만 지금 들으신 얘기는 제가 꾸민 것이니 이제 그만 슬픔을 거두십시오."

필요한 물건인데도 잃어버리게 될까 두려워서 갖지 않는다는 것은 이치에도 맞지 않으며 어리석은 일이기도 하다. 그런 생각으로 산다면 재물이나 명예나 지식도 그것이 없어질까 두려워 가지지 말아야 할 것이다. 그리고 무엇보다 소중하고 귀한 미덕도 병이나 독약으로 해서 쓸데없는 것이 되고 마는 것을 우리는 흔히 보게 된다. 탈레스가 결혼을 하지 않아서 가정 생활의 걱정은 하지 않는다고 해도 친구나 친척, 그리고 조국에 대한 걱정과 두려움까지 없앨 수는 없었을 것이다. 인간은 영혼 속에 사랑의 샘을 가지고 있어서, 생각하고 느끼고 기억하는 것처럼 다른 사람을 사랑하게 된다. 만약 어떤 사람이 그의 가족을 사랑할 수 없다고 해도 또다른 누군가를 반드시 사랑하게 되고, 그들 때문에 여러 가지 걱정과 근심도 하게 되는 것이다.

그래서 결혼을 해서 자식을 낳는 일을 비난하던 사람들도, 자신의 종이나 첩의 아이가 병이 났다거나 죽었을 때 한층 더 가슴아파하는 것을 볼 수 있다. 그뿐 아니라 어떤 사람은 개나 말을 잃고 심한 슬픔에 빠지기도 한다.

운명에 흔들리는 사람은 사랑 때문이 아니라 그 사람의 약한 마음 때문이다. 그래서 그들은 앞으로 잃어버릴 가능성과 그로 인한 괴로움을 두려워하여 마음껏 사랑할 수도 없게 된다. 그러나 재산을 잃을까 두려워서 가난하게 살고, 사랑하는 사람을 잃을까 두려워서 사람을 사랑하지 못하며, 자식이 죽을까 두려워서 자식을 낳지 않는다는 것은 어리석은 일일 것이다.

한편 살라미스 섬이 어느 나라의 영토인가 하는 문제로 아테네와 메가라는 오랫동안 싸움을 계속해 오고 있었다. 그러나 계속되는 전쟁으로는 결론이 나지 않을 것이라는 것을 알고 아테네 사람들은 전쟁을 단념하고 법을 만들기로 했다. 그래서 앞으로 그 누구를 막론하고, 살라미스 섬이 아테네에 속한다고 주장하는 자는 사형에 처한다는 법률을 발표했다. 그러나 솔론은 이것을 불명예스러운 일이라며 분개하였다. 그리고 자신처럼 수천 명의 청년들이 메가라와 싸우기를 원하면서도 법령 때문에 꼼짝못하고 있다는 것을 알고 한 가지 꾀를 생각해냈다.

솔론은 가족들을 시켜 자신이 정신병에 걸렸다는 소문을 내게 하고, 일부러 미친 척하고 다녔다. 이 소문이 온 도시에 퍼지자, 그는 시를 지어 외운 뒤 괴상한 모자를 쓰고 사람들이 많이 모이는 광장으로 나갔다. 그는 연설대에 올라가서 마치 즉석에서 읊는 듯이 시를 낭송했다.

아름다운 살라미스에서 소식을 가져왔소.
내 노래로 그곳 소식을 전하리라.

〈살라미스〉라고 제목을 붙인 이 시는 100행으로 이루어져 있으며 아름다운 시어들로 씌어 있었다. 솔론이 시 낭송을 마치자 사람들은 모두들 칭찬을 하였다. 이 때 페이시스트라토스가 나서서 솔론의 말을 받아들이자고 사람들을 설득하였다. 사람들은 모두 그의 말에 찬성을 표시했다. 그리하여 결국 그 법률을 취소하고 솔론의 지휘에 따라 전쟁을 시작하게 되었다.

솔론이 페이시스트라토스와 함께 배를 타고 콜리아스로 가보니 여자들이 데메테르 여신에게 제사를 드리고 있었다. 솔론은 자기의 부하를 탈주병처럼 꾸며 살라미스로 보냈다. 그 병사는 메가라 사람들에게 말했다.

"저는 아테네에서 도망나온 사람입니다. 나를 따라오면 아테네의 여자들을 잡을 수 있습니다."

메가라 사람들은 이 말을 믿고 사람들을 배에 태워 보냈다. 메가라 사람들이 탄 배가 섬을 떠나오고 있는 것을 본 솔론은 여자들을 피신시키고 나이 어린 청년들을 여자로 변장시켰다. 그리고 그들의 배가 상륙해서 가까이 올 때까지 바닷가에서 춤을 추며 놀고 있으라고 명령했다. 메가라 사람들은 그들이 여자인 줄만 알고 서로 다투어 붙잡으려 덤벼들었다가 모두 칼에 찔려 죽었다. 그리고 아테네 군은 곧바로 살라미스로 가서 그 섬을 점령할 수 있었다.

그러나 또 다른 역사가는 살라미스 섬의 점령에 대해 다른 이야기를 전하고 있다.

솔론은 먼저 아폴론으로부터 다음과 같은 신탁을 받았다.

아름다운 아소피아 언덕 위에 서쪽으로 누워
영원히 잠든 영웅들에게 제사를 올려라.
그들이 그 땅의 참된 주인이니.

이 신탁에 따라 솔론은 밤중에 섬으로 배를 타고 가서, 페리페모스와 키클레오스라는 두 영웅에게 제물을 바친 뒤, 아테네 지원병 500명을 모집하였다. 그리고 이들이 살라미스 섬을 점령하면 아테네 정부에서 최고의 지위를 주겠다는 법령도 함께 내렸다. 그들은 많은 어선과 30개의 노를 쓰는 커다란 배에 나누어 타고 살라미스의 한 만에 닻을 내렸다. 메가라 사람들은 분명치 않은 이 소문을 듣고 상황을 살피기 위해 우선 배 한 척을 보냈다. 솔론은 이 배를 빼앗아 메가라인들을 잡아두고, 다시 아테네 사람들을 그 배에 태워 은밀히 섬에 오르도록 명령하는 한편 자신은 따로 군사를 이끌고 육로로 가서 메가라 사람들을 추격했다. 그리고 육지에서의 싸움이 한창인 틈을 타서, 배로 들어간 사람들이 불시에 시를 점령하였다.

그 후 살라미스를 공격한 기념으로 거행되는 행사를 보면 이 이야기가 사실이었음을 알 수 있다. 이 행사에는 아테네의 배 한 척이 살라미스 섬으로 소리 없이 가까이 다가가면서 시작된다. 배에 탄 사람들은 함성을 올리며 배에서 뛰어내려 스카라디움을 향해 달려가서, 육지로 오는 병사들과 만난다. 지금도 살라미스 근처에는 솔론이 당시 마르스에게 바친 신전이 서 있는데, 그가 메가라 군을 격파하고 살아남은 군사들을 조건부로 석방한 승리의 기념으로 세워진 것이다.

그러나 그 뒤에도 메가라인들은 끊임없이 전쟁을 걸어와서 서로 많은 피해를 입게 되자 나중에는 스파르타인들의 중재를 받기로 했다.

이 때 솔론은 호메로스가 쓴 《일리아드》의 시구 두 줄을 선박의 목록에 적어 두어 재판을 유리하게 했다고 한다.

아약스는 살라미스에서 열두 척의 배를 이끌고
아테네 군이 싸우고 있는 전쟁터로 달려왔다.

또 솔론이 재판관들 앞에서, 아약스의 두 아들 필라이우스와 에우리사케스가 아테네 시민권을 얻은 후 살라미스 섬을 아테네에게 주었으며, 각각 아티카와 멜리테로 이주해 들어 왔다고 말했다. 그리고 그 섬의 무덤이 모두 서쪽을 향하게 세워져 있으며, 그것은 메가라 식이 아니라 아테네 식의 무덤이라고 했다. 그러나 메가라의 헤레아스는 메가라인들의 무덤도 서쪽을 향해 만든다면서 그의 말을 부정했다. 그리고 아테네인은 관 하나에 시체 하나를 넣어 묻지만 메가라인은 관 하나에 두세 명의 시체를 함께 묻는 풍습이 있다고 말했다.

그러나 솔론은 이 섬을 '이오니아인의 살라미스'라고 부른 델포이의 신탁까지 들어 아테네의 것임을 주장했다. 이 사건은 크리톨라이다스, 아몸파레토스, 히프세키다스, 아낙실라스, 클레오메네스 등 다섯 명의 스파르타 사람에 의해 결국 아테네의 땅으로 판결이 났다. 이 사건으로 해서 솔론의 명성과 세력은 더욱 높아졌다고 한다.

한편 아르콘이 킬론을 죽인 사건 때문에 아테네 공화국은 분란의 소용돌이를 맞게 되었다. 사건의 발단은 당시 아르콘[2]인 메가클레스가 아테나 신전에 숨어 있던 킬론[3]과 그의 일당에게, 신전에서 나와 공정한 재판을 받으라고 설득했던 일부터 시작되었다. 그들은 설득에 응해서, 여신의 신상에 실을 매어 그 한쪽 끝을 잡고 법정으로 내려왔다. 그러나 복수의 여신 신전 가까이에 이르렀을 때 갑자기 그 실이 끊어져 버렸다. 메가클레스와 동료 아르콘들은 아테나 여신의 보호가 끊어진 것으로 생각하고 그들을 붙잡아 제단 옆에서 돌로 때려 죽였다. 다만 아르콘의 아내들에게 가서 탄원한 자들만이 목숨을 건졌다. 이런 일이 있은 후로 사람들은 신전을 더럽혔으므로 재앙이 닥칠 것이라며 무서워하였다.

한편 킬론의 일당 중에서 살아남은 사람들은 다시 힘을 길러 메가클레스의 자손들에게 복수를 계속했다. 이 분쟁은 매우 심해져서 시민들도 두 파로 갈라지게 되었다. 솔론은 이 사태를 수습하기 위해 300명의 시민들에게 재판을 하도록 했다. 그래서 플리아 구의 미론이라는 사람이 재판관이 되어 킬론 일당을 유죄로 판결하였다. 현재 살아 있는 자는 국외로 추방하고 죽은 사람은 무덤을 파헤쳐 시체를 국경 밖으로 내다버리게 하였다.

---

2) 아르콘(Archon): 아테네, 스파르타 등의 정치위원. 지금의 장관 정도에 해당한다.

3) 킬론(Cylon): 델포이의 신탁을 잘못 알고 아테네의 독재자가 될 것을 계획하였던 사람.

그러나 이러한 혼란을 틈타 메가라인들이 아티카를 습격해 들어와서 아테네는 다시 니사이아와 살라미스를 빼앗기고 말았다. 뿐만 아니라 미신적인 재앙이나 이상한 현상들이 여기저기서 나타났고 사제들이 바친 제물에 귀신이 들었다는 소문도 생겨났다. 아테네 사람들은 큰 제사를 지내야 된다고 생각하고 크레타 섬에서 에피메니데스를 모셔왔다. 에피메니데스는 그리스의 일곱 현인 중의 한 사람에 속하는 어진 인물이었다. 그는 신의 사랑을 받고 있는 사람으로, 신의 계시를 알아내는 힘이 있다고 알려져 있었다. 그리고 당시 사람들은 그를 쿠리에스[4]가 다시 살아난 것이라고 믿기도 했다.

에피메니데스는 아테네에 와서 솔론과 가까워졌고 그가 법을 만드는 데도 큰 힘이 되어 주었다. 그는 또 시민의 예배 형식을 합리적으로 고치고 장례식을 간소하게 하였으며, 특히 미망인들이 당하고 있던 가혹하고 야만적인 의식들을 없앴다. 그러나 그의 가장 큰 공덕은 신에게 제사를 드리고, 신전을 짓고 도시를 깨끗이 하여 시민들에게 순종과 협동의 정신을 가르친 일이었다.

언젠가 그는 아테네 근처에 있는 무니키아라는 항구를 보며 이렇게 말했다고 한다. "사람이란 앞일에 대해서는 맹인과 같소. 아테네 사람들이 만약 이곳에서 얼마나 큰 불행이 생길지를 안다면 이곳을 깎아먹어서라도 없애 버릴 텐데 말이오."

에피메니데스는 아테네 사람들로부터 큰 존경을 받았다. 그리고 많은 돈과 특권을 사양한 채 신의 나무라고 불리는 올리브 나뭇가지 하나만을 가지고 크레타로 돌아갔다.

킬론의 반란이 끝나고 사람들이 질서를 잡아가려 할 때, 이번에는 오래 전부터 계속되던 각 파벌의 정권 싸움이 일어나기 시작했다. 각 지역마다 파벌이 만들어져 산간 지방에 사는 사람들은 민주 정치를, 평지에서는 과두 정치를, 해안에 사는 사람들은 혼합 정치를 주장하면서 제각기 세력을 다투게 되었다. 게다가 빈부의 차이가 너무 심해져서 아테네는 아주 위험한 상태에 빠지게 되었다. 이같은 혼란을 구하는 길은 절대적 권력 이외에는 다른 수단이 없었다. 대부분의 사람들은 부자들에게 진 빚 때문에 경작한 수확의 6분의 1을 바치고 있었고, 자기 몸을 저당잡힌 사람들은

---

4) 쿠리에스(Curies): 유피테르의 아버지인 사투르누스 시대에 크레타에서 살았다고 전해지는 사람. 여러 가지 발명을 하고 새로운 시설을 만들어 편리하게 해 주었다고 전한다.

노예가 되거나 팔려가기도 했다. 그래서 많은 사람들이 외국으로 도망을 가거나 자식을 파는 일까지 벌어지게 되었다. 그러나 그들 중에서 몇몇 용감한 자들은, 노예가 된 사람들을 해방시키고 토지 분배를 다시 해야 한다고 주장하며 이러한 자신들의 요구를 실행해 줄 사람들을 찾기 시작했다. 한마디로 그들은 정치 구조를 완전히 개혁할 정치가를 원했던 것이다.

이처럼 나라가 혼란스러울 때 어느 파벌에도 물들지 않고 있었던 사람은 솔론뿐이었다. 그래서 아테네 사람들은 솔론을 찾아가서, 공화국을 구하고 충돌을 조정해 달라고 요청했다. 레스보스의 역사가 파니아스의 말에 의하면, 그때 솔론은 나라를 구하기 위해, 빈민들에게는 토지를 분배해 주고 부자들에게는 빚을 돌려받을 수 있게 해주겠다고 양쪽 모두에게 약속을 했다고 한다. 그는 한편의 횡포와 다른 한편의 탐욕을 보면서 정치에 나서지 않으려고 했으나, 필롬브로토스의 뒤를 이어 아르콘으로 선출되었다.

부자들은 솔론의 부유함 때문에, 가난한 사람들은 그의 정의감 때문에 다같이 자기들의 편이라고 믿고 있었다. 그는 "모두가 평등하면 전쟁은 일어나지 않는다"고 말했으며 이것이 부자와 빈민 모두에게 호감을 주었다. 부자들은 그 말을, 재산은 그 사람의 공로에 따라 공평하게 분배되어야 한다는 뜻으로 해석하고, 가난한 사람들은 재산을 모두 나누어 가져야 한다는 말로 생각했던 것이다. 따라서 양편은 모두 솔론에게 희망을 걸었으며 그가 정권을 가지고 자유롭게 정책을 세우도록 그를 지지했다.

솔론은 아폴론으로부터 다음과 같은 신탁을 받았다.

그대가 키를 잡아 배를 조종하라.
혼란한 아테네는 그대를 따라 뭉치리라.

가까운 친구들은 그가 전제적인 왕이라는 이름을 들을까봐 왕위를 사양하지만, 덕으로써 국민들을 다스린다면 합법적인 왕이 될 것이라고 솔론에게 말했다. 그리고 에우보이아 인들의 추대로 왕위에 올랐던 티논다스, 미틸레네의 왕으로 추대된 피타코스와 같은 사람들의 예를 들며 왕이 되기를 권유했다. 그러나 솔론의 마음은 움직이지 않았다. "전제 군주는 과연 좋은 자리이긴 하지만 한 번 그 자리에 앉게 되면 떠날 수가 없게 된다."

솔론은 이렇게 말하면서 다시 한 번 왕위를 사양했다. 또 그가 포코스에게 준 시에는 다음과 같은 구절이 있다.

폭군의 권세를 휘두르지도 않았고
내 이름을 더럽히지도 않았으니
나는 후회할 것 없노라
이것이 가장 깨끗한 명예이므로.

이것으로 보아도 그의 높은 덕망을 알 수 있을 것이다. 그가 왕이 되기를 거절하자 친구들이 그를 비난했을 때도 그는 다음과 같은 시로 그들에게 대답했다.

솔론은 현명하지도 똑똑하지도 않소.
하늘이 주신 복도 받지 않고
그물을 던져 큰 고기가 걸려도
끌어올리지 못하고 가슴만 떨리니
지혜도 없고 용기도 없소.
단 하루라도 아테네의 왕으로 지내는 것은
영광스러운 일이겠지만
다음날은 구렁에 빠져들어
가문까지 망치게 될 것이오.

그는 왕위를 단호히 사양하고 조용히 정치를 돌보았다. 그리고 권력자들에게 비굴한 태도를 보이지 않았고, 대중들에게 인기를 끌려고 애쓰지도 않았다. 그는 옛 제도의 좋은 점은 그대로 두고, 좋지 않은 부분들은 새롭게 고치며, 온순한 사람들은 설득으로, 완강한 사람들은 힘으로 다스렸다. 그는 아테네를 "하나로 뭉치는 권력과 정의로써" 자신의 법률을 만들었으며 뒷날 "모든 사람이 받아들일 수 있는 가장 좋은 법"을 만들었다고 자부할 수 있게 된 것이다.

아테네 사람들은 거칠고 강한 말 대신 부드럽고 멋진 이름을 붙이기를 좋아했다. 예를 들면 매춘부를 친구, 세금을 공납금, 점령지의 수비대를 보호대, 감옥을 안방이라고 불렀다. 이것은 아마도 솔론이 빚을 탕감하는 일을 '무거운 짐 덜어주기'라고 이름지은 데서 비롯된 것으로 보인다.

솔론이 규정한 최초의 법은 부채의 잔액을 면제하고, 사람의 몸을 저당으로 돈을 꾸어 주는 것을 금지시키는 내용이었다. 그래서 도량을 크게 하고 돈의 가치를 높였다. 그 전에는 73드라크마가 1파운드였던 것을 100드라크마를 1파운드로 고쳤기 때문에 화폐의 수는 같아도 가치가 적은 돈을 주게 되므로 빚을 갚는 데는 유리하게 되고 빚을 받는 쪽에서도 손해를 보지 않게 되었다.

대부분의 역사가들은 '무거운 짐 덜어주기'가 빚을 완전히 제거한 훌륭한 조치였다고 해석하였고 솔론의 시 가운데서도 자신의 이 정책에 대해 썼던 것을 찾아볼 수 있다.

> 온 땅을 덮고 있던 빚을 거두고
> 노예로 얽매였던 나라를 풀어 주었네.

또 이런 시를 지어 읊은 적도 있다.

> 멀리 이국의 땅을 돌아다니며
> 제 나라 말조차 잊은 사람들
> 제 나라 안에 있으면서도
> 노예의 운명에 매여 있던 사람들.

솔론은 이러한 사람들을 자유인으로 해방시켜 주었다고 노래하였다.

그는 이런 일을 계획하는 동안 적지 않은 괴로움을 당하기도 했다. 솔론이 빚 탕감을 실행하려고 깊이 생각하고 있을 때였다. 그는 토지를 소유하는 데 대해서는 간섭할 생각이 없고 다만 빚에서는 해방시켜 줄 것이라는 얘기를 친구들에게 했다. 이 말을 들은 친구들은 급히 거액의 돈을 빌려 넓은 땅을 사들였고 법령이 발표되자 땅을 손에 넣은 채 빚을 갚지 않았다. 이 일로 인해서 솔론은 국민들의 신임을 크게 잃게 되었다. 사람들은 모두 솔론이 그들과 공모했다고 생각했던 것이다. 그러나 솔론은 법률에 따라 자기가 빌려준 5탈렌트의 빚을 면제해 주어 곧 국민들의 의혹을 풀었다. 그 뒤부터 솔론의 친구들은 한동안 크레오코피다이, 즉 사기꾼이라고 불리며 사람들의 비난을 받았다.

그러나 솔론의 이 정책은 결국 어느 편의 호응도 얻지 못하였다. 부자는 그들의 채권을 잃어버리게 되어 분개했고, 빈민들은 토지를 분배받지 못했기 때문이었다.

리쿠르고스는 헤라클레스의 11대 손이었기 때문에 오랫동안 스파르타에 군림하여 대단한 명망과 뜻맞는 친구와 권력을 가지고 있었고 국가를 건설하는 데 그것을 유감없이 이용할 수 있었다. 그래서 그는 설득보다 무력을 써서, 그의 공화국을 가장 평등하고 질서 있게 이끌어나갈 수 있었다. 그러나 솔론은 중산층 시민 출신이었으므로 도저히 리쿠르고스만큼의 권력을 가질 수가 없었으며 시민들의 지지와 인기에 의존할 수밖에 없었다. 그러나 그나마 믿고 있던 사람들로부터 반감을 사게 되어 용기를 잃었다.

> 한때는 나를 공연히 부추기더니
> 이제는 나를 차가운 눈으로 쳐다보는구나.

그는 이렇게 말하면서 자신의 처지를 비관하였다. 또 만약 다른 사람이 자기와 같은 권력을 쥐고 있었다면,

> 분명 권력의 유혹을 참지 못하고
> 넉넉할 만큼의 이익을 챙겼으리라.

라고 하였다.

그러나 오래지 않아 사람들은 솔론의 정책이 옳았다는 것을 깨닫게 되었고, '세이삭테아'라는 이름의 제사를 올렸다. 그리고 새로운 정치를 적용시키고 공화국의 법률을 제정하기 위해 솔론을 선출하였다. 솔론은 법정, 평의회를 비롯한 권한도 가지게 되었고 인원수, 회합의 시일, 이것을 위해 갖추어야 할 그들의 자격 등 모든 것을 결정하였으며, 그가 원하는 대로 현재의 제도를 폐지하거나 존속시킬 수 있는 권한도 가지게 되었다.

솔론은 우선 드라코의 법률 중에서 살인죄를 제외한 나머지의 무겁고 가혹한 형

벌은 모두 폐지하였다. 종전에 사용하던 드라코의 법은 거의 모든 죄에 대해서 사형을 내리고 있었는데 게을렀다는 죄로 사형을 받은 사람도 있었고, 채소나 과일을 훔친 사람도 사람을 죽인 죄인과 똑같은 형벌을 받아야 했다. 그 때문에 데마데스는 드라코의 법을 가리켜 잉크로 쓴 것이 아니라 피로 쓴 법률이라고 조롱했던 것이다. 드라코 자신도, 왜 모든 범죄에 사형을 규정했느냐는 물음에, "가벼운 죄는 그 형벌로 마땅하고, 무거운 범죄에는 사형 이상 더 무거운 벌이 없어서 하는 수 없이 그렇게 했다"라고 대답했다고 한다.

솔론은 또 평민들도 정치적인 발언을 할 수 있도록 관직을 주기 위해 시민들의 재산을 조사하였다. 그래서 1년에 500되의 수입이 있는 자를 펜타코시메딤니[5]라 하여 제1급에 두었으며, 말 한 필을 가지고 있거나 300되의 수확이 있는 자를 히파다 텔룬테스라 하고 제2급으로 했으며, 200되를 거두는 자인 제우기타이는 제3급으로 두었다. 그리고 그 밖의 평범한 자들은 테테스라 하여 관직에 오를 수는 없으나 공동집회에 출석하고 배심원의 자격을 가지게 했다.

이 자격은 처음에는 대단한 것이 아닌 것 같았지만 나중에는 특권으로 인정되었다. 모든 분쟁은 재판에서 해결하게 되고, 재판의 판결은 배심원이 내리게 되었기 때문이다. 솔론은 본래 아르콘이 판결을 내렸던 사건들도 모두 재판소에서 소송하도록 규정하였는데 재판소의 권위를 높이기 위해 일부러 법률 조항을 애매모호하게 만들어서 법조문만 가지고는 분쟁을 해결할 수 없었기 때문에 재판의 중요성이 더해지게 되었다. 이 부분에 대해 솔론은 이렇게 썼다.

> 나는 평민들에게 필요한 힘을 주고
> 귀족들의 권세도 그대로 보호하였으니
> 서로를 폭력으로부터 지켜 주었고
> 어느 쪽에게도 부당한 승리를 허락하지 않았다.

솔론은 또 평민들을 보호하기 위해 가해 행위에 대해 고발할 수 있도록 하였다. 어떤 사람이 맞아 상처를 입거나 그밖에 폭행을 당했을 때는 해를 입힌 사람을 고소

---

5) 펜타코시메딤니(Pentacosimedimni): 펜타코스는 500, 메딤니는 부피의 단위이다.

하여 재판을 할 수 있도록 하였으며, 누구나 범인을 고발할 수 있게 했다. 피해자를 대신하여 범인을 고발할 수 있게 한 것은, 시민들의 고통을 나누어 서로를 아끼도록 하기 위한 것이었다.

솔론의 이러한 생각은 다음의 일화에서도 알 수 있다.

어떤 사람이 가장 살기 좋은 도시가 어떤 곳이냐고 물었다. 그러자 그는 이렇게 대답했다. "피해를 당하지 않은 사람들도 피해를 입은 사람과 똑같이 범인을 벌 줄 수 있는 도시가 가장 살기 좋은 곳입니다."

그는 또 해마다 아르콘을 지낸 사람들을 모아 아레오파고스 회의를 조직하고, 자신도 그 회원이 되었다. 그리고 빚에서 해방된 사람들이 차츰 횡포하고 불손해지는 것을 보고, 네 부족에서 각각 100명씩을 뽑아 제2의 회의(하원)를 구성하였다. 이 회의는 모든 사건이 배심원들에게 가기 전에 그 사건을 심사하는 곳으로, 이 예심을 통과하지 않은 사건은 민중의 전체 회의에 내놓을 수 없게 하였다. 그렇게 되자 아레오파고스 회의는 법률의 감시나 보호의 역할을 맡게 되었다. 마치 닻으로 배를 안정시켜 파도에 밀려가지 않도록 하는 것처럼, 두 회의는 국가를 지켜 국민들을 보호하고 견제하는 역할을 하였다.

솔론의 법률 제13의 8조는 다음과 같이 씌어 있다.

"솔론이 아르콘에 취임하기 전에 공식적인 권위를 박탈당했던 자는 모두 그 권리를 다시 찾게 된다. 그러나 왕이나 아레오파고스로부터 살인을 선고받은 자, 정부에 대한 음모로 유죄 선고를 받은 자, 이 법률이 공포되었을 때 외국에 피해 있던 자는 권리를 찾을 수 없다."

이것으로 아레오파고스 회의는 솔론이 아르콘에 취임하기 이전부터 있었던 것이라는 사실도 알 수 있다.

솔론이 세운 법률 중 내란에 대한 것은 좀 특이하다. 내란이 있었을 때 어느 편에도 가담하지 않고 중립을 지킨 사람은 시민권을 박탈한다고 한 규정이 그것이다. 조국이 겪고 있는 괴로움을 외면하는 것은 비겁한 행동이라고 생각했기 때문이었다. 또 그는 옳은 일을 하는 사람들의 편이 되어 위험을 같이하고 도움을 주어야 한다고 했으며, 어느 편이 이기는가를 주시하며 위험을 피하는 것은 옳지 못하다고 했다.

또 유산 상속을 받을 여자가 결혼을 했는데, 그 남편이 불구였을 경우에는 남편의 친척 중 다른 남자와 다시 결혼하여 자식을 낳을 수 있다는 법률을 만들었다. 물론 자식을 낳을 능력이 없는 남자가 여자의 재산을 탐내어 결혼했을 때에는 법률에 따라 벌을 받았으며, 아내가 다른 남자와 결혼하여 아이를 낳게 함으로써 그 남편은 정신적으로 벌을 받도록 하였다. 그 아이는 같은 집안의 자손이 되므로 유산을 상속 받을 수도 있게 된다.

솔론의 법에는 신랑과 신부를 같은 방에 가두어 놓고 팥배나무 열매를 같이 먹게 한 것도 있었으며, 재산 상속자의 여자를 아내로 얻은 남편은 매달 세 번 이상 아내에게 가서 같이 있도록 한 것도 있었다. 자식을 낳지 못한다 하더라도 만날 기회를 가지는 것이 아내를 즐겁게 하는 최소한의 예의이며, 오해가 생기지 않게 해서 부부싸움도 막을 수 있도록 한 것이다. 또 결혼을 할 때 신부가 지참금을 가져가지 못하도록 하고, 옷 세 벌과 약간의 살림살이만을 마련하도록 한 것은 결혼이 돈으로 사고파는 것이 아니라 남녀가 같이 살며 아이를 낳고 사랑을 하는 것이라고 생각했기 때문이다.

시라쿠사의 참주인 디오니시오스는 그의 어머니가 나이 어린 젊은이와 결혼하려고 했을 때, 자기는 참주로서 나라의 법을 어기기는 했지만 자연의 법을 깨뜨리는 결혼을 인정할 수는 없다고 말하며 결혼을 반대했다. 그러나 나이 든 남자가 젊은 여자를 아내로 맞는 일에 대해서는 연극의 대사처럼, "당신은 이제 새로운 여자를 얻을 나이가 되었군요"라며 이것을 인정했다고 한다. 그러나 돈많고 나이많은 여자와 살면서 암탉처럼 살이 찐 젊은 남자는 젊은 여자에게 되돌려 주어야 한다고 했다.

솔론의 법률 중에는 또 죽은 사람을 비난하지 못하도록 한 규정도 있었다. 그는 죽은 사람을 신성하게 보아야 한다고 생각했으며, 떠난 사람을 욕하지 않는 것이 도리이고, 미움을 오래도록 갖고 있는 것은 좋지 않다고 했다. 마찬가지로 그는 살아 있는 사람에 대해서도 신전이나 재판소, 경기장 등에서 나쁜 말로 욕하는 것을 금지하는 규정을 두어, 이를 어기는 자는 욕을 한 상대자에게 3드라크마, 나라에 2드라크마를 바치도록 하였다. 노여움을 참을 수 없다는 것은 교양이 없고 성미가 사납다는 것이므로, 몇몇 사람들을 처벌하여 모범으로 하였던 것이다.

그는 또 유서와 유언에 대한 법을 만들어 많은 사람들의 칭송을 받았다. 그 이전에는 죽은 사람의 재산이나 집은 모두 가족들이 상속받도록 되어 있었다. 그는 이 법을 자식이 없을 경우에는 자기가 원하는 사람에게 재산을 줄 수 있도록 고쳤다. 이것은 혈연보다는 우정을, 강제적인 것보다는 자율을 중요시한 것이다. 그러나 주술적인 힘을 빌리거나, 폭력에 의해 강제로 쓴 유서일 경우에는 외부적으로 강제를 받아

이루어진 것이므로 이 법이 적용되지 않았다.

그는 또한 여자가 여행을 하거나, 상복을 입거나, 제사를 드리는 것에 대해서도 법률을 제정하였다. 여자는 여행을 갈 때 옷을 세 벌 이상 가지고 갈 수 없었으며, 3오볼[6] 이상의 음식이나, 길이가 1큐빗[7] 이상 되는 바구니를 가지고 갈 수 없게 했고, 밤에 외출할 때는 횃불을 마차 앞에 달도록 했다. 그리고 장례 때 여자가 옷을 풀어헤치고 통곡하거나, 돈을 주고 사람을 사서 울게 하는 풍속도 금지시켰다. 또 묘에 소를 잡아 바치는 일, 시체와 함께 세 벌 이상의 옷을 매장하는 일, 장사지낼 때 외에 남의 무덤에 가는 일도 마찬가지로 금지시켰다. 이런 일들은 오늘날에도 법률에서 금하고 있는데, 죽음을 슬퍼하는 일이 지나치면 사람을 나약하게 만든다고 생각했기 때문이다.

아티카는 각 나라에서 찾아드는 사람들로 들끓었지만, 토지는 거의 메말라 생산되는 양이 적은 상태였다. 싣고 돌아갈 만한 생산물이 점점 줄어들자 다른 나라 배들도 왕래가 뜸해졌다. 그래서 솔론은 상공업을 장려하고, 무역에 힘쓰기 위한 법을 제정하였다. 그 법은 자식들에게 무엇이든 한 가지씩 기술을 배우도록 한 것으로서, 이를 지키지 않는 아버지는 아들이 부양의 의무를 다하지 않아도 되었다.

리쿠르고스의 말에 의하면, 스파르타에는 외국인이 전혀 없었고, 에우리피데스의 말을 인용한다면, 토지는 기름져서 인구의 2배를 먹여 살릴 수 있을 정도였다. 그러므로 농사일은 농노들에게 맡기고 시민들은 일을 하지 않고 무예만을 익힐 수 있었다. 반면, 아테네에서는 법률만으로 국민들의 생활 방식을 뜯어고칠 수는 없었다. 그는 나라 안의 땅이 농민들의 생활을 부유하게 해주지 못하는 상태였기 때문에 일하지 않는 사람들을 먹여살릴 힘은 없다는 것을 알고 있었다. 그러므로 그는 실정에 맞추어 기술을 존중하는 한편 일하지 않는 사람들을 처벌하도록 법률을 고쳤다. 이보다 더 가혹한 조처로는 정식으로 결혼하지 않은 어머니에게서 태어난 아들은 아버지를 먹여 살릴 의무가 없다고 한 법이었다. 정식 결혼을 하지 않은 사람은 자식을 낳기 위해서가 아니라 쾌락을 위해 여자를 데리고 살았다고 생각했기 때문이다. 그래서 자식을 낳은 것 자체가 부끄러운 일이므로 자식이 부양해 주지 않는다고 해도 할 말이 없는 것이다.

---

6) 3오볼(obol): 1드라크마의 6분의 1.

7) 1큐빗(cubit): 팔꿈치에서 손끝까지의 길이 43~53cm.

여자에 관한 솔론의 법률에는 특이한 것이 아주 많다. 예를 들면, 누구든 자기 아내와 간통하는 현장을 목격했을 때는 정부를 죽이는 일이 허락되었고, 자유민인 여자를 강간한 사람은 100드라크마의 벌금을 내도록 했고, 결혼 전에 부정한 행동을 한 경우를 제외하고는 자기 딸을 팔 수 없도록 한 규정도 있었다. 그러나 같은 행동에 대해서도 어떤 때는 엄하게 다스리고 어떤 때는 가볍게 처벌한 것을 보면 당시 아테네에 돈이 아주 귀했다는 것과, 벌금형이 매우 무거운 벌에 속했다는 것을 알 수 있다. 그 시대에는 제물의 가격도 매우 비싸서, 양 한 마리와 곡물 1부셸[8]이 똑같이 1드라크마였고, 올림피아 경기에서 우승한 사람에게 주는 상금은 500드라크마였다. 또 늑대 한 마리를 잡으면 5드라크마, 늑대새끼 한 마리는 1드라크마였다고 한다.

데메트리오스의 말에 의하면, 5드라크마는 황소 한 마리, 1드라크마는 양 한 마리를 살 수 있었다고 한다. 솔론의 법률 제16조를 보면 제물로 쓰는 짐승의 가격이 보통 짐승보다 비쌌다는 것도 알 수 있다.

어떤 사람의 기록을 보면, 그들은 직업에서 종족의 이름을 따왔다고 하는데 군인은 호플리타이, 공인은 에르가데스, 농부는 게데온테스, 목축을 하는 사람은 아이기코레스라고 불렀다.

본래 이곳에서는 강이나 호수나 큰 샘이 아주 귀해서 우물을 파서 물을 얻었다. 솔론은 이에 대해 법을 만들어 1히피콘[9]의 거리에 하나의 우물을 두어 공동으로 사용하게 했다. 그리고 여기서 멀리 떨어진 사람은 각자가 우물을 파서 쓰도록 했으며, 만약 물이 나오지 않을 때는 이웃집에서 4갤런 정도의 물을 얻어 쓸 수 있게 했다. 어려운 사정에 있는 사람을 도와주기는 하지만 게으름은 막아야 한다는 생각에서 그 이상의 물은 줄 수 없게 한 것이었다.

솔론은 또한 나무를 심는 일에 대해서도 법을 정했다. 남의 땅에서 5피트(1.5m) 안에 나무를 심어서는 안 되고, 또 뿌리를 멀리 뻗는 올리브와 무화과 나무는 9피트(2.7m) 안에 심을 수 없도록 했다. 또 도랑이나 홈을 팔 때는 남의 땅에서 멀리 떨어진 곳에 거리를 두고 파야 했고, 꿀벌을 기르는 경우에는 다른 사람의 벌통에서 300피

---

8) 1부셸: 36리터. 두 말이 조금 안된다.

9) 1히피콘(hippicon): 히포스가 말이라는 뜻인 것으로 경마장의 길이에서 나온 단위로 추측된다. 1히피콘은 500보 정도.

트(90m) 안에는 자신의 벌통을 놓을 수 없게 했다.

솔론은 기름만 외국에 수출할 수 있게 하였으며, 이 밖의 다른 물건의 수출은 금지시켰다. 법을 어기고 외국에 물건을 판 사람은 아르콘의 저주를 받거나, 100드라크마의 벌금을 내야 했다. 그는 짐승들로부터 피해를 입는 일에 대한 법률도 만들었는데, 사람을 문 개의 주인은 4피트 반이 되는 통나무를 개의 목에 씌워 물린 사람에게 주어야 했다.

또 이민법을 보면, 출생한 도시에서 영원히 추방되었거나, 장사를 하기 위해 모든 가족을 아테네로 데리고 온 사람들만을 시민으로 인정하고 있었다. 이 법률은 이민을 막기 위해서라기보다는 완전히 아테네에 뿌리를 내리고 살려는 사람들만을 받아들이려는 목적으로 제정되었는데, 자기 나라에서 강제로 추방당한 사람이나, 자발적으로 아테네로 들어온 사람이라야 더 충실한 시민이 될 수 있다고 생각했기 때문이다.

법 가운데 또 하나 색다른 것은 프리타네움에서 식사를 하도록 한 것이다. 그러나 너무 자주 이 식사에 참가하거나, 초대에 응하지 않는 사람들에게는 벌을 주었는데, 전자는 너무 욕심이 많고, 후자는 국가를 경멸하는 사람이라는 생각 때문이었다.

솔론은 이러한 법을 100년 동안 시행하라고 명령하였다. 그 법령은 세모난 목판에 써서 축을 매달아 돌릴 수 있도록 하여 함 속에 보관했다. 그 일부는 아직도 프리타네움에 남아 있는데, 아리스토텔레스는 이것을 키르베스라고 일컬었으며, 시인 크라티노스의 시 가운데도 이 이름이 나온다.

> 솔론과 드라코는 뛰어난 영웅
> 그들의 키르베스는 아직도 빛나고 있네.

의원들은 솔론의 명령에 따라 모두 이 법을 지키기로 맹세했으며, 만약 이를 어길 때에는 자신의 몸 크기만한 황금을 델포이 신전에 바치기로 하였다.

솔론은 또 한 달의 길이가 일정하지 않고 달과 해가 뜨고 지는 것도 맞지 않아, 흔히 낮에 해가 지나가는 것을 보고 그런 날을 '묵은 날이자 새로운 날'이라 이름지었다. 그리고 해와 달이 합쳐지기 전을 묵은 달, 그 이후를 새 달이라고 정했다. 솔론은 호메로스의 시, "묵은 달이 지나고 새 달이 시작될 때"라는 구절의 뜻을 제대로 해석한 것이다. 그는 초승달부터 날짜를 세도록 했고, 20일이 지난 후 30일까지는 달이 점점 작아지므로 날짜를 거꾸로 세웠다.

이러한 모든 것을 법으로 만들어 시행하기 시작하자, 날마다 사람들이 솔론을 찾아와서 그가 만든 법을 칭찬하기도 하고 비난하기도 했으며, 질문을 하기도 하고 법을 좀 고쳐 달라는 요청도 하였다. 그러나 솔론은 이런 사람들의 말을 하나하나 들어준다면 오히려 새롭게 만든 법을 해칠 것이며, 모든 일에 대한 번거로움과 비난을 감당해내지 못할 것이라 생각하고는 "큰 일은 모든 사람들을 다 만족시킬 수는 없다"라고 사람들에게 얘기한 뒤, 여행을 구실삼아 10년 동안의 휴가를 얻었다. 그만큼의 시간이 지나가고 나면 사람들이 자기가 만든 법에 익숙해져 있으리라 생각한 것이다.

그가 맨 처음에 도착한 곳은 이집트였다. 그의 시(詩)에서도 얘기한 것처럼 그는 나일 강 어귀 가노푸스의 아름다운 강 기슭에 머물면서, 프세노피스와 손키스 같은 유명한 성직자들과 여러 가지 이야기를 나누었다. 플라톤의 기록을 보면, 그는 이 두 사람에게 아틀란티스의 이야기[10]의 이야기를 듣고 시를 지었다고 한다.

이집트를 떠난 그는 키프로스[11] 섬으로 갔다. 그는 테세우스의 아들 데모폰이 세운 작은 도시에서 필로키프로스 왕의 특별한 대접을 받았다. 그런데 이 도시는 칼라리우스 강을 끼고 높은 곳에 자리잡고 있어 적을 막기에는 유리했지만 교통이 불편한 곳이었다. 그래서 솔론은, 저 아래에 펼쳐져 있는 아름다운 평야로 도읍을 옮기면 좀 더 좋은 도시가 될 것이라고 왕에게 권하고, 스스로 사람들을 모아 새로운 도시를 건설했다. 왕은 솔론의 공로를 고맙게 여기며 이 도시의 이름을 솔리라고 지었다. 솔론은 이 도시 건설에 대해 시를 지어 필로키프로스 왕에게 드리고 섬을 떠났다.

> 그대여, 오래도록 이곳 솔리의 왕좌에 앉아
> 영원한 영광을 누리시오.
> 나는 이제 바람을 타고 떠나니
> 당신의 행복한 섬은 아프로디테께 기원하여

---

10) 아틀란티스의 이야기(The Atlantis) : 아프리카 서쪽바다에 있는 대륙으로 지진 때문에 하루 아침에 바다 밑으로 잠겼다고 한다. 아틀란티스에 대해서는 플라톤 외에, 아리스토텔레스, 디오도로스, 아리아노스와 같은 사람들도 얘기하고 있으며 서양 사람들의 공상을 상당히 자극하는 전설이다.

11) 키프로스(Cupros) : 아프로디테, 즉 비너스의 다른 이름이다. 여신이 바다의 풍랑을 피해 이 섬에 올라 왔다는 전설 때문에 생긴 이름이다.

나의 배에 순풍을 불어 주시오.

신이여, 이곳에 은혜와 명예를 주시고

나를 조국으로 무사히 인도하소서.

역사가들 중에는 솔론과 크로이소스[12]가 만났다는 것은 지어낸 이야기라고 생각하는 사람들도 있다. 그러나 이 유명한 일화는 솔론의 넓은 마음과 지혜를 보여 주는 이야기로 그를 이해하는 데 중요한 자료이다.

솔론은 크로이소스의 초대를 받아 사르디스로 갔다. 산 속에서만 살아온 사람이 처음 바다를 본 뒤 강을 보고도 바다라고 생각하는 것처럼, 솔론도 처음 크로이소스 궁전에 들어갔을 때는 그런 기분이었다. 그는 궁전에 있는 신하들이 화려한 옷을 입고 수많은 호위병을 거느리며 으스대는 것을 보고는 그들을 왕이라고 착각했던 것이다. 그러나 곧 진짜 왕에게 안내되어 가까이 갔더니 왕은 온갖 보물과 휘황찬란한 옷을 입고 패물과 금으로 치장을 하고 있어 눈이 부실 지경이었다. 그러나 솔론은 왕에게 아무런 찬사도 하지 않았다. 그가 놀랄 것이라고 생각했던 왕은 솔론의 그런 태도를 보고 자신을 경멸하는 것이라 생각하였다. 왕은 그를 안내하여 온갖 화려한 보물들을 구경시켜 주었다.

솔론이 구경을 마치고 돌아오자, 크로이소스는 자기만큼 행복한 사람이 있겠느냐고 물었다. 솔론은 그렇다고 말하고, 자기 나라의 텔루스라는 한 시민을 아는데, 그는 매우 정직한 사람이며 착한 아들들과 넉넉한 재산이 있었고 나라를 위해 용감하게 싸우다가 전사했다고 대답했다. 크로이소스는 솔론이 버릇없으며 비천한 서민이나 추켜세우는 어리석은 사람이라고 마음속으로 생각하였다. 그는 텔루스 외에 자기보다 행복한 사람이 있느냐고 다시 물었다. 그 물음에 솔론은 클레오비스와 비톤이라는 의좋은 형제가 있었는데, 그들은 어머니에게 극진한 효도를 했다고 했다. 그 두 사람은 어머니를 태운 수레를 끄는 소들이 너무 느려서 자신들이 멍에를 끌어 어머니를 헤라의 신전에 모셔다 드렸고, 제물을 바친 뒤 누워 있던 두 아들이 다시는 일어나지 못했지만 고통없는 편안한 죽음을 맞았다고 했다. 이 말을 듣고 크로이소

---

12) 크로이소스(Croesus): 기원전 563~548년까지 왕위를 지낸 리디아 최후의 왕. 당시 가장 부유한 왕이었으나, 페르시아의 왕 키로스에 의해 패망했다.

스는 화를 벌컥 내며, "그러면 나는 행복한 사람이 아니란 말이오?" 하고 물었다. 솔론은 왕의 비위를 건드리지도, 아첨하지도 않으면서 이렇게 대답했다.

"리디아 국민들의 왕이시여, 저희 그리스 사람들은 특별한 신의 은총을 받고 있지는 않지만, 서민답게 살아가기 위한 지혜를 가지고 있습니다. 사람의 인생이란 항상 변화무쌍하고, 앞날을 예측할 수 없음을 알기 때문에 오늘 하루의 행복을 자랑하지도, 다른 사람의 행복을 시기하지도 않습니다."

그러나 이러한 충고를 크로이소스는 받아들이지 못하였고, 솔론은 그곳을 떠났다고 한다. 우화 작가인 이솝도 그 당시 크로이소스의 초대를 받아 함께 있었는데, 솔론에게, "솔론 선생, 왕과 얘기할 때는 되도록 짧게 말하거나, 아니면 좋아할 말만 골라서 해야 한답니다"라고 충고했다. 그러자 솔론은 그에게 "그렇지 않습니다. 짧게 말을 하거나 아니면 도리에 맞는 말을 해야 하는 겁니다"라고 대답했다고 한다.

그런 일이 있고 시간이 지난 뒤, 크로이소스는 키로스와의 전쟁에서 패하여 도읍을 빼앗기고, 자신은 생포되어 화형을 당하는 처지가 되었다. 그때 그는 장작더미 속에서 모든 페르시아인과 키로스를 향해 솔론이라는 이름을 외치며 통곡했다. 이 광경을 보고 놀란 키로스는 도대체 솔론이 누구인지, 신인지 사람인지를 물어보라고 했다. 크로이소스는 말했다.

"솔론은 그리스의 현명한 철학자요. 나는 내 궁전의 화려함을 자랑하기 위해 그를 초대했었소. 그의 말처럼 행복이란 손에 넣었을 때의 기쁨보다 잃었을 때의 불행이 더 큰 법이오. 그 행복이 내게 있었을 동안은 좋았지만 실속없는 소문뿐이었는데, 이제 그것을 잃고나니 무서운 고통과 돌이킬 수 없는 불행만 남았소. 그러나 그 전에 솔론은 나의 불행을 미리 알고, 인간은 마지막을 보고나서야 행복한 사람인지 아닌지를 알 수 있다고 말했소. 그렇지만 어리석은 나는 오히려 그에게 충고를 했었지요."

키로스는 이 말을 듣고 솔론의 현명함에 감탄하여 크로이소스를 살려 주었다. 솔론의 한 마디 말이 크로이소스 왕의 생명을 구했던 것이다.

한편 솔론이 외국을 돌아다니며 여행을 하는 동안 아테네는 파벌 싸움이 벌어지고 있었다. 리쿠르고스가 평지의 사람들을 이끌고 있었고, 메가클레스는 해안에 사는 사람들을, 그리고 페이시스트라토스는 가난한 테티스를 지원하며 산에 사는 사람들을 지휘하고 있었다. 새로운 법률이 있었음에도 불구하고 그들은 반대파를 누르고 자신이 권력을 잡기 위해 싸움을 시작했다. 이럴 무렵 솔론은 여행을 마치고 아테네로 다시 돌아오게 되었다.

그는 국민들의 환영과 존경을 받았지만, 이미 나이가 많아서 대중들 앞에서 연설을 할 수도 없었고 하려고 하지도 않았다. 다만 여러 당파의 지도자들을 만나 화해를 시키기 위한 노력을 계속했다. 그의 의견을 가장 잘 따르려는 사람은 페이시스트라토스였다. 그는 말재주가 있어 사람들을 즐겁게 해주었고, 가난한 사람들을 온순하게 다스려온 터라 착실하고 조심성 있는 사람, 평등을 사랑하는 사람, 혼란을 만드는 것들과 맞서는 용감한 사람으로서 많은 사람들의 신뢰를 얻고 있었다. 그러나 이 모두가 그의 지나친 야망과 술책에서 나온 것이라는 것을 알게 된 솔론은, 그의 좋은 점을 이용하여 좋은 생각을 갖도록 설득하였다. 솔론은 그가 지나친 욕망을 없애고 참주 정치의 야망만 버리게 되면 훌륭하고 덕이 높은 인물이 될 것이라고 확신하고 있었다.

그 무렵, 테스피스가 트래지디[13]를 새롭게 만들어 사람들에게 즐거운 구경거리를 제공하고 있었다. 솔론은 극이 끝난 뒤 테스피스에게 물었다.

"이렇게 많은 사람들 앞에서 거짓말을 마구 해도 부끄럽지 않소?"

테스피스는 연극에서는 거짓말을 해도 나쁠 것이 없다고 말했다. 그러자 솔론은 지팡이로 땅을 내리치며, "이런 일을 연극이라고 해서 인정해 준다면 언젠가는 진실한 일에도 그런 거짓들이 나타나게 될 것이오" 하고 탄식했다.

어느 날 페이시스트라토스는 시민들을 선동하기 위해 일부러 몸에 부상을 내고는 반대파에게서 이런 변을 당했다고 말했다. 솔론은 군중들이 이 말을 듣고 그를 동정하자 페이시스트라토스의 곁으로 가서 이렇게 말했다.

"히포크라테스의 아들이여, 그것은 호메로스의 오디세우스를 흉내 낸 고약한 짓이오. 그러나 그대는 지금 자기 나라 사람들을 속이기 위해 이런 짓을 하고 있지만, 적어도 오디세우스의 속임수는 적을 속이기 위한 것이었소."

또 사람들이 집회를 열고, 그를 보호하기 위해 50명의 호위병을 만들어야 한다고 제의하자 솔론은 모두들 거짓 연극에 혼이 빠져 있다고 하면서, "그대들 각자는 여

---

13) 트래지디(Tragedy, 양의 노래): 현재 비극이라 부르고 있는 이 극의 기원은 Tragos(산양)와 ode(노래)의 합성어이다. 디오니소스의 제사 때 양으로 분장을 한 가수가 노래를 불렀는데 이 가수를 Tragodos 라고 불렀다. 이 극은 합창과 무용을 곁들여 부르는 전원적인 노래로 시작되었으며, 기원전 534년에 와서는 테스피스가 이 합창에 배우를 등장시켜 새로운 동작을 만들었다. 이것은 현재 드라마(drama)의 기초가 되었다.

우처럼 영리하지만 서로 모이면 모래처럼 뭉치지 못하는구려” 하고 말하며 안타까워했다. 그러나 빈민들이 그의 말을 알아듣지 못하고 페이시스트라토스에게 지지를 보내자, 솔론은 자기는 어느 누구보다 현명하며 용감했다고 말한 후 그 자리를 떠났다. 자기 자신이 무엇을 위해 행동하는지도 모르는 사람들보다는 현명하고, 왜인지는 알지만 두려워서 꼼짝하지 않는 사람들보다는 용기가 있다는 것이다.

결국 사람들은 호위병을 세웠으며, 군대를 모아 아크로폴리스를 점령하였다. 온 시내는 발칵 뒤집혔다. 메가클레스도 가족을 데리고 도망을 가버리자, 솔론은 광장에 나가서 연설을 했다. 그는 시민들의 경솔함과 어리석음을 비판하는 한편, 자유를 지키기 위해 용기를 내야 한다고 사람들을 설득했다. 독재 정치가 싹트기 전에 막는 일은 쉽지만, 그것이 성장한 후 쓰러뜨리는 일은 어렵다고 하였다. 그러나 그 어려운 일을 해내는 것은 참으로 위대한 일이며 영광스러운 일이라고 설득했다. 하지만 사람들은 두려움 때문에 감히 솔론의 말을 따르지 못했다.

솔론은 매우 실망한 채 집으로 돌아와 무장을 하고 “나라와 법을 지키면서 내가 할 수 있는 일은 다했다”고 써서 문 앞에다 붙였다. 그리고는 친구들이 피신하라고 권하는 것도 듣지 않고 아테네 사람들을 훈계하는 시를 쓰기 시작했다.

> 그대들이 어리석어 괴로움을 당했으니
> 하늘과 운명을 원망하지 마라.
> 폭군에게 성을 내준 것이 그대들이었으니
> 이제는 자유를 잃은 노예가 될 수밖에.

어려운 상황에서도 곧고 옳은 말을 하는 솔론을 보고, 많은 사람들은 독재자에게 죽임을 당할 것이라며 뭘 믿고 그런 대담한 행동을 하느냐고 물었다. 그러자 솔론은 그들에게, “내 늙은 나이를 믿소”라고 대답했다.

그러나 페이시스트라토스는 그가 권력을 잡은 뒤에도 여전히 솔론을 존경하며 그에게 여러 가지 일을 의논하기도 했다. 페이시스트라토스는 솔론의 법률을 거의 그대로 썼기 때문에 솔론도 그의 상담을 잘 들어주었으며 조언과 칭찬도 아끼지 않았다.

페이시스트라토스는 솔론의 법률에 몇 가지를 덧붙이기도 했다. 그 중에는 전쟁으로 부상당한 사람의 생활을 정부에서 도와주도록 한 것이 있는데, 이것도 이미 오래 전에 솔론이 만들어 놓았던 것을 보충한 규정이라고 한다.

솔론은 아틀란티스 섬의 역사에 대한 방대한 책을 쓰려고 했지만 끝까지 쓰지 못하고 도중에 그만두었다. 플라톤은 그가 여가가 없어서 이 일을 끝마치지 못했다고 하지만,

> 나이는 하루하루 늘어가지만
> 배움의 길은 나날이 새롭구나.
> 그러나 지금도 나에게는 모든 사람들이 좋아하는
> 아름다움과 음악과 술이 있구나.

라고 쓴 시들을 보면 여가가 없어서라기보다는, 솔론이 이미 나이가 많고 일이 너무 방대하여 감당해 내지 못한 것으로 보인다.

그래서 플라톤은 아틀란티스 섬에 대한 이야기를, 마치 상속인이 없어 자신이 저택을 물려받게 된 듯한 마음으로 쓰기 시작했다. 그러나 너무 늦게 시작한 만큼 이 글의 완성을 보지 못한 채 그는 세상을 떠났고, 그가 써놓은 부분들을 읽다보면 미처 쓰지 못한 부분에 대한 안타까움이 느껴진다. 아테네의 여러 신전 가운데 제우스의 신전만이 완성되지 못했던 것처럼 플라톤의 뛰어난 작품 중에서 오직 이 아틀란티스에 대한 글만이 미완성의 상태로 전하고 있다.

헤라클레이데스 폰티코스의 기록에 의하면, 솔론은 페이시스트라토스가 죽은 뒤에도 오랫동안 살아 있었다고 한다. 그러나 파니아스는, 그가 죽은 2년 뒤에 솔론도 죽었다고 주장하면서 솔론은 페이시스트라토스가 죽은 뒤 헤게스트라토스가 아르콘을 지낼 때까지 살아 있었다고 전한다. 그리고 솔론의 시체를 화장하여 그 재를 살라미스 섬 주위 바다에 뿌렸다는 이야기도 아리스토텔레스를 비롯한 많은 사람들의 기록에서 전해지고 있다.

6
포플리콜라

(POPLICOLA, BC 500년경 활동)

로마의 정치가이며 웅변가. 우수한 군인으로 집정관을 지냈다. 본래 이름은 푸블리우스 발레리우스였으나 뛰어난 공적을 세워 포플리콜라라고 불리었다. 솔론의 영향을 받아 로마의 법률을 제정하였다.

포플리콜라의 본래 이름은 푸블리우스 발레리우스였다. 그런데 로마 사람들이 그의 공적을 기리기 위해 포플리콜라라는 명예로운 이름을 붙였다. 그는 로마의 사비니의 두 왕을 설득해서 분쟁을 조정한 유명한 시민 푸블리우스 발레리우스의 후손으로, 웅변과 재산으로 매우 이름이 높았던 사람이다. 그는 웅변을 할 때 정의의 편에 서서 항상 바르고 솔직한 연설을 하였고, 가난한 사람들에게 재산을 아낌없이 나누어 주어 많은 사람들의 칭송과 존경을 받았다고 한다.

당시 로마는 혼란에 빠져 어지러웠던 시기였다. 타르퀴니우스 수페르부스가 폭력을 써서 왕위에 올라 포악한 독재를 하고 있었기 때문에 민중들은 불만을 품고 있었다. 그러다가 타르퀴니우스의 왕자에게 콜라티누스의 아내 루크레티아가 겁탈을 당하고 자살한 사건이 생기자 민중들은 독재 정치에 반기를 들기 시작했다. 이 때 루키우스 브루투스는 발레리우스를 찾아가 그의 열렬한 지지를 얻어냄으로써 왕을 내쫓았다.

민중들이 다시 왕을 선출하려 하자 발레리우스는, 브루투스가 자유를 위해 투쟁

〈타르퀴니우스와 루크레티아〉, 페테르 파울 루벤스.

했으므로 그에게 나라를 맡기는 것이 좋겠다고 말했다. 그러나 민중들은 왕이 지배하는 것을 원하지 않았기 때문에 통치권을 나누어 집정관 두 사람을 뽑기로 결정하게 되었다.

발레리우스는 브루투스와 자기가 선출되리라고 생각했으나, 기대와는 달리 브루투스와 타르퀴니우스 콜라티누스가 선출되었다. 콜라티누스는 자살한 여자 루크레티아의 남편으로 공적 때문에 당선된 것이 아니라, 쫓겨난 왕이 다시 로마로 돌아오는 것을 막기 위해 분노에 차 있는 그를 지도자로 뽑은 것이었다.

발레리우스는 자신이 뽑히지 않자 나라를 위해 애쓰고 있는 자신을 국민들이 몰라준다고 섭섭하게 생각하였다. 그래서 그는 원로원에서 물러나와 법정에도 가지 않고 모든 정치적인 일에서 물러났다. 이러한 그의 행동에 발레리우스를 지켜보던 사람들은 그가 왕의 편에 가담할 것이라고 생각하면서 점차 그를 의심하기 시작했다. 발레리우스는 사람들의 의심을 풀기 위해 원로원 의원들과 함께 신전에 가서 선서를 하기로 결심했다.

발레리우스는 웃는 얼굴로 광장에 나와서 누구보다 먼저 선서를 하였다. 선왕인 타르퀴니우스의 제안에 굴복하거나 타협하지 않을 것이며 자유를 위해 끝까지 싸우겠다고 맹세하자 원로원 의원들은 매우 기뻐했으며, 두 집정관들도 다시 그를 믿게 되었다. 그의 약속은 곧 행동으로 증명되었다. 타르퀴니우스 왕이 이전의 거만한 태도를 버리고, 기만적인 조건을 내세워 국민들을 현혹했을 때 두 집정관은 이 제안을 전체 국민들에게 물어보는 것이 좋겠다고 말했다. 그러나 발레리우스는 그것에 반대하며, 백성들은 독재 정치보다 전쟁을 더 두려워하므로 그들이 제안에 넘어가게 해서는 안 된다고 했다.

그 다음에도 왕은 사신을 보내어 왕위를 버리고 전쟁도 하지 않을 것이며 자신과 친구들의 재산만 돌려 주면 망명한 몸으로 생활비용에 쓰겠다고 했다. 그러자 집정관 콜라티누스를 비롯한 몇몇은 그의 요구를 들어주자고 했다. 완강하고 성급한 브루투스는 곧바로 공회장으로 달려와, 폭정에 보조금을 주고 또 추방당한 곳에서 살도록 생활비까지 보태 주는 것은 반역자나 다름없는 행동이라고 집정관을 비난했다.

시민들은 이 때문에 큰 집회를 열었다. 그 중에서 카이우스 미누키우스라는 한 시민은 로마에 그럴 돈이 있으면 자신들을 먼저 도와야지, 왜 원수를 도와주려 하느냐고 하면서 브루투스를 지지하고 나섰다. 그러나 로마인은 돈 때문에 평화를 희생시켜서는 안 된다고 하며 폭군들의 재산은 폭군과 함께 아낌없이 던져 버려야 한다고 결의했다.

사실 타르퀴니우스는 그 재산에는 별로 관심이 없었다. 단지 백성들의 감정을 알아 보고, 로마에 소란을 일으키기 위해 이러한 일을 벌였던 것이다. 이들은 재산의 일부를 팔거나 빼돌리면서, 다른 한편으로는 음모를 꾀하여 로마의 이름난 두 집안을 자기 편으로 끌어들였다. 타르퀴니우스와 결탁한 두 집안 중 아퀼리우스 가문은 원로원 의원이 세 명이나 있었고, 또 하나 비텔리우스 가문에도 원로원 의원이 두 명이 있었다. 이 의원들은 모두 집정관 콜라티누스와도 가까운 외척이었다. 브루투스는 혼인 관계로 비텔리우스 가와 친척이었고, 그의 자녀 중 두 청년은 같은 나이들이라 가까이 지내는 사이였다. 그래서 비텔리우스 가의 사람은, 타르퀴니우스와 협력하면 왕위에 오를 수 있다고 이 두 청년(브루투스의 아들들)을 꾀어낸 것이었다.

두 청년은 아퀼리우스 가문 사람들과 모여 음모를 꾸미기 위해 어두컴컴하고 은밀한 곳을 장소로 정했다. 그런데 빈디키우스라는 시종 하나가 때마침 그 방에 들어갔다가 사람들이 들어오는 것을 보고 장롱 뒤에 몸을 숨겼다. 빈디키우스는 그들이 두 집정관을 암살하고, 밀서를 타르퀴니우스에게 보내기로 한 음모를 모두 듣게 되었다.

일행이 방을 나간 뒤 빈디키우스는 눈에 띄지 않게 그 집에서 도망쳐 나왔으나 이 사건을 어떻게 처리해야 할지를 몰랐다. 그 일을 아버지인 브루투스에게 얘기하는 것도, 집정관 콜라티누스에게 고발하는 것도 쉬운 일은 아니었다. 고민 끝에 그는 발레리우스를 떠올렸다. 발레리우스는 상냥하고 친절하며, 언제나 문을 열어 두어 미천한 사람이라도 반가이 맞아주고 부탁을 거절하지 않는다고 들었기 때문이었다.

빈디키우스는 발레리우스에게 가서 자기가 보고 들은 것을 그대로 말했다. 발레리우스는 동생 마르쿠스에게서 밀서를 압수하고, 그들을 잡아들이라고 했다. 그리고 아퀼리우스 집으로 가서 타르퀴니우스가 보낸 편지를 압수하고는 밖에 나가 있던 아퀼리우스 형제가 급히 달려들어오자 그들을 묶어 공회장으로 데려갔다. 두 집정관은 음모를 꾸미던 사람들과 증거물을 모두 거둔 다음 빈디키우스를 데려왔다.

드디어 재판이 시작되어 죄상을 고발하고 압수된 편지가 낭독되자 반역자들은 한마디 변명도 하지 못했다. 대부분의 사람들은 입을 다문 채 아무 말도 하지 않으나 몇몇은 브루투스를 동정하여 그의 아들들을 추방하는 데만 그치자고 했다. 콜라티누스의 눈에는 눈물이 어렸고 발레리우스는 입을 꼭 다문 채 침묵하고 있었다. 브루투스는 사랑하는 두 아들의 이름을 부르며, "티투스, 그리고 티베리우스, 왜 아무 변명도 없느냐?" 하고 세 번이나 되풀이해서 물었으나 아들들은 아무 대답도 하지 않았다. 브루투스는 재판장을 향해, 남은 것은 그대들의 일이라고 말했다.

두 젊은이는 손을 뒤로 묶인 채 피가 나도록 매질을 당했다. 모두들 차마 볼 수 없는 처참한 광경에 얼굴을 돌렸으나, 브루투스는 똑바로 서서 표정 하나 찡그리지 않고 모든 것을 지켜보았다. 드디어 두 아들이 땅에 쓰러지고 마지막에 도끼로 목이 잘리는 것을 보자, 브루투스는 나머지 일을 동료 집정관인 콜라티누스에게 부탁하고 그곳을 떠났다.

브루투스의 이러한 행동은 최고의 칭찬과 함께 최대의 비난을 받았다. 그의 높은 덕이 슬픔을 초월할 수 있도록 한 것이었는지, 아니면 너무나 슬픔이 커서 고통을 느끼지 못한 것이었는지는 알 수 없다. 그러나 그의 행동은 보통 사람들이 할 수 있는 것은 아니었으며 신이 아니면 동물밖에 할 수 없는 행동이었다.

브루투스가 떠난 뒤 아퀼리우스 가문에서는 변호할 시간의 여유를 달라고 했고 빈디키우스는 자기 집의 종이니 돌려달라고 요구했다. 콜라티누스는 그들의 요구를 들어주려고 집회를 해산시키려고 했다. 그러자 발레리우스는, 빈디키우스는 돌려줄 수가 없으며 반역자의 처벌이 끝날 때까지 집회를 해산해서는 안 된다고 말했다. 또 그는 브루투스를 다시 모셔오라고 외치며, 콜라티누스는 동료의 아들을 둘씩이나 죽게 했으면서도 반역자들을 살려두려 한다고 비난했다. 콜라티누스는 이 말에 몹시 화가 나 빈디키우스를 빨리 잡아들이라고 명령했다. 군중들 사이에서 소요가 일어났다. 이 시끄러운 틈에 브루투스가 돌아오자 사람들은 모두 그에게 눈길을 돌렸고 혼란스러움은 잠시 정지되었다.

"나는 내 두 아들에 대해서는 충분한 심판자가 될 수 있었소. 그러나 그 밖의 일에 대해서는 자유인인 여러분들이 투표로 결정해 주기를 바라며, 누구든 변호를 하고 싶으면 해도 좋소."

그제야 사람들은 투표를 해서 아퀼리우스 형제를 사형시키기로 결정했고 이 사건은 끝이 났다.

콜라티누스는 왕가와 친척이었기 때문에 전부터 국민들의 의심을 받아왔다. 또 그의 성이 타르퀴니우스였기 때문에 더 미움을 샀다. 게다가 이 사건이 있은 뒤, 그는 집정관으로서의 신망을 완전히 잃었다는 것을 알고 스스로 그 지위에서 물러나 로마를 떠났다. 곧 콜라티누스의 보궐 선거가 있게 되어 발레리우스는 드디어 영예의 집정관이 되었다. 그는 노예였던 빈디키우스의 공로를 생각해서 그에게 로마의 시민권을 주어 자유의 몸이 되게 해주었다. 그래서 지금도 그의 이름을 따서, 노예 해방을 빈딕타라고 부르게 된 것이다.

한편 타르퀴니우스 왕의 재산은 모두 국가가 몰수하였고 그 왕궁은 파괴되었으며 타르퀴니우스 왕의 개인 토지였던 곳은 군신 마르스에게 바쳐졌다. 그때가 바로 보리 추수가 끝난 시기라 보릿단이 많이 쌓여 있었는데, 마르스에게 드리기로 한 땅에서 난 곡식을 사람이 먹어서는 안 된다고 하여 모두 강으로 가서 빠뜨렸다. 강에 던져진 보릿단은 멀리 떠내려가지 못하고 걸려 있다가 뒤이어 밀려오는 보릿단 때문에 튼튼하게 쌓여 커다란 땅처럼 변했다. 이것이 지금은 신성한 섬이 되어 로마시 변두리에 자리잡고 있는데, 두 다리 사이의 섬이라는 뜻의 '인테르 듀오스 폰테스'라는 이름으로 불리고 있다.

그러나 어떤 사람은 이 섬이 타르퀴니우스의 땅을 바쳤을 때 생긴 것이 아니라, 그 뒤 타르퀴니아라는 베스타의 여자 신관이 땅을 시민들에게 쓰라고 내놓았을 때 생긴 것이라고 한다. 타르퀴니아는 성화를 지키던 여자였는데 이 일로 사람들의 존경을 받게 되었다. 그래서 그녀는 법정에서 증언을 할 수 있게 되었는데 이것은 여자들에게 금지되어 있었던 특별한 권리였다고 한다.

타르퀴니우스는 왕위를 찾으려다 실패한 뒤 토스카나로 갔다. 사람들은 그를 대단히 환영하며 그에게 왕위를 다시 찾도록 군사를 빌려주기로 했다. 타르퀴니우스는 토스카나의 도움을 받아 군대를 이끌고 로마를 공격해 왔고 로마의 두 집정관은 아르시아 숲과 아이수비아 풀밭에 진을 쳤다. 전투가 시작되자 타르퀴니우스의 아들 아룬스와 집정관 브루투스는 결투를 벌였다. 한 사람은 나라에서 쫓겨난 원한을 갚기 위해, 또 한 사람은 반역자에 대한 국가의 복수를 위해 싸우고 있는 것이었다. 그러나 안타깝게도 그들은 말에 박차를 가하면서 결사적으로 싸우다가 둘 다 전장에서 전사하였다.

양쪽 군사가 손해가 어찌나 컸던지 적군의 시체를 보고는 용기를 내었다가 자기편 시체를 보고 용기를 잃는 형편이었다. 양쪽 군대는 전사자의 수를 짐작하고 자기편이 승리할 것이라고 생각하는 순간 동료들의 죽음을 보고 사기를 잃는 일을 되풀이하고 있었다. 이 전쟁으로 양군은 서로 똑같은 손해를 주고받은 채 폭풍을 만나 잠시 휴전을 할 수밖에 없게 되었다. 발레리우스는 싸움이 어떻게 진행되고 있는지 알 수 없는 데다가 전사자의 수가 너무 많아 어찌할 바를 모르고 있었다.

밤이 되자 장병들은 무기를 거두고 휴식을 취했다. 그때 아르시아 숲이 진동하는 소리가 나더니 무섭게 큰 소리가 들려왔다. 이 전쟁에서 로마 군보다 토스카나 군의 전사자가 한 사람 더 많다는 것이었다. 분명 신의 음성이었다. 그러자 로마 군은 환호를 지르며 좋아하고 토스카나 군은 갑자기 사방으로 도망치기 시작했다. 로마 군은 남아 있는 군대를 습격하여 5천 명을 포로로 잡고 많은 전리품을 얻었다. 전쟁이 끝난 뒤 죽은 사람의 숫자를 세어 보니 적군은 1만 1천 3백 명이었고, 과연 로마 군은 그보다 한 사람이 적은 1만 1천 2백 9십 명이었다.

발레리우스는 영예로운 승리를 거두고 개선 행진을 하였다. 사두마차를 타고 개선하는 최초의 집정관인 발레리우스의 모습은 장엄한 것이었다. 군중들은 그를 찬미하고 존경하는 마음으로 기쁘게 환영하였다.

발레리우스는 동료 집정관이었던 브루투스를 위해 성대한 장례식을 올리고 추도 연설을 하여 국민들을 크게 감동하게 했다. 그 후부터 착하고 위대한 사람이 죽으면, 그 시대의 유명한 명사가 추도 연설을 하는 것이 풍습이 되었다.

그런데 발레리우스에게 국민들의 반감을 사는 일이 생기게 되었다. '자유의 아버지'라고 존경받던 브루투스는 혼자서 집정관이 되려고 하지 않고 동료가 없어지면 다른 사람을 다시 뽑게 했는데, 발레리우스는 자기 혼자 권력을 독점하려 한다는 것이었다. 그래서 사람들은 발레리우스가 타르퀴니우스 같은 사람이라며, 왕궁보다도 좋은 집에 사는 것도 모두 타르퀴니우스와 같은 행동이라고 비난했다.

실제로 발레리우스의 집은 벨리아 언덕에 자리잡고 있었는데 공회장까지 내려다 보이는 호화로운 저택이었다. 언덕에 올라가는 것도 어려웠지만, 또 그가 언덕에서 내려오는 광경도 마치 왕처럼 보였다. 그러나 발레리우스는 듣기 좋은 말보다는 바른 말을 들을 줄 아는 귀를 가져야 한다는 것을 보여주었다. 백성들이 그를 어떻게 평하고 있는가를 친구에게서 들은 그는 곧 많은 일꾼을 모아 하룻밤 사이에 그 화려한 집을 완전히 허물어뜨리고 말았다. 다음날, 로마 사람들을 그 헐어낸 집터에 둘러서서 발레리우스의 넓은 도량에 탄복하여 오히려 그 아름다운 집이 허물어진 것을 안타까워할 정도였다. 살 집이 없어진 발레리우스는 처음에는 친구를 찾아가 신세를 졌다. 그러자 로마 시민들은 발레리우스를 위해 작은 집을 지어주었는데 지금의 비카포타 신전이 그 집의 자리였다고 한다.

발레리우스는 국민들이 정부와 자기 자신을 친근하게 생각하도록 하기 위해 왕이 들고 다니던 지팡이 끝에서 도끼를 빼내고 국민들이 모인 자리에 나갈 때는 그것을 낮추어 국민을 주인으로 한다는 정치적 근본을 한층 강력하게 나타내고자 했다. 그러나 국민들에 대한 이같은 겸손은 국민들에 대한 반감을 없애기 위한 것이었지 자기의 권력까지 축소시킨 것은 아니었다. 그는 표면에 나타나는 권력은 없앴지만, 실질적인 권력은 오히려 더 확보해 나갔던 것이다. 이러한 사실을 간파하지 못한 백성들은 존경의 마음으로 그에게 복종했고, 그러한 존경과 만족을 나타내기 위해 포플리콜라, 즉 '국민을 사랑하는 사람'이라고 부르게 되었다.

포플리콜라는 자신의 권력으로 일단 중요한 제도와 법규를 만든 다음 집정관이 되기를 원하는 사람들에게 균등하게 기회를 주었다. 누가 집정관이 될지 모르는 상황에서, 그는 공연한 경쟁심을 막기 위해 자신의 자리를 구축해 놓았던 것이다.

그는 제일 먼저 타르퀴니우스 왕이 사형시켰거나 전쟁으로 결원된 숫자를 보충하여 원로원의 의원을 다시 164명으로 만들었다. 다음으로 국민의 자유를 확대하는 몇 가지 법률을 만들었는데, 그 중 가장 특색 있는 것은 피고가 집정관의 재판 결과가 억울하다고 생각할 때 국민들에게 호소할 수 있도록 한 것이다. 둘째, 관리들의 관직을 빼앗을 때는 반드시 국민들의 동의를 얻도록 했고, 셋째, 빈민을 구제하기 위해 가난한 사람들의 세금을 면제해 주었다.

집정관에게 반항하는 자를 벌하는 법률은 다른 것들만큼 평판이 좋지는 않았으나 벌금을 돈이 아니라 가축으로 정하여 귀족보다는 평민에게 더 유리하도록 만들었다. 그는 이와같이 법률적으로 평민들을 존중하고 우대했던 한편 무서운 형벌을 정하기도 했다. 하나의 예를 들면, 왕의 자리를 넘보고 음모를 꾸미는 자는 재판 없이 바로 사형시켜도 좋다는 법률이 있었다. 그런 엄청난 음모를 꾸민 죄인은 사람들의 눈을 피할 수 없으니 증인은 충분할 것이고, 또 세력이 너무 커진 다음에는 재판을 하기가 어려웠기 때문이다.

포플리콜라가 국가의 경제에 관해서 만든 법률은 많은 사람들의 칭찬을 받았다. 그는 시민들에게서 거둔 전쟁 군자금을 사투르누스 신전을 국고로 지정하여 보관하게 하고 청년 둘을 뽑아 지키게 했다. 처음으로 임명되었던 사람은 푸블리우스 베투리우스와 마르쿠스 미누키우스였다. 이 세금은 13만 명의 사람들에게서 징수하였는데 고아와 과부를 제외시키고도 막대한 액수에 이르렀다고 한다.

이러한 일들이 끝난 다음, 그는 열부 루크레티아의 아버지 루크레티우스를 집정관에 앉혔다. 그는 나이가 위인 그에게 윗자리를 양보하고 집정관의 표지인 파스케스를 주었다. 루크레티우스는 그 뒤 오래지 않아 세상을 떠났고 마르쿠스 호라티우스가 영예를 이어받아 죽을 때까지 그 자리에 있었다.

한편 타르퀴니우스가 토스카나인들을 선동하여 또다시 로마를 공격하려 하고 있을 때 이상한 일이 일어났다. 타르퀴니우스가 아직 왕으로 있었을 때였다. 그는 무슨 신탁을 받았는지 혹은 왕의 뜻에서였는지 카피톨리누스의 신전 위에 올려 놓기 위해 토스카나의 기술자들에게 흙으로 전차를 빚게 한 일이 있었다. 그 후 타르퀴니우스가 곧 쫓겨났고, 로마인들은 완성된 전차를 돌려달라고 토스카니인들에게 요구했다. 그러나 이 전차를 가진 사람들은 권력자가 된다는 점쟁이의 말을 들은 토스카나인들은 그것이 타르퀴니우스의 것이라며 돌려주지 않았다.

베이이에서 전차 경주가 있었다. 경기는 예년과 마찬가지로 대성황을 이루었고 우승자는 승리의 화환에 둘러싸여 전차를 몰고 유유히 경기장 밖으로 나오고 있었다. 그런데 우승한 사람의 말이 갑자기 사람을 태운 채 전속력으로 로마를 향해 달리기 시작했다. 아무리 소리를 지르고 고삐를 당겨도 말은 멈추지 않고 쏜살같이 달려, 카피톨리누스 신전 앞에 이르러 라투메나 문 근처에다 전차에 탄 사람을 내동댕이쳤다. 이 예사롭지 못한 일에 놀란 베이이 사람들은 흙으로 만든 전차를 로마 사람들에게 돌려주었다.

또 타르퀴니우스는 사비니 인들과 전쟁을 하는 동안 카피톨리누스에 유피테르 신전을 만들어 바치기로 맹세한 적이 있었다. 그러나 미처 완성하지 못한 채 나라에서 쫓겨났고, 결국 포플리콜라가 신전을 마무리하여 신에게 신전을 바치는 영예로운 봉납식을 하게 되었다. 이에 포플리콜라를 시기한 귀족들은 집정관 호라티우스를 설득하여 그에게 봉납식을 거행하라고 권하였다. 때마침 포플리콜라도 없는 동안이어서 호라티우스는 카피톨리누스로 갔다.

9월 13일, 군중들은 봉납식을 지켜보기 위해 보름달이 뜬 밤에 카피톨리누스로 모여드었다. 호라티우스는 관습에 따라 신전의 문을 잡고 봉납식 행사를 시작하려 했다. 그때 포플리콜라의 동생 마르쿠스가 문 곁에 서 있다가 호라티우스에게 말했다.

"집정관 각하, 아드님께서 방금 전쟁터에서 죽었습니다."

이 말을 들은 모든 사람들이 한결같이 깜짝 놀랐다. 그러나 호라티우스는 조금도 동요하지 않고 잘라서 말했다.

"그 애의 시체는 아무 곳에나 버리시오. 나는 지금 장례식에 갈 수가 없소."

그리고 그는 봉납식을 끝까지 진행했다.

물론 호라티우스의 아들이 죽었다는 말은 마르쿠스가 봉납식을 중지시키기 위해 거짓으로 꾸며낸 것이었다. 그러나 호라티우스가 그것을 알아챘든, 곧이들었든 간에 그가 마음의 동요를 일으키지 않고 끝까지 하던 일을 마쳤다는 것은 세상 사람들을 놀라게 했다.

그런데 다음 신전의 봉납식 때도 비슷한 사건이 일어났다. 타르퀴니우스가 지어 호라티우스가 봉납한 첫 번째 신전은 내란이 일어났을 때 불에 타서 없어지고 말았다. 그 후 두 번째 신전은 술라가 지었는데, 신전이 완성되기 전에 그가 죽어 버려 봉납식의 영예는 카툴루스에게 돌아갔으며 비텔리우스 시대에 반란이 일어나 파괴되고 말았다. 그 다음으로 베스파시아누스가 제3의 신전을 지었는데 그는 다행히도 생전에 신전을 완성시켜 자신이 헌납하였으나 그가 죽고 나서 곧 불에 타서 없어져 버렸다. 그리고 네 번째 지은 신전은 지금 남아 있는 것으로 도미티아누스가 지어서 봉납한 것이다. 타르퀴니우스는 그가 지은 신전의 샘을 만드는데 4만 파운드의 은을 썼다고 하지만, 이 신전의 벽을 금으로 칠하는 데 든 비용을 감당할 수 있는 사람은 오늘날의 로마에는 없다. 그 비용은 1만 2천 탈렌트가 훨씬 넘는 것이었다. 이 신전의 기둥은 펜텔리칸 산의 대리석을 다듬어 만든 것으로 그 굵기와 길이의 조화가 매우 뛰어났으나 나중에 로마로 옮겨간 다음 다시 깎고 다듬어서 오히려 균형을 잃고 말았다. 그러나 이 신전의 화려함도 도미티아누스의 궁전의 호화로움에 비하면 아무것도 아니다. 에피카르무스의 시에서,

> 천성이 너그러워서가 아니라
> 써버리기 좋아하는 병 때문이다.

라고 한 것도 도미티아누스에게 아주 잘 어울리는 구절이다. 도미티아누스는 신앙이 깊어서가 아니라, 오히려 건축병이 들어서 이처럼 화려한 신전을 지어올린 것이었다. 이것은 마치 미다스가 모든 것을 황금으로 만들었던 것처럼 모든 것을 벽돌로 쌓아올리고 싶어했던 도미티아누스의 병적인 행동이었다고 말하는 편이 옳을 것이다.

한편 타르퀴니우스는 자신의 아들이 브루투스와 싸우다가 죽었다는 소식을 듣고서 클루시움으로 갔다. 그리고 당시 이탈리아에서 가장 강대했던 라르스 포르센나 왕에게 구원을 요청했다. 왕은 타르퀴니우스에게 원조해 줄 것을 약속하고 우선 로마로 사절을 보내어 타르퀴니우스를 왕위에 복귀시키라고 요구했다. 그러나 로마 사람들은 그의 요구를 거절했고, 두 나라는 전쟁의 소용돌이에 휩싸이게 되었다. 포르센나 왕은 곧 선전포고를 한 뒤, 많은 군사를 이끌고 로마에 대한 공격을 시작했다.

당시 로마에는 포플리콜라가 다른 일 때문에 자리를 비우고 있는 상태였고, 동료 집정관인 티투스 루크레티우스가 나라를 돌보고 있었다. 전쟁의 소식을 들은 포플리콜라는 곧 로마로 돌아왔다. 그는 포르센나를 속이는 한편 로마의 당당한 정기를 보여주기 위해 적군이 이미 가까이 있다는 것을 알면서도 시글리우라 시를 새로 건설하기 시작했다. 포플리콜라는 엄청난 돈을 들여 성벽을 완성시키고 700여 명의 시민을 이주시키는 등 전쟁 같은 일은 신경도 쓰지 않는 것처럼 보이게 했다.

그러나 포르센나는 공격에 박차를 가하면서 로마 시를 점령하기 위해 몰려왔다. 포플리콜라는 성문을 열고 나아가 티베르 강가에서 싸우고 있던 군대를 도와 결전을 벌였으나 심한 부상을 당하고 말았다. 그의 동료 집정관이던 루크레티우스도 마찬가지로 부상을 당하자 로마 군들은 싸울 용기를 잃고 모두 앞을 다투어 성 안으로 후퇴해 들어왔다. 적군은 이미 티베르 강의 다리를 건너 몰려들어오고 있었으며 로마 시의 운명은 마치 바람 앞의 촛불과도 같았다.

그때 코클레스라는 별명을 가진 호라티우스가 헤르미니우스와 라르티우스라는 두 장군과 함께 티베르 강의 다리를 지키고 있었다. 이들은 한편으로 물밀듯이 밀려 오는 적들을 막고 다른 한편은 다리를 끊어 적들이 이 곳을 건너 들어오지 못하도록 지키고 있었다. 호라티우스는 다리 저편 끝에서 적을 막고 있는 동안 다리가 끊어지자 철로 만든 갑옷을 입은 채 강에 뛰어들어 건너오려 했으나 적의 창이 그의 허벅다리에 꽂히고 말았다. 그는 창이 꽂힌 채 헤엄을 쳤고, 그의 용기에 감탄한 포플리콜라는 명령을 내려 로마 사람들이 각기 하루치의 식량을 그에게 주도록 했다. 또 뒷날 그에게 하루 종일 걸어서 닿을 수 있을 만큼의 땅을 상으로 내렸으며 불카누스[1] 신전에 그의 모습을 청동으로 만들어 세우게 했다.

그러나 포르센나는 그 후에도 로마를 여러 차례 공격하였으며 로마 사람들은 전쟁과 굶주림에 시달리게 되었다. 게다가 토스카나 군도 로마를 공격해 오기 시작하여 그들의 괴로움은 날로 심각해지게 되었다. 이미 세 번씩이나 집정관에 당선된 포플리콜라는 수비만 하고 있을 수는 없다고 생각하여 군대를 이끌고 성 밖으로 나갔다. 그리고 토스카나 군을 습격하여 적군 5천 명을 죽이고 돌아오는 공을 세웠다. 이 싸움에는 무키우스라는 용감한 사람의 이야기가 전해져 온다.

무키우스는 특히 용감하기로 이름나 있었다. 어느 날 그는 포르센나를 암살하기 위해 토스카나 사람처럼 꾸미고 적진으로 숨어들어갔다. 그는 포르센나 왕이 귀족들과 같이 앉아 있는 곳까지 갔으나 누가 왕인지를 알 수가 없었다. 그래서 누가 왕인지를 물을 수 없어 가장 왕같아 보이는 한 사람을 칼로 내리쳐 죽이고 붙잡히고 말았다. 심문을 당하고 있던 무키우스 옆에는 포르센나 왕이 제사에 쓰려고 불을 피운 쇠화로가 있었다. 무키우스는 오른손을 화롯불에 집어넣고 손이 불에 타들어가도 태연하게 포르센나 왕을 노려보았다. 왕은 그의 용기에 매우 놀라 그를 살려주고는 칼을 돌려주었다. 그는 왼손으로 칼을 받았다. 이 때문에 그는 스카이볼라라고 불리게 되었다. 왼손잡이라는 뜻이다. 그는 이렇게 말했다.

"저는 왕의 무서움에는 이겼지만 그 아량에는 졌습니다. 그러나 지금 저와 같은 생각을 하고 있는 300명의 로마 결사대가 주위에 잠복하고 있습니다. 제비를 뽑은 결과 제가 이 일을 맡게 되었으나, 실패했다고 서운하게 생각지는 않습니다. 전하께서

---

1) 불카누스(Vulcan): 불과 대장간의 신

는 용맹스럽고 위대한 왕이시며 로마의 적이 아니라 벗이 되실 분이기 때문입니다."

포르센나 왕은 이 말을 듣고 로마인들의 용기에 감탄하여 휴전을 결심하였다. 포플리콜라도 포르센나와 싸우기보다는 동맹관계를 맺는 것이 로마를 위해 유익할 것이라고 생각하고 있었으므로 포르센나 왕에게 타르퀴니우스와의 싸움을 중재해 주기를 요청했다. 그리고 타르퀴니우스가 옳지 못한 일을 하고 있으며, 나라에서 쫓겨난 것도 스스로 만든 결과였다고 말했다. 그러나 타르퀴니우스는 오만한 태도로, 포르센나는 약속을 어겼으며 자신은 어떤 재판도 받지 않을 것이라고 말했다.

결국 포르센나는 로마에게 빼앗긴 땅을 되돌려 받고, 모든 포로를 상호 석방한다는 조건으로 동맹을 맺었다. 그리고 이것을 보증하기 위해 로마 귀족의 아들 10여 명과 포플리콜라의 딸 발레리아를 포함한 소녀들을 볼모로 삼았다. 그런데 볼모로 가 있던 로마의 소녀들이 초승달 모양으로 생긴 어떤 여울에서 목욕을 하다가 아무도 없는 것을 틈타 강을 건너 로마로 건너오는 사건이 일어났다. 무사히 건너온 그들은 포플리콜라에게 갔다. 이 일은 포르센나를 속이기 위해 미리 짜고 한 일처럼 보였다. 그래서 그는 그들을 다시 포르센나에게 돌려보내기로 했다. 이 소문을 들은 타르퀴니우스는, 다시 호송해 가는 길을 습격하여 소녀들을 납치했다. 포플리콜라의 딸 발레리아만이 시녀들의 도움으로 운좋게 빠져나올 수 있었다. 그러나 다른 소녀들이 위험한 상태에 있다고 말을 들은 포르센나의 아들 아룬스가 달려가서 로마인들을 구원해 주었다. 포르센나는 그 소녀들이 돌아오자, 누가 처음에 도망갈 계획을 세웠는지를 물었다. 소녀들이 클로엘리아라고 하자, 포르센나는 미소를 지으며 예쁜 안장을 단 자신의 말을 그녀에게 선물로 주었다.

이렇게 포르센나는 로마와 화해를 하여 너그러운 아량을 보여 주었다. 그는 휴전을 하기 위해 군대를 철수시킬 때도, 무기는 가져오게 했지만 식량과 그 밖의 군수품은 모두 로마 사람들이 가지도록 남겨두었다. 그래서 오늘날에도 전쟁물품을 경매할 때, 맨 처음에 "포르센나의 물건을 팝니다"라고 외치는 풍습이 생겨난 것이다. 로마인들은 또 포르센나의 친절을 잊지 않기 위해 원로원 옆에 그의 동상을 세웠다고 한다.

그 후 사비니 족들이 로마 영토를 침략해 왔을 때, 포플리콜라의 동생 마르쿠스 발레리우스와 포스투미우스 투베르투스가 집정관으로 선출되었다. 마르쿠스는 포플리콜라의 의견을 따라 두 전투에서 크게 승리를 거두었다. 특히 두 번째 전투에서 로마 군은 한 사람도 잃지 않고 1만 3천 명이나 되는 적을 죽였다. 마르쿠스는 이 싸움을 승리로 이끈 공으로 팔라티누스에 있는 거대한 저택을 선물로 받았는데, 그 집은 일반 저택들과는 달리 문을 안에서 바깥으로 열게 되어 있었다. 이것은 사람들이 그를 존경한다는 것을 나타내기 위해 길을 양보한다는 의미로 만든 것이었다.

그리스 사람들 역시 이와 같이 문을 밖으로 열도록 집을 지었다고 한다. 그리스의 어떤 희극을 보면, 집 안에서 길을 가던 사람이 문을 노크하는 장면이 있는데, 이것은 문 밖에서 길을 가던 사람이 열리는 문에 부딪히지 않도록 하기 위해 신호를 하는 것이라고 설명하고 있다.

이듬해에 포플리콜라가 네 번째로 집정관이 되었을 무렵, 사비니 족과 라틴 족의 연합군이 쳐들어올 기세로 로마를 위협하고 있었다. 뿐만 아니라 이 무렵 로마에서는 아기를 가진 여자들이 유산을 하거나 달이 차지 않은 아기를 낳는 일이 많았다. 사람들은 신이 노하여 이런 일이 생기는 것이라고 생각했다. 그래서 포플리콜라는 신탁을 적은 책들을 읽고, 지옥의 신 플루톤에게 제사를 지냈으며, 아폴로의 마음을 풀기 위해 운동 경기를 부활시키는 등 로마 시민들의 마음을 평화롭게 만들기 위해 노력했다. 그리고 강대한 적군을 막아내기 위해 시민을 단결시키고 로마를 적으로부터 지키기 위한 준비를 하기 시작했다.

당시 사비니 족 가운데는 아피우스 클라우수스라는 사람이 있었다. 그는 재산이 많고 힘도 세었으며, 덕망이 높고 웅변에도 뛰어나 주위의 시기와 질투를 받고 있었다. 더구나 전쟁을 중지하라고 주장했기 때문에 그는 로마의 편을 들어 왕의 자리를 탐내는 자라고 의심을 받고 있었다. 그는 많은 사람들이 이 소문을 믿고 자신을 해치려 한다는 것을 알고 자신과 의견이 같은 사람들을 모아 당파를 결성하였다. 이러한 사정 때문에 사비니 군의 공격이 잠시 늦어지고 있다는 것을 알게 된 포플리콜라는 클라우수스를 돕기 위해 밀사를 보냈다. 포플리콜라는 밀사를 통해, 부당한 대접을 받지 말고 로마로 온다면 모두가 환영하며 훌륭하게 대접할 것이라고 전했다. 이런 말을 들은 클라우수스는 이 제안을 받아들이기로 결심하였다. 그리고 자신의 동지들과 가족들 5천 명을 데리고 로마로 망명해 왔다. 포플리콜라는 그들을 친구로 맞아들여 시민권과 땅을 주었으며, 클라우수스에게는 원로원 의원의 자격을 주었다.

클라우수스는 로마에서 훌륭한 정치적 수완을 발휘하였으며 나중에는 최고의 명성을 얻고 존경받는 인물이 되었다. 또 그의 후손인 클라우수스 가문은 로마의 다른 어떤 가문에게도 지지 않는 훌륭한 가문으로 자리잡았다. 클라우수스 일행이 로마로 가고 나자 전쟁은 일단 중지되었다. 그러나 사비니 족들은 나라를 버리고 적이 된 클라우수스가 로마의 세력을 강화시키는 것을 그냥 두고 볼 수만은 없다고 생각하고는 많은 군사를 이끌고 와서 피데나이에 진을 치고 2천 명의 복병을 로마 근처 밀림과 골짜기에 숨기기로 했다. 그리고 로마 시에 가까이 접근해서 적을 복병이 있는 쪽으로 유인해 내는 작전을 세웠다.

그러나 포플리콜라는 도망온 사비니 군 병사에게 이 작전을 듣고 재빨리 군사를 움직였다. 어둠을 이용하여 3천 명의 병력을 복병이 숨어 있는 곳으로 보내고, 또 한쪽 군사는 사비니 기병과 대항하기 위해 준비했으며, 나머지 군사로는 적진을 포위했다.

날이 샐 무렵, 짙은 안개 속으로 대장 포스투미우스가 산 위에서 함성을 지르며 내려갔다. 동시에 다른 곳에서도 공격이 시작되었다. 사비니 군은 모두 놀라 달아났으며 로마 군은 아무런 저항도 하지 않고 달아나는 사비니 군을 추격하여 큰 승리를 거두었다. 로마 사람들은 대체로 큰 성공은 신의 축복이라고 생각하지만, 이 전쟁의 승리는 오로지 장군의 공으로 돌려 높이 칭송하였다.

포플리콜라는 전쟁의 승리를 알리는 개선식을 올리고, 자기 다음으로 집정관이 될 사람들에게 나랏일을 맡긴 후, 세상을 떠났다. 그는 어느 누구보다도 높고 위대한 인물로서 최고의 영예를 얻고 일생을 마친 것이다. 로마 사람들은 그가 살아 있을 동안 드렸던 존경이 모자랐다는 듯, 그의 장례식을 매우 성대하게 치렀으며 시민 모두가 성의껏 준비한 부의금을 드리고 부인들은 1년 동안 상복을 입고 그의 죽음을 슬퍼했다. 그는 로마 사람들의 소망에 따라 로마 시내의 벨리아라는 곳에 묻혔으며, 그의 자손들에게도 여기에 묻힐 수 있는 영광이 주어졌다. 그러나 포플리콜라 이외에 여기에 묻힌 사람은 없으며, 다만 장례의 행렬이 여기에 잠시 머물렀다 간다고 한다. 그것은 사람들이 포플리콜라의 신성함을 지키려고 한 행동이었으며, 이 곳에 머물렀다는 것만으로도 큰 영광이라고 생각했기 때문이다.

솔론과
포플리콜라의 비교

솔론과 포플리콜라의 관계는 매우 독특하다. 그것은 한 사람이 다른 사람을 본보기로 삼아 모방했다는 것이다.

솔론이 크로이소스에게 말한 행복의 정의를 보면, 포플리콜라가 그의 말에 가장 적합한 사람임을 발견할 수 있다. 솔론은 텔루스를 행복한 사람이라고 말했지만 행복이 그의 일생의 후세에까지 이어지지는 않았다. 그러나 포플리콜라의 일생은 로마 사람들 가운데서 가장 훌륭한 것이었으며 위대한 덕성과 함께 위대한 권력을 가지고 있었다. 그리고 죽은 뒤에도 유족들은 그의 이름을 명예롭게 생각하여 포플리콜라 가문, 메살라 가문, 발레리우스 가문 등 6백 년이 지난 뒤까지 영광을 이어갔다. 뿐만 아니라 텔루스는 용감한 군인으로서 적의 손에 죽고 말았지만, 포플리콜라는 적을 죽이고 조국을 승리로 이끈 인물로서 솔론이 간절히 소망한 것처럼 행복한 죽음을 맞았던 것이다.

솔론은 인간이 영원히 사는 길을 묻는 밈네르모스에게 이런 시로 대답했다.

내가 이 세상을 떠나가는 그 날
친구들의 슬픔을 얻는 것이 소원이리.

바로 이런 소원을 이룬 포플리콜라의 삶이야말로 행복한 사람의 일생이었을 것이다. 포플리콜라가 죽었을 때, 친구와 친척들뿐 아니라 로마 시 전체는 그의 죽음을 슬퍼하며 비탄에 빠졌고, 여자들은 자식이나 남편을 잃은 것처럼 상복을 입었다. 또 포플리콜라는 부정한 일을 하지 않고도 부자가 되었으며, 가난한 사람들을 위해 은혜를 베풀 줄도 알았다. "부자가 되고 싶지만 부정한 방법으로 얻기는 싫다"는 솔론의 소원을 포플리콜라는 이루었던 것이다.

만약 솔론을 가장 현명한 사람이라고 한다면 포플리콜라는 가장 행복한 사람이었다고 하겠다. 솔론이 가장 위대하고 완전한 행복으로 원했던 것을 포플리콜라는 성취해 냈으며 자신이 죽은 뒤까지 그것을 지켰기 때문이다.

솔론이 포플리콜라의 명예를 더욱 크게 했던 것처럼, 포플리콜라 또한 솔론의 정치 구조를 모범으로 삼아 공화정 제도를 확립할 수 있었다. 그는 집정관들의 지나친 권세와 위엄을 없애고, 민중들의 마음에 거슬리는 법률을 만들지 않았으며, 그들에게 많은 권리를 주었다. 그리고 솔론의 모범을 받아들여 그의 명예와 빛을 더해 주었다.

포플리콜라가 만든 법률 중에는 솔론의 규정을 그대로 옮겨온 것도 있었다. 예를 들면, 통치자의 임명권을 국민에게 주고, 재판에서 피고인이 국민에게 상소할 수 있게 한 것들이 그 예이다. 또 포플리콜라는 솔론의 원로원 제도를 그대로 이어 의원 수를 두 배로 늘리기도 했다.

독재 정치에 대한 거부감은 포플리콜라가 좀 더 강했던 것으로 보이는데 솔론의 경우는 독재 정치를 하려는 자가 있을 때 재판을 해서 벌을 주었지만, 포플리콜라는 재판도 없이 그런 자를 사형시켰던 것으로 알 수 있을 것이다.

솔론은 여러 가지 상황으로 자신이 독재자가 될 수도 있었고, 국민들도 그것을 바라고 있었지만 그는 그것을 단호히 거절했다. 그리고 포플리콜라는 왕과 같은 권력을 차지한 다음 그것을 민주적으로 고쳤던 인물이었다. 그러나 솔론이 "지나친 자유도 지나친 억압도 없을 때 국민들은 지배자를 존경한다"는 사실을 포플리콜라보다 먼저 발견했다는 것은 인정해 줄 만하다.

솔론은 또 빚진 사람들의 짐을 덜어 주기 위해 부채를 면제해 주어 시민들에게 권리와 자유를 되찾아 주었다. 아무리 평등을 위한 법률이 있다고 해도 돈이 없어서 남의 빚을 벗지 못하고서는 참다운 평등을 누릴 수 없다고 생각했기 때문이다.

국민들 모두가 자유로워 보이는 나라에서도 사실은 많은 사람들이 노예나 다름없는 형편에 처해 있고 모든 일이 돈 많은 사람들의 명령대로 되는 경우가 허다했다. 그리고 이러한 나라에서 빚을 면제시키면 언제나 폭동은 일어나기 마련이었다. 그러나 솔론의 정책은, 위태롭기는 했어도 폭동은 일어나지 않았고 당시의 폭동조차도 잠재웠다. 이것은 솔론의 개인적 능력과 덕성이 이루어낸 힘이라고 말할 수밖에 없을 것이다.

솔론의 정치는 사실 초기가 더 화려했었다. 그는 어느 누구의 흉내도 내지 않고 누구의 도움도 얻지 않은 채 완전히 혼자의 힘으로 독창적이고 중요한 여러 가지 제도를 만들었다.

그에 비하면 포플리콜라는 만년의 생활이 더 행복했었다. 솔론은 자기가 가장 사랑하는 공화제가 허물어지는 것을 죽기 전에 지켜보아야 했지만, 포플리콜라가 만든 제도들은 그가 죽은 뒤에까지 계속 남아 있었다. 그리고 솔론은 법률을 제정하자 이것을 목판에 새겨 남겨 놓았지만, 지지자를 한 사람도 얻지 못한 채 아테네를 떠나 외국으로 갔다. 또 그는 페이시스트라토스의 야망을 분명히 알고 있었으면서도 그것을 막지 못하여 독재 정치를 허락할 수밖에 없었지만, 포플리콜라는 이미 오랫동안 지속되어 강대해진 왕정을 뒤집었다. 포플리콜라는 솔론과 마찬가지로 덕을 가지고 있었지만 그 덕을 사업으로 이끌어내는 행운과 힘도 가지고 있었던 것이다.

군사적 공적에 있어서도 포플리콜라에게는 행운이 따른다.

플라타이아의 다이마코스는 솔론이 지휘했다고 믿었던 메가라와의 전쟁이 사실은 그가 지휘한 것이 아니라고 주장하고 있지만, 포플리콜라가 전투에서 세운 공적은 누구에게나 크게 인정받고 있다.

정치적인 면에서도 마찬가지다. 솔론은 미친 사람 시늉까지 하면서 살라미스를 회복시키자고 주장했지만, 포플리콜라는 큰 위험 앞에 직접 맞서면서 타르퀴니우스 왕과 대항했고, 음모를 꾸밀 수 없도록 만들었다. 포플리콜라는 강력하게 반대하고, 대항해야 할 필요가 있다고 생각하면 용기와 결심으로 굳게 맞섰고, 온전한 말이나 설득이 필요한 경우에는 한 걸음 물러나서 권고하였다. 그가 무서운 적이었던 포르센나와 친교를 맺어 로마의 우방으로 만들 수가 있었던 것도 바로 이와 같은 슬기로움 때문이라 할 수 있다.

혹 어떤 사람은, 솔론은 잃었던 살라미스를 다시 찾았지만 포플리콜라는 점령지에서 물러나지 않았느냐고 할지도 모른다. 그러나 이런 비판은 그때의 정세를 바로보지 않으면 그릇된 것이 될 수 있다. 현명한 정치가는 언제나 상황을 잘 판단할 줄 아는 지혜로움이 있어야 한다. 그래서 전체를 살리기 위해 부분을 버리기도 하고, 큰 이익을 위해 작은 이익을 희생시킬 수도 있어야 하는 것이다. 포플리콜라는 전에 로마가 빼앗았던 땅을 돌려줌으로써 전해 내려오는 땅들을 구할 수 있었으며, 로마 시가 안전한 것만으로도 만족스러울 시민들에게 적군의 군수품까지 얻을 수 있게 했다. 이러한 전리품들은 모두 포플리콜라의 미덕과 용기 때문에 가능했던 승리의 선물이었다.

7
테미스토클레스
(THEMISTOCLES, BC 524경~459)

아테네의 정치가 · 웅변가이며 군인. 네오클레스의 아들로 비천한 가문의 출신이다. 명예욕과 공명심이 강했으며, 특히 해전에 뛰어나 아테네를 바다의 왕자로 군림하게 만들었다. 도편 투표로 추방당했으며 마그네시아에 그의 무덤이 남아 있다.

테미스토클레스 — 그는 영예를 뒷받침해 주기에는 너무나 미천한 집안에서 태어난 사람이었다. 아버지인 네오클레스는 아테네의 중류 시민으로 프레아리 마을의 레온티스 부족 출신이었고, 그의 어머니 또한 천민 출신이었다. 다음의 시에서 이 사실을 알 수 있다.

> 내 이름은 아브로토논,
> 고귀한 그리스 가문 출신은 아니라네.
> 그러나 가문이 미천하다 해도
> 나는 테미스토클레스의 어머니.

그러나 파니아스의 설에 따르면, 테미스토클레스의 어머니는 트라키아 사람이 아니라 카리아 사람이며, 그녀의 이름도 아브로토논이 아니라 유테르페라고 한다.

또 네안테스는, 카리아에 있는 할리카르나소스 시가 그녀의 고향이라는 것까지 밝히고 있다.

아테네에서는 부모 중 어느 한 쪽이라도 아테네 출신이 아니면, 미천한 출신으로 취급하여 성문 밖에 있는 헤라클레스 연무장에 집어넣었다. 이 연무장은 헤라클레스에게 바쳐진 것이었는데, 그도 완전한 신이 아니라 어머니가 인간이었기 때문에 미천한 출신이라고 생각하여 이런 이름을 붙였다.

테미스토클레스는 귀족 아들 중 몇 사람을 꾀어내어 이곳에서 운동을 하며 놀았다. 출신이 다르다는 데서 오는 특권, 즉 아테네인과 반(非)아테네인과의 차별을 없애

테미스토클레스.

기 위한 교묘한 방법이었다. 하지만 시모니데스의 기록에 의하면, 리코메다 가문의 플리아 사당이 불탔을 때 테미스토클레스가 이것을 재건하고 장식까지 덧붙였던 것으로 보아 그는 리코메다 가문의 혈통을 받은 것이라고 설명하고 있다.

테미스토클레스가 젊었을 때의 성격은 맹렬하고 성급했으며, 이해력도 날카롭고 모든 일에 불타는 정열을 보였다. 휴일이나 여가가 생길 때도 다른 소년들처럼 놀거나 게으름을 피우지 않고, 연설이나 낭독을 공부했는데 그것은 대개 자신의 친구들을 비판하거나 변호하는 내용이었다. 그래서 그를 가르치던 선생님은 때때로 테미스토클레스에게, "너는 작은 인물로 그치지는 않을 게다. 좋은 일로든, 나쁜 일로든 간에 세상에 크게 이름을 날리는 사람이 될 거야"라고 말했다.

공부를 할 때도 그는 인격을 도야하거나 예의를 가르치는 것은 제대로 듣지 않았고, 지식을 쌓는 것이나 정치에 관한 얘기에만 정열을 쏟았다. 그래서 그는 여러 아이들이 모인 자리에서 태도가 거칠고 교양이 부족하다는 조롱을 받았다. 그럴 때면 테미스토클레스는, 자신은 예능에는 능하지 못하지만 작고 보잘것없는 도시를 맡겨 주면 훌륭한 도시로 만들 수 있다고 말하곤 했다.

이와는 달리 스테심브로토스의 기록에 의하면, 그는 아낙사고라스의 제자였으며, 또 과학자 멜리소스에게서도 가르침을 받았다고 한다. 그러나 그들이 살았던 연대를 따져 보면 이것은 신빙성이 없는 이야기이다. 테미스토클레스보다 훨씬 이후의 사람인 페리클레스가 사모스 섬을 공격했을 때 이들을 막아낸 사람이 멜리소스였고, 아낙사고라스는 페리클레스와 가까운 사이였다. 그러므로 테미스토클레스는 프레아리 사람 므네시필로스와 가까운 사이였다고 전해지는 설이 좀 더 믿음직하다. 므네시필로스는 정치적인 술책이나 수단에 매우 능한 사람이었는데, 그것은 솔론의 철학을 이어받은 것이었다. 그러나 이후 그의 학문은 정치적으로 사용되지 않고 단지 실제적인 화술이나 말장난으로 바뀌어 소위 궤변철학자로 불리게 되었다. 아무튼 테미스토클레스는 정치에 손을 대기 시작하면서부터 므네시필로스와 가까이 지냈다고 한다.

테미스토클레스의 청년 시절은 이성이나 공부를 무시하고, 천성에 따라 자유롭게 행동했으므로 가끔 나쁜 방향으로 내닫기도 했다. 그러나 나중에 자신의 결함을 깨닫고 품성이 다듬어지기 시작하면서, 아무리 사나운 망아지라도 잘 훈련시키고 가르치면 훌륭한 말이 될 수 있다는 얘기를 했다.

어떤 사람들은 아버지가 그를 쫓아냈으며, 어머니는 아들의 나쁜 평판 때문에 괴로워하다가 죽었다고 하지만 이것은 단지 그를 모략하기 위해 만들어낸 이야기이다. 이런 얘기와는 달리, 그가 정치에 발을 들여놓으려 할 때 그의 아버지가 그것을 막기 위해 바닷가에 버려진 난파선을 손으로 가리키며, 정치가는 민중이 한 번 버리면 저 난파선과 같은 꼴이 된다고 충고했다는 일화도 전해 내려온다.

그러나 그는 어릴 때부터 큰 꿈을 품고 정치 문제에 대해 적극적인 관심을 보였다. 정치에 나서서 훌륭한 지도자가 될 것이라고 결심하고 세력을 가진 사람들을 꺾기 위한 계획을 세우기도 했다. 그 때문에 테미스토클레스는 여러 사람들의 미움을 샀으며, 특히 리시마코스의 아들 아리스티데스는 늘 그와 맞섰다. 두 사람의 이러한 적대심은 이처럼 아주 어렸을 때부터 시작되는데, 둘 다 스테실라오스라는 미소년을 사랑하게 되어 사이가 벌어졌고, 훗날 서로 다른 정당에 가입하였으며 성격과 습성도 달라 더욱 사이가 나빠졌다고 철학자 아리스톤은 전하고 있다.

아리스티데스는 성격이 온화하고 인격이 높은 사람으로서 언제나 국가의 이익을 제일로 삼아 안전하고도 올바른 정책을 세우고 성실하게 계획을 성취해 갔다. 반면 테미스토클레스는 사람들을 선동하여 여러 가지 제도를 개혁하려고 했다. 아리스티데스는 당연히 그의 개혁을 반대했고, 그의 세력이 넓어지는 것을 막았다.

테미스토클레스는 무모할 정도로 야심이 컸고, 큰 공적을 세우기 위해 엄청난 열정을 보였다. 마라톤 전쟁 때 그는 아직 젊은 나이였으나, 밀티아데스 장군이 전쟁에서 승리하고 있다는 소식을 듣고 잠을 못 이루었다. 밀티아데스의 공적과 영광을 생각하니, 자신은 자고 있을 수가 없었던 것이다.

세상 사람들이 마라톤의 전투를 가지고 전쟁은 끝났다고 했을 때도 테미스토클레스는, 이것은 더 큰 전쟁의 시작일 뿐이라고 생각했다. 그래서 그는 그리스 전체가 언제든지 스스로 일어날 수 있도록 하기 위해 준비를 하고 아테네를 강화시키기 위한 노력을 계속했다. 그는 제일 처음 라우리움 은광에서 나오는 수입을 자기들끼리 분배하던 것을 중지하고 그것으로 아이기나와의 전쟁에 쓸 배를 만들어야 한다고 제안했다. 당시 아이기나 사람들은 그리스에서 가장 부유하고 강대한 함대를 가지고 바다의 주도권을 쥐고 있었기 때문에 국민들은 그의 말을 받아들였다. 그는 아이기나에 대한 아테네 사람들의 적개심을 교묘하게 잘 이용했던 것이다. 그는 그 돈을 모아 100척의 전함을 만들어 나중에 이것으로 크세르크세스와 싸웠으며, 이 때부터 그는 아테네 사람들의 관심을 차츰 바다로 돌리게 하였다.

테미스토클레스는 육군으로는 다른 나라와 대항할 수 없지만, 해군이라면 페르시아 군을 물리치고 전 그리스를 장악할 수 있을 것이라고 생각했다. 그래서 플라톤이 말했던 것처럼 육군 병사들을 수병으로 만들었고 그 결과 아테네 사람에게서 창과 방패를 빼앗고 노와 배를 주었다는 악평을 듣기도 했다. 스테심브로토스의 기록을 보면, 그는 밀티아데스의 반대를 물리치고 이러한 자신의 계획을 통과시켰다고 한다.

그 당시 그리스의 안전은 수군에 의존하고 있었다. 아테네 시가 적에게 점령된 후에 다시 구출된 것도 함선 덕분이었음은 크세르크세스와의 싸움에서도 증명된다. 크세르크세스는 육지에서는 승리했지만 바다에서 아테네에게 승리를 빼앗기고 결국 자신의 군사들은 후퇴했다고 말했다.

어떤 사람은 그가 은광에서 돈을 모은 것은 다른 이유 때문이라고도 한다. 그는 제단에 제물을 바치고 손님들을 초대하여 잔치 열기를 좋아했으며 그래서 돈이 필요했다는 것이다. 그리고 그가 선물로 들어온 음식을 내다 팔아 돈을 만들 정도로 인색하고 탐욕스러운 사람이었다고 말하는 사람도 있다. 언젠가 그가 말 기르는 사람인 디필리데스에게 망아지 한 마리를 얻었으면 좋겠다고 말했다가 거절을 당하자 그 말을 목마로 만들어 버리겠다고 위협했다. 이 말은 친척과 소송을 붙여 집안을 망하게 하겠다는 의미였다.

테미스토클레스의 야심은 그 누구도 따라올 사람이 없었다. 아직 세상에 이름이 알려지지 않았을 무렵, 그는 하프 연주로 유명했던 에피스클레스를 자기 집에 자주 초대했는데, 그것은 많은 사람들이 찾아오도록 하기 위한 계획이었다. 그는 또 올림픽 경기를 보러 갈 때도 화려한 옷과 장신구로 사람들의 시선을 끌었지만 그리스 사람들은 그것을 싫어하여 그의 사치를 비난하기도 했다.

어느 연극 경연 때는 그가 후원했던 연극이 우승하자, 그는 그 승리를 기념하여 다음과 같이 표찰을 세웠다.

> 프레아리의 테미스토클레스 후원
> 프리니코스 창작
> 집정관 아디만투스

그는 모든 시민들의 이름을 다 외우고 있었고, 시민들 간의 문제를 판결할 때는 공정했기 때문에 인기가 있었다.

그가 군대의 사령관으로 있을 때 케오스의 시인 시모니데스가 그에게 와서 자기가 이롭도록 사정을 좀 보아달라고 하자 그는, "시모니데스, 당신이 운율을 지키지 않고 노래한다면 좋은 시인이 될 수 없는 것처럼, 법에 어긋나는 사정을 보아준다면 나도 좋은 관리가 될 수 없지 않겠소?" 하고 반문하여 그를 돌려보냈다고 한다.

그는 또 어느 땐가 시모니데스를 조롱하여 이런 이야기를 한 적도 있다. "시모니데스가 코린트 사람들 같은 훌륭한 주민들을 나쁘게 말하는 것은 생각이 모자라는 탓이며, 못생겼으면서도 자신의 초상을 몇 개씩이나 그리게 하는 것은 바보 같은 짓이다."

그는 국민들의 인기를 모으기 위해 열심히 노력했고, 마침내 정적인 아리스티데스를 이겨 그를 추방시키는 데까지 성공했다.

얼마 후 페르시아 왕이 다시 그리스를 공격하려 하자 아테네 사람들은 적을 막기 위해 누구를 장군으로 내세울 것인지를 의논했다. 많은 사람들은 두려워서 장군이 되지 않으려고 했지만, 에우페미데스의 아들 에피키데스만은 지휘관이 되겠다고 나섰다. 그러나 에피키데스는 비겁하고 돈만 밝히는 비열한 사람으로, 말재주로 사람들을 설득하고 다녔던 사람이었다. 그런 사람에게 나라를 맡겨서는 안 되겠다고 생각한 테미스토클레스는, 그에게 뇌물을 보내어 지휘관 자리를 포기하게 한 일도 있었다.

한편 페르시아 왕은 사절과 통역관을 보내어 항복의 표시로 흙과 물을 보내라고 전해왔다. 테미스토클레스는 곧 그들을 잡은 뒤 국민들의 의견을 물어보고 그들을 사형시켰다. 죄명은 야만인의 무례한 명령을 그리스 말로 옮겨 전한 죄였다. 그는 젤레아의 아르트미오스에 대해서도 이런 처벌을 하여 세상 사람들의 칭송을 받은 일이 있었다. 아르트미오스라는 사람이 그리스 사람을 매수하기 위해 페르시아 왕의 돈을 가져왔을 때 테미스토클레스는, 그 사람뿐만 아니라 후손들의 선거권까지 빼앗도록 처벌하였던 것이었다.

그러나 그의 가장 큰 공적은 그리스 여러 나라 사이의 모든 국내 전쟁을 그치게 하고 힘을 모아 페르시아와 싸울 수 있도록 설득한 것이었다. 그리고 이 때 아르카디아의 킬레오스라는 사람이 큰 협력을 아끼지 않았다고 전해지고 있다.

테미스토클레스는 마침내 전쟁의 지휘권을 가지게 되었다. 그는 곧 전함을 타고 되도록 아테네에서 멀리 떨어진 바다로 나가 페르시아 군을 맞아야 한다고 주장했다. 그러나 이 계획은 많은 사람들의 반대에 부딪혔으므로 그는 할 수 없이 군사를 이끌고 스파르타 군과 함께 템페로 갔으며 아무 성과 없이 군대를 되돌려오고 말았다. 그런데 테살리아와 보이오티아 등이 모두 크세르크세스의 손에 들어가자, 아테네 사람들은 비로소 해전을 주장했던 테미스토클레스의 생각에 마음을 기울이게 되었고 그에게 많은 함대를 주어 아르테미시움 해협을 지키도록 했다.

함대가 모이자 그리스 군은 스파르타의 사령관 에우리비아데스의 지휘에 맡겨졌다. 그러나 아테네 사람들은 자기 나라의 군함이 다른 나라 군함 모두를 합친 것보다도 많다면서 다른 나라 군대의 뒤에 서지 않겠다고 말했다. 테미스토클레스는 같은 편끼리의 이런 싸움에 위험을 느껴 스스로 지휘권을 에우리비아데스에게 양보했다. 그리고 그는 아테네 사람들에게 만일 이 전쟁에서 남자답게 싸운다면 다른 모든 나라가 아테네의 강력함을 인정할 것이고, 나중에는 아테네의 지휘에 따를 것이라고 사람들을 설득시켰다.

테미스토클레스의 이러한 겸손과 지혜는 그리스를 구하는 데 큰 힘이 되었고, 그의 설득을 들은 아테네 사람들은 뛰어난 전투를 벌여 동맹군보다 훌륭하다는 명예를 얻게 되었다.

한편 에우리비아데스는 아페타이에 페르시아 함대가 몰려 들어오자 적의 막강한 위력을 보고 무척 놀랐다. 더구나 그것말고도 2백 척의 함대가 그 뒤를 따라 들어오고 있다는 소식을 접하자 그는 페르시아 해군과 대항할 수조차 없다고 생각했다. 그래서 그는 곧 그리스 쪽으로 후퇴하면서, 육군과 연합작전을 벌일 수 있는 펠로폰네소스 근처까지 돌아가려고 했다. 그러자 에우보이아 사람들은 그리스 군에게서 버림을 받을까 두려워서 많은 돈을 테미스토클레스에게 보내면서 자신들을 지켜 달라고 간청하였다.

헤로도토스의 기록에는, 테미스토클레스는 이 돈을 받아 에우리비아데스에게 주었다고 적고 있다. 이 때 아테네 시민 중에는 테미스토클레스를 몹시 싫어하던 아르키텔레스라는 사람이 있었는데, 그는 당시 배의 함장이었으나 부하들에게 줄 봉급이 없어 아테네로 돌아가려 하고 있었다. 테미스토클레스는 그의 부하들의 노여움을 부추겨, 아르키텔레스가 먹는 저녁 식사까지 빼앗게 했고 그에게 빵과 고기가 들어 있는 상자를 보내면서 그 상자 밑에 1탈렌트의 은과 함께 편지를 넣었다. 편지에는, "우선 저녁을 먹고 내일은 부하들에게 봉급을 주어라. 그렇지 않으면 적으로부터 뇌물을 받았다는 사실을 알리겠다"고 씌어 있었다 한다.

그리스와 페르시아 함대의 싸움은 누가 이기고 지고를 떠나서, 그리스 군에게는 매우 귀중한 경험이 되었다. 아무리 수가 많고 장비가 요란해도 생명을 내던지고 싸우는 전쟁에서는 용기만이 생명을 구할 수 있다는 교훈을 얻은 것이다. 핀다로스는 이 전쟁을 보고, 다음과 같은 시를 썼다.

그들의 자유가 시작된 곳
아테네의 아들들이 바로 여기에 있다.
전쟁에서의 첫 승리는 사람들에게 더 큰 용기를 북돋워 주었다.

아르테미시움은 히스티아이아 시(市)를 향해 북으로 뻗어나간 에우보이아 해안에 있으며, 그 맞은편에는 올리존 시가 있다. 그리고 이 산 위에는 아르테미스를 모신 '여명의 신전'이 서 있고, 그 주위는 흰 돌기둥으로 둘러싸여 있었다. 이 기둥은 손으로 문지르면 사프론꽃 빛깔과 향기가 난다고 하는데 그 석주 중의 하나에는 다음과 같은 시가 새겨져 있다.

> 여기 이 바다에서 아테네의 아들들은
> 아시아의 모든 민족과 싸워 이겼다.
> 승리에 감사하는 마음으로 이 기둥을 세워
> 거룩하신 아르테미스의 신전을 지키게 하노라.

지금도 그곳 사람들은 검은 잿더미가 묻혀 있는 큰 모래 언덕을 가리키며, 적의 배와 시체를 태웠던 곳이 바로 저기라고 일러주고 있다.

한편 테르모필라이에서 육군들이 패했다는 소식이 아르테미시움의 그리스 연합 군에게 들려왔을 때, 그들은 후퇴를 결심하고 있었다. 이미 레오니다스 왕은 전사 했고 크세르크세스 군은 모든 길을 점령하고 있었던 것이다. 결국 그리스 연합군은 후퇴를 하게 되었고, 아테네 군이 마지막으로 남아 후퇴하는 군사를 방어하고 있었 다. 아테네 군은 위험하고도 명예로우며 중요한 일을 맡게 되자 사기가 높아졌다.

테미스토클레스는 해안을 감시하면서 적의 군함이 머물거나 상륙할 만한 곳을 살폈다. 그리고 그런 곳 주위의 바위에 이오니아 사람들에게 호소하는 글을 새겼는 데, "메디아를 버리고 그리스로 넘어오라. 그리스는 당신들의 조상이며, 당신들의 자유를 위해 목숨을 걸고 싸우고 있다. 만일 넘어올 수가 없다면 페르시아 군 속에 서 혼란을 일으키라"는 내용이었다. 테미스토클레스는 이런 글을 이용하여 이오니 아인들을 어지럽히고, 페르시아 군이 이오니아 군을 의심하게 하여 그들을 궁지로 몰아넣겠다는 생각이었다.

그 무렵, 크세르크세스는 도리스를 거쳐 포키스로 쳐들어와서 여러 도시에 불을 지르며 돌아다니고 있었으나 그리스 군은 지원군을 보낼 수가 없었다. 아테네 군은 적군이 아티카에 들어오기 전에 보이오티아에서 페르시아 군과 싸워야 한다고 주장 했지만, 그리스 연합군은 아무도 귀를 기울이지 않았다. 아테네 사람들은 연합군에 게 배반당한 것을 분개하면서, 아테네 시의 파괴를 가슴아파하였다. 그들끼리 페르 시아의 대군을 상대로 싸울 수도 없었으므로 그들의 할 일은 오직 아테네 시를 포기 하고 함대를 지키는 것뿐이었다. 그러나 그들은 신전을 잃고 조상의 무덤을 적군에게 맡긴다면 싸움에 이겨 무슨 소용이 있겠느냐고 한탄하였다. 테미스토클레스는 이러 한 상황을 어떻게 해야 할지 몰라 깊은 생각에 잠겼다. 그러나 어떤 말을 하더라도 민중의 마음을 끌 수 없다는 것을 깨닫고, 신의 징조나 신탁을 이용하기로 마음먹었다.

그는 아테나 신전 깊숙이 살던 신령스러운 뱀이 갑자기 모습을 감추었다는 얘기와 아테나 신이 도시는 자기에게 맡기고 바다로 가라고 말했다는 소문을 냈다. 그리고 "시민들이여, 나무로 된 벽을 의지하라"는 신탁을 받았으며, 나무로 된 벽이란 배를 뜻하는 것이라 하고, 신탁에서 살라미스 섬을 불행하고 비참한 섬이 아니라, 오히려 신성한 섬이라고 한 것은 그리스에게 큰 축복을 주기 위해 아폴론이 미리 알려 주신 것이라고 했다.

이러한 테미스토클레스의 생각은 적중하여, 젊은 사람들은 모두 군함을 탔고 부녀자와 노예들은 피난을 서둘렀다. 그들 대부분은 트로이젠으로 피난을 갔는데, 사람들은 이들을 친절히 맞아 주었다. 그들은 니카고라스의 의견을 받아들여 피난민들에게 하루 2오볼씩을 지불했으며, 어린이들은 과일을 따먹어도 좋다고 허락했고 교사들에게도 비용을 주었다. 아테네의 국고는 이 때 텅 비어 있는 상태였다. 그러나 아리스토텔레스의 말에 의하면, 아레오파고스 회의가 각 병사에게 8드라크마를 나누어 주어, 이것이 함대를 편성하는 데 상당한 역할을 했다고 한다. 클리데모스는 이 돈도 테미스토클레스의 공로로 만들어진 돈이라고 하는데, 그가 탄 배가 피라이우스 항구로 항해하고 있을 때 메두사 머리에 있던 방패가 없어져 배 안을 샅샅이 뒤졌더니 짐 속에서 굉장한 돈이 나왔다는 것이다. 테미스토클레스는 이 돈을 군대에서 쓰도록 하여 항해하는 동안 충분한 식량을 얻을 수 있었다고 한다.

아테네의 모든 시민들이 도시를 비운 채 배를 타려고 몰려드는 광경은 참으로 불쌍하고도 가련한 장면을 만들어냈다. 그들은 가족들의 울음 소리와 눈물을 남겨놓은 채 살라미스 섬으로 건너왔던 것이다. 나이가 너무 많아 남겨두고 온 노인들과, 주인을 따라오는 짐승들을 뿌리친 채 배를 탄 사람들은 눈물을 흘리기도 했다. 그 중에서 페리클레스의 아버지 크산티포스가 기르던 개는 바다에 뛰어들어 배를 따라오다가 살라미스 섬 가까이에서 사라졌다고 하는데 지금도 그곳을 '개의 무덤'이라고 부르고 있다.

이런 위급한 상황에서 테미스토클레스가 세운 여러 공적 가운데, 국외에 추방되어 있던 아리스티데스를 되돌아오게 한 일은 결코 작은 일이 아니었다. 국민들은 이제 그가 없는 것을 서운하게 생각하고 있었고, 한편으로는 그가 페르시아에 붙어 그리스를 해치는 일이라도 하지 않을까 걱정이 되기도 했다. 테미스토클레스는 이런 국민들의 마음을 읽고, 추방된 후 어느 정도 시간이 지난 사람은 귀국하여 나라를 위한 일에 참가해도 좋도록 하는 법안을 통과시켰다.

한편, 당시 스파르타 함대의 장관이었던 에우리비아데스는 코린트 해협으로 돌아가 육군이 진을 치고 있는 부근에 닻을 내리려고 했다. 테미스토클레스는 물론 그의 생각이 마음에 들지 않았다. 그러자 에우리비아데스가 테미스토클레스에게, "올림픽 경기에서는 출발 신호가 나기 전에 달리기 시작한 사람은 채찍으로 맞게 되어 있습니다"라고 말하며 그의 성급함을 비웃었다. 그러자 테미스토클레스는, "그러나 어물어물하고 있는 사람은 절대 우승할 수가 없소"라고 대답했다.

에우리비아데스는 그의 말에 몹시 화가 치밀어 정말 때릴 듯이 그에게 달려들었다. 그러자 테미스토클레스는 침착하게 말했다.

"때리고 싶으면 때리시오. 그러나 먼저 들을 말은 들어야지요."

그는 에우리비아데스에게 살라미스에서 후퇴해서는 안 된다고 차분하게 말을 했다. 차츰 에우리비아데스도 그의 말에 귀를 기울이고 있는데 곁에 있던 한 사람이, 고향도 없는 사람이 무슨 자격으로 고향을 가지고 있는 사람에게 그것을 버리라 하느냐고 말했다. 그러자 테미스토클레스는 그 사람을 돌아보며 이렇게 말을 이었다.

"이것 보시오. 우리 아테네 사람들은 집과 성과 도시를 모두 버렸소. 재산을 지키기 위해 노예가 될 수는 없었기 때문이었소. 그러나 우리 아테네는 그리스에서 가장 큰 도시였고, 이 2백 척의 군함으로 이룬 것이었소. 만약 원한다면 우리는 지금도 그대들을 보호해 줄 것이오. 그러나 지난번처럼 또 우리를 배신하고 도망간다면, 당신들이 버리고 간 자유로운 도시와 영토를 우리 아테네 사람들이 차지한 것을 보고 나중에 억울하게 될 것이오."

이 말을 듣고 에우리비아데스는 만약 자기들이 물러가면 아테네가 자기들을 버릴 것이라는 것을 깨달았다.

테미스토클레스는 그를 보며 덧붙였다.

"당신들이 전쟁에 대해서 아는 것이 무엇이오? 칼은 차고 있지만 싸울 용기도 없는 사람들이 …."

어떤 기록을 보면, 테미스토클레스가 갑판 위에서 이런 말을 주고받고 있을 때, 올빼미 한 마리가 함대 오른편에서 날아와 돛대 위에 앉아 좋은 징조를 보였다고 한다. 그래서 그리스 군은 더욱 용기를 내어 테미스토클레스를 따라 전투를 준비했다고 전하고 있다.

그러나 함대가 아티카 연안의 팔레움 항구에 도착했을 때, 그들의 눈 앞에는 셀 수 없이 많은 적의 함대가 바닷가를 가득 메우고 있었다. 그들의 왕이 직접 육군을 통솔하며 바닷가로 내려서는 것을 보자, 그리스 군은 모두 겁을 먹고 후퇴할 생각부터 했다. 테미스토클레스는 그리스 군이 후퇴하여 제각기 고향으로 도망가려는 눈치를 알아차리고 분통이 터질 것 같았지만 깊이 생각하던 끝에 한 꾀를 내어 시킨노스에게 일러 주었다.

시킨노스는 페르시아의 포로였지만 테미스토클레스의 용감함에 감탄하여 그를 따르고 있던 사람이었다. 시킨노스는 테미스토클레스가 한 말을 전하기 위해 크세르크세스에게 갔다. 그는 크세르크세스에게 아테네 함대는 오늘 밤 후퇴하려 하고 있으니 퇴로를 막고 혼란을 틈타 바다에서 전멸시키라고 전했다. 페르시아 왕 크세르크세스는 이 말을 듣고 몹시 기뻐하며, 곧 장군들에게 명령하여 군함 2백 척을 즉시 출동시켜 섬과 섬 사이를 포위하고 해협과 수로를 완전히 봉쇄하도록 했다. 이렇게 해서 그리스의 배는 한 척도 빠져나갈 수 없게 했으며, 또 일부분의 함대는 남겨놓아 추격할 준비까지 갖추었다.

이러한 움직임을 누구보다도 먼저 알아챈 아리스티데스는 테미스토클레스를 찾아왔다. 그는 자신을 추방에서 풀어주고 나라를 위해 일할 수 있도록 해준 테미스토클레스에 대한 고마움으로 그에게 적의 움직임을 알렸다. 테미스토클레스는 그의 마음에 감동하여, 자기가 시킨노스에게 시킨 일을 모두 말하고 그리스를 위해 함께 싸우자고 말했다. 아리스티데스는 그의 마음을 충분히 이해하여 여러 사령관들이나 장관들을 찾아다니며 이런 뜻을 전했다. 그들은 여전히 결단을 내리지 못하고 있다가, 자신들이 완전히 포위되어 있다는 사실과 도망갈 길도 없다는 것을 알고, 용기를 내어 페르시아 군과 맞붙어 싸우기로 결심했다.

날이 새자 크세르크세스는 군대의 움직임을 보기 위해 높은 곳으로 올라갔다. 파노데모스가 전하는 말로는, 왕이 자리잡은 곳은 헤라클레스 신전 위로 아티카 연안 살라미스 섬이 좁은 수로에 의해 갈라지는 곳이라고 한다. 그러나 아케스토도로스가 쓴 기록에는, 메가라와 국경을 이루는 호른스라는 언덕이며 그는 그곳에 앉아 많은 서기들을 옆에 두고 전황을 하나하나 기록하게 했다고 한다.

한편 테미스토클레스는 전쟁을 시작하기 전에 제물을 바치며 기도를 드리고 있었다. 그때 잘생기고 아름다운 옷을 입은 세 젊은이가 포로로 잡혀왔는데 이들은 크세르크세스의 여동생 산다우케와 아르타이크테스의 아들이라고 했다. 그런데 예언자 에우프란티데스가 그 세 사람을 보자 갑자기 제물에서 이상한 빛이 났다. 예언자는 아주 좋은 징조라면서 테미스토클레스의 손을 잡고 그 세 사람을 제물로 바치라고 말했다. 탐욕스러운 술의 신 디오니소스에게 이들을 제물로 바치면 그리스를 구할 수 있을 뿐만 아니라 큰 승리를 이룰 수 있을 것이라고 했다. 테미스토클레스는 예언자의 말이 너무 괴상하고 잔인했기 때문에 잠시 망설이며 고민했지만, 중대한 위험에 빠진 사람은 이치에 맞는 방법보다는 오히려 이상한 힘을 믿는 법이었다. 결국 그는 디오니소스를 부르며 예언자가 말한 대로 포로가 된 세 사람을 제단으로 끌고가서 제물로 바쳤다. 이것은 레스보스의 파니아스가 전하는 기록에 나타나 있는 이야기이다.

시인 아이스킬로스가 쓴 비극 〈페르시아 인〉을 보면 크세르크세스 왕은 그때 배 1천 2백 7척을 출동시켰다고 기록하고 있다.

> 크세르크세스는 먼저 1천 척의 배를 출동시키고
> 2백 7척의 가장 빠른 배를 더 몰고 나왔다.

그러나 아테네의 배는 겨우 180척이었다. 배 한 척에는 18명이 타고 있었으며 그 중 네 사람은 활을 쏘는 군인이었고, 나머지는 칼과 창을 들고 있었다.

테미스토클레스는 가장 유리한 위치를 차지했고, 그와 동시에 가장 좋은 시기를 택해서 싸움을 시작했다. 먼 바다에서는 바람이 불어와 해협에 거센 파도가 일어날 때에는 뱃머리를 페르시아 군 쪽으로 돌리지 않고 싸움을 준비했다. 이런 거센 풍랑이 몰아치면 배 바닥이 평평한 그리스 군함은 아무 탈이 없지만, 뱃머리와 갑판이 높고 무거운 페르시아 군함은 조종하기가 어려워 배가 옆으로 돌아갔다. 바로 이 때 그리스 군은 공격을 시도하며 테미스토클레스의 지시에 따라 전 군사가 마치 한 몸처럼 움직이고 있었다.

한편, 페르시아 군의 총사령관은 아리아메네스였는데 그는 왕의 동생 중 가장 뛰어난 용사였다. 그는 가장 큰 배를 타고 테미스토클레스가 탄 배에 가까이 돌진해서 소낙비처럼 화살을 퍼부었다. 이 때 데켈레아의 아미니아스와 페디아의 소시클레스 두 사람이 한 배에 타고 있다가 아리아메네스의 배를 정면으로 들이받아 놋쇠로 만든 뱃머리가 서로 상대편 배를 부수고 얽혀 꼼짝할 수 없게 되었다. 그러자 적의 장수 아리아메네스가 배로 뛰어들었고, 두 사람은 그를 창으로 찔러 바다에 던져 버렸다. 뒷날 그 시체가 난파선의 부서진 조각들과 함께 흘러 다니는 것을 왕비 아르테미시아가 발견하여 크세르크세스 왕에게 가져갔다고 한다.

싸움이 한창 치열해지고 있을 때 엘레우시스 시가의 하늘 위로 굉장한 불길이 치솟아오르는 것을 보았다는 기록도 전한다. 그 소리는 트리아시아 평야를 넘어 멀리 바다에까지 들려왔는데, 많은 사람들이 신비한 이아코스를 받들며 행렬을 지어 몰려오는 소리 같았다. 그리고 그 울림소리가 나는 곳에서 안개가 일어나 바다를 덮고 나더니 싸우고 있던 배들을 둘러쌌다. 또 갑옷을 입은 병사들의 유령이 나타나 그리스 함대 앞에 손을 벌리고 있는 것을 보았다는 사람도 있었다. 이것은 바로 싸우기 전에 그리스인들이 드린 기도를 받은 아이아키다이의 영웅들이었다고 한다.

적의 배를 처음으로 빼앗은 사람은 아테네의 함장 리코메데스였는데 그는 적의 배에 붙은 표지를 떼어내어 월계관을 쓴 아폴론에게 바쳤다. 페르시아 함대는 좁은 해협에서 싸웠기 때문에 싸움에는 아주 적은 수가 참가했으나, 그나마 서로 부딪혀 허둥대고 있었다. 그래서 페르시아 군은 저희 편끼리 서로 방해가 되었으므로 실제 싸움에 참가한 배는 그리스 군과 숫자가 비슷해 동등한 세력을 유지할 수 있었다.

그들은 해가 질 때까지 힘찬 싸움을 벌여 고귀한 승리를 얻었다. 시모니데스가 말한 것처럼, 그리스나 여러 다른 나라에서 지금까지 한 번도 없었던 바다의 빛나는 승리를 얻은 것이었다.

이 해전에서 패한 크세르크세스 왕은 분한 나머지 해협을 흙으로 모두 메워 버리고, 육군을 살라미스로 이끌고 가서 그곳에서 그리스 군을 전멸시킬 것을 결심하고 있었다.

이 때 테미스토클레스는 앞으로의 일을 의논하기 위해 아리스티데스에게 갔다. 그는 이제부터 헬레스폰토스로 함대를 이동시켜 페르시아 군이 만든 다리를 파괴하고, 유럽에 있는 아시아 군을 정복하는 것이 어떻겠느냐고 물었다. 그러나 아리스티데스는 그 계획에 반대하며 이렇게 말했다.

"지금까지 우리는 사치와 환락에 빠져 전쟁을 심심풀이 정도로 생각해 온 페르시아 군과 싸워왔소. 그러나 만일 그리스에 가두어 꼼짝못하게 해놓으면 대군을 가지고 있는 그들을 절망에 몰아넣는 것이니, 그들은 더 이상 황금으로 장식한 양산 밑에 편히 앉아 전쟁을 구경만 하고 있지는 않을 것이오. 온갖 지혜를 짜서 궁지에서 빠져 나오기 위해 결사적으로 싸우려 할 것이오. 그러니 테미스토클레스, 남아 있는 다리를 파괴해 버리는 것은 우리에게 이로울 것이 없소. 오히려 할 수 있다면 다리를 하나 더 놓아 그들을 빨리 도망치게 하는 것이 나을 것이오."

"그렇다면 좋소. 그렇게 하는 것이 그리스를 위한 것이라면 하루빨리 페르시아 왕을 쫓아낼 지혜를 생각해 봅시다."

테미스토클레스는 아리스티데스의 생각을 따르기로 하고 먼저 페르시아 왕의 부하였던 아르나케스라는 포로를 찾아내어 페르시아 왕에게 이런 말을 전하게 했다.

"해전에서 이긴 그리스 군은 헬레스폰토스로 가서 거기 놓인 다리를 끊기로 했다고 합니다. 그러나 테미스토클레스는 왕을 존경하는 마음으로 하루빨리 그 다리를 건너가라고 전했습니다. 또 그동안 그는 그리스 연합군을 지체하도록 해서 왕을 돕겠다고 했습니다."

이 말을 들은 크세르크세스는 몹시 놀라 황급히 후퇴를 서둘렀다. 나중에 플라타이아 전투를 보아도 이 두 사람의 작전은 현명한 것이었음이 분명해진다. 그것은 크세르크세스 군이 남겨두고 간 마르도니우스의 작은 군대가 자주 그리스 군을 전멸의 위기에 몰아넣었기 때문에 생긴 일이었다.

헤로도토스의 기록을 보면, 그리스의 여러 도시 가운데 전쟁에 가장 큰 힘을 발휘한 것은 아이기나 시(市)였다. 개인적으로 가장 큰 공헌을 한 사람은 테미스토클레스였다. 그들은 전쟁을 승리로 이끈 공적으로 영광의 훈장을 받고 펠로폰네소스로 개선하였다. 스파르타인들은 테미스토클레스를 자기 나라로 초대하여 자기네 나라의 장군 에우리비아데스에게 무용상을 주고, 테미스토클레스에게는 훌륭한 작전을 세운 상으로 올리브 잎으로 만든 관을 씌워 주었다. 그리고 그를 가장 좋은 전차에 태우고 장정 300명의 호위를 세워 국경까지 배웅해 주었다.

그 후 올림픽 경기가 열렸을 때 테미스토클레스가 나타나자 모든 관객들은 경기에는 관심을 두지 않고 종일토록 테미스토클레스의 모습만을 지켜보며 그를 손으로 가리키면서 박수를 보내고 마음속으로부터 우러나오는 존경을 나타냈다. 테미스토클레스는 몹시 기뻐하며 그리스를 위해 힘쓴 노력의 값을 오늘 이 자리에서 모두 받았다고 친구에게 말했다.

테미스토클레스의 명예심이 어렸을 때부터 강했다는 것은 그에 대한 수많은 이야기에서도 찾아볼 수 있다. 그가 아테네의 해군 사령관으로 있었을 때, 그는 모든 일을 출항 바로 전날까지 미루어 놓았다가, 산더미같이 많은 일을 한꺼번에 처리하여 사람들에게 자신의 뛰어난 능력을 보여주었다고 한다. 그리고 바다에 황금 팔찌와 목걸이를 한 시체가 떠내려오는 것을 보고 친구에게, "저 물건들은 자네가 가지게. 자네는 테미스토클레스가 아니니까 말이야" 하고 말하였다는 이야기도 있다.

또 안티파테스가 그를 대단하게 생각하지 않다가, 명성이 높아진 다음에야 가까이하려고 하자, "우리가 서로를 이해하게 되기까지는 상당한 시간이 필요했군. 그렇지 않은가?" 하고 그를 비꼬아 말했다는 일화도 전해온다.

그는 흔히, 아테네 사람들은 자기를 존경하지도 칭찬하지도 않고, 마치 플라타너스 나무처럼 생각한다고 말했다. 날씨가 나쁠 때는 그늘 밑으로 피하지만 날씨가 좋아지면 금방 그 잎을 잡아뜯고 가지를 잘라낸다는 것이었다.

한 번은 세리포스에서 온 어떤 사람이 그를 보고 이런 말을 했다.

"당신의 명성은 당신 혼자 힘으로 얻은 것이 아니라 아테네의 덕택이오."

그러자 테미스토클레스가 대답했다.

"물론이죠. 말씀하신 그대로입니다. 만일 내가 세리포스에서 태어났다면 큰 인물이 되지는 못했을 겁니다. 그리고 그와 마찬가지로 당신이 만일 아테네 사람이었다고 해도 큰 인물이 되지는 못했을 것이오."

또 어느 장군이 아테네를 위해 자신은 큰 일을 했다면서 테미스토클레스와 비교하려 했을 때, 그는 우화를 들어 이렇게 말했다.

"옛날 얘기 하나 해드릴까요? 옛날에 잔치 다음날이 자기는 잔칫날보다 더 좋은 날이라고 자랑을 했습니다. 왜냐하면 잔칫날은 모든 사람들이 바쁘고 피곤하기만 하지만, 잔치 다음날은 모두 한가로이 앉아 음식을 먹으며 즐길 수 있기 때문이라는 것이었죠. 그러자 잔칫날이 말했습니다. 과연 네 말이 옳다. 그렇지만 내가 없다면 너는 있을 수도 없다고 말이죠. 만약 내가 없었더라면 당신들이 어떻게 지금 살아 있었겠소?"

테미스토클레스에게는 아들이 하나 있었다. 어머니는 아이를 너무 귀여워해서 아들은 어리광이 몹시 심하고 무엇이든 자기 마음대로 하려고 했다. 그런 아들을 보고 테미스토클레스는, "너는 그리스에서 제일 세력이 강한 사람이다. 아테네 사람은 그리스 전체를 지배하고, 나는 아테네를 지배한다. 그리고 네 어머니는 나를 지배하고, 너는 네 어머니를 지배하니까 말이다"라고 말했다는 이야기도 전한다.

그는 무슨 일이나 색다른 것을 좋아했다고 한다. 그래서 그가 자기 땅의 일부분을 팔려고 나갔을 때도 그 땅을 사는 사람은 아주 좋은 이웃도 함께 가지게 될 것이라고 선전했다. 그리고 딸에게 두 사나이가 청혼을 했을 때, 그는 인간성이 없는 재산보다는 재산이 없는 인간을 원한다고 하면서 부자보다는 능력 있는 인물로 택했다고 한다.

그는 페르시아와의 전쟁에서 크게 승리한 뒤 아테네 시를 재건하고, 성벽을 쌓는 일을 시작했다. 테오폼포스의 말에 따르면, 그는 이 일을 위해 스파르타의 장관인 에포로스들을 돈으로 매수하여 반대를 못하게 하였다고 하지만, 다른 역사가들은 그가 에포로스들을 속였다고도 한다.

테미스토클레스가 스파르타에 갔을 때 스파르타 사람들은 아테네에 성벽을 쌓는 것을 반대했고, 폴리아르코스도 그것을 공식적으로 항의하려고 일부러 아이기나에서 찾아왔었다. 그러나 테미스토클레스는 그런 사실이 없다고 하면서 정말 성벽을 쌓는지 가서 보라고 하였다. 그리고 그들이 오자 볼모로 잡아두고, 시간을 끌며 성벽을 쌓아 버렸다. 스파르타 사람들은 나중에 이 사실을 알게 되었지만 어쩔 수가 없었다. 그들은 볼모로 잡혔던 사람들을 되돌려 받기 위해 분함을 참고 테미스토클레스를 돌려보내 주었다.

다음으로 그는 피라이우스가 항구로 만들기에 적합함을 알고 공사를 시작했다. 그리고 주변에 큰 도시를 세워 아테네 사람들이 바다에 관심을 갖도록 만들었다. 그러나 이 사업은 지금까지 아테네의 정책과는 반대되는 일이었다. 역대 왕들은 사람들을 바다에서 되도록 멀리하였고, 그들의 생활을 육지로 옮겨 농사를 지으며 살도록 해왔다. 그래서 그들은 지혜의 신 아테나와 바다의 신 포세이돈이 아테네의 지배권을 차지하려고 싸울 때 아테나 신이 신비한 올리브 나무를 심었기 때문에 승리를 거두었다는 전설을 만들기도 했다.

그러나 테미스토클레스는 아리스토파네스의 말처럼, 도시와 항구를 하나로 묶어 도시는 항구에, 그리고 육지는 바다에 의존하게 만들었다. 이 정책은 권력을 귀족으로부터 평민에게 옮기게 하는 계기가 되었다. 즉, 배를 타고 항해하는 사람이 나라의 실권을 갖도록 한 것이었다. 아테네인들은 바다를 가까이하게 되면서부터 민주적인 정부를 원하기 시작했다. 그래서 후세의 전제적인 왕들은 바다를 향해 세워져 있던 이 공회당을 허물어 없애 버렸다. 국민들이 바다에 있으면 민주적인 것을 원하지만,

땅에서 농사를 지으며 살면 그들의 말을 잘 따른다고 생각했던 것이다. 그러나 테미스토클레스는 아테네를 바다에 강한 나라로 만들기 위해 여러 가지 일을 계획했다.

페르시아 왕 크세르크세스의 군대가 물러간 다음 그리스 함대는 겨울 동안 파가사 항구에 머무르게 되었다. 테미스토클레스는 아테네 시민들에게, 자기는 시민 여러분들의 이익과 안전을 위한 좋은 계획을 가지고 있지만 이런 공식적인 자리에서 발표하기는 어렵다고 말했다. 그러자 아테네 시민들은 그 내용을 아리스티데스에게 말하고, 그가 찬성하면 실행에 옮기라고 했다. 테미스토클레스는 파가사 항구에 있는 그리스 함대를 불태워 없애 버리는 것이 그 계획이라고 밝혔다. 이 말을 들은 아리스티데스는, "그 계획은 가장 유리한 방법이지만, 동시에 가장 불명예스러운 방법이기도 합니다" 하고 시민들에게 말했다. 시민들은 그렇다면 그 계획을 그만두라고 대답했다.

암픽티온[1] 동맹회의가 열렸을 때 스파르타 사람들은 동맹에 가입하지 않은 도시와 페르시아 전쟁에 참가하지 않은 나라는 이 동맹에서 제외시키고자 제안한 일이 있었다. 페르시아 전쟁에 참가한 나라는 작은 나라 31개뿐이었는데 만약 그 밖의 나라들을 제외하면 동맹은 스파르타의 손아귀에 들어가게 되는 것이었다. 테미스토클레스는, 만일 그렇게 되면 스파르타는 어떤 제안이나 마음대로 처리할 수 있게 되므로 이것을 막기 위해 여러 나라들과 힘을 모아 그 제안을 반대하였다. 이 일로 테미스토클레스는 스파르타와 사이가 벌어지게 되었고 스파르타에서는 키몬을 내세워 그와 정치적으로 맞서게 하였다.

또 테미스토클레스가 여러 섬나라를 돌아다니면서 돈을 거둔다는 사실이 동맹국들 사이에서 시끄러운 문제가 되기도 했다. 헤로도토스가 전하는 이야기를 보면, 그가 안드로스 섬에 갔을 때 자신은 '설득'과 '힘'이라는 두 여신을 모시고 왔으니 돈을 거둘 수 있도록 도와 달라고 했다. 그러나 섬사람들은 우리도 두 여신이 있는데 그것은 '가난'과 '불가능'이라며 돈을 한 푼도 낼 수 없다고 했다.

로도스 섬에서는 시인 티모크레온이 테미스토클레스를 심하게 비난하였다. 테미스토클레스는 추방자들의 돈을 받고 그들을 품어 주며, 가난한 친구를 먼 곳에 버리고 돌보지 않는 사람이라고 하면서 다음과 같은 시를 지어 불렀다.

---

1) 암픽티온(Amphictyon): 고대 그리스에서 신전을 옹호하기 위해 이웃 나라들끼리 맺은 동맹. 가장 유명한 것으로는 아폴론 신전을 수호하기 위해 결성된 델포이의 암픽티온이 있다. 인보(隣保)동맹.

파우사니아스를 칭찬하는 것도 좋고
크산티포스를 노래하는 것도 좋으며
레우티키다스를 찬양해도 좋다.
그러나 내가 말하고 싶은 사람은 아리스티데스
성스런 도시 아테네가 낳은
가장 진실한 사람.

그러나 테미스토클레스는
배신과 반역으로 라토나의 미움을 샀고
돈 몇 푼에 눈이 멀어
친구 티모클레스를 저버린 사람
은 3탈렌트를 먹고
추방자를 불러들이고 또 내쫓으며
제 배를 채웠다네.

이스트로스 사람들은 잔치에 나가
음식을 먹기 전에 기도를 드리네.
다음 해에는 테미스토클레스를 보지 않게 해 달라고.

티모크레온은 재판을 받고 추방된 뒤에도, 계속 그를 비방하는 시를 지었다.

저 멀리 계시는 시와 노래의 여신이여,
이 노래는 올바른 말로 된 것이니
저의 노래를 그리스에 널리 전하소서.

티모크레온은 전쟁 때 페르시아 군의 편을 들었기 때문에 본국에서 추방되었는데, 테미스토클레스도 이 재판에 찬성 투표를 했다고 한다. 그래서 테미스토클레스가 페르시아 사람과 함께 음모를 꾸미고 있다는 소문이 돌았을 때, 티모크레온은 그의 이름을 제목으로 붙이고 이런 시를 썼다.

> 이제 페르시아의 친구는 티모크레온뿐이 아니다.
> 꼬리를 내면 나 말고도
> 꼬리를 잘린 여우가 또 있었으니.

테미스토클레스의 평판이 나빠지기 시작하자 사람들은 그를 시기하는 나쁜 소문을 모두 믿게 되었다. 테미스토클레스는 자꾸 자기의 공로를 사람들에게 일깨우려 했고, 이것 때문에 사람들은 그를 더 미워하게 되었다. 테미스토클레스는 그런 사람들에게, "한 사람에게서 자꾸 은혜를 입으니 이제 싫증이 나서 그렇소?" 하고 말했다. 또한 그가 아르테미스 여신의 신전을 짓고 '최고의 지혜가 있는 여신'이라고 이름을 붙이는 것을 보고 사람들은 테미스토클레스가 스스로를 지혜롭다고 자랑하는 것이라며 그에 대한 증오를 더욱 깊어가게 했다.

테미스토클레스는 멜리테라는 곳의 자기 집 옆에 이 신전을 세웠으나 지금은 사형수의 시체와 사형에 쓰인 밧줄 등을 갖다 버리는 곳으로 변하였다. 최고의 지혜가 있는 여신의 신전에는 오늘날에도 테미스토클레스의 조그마한 동상이 놓여 있는데, 마음과 외모가 영웅적으로 표현되어 있다.

결국 아테네 사람은 테미스토클레스를 추방하고 말았다. 그의 명예와 영광을 꺾기 위해 그들은 도편 투표[2]를 했다. 이 투표는 범죄자를 위해서라기보다 세력이 큰 사람의 명예를 떨어뜨리고 국민들의 분노를 식히기 위한 것이었다. 테미스토클레스는 국외로 추방되어 아르코스에 가서 살았다. 그러나 파우사니아스의 매국 사건이 발생하게 되면서 테미스토클레스를 시기하던 레오보테스가 그를 다시 반역죄로 고발하였다. 파우사니아스는 테미스토클레스와 친한 사이였기 때문에 처음에는 이 일을 비밀로 하였다. 그러나 테미스토클레스가 국외로 추방되어 고생하고 있는 것을 보고, 파우사니아스는 그를 찾아가 이 사실을 고백하고 도움을 청했다. 그리고 페르시아 왕의 편지를 보여주면서 그리스인들은 은혜를 모르는 자들이라고 하면서

---

2) 도편 투표: 고대 그리스에서는 위험 인물을 재판에 걸지 않고 국민투표에 의해 국외로 추방했는데 그때에 종이를 쓰지 않고 도편(도자기 파편)을 가지고 투표를 했다.

그의 반감을 자극하였다. 하지만 테미스토클레스는 그의 계획을 반대하여 제안을 단호히 거절하고 비밀을 지켜주겠다고 말했다.

그러나 그의 음모가 발각되고 파우사니아스가 사형을 당한 뒤 이 사건에 관계된 서류와 편지들 때문에 테미스토클레스는 궁지에 몰리게 되었다. 스파르타인들은 목소리를 높여 그를 공격했고 아테네 사람들 중에서 그를 시기하던 자들은 그를 고발했다. 그러나 테미스토클레스는 추방되어 외국에 있었으므로 직접 나가지 않고 편지를 통해 자신의 생각을 알렸다. 그는 비난의 이유가 되고 있는 여러 가지 일들을 설명하는 한편, 자신은 지배욕에 불타는 사람도 아니고 남의 말에 따라가는 사람도 아니라고 하면서, 특히 나라를 팔아 시민들을 야만국의 노예로 만드는 일은 결코 하지 않는다는 것을 강조했다.

그러나 민중들은 그의 말을 듣지 않은 채 국민들의 심문을 받아야 한다며 그를 데려오기 위해 사람을 보냈다. 이 소식을 들은 테미스토클레스는 몸을 피해 코르키라 섬으로 건너갔다. 그리고 다시 에페이로스로, 몰로시아로 도망갔으나 자신을 쫓고 있는 사람들 때문에 절망적인 상황이었다. 더구나 예전에 몰로시아의 왕 아드메토스가 아테네에 구원을 청했을 때 그가 거절한 일이 있었기 때문에 그는 불안한 마음을 억누를 수가 없었다. 그러나 테미스토클레스는 이미 오래된 아드메토스 왕의 원한보다 동족에게서 받는 미움이 더욱 두려웠으므로 왕에게 가서 구원을 요청하기로 마음먹었다.

그리고 그곳에서 가장 신성하고 유일한 요청 방법을 알아냈다. 이 방법이란 왕의 어린 아기를 안고 벽난로 앞에 엎드리며 구원을 청하는 것이었는데, 이 나라에서는 이렇게 하는 사람의 요청을 거절할 수 없게 되어 있었다. 그렇게 해서 그는 도움을 받을 수 있었고, 에피크라테스라는 사람이 테미스토클레스의 아내와 아이들을 몰래 데리고 와서 그와 만나게 해주었다. 그 때문에 에피크라테스는 나중에 키몬에게 붙잡혀 사형되었다고 전한다.

테미스토클레스는 다시 시라쿠사로 가서 히에로 왕에게 그리스 전체를 지배하게 해 줄테니, 그의 딸을 아내로 맞게 해 달라고 했다. 그러나 히에로가 그것을 거절했기 때문에 그는 그 곳을 떠나 아시아로 향했다.

히에로 왕과의 이야기는 다른 것도 전해오고 있다. 테오프라스토스의 저서《왕정론》을 보면, 히에로 왕이 올림픽 경주에 말을 출전시키고 천막 밑에 앉아 있을 때 테미스토클레스가 그리스 사람들에게 연설을 하고는 그의 천막을 뜯어 버렸다고 한다.

다시 투키디데스의 기록을 보면 테미스토클레스는 곧바로 소아시아로 간 것이 아니라, 처음에는 에게 해로 가서 피드나 항구에서 배를 탔다. 그는 선장에게 자신의 신분을 밝히지 않았는데 폭풍이 몰아닥쳐 배가 낙소스에 닿았고 결국 아테네 군에게 포위되어 버렸다. 그러자 테미스토클레스는 할 수 없이 선장에게 자신의 이름과 처지를 밝히고 배를 아시아로 돌리게 했다.

테미스토클레스의 친구들은 그가 숨겨두었던 돈을 찾아 아시아로 보내 주었다. 그리고 키메에 도착한 테미스토클레스는 사람들의 눈을 피해 다녔다. 페르시아 왕이 그를 잡는 사람에게 200탈렌트의 상금을 준다고 했기 때문에 사람들은 앞다투어 그를 찾고 있었다.

위험을 느낀 테미스토클레스는 아이올리아의 소도시 아이기로 피신했다. 이곳에는 니코게네스라는 테미스토클레스의 친구가 있었는데, 그는 지방에서 제일가는 부자이며 이웃 사람들의 존경을 받고 있는 인물이었다. 그는 그 집에 며칠 동안 숨어 있었는데, 어느 날 밤 저녁식사가 끝날 무렵 올비우스라는 사람이 갑자기 나오더니 다음과 같은 시를 읊었다.

밤은 우리에게 지혜를 가르치며
밤은 우리에게 승리의 미소를 보낸다.

이 시를 듣고 나서 테미스토클레스는 잠자리에 들었다. 그는 뱀 한 마리가 자기 배 위에 똬리를 틀고 있다가 목을 향해 기어올라오는 꿈을 꾸었다. 그러고는 얼굴까지 천천히 올라오더니 갑자기 독수리가 되어 그를 감싸고 멀리 날아가더니 황금 지팡이가 보이는 곳에 그를 안전하게 내려놓고 날아가 버렸다. 이 꿈을 들은 니코게네스는 이 집을 떠나는 것이 좋겠다고 말했다.

페르시아에서는 여자들이 밖에 나갈 때 천막으로 가린 수레를 타고 다녔기 때문에 사람들의 눈에 띄지 않았다. 테미스토클레스는 이것을 알고 천막을 매단 수레를 타고 길을 떠났다. 그리고 도중에 사람을 만나면 이오니아의 여자인데 지금 페르시아의 어떤 귀족에게 데려가는 중이라고 말하게 했다.

그는 페르시아의 왕을 만나러 갔다. 그리고 왕의 호위병 대장인 아르타바누스에게 가서 자기는 그리스 사람이며 중대한 사건에 대해 왕에게 말씀드릴 것이 있어 왔다고 했다. 그러나 아르타바누스는 이렇게 말했다.

"먼 곳에서 오신 손님, 나라가 다르면 풍습도 각기 다른 것이오. 사람들은 모두자기 나라의 풍습이 좋은 것이라고 하지만 무엇보다 중요한 것은 그 나라의 좋은 풍습을 지키는 것이오. 나는 가장 좋은 그리스의 풍습은 자유와 평등을 숭상하는 것이라고 들었소. 그러나 우리나라의 풍습 중에서 가장 중요한 것은 왕을 존경하고 왕에게 절을 하며 천지를 다스리는 분으로서 존경하는 것이오. 만일 그대가 우리나라의 풍습에 따라 왕 앞에 꿇어앉아 왕에게 절한다면 만나뵐 수 있게 해주겠소. 우리나라에서는 왕 앞에 꿇어 앉지 않는 사람은 누구도 왕을 만나뵐 수 없으니 말이오."

이 말을 듣고 테미스토클레스가 말했다.

"아르타바누스 장군, 저는 대왕의 영광과 권세를 더해 드리려고 왔습니다. 그리고장군의 나라 풍습을 제 풍습으로 삼을 것입니다. 페르시아 왕에게 영광을 주신 신께서도 제가 그러기를 바라실 것이며, 대왕께 경배를 드리는 사람의 숫자가 더욱 많아지기를 원하시기 때문입니다. 그러니 대왕을 만날 수 있도록 길을 열어 주시기 바랍니다."

"그러면 그리스에서 오신 누구시라고 전할까요? 예사 사람은 아니신 것 같기에묻는 말입니다."

이렇게 묻는 아르타바누스에게 테미스토클레스는 "왕께 말씀드리기 전에는 이름을 밝힐 수가 없습니다"하고 대답했다.

왕 앞으로 안내되자 테미스토클레스는 엎드려 절을 한 뒤 말없이 서 있었다. 왕이 통역자를 시켜 누구냐고 묻자 이렇게 대답했다.

"왕이시여, 저는 아테네에서 추방된 테미스토클레스입니다. 페르시아에 많은 해를끼친 사람이지만, 또한 페르시아에 많은 이익을 준 사람이기도 합니다. 그리스 군이왕을 추격하는 것을 막았고, 전쟁이 끝난 뒤에도 대왕께 존경을 베풀었습니다. 지금저에게 닥친 불행을 당해낼 각오는 되어 있습니다. 은총을 베풀어 주셔도, 또 노하셔도 그것을 받아들일 각오는 되어 있습니다. 그러나 저는 감히 노하시지 않기를 바라며저에게 은혜를 베풀어 주시기 바랍니다. 제가 페르시아에 대해서 바친 봉사는 지금 저희 나라 사람들이 저를 괴롭히는 것을 보아도 아실 것입니다. 대왕이시여, 저를 도와주신다면 인자함을 베푸신 것이 될 것이니, 그리스의 적이 된 저를 보살펴 주십시오."

테미스토클레스는 또 니코게네스의 집에서 꾼 신령스러운 꿈과, 제우스 신이 '신성한 이름을 가지고 일을 돌보는 사람'을 찾아가라고 했다는 예언도 전했다. 이 말을 듣고 페르시아 왕은 아무 말도 하지 않았다. 그러나 다른 여러 사람들과 이야기를 하면서, 이것은 하늘이 도운 일이라고 생각하게 되었다. 그리고 아리마니우스 신께 제사를 드리고 그리스에서 가장 유명한 사람이 언제까지라도 자기 나라에 머물러 있게 해 달라고 기도했다. 왕은 다른 여러 신들에게도 감사의 제사를 올린 다음, 축배를 했으며 밤중에 세 번이나 "나는 아테네의 테미스토클레스를 얻었다"고 외쳤다.

날이 밝자 왕은 여러 신하들을 모아놓고 테미스토클레스를 불러들였다. 테미스토클레스는 아무 기대도 하지 않고 있었다. 그 전날 어떤 사람은 자기의 이름을 알게 되자 욕설을 퍼부었고, 장군 록사네스는 자기 앞을 지나면서, "저 간사한 뱀 같은 놈을 왕의 수호신이 여기까지 데려오셨군" 하고 중얼거렸다.

그는 왕 앞에 나아가 다시 한 번 엎드려 절을 드렸다. 왕은 친절한 목소리로 말했다. "너에게 200탈렌트를 주겠다."

왕은 테미스토클레스를 잡아오는 사람에게 주기로 한 현상금을 제발로 찾아온 그에게 주었다. 그리고 많은 하사품을 주며 그를 격려하고 그리스 사정을 자세히 이야기해 달라고 했다. 테미스토클레스는 말했다.

"인간의 말이란 것은 그림을 수놓은 융단과 같습니다. 이것을 펼쳐 놓으면 사람들은 아름다운 그림을 볼 수 있지만, 말아 버리면 아무것도 보지 못합니다. 그러니 저에게 시간을 주십시오."

왕은 그의 비유를 흥미롭게 생각했다. 그리고 어느 정도의 시간이 필요하냐고 묻자 1년의 여유를 원했다. 약속했던 기간이 지나는 동안 그는 페르시아 말을 충분히 배워 통역의 도움을 받지 않고 왕과 직접 이야기할 수 있게 되었다. 그러자 궁전 안의 귀족들은 그가 자신들에 대한 불리한 이야기를 할 것이라고 생각하고 그를 미워하였다. 사실 그는 외국인으로서는 지나칠 정도로 후한 대접을 받고 있었다. 그는 왕과 함께 사냥을 다니며 궁전 안에서 살았고, 왕의 어머니와도 친한 사이였으며, 왕의 명령으로 페르시아의 여러 종교와 비법도 배우고 있었다.

왕이 테미스토클레스를 얼마나 신뢰하고 있었는가를 다음의 이야기로도 알 수 있다. 스파르타의 데마라토스는, 왕이 은혜를 내릴 터이니 무엇이든 청해 보라는 말을 들었을 때, 티아라라는 왕관을 쓰고 사르디스 거리를 마차를 타고 돌아다녀 보고 싶다고 말했다. 그러자 왕의 사촌인 미트로파우스테스가 데마라토스의 머리를 잡고,

"왕관을 쓰기는 했지만, 네 머릿속은 텅 비어 있구나. 제우스가 천둥과 번개를 주었다고 해도 네가 제우스가 될 수는 없어" 하고 욕을 했다. 왕도 몹시 화가 나서 그를 용서하지 않겠다고 결심했다. 그러자 테미스토클레스가 그에게 너그러운 아량을 베풀라고 청하자 그를 용서했다고 한다. 그래서 후세의 페르시아 왕들이 그리스 사람들을 불러다 쓰고 싶을 때에는 테미스토클레스처럼 대우해 주겠다는 약속을 했다고 한다.

그리고 테미스토클레스는 훌륭한 식탁에 앉아 자기 아이들에게 이렇게 말하였다고 한다. "얘들아, 우리가 그리스에서 쫓겨나지 않았다면 이렇게 훌륭한 식사를 하지는 못했을 것이다."

여러 역사가들은 그가 마그네시아, 람프사코스, 미오스라는 세 마을에서 술과 양식을 얻을 수 있도록 되어 있었고, 또 다른 두 마을에서 가구와 옷을 얻었다고 전한다.

한편 테미스토클레스를 죽이기 위해 에피픽시에스라는 사람이 '사자의 머리'라고 부르는 거리에 사람을 매복시켜 두었다. 그는 오래 전부터 피시디아 사람들을 자객으로 고용하여 테미스토클레스를 습격할 계획이었다. 그러나 테미스토클레스가 낮잠을 자는데 신들의 어머니가 꿈에 나타나서, "테미스토클레스, 사자의 머리를 조심해라. 그의 이빨에 물릴 위험이 있구나. 그리고 이런 경고를 해주었으니 네 딸 므네시프톨레마를 나에게 시녀로 바치도록 해라" 하고 말했다. 테미스토클레스는 놀라서 신에게 그러겠다고 약속하고, 다른 길로 돌아서 갔다. 그리고 그의 천막을 실었던 말 한 필이 강에 빠져서 하인들이 그의 담요를 말리려고 널어 놓았다. 피시디아 사람들은 그것을 테미스토클레스가 자고 있는 천막인 줄 알고 들추고 들어갔고 하인들에게 붙잡히고 말았다. 위험을 면한 테미스토클레스는 꿈에 본 신의 어머니에게 감사를 드리고 마그네시아에 신전을 세웠다. 그리고 그의 딸 므네시프톨레마를 여사제로 만들어 신을 섬기게 했다.

그런 후 테미스토클레스는 어느 날 한가한 시간을 보내기 위해 신전을 돌아보다가 신들의 어머니를 모신 신전에서 '물 긷는 여자'라는 청동상을 발견했다. 이것은 그가 아테네에서 수도 공사의 감독으로 있을 때 물을 버린 사람이나 물을 훔친 자들로부터 받은 벌금을 가지고 만들어 신전에 바친 것이었다. 그는 이것이 전쟁으로 페르시아에 와 있는 것을 보고 마음이 언짢았던지, 아니면 페르시아에 와서 대단한 위치에 있는 자신의 모습을 아테네 사람들에게 자랑하고 싶어서였는지 몰라도 그것을 아테네로 보내 달라고 총독에게 부탁했다. 그러나 총독은 그의 말에 화를 내며 이 사실을 왕에게 알려야겠다고 했다. 테미스토클레스가 깜짝 놀라 총독의 부인과 첩을 찾아다니며 돈을 주고 뇌물을 써서 겨우 총독의 분노를 풀었다.

이 일이 있은 후, 테미스토클레스는 페르시아의 귀족들이 자기를 노리고 있다는 것을 알고 모든 일에 조심을 하게 되었다. 그리고 마그네시아에 머무르며 조용한 생활을 했다. 그는 마그네시아에서 많은 사람들의 존경을 받으며 페르시아 귀족들과 다름없는 행복한 나날을 보냈다.

그 무렵 아테네 사람들의 도움을 받은 이집트는 페르시아를 공격하여, 그리스 함대가 키프로스와 시칠리아까지 들어오게 되었다. 페르시아 왕은 그리스의 세력을 꺾고 그들과 대항하기 위해 군사를 모았다. 그리고 마그네시아에 있는 테미스토클레스에게 사람을 보내, 그리스를 공격하는 데 힘을 써 달라는 말을 전했다.

테미스토클레스는 이미 아테네 사람들에 대한 미움도 사라진 상태였고, 전쟁에서 공을 세워 명예를 얻고 싶지도 않았다. 과거에 자신이 세운 공적을 더럽힐까봐 염려했는지, 아니면 그리스와 싸워 이길 자신이 없었는지 그는 스스로 목숨을 끊어 자기의 일생을 마치기로 결심했다. 테미스토클레스는 신들에게 제사를 드린 다음 친구들을 불러 잔치를 열었다. 그리고 마지막으로 친구들의 손을 잡고 인사를 한 다음, 황소의 피를 마셨다. 그는 일생을 정치와 전쟁에 바치고 65세의 나이로 마그네시아에서 생애를 마쳤다.

왕은 테미스토클레스의 죽음에 대한 이야기를 전해 듣고 그의 생전보다 더욱 감탄하며 남은 가족과 친구들을 후하게 대접했다고 한다.

테미스토클레스는 리산드로스의 딸 아르키페 사이에서 네오클레스, 디오클레스, 아르케프톨리스, 폴레욱토스, 클레오판토스라는 다섯 아들을 두었다. 이 중 클레오판토스는 마술의 명수였으나 달리 쓸모 있는 일은 한 것이 없는 사람이었다고 철학자 플라톤은 전하고 있다. 그리고 네오클레스는 어릴 적에 말에 물려 죽었고, 디오클레스는 할아버지인 리산드로스의 양자로 갔다. 그에게는 딸도 많았는데 후처에게서 난 므네시프톨레마는 이복 오빠인 아르케프톨리스에게 시집을 갔고, 다른 딸 이탈리아는 키오스 섬의 판토이데스와, 그리고 시바리스는 아테네의 니코메데스와 결혼하였다.

테미스토클레스가 죽은 뒤, 그의 조카 프라시클레스는 마그네시아로 가서 또 다른 딸 니코마케와 결혼하였으며, 제일 어린 딸인 아시아를 맡아서 길렀다고 한다.

마그네시아 사람들은 그의 업적과 영광을 기념하여 마을의 한가운데에 테미스토클레스 기념비를 세웠다. 그러나 아테네 사람들은 테미스토클레스의 묘에서 뼈를 태운 재를 몰래 훔쳐가서 공중에 뿌려 버렸다고 전하는데 사실인지는 밝혀지지 않았다.

또 지리학자 디오도로스는 그의 책《무덤기》에 테미스토클레스의 무덤에 대한 이야기를 쓰고 있다. 알키모스에서 팔꿈치처럼 튀어나온 피라이우스 항구를 가까이에서 돌다보면 잔잔한 바다 안쪽으로 꽤 넓게 쌓은 언덕이 나타나는데, 그 위에 제단처럼 쌓여 있는 것이 테미스토클레스의 무덤이라고 한다.

희극시인 플라톤도 이것을 테미스토클레스의 것이라고 믿으며 다음과 같이 썼다.

> 바다 물결이 씻어내린 아름다운 언덕에
> 테미스토클레스, 그대의 무덤이 있구나.
> 물결 위에서 뱃사람들은 손을 들어 인사하고
> 전쟁의 부름을 받고 떠나는 배들은
> 그대 눈 아래서 승리를 다짐하네.

마그네시아에서는 오늘날까지도 테미스토클레스의 후손들에게 변함없는 영예와 특권을 주고 있다. 뿐만 아니라 테미스토클레스라는 철학자는 단지 이름이 같다는 것 때문에 훌륭한 대접을 받고 있다고 한다.

8

카밀루스

(MARCUS FURIUS CAMILLUS, ?~BC 365)

> 푸리우스 집안의 후손으로 로마의 군인이며 정치가. 다섯 번이나 독재관을 지내고, 네 번이나 개선식을 올린 유능한 장군으로 로마 제2의 건설자로 불린다. 10년이나 대항하고 있던 베이이를 항복시키고, 갈리아의 침입으로 위기에 처한 로마를 구해냈다. 로마를 휩쓸었던 전염병에 걸려 사망했다.

푸리우스 카밀루스는 여러 가지 위대한 사업을 펼쳤다고 전해 온다. 그는 유능한 장군으로서 전쟁에서 여러 번 승리를 거두었고, 다섯 번이나 독재관(dictator)으로 임명되었으며 네 번이나 개선식을 올려 로마 제2의 창건자라고까지 불렸다. 그럼에도 불구하고, 단 한 번도 집정관(콘술)이 되지는 못했다. 그 이유는 당시 로마의 정치적 사정과 인심에서 찾을 수밖에 없을 것이다.

시민들은 당시 원로원과 의견이 맞지 않아 집정관의 선출을 반대하는 대신 군사위원회를 구성하고 있었다. 군사위원들은 실제로는 집정관과 같은 권한을 가지고 있으면서도, 권력이 나뉘어져 있었기 때문에 시민들의 미움을 적게 받았다. 시민들은 두 사람의 집정관 대신 여섯 명의 군사위원들이 정치를 맡게 됨으로써 위안을 얻었던 것이다. 카밀루스의 권력과 명예가 절정에 올랐을 때가 바로 이러한 시대였다.

카밀루스는 시민들이 바라지 않는 집정관의 자리에 오르고 싶지는 않았다. 집정관으로 선출될 기회가 여러 번 생겼을 때도, 그리고 모든 것을 뜻대로 할 수 있을 만큼 강력한 권력을 가지고 있을 때에도 그는 늘 다른 사람들과 권력을 나누어 행사했다. 그럼에도 불구하고 그는 모든 명예와 영광을 한 몸에 받고 있었다. 이는 그가 지배자의 위치에 있더라도 스스로를 억제할 줄 알았고 판단력과 지혜가 다른 사람과 겨룰 수 없을 만큼 뛰어났기 때문이다.

그가 태어난 푸리우스 집안은 당시에는 별로 알려지지 않은 가문이었다. 그러다가 카밀루스가 아이퀴 인, 볼스키 인과의 전쟁에서 크게 승리를 거두면서 명예로운 가문으로 인정받게 되었다. 이 전쟁에서 그는 포스투미우스 투베르티스 장군 밑에서 싸웠다. 카밀루스는 말을 타고 군대의 맨 앞에 나섰으며, 허벅다리에 창이 꽂혔지만 그것을 뽑아 버리고 그대로 적을 공격하여 격퇴시켰다. 그는 전쟁이 끝난 후 여러 가지 명예를 갖게 되었으며 특히 감찰관[1]으로 임명되기도 했다.

그는 감찰관으로 있을 때, 미혼의 남자들을 설득하고 위협하여 전쟁 때문에 생겨난 많은 미망인들과 결혼을 시켰다. 또 지금까지 세금을 내지 않았던 고아들에게도 세금을 부여하였다. 계속되는 전쟁 때문에 막대한 비용이 필요했고, 특히 베이이 시의 포위 작전을 위해서는 이러한 조치가 필요했던 것이다.

원래 베이이 시는 토스카나의 수도로 로마에 못지 않을 만큼 막강한 무기를 가지고 있었다. 주민들은 부유하여 호화로운 생활을 하고 있었고, 로마와는 여러 차례의 전쟁에서 영광과 제국의 패권을 다투었다. 그러나 이 무렵에는 몇 번의 큰 전쟁에서 패한 후라 국력이 약해져 있었다. 그래서 그들은 로마를 정복하려는 야심을 접어두고, 성벽으로 도시를 둘러싸고 무기와 식량을 준비하였다. 베이이 시는 로마의 오랜 포위에도 끄떡없이 버틸 수 있었다. 성벽을 둘러싸고 있는 로마 군들도 그들 못지 않게 지쳐 있는 상태였다.

원래 로마 군은 여름에 잠시 동안 전쟁을 하고 겨울에는 집으로 돌아와 쉬었는데, 이번에 처음으로 적의 나라에서 7년 동안이나 여름 겨울 없이 계속해서 전쟁을 치르며 보내고 있었던 것이다. 그러자 장군들이 무능력함 때문에 성을 함락시키지 못한다는 비난이 일어나기 시작했고 결국 새로운 군사위원들이 임명되었다. 카밀루스도 두 번째로 이 자리에 임명된 장군이었다. 그러나 그는 베이이 시의 포위에는 참가

---

1) 감찰관(Censor): 5년마다 선출되는 2명의 고급관리. 감찰관은 호구조사, 신분조사, 원로원 의원과 기사의 품행조사, 원로원 의원의 제거와 보충, 국고와 관계있는 청부사업이나 공공건물을 관리하는 일 등을 맡아 하였다.

하지 않았고, 줄곧 로마의 영토를 침범해 오던 팔리스키와 카페나 인들을 공격하여 큰 손해를 입히고 그들을 내쫓았다.

베이이 시에서의 전쟁이 한창일 때, 알바 호수에서 아주 이상한 일이 일어나 로마 인들의 걱정거리가 되었다. 때는 초가을이었다. 지난 여름에 비가 별로 내리지 않아 로마의 시냇물과 연못은 모두 말라 버리고, 강물은 수위가 아주 낮았다. 그런데 물이 흘러들어올 곳도 없고 빠져나갈 곳이 막힌 것도 아닌데 이상하게 알바 호수에 물이 차오르기 시작했다. 물은 점점 더 불어나 마침내 산꼭대기까지 이르게 되었다. 이윽고 물은 산을 넘어 반대편 평야로 쏟아져 내렸으며 논과 밭을 거쳐 바다에까지 흘러들어갔다. 농작물의 피해는 별로 없었지만 이 괴상한 일은 로마뿐 아니라 온 이탈리아 사람들을 공포로 몰아넣었다. 그리고 알바 호수의 이상한 징조는 사람들의 입에서 입으로 전해져 베이이 시를 포위하고 있는 로마 군인들의 귀에까지 들어가게 되었다.

오랫동안의 포위로 로마 군과 베이이 군은 서로 접촉할 기회가 많았다. 특별히 친한 사람들도 있었는데, 어떤 로마인은 점을 아주 잘 친다고 소문이 난 베이이 사람에게 알바 호수의 이야기를 전해 주었다. 베이이 인은 이 말을 듣자, 베이이에게 좋은 징조라는 것을 알고 무척 기뻐하였다. 이에 로마 군은 베이이 인에게, 지금 로마에는 더 흉악한 징조들이 많이 일어나고 있으며 로마는 곧 망할 것이니 자기 혼자만이라도 살아날 수 있는 방법을 알려 달라고 했다. 그러자 귀가 솔깃해진 베이이 인은 그 말에, 로마 군을 따라 성문 밖으로 나오게 되었다. 그러자 로마군은 그를 붙들어 장군에게 끌고 갔다.

베이이 인은 자신이 빠져나갈 길이 없음을 알고, 오래 전부터 내려오는 베이이 수호신의 비밀 신탁을 털어놓았다. 그의 말에 의하면, 알바 호수가 본래 모습대로 되고, 호수의 물이 바다로 흘러가는 것을 막을 때까지 베이이 시는 결코 적의 손에 함락되지 않는다는 것이었다. 이 소식을 전해들은 원로원에서는 어떻게 해야 좋을지 몰라 걱정을 하다가, 마침내 델포이 신전으로 사람을 보내 신탁을 받기로 결정했다.

리키니우스 코수스, 발레리우스 포티투스, 파비우스 암부스투스 등 당시 가장 이름난 사람들은 델포이 신전으로 가서 아폴로의 신탁을 받아왔다. 그 신탁은, 라티움의 신들에 대한 예의가 소홀했기 때문에 이런 일이 일어났으니 잘못된 것을 모두 고치라고 했다. 그리고 알바 호수의 물을 바다로 흘러 들어가지 못하게 하고 예전의 흐름을 바로잡으라고 했으며, 만일 그렇게 할 수 없으면 도랑을 파서 물을 평야에 골고루 분산시키라고 했다. 신탁을 받은 사제들은 제사를 드리고 시민들은 물줄기를 나누어 바다로 흐르는 물을 막기에 바빠졌다. 그후 알바 호수에는 더 이상 이상한 일이 일어나지 않았다.

베이이 성을 포위하여 싸운 지도 10년이 되었다. 원로원은 다른 장군들을 모두 돌아오게 하고 카밀루스를 독재관으로 임명하여 모든 권리를 주었다. 카밀루스는 우선 코르넬리우스 스키피오를 기병대장으로 삼고, 이 전쟁에서 빛나는 승리를 거두게 된다면 신들에게 큰 축제를 올리고, 로마 사람들의 어머니인 마투타 여신에게 신전을 지어 드리겠다고 약속했다.

이 여신에게 제사를 드리는 방법으로 보아, 이 신은 그리스의 레우코테아, 즉 흰 여신에 해당하는 것으로 보인다. 나이 어린 여자 종을 신전으로 데려간 뒤 맨손으로 때려 내쫓는 것이라든지, 사람들이 남의 자식을 안고 도는 것, 포도주의 신 바코스를 기르는 흉내를 내는 것 등은 모두 남편의 첩 때문에 고생한 이노의 비극을 생각나게 하기 때문이다.

카밀루스는 우선 국경을 넘어 들어가 팔리스키 인을 격파하고, 구원하러 왔던 카페나 군도 무찔렀다. 그런 다음 다시 군대를 돌려 베이이 시를 포위 공격했다. 베이이는 정면에서 공격하기가 어려웠으므로 로마 군은 성벽 둘레에 굴을 파기 시작했다. 다행히 성 부근의 땅은 파기가 쉬워 성 안에 있는 사람들의 눈에 띄지 않고도 깊게 팔 수 있었다. 카밀루스는 일부러 군대를 이리저리 이동시켜 적의 주의를 혼란스럽게 하기도 했다.

한편 굴을 파는 부대는 베이이 시내에서 가장 크고 신성한 곳인 유노 신전을 목표로 파들어 갔다. 그리고 굴이 신전까지 이르렀을 때, 유노신은 제물을 먼저 드리는 편에게 승리를 주시겠다는 약속을 하였다고 베이이의 왕이 소리쳤다. 땅 속에 있던 로마 군은 이 말을 듣고, 바닥을 뚫고 솟아올라 함성을 지르면서 무기를 휘둘렀다. 적은 뜻밖의 일에 너무나 놀라 모두 도망을 쳤다. 그래서 로마 군은 그들이 제물로 바쳤던 짐승을 카밀루스에게 가져갔다고 한다.

로마 군은 홍수처럼 시내로 밀려들어가 많은 재물을 약탈했다. 성벽 위에 서서 그 광경을 바라보던 카밀루스는 눈물을 흘렸다. 그는 곁에 있던 사람이 축하의 말을 하자 두 손을 하늘로 높이 들고 이렇게 기도를 드렸다.

"거룩하신 유피테르 신이여, 선과 악을 가려 주셨으니, 저희들 로마인이 원수들의 도시를 점령한 것은 정당한 일임을 아실 것입니다. 그러나 만일 이 승리로 저희들이 벌을 받아야 한다면, 그것을 로마나 로마의 군대에 내리지 마시고, 제 머리 위에 내려 주십시오."

기도를 마친 그는 로마의 기도 습관대로 오른쪽으로 돌아서려다가 그만 넘어지고 말았다. 주위의 사람들이 몹시 놀라 쳐다보자, 그는 곧 일어나서 이렇게 말했다. "신께서 나의 기도를 들어주신 거요. 잠시 넘어지는 가장 작은 벌로 신은 이 위대한 승리의 영광을 내려주신 것이오."

베이이 시를 점령한 다음, 그는 전에 맹세했던 대로 유노의 신상을 로마에 옮기기로 결정했다. 그러고는 유노께 제사를 드렸다. 그는 로마 사람들의 소망을 들어주시고 이미 로마를 지키고 있는 여러 신들과 자리를 함께 해 달라고 빌었다. 그러자 그 신상은 작은 소리로 그와 같이 가겠다고 대답했다는 이야기가 전해온다. 그러나 리비우스가 전하는 기록을 보면, 카밀루스가 신상에 손을 대고 기도를 드릴 때 그 곁에 있던 사람이 "신께서 함께 가시겠다고 말씀하셨습니다"라고 말했다. 대단치 않던 로마 시가 그토록 높은 영광과 권력을 얻게 된 것은 모두 신의 도움 때문이었다고 말하는 사람들이 많다. 그러므로 유노의 말소리를 들었다는 이야기처럼 믿기 어려운 신비한 일화들도 많이 전해지는데 가령 신상이 땀을 흘렸다든가, 한숨 짓는 소리를 냈다든가, 옆을 돌아보며 눈을 감았다는 등의 이야기가 그것이다.

그러나 이런 종류의 이야기는 사실 완전히 믿어 버릴 수도, 거짓이라고 해서 아예 무시해 버릴 수도 없는 것이다. 인간이란 존재 자체가 나약하므로, 때로는 초자연적인 힘이나 미신을 믿는 것도 당연하다. 그렇기 때문에 미신을 너무 믿어서도, 또 너무 하찮게 생각해서도 안 되며 극단에 치우치지 않도록 조심성 있게 중용을 취하는 것이 가장 좋은 방법이라 하겠다.

카밀루스는 로마와 10년 동안이나 대항하고 있던 베이이를 항복시킨 것이 너무나 자랑스러워서였는지, 또는 사람들의 칭찬에 도취되어서였는지 대단히 성대한 개선식을 올리며 로마로 들어갔다. 그는 네 필의 흰 말이 끄는 마차를 타고 의기양양하게 로마의 시가지를 행진했는데, 그처럼 화려한 개선식은 그 이전에도 그 이후에도 없었을 것이다. 로마 사람들은 흰 말 네 필이 끄는 마차는 신들의 왕이며 아버지인 유피테르만이 탈 수 있는 성스러운 것이라고 생각해 왔다. 그래서 그 화려한 광경을 처음으로 본 시민들은 그를 매우 불쾌하게 여겼고, 카밀루스가 새로 점령한 도시로 옮겨가자고 한 시민들의 요구를 반대하자 그에 대한 반감은 더욱 커져갔다.

정무위원들은 귀족과 평민을 둘로 나누어 그 중 한쪽은 로마에 머무르게 하고, 다른 쪽은 새로 점령한 도시로 옮기자고 제안했다. 이렇게 하면 넓은 땅을 나누어 가질 뿐만 아니라, 두 개의 커다란 도시를 얻을 수 있게 되므로 영토를 유지하는 데도 편하고 사람들의 생활도 좋아지리라 생각했던 것이다. 인구도 많고 살림도 어렵던 평민들은 이 제안에 크게 찬성하여 빨리 투표를 해서 결정을 내리자고 너도나도 소리를 높였다. 그러나 원로원과 귀족들은 로마를 나누는 것은 로마를 완전히 망하게 하는 길이라고 반대하며, 카밀루스를 중심으로 굳게 단결했다.

카밀루스는 이 일을 결정하기가 어려웠다. 그래서 여러 가지 이유를 만들어 투표를 연기시키면서 흐지부지하게 만들었다. 이 일로 해서 그에 대한 시민들의 인기는 더욱 떨어지게 되었다. 그러나 시민들이 그를 미워하게 된 가장 크고 뚜렷한 이유는, 그가 전리품에 대해서 10분의 1씩 세금을 내게 한 일이었다. 시민들의 비난은 아주 정당하다고는 할 수 없지만 그렇다고 무리한 것도 아니었다.

카밀루스는 베이이 시를 점령하러 갈 때 승리하면 전리품의 10분의 1을 바치겠다고 아폴로 신에게 맹세를 했다. 그런데 베이이 시를 점령했을 때는 전리품을 누구나 마음대로 가지게 내버려 두었다. 군인들의 기분을 상하지 않게 하기 위해서였는지, 아니면 바빠서 약속을 잊었기 때문인지 몰라도 당시에는 아무 말이 없었던 것이다. 그러고 나서 장군의 지위를 내놓은 다음에야 그는 이 일을 원로원에 제안하였다. 이 무렵 사제들 또한 신들이 노하고 있음을 알렸으므로, 원로원은 노여움을 풀기 위해 전리품에 대한 처리를 고민했다.

원로원은 이제 와서 전리품을 다시 거두어들일 수는 없으므로 전리품을 얻은 사람은 모두 사실대로 신고하고 그 값어치의 10분의 1에 해당하는 돈을 내라고 명령했다. 이 조치는 전쟁에 나갔던 많은 군인들에게는 너무 무리한 부담이었다. 그들은 몹시 가난한 데다가, 겨우 얻은 얼마 안 되는 전리품들을 모두 다 써버린 후였기 때문이다. 시민들을 카밀루스를 맹렬히 공격하였다. 카밀루스는 적당한 변명을 찾을 길이 없었다. 그래서 그는 아폴로에게 맹세했던 사실을 잠시 잊었다고 궁색한 변명을 늘어놓았다. 사람들은 그가 신에게 맹세한 것은 전리품의 10분의 1이었는데 이제 와서는 시민들 재산의 10분의 1을 빼앗는 것이라고 불만을 표시했지만 부과된 돈을 낼 수밖에 없었다.

원로원은 여기서 생긴 돈으로 커다란 사발을 만들어 델포이에 있는 아폴로 신에게 헌납하기로 결정했다. 그러나 로마에는 금이 귀해서 이것을 어디서 구할 것인가를 논의하고 있을 때 부인들이 자신들이 가지고 있던 패물을 모아왔다. 그 무게는 순금으로 8탈렌트였다. 원로원은 부인들의 귀한 마음을 기리는 뜻으로 그들의 장례 때에 남자들과 마찬가지로 추도사를 드릴 수 있게 했다. 그 전까지는 여자가 죽었을 때는 공적으로 추도사를 읽지 않는 것이 로마의 풍습이었다고 한다.

이윽고 시민들 가운데서 가장 덕망이 높은 세 명이 뽑혔다. 그들은, 화려하게 장비를 갖춘 군함을 타고 신에게 바치기 위해 길을 떠났다. 그런데 항해 도중 배에 탔던 사람들이 거의 죽을 뻔하다가 기적적으로 구출되는 일이 일어났다. 그리고 리파리아 인들이 이 배를 해적의 배로 잘못 알고 공격했던 일도 있었다. 그들은 싸울 뜻이 없다는 뜻을 전하고 가까스로 싸움을 면했지만 해안으로 끌려가 해적으로 취급되었다. 그리고 배에 탔던 사람들과 배에 실었던 물건들이 모두 경매 처분될 운명에 이르렀다.

그때 티마시테오스라는 그곳 장군의 도움으로 그들은 간신히 목숨을 구하고 풀려나게 되었다. 티마시테오스는 자신의 배 몇 척을 내어 로마의 사절들을 델포이까지 호송해 주었으며 헌납식에도 함께 참석하였다. 로마에서는 그에게 특별한 영예를 주어 그의 은혜에 대해 감사의 마음을 전했다고 한다.

그 무렵, 또다시 로마에서는 토지를 재분배하고 베이로 사람들을 이주시키려는 움직임이 일어나기 시작했는데, 그리고 귀족들은 팔리스키 인과 전쟁을 하는 혼란을 틈타, 자기들끼리 중요한 직책을 나눠 가졌다. 그러자 원로원은 전쟁 경험이 많은 카밀루스를 다른 다섯 명과 함께 군사위원으로 임명하였다.

카밀루스는 원로원의 요구에 따라 군대를 편성하여 팔리스키 인들의 영토로 들어가 팔레리이라는 도시를 포위했다. 팔레리이는 성벽이 튼튼하고 군수품도 넉넉한 도시라 이곳을 함락시키기 위해서는 적지 않은 시간과 노력이 필요했다. 그러나 그는 이미 이러한 사실을 알고 있었다. 그는 오히려 많은 시간이 걸리기를 원했다. 왜냐하면 그 시간 동안 로마 시민들은 전쟁터로 출정하여 나라의 내분이 그치게 될 것이라고 생각했기 때문이다. 로마인들은 마치 의사가 약을 쓰는 것처럼, 나라 안에 번거로운 일이 있을 때 바깥으로 마음을 돌리게 하는 정책을 자주 썼다.

팔리스키 인들은 성벽도 튼튼하고 수비도 강했기 때문에 적에게 포위를 당하고도 크게 걱정하지 않았다. 그들은 성을 지키지 않을 때면 으레 군복을 벗고 평상복으로 거리를 돌아다녔으며, 아이들도 평상시와 다름없이 학교에 다녔다. 선생님들은 아이들을 데리고 소풍을 가기도 했고 성 밖에 데리고 나와 운동을 시키거나 놀이를 하는 일도 있었다. 이곳 사람들도 그리스처럼 아이들을 모두 하나의 학교로 보내 공동 생활을 시키고 있었다.

그런데 이 학교의 선생들이 아이들을 미끼로 하여 자기 나라를 배반할 생각을 하며 날마다 아이들을 이끌고 성 밖으로 데리고 나오곤 했다. 이렇게 해서 아이들에게 성 밖으로 나가도 위험하지 않다고 생각하게 한 다음, 어느 날 드디어 아이들을 모두 데리고 나와 로마 군에게 넘겨 주고 카밀루스에게 면회를 청하였다. 카밀루스가 나오자 그는 자신의 신분을 밝히면서, 아이들과 팔레리이 시를 넘겨 주고 카밀루스의 은총을 받고 싶다고 말했다.

이 말을 들은 카밀루스는 배반자의 행동에 큰 충격을 받았다. 그래서 그는 이렇게 말했다. "전쟁은 잔인한 것이오. 폭력과 속임수가 뒤따르기도 하지요. 그러나 전쟁 중에도 지켜야 할 것이 있소. 간교한 방법을 써서 승리를 이루어서는 안 된다는 것이오. 또 위대한 장군은 자신의 힘으로 승리를 거두어야 하며, 다른 사람의 비열한 행동을 이용해서는 안 된다는 것이오."

그러고는 군인들을 시켜 그 선생이라는 자의 옷을 찢고 손을 뒤로 묶은 다음, 아이들에게 작대기를 주어 반역자를 때리면서 성 안으로 데리고 가게 했다. 학교 선생이 배반한 사실을 뒤늦게야 알게 된 팔레리이 시는 분노와 배신으로 눈물 바다가 되었다. 남녀노소 할 것 없이 기운을 잃고 성벽 위에서 헤매고 있을 때, 멀리서 아이들의 모습이 보였다. 아이들은 벌거벗은 채 묶여 있는 선생을 작대기로 때리면서, 카밀루스는 자신들의 은인이고 아버지며 신이라고 외치고 있었다. 이 모습을 본 사람들 뿐 아니라 이 이야기를 전해들은 모든 시민들은 정의를 사랑하는 카밀루스의 마음에 감격하여 즉시 회의를 소집하고 사절단을 로마로 보냈고 그들은 원로원에 가서 이렇게 말했다.

"우리나라 사람들은 힘에 있어서 로마에게 조금도 뒤지지 않는다고 생각합니다. 그러나 당신들은 승리보다는 정의가 더욱 소중하다는 것을 가르쳐 주었으며, 그래서 우리는 자유보다 복종을 선택하기로 했습니다."

원로원에서는 이 사건에 대한 결정을 다시 카밀루스에게 맡겼다. 카밀루스는 팔레리이로부터 전쟁에 대한 배상금을 받기로 하고, 동맹을 맺은 다음 철수했다. 그러나 팔레리이 시를 점령해서 물건들을 약탈할 것이라고 생각했던 군인들은 빈손으로 돌아오게 되자 카밀루스를 비난하며, 그가 시민을 미워하여 자신들이 가난을 면할 기회를 주지 않았다고 불평을 했다.

카밀루스는 토지분배 문제와 시민을 베이이로 이주시키는 제안이 다시 제출되었을 때 자신이 비난받을 것도 두려워하지 않고 공공연하게 반대를 하고 나섰다. 시민들은 그의 주장이 대단히 불만스러웠지만 자기들로서는 어떻게 할 수가 없었다. 미움은 더해져서, 카밀루스의 두 아들 중 하나가 죽었을 때도 조금도 동정을 하지 않았다.

카밀루스는 원래 성격이 다정하고 온화한 사람이라 이 일로 몹시 슬퍼하여 집 안에서 나오지도 않고 눈물로 세월을 보냈지만 그를 미워하던 사람들은 카밀루스가 슬픔에 빠져 있는 동안 그를 쫓아낼 계획을 세우고 있었다.

카밀루스를 고발한 사람은 루키우스 아풀레이우스라는 사람이었다. 죄목은 토스카나 전쟁 때 전리품 횡령으로, 청동으로 만든 문짝을 그의 개인 재산으로 만들었다는 것이다. 시민들은 그를 미워하고 있었기 때문에 죄목이 무엇이든 무거운 벌을 내리려고 할 것이 틀림없었다. 그는 친구들과 동지들을 모아 자신이 적들에게 모욕을 당하지 않도록 도와 달라고 부탁했다. 친구들은 유죄를 막을 힘은 없지만, 벌금을 내라고 하면 얼마든지 도와 주겠다고 했다. 그는 그런 모욕들을 참을 수가 없어서 로마를 떠나 망명을 하기로 결심했다.

아내와 아들을 안고 작별의 말을 남긴 그는 조용히 집을 나와 로마의 성문 앞에까지 갔다. 그는 거기서 잠시 발을 멈추더니 돌아서서 두 손을 뻗어 유피테르 신전을 향했다. 그리고 신들에게 기도를 올렸다. "만일 제가 죄가 없는 데도 시민들의 오만과 미움 때문에 쫓겨가는 것이라면, 로마인들이 하루 빨리 그들의 잘못을 깨닫고 제가 돌아오기를 원하도록 해주십시오. 그리고 그들이 제가 돌아오기를 호소하는 것을 온 세상이 모두 지켜보도록 해주십시오."

아킬레우스가 그랬던 것처럼, 카밀루스도 시민들을 저주하면서 망명의 길을 떠나갔다. 카밀루스 자신도, 그를 위해 변호하는 사람도 없는 자리에서 재판이 진행되었으며 벌금 1만 5천 아스를 내라는 판결이 나왔다. 아스는 당시에 쓰여지던 동전으로 10아스가 1데나리우스이므로, 그의 벌금은 은화로 1천 5백 드라크마에 해당되는 엄청난 것이었다.

한편 카밀루스의 기도에는 곧 정의로운 대답이 내려왔다. 그가 받은 억울한 처사에 대해 하늘에서 무서운 보복을 내렸다는 말이 떠돌기 시작했던 것이다. 무서운 운명이 로마에 내린 것인지, 은혜를 원수로 갚은 사람들을 벌하려는 것인지 로마에는 서서히 재앙이 닥쳐오고 있었다. 재앙의 첫 징조는 감찰관이었던 율리우스의 죽음이었다. 로마 사람들은 감찰관의 지위를 매우 존중하여 거의 신으로 모셨기 때문에 그의 갑작스런 죽음은 시민들에게 충격적인 것이었다.

두 번째 징조는 카밀루스가 망명하기 직전, 마르쿠스 카이디키우스라는 사람이 보고한 내용이었다. 그는 크게 이름난 사람도, 원로원 의원도 아니었지만 선량한 사람으로 존경받고 있었다. 마르쿠스는 사람들에게, 그 전날 새로 닦은 길을 걸어가고 있었는데, 누가 뒤에서 자기 이름을 부르더라는 얘기를 했다. 그는 뒤를 돌아다보았으나 아무도 없었고, 사람의 목소리보다 훨씬 큰 목소리로 이런 말을 했다. "마르쿠스 카이디키우스, 내일 아침 일찍 사람들에게 알려라. 이제 곧 갈리아 족이 쳐들어 올 것이다."

그러나 이 말을 들은 사람들은 그를 비웃으며 이 말을 믿지 않았다. 그리고 얼마 후 카밀루스가 망명했던 것이다.

갈리아 인은 켈트 족에 속하는 종족인데, 인구가 늘어나서 땅이 부족해지자 땅을 찾아다니고 있었다. 그들은 젊은 사람들로 대군사를 이룬 뒤 둘로 나누어 하나는 리파이아 산맥을 넘어 유럽 쪽에 정착했고, 또 한 무리는 피레네 산맥과 알프스 산맥 사이로 들어가 세노스 족과 켈토리 족에 이웃하여 살고 있었다. 그 뒤 이탈리아에서 나는 포도주를 처음 맛본 그들은 술맛에 반해 무기를 집어들고 포도가 나는 이탈리아를 향해 떠났다. 그들은 포도주가 나지 않는 다른 모든 곳은 야만적이고 미개한 곳으로 생각하게 된 것이다.

처음으로 그들에게 포도주 맛을 알게 하여 이탈리아로 침입하도록 이끈 것은 토스카나의 아룬스라는 사람이었는데, 그에게는 다음과 같은 이야기가 전해온다.

귀족 집안에서 태어난 그는 본래 악한 사람이 아니었으나, 다음과 같은 악운으로 그렇게 되었다. 아룬스는 토스카나에서 가장 재산이 많고 얼굴도 잘생긴 남자아이인 루쿠모라는 고아의 후견인이 되었는데, 그 아이는 어려서 아룬스의 집에 들어왔으며, 성년이 되어서도 아룬스를 몹시 따르며 그 집을 떠나려고 하지 않았다. 그런데 나중에 알고 보니 루쿠모는 아룬스의 아내와 간통을 하고 있었으며, 둘은 서로 사랑하고 있었던 것이다. 이 일을 더 감출 수 없게 되자 루쿠모는 아룬스와 힘을 겨루어 그의 아내를 빼앗으려고 했다. 아룬스는 법에 호소했으나 루쿠모의 돈과 권력을 당하지 못하여 그는 결국 졌고 자기 나라를 떠나게 되었다. 그래서 그는 갈리아를 찾아가 이탈리아를 침범하도록 군대의 길을 알려주게 된 것이다.

갈리아 인들은 알프스를 거쳐 들어와, 이탈리아 반도 양쪽 바다에 걸친 지방들을 금방 손에 넣었다. 이 지방은 옛날에 토스카나의 영토였다고 하는데 위쪽 바다인 아드리아 해가 토스카나의 도시 아드리아의 이름을 본뜬 것과, 아래쪽 바다의 이름이 토스카나인 것으로 보아 이것이 사실이었던 것 같다. 이 지방에는 숲이 많아 가축을 기르기에 적당했으며, 물줄기도 고루 퍼져 있었고 18개나 되는 아름다운 도시가 세워져 있어 상업도 매우 융성하였다. 갈리아 인들은 오래 전에 토스카나인들을 모두 내쫓고 아름다운 도시들을 손에 넣었었다.

한편 갈리아 군대는 토스카나의 도시 클루시움을 포위하고 있었다. 주민들은 로마에 구원을 호소하는 사절단과 편지를 보내어 이 야만인들을 물리쳐 달라고 부탁했고 로마는 파비우스 가문의 중요한 세 사람의 인물을 보냈다. 갈리아 인들은 이들에게 경의를 표하고 후한 대접을 하였으며, 클루시움 시의 포위를 잠시 중단하고 그들과 협상을 시작했다.

로마의 사절은 갈리아의 왕에게, 이 도시로부터 무슨 손해를 입었기 때문에 공격을 하는 것이냐고 물었다. 그러자 갈리아의 왕 브렌누스는 한바탕 크게 웃더니 대답을 했다.

"클로시움 사람들이 끼친 손해란 영토를 너무 넓게 차지하고 있다는 것이오. 그들은 영토가 좁아도 충분히 살 수 있으면서도, 인구가 많고 가난한 우리에게 땅을 조금도 나눠 주지 않았소. 당신들의 나라 로마도 예전에 알바, 피데나이, 아르데아 같은 나라에게, 그리고 지금은 베이이, 카페나, 팔리스키, 볼스키 같은 나라들에게 피해를 입혔소. 그들 나라는 자기들이 가지고 있는 것을 당신들에게 양보하지 않았기 때문에 전쟁을 치렀고, 당신들의 노예가 되어야 했소. 그러나 로마가 한 행동은 절대 부정한 것도 잔인한 것도 아니오. 약한 자의 것은 강한 자에게 빼앗긴다는 사실은 여러 법 중에서도 가장 오래된 것이며, 신으로부터 짐승에까지 이르는 본질적인 것이오. 그러므로 우리가 포위 공격하고 있는 클루시움 사람을 불쌍히 여길 이유는 없소. 우리 또한 당신네 로마가 짓밟은 나라를 동정하지 않을 테니 말이오."

이 말을 들은 로마인들은 브렌누스와 더 이상 협상할 수 없다는 것을 알았다. 그들은 클루시움으로 들어가서 시민들의 용기를 북돋워주고 그들과 함께 갈리아 인을 공격하자고 격려했다. 클루시움의 반격이 시작되고 성 밖에서 전투가 벌어졌다. 이때 파비우스 가문의 사람 퀸투스 암부스투스가 말을 타고 앞장서서 쳐들어오는 갈리아 군의 장수를 공격했다. 두 사람은 서로 팔을 휘두르며 맹렬하게 싸웠으므로 처음에는 그가 누군지 알지 못했다. 그러나 적을 죽이고 갑옷을 벗기려고 할 때 브렌누스는 그가 로마의 사절임을 알아보았다.

"하늘에 계신 신이여, 보십시오. 휴전을 시키려고 왔다던 사람이 적이 되어 덤벼드는 일이 여기 있습니다. 모든 인류가 신성하게 지키고 있는 국가간의 법칙을 어긴 것이 아니고 무엇이겠습니까?"

그는 이렇게 외치고 군대를 모아, 클루시움을 돌아서서 로마를 향해 진격하기 시작했다. 갈리아는 로마와 전쟁을 할 구실이 생긴 것은 기뻤지만 그것을 노골적으로 드러낼 수는 없었다. 그래서 우선 사람을 로마로 보내어 파비우스의 처단을 요구하고 천천히 로마를 향해 이동했다.

로마에서는 원로원을 소집하였다. 대다수의 의원들은 일단 파비우스의 행위를 비난하며 처벌을 주장했다. 그리고 페키알이라고 불리는 사제들은 잘못의 책임을 잘못한 그 사람에게만 지우라고 하면서 로마 시 전체가 죄를 짊어질 필요는 없다고 하였다. 페키알 제도는 로마의 역대 왕들중 가장 온유하고 공정하기로 이름났던 누마 폼필리우스가 만든 것으로, 전쟁을 하는 것이 옳은가 아닌가를 결정짓는 것이 이들 사제의 임무였다. 원로원은 이 일을 국민들에게 묻기로 결정했다. 페키알은 계속해서 파비우스 한 사람의 처벌을 주장했지만, 국민들은 그들의 말을 듣지 않고 파비우스와 그의 형제들을 군사위원으로 임명하였다.

이 소식을 들은 갈리아 인들은 몹시 격분하여 로마로 향하던 발걸음을 더욱 재촉하여 전속력으로 강행군을 시작했다. 도중에 있는 나라들은 모두 그들의 번쩍이는 무기와 용기와 힘에 가슴이 서늘해져서 영토를 모두 빼앗길 것으로 생각하였다. 그러나 갈리아 인들은 그들의 밭에 난 곡식 하나도 손대지 않고 여러 도시들을 그냥 지나쳤다. 그들은 로마를 치러가는 것이며, 로마만이 그들의 적일 뿐 다른 모든 나라는 우방이라고 했다.

이렇게 밀물같이 들어닥치는 대군을 막기 위해 군사위원들은 시민들을 지휘하고 전투 준비를 갖추었다. 군대는 4만 명이나 되었으므로 수적으로는 부족하지 않앉으나, 그들 대부분이 처음 무기를 들어보는 사람들이었다. 게다가 종교적인 행사도 소홀히 하여, 전쟁 때면 언제나 드리던 제사도 올리지 않았으며 제물을 바치는 일도 무시하였다. 또 지휘관이 너무 많아 행군을 할 때 심한 혼란이 일어나기도 했다.

그 전에는 큰 전쟁이 아닐 때에도 지휘관은 한 사람만 두어 전체를 지휘하게 하였으며, 그를 독재관이라고 불렀다. 위기에 처했을 때 한 사람이 전체를 통솔하는 것이 좀 더 현명한 일이라고 생각했기 때문이었다. 그러나 이 때에는 카밀루스를 억울하게 내쫓은 일로, 모두들 시민에게 아첨하고 인기를 끌기에 바빴으므로 어느 누구도 독재관을 맡으려고 하지 않았다.

로마 군은 도시에서 10마일쯤 떨어져 있는 알리아 강 근처에서 밤을 지내게 되었다. 그들이 진을 친 곳은 티베르 강과 만나는 곳에서 그리 멀지 않았는데, 이곳에서 갈리아 군의 기습적인 공격을 받아 서투른 작전과 훈련 부족으로 완전히 패하고 말았다. 로마 군의 한 편은 강물 속에 몰려 전멸하였고, 나머지 한 편은 산쪽으로 도망을 가서 그나마 피해가 적었다. 살아남은 군사는 로마로 돌아왔다가, 적이 살육에 지쳐 잠시 공격을 늦춘 것을 틈타 베이이 시로 피난했다. 로마의 도시와 그곳에 남아 있던 사람들은 이미 다 죽임을 당한 것으로 생각했던 것이다. 이 전쟁은 하지 무렵의 보름날 일어난 것이었으며, 옛날 파비우스 가문 사람 300명이 토스카나 인들에게 살해되었던 것도 바로 이 날이었다. 그러나 이번 전쟁의 피해는 첫 번째 사건을 모두 잊게 할 정도로 큰 것이었고, 이 후부터 이 날을 '알리아 강의 흉일'이라는 뜻으로 알리엔시스라고 부르게 되었다.

어떤 날을 흉일이라 하고 어떤 날을 길일이라 할 것인가에 대한 헤시오도스와 헤라클레이토스의 말은 사실 쉽게 결정지을 수 있는 문제는 아니다. 그러나 몇몇의 중대한 사건들은 이 문제에 접근하는 데 힌트를 준다.

아테네의 달로 헤카톰바이온인 히포드로미우스 5일은 보이오티아인들이 두 번이나 큰 승리를 거두어 그리스의 자유를 회복한 날이었다. 그들은 이 날 레욱트라에서 스파르타 군을 격파했고, 또 그보다 2백년 전에 라타미아스의 지휘로 케레소스에서 테살리아 군을 정복했었다.

그리고 페르시아 군이 마라톤에서 그리스 군에게 크게 졌던 것은 보이드로미온 달 6일이었고, 3일에는 플라타이아와 미카레 두 곳에서 패했으며, 또 25일에는 아르벨라에서 졌는데 이것들이 모두 같은 달에 일어난 일이었다.

타르겔리온이라는 달은 야만인들에게 상당히 운이 나쁜 달이다. 알렉산드로스가 페르시아의 장군을 그라니쿠스에서 정복한 것이 그 달이었고, 티몰레온이 시칠리아에서 카르타고 군을 격파한 것도 같은 달 27일이었으며, 에포로스, 칼리스테네스, 다마스테스, 필라르코스 등의 기록에 따르면 트로이가 함락되었던 것도 같은 달이었다고 한다.

반면에 메타기트니온 달은 그리스에게 불운한 달인 것 같다. 이 달 7일에 그리스 군은 크라논에서 안티파트로스에게 패망했고, 그 이전에 카이로네아에서 필리포스 군에게 패했던 것도 이 달이었다. 또 같은 날 아르키다모스와 같이 이탈리아로 가던 사람들이 야만인들에게 당했던 일도 있었다. 카르타고 사람들 역시 이 달 21일을 가장 불길한 날로 꼽고 있다.

또 테베가 알렉산드로스에게 두 번째로 패한 것은 보이드로미온의 20일로 그 날은 신비로운 이아코스의 행차가 떠나가던 날이었으며, 아테네 사람들이 마케도니아의 수비병으로 입성하게 된 날이기도 하다. 또 같은 날 카이피오가 지휘하는 로마 군이 킴브리 인들에게 패했으며, 나중에 루쿨루스가 지휘한 로마 군이 아르메니아 군을 격파한 것도 이 날이었다.

아탈루스 왕과 폼페이우스가 죽은 것은 똑같이 그들 자신의 생일이었다. 이렇게 같은 날에 길흉이 들어 있는 예는 이 밖에도 많다.

어쨌든 로마인들은 하지의 만월인 이 날을 특히 불길한 날로 보았고, 불행으로 인해 미신이 더욱 심해짐에 따라 매달 두 날을 흉일로 보았다. 이 문제에 대해서는 《로마에 대한 여러 문제》라는 책에서 좀 더 자세하게 다루고 있다.

알리아 강에서 싸운 뒤, 갈리아 군이 도망가는 로마 군을 추격했다면 로마는 대책을 세울 틈도 없이 완전히 무너지고 말았을 것이며, 그 안에 있던 사람들을 모두 전멸시킬 수도 있었다. 겨우 살아서 쫓겨 들어온 군인들은 무서운 공포를 도시에 몰고 들어와 시민들은 혼란과 두려움에 떨고 있었기 때문이다. 그러나 갈리아 군은 완전한 승리를 거둘 생각을 하지 못한 채, 다만 로마 군을 격퇴한 것을 기뻐하며 흩어져 있는 전리품을 주워 담는 데 정신이 없었다. 그동안 로마에서 도망나온 사람들은 안전한 곳을 찾았고, 로마에 머물러 있던 사람들은 용기를 되찾았다. 그들은 오랫동안 포위당하더라도 견딜 수 있는 준비를 갖추기 위해, 다른 것은 모두 포기하고 카피톨리누스로 기어올라가 무기를 갖추고 성벽을 쌓아 방어를 튼튼히 했다. 그리고 맨 먼저 신성한 기물들을 카피톨리누스로 옮겨 놓고, 베스타 처녀들은 성화와 그 밖의 물건들을 가지고 도시 바깥으로 피난했다.

어떤 사람의 기록을 보면 베스타 처녀들은 다른 물건들은 모두 그대로 두고 성화만 챙겨가지고 나갔다고 하는데, 이것은 누마 왕이 만물의 근원이 불이라고 하여 숭배하도록 정했던 것이었다. 그는 불이 자연의 모든 사물 중에서 가장 활동적인 것이며, 여기서 나온 것은 모두 운동을 한다고 믿었다. 그래서 모든 사물 속에 불의 기운이 없으면 아무 소용이 없어 죽은 것이며, 생명의 기운인 불이 있어야만 모든 것이 생기를 띠고 운동을 할 수 있게 된다고 생각했다. 누마 왕은 이처럼 불을 성스럽고 영원한 힘의 상징이며 모든 것의 근원이라고 생각했기 때문에, 절대로 이것을 꺼뜨려서는 안 된다는 명령을 내렸던 것이다.

또 다른 기록을 보면, 그리스에서처럼 이 신전 앞에는 성화가 놓여 있었고, 신전의 가장 은밀한 곳에는 다른 신성한 것이 감추어져 있었다고 하는데 이것은 베스타 처녀 말고는 아무도 보아서는 안 된다고 했다. 가장 널리 알려져 있는 의견으로는, 아이네아스가 이탈리아에서 가져간 여신 팔라스의 조각상이 그곳에 있었다는 것이다. 또 다른 기록에는, 사모트라케 인들의 신상이 있었다고도 한다. 이것은 다르다노스가 트로이에서 가져간 것으로, 트로이가 함락된 뒤 아이네아스가 훔쳐와서 이곳에 숨겨두었다는 것이다.

그러나 이 신전에 대해 누구보다 잘 알고 있다고 자부하는 사람들은, 이 신전 안에 별로 크지 않은 항아리 두 개가 놓여 있었다고 한다. 이 중 하나는 뚜껑이 열려 있는데 속은 텅 비어 있고, 다른 하나는 뚜껑이 덮여 있는데 뭔가가 가득 채워져 있다고 한다. 그리고 이 속에 무엇이 들어 있는지를 아는 사람은 베스타 처녀들뿐이라고 했다.

한편 이 항아리는 갈리아가 침입했을 때 베스타 처녀들이 신성한 것을 넣고 퀴리누스 신전 밑에 묻은 것이라고 하며 이곳을 '돌리오라', 즉 항아리가 있는 곳이라고 부른다는 이야기를 전하는 사람들도 있다.

사실이 어쨌든 베스타 처녀들은 그들이 가장 신성하게 받들던 귀중한 물건을 간직하고 티베르 강을 따라 도망쳐왔다. 그때 마침 루키우스 알비니우스라는 평민이 아내와 자식들을 데리고 피난을 가다가 베스타 처녀들을 발견했다. 그는 베스타 처녀들이 마차도 타지 못한 채 가슴에 신상을 감추고 걸어가는 것을 보고 자신이 타고 가던 수레에서 내려 그들을 태우고는 그리스의 다른 도시로 피난을 갈 수 있게 도와

주었다. 알비니우스의 깊은 신앙과, 위급한 때에도 믿음을 잃지 않는 정성은 기록에 남길 만한 일일 것이다.

한편 다른 사제들과 원로원 의원, 집정관을 지냈던 사람이나 개선의 영광을 가졌던 노인들은 차마 로마를 버리고 피난을 갈 수가 없었다. 그들은 최고의 성직자인 폰티펙스 막시무스의 지위에 있었던 파비우스와 함께 신들에게 기도를 드렸다. 그리고 나라를 위해 자신의 몸을 기꺼이 제물로 바치겠다는 결심으로 공회장에 말없이 모여 앉아 운명을 기다리고 있었다.

전투가 시작된 지 3일이 되는 날, 브렌누스는 드디어 군사를 이끌고 도시를 점령하기 위해 나타났다. 성문은 열려 있었고 성 위에는 수비병도 없었다. 그는 로마 사람들이 모두 달아났을 리는 없다고 생각하여 처음에는 복병이 숨어 있을 것이라고 생각했으나 조사를 해본결과 아무도 남아 있지 않다는 사실을 파악했다. 그는 콜리네 문으로 곧장 들어가 로마 시를 점령했다. 로마가 창건된 지 360년 남짓한 때의 일이었다. 그러나 당시의 역사적 기록은 연대가 몹시 혼란스러워서 어느 정도 정확한 것인지 확실히 알 수는 없다.

로마의 이러한 비극적인 소식은 그리스에까지 전해졌다. 당시 폰토스의 헤라클레이데스라는 사람이 쓴 《영혼에 대하여》라는 책을 보면, 북쪽에서 밀려내려온 군대가 바다 가까이에 있는 로마라는 그리스의 도시를 점령했다는 기록이 있다. 헤라클레이데스는 미덥지 않은 전설을 즐겼던 사람이라서 꾸며서 쓰기도 했지만, 이 기록은 믿을 만한 것으로 생각된다. 철학자 아리스토텔레스는 로마가 갈리아 인에게 점령되었다는 말을 정확하게 들은 것 같지만, 그는 루키우스라는 사람이 로마를 구했다고 기록한다. 그러나 로마를 구한 것은 루키우스가 아니라 카밀루스였으므로 정확하게 말할 수는 없다.

브렌누스는 로마를 점령한 다음, 군대를 시켜 카피톨리누스를 감시하게 하고 공회장으로 내려가 그 곳에 말없이 앉아 있는 사람들을 발견하고는 몹시 놀랐다. 노인들은 브렌누스가 가까이 다가가도 표정 하나 바꾸지 않고, 지팡이에 의지하여 얼굴을 마주보고 앉아 있었다. 이상한 광경에 놀란 갈리아 인들은 초자연적인 영체가 모인 곳이라 여겨 공회장 가까이 가지도 못하고 서 있었다.

그러다가 대담한 갈리아 인이 마르쿠스 파피리우스한테 다가가서 그의 긴 수염을 만지자, 파피리우스는 지팡이를 들어 그의 머리를 내리쳤다. 이에 갈리아 군은 칼을 뽑아 그를 죽여 버렸다. 이것이 시작이 되어 야만인들은 나란히 앉아 있는 노인들을 죽이고, 며칠 동안 시내를 휩쓸고 다니면서 닥치는 대로 사람을 죽이고 불을 질렀다. 그들은 카피톨리누스 안에 있는 로마인들이 항복하지 않고 오히려 그들을 공격한 것에 대한 화풀이로, 온 도시를 폐허로 만들고 어른 아이 할 것 없이 손에 닿는 대로 모두 죽여 버린 것이다.

카피톨리누스의 포위 공격이 오래 걸려 식량이 부족해지자, 갈리아 군은 마을을 돌아다니며 약탈과 파괴를 일삼기 시작했다. 이들은 여러 개의 작은 무리로 나뉘어 저희들 마음대로 지방을 돌아다녔으며 승리에 도취되어 두려움을 모르고 있었다.

그 중에서 가장 규율이 있는 큰 부대는 아르데아로 향해 갔는데, 그곳에는 카밀루스가 세상과의 인연을 끊고 혼자 지내고 있었다. 그러나 그는 적에게서 피할 생각보다는, 어떻게 하면 갈리아 인들을 무찌를까 하는 생각뿐이었다. 그는 아르데아 사람들이 숫자는 많지만, 전쟁에 대한 경험이 적고 이들을 지휘할 지도자가 없어서 싸움을 하지 못하는 것을 보고 청년들에게 호소했다. 로마 군이 진 이유는 적이 강해서가 아니라 로마의 상황이 좋지 못해서였다고 하면서, 위험을 무릅쓰고 야만인을 몰아내는 것은 영광스러운 일이라고 했다. 그리고 만일 용기와 자신을 가진다면 반드시 승리할 수 있다고 청년들을 설득하였고, 마침내 청년들은 그의 말에 열심히 귀를 기울이고 고개를 끄덕였다.

카밀루스는 다음으로 아르데아의 정치가들을 설득하여 전쟁에 나갈 수 있는 청년들을 무장시켰다. 그리고 드디어 카밀루스와 아르데아의 군대는 적군이 눈치 채지 못하도록 성벽 안에 숨어 곧 닥칠 싸움을 준비하고 있었다.

갈리아 군은 근처의 마을을 모두 약탈하고 많은 재물을 얻자, 긴장을 풀고 천막을 친 뒤 술잔치를 벌였다. 밤이 되어 군인들이 모두 술에 취해 잠들어 있을 때 카밀루스는 아르데아 군을 이끌고 소리를 죽여 적의 진영 가까이에 다가갔다. 그리고 자정쯤 되었을 때 함성을 올리고 나팔을 불며 습격을 시작했다. 곤히 자고 있던 갈리아 인들은 허둥거렸고, 겨우 무기를 찾아 대항하려 했지만 당해낼 수가 없었다. 미처 잠이 깨지 못한 자들은 무기를 쥐어 보지도 못한 채 죽었다. 어둠을 타고 울타리를 넘어 도망친 군인도 더러 있었지만, 날이 새자 모두 아르데아 군들에게 잡혀 모조리 죽임을 당했다.

이 싸움의 승리가 전해지자 이웃의 여러 도시들도 무기를 들고 카밀루스 밑으로 모여들었다. 알리아 싸움에 패한 뒤 베이이에 숨어 있던 로마인들은 자신의 운명을 탓하며 이렇게 슬퍼했다. "아! 카밀루스 같은 훌륭한 장군을 잃은 것이 로마의 불행이었구나. 아르데아는 지금 그의 공으로 영광을 얻었는데 그를 낳은 로마는 멸망하여 흔적조차 없다. 지도자를 잃은 우리는 남의 도시의 성 안에서 꼼짝도 못하고 있고 이탈리아는 적의 손에 넘어가 짓밟히고 있다. 자, 우리도 이대로 있을 것이 아니라, 어서 아르데아에 사람을 보내어 우리들의 장군이 돌아오기를 간청해 보자. 그리고 만약 청을 들어주지 않으면, 우리는 이미 나라도 빼앗기고 추방된 몸이니 직접 그를 찾아가도록 하자."

사람들은 모두 이 말에 찬성하여 카밀루스에게 사람을 보냈다. 그러나 그들의 이야기를 들은 카밀루스는 카피톨리누스로부터 정식으로 임명되지 않은 이상 자신이 지휘를 할 수는 없다고 했다. 카피톨리누스에는 아직도 나라를 대표하는 사람들이 모여 있으므로 그들의 명령이라면 따르겠으나, 아무리 나라를 구하는 길이라고 해도 국가의 명령을 듣지 않고는 아무것도 할 수가 없다는 것이었다.

로마 사람들은 이러한 카밀루스의 겸손함과 정의로운 태도에 감탄했으나 카피톨리누스를 지키고 있는 사람들에게 이 일을 전할 길이 없었다. 적군이 여전히 로마를 포위하고 있었으므로 카피톨리누스에 사람을 보내는 것은 거의 불가능한 일이었다. 그런데 폰티우스 코미니우스라는 청년이 이 일을 맡겠다고 나섰다. 그는 평민 출신이었으나 명예를 중요하게 생각했기 때문에 이 중대한 임무를 스스로 요청했던 것이다.

그는 만일 적군에게 붙들렸을 때 카밀루스를 불러오려는 사실이 알려질까봐 편지를 가져가지 않고, 대신 허름한 옷을 입고 코르크 널빤지를 갖고 길을 떠났다. 그는 대담하게 대낮에 로마를 향해 들어간 뒤 날이 저물기를 기다려 시내 가까이로 다가갔다. 그러나 갈리아 군이 지키고 있었기 때문에 다리를 건널 수가 없었다. 그는 옷을 벗어 머리에 동여매고 준비했던 코르크로 몸을 가볍게 하여 강을 헤엄쳐 시내 쪽으로 들어갔다. 그리고 시의 주위를 돌며 불빛과 소리로 갈리아 군의 경계를 파악하여 가장 안전한 카르멘탈 문 쪽으로 갔다. 거리는 잠잠했다. 그는 카피톨리누스의 가파른 절벽을 기어올라 드디어 수비대가 있는 곳에 이르렀다.

폰티우스는 이름을 말하고 자기가 여기에 온 이유를 전하며 지휘관을 만나게 해달라고 했다. 곧 원로원이 소집되었다. 그는 카밀루스의 승리를 보고한 뒤, 성 밖에 있는 로마 사람들의 결의를 밝혔고, 로마의 희망은 오로지 카밀루스의 지휘를 받아 싸우는 것이니 지휘권을 줄 것을 요청했다. 원로원은 이 말을 듣고 의논을 한 뒤 카밀루스를 독재관으로 임명하고 폰티우스를 돌려보냈다. 폰티우스는 같은 길을 되돌아 나와 무사히 이 소식을 로마 사람들에게 전했다. 시민들은 이 소식을 듣고 무척 기뻐하며 무장한 군인 2만 명을 모으고 카밀루스를 기다렸다. 다시 독재관으로 임명된 카밀루스는, 군인 2만 명과 자신이 이끌고 온 동맹군을 합하여 드디어 공격을 준비했다.

한편 어떤 갈리아 사람이 우연히 의사당 쪽으로 가다가 폰티우스가 올라간 흔적을 발견하게 되었다. 절벽에는 나무와 풀이 군데군데 부러져 있었고 흙과 모래도 떨어져 있었다. 그는 이상하게 생각하여 왕에게 이 사실을 보고했다. 왕은 그 자리에서는 아무 말도 하지 않았다. 그러나 밤이 되자 갈리아 군인 가운데서 가장 몸이 날쌔고 산을 잘 타는 사람들을 모아 놓고 이렇게 말했다.

"저 절벽을 올라가는 길을 모르고 있었는데 적이 우리들에게 길을 가르쳐 주었다. 이제 길을 아는 이상 우리는 저 곳을 올라가 승리를 완성해야 한다. 한 사람이 능히 올라갔던 길이었던 만큼 여러 사람도 차례로 올라갈 수 있을 것이며, 여럿이면 더욱 큰 힘이 될 것이다. 상과 명예는 너희들 각자의 용기에 따라 줄 것이니 적을 공격해서 공을 세우도록 하라."

왕의 명령을 들은 군인들은 다투어 절벽을 오르기 시작했다. 그리고 자정이 되었을 때는 이미 많은 군인들이 바위를 기어올라가고 있었다. 절벽은 가파르고 험했으나 생각보다는 오르기가 쉬웠다. 맨 먼저 올라간 사람은 다른 사람들이 올라오기를 기다렸다가 파수병을 습격할 준비를 하고 있었다. 사람은 물론이고 개들조차도 그들이 올라오는 것을 모르고 있었다.

그런데 유노 신전 옆에는 신령스럽게 여겨지는 거위가 있었다. 전에는 먹이가 넉넉했으나 지금은 사람이 먹을 것도 없는 형편이라 제대로 먹지 못하고 있는 상태였다. 거위는 본래 민감한 동물이어서 바스락거리는 소리도 알아차리는데, 더구나 배고픔 때문에 한층 예민해져 있어서 갈리아 군의 발자국 소리에 놀라 소리를 꽥꽥 지르며 소란을 피웠다. 소란스러움 때문에 파수병들은 모두 잠을 깼다. 그러자 갈리아 군은 자신들이 들킨 것으로 알고 고함을 지르며 사납게 덤벼들었다. 로마 군은 손에 잡히는 대로 무기를 들고 달려나왔다.

맨 처음에 달려나간 만리우스는 전에 집정관을 지냈던 사람으로, 몸도 건장하고 용기도 대단하여 달려드는 두 사람을 한꺼번에 대항했다. 그리고 그들 중 하나가 도끼를 치켜들자 오른팔을 칼로 잘라버리고, 그와 동시에 방패로 밀어서 다른 하나를 절벽으로 떨어뜨렸으며 다른 로마 군들과 함께 나머지 적을 물리쳤다. 꼭대기까지 올라온 적은 별로 많지 않았고 곧 그들은 모두 죽임을 당했다.

위기를 면한 로마 사람들은, 다음날 아침 일찍 직무를 게을리한 파수병 대장을 절벽 위로 던져 버리고, 그리고 만리우스의 공적을 표창하였다. 이것은 큰 상은 아니었지만 그의 명예를 드높여 준 것으로, 사람들은 자신들의 식량에서 밀 1파운드와 약간의 포도주를 바쳐 그에 대한 존경을 표시했다.

이 사건이 있은 후 갈리아 인들의 기세는 날이 갈수록 꺾이기 시작했다. 그들은 식량이 모자랐으나 카밀루스 군이 두려워 그 전처럼 약탈을 할 수도 없었고, 또 시체가 쌓인 로마에 주둔하고 있었기 때문에 질병이 발생했고, 바람이 불면서 날려온 가루와 쓰레기더미의 냄새 때문에 숨도 못쉴 지경이었다. 더구나 자기 나라와 다른 기후 때문에 적응하기도 힘들었으며, 7개월씩이나 남의 땅에 머물러 있다보니 몸도 많이 지쳐 있었다. 이제 매일 생기는 시체를 묻기에도 손이 모자랄 형편이었다.

한편 포위당하고 있는 쪽도 사정은 마찬가지였다. 식량이 부족해서 굶는 일이 많아졌고 갈리아 군이 도시를 점령하여 카밀루스의 전쟁 소식도 들을 수 없는 처지여서 모두들 심한 절망감에 빠져 있었다.

양쪽의 사정이 이렇게 되자 자연히 휴전하자는 이야기가 나오기 시작했다. 처음에는 양쪽의 우두머리들끼리 서로 이야기가 오고가더니, 나중에는 로마의 대표자 술피키우스와 갈리아의 왕 브렌누스가 서로 만나 의논을 하게 되었다. 결국 로마는 금 1천 파운드를 지불하기로 하고, 갈리아 군은 곧 철수하기로 합의를 보았다. 그러나 갈리아 인들은 금을 저울로 달 때 처음에는 저울의 눈금을 속이더니, 나중에는 아예 저울대를 마음대로 흔들었다. 화가 난 로마인들은 갈리아 인의 횡포에 대해 브렌누스에게 항의를 하자, 브렌누스는 허리에 차고 있던 칼과 혁대를 끌러 저울 위에 던졌다.

"그게 무슨 뜻입니까?" 하고 술피키우스가 물었더니 그는 대답했다.

"무슨 뜻이라니요? 정복된 자가 억울한 것은 당연한 것 아니오?"

로마 사람들은 이 말을 듣고 더욱 화가 나서 금을 다시 찾고 차라리 카피톨리누스로 들어가자고 했다. 그러나 어떤 사람들은 배상금을 지불한다는 것부터 이미 모욕은 당한것이니 이 정도는 참아야 한다고 했다.

이렇게 로마와 갈리아 사람들이 서로 다투고 있을 때, 카밀루스가 군대를 이끌고 성문 앞에까지 다가왔다. 그리고 성에서 일어난 일을 전해들은 그는 군대에게 천천히 따라오라고 명령한 다음, 빠른 걸음으로 성 안으로 들어갔다. 그들은 조용히 독재관 카밀루스를 맞았다. 그는 저울에 담겨있던 금을 집어내고 저울을 갈리아 사람에게 주면서 어서 물러가라고 말했다. 그리고 나서 "우리 로마인은 금이 아니라 철로 나라를 지켜왔소"라고 단호히 말하였다.

브렌누스는 몹시 화가 나서 협상을 깨뜨렸다고 소리쳤다. 이것을 본 카밀루스는 협상은 합법적인 것이 아니었으므로 효력도 없고 지켜야 할 의무도 없으며, 그리고 자신은 협상 전에 이미 독재관으로 임명되어 있었기 때문에 자기가 아닌 다른 사람과의 협상은 무효라고 했다. 단, 협상을 체결하고 싶다면 지금부터 다시 해야 되며, 죄를 빌면 용서하겠지만 그렇지 않을 때는 처벌할 법적인 권한을 가지고 있다고 말했다.

브렌누스는 이 말에 격분하여 곧 싸움을 벌이려 했지만 협상을 위해 모두 칼을 놓고 만난 데다가 장소가 좁아서 제대로 싸움을 할 수 없었다. 브렌누스는 결국 부하들을 거느리고 자신의 진영으로 돌아갈 수밖에 없었다. 그리고 밤이 되자 군대를 이끌고 로마를 떠나, 8마일(13km) 쯤 되는 가비니아에 진을 쳤다.

날이 밝자 카밀루스는 용기를 회복한 로마 군을 이끌고 이들을 습격해 들어왔다. 그리고 오랜 싸움에 지쳐 있던 갈리아 군을 무찌르고 진지를 점령했으며 도망가는 적을 추격하여 전멸시켰다. 이렇게 해서 로마는 이상하게 점령되었다가 더욱 이상하게 탈환되었다. 갈리아 군은 일곱 달 동안 로마를 점령하고 있었는데, 그들이 처음 들어왔던 것이 7월 중순이었으니까 물러간 것은 2월 중순이었다.

카밀루스는 개선식을 올렸다. 그는 나라를 구한 장군으로서 로마를 떠났던 사람들과 그들의 가족을 거느린 채 다시 당당하게 로마로 되돌아왔다. 카피톨리누스에 포위되어 굶주리고 있던 사람들은 서로 얼싸안고 기쁨의 눈물을 흘리며 이것이 꿈인지 현실인지조차 믿을 수 없을 지경이었다. 신성한 물건들을 가지고 피난갔던 사람들도 무사히 돌아와 그것들을 다시 제자리에 놓으며 기뻐하였다.

카밀루스는 신들에게 제물을 바치며 제사를 올리고, 사제들이 시키는 대로 시내를 정결히 한 뒤 신전을 보수했다. 또 마르쿠스 카이디키우스가 갈리아 군의 침입 소식을 들었던 자리에 아이우스 로쿠티우스, 즉 소리의 신전을 새로 세웠다. 파괴되고 부서졌던 신전들은 카밀루스의 정성과 사제들의 노력으로 다시 제자리를 찾았다. 그러나 완전히 파괴되어 버린 도시는 아주 새로 만들다시피 해야 할 형편이었으므로 시민들은 모두 기가 질려 버렸다. 모든 것을 다 잃어버린 사람들은 도시 재건을 늦추어 주기를 원했다. 사실 그들은 너무나 큰 불행을 당한 직후라 휴식이 필요했으며, 재건할 재료도 돈도 준비되지 않은 상태였다.

그래서 그들은 다시 베이이 시로 이주할 생각을 하기 시작했다. 그곳은 살 집이 남아 있었고 들어가기만 하면 곧 정상적인 생활을 시작할 수도 있었다. 이 기회를 이용해서 연설자들은 시민들의 환심을 사기 위해, 카밀루스를 비난하고 베이이 시로의 이주를 주장했다. "카밀루스는 자기의 명예와 명성을 높이기 위해, 시민들이 가고 싶어 하는 곳으로 가지 못하게 하고 폐허가 된 이곳을 재건시키라고 억지를 부리고 있습니다. 그는 지금 자신의 위치에 만족하지 않고, 로물루스처럼 로마의 건설자가 될 욕심을 내고 있는 것입니다."

그러자 원로원은 민중들의 반란과 내란이 두려워지기 시작했다. 그래서 카밀루스에게 6개월 임기인 독재관 자리에 1년 동안 있어 달라고 요청하는 한편 시민들을 설득하기 시작했다. 조상들의 무덤이 남아 있고 로물루스, 누마 같은 선조들이 물려준 이곳을 어찌 버릴 수 있느냐고 호소했던 것이다. 또 카피톨리누스에서 갓 잘린 머리가 나왔으며, 이것은 로마가 이탈리아의 수도가 될 계시라고 하였다. 전쟁이 끝난 뒤 다시 베스타 처녀들에 의해 켜진 성화 역시 그들을 설득하는 재료가 되었다. 즉, 성화를 잃고 로마가 다른 이방인들의 소굴이 되거나 짐승들이 풀이나 뜯어먹는 폐허가 된다는 것을 수치스러운 일이라는 것이었다.

원로원 의원들은 이런 식으로 시민 한 사람 한 사람을 타이르기도 하고 집회에서 꾸짖어 보기도 했지만 그들은 비참함과 무력함을 슬퍼하면서 자기들의 주장만 되풀이할 뿐이었다. 그들은 마치 난파선에서 겨우 살아나온 사람들처럼, 맨손으로 폐허가 된 이 도시를 재건하라고 하지 말고, 이미 세워져 있는 도시에 가서 살 수 있게 해 달라고 애원하는 것이었다.

카밀루스는 이 문제에 대해 서로 솔직하게 의논해야 한다고 생각하고 로마를 수호하자는 자신의 주장을 자세히, 그리고 열심히 설명하였다. 다른 많은 사람들의 의견이 이어지고 루키우스 루크레티우스가 연설을 할 차례가 되었다. 그런데 그때 수비를 맡은 군대가 우연히 회의장 바깥을 지나가다가 깃발을 똑바로 세우라고 하는 소리가 들려왔다.

"깃발을 여기에다 세워라. 이곳에 자리를 잡는 것이 좋겠다."

이 외침소리는 마음을 정하지 못하고 있던 사람들에게는 마치 신의 계시처럼 들렸다. 그래서 루크레티우스는 경건한 태도로, 자기는 신의 소리에 따르겠다고 의견을 밝혔다. 그러자 그 뒤에 나온 사람들도 모두 같은 의견을 말했다.

시민들의 마음은 묘하게도 갑자기 뒤바뀌어, 서로 힘을 북돋워주며 로마를 재건하는 데 힘을 기울이게 되었다. 이는 어떤 사람의 지시나 명령에 의한 것이 아니고, 시민 각자가 스스로 할 일을 찾아 로마를 다시 세우기로 한 것이었다. 그리고 1년이 채 못되어 건물과 성벽이 완성되고 시민들의 집도 모양을 갖추었다.

이러한 상황에서 카밀루스는 새로 신전을 세우기 위해 사람들에게 적당한 땅을 찾으라고 명령했다. 그들은 팔라티누스 산에 있는 군신 마르스의 신전에 이르렀으나, 그곳도 갈리아 인들이 파괴하여 주춧돌만 겨우 남아 있었다. 그런데 그 자리를 깨끗이 치우고 정리하다가 잿더미 속에서 지팡이 하나를 발견했다. 그것은 옛날 로물루스가 장래를 점칠 때 쓰던 것으로 한 쪽 끝이 꼬부라졌기 때문에 리투우스라는 이름을 가지고 있었다. 미래를 예언하는 능력을 가지고 있던 로물루스는 이 지팡이로 하늘을 갈라 점을 쳤는데, 그가 홀연히 자취를 감추고 난 뒤 사제들이 사람들의 손에 닿지 않는 곳에 보관하고 있던 것이었다. 시민들은 다른 물건이 모두 불타 없어졌는데도 이 지팡이는 남아 있는 것은 로마의 번영을 상징한 것이라고 생각하고 기뻐하였다.

그러나 그들의 재난이 간신히 끝나고 모두 한숨을 돌리려고 할 때 또 새로운 전쟁이 일어났다. 아이퀴 인, 볼스키 인들이 라틴 인들과 합세하여 로마의 영토를 침범해 온 것이었다. 또 토스카나 인들도 로마의 동맹국인 수트리움을 포위하였다. 로마군을 거느리고 마이키우스 언덕에 머무르고 있던 군사위원들은 라틴 군에게 포위되어 진지를 빼앗기게 되자 로마에 구원을 요청해 왔다. 이 때 카밀루스는 세 번째로 독재관의 위치에 오르게 되었다.

이 전쟁에 대해서는 두 가지의 이야기가 전해져 온다. 그 중 전설적인 것부터 이야기하면 다음과 같다.

라틴인들은 단순한 이유 때문에 그랬는지, 아니면 두 종족을 융합시키려고 그랬는지 로마의 처녀들을 아내로 삼겠으니 보내라고 요구해 왔다. 로마는 이제 겨우 폐허에서 벗어나는 중이었으므로 전쟁을 하기도 두렵고, 그렇다고 여자들을 볼모로 보낼 수도 없어 어찌할 바를 모르고 있었다.

이 때 투툴라, 또는 필로티스라는 이름의 여자 종이 정무위원들에게 이런 말을 했다. 즉, 자기와 그 밖의 잘생긴 여종들을 귀한 집안의 딸처럼 꾸며서 보내면 그 다음 일은 자기가 알아서 처리하겠다고 하였다. 정무위원들은 이 의견을 받아들여 그 여종에게 같이 갈 여종들을 고르게 한 다음, 값진 옷과 보석으로 치장을 하여 라틴 군에게 보냈다.

밤이 되자 여자들은 적군의 칼을 훔쳐 도망가게 하고 투툴라, 즉 필로티스라는 여종은 무화과 나무 위에 올라가서 옷을 펼쳐 라틴 군이 보지못하게 가리고, 횃불을 올려 신호를 보냈다. 신호를 받은 로마의 장군들은 군대를 몰고 물밀듯이 쳐들어갔다. 로마 군이 쳐들어오리라고는 상상도 못했던 라틴 군들은 깊은 잠에 들었다가 진지를 빼앗기고 말았다.

이 일이 있었던 날은 7월 7일로, 오늘날도 이 날이면 기념 행사가 벌어진다. 우선 사람들은 문마다 달려나오며 제각기 '카이우스', '마르쿠스', '루키우스' 하고 이름을 부른다. 그리고 나서 아름답게 차린 여종들이 나타나 만나는 사람들과 웃으며 뛰어다닌다. 여자들은 또 자기들끼리 싸우는 흉내도 내는데, 이것은 그때 라틴 사람들과의 전쟁에 참가했음을 나타내는 것이다. 그 다음은 다들 무화과 나무 밑에 앉아 잔치를 하고 음식을 먹는데, 이 날을 '카프로티나이'라고 부르는 것은, 무화과 나무 위에서 횃불로 신호를 보냈기 때문에 무화과 나무, 즉 카프리피쿠스에서 따온 이름이다.

이와 다른 설에 의하면, 이 행사는 로물루스가 사라진 날을 기념하는 것이라고도 한다. 염소의 늪에서 제사를 올리던 날, 갑자기 날이 어두워지면서 로물루스가 없어졌기 때문에 이 날을 카르로티나이라고 부르게 되었다는 것으로, 이것은 염소, 즉 카프라에서 따온 말이라고 한다.

많은 역사가들의 기록에서 발견되는 또 한 가지 이야기는 다음과 같다.

세 번째로 독재관이 된 카밀루스는 라틴, 볼스키 연합군에게 군대가 포위되었다는 보고를 듣고 전쟁에 출정할 나이가 지난 사람들까지도 동원했다. 그는 적의 눈을 피해 마이키우스 산을 돌아 적의 뒤쪽에 군대를 배치하고, 횃불을 올려 포위된 자기 편 군대에게 그의 도착을 알렸다. 포위된 군대는 신호를 알아차리고 용기를 되찾아 돌격전을 벌일 준비를 했으나, 라틴, 볼스키 연합군은 앞뒤에 적이 있다는 것을 알고 사방에 바리케이드를 만든 다음 구원군이 오기를 기다렸다. 카밀루스는 이러한 사정을 알고, 이번에는 자신의 군대까지 포위될 수 있으므로 재빨리 적을 치기로 결심했다.

그는 적의 바리케이드가 나무로 만들어졌다는 사실을 알고 해뜰녘에 부는 강한 바람을 이용해서 불을 붙일 계획을 세웠다. 그리고 날이 어슴푸레 밝을 무렵 군대를 둘로 나누어, 한 쪽은 창과 화살로, 다른 한 쪽은 불로 공격을 하기 시작하였다. 불화살이 구름처럼 날아 나무로 만든 적의 바리케이드에 떨어지자 불길이 치솟아오르고 적은 불바다가 된 진지를 피해 밖으로 달려나왔으나, 이 때 바깥에서 기다리던 로마군은 그들을 다시 공격했다. 그래서 라틴 군은 혹은 불에 타서 죽고 혹은 달려나오다가 창과 화살에 맞아 전멸하였다.

이렇게 싸움에서 승리한 카밀루스는 아들 루키우스에게 포로와 전리품을 지키게 한 후 자기는 로마로 돌아가 아이퀴 인의 도시를 점령하고 볼스키를 정복했으며, 다시 군사를 이끌고 수트리움 시를 구하기 위해 군대를 재촉했다. 수트리움 시민들은 카밀루스의 소식을 듣지 못한 채, 바로 그 날 적에게 항복하고 도시에서 쫓겨나오는 중이었다. 등에 걸친 옷밖에는 아무것도 가진 것 없이 아내와 자식의 손을 잡고 쫓겨나오는 수트리움 시민들을 보고 카밀루스는 마음이 아팠다. 그들이 정처없이 헤매며 로마 병사들에게 매달리면, 병사들도 눈물을 지으며 그들을 위로했다. 카밀루스는 한시라도 복수를 늦출 수 없다고 생각하여 그 날로 수트리움으로 밀어닥쳤다. 적들은 그의 예상대로 화려한 도시를 점령한 기쁨에 들떠 파수병도 세우지 않고 흥청거리고 있었다.

카밀루스는 적의 눈에 띄지 않고 곧 성문을 점령할 수 있었다. 적들은 시민들의 집에 들어가 술을 먹고 뒹굴고 있다가, 갑작스런 기습에 저항도 하지 못한 채 모두 살해되거나 항복하였다.

이렇게 해서 수트리움 시는 하루 동안에 두 번이나 점령되었고, 아침에 이긴 군대는 패하여 쫓겨났으며, 그리고 수트리움 시민들은 카밀루스 덕택에 다시 자기들의 집으로 돌아갈 수 있게 되었다.

이 전쟁을 마치고 개선식을 거행한 그는 지난번의 두 싸움 때보다도 한층 명예로운 영광과 존경을 받았다. 그를 미워하여 모든 승리는 운이었다고 비꼬던 사람들도 이 때만은 그의 용기를 존경하지 않을 수 없었다.

그러나 여전히 그를 미워하는 사람도 있었다. 카밀루스의 영광을 가장 질투하고 심하게 비난하던 사람은 마르쿠스 만리우스라는 사람이었는데, 그는 갈리아 인이 카피톨리누스에 올라왔을 때 제일 먼저 적을 절벽 밑으로 던져 유명해진 사람이었다. 그는 로마에서 가장 뛰어난 사람이 되고 싶었으나 카밀루스의 능력을 당해낼 수가 없었다. 그래서 그는 카밀루스가 왕이 되고자 공작을 꾸미고 있다고 사람들을 선동하며, 또 빚진 사람들의 비위를 맞추기 위해 채권자들과 법정에서 싸우기도 하고, 때로는 폭력을 써서 법정을 방해하는 등 갖가지 방법으로 많은 빈민들을 자기 편으로 끌어들였다.

이렇게 무질서한 그의 행동을 막기 위해 독재관이 된 퀸티우스 카피톨리우스는 만리우스를 잡아 가두었다. 그러나 국민들이 마치 누가 죽은 것처럼 모두 상복을 입고 나와 항의를 하는 바람에 원로원은 내란과 폭동을 염려하여 할 수 없이 그를 석방시켰다. 석방된 후에도 그는 전혀 마음을 고치지 않고 오히려 더욱 오만하게 당쟁과 폭동으로 온 시내를 들끓게 하였다.

이 때 군사위원으로 선출된 카밀루스는 만리우스를 다시 고발하였으나 그를 재판한 장소는 고발한 쪽에서 아주 불리한 곳이었다. 만리우스가 갈리아 인과 싸웠던 카피톨리누스 언덕이 법정에서 똑바로 내려다보였기 때문에 사람들은 그에게 동정의 마음이 생겨났던 것이다. 그런데다가 만리우스 자신이 그 싸움을 얘기하며 눈물로 호소를 했기 때문에 재판관들은 어떻게 해야 좋을지 몰라 판결을 여러 번 연기하였다. 그의 죄는 분명히 입증되었으나 그가 공을 세운 장소가 바로 눈앞에 보였으니 아무리 법이라고 해도 차마 냉정할 수가 없었던 것이다.

이러한 사정을 안 카밀루스는 카피톨리누스 언덕이 보이지 않는 성문 밖의 페텔리네 숲으로 법정을 옮겼다. 고발자는 이제 이성을 되찾아 그에 대한 고발을 진술할 수 있었고, 재판관은 그에 대한 적당한 죄과를 판단할 수 있었다. 그는 사형을 선고받고 카피톨리누스 언덕 절벽 위에서 떨어져 죽임을 당했다. 그는 자신이 일생에서 가장 영광스러운 공을 세웠던 자리에서 비참한 죽음을 맞은 것이다. 로마 사람들은 그의 집을 허물어뜨리고 그 자리에 유노의 신전을 짓고, 앞으로는 어떤 귀족도 카피톨리누스의 산꼭대기에는 집을 짓지 못한다는 법령을 내렸다.

카밀루스는 여섯 번째로 군사위원에 선출되었을 때 나이가 많다는 이유로 사퇴하기를 원했다. 계속적인 성공과 영광으로 신의 노여움을 살까 두려웠던 것인지도 모르지만 그는 어쨌건 건강이 좋지 못하다는 이유로 이 자리를 사양했다. 사실 그는 이 때 병석에 누워 몸을 돌보고 있었다. 그러나 사람들은 그의 사퇴를 용납하지 않았고, 그가 말을 타고 출정하기를 원하는 것이 아니라, 다만 군사 문제를 상의하고 감독하는 일을 맡아 달라며 간곡히 요청했다.

카밀루스는 결국 군사위원 자리를 수락하였다. 그리고 곧 동료 군사위원인 루키우스 푸리우스와 함께 군대를 지휘하며 출정하였다. 그 무렵 프라이네스티네 인들과 볼스키 인들이 대군을 이끌고 들어와 로마 동맹국의 영토를 황폐하게 만들고 있었던 것이다.

카밀루스의 군대는 적의 가까이에 진을 치고 전쟁을 오래 끌며 병이 낫기를 기다리고 있었다. 그런데 공을 세우는데 급급한 루키우스는 빨리 전투를 시작하자고 부하들을 선동하고 있었다. 카밀루스는 젊은 사람들에게 일부러 공을 세울 기회를 안주는 것처럼 보일까봐 루키우스가 군대를 이끌고 나가는 것을 허락하고 자신은 소수의 부대를 이끌고 뒤에 남아 있기로 했다.

그러나 막상 전투에 들어갔던 루키우스는 분별없이 싸우다가 패하고 말았다. 로마 군이 도망해 오는 것을 본 카밀루스는 참을 수가 없어서 병석에서 일어나 남아 있던 군대를 이끌고 추격해 오는 적군을 향해 돌진했다. 그러자 쫓겨오던 로마 군들도 되돌아서서 카밀루스를 중심으로 적을 공격하기 시작했다. 이튿날이 되자 카밀루스는 부대를 거느리고 다시 출정하여, 숨쉴 틈도 주지 않고 포위했다. 그리고 적의 진지를 점령하고 수많은 적들을 죽여 승리를 거두었다.

그 후, 사트리쿰 시가 토스카나 군대에 점령되어 로마 시민들이 모두 학살되었다는 소식을 듣고 카밀루스는 다시 군대를 로마로 돌렸으며 날쌔고 용감한 군인들을 선발하여 토스카나 군을 습격하여 도시를 되찾았다.

그는 많은 전리품을 얻어 가지고 로마로 돌아왔다. 사람들은 용기와 지혜를 갖춘 늙은 장군이 혈기에 쫓겨 초조하게 공을 세우려는 젊은 장군보다 훨씬 훌륭하다는 것을 깨달았다. 그리고 병을 앓고 있는 카밀루스를 설득하여 군사위원 자리를 맡게 한 것은 역시 잘한 일이었다고 생각하였다.

얼마 후 토스카나 사람들이 반란을 일으켰을 때 원로원은 또다시 카밀루스에게 진압하도록 했다. 그리고 그에게 다섯 명의 군사위원 중 한 사람을 골라 함께 출전하라고 했다. 카밀루스는 사람들의 기대와는 달리 루키우스 푸리우스를 선택했다. 그는 지난번 전투에서 성급하게 서둘러 로마 군대를 위험에 빠뜨렸던 사람이었다. 그럼에도 불구하고 이 사람을 선택한 것은 전날의 실패를 덮어주고 수치를 씻어주기 위한 것이었다.

토스카나 사람들은 카밀루스가 그들을 진압하러 온다는 소식을 듣고 재빨리 속임수를 썼다. 마치 태평한 것처럼 농부들에게 밭일을 하게 하고 목동들에게 가축을 돌보게 했다. 카밀루스의 군대가 시에 들어올 때 성문은 열려 있고 아이들은 학교에 가서 공부를 하고 있었으며, 평민들은 장사를 하고, 부자들은 한가로이 시장에 나와 돌아다니고 있었다. 또 관리들은 시내를 뛰어다니며 로마 군의 숙소를 마련하는 등 반란의 기미를 완전히 감추고 있었다.

카밀루스는 그러한 속임수를 알았지만, 그들이 마음을 고친 것을 동정하였다. 그리고 원로원에 사람을 보내 그들을 용서해 주라고 말했다.

원로원 의원들이 로마에 도착하자 카밀루스는 직접 나서서 토스카나 시민들의 용서를 빌어주고, 그들에게도 로마 시민과 같은 권리를 갖도록 해주었다. 이것은 카밀루스가 여섯 번째 군사위원으로서 행했던 일 중 가장 기억할 만한 일이다.

그 후 리키니우스 스톨로라는 사람이 로마에서 큰 소란을 일으키며 원로원과 대립한 사건이 일어났다. 그는 평민들을 선동하여, 두 사람의 집정관 중 한 사람은 평민 출신이어야 한다면서 둘 다 귀족 중에서 뽑는 것을 반대하였다. 그래서 평민들 가운데서 군사위원을 뽑았지만, 집정관으로는 뽑아주지 않자 다시 이것에 반대하며 소란을 일으켰다. 혼란이 더해지자 이것을 수습할 최고 집권자가 필요하게 되었다. 원로원은 평민들의 반대를 무릅쓰고 카밀루스를 네 번째로 독재관에 임명하였다.

카밀루스는 이 지위를 원하지 않았다. 정치에 있어서 귀족들과 세운 공적보다 전투에서 세운 공적이 높았던 그는, 함께 싸웠던 전우들과 맞서고 싶지 않았던 것이다. 더욱이 이 지위를 받아들이면 귀족과 합세하게 되는 것이니 잘되어야 평민을 억압하는 것이요, 잘못되면 자기의 멸망뿐이었기 때문이다.

그러나 눈앞에 닥친 어려움을 해결하기 위해 가능한 한 구제책을 마련해야 했으므로 그는 군사위원이 문제의 법률안을 제출하는 날짜를 알아내어, 그 날 모든 시민을 군신 마르스의 신전 앞 광장에 모이도록 했다. 그리고 이 명령을 어기는 자는 많은 벌금을 내야 한다고 위협했다. 그러나 군사위원 쪽에서는 카밀루스가 시민들의 투표를 방해하는 이 일을 고집한다면 5만 드라크마의 벌금을 물게 하겠다고 맞섰다. 일이 이렇게 되자 카밀루스는 병을 구실로 자기집에 들어앉아 나오지 않다가 며칠 후 독재관의 자리를 내놓고 말았다. 이것 때문에 벌이 내려져 나라에서 추방된다면 그로서는 말년에 매우 수치스러운 일이겠지만, 무조건 억압하기에는 민중들의 세력이 너무나 강하다는 것을 알았기 때문에 할 수 없이 이같은 결정을 내렸던 것이다.

원로원은 다음 독재관으로 리키니우스 스톨로를 임명했다. 반란의 장본인이었던 그는, 누구든지 500에이커 이상의 토지를 가져서는 안 된다는 법률을 만들어 발표했다. 귀족들은 가혹한 이 법에 대해 거세게 반발했지만 시민들에게는 호응을 얻었다. 그러나 그 뒤 오래지 않아 리키니우스 자신이 이보다 많은 토지를 소유하고 있다는 사실이 드러나 자기가 만든 법에 의해 처벌되었다.

한편 원로원과 민중들 사이에 의견 충돌이 되고 있던 집정관 선거 문제가 마무리되지 않았을 무렵, 아드리아 해안으로 갈리아 군이 쳐들어오고 있다는 소식이 들려왔다. 이 보고와 함께 전쟁은 이미 크게 벌어져 있었다. 갈리아 군에게 약탈당한 피난민들이 미처 로마까지 오지도 못하고 산 속으로 숨어들고 있었던 것이다. 이 무서운 소식은 로마 내의 분열을 일단 누그러지게 했고, 원로원과 민중들은 한마음이 되어 카밀루스를 다섯 번째로 독재관에 임명했다. 카밀루스는 이 때 나이가 이미 80에 가까웠으나 주저하지 않고 즉시 군대를 모집하고 출전을 서둘렀다.

카밀루스는 갈리아 군의 칼이 매우 예리하다는 것을 오랜 전투경험을 통해 알고 있었다. 그들은 칼을 마구 휘둘러 목이나 어깨에 많은 상처를 냈다. 그래서 카밀루스는 미끄러운 투구를 만들어 병사들에게 모두 쓰게 했고 나무로는 이 칼을 견디기 어려우므로 방패에 청동판을 두르게 했으며, 또 병사들에게 긴 창을 쓰게 하여 적의 칼을 물리칠 수 있도록 하였다.

갈리아 군은 많은 재물을 약탈해 가지고 로마 시에서 가까운 아니오 강가에 진을 쳤다. 카밀루스는 군사를 이끌고 나가 계곡이 많은 깊숙한 산 속에 주력군을 숨겨 두었다. 그리고 약간의 병사들을 일부러 눈에 띄게 하여 마치 무서워서 골짜기를 기어올라 도망가는 것처럼 보이게 했다. 카밀루스는 또 적에게 이것을 믿게 하기 위해, 이 지방을 약탈하는 것도 가만히 둔 채 때를 기다리며 힘을 키우고 있었다. 드디어 적의 일부가 식량을 얻어오기 위해 흩어지고 진지에 남아 있는 적들도 대오가 흐트러져 있음을 알고, 가볍게 무장한 부대를 내보냈다. 이것은 적이 전투 대열을 형성하지 못하도록 방해하기 위한 것이었다. 그러고는 날이 새자 주력 부대를 이끌고 산에서 내려가 들판에 전선을 만들었다.

로마 군이 감히 공격을 해 온다는 사실부터가 적에게는 뜻밖이었다. 갈리아 군은 처음에 공격해 온 날쌘 부대의 훼방으로 대열이 흩어져 질서를 잃은 데다가 곧바로 카밀루스가 엄청난 부대를 지휘하고 나서자 아무렇게나 칼을 휘두르며 저항했다. 그러나 칼을 휘두르면 쇠방패로 막아섰고, 그들이 긴 창으로 자신들의 방패를 못쓰게 만들었으니 갈리아 인은 궁지에 몰리고 말았다. 적들은 자신의 방패에 로마 군의 긴 창이 꽂혀 무거워서 쓸 수가 없게 되자 방패를 버리고 방패에 꽂힌 로마 군의 창을 뽑아가지고 싸우려고 했다. 그러나 로마 군은 그들에게 여유를 주지 않고 창을 내리쳐 앞줄에 섰던 갈리아 군은 다 쓰러지고 말았다. 그리고 나머지는 로마 군이 산에서 지키고 있는 것을 보고 산산이 흩어져 평지로 도망쳤다. 갈리아 군은 지나친 자신감으로 진지도 제대로 만들어 놓지 않았기 때문에 로마 군에게 쉽게 점령당하고 말았다.

이 전쟁은 갈리아 인이 로마를 점령한 지 13년 만에 있었던 일이다. 이 때부터 로마 사람들은 갈리아 인에 대한 두려움을 씻고 그들을 경멸하게 되었다. 그 전까지 갈리아 인에 대한 두려움은 대단해서, 갈리아 인이 점령한 도시를 로마가 탈환했던 것도 그들의 질병과 불행 때문이었다고 생각했을 정도였다. 또 제사를 맡은 사제들은 전쟁에서 제외되었지만, 갈리아 인과의 전쟁 때는 출정해야 된다는 법률까지 있을 정도였다고 한다.

이 전쟁은 카밀루스가 참가했던 마지막 전쟁이었다.

그러나 그의 일생에서 가장 큰 정치적 사건은 그 뒤에 일어났다 전쟁에 이기고 의기양양하게 돌아온 시민들을 다루는 것은 더욱 어려운 일이었다. 그들은 지금의 헌법을 무효로 하고 집정관 중 한 명은 평민이어야 한다는 주장을 더욱 강하게 펴기 시작했다. 그래서 원로원은 카밀루스가 독재관의 지위에서 물러나는 것을 허락하지 않았다. 귀족들은 그의 막강한 힘을 빌리면 자신들의 특권을 지키는 것이 유리하다고 생각했던 것이다.

그러던 어느 날 카밀루스가 일을 하고 있는데, 군사위원회에서 왔다는 관리가 그를 강제로 이끌며 따라오라고 하였다. 그러자 카밀루스의 측근들은 관리를 밀어내려 하고, 군중들은 카밀루스를 끌어내라고 하여 소란이 일어났다. 카밀루스는 어찌할 바를 몰라 의원들과 함께 의논하기로 하고 원로원을 소집했다. 그는 원로원에 들어가기 전에 카피톨리누스를 향해 기도를 드렸다. 그리고 만약 이 사태가 원만하게 매듭지어진다면 화합의 신전을 지어 올리겠다고 약속했다.

원로원에서는 격렬한 논쟁 끝에, 민중들의 뜻을 따라 두 집정관 중 한 명을 평민들 중에서 뽑기로 결정하였다. 독재관 카밀루스가 이 결정을 선포하자 민중들은 그 자리에서 일어서 환호와 갈채를 보내며 기뻐하였다. 그리고 카밀루스를 그의 집까지 호송해 주었다.

　다음날 그들은 모두 모여 카밀루스가 신에게 맹세한 대로, 포룸, 그리고 민회가 마주 보이는 곳에 화합의 신전을 세우기로 결의했다. 그리고 사흘간 열리던 라틴 축제를 하루 더 늘려 나흘 동안 개최하기로 하고, 머리 위에 꽃다발을 얹고 제물을 바치기로 했다. 집정관 선거는 카밀루스의 사회로 열려 마르쿠스 아이밀리우스가 귀족 중에서, 그리고 루키우스 섹스티우스가 평민 중에서 집정관으로 뽑혔다. 그는 평민으로서 집정관이 된 최초의 인물이었으며, 이것은 카밀루스의 마지막 정치적 업적이라고 할 수 있을 것이다.

　다음 해 로마에는 전염병이 크게 돌아, 많은 사람들이 죽어갔다. 카밀루스도 이 무렵 세상을 떠났다. 그는 나이나 업적으로 보아 인간으로서 후회 없이 살다가 죽었지만, 로마 사람들은 다른 많은 사람들의 죽음보다 이 한 사람의 죽음을 더 크게 슬퍼했다고 한다.

9
페리클레스
(PERICLES, BC 495경~429)

아테네의 정치가이며 장군. 아테네의 명문 집안 출신으로 콜아르고스에서 태어났으며
아버지는 크산티포스, 어머니는 아가리스테였다. 사자의 태몽을 꾸고 태어났다고 하
며, 얼굴이 유난히 길어 스키노케팔로스라고도 불리었다. 바다와 육지에서 아홉 차례
에 걸친 승리를 거두었으며, 아테네를 화려하게 장식하였다.

어느 날, 로마에서 부유해 보이는 외국인들이 원숭이나 강아지 새끼를 안고 돌아
다니는 것을 보고 카이사르가 이렇게 물었다.

"당신네 나라에서는 여자들이 아기를 못 낳는가요?"

이 말은 사람에게 주어야 할 애정을 짐승에게 함부로 낭비하는 것을 보고 꾸짖은
말이다. 마찬가지로 사람의 영혼이 요구하는 진실에 귀기울이지 않고 쓸데없는 일
에 시간을 낭비하는 것을 비난하는 것은 마땅한 일이다. 우리가 외부로부터 수동적
으로 보고 듣는 일의 좋고 나쁨에 신경을 쓰는 것은 당연한 일이지만 누구든지 의욕
만 있다면 자신이 원하는 일에 마음을 집중시킬 수 있는 것이다. 우리는 인간의 본성
이라 할 수 있는 올바른 것들을 탐구해야 하며, 뿐만 아니라 실제로 그렇게 행동해서
수확을 거둘 수 있도록 해야 한다. 아름답고 보기 좋은 것은 눈을 즐겁게 해주는 것
처럼 이지적 지각을 내포한 선과 미는 우리의 생활을 유쾌하고 행복하게 해준다. 우

리는 흔히 위대한 인물들의 행동에서 이를 발견할 수 있는데 전기나 영웅전을 읽는 것도 바로 이러한 이유에서일 것이다.

그러나 사람에 따라서는 좋은 행동을 보면서도 그것을 배우려고 하지 않는 사람들이 있다. 향수나 아름다운 빛깔의 옷감은 좋아하지만 염색공이나 향수를 만드는 사람은 천하게 보는 것이 그 경우다.

이스메니아스가 피리를 잘 분다는 말을 듣고 안티스테네스[1]는 이렇게 대답했다고 한다. "그럴지도 모르지요. 그러나 사람은 보잘것없을 것이오. 아니면 피리의 명인이 되었을 리가 없으니까요."

또 마케도니아의 필리포스 왕은 태자 알렉산드로스가 어느 잔치에서 하프를 훌륭하게 연주하고 나왔을 때 이렇게 꾸짖었다. "악기 연주를 잘하는 것이 부끄러운 일이라는 것도 모르느냐?"

왕이나 태자가 된 사람은 여가가 있을 때 악사들의 음악을 듣는 것으로 충분하며, 그런 기예를 다른 사람에게 익히도록 하여 그것을 감상하는 편이 존경을 받는 일이 된다고 생각한 것이다. 해야 할 중대한 업무가 있는 사람이 재주에 몰두하는 것은 그만큼 무의미한 일에 헛된 노력을 함으로써 훌륭하고 위대한 일을 그르칠 수 있다는 것을 말해 주는 얘기이다.

영리한 청년이라면 피사에 있는 제우스의 신상을 보고 페이디아스[2]가 되고 싶어하거나, 아르고스에 있는 헤라의 신상을 보고 폴리클레이토스가 되고 싶어하지는 않을 것이다. 또 아나크레온[3]이나 필레타스[4], 아르킬로코스[5]의 시는 즐기더라도 그와 같은 시인이 되고 싶어하지는 않는다. 누구의 작품을 좋아하고 즐긴다고 해서 그것을 만든 사람까지 존경할 필요는 없기 때문이다. 그러므로 어떤 작품을 보고 모방하고 싶은 감정을 불러일으키지 않는 일들은 결코 사람에게 이익을 주지 못하는 것이다.

그러나 미덕으로 이루어진 행동에 대해서 우리는 감탄을 보내고, 그와 같은 행적을 남긴 사람을 존경하고 부러워하며 본받으려고 하게 된다. 재산의 보배는 우리가

---

1) 안티스테네스(Antisthenes): 기원전 445~360년의 아테네 사람. 소크라테스의 제자.
2) 페이디아스(Pheidias): 페리클레스 당시의 사람으로 그리스 최고의 조각가.
3) 아나크레온(Anacreon): 기원전 563~478년. 사랑과 포도주의 시인.
4) 필레타스(Philetas): 기원전 3세기의 이집트의 프톨레마이오스 2세의 스승.
5) 아르킬로코스(Archilochus): 기원전 7세기의 풍자시인.

페리클레스.

그것을 향락하고 싶어하는 대상물이지만, 미덕의 보배는 몸소 실천하려는 의지를 만들어내는 것이다. 가치있는 행동을 직접 보거나 역사책 속에서 그것을 접했을 때 우리는 정신과 성격에 영향을 받아 자신들의 행동 속에서 그것을 실천하려고 노력하는 것이며, 이 책을 쓰는 목적도 바로 여기에 있다.

이제부터 얘기하게 될 페리클레스는 용맹스러움을 떨친 사람이며 온화하고 정직한 성격을 가지고 있었다. 그리고 정부와 동지들의 비난을 참고 견뎌내면서 조국의 이익을 위해 노력했다.

페리클레스는 아카만티스라는 아테네의 유명한 가문 출신으로 콜아르고스에서 태어났다. 그의 아버지 크산티포스는 미칼레에서 페르시아 군을 무찔렀던 사람이며, 어머니 아가리스테는 클리스테네스의 손녀였다. 클리스테네스는 독재자 페이시스트라토스의 두 아들을 아테네에서 몰아내어 그들의 횡포한 정치를 매듭짓고 새로운 법률을 만들어 나라를 구한 사람이었다.

페리클레스는 어머니가 사자를 낳는 꿈을 꾼지 며칠 후에 태어났다. 아기의 몸은 건강했으나 머리가 유난히 길었다고 한다. 그래서 그의 조각상은 모두 머리에 투구를 쓴 모습인데, 이것은 조각가들이 그의 허물을 감춰주려고 그렇게 한 것으로 보인다.

아테네의 시인들은 페리클레스를 '알뿌리머리'라고 불렀으며 희극작가 크라티노스는 〈키론〉이라는 극에서 다음과 같이 적고 있다.

늙은 크로노스는
유명한 폭군을 낳았으니
올림포스의 신들은 그를
운명을 좌우하는 머리라고 불렀다.

그리고 〈네메시스〉, 즉 복수의 여신이라는 극에는 다음과 같은 구절이 있다.

모든 신들의 왕이며 머리이신 제우스여.

희곡 작가인 텔레클리데스도 페리클레스에 대해서 이렇게 노래했다.

모든 일이 뜻대로 되지 않아
고개를 숙이고 있다가도
드디어 그 큰 머리를 들어
지혜를 쏟아내는구나.

그리고 에우폴리스도 〈데미〉라는 희곡에서, 지하에 잠든 웅변가들을 불러올리다가 마지막으로 페리클레스를 등장시키면서 이렇게 말한다.

드디어
지하에 있는 모든 이들 가운데
머리가 되는 자가 나타났도다.

대부분의 역사가들의 기록에 의하면, 페리클레스는 다몬이라는 사람으로부터 음악을 배웠다고 한다. 그러나 아리스토텔레스는 그가 피토클리데스에게서 음악을 배웠다고 적고 있다. 다몬은 매우 유능한 궤변철학자였으며, 음악을 가르친 것은 세상의 눈을 속이기 위한 속임수에 불과한 것으로, 경기의 코치가 선수들을 훈련시키는 것처럼 페리클레스에게 정치술을 가르쳐 주었다고 한다. 그러나 사람들은 그의 속임수를 알고 독재 정치를 일으킬 위험이 있다고 하여, 도편 투표[6]를 통해 그를 10년 동안 국외로 추방시켰다. 이 일은 연극에서도 소재가 되어 희극시인 플라톤[7]의 작품 가운데는 다몬에게 이렇게 말하는 구절이 나온다.

---

6) 도편 투표: 그리스, 특히 아테네에서 기원전 509년에서 417년까지 해마다 열렸던 국민재판을 말한다. 너무 세력이 크거나 위험한 인물을 추방시키기 위한 것으로 이때 도편을 사용했기 때문에 붙여진 이름이다. 이 투표는 본인의 명예나 재산은 손상시키지 않고 일정 기간의 추방만을 결정하는 것이었다.
7) 플라톤: 철학자 플라톤과 같은 이름을 가진 극작가. 그는 이 희곡을 통해 다몬이 페리클레스를 가르친 것을 비꼬아서 표현하고 있다.

대답해 주시오.

당신이 페리클레스를 가르친 스승인지.

또한 페리클레스는 엘레아 학파[8]의 제논에게서 철학을 공부했다. 제논은 파르메니데스처럼 자연철학을 연구했는데 변론에 있어서 특별한 재능을 보였다고 한다. 이러한 사실을 플리우스의 티몬은 다음과 같이 적고 있다.

모든 사람의 말문을 막아 버리는

칼같이 예리한 제논의 혀.

그러나 페리클레스에게 인기를 얻는 재주보다 지혜와 깊은 생각을 가르쳐 그의 품위를 높여준 것은 클라조메나이 사람 아낙사고라스[9]였다. 그는 '누스'라고 불리었는데, 이것은 마음 혹은 지혜라는 뜻으로서, 그가 우주 만물은 운명이나 우연, 강제에 의해서 이루지는 것이 아니며 혼돈된 만물 사이에서도 분류의 기준이 되는 순수한 예지가 있다고 말한 데서 그를 칭찬하여 일컬은 것이다.

페리클레스는 아낙사고라스를 대단히 존경하여 이와 같은 원대한 문제에 큰 관심을 가졌다. 그래서 그의 정신은 숭고하게 고양되었고, 그의 웅변은 저속함을 초월하였으며, 그의 표정은 침착하였다. 또한 그의 차분한 말투와 고상한 내용은 청중들에게 깊은 감명을 주었다.

하루는 어떤 무뢰한이 급한 사무를 처리하고 있는 그에게 하루 종일 심한 욕설을 퍼부었다. 그는 조용히 참으면서 일을 보았다. 저녁이 되어 집으로 돌아가는데도 그가 끈질기게 따라오며 욕설을 하자 페리클레스는 하인을 시켜 그 사람을 집까지 데려다 주었다는 이야기가 있다.

그러나 시인 이온은 페리클레스가 매우 교만했고 남을 멸시하는 태도를 보였다

---

8) 엘레아 학파: 엘레아는 기원전 540년에 그리스 사람들이 세운 남부 이탈리아의 식민지로 이 땅에 기원전 540~460년까지 있었던 그리스 철학자들의 일파를 엘레아 학파라고 한다. 제논과 파르메니데스가 그 대표적 인물이다.

9) 아낙사고라스(Anaxagoras): 기원전 500~428. 아테네의 철학자. 그의 학설은 물질과 나란히 모든 사물의 질서를 잡는 이성을 인정하는 것이었다. 이 이성은 '누스'라고 불리었으며 이른바 철학적 이원론을 내놓은 사람이었다.

고 하면서, 키몬이야말로 정중하고 세련된 말을 썼다고 기록하고 있다. 그러나 이온은 마치 비극을 연출할 때처럼 뛰어난 사람을 보면 비난하지 않고는 못참는 사람이었으므로 페리클레스에 대한 그의 말을 그대로 믿기는 어렵다.

한편, 제논은 페리클레스의 품위있는 태도는 남에게서 인기를 끌기 위한 수단에 지나지 않는다고 나쁘게 평가하는 사람들을 보고, 할 수 있다면 그런 재주라도 부려서 품위를 가져 보라고 했다. 단지 흉내라 하더라도 오랫동안 익혀서 몸에 배면 자연히 마음 속에도 고상한 마음이 생겨날지도 모른다고 생각했기 때문이었다.

페리클레스가 아낙사고라스에게 배운 것은 이것뿐이 아니었다. 그는 천체의 현상에 대해 그 원인을 모르기 때문에 쓸데없는 미신이나 두려움이 생긴다고 믿고, 그런 것을 신의 조화로 취급하는 것은 어리석은 일이라고 생각했다. 그래서 그는 과학에 대한 지식은 미신적인 공포를 없애 주는 대신 신에 대해 순수한 존경심을 길러 준다고 보았다. 여기에 대해서 다음과 같은 이야기가 전한다.

어느 날 시골에서 뿔이 하나밖에 없는 숫양을 페리클레스에게 선물로 보낸 일이 있었다. 이것을 본 점쟁이 람폰은 이 양을 보고 예언을 했는데 아테네에 있는 투키디데스와 페리클레스의 두 당파 중에서 이 숫양을 가지는 쪽이 양쪽을 합해서 권력을 쥐게 되리라는 것이었다. 그러자 아낙사고라스는 그 양의 머리를 깨고, 뇌가 머리 전체에 가득 차 있지 않고 뿔이 나 있는 쪽에 모여 있는 것을 보여 주었다. 사람들은 그것을 보고 아낙사고라스의 지식에 감탄했다. 뒤에 투키디데스의 세력이 약해지고 페리클레스에게 정권이 돌아오자 예언자 람폰에 대한 칭찬도 이에 못지 않았다. 결국 한 사람은 양의 뿔이 그와 같이 난 원인을 밝혔고, 또 한 사람은 그것의 의미와 결과를 찾아낸 것이었다.

어떤 신비로운 현상의 의미를 밝히는 것이 그 의미를 파괴해 버리는 것이라고 생각하는 사람은 인간의 기술과 과학 및 동기를 생각하지 못하는 자들이다. 종이 울리거나 횃불이 타오르거나 해시계가 그림자를 던지는 것은 자연적인 원인이 있겠지만, 그 이상의 다른 의미도 함께 지니고 있는 것이다.

페리클레스는 젊었을 때 군중 앞에 나서기를 두려워했었다. 그는 얼굴이 참주 페이시스트라토스와 너무나 닮았고, 목소리도 아름답고 말이 유창했으므로 페이시스트라토스를 기억하는 노인들은 어쩌면 저렇게도 닮은 사람이 있을까 놀라워 했을 정도였다.

그는 또 부자였고 귀족 출신이었으며, 권세 있는 친구들도 많이 있었기 때문에 사람들로부터 도편 투표로 추방을 당하게 되지 않을까 걱정하였다. 그래서 그는 정치를 되도록 멀리했으며 오직 전쟁에 있어서 용감한 군인임을 보여 주었다. 그러다가 아리스티데스가 죽고, 테미스토클레스가 추방당하고, 키몬도 출정하여 멀리 외국에 나가 있자 그는 정치에 나서서 가난한 다수의 편에 섰다. 그는 부자들과 대립함으로써 귀족 출신 자신의 약점을 극복하고 전제적 권력을 노린다는 의심을 억제할 수 있었으며 가난한 자들의 편에 서서, 귀족들의 지지를 받고 있는 키몬과 대항하기 위한 강한 세력을 키웠던 것이다.

페리클레스는 이것을 위해 곧 자기의 생활 방식부터 고쳤다. 그는 자신이 일을 보는 공회당이나 의사당 외에는 아무 데도 나가지 않았고, 친구들의 식사 초대에도 응하지 않았다. 그는 긴 정치 생활 동안 친구와 식사 한 번 같이 한 일이 없었다. 단한 번 사촌인 에우리프톨레모스의 결혼식 때 참가했지만, 이 때에도 신에게 술을 따르는 예식까지만 참가하고 곧 자리에서 일어섰다고 한다. 연회의 자리에서는 위엄을 지킬 수 없으며 편하게 사람을 사귀다 보면 강직한 태도를 가질 수 없다고 생각했기 때문이었다.

진정한 미덕은 가까이에서 볼수록 더욱 빛나는 것이며, 어진 사람은 일상생활을 지켜본 가까운 친구들에게서 칭찬을 받는 법이다. 그러나 페리클레스는 너무 민중들에게 가까이 가는 것을 삼가 군중 앞에 잘 나서지도 않았으며 지나치게 많은 말을 늘어놓지도 않았다. 크리톨라오스는 그의 이러한 태도에 대해, 마치 군함 살라미스[10]처럼 중대한 일에만 나타나고 다른 일들은 친구들에게 시켰다고 하였다. 그런 일을 맡아서 한 친구로 에피알테스를 들 수 있는데, 그는 아레오파고스 회의의 권력을 무너뜨리고 시민들에게 풍부한 자유를 쏟아부어 주었다고 한다. 그 시대의 아테네 시인들은 이렇게 적고 있다.

굴레를 벗은 말처럼
모든 울타리를 뛰어넘어

---

10) 군함 살라미스: 옛날 테세우스가 크레타 섬에서 젊은이들을 구출할 때 태워왔던 배로, 신성하게 보존하여 중대한 행사가 있을 때에만 사용하였다.

에우보이아를 공격하고

섬 사이를 사납게 뛰어다닌다.

페리클레스는 자기의 생활 양식과 위엄있는 모습에 맞게, 연설의 방식도 아낙사고라스에게서 배웠다. 즉, 언제나 아낙사고라스의 교훈을 이용하여 자연과학적 지식으로 말을 채색하여 연설을 하였던 것이다. 플라톤의 말대로, 그는 고상한 지식과 절대적 진리의 힘을 융합한 데다가 타고난 소질을 이용하여 웅변에서 뛰어난 자질을 발휘했다. 그가 '올림피아'라는 저 유명한 별명을 갖게 된 것도 이러한 이유 때문이라고 한다. 그러나 어떤 사람은, 그가 수많은 아름다운 건물을 아테네에 세웠기 때문에 붙여진 이름이라고도 하고, 또 어떤 사람은 정치가로서 군인으로서 큰 역량을 보여 주었기 때문이라고 하는데, 이와 같은 모든 이유들로 해서 올림피아라는 별명이 생긴 것으로 생각할 수도 있겠다.

그 시대의 연극에서 그에 대해 "천둥 번개와 같은", "혀 끝으로 무서운 천둥을 일으키는" 등의 표현을 한 것으로 보아도 그의 연설이 대중을 사로잡는 탁월한 능력이 있었음을 알 수 있다. 멜레시아스의 아들 투키디데스의 말은 비록 조롱으로 한 말이었지만 페리클레스의 웅변력을 증명하는 일화로 남아 있다.

투키디데스는 신분이 높은 귀족으로 여러 해 동안 페리클레스의 가장 큰 반대 세력이었다. 어느 날 그에게 스파르타의 왕 아르키다모스가, 페리클레스와 씨름을 하면 누가 이기겠느냐고 물었다. 투키디데스는 이렇게 대답했다.

"씨름을 해서 제가 그를 내던져도, 그는 절대로 그런 일이 없다고 주장해서 말로 이길 뿐만 아니라 씨름을 본 사람들의 마음까지도 변하게 합니다."

그러나 이러한 페리클레스도 말에 매우 조심을 하여, 연단에 올라서면 먼저 기도를 하며 말이 잘못 나오지 않게 해 달라고 빌었다. 그는 저술도 얼마 남기지 않아 약간의 법령 결의문이 전해질 뿐이며 그의 말이라고 해서 기록되어 있는 자료도 드물다. 그가 아이기나를 가리켜 "피라이우스 항구가 눈이라면 아이기나는 눈에 가시다"라고 한 것과 "전쟁이 펠로폰네소스로부터 아테네로 향하고 있는 것을 보았다"는 것 등이 남아 있는 몇 안 되는 기록이다.

또 언젠가 소포클레스가 그와 함께 배를 타러 가다가 지나가던 아름다운 소녀를 보고 칭찬했을 때 그는 이렇게 말했다. "소포클레스, 장군이란 손도 깨끗이 해야겠지만 눈도 역시 깨끗하게 해야 하는거요."

스테심브로토스의 기록에 의하면, 그는 사모스 싸움에서 전사한 사람들의 장례식 연설에서 이렇게 말했다고 한다. "이들은 신처럼 영원한 생명을 얻었습니다. 우리는 신을 눈으로 보지 못하지만 그들을 존경하는 마음과 그들이 우리에게 주는 축복은 느낄 수 있기 때문입니다. 마찬가지로 나라를 위해 목숨을 바친 이 사람들도 역시 그들과 같이 영원한 불멸의 생명을 얻은 것입니다."

역사가 투키디데스는 페리클레스의 정치가 이름만 민주 정치였지 사실은 귀족 정치였다고 하면서, 소수의 귀족들이 정치를 좌우했다고 비난했다. 또 다른 많은 사람들의 기록을 보면, 페리클레스가 평민에게 처음으로 토지를 분배했으며, 연극을 위한 일에 사람들을 종사시켜 보수를 지급했기 때문에 생활이 사치스럽고 방종해졌다고 한다. 그러나 이러한 원인은 역사적 사실을 따져서 제대로 살펴보아야 할 것이다.

먼저, 페리클레스는 키몬과 경쟁하여 민심을 자기 편으로 끌어와야 했다. 그런데 키몬은 큰 부자여서 자기 재산으로 가난한 사람들에게 날마다 식사를 나누어 주고, 노인들에게 옷을 사주었으며, 자기 농장의 울타리를 허물어 누구든지 과일을 따먹게 하였다. 아리스토텔레스가 전하는 말에 의하면, 페리클레스는 재산으로는 이것에 대항할 수 없었으므로 다모니데스의 의견에 따라 정부의 돈이 평민들에게 골고루 돌아갈 수 있도록 정책을 세웠다. 그래서 연주회 등을 개최하거나 공적인 일에 많은 사람들을 채용하여 보수를 주었으며, 그 밖의 여러 가지 형식으로 돈을 나누어 주어 민심을 수습함으로써 아레오파고스 회의를 공격할 수 있게 되었다.

그는 아르콘이나 바실레우스, 폴레마르크 등에 선출된 적이 없었으므로 아레오파고스[11]의 회원이 되지 못하였다. 그래서 민중의 후원으로 세력을 얻게 되자, 지지자들을 지휘하여 이 회의에서 재판에 대한 일을 맡은 정무회를 없애 큰 타격을 주었다. 또 대단한 권력과 재산을 가지고 있고, 페르시아 전쟁에서 찬란한 승리를 거두었던 키몬을 스파르타와 내통하고 있다고 몰아세워 도편 투표로 추방시켰다.

도편 투표로 추방당한 사람은 10년 동안 외국에 나가 있어야 했다. 그러나 그가

---

11) 아레오파고스: 이 회의는 아테네 시민의 추첨에 의해 매년 9명의 아르콘으로 구성된다. 그 중 우두머리를 아르콘이라고 하여 정치를 맡겼으며, 그 다음은 바실레우스, 그 다음은 폴레마르크라 하여 군의 지휘권을 맡겼다. 그리고 나머지 6명을 테스모테테라 하여 법을 만드는 일을 수행했다. 이들은 1년의 임기가 끝나면 아레오파고스의 회원이 되었다

추방되어 있는 동안 스파르타 군이 쳐들어왔을 때, 유배지에서 돌아와 아테네 군과 함께 출정했다. 전쟁에서 공을 세워 스파르타와 내통하고 있다는 의심을 벗으려는 것이었다. 페리클레스는 키몬을 나중에 다시 국외로 추방시켰지만, 키몬은 이 전쟁에서 위험을 무릅쓰고 용감하게 싸워 누구보다 큰 공을 세웠다.

한편 스파르타와 내통하고 있다는 혐의를 받은 키몬 일파는 이 전쟁의 선두에 서서 누구보다 열심히 싸우다가 용감하게 전사하였다. 시민들은 전쟁에서 패한 스파르타가 봄이 되면서 다시 공격해 올 것이 분명해지자 키몬을 추방시킨 일을 후회하기 시작했다. 이것을 알게 된 페리클레스는 서슴지 않고 그를 소환하기 위한 법률을 통과시켰다.

키몬은 귀국하자마자 곧 아테네와 스파르타 간의 화해를 성립시켰다. 페리클레스와 그 밖의 지도자들과는 사이가 나빴지만, 키몬에게는 호감을 가지고 있었기 때문에 키몬의 청을 들어주었던 것이다. 또 다른 설에는 페리클레스와 키몬의 여동생 엘피니케의 주선으로 비밀 협약이 맺어졌다고도 한다. 이 협약으로 키몬은 200척의 배를 끌고 나가 페르시아와 싸우고, 페리클레스는 국내에 남아 권력을 쥐기로 했다는 것이다.

과거에 반역죄로 키몬에게 사형이 내려졌을 때 페리클레스를 찾아와 오빠를 살려 달라고 했던 것도 엘피니케였다. 그녀가 페리클레스에게 너그러운 마음을 보여 달라고 했을 때 그는 웃으며 이렇게 말했다.

"엘피니케, 이런 일에 끼어들기에는 당신은 나이가 너무 많습니다."

그런 키몬의 죄를 밝히는 순서가 되었을 때, 그는 의무 때문에 단 한 번 발언하기는 했으나 키몬을 공격하는 말은 하지 않았다고 한다.

이런 이야기로 보아 페리클레스가 자신의 친구 에피알테스를 시기하여 그를 암살했다는 이도메네오스의 말은 믿기가 어렵다. 이도메네오스는 너그럽고 아름다운 마음을 가진 페리클레스에게 잔인한 누명을 씌운 것이다. 아리스토텔레스에 의하면, 에피알테스는 민중들에게 해를 끼친 자에 대해 처단을 너무 가혹하게 했기 때문에 타나그라의 아리스토디코스에게 암살당한 것이라고 한다.

키몬은 아테네 군을 지휘하여 키프로스 섬에 출정해 있다가 그 곳에서 최후를 마쳤다고 전해진다.

페리클레스는 이제 정치적으로 가장 중요한 인물이 되었으며 그 누구도 세력을 당해낼 수가 없게 되었다. 그러자 귀족들은 그의 세력을 억제하기 위해 키몬의 친척으로 뛰어난 능력을 가진 투키디데스를 정치에 내세웠다. 그는 군사에는 별로 유능하지 못했지만 정치적인 지략이 우수해서, 기회를 노려 페리클레스와 맞섰으며 곧 비슷한 세력으로 뛰어오를 수 있었다.

예전에는 큰 행사가 있을 때 귀족과 평민이 함께 섞였지만, 귀족의 위신이 꺾인다고 해서 서로 따로 모이게 되고, 각자 자신들의 세력을 키워갔다. 원래 잘 어울리지 않던 그들은 이제 페리클레스와 투키디데스의 대립으로 더욱 확연히 갈라져 소수파와 다수파의 두 갈래로 나뉘어지게 되었다.

페리클레스는 모든 방법을 동원하여 대중들을 끌어들이려고 했다. 연극, 운동, 축제 등을 펼쳐 그들을 즐겁게 해주었고, 해마다 60척의 배를 8개월씩 내보내 사람들에게 보수를 주면서 배를 타는 기술을 가르쳤다. 그뿐만 아니라 케르소네소스로 1천 명, 낙소스로 5백 명, 아드로스로 2백 5십 명, 트라키아 지방으로 1천 명을 이주시켜 땅을 나누어 주었고, 이탈리아에 새로 개척한 투리이라는 곳에도 많은 이주민을 보냈다. 그는 이러한 방법으로 정치적 혼란을 일으킬 사람들을 없애고, 가난한 사람들에게 재산을 주었으며, 아테네 가까이에 있는 동맹국들을 감시하도록 한 것이었다.

한편 페리클레스는 수많은 신전을 짓고 아테네를 아름답게 꾸며 다른 나라 사람들을 놀라게 하였다. 오늘날에도 아테네를 보면 그리스의 부와 영광이 전설이 아니었다는 것을 알 수 있다.

그러나 페리클레스의 이 업적은 반대파에게는 공격의 대상이 되었다. 그들은 아테네가 그리스 전체의 공공재산을 델로스에서 옮겨다가 보관한 것부터가 떳떳하지 못한 일인데, 이제는 페르시아의 약탈 때문에 안전한 곳으로 옮긴 것이라는 유일한 변명마저 페리클레스가 물거품으로 만들어 버렸다고 비난했다. 그리고 전쟁 비용으로 그리스 전체에서 거둔 돈을 아테네가 함부로 쓰고 있다는 악평을 받고 있으며, 마치 허영에 들뜬 여자처럼 페르시아 군을 막기 위한 전쟁 비용을 대리석과 신의 조각상을 화려하게 만드는 데 쓰고 있다고 말했다. 이러한 비난에 대해 페리클레스는 다음과 같이 대답했다.

"아테네가 페르시아 군을 막아내고 있는 한, 동맹국들은 전쟁 기금을 어떻게 쓰든지 상관할 것 없소. 그들은 말이나 군인, 배 한 척 제공하지 않고 다만 돈만 냈으니 아테네가 이 돈을 어떻게 썼는지를 보고해야 할 의무는 없소. 돈은 그것을 낸 사람의 것이 아니라 그 값어치의 일을 해준 사람의 것이오. 아테네는 지금 전쟁에 필요한 모든 것을 갖추고 그리스의 안전을 보장해 주고 있소. 그러므로 남은 돈으로 건물을 지어 영광을 남기고, 공사를 통해 사람들에게 일거리를 주고, 여러 기술을 발달시키는 것은 아테네의 생활과 도시를 아름답고 윤택하게 만드는 것이오. 젊은 청년들이 군대에 나가 전쟁을 하면서 보수를 받는 것처럼, 여기에 남아 공업과 예술에 종사하는 사람들도 보수를 주어야 하는 것인데, 일을 하지 않고 돈을 받을 수는 없는 것 아니겠소. 그래서 건축 설계와 기술이 필요한 이 사업은 민중들에게 돈을 벌 수 있는 일거리를 주어 국토를 지키는 사람, 배를 타는 사람들처럼 나라 안에 있는 사람들에게도 수입을 가져다 주는 것이오. 돌, 청동, 상아, 금, 나무 같은 여러 공사 재료는 그것을 다룰 줄 아는 여러 공예 기술자들이 필요하오. 또 이것들을 운반하기 위해서는 상인이나 뱃사람, 수레를 끄는 사람, 마부, 배 만드는 사람들이 필요하고, 또 그들을 위해서 신발을 만들고, 가죽을 다루고, 석탄을 캐내고, 나무를 자르고, 길을 닦는 많은 사람들이 필요하게 되는 것이오. 그리고 이런 기술자뿐만 아니라 기술이 없는 사람들도 일자리를 가지게 되는 것이니, 나이가 많고 적거나 신분이 높고 낮은 것에 관계없이 모든 사람들이 일을 하게 될 것이며, 아테네는 결국 누구나 다 잘 사는 곳이 되는 것이오."

이렇게 해서 지어진 건물들은 규모가 웅장하고 아름답기 그지 없었다. 일하는 사람들이 설계한 것보다도 더 아름답게 만들기 위해 온갖 정성을 기울였기 때문이었다. 그러나 더욱 놀라운 것은 이 대사업이 아주 짧은 시일 안에 완성되었다는 것이다. 그 중 어느 하나만 보더라도 수십 년이 걸려 지어진 것처럼 보이지만 사실 이것은 페리클레스 한 사람이 이름을 떨치고 있던 짧은 세월 동안 완성되었다.

화가 아가타르코스가 자신이 얼마나 그림을 빨리 그리는가를 자랑했을 때 제욱시스는, "나는 아주 오래 걸린답니다"라고 말했다는 이야기가 있다. 즉, 어떤 물건을 만들 때 빠른 시간 안에 신속하게 완성한다는 것은 세심하며 고결한 가치를 잃기 쉽다는 이야기다.

그러나 페리클레스의 사업은 빨리 이루어졌지만, 영원한 생명력이 있는 뛰어난 것으로서 그것들 중 하나하나가 중후하고 아름다운 자태를 풍기며, 오늘날까지도 신선한 생기를 불러일으킨다. 시간에 도전하는 영원한 생명을 내뿜으며 시들 줄 모르는 청춘의 생기를 보여 주고 있는 것이다.

이 사업 전체를 맡아서 감독하고 운영한 사람은 페이디아스였는데, 부분마다 많은 기술자들이 배치되어 있었다. 칼리크라테스와 이크티노스는 파르테논 신전을 세웠다. 그리고 비밀스런 제사가 행해지는 엘레우시스 사당은 코로이보스가 시작했으나, 원기둥을 얹는 일을 마친 뒤 그가 죽자 메타게네스가 벽과 대들보를 얹었다. 또 크세노클레스는 카스토르와 폴룩스 신전의 둥근 지붕을 만들어 얹었다. 그리고 소크라테스는, 페리클레스가 7500미터짜리 장벽을 세우자고 말하는 것을 들었다고 전하는데 이것은 칼리크라테스가 설계를 맡았다고 한다. 이 공사의 진행이 몹시 느린 것을 보고 크라티노스는 자신의 시에서 풍자했다.

> 페리클레스는 큰소리쳤지만
> 장벽은 만들어지지 않고 있다네.

'오데움', 즉 음악당은 내부에 좌석과 기둥이 가득 들어서 있고 바깥의 지붕은 꼭대기에서 사방으로 경사를 이루고 있는데, 이것은 페르시아 왕의 천막을 본뜬 것으로 페리클레스의 지시에 따라 지어진 것이라고 한다. 크라티노스는 그의 희극 〈트라키아의 여자들〉에서 오데움에 대해 이렇게 적고 있다.

> 커다란 머리의 제우스 페리클레스
> 도편 추방을 당하는 날
> 머리 대신 차라리
> 오데움을 씌워드렸으면.

페리클레스는 이곳에서 매년 음악 경기 대회를 개최하도록 하고 스스로 심판관이 되었으며 노래를 부르거나 피리, 하프 등을 연주하는 순서와 방법들을 정했다. 그 후로 항상 음악 경기 대회는 오데움에서 열리게 되었다.

아크로폴리스 앞에 있는 프로필라이아는 5년이 걸려 완성한 것인데 므네시클레스의 감독하에 만들어졌다. 그런데 공사를 하는 동안 아테나 여신이 이 사업을 불쾌하게 생각하지 않고 오히려 협력하고 있음을 나타내는 이상한 사건이 일어났다. 공사가 막 진행되고 있을 때 가장 힘이 세고 일을 잘 하던 어떤 사람이 높은 데서 떨어져 모든 의사들이 그의 생명을 단념했다고 한다. 페리클레스는 이 사람의 일을 매우 걱정하고 있었는데, 꿈에 아테나 여신이 나타나 치료하는 방법을 알려 주었다. 그래서 꿈에서 들은 대로 그 사람을 치료했더니 곧 완쾌되어 자리에서 일어나게 되었다. 이 일로 그는 병을 고치는 여신이라는 이름을 붙여 아테나의 신상을 만들어 아크로폴리스의 제단 옆에 세웠다.

이 때 신상을 만든 사람이 페이디아스였는데, 그는 모든 일을 맡아 기술자들을 감독하고 있었으므로 페리클레스와도 가까이 지내고 있었다. 그래서 그는 다른 사람들의 질투를 받아, 페리클레스를 아테네의 부인들과 비밀히 만나게 해준다는 말을 듣게 되었다. 이런 비난은 여러 시인들의 시에도 나타난다. 그것들을 읽어 보면 페리클레스는 그의 친구요 동료인 메니포스의 아내를 사랑했다고 한다. 또 페리클레스가 가까이한 여자들에게 주기 위해 친구를 시켜 새를 기르게 했다는 얘기도 있다.

그러나 남을 비꼬기 좋아하는 사람들은 원래 갖은 방법을 써서, 자기보다 나은 사람들을 깎아내리는 법이다. 트라키아의 스테심브로토스는, 페리클레스를 자기 며느리와 간통한 사람이라는, 말도 안 되는 거짓말까지 지어낸 것을 보아도 알 수 있는 일이다. 오래된 옛일은 세월이 흐르면서 희미해지므로 진실을 밝혀내기란 여간 어려운 일이 아니다. 그 시대 사람들이 쓴 역사라고 할지라도 개인적인 감정이 끼어들어 비난이나 아첨이 첨가되기 마련이므로 그것들을 모두 믿을 수는 없는 것이다.

페리클레스의 대공사가 진행되고 있을 때 반대파인 투키디데스의 무리들은 페리클레스가 공금을 함부로 쓰고 국가의 재정을 파괴한다고 비난했다. 그러자 그는 광장에 모인 사람들에게 자신이 많은 돈을 썼다고 생각하느냐고 물었다. 군중들은 한결같이 그렇다고 대답했다. 페리클레스는 그들을 향해 말했다.

"그렇다면 좋습니다. 공금이 아니라 내 개인 돈을 쓰기로 합시다. 그리고 모든 건물에다가 내 이름을 새겨 놓겠소."

이 말에 군중들은 그의 대담함에 놀랐는지, 대공사의 영광을 함께하고 싶어서였는지, 페리클레스가 생각하는 대로 국고에서 돈을 꺼내어 쓰라고 하면서 모든 것이 완성될 때까지 간섭하지 않겠다고 큰 소리로 외쳤다.

결국 그와 투키디데스 두 사람 중 어느 하나는 도편 투표로 추방될 수밖에 없었다. 그리고 그 맞대결에서 페리클레스가 승리를 거두었고, 투키디데스는 물론 그 무리까지 다 없어지고 말았다.

이제 정치는 페리클레스를 중심으로 통일되었다. 그는 아테네 본국은 물론, 외국에 대한 모든 권리까지도 한 손에 장악했다. 국가의 재정과 군사, 선박, 섬과 바다, 그 밖에 동맹국에 대한 권력을 그가 모두 쥐게 된 것이었다. 그러자 그는 달라지기 시작했다. 옛날처럼 국민들에게 온유한 태도를 보이며 양보하지도 않았고, 그들의 기분이나 주장에도 귀기울이지 않았으며 지금까지와는 달리 엄격한 귀족 정치 혹은 군주 정치로 정치 구조를 바꾸었다.

그러나 이것은 어디까지나 국가의 이익과 행복을 위한 것이었다. 민중은 정책을 설명해 주면 여기에 따라왔지만, 때로는 그들이 싫어하는 것을 강제로 해야 할 때도 있었다. 노련한 의사는 환자가 원하는 대로 맡겨두기도 하지만, 때로는 심한 고통이나 쓴 약을 주어 복잡한 병을 고치는 것과 마찬가지의 경우였다. 아테네와 같이 광활한 지배권을 가진 나라의 국민들에게는 온갖 종류의 폐단도 나타나는 법이기 때문에 페리클레스는 그들을 다스릴 수 있는 방법으로 희망과 두려움이라는 두 가지 처방을 내린 것이다. 때로는 국민들의 지나친 자신감을 억제하기 위해 두려움을 주기도 하고, 때로는 의기소침해 있을 때 그들을 격려하여 희망을 심어 주었다.

플라톤의 말처럼 웅변술이라는 것은 인간의 영혼을 다스리는 기술이기 때문에, 악기의 현과 같이 인간의 감정과 성격을 재치있게 다루어야 하는 것이다. 그러나 그의 위대함은 역사가 투키디데스의 말처럼 단순히 그의 웅변술에만 있었던 것은 아니다. 그의 생활은 깨끗했고 뇌물이나 아첨에 결코 눈을 돌리지 않았다. 그는 위대한 아테네를 그리스에서 가장 아름답고 부유한 도시로 만들었고, 자손에게 왕권을 물려주는 왕보다도 더 세력이 컸지만, 자신의 재산은 단 1드라크마도 늘리지 않았다.

역사가 투키디데스 외에도 희극시인들은 그의 권력이 엄청나게 컸음을 기록하고 있고, 신(新) 페이시스트라토스파[12]라고 공격하면서 그에게 참주가 되지 않겠다는 맹세를 하라고 권유했던 기록도 나타난다. 또 텔레클레이데스에 의하면, 아테네 사람들은 페리클레스에게,

> 여러 도시와 그곳에서 거둔 조세
> 성벽을 쌓는 일과 다시 허무는 일

---

12) 페이시스트라토스파: 페이시스트라토스가 자기 자신을 위해 설치했던 호위대를 가리키는 말로, 이것은 페리클레스의 권력이 강력했음을 비꼬는 말이다.

전쟁을 시작하고 그치는 것
온 나라의 모든 땅
그들의 재산과 성공까지도
모두 그의 손에 맡겨 버렸다고 한다.

그리고 이것은 그가 좋은 평판을 받고 있었을 때만 이루어졌던 일이 아니다. 그
가 에피알테스, 레오크라테스, 미로니데스, 키몬, 톨미데스, 투키디데스 같은 사람
들 중에서 1위를 차지하고 있던 40년 동안 내내 있었던 일이었다. 특히 투키디데스
가 도편 재판(패각 투표)에 의해 추방된 뒤 25년 동안은, 보통 임기가 1년으로 되어 있
는 관직을 15년 동안이나 계속 맡고 있었다.

그러나 그는 돈에 대해서는 전혀 관심을 가지지 않았다. 그는 아버지로부터 물려
받은 재산을 잃고 싶지도 않았고, 그것에 바쁜 시간을 빼앗기고 싶지도 않았으므로
해마다 들어오는 모든 수입을 필요한 물건을 사는 데 다 써버렸다. 결국 아버지의 재
산은 그대로 둔 채 가장 단순한 방법으로 수입과 지출을 조절했던 것이다. 그는 아
들이나 딸들에게도 넉넉하게 돈을 주는 일이 없었다. 항상 절약해야 하고 수입과 지
출의 균형을 유지해야 했기 때문에 가족들은 불평을 나타내기도 했다. 그러나 하인
에반겔로스만은 페리클레스의 방식을 좇아 집안 살림을 모두 도맡아서 관리하였다.

이 부분에 있어서 그는 스승 아낙사고라스와 아주 달랐다. 철학자인 아낙사고라
스는 자기 집을 버리고 떠나, 집안이 망해가도 전혀 돌보지 않고 영원한 사색에만 빠
져서 지냈다. 그러나 철학자의 생활과 정치가의 생활은 확실히 다른 것이다. 하나는
추상적이고 관념적인 생각에 기울어지고, 또 한편은 인간적인 욕구를 채워주는 재
물도 필요한 것이라고 생각한다. 그리고 재물을 써서 가난한 사람을 돕기도 하고, 때
로 그것을 중요하게 여기기도 하는 것이다.

여기에는 이런 일화가 전한다. 언젠가 페리클레스가 일에 정신이 팔려 있을 때,
이미 늙은이가 된 아낙사고라스가 얼굴을 옷으로 덮은 채 목숨을 끊으려고 단식을
하고 있다는 소식이 들려왔다. 그는 몹시 놀라 스승을 찾아갔다. 그리고 스승의 죽
음보다는 훌륭한 스승을 잃는 자신이 더욱 슬프다며 아낙사고라스를 말렸다. 아낙
사고라스는 얼굴을 덮었던 옷을 치우고 이렇게 말했다.

"등불이 필요한 사람이 등잔에 기름을 붓는 법이라네."

한편 스파르타는 아테네의 번영을 시기하고 미워하고 있었다. 그래서 페리클레스는 민중들을 격려하여 한층 더 위대한 사업을 할 수 있다는 자부심을 심어 주기 위해 새로운 법률을 제출하고, 모든 그리스의 도시 사람들에게 대표를 보내 회의의 소집을 요청하였다. 그래서 페르시아 군이 불태워 파괴한 신전들을 다시 세우고, 그리스를 구해 주면 신에게 제물을 바치겠다고 맹세했던 약속들을 지키고, 모든 사람이 안심하고 바다에서 평화롭게 항해할 수 있도록 하기 위한 의견을 모아보자고 했다.

그리고 이 회의를 소집하기 위해서 50세가 넘은 시민 중에서 20명을 뽑아 각국으로 보냈다. 그 중에서 5명은 아시아 지역에 있는 이오니아, 도리아 지방과 레스보스, 로도스 등의 섬으로 갔고, 다른 5명은 헬레스폰토스, 트라키아를 거쳐 비잔티움으로 갔으며, 또 다른 5명은 보이오티아, 포키스, 펠로폰네소스를 거쳐 로크리아와 그 부근을 지나 아카르나니아와 암브라키아까지 갔다. 그리고 나머지 5명은 에우보이아를 거쳐 오이타이아, 말리아 만을 지나 아카이아와 테살리아로 가서 그곳에 있는 그리스 사람들에게 회의의 참가를 권유했다.

그러나 성과는 좋지 못했다. 이러한 노력을 기울였음에도 불구하고 대회는 열리지 못했던 것이다. 어떤 사람은 페르시아가 이 회의를 방해하여 맨 처음 펠로폰네소스에서부터 실패했으며, 그 이후로는 더 진행되지 못했다고 한다. 그러나 이 일이 실패로 돌아갔다고 해도 페리클레스의 높은 정신과 대담한 계획성은 충분히 알아볼 수 있을 것이다.

페리클레스는 전쟁을 할 때 매우 조심스럽게 작전을 세웠고, 결과를 예상할 수 없는 위험한 전쟁은 미리 피했다고 한다. 그래서 위험을 무릅쓰거나 운수를 믿고 무모하게 싸워 승리한 장군은 자기 밑에 두지 않았다. 그는 늘 이렇게 말했다. "단 한 사람의 국민도 내 잘못으로 죽게 하지는 않을 것이다."

톨마이우스의 아들 톨미데스가 전쟁에서 한 번 공을 세운 다음에, 무모하게 보이오티아를 공격하려고 군대 천 명을 이끌고 나선 적이 있었다. 이 때 페리클레스는 이 일을 중지시키기 위해서 군중들에게 연설을 하였다. "내 충고를 듣지 않겠다면, 적어도 최선의 충고자인 시간에게는 물어보도록 하시오."

이 연설은 당시 별로 효과를 거두지 못하고 톨미데스는 고집대로 보이오티아를 공격했다. 그러나 며칠 후 톨미데스는 물론, 많은 군인들이 싸움에서 전사했다는 소식이 들려왔고 그의 현명한 애국심은 다시 존경받게 되었다.

페리클레스가 이끈 전쟁 중에서 가장 성공적인 것은 케르소네소스 전쟁이었다. 이 전쟁의 승리는 그곳에 사는 그리스 사람들을 구원한 것이었는데, 페리클레스는 이곳에 천 명을 이민 보냈을 뿐 아니라, 여러 도시의 군사력을 강화하고, 바다 사이에 성벽을 쌓아 트라키아 인의 침입을 막아냈던 것이다.

그러나 그가 더 큰 명성을 얻게 된 것은, 백여 척의 배를 거느리고 메가라 영토에 있는 페카이로부터 펠로폰네소스 반도 주변을 다스린 일이었다. 그는 바닷가에 있는 여러 지방을 톨미데스처럼 철저히 공격했으며, 병사들을 이끌고 내륙에까지 들어가 그곳 주민들을 성벽 안으로 쫓아 버린 것이다. 시키온 사람들이 겨우 대항했지만 페리클레스는 이들을 모두 무찌르고 기념비를 세웠다. 그 다음으로 그는 동맹군인 아카이아의 군대를 배에 더 태우고 코린트 만 저편으로 가서 아켈로스 강을 지나 아카르나니아를 쳤다. 그리고 오이니아다이 인들을 성 안에 몰아 넣고 그 지방에서 전리품을 모아 아테네로 돌아왔다. 그의 지휘를 받은 군대는 한 사람의 피해자도 없었으며 아테네에 큰 이익을 주는 빛나는 승리를 이루어냈던 것이다.

그런 다음, 그는 훌륭한 장비를 갖춘 커다란 함대를 이끌고 흑해로 들어가 그 부근에 있는 야만족들을 물리쳐서 그리스의 도시들을 도와주고 주민들을 보호하였다. 그는 시노피아에 13척의 배와 군대를 남기고 라마코스를 지휘관으로 임명하여 독재자 티메실레오스를 내쫓은 다음, 희망자 600명을 아테네로 이주시켜 집과 땅을 나누어 주었다.

그러나 페리클레스는 아테네 시민들의 지나친 요구를 더 이상은 듣지 않았다. 강력해진 힘으로 다시 이집트와 페르시아 왕국을 공격하자는 시민들의 충동적인 요구가 있었으나 받아들이지 않았다. 시칠리아를 공격하자고 선동하는 사람도 있었고, 알키비아데스 등은 점점 더 거세게 아테네의 세력을 넓혀야 한다며 열변을 토하였다. 심지어 토스카나와 카르타고를 정복하자는 의견까지 나왔으니, 이것은 아테네의 거듭된 승리로 보아 그럴 만도 한 일이었다. 그러나 페리클레스는 다른 나라와 분쟁을 일으키는 이런 지나친 행동을 억제하고, 아테네의 힘을 지키고 더욱 튼튼히 하는데 힘을 기울였다.

그는 스파르타를 누르는 것을 무엇보다 급한 일로 생각하고 신성전쟁[13]을 통

---

13) 신성전쟁: 그리스 역사에 여러 번 나오는 전쟁으로 델포이의 아폴론 신전을 보호하기 위해 이루어진 전쟁

해 그들과 대항하려고 했다. 이 전쟁에서 스파르타는 델포이에 군대를 보내 포키아 인들을 몰아내고 그 땅을 델포이 사람들에게 넘겨 주었다. 그러나 스파르타 군이 후퇴하자마자 페리클레스는 군대를 끌고 와서 신전을 다시 포키아 인들에게 되돌려 주었다. 그리고 스파르타인들이 청동으로 만든 늑대의 이마[14]에 신탁을 새기고 간 것을 보고, 페리클레스는 아테네인들에게 내린 신탁을 늑대의 오른쪽 허리에 새겨 놓았다.

그 후의 사태는 페리클레스가 아테네의 세력을 그리스 안에서만 제한했던 일이 옳았음을 증명해 주고 있다. 우선 에우보이아가 반란을 일으켰을 때 그는 군대를 지휘하여 그 섬을 진압해야 했다. 그리고 그 후 얼마되지 않아 메가라 인들이 들고 일어나 스파르타의 왕 플리스토아낙스의 군대가 아테네의 국경 부근까지 침범해 왔다. 페리클레스는 곧 에우보이아로부터 군대를 철수시키고 새로운 침략자들과 대항해서 싸움을 벌였다. 적이 여러 차례 싸움을 걸어오자 그는 수적으로 우세한 적과의 싸움을 피하였다. 그리고 플리스토아낙스가 군사위원인 클레안드리데스라는 사람의 말에 따르고 있다는 것을 알아내고, 그 사람을 뇌물로 꾀어 군대를 철수시키도록 만들었다.

군대가 돌아가버리자 스파르타 사람들은 몹시 화가 나서 왕에게 벌금을 내게 하고 나라 밖으로 도망친 클레안드리데스에게 사형을 내렸다. 이 클레안드리데스는 시칠리아에서 아테네 군을 쳐부순 길리포스의 아버지였다. 이 가문은 돈에 대한 욕심이 유전인지, 길리포스도 전쟁에서 큰 공을 세운 다음 뇌물을 받은 죄로 스파르타에서 추방되었다. 이 사람에 대해서는 리산드로스 편에서 더 자세히 이야기할 것이다.

전쟁에서 쓴 비용을 국민들에게 보고할 때, 그 중에는 '필요한 목적을 위하여'라는 항목에 10탈렌트의 돈을 썼다는 내용이 있었다. 그러나 국민들은 아무것도 묻지 않고 이것을 통과시켰다. 철학자 테오프라스토스 등의 기록에 의하면, 페리클레스는 매년 10탈렌트를 스파르타의 관리들을 매수하는 데 썼다고 한다. 전쟁을 미루게

이다. 즉 그리스의 열두 종족 사이에 맺어진 암픽티온(인보)동맹을 통해 야만족으로부터 델포이의 신전을 지키기 위해 이루어진 싸움이다.

14) 늑대의 이마: 전설에 의하면, 옛날 어느 도둑이 훔쳐가서 파르나소스 산의 깊은 숲 속으로 도망쳤는데 늑대에게 잡아먹혔다고 한다. 그런데 그 늑대가 날마다 시내에 나타나 울어댔으므로 델포이 사람들이 이상하게 여겨 늑대를 따라 숲 속으로 들어가 보았다. 그리고 보물을 발견하여 이것을 찾아가지고 돌아왔다. 사람들은 그 늑대의 공로를 기리기 위해 제단 옆에 청동으로 늑대의 상을 세웠다고 전한다.

하여 평화를 살 수는 없었지만, 이것으로 아테네가 전쟁 준비를 갖출 시간을 벌 수 있었다는 것이다.

페리클레스는 스파르타와의 싸움이 정리되자, 50척의 배와 5천 명의 군사를 이끌고 에우보이아로 출정하여 도시들을 정복했다. 그리고 칼키스에서 강한 세력을 보유하고 있던 히포보타이, 즉 말을 기르는 사람들을 추방하고, 히스티아이아 주민들을 쫓아낸 다음 아테네 사람들을 이주시켰다.

그 후 아테네와 스파르타는 30년 간의 휴전 조약을 맺었다.

페리클레스는 그 다음으로, 밀레토스와의 전쟁을 그치라는 명령을 어긴 사모스 섬을 향해 출정했다. 그러나 이 전쟁은 밀레토스 출신인 아스파시아를 기쁘게 해주기 위해 시작한 것이라고도 한다. 아스파시아는 그 시대 최고의 정치가들을 마음대로 움직였던 여자로, 철학자들도 그녀의 말에 귀를 기울였다고 한다. 그녀는 밀레토스 사람으로 악시오코스의 딸인데 그리스에서 가장 권위있는 사람들에게만 사랑을 베풀었다고 하는데 흔히 이오니아의 타르겔리아[15]에 비유되고 있다.

어떤 설을 보면, 아스파시아가 페리클레스의 사랑을 받은 것은 단지 그녀의 정치적 지식과 능력 때문이었다고 한다. 사실 소크라테스도 그의 친구들과 함께 그녀를 자주 찾았고, 얘기를 듣기 위해 아내를 데리고 그녀를 찾아오는 사람도 있었다고 한다. 아스파시아는 창녀들을 집 안에 두었기 때문에 그녀의 직업도 결코 명예로운 것은 아니었다. 아이스키네스가 전하는 기록에 의하면, 리시클레스라는 양 장수는 페리클레스가 죽은 뒤 아스파시아와 함께 살았다는 것 때문에 아테네에서 가장 이름난 사람이 되었다고 전한다.

플라톤의 〈메네크세누스〉라는 대화록은, 많은 아테네 사람들이 수사학에 대한 토론을 하기 위해 그녀에게 모여들었다는 내용을 싣고 있다. 그러나 페리클레스는 그녀의 지혜보다는 그녀 자체를 사랑한 것으로 보인다. 페리클레스는 원래 가까운 친척 여자와 결혼을 했는데, 이 여자는 그전에 히포니코스와 결혼하여 칼리아스라는 아들을 낳았다. 페리클레스와 사는 동안에도 크산티포스와 파랄로스라는 두 아들을 두었지만, 나중에 다시 다른 남편을 얻어 그와 헤어졌다. 그렇기 때문에 페

---

15) 타르겔리아: 기원전 546~500년 정도의 이오니아 여자로 아름답고 재주가 뛰어나서 그리스 사람 중에 많은 구혼자들이 있었다고 한다. 그녀는 이 구혼자들을 모두 페르시아의 편으로 끌어들여 그리스에 메디아 당, 즉 페르시아 파의 씨를 뿌렸다.

리클레스는 아스파시아에게 놀랄 만한 사랑을 쏟았다. 그는 날마다 집에서 나갈 때와 들어올 때 그녀에게 키스를 했다.

아스파시아는 그 시대의 희극 속에 옴팔레[16], 데이아네이라[17], 혹은 헤라[18]라는 이름으로 나타나고 있다. 크라티노스의 시를 보면, 아스파시아를 창녀라고 비난하고 있다.

> 그에게 악의 선물로 헤라가 나타났네.
> 부끄러움도 모르는 그녀의 이름은 아스파시아.

두 사람 사이에는 아들이 하나 있었던 것으로 보인다. 에우폴리스가 쓴 〈시가지〉라는 극에는 페리클레스가 아들의 안부를 묻는 장면이 나오는데, 이 때 미노니데스는 이렇게 대답했다.

> 살아 있습니다.
> 그러나 창녀인 어머니를 두어
> 이름도 제대로 가지지 못했지요.

아스파시아가 워낙 유명했기 때문에, 페르시아의 왕위를 놓고 아르타크세르크세스와 싸움을 벌였던 키로스는 그가 사랑하는 후궁 밀토에게 아스파시아라는 이름을 붙여 주었다. 이 여자는 포카이아의 헤르모티모스의 딸이었는데, 키로스가 죽은 뒤에는 왕의 사랑을 받아 큰 세력을 가지게 되었다고 전해진다.

한편 사람들은 페리클레스가 사모스로 쳐들어간 것은 밀레토스 출신인 아스파시아의 간청 때문이라고 비난했다. 밀레토스와 사모스는 프리에네 시(市)를 서로 차지하기 위해 싸움을 벌였는데, 여기서 이긴 사모스는 아테네의 중재를 받아들이지

---

16) 옴팔레(Omphale): 신화 속에 나타나는 리디아의 여왕. 헤라클레스가 이피토스를 죽인 죄를 보상받기 위해 3년 동안 여왕 밑에서 노예로 있었다. 그녀는 헤라클레스를 유순하게 만들었다고 한다.

17) 데이아네이라(Deianira): 헤라클레스의 마지막 애인으로 실수로 그에게 백 개의 머리를 가졌다는 뱀 히드라의 독이 묻은 옷을 보냈다. 헤라클레스는 그 옷을 입고 독의 고통을 참지못하다 스스로 불을 질러 타죽고 말았다.

18) 헤라(Hera): 결혼의 수호신이며 때로는 정욕의 신으로도 불린다.

않았다. 그래서 페리클레스는 사모스의 독재정부를 무너뜨리고, 500명의 주요 인물과 그들의 아이 500명을 렘노스 섬에 가두어 버렸다. 이들은 한 사람에 1탈렌트씩을 낼테니 자신들을 풀어 달라고 요청했고, 민주 정권을 세우는 데 반대하는 자들도 많은 돈을 내겠다고 제의해 왔다. 그 밖에 사모스인에게 호의를 가지고 있던 페르시아의 장군 피수트네스도 금화 1만 개를 보내왔다. 그러나 페리클레스는 이것들을 모두 거부하고, 이미 결정했던 대로 사모스 문제를 처리하고 아테네로 돌아갔다.

그러나 피수트네스는 렘노스에 갇혀 있던 사람들을 구해 내고 사모스 사람들에게 전쟁 비용을 마련해 주었다. 사모스 인들은 곧 반기를 들었다.

페리클레스는 다시 함대를 거느리고 사모스를 공격했다. 사모스 인들은 항복하려 하지 않고 오히려 바다의 지배권을 빼앗기 위해 아테네에 대항해 왔다. 그러자 페리클레스는 트라키아 섬 근처에서 20척의 운반용 배를 합친 44척의 배로 70척이나 되는 적의 함대를 꺾어 큰 승리를 거두었다.

이 전쟁의 승리를 이끈 페리클레스는 사모스 항구를 점령하고 시민들을 성 안에다 몰아넣고 포위하였다. 그들은 여기저기서 포위를 뚫고 나와 싸웠지만, 아테네로부터 더 많은 군대가 오자 완전히 갇혀 꼼짝할 수 없게 되었다.

페리클레스는 다시 60척의 함대를 이끌고 멀리 지중해로 나갔다. 대부분의 역사가들은 사모스를 구원하러 오는 페니키아 함대와 싸우기 위한 것이었다고 하지만, 스테심브로토스는 키프로스를 치기 위한 것이었다고 기록하고 있다. 목적이 무엇이었던 간에 이 싸움은 실패로 돌아가고 말았다. 사모스의 장군 멜리소스가 페리클레스가 아테네로 돌아간 다음 시민들을 충동해서 아테네 군을 공격했기 때문이었다. 남아 있던 아테네의 장군들은 경험이 적었기 때문에 멜리소스의 군대에게 크게 져서 많은 전리품을 빼앗기고 바다의 세력을 그에게 넘겨 주고 말았다.

사모스 인들은 아테네인들을 포로로 잡아 이마에 올빼미[19]의 낙인을 찍어, 그들이 아테네의 포로가 되었을 때 '사마이나'의 낙인이 찍혔던 일을 복수했다. 사마이나는 낮고 평평하게 생긴 배의 일종으로 많은 짐을 싣고도 빨리 달릴 수 있는 것이었다. 이 이름은 유명한 전제 군주인 폴리클라테스가 처음으로 붙인 것이다.

아리스토파네스가 그의 시에서 "사모스 인들은 글이 새겨진 족속이다"라고 한 것

---

19) 올빼미: 아테네의 수호신인 아테나를 섬기는 시종을 뜻한다.

도 그들의 이마에 깊이 찍힌 낙인을 가리켜서 한 말이라고 한다.

한편 페리클레스는 사모스에 두고 온 군대가 패망했다는 소식을 듣고 곧 사모스로 달려왔다. 그리고 멜리수스의 군대를 격파하고 사모스 시 주변에 진지를 구축하여, 그들과 싸우지 않고 항복을 받아낼 계획을 세웠다.

그러나 시간이 흘러갈수록 아테네 군은 초조해지기 시작해서 어서 싸우게 해 달라고 간청을 했다. 페리클레스는 그들을 말리다 못해서 부대를 여덟 개로 나누어 제비를 뽑게 한 다음 하얀 콩을 뽑은 부대는 다른 부대가 근무하는 동안 편히 쉬고 잘 먹게 했다. 이 때부터 쉬는 날을 '하얀 날'이라고 부르게 되었다고 전한다.

에포로스의 기록을 보면, 페리클레스는 아르테몬이 발명한 공성기라는 새로운 무기를 이 전쟁에서 사용했다고 한다. 아르테몬은 페리포레토스, 즉 이리저리 움직이는 사람이라는 별명을 가지고 있었는데, 이것은 그가 절름발이여서 가마를 타고 다녔기 때문에 만들어진 이름이라고 한다.

그러나 헤라클레이데스 폰티코스는 아나크레온의 시를 인용하면서, 절름발이라서가 아니라 겁쟁이였기 때문에 이런 별명이 붙여졌다고 쓰고 있다. 아르테몬은 집 안에만 틀어박혀서 사는 겁쟁이였으며, 머리에 혹시 무엇이 떨어질까봐 두 사람의 시종에게 항상 청동 방패를 들고 다니게 했다고 한다. 또 밖에 나가야 될 일이 있을 때는 들것을 거의 땅에 닿을 만큼 낮게 해서 타고 다녔는데, 그래서 페리포레토스라는 별명을 얻게 되었다는 것이다.

한편 아테네에게 포위당한지 아홉 달 만에 사모스인들은 결국 항복을 했다. 페리클레스는 성벽을 허물고 그들의 군함을 몰수했다. 그리고 무거운 벌금을 내려 일부는 받고 나머지는 정기적으로 바치라고 하면서 볼모를 잡아갔다. 그리고 사모스 군의 장군과 병사들을 밀레토스 시의 광장으로 끌고 가서 열흘 동안 기둥에 묶어 반죽음이 될 때까지 기다렸다가, 몽둥이로 머리를 때려 죽이고는 시체를 묻지도 않고 내다 버렸다고 한다.

사모스의 두리스는 이 사건을 소재로 비극을 써서, 아테네 사람들이 얼마나 무자비하고 잔인했는지를 비난하고 있다. 그러나 투키디데스, 에포로스, 아리스토텔레스 등의 기록에는 그런 이야기가 없는 것으로 보아, 사모스 사람인 두리스가 아테네에 대한 증오심 때문에 이러한 글을 썼던 것으로 생각된다. 그는 아테네에 대한 미움을 세상 사람들에게 알리기 위해 조국의 불행을 더욱 비극적으로 과장해서 기록

했을지도 모르는 것이다.

페리클레스는 사모스를 정복하고 아테네에 돌아와 전사자들의 장례를 성대히 치르고 관례에 따라 추모 연설을 하였다. 이 연설로 그는 큰 칭송을 받았다. 연설을 마치고 연단에서 내려오자 마치 운동 경기에서 우승한 선수를 환영하듯이 여자들이 리본을 단 꽃다발을 머리에 얹어 주었다. 그때 키몬의 동생 엘피니케가 그의 곁으로 다가왔다. 그리고 그를 이렇게 비난했다.

"정말 대단한 공을 세우셨군요. 꽃다발을 받으실 만해요. 제 오빠처럼 페르시아나 페니키아 같은 적들과 싸운 것도 아니고, 우리가 운명을 나누는 같은 민족의 도시를 멸망시키느라 훌륭한 시민들을 많이 죽였으니까요."

엘피니케의 말이 끝나자 페리클레스는 조용히 웃으며 아르킬로코스의 다음 시로 대답을 대신하였다.

　　　나이 든 여인은 향수를 뿌리지 않는 법이다.

이온이 전하는 바에 의하면, 페리클레스는 사모스인들을 정복한 일을 매우 자랑스러워 했다고 한다. 아가멤논은 야만인의 도시를 점령하는데 10년의 세월이 걸렸는데, 페리클레스는 이오니아 최대의 도시를 9달만에 점령했기 때문이었다. 또한 페리클레스가 이 승리의 영광을 전적으로 자기에게 돌린 것도 이유가 없지 않았다. 투키디데스가 말하는 대로, 이 전쟁은 승부를 점치기가 매우 어려웠으며 양쪽 다 많은 위험을 무릅쓴 것이었는데, 이 전쟁이 끝난 후 아테네인들은 해상권을 완전히 장악할 수 있었기 때문이다.

이런 일이 있은 얼마 뒤, 펠로폰네소스 전쟁이 일어날 기미가 보였다. 페리클레스는 코린트의 공격을 받고 있는 코르키라이에 응원군을 보내고, 이제 곧 펠로폰네소스 인들이 아테네로 쳐들어올 것이니 동맹을 요청하자고 아테네 시민들을 설득했다. 그러나 민중이 원군 보내기를 표결했을 때 키몬의 아들 라케다이모니오스를 장군으로 삼아 겨우 10척의 군선만을 파견한 것은 그가 스파르타와 가까운 사이라는 이유로, 라케다이모니오스를 일부러 모욕하려고 한 짓이나 다름없었다. 라케다이모니오스는 한층 더 스파르타와 내통하고 있다는 의심을 받을까봐 할 수 없이 적은 군사만을 이끌고 억지로 출발을 서둘렀다.

한편 페리클레스는 계속해서 키몬의 집을 괴롭혀 왔다. 키몬의 아들 이름이 라케다이모니오스, 테살로스, 엘레오스라는 것도 그 이름부터가 외국인이요, 진정한 아테네 시민이 아니라고 말했으며, 그들의 어머니도 아르카디아 출생이라고 주장해 왔다.

페리클레스는 또 겨우 10척의 배만 파견했다는 것 때문에 미움과 비난을 들어서, 나중에 더 많은 군사를 코르키라이로 보냈지만, 이 군대는 싸움이 다 끝난 뒤에야 도착했다. 코린트는 이러한 아테네의 행동을 비난했다. 메가라 인들도 마찬가지로 아테네를 규탄하며, 그리스 사람들은 모두 자신들의 권리를 무시당했고, 시장이나 항구에서 아테네인들로부터 쫓겨났다고 억울함을 호소했다. 아이기나 사람들도 마찬가지로 자신들이 받은 학대를 알렸다.

그러나 드러내놓고 아테네를 비난하기는 두려웠으므로 그들은 몰래 스파르타로 가서 이러한 사실들을 알리고 도움을 청했다. 마침 이 때 코린트의 식민지였다가 아테네가 장악한 포티다이아 시(市)가 봉기를 일으켰는데, 이것은 전쟁을 재촉한 결과가 되었다.

스파르타의 왕 아르키다모스는 아테네에 사람을 보내어, 모든 분쟁을 해결하고 스파르타에 도움을 요청했던 나라들을 잘 달래겠다고 말해왔다. 이 때 아테네가 만일 메가라 인들을 내쫓기로 한 결정을 취소하고 평화의 협정을 맺었다면 전쟁은 일어나지 않았을 것이다. 그러나 페리클레스는 메가라 인들에게 양보할 필요가 없다고 하며 이 요구를 거절했다. 그래서 결국 전쟁은 일어났고, 페리클레스는 전쟁을 일으켰다는 비난을 듣게 되었다.

전해지는 기록에 의하면, 스파르타의 사절단이 이 문제로 아테네에 왔을 때 페리클레스는, 메가라 인들을 쫓아내기로 한 법령을 새긴 석판은 뜯어낼 수 없도록 법이 정하고 있다고 말했다. 이 말에 사절단의 한 사람인 폴리알케스는 이렇게 말했다. "그러면 그것을 뜯어내지 말고 뒤로 돌려 놓으시오. 그렇게 하면 안 된다는 법령은 없을 테니까요."

이것은 퍽 지혜로운 대답이었으나 페리클레스를 움직이기에는 부족했다. 그는 메가라 인들에게 사사로운 감정이 있었던 것으로 보이나, 겉으로는 신성한 토지를 함부로 사용했다는 것을 문제삼고 있었다. 그는 사절 한 사람을 메가라에 보내고 그곳에서 다시 스파르타로 가게 해서, 두 나라의 행동을 규탄하자는 제안서를 내놓았다. 이 제안서는 페리클레스가 만든 것으로 공정하고 조리있는 글로 짜여져 있었다. 그러나 이것을 들고 사절로 간 안테모크리토스는 돌아오지 못했고, 아테네 사람들은 그가 메가라 인들의 손에 죽은 것으로 생각했다. 그래서 카리노스의 제안으로, 아테네는 메가라와 휴전이나 종전 없이 끝까지 싸울 것, 아티카에서 눈에 띄는 메가라 인은 무조건 사형시킬 것, 모든 장군들은 1년에 두 번씩 메가라를 침공하기로 맹세할 것, 그리고 안테모크리토스는 트라키아의 평원으로 나가는 문 옆에 묻을 것을 결정했다.

그러나 메가라 인들은 안테모크리토스를 죽인 일이 없다고 하면서, 아리스토파네스의 〈아카르니아 사람들〉이라는 시를 인용해 그 죄를 페리클레스와 아스파시아에게 돌렸다.

> 아테네의 젊은 주정꾼들이
> 고급 창녀 시마이타를 메가라에서 훔쳐갔다.
> 그래서 메가라 사람들은 몹시 화가 나
> 아스파시아가 기르던 창녀 둘을 훔쳐왔다.

이 시비가 어떻게 시작된 것인지 정확히 말하기 어렵지만, 모든 책임은 법령을 취소하지 않은 페리클레스에게 돌아갔다. 그러나 다른 역사가들은 페리클레스의 그런 태도를 현명했다고 평가하고, 평화를 제안한 것은 단지 시험해 보려는 것이었으므로 만약 양보했다면 그것이 오히려 그릇된 판단이었다고 적고 있다.

또 다른 설에 의하면, 페리클레스가 스파르타 사절단들을 소홀히 대접한 것은 자신의 힘을 과시하기 위한 것이었다고도 한다. 그러나 대부분의 사람들은 다음과 같은 이유를 들어 페리클레스를 나쁘게 평가하고 있다.

조각가인 페이디아스가 아테네의 수호신인 아테나의 조각상을 만들고 있었을 때, 그가 페리클레스와 매우 가까운 사이라는 것 때문에 시기하고 있는 사람들이 많았다. 이들은 페리클레스에 대한 국민들의 호응을 시험해 보기 위해, 페이디아스 밑에서 일을 하고 있던 메논이라는 사람을 매수했다. 그리고 그에게 페이디아스가 금을 횡령했다는 내용의 청원서를 가지고 광장에 나오도록 했으며, 국민들은 메논의 말을 듣고 페이디아스를 재판정에 세웠다. 그리고 아테나의 조각상에서 금은을 떼내어 저울에 달아 보았다. 결국 그의 죄는 증명되지 않았다.

그러나 페이디아스의 뛰어난 재주는 계속해서 시기와 미움을 받았다. 특히 아테나가 들고 있는 방패의 조각은 아마존 족과의 전쟁을 새긴 것이었는데, 여기서 두 손으로 돌을 쳐들고 있는 노인은 자기 자신의 모습을 그려 놓고 있었다. 또 아마존 족과 싸우고 있는 사람은, 창을 든 손으로 얼굴을 가리고 있기는 했지만 누가 봐도 페리클레스의 얼굴이었다. 이것 때문에 페이디아스는 감옥에 갇히게 되었고, 결국 병으로 죽고 말았다.

그러나 어떤 설에는 페리클레스가 의심받도록 하기 위해, 적들이 일부러 독약을 먹여 죽였다는 이야기도 있다. 그리고 페이디아스를 고발했던 메논에게는 글리콘의 제안에 따라 세금이 면제되는 특권이 주어졌고, 장군들이 그를 보호하도록 하는 명령이 내려졌다고 한다.

바로 그 무렵, 아스파시아도 신을 모독했다는 죄로 고발되었다. 고발을 한 사람은 희극작가 헤르미포스였는데, 노예가 아닌 여자들을 아스파시아가 자기 집에 창녀로 두고 페리클레스와 관계하게 했다는 것이었다.

또 디오피테스는 종교를 믿지 않는 자는 누구든지 처벌한다는 법령을 내놓았다. 이것은 자연과학 철학자인 아낙사고라스를 벌하여 페리클레스를 공격하려는 것이었다.

민중들이 이러한 법령들을 모두 받아들이고 여러 사람들의 비방이나 중상 모략에 귀를 기울이고 있을 때, 드라콘티데스는 또다시 중대한 법령을 제안했다. 페리클레스에게 지금까지 사용한 국가의 공금을 어떻게 사용했는지를 모두 적어서 정무대회[20]에 제출하라는 것이었다. 그리고 이것을 다시 아크로폴리스에서 심의하고, 투표를 통해 결정을 내리도록 하려는 것이었다. 그러나 하그논에 의해 이 제안은 수정되어 강도, 뇌물, 혹은 부정에 대한 모든 재판은 1500명의 배심원에 의해 이루어지게 되었다.

아스파시아의 재판을 할 때 페리클레스는 법정에서 눈물을 흘리고 재판관들을 찾아다니면서 간청하여 겨우 그녀를 석방시켰다. 그러나 아낙사고라스에 대해서는 자기 자신의 처지가 위험했으므로 재판 전에 외국으로 몰래 피신시켰다. 그러고는 페이디아스의 일로 자신이 국민들의 신뢰를 얻은 것을 알고 전쟁을 일으켰다. 전쟁이 터지면 온갖 비난들도 조용해질 것이고, 자기의 힘을 다시 한 번 보여 주어서 잃어버린 명예를 회복할 수도 있다고 생각했기 때문이다. 그래서 그는 아테네에 온 사

---

20) 정무대회(Prytanes): 당시 아테네의 대원로회의는 500명의 회원으로 이루어져 있었는데 이것은 열 개 종족에서 각각 50명씩을 선출한 것이었다. 이 열 개 종족의 대표는 35 또는 36일씩 회의의 의장을 교대로 맡았는데 이것을 정무대회라고 했으며 이들이 재판을 맡아서 했다.

절단들에게 조금도 양보를 하지 않고, 전쟁에 불을 붙였다는 것이다. 그러나 진정한 사실은 여전히 알 수 없는 문제로 남아 있다.

한편 스파르타 사람들은 페리클레스만 쫓아내면 아테네를 쉽게 다룰 수 있을 것이라고 믿고, "저 저주받은 놈을 쫓아내라"고 아테네 사람들을 부추겼다. 역사가 투키디데스의 말에 의하면, 페리클레스의 어머니 쪽은 저주받은 집안[21]이었다고 전한다. 그러나 결과는 생각했던 것과 정반대였다. 페리클레스는 적이 가장 미워하고 두려워하는 사람이라고 생각되어, 오히려 시민들에게 존경과 신뢰를 받게 된 것이다.

페리클레스는 스파르타 왕 아르키다모스가 거느린 펠로폰네소스 군이 아티카로 침입해 오기 전에 국민들을 모아놓고 이렇게 말했다.

"만약 아르키다모스의 군대가 아테네의 모든 것을 다 짓밟고 내 집과 땅만을 남겨두어 나와 내통하는 것처럼 보이게 하거나, 나의 적들로부터 공격을 받게 만든다면, 나는 내 집과 땅을 모두 나라에 바치겠소."

아르키다모스 왕은 펠로폰네소스와 보이오티아의 많은 군사를 거느리고 아티카로 쳐들어왔다. 그는 아테네 영토 안으로 들어와 온 마을을 쑥밭으로 만들고 아테네 시에서 가까운 아카르나이까지 와서 진을 쳤다. 여기까지 왔으니 아테네 군이 가만히 있지 못하고 분해서 나와 싸울 것으로 생각했던 것이다.

그러나 페리클레스는 6만 명이나 되는 적들과 싸운다는 것은 아테네의 운명을 걸고 싸우는 무모한 짓이라고 생각했다. 그는 싸우러 나가자고 덤벼드는 사람들에게, 나무는 베어내도 곧 다시 자라나지만 사람은 한 번 죽으면 다시 살아날 수 없다고 말하면서 그들의 분노를 달랬다.

그는 자기의 판단이 흐려질까봐 민중대회도 소집하지 않았다. 그리고 폭풍을 만난 배의 선장이 배멀미와 공포로 질린 선객들의 눈물과 애원을 뿌리치며, 자신의 경험과 솜씨를 믿고 돛과 키를 굳건히 잡는 것처럼, 아테네의 성문을 굳게 닫은 채 군대를 곳곳에 배치하고 천둥 같은 불평의 소리를 못들은 체했다. 친구들 가운데서도 적을 공격하는 것이 옳다고 권유하는 사람도 많았고, 정적들은 온갖 욕설을 퍼부으며 그를 위협했다.

---

21) 저주받은 집안: 페리클레스 어머니의 할아버지인 메가클레스는, 키론과 그 일당이 궁전에 도망쳐 들어와 목숨을 구해 달라고 빌었지만 그들을 모두 죽여 버렸다고 한다. 그래서 집안에 저주가 내려졌다고 전한다.

그는 비겁하다느니, 나라를 적에게 팔아먹으려는 짓이라느니 하는 온갖 야유와 조롱을 견뎠고, 그를 비방하는 노래가 거리를 메우는 것을 듣고도 묵묵히 참기만 했다. 그는 자신의 믿음에 따라 외로운 길을 가고 있었던 것이다.

클레온 역시 국민들의 비난을 기회로 삼아, 페리클레스를 공격하는 동시에 자신의 지위를 높이려고 했다. 헤르미포스의 다음 시는 이것을 잘 보여 준다.

> 사티로스[22] 왕이여,
> 그대는 어찌하여 칼을 거부하고 혀만 휘두르고 있는가?
> 그대가 텔레스처럼 기어드는 꼴을 볼 수가 없구나.
> 그러나 날쌘 클레온은 시퍼렇게 날이 선 칼을
> 날마다 숫돌에 갈아 그대의 가슴을 찌를 것이다.

그러나 페리클레스는 어떠한 공격에도 움직이지 않았고 소낙비처럼 쏟아지는 심한 중상과 모욕을 조용히 참았다. 그리고 백 척의 군함을 펠로폰네소스에 파견하는 한편 자신은 아테네의 시민들을 굳게 통제하고 있었다. 그러는 동안 펠로폰네소스 군대는 철수를 시작했다. 그러자 페리클레스는 전쟁으로 많은 피해를 입은 민중들을 위로하기 위해 나라의 돈을 풀고, 아이기나 섬의 주민을 축출하여 땅을 아테네 사람들에게 제비를 뽑아 나누어 주었다.

적이 받은 손해를 생각하면 이것도 어느 정도 위안은 되었다. 아테네를 떠난 함대는 펠로폰네소스 반도를 돌며 많은 도시를 파괴하고 넓은 지역들을 장악했으며 페리클레스 자신도 메가라를 완전히 정복하여 적들에게 많은 손해를 입혔던 것이다. 아르키다모스의 군대는 아테네에 큰 피해를 입혔으나 그들이 받은 피해도 적지 않았다. 전쟁을 오래 끌지 말아야 한다는 페리클레스의 예상은 그대로 들어맞았다.

그러나 아테네 시내에 곧 전염병이 나돌게 되었고 꽃 같은 많은 청년들이 시들어 갔다. 그러자 몸과 마음이 모두 상처받은 아테네 사람들은 페리클레스를 공격하기 시작했다. 시민들은 페리클레스를 미워하는 사람들의 말을 모두 곧이듣고, 병을 퍼

---

22) 사티로스(Satyr): 사티르 또는 사티로스. 디오니소스, 즉 바코스를 섬기며 사는 산 속의 신으로 산양과 비슷하게 생겼고 호색을 즐겼다고 한다. 사티로스의 왕이란, 아스파시아와의 관계를 풍자한 것으로 페리클레스를 가리킨다.

뜨리게 한 것은 페리클레스라고 그를 공격했다. 더운 여름에 시골에서 살던 사람들을 모두 도시로 몰고 와, 좁고 더러운 집에서 살게 하면서 아무것도 못하게 만들었기 때문에 병이 생겼다고 항의하였다. 전쟁 때문에 지방 사람들을 성벽 안으로 몰아넣고 전쟁을 하지 못하도록 강요했던 페리클레스는, 일부러 병을 전염시키려고 내버려 둔 죄를 지었다는 불평을 듣게 되었던 것이다.

페리클레스는 이러한 재난을 구하고 또 적에게 피해를 주기 위해 150척의 배에 용감한 군인들을 태우고 출정을 서둘렀다. 아테네의 위력을 보여 시민들에게는 새로운 희망을 안겨 주고, 적에게는 두려움을 주기 위한 것이었다.

배마다 군대가 가득 타고, 페리클레스도 배에 올랐다. 그런데 갑자기 하늘이 캄캄해지더니 일식이 일어나 세상이 어두워졌다. 배를 조종하는 사람도 무서워서 어찌할 바를 모르고 당황하자, 페리클레스는 자기의 외투를 벗어 그 사람의 눈을 가리고 이것이 무서운 징조냐고 물었다. 아니라는 대답을 듣고 페리클레스는 말했다. "그렇다면 이것과 일식이 뭐가 다른가? 일식은 다만 내 외투보다 더 큰 무엇으로 해가 잠시 가리워진 것 뿐이다."

이렇게 해서 페리클레스는 함대를 이끌고 무사히 출정하였다. 그러나 많은 군사에 비해 결과는 대수롭지 않았다. 그는 성지 에피다우로스를 포위하고 함락시킬 예정이었으나, 전염병으로 군사를 많이 잃었을 뿐 아니라 군대와 접촉한 다른 많은 사람들도 병이 옮아 죽어갔기 때문이었다.

페리클레스는 다시 아테네 사람들을 달래고 격려했지만, 그들은 더 이상 페리클레스를 믿지 않았다. 시민들은 페리클레스의 신임 투표에서 그에게 반대표를 던져, 군대의 지휘권을 뺏고 벌금을 내게 했다.

역사적인 기록에 의하면, 이 벌금은 15탈렌트에서 50탈렌트 사이였던 것으로 추정되며, 그리고 그를 고발했던 사람은 클레온이라고 이도메네오스는 적고 있다. 그리고 테오프라스토스에 의하면 심미아스, 헤라클레이데스 폰티코스에 의하면 라크라티다스였다고 기록되어 있다.

민중의 노여움은 벌이 한 번 침을 놓고 말면 그만이듯이 금세 사라져 버리는 것이어서, 페리클레스는 곧 예전의 지위를 되찾았지만, 그의 개인적인 생활은 결코 행복한 것이 못되었다. 많은 친구들을 전염병으로 잃었고 그의 집안도 좋지 않은 일에 휘말리게 되었기 때문이다.

맏아들 크산티포스는 낭비를 즐겼는데, 돈을 물쓰듯 하는 티산드로스의 딸과 결혼을 하였다. 그는 돈을 잘 주지 않는 아버지의 인색함에 화가 나서, 아버지의 허가를 얻었다는 거짓말을 하고 친구로부터 돈을 빌렸으나 갚지 않았다. 그 후 친구가 페리클레스에게 돈을 갚으라고 하자, 그는 그것을 갚지 않았을 뿐 아니라 재판을 걸기까지 했다. 젊은 크산티포스는 아버지의 이런 태도에 욕설을 퍼부으며, 그가 궤변철학자들과 토론하던 일을 조롱했다. 예를 들면, 5종 경기[23]에서 창을 던지던 선수가 실수를 하여 에피티모스라는 사람이 맞아 죽었던 일을 보고, 아버지는 궤변철학자들과 앉아, 살인을 한 것은 창인가, 그것을 던진 사람인가, 아니면 운동 경기를 진행했던 경기장인가를 놓고 하루 종일 심각하게 토론을 했다는 것이다. 또 스테심브로토스의 기록에 의하면, 크산티포스는 아버지가 자신의 아내와 정을 통했다는 이야기까지 퍼뜨렸다고 한다. 크산티포스는 나중에 전염병으로 죽었는데, 그때까지 부자는 결코 화해를 하지 않고 원수로 지냈다고 한다.

이 때쯤 페리클레스는 많은 누이와 친척들도 잃은 상태에 있었는데, 이런 불행에도 눈물을 보이지 않았고 장례식에도 나가지 않았다. 그러나 정식 결혼에서 얻은 마지막 아들 파랄로스까지 죽어 버리자, 그는 더 이상 슬픔을 감추지 못하고, 꽃다발을 관 위에 던지면서 치밀어오르는 설움을 터뜨리며 비통하게 울었다고 한다.

아테네 시민들은 그의 정치력과 지휘력을 대신할 만한 사람을 찾으려고 애썼다. 그러나 어느 누구도 그를 대신 할 수 없다는 것을 깨닫고 슬픔에 잠겨 쓸쓸하게 집 안에 묻혀 있는 그를 설득하였다. 시민들은 은혜도 모르고 그를 학대했던 지난날을 진심으로 사과했다.

다시 정치를 맡고 장군의 자리에 오른 그는 먼저, 예전에 자신이 만들었던 서자에 대한 법률을 고쳐, 상속할 아들이 없어 혈통이 끊어지게 된 자신의 집안을 구해 주기를 청했다. 이 법률에 대해서는 다음과 같은 사정이 있었다.

예전에 페리클레스의 세력이 절정에 달했을 때, 그는 부모가 다 아테네 사람이어야만 아테네의 시민이 될 수 있다는 법률을 만들었다. 그런데 그 후 이집트 왕이 4만 부셸의 밀을 보내, 아테네 시민들에게 나누어 주라고 하자, 시민들은 이 일로 자신이 시민의 자격이 있나 없나를 알아보기 위해 소송을 제기하였다. 그 결과 5천 명에

---

23) 5종경기: 높이뛰기, 달리기, 원반던지기, 창던지기, 씨름.

가까운 사람들이 사생아로 판결을 받아 노예로 팔려가게 되었으며, 1만 4천 4십 명만이 아테네 시민의 자격을 지킬 수 있게 되었다.

이렇게 많은 사람들을 희생시키면서 시행한 법을, 이것을 만들었던 사람의 손에 의해 없애 버리려고 하는 것은 사실 앞뒤가 맞지 않는 일이었다. 그러나 시민들은 페리클레스가 겪고 있는 지금의 불행은 지난날의 오만의 벌을 충분히 받은 것이라고 생각하여 슬픔을 위로하고, 그의 요청대로 서자를 호적에 올리고 그의 성을 붙이는 것을 허락하였다. 그러나 이 아들은 나중에 아르기누사이 해전에서 펠로폰네소스 군을 물리친 뒤, 장례를 소홀히 한 죄로 동료들과 함께 사형을 당하고 말았다.

그 후 페리클레스는 병에 걸려 자리에 눕게 되었다. 그 병은 여러 가지 증세를 천천히 보이면서 몸을 점차 쇠약하게 만들었다. 높은 정신과 과학적인 지식도 병으로 인해 조금씩 둔해져 가기만 했다.

테오프라스토스는 윤리에 관한 논문에서, 사람의 성격이 병으로 인해 달라지는가, 즉 덕성이 신체의 건강에 따라 좌우되는가에 대한 문제를 얘기하면서 페리클레스의 예를 들었다.

페리클레스가 병으로 앓고 있을 때 한 친구가 병문안을 갔다고 한다. 그런데 모든 자연현상을 과학적으로 해석하던 그가 목에 부적 같은 것을 걸고 있더라는 것이다. 친구는 그가 이런 어리석은 짓을 하고 있는 것을 보고, 그의 병이 과연 심각하다는 것을 알았다고 했다.

그가 이처럼 병석에 누워 죽음을 기다리고 있을 때, 시민들 중 높은 지위에 있는 사람들과 그의 친구들이 찾아와 그의 공적을 칭송하고 있었다. 그들은 그의 지조와 권세에 대해서 얘기를 나누면서, 적을 격파해서 세운 기념비가 아홉 개나 된다는 말을 하고 있었다. 그런데 이미 의식이 흐려져 아무 소리도 듣지 못하는 줄 알았던 페리클레스가 뜻밖에 입을 열었다.

"내가 거둔 승리 중에서 절반은 운이 좋아서 얻은 것이오. 또 그 정도의 공은 다른 장군들도 다 세운 것들이오. 그런데 그런 것은 칭찬해 주면서 왜 내가 세운 가장 훌륭하고 위대한 공적에 대해서는 아무 말도 안하는 것이오? 내가 한 일 가운데 가장 훌륭한 것은 아테네 시민들 중에서 나 때문에 상복을 입은 사람은 하나도 없다는 것이오."

페리클레스는 어질고 부드러운 성품 때문에 가장 심한 정치적 위기에 처했을 때나 개인적인 감정으로 욕설을 들었을 때도 전혀 마음이 흔들리지 않았다. 그는 높은 인격으로 칭찬받을 만한 인물이었다. 다른 사람에 대한 시기나 미움에 사로잡힌 일도 없었으며, 권세가 절정에 있었을 때도 적을 친구로 만들려고 노력했다. 페리클레스 자신도 아무리 자신을 미워하는 사람이라도 나중에는 친구가 될 수 있다고 말한 적이 있었다. 이것은 그의 별명 '올림피아'라는 이름이 왜 지어졌는지를 알게 해준다. 큰 권력을 가지고 있었어도 항상 조용하고 깨끗한 생활을 해왔던 사람이 바로 페리클레스였으며, 그것은 신성한 신의 존재와 같은 것이었다.

시인들이 흔히 신은 우리들을 마음대로 다스린다고 하는 것은 잘못된 생각이다. 그들은 신이 계신 곳을 안전하고 아늑한 나라로 생각하고, 그곳에는 바람도 비도 없고 항상 따뜻한 날씨에 빛이 흐른다고 표현하면서도, 신들이 분노와 시기 같은 감정들에 사로잡힌다고 생각하기 때문이다.

페리클레스가 세상을 떠나자 아테네 시민들은 그의 죽음을 안타까워했다. 그가 죽고나서 수많은 정치가와 웅변가들이 날뛰었지만, 페리클레스만한 인물이 없다는 것을 깨닫게 되었다. 교만한 듯하면서도 그처럼 온유한 사람이 없었고, 허세가 있는 듯하지만 사실은 진실한 사람이었다는 것을 알게 된 것이다. 그가 살아 있을 동안 사람들은 그의 정치를 전제니, 독재니 하면서 비난했지만 그는 진정으로 나라를 위해 애썼던 사람이었다는 것이 그 이후의 부정과 부패로 증명되었다. 페리클레스는 이런 일을 억제하기 위해 단호한 정치를 외롭게 지켜냈던 것이다.

10

파비우스 막시무스

(FABIUS MAXIMUS, BC 203경 사망)

로마의 정치가이며 군인. 파비우스의 4대 후손으로 윗입술에 사마귀가 있어 베루코수스라고도 불리었다. 한니발과 여러 차례 대항하여 로마를 지켜냈으며 다섯 차례에 걸쳐 집정관을 지냈다. 평생을 검소하고 가난하게 살았으며, 아들의 장례식 추도사가 유명하다.

로마의 유명한 파비우스 가문은, 헤라클레스가 티베르 강가에서 님프와 인연을 맺어서 낳은 파비우스로부터 시작된다. 함정을 파서 짐승을 잡는 기술을 처음으로 고안해낸 이 가문을 옛날에는 포디우스라고 불렀다. 라틴어로 구멍을 포사(fossa), 판다는 말을 포데레(fodere)라고 하는데, 시간이 지나는 동안 두 음이 변해서 파비우스라고 부르게 된 것이다. 이 집안에서는 위대한 사람들이 많이 나왔는데 그 중에서도 가장 뛰어난 사람은 4대째의 룰루스(Rullus)였으며, 위대하다는 의미로 막시무스라고 불리게 되었다. 그는 또 윗입술에 사마귀가 있어서 베루코수스라는 별명도 가지고 있었다. 어렸을 때에는 양이라는 뜻으로 오비쿨라라는 별명을 가지고 있었는데, 성질이 느리고 온순했기 때문에 붙여진 것이었다.

그는 조용하고 말이 적었으며, 아이들과 함께 놀 때도 늘 조심스럽게 행동을 했다. 공부도 썩 잘하지 못했기 때문에 우둔한 아이로 보이기도 했다. 그래서 이 아이의 가슴속 깊은 곳에 사자 같은 높은 기품이 숨겨져 있으리라고 생각한 사람은 별로

파비우스 막시무스.

없었다. 그러나 시간이 지나가면서 사람들은, 조심성은 감정에 사로잡히지 않은 침착성이고, 말과 행동이 느린 것은 신중하기 때문이며, 열성을 드러내거나 쉽게 움직이지 않는 것은 굳고 확실한 믿음 때문이라는 것을 알게 되었다.

많은 적들이 로마를 넘겨다 보고 있을 때 태어난 그는, 자신의 몸을 전쟁을 위해 강한 무기처럼 단련시켰고, 민중을 움직이게 하기 위해 말하는 방법을 훈련했다. 그는 말을 할 때 지나치게 꾸민 말이나 듣기에 만 좋은 말은 쓰지 않고, 투키디데스처럼 깊은 의미가 담긴 격언들을 많이 사용했다. 그의 연설로 남아 있는 것이 하나 있는데, 집정관을 지낸 사랑하는 아들을 잃고 장례식에서 한 영결 추도사이다.

파비우스는 집정관을 다섯 번 지냈는데, 맨 처음으로 집정관에 올랐을 때는 리구리아를 정벌하는 개선식을 올리는 영광을 가졌다. 리구리아 인들은 파비우스의 정벌로 큰 손해를 입고, 알프스 산으로 도망하여 더 이상 약탈을 하지 못하게 되었다.

그 후 한니발이 이탈리아를 침략하여 트레비아에서 승리를 거둔 다음, 토스카나를 거쳐오는 길에 모든 도시를 짓밟고 있을 때, 여러 가지 무서운 징조들이 나타났다. 벼락이 떨어지는 것은 흔히 있는 일이었으나, 일찍이 보지 못한 이상한 일들이 여기저기서 일어났다. 방패들이 까닭없이 피로 물들었고, 안티움에서는 옥수수를 꺾으면 마디에서 피가 났다고 하며, 하늘에서 불덩이가 우박처럼 쏟아지고, 파렐리 족이 사는 곳에서는 하늘이 갈라지고 "군신 마르스가 무기를 휘두르다"라고 적힌 나무 판자가 떨어져 내리기도 했다.

그러나 집정관 플라미니우스는 이러한 이변을 아무렇지도 않게 생각했다. 그는 원로원과 동료들의 충고를 물리치고 갈리아 군과 싸워 크게 이겼던 사람으로, 성격이 대담하고 명예심이 강한 사람이었다.

한편 파비우스도 이같은 징조를 두려워하지 않았던 사람 중의 하나였다. 그는 한니발을 이기기 위해서는, 완벽하게 훈련된 그의 군대와 싸우는 것보다는 동맹국의 도시들과 굳게 뭉치는 것이 더 현명하다고 말했다. 적의 군대에는 식량과 군자금이 점점 부족해지고 있기 때문에, 지금은 활활 타오르는 등불 같지만 기름이 떨어지면 저절로 꺼질 것이라는 생각이었다.

그러나 플라미니우스는 파비우스의 말을 듣지 않았다. 그는 적군이 로마를 향해 몰려오는 것을 가만히 보고 있을 수는 없으며, 옛날의 카밀루스처럼 로마의 거리에서 전쟁을 할 수는 없다고 했다. 그는 군사위원들에게 명령하여 군대를 움직이게 하고 자신도 직접 싸우기 위해 나섰다.

그런데 무슨 까닭인지 플라미니우스가 올라탄 말이 갑자기 놀라며 몸을 일으켜 그를 땅에 떨어뜨렸다. 그러나 그는 개의치 않고, 한니발을 치러 토스카나에 있는 트라시메네 호수로 나갔다.

이윽고 양편 군대가 한참 어울려서 싸우고 있을 때, 커다란 지진이 일어났다. 수많은 도시가 허물어지고, 강물의 방향이 바뀌고, 산이 무너져 내렸으나 군사들은 이것을 전혀 모른 채 싸움을 했다. 이 싸움에서 플라미니우스는 용감하게 싸우다가 전사했으며, 로마의 용감한 전사들도 수없이 쓰러졌다. 가까스로 살아난 사람들은 도망을 쳤지만 도중에 잡혀 죽은 사람들도 많았다. 이 싸움에서 죽은 사람이 1만 5천 명이었으며 포로가 된 사람 역시 그만한 숫자였다.

한니발은 플라미니우스의 용기를 존경하여 예의를 갖추어 장사를 지내주려 했지만 전사자들 속에서 그의 시체를 찾아내지 못하였고 그리고 어떻게 사라졌는지 아무도 행방을 알지 못했다. 트레비아에서 패배했지만, 그 보고서를 쓴 장군도, 그것을 가지고 온 전령도 승부 없이 끝났다고 거짓말을 했다. 그러나 법정관[1] 폼포니우스는 시민들을 공화당에 모아놓고, 사실을 그대로 이야기했다.

"로마 시민들이여, 우리는 이번 싸움에서 크게 패하여 군대는 망하고 집정관 플라미니우스는 전사했습니다. 그러므로 우리는 로마의 안전을 위해 새로운 길을 찾아야 합니다."

이 말은 바다를 휩쓰는 거센 바람처럼 시민들에게 큰 혼란을 안겨 주었다. 그러나 사람들은 곧 마음을 가다듬고, 독재관을 뽑아 나라의 앞날을 맡기고 이 어려운 때를 함께 헤쳐나가야 한다는 데 의견을 모아, 독재관으로 파비우스 막시무스를 결정

---

1) 법정관(Praetor): 집정관 다음 가는 지위로, 처음에는 한 사람이었으나 나중에는 16명으로까지 늘어났다. 법정관은 법률과 지방행정을 맡아 보았다. 이 때는 두 집정관이 모두 출정 중이었으므로 관례에 따라 법정관 폼포니우스가 대신 국민 앞에 나온 것이다.

했다. 그의 역량과 덕성은 그러한 중요한 일을 맡기기에 충분했으며, 나이로 보아도 그의 경륜을 실천하기에 충분한 체력을 가지고 있었고, 지나친 용기를 조절하는 분별력을 갖춘 인물이었기 때문이다.

이렇게 해서 독재관이 된 파비우스는 루키우스 미누키우스를 기병대장으로 임명하고, 독재관은 말을 탈 수 없도록 되어 있는 법률을 고쳐, 자신도 말을 탈 수 있게 해 달라고 원로원에 요청했다. 이 요청은 군의 주력군이 보병으로 짜여졌기 때문에 독재관이 그들과 늘 같이 있어야 한다는 것과, 그의 권력이 아무리 절대적인 것이라고 해도 민중과 원로원의 허락을 얻어야 한다는 생각 때문에 이루어진 것이었다.

파비우스는 그 지위의 권위를 한층 분명히 하고, 민중들이 자신에게 복종하도록 하기 위해 24명의 호위병을 거느렸다. 그리고 전쟁에서 살아남은 한 사람의 집정관이 그를 찾아왔을 때 부하를 보내어, 집정관의 상징인 패를 버리고 호위병을 해산시킨 다음 시민의 자격으로 자기 앞에 오라고 명령했다.

파비우스가 독재관이 되어 맨 처음 한 일은 종교적인 사업이었다. 로마 군이 패배한 것은 군사들의 용기가 모자라서가 아니라, 장군이 신의 뜻을 무시하고 경솔하게 일을 서둘렀기 때문이라면서 신을 공경하며 신의 축복을 믿게 하여 희망을 갖게 하였다. 이것은 쓸데없는 미신을 갖게 한 것이 아니라, 적에 대한 두려움 대신 신이 도와줄 것이라는 믿음을 심어 주려는 의도였다.

이 때 또한 나라의 운명을 점치는 시빌 경서[2]를 내놓고 샅샅이 살펴보았더니 이번 패전에 대한 예언이 나와 있었다. 독재관은 국민들을 한자리에 모이게 했다. 그리고 다음 계절에 이탈리아의 모든 소, 염소, 돼지, 양을 제물로 바치고, 333 세스테르티우스[3]와 333 데나리우스의 3분의 1을 비용으로 써서 음악과 연극 등의 행사를 열겠다고 신에게 맹세했다.[4] 이 숫자에 무슨 특별한 의미가 있는지는 알 수 없으나, 3이라는 숫자의 완전함을 상징하는 것이라 짐작할 수 있다. 3은 완전함을 뜻하는 것으로, 배수를 포함하는 맨 처음의 홀수이며, 그 속에는 수의 모든 원리가 포함되어

---

2) 시빌 경서(Sibylline): 고대 로마의 예언과 신화를 모은 책. 그리스 말로 기록되어 있다.

3) 세스테르티우스(Sestertius): 로마 화폐의 이름으로, 세미(semi, 2분의1)와 테르티우스(tertius, 세 번째의)의 복합형이다. 즉 세 번째의 반, 둘 반의 뜻이다. 이것은 그리스의 1드라크마에 해당한다.

4) 맹세: Ver sacrum이라고 하는데, 큰 불행이나 재앙을 만났을 때 드린다. 거기에는 3월 1일부터 5월 1일 사이에 낳은 모든 짐승의 새끼가 제물로 바쳐진다.

있다고 사람들은 생각했다.

파비우스는 신을 의지하라고 국민들을 가르쳐 미래에 대한 희망을 가지게 했고 자신은 용기와 지혜를 갖추고, 신의 축복을 기도하며 한니발과 싸우러 나갔다. 그는 곧 전투를 시작할 것이 아니라, 시간을 끌어 적의 군대와 식량을 부족하게 만든 다음 정벌을 할 계획이었다. 그는 적의 군대가 다가올 수 없는 높은 산 위에다가 진지를 정하고서, 가끔 적이 움직이면 금방이라도 공격을 할 것처럼 적당한 거리를 두고 그들을 따라갔다. 이렇게 하면서 시간을 끄는 동안 많은 사람들은 파비우스의 작전에 대해 불평을 늘어놓기 시작했다. 그의 작전을 모르는 사람들은 그를 용기없는 장군이라고 생각하게 되었으며 적군들도 마찬가지로 생각했다.

그러나 한니발은 그의 교묘한 전술을 알고 있었다. 그는 파비우스를 빨리 싸움에 끌어들이지 않으면 카르타고 군은 우수한 무기도 한 번 써보지 못한 채 패할 것이라는 것을 깨달았다. 그래서 그는 노련한 씨름꾼처럼 온갖 계략과 기술을 써서 파비우스를 공격하고 혼란을 일으켰다.

한니발의 이러한 기교는 파비우스의 확고한 판단과 신념에 대해 조금도 효과가 없었지만 군인들과 기병대의 장군에게는 상당히 큰 효과를 가져왔다. 특히 기병대장인 미누키우스는 군대를 선동하고, 무모한 열의와 기대할 수 없는 희망으로 병사들을 부추기며 파비우스를 비난했다. 이렇게 되자, 병사들은 파비우스를 한니발의 졸병이라고 조롱하며, 미누키우스야말로 로마 군을 지휘할 능력이 있는 사람이라고 생각하였다.

미누키우스는 더욱 신이 나서 파비우스의 진영을 손가락질하며 이렇게 조롱하였다. "파비우스는 온 이탈리아가 짓밟히고 불타는 것을 구경하기 위해서 산꼭대기에만 진을 치는가 봅니다. 아니면 군대를 데리고 하늘로 올라가기 위해서거나, 구름과 안개 속에 군대를 감추기 위해서겠지요."

파비우스와 가까운 사람들은 이런 말을 파비우스에게 전하며, 빨리 싸움을 시작하여 모욕을 씻으라고 권했다. 그는 이렇게 말했다.

"만약 그렇게 한다면 나는 지금보다 더 어리석고 비겁한 사람이 될 것이오. 누가 뭐라고 해도 나라를 위해서라면 두려워하는 것도 수치가 아니오. 그러나 남의 비난이나 공격을 듣고 어리석은 말을 따르는 것은 독재관이라는 중대한 직책을 가지고 있는 사람에게는 어울리지 않는 일이오. 내가 지휘하는 사람들이 그릇된 일을 하려 할 때 나는 그것을 막아야 하며, 결코 그들의 노예가 되어서는 안 된다는 것이 나의 생각이오."

그 후 오래지 않아 한니발은 실수를 거듭했다. 그는 어디든 좋은 풀밭에서 말을 쉬게 하고 군대를 옮기기 위해, 안내자들을 불러 카시눔으로 가자고 명령했다. 그런데 외국인인 한니발은 발음이 나빠서 안내자들은 군대를 카실리눔으로 데리고 가게 되었다.

이곳은 볼투르누스 강이 가운데를 흐르고 있는 산악 지대로 강이 흐르는 골짜기만 바다로 통해 있고 나머지는 물이 넘쳐서 발이 푹푹 빠지는 늪지대였다. 뿐만 아니라 파도가 거세서 배를 타고 다닐 수도 없는 곳이었다.

한니발의 군대가 움직이는 동안, 자리를 잘 알고 있던 파비우스는 한니발의 군대를 앞질러 그들을 공격하기로 했다. 파비우스는 군대 4천 명을 보내어 좁은 출구를 막고, 나머지 군대를 작은 산 위에 배치하였다. 그리고 일부는 한니발 군의 뒤를 습격하게 했다. 이 작전은 예상대로 큰 성공을 거두어 800명의 적을 죽이고 적군을 혼란에 빠뜨릴 수 있었다.

한니발은 후퇴하려고 했으나 자기의 실책과 위험을 깨달았다. 그는 안내자들을 잡아 기둥에 못 박아 죽이기는 했으나, 더 이상 빠져나갈 길이 없다는 것도 알게 되었다. 그의 군사들은 모두 두려움에 빠져 절망하고 있었다.

이 때 한니발은 한 가지 작전을 세웠다. 그는 2천 마리의 소를 잡아, 뿔에 마른 나무를 매달았다. 그리고 밤이 되기를 기다려 여기에 불을 붙인 다음, 로마 군의 진지에 가까운 좁은 길을 향해 소를 몰아냈다. 소들은 처음에 횃불을 머리에 달고 천천히 걸어갔으니 이것은 마치 밤중에 진군하고 있는 군대처럼 보였다. 그러나 뿔에까지 불이 타들어가자 소들은 머리를 뒤흔들며 미친 듯이 사방을 뛰어다니기 시작했다. 주위는 불꽃이 튀어 온통 불바다를 이루었다.

이것을 지켜보던 로마 군은 공포에 질렸다. 엄청나게 많은 군사가 횃불을 들고 달려들어 자기네들을 에워싸는 것처럼 보였던 것이다. 로마 군은 제자리를 지키지 못하고 산 위에 있는 진지로 달아났다. 그러자 한니발의 군대는 고지를 모조리 점령하고 드디어 좁은 길을 무사히 통과하여 탈출할 수 있었다.

파비우스는 날이 새기 전에 한니발의 계획을 알아냈다. 놀란 소들 몇 마리가 로마 군의 진지로 들어왔던 것이다. 그러나 그는 어둠 속에 있을지도 모르는 복병을 염려하여 밤새도록 군사들을 진지 안에 머무르게 했다.

드디어 날이 새자 파비우스는 적을 추격하며 산 속에서 몇 차례 작은 전투를 벌여 적을 혼란에 빠뜨렸다. 그러나 한니발은 이런 전투에 경험이 많은 스페인 산악 부대를 내보냈다. 이들은 무장을 가볍게 해서 동작이 빨랐기 때문에 무거운 무장에 동작이 느린 로마 군으로서는 도저히 당해낼 수가 없었다.

이 싸움으로 파비우스에 대한 나쁜 평판은 더욱 높아져 비웃음과 경멸이 그에게 집중되었다. 한니발보다 더 훌륭한 전술을 써서 이기려고 싸움을 피해 오더니, 전술에 있어서도 한니발을 따르지 못하고 결국 패한 것이라는 비난을 받게 된 것이다.

한편 한니발은 파비우스에 대한 불평을 더 부추기기 위해, 군대를 끌고 이탈리아에 들어와 불을 지르고 약탈을 하면서 돌아다녔다. 그러면서 일부러 파비우스의 땅이나 재산에는 감시병까지 두어 보호하였다. 이 사실이 로마에 알려지자, 파비우스에 대한 비난은 걷잡을 수 없이 심해졌다. 평민들의 조직인 정무위원회는 온갖 비난을 그에게 퍼부었다. 특히 미누키우스의 친척인 메틸리우스는, 파비우스를 꺾고 미누키우스를 추켜 세우기 위해 더욱 심하게 그를 공격하였다.

원로원에서도 사정은 마찬가지였다. 파비우스가 포로 교환에 대해 맺은 협정이 불리했기 때문이다. 양편에서 한 사람씩 포로를 교환하다가, 한편에서 남으면 한 사람에 250드라크마씩 돈을 주기로 했는데, 교환을 하다 보니 한니발이 가지고 있는 포로가 240명이 더 많았던 것이다. 원로원은 그 돈을 지불하기를 거절하고, 비겁해서 포로가 된 사람들까지 돈을 내서 사기로 한 파비우스는 나라에 손해를 끼치는 사람이라고 했다. 파비우스는 모든 것을 못 들은 체했다. 그렇다고 협정을 위반하거나 자기의 병사를 적에게 버려둘 수도 없는 노릇이니 아들에게 자기의 재산을 팔아오게 해서 그것을 한니발에게 보내고 포로를 찾아왔다. 이렇게 해서 돌아온 포로들은 자신의 몸값을 갚으려고 했지만 파비우스는 한 푼도 받지 않고 모두 거절했다.

그 후 파비우스는 신에게 제사를 드리는 일에 참석하기 위해 로마로 불려오게 되었다. 파비우스는 자신의 지휘권을 미누키우스에게 넘겨 주며 한니발과는 절대 전쟁을 하지 말라고 여러 번 당부를 하였다. 그러나 미누키우스에게 이런 말이 들릴 리 없었다. 미누키우스는 한니발의 군대가 식량을 구하기 위해 흩어졌다는 정보를 듣자마자 군대를 습격하여 적군을 많이 죽이고 한니발의 군대가 다시 모여들자 곧 철수하였다.

이 작전의 성공은 그의 대담함과 자부심을 한층 더 부채질했다. 이 소식이 로마에 전해지자 파비우스는 차라리 미누키우스의 작전이 실패했더라면 걱정이 덜 되었을 것이라고 말했다. 그러나 대중은 기쁨에 넘쳐 포룸(공회장)으로 모여들었다. 정무위원 메틸리우스는 미누키우스를 칭찬하는 한편, 파비우스는 용기도 충성심도 없는 사람이라고 비난했다. 또한 파비우스가 일부러 싸움을 주저하고 늦추었기 때문에, 한니발은 아프리카로부터 지원군을 맞이할 수 있는 시간을 갖게 되었고 이탈리아는 곧 그의 손에 넘어갈 것이라고 했다.

파비우스는 이 말에 대해 한 마디 변명의 말도 하지 않았다. 그는 다만, 되도록 빨리 제사를 마치고 군대로 돌아가 명령을 어긴 미누키우스를 처벌하겠다고 말했다. 대중들은 미누키우스의 생명이 위험하다는 것을 깨닫고 소란스러워졌다. 독재관은 재판 없이도 부하를 감옥에 가두거나 사형시킬 수 있는 권한이 있었기 때문이다. 파비우스는 평소 온화한 사람이었지만, 지금은 몹시 화가 나 있어서 결코 그를 용서하지 않을 것이라는 것을 시민은 잘 알고 있었다.

사람들은 두려움을 느끼며 감히 입을 열지 못하고 있었지만 정무위원인 메틸리우스는 자신이 가지고 있는 권력을 믿고, 다시 연단에 나섰다. 그는 미누키우스를 이대로 저버리지 말라고 사람들에게 강력히 호소하였다. 만리우스처럼 승리의 월계관을 받았던 사람을 단두대의 이슬로 사라지게 하는 일이 다시는 없어야 한다고 그들을 설득했다. 그리고 파비우스에게서 독재관의 지위를 빼앗고 나라를 구할 수 있는 진정한 애국자에게 이 일을 맡기자고 했다.

이 연설은 많은 사람들의 마음을 움직였지만, 감히 파비우스를 해임시키지는 못했다. 그러나 그들은 미누키우스에게 독재관과 똑같은 권한을 주어 전쟁을 지휘할 수 있도록 결정했다. 이것은 그때까지 로마에서는 한 번도 없었던 일이었다. 그러나 얼마 후 칸나이의 전투에서 패한 다음, 독재관 마르쿠스 유니우스가 전쟁터에 가 있고, 많은 원로원 의원들이 죽어 자리가 비었을 때 독재관 한 사람을 더 뽑은 일이 있었다. 그때 독재관으로 뽑힌 사람이 파비우스 부테오였는데, 그는 원로원이 다시 보충되자 자신의 호위병들을 해산시키고 대중 속으로 들어가 평범한 시민이 되었다고 한다.

한편 시민들은 미누키우스에게 권력을 준 것이 파비우스를 수치스럽게 하고 그를 굴복시킨 일이라고 생각했다. 그러나 그것은 파비우스를 잘못 생각한 것이다. 그는 시민들의 어리석은 행동을 자신의 불행으로 생각하지 않았다.

철학자 디오게네스는, "사람들이 선생님을 비웃고 있습니다"라고 말한 사람에게, "그러나 나에게는 비웃음이 되지 않는걸" 하고 대답하여 비웃음이란 그것을 받고 마음이 흔들리는 사람의 것일 뿐이라는 사실을 알려 주었다.

파비우스는 그것들을 모르는 체하며 말없이 참았다. 그리고 이것으로 디오게네스의 말이 진실임을 증명하였다. 그러나 파비우스에게도 여전히 큰 걱정은 있었다. 그는 무모하고 야심찬 미누키우스에게 마음대로 싸워보라고 권력까지 준 국민들의 어리석음을 슬퍼하였다. 그리고 조급한 그가 큰 잘못이라도 저지를까봐 염려스러워 서둘러 로마를 떠나 전쟁터로 돌아갔다. 생각했던 대로 미누키우스는 매우 오만해져 있었다. 그는 똑같은 권력을 가진 것에 만족하지 않고 하루 건너 군대의 지휘관을 교대하자고 요구했으니 파비우스로서는 이 요구를 승낙할 수가 없었다. 그는 군대의 지휘권을 나누는 것보다 군대를 둘로 나누는 편이 유리하다고 생각하여 자신은 제1과 제4군단을 거느리고 미누키우스에게 제2, 3군단을 주었다. 그리고 보조 병력도 둘로 똑같이 나누었다.

미누키우스는 의기양양했다. 그는 나라에서 최고의 권력을 가진 독재관이 자기 때문에 위신이 떨어졌다고 생각하여 이것을 통쾌하게 생각하고 있었다. 파비우스는 그에게 조용히 말했다. "당신이 상대해서 싸울 사람은 한니발이지, 내가 아니라는 것을 잊지 마시오. 만약 당신이 나와 다툰다면, 승리를 거두었던 장군으로 국민의 존경을 받던 당신은 국민들의 비난을 받고 있는 나보다 더욱 나랏일을 소홀히 했다고 평가받을지도 모르오."

젊은 미누키우스는 이러한 충고를 늙은이의 질투라고 경멸하고 곧 자기의 부대를 이끌고 나가 다른 곳에다 진을 쳤다. 한니발은 이러한 사정을 알고 있었으므로 움직임을 살피며 기회를 노리고 있었다. 두 나라의 군대 사이에는 산이 하나 놓여 있었다. 이 산은 손에 넣기는 어려웠지만, 일단 손에 넣기만 한다면 전략상 아주 유리한 곳이었다. 산 주위의 평야는 아주 평평했으나 곳곳에 많은 도랑과 홈이 패여 있었다. 한니발은 이 산을 점령할 수 있었지만 그대로 두고, 로마 군을 이곳에 유인하기 위해 기다리고 있었다.

마침 이러한 때 파비우스와 미누키우스의 군이 갈라진 것은 한니발에게는 좋은 기회였다. 그는 밤중에 어둠을 틈타 들판에 있는 도랑과 홈 속에 복병을 숨겨 두고, 새벽에 미누키우스 쪽으로 병사를 보내어 군대를 유인해냈다. 미누키우스는 처음에는 특공대만 내보내더니 나중에는 기병대까지 내보냈다. 그리고 한니발이 산에 있는 군대를 보충하는 것을 보고 자기 군대를 모두 이끌고 나왔다. 그는 산에서 빗발처럼 쏟아지는 화살에도 굴하지 않고 잘 싸웠지만 한니발의 작전에 걸려들었다. 복병이 있는 것을 몰랐던 미누키우스의 군대는 갑자기 적군이 함성을 지르며 나타나자 모두 갈팡질팡하게 되었다. 미누키우스의 군대는 모두 놀라 앞을 다투어 달아나기 시작했고, 미누키우스 자신도 용기가 꺾이고 말았다.

그러나 도망가도 소용이 없었다. 누미디아 인의 기병대가 이제는 우리 차례라는 듯이 벌판을 달리며 도망치는 로마 병사들을 마구 죽이기 시작했다.

매우 위험한 일이 일어날 것이라고 짐작하고 있던 파비우스는 미누키우스의 경솔함과 한니발의 재주를 지켜볼 수 있었다. 그는 진영에서 나와 산 마루턱에서 로마 군이 죽어가는 아우성을 듣고 옆에 있던 사람들에게 말했다.

"미누키우스가 망할 줄은 알았지만 이렇게 빨리 일이 생길 줄이야. 그러나 저런 작전을 쓰고도 오래 버틴 셈이지."

그는 이렇게 탄식하며 깃발을 앞세우고 모든 군사들에게 출격 명령을 내렸다. "우리는 미누키우스의 군대를 구하러 출정한다. 그는 나라를 사랑하는 용감한 군인이다. 적을 몰아내려고 너무 서둘러 실수를 하기는 했지만, 우리는 지금 그런 짓을 탓하고 있을 때가 아니다."

파비우스가 군대를 이끌고 나타나자 로마 군을 뒤쫓고 있던 누미디아 군은 겁을 집어먹고 쫓겨갔다. 파비우스는 도망치는 누미디아 군을 뒤쫓아 그들을 차례로 쓰러뜨렸다. 살아남은 적군은 포위당할까 두려워 저마다 흩어져 달아났다. 한니발은 나이를 의심할 정도로 힘차게 싸우는 파비우스를 보고 사정이 뒤바뀌었다는 것을 알았다. 이윽고 파비우스가 미누키우스 군대와 합세하기 위해 산으로 돌아가는 것을 보고, 군대를 거두어 자기의 진지로 후퇴했다.

이렇게 해서 로마 군은 위험을 간신히 피했다. 전하는 말에 의하면, 이 때 한니발은 주위 사람들에게 농담조로 이렇게 말했다고 한다.

"언제나 산꼭대기에 걸쳐 있던 검은 구름이 언젠가는 무서운 폭풍우를 몰고 올 것이라고 내가 말하지 않았소?"

전투가 끝난 다음 파비우스는 전리품들을 모아 진지로 돌아왔다. 그러나 자기를 자랑하거나 미누키우스를 비난하는 말은 한 마디도 하지 않았다. 미누키우스는 자기의 진지를 모아놓고 이렇게 연설을 했다.

"여러분, 큰 일을 하면서 한 번도 실수를 안 한다는 것은 인간의 힘으로는 불가능한 일이오. 그러나 현명한 사람은 그 실패를 앞날의 교훈으로 삼아야 한다고 나는 생각하오. 나는 운이 나빴던 것이 아니라 오히려 운이 좋았다고 생각하며 이 일을 감사하고 있소. 이제 나는 남을 지휘할 사람이 아니라, 남의 지휘를 받아야 할 사람이라는 것을 깨달았소. 내가 복종해야 할 사람과 싸워 이기려 한 것은 쓸데없는 나의 명예욕이라는 것을 알게 된 것이오. 여러분들을 지휘해야 할 분은 파비우스 독재관이오. 그분에게 감사드리기 위해 나는 여러분들과 함께 가서, 나 스스로 명령에 복종하는 모범을 보이겠소."

연설을 마친 미누키우스는 로마의 상징인 독수리 깃발을 앞세우고 파비우스의 진영으로 갔는데 파비우스의 병사들은 이 이상한 광경을 보고 모두 놀랐다. 그리고 파비우스가 나오자 깃발을 땅에 내던지고 '아버지' 하고 큰 소리로 불렀다. 미누키우스의 병사들도, 파비우스의 병사들을 '보호자'라고 부르며 인사를 했다. 보호자는 자기를 해방시켜 준 주인에게 노예가 하는 말이었다.

모두가 조용해지자 미누키우스는 말했다.

"당신은 오늘 하루 동안 두 가지 승리를 거두셨습니다. 용기로 한니발을 정복하여 우리의 목숨을 구해 주셨고, 지혜와 은혜로 당신의 동료를 정복하여 우리의 본분을 가르쳐 주신 것입니다. 우리가 한니발에게 패한 것은 수치스러운 일이지만, 당신에게 패한 것은 축복이며 영광스러운 일입니다. 더 좋은 말이 생각나지 않아 당신을 아버지라고 불러, 저를 낳아 주신 분의 은혜보다 더 큰 은혜를 입었음을 말씀드리고 싶습니다. 저를 낳으신 아버지가 주신 것은 한 사람의 목숨이지만, 당신이 주신 것은 저의 목숨뿐 아니라 저희들 모든 병사들의 목숨이었습니다."

말을 마친 미누키우스는 파비우스를 안았다. 그리고 양쪽 병사들도 모두 서로 안고 기쁨의 눈물을 흘렸다.

그 뒤 오래지 않아 파비우스는 독재관 자리를 내놓았고 새로운 집정관이 선출되었다. 그들은 파비우스를 본받아 한니발과의 전쟁을 피하고, 동맹국들과의 관계를 강화하여 그들이 적과 내통하지 못하도록 했다.

그러나 출신이 미천하고 성질이 급한 테렌티우스 바로라는 사람이 집정관으로 선출되었다. 그는 오만하여 모든 것을 싸움으로 결정지으려는 사람이었다. 그는 대중 앞에서 연설을 할 때마다 늘 되풀이해서 말했다.

"파비우스 같은 사람이 장군으로 있었으니, 전쟁에 아무런 진전이 없었던 것은 당연한 일이오. 그러나 나는 적을 만나면 바로 쳐부수고 온 이탈리아를 해방시킬 것이오."

그는 이렇게 큰소리를 치며 엄청나게 많은 군대를 모았으니, 그 수가 무려 8만 8천 명에 달했다. 파비우스를 비롯한 몇몇 현명한 사람들은 이 일을 지켜보며, 만일 이렇게 많은 젊은이들을 잃는다면 로마는 다시 일어서지 못할 것이라고 염려하였다. 그들은 또 한 사람의 집정관인 아이밀리우스 파울루스와 이 일을 의논하였다. 파비우스는 그에게 테렌티우스 바로의 무모함을 눌러 달라고 하고, 나라를 위해서는 한니발과 싸우는 것보다 테렌티우스와 싸우는 것이 나을 것이라고 말했다. 즉, 테렌티우스는 자기의 힘을 모르기 때문에 싸우려 할 것이고, 한니발은 자기의 힘을 알기 때문에 싸우려 할 것이라는 말이었다. 파비우스는 다시 말했다.

"한니발에 대해서는 테렌티우스 바로보다 내 말을 믿는 것이 좋은 것이오. 지금부터 1년 동안만 싸우지 않고 내버려 두면 그는 반드시 망하거나 물러날 것이오. 지금 그는 승리를 거듭하면서 천하를 휩쓸고 다니는 것 같지만 그에게 항복한 나라는 하나도 없소. 또 자기 나라에서 데려왔던 군대도 이제는 3분의 1밖에 남지 않았기 때문이오."

이 말에 파울루스는 이렇게 대답했다.

"나는 동료들로부터 형벌을 받는 것보다 적의 창에 찔려 죽는 것을 선택하겠소. 그러나 나라가 정말 위험한 사정에 놓여 있으니, 당신의 말을 믿어보겠소."

그는 이렇게 결심하고 바로가 있는 진지로 갔다. 그러나 바로는 파울루스의 결심을 꺾고, 하루씩 교대로 군대를 지휘하자고 했다. 그리고 바로가 지휘하는 날이 되었을 때, 그는 한니발의 군대가 내려다보이는 아우피두스 강가에 진을 쳤다. 날이 새자 그는 붉은 웃옷으로 전투를 시작하라는 신호를 보냈다.

카르타고 군은 바로의 용기와 엄청난 군사를 보고 크게 놀랐다. 한니발은 병사들에게 전투를 준비하라고 명령을 내린 후, 몇 사람의 동료를 데리고 산에 올라가 적을 내려다 보니 로마 군은 이미 대열을 짓고 있었다. 기스코 장군은 한니발에게 로마 군의 숫자가 놀랄 만큼 많다고 말했다.

그러자 한니발은 정색을 하고 이렇게 말했다.

"그보다 더 놀라운 것이 있는데 당신의 눈에는 보이지 않소?"

"더 놀라운 것이라니, 무엇 말이오?"

"저렇게 사람들이 많아도 그 속에 기스코 같은 사람은 하나도 없다는 것이오."

이 뜻하지 않은 말에 사람들은 모두 웃었다. 산에서 내려오면서 만난 장군들도 모두 이 말을 전해듣고 한바탕 웃었으며, 장군들이 모두 웃고 있는 것을 본 카르타고 군들은 용기를 냈다. 이 전투에서 한니발은 몇 가지 묘한 계획을 세웠다.

첫째, 지리적 위치를 이용해서 센 바람을 등에 지고 싸우도록 했다. 강한 바람에 모래와 먼지가 카르타고 군의 등 뒤에서 불어 오면, 로마 군들은 얼굴을 들지 못하고 혼란스러워질 것이라는 계산이었다.

둘째, 군대의 배치를 유리하게 만들었다. 가장 강한 군대는 좌우 양 끝에 두고, 약한 군대는 중간에 두어 전체 군사들보다 조금 앞에 내세웠다. 그리고 중앙의 군대가 로마의 공격에 밀려나면, 양쪽 끝에 선 군대가 가운데로 밀려들어와 로마 군을 포위하도록 만들었다.

이러한 작전으로 전투가 벌어지자, 과연 한니발의 계획대로 중앙이 무너지면서 로마 군이 들어서게 되었다. 한니발의 군사들은 초생달 모양처럼 강한 병사들이 양쪽에서 들이닥쳤다. 로마 군은 결국 포위당하여 모조리 쓰러지고 말았다. 로마의 기병대는 뜻밖에 재난을 당했다. 아이밀리우스의 말이 상처를 입어 집정관은 말에서 떨어졌는데, 뒤따라오던 장군들마다 그를 구하려고 말에서 내렸다. 지휘관들이 모두 말에서 내리는 것을 본 군대는 이것을 명령으로 생각하고 모두 말에서 내려섰다. 한니발은 이 광경을 멀리서 바라보고 이렇게 말했다. "손발이 묶인 적과 싸우는 것보다도 더 쉽게 되었다."

집정관의 한 사람인 바로는 얼마 안 되는 부하들을 데리고 베누시아로 도망갔다. 그리고 파울루스는 전쟁의 소용돌이 속에서 몸에 창이 꽂힌 채 싸우다가, 돌 위에 앉아 적의 손에 죽기만을 기다리고 있었다. 그의 얼굴과 몸은 동료와 부하들도 알아 볼 수 없을 만큼 피투성이가 되어 있었다. 그러나 귀족 출신의 젊은 전사 코르넬리우스 렌툴루스가 그를 알아보고 말에서 내리더니 파울루스에게, 훌륭한 지휘관을 잃어서는 안 되는 때이니 어서 돌아가 생명을 구해야 한다고 설득했다. 그러나 파울루스는 그의 청을 거절하고, 눈물을 짓는 젊은이를 말에 태웠다. 그리고 렌툴루스의 손을 잡고 이렇게 말했다.

"렌툴루스, 파비우스 막시무스를 만나거든 이렇게 전해 주시오. 나, 아이밀리우스 파울루스는 그와의 약속을 끝까지 지켰지만 처음엔 바로에게, 그리고 다음에는 한니발에게 졌다고 말이오."

이렇게 당부하고 렌툴루스를 보낸 그는, 적의 칼에 몸을 던져 죽음을 맞이하였다.

이 전투에서 두 집정관의 군대를 합친 로마 군의 사망자는 5만 명, 포로가 된 병사는 4천 명, 전투가 끝난 다음에 붙잡힌 병사는 1만 명이나 되었다.

한니발이 이처럼 큰 승리를 거두자, 그의 동료들은 도망치는 적을 뒤쫓아 로마로 들어가자고 권유하며 닷새 후에는 로마의 의사당에서 축배를 들자고 했다. 그러나 한니발은 무슨 이유에서였는지 이들의 권유를 듣지 않았다. 어쩌면 신의 힘이 그의 진군을 가로막았는지도 모를 일이다.

그때 바르카스라는 카르타고 사람은 한니발에게 이렇게 불평했다.

"장군께서는 승리를 거두기는 잘 하시지만, 그 승리를 이용할 줄은 모르시는군요."

그러나 이 전투가 끝난 다음, 한니발의 사정은 아주 달라지고 말았다. 지금까지는 단 하나의 도시나 항구도 갖지 못하고, 마치 커다란 도둑의 무리처럼 물자를 얻었던 카르타고 군 앞에 이탈리아 전체가 엎드리게 된 것이었다. 강하고 큰 나라들까지도 저절로 카르타고에게 항복해 왔으며, 로마 다음가는 큰 도시 카푸아도 손에 넣게 되었다.

"괴로울 때 비로소 친구를 알아 볼 수 있다"는 에우리피데스의 말은 이때에도 해당된다. 이 싸움이 있기 전에는 파비우스를 겁쟁이라고 비난하던 사람들도, 이제는 그의 지혜와 판단력을 인정하게 되었던 것이다.

이제 로마 사람들은 마지막 희망을 파비우스에게 걸었다. 옛날 갈리아 군과 싸울 때처럼, 파비우스는 로마를 위험에서 구해 줄 것이라고 사람들은 믿었다. 파비우스는 위험이 눈앞에 닥쳐왔을 때 지나치게 조심하며 겁을 내는 것 같아 보였지만, 모두가 설움과 슬픔에 잠겨 있는 지금, 오로지 파비우스만은 예사로운 표정으로 거리를 걸어다니며 울부짖는 사람들을 위로해 주고, 원로원을 소집하여 나랏일을 맡아 보는 사람들에게 새로운 용기를 북돋워 주었다. 로마 사람들은 모두 나라의 기둥이 될 사람은 파비우스뿐이라고 생각하며 그를 따르게 되었다. 파비우스는 로마 시의 각 문마다 파수병을 두어 공포에 사로잡힌 시민들이 도망가지 못하게 막았다. 그리고 전쟁에서 죽은 사람들을 위해 입는 상복도 30일 동안만 입게 하고, 제사도 남모르게 집안에서만 지내도록 하였으며 30일이 지나면 상복을 벗고 슬픔을 씻어내도록 했다.

그 무렵 케레스 여신[5]에 대한 제사도 있었으나 기쁜 마음으로 드려야 하는 이 제

---

5) 케레스 여신(Ceres): 고대 이탈리아의 과일의 여신으로 그리스의 데메테르(Demeter)에 해당한다. 제사는 4월 12일에서 19일까지 진행된다.

사를, 전 시민이 슬픔에 싸여 있는 상태로 지낼 수는 없다고 생각한 파비우스는 이것도 중지시켰다. 그러나 신의 노여움을 달래고 재앙을 피하기 위해 드리는 여러 행사는 제관들이 시키는 대로 모두 신중하게 치렀다. 또 델포이의 신탁을 받기 위해 자신의 친척인 파비우스 픽토르를 델포이에 보냈다.

이 때 베스타 처녀 중에 죄를 지은 두 명의 여자가 있다는 것이 알려지자, 한 명은 생매장하였는데 다른 한 명은 스스로 자살하였다.

당시 가장 존경할 만한 일은 로마 공화국의 큰 도량과 냉정함이었다. 집정관 바로가 도망갔다가 다시 돌아왔을 때, 시민들은 성문까지 나가 그를 예의를 갖추어 맞아들였다. 파비우스를 비롯한 원로원 의원들은 군중들이 조용해지기를 기다려, 바로가 큰 불행을 당하고도 로마를 버리지 않고 나랏일을 돌보기 위해 돌아왔다고 칭찬을 하였다.

로마 사람들은 한니발이 군대를 이끌고 로마로 쳐들어올 것이라고 생각하고 있었으나 다른 지방으로 갔다는 말을 듣고 안도의 한숨을 내쉬며 다시 용기와 기운을 되찾아 군대를 파견할 준비를 서둘렀다. 여기에 나간 장군들 중에서 가장 이름높은 사람은 파비우스 막시무스와 클라우디우스 마르켈루스였다. 그들은 둘 다 이름 높은 장군이었지만 서로 정반대의 특징을 가지고 있었다.

마르켈루스는 민첩하고 과감했으며, 호메로스의 작품에 나오는 장수처럼 맹렬하게 싸우기를 즐기는 장수였다. 한니발과 맞먹는 대담성과 모험심, 그리고 용감무쌍함이 그의 전술이며 특징이었다. 이와 반대로 파비우스는 자신의 지연 작전이 옳다고 확신하여, 한니발과 한 번도 싸우지 않고 건드리지도 않으면서 지치게 만들었다. 너무 심한 운동을 한 사람이 피곤하고 지치게 되는 것과 마찬가지였다. 역사가인 포시도니오스는, 파비우스는 로마의 방패이고 마르켈루스는 로마의 칼이었다고 하면서, 파비우스의 침착성과 마르켈루스의 용맹성이 한데 어울렸기 때문에 로마를 구할 수 있었다고 한다.

마르켈루스는 세찬 물결처럼 적의 군대를 공격하여 그들을 약하게 만들었고, 파비우스는 고요한 강물처럼 조용히 파고들어 적을 허물어뜨리고 있었다. 한니발은 마침내 궁지에 몰리게 되어 마르켈루스와의 싸움에 지치고, 싸우지 않는 파비우스를 두려워하게 되었다.

마르켈루스는 그가 다섯 번째로 집정관에 올랐을 때 한니발이 만든 함정에 빠져 목숨을 잃고 말았다. 그러나 온갖 계략과 전술을 써도 파비우스는 꺾을 수가 없었다. 단 한 번 그도 계략에 빠질 뻔한 적은 있었다.

한니발은 편지를 써서 메타폰툼 시에서 보낸 것처럼 꾸몄다. 메타폰툼으로 오면 항복하겠다는 내용이었다. 이 편지를 본 파비우스는 매우 기뻐하며 약간의 군대를 이끌고 메타폰툼으로 가려고 했다. 이 때 앞으로 새가 날아가는 것을 보고 좋지 못한 징조라 생각하여 메타폰툼으로 가는 것을 중지시켰다. 나중에 알고 보니 이 편지는 한니발이 꾸민 것으로, 메타폰툼의 성 밑에서 기다리고 있다가 파비우스의 군대를 공격하려는 계획이었다. 이 일은 파비우스의 지혜라기보다는 신의 도움으로 생각할 수밖에 없는 사건이다.

이 후로 파비우스는 동맹국들에게 공정하고 부드러운 태도를 보였다. 동맹국들이 반란을 일으킨 경우에도 그들을 달래고 설득하며 강력한 조치를 하지 않았다. 마르시 출신의 한 병사가 다른 병사들을 모아 반란을 의논했던 사실이 파비우스에게 들킨 일이 있었다. 파비우스는 이 때도 그를 벌하지 않고, 오히려 자기가 그를 잘 예우해 주지 않았기 때문이라며 앞으로는 무슨 요구가 있으면 자기에게 직접 와서 말하라고 했다. 그리고 그에게 말 한 필과 많은 상을 주었더니, 그 병사는 충성을 맹세하며 그를 섬겼다고 한다.

그는 말이나 개를 훈련시키는 사람들이 채찍이나 몽둥이가 아니라 사랑과 보살핌으로 짐승의 사나운 성질을 꺾는 것처럼, 지휘관도 사람을 은혜와 사랑으로 훈련시켜야 하며, 또 농부가 야생으로 자라는 무화과나 올리브 나무를 잘 가꾸어 좋은 열매를 맺게 하듯이, 사람을 다스리는 일도 마찬가지라고 생각했던 것이다.

한 번은 루카니아 출신의 한 병사가 군의 규칙을 어기고 가끔 진영 밖으로 나간다는 보고가 들어왔다. 파비우스는 그 병사의 평소 태도가 어떠냐고 물었다. 대장은 그가 보기 드문 훌륭한 병사라고 말하며 그가 세운 공을 칭찬하였다. 파비우스는 그 병사가 군의 규칙을 어기게 된 이유를 조사하였더니, 그 병사가 어떤 처녀를 사랑하여 그녀를 만나기 위해 진영을 빠져나간다는 것이었다. 파비우스는 몇 사람의 병사를 보내어 그 처녀를 찾아 데려오게 하고 루카니아의 그 병사를 자신의 막사로 불러와서 이렇게 말했다.

"네가 자주 진영을 빠져나간다는 사실을 알고 있다. 이것은 조국의 법률과 로마군의 규칙을 어긴 일이다. 그러나 네가 용감한 병사라는 것을 알고 있다. 그래서 너의 잘못을 용서해 주기로 했으며, 앞으로 너의 행동을 감시하고 책임질 사람을 두기로 했다."

이렇게 말한 뒤 파비우스는 그의 애인을 불러내어 서로 손을 맞잡게 하고, 놀란 병사에게 이렇게 말했다.

"너를 책임지고 감시할 사람이 바로 이 처녀다. 그리고 네가 앞으로 하는 행동을 보아, 밤중에 탈영한 것이 사랑 때문인지 아니면 다른 나쁜 일을 하기 위해서였는지를 알아보도록 하겠다."

한편 파비우스가 빼앗겼던 타렌툼 시를 다시 찾은 데는 다음과 같은 이야기가 전해져 온다. 파비우스의 군대 안에는 타렌툼 출신의 젊은이가 있었는데, 그에게는 오빠의 말이라면 무조건 믿고 따르는 누이동생이 하나 있었다. 그런데 타렌툼 시를 점령하고 있는 한니발 군의 수비대장이 이 누이동생을 사랑하고 있었다. 젊은이는 이것을 이용하여 타렌툼 시를 되찾기 위해 계획을 세웠다. 젊은이는 자기의 작전을 파비우스에게 밝히고, 탈주병으로 위장하여 타렌툼의 누이동생에게 갔다. 그러나 며칠을 기다려도 그 수비대장은 찾아오지 않았다. 누이동생은 그들의 관계를 오빠에게 감추고 싶었던 것이다.

그러자 오빠가 먼저 말을 꺼냈다. "내가 부대에 있을 때, 네가 수비대장과 친하다는 말을 들었단다. 소문처럼 이름난 사람이라면 이런 혼란스러운 때, 어느 나라 사람이면 어떻겠느냐? 사람의 힘으로 어쩔 수 없는 것이 사람의 마음이니 부끄러워할 것 없다. 정의가 없는 이런 시대에는 권력이 있는 사람과 사귀는 것이 오히려 다행일 수도 있지."

이 말을 듣고 누이는 브루티이 사람인 그의 애인을 불러내어 오빠에게 소개하였다. 오빠는 그를 반갑게 맞이하였으며, 누이동생은 그 수비대장과 더욱 가까워지게 되었다. 젊은이는 브루티이 사람이 돈을 벌기 위해 전쟁에 참가했다는 것을 알아내고, 그를 설득했다. 그리고 파비우스가 그에게 많은 상금을 내릴 것이라는 말을 믿고 타렌툼 시를 내주기로 약속을 하게 되었다.

많은 역사가들이 이 이야기를 전하고 있지만, 다른 얘기를 전하는 사람들도 있다. 그 여자는 타렌툼 사람이 아니고 수비대장과 같은 브루티이 사람으로서 파비우스의 첩이었으며, 수비대장이 자기와 같은 도시 사람이라는 것을 알고 파비우스에게 이것을 알렸다. 그리고 파비우스의 지시에 따라 여러 번 수비대장을 불러내는 가운데 드디어 한니발을 배반하게 만든 것이라고 한다.

파비우스는, 이러한 작전이 진행되고 있는 동안 한니발이 이것을 눈치 채지 못하게 하기 위해 레기움에 있는 군대에게 브루티이 땅을 약탈하고, 카울로니아를 습격하라고 명령했다. 그때 레기움에는 8천명의 군사가 있었는데, 그들 대부분은 탈영병이거나 마르켈루스가 시칠리아에서 데려온 불량한 자들이었다. 이 군대를 잃더라도 로마에는 별 손해가 없었기 때문에 파비우스는 이것을 미끼로 한니발을 타렌툼에서 꾀어내려는 것이었다. 파비우스의 이 작전은 그대로 맞아 떨어져, 한니발은 군대를 이끌고 그곳으로 이동했다.

그로부터 6일이 지난 날, 파비우스는 타렌툼 시에 도착했다. 그동안 브루티이 사람과 의논을 끝낸 타렌툼 출신의 젊은이는 파비우스를 찾아와, 모든 준비가 끝났다고 보고하였다. 파비우스는 수비대장이 어느 문을 열고 로마 군을 맞기로 되어 있는지도 보고받았다.

그러나 파비우스는 수비대장의 배반을 확신할 수는 없었다. 그래서 약속한 문으로 군대를 보내 기다리게 하는 한편, 다른 군사를 도시의 다른 쪽에서 공격하도록 명령했다. 공격 명령이 떨어지자 군대는 함성을 지르며 타렌툼 시를 공격했다. 그리고 그들을 막기 위해 타렌툼 군이 달려오는 동안, 파비우스는 브루티이 사람의 신호로 무사히 성 안으로 들어가 시를 점령했다.

그러나 이 때 파비우스는 지나친 야심이 생기고 말았다. 그는 누군가의 배신으로 성을 점령한 것이 아니라 그의 뛰어난 용기와 작전으로 도시를 되찾은 것처럼 하기 위해 수비대장을 죽여 버렸다. 그러나 생각했던 것과는 달리 그는 약속을 어기고 잔인한 짓을 했다는 비난을 받게 되었다.

로마 군은 많은 타렌툼 사람을 죽이고, 그 중 3천 명은 노예로 팔았으며, 군대는 도시를 마음껏 약탈하여 3천 탈렌트의 수입을 얻었다. 그들이 타렌툼에서 얻은 물건들을 싣고 있을 때 물품 목록을 적고 있던 한 장교가, 타렌툼 신들의 조각상과 그림은 어떻게 하면 좋겠느냐고 파비우스에게 물었다. 파비우스는 대답했다. "그 성내고 있는 신[6]들은 이 곳 타렌툼에 남겨두도록 해라."

---

6) 성내고 있는 신: 본래 타렌툼 사람은 스파르타 사람의 후예인데, 선조의 풍습에 따라 무기를 가진 무서운 모습으로 신을 그리는 관습이 있었다.

그러나 그는 헤라클레스의 커다란 조각상은 로마로 옮겨가서 유피테르 신전 안에 세우고 그 옆에 말을 탄 자기의 청동상을 함께 세우게 했다. 이러한 일들로 그는 좋지 못한 평판을 받게 되었다.

그때 한니발은 타렌툼을 구하러 급히 왔다가 이미 점령된 것을 보고 이렇게 말했다고 한다. "로마에도 또 한 사람의 한니발이 있었나 보군. 우리가 타렌툼을 빼앗은 것과 똑같은 방법으로 그것을 다시 되찾았으니 말이야."

그러고는 가까이 있는 동료들에게만 겨우 들릴 정도로 조그맣게 중얼거렸다. "이탈리아를 정복하기가 어려울 거라는 생각은 벌써부터 했지만, 이제는 아주 포기할 수밖에 없겠군."

이 전쟁의 성공을 기념하기 위해 로마는 파비우스의 첫 번째 승리 때보다 더 크고 호화로운 개선식을 열어 주었다. 노련한 씨름꾼은 상대방이 지치기를 기다려 잡혔던 몸을 빼내고 상대를 쓰러뜨리듯이, 그는 한니발의 모든 술책에서 벗어나 그에게 큰 타격을 주었다. 반은 이어지는 전쟁에 지치고, 나머지 반은 사치와 재물에 빠져 있던 한니발 군대의 사정을 파비우스는 제대로 이용했던 것이다.

한편, 전에 타렌툼이 반란을 일으켜 한니발에게 넘어갈 당시 마르쿠스 리비우스라는 사람이 장관으로 있었다. 그는 로마 군이 되찾을 때까지 계속 성 안에 남아 성을 지키고 있었다. 그리고 파비우스가 모든 영광을 한몸에 받는 것을 보고 원로원을 찾아가서, 타렌툼을 다시 찾은 것은 파비우스가 아니라 자기라고 주장했다. 그때 파비우스는 웃으면서 이렇게 말했다.

"옳은 말입니다. 당신이 타렌툼을 빼앗기지 않았더라면 파비우스 막시무스가 다시 찾지도 못했을 테니까요."

로마 사람들은 파비우스에게 여러 가지 영광을 안겨 주었다. 그리고 다음의 집정관으로 그의 아들을 선출했다.

그 아들이 집정관으로 취임한 지 얼마 안 되었을 때의 일이다. 그가 군사 문제를 급히 처리하고 있는데, 아버지 파비우스가 말을 타고 많은 군중들을 헤치며 그에게 가까이 오고 있었다. 아들은 멀리서 그것을 보고 호위병을 시켜 아버지에게 집정관을 만나려거든 말에서 내려 걸어오시라고 전했다.

사람들은 이 말을 듣고 모두 놀라며 못마땅하게 생각했다. 감히 파비우스에게 그렇게 대할 수가 있느냐는 것이었다. 그러나 파비우스는 곧 말에서 내려 아들에게 걸어오더니 아들을 끌어안으며 이렇게 말했다.

"생각과 행동이 정말 훌륭하구나. 네가 지금 얼마나 높은 자리에 있는지도 아주 잘 알고 있구나. 우리의 조상들도 로마의 영광을 위해서 사사로운 관계를 접어두었기 때문에 가문의 권위와 명예를 높일 수 있었던 거란다."

파비우스의 조상 중에서 특히 그의 증조부는 로마에서 가장 큰 명예와 권력을 가진 사람으로 다섯 번이나 집정관을 지냈고, 큰 전쟁에서 여러 차례 승리를 거두어 화려한 개선식을 올렸던 인물이었다. 그는 아들의 개선식 때는 다른 사람들처럼 한 시종으로서 그의 뒤를 따라갔다. 그는 로마에서 가장 뛰어난 인물이며, 집정관을 아들로 둔 사람으로서 완전한 권력을 손에 쥐고 있었으나 나라의 법률과 제도에 복종하는 것을 자신의 영광으로 생각했다고 한다.

파비우스의 훌륭한 행동은 이것뿐이 아니었다. 그는 불행히도 아들이 먼저 죽자, 현명한 아버지답게 슬픔을 참고 견디었다. 유명한 사람의 장례식에서는 가장 가까운 친척이 추도 연설을 하는 것이 로마의 전통이었는데, 파비우스는 직접 아들의 영결사를 하고, 뒷날 그 연설을 글로 남겼다.

한편 스페인으로 파견된 코르넬리우스 스키피오[7]는 여러 전쟁에서 카르타고 군을 무찌르고 막대한 자원을 가진 많은 도시를 점령하였다. 그는 로마의 영광을 떨치고 로마로 돌아왔다. 시민들은 그를 뜨거운 환호로 맞이하고 다음 연도의 집정관으로 선출하는 영광을 주었다.

국민들이 자기에게 큰 기대를 가지고 있다는 것을 안 그는 한니발을 무찌르는 것은 싱거운 장난이라고 하면서, 전쟁의 무대를 아프리카로 옮겨 카르타고를 직접 공격하기로 마음먹었다. 한니발로 하여금 남의 땅을 침략하는 것을 그만두고, 자기 나라를 지키게 하려는 것이었다. 스키피오는 이 계획에 대한 국민들의 찬성을 얻기 위해 그의 모든 영향력을 발휘했다.

그러나 파비우스는 이 계획을 반대하고 나섰다. 흥분한 젊은이가 나라를 위태롭게 한다고 말하면서 원로원을 움직여 자신의 의견을 따르게 하는 등 온갖 수단을 다해 이를 막으려 했다. 그러나 일반 민중들은 그가 스키피오의 명성을 시기하여 방해

---

7) 코르넬리우스 스키피오(Cornelius Scipio): 나중에 '대(大) 아프리카누스'라는 별명을 갖게 된 사람. 그가 집정관 자리에 오른 것은 로마 달력으로 549년, 기원전 205년이었다.

를 놓는다고 생각했다. 그들은 스키피오가 빛나는 승리를 거두고 이탈리아에서 한니발을 몰아내는 영광을 차지하게 되면, 파비우스는 오랫동안 전쟁을 끌고도 승리를 거두지 못한 무능한 장군으로 평가받을까봐 두려워한다고 판단한 것이다.

파비우스도 처음에는 스키피오의 계획이 위험하다고 생각하고 걱정하는 마음에서 반대를 했던 것 같다. 그러나 스키피오에 대한 민중의 평가가 날이 갈수록 높아지는 것을 보고 차츰 사사로운 감정이 깃들어 그를 질투하게 되었다. 파비우스는 스키피오의 친구인 크라수스에게 찾아가 스키피오에게 지휘권을 주지 말도록 부탁하고, 크라수스 자신이 군대를 거느리고 카르타고로 가라고 설득했다. 그리고 자신은 스키피오에게 군자금을 주지 못하도록 방해를 했다. 그래서 스키피오는 그를 적극적으로 지지하고 있던 토스카나 여러 도시를 돌아다니며 스스로 돈을 마련할 수밖에 없었다. 그러나 크라수스는 전쟁을 싫어하는 사람이라서 전쟁에 나갈 생각이 없었고, 더구나 제관의 자리에 앉게 되어 이탈리아에 머물러 있어야만 했다.

파비우스는 또 다른 방법을 시도할 수밖에 없었다. 그는 로마의 청년들이 스키피오의 군대에 들어가는 것을 방해하려고 원로원과 민중들을 찾아다니며 스키피오를 비난했다. 스키피오는 한니발을 무서워하고 있을 뿐 아니라 이탈리아의 청년들을 꾀어내어 그들의 부모와 아내, 자신들과 고향을 버리라고 강요하여 적들 앞에 먹이로 내놓는 것이라고 말했다.

이런 말에 두려움을 느낀 로마 사람들은 스키피오에게, 당시 시칠리아와 스페인에 머물러 있던 군대 중에서 300명만을 뽑아 가라고 했다.

그러나 스키피오가 아프리카로 건너간 뒤 곧 큰 승리를 거두었다는 소식이 로마에 들렸고, 많은 전리품과 함께 누미디아의 왕을 포로로 잡아 로마로 보내왔다. 스키피오는 적의 많은 병사들을 죽이고 적의 진지 두 곳을 불태웠으며 말과 무기를 모두 없애 버렸다. 그러자 카르타고에서는 한니발에게 급히 사람을 보내 끝나지 않을 이탈리아 전쟁은 그만두고 하루 빨리 조국을 구하러 돌아오라고 전했다.

한편 스키피오의 승리가 이처럼 빛나고 있을 때도 파비우스는, 운명의 여신은 한 사람을 오래 감싸주지 않는다며 빨리 스키피오의 후임자를 보내야 한다고 강력하게 주장했다. 시민들은 이 제안에 몹시 화를 내며, 늙은이의 망령이거나 늙은이가 겁이 많아 한니발을 두려워하기 때문이라고 생각했다.

한니발이 그의 군대를 배에 태우고 이탈리아에서 철수했을 때도 파비우스는 전혀 기뻐하지 않고, 이제야말로 로마가 위기에 빠졌다고 말하며 시민들 사이를 돌아다녔다. 그리고 한니발이 자기 나라의 성벽 밑에서 공격하게 되면 한층 무서운 적이 될 것이라고 하였다. 이 말을 들은 시민들은 다시 두려움에 싸이게 되었다. 전쟁은 아프리카로 옮아갔지만 공포는 로마에 한층 더 가까이 다가오고 있다고 시민들은 생각했다.

그러나 스키피오는 오래지 않아 한니발의 군대를 완전히 격파하고 카르타고를 정복하였다. 그는 로마에게 꿈에도 생각지 못한 기쁨을 안겨 주었다. 사람들은, "오랜 태풍에 짓밟혔던 나라를 다시 세웠다"며 그의 공을 소리 높여 칭송했다. 그러나 파비우스 막시무스는 이 전쟁이 끝나는 것도, 한니발이 최후를 맞이하는 것도, 그리고 로마 공화국이 재건되는 기쁨도 보지 못한 채 세상을 떠나고 말았다. 한니발이 이탈리아를 떠날 무렵, 그는 병으로 자리에 누워 다시는 일어나지 못했던 것이다.

테베 사람들은 에파미논다스라는 사람이 죽은 뒤, 그의 집안이 너무 가난하여 남은 물건이라고는 쇠돈 한 닢뿐인 것을 보고, 나라 비용으로 그의 장례를 치러 주었다. 파비우스는 물론 그럴 만큼 가난하지는 않았으나 모든 시민들은 장례 비용으로 조금씩 돈을 내놓았다. 그에게 돈이 필요해서가 아니라, 그를 나라의 아버지로 존경하는 뜻에서 자신들의 정성을 보태고 싶었던 것이다. 이렇게 그는 살았을 때와 같은 영광을 받으며 자신의 마지막을 장식하게 되었다.

페리클레스와
파비우스 막시무스의 비교

페리클레스와 파비우스는 두 사람 모두 군사와 정치에서 뛰어난 역량을 보여준 사람들이다.

먼저, 전쟁에서 세운 공로를 가지고 두 사람을 비교해 보도록 하겠다.

페리클레스 시대의 아테네는 이미 큰 세력을 가지고 있었으므로 그가 모든 타락과 재난을 아테네에서 몰아낸 것은 평범한 정도의 성공이었다고 말할 수 있겠다. 그러나 가장 불행하고 어려운 시대에 로마의 운명을 짊어진 파비우스는 무너져가는 공화국을 다시 일으켜 세워야 했다.

뿐만 아니라 페리클레스가 주도한 키몬의 계속되는 승리, 미로니데스와 레오크라테스의 용맹성, 톨미데스의 수많은 공적들은 영토를 확장하고 국가를 지키기 위한 것이 아니라 국민들에게 여러 행사와 제사를 즐길 수 있는 기회를 주기 위한 것이었다. 그러나 파비우스가 정권을 맡았을 때는, 그의 눈 앞에 로마 군의 거듭되는 후퇴와 패배, 수많은 집정관과 장군들의 죽음, 병사의 시체로 메꿔진 호수와 들판과 숲, 피로 물든 강을 바라보며 굳센 의지와 신념으로 로마를 위험에서 구하고, 절망으로 쓰러진 국민들을 일으켜 세웠다.

한편 온갖 불행을 겪고 지도자의 말을 따르는 국민들보다 번영에 들떠 오만해진 국민들을 다스리는 것은 더욱더 어려운 일이다. 바로 이런 어려운 상황에 처했던 것이 아테네와 페리클레스였으며 여기에서도 그의 뛰어난 업적을 읽을 수 있을 것이다. 로마 사람들에게 닥친 무서운 시련을 생각할 때, 조금도 자신의 주장을 굽히지 않고 뜻한 바의 정책을 밀고 나간 파비우스 또한 얼마나 강하고 큰 인물이었던가를 알 수 있다.

페리클레스가 사모스를 점령한 것은 파비우스가 타렌툼을 되찾은 것과 비교할 만한 일이고, 페리클레스가 에우보이아를 정복한 것과 파비우스가 캄파니아를 빼앗은 것도 서로 견주어 볼 만한 일일 것이다.

파비우스의 경우, 첫 번째 전투를 제외하고는 본격적인 정면 공격으로 싸운 적이 없지만, 페리클레스는 바다와 육지의 싸움에서 아홉 번이나 빛나는 승리를 거두었다. 그러나 파비우스가 한니발의 손에서 미누키우스를 구해 내고 로마 군을 위기에서 지켜낸 업적은 페리클레스에게서는 찾아볼 수 없는 공훈으로서, 그의 용기와 지혜와 인정을 충분히 보여 주는 것이었다.

반면 파비우스는 한니발이 소를 이용해 도망친 계략에 속아넘어갔지만, 페리클레스에게는 이러한 실수를 찾아볼 수 없다. 그때 파비우스는 우연히 들어선 산골에서 적을 포위했지만 밤중에 모두 놓쳐 버렸고, 다음날도 동작이 느려서 도리어 패배를 당했던 것이다.

한편, 현재뿐만 아니라 미래의 일에 대해서도 올바른 판단을 내릴 줄 아는 것이 훌륭한 장군이라고 한다면, 펠로폰네소스 전쟁 뒤에 아테네의 국력이 약해질 것을 예측한 페리클레스는 과연 위대하다고 말할 수 있을 것이다. 그러나 스키피오가 카르타고를 공격하여 완전한 승리를 거둔 것을 보면 파비우스의 예언은 들어맞지 않은 것을 알 수 있다. 그러므로 페리클레스의 판단은 조국의 불행에 의해 옳았음을 인정받았고, 파비우스의 경우 조국의 승리로 그의 예언이 틀렸음을 알게 된다. 앞날을 제대로 예측하지 못하여 불행을 당한 것이나, 자신이 없어 승리의 기회를 놓친 것은 마찬가지로 두 사람의 부족한 점이었다. 그러나 완전무결한 신이 아닌 이상, 이 정도의 부족함은 누구에게나 볼 수 있다.

정치적인 면에서 살펴보면, 펠로폰네소스 전쟁은 페리클레스의 명성에 큰 타격을 준 것이었다. 그가 스파르타에게 조금도 양보하려 하지 않았기 때문에 일어난 전쟁이었기 때문이다. 파비우스도 카르타고 사람들에게 양보를 한 것은 아니었지만, 로마를 보호하기 위해서 어려움을 훌륭히 견뎌낸 것으로 생각된다. 그러나 파비우스가 미누키우스에게 보여준 따뜻한 태도는 키몬이나 투키디데스를 도편 재판으로 몰아냈던 페리클레스의 행동과 좋은 대조를 이루고 있다.

페리클레스의 권력은 사실 파비우스보다 훨씬 크고 강하였다. 그래서 그는 다른 장군들이 무모한 행동으로 나라에 불행을 끼치지 않도록 막을 수 있었다. 다만 톨미데스는 그의 반대를 무시하고 보이오티아를 공격했다가 전사하고 말았지만, 다른 장군들은 모두 권력 밑에서 그의 말을 따르고 복종했다. 만약 파비우스에게도 이와 같은 권력이 있었다면 로마는 많은 패배를 되풀이하지 않았을지도 모른다. 그러나 파비우스는 착실함은 있었지만 남을 억누르는 힘이 없었기 때문에 페리클레스를 따르지 못하는 것이다.

두 사람이 재산에 대해 어떤 생각을 가지고 있었는지는 그들의 행동으로 충분히 알 수 있다. 페리클레스는 뇌물을 받은 일이 단 한 번도 없었고, 파비우스는 자신의 재산까지 털어 포로가 된 부하들을 구해 냈다. 이 때 파비우스가 쓴 돈은 6탈렌트 정도였다고 하는데, 페리클레스가 그리스의 동맹국들과 왕들에게 거절한 돈은 아무도 짐작하지 못할 정도였다.

페리클레스에게는 또 한 가지 공적을 찾을 수 있는데, 그것은 지금의 아름다운 아테네를 만든 성대한 건축 공사로서, 이것은 로마에 있던 모든 건물과 장식물들을 다 합쳐도 비교가 되지 않을 정도이다. 페리클레스는 모양이나 아름다움에 있어서 어느 것과도 견줄 수 없을 만큼 화려하고 웅장한 도시를 만들어낸, 아테네가 자랑할 만한 인물이었던 것이다.

11
알키비아데스
(ALCIBIADES, 450경~404)

아테네의 뛰어난 장군이며 정치가. 아이아스의 아들 에우리사케스의 후손으로 아버지는 클리니아스이고 어머니는 디노마케이다. 아름다운 용모를 갖추고 있었고 사교술도 뛰어났다고 하며 특히 소크라테스와 가까이 지냈다. 간사한 정치가였던 그는 두 번이나 추방을 당한 뒤 아테네를 전쟁의 소용돌이에 몰아넣었으나 리산드로스가 보낸 자객에 의해 살해당했다.

    알키비아데스는 아이아스의 아들 에우리사케스의 후손이며, 어머니 쪽은 알크마이온의 후손으로 알려져 있다. 알크마이온의 어머니 디노마케는 메가클레스의 딸이었다. 그리고 그의 아버지 클리아니스는 자신이 만든 군선을 타고 아르테미시움에서 용감하게 싸웠던 장수였다고 전해지며, 나중에 코로네아에서 보이오티아 군과 싸우다가 전사했다고 한다. 그 후 친척인 크산티포스의 두 아들 페리클레스와 아리프론이 후견인으로서 알키비아데스를 돌봐주게 되었다. 알키비아데스가 널리 알려지게 된 것은 그가 소크라테스와 가까이 지냈기 때문이었다.

    그 당시 유명했던 사람들, 예를 들면 니키아스, 데모스테네스, 라마코스, 포르미온, 트라시불로스, 테라메네스와 같은 사람들은 그들을 낳은 어머니가 누구였는지 전혀 기록되어 있지 않지만, 알키비아데스에 대해서는 그를 키운 유모의 고향이 스파르타이며 이름이 아미클라였다는 것, 그리고 가정교사가 조피로스였다는 것까지 안티스테네스, 플라톤 등의 기록에 의해 전해지고 있다.

    알키비아데스는 어려서부터 용모가 아주 뛰어났다고 전해진다. 그의 아름다움은

알키비아데스의 흉상.

보는 사람의 마음을 즐겁게 했고, 사랑하는 마음을 갖게 했다고 한다. "진정 아름다운 것은 늦가을에도 아름답다"는 에우리피데스의 말은 신체의 조화와 활력이 보기 드물게 뛰어났던 알키비아데스 같은 인물을 두고 한 말일 것이다.

알키비아데스는 말을 할 때 혀를 약간 굴리는 버릇이 있었는데, 이것까지도 그에게는 매력이 되어 많은 사람들의 마음을 움직일 수 있었다고 전한다. 아리스토파네스는 에오로스를 테올로스라고 부른 적이 있는데, 그것은 'r'을 'l'처럼 소리낸 알키비아데스의 말버릇을 흉내 낸 것이다. 또 아르키포스는 알키비아데스의 아들을 조롱하며 그의 말버릇에 대해 비꼬고 있다.

아버지를 닮아
사치에 빠진 걸음걸이에
웃저고리를 땅에 질질 끌고 다니며
실없이 고개를 수그리고
혀도 잘 돌아가지 않는 말을 하는구나.

알키비아데스의 성격은 변화가 많은 운명을 살아오는 동안 본성에 맞지 않는 모순된 모습을 보이게 되었다. 그러나 경쟁심과 명예심은 그가 가진 많은 정열 중에서도 가장 돋보이는 것이었다. 다음의 이야기로 그것을 알 수 있다.

알키비아데스가 어렸을 때의 일이다. 하루는 씨름을 하게 되었다. 상대편 아이가 자기를 쓰러뜨리려 하자 알키비아데스는 그 아이의 손을 물려고 했다. 상대편 아이는 알키비아데스를 잡고 있던 손을 빼며 말했다.

"너, 계집애처럼 물려고 했어."

그러자 알키비아데스는 이렇게 대답했다.

"아니야. 난 사자처럼 물려고 했어."

또 한 번은 골목에서 주사위 던지기 놀이를 하고 있을 때였다. 그가 막 주사위를 던지려는데 짐을 가득 실은 수레가 다가왔다. 그는 마부에게 멈추라고 소리를 쳤다. 그러나 마부는 계속 말을 몰아왔고 아이들은 길가에 모두 비켜섰다. 그런데 알키비아데스는 달려오는 마차를 똑바로 쳐다보며 몸을 내던졌다. 마부는 깜짝 놀라 급히 말을 세웠다. 이 광경을 보고 놀란 사람들은 재빨리 알키비아데스를 일으켜 세웠다고 한다.

그가 학교에 다닐 나이가 되어 공부하러 다닐 때는 선생님의 말을 고분고분 잘 듣는 편이었다. 그러나 피리를 부는 것만은 천한 짓이라며 한 번도 하지 않았다. 하프 같은 악기를 연주할 때는 괜찮지만, 피리를 불 때는 친구도 알아보지 못할 만큼 얼굴을 일그러뜨리기 때문이라는 것이 그 이유였다. 또 하프를 탈 때는 노래도 함께 부를 수 있지만, 피리는 입을 막고 있으므로 노래도 말도 할 수 없다며 그는 이렇게 말했다.

"제대로 말도 못하는 테베의 아이들은 피리를 불어도 상관없다. 그러나 우리 아테네 사람들은 예로부터 피리를 내던진 아테나(미네르바)를 섬기고 있으며, 피리를 분 마르시아스의 가죽을 벗겼던 아폴론을 섬기고 있다."

알키비아데스는 친구들에게 이런 말을 하며 피리를 불지 않았고, 친구들에게도 피리를 불지 못하도록 권했다. 그가 피리 부는 일을 멀리하고, 그것을 배우는 사람들을 조롱했기 때문에 아테네에서는 피리가 점차 자취를 감추게 되었다고 한다.

안티폰[1]이 알키비아데스에 대해 쓴 험담 중에는 다음과 같은 것이 전해진다. 알키비아데스는 어느 날 그가 좋아하던 데모크라테스의 집에 간 뒤 사라져 버렸다. 그러나 후견인이었던 아리프론은 그를 찾기 위해 광고를 붙이자고 했다. 그러자 페리클레스는 그가 죽었다면 광고 때문에 하루쯤 시체를 일찍 찾게 될지 모르지만, 그가 죽지 않았다면 평생 수치스러운 일이 될 것이라며 말렸다는 이야기가 전해지고 있다.

또 안티폰은 알키비아데스가 시비르티우스의 씨름 연습장에서 자기의 하인 한 사람을 몽둥이로 때려 죽였던 일을 기록하고 있다. 그러나 이와 같은 이야기들은 그를 미워하여 명예를 떨어뜨리기 위해 지어낸 것이므로 별로 믿을 만한 것은 못된다.

한편 알키비아데스는 젊었을 때 그 모습이 너무나 아름다워 많은 사람들의 눈길을 끌었다. 소크라테스도 그를 매우 아꼈다고 하는데, 그는 알키비아데스의 겉모습뿐 아니라 마음과 성격 또한 아름답고 고상하다는 것을 알았기 때문이었다. 소크라테스는 알키비아데스의 착한 마음이 사람들의 아첨하는 말에 유혹될까봐 염려하였

---

1) 안티폰(Antiphon): 기원전 480~411년의 사람으로 아테네 웅변가의 한 사람이다. 알키비아데스를 몹시 싫어해서 비난의 말을 많이 했다.

다. 알키비아데스는 좋은 환경에 둘러싸여 있었고 사람들은 그를 비난하거나 듣기 싫은 말을 하지 않았으므로, 그는 진실한 충고와 비난을 들을 기회가 거의 없었다. 소크라테스는 모처럼 좋은 꽃을 피울 열매가 익기도 전에 시들어 떨어지는 것을 막기 위해 그를 늘 가까이에서 지켜보았다.

알키비아데스는 소크라테스의 참된 애정을 알게 되면서, 듣기 좋은 말을 하는 사람들을 멀리했다. 그는 소크라테스의 말에 언제나 귀를 기울이며 자신을 따르는 어떤 사람들보다 그를 가까이 했다. 두 사람은 아주 친해졌고, 소크라테스는 알키비아데스의 쓸데없는 자만심을 늘 충고해 주었다. 그의 모습은 '겁 많은 수탉처럼 모든 허식을 벗고' 날개를 떨어뜨린 것 같았다.

알키비아데스는 소크라테스와의 진실한 대화가 청년들을 훈련하고 교육시키는 데 둘도 없이 좋은 방법이라고 생각하고, 자기를 낮추며 그를 존경하였다. 그는 소크라테스의 생각에 매혹되고, 그의 높은 덕에 감탄하여 그를 몹시 사랑하고 존경하게 되었다. 그래서 그는 소크라테스와 같이 식사를 하고 운동을 하며, 같은 천막에서 함께 잠을 잤다. 그리고 그외 다른 사람들에게는 소크라테스를 고발했던 아니토스를 대하듯이 무뚝뚝하고 거친 태도를 보였다.

아니토스라는 사람도 알키비아데스를 몹시 따르던 사람인데, 그에 대해서는 이런 이야기가 전해온다. 어느 날 아니토스는 친구들을 집에 초대했다. 알키비아데스는 이 초대를 거절하고 자기 친구들과 집에서 술을 마신 다음 아니토스의 집으로 몰려갔다. 손님들이 있는 방에는 금과 은으로 만든 그릇에 음식들이 가득 담겨 있었다. 알키비아데스는 하인들을 시켜 그 음식들을 반씩 덜어 자기 집으로 가져오라고 이르고, 자기는 방에 들어가지도 않고 다시 집으로 돌아갔다. 아니토스의 손님들은 그의 난폭한 태도를 보고 무척 화를 냈다. 그러나 아니토스는 그들을 돌아보며 이렇게 말했다.

"그렇게 화낼 것 없소. 다 가져갈 수 있는 데도 그는 반만 가져가지 않았소?"

알키비아데스는 자기를 좋아하는 모든 사람들에게 이런 태도를 보였으나, 그중 한 외국인에게는 달랐다. 그 외국인은 얼마 안 되는 자기의 재산을 다 팔아 100스타테르[2]의 돈을 만들어 와서, 알키비아데스에게 받아 달라고 하였다. 알키비아데스는

---

2) 스타테르(stater): 그리스의 화폐로 금과 은, 두 종류가 있으며 금은 2드라크마의 무게이다. 여기서 스타테르는 금화를 가리키는 것이다.

웃으며 그 돈을 기쁘게 받고 저녁 식사에 그 외국인을 초대했다. 그리고 식사가 끝난 뒤 그는 받았던 돈을 다시 돌려 주며, 내일 세금 청부에 대한 입찰이 있으니 다른 사람들보다 비싼 가격으로 입찰하라고 권했다. 그러나 그 외국인은 계약에 너무 많은 돈이 들기 때문에 그럴 수가 없다고 말했다. 그러자 알키비아데스는 세금 청부인들에게 나쁜 감정이 있어서 그러는 것이니 시키는 대로 해 달라고 부탁했다.

외국인은 다음날 아침 공회당에 나가 다른 사람들보다 1탈렌트의 높은 가격으로 입찰을 했다. 입찰에서 떨어진 세금 청부인들은 화를 내며 수근거리다가 보증인을 대라고 다그쳤다. 난처한 입장에 빠진 그 외국인은 도망칠 방법을 궁리했다. 이것을 지켜보고 있던 알키비아데스가 관리자들에게 외쳤다.

"내 이름을 적어 넣으시오. 그 사람은 내 친구니 내가 보증을 서겠소."

이 말을 들은 세금 청부인들은 크게 실망을 했다. 그들은 해마다 지난해에 벌어들인 수익금으로 입찰을 해왔는데, 이번에는 그렇게 할 수 없게 되어 버린 것이다. 그들은 외국인에게 돈을 줄 테니 물러나 달라고 애절하게 간청을 하였다. 그러자 알키비아데스는 1탈렌트 이하의 돈은 절대로 받지 말라고 했다. 그 돈이 지불되자 그는 곧 그 외국인에게 계약을 취소하도록 했다. 이렇게 해서 그는 그 외국인의 어려운 사정을 도와주었다.

알키비아데스와 가까이 지내고자 하는 사람들은 많았지만 소크라테스처럼 그의 마음을 사로잡았던 사람은 없었다. 그의 말은 때로 알키비아데스의 마음을 감동시켜 눈물을 흘리게 할 때도 있었다. 그러나 알키비아데스도 다른 사람들의 말에 동요되어 소크라테스의 곁을 떠난 적도 있었다. 알키비아데스는 다른 모든 사람을 경멸하였지만 소크라테스만은 두려워하고 존경하였다. 그래서 철학자 클레안테스는, 소크라테스는 알키비아데스의 귀만 잡고 있지만 다른 사람들은 그의 모든 것을 잡고 있다고 그를 조롱하기도 했다.

투키디데스의 기록을 보면, 알키비아데스는 쉽게 쾌락에 빠져드는 성격이었다고 한다. 그래서 사람들은 아직 나이가 젊은 알키비아데스의 명예심과 허영심을 이용하여, 정치에 나서기만 하면 다른 장군이나 정치인들은 물론 페리클레스보다도 더 높은 명성과 권위를 가질 수 있을 것이라고 부추겼다. 그러나 소크라테스는 불에 달구어 연해진 쇠붙이를 찬물에 담가 단단하고 굳게 만들듯이, 알키비아데스가 사치나 자만심에 빠져들 때마다 대화를 통해 그를 억제시키고, 그의 결점을 지적해 주어 겸손한 사람으로 만들려고 했다.

유년 시절이 지나자 알키비아데스는 학교에 들어갔다. 어느 날 그는 선생님에게 호메로스의 책을 빌려 달라고 하였다. 그때 선생님이 호메로스의 책은 한 권도 없다고 말하자, 그는 선생님을 주먹으로 때리고 집으로 돌아갔다.

또 한 선생이 자기는 스스로 수정한 호메로스의 책을 가지고 있다고 말하자 알키비아데스는 이렇게 말했다 "아니 호메로스의 책까지 수정할 수 있는 분이 어린 아이들에게 읽기를 가르치고 있습니까? 어른들도 충분히 가르칠 수 있지 않습니까?"

하루는 그가 페리클레스를 만나기 위해 그의 집 앞에까지 찾아간 일이 있었다. 그때 페리클레스는 아테네 시민에게 보고할 정무 보고서를 작성하고 있어서 만날 시간이 없다고 했다. 그러자 알키비아데스는 돌아서면서 이렇게 중얼거렸다. "아테네 시민에게 보고를 하지 않아도 될 방법을 연구하는 것이 차라리 나을 텐데."

젊은 시절에 그는 포티다이아 전투에 나가서 소크라테스와 한 천막에서 지내며 함께 싸움을 했었다. 격렬한 전투가 닥치면 두 전사는 큰 용기를 보여 주었다. 그러다가 알키비아데스가 손을 다쳐 쓰러지자, 소크라테스는 그의 앞을 막고 서서 적을 물리쳐 그의 생명을 구해 주었다. 이 일로 소크라테스는 상을 받게 되었다. 그러나 장군들은 알키비아데스의 명성을 듣고 그에게도 상을 주려고 했다. 소크라테스는 알키비아데스의 싸움에 명예를 더해 주기 위해 스스로 증인으로 나섰고, 그에게 월계관과 갑옷이 내려지게 되었다.

그 뒤 얼마 후에 델리움 전투에서 아테네 군이 패하여 후퇴하고 있을 때, 말을 타고 가던 알키비아데스는 소크라테스가 다른 장군들과 함께 걸어가는 것을 보고 밀려오는 적들을 막아 그를 구해 주었다.

알키비아데스는 칼리아스의 아버지 히포니코스를 주먹으로 때린 일도 있었다. 히포니코스는 뛰어난 가문 출신인데다가 세력과 명성 또한 갖춘 사람이었다. 그런 사람을 알키비아데스가 때린 이유는 어떤 분한 일이 있었거나, 논쟁 끝에 싸움을 하게 되어서가 아니라 반쯤 농담으로 친구들과 약속을 한 것 때문이었다. 이 소문이 거리에 퍼지자 사람들은 그의 버릇없는 행동을 비난하며 화를 내게 되었다. 그런데 그 다음날 새벽, 알키비아데스는 히포니코스의 집을 찾아가 문을 두드렸다. 그리고 방에 들어가 입고 있던 옷을 몽땅 벗고는 자기를 마음껏 때려 달라고 했다. 이러한 행동을 보고 히포니코스는 그를 너그럽게 용서해 주었고, 그 뒤부터 둘은 가까운 사이가 되었다. 나중에 히포니코스는 딸 히파레테를 알키비아데스와 결혼시켜 그를 사위로 맞았다.

어떤 사람의 기록은 이와 달리, 히포니코스가 딸 히파레테를 준 것이 아니라 그의 아들 칼리아스가 10탈렌트의 지참금을 주고 그에게 시집을 보냈다고 한다. 그러나 뒷날 그 여자가 아기를 낳자 알키비아데스는 미리 약속이라도 한 것처럼 10탈렌트를 더 달라고 강요했다. 칼리아스는 알키비아데스가 재산을 다 없애고 자신마저 죽일까봐 두려워, 만일 자기가 재산을 상속할 아들을 낳지 못하고 죽을 경우에는 모든 재산을 나라에 바치겠다고 선언했다.

히파레테는 온순하고 사랑스러운 아내였다. 그러나 남편이 계속 염문을 뿌리고 다니자 친정으로 돌아가 버렸다. 그렇지만 알키비아데스는 아랑곳하지 않고 계속 나쁜 행동을 하며 돌아다녔다. 아내는 참다못해 이혼을 하려고 했다. 그런데 이혼 서류는 본인이 직접 재판관에게 제출해야 했으므로 그녀는 법정으로 나갔다. 그러자 알키비아데스가 갑자기 뛰어나오더니 그녀를 안고 집으로 데려왔다. 누구 하나 그를 말리는 사람이 없었다. 그런 뒤 히파레테는 다시 그와 함께 살게 되었다. 그러나 알키비아데스가 에페소스에 나가 있는 동안 그녀는 죽고 말았다.

알키비아데스가 아내를 재판정에서 끌고 나온 것은 비열하거나 불법적인 것은 아니었다. 왜냐하면 이혼을 할 때 아내를 직접 법정에 나오게 한 것은, 남편을 만나 화해할 기회를 만들기 위한 목적에서였기 때문이다.

알키비아데스는 70미나[3]의 돈을 주고 산 훌륭한 개 한 마리를 가지고 있었다. 이 개는 꼬리가 특히 보기 좋았는데 그는 이것을 잘라 버렸다. 친구들이 와서 꼬리가 잘린 개를 보고 모두 깜짝 놀라며 아테네 사람들이 이 난폭한 짓을 비난할 것이라고 하자, 그는 웃으면서 대답했다.

"바로 그게 내가 바라던 거야. 아테네 사람들이 이 소문을 퍼뜨리고 다니느라고 내게 더 나쁜 비난을 하지 못할 테니까."

알키비아데스가 처음으로 공적인 행동을 한 것은 나라를 위해 기부금을 낸 일이었다. 그는 어느 날 우연히 공회당 옆을 지나다가 많은 사람들이 모여 기부금을 내고 있는 것을 보고 인파를 헤치고 나가 돈을 냈다. 이것을 보고 사람들이 박수갈채를 보

---

3) 미나(mina): 100드라크마로서 1탈렌트의 60분의 1이다.

내는 바람에 그는 옷 안에 품고 있던 메추리[4]를 놓쳐 버렸다. 메추리가 갈 곳을 모르고 날아다니는 것을 보고 사람들은 더욱 큰 박수를 보내며 그것을 쫓았다. 이 때 안티오코스라는 뱃사람이 메추리를 잡아 알키비아데스에게 넘겨 주었다. 이렇게 해서 알게 된 두 사람은 점차 가까운 사이가 되었다고 한다.

알키비아데스는 정치인이 될 수 있는 유리한 길이 많았다. 그는 이름난 가문에서 부자로 태어났으며, 전쟁에서 공을 세우기도 했고, 많은 친구와 친척들이 주위에 있었다. 그가 정치를 하기 위해 필요한 것은 웅변술뿐이었다.

그의 말재주가 뛰어났다는 것은 희극작가들도 증명하고 있으며, 역사상 최대의 웅변가인 데모스테네스도 미디아스를 공격하는 연설 중에, 알키비아데스는 수많은 재능과 함께 뛰어난 웅변술을 가지고 있었다고 말했다. 또 테오프라스토스는 알키비아데스가 그 당시의 다른 누구보다도 웅변에 능숙했다고 전하고 있다. 그는 자기가 말하려는 목적에 맞는 적당한 단어를 잘 찾아냈으며, 자신의 생각을 가장 잘 나타낼 수 있는 이야기를 끌어내는 재능이 있었다. 그는 연설을 하다가도 좋은 말이 얼른 생각나지 않으면 잠시 말을 멈추고 그 말을 생각해 내곤 했다고 한다.

그는 또 좋은 말과 아름다운 전차를 가지고 있었던 것으로도 유명했다. 올림픽 경기에 네 필의 말이 끄는 마차를 일곱 대나 출전시킨 것은, 그때까지 평민은 물론 왕도 해보지 못한 일이었다. 투키디데스의 기록에 의하면, 그는 이 경기에서 1, 2, 4위를 차지했다고 하며, 에우리피데스는 1, 2, 3위를 모두 차지했다고 전한다. 이같은 영광과 명예를 누린 것은 알키비아데스를 제외하고는 아무도 없었던 일이었다. 에우리피데스는 다음과 같은 시를 써서 그의 영광을 찬양하고 있다.

> 클리니아스의 아들을 위해
> 나는 노래 부른다네.
> 그는 전차 경주에서
> 첫째, 둘째, 그리고 셋째까지
> 모든 영광을 차지하여
> 그리스 사람 그 누구도 해내지 못한

---

4) 당시 아테네 청년들 사이에는 메추리 싸움이 유행이었는데, 이것을 위해 메추리를 기르는 경우가 많았다.

아름다운 승리를 거두었다네.
영광의 월계관을 혼자서 모두 받은 그는
진실로 빛나는 영광을 차지했다네.

그의 승리는 그리스의 모든 나라들이 다투어 영광을 보내면서 더욱 빛났다. 에페소스 사람들은 그를 위해 화려하게 꾸민 천막을 만들어 주었고, 키오스 시 사람들은 말의 사료와 제물로 쓸 짐승을 보냈으며, 레스보스 섬 사람들은 잔치를 위해 포도주와 그 밖의 많은 음식들을 선물로 보냈다. 그러나 이렇게 이름을 떨치던 시대에도 자기 자신의 실수 때문인지, 그를 시기하던 사람들 때문인지 사람들의 비난을 받게 되는 일이 생겼다.

알키비아데스에게는 아테네 시민인 디오메데스라는 친구가 있었다. 그는 올림픽 경기에서 승리하고 싶은 마음에, 아르고스 시의 전차와 말이 좋다는 얘기를 듣고 친구인 알키비아데스에게 그 마차를 살 수 있게 해 달라고 부탁했다. 그러나 알키비아데스는 마차를 사서 자기 이름으로 경기에 출전을 하였다. 디오메데스는 몹시 화가 나 신들의 이름을 부르며 억울함을 호소하고, 결국 이 사건을 소송에 걸었다.

소크라테스는 이 문제로 알키비아데스를 변호하는 글을 썼는데, 그의 글에 의하면 고소를 했던 사람은 디오메데스가 아니라 티시아스라고 적고 있다.

그가 처음으로 정치에 발을 들여놓은 것은 아주 젊었을 때였다. 그러나 그는 그때 이미 쟁쟁한 정치인들을 누르고 이름을 떨쳤다. 그의 가장 큰 경쟁자는 에라시스트라토스의 아들인 파이악스와 니케라토스의 아들 니키아스였다. 니키아스는 이미 나이도 들고 장군으로서도 이름이 나 있었지만, 파이악스는 알키비아데스와 마찬가지로 신진 정치가였다. 그리고 그는 명문 출신이었지만 연설을 비롯한 그 밖의 여러 가지에서 알키비아데스에게 뒤떨어지는 편이었다. 그는 여러 사람들 앞에서의 연설보다는 개인적으로 만나 설득하는 데 재주를 가지고 있었다. 희극작가인 에우폴리스는 파이악스에 대하여 다음과 같이 적고 있다.

개인적인 얘기는 훌륭하게 하지만
연설은 전혀 못하였다.

파이악스가 알키비아데스를 공격하기 위해 썼다는 글은 아직도 전해지고 있는데, 그는 알키비아데스가 아테네 시의 소유인 화려한 금은 식기들을 마치 자기 것인 것처럼 매일 식탁에서 사용했다고 하였다.

이 때 아테네에는 페리토이다이 지구에 살고 있는 히페르볼로스라는 사람이 있었다. 역사가 투키디데스도 그의 성격이 고약하다고 쓸 만큼 대단한 남자로, 당시 많은 희극작가들은 이 사람을 조롱하는 희극을 써서 그를 웃음거리로 만들었다. 그는 사람들이 자기에게 욕설을 퍼부어도 아랑곳하지 않았으며 수치스러워하지도 않았다. 그는 다른 사람을 전혀 생각하지 않는 철면피였으나, 용기있고 대담하다고 생각하는 사람들도 가끔 있었다. 그를 싫어하는 사람들도 많았지만, 세력이 있는 사람을 몰아내거나 비방하려고 할 때는 때때로 그를 이용하는 경우가 많았다.

이 무렵, 그는 민중들의 선동으로 도편 추방을 준비하고 있었다. 민중들이 하는 도편 추방은 권력이 큰 사람들을 다른 나라로 추방하기 위해 만들어진 재판이었는데, 이것은 추방당할 사람이 위험하지 않은 경우라도 단순한 시기심 때문에 이루어지기도 했다.

이 때 추방당할 위험에 있었던 사람은 니키아스, 파이악스, 알키비아데스 중의 하나였다. 그래서 알키비아데스는 니키아스와 결탁해서 히페르볼로스에게 그 재판을 뒤집어 씌웠다. 다른 설에 의하면, 알키비아데스가 결탁했던 사람은 니키아스가 아니라 파이악스였다고도 전한다.

재판에 처한 히페르볼로스는 생각지도 못했던 도편 추방에 몹시 어리둥절했다. 지금까지 이 재판이 자신처럼 평범한 천민에게 내려진 적은 없었기 때문이었다. 희극작가인 플라톤은 히페르볼로스를 두고 지은 시에서 이렇게 쓰고 있다.

> 그에게 닥친 운명은 피할 수 없는 것이었지만
> 그에게 낙인을 찍기 위해
> 아테네 시민이 도편을 든 것은
> 참으로 이상한 일이었네.

알키비아데스는 니키아스가 아테네 시민에게는 물론 아테네와 경쟁하고 있던 나라로부터도 존경을 받고 있다는 사실 때문에 몹시 불안해했다. 사실 알키비아데스는 스파르타 사람들이 아테네에 왔을 때 이들을 접대했고 필로스 전쟁 포로들을 석방시키는 데도 특별히 애를 썼지만. 그들은 이것이 모두 니키아스의 공로였다고 생각하고 있었던 것이다. 그 당시 아테네에 떠도는 말에서도, 전쟁을 시작한 것은 페리클레스고 휴전을 시킨 것은 니키아스라고 하여 '니키아스의 평화'라는 말까지 생겨났었다.

알키비아데스는 자기의 경쟁자가 이름을 떨치는 것을 보자 질투를 느끼게 되었고, 그가 세운 평화 조약을 깨뜨려 버리려는 결심을 하게 되었다.

그는 맨 먼저, 아르고스 사람들이 스파르타를 미워하고 두려워한다는 것을 이용해서 그들에게 몰래 아테네와 동맹을 맺어 도움을 주겠다는 약속을 했다. 그리고 아르고스 사람들을 만날 때마다 절대 양보하지 말고 아테네를 믿으라고 하면서, 아테네는 스파르타와의 휴전을 후회하고 있고 곧 조약을 깰 것이라고 말했다. 그런데 스파르타는 보이오티아와 동맹을 맺는 한편, 아테네와의 약속을 깨고 파낙툼[5]을 완전히 파괴한 다음에 돌려주었다.

이것 때문에 아테네 사람들이 크게 분노하자, 알키비아데스는 이 기회를 놓치지 않고 시민들을 더 한층 선동하면서 니키아스를 공격했다. 니키아스는 대장으로 있었으면서도 스팍테리아 섬에 갇힌 포로들을 잡지 않았으며, 다른 장군이 잡았던 포로까지 풀어주어 스파르타를 이롭게 해주었다는 것이다. 또 니키아스는 스파르타가 보이오티아나 코린트와 동맹을 맺는 것을 막지 않았을 뿐 아니라, 오히려 아테네가 이들 나라들과 동맹을 맺는 것을 방해했다면서 니키아스를 공격했다.

이렇게 빗발치는 공격을 받고 있던 니키아스가 괴로워하고 있을 때 마침 스파르타에서 사람이 왔다. 그들은 두 나라 사이에 평등한 조약으로 화해를 맺자고 하였다. 원로원 의원들은 이 말을 듣고 기뻐하며, 다음날 시민들 앞에 데리고 나가기로 했다. 알키비아데스는 이 일을 걱정하여 스파르타의 사절단을 비밀리에 미리 만났다. 사절단을 만난 알키비아데스는 그들에게 말했다.

"스파르타에서 오신 여러분들, 이 일은 스파르타에게 전혀 이익이 되는 일이 아닙니다. 우리나라 원로원은 외국 사절단들을 언제나 친절히 대하지만, 시민들은 야

---

5) 파낙툼(Panactum): 아테네와 보이오티아의 경계에 있는 요새로서, 전에 보이오티아가 이것을 스파르타에 넘겨주고, 스파르타는 다시 필로스와 교환하여 이것을 아테네에 넘겨 주기로 약속을 했다. 그러나 있는 그대로 돌려 주기로 한 약속을 깨고 요새를 파괴한 다음 돌려 주었다고 한다.

망에 들떠 있습니다. 그러니 아테네가 당신들의 기대에 어긋나지 않는 태도를 보이기 바라신다면, 정당한 해결책을 의논해 보십시오. 그리고 당신들이 조약에 대한 모든 권리를 가지고 오셨다는 말은 하지 마십시오. 그러면 저도 스파르타를 위해 있는 힘을 다해 돕겠습니다."

말을 마친 그는 자신의 말을 믿게 하기 위해 그들 앞에서 선서까지 했다. 이렇게 해서 알키비아데스는 사절단들에게 약속을 받아내고 니키아스와 가까이 하지 못하도록 하였다.

다음날 시민들이 모인 자리에 사절단들이 나타났다. 알키비아데스는 그들을 향해 어떤 자격으로 오셨느냐고 정중하게 물었다. 사절단들은 모든 권리를 다 가지고 온 것은 아니라고 약속대로 대답했다. 그러자 알키비아데스는 갑자기 그들이 배신이라도 한 것처럼 거친 목소리로 비난을 퍼부었다. 이 광경을 본 원로원은 깜짝 놀랐고 이 자리에 모였던 시민들은 몹시 흥분하였다. 영문을 모르는 니키아스는 사절단의 마음이 변한 것을 보고 당황하여 얼굴을 들지 못하였다. 이렇게 해서 스파르타의 사절단들을 내쫓은 알키비아데스는 장군으로 임명되자 곧바로 아르고스, 엘리스, 안티네아 등과 동맹을 맺었다. 알키비아데스의 이 행동을 찬성했던 사람은 없었지만 알키비아데스가 가져온 결과는 생각보다 아주 큰 것이었다.

이 일로 펠로폰네소스 반도에 있는 모든 나라가 힘을 합치게 되었고, 스파르타에 대항하여 아테네와 멀리 떨어진 만티네이아에서 전쟁이 일어나게 된 것이다. 이 전쟁에서 스파르타는 이기더라도 이익이 거의 없었고, 만일 지게 되면 엄청난 피해를 입게 되었다.

만티네이아 전쟁이 끝난 뒤, 아르고스에서는 천인당(千人黨)이라는 강력한 부대가 정부를 뒤엎으려고 반란을 일으킨 일이 있었다. 그들은 스파르타의 도움을 얻어 이전까지 있었던 헌법을 파괴했다. 그러나 민중들은 다시 무기를 들고 일어나 이 반란자들을 모두 쓸어냈다. 이 때 알키비아데스가 그들에게 도움을 주었으므로 민중들의 승리는 더욱 확실하게 되었다. 그는 아르고스 인들에게 바다에까지 이르는 긴 성벽을 쌓고 아테네의 해군으로 들어오라고 하였다. 그리고 건축가와 목공들을 아르고스로 보내 그들이 하는 일을 도와주었다. 이 일은 아테네는 물론 알키비아데스 자신에게도 큰 이익과 권력을 가져다주게 되었다.

그는 또 파트라이 인들에게도 이와 같은 말로 설득을 하여 도시에서 바다까지 이

어지는 긴 성을 쌓게 하였다. 그때 어떤 사람이 파트라이 인들에게 아테네가 파트라이를 삼키려는 것이라고 말하자 알키비아데스는 이렇게 대답했다. "어쩌면 그럴지도 모르지요. 그러나 아테네가 파트라이를 삼킨다면 다리 쪽부터 조금씩 먹겠지만, 스파르타에게 잡히면 단숨에 머리부터 먹힐 것이오."

그리고 나서 알키비아데스는 바다에서만이 아니라 육지에서도 국력을 떨쳐야 한다고 아테네 사람들을 설득했다. 그리고 아그라울로스[6]의 신전에서 하는 청년들의 선서는 말로 그칠 것이 아니라 행동으로 옮겨야 한다고 지적했다. 그 선서는 밀, 보리, 포도, 올리브 나무들을 아테네의 국경으로 삼겠다는 것이었는데, 곧 모든 경작지를 아테네의 것으로 생각한다는 뜻을 지니고 있었다.

이렇게 정치와 웅변에서 뛰어난 솜씨를 보이는 동안에도, 알키비아데스는 사치스러운 잔치를 벌이면서 방탕한 생활을 하고, 여자들처럼 빨간 망토를 끌며 공회당을 휩쓸고 다녔다. 그는 전쟁 때 사용할 배에까지 부드러운 잠자리를 만들기 위해 갑판 앞부분을 떼내고 가죽끈으로 침대를 만들었으며, 황금으로 씌운 방패에는 휘장 대신 벼락 몽둥이를 든 에로스의 모습을 새겨넣었다. 이것을 보고 아테네의 귀족들은 그를 싫어하는 한편, 그의 오만한 태도를 걱정하였다. 그러나 민중들의 생각은 달랐다. 아리스토파네스는 그들의 생각을 잘 나타내 주고 있다.

좋아하기도 하고 미워하기도 하지만 그는 없어서는 안 될 사람.

반면에 한층 심하게 풍자하고 있는 글도 있다.

길러주면 제가 다 차지하려고 하니
사자 새끼는 기르지 않는 것이 좋다.

나라에 기부금을 내는 일, 시민들을 위해 잔치를 벌이는 일, 너그러운 도량, 위대한 힘을 가진 웅변술, 아름다운 모습과 튼튼한 몸, 훌륭한 가문, 그리고 전쟁에서 세

---

6) 아그라울로스(Agraulos): 전설 속에 나오는 아테네의 창건자로 아티카 최초의 왕이었다는 악타이스의 딸. 몸의 반이 뱀의 모습이었다는 케클로포스의 아내로, 곡식의 수호신으로 받들어지고 있다.

운 공적과 경력들 때문에 아테네 사람들은 알키비아데스의 잘못을 용서하고 너그럽게 대해 주었다. 그들은 알키비아데스의 모든 결점이 젊고 명예심이 크기 때문이라고 좋게 생각하였다. 예를 들어, 그가 화가 아가타르코스를 억지로 붙들어 놓고 자기 집을 그리게 한 일이라든가, 타우레아스와 연극의 상을 다투다가 그를 때린 일, 또는 포로로 잡혀온 멜로스의 여자를 얻어 아이를 낳은 일들도 사람들은 너그럽게 생각했다. 그러나 아테네 사람들은 그가 포로를 사랑한 일은 어진 성품을 보여 주는 것이라고 쉽게 넘겼지만, 나중에 멜로스 섬의 남자들을 죽인 일은 크게 비난하였다.

화가 아리스토폰이 네메아라는 여자를 안고 있는 알키비아데스를 그렸을 때 많은 사람들이 그 그림을 보기 위해 몰려들었다. 그러나 나이 든 사람들은 이것을 불쾌하게 생각하며, 그와 같은 행동은 하늘 무서운 줄 모르는 왕이나 하는 짓이라고 분개했다. 그래서 시인 아르케스트라토스는, 그리스는 알키비아데스 같은 사람은 하나로 충분하다고 말했던 것이다.

한 번은 알키비아데스가 시민들 앞에서 웅변을 토한 다음 의기양양해하는 것을 보고, 그를 미워했던 키몬이 알키비아데스에게 다가가 손을 잡고 말했다.

"계속 그렇게만 해주게. 자네가 이름을 떨칠수록 이 나라는 점점 망해가고 있으니 말이야."

이 말을 들은 사람들은 더러는 웃기도 하고, 어떤 사람은 키몬을 욕하기도 했다. 그러나 그 말을 마음에 새겨 놓은 사람도 적지 않았다. 알키비아데스의 성격은 여러 가지로 모순이 많았으므로 그에 대한 사람들의 의견도 가지각색이었다.

한편, 페리클레스가 살아 있을 때부터 아테네 사람들은 시칠리아를 탐내고 있었는데 그가 죽은 다음에도 이 욕심은 사라지지 않았다. 그 뒤 그들은 동맹을 맺은 여러 도시들을 돕는다는 구실로 시라쿠사의 압제를 받고 있는 도시들로 군대를 보냈는데, 이것은 나중에 많은 군사를 보낼 길을 트기 위한 것이었다.

알키비아데스는 그들의 이같은 야망에 부채질을 하여, 하루 빨리 많은 함대를 보내어 이 섬을 손에 넣자고 주장하였다. 이 주장은 아테네 사람들의 생각을 더욱 자극하게 되었으나, 알키비아데스 자신의 야심은 이것보다 더욱 큰 것이었다. 시칠리아를 정복하는 것은 더 큰 목적을 달성하기 위한 수단이었던 것이다. 니키아스는 시라쿠사 시를 공격하는 것은 어려운 일이라고 하면서 이 일을 단념하라고 호소하였다. 그러나 알키비아데스는 이미 카르타고와 리비아를 정복할 것을 꿈꾸면서, 다음에는 이탈리아와 펠로폰네소스를 손에 넣을 계획을 세우고, 시칠리아를 군사 기지로 이용할 생각까지 하고 있었다.

젊은이들은 곧 희망에 들떠서 노인들이 얘기해 주는 원정에 대한 여러 가지 일들에 귀를 기울이며 감탄하고 있었다. 또한 그들은 공회당이나 운동장에 모이면 시칠리아의 지도와 카르타고와 리비아의 위치를 땅바닥에 그려보곤 했다. 그러나 철학자 소크라테스와 점성가 메톤은 이 전쟁은 아테네를 위해 이로울 것이 없다고 생각하고 있었다. 소크라테스는 아마 자신이 수호하는 어떤 신으로부터 계시를 받은 듯하며, 메톤은 불길한 점괘 때문에 미래에 닥쳐올 일을 염려했다. 그래서 메톤은 미친 사람 행세를 하면서 횃불을 들고 자기 집에 불을 지르려고까지 했다.

그러나 다른 사람이 전하는 얘기로는, 메톤이 미친 시늉을 한 것은 다른 이유 때문이었다고 한다. 그는 자기 집에 불을 질러 태우고, 다음날 민중들 앞에 나가서, 이런 재난을 당했으니 자신의 아들을 출정하지 않도록 해 달라고 요청했다는 것이다. 그는 이렇게 시민들을 설득하여 원하던 대로 목적을 이루었다고 한다.

니키아스는 원하지 않았지만 원정군의 장군으로 뽑히게 되었다. 그는 알키비아데스와 함께 출정하는 것이 싫었다. 그러나 아테네 사람들은 알키비아데스의 무모한 행동이 니키아스의 신중함과 합해진다면 전쟁을 한층 순조롭게 이끌 수 있으리라고 생각했다. 또 한 사람의 장군인 라마코스는 나이가 많으면서도 알키비아데스 못지 않게 대담했기 때문에 니키아스가 반드시 필요했던 것이다.

그들이 모여 군대의 병력과 군용품의 조달 방법을 의논하고 있을 때, 니키아스는 다시 한 번 이 계획을 반대하면서 전쟁을 중지시키려고 하였다. 그러나 알키비아데스는 니키아스의 말에 반박하고 나서면서, 민중들에게 그의 주장을 펼쳤다. 그리고 웅변가 데모스테네스는 전쟁 준비를 비롯한 모든 권리를 알키비아데스에게 맡기자고 설득했다. 민중들은 이것들을 모두 승인하였다.

그런데 이렇게 출전 준비를 모두 갖추었을 때 이상한 징조가 나타났다. 그때 마침 아도니스 제사[7]가 있어서, 여자들은 시체처럼 꾸민 채 머리를 풀어 헤치고 슬픈

---

7) 아도니스(Adonis) 제사: 아도니스는 미의 신 아프로디테(비너스)의 사랑을 받은 미소년이다. 이 제사는 아프로디테와 아도니스에게 드리는 것으로 이틀 동안 이루어졌다. 첫날은 아프로디테가 멧돼지에게 무참히 죽임을 당한 아도니스를 슬퍼하는 애도식으로 끝나고, 다음날은 지옥의 여신이 아도니스에게 1년의 반은 아프로디테에게 가 있도록 허락한 것을 축하하며 즐겁게 지낸다. 이 제사가 하필 군대가 출정하는 때에 이루어지게 되었으므로, 해마다 지내는 행사이긴 하지만 불길한 징조라고 여겼다.

노래를 부르면서 거리를 돌아다녔다. 또 하룻밤 사이에 헤르메스[8]의 조각들이 모두 부서져 볼품없게 되는 일이 생겨났다. 이러한 일들은 모든 사람들의 마음을 불안하게 만들었다.

시라쿠사를 식민지로 삼고 있던 코린트에서는, 아테네가 전쟁을 미루거나 중지하기 위해 일부러 꾸민 짓이라는 소문도 떠돌았다. 그러나 이러한 징조를 두려워하지 않는 사람들이 술에 취한 청년들의 짓거리라고 말해도 사람들은 믿지 않았다. 그리고 나라의 큰 일을 반대하는 사람들이 조직적으로 꾸민 음모라고 분개하면서도 마음속에서의 불안은 사라지지 않았다. 원로원과 민회는 매일같이 회의를 열어 사건의 내막을 밝히려고 애를 썼다.

이렇게 조사를 하는 동안 연설을 잘하기로 이름난 안드로클레스가 몇 사람의 노예와 외국 사람들을 데리고 민중 앞에 나왔다. 그들은 알키비아데스와 그 친구들이 신의 조각상을 파괴하고, 술자리에서는 신성한 제사를 흉내 냈다고 고발했다. 그의 말에 의하면, 테오도로스가 전령 역할을 했고, 폴리티온이 횃불을 들었으며, 알키비아데스는 제사장의 흉내를 냈다고 했다. 이것은 키몬의 아들 데살로스가 알키비아데스를 고발한 서류에 적었던 내용인데, 이것에 의하면 알키비아데스는 데메테르와 페르세포네[9] 두 신을 모독하는 죄를 저질렀다고 되어 있다.

이렇게 되자 사람들은 알키비아데스에 대해 매우 분노했다. 그에게 악의를 품고 있던 안드로클레스는 사람들을 더욱 선동했고 알키비아데스도 처음에는 몹시 불안해했다.

그러나 시칠리아로 출발하려고 배에 타고 기다리는 군사들이 자기를 지지하고 있음을 알게 되었다. 또 아르고스와 만티네이아는 알키비아데스를 위해 원군을 천 명이나 보내면서, 만약 알키비아데스가 물러나면 자기들도 모두 돌아가 버리겠다고 선포하였다. 이것으로 힘과 용기를 되찾은 알키비아데스는 눈 앞의 기회를 이용하여 자신의 위치를 튼튼히 하려고 했다.

일이 이렇게 되자 반대파들은 크게 실망을 하였다. 민중들은 알키비아데스에게

---

8) 헤르메스(Hermes): 네모난 돌기둥에 얼굴과 몸을 새겼으며 손발은 없는 조각상이었다. 성전이나 집 앞에 세워두며 수호신으로 여겼다.

9) 페르세포네: 제우스와 데메테르 두 신의 딸. 저승의 왕 하데스에게 잡혀 가서 그곳 여왕이 되었다고 한다.

의지하고 있었기 때문에 재판을 한다고 해도 그에게 유리한 판결이 나올 것이 분명했기 때문이었다. 그래서 그들은 알키비아데스를 미워하는 웅변가들 중에서 눈에 잘 띄지 않는 사람들 몇몇을 민중들 앞에 내세웠다. 웅변가들은 알키비아데스가 이미 출정하기로 되어 있고, 동맹국들도 모두 준비를 서두르고 있으니 전쟁의 기회를 늦추는 것은 좋지 않다고 말했다. 그러므로 하루 빨리 그를 전쟁에 내보내고, 전쟁이 끝난 뒤에 다시 재판을 하자고 주장했다.

알키비아데스는 그들이 재판을 늦추려는 이유를 짐작하고 있었다. 그는 죄의 혐의를 받고 있으면서 대군을 이끌고 전쟁에 나갈 수는 없으니 어서 판결을 내려달라고 했다. 만일 무죄를 입증하지 못하면 사형이라도 기꺼이 받겠으며, 무죄라면 의심을 받지 않고 가벼운 마음으로 적을 무찌를 수 있으니 전쟁에 나가기 전에 재판을 하는 것이 옳다는 것이었다.

그러나 알키비아데스의 말은 민중들의 마음을 움직이지 못했고, 즉시 출정을 하라는 명령을 받았다. 알키비아데스는 어쩔 수 없이 다른 두 장군들과 함께 배에 올랐다. 그들은 140척의 군선과 무장한 군사 5100명, 활을 쏘는 군사 1300명, 돌을 던지는 군사와 가볍게 무장한 군사들, 그리고 필요한 군수물자들을 배에 싣고 전쟁을 향해 닻을 올렸다.

이탈리아의 해안에 도착한 그들은 먼저 레기움에 상륙하였다. 이곳에서 알키비아데스는 전쟁을 이끌어 나갈 자신의 계획을 얘기했다. 니키아스는 이 의견에 대해 반대의 뜻을 표시했다. 그러나 라마코스가 그와 의견을 같이하였으므로 시칠리아를 향해 배를 띄워 먼저 카타나를 점령하였다.

그러나 그 후 알키비아데스에게 재판에 나오라는 소환장이 아테네에서 날아왔기 때문에 그의 계획은 여기서 중단되고 말았다. 사실 아테네를 떠나기 전에는 몇몇 노예와 외국인들만이 그를 유죄라고 생각하고 있었다. 그러나 그가 전쟁에 나가 있는 동안, 그를 몰아내려는 적들은 맹렬하게 알키비아데스를 공격했다. 술자리에서 신상을 파괴하고 성스러운 예식을 모독했다는 것은, 혁명을 일으켜 나라를 차지하려는 알키비아데스의 음모라는 것이었다. 이 말에 넘어간 민중들은 사건에 관련된 사람들을 재판도 하지 않고 모두 감옥에 가두었으며, 알키비아데스를 바로 잡아넣지 않은 것을 후회하고 있었다. 민중들의 흥분으로 알키비아데스의 친구들은 물론 그가 얼굴을 알고 있는 사람들까지 모두 죄를 뒤집어쓰고 괴로움을 당하였다. 역사가 투키디데스는 그의 책에서 알키비아데스를 고발한 사람들의 이름은 밝히지 않았다. 그러나 다른 사람들의 기록을 보면 디오클리데스와 테우케르가 알키비아데스를 규탄했다고 적고 있다. 희극 시인 프리니코스의 시에는 이런 구절이 실려 있다.

헤르메스 님, 발 디딜 곳을 조심하시오.
잘못해서 혹시 넘어지기라도 하면
새로운 디오클리데스가 나타나
비열한 중상 모략으로 생사람을 잡을 겁니다.

그리고 이 시의 다른 구절에서 헤르메스는 다음과 같이 대답을 한다.

그럼, 조심을 해야지
테우케르가 손에 피를 묻히고
고발을 하게 해서는 안 되니까.

사실 그를 고발했던 사람들은 확실한 증거를 가지고 있지 못했다. 고발자 중에 어떤 사람은 조각상을 깨뜨린 사람이 누군지 어떻게 아느냐는 질문에 달빛이 밝아서 얼굴을 보았다고 했지만, 사건이 있었던 날은 초승달이 뜬 날이었다. 앞뒤가 맞지 않는 증언을 듣고, 생각 있는 사람들은 모두 이 사건의 소송을 그만두는 것이 옳다고 했다. 그러나 흥분한 민중들은 그들의 말을 전혀 들으려고 하지 않았다.

이렇게 해서 감옥에 갇힌 사람들 중에는 웅변가 안도키데스라는 사람이 있었다. 헬라니코스가 쓴 역사책에 의하면, 그는 오디세우스의 후손으로 귀족적인 성격을 가지고 있었다고 한다. 그는 조각상을 깨뜨린 일에 가담했다는 혐의를 받고 있었는데, 그 이유는 그의 집 가까이에 있는 헤르메스의 조각만 파손되지 않기 때문이었다. 이 헤르메스의 조각상은 아이게이스 민족의 오랜 유물이었는데 오늘날까지도 안도키데스의 헤르메스라고 불리고 있다.

안도키데스는 감옥에 들어가 있는 동안 같은 혐의로 들어와 있는 티마이오스라는 사람을 사귀게 되었다. 그는 안도키데스보다 나이도 적고 지위도 낮았지만 지혜와 용기가 남달랐던 사람이었다. 그는 이번 일에 대한 죄를 모두 자신과 몇몇 사람에게만 뒤집어 씌우라고 안도키데스에게 말했다. 남의 죄를 고발하는 사람은 특별히 석방될 수 있었던 것이다. 재판의 결정을 뒤집을 수는 없으므로 안도키데스처럼 저명한 사람은 더욱 위험하다고 그는 말했다. 그러므로 누명을 쓰고 명예롭지 못한 죽음을 택하는 것보다 거짓말을 하더라도 목숨을 구하는 것이 옳다고 했다. 또 더 큰 이익을 위한다면 몇몇 사람을 희생시키더라도 우수한 많은 사람들을 흥분된 민중들에게서 구해 내야 된다고 설득했다.

안도키데스는 그의 권유를 듣고 몇 명이 그 일을 저질렀다고 자백을 하여 목숨을 구할 수 있었다. 그리고 그가 거짓으로 고발한 사람들 가운데 외국으로 도망친 사람을 제외하고는 모두 사형을 당하였다. 안도키데스는 자신의 말을 믿게 하려고 자기 집의 하인들까지 범인이라고 고발했다.

그러나 민중들의 분노는 완전히 식지 않았다. 그들은 신의 조각상을 파괴한 자들을 벌하는 일을 일단 매듭을 지었지만 삭이지 않는 분노를 알키비아데스에게 돌렸다. 그래서 군선 살라미스 호에 사람을 보내어 그를 소환하였다. 그러나 임무를 띠고 가는 사람들에게, 강제로 끌고 오지 말고 정중하게 아테네로 모셔오도록 하고 민중 앞에서 결백을 증명하도록 잘 권유하라고 명령했다. 적과 싸움을 하고 있는 알키비아데스가 마음만 먹으면 군대를 거느리고 들어와 폭동을 일으킬지도 모르는 일이었고, 사실 알키비아데스는 그럴 수도 있는 사람이었기 때문이었다.

그때까지 전쟁을 지휘하던 알키비아데스가 소환을 당해 가 버리자, 나약한 니키아스의 지휘로 전쟁은 쓸데없이 오랜 시간을 끌게 되었고 병사들은 사기가 떨어졌다. 또 한 사람의 장군 라마코스도 용감하고 경험이 많긴 했지만, 가난했기 때문에 군대 안에서 권위와 존경을 잃고 있었다.

알키비아데스는 돌아오는 동안 메시나 시가 아테네에 항복하려는 것을 막았다. 이 도시에 미리부터 그런 계획을 세운 무리들이 있다는 것을 알고 이 사정을 시라쿠사에 알려 음모를 좌절시킨 것이다

투리이에 배가 닿자 알키비아데스는 육지에 내리자마자 몸을 숨겨 뒤쫓아오던 사람들을 피했다. 그러자 그를 알고 있던 한 사람이 물었다.

"알키비아데스, 당신은 자기 나라 사람들도 믿지 못하오.?"

알키비아데스는 이 물음에 대답했다.

"다른 일에 대해서는 믿을 수 있소, 그러나 내 목숨에 대한 일인 이상 내 어머니라도 믿을 수 없소. 흰 구슬 대신 검은 구슬을 던지는 일이 없을 것이라고 누가 장담할 수 있겠소?"

그리고 민중 회의에서 그에게 사형을 선고했다는 말을 듣고 이렇게 말했다.

"내가 아직 살아 있다는 것을 알려 주겠다."

알키비아데스에 대한 고발장에는 다음과 같이 적혀 있었다.

> 라키아 구 키몬의 아들 테살로스는 스캄보니다이 구의 클리니아스의 아들 알키비아데스를 고발한다. 알키비아데스는 데메테르와 페르세포네의 두 신을 다음과 같이 모독하였다. 즉, 그는 자기 집에서 두 신의 형상을 꾸며 놓고 신성한 제사 의식을 흉내 냈다. 그때 그는 제사장이 입는 옷을 입고 스스로 제사장이라 했으며, 폴리티온을 횃불 드는 사제, 테오도로스를 전령이라 칭하고, 그 밖의 여러 사람을 비법을 전수받은 사람들이라고 하였다. 이것은 에우몰피다이[10]와 케리케스[11], 엘레우시스 신전 사제들의 여러 율법을 깨뜨린 행동이다.

그러나 알키비아데스 본인이 없는 가운데 재판이 이루어졌고, 유죄 판결과 동시에 모든 재산은 몰수되었으며, 모든 사제들이 그를 저주하도록 하는 벌이 내려졌다. 다만 아그라울로스 신전에 사제로 있던 메논의 딸 테아노는, 신을 섬기는 일은 기도하기 위한 것이지 저주하기 위한 것이 아니라며 이 명령을 거부했다고 전한다. 이처럼 무서운 판결이 내려진 것은 알키비아데스가 아르고스에 머물고 있을 때였다. 그러나 그곳은 적의 습격을 받을 위험이 많은 데다가 고향으로 돌아갈 수도 없게 되었으므로 그는 망명을 요청했다. 그리고 자기가 스파르타에 가한 손해는 앞으로 충성을 다해 갚겠다는 약속을 했다. 다행히 스파르타인들은 그가 원하는 요구를 들어주었고, 용기를 내어 스파르타로 간 그는 큰 환영을 받게 되었다.

---

10) 에우몰피다이(Eumolpidae): 엘레우시스교 창시자의 후손들이 세습한 성직자로 매우 신성하게 여겨졌다.

11) 케리케스(Kerykes): 전령의 신 헤르메스의 후손으로 에우몰피다이와 마찬가지로 신성시된 성직자.

알키비아데스는 곧 시칠리아 섬에 있던 아테네 군을 치기 위해 길리포스를 장군으로 한 스파르타 군을 설득하여 시라쿠사에 구원군을 파견하게 했다. 그러고는 조국인 아테네에 전쟁을 선포하도록 했다. 다음에는 데켈레아[12]를 점령하여 스파르타의 군사 기지로 만들게 했다. 이 일은 무엇보다도 아테네의 자원을 소모시켜 파괴와 몰락을 가져오게 한 일이었다.

이러한 일로 알키비아데스는 명성을 얻게 되었다. 사생활에 대한 평판도 좋았다. 그는 스파르타의 생활습관을 그대로 몸에 익혀 사람들을 놀라게 했다. 머리를 짧게 깎고, 찬물로 목욕을 하고, 보리빵과 검은 수프를 맛있게 먹었다. 사람들은 이것을 보고 그가 예전에 집에 요리사를 두고, 향수로 몸을 가꾸며, 밀레토스[13]에서 가져온 진홍색 외투를 입었다는 말을 믿지 않게 되었다.

알키비아데스는 이처럼 남의 나라 풍속과 습관을 곧바로 자기 것으로 삼아, 카멜레온보다 더 빨리 변하는 모습을 보여 주었다. 그에게는 사람들의 마음을 사로잡는 특별한 재능과 기술이 있었던 것이다. 더군다나 카멜레온은 모든 색으로 변하지만 흰색으로만은 변할수 없다고 하는데, 알키비아데스는 좋은 일이든 궂은 일이든간에 똑같이 모방하는 재주를 가지고 있었다.

그렇기 때문에 그는 스파르타에 있는 동안에는 운동을 즐기며 검소한 생활을 했고, 이오니아에 있을 때는 호화롭고 쾌활한 사람이 되었고, 트라키아에 가서는 항상 술독에 빠져 있었으며, 테살리아에 있을 때는 항상 말타기를 즐길 수 있었던 것이다. 또 페르시아의 총독인 티사페르네스와 사귀는 동안에는 화려하고 호탕한 생활을 하여 페르시아인들까지도 놀라게 했다.

이와같이 자주, 그리고 쉽게 자기를 변화시킬 수 있었던 것은 그의 본성 때문은 아니었다. 그는 자기 고집을 내세워 상대방을 불쾌하게 만들 생각이 없었기 때문에 가는 곳마다 모습을 바꾸어 사람들의 호감을 사려고 했던 것이다. 스파르타에서 그의 겉모습을 본 사람들은 이렇게 말했다.

---

12) 데켈레아(Decelea): 아테네 시의 북쪽 지방으로 보이오티아와 경계를 이루고 있다. 이곳에 스파르타군이 주둔하여 아테네는 큰 위협을 받았으며 근처에 있는 은광(銀鑛)에서 나는 물자를 싣고 오는 길이 막히게 되었다.

13) 밀레토스(Miletos): 소아시아의 한 도시. 우수한 양털로 정교하고 아름다운 옷감을 만들었다. 그것들은 대개 귀한 염료인 진홍색으로 물을 들였다고 한다.

"저 사람은 아킬레우스의 아들이 아니라 바로 아킬레우스야."

사람들은 그를 리쿠르고스가 직접 기른 스파르타 사람처럼 생각했다. 그러나 그가 하는 행동들을 자세히 살펴본다면 그들은 "여전히 옛날과 다름없는 여자로군"[14] 하고 말했을 것이다. 왜냐하면 이 나라의 왕 아기스가 출정으로 자리를 비웠을 때 그가 왕비 티마이아를 유혹한 일 때문이었다. 알키비아데스는 티마이아에게 임신까지 시켜 아들을 낳았는데, 겉으로는 레오티키데스라고 불렀으나 왕비는 자신의 하인과 측근들에게 아기 이름이 알키비아데스라고 속삭였다. 그만큼 왕비는 알키비아데스에 대한 애정이 깊었다. 그러나 알키비아데스는 이것이 교만이나 쾌락을 위해서가 아니라 자기가 낳은 아들이 스파르타의 왕이 되게 하고 싶어서였다고 자랑스럽게 말했다. 아기스 왕은 이 일을 알고 왕자 레오티키데스에게는 왕위를 계승하지 못하도록 선포했다.

한편 아테네가 시칠리아 섬에서 패배한 뒤 키오스, 레스보스, 키지코스 세 곳에서 스파르타로 사절단을 보내왔다. 레스보스의 요구는 보이오티아 인들이, 그리고 키지코스의 요구는 파르나바조스가 지지하고 나섰다. 그러나 스파르타인들은 알키비아데스의 권유를 받아들이고 키오스의 요구를 들어주어 원조를 해주기로 결정했다. 그러자 알키비아데스는 직접 바다로 나가 이오니아 전국이 아테네에 대해 반란을 일으키도록 하고, 스파르타의 여러 장군들과 힘을 합쳐 아테네에 큰 타격을 주었다.

아기스 왕은 왕비와의 일로 그를 몹시 싫어하게 되었으므로, 모든 성공이 알키비아데스에게 돌아가는 것을 가만히 두고 볼 수가 없었다. 사람들은 알키비아데스 없이는 아무 일도 할 수 없다고 생각할 정도였다. 더구나 알키비아데스 때문에 명성을 잃은 스파르타의 세력 있는 사람들도 모두 그를 원망하고 있었다. 결국 그들은 의견을 모아 알키비아데스를 사형에 처하기로 하고 이오니아로 사람들을 보냈다.

알키비아데스는 이러한 일들을 모두 은밀히 전해듣고 있었다. 그는 위험을 느끼고 그들을 피해 페르시아로 가서 티사페르네스를 찾아갔다. 페르시아 왕의 총독인 티사페르네스는 원래 음험하고 야만적인 장군으로 이름이 나 있었는데, 그는 알키비아데스의 변신과 교활함을 보고 감탄을 했다. 그리고 알키비아데스의 보호 요청

---

14) 이 말은 에우리피데스의 시 오레스테스(Orestes) 제129연에 실려 있는 말로 아가멤논 왕의 딸인 엘렉트라가 그의 숙모인 헬레나에 대해서 한 말이다. 헬레나가 그의 언니 무덤에 자기 머리털을 바치려 했는데, 여자 마음에 겨우 머리털의 끝부분만 자른 것을 보고 했던 얘기다.

을 받아들여 그를 가까이 두었다. 알키비아데스는 곧 주위에 있는 사람들 중에서 가장 큰 세력을 얻게 되었다.

사실 알키비아데스는 모든 사람들의 시선을 끌 만큼 매력이 있었다. 그를 미워하고 싫어하던 사람이라도 알키비아데스와 얼굴을 대하고 있으면 금방 유쾌함을 느끼게 되었다. 그래서 페르시아에서 잔인한 인물로 통했던 티사페르네스는 그리스를 싫어했지만 알키비아데스의 교묘한 말과 행동에 사로잡히게 되었다. 그는 자기가 가진 정원 가운데서도 가장 맑은 물과 부드러운 풀과 아름다운 집이 있는 곳을 알키비아데스라고 이름을 붙였다. 그때부터 사람들은 그 정원을 알키비아데스라고 부르게 되었다.

알키비아데스는 아기스 왕이 자기를 적으로 생각한다는 것을 알고 더 이상 스파르타를 믿을 수 없게 되었다. 그래서 그는 스파르타와 함께 아테네를 정복하려던 계획을 버리고 새로운 계획을 세우자고 티사페르네스를 설득하였다. 스파르타가 식량 부족으로 힘들어지고 아테네와 스파르타가 둘 다 지치게 될 때 양쪽을 한꺼번에 치자는 것이었다.

티사페르네스는 그의 말대로 정책을 바꾸고, 알키비아데스의 의견을 크게 칭찬하였다. 그래서 알키비아데스는 그리스의 양쪽 사람들의 눈길을 끌었으며, 특히 아테네는 그에게 가혹한 벌을 주었던 일을 후회하게 되었다. 또 알키비아데스 자신도 만일 아테네가 완전히 망해 버리면 자기는 스파르타의 손에 잡히게 될 것이라는 생각 때문에 걱정을 하고 있었다.

당시 아테네의 병력은 사모스 섬에 머물러 있었다. 아테네의 함대 대부분도 여기에 있었으며 이오니아 지방의 반란을 진압하고 나머지 도시들을 지키는 군대도 이곳에 근거지를 두고 있었다. 큰 손해를 입었다고는 하지만 아직도 스파르타에 대항하여 싸울 만한 군사력은 남아 있는 상태였다.

그러나 아테네가 가장 두려워하던 것은 티사페르네스와 150척의 페니키아 함대였는데, 그들이 함께 쳐들어 온다는 소식은 그들에게 두려움을 안겨 주었다. 그것이 사실이라면 아테네의 운명은 이미 정해진 것이었기 때문이다. 이러한 사정을 잘 알고 있었던 알키비아데스는 당시 사모스 섬에 있는 아테네의 장군들에게 비밀리에 사람을 보냈다. 알키비아데스의 밀사는 티사페르네스를 그들 편으로 끌어올 수 있는 희망이 있다고 하면서, 알키비아데스는 평민들에게 환심을 사려는 것이 아니라 귀족들의 용기를 북돋우기 위해 자신의 몸을 바치겠다고 전했다.

아테네의 귀족들은 다같이 용기를 내어 평민들의 오만한 행동을 매듭짓고 정권을 잡아 아테네 시를 파괴에서 구해 내야 한다는 뜻을 비춰 보였다.

이 말을 전해들은 장군들도 모두 알키비아데스의 뜻을 고맙게 받아들였다. 그러나 단 한 사람, 디라데스 구에 사는 프리니코스만은 알키비아데스의 제안에 의혹을 품었다. 그래서 그는 알키비아데스가 뜻을 비춘 것은 아테네로 돌아오기 위한 계략이며, 귀족들의 환심을 사기 위해 이러한 행동을 한 것이라고 말했다. 그러나 그의 주장은 다른 사람들에게는 받아들여지지 않았다.

프리니코스는 자신의 처지가 불리해진 것을 알게 되었다. 그래서 그는 스파르타 함대의 사령관 아스티오코스에게 비밀스럽게 편지를 보내어, 알키비아데스는 이쪽 저쪽을 다 배신하려고 하니 조심하라고 경고했다. 그러나 그는 서신을 받은 사람이 알키비아데스의 편이라는 것을 모르고 있었다. 아스티오코스는 티사페르네스의 신임을 얻기 위해, 그와 가까이 지내던 알키비아데스에게 이 사실을 모조리 다 알려 주었다. 알키비아데스는 곧바로 사모스 섬에 사람을 보내어 프리니코스를 반역죄로 고발했다.

이 소식을 들은 사람들이 모두 분개하며 프리니코스와 대항을 하게 되자, 프리니코스는 궁지에 몰린 나머지 더 큰 일을 계획했다. 그는 다시 한 번 아스티오코스에게 사람을 보내어 그의 배신을 비난하는 한편, 아테네의 함대를 그에게 넘겨 주겠다고 약속했다. 그러나 아스티오코스는 이 편지의 내용마저도 알키비아데스에게 폭로하고 말았다.

한편 프리니코스는 혹시 알키비아데스가 다시 이 사실을 알게 될 것을 염려하고 있었다. 그래서 자기 편이 먼저 앞지르기 위해 아테네 사람들에게 적이 공격을 준비하고 있으니, 진영의 방어를 튼튼히 하고 배에 오를 준비를 하고 있으라고 명령하였다.

이 때 알키비아데스로부터 편지가 전해져 왔다. 프리니코스가 적에게 아테네 군과 항구를 넘겨줄 흉계를 꾸미고 있으니 조심하라는 것이었다.

그러나 아테네 군은, 알키비아데스가 적의 모든 행동을 알고 있기 때문에 프리니코스를 모함하고 있는 것이라 생각하고 이 편지의 내용을 믿지 않았다.

그러나 얼마 후 프리니코스가 경찰인 헤르몬의 칼에 찔려 죽었을 때, 아테네 사람들은 숨겨진 사실들을 모두 알게 되었고 그에게 반역자라는 판결을 내렸다. 그리고 헤르몬에게 영광의 꽃다발을 주었다.

이렇게 해서 알키비아데스는 사모스의 지지를 얻게 되었다. 그래서 그는 피산드로스를 아테네에 보내 귀족들에게 정권을 장악하라고 선동하였다. 그리고 이 일이 성공하면 알키비아데스 자신은 티사페르네스를 아테네 편으로 끌어들이겠다고 했다.

그러나 정권이 바뀌어 5천인 정치(실제로는 4백명)가 시작되자 알키비아데스에 대한 생각은 잊어버리고 전쟁에도 힘을 기울이지 않았다. 시민들은 개혁을 믿지 않았고, 언제나 소수 정치에 대해 좋은 반응을 보이던 스파르타 사람들이 이제는 자기들의 유리한 조건을 들어줄 것이라고 생각했던 것이다.

정권에 대항한 많은 사람들이 죽어가는 것을 보고, 아테네 시민들은 속마음을 숨기고 새로운 정권에 복종하는 시늉을 하며 조용히 지낼 수밖에 없었다. 사모스 섬에 있던 사람들은 이런 사정을 전해듣고 몹시 분개하여 즉시 공격하려 했다. 그래서 4백인에 의한 정치를 몰아내기 위해 알키비아데스를 장군으로 앉히고 임무를 부여했다.

알키비아데스의 행동은 장군다웠다. 고향도 없이 떠돌던 처지에서 많은 군사를 다스리는 장군의 지위에까지 올랐지만 그는 결코 가볍게 행동하지 않았다. 알키비아데스는 조급한 행동으로 몰고 가려는 민중들의 분노를 억제하여 아테네를 구하려 했던 것이다. 만일 이 때 그들이 아테네를 향해 배를 몰고 갔더라면 이오니아 지방 전체와 헬레스폰토스, 그리고 에게 해에 있던 모든 섬들은 그대로 적의 손에 넘어갔을 것이 틀림없고, 아테네는 내란으로 같은 민족끼리 싸우게 되는 비극을 맞았을 것이다.

이러한 화를 면하게 했던 것은 한 사람의 힘이라고는 하기 어렵지만 적어도 알키비아데스의 공이 컸던 것은 사실이었다. 그는 흥분해 있는 사람들의 어리석은 생각을 지적해 주고 그들이 어떤 위험에 처해 있는지를 설명했다. 그리고 사모스 섬을 떠나서는 안 된다고 그들을 설득했다.

이 때 그를 도와준 사람은 스테리아 출신의 트라시불로스였는데, 그는 아테네 사람 중에서 가장 목소리가 컸다고 한다. 그는 항상 알키비아데스를 따라다니며 싸우러 가려는 사람들을 설득하여 되돌아서게 만들곤 했다.

알키비아데스는 또 스파르타를 돕기 위해 페르시아가 파견한 페니키아 함대를 아테네 편으로 끌어들이거나 적어도 스파르타와 합세하는 것을 막았다. 그는 급히 배를 타고 나가 아스펜도스까지 와 있던 페니키아 함대를 막아냈다.

아테네와 스파르타는 알키비아데스의 행동을 고마워했다. 특히 스파르타는 그리스인들끼리 싸워 다같이 망하게 하려고 한 페르시아의 정책을 알키비아데스가 꺾었다고 하면서 칭송을 아끼지 않았다. 만약 어느 한 쪽의 군대가 커지는 날에는 페니키아 함대가 바다를 완전히 장악할 것이 분명했기 때문이다.

그 후 알키비아데스를 지지하는 사람들은 평민들의 민주 정치에 찬성하는 사람들과 함께 맹렬히 공작을 펴서 4백인에 의한 정권을 무너뜨렸다. 그러자 아테네 사람들은 이제 알키비아데스가 돌아오기를 희망하게 되어 그에게 귀국을 요청했다. 그러나 그는 민중들의 뜻만 믿고 빈손으로 돌아갈 수는 없다고 생각하고 영예와 공적을 세울 결심을 했다.

그와 같은 뜻을 품은 알키비아데스는 몇 척 안 되는 군선을 이끌고 사모스 섬을 출발하여 크니도스와 코스 근처를 항해했다. 그러다가 스파르타의 장군 민다로스가 전군대를 이끌고 헬레스폰토스로 가고 있고 아테네 군이 이를 뒤쫓고 있다는 소식을 들었다. 그는 아테네 군을 돕기 위해 급히 배를 돌렸다.

18척의 군선을 이끌고 북쪽으로 항해를 하여 도착했을 때는 양쪽 군대의 싸움이 막바지에 이르렀을 때였다. 양쪽 함대는 아비도스 섬 근처에서 맞붙어 치열한 접전을 벌이며 밤을 맞고 있었다. 알키비아데스가 나타났을 때, 이들은 착각을 하여 오히려 아테네 군이 겁을 내며 당황을 하고 적군은 용기를 얻었다. 그러나 알키비아데스가 아테네의 깃발을 뱃머리에 올리고 적을 향해 달려들자 상황은 뒤바뀌고 말았다. 알키비아데스는 스파르타 군의 함대를 공격하여 해안까지 추격을 했다. 적군들은 배를 버리고 모두 흩어지며 도망갔다. 때마침 파르나바조스가 군선을 이끌고 나타났지만 싸움의 결과는 이미 결정된 상태였다. 결국 아테네 군은 적의 군선 30척을 얻고, 잃었던 자기 편의 배도 모두 다시 찾아냈으며 승리의 기념비를 세웠다.

알키비아데스는 이 빛나는 승리를 자랑하기 위해 많은 선물을 가지고 티사페르네스를 찾아갔다. 그러나 그는 전혀 뜻하지 않은 대접을 받았다. 티사페르네스는 스파르타 사람들의 의심과 왕의 미움을 풀기 위해 알키비아데스를 체포했던 것이다. 이렇게 해서 그는 알키비아데스를 사모스 섬에 가두어 그와 내통했다는 혐의를 벗으려고 했다.

그러나 갇힌 지 30일만에 알키비아데스는 감시를 뚫고 사모스 섬에서 도망쳐 나왔다. 말 한 필을 구해 클라조메나이로 빠져나온 그는 티사페르네스가 도와주어 도망을 칠 수 있었다고 소문을 퍼뜨렸다. 그 뒤 헬레스폰토스에 있는 아테네의 함대로 가서 민다로스와 파르나바조스의 행방을 찾았다. 그리고 그는 땅에서도 바다에서도 또 성벽 안에서도 싸워야 하며, 이기지 못한다면 보수를 받을 수 없다고 연설했다. 알키비아데스는 그들을 배에 태우고 곧 펠로폰네소스로 갔다. 적이 눈치 채지 못하도록 도중에서 만나는 배는 모두 잡아서 함대 한가운데에 몰아넣어 도망치지 못하게 했다. 마침 천둥번개가 울리면서 세상이 어두워졌으므로 적은 이들의 움직임을 전혀 알 수가 없었다. 또 계획을 포기하고 있는 사람들에게 갑자기 배를 타고 출항을 하라고 명령했기 때문에 아테네 사람들 중에서도 그들이 올 것을 모르고 있는 사람들이 많았다.

구름이 조금씩 비껴나면서 키지코스 항구 앞바다에 펠로폰네소스(스파르타) 군의 함대가 떠 있는 것이 보였다. 알키비아데스는 자신들의 엄청난 함대를 보고 적군이 육지로 도망칠지 모른다고 생각하고, 여러 배의 함장에게 속력을 줄이고 조용히 뒤따르라고 명령을 내렸다. 그리고 그는 40척의 군함을 이끌고 전진하여 적을 유인하기 위해 다가갔다.

적은 이쪽의 배가 40척밖에 안 되는 것을 보고 공격을 해왔다. 그러나 싸우는 도중 나머지 함대들이 모두 달려들자 두려움을 느끼고 모조리 달아나고 말았다. 알키비아데스는 이것을 보고 가장 빠른 배 20척을 이끌고 적의 한가운데를 헤치고 쏜살같이 달려들어 도망치는 적을 잡았다. 그들을 구하려고 달려온 민다로스와 파르나바조스도 여지없이 격퇴되고 말았다. 민다로스는 용감히 싸우다가 죽음을 맞았고, 파르나바조스는 간신히 몸을 피해 도망쳤다.

이 전투에서 아테네 군은 많은 적을 죽이고 전리품과 적 군함들을 손에 넣었다. 그들은 또 파르나바조스가 버리고 간 키지코스를 점령하여 펠로폰네소스의 기지를 파괴하고 헬레스폰토스의 패권을 잡았다. 모든 바다에서 스파르타 군은 자취를 감추게 되었다. 그들은 적이 자기 나라의 에포로스들에게 보낸 몇 통의 문서를 빼앗았는데, 거기에는 스파르타 사람 특유의 간결한 문체로 다음과 같이 치명적인 패배의 보고가 씌어 있었다.

배를 모두 잃었음. 민다로스는 전사. 군사는 모두 굶어죽을 지경에 이르렀음. 더 이상 방법이 없음.

알키비아데스의 군대는 최후의 승리로 의기양양해졌다. 그들은 다른 장군들의 군대와는 섞이려고도 하지 않으며, 세상에서 자기들을 당할 자는 없다는 듯이 교만해졌다. 얼마 전에 트라실로스 군은 에페소스에서 패배한 일 때문에 알키비아데스 군의 사기는 더욱 높아질 수밖에 없었다. 에페소스 사람들은 그때 청동으로 기념비를 만들어 아테네 사람들의 치욕을 새겨넣었던 것이다. 알키비아데스의 부하 병사들은 자신들의 군대를 자랑으로 여기며 트라실로스의 지휘에 있는 병사들을 비웃고, 그들과 같이 훈련을 하거나 그들이 자기들의 영역에 들어오는 것도 싫어했다.

그러나 얼마 뒤 트라실로스 군이 아비도스를 침공하고 있을 때 파르나바조스가 군대를 이끌고 쳐들어 왔고, 알키비아데스는 트라실로스와 함께 싸우게 되었다. 그들은 힘을 합해 파르나바조스 군을 모조리 부수고 밤이 깊도록 추격한 다음, 두 장군의 군대는 전우가 되어 함께 축하의 말을 주고받으며 진영으로 돌아왔다.

다음날 알키비아데스는 그곳에 승리의 기념비를 세우고 파르나바조스의 지역을 불과 칼을 휘두르며 약탈했다. 감히 저항을 하는 자는 아무도 없었다. 알키비아데스는 여러 신전의 제관들과 여자 제관들까지 포로로 잡았지만, 그들을 그냥 돌려보내 주었다. 다음으로 그는, 아테네를 배반하고 스파르타를 받아들인 칼케돈 시를 공격하기 위해 준비를 갖추었다. 알키비아데스는 곧바로 칼케돈 시를 공격하려 했지만, 그들이 가축과 식량을 비티니아로 옮기고 있다는 정보를 얻어냈다. 그래서 그는 군대를 비티니아 국경으로 끌고가 그들의 행동을 질책했다. 그러자 비티니아는 칼케돈에서 보내온 물자들을 알키비아데스에게 바치고 동맹을 맺었다.

알키비아데스는 칼케돈을 완전히 포위하고, 바다까지 이르는 바리케이드를 쌓아 봉쇄하려고 하였다. 그러자 파르나바조스는 이 포위망을 뚫기 위해 군사를 거느리고 쳐들어왔다. 이와 함께 칼케돈의 히포크라테스도 자기가 데리고 있던 군사를 모아 아테네 군을 공격해 들어왔다. 알키비아데스는 두 군사를 동시에 대항하기 위해 군사를 둘로 나누었다. 그들은 앞뒤의 적을 맞아 파르나바조스를 격파하고, 히포크라테스를 죽였으며, 많은 군사들을 몰아내었다.

그 후 알키비아데스는 군자금을 거두기 위해 배를 타고 헬레스폰토스를 돌았다. 그런데 그가 도중에 셀림브리아 시를 빼앗기 위해 전투를 벌이다가 커다란 위험에 부딪히게 된 일이 있었다.

성 안에 내통하는 자가 있어 밤에 횃불을 올려 알키비아데스에게 신호를 하기로 되어 있었는데, 그 중 한 사람이 변심한 것을 보고 다른 사람들이 약속보다 일찍 신호를 보냈던 것이다. 알키비아데스는 횃불이 오르는 것을 보고 아직 공격 준비가 덜 되어 있는 상태에서 먼저 30명만 이끌고 성으로 달려갔다. 약속대로 성문은 열려 있었다. 그는 뒤쫓아온 20명을 합해서 성 안으로 들어갔다. 그런데 셀림브리아 군은 완전히 무장을 한 채 거리를 내려오고 있었다. 그들과 맞서 싸우다가는 도저히 살아나올 가망이 없었다. 그러나 적에게 등을 보이고 도망을 간다는 것도 수치스러운 짓이었다.

알키비아데스는 나팔을 불게 한 다음, 셀림브리아 군이 아테네 군에게 반항한다는 건 어림도 없는 짓이라고 큰 소리로 외쳤다. 이 소리를 들은 셀림브리아 군은 알키비아데스의 군사가 모두 시내에 들어와 숨어 있다고 생각하고 싸울 힘을 잃어버렸다. 그들은 평화적으로 이 사태를 수습하려고 했다.

서로 자기 편의 의견을 내놓으며 담판을 짓고 있는 동안 알키비아데스의 군대는 도시를 완전히 포위하였다. 알키비아데스는 셀림브리아가 자기들과 화해를 원한다는 것을 믿고, 트라키아 군이 시내를 약탈하지 못하도록 성 밖에 나가 있으라고 명령했다. 그리고 나서 그는 시민들에 대한 보호를 약속하는 대신 돈을 받은 다음, 수비군을 성 안에 남기고 그곳을 떠났다.

한편 칼케돈을 포위하고 있던 아테네의 장군들은 다음과 같은 조건으로 파르나바조스와 휴전을 하였다. 즉, 파르나바조스는 배상금을 여러 장군에게 바칠 것, 칼케돈 사람들은 아테네에 다시 복종할 것, 아테네 군은 파르나바조스가 다스리는 영역을 침범하지 않을것, 그리고 페르시아 왕에게 보내는 아테네 사절단의 안전을 보장할 것 등이었다. 파르나바조스는 알키비아데스가 셀림브리아에서 돌아오자, 그에게도 이 조약에 선서를 하라고 요구했다. 그러나 알키비아데스는 파르나바조스가 먼저 선서를 하라면서 자신의 주장을 굽히지 않았다. 알키비아데스의 주장대로 양쪽이 조약에 선서를 하고 나자, 그는 아테네에 반기를 든 비잔티움을 치기 위해 다시 길을 떠났다.

그는 비잔티움에 도착하여 곧 도시를 포위하였다. 성 안에 있던 아낙실라오스와 리쿠르고스는 시민의 재산과 생명을 보호해 준다면 도시를 내주겠다고 화해의 조건을 제시했다. 그러나 알키비아데스는 급한 일이 생겨서 이오니아로 떠난다는 소문을 퍼뜨렸다. 그러고는 전 함대를 이끌고 떠나는 것처럼 꾸민 뒤 밤이 깊어지자 다시 군대를 상륙시켰다. 그들은 소리없이 성벽 아래로 숨어들어갔다.

알키비아데스는 군대를 숨긴 뒤 함대에 명령하여 소란스럽게 항구에 들어오라고 했다. 뜻하지 않은 공격을 받은 비잔티움 사람들은 크게 겁을 먹고 모두 항구로 들어오는 배에 정신이 팔렸다. 그 틈을 타서 아테네 군은 성벽을 치고 들어갔다.

그러나 이런 모험에도 전투는 뒤따르게 마련이다. 시내에 있던 스파르타, 메가라, 보이오티아 등의 군대는 배에서 내린 아테네 군을 무찔러 다시 배로 도망치게 했고, 아테네 군의 다른 한 편이 성 안으로 들어갔다는 소식을 전해 듣고 대열을 정비한 뒤 성으로 밀려들어왔다. 치열한 전투가 벌어졌다. 그러나 알키비아데스가 우익을 맡고 테라메네스는 좌익을 지휘하여 격렬한 싸움을 벌인 끝에 승리를 거두어 300명의 포로를 사로잡았다. 전투가 끝났을 때 알키비아데스는 약속에 따라 시민의 재산과 생명은 해치지 않았다. 아낙실라오스는 그 후 스파르타로 가서 반역죄로 체포되었으나, 그는 떳떳한 모습으로 이렇게 말했다.

"나는 스파르타 사람이 아니라 비잔티움 사람입니다. 그리고 스파르타가 아니라 비잔티움이 위기에 빠져 있었습니다. 적이 도시를 포위하고 있어 식량이 바닥난 데다가 시내에 있던 식량들마저 스파르타와 보이오티아인들이 먹어 버렸기 때문에 비잔티움 사람들은 가족과 함께 굶어 죽을 지경에 이르렀습니다. 그러므로 나는 결코 나라를 팔아넘긴 것이 아니라 전쟁의 피해에서 내 나라를 구해 낸 것뿐입니다. 이것은 스파르타의 훌륭한 정신을 본받은 것이니, 그것은 나라를 섬기는 것이 가장 고귀하고 정당한 정신이라는 것입니다."

스파르타 사람들은 이 말을 듣고 그를 무죄로 풀어 주었다.

한편 알키비아데스의 가슴속에는 고국에 대한 그리움이 깊어갔다. 그는 많은 승리를 거두었으므로 동포들의 환영을 받고 싶었다. 마침내 그는 함대를 아름답게 장식하고 아테네를 향해 돛을 올렸다. 그를 뒤따르는 모든 배는 수많은 방패와 전리품으로 장식을 하고, 적으로부터 빼앗은 배에는 2백 개의 깃발을 세우고 뒤따르게 했다.

알키비아데스의 후손이라고 자칭하는 사모스의 두리스는 여기에 덧붙여, 피티아 예술제의 우승자 크리소고노스가 피리를 불고, 비극배우 칼리피데스가 장화에 진홍빛 옷을 입고 있었으며, 배는 마치 놀러나가는 것처럼 자줏빛 돛을 올리고 항구에 들어왔다고 전하였다. 그러나 이 이야기는 아마도 과장된 것 같다. 테오폼포스, 에포로스, 크세노폰 등의 기록에는 이 같은 구절이 없을 뿐 아니라, 오랫동안 망명 생활로 불행을 겪었던 사람이 이처럼 호화롭고 교만스러운 행동을 했다는 것도 믿어지지 않는다.

사실 그는 경계심을 늦추지 않고 있었으며, 항구에 도착한 뒤에도 배에서 내리지 않고 있다가 그의 사촌 에우리프톨레모스가 친구와 친척들을 데리고 나온 것을 보고서야 조심스럽게 배에서 내려왔다고 한다.

그가 상륙하자, 마중나왔던 군중들은 다른 장군들은 쳐다보지도 않고 알키비아데스에게 달려와 그를 둘러쌌다. 그들은 알키비아데스에게 갈채와 함께 꽃을 던지며 열광적으로 환영했다. 사람들을 비집고 그에게 가까이 간 사람은 그의 머리에 꽃다발을 씌웠고, 멀리 있는 사람들은 오랫동안 그를 바라보았으며, 노인들은 어린이들에게 그가 어떤 사람인지를 일러 주었다.

그러나 지난날 겪었던 고생 때문에 이 날의 기쁨에는 눈물이 스며들었다. 시민들은 알키비아데스를 학대하지 않았더라면 시칠리아에서 그토록 비참한 패배를 맞지도 않았을 것이며, 그들이 희망했던 다른 기대들도 무너지지 않았을 것이라고 생각했다. 그는 아테네가 바다에서 겨우 세력을 유지하고, 땅에서는 간신히 성벽이나 지키고 있고, 국내에서는 정치 싸움으로 어지러울 때 나타났다. 그리고 이 어려운 나라를 다시 일으켜 바다의 세력을 모두 회복하고 모든 땅 위에서 승리를 떨치게 했던 것이다.

알키비아데스를 추방에서 풀어주고 아테네로 다시 돌아오도록 제안한 것은 칼라이스크로스의 아들 크리티아스였다. 크리티아스는 이 일을 다음과 같은 시로 남겨 두었다.

> 나는 법령을 제안하여
> 그대를 고달픈 타향에서 돌아오게 하였다.
> 내가 시민들의 마음을 움직였으니
> 그대가 조국에 돌아온 것은 나 때문이다.

알키비아테스가 돌아오자 곧 사람들은 공회당에 모여들었다. 그는 연설에 나서서 자기의 어려움과 불행을 눈물로 호소하면서 민중들의 가혹한 결정을 운명의 탓으로 돌렸다. 그리고 아테네의 앞날은 더욱 빛날 것이라고 말하며 그들에게 희망을 북돋아 주었다. 시민들은 그에게 금관을 주고, 바다와 땅에서 가장 큰 권력을 가질 수 있는 장군으로 임명했다. 또 몰수했던 그의 재산을 되돌려주며 사제들에게 그를 저주하는 기도를 그만두도록 했다. 그러나 사제장인 테오도로스만은 이것을 거절하고 이렇게 말했다.

"만일 아무 죄도 없었다면 나는 그를 저주하지 않았을 것이오."

알키비아데스는 시민들의 환영을 받으며 영광의 길을 달리고 있었지만, 어떤 사람들은 그가 귀국한 날짜가 불길하다며 걱정을 하였다. 그가 항구에 내린 날은 아크로폴리스에 모신 아테나 여신의 옷과 장식을 벗겨 깨끗이 하는 날이었다. 그래서 이 날은 사람들이 여신을 보지 못하도록 신전을 폐쇄하였다. 이 행사는 타르켈리온 달 25일에 이루어졌는데, 아테네 사람들은 이 날을 일 년 중 가장 불길한 날이라고 생각하여 이 날에는 중요한 일을 하지 않았다. 그렇기 때문에 사람들은 여신이 은혜와 자비로 알키비아데스를 맞아 주지 않고 얼굴을 숨겨 그를 외면한 것이라고 생각하였다. 그러나 모든 일은 알키비아데스가 뜻한 대로 진행되어 갔다.

그는 군함 백 척이 이미 출범 준비를 갖추고 있었지만, 엘레우시스 제사가 끝날 때까지 출항을 연기하고 있었다. 그런데 데켈레이아와 엘레우시스로 가는 이 행사의 길목에 스파르타 군이 있었기 때문에 그들은 바다로 길을 바꿀 수밖에 없었다. 그렇게 되면 행사는 장엄하고 엄숙한 많은 부분을 생략해야만 했다. 알키비아데스는 이 뜻깊은 행사를 제대로 치르게 하기 위해 제사 행렬을 자기의 군대로 보호하겠다고 말했다. 그것은 신들에게 영광을 보내는 동시에 자신의 명성을 드높이는 기회가 되었기 때문이다. 스파르타 왕 아기스는 위신을 위해서라도 이 행렬을 공격할 것이 분명했다. 그리고 알키비아데스가 그것을 막아낸다면, 그는 조국의 가장 성스러운 행사를 보호하고 전 국민의 눈 앞에서 자신의 용기를 보여줄 수 있었다.

그는 이 계획을 사제들과 의논하여 승낙을 받았다. 그는 엘레우시스로 가는 길에 미리 보초병들을 올려보냈다. 그리고 새벽이 되자 정찰병을 앞세우고 사제들을 군대로 보호하면서 질서정연하고 장중한 행렬을 지어나갔다. 이 장엄한 행렬을 보고 사람들은, 알키비아데스가 장군과 사제장의 역할을 훌륭하게 치렀다고 모두 칭찬을 아끼지 않았다.

적은 그들에게 감히 손 하나 대지 못했고 알키비아데스는 행렬을 이끌고 무사히 아테네 시로 되돌아왔다. 이 일로 알키비아데스가 기뻐했음은 물론이고, 시민들은 그에게 더 큰 존경과 사랑을 보내게 되었다. 그리고 그들이 지휘하는 군대는 세상에 아무것도 두려울 것이 없다면서 어깨를 폈다.

특히 그는 계급이 낮은 민중들에게 인기가 높았다. 그들은 그에게 자신들을 통치해 달라고 요구했고 나중에는 스스럼없이 이런 뜻을 알렸다. 그리고 법이든 정치든 마음에 들지 않는 것은 모두 없애고, 남의 질투나 시기를 받지 않는 가장 높은 지위에 올라 정치를 해 달라고 했다.

알키비아데스가 그들의 요구대로 최고의 권력(참주)에 오르려는 생각을 했는지는 알 수 없다. 그러나 유력한 시민들은 이것을 염려하여, 하루 빨리 그를 배에 태워 다시 바다로 내보내기로 결정했다. 그들은 알키비아데스가 원하는 것을 다 허락하고, 달라는 대로 사람을 주었다. 그래서 그는 군선 백 척을 거느리고 안드로스로 갔다. 이곳에서 그는 주민과 그들을 원조한 스파르타에 싸움을 걸어 승리를 거두었다.

그러나 그때 도시를 점령하지 않았던 것이 문제가 되어 정적들이 알키비아데스를 문책하는 기회가 되었다. 만일 자기의 영광 때문에 파멸한 사람이 있다면 알키비아데스가 바로 그런 사람이었다. 그의 잇따른 성공 때문에 사람들은 그가 일부러 도시를 그냥 두었다고 생각했고, 그가 다른 일에서 어쩌다가 실수를 하더라도 그의 힘이 모자라서였다고는 결코 생각하지 않았다.

그들은 알키비아데스가 키오스와 이오니아 해안 전체를 정복했다는 소식을 기다리고 있었지만 그들이 바라던 대로 승전소식이 오지 않자 초조해하기 시작했다. 그들은 군자금이 얼마나 모자라는지, 적들이 얼마나 충분한 물자를 가지고 있는지는 생각하지 못했으며, 알키비아데스가 군수품과 돈을 마련하기 위해 자주 군대를 두고 돌아다녀야 한다는 것을 전혀 알지 못했던 것이다. 그리고 알키비아데스가 돈을 마련하기 위해 군대를 떠나 있는 동안 드디어 사건이 벌어지게 되었다.

당시 스파르타의 함대 사령관으로 파견된 리산드로스는 키로스[15]로부터 막대한 자금을 공급 받았으므로 병사들의 급료를 3오볼[16]에서 4오볼로 올려 주었다. 알키비아데스는 부하들에게 3오볼의 수당조차 줄 수 없을 만큼 어려웠기 때문에 돈을 마련하기 위해 카리아로 갔다. 그는 자기가 없는 동안 함대의 지휘를 안티오코스에게 맡겼다. 안티오코스는 숙달된 장군이기는 했지만 성급하고 무모한 사람이었다. 알키비아데스는 떠나면서 적이 공격해 오더라도 절대 싸우지 말라고 분명히 지시를 했으나 그는 그의 명령을 무시하고 말았다.

그는 자기의 군선과 다른 배 한 척을 이끌고 에페소스로 가서, 바닷가에 줄지어

---

15) 키로스(Cyrus): 페르시아 왕자로 아르타크세르크세스의 동생. 당시 소아시아 여러 지방의 군정관으로 있었다.

16) 오볼(obol): 1오볼은 1드라크마의 6분의 1.

늘어선 적의 뱃머리를 스쳐가며 적을 자극했다. 이것을 보고 리산드로스는 처음에 몇 척의 배만 보내어 그를 추격했으나, 남아 있던 아테네 군이 나서는 것을 보고 모든 함대를 출동시켰다. 싸움은 크게 번졌으며 결국 리산드로스의 승리로 끝이 났다. 리산드로스는 안티오코스를 죽이고 많은 병사와 군함을 손에 넣었으며 기념비를 세워 승리를 축하했다. 알키비아데스는 이 소식을 듣고 급히 사모스 섬으로 돌아와서 남은 군대를 거느리고 리산드로스에게 도전했다. 그러나 리산드로스는 이미 얻은 승리에 만족하여 꼼짝도 하지 않았다.

이렇게 되자 알키비아데스를 미워하던 사람 가운데 트라손의 아들 트라시불로스가 사람들을 선동하고 나섰다. 트라시불로스는 알키비아데스를 고소하고 그를 시기하던 사람들을 설득하기 위해 아테네로 가서 민중들 앞에 섰다.

"알키비아데스는 전쟁에 지고 함대를 모두 잃었습니다. 그것은 그가 권력을 함부로 쓰면서 군대를 버리고 돌아다녔기 때문입니다. 그는 술과 욕설밖에는 모르는 놈에게 군대를 맡기고 기생들과 술을 마시며 여기저기를 돌아다녔고, 적군이 호시탐탐 우리 함대를 노리고 있는 것도 돌보지 않았습니다. 그뿐 아니라 자기 혼자 안전하게 살 곳을 마련하려고 트라키아에 성을 쌓고 있으니, 이것은 그가 조국을 내팽개치겠다는 속셈이 아니겠습니까?"

아테네 사람들은 이 말에 크게 자극을 받고 알키비아데스 대신 다른 장군들을 선출하였다. 알키비아데스는 이 소식을 듣자 앞으로 어떤 일이 닥칠지 불안해졌다. 그래서 그는 아테네 군에서 곧바로 물러나온 다음, 다른 나라 사람들을 모아 자기의 군대로 모집하였다. 그리고 이들을 이끌고 나가 왕을 인정하지 않는 트라키아 민족[17]에게 전쟁을 걸어 많은 전리품을 얻었고, 그 이웃에 있는 여러 나라들을 외적의 위협으로부터 보호해 주었다.

한편 아테네 시민들이 새로 임명한 티데우스, 메난드로스, 아디만토스 등의 장군들은 아테네 군이 남겨 놓은 전 함대를 이끌고 아이고스포타미에 머물러 있었다. 이 곳에서 그들은 매일 아침 바다에 배를 띄워 람프사코스 부근에 진을 치고 있는 리산드로스에게 도전을 해보고는 다시 돌아와 하는 일 없이 하루를 보내고 있었다. 그들

---

17) 그들은 'abasileutoi', 즉 왕의 지배를 받지 않는 자들로 자유로운 민주적 헌법을 가지고 있었다. 알키비아데스는 이들을 정복하여 부하로 삼았다.

은 적을 얕보았고 규율도 없이 군대를 내버려 두었다.

멀지 않은 곳에 있던 알키비아데스는 이러한 사정을 알게 되자 그들의 위험을 두고 볼 수만은 없었다. 그는 세 명의 장군을 찾아가, 안전한 항구도 없는 데다가 도시와 멀리 떨어져 있으므로 군수품과 식량을 실어오기 위해 함대를 세스토스로 이동하라고 권유했다. 그리고 병사들을 아무렇게나 풀어 주는 군대는, 한 장군 밑에서 엄격하게 훈련을 받고 있는 적의 군대를 결코 이길 수 없다고 말했다. 그러나 장군들은 그의 말에 귀를 기울이지 않았다. 심지어 티데우스 같은 사람은, 군대를 지휘하는 사람은 알키비아데스가 아니라 자기들이니 물러가라고 나무랐다. 알키비아데스는 그들이 다른 생각을 품고 있어서 그러는 것이라 생각하고 되돌아왔다.

그는 진영 밖에 나와 있는 친구들에게, 만일 장군들이 자신을 모욕하지 않았다면 며칠 안으로 스파르타와 한판 싸움을 벌여 그들이 배를 버리고 도망하게 했을 것이라고 말했다. 이것은 단순히 허풍이라고 생각했던 사람들도 있었지만, 트라키아인들로 편성된 그의 강력한 군대를 출동시킨다면 그의 말대로 되었을 것이라고 생각한 사람들도 있었다.

그러나 그 후에 일어난 일들은 아테네 군이 범한 잘못을 알키비아데스가 얼마나 정확하게 판단했는가를 알게 해주었다. 리산드로스는 그들이 방심하는 틈을 타 맹렬히 공격했으며, 이 때문에 코논이 군선 8척만을 이끌고 겨우 도망쳤을 뿐 거의 2백 척이나 되는 함선과 3천 명의 포로의 목숨을 리산드로스의 손에 넘겨 주고 말았다. 곧이어서 리산드로스는 아테네까지 점령해 들어갔으며, 군선을 모두 불태우고, 성벽을 모조리 파괴해 버렸다.

알키비아데스는 스파르타 군이 바다와 육지에서 막대한 패권을 잡게 되자 군대를 모두 끌고 비티니아로 물러났다. 그는 이전부터 많은 재산을 이곳에 옮겨두었기 때문에 스파르타의 엄청난 세력을 피할 수 있었다. 그러나 그는 비티니아인들에게 재산을 반 이상 빼앗기고 말았다.

그는 페르시아의 아르타크세르크세스 왕의 궁정에 들어가 몸을 숨기기로 결심하였다. 자신의 세력이 테미스토클레스보다 못하지 않았을 뿐 아니라 찾아가는 명분도 훨씬 떳떳했기 때문에 왕이 그를 도와주리라고 믿었다. 그는 테미스토클레스처럼 자기 나라에게 복수를 하려는 것이 아니라, 조국을 구하기 위해 도움을 청하려는 것이었기 때문이었다. 그는 파르나바조스에게 가면 자신을 기쁘게 맞아주리라고 생각하고, 우선 프리기아로 그를 찾아갔다. 그리고 그곳에서 얼마 동안 묵으며 후한 대접을 받을 수 있었다.

한편 아테네 사람들은 이미 자기들의 영토를 잃은 절망에 빠져 있는데다가 리산드로스에게 자유마저 잃게 되었다. 그리고 리산드로스가 아테네 시에 독재 정권을 세우는 것을 보자 파멸의 슬픔을 맛보게 되었다. 그들은 과거의 잘못과 어리석은 행동을 깨닫고, 알키비아데스에게 용서받을 수 없는 짓을 두 번이나 저질렀음을 후회했다. 알키비아데스의 부하가 배 몇 척을 잃었다고 해서 아무 잘못도 없는 그에게 혹독한 벌을 주었기 때문에, 가장 용감하고 훌륭한 장군을 잃게 되고 이런 슬픔까지 당하게 된 것이었다.

그러나 이런 처참한 지경에서도 그들은 알키비아데스가 어딘가에 살아 있는 한 희망은 있다고 생각했다. 전에 알키비아데스가 망명객으로 떠돌고 있을 때도 한가한 생활을 하지 않았으니, 지금과 같은 상황을 안다면 분명히 그가 가만히 앉아 있지만은 않을 것이라고 믿고 있었다.

이러한 민중들의 생각은 아무 근거도 없는 희망은 아니었다. 스파르타의 새로운 정권들이 알키비아데스의 행동을 하나하나 지켜보며 두려움에 떨고 있었던 것을 보아도 짐작할 수 있는 일이다.

그리고 이 때 크리티아스라는 사람은 리산드로스에게, 스파르타가 아테네의 민주적인 색채를 완전히 없애 버리지 않고는 결코 그리스를 지배할 수 없으며, 아테네인들이 고분고분 따른다고 해도 알키비아데스가 가만히 있지 않을 것이라고 충고했다.

리산드로스는 알키비아데스를 없애 버리라는 비밀문서를 파르나바조스에게 보냈다. 그리고 파르나바조스는 그의 형제인 마가이오스와 숙부 수사미트레스에게 이 일을 부탁했다. 그때 알키비아데스는 프리기아의 한 마을에서 티만드라라는 여인과 같이 살고 있었다. 그는 어느 날 밤 꿈을 꾸었는데, 티만드라의 옷을 입고 있는 자신에게 티만드라가 다가와서 머리를 빗겨 주고 화장을 시켜 주는 것이었다. 다른 설에 의하면, 마가이오스한테 목을 잘리고 몸이 불살라지는 꿈이었다고도 하는데 어쨌든 이 꿈은 그가 죽기 바로 전날 꾸었던 것이었다.

그를 암살하기 위해 파견된 사람들은 감히 집 안에 들어설 용기가 없어서 우선 집을 포위하고 불을 질렀다. 알키비아데스는 불길이 치솟는 것을 보고 이불과 옷가지들로 불을 덮었다. 그리고 긴 옷으로 왼팔을 감싼 다음 오른손에 칼을 휘두르며 불속을 뚫고 나왔다. 페르시아 사람들은 이것을 보고 모두 뒤로 물러나 흩어지더니, 멀리 떨어진 곳에서 그에게 창과 화살을 쏘아댔다.

알키비아데스가 숨지자 티만드라는 시체를 안아 자기 옷으로 덮어주고 정성을 다해 장례를 지냈다. 티만드라는 라이스의 어머니라고 하며, 흔히 코린트 사람으로 알려져 있으나 사실은 시칠리아에 있는 작은 도시 히카라에서 잡혀온 여자였다.

알키비아데스의 최후에 대해서는 많은 역사가들의 의견이 모아지고 있지만, 그 원인에 대해서는 다른 의견들도 있다. 그들은 알키비아데스가 스파르타 사람들의 손에 죽은 것이 아니라, 어느 높은 가문의 소녀를 유혹했기 때문에 그 친척들이 불을 지르고 뛰쳐나오는 그에게 창을 던져 죽였다고 전하고 있다.

12

코리올라누스

(CORIOLANUS, BC 490경 활동)

카이우스 마르키우스 코리올라누스. 로마의 장군. 귀족인 마르키우스 집안 출신이나 일찍이 아버지를 여의고 홀어머니 볼룸니아 밑에서 자랐으며, 베르길리아와 결혼했다. 단순하고 곧은 성격을 가졌던 그는 금전에 대한 절제가 뛰어나 평생을 청렴결백하게 살았다. 복수를 위해 로마와 볼스키 사이에 전쟁을 일으켰으나 볼스키 인에게 죽임을 당했다.

로마의 귀족인 마르키우스 가문에서는 유명한 인물들이 많이 나왔다. 누마의 외손자로서, 툴루스 호스틸리우스에 이어 왕이 된 안쿠스 마르키우스도 그 중의 한 사람이다. 로마에 가장 좋고 풍부한 물을 공급[1]한 푸블리우스 마르키우스와 퀸투스 마르키우스도 역시 이 가문 사람들이며, 두 번이나 감찰관에 선출되고, 앞으로는 이 직책에 두 번 임명되지 못한다는 법률을 제정한 켄소리누스도 또한 이 가문 출신이었다. 여기서 말하려는 카이우스 마르키우스 코리올라누스는 일찍이 아버지를 여의고 홀어머니 밑에서 자란 사람이었다. 그는 아버지가 없이 자라도 덕이 있는 사람이 되거나 세상에 이름을 날리는 데는 아무런 지장이 없으며, 자신의 잘못을 어린 시절의 불행 탓으로 돌리는 것은 부족한 사람들의 핑계일 뿐이라는 것을 보여 주었다. 그는

---

1) 이 급수 장치는 마르키아 상수도라고 하며, 로마 달력 610년, 기원전 144년, 즉 본문의 마르키우스보다 수백 년 뒤에 완성되었다.

또한 고결한 천성을 가졌다고 해도 훈련을 하지 않으면 기름진 땅을 경작하지 않은 것과 같이 좋은 열매를 거두지 못할 뿐더러 잡초만 나게 한다는 사실도 증명하였다.

용맹성과 계획에 대한 굳은 뜻은 그로 하여금 많은 업적을 남기게 했지만, 한편으로는 과격하고 야심 많은 성격 때문에 동료들과 지내기가 어려울 때도 있었다. 그는 쾌락이나 고통에 대해서 아무 관심이 없었고, 재물의 유혹 또한 관심이 없었다. 그러나 시민으로서나 정치가로서의 생활이 지나치게 엄격하고 교만해서 한 번의 실수도 용서하지 않는 그를 보고 두려워하는 사람들도 많았다.

교육과 학문, 그리고 뮤즈 여신들의 은총이 주는 이익에서 가장 큰 것은 본성의 사나움을 부드럽게 만들어 극단적인 행동을 피하고, 자연의 소질을 닦아 주는 일이다.

그러나 그 시대의 로마는 무훈을 세우는 재능을 가장 존중했다. 그 증거로, 좋은 점이나 미덕을 나타내는 라틴어에서 이를 볼 수 있다. 이것은 원래 '사내다운 용기'라는 뜻의 말이다.[2] 그들은 무용(武勇)과 미덕(美德)을 같은 뜻으로 보았으며, 보통명사를 특수한 우수성을 나타내는 말로 사용했던 것이다.

마르키우스는 전쟁에서 공을 세우고 싶다는 마음을 아주 강하게 가지고 있었기 때문에 아주 어릴 때부터 무기를 다루기 시작했다. 그러나 단순히 무기로서의 무기는 그것을 휘두를 체력이 없이는 아무 효과가 없다는 것을 깨닫고, 모든 활동과 싸움에 적합하도록 신체를 단련시켰다. 그는 가볍게 달릴 수 있었으며, 한 번 상대를 붙잡으면 절대 놓치지 않았다. 그래서 그와 상대했던 사람들은, 그들이 진 것은 기술 때문이 아니라 저항도 피로도 모르는 그의 타고난 체력 때문이라고 변명하였다.

그가 처음으로 전쟁에 나간 것은 아주 어렸을 때였는데, 망명 중이던 로마의 왕 타르퀴니우스가 몇 번의 실패 끝에 마지막 운명을 걸고 쳐들어 왔을 때였다. 타르퀴니우스의 군대는 주로 라틴 사람들로 편성되어 있었으며 그 밖의 이탈리아 여러 민족들도 여기에 합세해 있었다. 그들은 타르퀴니우스를 지지해서라기보다는 점차 커지는 로마의 세력을 막기 위해서 이 싸움에 참가한 것이었다. 두 군대가 서로 맞부딪쳐 결전을 하는 동안, 전세가 몇 번이나 서로 뒤집어졌다. 그런 중에 마르키우스는 독재관 앞에서 로마 병사 한 명이 쓰러지는 것을 보았다. 그는 즉시 그곳으로 뛰

---

2) 일반적으로 미덕 또는 장점이라는 뜻을 나타내는 라틴어 virtue는 'vir', 즉 '사나이'라는 말에서 온 것이다. 즉, 그들은 '사내다움'이나 '무용(武勇)'을 '덕(德)'과 같은 의미로 보고 있다.

어들어 적의 가슴을 찔렀다.

싸움이 승리로 돌아가자, 대장은 그에게 마르키우스의 공적을 기려 떡갈나무 가지로 만든 관을 씌워 주었다. 이것은 전우나 시민의 생명을 구한 전사에게 주는 상이었다. 이러한 로마의 관습은 '떡갈나무 열매를 먹는 사람'이라는 신탁으로 유명해진 아르카디아[3] 사람들을 기념하기 위한 것으로 보인다.

그러나 시민의 생명을 구한 사람에게 떡갈나무를 씌우는 이유를 정확하게 알 수는 없는데, 이 나무에 어떤 특별한 존경을 표시하기 위해서거나, 전쟁터에서 떡갈나무를 구하기 쉬워서, 혹은 떡갈나무가 도시의 수호신인 유피테르와 관계 깊은 나무라는 것 때문이었다고도 한다. 사실 떡갈나무는 야생으로 자라는 나무 가운데 가장 흔하고, 아름다운 열매를 맺으며, 단단하기가 으뜸가는 나무였다. 옛날 사람들은 그 나무의 열매인 도토리를 식량으로 먹었고, 술을 만들어 마시기도 했으며, 그 나무에 붙어서 자라는 풀로 새와 짐승을 잡기도 했다.

전하는 바에 의하면, 이 전쟁이 한창일 때 카스토르와 폴룩스의 두 쌍둥이 신[4]이 나타났으며, 전쟁이 끝난 뒤에는 땀에 젖은 말을 타고 나타나 포룸(공회장)에 모인 시민들에게 승리의 소식을 알려 주었다고 한다. 사람들은 그들이 나타났던 샘가에 신전을 세우고, 그 날의 승리를 기념하여 7월 15일을 디오스크로이, 즉 쌍둥이 형제에게 제사를 드리는 날로 정했다.

너무 일찍 이름을 떨치면 삶에 대한 열정을 잃어버리는 사람이 있다고 한다. 그러나 그것은 공명심이 약한 사람들의 얘기다. 만약 진실한 열정과 명예욕을 가진 사람이라면, 그는 세찬 바람을 맞아 빠르게 움직이는 배처럼 오로지 영예의 길을 향해 내달리게 된다. 이런 사람은 그의 명예를 이미 해낸 일에 대해 받는 보상으로 생각하지 않고, 그가 앞으로 해내려는 일에 대한 담보라고 생각한다. 그리고 그가 이미 얻은 명예를 욕되게 하지 않으려고 노력할 뿐 아니라, 앞으로 더 큰 공적을 쌓지 못한다면 그것을 오히려 부끄럽게 생각한다.

---

3) 이 신탁은 '역사의 아버지' 헤로도토스의 기록 가운데 전해지고 있다. "너는 아르카디아를 탐내지만 그것은 쓸데없는 일, 분에 넘친 소원이다. 떡갈나무 열매로 양식을 삼는 주민들이 그곳에 모여 살고 있으니, 너희들을 쫓아 버릴 것이다." 이 신탁은 아르카디아를 쳐서 복종시키려고 델포이의 신탁을 물은 스파르타 인에게 내려진 것이다.
4) 유피테르의 아들로 쌍둥이 형제이다. 디오스크로이, 즉 신의 아들들이라고도 부른다.

마르키우스는 항상 자기 자신을 발전시키기 위해 노력하는 사람이었다. 그는 항상 자기의 용기를 새로이 보여 주려 했고, 공훈에 공훈을 더하고 전리품에 전리품을 더해 나갔다. 당시의 크고 작은 전투 중에서 마르키우스가 월계관과 상을 받지 않은 싸움이 없을 정도였다. 그래서 여러 장군들 사이에서도 항상 보기 좋은 경쟁이 일어나곤 했다.

그러나 다른 사람들은 이름을 떨치려고 싸웠지만 마르키우스의 용기는 홀어머니를 기쁘게 해드리려는 것이었다. 그가 칭송을 받는 것을 듣거나 영광의 관을 머리에 쓴 것을 보고 어머니가 기쁨의 눈물을 흘리며 그를 맞아 안아 주는 것은, 그의 인생에서 가장 큰 명예이며 행복이었다.

에파미논다스도 마르키우스와 마찬가지로, 자신이 장군으로서 성공하고 레욱트라 전투에서 승리한 소식을 부모님이 살아 계신 동안 전할 수 있었던 것이 가장 큰 행복이었다고 말하였다. 그러나 마르키우스는 홀어머니밖에 안 계셨으므로, 아버지에게 드릴 몫의 애정까지 모두 어머니에게 쏟았다. 그는 어머니의 뜻에 따라 아내를 맞이했고, 자식이 생긴 뒤까지도 어머니와 한 집에서 계속 살았다.

그가 뛰어난 공적을 세우고 대단한 세력과 권위를 얻게 되었을 때, 로마에는 귀족과 평민 사이에 분쟁이 일어나 점차 사이가 벌어져 가고 있었다. 평민들은 빚 때문에 귀족들로부터 무서운 학대를 받고 있었다. 채권자들은 갚을 기한을 지키지 않는 사람이 있으면 차압과 경매로 얼마 남지 않은 재산까지 빼앗았고, 이미 재산을 빼앗기고 없는 사람일 때는 설령 그가 많은 전투에서 나라를 위해 싸운 상처가 남아 있는 몸이라 해도 용서 없이 감옥에 가두었다.

사비니 인들과 전쟁을 할 때 부유한 채권자들은 빚을 지고 있는 평민들에게 너그럽게 봐주겠다는 약속을 하고, 집정관 마르쿠스 발레리우스도 원로원의 명령에 따라 이것을 보증했다. 그러나 그들이 용감히 싸워 적을 무찌르고 돌아왔을 때에도 사정은 조금도 나아지지 않았다. 원로원도 전날의 약속은 완전히 잊은 듯 시치미를 떼고, 평민들이 여전히 노예처럼 끌려 다니는 것을 보고도 아무런 조처를 취하지 않았다. 이렇게 되자 여기저기서 싸움과 폭동이 일어났다. 그리고 이러한 민중들의 혼란을 눈치 챈 적들은 때를 놓치지 않고 쳐들어와 마음대로 약탈하게 되었다.

이렇게 되자 두 집정관은 무기를 쥘 수 있는 나이의 시민은 모두 자진해서 출두하라는 포고령을 내렸다. 그러나 누구 한 사람 소집령에 응하는 사람이 없었다. 귀족들은 모두 당황하기 시작했다. 어떤 사람은, 정부의 지나친 권리를 줄이고 법률도 너무 엄한 것은 완화하여 평민들에게 이익을 양보해야 한다고 귀족들을 설득했다. 그러나 마르키우스를 포함한 다른 사람들은 그의 의견에 반대했다. 이 사건은 이익을 준다고 해결될 문제가 아니며, 평민들의 횡포의 첫걸음이니 빨리 그들을 억제하는 것이 더 현명한 방법이라고 했다.

원로원에서는 이 사태를 수습하기 위해 자주 회의를 열었지만 아무런 결말도 보지 못하였다. 그래서 빈민들은 자기네들이 도저히 구제될 희망이 없다고 생각했다. 그리고 어느 날 갑자기 모여 결의를 다지고는 일제히 로마 시를 떠나, 현재 성스러운 산이라고 불리는 작은 산에 들어가 버렸다. 그들은 폭력을 쓰거나 반란적인 행동은 하지 않았다. 다만 행진하면서 큰 소리로, 자기네들은 귀족들의 참혹한 압박 때문에 로마 시에서 쫓겨났으며, 이탈리아는 그 어디에나 물과 공기와 뼈를 묻을 땅이 있다는 것, 그리고 로마는 자신들에게 귀족들을 위해 싸우고 다치고 죽을 권리밖에는 준 것이 없다고 외쳤다.

원로원은 그들의 반란을 염려하여, 의원 중에서 가장 온화하고 민중들의 호감을 많이 받는 몇 사람을 파견하여 그들과 협상을 하게 했다. 대표인 메네니우스 아그리파는 간곡한 말로 화해를 구한 뒤, 원로원의 입장을 설명했다. 그리고 유명한 우화로 연설을 맺었다.

"옛날, 사람의 몸들이 배에 대해 내란을 일으켰소. 배는 하는 일 없이 가운데에 누워 있으면서, 다른 모든 부분들에게 일을 시키고 논다는 것이었소. 그러나 배는 어림도 없는 소리라며 그들의 어리석음을 비웃었소. 배는 자기네들의 몫까지 혼자 먹고 있기는 하지만, 사실은 먹은 것을 모두 다시 나눠 준다는 것이었소. 시민 여러분, 여러분과 원로원의 사이도 바로 이런 것이오. 원로원은 모든 것들을 소화해서 다시 여러분들에게 적당한 이익으로 나눠드리는 일을 하는 것입니다."

이 말을 듣고 그들은 곧 화해하기로 결정을 했다. 원로원은 구제가 필요한 사람들을 위해 매년 다섯 명의 호민관을 선출하여 민중들의 요구를 들어주기로 했다. 이렇게 해서 제일 처음으로 호민관에 올랐던 사람은 유니우스 브루투스와 시킨니우스 벨루투스였다.

나라가 다시 평화를 되찾자 평민들은 곧 소집령에 따라 무기를 들고 전쟁에 나섰다. 한편 마르키우스는 귀족들이 민중들의 뜻에 따라 이익을 양보한 것을 불쾌하게 느꼈다. 그는 다른 귀족들도 자기와 같은 생각을 하고 있다는 것을 알고, 애국심이

나 정치, 군사에 있어서 귀족들도 평민들 못지 않으며 오히려 그보다 더 우수하다는 것을 보여 주어야 한다고 호소했다.

그 당시 로마가 상대하고 있던 싸움의 적은 볼스키였다. 로마의 집정관 코미니우스는 그 나라의 도시 코리올리를 포위하였다. 볼스키 사람들은 곧 나라 안의 모든 힘을 모았다. 그리고 두 군대로 나누어 한 쪽은 포위된 도시 앞쪽에서 로마 군과 맞붙게 하고, 다른 한 쪽은 뒤에서 공격하려는 계획을 세웠다.

코미니우스는 작전이 불리해지는 것을 피하기 위해 군대를 둘로 나누었다. 그래서 반은 스스로 인솔하여 바깥에서 쳐들어오는 적을 치게 하고, 나머지 반은 당시 로마에서 가장 용감한 사람으로 알려진 티투스 라르티우스에게 맡겨 포위를 계속하게 했다.

코리올리 인들은 포위군의 숫자가 적은 것을 얕보고 성 밖으로 나와 싸워 처음에는 승리를 얻었고, 로마인들을 참호 속으로 숨어들게 만들었다. 이 때 마르키우스가 얼마 안 되는 군대를 이끌고 뛰어나왔다. 그는 맨 처음 자기 앞에 덤벼든 적군을 모두 물리치고, 나머지 적의 발길을 묶어 놓은 후 큰 소리로 로마 군들을 불러일으켰다. 그는 카토가 전사의 모범이라고 할 만큼, 강인한 체력과 적을 떨게 하는 목소리를 가지고 있었다.

이윽고 사방에서 많은 군사들이 그를 중심으로 뭉치자 적들은 힘을 쓰지 못하고 뿔뿔이 흩어져 달아났다. 그러나 마르키우스는 여기에 만족하지 않고 그들을 뒤쫓아 적을 성문 안으로 몰아넣었다. 그러나 로마 군은 성벽 위에서 빗발처럼 쏟아지는 화살에 용기가 꺾이고 말았다.

마르키우스는 적군으로 가득 차 있는 성 안으로 들어가려는 용감한 자가 한 사람도 없는 것을 보고 그 자리에 머물러 큰 소리로 말했다.

"운명의 신은 코리올리의 문을 열어 주셨다. 이것은 도망하는 적을 위해서가 아니라 우리들을 맞이하기 위한 것이다."

이 말을 듣고 몇몇 용감한 부하들은 그를 따랐다. 마르키우스는 적군 속에 뛰어들어 길을 열고 성문 안으로 들어섰다. 처음에는 아무도 이들을 막으려고 하지 않았다. 그러나 군대의 숫자가 얼마 안 되는 것을 보고 갑자기 적들이 달려들기 시작했다. 마르키우스는 적과 전우가 뒤섞인 아수라장 속에서도 날렵한 몸과 누구도 막을 수 없는 용기로 덤벼드는 적을 모조리 물리쳤다. 적군의 절반 이상은 시내 안쪽으로 밀려 들어가 버리고 남은 자들도 모두 무기를 버리고 항복해 왔다. 결국 라르티우스는 남은 군사들을 거느리고 유유히 성 안으로 들어갈 수 있었다.

코리올리가 기습으로 함락되고 나자 병졸들은 약탈을 시작했다. 이것을 본 마르키우스는 화가 난 목소리로 그들을 꾸짖고, 집정관과 시민들이 아직도 볼스키 사람들과 생명을 걸고 싸우고 있는데 비열하게 재물을 탐내고 돌아다니며 전리품을 거둔다는 구실로 위험을 피하고 있는 것은 부끄러운 일이라고 외쳤다. 그의 말에 귀를 기울인 사람은 얼마되지 않았다. 그러나 그는 몇 안 되는 병사들을 앞세우고 또 다른 전쟁터를 향해 출발했다. 그는 병사들에게 용기를 북돋아 주었다. 그리고 전투가 끝나기 전에 도착하여 코미니우스를 도와 그들의 위험을 나눠가질 수 있게 해 달라고 신에게 기도를 드린 후 앞서 집정관의 군대가 지나간 길을 따라 걸음을 재촉했다.

그 시대의 로마 사람들은 방패를 들고 전장에 나갈 때는 서너 명의 전우들 앞에서 자기의 상속인을 유언하는 풍습이 있었다. 마르키우스가 도착했을 때 로마 병사들은 바로 이 행사를 치르고 있는 중이었다.

그들은 마르키우스가 몇 명 안 되는 부하들을 거느린 채 온몸이 땀과 피로 젖어 들어오고 있는 것을 보고 군대가 패배하여 도망온 것으로 알았다. 그러나 그가 얼굴 가득히 미소를 띠고 집정관과 악수를 하며 도시를 함락시킨 얘기를 하자 모두들 환호성을 질렀다. 코미니우스는 그를 끌어안고 축하의 말을 전했다. 가까이 있는 사람들은 사건의 내용을 듣고 먼 데서부터 자신들을 돕기 위해 온 마르키우스의 군대에게 감사를 보내며 새로운 용기를 내었다.

마르키우스는 우선 볼스키 군이 어떻게 배치되어 있으며, 어느 곳에 가장 강한 부대가 있는지를 집정관에게 물었다. 코미니우스는 가장 강한 적군은 중앙에 진을 치고 있는 안티움 부대이며 그들은 누구에게도 지지 않을 만큼 강한 투사들로 이루어져 있다고 대답했다. 마르키우스는 그의 대답을 듣고 말했다. "우리 부대를 그곳에 보내 주십시오."

집정관은 그의 높은 용기에 감탄하여 요구를 받아들였다. 전투가 시작되자 마르키우스는 목숨을 걸고 뛰어나가 자신에게 달려드는 볼스키 군들을 보기좋게 무너뜨렸다. 그가 휘두르는 칼 밑에는 시체들이 쌓이고 군대가 나아갈 길이 열리고 있었다.

그러나 오래지 않아 적은 여러 부대를 끌고 와 반격을 시작했다. 집정관은 마르키우스를 구하기 위해 정예 부대를 뽑아 급히 보냈다. 이렇게 해서 싸움은 마르키우스를 중심으로 해서 점차 열기를 더해갔고, 죽어 넘어지는 병사의 숫자는 일일이 헤아릴 수 없을 지경이 되었다. 그러나 로마 군들이 돌격을 감행하여 적에게 달려들자 그들은 겁을 내고 도망을 가기 시작했다. 도망치는 적을 따라잡으려고 하던 마르키우스는 이미 너무 많은 피를 흘려 정신을 잃을 지경이라 몸을 움직이기 어려웠다. 부하들은 마르키우스에게 진영에 돌아가서 쉬라고 권했다. 그러나 그는, "싸움에 지치고서야 어떻게 승리를 거둘 수 있겠는가?"라고 말하며, 병사들과 함께 도망가는 적군들을 추격했다. 남아 있던 볼스키 군도 모두 쓰러졌으며, 살아서 포로가 된 자의 수는 죽은 자에 못지 않을 만큼 많았다.

다음날, 집정관 코미니우스는 자리에서 일어나자마자 이번 승리에 대해 여러 신들에게 감사를 드렸다. 이어 마르키우스를 돌아다보며, 전투를 직접 지켜본 사람으로서, 마르키우스의 뛰어난 용기와 업적을 얘기하며 그를 높이 칭송했다. 그러고는 전투에서 빼앗은 전리품과 포로들을 다른 사람들에게 나누어 주기 전에 10분의 1을 먼저 가지라고 그에게 말했다. 뿐만 아니라 훌륭한 장식과 마구를 갖춘 말 한 필을 상으로 주었다. 모든 병사들은 그의 뛰어난 공적에 걸맞는 상이 내려지는 것을 보고 박수를 보냈다. 그러나 마르키우스는 앞으로 나와서 감사의 말을 한 뒤, 명예의 상이라기보다는 오히려 삯이라는 생각이 든다며 모든 것들을 사양했다. 그리고 굳이 상을 주고 싶다면 다른 전사들과 똑같이 받고 싶다고 했다. 그는 이어서 이렇게 말했다.

"저는 꼭 받고 싶은 것이 하나 있습니다. 볼스키 사람 가운데 저와 가까운 친구가 하나 있는데, 지금은 포로가 되어 급작스레 자유의 몸에서 노예의 처지로 떨어져 버리고 말았습니다. 그 사람이 여러분 가운데 노예로 팔려가는 불행만은 제 힘으로 막을 수 있게 해주시기 바랍니다."

이야기를 끝마치자 모든 사람들은 그에게 박수갈채를 보냈다. 그의 욕심 없는 고결한 생각이 많은 사람들을 감동시켰던 것이다. 마르키우스가 혼자 특별한 영광을 얻는 것을 은근히 시기하고 있던 사람들도 그가 다른 어떤 사람들보다 높이 평가받을 자격이 있다는 것을 깨달았다. 재물을 사양할 줄 아는 그 정신의 고결함에 감동했던 것이다. 재물을 옳게 쓰는 것은 무기를 옳게 쓰는 것보다 훨씬 어려운 일이다. 그러나 재물을 바라지 않는 것은 재물을 옳게 쓰는 것보다 한층 더 어려운 일일 것이다.

칭찬과 갈채가 가라앉자 코미니우스가 조용히 얘기를 꺼냈다.

"전우들이여, 받기를 원하지 않는 이에게 억지로 선물을 드리는 것은 예의가 아닙니다. 대신 우리는 거절할 수 없는 것을 하나 선물하기로 합시다. 그것은 다른 것이 아니라, 코리올리에서의 그의 활약을 잊지 않겠다는 뜻으로 코리올라누스라는 이름을 선물하자는 것입니다."

이렇게 해서 마르키우스는 세 번째의 이름을 가지게 되었다. 카이우스는 그의 개인적인 이름이요, 마르키우스는 가문의 성씨이며, 세 번째로 특별한 공적과 업적을 나타내는 코리올라누스라는 별명을 갖게 된 것이다.

옛날 그리스 사람들은 개인의 공적을 기념하여 사람들에게 별명을 지어주는 풍습이 있었다. 예를 들어, 공훈을 기리는 의미로 붙여진 이름에는 소테르[5], 칼리니쿠스[6] 등이 있고, 그 사람의 외모에서 붙여진 이름에는 피스콘[7], 그리푸스[8]가 있으며, 인품이나 장점 때문에 붙여진 이름으로는 에우에르게테스[9], 필라델푸스[10] 등이 있다. 또 행운이라는 뜻의, 바투스 2세 왕의 칭호 에우다이몬[11]도 이렇게 해서 얻어진 이름이었다. 또 어떤 왕은 웃음거리로 별명이 붙여지기도 했으며 안티고노스가 도손[12], 프톨레마이오스가 라티루스[13]라는 이름을 갖게 된 것도 바로 이러한 이유에서였다.

로마 사람들은 특히 이런 종류의 별명들을 많이 가지고 있었다. 명문인 메텔루스 집안의 한 사람은 칼의 상처를 숨기기 위해 머리에 오랫동안 붕대를 감고 다닌 탓에 디아데마투스[14]라고 불리었고, 또 어떤 사람은 아버지가 죽은 지 며칠 지나지도 않아 그의 명복을 비는 격투대회를 열어 그 성급함을 보였기 때문에 켈레르[15]라고 불리게 되었다.

---

5) 소테르(Soter): 구세주, 구하는 사람이라는 뜻. 이 이름을 가진 가장 유명한 신은 유피테르 소테르(Jupiter Soter)였으며, 사람으로서는 이집트의 프톨레마이오스 1세가 가장 유명하다. 그는 로도스 섬이 적군에게 포위되었을 때 섬 주민들을 구해 내어 이 이름을 얻게 되었다.

6) 칼리니쿠스(Callinicus): 승리자라는 뜻으로 마케도니아 왕조의 제4대 왕 켈레우코스(Celeucus)가 이 이름을 갖고 있었다.

7) 피스콘(Physcon): 배불뚝이라는 뜻으로 이집트의 프톨레마이오스 6세의 별명이었다.

8) 그리푸스(Grypus): 매부리코라는 뜻으로 마케도니아의 시리아 왕 안티오코스의 별명이었다.

9) 에우에르게테스(Euergetes): 프톨레마이오스 3세의 별명으로, 자선가라는 뜻이다.

10) 필라델푸스(Philadephus): 형제를 사랑하는 사람이라는 뜻으로, 프톨레마이오스 2세의 별명이었다.

11) 에우다이몬(Eudaemon): 수호신을 가진 사람이라는 뜻. 바투스 2세는 아프리카 키레네(Cyrene)의 제3대 왕으로 기원전 570년 대의 사람이다.

12) 도손(Doson): 주다(Didomi)의 미래형 doso에서 나온 말로 "준다고 말해놓고 잊어버리거나 미루기만 하는 사람"이라는 뜻이다. 이 이름으로 불린 안티고노스는 기원전 마케도니아의 왕이 되었던 사람이다.

13) 라티루스(Lathyrus): 콩이라는 뜻. 얼굴에 콩알만한 혹이 붙어 있어서 붙여진 이름으로 생각된다.

14) 디아데마투스(Diadematus): Diadem은 본래 그리스말 dradein(감다)에서 온 말로, 머리나 이마에 감는 헝겊을 가리키지만 나중에 모자의 뜻이 되었다. 이 사람은 기원전 117년에 집정관이 되었다.

15) 켈레르(Celer): 빠르다는 뜻

오늘날에도 태어날 때 생긴 어떤 우연한 일 때문에 이름이 붙여진 사람이 적지 않다. 아버지가 없는 동안 낳은 아이는 프로쿨루스[16], 아버지가 죽은 뒤에 낳은 아이는 포스투무스[17]라고 이름지었으며, 쌍둥이를 낳았는데 한 아이가 죽었을 때는 살아 있는 아기를 보피스쿠스라고 불렀다.

로마에서는 특히 신체의 특징을 보고 이름을 짓는 일이 많았다. 술라(Sulla, 여드름이 많은 사람), 니게르(Niger, 살결이 검은 사람) 같은 이름뿐 아니라 카이쿠스(Caecus, 맹인), 클라우디우스(Claudius, 절름발이)도 역시 그렇게 해서 지어진 이름이다. 로마 사람들은 자연스럽게 그 이름을 부르고 대답하게 해서, 맹인이나 그 밖의 육체적인 불행을 수치스러운 일로 생각하지 않으려는 현명한 생각을 가지고 있었던 것이다.

한편 볼스키와의 전쟁이 끝나자마자 다시금 평민들 사이에서는 분쟁이 시작되었다. 그것은 뚜렷이 내세울 만한 불만이 있어서라기보다는, 지난번의 분쟁에서 생긴 좋지 못한 결과의 책임을 귀족들에게 떠맡기려는 것이었다. 농토의 대부분은 경작하지 않고 내버려 두어 황무지가 되어 버렸고 전쟁 때문에 외국으로부터 식량을 수입할 길도 막혀 있는 상태였다. 먹을 곡식도 없었고, 곡식이 있다고 해도 그것을 살 돈이 없는 상황이었다. 선동가들은 귀족들을 비방하며, 그들은 민중들에 대한 묵은 원한을 갚으려고 일부러 굶겨 죽이려 한다고 사람들을 선동했다.

이 때쯤 마침 벨리트라이 시에서 사람이 와서, 자신들의 도시를 로마 사람들에게 개방하겠으니 사람들을 보내 달라는 말을 전해왔다. 그 도시는 최근에 전염병이 퍼져 시민들의 10분의 1이 죽었기 때문에 인구를 채우기 위해 이런 요청을 했던 것이다. 현명한 사람들은 이 벨리트라이 사람들의 요구가 현재의 사정에서 볼 때 가장 좋은 방법이라고 생각하였다. 식량이 부족하므로 로마의 인구를 줄이고 이와 함께 질서를 어지럽히는 사람들을 그쪽으로 보내면, 나라 안의 걱정과 소란스러움도 그칠 것이라고 생각했던 것이다.

두 집정관은 벨리트라이의 황폐를 메꾸어 주기 위해 시민들을 골라 보내기로 결정하고, 나머지 시민들에게는 볼스키를 공격하기 위한 준비를 명령했다. 이 정책은 부자와 가난한 사람, 평민과 귀족이 다 함께 전쟁 속에서 운명을 같이한다면 서로 질

---

16) 프로쿨루스(Proculus): 멀다는 뜻. 아버지가 먼 곳에 있을 때 낳은 아들이라는 의미이다.

17) 포스투무스(Postumus): 너무 늦다는 뜻으로 아버지가 죽고 난 뒤에 낳은 아이라는 뜻이다.

투하고 시기하는 마음이 줄어들 것이라는 생각에서 나온 것이었다.

그러나 평민을 대표하는 호민관 중에 시킨니우스와 브루투스 두 사람은 이 계획에 반대하고 나섰다. 그들은, 집정관들은 세상에서 가장 잔인하고도 야만적인 행위를, 이민을 보낸다는 듣기 좋은 이름으로 가장한다고 했다. 그리고 시민들은 질병이 가득 찬 곳, 시체가 뒹구는 나라에 보내어 무서운 죽음의 신 앞에 몸을 내맡기게 하는 것은 그들을 파멸의 구렁에 몰아넣는 것이나 다름없다고 주장했다. 더구나 이렇게 어떤 사람은 죽게 하고, 어떤 사람은 병의 희생이 되게 하는 것도 모자라서 공연한 전쟁을 일으켜 온갖 비참한 일을 한꺼번에 겪게 하려고 하고 있으며, 이것은 부자의 노예가 되기를 거절한 민중들에게 앙갚음을 하려는 것이 아니면 무엇이겠느냐고 사람들을 선동했다.

이러한 선동 연설에 민중들은 모두 찬성의 뜻을 나타내고, 아무도 전쟁에 나가려고 하지 않았을 뿐만 아니라, 그들을 이민 보내려는 이유에 대해서도 의심을 하기 시작했다.

원로원은 어찌할 바를 모르게 되었다. 그러나 이제 정치계의 주요 인물이 된 마르키우스는 민중을 주동한 사람들과 맞서면서 귀족들의 입장을 지지하고 나섰다. 그는 귀족들과 함께, 제비뽑기로 이민이 결정된 사람들은 출발하지 않으면 심한 형벌을 내리겠다고 선포했다. 그래서 벨리트라이로 보내는 이민 계획은 예정대로 실시될 수 있었다. 그러나 그들도 볼스키와의 전투에 출전하는 것은 한사코 거부하였다. 마르키우스는 자기의 부하로 들어온 평민들과 그 밖의 귀족 세력들을 이끌고 안티움 족의 영토에 침입하였다. 그리고 그곳에서 막대한 양의 곡식을 발견하고, 많은 가축과 포로를 이끌고 돌아왔다. 마르키우스는 그것을 조금도 갖지 않았지만, 다른 사람들은 약탈한 물건들을 엄청나게 싣고 포로를 앞세운 채 돌아왔다. 부자가 되어 돌아오는 군인들을 본 시민들은 자기네들의 고집을 뉘우치고, 부자가 된 자들에게 질투를 느꼈다. 그리고 더불어 마르키우스에게 반감을 가졌으며, 뒷날 그가 어쩌면 민중들의 이익과 반대되는 일에 권력을 쓸지도 모른다며 적대감에 가득 차 있었다.

그 후 오래지 않아[18] 그는 집정관 후보로 나서게 되었다. 그는 전쟁에 있어서나 신

---

18) 마르키우스가 집정관의 후보에 오른 것은 마르키우스가 단독으로 출정한 다음해, 즉 로마 달력으로 263년, 기원전 491년의 일이다.

분에 있어서 당시 제일가는 사람이었고, 나라에 많은 공을 세운 사람이었다. 민중들도 그가 나라를 위해 애쓰는 사람이라는 것을 알고 있었기 때문에 무턱대고 반대를 하지는 않았다. 그리고 점차 그에 대해 좋은 감정을 가지게 되었다.

그 시대의 로마 사람들은 관직에 입후보하면 속옷을 입지 않은 채 긴 옷을 걸치고 포룸에 나와 시민들에게 투표해 달라고 부탁하는 풍습이 있었다. 옷을 검소하게 입는 것은 동정을 받아 선거에 유리하게 하기 위한 것이거나, 혹은 전쟁에서 다친 영광의 상처를 보여 주기 위한 것이었다. 그때는 아직 뇌물을 주고받는 일도 생기기 전이었으므로 뇌물이나 매수의 혐의에서 한 것이 아니었음은 확실하다. 그 뒤 뇌물을 주고받는 일이 생기면서 법정은 돈으로 침범당하고 군대는 돈의 노예가 되었으며 그들의 공화국은 하나의 독재 국가로 변질되고 말았다.

한 국민의 자유를 처음으로 파괴한 자는 처음으로 민중에게 뇌물을 준 자라는 말은 타당하다. 로마에 있어서 이러한 폐해와 악습은 처음부터 드러난 것이 아니라, 아무도 의식하지 못할 만큼 은밀하게 숨어 들어온 것이었다. 맨 처음으로 민중에게 뇌물을 주어 법정을 더럽혔던 자가 누구였는지는 잘 알려져 있지 않다. 그러나 아테네에서는 안테미온의 아들 아니토스[19]가 재판관에게 돈을 먹인 최초의 인물이라고 전해온다.

그러나 이 당시의 로마는 아직 순결하고 깨끗한 인물들이 포룸을 지배하고 있었다. 마르키우스는 그 당시 입후보자들이 하는 대로, 여러 차례의 전쟁에서 얻은 온몸의 상처를 사람들 앞에 드러내 보였다. 민중들은 그 공적의 증거를 보고 모두 놀라며, 그를 집정관으로 뽑아야 한다고 큰 소리로 외쳤다.

그러나 정작 선거하는 날이 되어 마르키우스가 원로원 의원들의 화려한 행렬을 따라 포룸에 나타났을 때, 모든 귀족들이 그에게 관심을 드러내며 호응하는 것을 보고 민중들은 갑자기 그에게 질투와 분노를 느끼게 되었다. 귀족들의 세력을 등에 업은 자가 집정관이 되면 그나마 자신들에게 남아 있는 약간의 자유까지도 송두리째 빼앗길까봐 두려움을 느낀 것이다.

---

19) 펠로폰네소스 전쟁은 기원전 431~403년까지 계속되었다. 아니토스의 이 사건은 전쟁의 말기, 정확히 말하면 기원전 407년에 발생했다. 즉, 코리올라누스 시대보다 약 백년 후의 일이다. 이 때 아니토스는 스파르타 인에게 포위된 필로스를 구하려고 함대를 거느리고 파견되었으나, 바람이 반대로 부는 바람에 할 수 없이 아테네로 되돌아가고 말았다. 그러자 민중들이 그를 매국죄로 고소했고, 그는 돈을 써서 간신히 목숨을 건질 수 있었다.

결국 그들은 마르키우스를 반대했다. 원로원 의원들은 마르키우스가 아닌 다른 사람이 집정관에 당선되자, 마치 자신들이 수치를 당한 것처럼 생각했다. 마르키우스 자신도 배신을 당했다는 생각 때문에 도저히 참을 수가 없었다. 그는 본래 강한 기질과 과격한 투쟁이 곧 고결하고 용기있는 일이라고 생각하는 사람 중의 하나였다. 그의 이성과 훈련도, 정치가에게 중요한 미덕인 차분함과 냉정함을 길러 주지는 못했던 것이다. 플라톤의 말처럼, 정치가는 사람들 속에서 느끼는 고독과 비웃음을 참아낼 수 있는 힘을 가져야 하는 것이다. 그러나 마르키우스는 이것이 얼마나 중요한 것인지를 그때까지 모르고 있었다. 그는 용감한 사람은 모든 장애물을 물리쳐야 한다고 생각했으며, 감정을 억제하지 못하는 분노에 휩쓸려 민중들에게 원한을 품는 것은 의지가 약하기 때문이라는 것을 인정하지 않았다. 젊은 귀족들은 그의 권력에 마음이 끌려 있었으므로 항상 마르키우스에게 좋은 말만 해주었던 것이다. 이 때에도 그들은 마르키우스의 뒤를 따라가며 동정과 위로의 말을 해주었다. 그러나 이것은 도리어 마르키우스의 노여움을 부채질하는 것이었다.

마르키우스는 예전부터 전쟁에 나갈 때에는 그들의 우두머리였고, 전투의 기술을 알뜰히 가르쳐 주는 스승이었다. 그리고 그는 누구도 질투하거나 시기하지 않을 뿐 아니라 용감한 업적을 칭찬해 주어 젊은 귀족들의 모범이 되어 왔다.

이렇게 한창 어수선한 상황일 때 많은 곡식이 로마에 도착하게 되었다. 이것은 이탈리아에서 사들인 것도 있었지만, 대부분은 당시 시라쿠사를 지배하던 겔로가 기증한 것이었다. 사람들은 이 식량으로 도시의 궁핍과 소란이 없어지게 될 것이라며 모두 반가워했다. 이 식량을 어떻게 처리할 것인지에 대한 회의가 열리자 민중들은 열심히 그 결과를 기다리며 희망적인 말을 나누고 있었다. 이제는 물가도 내리고, 또 기증해 온 곡식은 돈을 받지 않고 분배해 줄 것이라는 희망으로 그들은 원로원 주위에 떼를 지어 기다리고 있었다.

원로원에서도 몇몇 의원들은 그들의 희망대로 기증받은 식량을 처리하자고 권고하고 있었다. 그러나 마르키우스는 그 의원들의 말을 듣고 일어나서 그들의 의견을 비난했다. 마르키우스는 그들을 평민의 뒤꽁무니나 따라다니며 아첨하려는 자들이며 귀족에 대한 반역자라고 부르고 다시 이렇게 말을 이었다.

"원로원이 민중에게 그런 은혜를 베푸는 것은, 그들의 오만과 횡포를 부채질하는 짓일 뿐이오. 그러한 씨앗은 싹이 났을 때 재빨리 찾아 없애 버려야 하는 것입니다.

평민들에게 호민관 같은 높은 지위를 허락하여 그들이 이처럼 무서운 줄 모르고 날뛰게 되었으며, 자꾸 요구를 들어주게 되면서 그들은 이제 나라에 있어서도 무서운 존재가 되어 버렸습니다. 그들은 법을 무시하고 집정관의 말도 듣지 않게 되었습니다. 만약 우리가 여기 모여서 또다시 민중들에게 곡식을 무상으로 나눠줄 법령이나 결정하면서 그리스에서 가장 민주적인 정권인 척 흉내 내고 있다면, 민중들의 오만은 더 자라나 결국 나라를 파멸로 이끌어 갈 것입니다."

그는 잠시 숨을 돌리고 계속해서 말을 이었다.

"그들은 그러한 은혜가 국가를 위해 봉사한 결과라고 생각하지 않습니다. 나아가 싸우기를 거부하고 분열을 일으킨 그들에게 이런 상을 준다는 것은 말도 안 되는 일입니다. 그들은 이 은혜가 그들을 두려워하고 아첨하기 위한 것이라고 생각하게 될 것이며 앞으로도 계속 터무니없는 주장을 하면서 반란을 멈추지 않을 것입니다. 따라서 우리가 양보한다는 것은 말도 안 되는 어리석은 짓입니다. 우리들에게 조금이라도 용기와 지혜가 있다면, 우리는 오히려 우리들에게서 빼앗아간 호민관의 자리를 도로 빼앗아와야 할 것입니다. 이 권력은 집정관의 지위를 떨어뜨리고 로마의 분열을 가져오는 것이기 때문입니다. 우리들의 로마는 이미 예전처럼 하나가 아닙니다. 호민관이 있기 때문에 우리에게는 낫기 어려운 깊은 상처와 우리를 갈라놓는 분열을 안게 된 것입니다."

마르키우스는 이와 같은 내용의 연설을 하여 귀족 청년들과 많은 부자들을 자기 편으로 끌어들였다. 그들은 마르키우스를, 권력과 아첨에도 굽히지 않는 유일한 인물이라고 떠들어댔다. 그러나 나이가 든 사람들은 그의 주장이 어떤 결과를 가져오게 될지 내다보고 반대의 뜻을 나타냈다. 그 자리에 있던 호민관들은 마르키우스가 긴 연설을 끝내자 밖으로 나갔다. 그리고 모여 있던 사람들을 보며, 평민들은 모두 힘을 합쳐야 살 수 있다고 큰 소리로 외쳤다.

곧 민중들의 회의가 열리고 심상치 않은 공기가 가득해졌다. 그리고 마르키우스가 연설한 내용이 민중들에게 보고되자, 그들은 몹시 흥분하여 원로원으로 당장 쳐들어갈 기세였다. 호민관들은 모든 책임은 코리올라누스 한 사람에게 있는 것이라며 민중들을 달랬다. 그리고 그에게 대표를 보내어, 민중 앞에 나와 해명을 하라고 요구했다. 그러나 마르키우스가 소환장을 가지고 온 대표들을 무시하고 상대도 하지 않자 호민관들은 그를 강제로 끌어내려고 아이딜레[20] 몇 사람을 데리고 그를 찾아갔다. 그러자 주위에 있던 귀족들이 달려와 호민관들을 밀어내고 조영관들을 구타하면서 포룸은 아수라장으로 변해 버렸다. 이렇게 싸우는 동안 날이 저물어 싸움은 일단 중지되었다.

그러나 이튿날 아침부터 흥분한 민중들이 사방에서 몰려드는 것을 보고 두 집정관은 다시 원로원 회의를 소집했다. 집정관은 원로원 의원들에게 어떻게 하면 성난 민중들을 진정시킬 수 있을지를 물었다. 그리고 집정관들은, 지금은 고집을 세우며 버티고 있을 때가 아니라 민중들의 요구에 따라 인정 있는 조처를 내려야 한다고 의원들에게 부탁했다. 이 말을 들은 원로원 의원들은 대부분 찬성의 뜻을 나타냈다. 두 집정관은 민중을 달래기 위해 조심스럽게 그들 앞에 나갔다. 원로원에 대한 민중들의 비난과 불평에 대해서는 부드러운 말을 골라 대답하고, 과격한 행동을 나무랄 때도 온화한 말을 썼으며, 그들의 주장을 받아들이겠다고 약속했다.

집정관의 말이 끝나자 평민들이 분노를 가라앉히고 조용해졌다. 호민관은 자리에서 일어나, 원로원이 생각을 바꾼 이상 민중들도 원로원의 정당하고 공평한 제안을 받아들이는 것이 좋겠다고 말했다. 그리고 덧붙여서 마르키우스에게 다음 질문에 대해 답변을 하라고 주장했다. 첫째, 그는 호민관 제도를 없애라고 원로원을 설득하여 민중들의 권리를 빼앗으려 한 사실, 둘째, 이에 대한 답변을 요구할 때 소환에 응하지 않은 사실, 셋째, 조영관을 구타하고 모욕하여 반란을 일으킨 사실에 대해서 마르키우스에게 대답을 하라는 것이었다. 이러한 질문은 마르키우스를 굴복하게 하거나, 아니면 그와 민중의 사이를 갈라 놓으려는 속셈에서 나온 것이었다.

마르키우스는 이것을 해명하기 위해 연단에 나타났다. 민중들은 찬물을 끼얹은 듯이 조용하게 그의 얼굴을 바라보았다. 그러나 그들이 기대한 것과는 달리, 마르키우스는 굴종이나 사과의 말은커녕 민중을 꾸짖었으며 그 얼굴 표정이나 말투도 그들을 무시하고 경멸하는 것처럼 보였다. 군중들은 점점 더 분노로 달아올랐다.

이 때 호민관 중에서도 가장 과격한 인물이었던 시킨니우스는 잠깐 동안 다른 호민관들과 모여 은밀히 이 일을 의논하였다. 그러더니 엄숙하게 군중들 앞에 나와, 호

---

20) 아이딜레(Aedile): 조영관. 집, 또는 신전을 나타내는 Aedes에서 온 말. 주로 공공건물, 신전, 포룸, 시장 등의 감시를 맡은 경찰과 비슷한 관리. 이들은 호민관을 보좌하는 역할을 맡았으며 로마력 260년에 호민관 제도와 함께 생겨난 직책이다.

민관들은 마르키우스를 사형에 처하기로 했다고 얘기하고, 조영관들에게 그를 타이페이 바위[21]로 끌고 가서 즉시 절벽에 던져 버리라고 명령했다.

조영관들이 그를 붙잡으려고 달려갔다. 그러자 이 결정이 너무 지나치다고 생각했던 몇몇 평민들과, 위급함과 두려움에 떨고 있던 귀족들은 그를 구하려고 달려들었다. 어떤 사람은 그의 체포를 방해하기 위해 마르키우스를 에워싸기도 했고 다른 사람들은 손을 쳐들어 흔들며 이런 극단적인 폭행을 중지하라는 몸짓을 했다.

이제 피를 흘리지 않고는 마르키우스를 끌어낼 수 없다는 것을 깨달은 호민관의 친구와 친척들은, 그런 결정을 거두고 민중들의 투표로 다시 결정을 하라고 호민관들을 간곡히 설득했다. 시킨니우스는 잠시 생각을 한 다음 귀족들을 향하여 말했다.

"그대들은 마르키우스를 처벌하려는 민중들의 결정을 왜 방해하는 것이오? 도대체 그를 살려두려는 까닭이 무엇이오?"

귀족들은 자신들의 생각을 말한 다음 이렇게 소리를 모았다.

"그렇다면 로마에서 가장 뛰어난 인물을 재판도 없이 야만적인 방법으로 끌어다 죽이려는 이유는 무엇이란 말이오?"

시킨니우스는 다시 말했다.

"그대들이 민중들과 싸우고 싶다해도 그것이 핑계가 될 수는 없소. 자, 그렇다면 좋소. 그대들의 요구들을 들어 이 사람을 재판에 붙이도록 하겠소."

그러고는 마르키우스를 돌아보고 말했다.

"마르키우스, 오는 제3공회일에 법원에 출두하여 가능하다면 무죄를 증명하시오. 그래서 그대가 아무 죄가 없다면 로마 시민들의 용서를 받을 수 있을 것이오. 그대의 말을 듣고 시민들은 투표를 통해 당신의 죄를 결정하게 될 것이오."

귀족들은 잠시나마 여유를 갖게 된 것에 만족하고, 우선 마르키우스를 데리고 돌아갈 수 있게 된 것을 다행으로 생각했다. 그들은 정한 날짜가 되기까지 시간이 생겼기 때문에 그동안 안티움과 전쟁이 계속되면 민중들의 분노도 좀 가라앉을 것이라고 희망을 걸었다. 그러나 기대한 것과는 다르게 뜻밖에 안티움과 화해가 빨리 이루어져 로마의 군대가 다시 돌아오자 귀족들은 다시 당황할 수밖에 없었다. 그들은 마르키우스를 구하고 호민관들의 선동을 억제하기 위해 여러 차례에 걸쳐 회의를

---

21) 로마 시내 의사당이 있는 언덕 꼭대기에 있는 바위

열며 방법을 연구했다. 당시 민중들을 가장 미워한다고 알려져 있던 아피우스 클라우디우스는 엄숙한 선언을 한 다음 원로원 의원들에게, 귀족을 처단하는 권리를 민중들에게 준다면 원로원은 완전히 파괴될 것이며, 이것은 나라를 배반하는 일이 될 것이라고 경고했다.

그러나 나이 많고 민중들에게도 호감을 가진 의원들은 그의 의견에 반대했다. 그들은 민중이 권력을 가지면 도리어 지금보다 온화하고 너그러워질 것이라고 말했다. 민중이 그러한 특권을 군이 가지려고 하는 것은 원로원에 대한 경멸 때문이 아니라 원로원으로부터 경멸받고 있다는 인상 때문이라고 그들은 생각했다. 그러므로 재판의 권한을 주면 그들이 가지고 있었던 원한과 분노도 풀릴 것이라고 사람들을 설득했다.

마르키우스는 원로원이 자기에 대한 호감과 민중에 대한 공포로 고민하고 있는 것을 보고 스스로 호민관을 찾아갔다. 그는 호민관들에게 자기의 죄가 무엇이며, 민중들 앞에서 어떤 말을 하라는 것인지를 물었다.

호민관은 그가 독재 정권을 세우려고 계획했다는 것을 증명하기 위한 것이라고 대답했다. 마르키우스는 그들의 말을 듣자 곧바로 이렇게 말했다.

"그렇다면 지금이라도 당장 그들 앞에 나서겠소. 민중 앞에서 곧 나의 죄를 씻어 보이지요. 그러고 나서 그들이 무슨 결정을 하든 간에 그것을 달게 받아들이겠소. 그러나 다만… ."

그는 말을 계속 이었다.

"지금 그대들이 말한 죄목으로 나를 고소하시오. 그러나 더 이상 원로원을 괴롭히는 일은 없을 것이라는 약속을 해주시오."

호민관들은 그렇게 하겠다고 약속을 했고, 마르키우스는 예정대로 재판정에 나타났다. 그런데 민중이 모이자 호민관은 이전과는 달리, 투표를 센트리[22]에 따라서 하지 않고 종족별로 하겠다고 억지 주장을 내세우기 시작했다. 이런 방법으로 투표

---

22) 센트리(Centuries)제와 종족제(種族制, Tribes): 둘 다 로마 시민을 구별하기 위한 제도이다. 앞의 것을 Comitia tribute라고 하며, 선거기관이다. 로마 시민은 그 재산 정도에 따라 6등급으로 나뉘고, 이것은 다시 193개의 센트리로 나뉘어졌다. 1등급은 가장 부유한 시민으로 80센트리로 나뉘어 있었고, 2등급부터 4등급까지는 각각 20센트리, 5등급은 30센트리, 최하의 6등급은 1센트리로 이루어져 있었다. 그리고 로마 시민들은 다시 지역에 의해 종족을 나누었는데 이 때는 21개의 종족이 있었다. 마르키우스의 투표 때 그를 지지한 종족이 9개, 반대한 종족이 12개였다. 이들 종족은 부자와 빈민이 섞여 있었지만 숫자상으로는 물론 빈민이 많았다. 그렇기 때문에 만일 센트리제로 투표를 한다면 마르키우스는 무죄선고를 받겠지만, 종족제로 하면 그에게는 불리한 판결이 내려질 가능성이 컸다.

를 하게 되면 명예나 정의에 무관심한 천민들은, 나라를 위해 많은 공적을 세운 사람이라 할지라도 유죄를 선고할 것이 뻔했다.

더구나 호민관들은 마르키우스의 반역죄를 증명할 수 없게 되자, 원로원에서 곡식을 무상으로 나눠주는 것에 그가 반대했다는 것과 호민관 제도를 없애자고 주장했었던 일을 끄집어내어 다시 그를 몰아세우기 시작했다. 그리고 그가 안티움에 쳐들어 갔을 때 얻은 전리품을 국고로 들여오지 않고 부하들에게 마음대로 나눠 주었던 일까지 따지고 들었다. 이 고발은 마르키우스도 전혀 예상하지 못했던 것이었기 때문에 답변할 준비가 되어 있지 않아 그를 몹시 난처하게 만들었다. 그는 이 새로운 문제에 대해 해명을 하려고 그 전투 때 함께 싸웠던 전우들의 공적을 열거하기 시작했다. 그러자 당시 전쟁에 나가지 않았던 많은 사람들이 일제히 고함을 지르면서 그의 말을 방해했다.

이윽고, 그는 유죄로 판결이 나서 나라에서 영원히 추방되도록 결정되었다. 그의 유죄 선고가 낭독될 때 민중들은 마치 큰 전쟁에서 승리를 거둔 것처럼 기뻐하였다. 그러나 원로원 의원들은 비통과 실망의 빛을 감추지 못했다. 민중의 오만에 무릎을 꿇었기 때문에 그들이 함부로 권력을 휘두르게 된 것을 보고 그들은 후회에 빠져들었다. 당시에는 귀족과 평민의 옷에 구별이 없었지만, 이 날은 얼굴에 웃음을 띤 사람은 평민이요, 슬픔에 젖어 있는 사람은 귀족이라는 것을 한눈에 알아볼 수 있었다.

그러나 마르키우스는 여전히 아무렇지도 않다는 표정을 짓고 있었다. 그의 친구들은 모두 걱정으로 안타까워하고 있었지만 정작 마르키우스 자신은 자기의 불행에 대해 조금도 마음이 흔들리지 않은 것 같았다. 그러나 그것은 마음이 평온해서나 결정을 달게 받아들였기 때문은 아니었다. 눈에 보이지는 않지만 가슴 깊은 곳에 엄청난 분노를 감추고 있다는 것을 사람들은 알지 못했던 것이다. 그리고 고통이 마음에 불을 질러 노여움으로 변할 때는, 이미 굴복이나 인내는 다 사라져 버릴 것이라는 사실도 모르고 있었다. 그의 상태는 마치 열병에 걸린 사람의 체온이 잠시 정상을 찾는 것과 같은 것이었다. 마르키우스가 이 때 어떤 마음을 품고 있었는지는 그 후 그의 행동에서 모두 드러났다.

그는 집에 돌아가 슬픔으로 통곡하고 있는 아내와 어머니를 붙잡고 이 불행을 부디 이겨내 달라고 부탁했다. 그리고 그는 곧장 성문을 향해 출발했다. 그는 아무것도 몸에 지니지 않고 아무것도 요구하지 않은 채, 다만 몇 사람의 부하 청년들을 데리고 전송나온 여러 귀족들에게 작별인사를 하였다.

그는 며칠 동안 도시 근처에 있는 어느 시골에서 분노에 사로잡힌 채 온갖 계획에 몰두해 있었다. 그는 오직 어떻게 해야 복수할 수 있을까를 궁리하였다. 그리고 가장 가까운 이웃 나라로 하여금 맹렬한 전쟁을 걸게 할 것을 결심하게 되었다.

그는 우선 볼스키에 사람을 보내기로 했다. 볼스키는 지난번 전쟁에서 로마에 패하여 심한 피해를 입었기 때문에 로마에 대해 원한을 가지고 있었던 데다가 군대나 재물에 있어서도 강력한 나라라는 것을 그는 잘 알고 있었다.

당시 안티움 사람 중에 툴루스 아우피디우스라는 사람이 있었는데, 그는 재산도 많았지만 용기와 가문에 있어서 누구에게도 뒤지지 않는 인물이었다. 그는 국왕이나 다름없는 존경을 받으며 특권을 가지고 있었다. 마르키우스는 이 사람이 어느 로마인들보다 자기를 더 미워한다는 사실을 알고 있었다. 여태까지의 전투에서 몇 번이나 두 사람이 맞붙어 싸웠기 때문에 나라끼리 원수일 뿐 아니라 개인적인 감정이 짙게 깔려 있었던 것이다.

그러나 툴루스는 너그러운 성격을 가지고 있다고 알려져 있었다. 또 로마에 대한 원한을 풀려고 기회를 노리고 있다는 점에서 볼스키 사람 중에서도 가장 열렬한 사람이라는 것을 마르키우스는 파악하고 있었다.

> 분노를 가진 싸움이야말로 치열한 것이어서
> 죽음이 앞을 가로막아도 부수고 나간다네.[23]

그는 이 시가 말하는 뜻을 증명하려는 것이었다. 그래서 그는 아무도 알아보지 못할 정도로 변장을 하고 옛날의 오디세우스처럼 원수의 마을에 제발로 걸어 들어갔다. 그가 안티움에 도착한 것은 해질 무렵이었다. 거리에서 사람들을 만났지만 아무도 그를 알아보지 못했다. 그는 곧바로 툴루스의 집으로 숨어 들어가 부엌 아궁이 앞에 머리를 감싸고 말없이 앉아 있었다.[24] 집안 사람들은 그를 보고 깜짝 놀랐으나,

---

23) 헤라클레이토스의 단편 다일스 85에 나오는 구절이다.

24) 로마의 부엌 아궁이는 수호신이 베스타(vesta) 여신께 바치는 것으로, 신성한 것으로 여겼으며 피난처로 이용되기도 했다. 그러므로 누구에게 몸을 의지하여 보호를 청하고 싶은 사람은 아궁이 위나 옆에 웅크리고 앉는다. 그런 사람에게는 아무리 원수라 할지라도 함부로 대할 수 없었다.

한 마디 말도 없이 앉아 있는 그의 기세에 눌려 아무도 그에게 말을 걸지 못했다. 그들은 마침 저녁을 먹고 있는 툴루스에게 가서 이 일을 알렸다.

툴루스는 식탁에서 일어나 그에게 다가가 무슨 일로 왔느냐고 물었다.

이때 마르키우스는 비로소 변장을 벗고 잠시 묵묵히 앉아 있다가 천천히 입을 열었다.

"툴루스 장군, 나를 알아보지 못한다면, 그리고 알면서도 자신의 눈을 의심하신다면 스스로 나를 소개하겠소. 나는 바로 카이우스 마르키우스, 즉 볼스키 사람들에게 대단한 폐를 끼쳤던 장본인이오. 아마 코리올라누스라는 이름을 들으면 내가 볼스키의 원수라는 것을 알 수 있을 것이오. 이 이름은 이제 내 몸에 붙어 있어서 떼어 버리려고 해도 그럴 수가 없는 것이오. 그러나 나는 그 밖의 모든 것을 모조리 민중의 질투와 귀족들의 배신으로 빼앗기고 말았소. 나는 내 나라에서 추방을 당해 이곳까지 오게 되었소. 그러나 내가 장군을 찾아온 것은 나를 보호해 달라는 부탁을 하기 위해서가 아니오. 죽음이 두려웠다면 내가 왜 하필 이 곳에 찾아왔겠소? 나는 복수를 하기 위해 온 것이오. 당신에게 내 목숨을 드리고, 그것으로 나를 추방한 자들에게 복수를 하려고 하오. 그러니 툴루스 장군, 당신의 적을 치려 한다면 여기 있는 나를 이용하시오. 그렇게 해서 나 한 사람의 불행을 볼스키 사람들의 행복으로 바꾸시오. 나는 장군의 적으로서가 아니라, 장군을 위해 싸울 결심을 했소. 나는 지금 장군의 적들이 가지고 있던 모든 비밀을 손에 쥐고 있소. 그러나 만약 그런 큰 일을 할 생각이 없다면, 차라리 나를 죽여 주기 바라오."

이 말을 들은 툴루스는 대단히 기뻐했다. 그는 오른손을 가리키며 말했다.

"자, 손을 드시오, 마르키우스 장군. 용기를 내시오. 당신 자체가 우리에게는 큰 비밀이며 커다란 선물이오. 그러니 이제는 볼스키 사람에게 온갖 행복을 기대해도 좋을 것이오."

그는 곧 정성을 다해 마르키우스를 대접했다. 그리고 다음날부터 며칠 동안 두 사람은 전쟁에 대해 은밀히 의논을 했다. 이렇게 계획을 세우고 있는 동안 로마 시내에는, 특히 마르키우스의 유죄 판결이 있은 다음부터 심상치 않은 공기가 떠돌았다. 점쟁이와 사제, 때로는 민간인들까지도 이상한 징조를 보았다고 말하는 사람들이 늘어갔다. 그 중에는 이런 일도 있었다고 한다.

티투스 라티누스라는 사람이 있었는데, 그는 미신 같은 것에는 동요되지 않고 허영심이나 과장이 없는 진실한 사나이였다. 그런데 하루는 이 사람의 꿈 속에 유피테르가 나타나서, 자기 제삿날 행렬 맨 앞에 선 사람의 춤이 언짢더라며 원로원에 가서 전하라고 했다. 그는 처음에는 이 꿈을 마음에 두지 않았다. 그러나 거듭해서 두 번 세 번 똑같은 꿈을 꾸는 동안 건강하던 그의 아들이 죽고, 이어 자기도 별안간 손발이 마비되고 말았다. 그제야 그는 마차를 타고 원로원으로 갔다. 그리고 그가 꿈얘기를 전하자마자 돌연 마비 증세가 씻은듯이 나아 제발로 걸어 집에 돌아왔다는 것이다.

원로원은 크게 놀라 곧 이 사건을 조사하게 했다. 그리고 다음과 같은 일이 있었다는 것이 밝혀지게 되었다.

어떤 시민이 그의 노예가 중대한 죄를 지었다 하여 다른 노예에게 매질을 하게 하였다. 그리고 포룸 안을 끌고 다니다가 그 노예를 죽인 일이 있었다. 매를 맞을 때 노예는 살을 파고 드는 아픔을 못 이겨 비참한 모양으로 몸을 비비꼬며 꿈틀거렸다. 그런데 우연히 유피테르의 제사행렬이 그 뒤를 따라오고 있었다. 행렬 중에 섞여 있던 사람들은 그 광경을 보고 언짢아했지만, 누구 하나 말리는 사람은 없었다. 그들은 다만 저렇게까지 참혹하게 벌을 주는 주인을 나무라며 저주의 말을 중얼거렸을 뿐이었다.

그즈음 로마인들은 자기네 노예를 인정으로 잘 보살펴 주고 있었다. 주인도 노예와 함께 일을 하였으므로 노예와 주인의 사이는 아주 가까운 편이었다. 죄를 지은 노예에 대한 가장 심한 형벌은, 수레와 받침대를 메고 동네 안을 돌아다니게 하는 정도였다. 이런 형벌로 그 노예의 얼굴이 알려져 그 후에는 신용을 잃게 하려는 것이었다. 그런 벌을 받은 노예를 푸르키페르(furcifer)라고 했는데, 이것은 받침대를 라틴어로 푸르카(furca)라고 한 데서 나온 말이다.

원로원은 처음에 라티누스의 꿈 얘기를 들었을 때, 신의 마음을 어지럽히는 춤을 춘 사람이 누구였는지 찾아낼 수가 없어 궁리를 하고 있었다. 그런데 행렬에 참가했던 사람들 중의 하나가, 그 당시 형벌을 받던 가엾은 노예가 거리에서 매를 맞아 죽었다는 사실을 알렸다. 그래서 그 노예를 죽인 주인은 처벌을 받았고, 제사 행렬과 제전을 다시 하기로 결정했다. 이것으로 미루어 보면, 제사에 대한 여러 가지 형식을 정한 누마가, 신성한 예배를 드릴 때 전령을 앞세워 길을 비키게 했던 일은 참으로 현명했던 것 같다. 이 전령은 앞장서서 "너의 일에 전념하라!"고 외쳤는데, 이것은 그들이 신성한 일을 하고 있다는 것을 깨닫게 하는 한편, 모든 세속적인 생각이 신성한 제사를 방해하지 못하도록 하기 위한 것이었다. 즉, 사람은 어느 정도 제약을 받아야 신성한 일을 제대로 할 수 있다는 누마의 깊은 생각을 보여 주는 것이라 할 수 있겠다.

로마인들은 아주 사소한 문제가 생겨도 제사나 행렬, 운동제를 다시 하는 것이 관례로 되어 있었다. 신상을 모신 수레를 끄는 말이 넘어지거나 마부가 고삐를 왼손으로 잡았거나 할 때도 행사는 처음부터 다시 하게 되어 있었다. 그래서 제사 중에 무슨 실수나 혹은 착오가 있을 때, 또는 무슨 사건이 일어났을 때면 같은 행사가 30번 이상이나 되풀이 되었던 적도 있었다. 이러한 이야기들은 로마인들의 제사에 대한 경건함과 세심함을 잘 알려 주는 것들이다.

한편 안티움에서는 마르키우스와 툴루스가 볼스키의 주요 인물들과 비밀스럽게 토론을 하고 있었다. 그들은 로마인의 내분을 틈타 기습하기로 결정을 보았다. 그러나 볼스키 사람들은 전에 로마와 2년간 휴전을 하기로 약속을 했기 때문에 두 사람의 의견에 따르기를 주저하는 것 같았다. 그러나 이 때 마침 로마인들이 그들에게 좋은 기회를 만들어 주었다. 로마인들은 운동 경기를 하러 와 있던 볼스키인들에게 그 날 해가 지기 전에 로마에서 물러가라는 포고령을 발표했던 것이다. 어떤 사람은 이것이 마르키우스의 계략이라고 하는데, 그가 몰래 두 집정관에게 사람을 보내 볼스키 사람들이 로마인을 습격하여 불을 지르려 한다고 거짓 보고를 한 것이라는 주장이 그것이다.

이 포고령으로 볼스키 사람들은 로마인에 대해 큰 반감을 갖게 되었다. 툴루스는 이 사실을 더욱 과장해서 발표하여 국민들의 분노를 더욱 부추겼다. 그리고 로마에 사절을 보내 지난번 전쟁에서 볼스키 사람으로부터 빼앗아간 영토와 여러 도시를 다시 내놓으라고 요구했다. 로마인들은 이 사절의 말을 전해 듣고, 먼저 무기를 든 자는 볼스키 사람이지만 나중에 무기를 거두는 자는 로마인들일 것이라고 대답했다. 이 회답을 들은 툴루스는 볼스키 사람들을 모두 소집하여 대회를 열었다. 그들은 의논 결과 전쟁을 벌이기로 결정하였다. 툴루스는 사람들에게, 옛날의 원한을 잊어버리고 한 사람의 친구요 동맹자로서 마르키우스를 받아들이자고 했다. 그리고 덧붙여, 그에게서 받게 될 우리의 이익은 그가 적이었을 때 끼친 손해를 보상하고도 남을 것이라고 말했다.

마르키우스는 그의 말이 끝나자 자리에서 일어난 볼스키 인들 앞에서 열변을 토했다. 사람들은 그의 말을 듣고 그가 전쟁에서 뿐만 아니라 연설에 있어서도 뛰어나며, 훌륭한 재주와 용기를 가진 사람이라는 것을 알고 모두 감탄했다. 그들은 마르키우스를 툴루스와 함께 대장으로 임명하여 전쟁에 관한 모든 일을 맡겼다. 마르키우스는 모든 볼스키 군을 집합시켜 준비를 끝내게 하기까지는 많은 시간이 필요할 것이라고 판단하고, 우선 희망하는 용감한 청년들을 모아 군대를 조직하였다.

그는 이들을 데리고 느닷없이 로마 시로 쳐들어갔다. 그리고 여기서 볼스키 사람들이 모두 쓰고도 남을 만큼 많은 전리품을 얻어 가지고 돌아왔다. 그러나 그가 얻은 산더미 같은 전리품도, 또 그가 마음 내키는 대로 짓밟은 국토의 손해도 그가 계획한 일에 비하면 아주 조그마한 성과에 지나지 않았다. 그의 목적은 로마의 민중들이 귀족들을 시기하고 의심하게 만들어 그들의 관계를 완전히 벌려 놓으려는 데 있었다. 그래서 그는 군인들을 시켜 로마인의 모든 농토와 재산을 약탈하고 파괴하게 하는 한편 귀족의 농장과 토지에는 아무도 손대지 못하게 했다.

이렇게 해서 귀족과 민중간의 관계는 더욱 나빠졌다. 원로원은 마르키우스에 대한 억울한 판결 때문에 이런 결과가 생긴 것이라며 평민들을 비난했고, 평민들은 귀족들이 원한과 복수심 때문에 일부러 마르키우스를 시켜 전쟁을 일으켰다고 했다. 또 귀족들의 간사스런 계략 때문에 시민들이 전쟁의 피해를 입고 있는 동안, 그들은 마르키우스에게 자신들의 재산을 지켜 달라고 부탁하고 편히 앉아 구경만 하고 있었다고 욕설을 퍼부었다.

볼스키 사람들은 전쟁을 치르는 동안 한층 더 대담해져서 점점 더 두려움이 없어졌다. 그래서 그들은 갈수록 더 용감해져 많은 적을 없앴다. 마르키우스는 거의 손해를 보지 않고 무사히 그들을 거느리고 안티움으로 돌아올 수 있었다.

그러자 볼스키 청년들은 너나 할 것 없이 앞을 다투어 마르키우스에게 모여들었다. 그는 전국에서 몰려든 엄청난 군사를 보고 기뻐하였다. 그리고 그 중 일부분은 국내에 남겨 여러 도시들을 지키게 하고, 나머지 군사들을 이끌고 다시 로마 진격에 나서기로 했다. 마르키우스는 툴루스에게 이 두 부대 중 하나를 마음대로 선택하라고 했다. 툴루스는 마르키우스의 용맹성이 자기에게 뒤지지 않을 뿐만 아니라 전쟁을 할 때마다 행운이 따르는 사람이라는 것을 알고 있었으므로, 전쟁을 하는 일은 마르키우스에게 맡기고, 자기는 국내에서 도시를 지키며 전쟁 물자를 지원하겠다고 했다.

마르키우스는 그 전보다 더 강력해진 군대를 가지게 되자, 우선 로마의 식민지인 키르카이움으로 돌진해 갔다. 그러나 이 도시가 항복해 오자 주민들에게 아무 피해도 입히지 않고 군대를 돌렸다. 그리고 다음으로 라티움 지방으로 들어가 마음대로 약탈했다.

마르키우스는 라티움 사람들이 로마와 동맹을 맺고 있으므로, 여기서 로마의 원정군과 맞붙게 될 것이라고 예상하고 있었다. 그러나 당시 로마의 민중들은 전쟁을 할 뜻이 없었다. 두 집정관 역시 임기가 임박해 위험을 무릅쓰려 하지 않았다. 그래서 라티움에서 도움을 요청하러 갔던 사절들은 아무 보람도 없이 되돌아오고 말았다.

마르키우스는 자신들에게 대항하는 적이 아무도 없자 여러 도시들을 마음 놓고 공격하기 시작했다. 그 중에서 대항의 기색을 보였던 톨레리움, 라비키, 페다, 볼라 등은 건물을 모두 부수고 재물을 약탈했고, 주민들은 잡아 노예로 삼았다. 그리고 항복하는 도시에 대해서는 특별한 배려를 하여 병사들의 약탈을 금지시키고 그들의 재산을 지켜 주었다.

드디어 그는 로마에서 10마일쯤 떨어진 곳에 있는 볼라[25]를 점령했다. 그들은 수없이 많은 재물을 약탈하고, 성년 남자 대부분을 죽여 버렸다. 이 소식이 들려오자 국내에서 도시 수비를 맡았던 볼스키 사람들은 모두 무기를 들고 마르키우스에게 달려와, 우리들의 대장이며 총지휘자라고 소리쳤다. 그의 명성은 이탈리아 방방곡곡을 떠들썩하게 했다. 이렇게 해서 결국 단 한 사람의 전향이 두 국민의 운명에 급격하고도 큰 변화를 주게 되었고, 세상은 이것을 놀라운 눈으로 지켜보고 있었다.

한편 로마는 혼란의 소용돌이 속에 휘청거리고 있었다. 시민은 전쟁할 뜻을 잃었고, 다만 서로에 대한 비난과 공격으로 나날을 보내고 있었다. 그와 동시 라비니움 시가 포위되었다는 소식이 들려왔다. 라비니움은 아이네아스[26]가 건설한 최초의 도시로, 로마 수호신들의 초상과 보물이 보존되어 그들 국민의 영원한 고향으로 여기는 곳이었다. 이런 라비니움 시가 포위되었다는 소식은 로마 사람들에게 큰 충격을 주었다. 민중들의 생각에 생긴 변화는 약간 특별한 것이었다. 그러나 귀족들에게 생긴 변화는 그것보다 훨씬 기묘한 것이었다.

---

25) 볼라(Bola): 이것은 플루타르코스가 착각해서 잘못 쓴 것이라는 것이 정설로 되어 있다. 여기서는 보빌 (Bovilla)나 보빌라이(Bovillae)가 맞는 것 같다. 왜냐하면 볼라는 이미 점령한 도시로 앞에 나와 있기 때문이다.

26) 아이네아스(Aeneas): 트로이의 용사 안키세스와 여신 아프로디테(비너스) 사이에 난 아들. 트로이 함락 때 아버지를 업고 불길을 뚫고 나와 이탈리아로 도망쳐, 라티누스(Latinus)의 딸 라비니아(Lavinia)와 결혼하였다. 로마의 건설자 로물루스 및 레무스 형제의 먼 조상이 된다. 본문의 라비니움 시의 이름도 이 라비니아에서 따온 것이다.

민중들은 마르키우스에게 내린 추방 명령을 취소하고 그를 로마로 돌아오게 하자고 요청했다. 그런데 이 결의를 심의하기 위해 모인 원로원들은 도리어 이를 반대하고 민중들이 올린 제안을 거부한 것이었다. 그것은 민중이 희망하는 일에 무조건 반대하기 위해서였거나 혹은 마르키우스가 평민들의 환영 속에 귀국하는 일을 보고 싶지 않아서였는지도 모른다. 아니면 귀족들이 그의 불행을 슬퍼해 주었는데도 불구하고 온나라를 침략해 로마를 불바다로 만들려는 마르키우스가 못마땅했기 때문이었을 수도 있다

원로원이 이 같은 결정을 내리자, 평민들은 투표도 할 수 없었으므로 어떻게 해볼 도리가 없어지고 말았다. 이 소문을 들은 마르키우스는 더욱더 분노했다. 그는 곧 라비니움의 포위를 풀고 로마로 달려가 바로 5마일 앞 쿨루일리아에 진을 쳤다. 그가 이렇게 눈앞에까지 쳐들어온 것을 보고 로마 시민들은 공포와 혼란에 빠져들었지만, 한편으로 그들 속의 내부 분열은 일단 멈추게 되었다. 이제는 두 집정관이나 원로원 의원들도 마르키우스를 불러들이자는 의견에 반대할 힘조차 사라지게 된 것이었다.

부녀자들은 정신없이 거리를 헤매고, 노인들은 눈물을 지으며 신전에 나가 기도를 드렸다. 온 시민들이 자기 몸 하나 피할 용기와 분별력도 없게 된 것을 보고, 원로원 의원들은 전날 평민들이 마르키우스를 불러 화해할 것을 제안한 것이 옳았음을 깨달았다. 그리고 다른 사람들은, 마르키우스를 달래야 할 때에 원로원이 도리어 그와의 싸움을 시작한 것은 큰 잘못이었다고 그들을 질책했다.

원로원은 드디어 마르키우스에게 사람을 보내어 귀국하기를 권하고, 전쟁의 공포와 피해로부터 시민들을 구해 달라고 간청하기로 결정했다. 원로원은 마르키우스에게 가는 사절을 모두 그의 친척이나 친구들 중에서 뽑았다. 그들이 가졌던 지난날의 관계와 애정 때문에 마르키우스와의 회담은 좋은 결과를 가져올 것이라고 기대했던 것이다. 그러나 그들의 기대는 크게 빗나가고 말았다.

적의 진지에 안내되어 들어간 그들은 볼스키 사람들 가운데 앉아 있는 오만하고 건방진 표정의 마르키우스를 발견했다. 그는 거만한 태도로 비꼬며 자기가 로마인들에게 받은 학대를 신랄하게 얘기했다. 그런 다음 그는 볼스키의 장군의 입장에서, 지난번 전쟁에서 로마가 빼앗아간 도시와 영토를 도로 내놓고 로마에 있는 볼스키 인을 라티움 인들처럼 동등하게 대할 것을 요구했다. 그리고 두 나라가 공평하고 정당한 조건으로 이 문제를 해결해야 영원한 평화를 누릴 수 있을 것이라고 말했다. 마르

키우스는 그들에게 30일의 여유를 주고 그동안 결정을 내려 회답을 보내라고 했다.

사절들이 돌아간 뒤 마르키우스는 군사를 거두어 로마 영토에서 물러나왔다. 그런데 오래 전부터 그의 명성과 인기를 시기하고 있던 볼스키 사람들은 이 일을 구실삼아 마르키우스를 공격하기 시작했다. 그들 중에는 툴루스도 끼여 있었는데, 그는 마르키우스에게 어떤 원한이 있어서가 아니라 그의 천성이 너무 약했기 때문이었다. 즉 자기의 명성이 빛을 잃게 되고, 국민들이 마르키우스를 가장 위대한 인물로 보면서 다른 사람들은 모두 그가 시키는 대로 하는 것이 옳다고 생각했기 때문이었다.

불평이 있는 자들은 서로 얼굴을 대할 때마다, 마르키우스가 로마에서 철수한 것은 반역이라고 비난하였다. 어떤 도시나 군대를 적에게 넘겨준 것은 아니지만, 모든 것을 얻고 잃는 것을 결정할 수 있는 시간을 적에게 주었다는 것이었다. 즉, 마르키우스가 그들에게 준 30일의 시간은 적들이 숨을 돌리고 방어를 준비하게 하도록 하려는 것이라고 했다.

그러나 마르키우스는 단 한 시간도 헛되이 보내지 않았다. 그는 30일의 휴전 중에 로마의 동맹국 여러 도시를 쳐서 나라를 어지럽히고, 일곱 개나 되는 큰 도시를 빼앗았다. 그러는 동안 로마는 동맹국들을 하나도 돕지 않았고, 손발이 마비된 것처럼 꼼짝도 않고 있었다. 이러던 중 30일의 기한이 끝나자 마르키우스는 다시 모든 군사들을 다 이끌고 로마에 나타났다.

그들은 급히 사절을 마르키우스에게 보내 노여움을 풀고 볼스키 군을 철수시키면 양쪽 다 이로울 수 있도록 하겠다고 제안했다. 로마 사람들은 두려워서 항복하는 일은 없겠지만, 요구한다면 무기를 버리고 화해를 하겠다고 말했다. 마르키우스는 이 말에 대해 회답을 보냈다. 즉, 그는 볼스키의 대장 자격으로는 아무 말도 할 수 없지만 로마 시민으로서 말한다면, 좀 더 겸손한 태도로 전날 제시한 요건을 앞으로 3일 안으로 수락할 것을 요구했다. 그리고 만약 다른 제안을 가지고 오려거든 무장을 단단히 갖추고 오는 것이 좋을 것이라고 말했다.

사절 일행이 돌아와 원로원에 마르키우스의 뜻을 전하자, 로마는 바야흐로 위험이 폭풍우처럼 몰아닥쳤다. 그들은 신성한 돛[27]을 바다에 던질 수밖에 없었다. 원로원은 명령을 내려 관직에 있는 모든 사람들, 제사에 관한 일을 잘 아는 사람들, 그리고 옛

---

27) 가장 큰 위험에 빠졌을 때에만 쓰는 것으로, 나라가 곤경에 처했을 때 이 돛을 잘라 바다에 던졌다.

날부터 내려오는 새점을 잘 치는 사람들에게 한 사람도 빠짐없이 격식에 맞는 옷을 입고 마르키우스에게 가라고 명령했다. 그들은 무기를 놓고 고국의 모든 동포들과 볼스키 사람들의 이익을 위해 다시 한 번 교섭을 해보자고 마르키우스에게 간청했다.

마르키우스는 교섭 대표들을 맞아주기는 했지만 노여움을 띤 채 한 치의 양보도 하지 않았다. 그는 전날 자기가 한 말이 곧 평화의 조건이니 그것을 받아들이든지 아니면 전쟁을 하자고 했다. 한 가닥 희망도 물거품으로 돌아가자 대표들은 아무것도 얻지 못한 채 되돌아갔다. 그들은 조용히 시내로 들어가 성벽 수비를 든든히 하며 마르키우스를 방어하기 위한 준비를 서둘렀다. 그들은 시간과 운명에 모든 희망을 걸고 있었다. 그들로서는 더 이상 스스로를 구할 아무런 수단도 방법도 없었던 것이다. 나라 안에는 오직 혼란과 공포의 유언비어들만 떠돌고 있었다.

그런데 이 때 호메로스의 시에서나 보았던 믿을 수 없는 일이 생겼다. 호메로스는 여러 시에서 이런 글을 읊었는데 그것들은 각각 다음과 같다.

> 푸른 눈동자의 아테나 여신은
> 그의 마음 속에 지혜를 주셨도다.[28]

> 어떤 신께서 내 마음을 돌려
> 사람들이 하는 말뜻을 깨닫게 하셨다.[29]

> 이것은 나의 생각인가,
> 아니면 신의 뜻인가.[30]

세상 사람들은 이러한 시를 터무니없는 이야기를 지어내기 위한 것이며 인간의 자유로운 생각을 흐리게 한다고 경멸하기도 했다. 그러나 호메로스의 시는 결코 그

---

28) 《오디세이아》 제18권의 158, 제21권의 1.

29) 이 시는 《일리아드》 제9권 459~460에서 따온 것으로 2행은 아킬레우스의 노여움을 풀게 하려고 패닉스가 한 말이다. 그는 젊었을 때 분을 못이겨 아버지 앞에서 칼을 뽑으려고 했는데, 아비를 죽인 자라는 이름을 남기지 말라는 신의 계시가 들려와 칼을 뽑지 않았다.

30) 《오디세이아》 제9편 338연, 외눈박이 거인 키클로프스가 그의 양을 동굴 속에 숨기는 장면에서 나온다.

런 것이 아니었다. 그 중에는 조리가 닿고 가능성 있는 일이 모두 인간의 행동이라고
본 것들도 충분히 찾아낼 수 있다.

> 그러나 나는 내 위대한 마음에 비춰보며 … 31)

> 아킬레우스는 순간적인 슬픔에 휩싸여
> 생각이 두 갈래로 나뉘어졌다.32)

> 그러나 벨레로폰의 굳고 곧은 마음은
> 그녀의 간절한 말에도 움직이지 않았네.33)

사람들은 이상하고 신기한 행동을 할 때 그것은 어떤 신의 계시에 따라 움직이는
것으로 생각한다. 그러나 그것은 인간의 뜻을 꺾기 위한 것이 아니라 그 방향을 일
러주기 위한 것이며, 인간의 마음속에 다른 무엇을 만들기 위해서가 아니라 인간이
본래 가지고 있는 힘을 도와주려는 것이다. 그리고 이것은 우리들을 억지로 이끄는
것이 아니라 자유롭게 움직일 수 있도록 믿음과 희망을 불어넣어 주는 것이다. 우리
가 신의 영향을 완전히 부정한다면 모르지만 그렇지 않다면 신의 도움이라는 것을
인정할 수 있을 것이다. 그것은 물론 신이 우리의 손과 발을 잡아 움직여 준다는 의
미가 아니라 우리 마음에 생각과 지혜를 넣어 주어 우리로 하여금 옳은 것을 행하고
그릇된 것을 물리치는 힘을 준다는 의미이기 때문이다.

한편 혼란이 계속되던 로마에서는 부녀자들이 신전에 나가 기도를 드리고 있었
는데, 특히 유피테르 신전에는 로마에서 가장 신분이 높은 귀부인들이 많이 모여 있
었다. 이 사람들 중에는 항상 로마를 위해 큰 일을 한 포플리콜라의 누이 발레리아
도 있었다. 포플리콜라는 그때 이미 세상을 떠났지만 발레리아는 당시 로마에서 대
단한 존경과 명성을 얻고 있었다.

---

31) 《오디세이아》 제9편 299연. 오디세우스가 거인이 잠든 것을 보고 칼을 빼 치려다가 마음을 돌리는 장면
　　에서 나오는 말이다.

32) 《일리아드》 제1편 188연 이후에 나오는 말. 아가멤논이 아킬레우스를 조롱하자 이에 분노한 아킬레우스
　　가 칼자루에 손을 대고 그를 죽일 것인가, 분을 참고 싸움에 나갈 것인가를 망설이는 대목.

33) 《일리아드》 제6편 161연. 용사 벨레로폰이 남의 아내인 안테이아의 사랑을 물리치는 장면.

이 발레리아가 바로 신으로부터 도움을 얻어 로마의 앞날을 위한 좋은 방법을 생각해냈다. 그녀는 곧 다른 부인들을 데리고 한달음에 마르키우스의 어머니 볼룸니아의 집을 찾아갔다. 마침 어린 손자를 무릎에 앉히고 며느리 베르길리아와 얘기를 나누고 있던 볼룸니아는 여러 여자들의 방문을 받았다. 찾아온 여자들이 그들 가까이 다가와 이렇게 말을 꺼냈다.

"저희들이 이렇게 찾아온 것은 순전히 저희들과 볼룸니아 님, 그리고 베르길리아 님이 다같이 여자라는 이유 때문입니다. 저희들은 결코 원로원의 지시나 집정관의 명령으로 오거나 어느 관리의 부탁을 받은 것도 아닙니다. 아마 신께서 저희들의 기도를 불쌍히 생각하시어 댁에 찾아올 생각을 불어넣어 주신 것 같습니다. 저희들의 간절한 마음을 헤아려 주신다면, 옛날 사비니 여자들이 아버지와 남편의 마음을 움직여 평화를 되찾은 일을 생각해 보세요. 그리고 나라를 걱정하는 저희들의 마음을 마르키우스 님께 전해 주십시오. 지금 이 나라는 장군에게서 큰 고통을 입고 있지만, 저희들은 두 분에게 단 한 번도 무례한 짓을 하지 않았고, 또 그러고 싶은 생각도 없었습니다. 그리고 지금 저희들은 아무런 보답을 바라지 않고 다만 두 분을 장군이 계신 곳까지 무사히 모셔다 드리려는 것입니다."

발레리아가 하는 말에 다른 여자들도 모두 고개를 끄덕였다. 볼룸니아가 대답했다.

"나와 베르길리아도 여러분과 마찬가지로 고통을 겪고 있소. 그렇지만 마르키우스도 명예와 용기를 다 잃고 감금되어 있는 것과 다름없는 슬픈 신세가 되어 있소. 그러나 그보다도 더 슬픈 것은 로마가 우리 같은 사람에게까지 이 일을 부탁해야 될 만큼 약해졌다는 것이오. 마르키우스가 우리 말을 어느 만큼 들어줄는지 그건 나도 알 수 없소. 그 애는 지금 어미나 자식보다도 사랑하던 조국을 적으로 생각하고 있으니 말이오. 그래도 우리가 필요하다면 우리를 마르키우스에게 데리고 가 주시오. 힘이 없는 나지만 마지막으로 나라를 위해 할 일을 하고 죽고 싶소."

말을 마치고 볼룸니아는 베르길리아와 손자들의 손을 잡고 여자들과 함께 볼스키 군의 진영으로 조용히 걸어갔다.

이들의 모습을 본 볼스키 군은 연민과 감동으로 아무 말 없이 그들을 바라보았다. 마르키우스는 마침 지휘관들과 같이 단상에 앉아 있었다.

그는 여자들이 몰려오는 것을 보고 처음에는 놀랐지만 맨 앞에 선 어머니를 발견

코리올라누스에게 탄원하는 볼룸니아.

하자 가슴벅찬 감정을 이기지 못하고 급히 달려가 어머니를 끌어안았다. 그리고 뒤따라온 아내와 자식들을 어루만지며 눈물을 흘렸다.

마르키우스는 어느 정도 마음이 가라앉자 볼스키의 부하 장군들을 모아놓고 어머니의 이야기를 들었다.

"내 아들아, 우리가 입은 옷이나 야위어진 몸을 보면 네가 추방당한 뒤로 우리가 어떤 생활을 해 왔는가 짐작할 수 있을 게다. 우리가 얼마나 불행한 사람이었을지를 생각해보렴.

우리가 가장 즐거워해야 할 광경이 운명의 장난으로 가장 두렵고 싫은 광경이 되어 버렸구나. 네 어미는 지금 내 아들이요 저기 있는 베르길리아의 남편인 네가 자기 나라의 도시를 포위하고 쳐들어오는 모습을 보고 있단다. 그러니 세상 여자들 중에서 우리보다 불행한 사람들이 또 어디에 있겠느냐? 다른 사람들은 불행 속에서도 기도를 드리며 위로와 구원을 구할 수 있지만 우리는 그런 기도조차도 드릴 수가 없는 처지란다. 나는 우리나라가 이기고 너도 무사하라고 기도를 드릴 수는 없게 되어 버렸다. 너를 위해 기도를 드리는 것은 적이 되어 로마를 저주하는 것과 다름없으니 말이다. 그래서 너의 아내와 자식들은 나라와 너 둘 중에 하나를 선택해야 할 처지에 놓여 있다.

나는 전쟁이 끝날 때까지 기다리며 살고 싶지가 않구나. 지금 내가 한 말이 효과 있어서, 평화가 이루어지고 두 나라의 화근을 없앤 은인이 되지 못한다면, 너는 이 어미의 시체부터 넘지 않고는 로마에 들어가지 못한다. 내 나라 사람들이 내 자식을 꺾고 기뻐하거나, 내 자식이 제 나라를 정복하고 기뻐하는 날을 보려면 내가 그때까지 살아서 무엇하겠니? 만일 내가 너에게 볼스키 사람을 배반하고 조국을 구하라고 부탁한다면 너는 난처한 지경이 될 것이라는 걸 나도 잘 알고 있다.

그러나 우리가 지금 바라는 것은 이 고생을 좀 그치게 해 달라는 것이다. 우리는 지금 볼스키나 우리가 아무도 이기고 지지 않아도 되도록, 볼스키 쪽으로서는 가장 중요한 평화를 가지게 되도록 하라는 것이다. 지금 볼스키 군의 전세가 유리한 만큼 누가 보더라도 너그러움을 베푼 것이라고 생각할 것이니, 이것보다 더 영광스럽고 명예로운 일이 어디 있겠느냐. 만일 우리가 그런 행복을 얻게 된다면 두 나라에서 다 같이 너를 고마워할 것이다. 그러나 만일 그렇지 못할 때는, 너는 두 나라 국민들의 비난을 한 몸에 받게 될 것이다. 전쟁의 운이란 알 수 없는 것이지만 이번 전쟁에서는 확실한 것이 꼭 하나 있다. 이기면 너는 제 나라를 멸망시킨 원수가 되고, 지면 아끼고 도와주신 이들의 은혜를 배반하는 것이 될 것이며, 이것들은 모두 너 한 사람의 원한과 분노 때문에 저지른 짓이라는 것이다."

어머니가 말하는 동안 마르키우스는 묵묵히 귀를 기울이고 있었다. 어머니는 얘기를 마친 뒤에도 입을 떼지 않는 마르키우스를 보고 다시 말을 계속했다.

"마르키우스야, 왜 아무 말도 없느냐? 그래, 네가 분하다고 모든 것을 다 없애 버리는 것은 장한 일이고, 이런 중대한 일로 네게 애걸하는 어미 말을 듣는 것은 수치스러우냐? 전날 학대받은 설움을 마음에 깊이 간직하고 묻어 두는 것이 사나이로서 할 일이란 말이냐? 왜 부모한테서 받은 은혜를 잊어버리고 이런 일을 저지르고 있는 거냐. 어미는 알고 있다. 은혜를 모르는 자를 용서없이 벌주고 있는 너는 적어도 은혜를 잊지 않을 것이라는 사실을 말이다. 그러나 너는 지금 이 어미의 은혜를 잊어버리려 하고 있다. 너한테 아직 신을 두려워하는 마음이 남아 있다면 내 청을 들어주리라고 믿는다. 그리고 말로는 안 된다면 나는 이렇게라도 하는 수밖에 없구나."

이렇게 말하고 그녀는 아들의 발 아래 엎드렸다. 마르키우스의 아내와 아들도 이것을 보고 마르키우스의 발 밑에 엎드렸다.

"어머니, 이게 웬일이십니까?"

마르키우스는 소리를 치며 볼룸니아를 부축해 일으키고는 전에 없이 어머니의 손을 힘주어 잡으며 말했다.

"어머니, 저를 꺾으셨습니다. 그러나 어머니의 승리는 로마를 위해서는 다행스러운 일이지만 저에게는 파멸입니다. 그 무엇에도 지지 않던 어머니의 아들을 보기 좋게 꺾어 놓으셨습니다. 저는 이제 물러가겠습니다."

그는 잠시 어머니와 아내와 이야기를 나눈 다음 그들을 로마로 돌려보냈다. 그리고 날이 새자 마르키우스는 볼스키 병사들을 철수시켜서 돌아갔다. 이 일에 대해 볼스키 병사들은 마르키우스의 행동을 비난하기도 했지만, 평화를 바라는 사람들은

무릎을 꿇고 코리올라누스에게 탄원하는 어머니와 여인들.

그의 행동이 옳았다고 생각하기도 했다.

또 어떤 사람은 그의 행동에는 불만을 느끼면서도, 누구라도 그런 일을 겪는다면 어쩔 수 없었을 것이라며 너그럽게 생각하기도 했다. 그러나 아무도 그의 지휘를 거부하지 않고 순순히 따랐다. 그들은 마르키우스의 권력보다는 그의 덕망을 존경했던 것이다. 전쟁이 그치자 로마 사람들은 그동안 얼마나 큰 공포와 절망 속에 살아왔던가를 어느 때보다 더 잘 알 수 있었다. 성을 지키던 병사가 볼스키 군의 철수 소식을 알려주자 시민들은 부랴부랴 모든 성문을 일제히 열고 마치 전쟁의 승리를 축하하듯 머리에 화환을 얹고 잔치 준비를 시작했다. 그리고 모든 시민들과 원로원은 한결같이 나라를 위해 애쓴 그 부인들에게 감사를 전했다.

원로원은 부인들에게 특별한 감사를 드리기 위해 어떤 소원이라도 들어주겠다고 말했다. 그러자 부인들은 여신의 신전을 짓겠다고 하면서, 세우는 비용은 자기네들이 낼 테니 제사 비용만은 나라에서 부담해 달라고 했다.

원로원은 부인들의 마음을 크게 칭찬하며, 신전도 국비로 짓고 신상까지 만들어주기로 했다. 그러자 부인들은 자기네들끼리 조금씩 돈을 모아서 또 하나의 신상을 만들었다. 로마 사람들이 전하는 말에 의하면 그때 신상이 말을 했다는 이야기도 있다.

"여러 여인들이여, 그대들이 나를 여기에 앉힌 것은 바로 신의 뜻이로구나."

로마인들은 이 신의 말소리가 두 번이나 되풀이되었다고 전한다. 조각상이 땀을 흘렸다거나 눈물을 지었다거나 혹은 피눈물을 떨어뜨렸다는 이야기들은 사실 믿을 만한 것들이다. 나무나 돌에 습기가 많아 곰팡이 같은 것이 생기는 경우는 흔히 있을 수 있는 일이고, 외부의 공기 때문에 여러 빛깔이 그 표면으로 흘러나오는 경우도 가끔 있는 일이기 때문이다. 그러니 그러한 현상을 보고 신이 우리들의 앞일을 미리 알려 주는 것이라고 생각할 수도 있을 것이다. 더구나 조각상이 갈라지면서 신음소리나 않는 것 같은 소리를 낼 수도 있다. 그러나 무생물인 조각상이 말을 했다는 것은 사실 믿기 어렵다. 인간의 영혼이나 혹은 신이라 하더라도 발음기관이 없는 이상 정확한 말소리를 낼 수는 없기 때문이다. 그러므로 이와 같은 이상한 일은 마치 듣지 않은 것을 들었다고 생각하고, 보지 않은 것을 보았다고 상상하듯이 어떤 감각적 착오에서 나온 것이라고 생각할 수밖에 없다.

그러나 신에 대한 사랑과 믿음이 두터운 사람들은 이러한 일이, 인간은 알 수 없는 신의 놀라운 계시이며 자신들의 믿음의 증거라고 생각하는 경우가 많다. 왜냐하면 신의 성격이나 행동, 지식이나 힘은 우리 인간과는 비교할 수 없을 만큼 신비한 것이기 때문이다. 우리가 불가능하다고 생각하는 일들도 신은 해내는 것이다. 신이 인간과 다른 모든 차이점들 가운데서도 신의 행동은 특히 우리가 생각할 수 없는 영역에 속한다. 헤라클레이토스의 말처럼, 우리는 신앙이 부족한 탓으로 신을 충분히 더듬어 알지 못하는 것인지도 모른다.

한편 마르키우스가 안티움에 돌아오자, 전부터 그를 미워하고 시기하던 툴루스는 그를 없애기 위해 기회만 엿보고 있었다. 툴루스는 마르키우스를 싫어하는 사람들을 모두 모아 마르키우스를 장군의 자리에서 밀어내기 위한 계략을 세웠다. 그리고 병사들에게 그의 행동을 보고하라고 요구했다.

마르키우스는 자기가 지위를 잃게 되면 큰 세력을 가진 툴루스를 당해 낼 수 없다는 것을 알고, 안티움 시민들이 원한다면 자신의 행동에 대해 기꺼이 해명을 하겠다고 제안했다.

시민들이 모이자 선동 연설가들은 우매한 군중 사이를 돌아다니며 마르키우스에게 불리한 말들을 퍼뜨렸다. 그러나 마르키우스가 일어나 전쟁의 보고 연설을 하자 난폭한 사람들조차 모두 조용해지고 한 마디 방해의 말도 하지 않았다. 안티움의 귀족들이나 평화에 만족하고 있던 사람들은 그의 연설을 듣고 올바른 판단을 하자면서 그에 대한 지지를 드러냈다.

이것을 보고 툴루스는 마르키우스의 연설이 끝나면 상황이 어떻게 변할지 두려워지기 시작했다. 마르키우스는 뛰어난 웅변가였을 뿐 아니라 볼스키 사람들을 위해 쌓은 공적이 높았기 때문에 어떤 비난으로도 결코 뒤엎을 수 없을 것 같았다.

시민들의 마음은 그에게 기울어졌다. 사실 그의 죄목이라는 것부터가 그의 공이 얼마나 큰가를 증명하는 것이었다. 만일 그가 볼스키 군을 이끌고 로마의 문 앞까지 쳐들어가지 못했다면, 민중들이 그곳에서 철수해서 로마를 빼앗지 못했다고 지금처럼 원망하는 일도 없었을 것이기 때문이다.

툴루스는 우매한 민중을 믿고 우물쭈물하고 있을 수는 없다고 생각했다. 그는 몇몇 부하들과 함께 의논한 결과 이 이상 시민들의 감정을 살필 필요가 없다고 판단했다. 그리고 그들은 매국노의 말에 귀기울이지 말고 그를 장군의 자리에서 쫓아내야 한다고 외치며 떼를 지어 돌아다니다가 마르키우스를 돌연 습격했다. 그리고 누구 하나 막을 겨를도 없이 그를 죽여 버리고 말았다.

볼스키 사람들은 그의 죽음을 안타까워했다. 도시마다 그의 죽음을 슬퍼하며 사람들이 모여들었고, 성대한 의식으로 장례를 지내 주었으며, 유명한 장군이나 위대한 영웅의 기념비처럼 큰 무덤을 만들어 무기와 전리품으로 장식을 했다.

그러나 그의 죽음을 전해들은 로마는 그에 대해 어떤 슬픔이나 존경도 나타내지 않았다. 다만 여자들의 요청에 따라 열 달 동안 상복을 입는 것은 허락해 주었다. 상복을 입는 기간 중 가장 긴 것이 열 달이었는데, 이것은 부모나 형제가 죽었을 때만 허락되는 것으로, 누마가 제정한 것이었다.

마르키우스가 죽고 난 뒤에 볼스키 사람들은 곧 그가 얼마나 위대한 사람이었던지를 깨닫게 되었다.

그 후 볼스키 사람들은 연합군의 대장 임명에 관한 일 때문에 아이퀴아 사람들과 전쟁을 해서 많은 피를 흘려야 했다. 다음으로 그들은 전 군대를 다 모아 로마에 출정했지만, 전쟁에서 패하여 툴루스는 물론 많은 젊은이들을 잃고 말았다. 그래서 그들은 극히 불리한 조건으로 로마에 항복을 했으며, 드디어 로마의 식민지가 되어 그들의 발 밑에 굴복하고 말았던 것이다.

알키비아데스와
코리올라누스의 비교

우리는 지금까지 알키비아데스와 코리올라누스 두 사람의 생애를 살펴보았다. 두 사람은 전쟁에 있어서의 공훈으로 보면 어느 한 쪽이 더 뛰어났다고 말하기가 어려울 정도로 훌륭했다. 두 사람은 모두 장군으로서의 결단력과 용기, 그리고 앞을 내다보는 능력에서 뛰어난 모습을 보여 주었다. 특히 알키비아데스는 육지와 바다에서 많은 승리를 거두어 공을 세운 사실로 완전한 지휘관이라는 이름을 얻기도 했다.

그들은 자기 조국에 머물러 있을 때 그들의 조국을 완벽하게 지켜냈으며, 국외로 추방되었을 때 한층 더 완전하게 조국을 파괴했다는 사실에서 공통점을 찾을 수 있을 것이다.

아테네의 현명한 사람들이 싫어하고 멸시했던 것은, 알키비아데스가 정치 생활을 함에 있어서 민중의 환심을 사기 위해 오만하고 비열한 아첨과 저속한 유혹을 일삼았던 것 때문이었다. 그리고 마르키우스는 정치 생활을 통해 보여준 교만 때문에 로마 시민의 미움을 받았다.

이러한 두 사람의 태도는 모두 옳지 못한 것이었다. 그러나 민중의 환심을 사기 위해 아첨하는 자는, 민중에게 무례하게 구는 자보다는 낫다. 민중들 앞에 머리를 숙임으로써 권력을 얻는 것도 수치스러운 일이지만, 공포와 힘으로 권력을 지키는 것도 수치스러울 뿐만 아니라 정의롭지 못한 일이기 때문이다.

마르키우스는 마음이 단순하고 성격이 곧은 사람이었고, 알키비아데스는 간사한 정치가였다고 볼 수 있다. 특히 후자는 역사가 투키디데스의 말처럼 배신과 속임수를 써서 스파르타 사절을 속이고 두 나라 사이의 평화를 방해했던 사람이었다. 그러나 아테네를 다시금 전쟁의 소용돌이에 몰아넣은 알키비아데스의 이 책략은 전쟁의 씨앗이 되기는 했지만, 이것 때문에 아르고스와 만티네이아와의 동맹이 이루어지게 되었고 아테네는 놀랄 만큼 유리한 위치에 놓이게 되었다는 것도 잊어서는 안 된다.

한편 코리올라누스도 로마인과 볼스키 사람 사이의 전쟁을 일으키기 위해 거짓말을 만들어 퍼뜨렸다고 디오니시오스[1]는 기록하고 있다. 그러나 코리올라누스는 목적 자체가 옳지 않았기 때문에 더 비열하고 악한 자라는 평가를 받고 있다. 그는 알키비아데스처럼 정치적인 질투나 투쟁, 혹은 경쟁 때문에 그러한 일을 저지른 것은 아니었다. 그는 비극 시인 이온이 말했던 것처럼, 오로지 자기의 분노를 풀기 위해 이탈리아를 비극에 빠지게 했고 수많은 도시를 피로 물들였던 것이다.

물론 알키비아데스도 분노 때문에 조국에 큰 피해를 끼친 것은 사실이지만 국민들이 뉘우치는 것을 보고는 곧 마음을 풀고 그들에게 되돌아갔다. 그리고 다시 추방된 뒤에도 아테네 장군들의 패배를 염려하여 위험을 그냥 두고 보지는 않았다. 그는 테미스토클레스에 대한 아리스티데스의 행동이 칭찬받았던 것처럼, 자기를 반기지 않는 장군들을 찾아서 충고를 아끼지 않았던 것이다.

이와는 반대로 코리올라누스는 일부 사람들의 행동 때문에 그와 함께 고난을 당하고 있던 사람들까지 무시한 채, 덮어놓고 로마 전체를 공격해 들어갔다. 또 그의 분노와 원한을 달래기 위해 찾아간 사람들의 간청까지 번번이 거절하고, 조국을 파괴할 생각만 하고 있었다.

그것은 알키비아데스가 스파르타인들 속에 섞여 있으면서도 그들의 미움을 받았기 때문에 아테네로 돌아가고 싶어했으며, 반대로 코리올라누스는 볼스키 사람들의

---

1) 디오니시오스(Dionysius) : 소아시아의 다도해 해안에 있는 할리카르나소스라는 도시의 역사가. 기원전 68년에 태어나서 기원후 6년에 죽었으며 《로마의 고대역사》라는 책을 썼다.

존경을 받고 있었기 때문에 그들을 저버릴 수 없었던 것으로도 보인다. 즉, 볼스키군의 지휘권을 잡고 그들의 지지를 받았던 마르키우스는 스파르타가 알키비아데스를 이용한 것과는 다른 사정이었다고 말할 수 있다. 알키비아데스는 계속 이곳저곳으로 옮겨 다녀야 했기 때문에 결국 제발로 티사페르네스의 품에 들어갈 수밖에 없었다. 그러나 그가 애써 티사페르네스의 호감을 사려고 한 것은 언젠가는 조국으로 돌아가기 위해 조국의 도시를 파괴에서 지켜내려 한 것이었다고 생각해 볼 수 있다.

금전 문제에 대한 기록들을 찾아보면, 알키비아데스는 자주 뇌물을 받아 재산을 늘리고 호화롭고 사치스러운 생활을 했다는 비난을 받고 있다. 그러나 마르키우스는 자신의 공적에 대해 내려진 상도 굳이 받지 않고 사양했다. 그리고 그가 민중의 빚을 면제하자는 데 반대를 했던 것도 자기 자신의 이익을 챙기기 위해서가 아니라, 단지 민중들의 오만함을 억제하기 위한 것이었다.

철학자 아리스토텔레스의 죽음을 전해들은 안티파트로스는 친구에게 보낸 편지에서, "그분은 여러 가지 장점을 갖추고 있었으며 특히 남을 끌어들이는 힘이 뛰어났었다"고 말했다. 그런데 마르키우스에게는 바로 이러한 힘이 부족했다. 그래서 그의 은혜를 받고 있던 사람들조차도 그를 달갑게 여기지 않았다. 그는 플라톤이 말한 "고독의 친구"인 자존심과 고집을 내세웠기 때문에 남들의 미움을 받을 수밖에 없었던 것이다.

이와는 달리 알키비아데스는 누구하고나 친하게 사귀는 재주가 있었기 때문에 그가 성공하면 모두 기뻐하고 만약 실패했을 때에도 너그럽게 받아들여졌다. 그러므로 알키비아데스는 조국에 큰 해를 입힌 뒤에도 번번이 장군의 자리에 오를 수 있었던 것이다. 그러나 코리올라누스는 많은 공적이 당연히 보장해 줄 명예에서조차 밀려나고 말았다.

한 사람은 동포에게 해를 끼치고도 별로 미움을 받지 않은 반면 다른 한 사람은 존경받을 일을 했지만 누구의 사랑도 받지 못했다.

또 하나 기억해야 할 것은, 코리올라누스의 장군으로서의 성공은 조국을 위해서가 아니라 순전히 조국의 적을 위해서였다는 점이다. 그러나 알키비아데스는 일개 병사로서나 한 장군으로서나 거듭 아테네를 위해 몸을 아끼지 않았다.

알키비아데스는 자기 나라에 있을 때 쉽게 자기의 정적을 눌렀기 때문에 비방하는 자들은 그가 없었을 때에만 그를 공격할 수 있었다. 그러나 코리올라누스는 로마에서 추방을 당했고 볼스키에서는 살해를 당했다. 그는 평화 조약을 번번이 거절하다가 마침내 어머니와 아내의 애원으로 전쟁을 포기했고, 그래서 볼스키 사람들의 미움을 사게 되어 억울한 죽음을 맞았던 것이다. 만일 그가 조금만 더 책임감을 가지고 행동했다면 철수하기 전에 볼스키 사람들의 동의를 구했어야 했을 것이다.

혹은 만일 그가 전쟁을 시작한 것도, 또 전쟁을 그만둔 것도 한결같이 자기의 분노 때문이었다면, 자기 어머니의 말을 듣고 나라를 구할 것이 아니라, 조국과 어머니 모두를 구할 수 있었어야 했다. 왜냐하면 그의 어머니나 아내도 그가 포위하고 있던 로마의 일부분이었기 때문이다. 사절단의 공식적인 제안과 사제들의 기도도 거들떠보지 않다가 어머니의 말 때문에 군대를 철수시킨 것은, 어머니에 대한 존경보다는 로마에 대한 모욕을 더 크게 만든 행동이었다. 이것은 로마를 나라로 생각해서 구한 것이 아니라, 한 여자의 눈물을 보고 구한 꼴이 되었기 때문이다. 그가 로마에 베푼 은혜는 어느 쪽에서 보았을 때도 이치에 맞지 않으며 무례한 일로 비칠 뿐이다. 그는 성격이 교만했던 데다가 명예욕까지 더해져서 누가 보아도 포악한 고집쟁이로밖에 보이지 않았다. 이런 사람들은 세상 사람들의 비평 같은 것은 신경쓰지 않는다는 얼굴을 하고 앉아 있지만, 나중에는 돌연히 화를 내며 격분하고 만다.

메텔루스[2]나 아리스티데스[3], 에파미논다스[4]도 다같이 세상 사람들의 평판에 무관심했다. 그러나 그들은 민중이 자기들에게 무엇을 주든 빼앗든 간에 개의치 않았다. 그래서 그들은 몇 차례나 추방당하거나, 선거에서 떨어지거나, 법정에서 유죄 판결을 받았어도 조국에 대해 앙심을 품지는 않았다. 그리고 시민들이 자신들에게 내린 처벌을 뉘우치고 다시 불렀을 때는 곧 돌아와 민중들과 화해하였다. 대중의 평가에 귀기울이지 않았다면, 그들이 나쁜 평가를 했다고 해서 복수를 하려는 생각도 가지지 말아야 한다. 영예로운 자리에 앉혀 주지 않는다고 앙심을 품는 것은 오직 영예를 얻으려고만 하는 탐욕에서 나온 행동이기 때문이다.

알키비아데스는 존경을 받으면 기뻐했고, 자기를 알아주지 않으면 불쾌함을 감추지 않았다. 그래서 그는 사람들을 자기 편으로 끌어들이기 위해 노력했던 것이다.

---

2) 메텔루스(Quintus Caecilius Metellus Mecedonicus) : 집정관 선거에서 두 번이나 실패했지만, 로마 달력 611년 기원전 143년에 드디어 집정관에 당선되었다. 그후 마케도니아를 로마의 영토로 만들었다.

3) 아리스티데스(Aristides) : 기원전 5세기에 마라톤에서 페르시아 군을 격파한 아테네의 장군이며 정치가.

4) 에파미논다스(Epaminondas) : 기원전 4세기경 테베의 장군.

그러나 코리올라누스는 자기를 도와주려고 애쓰는 사람들을 기쁘게 해주려 한 적도 없었을 뿐 아니라 도리어 남이 자기를 잊어버리면 화를 냈다. 그래서 다른 여러 가지 점에서 훌륭한 그에게 이것은 하나의 큰 결점이었다. 코리올라누스의 절제와 금욕과 성실은 그리스의 가장 훌륭하고 고결한 사람과 비교될 만하다. 그러나 전혀 꼼꼼하지 않고 인간사 모든 일에 전혀 관심없는 알키비아데스와는 비교가 될 수 없다.

13
티몰레온

(TIMOLEON, BC ?~337)

> 코린트의 군인. 아버지는 티모데모스, 어머니는 데마리스테로 명문 집안의 출신이다.
> 온화한 성격을 지녔으며, 정치적인 이유 때문에 형을 암살하고 20년 동안 은둔 생활
> 을 했다. 전쟁에 타고난 재능을 가지고 있어 여러 번 전쟁에서 승리를 거두고 시칠리
> 아를 해방시켰다. 말년에 민중의 아버지로 불리었으며 그가 죽은 뒤 티몰레온테움이
> 라는 체육관이 지어졌다.

처음에 나는 남을 위해서 이 전기를 쓰기 시작했다. 그런데 계속 써 나가는 동안
어느덧 이것은 나의 기쁨이 되었고, 이제는 나 자신을 위한 것으로 생각하게 되었다.
이들 위인들이 가지고 있는 각각의 미덕은 나의 인생을 비추는 거울이 되었고, 나는
나의 생활을 어떻게 고치고 세워 나가야 할 것인가를 배우게 되었다. 나는 매일 그
위인들과 같이 지내며 생활하는 것처럼 느끼며, 차례로 나를 찾아드는 손님들을 맞
이하고 대접했다. 그들과 가까이하면서 감동을 느끼고, 그들의 행동에서 가장 중요
하고 훌륭한 것을 골라 가지게 된 것이다. 마음을 깨끗하게 수양하는 데는 위인들의
삶을 배우는 이 방법보다 더 좋은 것은 없을 것이다. 데모크리토스[1]는 우리를 둘러
싸는 유령 가운데 길조인 유령에게 기도를 드려야 한다고 했다. 그리고 우리를 둘러

---

1) 데모크리토스(Democritus) : 기원전 460~370년 경의 그리스 철학자. 세상 사람들이 쓸데없는 일에 골
몰하고 있는 것을 보고 비웃었다 하여 '웃는 철학자'라는 별명을 가지고 있었다.

싸고 있는 것들 중에서 착하고 좋은 유령은 찾고, 불길하고 흉한 유령은 피해야 한다고 말했다. 그러나 그의 주장은 진실을 잃은 미신을 철학 속에 끌어들인 데 불과한 것이다.

티몰레온.

내가 역사를 연구하고 전기를 쓰는 이유는 위인들의 선량하고 귀중한 영향을 받아들이기 위한 것이다. 그러기 위해서 나는 영웅들의 삶을 여기에 옮겨, 우리가 저속한 친구들과 만나면서 얻게 될지도 모를 야비하고 해로운 인상에서 벗어나려는 것이다.

이제부터 살펴볼 코린트 사람 티몰레온과 아이밀리우스 파울루스 두 사람은 바로 우리가 찾는 그런 위인들이다. 그들은 치밀하게 계획을 세우고 큰 성공을 거둔 사람들이었으며, 그것이 행운 때문인지 아니면 그들의 지혜 때문이었는지를 의문으로 남겨놓았다는 것에서도 비슷한 점을 발견할 수 있다.

티몰레온이 시칠리아에 파견되기 전의 시라쿠사는 다음과 같은 상황이 이어지고 있었다. 디온[2]은 독재자 디오니시오스[3]를 추방한 뒤 얼마 되지 않아 배신자들의 손에 살해되고, 시라쿠사의 해방을 위해 디온과 협력했던 사람들도 저희들끼리 서로 분열되어 다투고 있었다. 이렇게 되면서 도시의 통치자는 자주 뒤바뀌었으며 잇따른 싸움으로 국토는 폐허가 되어 버렸다. 시칠리아의 다른 지방들도 오랫동안 계속된 전쟁으로 사람이 살 수 없을 만큼 황폐해 있었고, 겨우 그 모습을 지키고 있던 도시들도 야만족의 손에 들어가거나 병사들에게 점령되고 말았다.

디오니시오스는 이러한 상황을 엿보고 있다가 추방당한 지 10년 만에 군대를 이끌고 들어와 당시 시라쿠사의 통치자였던 니사이오스를 쫓아내고 다시금 참주의 자리를 빼앗았다. 그는 일찍이 없었던 강력한 독재정권을 빼앗기고 쫓겨나, 거지처럼

---

2) 디온(Dion) : 기원전 4세기 시라쿠사의 재상으로 기원전 354년에 디오니시오스를 추방하고 아테네인 칼리포스에게 살해되었다.

3) 디오니시오스(Dionysius) : 시라쿠사의 참주 디오니시오스로 불리는 사람은 부자 두 사람이다. 한 사람은 문무에 재주가 있었고, 시인 혹은 철학자로서도 이름이 높았다. 이 사람의 아들인 또 한 사람의 디오니시오스는 진짜 폭군이었으며 디온에게 추방당했다.

이곳저곳을 떠돌아다니다가 다시 자기를 추방했던 나라로 되돌아와 그들을 다스리는 왕이 된 것이었다.

왕이 된 그가 그동안의 고통까지 앙갚음하려들자, 시라쿠사에 남아 있던 민중들은 더욱더 고통스러운 생활로 빠져들게 되었다. 점점 사나워져 가는 폭군 밑에서 견딜 수가 없게 된 시민들 일부는 재빨리 레온티니[4] 시의 통치자 히케테스에게 달려가 보호를 요청했다. 그리고 그를 대장으로 추켜세우고 전쟁을 준비하기 시작했다. 히케테스는 이름난 전제자들보다 나을 것이 없는 사람이었지만, 그들은 달리 피난할 곳이 없었던 것이다. 게다가 그는 시라쿠사 출신이었으며 디오니시오스와 맞서 싸울 만한 군대도 가지고 있었으므로 그들이 믿을 만한 사람은 히케테스뿐이었다.

이럴 즈음 카르타고의 함대가 시칠리아 바다에 나타나 섬 주위를 돌며 기회를 노리고 있었다. 이 함대를 보고 놀란 시칠리아 인들은 곧 그리스에 사절을 보내 코린트의 원조를 요청하기로 했다. 코린트는 시라쿠사의 친척이었을 뿐만 아니라 항상 자유를 사랑하여 전제 정치를 반대해 왔으며, 영토를 넓히기 위해서가 아니라 오직 그리스 전체의 자유를 위해 여러 차례 싸움을 해온 나라였기 때문이었다.

그러나 히케테스는 시라쿠사 사람들을 전제자로부터 해방시키기 위해서가 아니라 자기네들의 땅을 넓히기 위해 군사를 일으킨 것이었기 때문에, 겉으로는 시라쿠사 사람들을 칭찬하면서도 뒤로는 카르타고 군과 짜고 코린트로 가는 사절단 속에 자기 부하를 끼워 넣었다. 그것은 애당초 원조를 바란 것이 아니라 당시의 어지러운 그리스의 사정 때문에 코린트가 요구를 거절할 것을 예측하여, 카르타고의 위치를 유리하게 만들고 시라쿠사나 디오니시오스와 싸우려는 생각이었다. 그리고 그러한 기대는 얼마 후 실현되었다.

사절단이 도착하여 그 뜻을 전하자 시라쿠사에 큰 관심을 가지고 있던 코린트 사람들은 때마침 아무 나라와도 전쟁을 하지 않고 있던 때라 곧 시라쿠사에 지원 군대를 보내기로 결정했다. 그렇게 해서 그들이 이 원군의 장군을 뽑기 위해 희망자들의 이름을 발표하고 있을 때, 군중 속에서 누군가가 티모데모스의 아들 티몰레온의 이름을 크게 외쳤다.

티몰레온은 그 당시 정치에서 물러나 있었기 때문에 새삼스럽게 그런 임무를 맡

---

4) 레온티니(Leontini) : 시라쿠사 북쪽에 자리잡고 있는 도시.

을 생각이 없었다. 그래서 그것은 신이 어떤 사람을 움직여 그의 이름을 부르도록 한 것 같기도 했다. 그는 운명적인 힘으로 장군의 자리에 올랐고, 커다란 성공을 거두어 그의 높고 고상한 인격을 보여 주게 되었던 것이다.

그는 유명한 집안에서 태어났다. 아버지인 티모데모스도, 어머니 데마리스테도 모두 권세 있는 높은 집안의 출신이었다. 티몰레온은 나라를 사랑하였으며, 온유한 성격을 가지고 있었고, 악한 자를 몹시 미워하는 정의로운 사람이었다. 또 그는 전쟁에 타고난 소질이 있어서 젊었을 때는 보기드문 침착함을 보이며 여러 차례 전쟁에서 승리를 거두었고, 나이가 들었을 때는 젊은이에 비길 데 없는 용기를 보여 주었다.

그에게는 티모파네스라는 형이 있었는데, 그는 아우와는 전혀 다른 성품을 가진 사람이었다. 티모파네스는 무모하고 조급했으며, 항상 주위의 나쁜 친구들과 어울려 다니면서 왕이 되겠다는 헛된 생각만 했다. 그는 무모함 때문에 전쟁에 나가서는 과감하게 적을 공격했고, 위험 속에도 곧잘 뛰어들곤 했다. 그것 때문에 시민들은 그를 용감하고 씩씩한 군인이라 생각하고 장군의 자리에 앉히기도 했다. 티몰레온은 되도록 형의 잘못을 감추고 그것을 변호했으며 조금이라도 칭찬받을 만한 일이 있으면 몹시 칭찬해 주는 등, 그의 단점을 숨기고 장점을 드러내기 위해 많은 애를 썼다.

언젠가 코린트가 아르고스와 클레오나이 두 나라를 상대로 해서 싸운 적이 있었다. 그때 티몰레온은 보병으로 있었는데, 마침 기병대를 지휘하던 형 티모파네스가 큰 위험에 처한 것을 발견하게 되었다. 그의 말은 상처를 입었고 티모파네스 또한 적군들 사이에 쓰러져 있었다. 그와 같이 있던 부하들은 절반 이상 도망가 버렸고 남은 부하들도 간신히 적과 대항하고 있었다.

이것을 본 티몰레온은 형을 구하기 위해 부리나케 달려가 자기 방패로 쓰러져 있는 티모파네스를 가려 주고 창과 칼에 찔리면서도 적을 물리쳐 무사히 형의 목숨을 구해낸 적이 있었다.

코린트 인들은 전에 동맹국의 군대를 들어오게 했다가 도시를 빼앗긴 일이 있었다. 그래서 그들은 다시 그런 괴로운 경험을 하지 않기 위해 시의 수비를 위해 4백 명의 용병을 두고, 지휘를 티모파네스에게 맡기고 있었다. 그런데 티모파네스는 명예와 정의를 배신하고, 모든 권력을 가지기 위해 음모를 꾸몄다.

그는 자신의 계획에 방해가 될 만한 많은 저명 인사들을 죄인으로 몰아 재판도 없이 사형에 처했으며, 스스로를 코린트의 독재자라고 했다. 이것을 본 티몰레온은 형의 죄를 슬퍼하며 깊은 고민에 빠져들었다. 그는 우선 형을 타일러 옳지 못한 야심을 버리고 코린트 사람들에게 용서받을 길을 찾아보자고 했다. 그러나 형은 이 충고를 듣기는 커녕 오히려 아우를 멸시했다.

티몰레온은 형의 처남인 아이스킬로스와 친구인 점술가 한 사람과 며칠 동안 의논을 한 끝에 다시 형을 찾아갔다. 그 점술가의 이름은, 테오폼포스에 의하면 사티로스라고 하고, 에포로스와 티마이오스에 의하면 오르타고라스라고 한다. 세 사람은 티모파네스를 둘러싸고 앉아, 이제라도 이성을 찾고 헛된 야망을 버리라고 간청을 하며 형의 마음을 돌리려고 했다. 티모파네스는 처음에는 그들의 말을 비웃으며 들으려고 하지 않더니 갑자기 크게 화를 내며 소리를 질렀다. 그러자 티몰레온은 물러나와 얼굴을 가리고 울었다. 그리고 이 때 남아 있던 두 사람은 칼을 뽑아 티모파네스를 찔러 죽였다.

이 사건이 세상에 알려지게 되자, 코린트 인 중에서도 좀 너그러운 사람들은 티몰레온의 천성이 온화하고 생각이 깊다면서 칭찬을 아끼지 않았다. 그는 가족에 대한 사랑이 깊었지만 자기의 가족보다는 나라를 더 사랑했고, 자기의 이익보다는 정의를 더 깊이 사랑했던 것이다. 전날에는 자신의 목숨을 걸고 형을 구한 티몰레온이었지만, 이제 형이 비열한 방법으로 권력을 잡고 코린트 인들을 노예로 만들려고 하자 그를 죽이고 나라를 구했던 것이다.

그러나 항상 권력 앞에 머리 숙이던 사람들은 겉으로는 그의 죽음을 기뻐하는 척했지만, 티몰레온은 인륜을 저버린 사라며 은근히 욕을 하고 돌아다녔다. 티몰레온은 이런 말을 들으면서 우울해지기 시작했고 점차 더 큰 실의에 빠져들게 되었다. 더욱이 그의 어머니가 얼마나 큰 상처를 입었는지, 그래서 자신을 얼마나 원망하고 저주하고 있는지를 알았다. 그는 어머니를 위로하기 위해 찾아갔지만, 그의 어머니는 티몰레온의 얼굴을 보는 것조차 끔찍하다며 문도 열어 주지 않았다. 티몰레온은 절망과 슬픔을 못 이겨 굶어 죽으려고 결심까지 했다. 그러나 친구들이 타일러 그의 마음을 돌려 놓기는 했지만 티몰레온은 결국 세상과의 인연을 끊고 말았다. 그는 은거 생활을 시작하여 여러 해 동안 아무와도 만나지 않았다. 시내에도 발을 들여 놓는 일이 없었으며, 슬픔으로 광야를 헤매다니며 세월을 보내고 있었다.

인간의 마음은 사실 자기가 가지는 판단이나 품고 있는 목적이 이성적으로 증명되어 강한 힘을 얻기 전에는 남의 말에 흔들리기가 쉽다. 행동은 그 자체가 정당하고 깨끗해야 할 뿐 아니라, 행동의 뒷받침이 되는 동기도 떳떳해야만 한다. 그리고 만약 그렇지 못할 때에는 좋게 보이던 것들도 나중에는 신통치 않은 것으로 변하고, 마음이 약해져 자기가 한 행동을 후회하게 되는 것이다. 그것은 마치 굶주렸던 사람이 일단 탐욕스럽게 음식을 집어먹고 나면 곧 너무 많이 먹었다고 후회하게 되는 것과 같다. 이렇게 해서 마음에 후회가 생기면 고결한 행동도 천하게 변하고 만다. 왜냐하면 행동의 원동력이 되는, 덕성이나 명예 같은 좋은 생각들도 뒷받침되는 것이 없으면 곧 마음 속에서 사라져 버리기 때문이다. 그러나 반면에 지식과 이성에 뿌리를 박은 결심은 비록 행동이 실패로 돌아간다할지라도 변하지 않는 것이다.

그러므로 항상 레오스테네스[5]의 행동에 반대하던 포키온은 아테네 시민들이 그의 승리를 기뻐하며 신에게 제사를 올리는 것을 보고 이렇게 말했다.

"레오스테네소가 해낸 일이 만약 내가 한 일이었다면 좋겠소. 그러나 나는 지금도 그의 의견에 반대할 수밖에 없소이다."

플라톤의 친구 중 하나였던 로크리아의 아리스티데스는 디오니시오스가 그의 딸을 자기 아내로 달라고 말했을 때 이렇게 대답했다. "나는 내 딸이 폭군의 궁전에서 왕비 노릇을 하는 것보다는 무덤 속에 시체로 들어가는 것을 보겠소."

이 모욕적인 대답에 불같이 화가 난 디오니시오스는 그 후 아리스티데스의 아들들을 사형시킨 뒤, 비아냥거리는 투로 다시 한 번 똑같은 질문을 했다. 그러자 아리스티데스는 이렇게 대답했다. "이 슬픔과 분함을 견디기는 어렵소. 그러나 나는 내가 했던 말을 결코 후회하지는 않소."

이러한 말은 분명 예사 사람들이 할 수 있는 것은 아니다. 이것은 그들을 뛰어넘는 숭고하고 완성된 덕성에서만 비로소 나올 수 있는 대답들인 것이다.

그런데 티몰레온은 죽은 형에 대한 슬픔 때문이었는지 아니면 어머니에 대한 자식으로서의 아픔 때문이었는지, 고민과 좌절로 거의 20년 동안 아무 일에도 모습을 나타내려 하지 않았다. 그래서 그가 장군으로 지명되고 민중들이 기쁨으로 그를 맞으려 했을때, 당시 코린트에서 가장 덕망이 높았던 텔레클리데스는 그를 찾아가 이렇게 얘기했다. "만일 그대가 이 전쟁에서 승리를 거둔다면 사람들은 그대가 한 사

---

5) 레오스테네스(Leosthenes) : 기원전 323년의 아테네 장군. 그리스 연합군을 거느리고 마케도니아의 안티파트로스를 격파한 뒤, 오래지 않아 크란논에서 패했다.

람의 폭군으로부터 그들을 구해 냈다고 말할 것이오. 그러나 만약 그렇지 못하다면 그대를 형을 죽인 사람이라고 욕하게 될 것이오."

드디어 티몰레온은 뜻을 세우고, 출정 준비를 서둘렀다. 그런데 그가 함께 갈 군사들을 모집하고 있을 무렵, 히케테스가 코린트 인에게 보내는 편지가 전해졌다. 이 편지는 그의 배반을 분명하게 폭로하고 있는 것이었다.

히케테스는 코린트로 사절을 보내놓고는 공공연하게 카르타고 군과 손을 잡았다. 그는 디오니시오스를 쫓아내고 스스로 시라쿠사의 참주가 될 계획을 세우고 이를 도와 달라는 편지를 보내온 것이었다. 만일 이 일이 성공하기 전에 코린트로부터 군대가 달려온다면 기회를 잃게 될까봐 코린트로 사절을 보내어 그들의 출발을 막기 위해 이 편지를 쓴 것이다. 그 편지에는, 군대를 시칠리아로 보내 쓸데없는 희생을 하지 말고, 카르타고 군이 코린트 군의 배를 막기 위해 대함대를 출동시킬 것이니 부디 출발을 하지 말라는 내용이 씌어있었다.

이 편지의 내용을 듣자, 이제까지 전쟁에 대해서 무관심했던 사람들까지도 히케테스에 대한 분노로 흥분하였다. 그리고 그들은 티몰레온의 출정 준비를 도와주어 하루라도 빨리 출발할 수 있도록 힘을 써 주었다.

전 함대가 준비를 갖추고 병사들도 모두 모였을 때, 페르세포네 여신을 섬기는 여자들은 여신과 여신의 어머니 데메테르가 여행하는 차림으로 그들 앞에 나타나 티몰레온과 함께 시칠리아로 간다고 말하는 소리를 들었다고 했다. 코린트 사람들은 이 말을 듣고 신을 모실 배를 따로 한 척 만들고, 그 두 신의 이름을 따서 배 이름을 지었다.

한편 티몰레온은 델포이에 가서 아폴론 신전에 제물을 올리고, 신탁받는 곳으로 가다가 이상한 일을 당하게 되었다. 신전 안에 걸려 있던 승리의 관과 리본이 바람에 날려 떨어지더니 그의 머리 위에 얹힌 것이었다. 마치 아폴론이 미리 승리의 관을 씌워 주며 잘 싸우고 돌아오라고 격려해 주는 것 같았다.

티몰레온은 코린트의 군함 일곱 척, 코르키라의 배 두 척, 레우카디아의 배 한 척을 가지고 한밤중에 출발하여 잔잔한 바다 위에 돛을 올렸다. 그런데 큰 바다에 이르렀을 때 갑자기 하늘이 열리며 찬란한 빛이 한 줄기 내려와 티몰레온이 타고 있는 배 주위를 감돌았다. 그리고 제사때 쓰는 횃불 같은 모양으로 변하더니 함대가 갈 방향을 앞서 달리는 것이었다. 그들은 이 불빛을 따라 환히 앞길을 내다보며 이탈리아에 도착했다. 점 보는 사제들은 이 현상이 여자 사제들이 본 꿈과 연관된 것으로, 두 여신이 전쟁에 함께 따라온 것이며 하늘의 빛은 그 신들이 내려준 것이라고 설명했다.

옛부터 시인들은, 페르세포네 여신이 지옥의 신 하데스에게 잡혀가서 결혼했을 때 이 시칠리아 섬을 결혼 선물로 받았으며, 그 후로 시칠리아는 페르세포네의 성지가 되었다고 전한다.

이렇게 신의 축복이 여러 번 나타나는 것을 보고 병사들은 크게 용기를 냈다. 그들은 전속력으로 바다를 건너 이탈리아의 해안을 배를 타고 돌고 있었다. 그러나 이때 시칠리아로부터 전해져 온 소식은 티몰레온을 당황하게 했고 많은 병사들을 실망하게 만들었다. 히케테스가 이미 디오니시오스를 쳐부수고 시라쿠사의 여러 지방을 손에 넣었으며, 디오니시오스가 도망쳐 들어간 성채는 포위되어 독 안에 든 쥐 꼴이 되었다는 것이었다.

한편 카르타고 인은 티몰레온이 시칠리아에 발을 들여놓지 못하도록 하겠다는 협정을 맺어 놓고 있었다. 만일 티몰레온이 그냥 물러선다면 히케테스와 카르타고 인들은 시칠리아 섬을 자기들 마음대로 나눠 먹게 될 처지였다.

이런 계획을 실행으로 옮기기 위해 카르타고인은 전함 20척을 보내고, 한편 티몰레온에게는 그럴 듯하게 꾸민 거짓말을 전하기 위해 레기움으로 사절을 보냈다. 그 사절들은 티몰레온에게, 몸소 시라쿠사로 와서 히케테스와 모든 일을 의논하여 자기들의 일을 도우라고 하는 한편, 이미 전쟁은 끝났으니 만일 코린트 군이 무리하게 육지로 올라오려 한다면 끝까지 이를 막아낼 것이므로 군대와 함대를 곧 코린트로 되돌려 보내라고 전했다.

코린트 군이 레기움에 도착했을 때는 이미 사절들이 와 있었고, 카르타고 함대도 이들을 막기 위해 바다를 온통 메우고 있었다. 코린트 인들은 모욕과 분노를 느끼면서도, 한편으로는 시칠리아 섬 사람들을 걱정하고 있었다. 그들은 이제 히케테스의 배신과 카르타고의 야망으로 먹이가 될 것이 분명했던 것이다. 그러나 코린트로서는 그들의 눈 앞에 버티고 있는 갑절이 넘는 카르타고 함대를 꺾는다는 것은 불가능한 일이었다. 또 시라쿠사에서 히케테스가 손 안에 넣고 있는 군대를 격파한다는 것도 전혀 불가능했다. 사실 그들이 먼 바다를 건너 이곳까지 온 것은 그 군대를 지휘하기 위한 것이었지만 지금으로서는 그들을 지휘하고 있는 히케테스를 쳐부술 희망이 사라져 버린 것이었다.

티몰레온은 히케테스의 사절단과 카르타고 함대의 장군들을 만났다. 그는 온순한 어조로, 어쨌든 요구하는 대로 따르겠으나 다만 코린트로 돌아가기 전에 교섭 내용을 그리스인 도시 레기움의 시민들이 모인 자리에서 공개하고 싶다고 말했다. 그곳 사람들은 양편 모두에게 우호적이었으므로 협정을 더욱 확실하게 해줄 증인이될 것이며, 그렇게 해야만 자기들도 안전하게 돌아갈 수 있다는 것을 믿을 수 있다는 것이었다. 그는 그들이 안심하고 있는 틈을 타서 빠져나갈 기회를 얻기 위해 이러한 말을 했던 것이다. 시칠리아에서 코린트의 지배를 원하고, 카르타고 같은 야만적인 이웃 나라를 항상 불안해하던 레기움 사람들은 이 계획에 협조를 아끼지 않았다.

예정대로 시민 대회가 열리자, 시민들은 하던 일을 멈추고 회의에 나오기 위해 성문을 모두 닫았다. 대회가 시작되자 군중들 앞으로 여러 사람들이 나와 차례로 연설을 했다. 그러나 아무런 해결 방법도 없는 얘기들뿐이었다. 이렇게 시간을 끄는 동안 코린트의 함대는 항구를 벗어나고 있었다. 카르타고의 장군들은 티몰레온이 자리에 앉아 금방이라도 연설을 할 것처럼 준비를 하고 있었으므로 아무도 의심을 하지 않았다. 그러나 다른 함대가 모두 항구를 벗어났고 티몰레온의 배만 남아 있다는 비밀 연락이 전달되자 그는 눈치를 살피다가 슬쩍 군중 속으로 빠져나갔다. 연단을 에워싸고 있던 레기움의 군중들은 빠져나온 그를 가려주어 무사히 탈출할 수 있도록 도와주었다.

항구로 달려간 티몰레온은 안전하게 배에 올라 전속력으로 달려가 먼저 출항한 배들을 쫓아갈 수 있었다. 코린트의 함대는 모두 무사히 시칠리아의 타우로메니움[6]에 이르렀다. 그들은 곧 그곳 통치자인 안드로마코스를 만났다. 안드로마코스는 그들이 온다는 사실을 미리 알고 있었기 때문에 그들에게 훌륭한 대접을 해주며 맞아들였다.

안드로마코스는 사학자인 티마이오스[7]의 아버지였는데 그 당시 시칠리아의 여러 통치자 중에서도 가장 뛰어난 인물로 알려져 있었다. 그는 반드시 법과 정의로 시민을 다스렸으며, 모든 독재자에 대해서 반감을 드러내는 사람이었다. 그는 티몰레온에게 자신의 영지에서 군대를 모아 전쟁의 근거지로 삼도록 허가해 주었으며, 시민들에게도 코린트 군과 협력하여 시칠리아를 해방시키기 위해 다같이 힘쓰자고 말했다.

---

6) 타우로메니움(Tauromenium) : 시칠리아의 동해안에 있는 메시나와 카타니아 사이에 있는 지방의 이름. 오늘의 타오르미나다.

7) 티마이오스(Timaeus) : 고대의 가장 우수한 역사학자의 한 사람으로 《시칠리아섬의 역사》전8권과 그 밖의 저서가 남아 있다.

한편 레기움에 있던 카르타고 사람들은 시민 대회가 다 끝난 다음에야 티몰레온이 자신들을 속이고 달아난 것을 알게 되었다. 그들은 티몰레온을 저주하며 이를 갈았다. 그러나 카르타고 인들이 속았다고 투덜대는 것을 본 레기움 시민들은 웃음을 참을 수가 없었다. [8] 카르타고 군은 곧 한 척의 배에 사절을 태워 타우로메니움으로 보냈다. 이 사절들은 도착하자마자 안드로마코스에게 달려가서 코린트 인들을 당장 쫓아내라고 호통을 치고, 손바닥을 위로 내밀었다가 뒤집어 엎으며 이와 같이 이 도시를 순식간에 뒤엎어 버리겠다고 협박했다. 안드로마코스는 이 사절의 거만한 태도를 보고 한바탕 크게 웃더니 다시 자기의 손을 내밀었다가 엎어 보였다. 그리고 너희들이야말로 당장 떠나지 않으면 타고 온 군함을 이렇게 뒤집어 버리겠다고 말했다.

히케테스는 티몰레온이 왔다는 소식을 듣고 겁이 나서 카르타고에 사절을 보내, 빨리 대함대를 출동시켜 섬 주변을 감시하고 방어해 달라는 뜻을 전했다. 상황이 이렇게 되자 시라쿠사 사람들은 완전히 절망에 빠져 버렸다. 카르타고 군이 항구를 손에 넣었고, 히케테스는 시내를 점령했고, 디오니시오스는 여전히 성채에서 버티고 있는데, 티몰레온은 타우로메니움의 작은 도시에 천 명 남짓한 군대들과 별 희망도 없이 머무르고 있었기 때문이었다. 게다가 티몰레온의 빈약한 군대는 그나마 급료를 줄 능력이 없어 허덕이고 있었으며 준비된 양식도 얼마 남지 않은 상태였다.

시라쿠사 사람들은 티몰레온이 시칠리아에 있다는 것도 말뿐이고, 그 근처를 맴돌며 간신히 버티고 있는 것으로 생각했다. 더군다나 시칠리아의 다른 도시들도 그를 믿지 못하고 있었다. 그들은 모두 지쳐 있었던 데다가 군대를 이끌고 와서 구해 주겠다던 장군들에게도 여러 번 속고 난 다음이었기 때문이다. 아테네의 칼리포스도, 스파르타의 파락스도 이들을 구해 준다고 했으나 그것은 모두 말뿐이었다. 그들은 둘 다 자유를 위해 전제자와 싸움을 하겠다고 말했지만, 그들 자신이 더욱 포악한 독재를 했던 것이다. 그들 때문에 시칠리아에서는 전제자의 통치가 오히려 전성기를 이루었고, 노예로 지내다가 죽은 사람이 자유를 누리고 살아 있는 사람보다 훨씬 더 행복하다는 말이 나올 정도였다. 그들은 코린트 군도 그들에 비해 나을 것이 없으리라 생각하고, 겉으로 희망을 내세우고 친절한 약속을 하는 것도 새 통치자에게 순

---

8) 페니키아, 즉 카르타고인들은 거짓말을 잘하기로 이름이 나 있었는데, 속담에도 '거짓말'을 '페니키아의 참말(Fides Punica)'이라고 했을 정도였다. 그런 페니키아 사람들이 티몰레온의 속임수에 넘어가 투덜거리는 꼴은 레기움 사람들에게는 말할 수 없이 통쾌하고 우스운 꼴이었던 것이다.

종하게 만들려는 것으로 생각하고 있었다. 그래서 그들은 아드라눔 시민들을 제외하고는 모두 티몰레온의 말을 의심하고 한 걸음 뒤로 빠져 버렸다.

아드라눔이라는 도시는 시칠리아 섬에서 숭배하는 드라노스에게 바쳐진 조그마한 마을이었다. 그 도시에서는 그 무렵 내분이 일어나고 있었는데, 한 당파는 히케테스와 카르타고 인의 원조를 받아야 한다고 주장하고, 다른 한 파는 티몰레온의 도움을 원하고 있었다. 그런데 우연히 두 군대가 한꺼번에 도착했는데, 히케테스가 거느린 군대는 적어도 5천 명을 헤아리는 대군이었지만, 티몰레온이 모집한 군사는 겨우 1,200명에 지나지 않았다.

티몰레온은 적은 숫자의 군사를 거느리고 아드라눔에서 약 340 펄롱[9](68km) 가량 떨어져 있는 타우로메니움을 출발했다. 첫날 그들은 많은 휴식을 취하며 행군했다. 그러나 다음날부터는 걸음을 재촉하여 험한 길을 여러 군데 통과하며 저녁이 될 때까지 꾸준히 앞으로 나아갔다. 들려오는 소식에 의하면 히케테스는 아드라눔 가까이 가서 진을 치고 있다고 했다. 이 소식을 들은 티몰레온의 부하 장군들은 병사들에게 식사를 하며 잠시 휴식을 하라고 했다. 그러나 티몰레온은 그들의 명령을 중지시키고 되도록 빨리 달려가서 적을 습격하도록 했다. 적이 행군을 마치고 천막을 치거나 저녁 식사 준비를 하느라고 무질서한 틈을 타서 갑자기 습격하려는 것이었다.

티몰레온은 곧 방패를 들고 승리를 확신하는 것처럼 스스로 앞장을 섰다. 그의 이러한 용기는 부하들에게도 똑같은 용기와 믿음을 주어 그의 뒤를 따르게 만들었다. 거리는 겨우 30펄롱(6km) 남짓하였으므로, 그들은 곧 적들의 진영 가까이에 도착했다. 그리고 예상대로 여기저기 흩어져 있는 적을 보고, 단숨에 적을 덮쳤다. 갑작스런 공격을 당한 적들은 정신없이 도망을 쳤다. 이 전투에서 적은 버티지 못하고 도망치기에 바빴다. 죽은 숫자는 3백 명 정도였으나 포로가 된 자는 그들의 갑절이 넘었고 적의 진지까지 완전히 점령할 수 있었다.

아드라눔 시는 성문을 활짝 열고 티몰레온을 맞아들였다. 시민들은 그에 대한 공포와 존경이 섞인 모습을 드러내며, 싸움이 막 시작되었을 때 갑자기 시내에 있던 신전의 문들이 저절로 열리더니 신상이 들고 있던 창끝이 떨렸으며 신의 얼굴에는 구슬 같은 땀방울이 흘러내렸다는 말을 전했다. 이 징조는 다만 이번 전투에서 이길 것

---

9) 펄롱(furlong) : 영국의 길이 단위로 8분의 1마일에 해당한다. 즉 201.17m 정도이다.

을 알려준 것만이 아니라, 이 전투를 시작으로 그 후의 모든 일들을 축복하는 것으로 생각되었다. 왜냐하면 곧이어서 몇몇 도시들이 잇따라 사신을 보내 티몰레온에게 협력할 뜻을 알려 왔고, 카타나의 참주이며 전쟁에서도 이름이 높은 마메르코스까지 충성을 맹세해 왔기 때문이다.

그러나 무엇보다도 중요한 사건은, 디오니시오스가 이길 희망도 없고 식량도 바닥이 나자 수치스런 패배를 한 히케테스를 경멸하고 티몰레온을 높이 존경하게 되어, 자기 스스로 자신이 점령하고 있던 성을 티몰레온에게 바치겠다고 뜻을 전해온 것이었다. 티몰레온은 이 뜻하지 않은 행운을 기뻐하며, 코린트의 장군 에우클레이데스와 텔레마코스에게 4백 명의 군사를 주어 디오니시오스의 성채로 가게 했다. 그러나 적이 길을 막고 있었으므로 한꺼번에 군대를 보내지는 못하고 조금씩 떼를 지어 몰래 들어가게 했다. 그들은 성채와 디오니시오스의 집, 그리고 그가 전쟁을 계속하기 위해 모아 두었던 식량과 군수품을 모두 인수하였다. 거기에는 많은 말과 온갖 무기, 7천 명 분의 갑옷과 창검, 그리고 2천 명의 군대가 남아 있었다. 이 모든 것을 디오니시오스는 성채와 함께 티몰레온에게 넘겨 주었다. 그리고 자신은 보물을 배에 싣고 몇 안 되는 부하들과 함께 히케테스의 눈을 피해 티몰레온의 진영에 들어왔다.

디오니시오스는 초라한 시민의 옷을 입고 티몰레온을 찾아왔다. 그리고 그후 곧 한 척의 배와 얼마 안 되는 돈을 받아가지고 코린트로 이송되었다. 그는 가장 부강하고 큰 나라에서 태어나고 자라나 그곳에서 10년 동안 군림했던 사람이었다. 그러나 디온의 공격을 받아 12년 동안 온갖 고생을 했으며, 그 이후에는 그동안 그가 남들에게 입힌 괴로움보다 더 큰 벌을 받게 되었다. 그는 젊은 아들들의 죽음을 보았고, 꽃 같은 딸을 유괴당했으며, 누이와 아내가 병졸들에게 능욕을 당하고 어린 아기와 함께 살해되어 강물에 버려진 것까지 지켜보아야만 했다.

한편 디오니시오스가 코린트에 도착하자, 그리스의 모든 사람들은 이 유명한 폭군의 얼굴을 보고 욕이라도 한 마디 해주고 싶은 호기심이 일어났다. 그 중에는 그의 패망을 속시원해하며 그에게 모욕을 주고 싶어하는 사람들도 있었지만, 더러는 그의 파란만장한 일생에 대한 관심과 함께 그에게 동정심을 느끼는 사람들도 있었다. 인간에게는 보이지 않는 신의 힘이, 눈에 보이는 약하디 약한 인간을 어떻게 만들었는지 눈으로 확인하고 싶었던 것이다.

그때의 사람들에게는 자연이나 인간 세상에 생겨나는 여러 가지 일들 가운데, 어제까지 화려한 왕이었던 사람이 지금은 코린트에 와서 생선 시장을 기웃거리고, 향수 가게 앞에 앉아서 쉬거나, 목로 술집에서 물을 탄 포도주를 마시며, 거리의 여자들과 다투고, 혹은 극단의 여자 가수에게 노래를 가르치느라 음악의 박자를 따지고 드는 것보다 더 신기한 모습은 없었다. 디오니시오스의 이런 행동들에 대해 사람들은 여러 가지 해석을 내렸다. 어떤 사람들은 그가 본래 나태하고 비루한 성격이어서 그러한 생활을 하는 것이라고 했고, 또 어떤 사람들은 그가 다시 일어설 기회를 노리고 있다는 의심을 받지 않기 위해 일부러 경멸을 받기 위한 연극을 하고 있다고도 했다. 이러한 의심의 위험을 피하기 위해서 그는 의도적으로 어리석고 방자한 모습을 남에게 보이려는 것이라고 생각한 것이었다.

그러나 디오니시오스가 그의 생활을 천하지 않은 태도로 참고 견디었다는 것을 보여 주는 기록도 남아 있다. 그 중의 하나는, 시라쿠사와 마찬가지로 코린트의 식민지였던 레우카디아에 가 있을 때 한 솔직한 그의 말에서 찾아볼 수 있다. 그때 그는 수치스러운 일을 한 어느 젊은이에 자기를 비유하여, 그러한 사람은 형제들과는 잘 지내지만 아버지를 만나기는 부끄러워서 피한다고 했다. 그리고 그와 마찬가지로 자기도 자신의 아버지가 되는 코린트로 가기는 부끄럽기 때문에 이곳에서 즐겁게 살겠다고 말하였다.

또 그는 코린트에서 어떤 외국인이 그를 보고, 그가 권세를 가지고 있을 때에 철학을 연구했던 일을 비웃었다. 그러고는 플라톤의 지혜에서 어떤 것을 배웠느냐고 물었다. 그 외국인의 말을 듣고 디오니시오스는 이렇게 되물었다.

"내가 이렇게 고통을 견디며 살고 있는 것을 보고도 플라톤에게서 배운 것이 없다고 생각하시오?"

음악가 아리스토크세노스와 다른 몇 사람이, 플라톤과 사이가 나빠진 이유가 무엇이며 플라톤에 대해 무슨 불만이 있느냐고 물었던 적도 있었는데, 그때 그는 이렇게 대답했다.

"많은 권력이 있는 사람에게 닥치는 가장 큰 불행은, 친구라고 할 만한 사람들도 솔직한 진실을 거리낌 없이 얘기해 주지 않는다는 것이오. 나 자신도 그런 무리들 때문에 플라톤과 가까이 지낼 수가 없었던 것이라오."

또 어느 때는 자기의 재치를 자랑하고 싶었던 어떤 사람이 디오니시오스 앞으로

와서 외투자락을 뒤집어 보였다. 왕 앞에서 무기를 가지고 있지 않다는 것을 보여 주기 위해 외투자락을 뒤집는 관습이 있는데, 그는 이렇게 해서 디오니시오스를 조롱한 것이었다. 그러자 디오니시오스는 그 사나이에게 이렇게 말했다. "여기서 나갈 때도 한 번 더 외투자락을 뒤집어서 보여 주기 바라오. 아무것도 훔쳐가지 않았다는 것을 보여 주기 위해서 말이오."

또 마케도니아의 왕 필리포스[10]는 디오니시오스와 술자리를 같이 하고 있다가, 그의 아버지가 지었다는 시와 희곡을 조롱하기 시작했다. 디오니시오스 앞에서, 당신의 아버지는 바쁜 시간 중에도 어찌 그리 좋은 시와 희곡을 쓸 틈이 있었느냐고 놀란 체했던 것이다. 그러자 디오니시오스는 이렇게 지혜로운 대답을 했다. "그 놀라운 작품들은 당신이나 나같이 제 잘난 멋에 사는 사람들이 지금처럼 술이나 먹고 있던 시간에 쓰신 것입니다."

플라톤은 디오니시오스가 코린트에 오기 전에 이미 세상을 떠났기 때문에 여기서는 서로 만날 기회가 없었다. 그러나 시노페 사람 디오게네스[11]는 거리에서 디오니시오스를 만났을 때 이렇게 말했다.

"아니, 디오니시오스 님, 이게 무슨 일이십니까?"

이 말에 디오니시오스는 걸음을 멈추었다.

"고맙습니다. 디오게네스, 내 불행을 동정해 주시는군요."

그러자 디오게네스는 대답했다.

"동정이라니? 내 말을 못 알아들으셨군요. 그대와 같이 사람같지도 않은 사람은 당신의 아버지처럼 독재자의 궁전에서 늙어 죽어야 마땅한데, 우리 같은 청빈한 생활을 즐기시다니 마땅치 않아서 한 말이라오."

디오게네스의 이 말과, 필리스토스[12]가 레프티네스의 딸이 공주의 자리에서 초라한 신세로 떨어진 것을 보고 한 말을 비교해 보면 뒤의 것은 마치 향수병과 진홍빛 옷과 금은 패물을 잃은 여자가 탄식하는 소리 정도로 밖에 안 들린다. 그러나 디오니시오스가 이처럼 기구한 운명을 타고났다고 생각한다면, 티몰레온의 행운 또

---

10) 필리포스(Philippos) : 알렉산드로스의 아버지로 기원전 338년 혹은 337년 경에 코린트에 와 있었다.

11) 디오게네스(Diogenes) : 기원전 412?~323? 매우 검소한 생활을 즐겼던 것으로 유명한 철학자.

12) 필리스토스(Philistus) : 시라쿠사의 장군으로 디오니시오스 부자(父子)를 섬겼던 역사학자로 시칠리아의 역사를 썼다.

한 그에 못지 않은 것이었다.

시칠리아에 상륙하여 보름도 지나기 전에 그는 시라쿠사의 성채의 주인이 되었고, 디오니시오스를 펠로폰네소스로 이송보낼 수 있었다. 그의 성공에 용기를 얻은 코린트 인들은 2천 명의 보병과 2백 명의 말을 타는 기병들을 더 보내기로 했다. 이 군대는 투리이에 도착한 다음, 바다를 건너 시칠리아로 가려고 했다. 그러나 카르타고의 함대가 막강하게 버티고 있었기 때문에 투리이에 그대로 머물면서 기회를 기다려야 했다. 그동안에도 그들은 그냥 쉬고 있지만은 않았다. 투리이 사람들은 브레티아 군과 싸우려고 출정하게 되었는데 마침 주둔하고 있던 코린트 군으로 자기네들의 도시를 지켜 달라는 부탁을 하게 된 것이었다. 코린트 군은 그 도시가 마치 자기네들의 것인 것처럼 잘 지키고 보호해 주었다.

이러고 있는 동안 히케테스는 시라쿠사의 도시를 포위하는 한편 시내에 있는 코린트 인을 위한 양식과 군수품이 바다로부터 들어가는 것을 막고 있었다. 히케테스는 아무도 모르는 외국인 두 명을 불러들여 아드라눔으로 가서 티몰레온을 암살하라는 명령을 내렸다. 티몰레온은 원래 자기 주위에 경호원을 두지 않는 사람이었던 데다가, 특히 그즈음은 방심하고 여러 신전을 돌아다니며 시민들과 함께 제사를 드리러 다니고 있었다.

티몰레온을 암살하기 위한 자객 두 사람은 마침 그가 신전에서 제물을 드리려 한다는 소식을 듣게 되었다. 그들은 외투 속에 칼을 숨기고 곧바로 신전으로 들어가 수많은 사람들을 헤치고 제단 가까이까지 갔다. 그리고 두 사나이가 서로 신호를 하고 와락 달려들려는 순간 갑자기 어떤 사람이 자객 중 한 사람의 이마에 칼을 내리쳤다. 칼을 맞은 자객이 쿵 소리를 내며 쓰러지자 칼을 내리쳤던 사나이는 피가 묻은 칼을 든 채 높은 절벽 위에까지 달아났다. 남아 있던 또 한 사람의 자객은 제단 앞으로 달려와 티몰레온을 붙들고 목숨만 살려 주신다면 자기들의 죄를 모조리 자백하겠다고 애원했다. 티몰레온이 그러겠다고 약속을 하자, 그는 살해된 자와 자신은 티몰레온을 암살한 목적으로 파견되었다고 고백했다.

이러는 동안 절벽까지 달아났던 사나이가 붙들려 오는데, 그는 레온티니에서 내 아버지를 죽인 놈을 만났길래 원수를 갚았을 뿐이라며 자기는 아무런 죄가 없다고 고래고래 소리를 쳤다. 마침 그 사건을 알고 있던 몇몇 사람들이 있어 그의 말은 거짓이 아니라는 것이 밝혀졌다. 사람들은 묘하게 얽히고설킨 운명을 보고 또 한 번 놀라지 않을 수 없었다.

코린트 사람들은, 어쨌든 그가 티몰레온을 암살하려는 자객들을 처치했으므로 그의 공적을 찬양하고 그에게 10미나의 돈을 상금으로 주었다. 그는 자신의 원수를 갚았으며, 동시에 티몰레온을 구해 냈던 것이다. 그것은 그가 오랫동안 품어온 원한을 성급하게 풀지 않고, 운명이 가르쳐 주는 때를 기다렸다가 마침 티몰레온을 위해 칼을 꺼냈기 때문에 받을 수 있었던 영광이었다.

이러한 운명의 도움으로 티몰레온이 큰 화를 면하게 되자, 민중들은 모두 티몰레온이야말로 시칠리아의 원수를 갚고 자기들을 구해 줄 사람이며, 그를 하늘이 보낸 사람이라고 생각하고 더욱 존경하게 되었다.

한편 히케테스는 자신의 암살 계획이 실패로 돌아가고, 많은 사람들까지 자기를 배반하고 티몰레온에게 가는 것을 보았다. 그래서 그는 자신의 많은 병력이 자기의 지휘를 기다리고 있는데도 불구하고, 마치 부끄러운 짓이라도 하는 것처럼 그 병력을 조금씩 나누어서 사용하고 있었던 어리석음을 깨달았다.

이처럼 생각을 바꾸게 된 그는 소심한 태도를 버리고 카르타고의 장군 마고와 그의 전 함대를 보내 달라고 요청했다. 마고는 곧 150척이나 되는 군함을 이끌고 달려와 항구를 점령하고 그곳에 6천 명의 보병을 상륙시켰다. 이렇게 엄청난 군사가 사라쿠사에 진을 치게 되자, 사람들은 이제 옛부터 전해져 온 전설대로 시칠리아가 야만족에게 정복되는 최후의 날이 왔다고 생각했다. 카르타고와 시칠리아는 과거에도 여러 차례 전쟁이 있었고 그러는 동안에 몇 번이나 필사적인 싸움이 있었지만, 그들은 지금까지 시라쿠사를 점령하지는 못했었다. 그러나 이제는 히케테스가 그들을 모두 불러들여 도시를 내맡겼으므로 시라쿠사는 마치 야만인 군대의 진영 가운데 묶인 것처럼 되어 버린 것이었다.

성벽을 지키고 있던 코린트 군은 심한 곤경에 빠지게 되었다. 항구는 모두 철통같이 봉쇄되었으므로 그들의 군량과 군수품은 바닥이 나기 시작했고, 때때로 적들은 성벽 앞에까지 다가와 싸움을 걸었으므로 밤낮으로 긴장을 해야 했으며, 여러 가지 공격에 대비해 자신들의 병력도 몇 개로 나누어 온갖 공격을 막아내야만 했다.

티몰레온은 위태로운 처지에 있는 그들을 구하기 위해 카타나에서 작은 어선에 군량과 군수품을 실어 그들에게 보내 주었다. 이 배들은 주로 날씨가 궂을 때를 이용하여 적의 군함들이 풍랑으로 흩어진 틈새를 뚫고 몰래 들어왔다. 마고와 히케테스는 이러한 사실을 알아내고 카타나를 치기로 결정했다. 그들은 가장 강한 부대를 거느리고 시라쿠사 항을 떠났다. 이 때 포위된 코린트 군 사령관이었던 네온은 남아 있는 포위군의 감시가 소홀해진 것을 보고 돌연 성에서 나와 적을 공격했다. 그래서 약간의 적을 죽이고, 나머지는 모조리 쫓아낸 다음 아크라디나[13]구를 손에 넣었다. 몇몇 도시가 모여서 이루어진 시라쿠사에서 아크라디나 구는 특히 적을 공격하기에 좋고 지리적으로도 유리한 곳이었다. 그들은 군량과 군수품들을 저장한 다음 주위에 방어벽을 쌓고, 다시 성채와 연결시킬 수 있도록 성벽을 쌓았다.

한편 마고와 히케테스는 카타나에 도착할 무렵 시라쿠사로부터 급히 보고를 받고, 아크라디나가 함락되었다는 사실을 알았다. 그들은 결국 빼앗으러 갔던 도시는 공격도 못 해 본 채 이미 점령했던 도시마저 잃어버린 것이었다.

티몰레온의 이러한 성공은, 미리 앞을 내다볼 줄 아는 능력과 용기 때문인지 아니면 운이 좋았기 때문인지 판단하기가 어렵다. 그러나 그 후 잇따랐던 사건들은 운이 좋았다고밖에 말할 수 없다.

투리이에 있던 코린트 군은, 한노의 지휘를 받으며 그들을 기다리고 있던 카르타고 함대가 두렵기도 했지만, 며칠 동안 계속 불어닥치는 폭풍우 때문에 브레티아를 지나는 육로를 통해 진군하기로 결정했다. 그들은 이 야만인의 영토를 무력과 외교로 무사히 통과하여 레기움 시까지 행군했는데, 그동안에도 바다는 여전히 풍랑이 심한 상태였다.

한편 한노는 코린트 인이 위험을 무릅쓰고 배를 출범시키지는 않을 것이므로 가만히 앉아 기다릴 것이 아니라, 적을 속여 그들을 함정에 빠뜨리려는 계략을 짜고 있었다. 그래서 그는 부하들에게 명령하여, 모두 머리에 꽃을 꽂고, 그리스 군과 카르타고 군이 쓰는 방패를 들고, 마치 승리하고 돌아오는 배처럼 군함을 아름답게 장식한 다음 시라쿠사를 향해 갔다. 그들은 배에서 웃음소리와 환호성을 떠들썩하게 높이고 성채 아래를 지나가며 "우리는 시칠리아로 건너오는 코린트의 원군을 바다 위에서 모조리 쳐부수었다"고 소리를 질렀다.

그들이 이런 연극을 하고 있는 동안 레기움에 도착한 코린트 군은 바다에 적의 함

---

13) 아크라디나(Acradina, Achradina) : 시라쿠사에 있는 한 구역의 이름으로, 네소스(Nesos)와 함께 가장 오래된 구이다.

대가 모두 사라진 것을 보았다. 그들은 바다가 잔잔해진 것을 보고 곧 작은 배와 어선들을 구해서 타고 천천히 시칠리아를 향해 배를 저었다. 코린트 지원군이 모두 상륙하자 티몰레온은 그들을 맞이하여, 곧장 메시나를 점령해 버리고, 다시 병력을 정비하여 시라쿠사로 향했다. 그는 물론 군대의 힘을 믿었지만, 계속 뒤따르는 행운의 힘도 생각하고 있었다. 이때 이끌고 갔던 군사는 4천 명이 채 안 되었다.

마고는 티몰레온이 오고 있다는 소식을 듣고 겁을 먹었다. 게다가 시라쿠사 주위의 많은 늪들이 샘과 호수가 바다로 흘러가는 맑은 물을 받아 굉장히 많은 장어를 키우고 있었기 때문에 마고는 이것을 질투하고 있었다.

전쟁 때 맞붙어 싸우기는 했지만 양쪽 군의 군인들은 모두 같은 그리스인들이었기 때문에 휴전 중에는 곧잘 이 늪에 나와 고기잡이를 하곤 했다. 용병으로 전쟁에 나간 사람들이었으므로 서로에 대한 원한이 있었던 것도 아니어서 그들은 평화로울 때는 서로 만나 사이좋게 웃고 노는 일이 예사였다.

이 무렵에도 그들은 서로 만나 장어 낚시를 하며 이야기를 나누고 있었는데, 어떤 군인은 시라쿠사 부근의 바다가 아름답다고 하고, 어떤 군인은 그곳의 토지와 집들이 잘 정리되어 있다는 얘기를 하고 있었다. 그럴 때 코린트 군이었던 한 사람이 일어서더니 사람들을 돌아보며 이렇게 말했다.

"그래, 당신은 그리스인이면서도 크고 아름다운 이 도시를 야만족에게 넘겨 주려고 싸우고 있단 말이오? 야비하고 잔인한 카르타고 인들을 우리나라에 들어오게 하려는 싸움이란 말이오? 당신은 시칠리아 같은 섬이 더 많아서 그리스의 방패가 되어 주어야 한다고 생각해야 하오. 저 야만족들이 헤라클레스의 기둥[14]이나 아틀라스 해[15]에서 군대를 모아 가지고 온 것이 히케테스더러 대대로 왕노릇을 해먹으라고 그런 것 같소? 만일 히케테스가 왕다운 생각이 있었다면, 제 조상을 내쫓고 적군을 불러들이지는 않았을 것이오. 그가 만약 티몰레온을 달래고 코린트와 휴전을 했더라면 오히려 명예와 권력을 쥐고 있었을 거요."

이 말을 들은 히케테스 군인들 중 그리스인들 사이에는 이 이야기가 떠돌게 되었다. 마고는 그렇지 않아도 돌아가기 위한 구실을 찾고 있었는데, 이런 이야기까지 나

---

14) 지금의 지브롤터 해협의 양쪽 해안을 가리킴.
15) 지금의 대서양.

오게 되자 잘못하다가는 배반을 당할지도 모른다는 걱정을 하게 되었다. 마고는 더 이상 군대를 믿고 있을 수가 없어서 카르타고로 돌아갈 것을 결심했다. 히케테스는 그대로 있어 달라고 간청을 했지만, 그는 군대가 비록 숫자로는 우세하지만 티몰레온의 군대가 가진 행운과 용기는 당해낼 수 없다며 곧 돛을 올렸다.

마고가 떠난 다음날, 티몰레온은 그들에게 싸움을 걸기 위해 군대를 이끌고 시내로 몰려들어갔다. 그러나 마고가 군대를 거느리고 도망갔다는 말을 듣고 마고의 비겁함을 비웃었다. 그러고는 카르타고 군이 어디로 도망갔는지 알려 주는 자에게는 상금을 준다는 방을 붙여 웃음거리로 만들었다.

그러나 히케테스는 마고가 떠난 다음에도 혼자 버티고 서서 시가지에서 물러가지 않았다. 티몰레온은 병력을 셋으로 나누어 가장 공격하기 힘든 아나파스 강 연안은 자기가 맡고, 코린트의 장군 아시아스가 거느리는 부대는 아크라디나 쪽을 공격하도록 했다. 그리고 코린트로부터 마지막 원군을 데리고 온 디나르코스와 데마레토스 두 장군은 에피폴라레라는 구역을 공격하라고 명령했다.

세 곳에서 한꺼번에 공격이 시작되자 히케테스 군은 더 이상 견디지 못하고 달아나기 시작했다. 습격으로 빼앗겼던 도시를 되찾은 이 일은 바로 장군들의 현명함과 용기의 결과였다. 그러나 이 전투에서 단 한 사람도 죽거나 다치지 않았다는 것은 티몰레온을 보살피는 행운의 여신이 도와준 것이라고밖에 말할 수 없다. 이처럼 그의 행운은 마치 그의 용기와 내기라도 하는 것 같았다. 그래서 사람들은 전쟁의 승리를 전해 듣고 그의 공적보다는 그에게 내려지는 행운에 감탄하기도 했다.

이 전투의 소식은 온 시칠리아 섬으로 퍼져나가 많은 사람들을 놀라게 했을 뿐만 아니라 멀리 그리스에까지도 이르렀다. 특히 코린트 시에서는 군대가 시칠리아에 무사히 도착했는지를 염려하고 있다가, 갑자기 승리의 소식을 접하자 놀라움을 감추지 못했다. 이처럼 그의 화려한 계획은 순조롭게 진행되었고, 행운은 그의 빛나는 승리를 더욱 채찍질해 주었다.

이렇게 해서 시라쿠사의 성채를 손에 넣게 된 티몰레온은 전날 디온이 저질렀던 실수를 되풀이하지 않기 위해 많은 노력을 기울였다. 성채는 아름답고 화려했지만 그렇다고 해서 그대로 놓아 둘 생각은 없었다. 디온은 시민들을 믿지 않았기 때문에 파멸을 맞았으나, 티몰레온은 그와 전혀 달랐다. 그는 시라쿠사 인들에게, 역대 폭군들의 성채를 송두리째 없애 버리려 하니 누구든지 곡괭이를 가지고 나와 성채를 허물어뜨리라고 선포했다.

구름처럼 모여든 시민들은 이 날의 선포를 진정한 자유의 시작이라고 선언하고, 성채뿐 아니라 폭군의 궁전과 무덤도 모두 파괴해 버렸다. 그리고 그 자리에 법정을 지어 정의를 지켜내도록 했고, 폭군의 정권을 타도하고 민주 정치의 새로운 희망을 심었다.

그런데 도시를 점령하기는 했지만 시민은 얼마 되지도 않았고 그나마 궁핍한 사정에 놓여 있었다. 어떤 사람은 전쟁과 폭동으로 목숨을 잃었고, 어떤 사람은 잔인한 정치를 피해 떠나버렸으므로 도시는 적막했고, 시라쿠사의 공회당은 말을 먹이고 마부들이 풀밭에 누워 쉴 만큼 잡초들로 무성했다. 이러한 사정은 다른 도시들도 마찬가지여서 노루와 산돼지들이 돌아다니고, 한가한 사람들은 사냥을 하기도 했다. 또 시골이나 요새에 살고 있던 사람들은 아무도 도시로 돌아오려고 하지 않았다. 계속해서 폭군의 지배를 받았던 그들은 이제 회의나 정치나 연설이라는 말만 들어도 몸서리를 쳤던 것이다.

이처럼 어려운 처지를 알게 된 티몰레온은 남아 있던 시라쿠사 인들과 의논한 끝에, 코린트에 서신을 보내 그리스로부터 이민을 보내 달라고 요청하기로 했다. 그렇게라도 하지 않으면 도시는 온통 황무지가 될 것이고, 또 카르타고로부터 다시 대규모의 군대가 밀려올 것도 예상해야 했다. 왜냐하면 마고가 자살했다는 소식을 들은 카르타고 인들은 그의 시체를 십자가에 매달아 사람들 앞에 내보였으며, 다음 해 여름 시칠리아를 침공하기 위해 대군을 모으고 있다는 소문까지 들려오고 있었기 때문이었다.

이민을 요청하는 티몰레온의 편지를 갖고 시라쿠사의 사절단은 코린트에 도착했다. 그들은 가엾은 처지에 놓인 도시를 한 번만 더 도와 달라고 간청했다. 코린트 인들은 이 기회를 이용해서 시라쿠사를 자기 것으로 만들려는 욕심을 전혀 가지고 있지 않았다. 그들은 신성한 여러 가지 행사와 종교적인 모임을 통해, 코린트 인들은 시라쿠사에서 폭군을 몰아내고 이제 충분한 자유를 누리며 국토를 분배받을 사람들을 기다린다는 사실을 알렸다.

그들은 또 시라쿠사의 피난민들이 많이 가 있던 소아시아와 여러 섬으로도 사람을 보내어, 코린트로 오면 자기들이 배와 호송을 책임질 테니 모두 시라쿠사로 다시 돌아가라고 권유했다. 이러한 너그러운 행동으로 코린트는 많은 찬사와 명예를 얻게 되었다. 그들은 시라쿠사의 폭군을 내몰고, 야만족으로부터 구한 나라를 그들에게 고스란히 되돌려 주었기 때문이었다.

그러나 시라쿠사로 가기 위해 코린트로 모여든 사람들은 숫자가 너무 적어서 코린트와 그 밖의 그리스 사람들도 이민을 갈 수 있도록 했다. 그래서 결국 1만 명 가량이 시라쿠사로 떠나게 되었다.

또 그때 이탈리아와 시칠리아에 사는 많은 사람들도 티몰레온을 존경하여 모여들었는데 그들의 숫자만 해도 6만 명이나 되었다고 한다. 티몰레온은 이들에게 각각 땅을 나눠 주고, 전에 살던 시민들에게 집을 되찾게 해주는 동시에 국고를 튼튼히 하려는 목적으로 1천 탈렌트를 받고 집을 팔았다.

나라의 재정적인 곤란을 덜고 앞으로 닥칠 전쟁에 대비하기 위해 그는 신들의 조각상까지 팔기로 했다. 그러기 위해 회의를 소집하여 마치 재판을 하듯이 조각상 하나하나를 경매했다. 이 때 시라쿠사 인들은 옛날 왕이었던 겔로의 조각상만은 팔지 않기로 했는데, 겔로는 히메라에서 카르타고 군과 싸워 승리를 거둔 왕이었기 때문이다.

시라쿠사는 이렇게 사방에서 모여든 많은 사람들의 힘으로 다시금 튼튼한 도시로 부활하였다. 티몰레온은 이 일이 끝나자 다른 도시들도 해방시켜 온 시칠리아에서 폭군을 몰아내기로 결심했다. 그는 이 목적을 이루기 위해 맨 먼저, 당시 전제 정치를 하고 있던 히케테스에게 찾아갔다. 그리고 그는 히케테스가 카르타고와 맺었던 동맹을 깨뜨리고 곳곳에 세워져 있던 성을 헐어 버린 후 그를 레온티니의 평범한 시민으로 살게 했다.

다음으로, 그는 아폴로니아와 그 밖의 도시들로 치고 들어갔다. 영주인 레프티네스는 잠시 대항했지만 도저히 힘이 모자란다는 것을 깨닫고 이내 항복을 했다. 티몰레온은 레프티네스를 죽이지 않고 코린트로 보냈는데, 코린트 사람들이 그를 다른 여러 그리스 사람들에게 보여 시칠리아의 독재자는 이런 꼴이 된다는 것을 보여주고 싶어했기 때문이었다.

그런 다음 티몰레온은 시라쿠사로 돌아갔다. 그가 시라쿠사에 돌아간 것은 새 헌법 제정에 참여할 시간도 얻고, 법률을 만들기 위해 코린트에서 온 케팔로스와 디오니시오스가 중요한 여러 가지 법률을 결정하는 것도 도와주기 위해서였다. 티몰레온은 시라쿠사에 머무는 동안에도 자신의 용병들을 한가하게 놀리지 않고 될 수 있는 대로 적을 쳐서 전리품으로 그들의 주머니를 채워 주려고 했다. 그래서 그는 디나르코스와 데마레토스를 시켜, 시칠리아 섬 가운데 카르타고가 장악하고 있던 지역들을 공격하게 했다. 그 결과 그들은 야만족의 지배로부터 도시들을 해방시키고, 군대는 많은 보수와 전리품을 얻게 되었으며, 앞으로의 전쟁을 위한 군사 비용까지도 얻을 수 있었다.

그러는 동안 카르타고의 대군은 2백 척의 배에 7만 명의 군사를 태우고, 1천 척의 배에 무기와 전차와 곡식들을 싣고 릴리바이움[16]에 도착했다. 그들은 이제 소극적인 태도를 완전히 버리고 시칠리아의 그리스인들을 모조리 없애 버릴 생각이었다. 이 막강한 군대는 설령 시칠리아에 와 있던 그리스인들이 모두 똘똘 뭉친다고 해도 충분히 정복할 수 있을 만큼 대단한 것이었다.

카르타고 군은 자기들이 지배하던 땅들이 모두 짓밟히고 있다는 소식을 듣고, 곧 하스드루발과 하밀카르를 장군으로 앞세워 코린트를 공격해 왔다. 시라쿠사는 적군의 숫자가 너무나 많은 것을 보고 놀라 모두 공포에 떨었다. 그래서 많은 수의 시민에도 불구하고 무기를 들고 나온 사람은 3천 명에 불과했다. 더구나 4천 명이나 되던 외국인 용병들도 싸우러 가는 도중 겁이 나서 1천 명쯤 도망쳐 버려, 결국은 5천 명의 보병과 1천명 가량의 기병만으로 7만 명이나 되는 적군과 싸울 수밖에 없었다. 시라쿠사 군대는 8일 동안의 행군을 하면서, 싸우다가 도망치려 해도 피할 곳도 없고 죽어도 제대로 묻힐 곳도 없는 곳으로 자신들을 끌고 가는 티몰레온이 제정신이 아니라면서 투덜거렸다.

그러나 티몰레온은 비겁해서 싸우지도 못할 자들이 미리 도망친 것을 오히려 다행이라고 생각하면서, 나머지 군사들의 용기를 북돋우며 카르타고 군이 집결해 있다는 크리메소스 강을 향해 진군을 계속했다.

그는 적군의 진지를 살펴보기 위해 군대를 이끌고 고개를 올라가다가 우연히 미나리를 노새에 싣고 내려오던 사람들을 만났다. 이것을 보고 병사들은 모두 불길한 징조라고 여겼다. 왜냐하면 그리스인들이 죽은 사람의 무덤에 미나리를 엮어서 놓는 풍속이 있는데다가, 위독한 환자를 가리켜 미나리를 받을 때가 된 사람이라고 말하는 속담도 있었기 때문이다. 티몰레온은 이런 미신으로 겁을 내는 병사들에게, 전

---

16) 릴리바이움(Lilybaeum) : 시칠리아 서쪽 해안에 있는 도시로 카르타고 군의 본거지였다. 지금의 마르살라(Marsala)에 해당한다.

투도 시작하기 전에 승리의 관을 받았다는 사실을 상기시켰다. 그리고 코린트 인들이 지협 경기대회[17]에서 우승한 사람에게 미나리로 만든 관을 씌워 주는 것처럼, 이것은 조국 코린트와 관계가 깊은 식물이라고 얘기했다.

티몰레온은 얘기를 마친 다음 한 다발의 미나리를 가지고 관을 만들어서 썼다. 그러자 부하 장병들도 모두 미나리 관을 만들어 머리에 썼다. 바로 그때 그들은 두 마리의 독수리가 그들 쪽으로 날아오는 것을 보았다. 그 중 한 마리는 발톱으로 뱀을 쥐고 있었고, 다른 한 마리는 자신의 용기를 보여주듯이 큰 소리로 울며 날아가고 있었다. 점을 치는 사람들은 이것을 보고 모두에게 무릎을 꿇고 앉으라고 한 다음 신에게 기도를 드렸다.

그때는 타르켈리온 달의 하순으로 여름이 가까워지고 있을 무렵이었다. 강에서는 짙은 안개가 피어올라와 온 평지를 가리고 있었으므로 적의 진영은 눈에 보이지 않았고 군대의 움직임은 소리로만 들을 수 있었다. 코린트 군은 드디어 산마루에 이르자 방패를 놓고 잠시 쉬기로 했다. 그런데 해가 오르면서 안개가 산꼭대기로 몰려가더니 구름이 되었다. 그러자 비로소 산 아래의 땅이 환히 드러나 보이면서, 크리메수스 강을 건너고 있는 적군의 행렬이 나타났다.

적군은 맨 앞에 네 필의 말이 끄는 전차들을 앞세운 채, 1만 명의 보병들이 그 뒤를 따르고 있었다. 그들이 입고 있는 화려한 갑옷과 대열의 형태로 보아 그들은 카르타고의 정규군이 틀림없었다. 그리고 그들의 뒤로는 외국인 부대가 소란스럽고 무질서하게 강을 건너고 있었다. 적군은 한꺼번에 강을 건널 수가 없었으므로 상대할 적의 수효는 이쪽에서 마음대로 결정할 수 있었다.

티몰레온은 강을 건너느라고 적의 대열이 틀어지고, 이미 건너온 군대와 아직 건너오지 못한 군대로 나누어져 있을 때 그들을 공격하기로 결정했다. 그래서 그는 데마레토스에게, 기병대를 이끌고 가서 카르타고 군을 기습하라고 명령한 다음, 시칠리아 계 그리스인과 다른 곳 출신의 부대는 좌우 끝에 배치했다. 그리고 시라쿠사 출신의 부대와 제일 강한 부대는 중앙에 배치하여 자기가 직접 지휘를 맡았다.

그런데 적군 앞에서 오락가락하는 전차부대 때문에 기병들은 카르타고 군에게 선뜻 접근을 하지 못하고 있었다. 티몰레온은 방패를 높이 들고 앞장서서 적을 향해

---

17) 지협 경기대회(Isthmian games) : 코린트가 주최한 운동제로 3년마다 한 번씩 벌어졌다.

뛰어들어, 강을 건너오는 적군을 차례차례 물리쳤다. 티몰레온은 병사들에게 자신의 뒤를 따르라고 소리를 질렀는데 그 소리가 너무나 커서 결코 사람이 낸 목소리 같지 않았다. 그의 투지가 넘쳐서 그런 것이었는지도 모르지만, 어떤 신이 그와 함께 소리를 지른 것처럼 생각될 정도였다. 병사들은 이 소리를 듣고 일제히 달려들며 함성을 내질렀다. 티몰레온은 기병대에 신호를 보내, 전차가 달리는 곳을 피하여 적의 보병대의 옆구리를 습격하라고 명령을 내리고, 자신은 적의 제일 앞에 선 정규군을 공격하기 위해 돌격 나팔을 불게 했다.

카르타고 군도 만만치 않았다. 그들은 무쇠 갑옷과 청동 투구를 쓰고 큰 방패를 들고 있었기 때문에 그리스 군의 창을 손쉽게 물리치고 있었다. 그런데 칼로 결판을 내야 될 만큼 전투가 진행되었을 때, 갑자기 산마루에 걸려 있던 안개구름이 몰려오더니 우박과 폭풍우를 일으켰다. 그리스 군들은 이 비바람을 등으로 받고 있었으나 카르타고 군들은 정면으로 받아서 도저히 눈을 뜰 수가 없었다. 쏟아지는 비바람과 잇달아 번쩍이는 번개로 적군은 몹시 불리한 위치에 놓이게 된 것이었다. 또 그들은 갑옷에 비와 우박이 쏟아지는 소리 때문에 상관들이 명령하는 소리도 제대로 들을 수가 없었고, 너무 무겁게 무장을 하고 있어서 진흙땅에 자꾸 쓰러졌으며 움직이기도 힘들었다. 질척거리는 땅에 한 번 넘어진 그들은 무거운 방패와 갑옷 때문에 금방 일어서지도 못했다.

크리메소스 강도 갑자기 쏟아진 비와 강을 건너는 많은 숫자의 대군 때문에 삽시간에 물이 불어나 전쟁터는 온통 물바다가 되고 말았다. 강 양쪽의 평지는 그곳에서부터 산허리까지 작은 골짜기와 얕은 지대가 이어져 있었으므로 불어난 빗물은 급한 물살을 만들어 냈고, 그 가운데 있던 카르타고 군은 물살이 빠지자 갈팡질팡하였다. 사나운 태풍과 그리스 군의 공격으로 카르타고의 선봉대 4백 명은 모두 세찬 물살에 휩쓸려 죽었고, 이것을 본 나머지 병사들도 겁에 질려 뿔뿔이 흩어졌다. 그러나 그들 대부분도 이쪽에서 강을 건너던 자기네 군사들과 서로 부딪쳐 사나운 물살에 빠지고 말았다. 그리고 산으로 도망치던 적군들은 기다리고 있던 그리스 군의 공격을 받아 모두 쓰러졌다.

이 싸움에서 쓰러진 사람들의 수는 도저히 헤아릴 수도 없을 만큼 많았는데, 그중에는 카르타고 시민도 3천 명이나 포함되어 있었다. 그들은 재산이나 문벌에서도 뛰어난 사람들이었기 때문에 그들의 손해와 고통은 엄청난 것이었다. 카르타고의 기록을 보아도, 단 한 번의 싸움에서 그렇게 많은 카르타고 인이 죽은 일은 없었다고 한다. 그들은 전쟁에 나갈 때 주로 아프리카나 스페인, 누미디아 인 등 외국인을 병사로 썼기 때문에 패배했을 때에도 예전까지는 자기들 쪽의 손해나 희생이 별로 없었다.

그리스인들은 전사자들이 어떤 지위와 신분의 사람들이었는지를 전리품을 보고 알 수 있었다. 그들이 전리품을 모을 때 청동이나 철 같은 것은 쳐다보지도 않을 만큼 귀한 물건들이 많았으며, 금이나 은만 해도 쉽게 찾을 수 있었다. 병사들 중에는 포로들을 몰래 빼내어 노예로 팔아먹기도 했지만, 그것을 제외한 포로들만 해도 5천 명이나 되었으며, 전차도 2백 대나 빼앗았다.

이제 티몰레온의 막사는 가장 영광스럽고 웅장한 모습이 되었다. 그의 막사 주위에는 온갖 아름다운 전리품들이 쌓여 있었는데, 그 중 조각을 새겨 넣은 아름다운 갑옷만 해도 1천 벌이었고, 방패만 해도 1만 개나 되었다.

이긴 편의 숫자가 적어 그 많은 전리품을 다 거둘 수 없었던 데다가 값지고 아름다운 물건이 너무 많았기 때문에 그들은 사흘 후에야 비로소 승리의 기념비를 세울 수 있었다. 그들은 이 영광스러운 승리를 알리는 편지와 함께 가장 좋은 갑옷과 방패를 골라 코린트로 보냈다. 그래서 코린트는 그리스의 모든 도시 중에서 유일하게, 자기 동족들에게서 빼앗은 불행한 전리품이 아니라 야만족에게서 빼앗은 영광스러운 물건으로 자신들의 신전을 장식할 수 있었다. 그들은 또 그 옆에다가, 코린트 인들과 그들의 장군 티몰레온이 시칠리아의 그리스인들을 독재에서 해방시키게 해준 것을 신께 감사드린다는 글을 새겨 넣었다.

승리를 거둔 티몰레온은 군대의 일부를 카르타고의 영토 여러 곳에 배치하고 마음대로 약탈하게 한 후 시라쿠사로 돌아갔다. 그리고 전투가 벌어지기 전에 군대에서 도망간 외국인 용병들 1천 명을 그 날 안으로 추방한다는 명령을 내렸다. 추방된 사람들은 그들을 보호해 준다는 브레티아 인들의 약속을 받고 이탈리아로 건너갔다. 그러나 그들은 추방되어 온 사람들을 모두 죽여 버렸다. 이들 배반자들은 신의 이름으로 벌을 받았던 것이다.

그런데 카타나의 참주 마메르코스와 히케테스는 티몰레온의 승리에 질투가 났는지, 혹은 그가 자기들 같은 참주들과 협력하지 않을 것이 두려워서였는지 다시금 카르타고와 동맹을 맺었다. 그리고 카르타고가 시칠리아에서 완전히 철수하기를 바라지 않는다면 군대와 지휘관을 시칠리아로 보내 달라고 요청했다. 이 요청으로 기스

코를 해군 대장으로 한 70척의 함대와 함께 그리스 용병들이 파견되었다.

그리스인이 돈을 받고 카르타고 군의 병사로 들어가 용병이 된 것은 이번이 처음이었는데, 카르타고 사람들은 그리스인이 전쟁을 가장 잘하는 사람들이라고 생각해서 그들은 채용한 것이었다. 이렇게 해서 모은 병력을 카르타고 인은 메세나 지방에 모두 집결시켰다.

그들은 군대를 출정시켜 티몰레온의 용병 4백 명을 무찌르고, 다시 카르타고의 영토 중 히에라이 지방에 복병을 숨겨 두었다가 레우카디아 사람인 에우티모스가 거느린 용병 전부를 전멸시켰다. 그러나 이 일은 티몰레온의 행운을 더욱 키운 결과가 되었다. 왜냐하면 원래 이들 용병들은 예전에 포키스 사람인 필로멜로스와 오노마르코스와 함께 델포이의 신전을 약탈[18]한 자들이었기 때문이다. 그 사건으로 저주를 받은 그들은 세상 사람들의 미움을 사면서 펠로폰네소스 반도를 떠돌아다니고 있었다. 티몰레온은 마침 사람이 부족하여 시칠리아 공격 때 이들을 끌어들였다.

그들은 시칠리아에서 티몰레온의 지휘를 따르며 모든 싸움에서 뛰어난 활약을 보여 주었다. 그러다가 큰 위험이 다 끝난 다음, 다른 부대를 방어하기 위하여 파견하였는데, 이들이 전멸당했던 것이다. 군이 모두 당한 것이 아니라 악한 자들만 골라서 당한 것을 보면, 이것은 마치 복수의 신이 티몰레온의 행운에 양보를 한 것 같기도 하다. 이렇게 해서 티몰레온의 행운은 그가 성공을 거둘 때 뿐만 아니라 실패했을 때도 뚜렷하게 드러났다.

시라쿠사 사람들은 참주들의 모욕적인 호통과 비웃음을 가장 못마땅하게 생각하였다. 시와 비극을 쓰는 재주를 매우 자랑스러워했던 마메르코스는 용병들의 전리품을 신전에 드릴 때 그 승리를 뽐내며 이렇게 시를 썼다.

> 청색 보석에 상아와 황금이 박혀 있는 이 방패,
> 우리는 다 낡아빠진 방패를 들고 싸워 이것을 빼앗았노라.

---

18) 신성전쟁(神聖戰爭)을 가리키는 것으로, 기원전 353년 암픽티온 동맹으로부터 벌금이 내려지자, 이를 바칠 수 없었던 포키스 인들이 필로멜로스를 대장으로 델포이를 습격하여 신전과 보물을 약탈한 사건이다. 이렇게 해서 신성전쟁이 시작되었는데, 이 전쟁은 10년만인 기원전 344년에 알렉산드로스의 부왕 필리포스가 끝냈다. 오노마르코스는 필로멜로스의 뒤를 이어 포키스 인들의 우두머리가 된 사람이다.

그 후 티몰레온은 칼라우리아 지방을 정벌하러 나갔는데, 그동안 히케테스는 시라쿠사를 공격해서 상당한 피해를 입힌 다음 전리품을 가득 싣고 갔다. 그리고 칼라우리아 시의 바로 성 밑을 지나면서 몇 명 안 되는 군대를 거느리고 있던 티몰레온을 모욕하였다. 티몰레온은 그들이 지나가도록 가만히 두었다가 기병과 보병들을 이끌고 곧 뒤를 추격했다. 히케테스는 이것을 보고 다미리아스 강을 건너가 추격해 오는 적을 맞아 싸우려고 기다리고 있었다.

그런데 티몰레온의 장군들 사이에 이상한 경쟁이 생겨 전투가 늦춰지고 있었다. 그들은 모두 자기가 먼저 강을 건너가 적과 싸우려고 다투고 있었던 것이다. 그들을 그냥 두었다가는 서로 앞서려고 하다가 혼란이 생길 것이 뻔했다. 그래서 티몰레온은 앞장 설 사람을 제비뽑기로 결정하기로 하고 장군들의 반지를 모아 자기 외투에 넣고 몇 번 흔든 다음 한 개를 뽑았다. 그것은 공교롭게도 전승 기념비가 새겨진 것이었다. 이 반지를 본 병사들은 환호성을 지르며 그 반지의 임자인 장군을 앞장세게 하고 서둘러 강을 건너 적군에게 달려들었다. 이들을 뒤따라 나머지 군사들도 모두 강을 건넜다. 이 공격은 적들로서는 도저히 당해낼 수가 없었다. 전쟁이 끝난 후에 이곳에는 1천 명의 시체가 남아 있었다.

그 후 얼마 되지 않아 티몰레온은 레온티니 시를 습격하여 히케테스와 그의 아들 에우폴레모스, 그리고 기병대장 에우티모스를 포로로 잡았다. 히케테스와 그의 아들은 독재적으로 나라를 다스렸고 반역을 했다는 죄명으로 사형을 당했다. 그리고 에우티모스는 보기드문 용감한 장수였으나, 과거에 코린트 인들을 모욕했다는 죄 때문에 용서를 받지 못했다. 코린트 인을 모욕했다는 얘기는 그가 레온티니 시민에게 연설하는 도중에 나온 것인데, 그가 코린트 군의 공격에 대해 "코린트 색시들이 나들이"[19]를 한 것인데 무슨 걱정이 있느냐고 했다는 것이다.

이것을 보며 사람들은 심한 행동보다는 심한 말 때문에 한층 더 분노를 느끼는 것을 알 수 있다. 그렇기 때문에 우리가 전쟁 때 적을 다치게 하거나 죽이는 행동은 그렇지 않지만, 적을 모욕하며 비웃는 것은 아주 큰 적개심에서 나온 것이라고 생각하는 것이다.

티몰레온이 시라쿠사로 돌아왔을 때 사람들은 히케테스의 가족을 끌고 나와 재

---

19) 이것은 에우리피데스의 비극 《메데이아》에 나오는 구절을 고친 것이다. 용사 이아손의 아내인 메데이아가 코린트의 부인들에게 자기를 변명하는 장면에서 "코린트의 부인 여러분, 집에서 나온 이 몸을 …"이라는 유명한 대사가 있는데, 이것을 코린트 군대와 비교하여, 기껏 집 나온 여자 정도라고 조롱한 것이다.

판을 해서 사형을 내렸다. 이 일은 티몰레온이 평생 동안 했던 일 중에서 가장 잔인하고 가혹한 것이었다. 만일 그가 한 마디만 했어도 이 가엾은 여자들은 목숨을 건질 수 있었기 때문이다. 그러나 그는 이 사건을 못 본 척 내버려 두어, 디오니시오스를 추방했던 디온의 원한을 실컷 풀게 했다. 왜냐하면 디온의 아내 아레테와 동생 아레스토마케, 그리고 어린아이들까지 모두 잡아 산 채로 바다에 던져 버린 것이 바로 히케테스였기 때문이다.

티몰레온은 그 후 마메르코스를 치려고 카타나로 갔다. 마메르코스는 아볼루스 강 부근에서 이들을 맞아 싸움을 벌였으나 2천 명의 군대를 잃고 곧 도망치고 말았다. 그 중 가장 세력이 컸던 것은 기스코가 그들을 돕기 위해 보내 주었던 카르타고의 부대였다.

한편 패배를 맛본 카르타고 인들은 화해를 청해 왔는데, 카르타고 인은 라코스 강 건너편의 땅 안쪽에서만 살 것, 원하는 사람은 가족과 재산을 가지고 시라쿠사로 와서 살 것, 여러 전제자들과의 약속을 모두 취소하고 동맹 관계를 끊을 것 등을 조건으로 휴전이 이루어졌다. 완전히 희망을 잃은 마메르코스는 나중에 다시 티몰레온과 시라쿠사에 대항하기 위해 루카니아 사람들을 모으려고 이탈리아로 떠났다. 그러나 그를 따르던 자들이 뱃머리를 돌려 시라쿠사로 가서 카타나를 티몰레온에게 넘겨 주었다. 마메르코스는 간신히 몸을 피해 메세나의 참주인 히포에게 도망쳤다.

그러나 티몰레온이 바다와 육지 양쪽에서 메세나를 포위하고 들어오자 히포는 다시 두려움을 느끼고 재빨리 도망을 쳤다. 그러나 그가 배를 타고 막 떠나려 할 때 메세나의 시민들이 달려들어 그를 붙잡았다. 시민들의 손에 넘어간 히포는 어린아이들까지 다 모여 있는 학교의 극장으로 끌려가 심한 매질과 무서운 고문을 당한 다음 사형당했다.

한편 마메르코스는, 시라쿠사에서 재판을 받되, 티몰레온은 일체 재판에 간섭하지 않는다는 조건으로 항복했다. 시라쿠사로 끌려간 그는 민중 앞에서 오랫동안 자기를 변호하기 위해 준비해 온 연설을 시작했다. 그러나 분노한 민중들은 전혀 용서할 기색이 없이 고함을 지르며 연설을 방해했다. 그러자 그는 웃옷을 벗어던지고 돌계단에 머리를 부딪쳐 자살을 하려고 했다. 그러나 그것마저 뜻대로 이루어지지 않아 사람들에게 붙들려 비참하게 사형에 처해졌다.

이렇게 해서 티몰레온은 전제 정치를 차례대로 뿌리뽑았고, 계속되던 전쟁도 끝이 나게 되었다. 그가 처음 나타났을 때 온갖 재난으로 황무지였던 이 섬은 티몰레온의 노력으로 살기 좋은 곳으로 부활하였다. 그리고 섬을 팽개치고 다른 나라로 떠났던 사람들까지 모두 다시 돌아왔다.

아티카 전쟁이 그친 다음 카르타고에 의해 파괴되었던 아그리겐툼과 겔라 같은 큰 도시에도 사람들이 다시 모여들기 시작하여 도시는 다시 왕성하게 재건되었다. 아그리겐툼은 메겔로스와 페리스토스 두 사람이 엘레아로부터 이끌고 온 이민들에 의해, 겔라는 고르고스가 케오스로부터 이끌고 온 새로운 이민들과 피난가 있던 옛 시민들에 의해 재건되었다. 티몰레온은 이들에게 평화와 안전을 주었을 뿐 아니라 물자까지 공급하면서 돌봐주었고, 사람들은 그에게 도시를 처음 세운 사람처럼 큰 존경을 보냈다. 이같은 생각은 여러 시칠리아 사람들의 생각에도 변화를 주어 전쟁을 종결시키는 일이나 법률을 만드는 일, 지방을 식민지로 만드는 일, 정치를 올바로 세우는 일까지 모두 티몰레온이 없으면 안 된다고 생각하게 되었다. 이것은 마치 큰 건물을 짓는 사람이 그것을 다 지은 다음에도 여러 가지로 장식을 하고 아름답게 꾸며야 한다는 생각과도 같았다.

당시 그리스에서 위대한 업적을 남기고 있었던 사람으로는 티모테오스[20], 아게실라오스[21], 펠로피다스[22], 그리고 티몰레온이 존경했던 에파미논다스[23] 등이 있었다. 그러나 이 사람들의 빛나는 영광은 흐려지고, 더러는 비난과 후회의 대상이 되기도 했다. 그러나 티몰레온이 했던 일은 그의 형에 대한 피할 수 없었던 사건을 제외한다면, 사학자 티마이오스가 소포클레스에 대해 썼던 다음 시를 그대로 적용시켜도 될 만큼 뛰어난 것이었다.

아아, 어떤 아프로디테 혹은 그라케스[24]가
이 사람의 솜씨에 힘을 더해 주셨는가.

---

20) 티모테오스(Timotheus) : 아테네의 장군으로 스파르타와 전쟁을 했으며 나중에는 페르시아와 협력하여 이집트를 공격했다.

21) 아게실라오스(Agesilaos) : 스파르타의 왕으로 소아시아를 비롯한 여러 곳과 전쟁을 했다.

22) 펠로피다스(Pelopidas) : 이책의 '펠로피다스' 편을 참고할 것.

23) 에파미논다스(Epaminondas) : 테베의 유명한 정치가이며 장군.

24) 그라케스(Graces) : 아글라이아(Aglaia, 빛남), 탈리아(Thalia, 꽃을 치움), 에우프로시네(Euphrosyne, 쾌활)의 세 여신을 말한다.

안티마코스의 시나 디오시니오스의 그림에는 생명과 힘이 들어 있지만 그 표현에는 많은 노력의 자취와 기교의 흔적이 있다는 것을 알 수 있다. 그러나 니코마코스의 그림과 호메로스의 시에는 전체적인 강함과 아름다움 말고도 인간의 땀과 노력이 아닌 신의 힘을 빌린 듯한 독특함이 들어 있다.

이와 마찬가지로 에파미논다스나 아게실라오스의 공적이 치열한 노력과 땀의 결과로 이루어진 것이라면 티몰레온의 자연스럽고 빛나는 공적은 운명의 효과 이전에 어떤 행운이나 놀라운 힘이 그 속에 들어 있다는 것을 알 수 있다. 더구나 티몰레온 자신은 이 성공을 모두 행운의 여신의 덕택으로 돌리고 있다. 코린트에 있는 자기의 친구에게 보낸 편지 가운데에서도, 시라쿠사의 민중들에게 연설을 할 때는 언제나 신에 대한 감사를 보냈고, 신은 스스로 시칠리아를 구할 뜻을 가지고 있었으며, 신은 구원의 영광을 자신에게 내려 주셨다고 썼던 것이다.

티몰레온은 자기를 보살펴 준 행운의 신께 신전을 지어드리고 제물을 바쳤으며, 자기 집도 성스러운 신께 드렸다. 이 집은 시라쿠사 사람들이 그의 업적에 대한 고마움을 기억하기 위해 나라 안에서 가장 경치 좋은 땅과 함께 티몰레온에게 바친 것이었다. 그는 아내와 자식들을 코린트에서 불러들여 조용한 생활을 즐기며 함께 살았다. 그는 그리스의 시끄러운 분쟁에 끌려들어가거나 민중들의 시기를 받는 것이 싫어서 코린트로 돌아가지 않았던 것이다. 그는 이곳에서 자신의 힘으로 얻은 축복을 누리는 현명한 길을 선택했다. 그러한 축복 중에서도 가장 큰 것은, 자신의 힘으로 지켜낸 도시의 번영과 평화로운 민중들의 삶을 지켜볼 수 있다는 것이었다.

그러나 시인 시모니데스가 "모든 종달새는 머리에 털이 나야 한다"고 말했던 것처럼, 모든 민주 정치에는 그 누구든 비난을 하는 사람이 나타나게 마련이다. 시라쿠사도 마찬가지였다. 두 사람의 선동 연설가 라피스티오스와 데마이네토스가 나서서 티몰레온을 공격하기 시작했던 것이다.

라피스티오스는 어떤 소송 사건에 티몰레온을 끌어들여 보증인으로 나서라고 요구했다. 사람들은 그를 비난하면서 재판을 방해하려고 했다. 그러나 티몰레온은 그런 민중들을 달래며 이렇게 말했다. "그동안 많은 고통들을 내 스스로 참고 여러 위험들을 무릅썼던 것은 적어도 정당한 법률 앞에서 누구나 재판을 받을 수 있도록 하기 위한 것이었습니다."

또 데마이네토스는 시민 대회에서, 티몰레온은 장군으로서의 자격이 부족하다고 공격했다. 그때도 티몰레온은 이렇게 대답했다. "모든 시라쿠사 사람들이 자유롭게 말할 자유를 가지게 해 달라고 나는 신께 기도를 드렸습니다. 그리고 지금 그 기도를 들어주신 신께 감사를 드리고 싶습니다."

티몰레온은 당시 그리스의 모든 사람들 중에서 가장 크고 뛰어난 사업을 이루어냈으며, 그리스인끼리의 싸움을 그치고 그 힘을 야만족에게 기울이자던 철학자들의 연설을 직접 실천했다. 또 고대부터 그리스를 괴롭히던 내란과 재난에서 국민을 구해 내어 더 이상 피를 흘리지 않도록 만들었으며, 야만족과 폭군을 용기와 지혜로 몰아내고, 그리스인과 그 동맹국에게는 너그럽고 정의로운 태도를 보여 주었으며, 전투에 나가서는 승리의 기념탑을 높이 세우되 시민들에게 눈물을 흘리거나 상복을 입지 않도록 했다. 그는 8년이 채 못 되는 기간 동안 시칠리아를 완전히 되찾아 그치지 않는 재난과 질병에서 시민들을 구해 냈던 것이다.

티몰레온은 나이가 점점 많아지면서 시력이 약해지다가 나중에는 완전히 실명하게 되었다. 그러나 이것은 자기의 잘못도, 운명의 장난도 아니었으며 아마 유전적으로 무슨 원인이 있었던 것 같다. 그들의 조상들이나 가까운 친척 중에도 나이가 많이 든 후에 맹인이 된 사람이 적지 않았던 것을 보면 알 수 있다.

역사가 아타니스의 기록에 의하면, 히포와 마메르코스에 대항해 싸움을 벌일 때 이미 그에게 녹내장 증상이 나타났으나, 그는 포위망을 풀지 않고 폭군들을 없앨 때까지 싸움을 계속했으며 시라쿠사로 돌아와서야 군사령관의 자리에서 물러나고 싶다고 시민들에게 요청했다.

그가 이 불행을 슬퍼하지 않고 참은 것은 별로 놀랄 만한 일은 아니다. 오히려 맹인이 된 그에 대한 시라쿠사 시민들의 존경과 사랑이야말로 더 놀라운 일일 것이다. 시민들은 자주 그를 찾아와 위로해 주었으며, 멀리 다른 나라에서 찾아온 손님이 있으면 그를 티몰레온에게 데려와 그들의 은인에게 인사를 드리게 했다. 시민들은 그가 그리스로 돌아간다면 마땅히 큰 환영을 받을 것인데도 그들 속에 머물러 살고 있는 것을 언제나 큰 기쁨으로 느끼고 고마워했다.

시라쿠사 사람들은 티몰레온의 명예를 더욱 높이기 위해 여러 가지 일들을 했는데, 그 중에서도 가장 두드러진 것은 그들이 언제 어떤 나라와 전쟁을 하게 되더라도 코린트 인 장군이 아니면 쓰지 않겠다는 법을 만든 것이다.

시민 대회를 할 때에도 그들은 티몰레온에 대한 존경과 사랑을 잊지 않았다. 그들은 별로 중요하지 않은 일들은 자기들끼리 의논해서 결정했지만, 중대한 사건이나 곤란한 일이 생기면 반드시 그를 초청하여 의견을 물었다. 이럴 때 티몰레온은 가마를 타고 공회당을 지나 회의장에 왔는데, 민중들은 그때 모두 입을 모아 티몰레온의 이름을 외치며 인사를 드렸다. 그러면 티몰레온은 답례를 하고 민중의 환호와 축복의 소리가 잠잠해질 때까지 기다렸다가 토의사항을 듣고 자신의 의견을 말했다. 그런 다음 시민들의 투표가 모두 끝나면 그는 다시 가마를 타고 군중들 틈을 빠져나가 집으로 돌아갔다. 시민들은 돌아가는 그를 배웅한 다음 다시 남은 회의를 계속하기도 하는데, 이 회의는 그가 없어도 처리할 수 있는 문제에 대한 것들이었다.

그는 나라의 아버지로서 존경과 호의를 받으며 오래 살다가 우연히 가벼운 병에 걸려 그만 세상을 떠나고 말았다.

시라쿠사 시민들은 며칠에 걸쳐 장례 준비를 했고, 외국의 많은 나라에서도 장례에 참석하기 위해 사람들이 몰려왔다. 그의 관은 온갖 전리품으로 화려하게 장식되었으며 청년들을 뽑아 이것을 운반하게 했다.

이들의 행렬은 전날 디오니시오스의 성채였다가 티몰레온에 의해 파괴되었던 넓은 광장을 지나갔다. 수천 명의 남녀는 모두 머리에 꽃관을 쓰고 깨끗한 옷을 입고 이 행렬을 따라갔다. 그들의 울음 소리와 눈물과 죽은 사람에 대한 찬사는 결코 겉치레가 아니라 가슴속에서 밀려나오는 설움과 사랑이 깃든 것이었음을 뚜렷이 보여 주었다고 한다.

이윽고 관이 미리 쌓아 놓았던 장작더미 위에 올려졌을 때 시라쿠사에서 가장 목소리가 큰 사람인 데메트리오스는 다음과 같은 고별사를 낭독했다.

"시라쿠사의 모든 시민들은 이제 2백 미나의 국비로 티모데모스의 아들 티몰레온의 장례를 거행합니다. 우리는 영원토록 그분을 기억하고 그분의 업적을 기념하기 위해 음악, 경마, 전차 경주 등 각종 체육 경기를 열기로 특별히 결의했습니다. 이것은 그분이 여러 폭군을 몰아내고 야만족을 정복했으며, 황폐한 우리의 도시를 다시 일으켜 세우고, 시칠리아에 그리스 법률의 권리를 갖게 해주셨기 때문입니다."

그들은 티몰레온의 유해를 공회당에 묻고, 그 둘레에 큰 기둥을 세웠으며, 여기에 청년들의 체육관을 만들어 '티몰레온테움'이라고 불렀다. 그리고 그가 이룩한 정치 제도와 법률을 지키며 오래도록 번영을 누리며 살았다.

14
아이밀리우스 파울루스
(AEMILIUS PAULUS, BC 229~160)

로마의 오랜 귀족인 아이밀리우스 집안 출신으로 여러 관직을 거쳐 집정관의 자리까지 올랐다. 평생을 청렴결백하게 살았으며 훌륭한 인격을 지녔다. 마케도니아와 싸워 승리를 거둔 훌륭한 군인이었으며, 평생을 가난하게 살다가 병을 얻어 사망하였다.

아이밀리우스의 집안이 로마에서 가장 오래된 귀족 집안이었다는 것은 모든 역사가들의 기록에서 대부분 일치하는 사실이다. 피타고라스가 누마 왕의 제자였다고 기록하고 있는 사람들의 말을 빌리면, 이 집안의 시조 마메르쿠스는 피타고라스의 아들이었으며, 그가 하는 연설은 너무나 부드럽고 아름다워 아이밀리우스라고 불리었다고 전한다. 용맹스러움으로 이름을 떨친 이 집안 출신의 많은 사람들은 또한 행운까지 타고났던 사람들이었다.

특히 칸나이 전투에서 전사한 루키우스 파울루스는 뛰어난 용기와 신중함을 보여준 사람이었다. 그는 전쟁을 해서는 안 된다고 동료들을 말리다 못해 할 수 없이 싸움에 참가했는데, 전쟁을 하고자 나섰던 동료들이 자신을 위험한 곳에 그냥 두고 달아나자 혼자서 끝까지 적과 싸우다가 전사하였다. 그에게는 딸이 하나 있었는데, 그녀는 유명한 장군 스키피오와 결혼해서 아들을 하나 낳았다. 바로 여기서 이야기하게 될 아이밀리우스 파울루스이다.

파울루스는 용기와 지혜로 이름높은 사람들이 많은 시대에 태어났지만, 그들보다도 더 찬란한 빛을 보여 주었던 인물이었다. 그는 당시 사람들이 명예를 위한 수단으로 하던 공부에는 전혀 마음을 쓰지 않았으며 명성을 얻는 일에도 무관심했다. 사람들의 호감을 사려는 법률도 공부하지 않았고, 남을 설득하기 위한 웅변술에도 관심을 두지 않았다. 당시에는 허리를 굽혀 민중들에게 인사하거나 호감을 사기 위해 음식 대접을 하는 사람들도 많이 있었지만, 그는 그런 사람들과는 거리가 멀었다. 사실 그렇게 하려면 못할 것도 없었지만, 그는 용기와 바른 마음을 통해 훨씬 생명이 긴 영광을 얻으려고 했던 것이다. 바로 이러한 미덕 때문에 그는 당대의 많은 사람들 가운데서 가장 뛰어난 인물이 될 수 있었다.

그가 맨 처음 지망한 지위는 아이딜레(조영관)였는데, 이것은 공공 건축물이나 시장, 도로 등의 경찰 사무를 맡은 관리직이었다. 나중에 집정관(콘술)까지 지낼 열두 명의 경쟁자들을 모두 물리치고 그는 이 자리에 앉을 수 있었다.

그 후 그는 점술원의 복점관(아우구르) 자리에 임명되었는데, 그것은 새가 나는 모양과 하늘의 변화를 보고 점을 치고 그것을 기록하는 직책이었다. 그는 이 자리에 있으면서 자기 나라의 오랜 습관이나 종교를 자세히 연구하였는데, 이것 때문에 그 때까지 명예직에 불과했던 이 직책이 가장 존경을 받는 숭고한 직책이 되었다. 그는 종교를 '신을 섬기는 학문'이라고 말했던 어느 철학자의 말을 직접 증명해 보인 것이다. 모든 제사는 그의 감독에 따라 신중하고 격식에 맞게 이루어졌다. 그는 다른 일을 모두 제쳐놓고 엄격한 관례에 따라 제사에만 온 정신을 쏟았다. 아무리 사소한 것이라도 의례상 있는 일을 뺀 적이 없었으며, 조금이라도 다른 것을 덧붙이는 일도 없었다. 사소한 일에 너무 신경을 쓴다고 동료들이 나무라면, 신은 너그러워서 사람의 실수를 용서해 주시겠지만 사소한 일이라고 해서 늘 얕보고 빠뜨리면 나라를 위해 위험한 일을 저지르게 되는 수도 있다고 대답했다. 나라를 어지럽히는 사람들이 처음에는 사소한 실수에서 출발하지만 나중에는 중요한 일까지도 게을리하게 되는 것처럼 처음부터 조심해야 한다는 것이었다.

그는 또 군사적인 훈련에서도 종교적인 일 못지않게 엄격하였다. 장군의 위엄은 부하들의 아부나 비난에 흔들려서는 안 된다고 하면서 한 번 지휘관이 된 이상 결코 부하나 민중들의 환심을 사려 해서는 안 된다고 했다. 그 당시의 많은 장군들은 처음 한 지위에 앉으면 더 좋은 자리로 올라가려고 했다. 그러나 그는 마치 사제가 제사

의식을 가르칠 때처럼 군사적 규율을 가르쳤으며, 조금이라도 어기거나 따르지 않는 자들에게는 엄격하고 무서운 벌을 내렸다. 그는 또 적을 무찌르고 승리한다는 것은 오직 시민들의 훈련과 규율이 만들어 내는 당연한 결과라고 생각했다.

로마가 안티오코스 대왕과 싸우고 있을 때였다. 경험이 많은 장군들은 모두 출정해 있었다. 그런데 그때 이베리아에서 혁명이 일어나고 그 여파로 유럽 서쪽에도 전쟁이 일어나게 되어, 아이밀리우스는 법무관(프라이토르)의 자격으로 스페인으로 파견되었다. 법무관들은 보통 자기 옆에 여섯 명의 호위병을 세우는 것이 관례였는데, 그는 집정관과 같은 대우를 받고 있었기 때문에 열두 명의 호위를 받았다. 그는 이 전투에서 두 차례나 야만족을 정복하여 3만 명에 가까운 적을 무찔렀다. 이 성공은 오로지 그의 지혜와 재능으로 이룬 것이었다. 그는 교묘한 땅의 형세를 잘 이용해 강에서 적을 습격하는 작전으로 아주 손쉽게 승리를 거둘 수 있었다. 이렇게 해서 그는 250개에 달하는 도시들을 모두 굴복시키고 항복을 받아냈다. 그러나 많은 전리품을 얻을 수 있었는데도 단 1드라크마의 돈도 챙기지 않고 맨몸으로 다시 로마에 돌아왔다.

재산은 별로 많지 않았지만, 그는 돈을 모으거나 쓰는데 별로 관심을 두지 않았다. 그래서 그가 죽었을 때 남긴 재산은 아내가 결혼할 때 가져온 돈을 갚는 데도 모자랄 정도였다고 전해진다.

그의 첫 번째 아내는 집정관을 지냈던 마소의 딸 파피리아였다. 아이밀리우스는 파피리아와 상당히 오랫동안 살았지만 나중에 이혼을 하고 말았다. 그녀는 아이밀리우스와의 사이에서 두 명의 아들을 낳았는데, 그 유명한 스키피오[1]와 파비우스 막시무스[2]가 바로 그들이다. 그들이 무엇 때문에 이혼을 했는지는 자세히 알려져 있지 않지만 아내와 이혼했던 다른 로마인의 이야기들을 살펴보면 그 이유를 짐작해 볼 수도 있을 것이다.

어떤 로마인이 부인과 이혼한 사람에게 물었다.

"부인이 정숙하지 않았소? 아니면 자식을 못 낳았소?"

이혼을 한 로마인은 자신의 구두를 앞으로 내보이며 그에게 되물었다.

---

1) 스키피오(Scipio) : 대(大) 스키피오 큰아들의 양자로 들어갔다. 기원전 147년에 아주 어린 나이로 집정관이 되었고, 카르타고를 포위하여 다음 해에 이를 함락시켰다.
2) 파비우스 막시무스(Fabius Maximus) : 아이밀리우스 파울루스의 아들로, 집정관을 지냈다.

"이 구두를 신을 때마다 발이 아픈 것은 새 것이 아니어서 그런 것이오, 아니면 잘 못 만들어져서 그런 것이오?"

당시의 사람들은 뚜렷하고 큰 허물 때문에 이혼을 하기도 했지만, 성격과 습관이 서로 맞지 않아 조금씩 마음이 상하다가 나중에는 부부간에 돌이킬 수 없는 틈이 생겨 이혼을 하게 되는 경우가 대부분이었다.

아이밀리우스는 파피리아와 이혼을 한 뒤 두 번째 아내를 맞았다. 먼저 아내가 낳았던 아들들은 모두 로마에서 가장 귀하고 훌륭한 가문에 양자로 보냈는데, 큰아들은 다섯 번이나 집정관에 올랐던 파비우스 막시무스 집안의 양자로 들어가고, 둘째 아들은 사촌인 스키피오 아프리카누스 집안의 양자가 되어 스키피오라는 이름을 갖게 되었다. 아이밀리우스는 두 아들을 양자로 보낸 다음 두 번째 아내와의 사이에 다시 두 아들을 얻었다.

아이밀리우스의 딸 가운데 한 사람은 카토의 아내가 되었고, 또 하나는 아일리우스 투베로와 결혼을 하였다. 아이밀리우스의 사위가 된 투베로는 가난을 영예롭게 견뎌낸 훌륭한 인물이었다. 그는 가까운 친척 16명과 함께 조그마한 집에 모두 모여 아내와 자식들을 데리고 살았다. 아이밀리우스의 딸도 그 중 한 식구가 되었는데, 집정관을 두 번이나 지내고 개선식을 두 차례나 가졌던 친정 아버지를 두고 있었지만, 남편의 가난을 전혀 부끄럽게 여기지 않았을 뿐 아니라 청빈을 미덕으로 지키며 자랑으로 삼았다. 당시의 형제나 친척들이 넓은 토지를 담이나 강으로 구분해 서로 가까이 가지 못하게 해놓고도 싸움이 그치지 않았던 것을 보면 그들의 덕과 청빈함은 깊게 생각해 볼 만한 일일 것이다.

아이밀리우스는 집정관에 뽑힌 뒤 알프스 기슭에 사는 리구리아 인을 정벌하러 떠났다. 리구리아 인은 용감하고 호전적인 민족이었는데 로마와 가까이 지낸 덕택에 전술에도 능숙했다. 그들은 알프스 산 기슭까지 점령하고 있었으며, 토스카나 해의 파도에 씻기며 아프리카와 접해 있어 갈리아 인과 이베리아 인의 피가 섞여 있었다. 당시 이곳 사람들은 바다에 뜻을 두어 자그마한 배에 몸을 싣고 약탈을 일삼으며 지브롤터에까지 세력을 미치고 있었다.

아이밀리우스가 그들을 정벌하러 오자 그들은 4만 명의 대군을 거느리고 대항했다. 아이밀리우스가 거느린 군사는 8천 명도 채 못되었기 때문에 그들은 각각 5명의 적들과 싸워야 했다. 그러나 이렇게 불리한 형편에서도 그는 적을 모두 물리치고 추격을 계속하여 그들을 궁지에 몰아 넣었다. 이렇게 해서 아이밀리우스의 군대는 유리한 조건으로 조약을 맺고 휴전을 하였다. 당시 로마의 정책은 리구리아 인을 완전히 뿌리뽑는 것이 아니라, 갈리아 족의 끊임없는 습격에 방패로 삼자는 것이었기 때문에 이 정도에서 그친 것이었다.

그들은 아이밀리우스를 믿고 모든 도시와 배를 내주었다. 그러나 아이밀리우스는 성 하나만을 불사르고 나머지의 도시와 토지들은 고스란히 그들에게 돌려 주었다. 그리고 노를 여섯 개 이상 사용하는 배들은 모두 없애 버렸으며, 땅과 바다에서 그들에게 잡혀 포로가 되었던 사람들은 모두 풀어 주었다. 그 포로들 가운데는 로마 시민들도 섞여 있었다. 이것은 그가 집정관으로 있으면서 행한 일 중 가장 뛰어난 업적이었다.

그 후 그는 다시 집정관이 되고 싶다고 여러 번 희망했고, 한 번은 직접 후보로 나서기까지 했지만 당선되지는 못했다. 그 뒤 그는 은퇴하여 종교적인 일과 자식을 돌보는 일에만 마음을 썼다. 그는 자식들에게 자기가 받은 로마의 교육뿐만 아니라 새로운 그리스의 학문에 대해서도 자세히 가르쳤다. 논리학자, 철학자, 웅변가들을 불러 아이들을 가르치게 했고, 조각과 그림을 가르치는 교사, 말이나 개를 다루는 교사, 운동 경기의 교사들도 모두 그리스로부터 초청했다. 나랏일이 바쁘지 않을 때는 아이들과 함께 공부하고 가르치며 가장 모범적인 아버지의 모습을 보여 주었다.

그 무렵 로마는 마케도니아의 왕 페르세우스와 전쟁을 하고 있었는데, 장군들이 비겁하여 어리석고 수치스러운 패배를 거듭하며 큰 손해를 끼치고 있었다. 로마 군은 안티오코스 대왕을 아시아 땅에서 밀어내어 시리아로 퇴각시킨 적이 있는데, 당시의 장군들은 1만 5천 탈렌트의 배상금만 받고 휴전을 허락하였다. 또 얼마 전에는 마케도니아 왕 필리포스를 테살리아에서 정복하고 그리스를 해방하였으며, 용맹함과 힘에 있어서 가장 뛰어난 한니발까지 굴복시켰다. 그런 로마를 페르세우스 따위가 얕보고, 달아났던 자기 아버지의 군사들까지 모아 로마 군에게 덤벼들어, 더구나 그렇게 오랫동안 싸움을 계속하고 있다는 것은 로마의 입장에서는 수치스러운 일이었다. 필리포스 왕이 싸움에 패한 뒤 마케도니아 군을 더욱 강하게 만들고 힘을 키운 사실을 로마 사람들은 알지 못했던 것이다. 이러한 사정을 설명하기 위해서는 처음부터 차근히 이야기를 하는 것이 좋겠다.

알렉산드로스의 장군이며 후계자로 가장 세력이 컸던 안티고노스는 국왕의 자리를 물려받았다. 그의 아들은 바로 데메트리오스(2대)로, 보통 고나타스라고 불리는 안티고노스(3대)의 아버지였다. 고나타스에게는 또 데메트리오스(4대)라는 아들이 있었는데, 어렸을 때 왕위에 올랐다가 필리포스라는 아들을 남기고 곧 죽어 버렸다. 이때 마케도니아의 귀족들은 필리포스가 성년이 되기 전에 나라에 큰 싸움이 있을 것을 걱정하여 죽은 왕의 사촌인 안티고노스[3]를 불렀다. 안티고노스는 왕을 보좌하며 군사령관으로 임명되었고, 어린 왕의 어머니와 결혼을 하였다.

안티고노스는 성격이 온화하여 정치에도 뛰어났기 때문에 곧 왕위에 올랐는데, 도손이라는 별명을 받았다. 도손이란 '남에게 주는 사람'이라는 뜻으로, 약속을 해놓고 잘 지키지 않는다는 데서 붙여진 이름이었다.

그 뒤를 이어 왕위에 오른 사람이 필리포스였다. 그는 아직 어렸으나 왕으로서의 자질은 충분히 가지고 있었다. 그래서 필리포스 왕은 마케도니아의 영광을 찾고, 나아가서는 로마의 세력을 꺾을 수 있을 것이라는 기대를 한몸에 받게 되었다. 그러나 그는 스코토사 전투에서 티투스 플라미니누스에게 패배하여 모든 것을 로마 군에게 잃고, 간절히 애원해서 겨우 휴전을 하게 되었다.

그런데 점차 정신을 가다듬은 그는 로마의 기분만 살피며 지내고 있다는 것은 노예와 같은 생활이라고 생각하고, 자기의 왕국을 남에게 맡겨놓는 것은 아무런 용기도 생각도 없는 인간이나 하는 일이라는 것을 깨닫게 되었다. 그래서 그는 온 마음을 기울여 전쟁 준비를 시작했고 필요한 물자들은 비밀리에 조금씩 준비했다. 그리고 중요한 도로와 해안에 있는 도시들은 일부러 내버려 두어, 적이 이쪽의 움직임을 전혀 눈치 채지 못하고 안심하도록 만들었다.

한편 그는 별로 알려지지 않은 자리에 위치한 도시에 많은 군사를 모이게 하고, 여러 곳에 있는 요새에 무기와 식량들을 충분히 저장하였으며, 병사들을 모아 전쟁에 대비한 훈련을 시켰다. 그들의 무기 창고에는 3만 명 분의 무기가 있었고, 곡식 창고와 각처의 요새에는 800만 부셸의 식량과 1만 명의 군대가 10년 간 싸울 수 있도록 충분하게 저장되어 있었다. 그러나 이렇게 준비를 했지만 필리포스는 전쟁을 해보지도 못하고 죽어 버렸다. 그는 어느 간악한 사람의 거짓말에 속아 죄없는 아들 데메트리오스를 죽였다는 사실을 알게 되어 슬픔과 죄책감을 견디다 못해 숨을

---

3) 안티고노스(Antigonus) : 안티고노스 3세. 기원전 263~221. 안티고노스 2세의 배다른 동생으로, 데메트리오스의 아들이다.

거두고 만 것이다.

남은 아들 페르세우스는 왕위와 더불어 로마에 대한 아버지의 원한을 물려받았다. 그러나 그는 아버지의 커다란 뜻을 이룰 만한 인물이 못 되었다. 그는 용기가 없고 성격도 천하여 탐욕밖에는 아무것에도 관심이 없었다. 어떤 사람은 그가 제대로 태어난 왕자가 아니었다고 전하는데, 그나타이니온이라는 아르고스 출신의 여자가 진짜 그를 낳은 어머니로, 자신의 아이를 필리포스의 왕비에게 주었다는 것이다. 왕비는 이 아기를 왕의 아들이라고 속였는데, 데메트리오스를 죽이도록 속임수를 쓴 것도 그를 살려두면 이 아기의 비밀이 탄로날까봐 두려워서였다고 한다. 그러나 이런 일이 있었음에도 불구하고, 그리고 정신이 비겁하고 탐욕스러웠음에도 불구하고 페르세우스는 군대만 믿고 로마와의 전쟁을 계속하였다. 그는 이 싸움을 잘 버텨나가 집정관의 자리에 있는 여러 장군들을 격파하고 더러는 사로잡기도 했다.

처음으로 마케도니아를 공격했던 푸블리우스 루키니우스를 패배시켜 2천 5백 명을 죽이고 6백 명의 포로를 잡았다. 또 오레우스 항구 앞에 있던 적의 함대를 습격해 들어가 20척의 군함을 얻고, 식량을 가득 실은 나머지 배를 바다에 빠뜨렸으며 5척의 대형 군함을 빼앗았다.

다음으로 로마의 집정관이었던 호스틸리우스가 마케도니아에 침입해 오자 엘리미아 근처에서 이들을 만나 무찌르고, 테살리아로 나아가 다시 싸우려 했으나 적은 두려워서 맞서지 못했다. 그는 또 로마에 대한 미움과 로마 따위는 자신들의 상대도 되지 않는다는 것을 보여 주기 위해 여유 있는 전쟁을 계속하며 다르다니 족에게 싸움을 걸었다. 이 전투에서 그들은 1만 명의 야만족을 죽이고, 많은 전리품을 약탈하여 돌아갔다.

그리고 도나우 강 부근의 갈리아 족과 비밀히 내통하여 그들의 왕 켄티우스를 통해 일리리아 인들을 전쟁에 가담하게 만들었다. 전하는 말에 의하면, 이들은 돈을 받고 갈리아의 남부 지방과 아드리아 해안을 지나 이탈리아를 습격해 오기로 약속이 되어 있었다고 한다.

이러한 여러 가지 소식을 전해 들은 로마에서는 정치적인 편견이나 간청에 의하여 장군을 뽑을 것이 아니라, 이 어려운 때를 헤쳐나갈 지혜와 능력이 있는 장군을 뽑아야 한다는 사실을 깨달았다. 그렇게 해서 뽑힌 사람이 바로 아이밀리우스 파울루스였다.

그는 이미 60에 가까운 나이였지만 아직도 튼튼한 체력을 유지하고 있었다. 그에게는 용감한 아들들과 세력 있는 친척들이 가까이 있었는데 이들은 민중들이 그를 집정관으로 모시고자 하니 그 뜻에 따르라고 여러 번 권유하였다.

그러나 그는 그들을 정중하게 대하면서도 그런 큰 일을 맡고 싶지 않다며 집정관의 자리에 앉는 것을 한사코 거절했다. 그러나 사람들이 매일 몰려들어 선거장에 나오기를 애원하며 그의 이름을 외쳐대자, 그는 마침내 요청을 승락하기로 마음먹었다.

그는 후보들 틈에 모습을 나타내기는 했지만 집정관의 지위를 얻으려는 생각보다는 전쟁에 나가 조국에 기쁨과 희망을 안겨주려는 마음이 더 컸다.

민중들은 만장일치로 그를 집정관 자리에 앉혔다. 그리고 두 사람의 집정관 중 누가 어느 나라와 전쟁을 할 것인가를 정할 때도 제비뽑기를 하는 관례를 무시하고 그에게 마케도니아와의 전쟁을 맡겼다.

그는 페르세우스를 정벌하기 위한 장군에 임명되어 민중들의 환호를 받으며 집으로 돌아왔다. 그런데 어린 딸 테르티아가 울고 있었다. 그는 딸을 안고 왜 우느냐고 물었다. 테르티아는 아버지의 목을 안고 입을 맞추며, "아버지, 페르세우스가 죽었어요" 하고 말했다. 페르세우스는 집에서 기르던 강아지의 이름이었다. 딸의 이야기를 듣고 아이밀리우스는, "일이 잘 될 징조로구나, 아주 좋은 징조다" 하고 대답했다. 이 이야기는 키케로가 쓴 점술에 대한 책에 실려 있는 이야기이다.

집정관으로 선출된 사람은 특별히 만들어진 무대에서 민중들에게 감사의 연설을 하고, 축복을 내려 주는 관례가 있었다. 아이밀리우스도 이 관례에 따르기 위해 민중 대회를 열어 연설을 했다.

"처음 집정관 선거 때는 나 자신이 그 명예로운 지위를 원했기 때문에 여러분들에게 호소를 했었지만, 이번의 경우는 여러분이 나를 원했기 때문에 집정관이 된 것이므로 나는 감사의 뜻을 따로 말할 필요가 없을 줄로 압니다. 만일 누구든 다른 사람이 이 자리에 올라 전쟁에 나서기를 원한다면, 나는 지금 당장이라도 즐거운 마음으로 이 자리에서 물러날 것입니다. 그러나 이 일을 나에게 맡긴다면, 여러분은 장군으로서의 나의 행동에 간섭을 하거나 비난의 말을 하지 말아야 합니다. 나는 여러분이 오직 전쟁을 하는 데 필요한 것들을 말없이 제공해 주기만을 바랄 뿐입니다. 만일 여러분이 여러분의 지휘관을 지휘하려고 한다면, 지금까지 겪었던 괴로움보다 더 큰 괴로움을 당하게 되고 말 것입니다."

이 연설을 들은 시민들은 그에게 존경의 뜻과 함께 큰 기대를 나타냈다. 그들은 시민들에게 아부를 해서 지휘관이 되려 하는 사람들을 물리치고, 민중들 앞에 진실을 얘기할 줄 아는 지혜와 용기를 가진 인물을 자신들의 지휘관으로 뽑은 것을 깨닫고 매우 기뻐했다. 로마인들은 이와 같이 용기와 명예를 존중했기 때문에 다른 나라를 거듭 정복하여 세계를 지배할 수 있었던 것이다.

싸움터로 출발한 아이밀리우스가 잔잔한 바다를 만나 빠른 시간 안에 무사히 진지에 도착한 것은 그에게 신의 축복이 내렸기 때문이었던 것같다. 그러나 그가 지휘하는 전쟁과 그의 행동은 신속하고 과감한 작전과 지혜로움, 군사들의 용기와 위험 앞에서 굴복하지 않는 신념, 그리고 작전에 대한 믿음의 결과였다. 그의 빛나는 공훈은 적어도 다른 장군들처럼 행운이나 축복이 뒤따랐기 때문에 만들어진 것이 아니었다. 물론 페르세우스의 탐욕이 마케도니아 인들의 희망을 꺾었고, 그의 비굴함이 그들의 멸망을 가져온 것이라고 말한다면 이것은 아이밀리우스의 행운이었다고 말할 수도 있을 것이다.

한편 페르세우스의 요청에 따라 바스테르나이로부터 1만 명의 기병과, 그들이 패전할 경우 그 만큼의 보병이 그들 군대와 힘을 합치게 되었다. 그들은 직업 군인이어서 체력도 좋고 훈련이 잘되어 있어, 로마 군쯤은 상대도 되지 않는다며 적을 얕보고 있었다. 이들의 자신만만한 말이나 행동은 사실 로마 군들이 두려움을 느낄 만한 것이었다. 마케도니아 군은 이들로 해서 새로운 용기를 얻게 되었다.

페르세우스는 다시 한 번 부하들을 격려하며 사기를 불어넣었다. 그러나 바스테르나이 군들이 각각의 장군들에게 황금 1천 조각을 요구해 오자 그는 액수가 너무 큰 데 놀라서 그만 조건을 거절하여 원조를 받지 못하게 되고 말았다. 페르세우스는 로마 군과 상대하려는 군인이라기보다는 마치 경리처럼 적과 싸우는 전쟁 비용까지 계산하며 궁색을 떨었던 것이다. 그러나 그때 그들의 적은 전쟁에 있어서도 그들의 선생노릇을 할 정도였을 뿐 아니라 충분한 물자를 가진 10만 명의 군사를 거느리고 공격할 기회를 엿보고 있었다.

그런데 대군을 이끌고 결전을 시작하려는 이 상황에서 그는 금돈 주머니를 계산하며 그것을 만지는 것조차 두려워 벌벌 떨고 있는 판이었다. 더구나 이러한 인색한 짓을 리디아 인이나 페니키아 인이 했다면 몰라도, 그는 같은 민족이라는 인연으로 필리포스나 알렉산드로스의 정신을 이어받은 사람이었다.

그의 조상들은 "돈으로 나라를 살 수는 있어도 나라로 돈을 얻을 수는 없다"는 생각으로 세계를 정복한 인물들이었다. "그리스의 도시들을 빼앗은 것은 필리포스가 아니라 필리포스의 돈이다"라는 속담까지 생긴 것도 이러한 이유에서였다. 또 알렉산드로스는 인도를 정복하러 갈 때 마케도니아 군이 페르시아의 전리품을 싣고 가느라 진군하는 발걸음이 느려지는 것을 보고 먼저 자기 수레를 불살라 버린 다음, 다른 모든 수레들도 다 태워 버려 다시 가벼운 걸음으로 진군을 계속할 수 있게 했다.

그러나 페르세우스는 처리하기 힘들 만큼 많은 재산을 가지고 있었지만 그것을 지키려다가 나중에는 결국 자기 자신과 아내, 자식, 그리고 나라까지도 잃고 말았다. 그리고 많은 부하들과 함께 로마에 포로로 잡혀 가는 몸이 되어, 그렇게 아낀 재산은 모두 로마를 위해 지킨 것이 되어 버렸다.

페르세우스는 이와 같이 갈리아 인을 배신하고 그들을 되돌려 보냈다. 그리고 3백 탈렌트의 돈으로 일리리아의 왕 겐티우스를 꼬여 전쟁에 가담시킨 다음, 그의 부하들에게 돈을 세어 밀봉하게 했다. 그래서 돈이 이미 자기 손에 들어왔다고 생각한 겐티우스는 자신들에게 온 로마의 사절단을 잡아 감옥에 가두었다.

한편 페르세우스는 이제 더 이상 돈을 보내지 않아도 겐티우스가 자기편이 되어 로마와 싸울 것이라고 생각하고, 이미 보냈던 3백 탈렌트의 돈을 다시 빼앗았다. 그리고 로마에서 군대를 이끌고 온 루키우스 아니키우스가, 새둥우리에서 새를 꺼내가듯 겐티우스의 아내와 자식들을 잡아간 것을 알고도 도와주지 않고 그냥 내버려 두었다.

아이밀리우스는 이런 사정을 알게 되자 마음속으로 페르세우스를 몹시 경멸했다. 그러나 그의 엄청난 군대를 보고는 놀라지 않을 수 없었다. 4천 명의 기병과 완전무장한 6만 명 가량의 정규군으로 이루어진 군대는 대단한 광경을 이루고 있었다. 마케도니아 군은 바닷가에 가까운 올림포스 산 기슭에 진을 치고 있었는데, 어느 쪽에서도 공격하기가 힘든 지형을 이용하고 있었다. 게다가 사방을 나무 울타리로 둘러쳐 방비를 굳게 하고 있었다. 그래서 그들은 시간만 오래 끌면 로마 군은 공격도 해보지 못한 채 저절로 지치고 말 것이라고 생각하고 안심하고 있었다.

아이밀리우스가 온갖 방법의 공격을 구상하고 있는 동안, 그의 군대는 규율이 몹시 흐트러져 있었다. 훈련이 제대로 되어 있지 못한 까닭에 장군의 할 일까지 간섭하며 별별 터무니없는 작전까지 제안하는 등 건방진 태도를 보였던 것이다. 아이밀리우스는 그들을 몹시 꾸짖었다. 그리고 다른 사람이 할 일까지 참견하지 말고, 무기를 잘 준비하고 있다가 일단 명령이 떨어지면 로마인답게 싸우기나 하라고 일렀다. 그리고 보초를 서는 병정들을 창을 가지고 있지 못하게 했다. 자기를 지킬 무기를 가지고 있지 못하면 더욱 조심스럽게 적의 상황을 살필 수 있기 때문이다.

군대를 가장 괴롭히고 있는 것은 마실 물의 부족이었다. 바닷가 근처에 있는 샘 하나에서 더러운 물이 아주 조금씩 솟아나올 뿐이었다. 아이밀리우스는 나무가 많은 올림포스 산에 울창한 숲이 있는 것을 보고 땅 밑에는 물줄기가 흐르고 있을 것으로 생각했다. 그는 산 아래 여기저기 땅에 구멍을 파고 샘을 찾게 했다. 그랬더니 깨끗한 물이 솟아나와 곧 샘에 물이 가득 넘치게 되었다.

어떤 사람들은 땅 속에 샘이 있다는 것은 잘못된 생각이라고 한다. 물이 흘러나오는 것은 땅을 파서 샘을 찾았기 때문이 아니라, 주위의 토질에 의해 물이 흘러나온 것이라는 얘기다. 다시 말하면, 주위에 있는 물질이 수분으로 변해서 흘러나올 때 그것이 물이 되는 것이라는 말이다. 그리고 그런 변화는 밀도와 온도에 의한 것으로, 습기가 강한 증기가 밀도가 높아지게 되어 액체로 변한 것이라고 한다. 그것은 마치 여자의 유방이 젖을 가득 담고 있는 그릇이 아니라, 그 속에 있던 양분이 젖으로 변화되어 나오는 것과 같은 이치다.

이와 마찬가지로 차갑고 샘이 가득한 땅은 물을 내보낼 수 있는 원천과 같다. 그래서 모든 개울과 강에 물을 흘려보내는 것처럼 그 속에 지하수를 숨기고 있거나 깊은 물줄기가 되어 솟아나오는 물은 압력에 의해 지하에 있던 수분이 물로 변화된 것이다. 그러므로 땅을 파헤치면 그 압력에 의해서 물이 솟아나오는데 아기가 엄마의 유방을 빨면 젖이 잘 나오는 것과 같다고 한다. 따라서 그냥 내버려 둔 땅은 물로 변화될 만한 조건이 갖추어지지 않았기 때문에 물을 내보내지 않는다.

그러나 이렇게 말하는 사람들의 얘기에도 의문의 여지는 있다. 만약 그렇다면 동물의 몸에 피가 흐르고 있는 것이 아니라 상처에 피가 모이게 되는 것이며, 그것이 흘러나오는 것은 공기의 작용이나 살의 어떤 변화에 원인이 있다고 설명되어야 할 것이다. 그러나 이와 같은 주장이 틀렸다는 것은 광맥을 찾아 땅을 파는 사람들이 흔히 땅 속에 깊이 숨어 있던 강을 발견하게 되는 것으로도 알 수 있는 사실이다. 땅에 별안간 상처를 낸 것이 원인이 된다면 물은 점차로 고여야 할 텐데, 실제로는 한꺼번에 물이 쏟아져 나오기 때문이다. 산이나 바위 틈에서 물이 갑자기 솟아나오다가 나중에 그치는 것을 보아도 이들의 학설이 그릇된 것임을 짐작할 수 있다.

한편 아이밀리우스는 며칠 동안 잠자코 있었다. 대군을 바로 앞에 두고도 이렇게 조용히 기다리고 있었던 일은 일찍이 한 번도 없었던 일이었다. 아이밀리우스는 산을 샅샅이 조사해 보고 방비가 없는 길이 있다는 것을 알게 되었다. 그곳은 아폴론 신전과 페트라 근처로 페르하이비아를 거쳐서 오르는 길이었다. 그는 군사 회의를 소집하고 이 문제를 상의했다. 이 길이 절벽이라고 해서 두려워할 것이 아니라 오히려 절벽이기 때문에 적이 감시하지 않는 것이므로 더 큰 희망이 있다는 것이 아이밀리우스의 생각이었다.

회의에 참석했던 사람들 가운데에는 나시카라는 별명을 가진 스키피오라는 사람이 있었다. 그는 스키피오 아프리카누스의 양아들로 뒷날 원로원에서 큰 일을 했던 사람이었는데, 그가 맨 먼저 그 길을 돌아가서 적을 무찔러 지휘자가 되겠다고 자원해서 나섰다. 다음으로는 아이밀리우스의 큰아들 파비우스 막시무스가 자기도 나가겠다고 자원하였다. 아이밀리우스는 몹시 기뻐하며 그들에게 필요한 수효의 군대를 주었다. 그 병사의 수는 폴리비오스의 기록처럼 그렇게 많은 수는 아니었던 것 같다. 나시카가 이 정벌에 대해 어느 왕에게 적어 보낸 짧은 편지에 의하면, 이 때의 군대는 이탈리아인 3천 명, 그리고 좌우에 배치된 주력부대가 5천 명이었다고 한다. 나시카는 그 밖에도 120명의 기병과 트라키아와 크레타 인의 혼성 부대 2백 명이 더 있었다고 하였다.

나시카는 바다를 향해 길을 따라 가다가 헤라클레스 신전 옆에 진을 치고, 마치 거기서 배를 타고 떠나 적의 뒤쪽을 포위할듯이 행동했다. 저녁 식사를 마치고 날이 어두워지자, 그는 장군들에게 작전 계획을 설명하였다. 그는 바다를 등지고 밤새 행군을 계속하게 하다가 아폴론 신전 가까이에 이르자 군대의 발걸음을 멈추고 쉬게 했다.

올림포스 산은 높이가 10스타디움[4]도 더 되었다. 그 사실은 이 산의 높이를 쟀던 사람의 다음 글에도 나타나 있다.

올림포스 산의 높이는
아폴론 신전에서부터
수직으로 10스타디움 96피트(약2000미터)
이곳에 도착한 사람은
에우멜로스의 아들 크세나고라스

---

4) 스타디움(stadium) : 1스타디움은 약 180미터

아폴론 신이여, 그에게 축복을 내리소서.

기하학자들은 산의 높이나 바다의 깊이가 10스타디움을 넘는 것은 없다고 하지만, 크세나고라스가 이 높이를 아무렇게나 말한 것이 아니라 높이를 재는 기계를 사용하여 법칙에 따라 계산한 것이다.

나시카는 이곳에서 하룻밤을 새웠다. 아침이 되어 페르세우스가 내려다보니 아이밀리우스의 부대는 제자리에서 움직이지 않고 조용히 있었다. 그런데 로마 군에서 크레타 사람 하나가 페르세우스에게 도망쳐 와서 로마 군의 작전을 알려 주었다. 그는 걱정은 되었으나 군을 움직이려 하지 않았다. 다만 1만 명의 용병과 2천 명의 마케도니아 병사를 밀로 장군에게 맡겨 적이 공격해 올 길을 막으라고 명령했다. 그러나 폴리비오스의 기록에 의하면, 이 군대가 잠들어 있을 때 로마 군이 습격을 했다고 전한다.

그러나 나시카의 말에 의하면, 산꼭대기에서 치열한 전투가 벌어져 트라키아 용병과 맞서 싸웠으며 자신이 그들을 창끝으로 찔러 죽였다고 하였다.

아군이 후퇴할 수밖에 없는 궁지에 몰리자, 밀로는 무기를 잡을 사이도 없이 속옷바람으로 수치스럽게 도망을 갔고, 나시카는 아무런 방해도 받지 않고 이를 추격하여 페르세우스도 진지를 버리고 도망을 갔다. 나시카는 적을 쫓아 군대를 지휘하면서 산 아래 평지에 이르렀다.

이런 일이 있은 뒤 페르세우스는 공포에 떨며 급히 진지를 먼 곳으로 옮겼다. 그는 피드나 앞에서 군대를 멈추게 하여 여기서 결전을 벌이거나 아니면 군대를 여러 곳에 분산시켜 싸움의 결과를 보거나 둘 중의 하나를 택해야 될 상황에 이르렀다. 만일 자기 나라에까지 적이 따라오는 날에는 엄청난 사태가 벌어질 것이 분명했던 것이다.

그런데 페르세우스는 동료들로부터 아군이 적군보다 훨씬 우세하니 왕이 직접 지휘를 맡는다면 병사들은 자기 가족을 지키기 위해서라도 목숨을 내걸고 싸울 것이라고 말했다. 이들의 말을 귀담아 들은 페르세우스는 용기를 얻어 다시 진지를 마련하고 싸울 준비를 갖추었다. 그리고 고국을 바라보며 로마 군이 공격해 오면 그들을 맞아 끝까지 싸우라고 병사들에게 명령을 했다.

그곳은 마케도니아가 적을 에워싸고 싸우기에 가장 적당한 위치였으며 산이 가까이 있어서 패배했을 경우 몸을 피하기에도 썩 좋은 곳이었다. 그리고 양쪽으로 흘러가는 두 강은 여름이 거의 끝나갈 무렵이라 물은 깊지 않았지만 로마 군의 작전을 방해하기에는 충분했다. 어쨌든 로마 군은 전투를 치르기에 불리한 상황에 놓인 것만은 분명했다.

아이밀리우스는 나시카의 군대와 합친 다음 곧 전투 태세를 갖추고 적을 향해 진군을 시작했다. 그러나 적의 막강한 숫자를 보자 그는 놀라서 군대를 잠시 멈추고 다시 곰곰이 생각하였다. 젊고 혈기에 넘치는 부하들은 그에게 다가와서 지체하지 말고 빨리 진군하여 적과 싸우자고 부추겼다. 그러나 아이밀리우스는 웃는 얼굴로 이렇게 말했다.

"내가 만약 여러분의 나이라면 그렇게 했을 거요. 그러나 여러 차례의 전투 경험은 나에게 어떻게 하면 지는가를 가르쳐 주었소. 긴 행군으로 몹시 지쳐 있는 군대를, 이미 진을 치고 모든 준비를 갖추고 기다리는 적과 싸우게 하는 것은 위험한 일이오."

아이밀리우스는 앞에 있는 군대는 금방이라도 싸울 것처럼 보이게 하고, 뒤에 있는 군사들은 참호를 파고 진지를 만들라고 했다. 이렇게 해서 그는 군대를 조금씩 뒤로 움직여 모두 진지 안으로 조용히 거두어들였다.

그런데 밤이 되어 저녁 식사를 끝내고 모든 병사들이 잠들려고 할 때쯤, 갑자기 둥근 달이 빛을 잃고 희미해지더니 천천히 사라지고 말았다. 로마 군들은 그들의 습관대로 놋그릇을 두들기고 횃불을 높이 올리면서 달빛이 다시 살아나기를 빌었다. 그러나 마케도니아 군은 모두 절망에 싸여 이것은 그들의 왕이 죽을 징조라고 수군거렸다. 아이밀리우스는 달이 잠시 지구의 그늘에 가려지는 월식의 이치를 알고 있었기 때문에 조금도 이상하게 생각하지 않았다. 돌아가는 달이 지구의 그림자 속에 들어가면 잠시 빛을 잃지만, 그 그림자에서 벗어나게 되면 달은 다시 햇빛을 받아 빛을 내는 것이다.

그러나 원래부터 신앙이 강하고 제사와 점술을 잘 지키던 사람들은 곧 열한 마리의 송아지를 신께 바쳤다. 그러나 좋은 징조는 나타나지 않았다. 그러나 새벽이 되기를 기다려 다시 황소 스물한 마리를 헤라클레스에게 드리자, 싸움을 걸면 방어하는 자가 승리하게 될 것이라는 징조가 나타났다. 아이밀리우스는 황소 백 마리로 제사 지내고 운동 경기도 개최하여 감사를 드리겠다고 신께 맹세한 다음, 부하들에게 전투 준비를 시키고 해가 서쪽으로 기울기를 기다렸다. 아침 나절에는 햇빛이 이쪽 군대를 비추기 때문에 군사들이 눈이 부실 것을 염려한 것이었다.

어떤 기록을 보면, 해가 질 때까지 막사에서 보내던 아이밀리우스는 저녁이 가까워지자 적이 먼저 싸움을 걸어오도록 작전을 썼다는 얘기도 있다. 한 마리의 말을 일부러 고삐도 없이 내쫓아 그 뒤에 로마 군대를 따르게 하여 적들을 꼬였다는 것이다. 그러나 다른 기록을 보면, 마초를 운반하던 로마 군의 짐 나르는 말들이 알렉산드로스가 지휘하는 트라키아 군의 습격을 받자 이를 막기 위해 리구리아 인 7백 명이 나가 싸웠는데, 이 사건 때문에 각각 양쪽에서 지원 부대가 나오게 되어 결국 본격적인 싸움이 벌어졌다고 한다.

아이밀리우스는 바다를 살펴 물길을 안내하는 선장처럼 군의 움직임과 흐름을 보고 폭풍우가 닥쳐올 것을 예측하였다. 그는 막사에서 나와 각 부대를 돌아다니며 병사들에게 용기를 불어넣어 주었다.

그러는 동안 앞에 나가 싸우고 있던 나시카의 부대는 큰 전투가 닥쳐오는 것을 알게 되었다. 맨 먼저 나타난 적은 트라키아 부대였다. 나시카의 말에 의하면 그들은 체격이 크고 검은 옷을 입었으며, 크고 번쩍이는 방패를 치켜들고, 갑옷을 다리까지 오도록 길게 입었으며, 오른쪽 어깨 위까지 무거운 창을 휘둘러 보기만 해도 소름이 끼칠 정도였다고 한다.

트라키아 부대를 뒤따라 페니키아 인이 섞인 용병들이 나타났다. 그리고 그 다음으로는 뛰어난 체력을 가진 용맹스러운 마케도니아 정예병이 나타났는데 그들은 모두 붉은 옷 위에 금빛 찬란한 갑옷을 입고 있었다.

이들 여러 부대가 각각 자리를 잡고 모여들자 진영 안에서 '놋쇠 방패'라는 이름을 가진 밀집 부대가 나타났다. 이렇게 해서 평지는 이들 부대의 빛나는 창검으로 뒤덮이고 그들이 내지르는 고함소리는 산을 뒤흔들어 놓았다.

적은 어찌나 빠르고 용맹스럽게 달려왔는지 맨 먼저 죽은 적병은 로마 군의 진영에서 겨우 400미터밖에 안되는 곳에 쓰러졌다.

드디어 전투가 시작되자 아이밀리우스는 제일 앞에 나섰다. 마케도니아 군이 그 창끝을 로마 군의 방패에 꽂고 있어서 칼로는 도저히 다가설 수가 없었다. 마케도니아의 다른 군사들은 어깨에서 방패를 내려 몸을 감싸고 명령에 따라 긴 창을 한꺼번에 내밀어 방패를 가진 로마 병들을 모두 막아냈다. 그들이 가진 방패 벽의 힘과 공격의 격렬함을 본 아이밀리우스는 이렇게 어마어마한 광경을 처음 보고 온몸에 식은 땀이 솟을 정도였다. 그는 뒷날에도 이 때의 광경과 그때 느낀 공포를 두고 두고 이야기했다.

그러나 당시에 그는 갑옷과 투구도 없이 말을 타고 부하들에게 돌아다니며 아무 걱정도 없는 듯한 얼굴로 격려의 말을 전했다.

폴리비오스의 기록을 살펴보면, 마케도니아 왕은 전투가 벌어지자 별안간 겁이 나서 헤라클레스에게 제물을 드려야 한다는 핑계를 대고 피드나로 도망가 버렸다고 한다. 그러나 신은 비겁한 자의 제물을 반가워하지도 않았으며 그의 기도를 들어주지도 않았다. 한 번도 활을 쏘지 않은 사람이 과녁을 맞추거나, 자기 자리를 지키지 않는 자가 승리를 거두거나, 희망을 버린 자가 성공을 하는 일은 신이 허락하지 않는 법이다. 그러나 아이밀리우스는 칼을 빼들고 승리를 빌었으며, 신의 도움을 바라며 싸웠다. 그렇기 때문에 헤라클레스는 아이밀리우스의 기도를 받아들여 주었다.

포시도니오스는 페르세우스의 행적을 기록한 책을 여러 권 쓴 사람으로 이 전투에 자기도 참가하게 해 달라고 했었는데, 그 책에서 그는 이렇게 쓰고 있다. 그는 페르세우스가 싸움터를 떠난 것은 비겁하거나 제사를 드린다는 핑계 때문이 아니라, 그 전날 말에게 다리를 채였기 때문이라고 했다. 그래서 몸을 제대로 움직일 수도 없었는데, 여러 동료들이 말리는 것도 듣지 않고 갑옷도 입지 않은 채 말을 타고 싸움터까지 나갔다고 한다. 그런데 빗발치는 화살 중 하나가 그의 왼쪽 옆구리를 스쳐 옷을 찢고 들어가는 바람에 많은 피를 흘렸는데, 그 상처는 나중까지 남았다고 한다. 그러나 이것은 그가 페르세우스를 변호하기 위해 쓴 것으로 볼 수밖에 없다.

로마 군은 엄청난 적을 맞아 힘겨운 싸움을 계속했다. 그런데 어느 순간 펠리그니아 부대의 지휘관인 살리우스가 자기 부대의 군기를 적군들 속에 내던졌다. 펠리그니아 인들은 군기를 빼앗기는 것을 대단히 수치스럽게 생각하였으므로 그들이 모두 목숨을 걸고 달려들어 치열한 싸움이 벌어지게 되었다. 펠리그니아 군들은 적의 긴 창을 칼로 치고 방패로 밀어뜨리며 적에게 달려붙었다.

그러나 마케도니아 군도 만만치 않아서, 두 손으로 긴 창을 내지르며 앞을 막는 자들을 갑옷 속까지 찔러댔다. 방패와 갑옷으로도 그들의 막강한 무기는 당해낼 수가 없었다. 펠리그니아 군과 마루키니아 군은 짐승처럼 격렬하게 마케도니아 군에게 달려들었으나 모두 전사하였다.

이렇게 해서 제일 앞에 섰던 펠리그니아 부대가 다 쓰러지자 뒤따르던 부대들도 모두 물러서고 말았다. 도망을 갔다고는 할 수 없지만 올로크로스 산까지 그들은 후퇴해야 했다. 포시도니오스가 기록한 것을 보면, 아이밀리우스는 부하들이 도망갈 생각만 하고, 나머지 군사들도 싸울 힘을 잃어버린 것을 보고 자기 옷을 찢으며 분해했다고 한다. 마케도니아 병사들이 그 긴 창을 줄지어 들고 달려드는 적들을 모두 쓰러뜨리는 모습은 마치 당해낼 길 없는 성과 같이 빈틈이 없었다. 그러나 땅이 고르지 않고 대열이 너무 긴 까닭에 마케도니아 군사의 대열의 여기저기에 틈이 생기고 있었다. 이런 일은 큰 군대에서는 흔히 있는 일로, 병사들이 맹렬히 밀고 나가는 곳도 있지만 머뭇거리는 대열도 있기 때문에 생겨나는 것이다.

그는 이 기회를 놓치지 않고 군대를 돌진시켰다. 그들은 적군의 벌어진 틈으로 물밀듯이 쳐들어가 적군을 둘로 나누어지게 만들었다. 그는 각각의 적들을 따로따로 상대하라고 부하들에게 명령했다. 로마 군은 그 간격의 틈으로 쏟아져 들어가 적의 이곳저곳을 공격했다. 그들은 갈팡질팡하고 있는 적들의 옆구리와 등 뒤를 서서히 공격했다. 적군의 대열은 곧 허물어지기 시작했고, 그와 동시에 지원하던 각 부대들도 무너져 버렸다.

일대일이나 작은 덩어리를 이루면서 싸우게 되자 마케도니아로서는 발에 닿을 정도로 크고 든든한 방패를 가진 로마 군을 제대로 공격할 수가 없었다. 게다가 그들이 들고 있던 작은 방패로는 로마 군의 칼의 무게와 힘을 견뎌낼 수가 없어서 갑옷 속으로 들어오는 칼을 피해 이리저리 달아나고 말았다.

전투는 치열했다. 여기서 카토의 아들이며 아이밀리우스의 사위였던 마르쿠스는 용감하게 싸우다가 그만 칼을 떨어뜨리고 말았다. 그는 명예를 절대적으로 존중하라는 엄격한 교육을 받고 자랐으며, 위대한 아버지를 가진 아들로서 그런 귀한 물건을 적에게 빼앗겨 평생 괴로움을 당할 수는 없었다. 그는 미친듯이 돌아다니며 아무나 붙잡고 칼을 찾게 도와 달라고 했다. 많은 용사들이 모이자, 그들은 곧 적군 속으로 뛰어들었다. 격렬한 싸움으로 혹은 상처를 입히고 혹은 적을 죽이면서 그들은 완전히 진지를 점령했다. 그리고 산같이 쌓인 무기와 시체들 속에서 드디어 마르쿠스의 칼을 찾아냈다. 그들은 함성을 지르고 기뻐하며 아직도 남아 저항하는 적을 향해 달려들었다. 결국 그들은 적의 정예 부대 3천 명을 죽이고, 달아나던 자들도 모두 쫓아 쓰러뜨렸다. 온 평지와 언덕은 시체로 가득 찼고, 레우코스 강은 붉은 피로 물들었다.

여기서 전사한 사람은 2만 5천 명이나 되었는데, 포시도니오스의 기록에 의하면 이 중 로마 군의 전사자는 100명이라고 하며, 나시카의 말로는 80명 정도에 지나지 않았다고 한다.

커다란 운명을 건 이 싸움은 놀라울 정도로 빨리 끝났다. 전투가 시작된 것은 오후 3시쯤이었는데 4시도 안 되어서 로마 군의 승리로 마무리되었다. 그리고 해가 지기 전까지 그들은 남아 있던 적을 추격하였고 진지로 다시 돌아왔을 때는 이미 밤이 깊어 있을 때였다. 모든 장군들은 횃불을 들고 마중나온 병사들과 일정한 장소에서 만나 승리의 노래를 불렀고, 돌아와서는 불을 환히 밝히고 담쟁이와 월계수로 막사를 장식하였다.

그러나 아이밀리우스는 혼자 깊은 슬픔에 잠겨 있었다. 그의 두 아들이 이 전쟁에 함께 참가하고 있었는데, 막내 아들이 행방불명되었기 때문이었다. 아이밀리우스는 막내 아들을 유달리 사랑했고, 용기와 성격에서도 누구보다 뛰어난 아들이었다. 아이밀리우스는 그 아들이 공명을 세우려는 마음 때문에 적군 속에 너무 깊이 들어갔다가 죽었을 것이라고 생각하고 있었다.

이러한 장군의 슬픔과 걱정이 진영 안에 널리 알려지자 병사들은 저녁을 먹다가 말고, 횃불을 들고 사방에 흩어졌다. 어떤 자는 막사들을 찾아다니고, 더러는 시체들을 뒤져 보기도 했다.

막사에는 근심이 가득 차고, 평야에는 스키피오의 이름을 부르는 소리가 메아리쳤다. 그는 그 가문의 누구보다 많은 사람들의 사랑을 받고 있었으며, 대장으로서나 정치가로서도 존경을 받고 있다.

병사들은 거의 희망을 잃고 밤을 보내고 있었다. 그런데 스키피오가 두세 명의 친구들과 함께 옷이 시뻘겋게 물든 채 돌아왔다. 스키피오는 잘 훈련된 사냥개처럼 적을 추격하는 기쁨에 정신이 없어 적들을 쫓다가 피를 뒤집어쓰고 돌아온 것이었다. 나중에 카르타고와 누만티아를 정복하고 그 당시 로마에서 가장 큰 권력과 명성을 떨쳤던 사람이 바로 이 스키피오이다.

운명의 신은 이렇게 해서 아이밀리우스의 성공에 대한 시기와 질투를 다른 날로 미루고 이 날만큼은 아무런 걱정 없이 승리의 기쁨을 마음껏 즐기게 해주었다.

한편 페르세우스는 피드나에서 펠라로 도망쳤다. 그때까지도 그의 기병대는 아무런 피해도 입지 않고 무사히 남아 있었다. 그러나 보병부대가 나중에 도착하여 그들을 겁쟁이며 배신자들이라고 욕을 하며 말에서 끌어내리려고 하자 그 둘 사이에서 싸움이 벌어지게 되었다. 페르세우스는 이 싸움이 반란으로 변할까봐 두려워, 큰 길을 버리고 오솔길로 들어갔다.

그는 자신의 신분을 감추기 위해 왕의 자줏빛 옷을 벗어 안장 앞에 놓고 왕관도 벗어 손에 들고 있다가, 부하들과 이야기하려고 말에서 내려 걸어갔다. 그러나 부하들은 풀어진 구두끈을 매는 체하거나, 말에게 물을 먹여야겠다거나, 목이 말라 물을 마시겠다고 핑계를 대면서 하나 둘씩 뒤처졌다.

그들은 모두 왕을 버리고 도망쳐 버렸다. 추격해 오는 적보다도 왕이 무슨 짓을 할지 더 두려웠던 것이다. 게다가 왕은 싸움에서까지 졌기 때문에 마음이 어지러워져서 그 실패의 죄를 자기들에게 뒤집어 씌우려고 했기 때문이다.

밤이 되어 펠라에 도착했을 때 페르세우스의 재무관인 에욱토스와 에우다이오스 두 사람이 왕을 찾아왔다. 그들은 이번 일은 때를 잘못 맞추었으며 패배의 원인은 왕에게 있다고 솔직하게 말했다. 왕은 크게 노하여 두 사람을 단검으로 찔러 죽여 버렸다. 이 일이 있은 뒤 부하들은 모두 달아나고 남은 사람은 다만 에반드로스라는 크레타 사람, 아르케다모스라는 아이톨리아 사람, 그리고 네온이라는 보이오티아 사람뿐이었다. 그러나 그들이 남아 있는 것도 페르세우스를 아껴서가 아니라 벌 떼가 꿀을 보고 모여들 듯이 그의 돈에 욕심이 났기 때문이었다.

그리고 크레타 사람들은 왕이 보물을 옮겨 주면 잔과 술항아리와 그 밖의 금은 그릇들과 50탈렌트씩 주겠다고 말했기 때문에 재물을 얻을 욕심으로 왕의 주변에 남아 있었다. 그러나 암피폴리스[5]를 거쳐 갈렙소스[6]에 이르자 왕은 공포가 좀 가라앉았다. 그리고 그가 옛날부터 가지고 있던 인색한 마음이 다시 되솟아났다.

페르세우스는 알렉산드로스 대왕의 황금잔을 얼떨결에 크레타 인에게 던져 주었다고 속상해하며, 그 잔을 가진 사람을 불렀다. 그리고 눈물을 흘리면서, 돈을 줄테니 황금 잔을 되돌려 달라고 간청을 했다. 그러나 왕이 어떤 사람인지를 잘 알고 있던 사람들은, 크레타 사람을 크레타 식으로 속이려는 수작이라는 것을 짐작했다. 물론 그의 말을 믿고 잔을 돌려 준 사람들은 한 푼도 받지 못하고 물건만 빼앗겨 버렸다. 왕은 이렇게 부하들을 속여 30탈렌트의 물건을 되찾았다. 그러나 그는 곧 이것들까지 적에게 모두 빼앗기게 되는 일이 생긴다.

---

5) 암피폴리스(Amphipolis) : 펠라 동쪽으로 110킬로미터 떨어져 있는 강 어귀의 한동네.
6) 갈레프소스(Galepsus) : 암피폴리스에서 남쪽으로 80킬로미터 떨어진 곳으로, 에게 해의 세 손가락처럼 튀어나와 있는 곳 중 가운데인 스타니아 반도 서쪽 해안 지방.

페르세우스는 다시 사모트라케[7]로 건너가 디오스쿠리[8] 신전으로 도망가서 보호를 청했다.

마케도니아 사람들은 그들의 왕에 대해 지극히 충성스러운 사람들로 이름나 있었다. 그러나 그들은 기둥이 무너져 버린 것처럼 아이밀리우스에게 항복했으며, 이를 뒤에는 그를 마케도니아의 지휘자로 받들게 되었다. 이것으로 이 전쟁의 모든 일이 행운이었다고 말할 수도 있을 것이다. 그리고 아이밀리우스가 암피폴리스에서 제사를 드리려 할 때 벼락이 제단으로 떨어져 제물을 불태운 사실을 보면 신의 뜻이 나타났었다고 생각할 수도 있다.

그러나 이보다 더 뚜렷하게 신의 뜻과 행운을 볼 수 있는 일은 이 승전의 소문이 믿을 수 없을 만큼 빨리 세상에 퍼졌다는 사실이다. 피드나에서 페르세우스를 물리친 지 나흘째 되는 날, 로마에서 시민들은 경마대회를 보고 있었는데, 난데없이 아이밀리우스가 페르세우스를 크게 이기고 마케도니아 전체를 정복했다는 소리가 들려왔다. 이 소문은 모든 사람들에게 알려져 로마 시내를 온통 환호로 뒤흔들었다. 그러나 나중에 사람들은 확실한 근거가 하나도 없는 떠도는 말에 불과하다는 것을 알았다. 그런데 며칠이 안 되어 이 일이 사실이었다는 것이 알려지자 사람들은 먼저 들은 소식이 어쩌면 그렇게 빨리 왔을까 하고 이상하게 생각했다.

전설에 의하면 이탈리아의 사그라 강[9]가에서 그 지방의 군대와 전쟁[10]을 했던 얘기도 그 날로 펠로폰네소스에 전해졌으며, 미칼레[11]에서 있었던 페르시아 군에 대한 전쟁 소식도 플라타이아[12]에 그처럼 빨리 전해졌다고 한다. 또 라틴 족을 이끌고 쳐들어왔던 타르퀴니우스를 로마 군이 쳐부수었을 때도 잠시 후에 그 군대로부터 키가 크고 잘생긴 남자 두 사람이 직접 소식을 가지고 나타났다. 사람들은 이 두 사람을 쌍둥이 신 카스토르와 풀룩스라고 생각하였는데, 처음 눈에 띄었을 때 이들은 포룸에 있는 샘물 옆에서 땀에 젖은 말을 씻기고 있었다. 그와 이야기를 나누던 사람이

---

7) 사모트라케(Samothrace) : 에게 해의 북동부에 있는 섬.
8) 디오스쿠리(Dioskuri) : 제우스의 쌍둥이 아들 카스토르와 폴룩스를 가리킨다.
9) 남이탈리아 브루티움 지방으로 장화 모양으로 생긴 반도의 바다 쪽을 흐르는 강
10) 기원전 6세기에 사그라 강 부근의 로크로이와 크로톤의 주민, 즉 도리스 족의 식민지 주민들이 한 전쟁.
11) 미칼레(Mycale) : 소아시아 서안 중부의 곶.
12) 플라타이아(Plataea) : 보이오티아의 남쪽 도시로, 같은 해에 페르시아에 대한 전쟁이 있었다.

전쟁에 이겼다는 소식을 듣고 놀라 믿지 않으려 하자, 그들은 조용히 웃으며 그 사람의 수염을 손으로 만졌다. 그랬더니 그의 검던 수염이 누렇게 색이 변했다. 이것을 보고 그는 그들의 말을 믿을 수 있게 되었고, 그는 그때부터 아헤노바르부스, 즉 구리 수염이라는 별명을 얻게 되었다.

이 시대에 일어난 일은 우리가 사는 이 시대에 생긴 사건을 보면 좀 더 쉽게 믿을 수 있다. 안토니우스[13]가 도미티아누스[14]를 배반한 뒤, 게르마니아에서 큰 전쟁이 예상되고 있었을 때, 별안간 안토니우스가 전사하고 그의 군대가 모두 멸망했다는 소문이 로마에 전해졌다. 많은 사람들은 이 소문이 사실일 것이라고 믿었고, 신께 제물을 올리며 제사를 지내기도 했다. 그러나 이 소식을 퍼뜨린 사람을 찾으려고 했지만 도저히 찾을 수가 없었다. 한 사람씩 조사를 해나갈 수록 확실한 근거는 바닷속에 가라앉듯 사라져 버렸고 사람들은 소문에 대해 의심을 품기 시작했다. 그런데 도미티아누스가 군대를 이끌고 전쟁터에 나가던 중 승리를 전하는 편지를 가지고 오는 전령을 만나게 되었다. 2천 5백 마일이나 떨어져 있던 먼 곳의 소식이 그 날로 전해진 것이었다.

한편 아이밀리우스의 명령으로 크나이우스 옥타비우스는 함대를 사모트라케 섬에 머물게 하고 있었다. 그들은 종교적인 이유 때문에 보호를 요청하고 있는 페르세우스를 해칠 수는 없었다. 그래서 그들은 페르세우스가 섬에서 도망가지 못하도록 지키고만 있었다.

페르세우스는 남의 눈을 피해 오로안테스라는 크레타 인을 꾀어내고, 작은 배를 구해 섬에서 빠져나갈 계획을 세우고 있었다. 그러나 이 크레타 인은 역시 크레타 인다운 행동을 했다. 그는 페르세우스로부터 밤에 돈을 받으면서 다음날 밤 가족과 시종들을 데리고 케레스 신전 맞은편 언덕에 있는 항구로 오라고 말해 놓고, 다음날 해가 지자 곧 출항해 버리고 말았다. 페르세우스는 고생이라고는 한 번도 해본 일이 없는 아내와 자식을 데리고 벽에 뚫린 좁다란 구멍을 통해 바닷가까지 나왔다. 그러나 그곳에 있는 사람이 먼 파도를 넘어가고 있는 오로안테스의 배를 가리키자, 그는 비

---

13) 안토니우스(Antonius) : 리키우스 안토니우스 사툴리우스. 게르마니아의 총독으로 서기 89년에 스스로를 황제라고 일컬었다.

14) 도미티아누스(Domitian) : 서기 81~96년의 로마 황제

〈아이밀리우스 파울루스 앞에 선 페르세우스 왕〉.
장 프랑시스 피에르 페이롱.

통하게 소리를 지르며 울음을 터뜨렸다.

이미 날은 훤하게 밝아오고 있었다. 마지막 한 가닥의 희망마저 잃어버린 그는 급히 시가지로 되돌아오다가 로마 군의 눈에 띄었다. 그는 아내를 데리고 로마 군을 피해 겨우 성 안까지 들어올 수 있었다. 그리고 아이들은 이온이라는 사람에게 맡겨 보살펴 달라고 했다. 그러나 이온은 왕이 이미 몰락해 버린 것을 보고 아이들을 로마 군에게 넘겨 주고 말았다. 이온이 배신했다는 사실을 알게 된 왕은 새끼를 잃은 짐승처럼 미쳐 날뛰다가 아이들을 데리고 있는 적에게 스스로 찾아와 자수를 했다.

페르세우스는 나시카가 자기를 도와줄 것이라고 믿고 그를 찾았지만 불행히도 그는 이곳에 없었다. 페르세우스는 자기의 운명을 탓하며 옥타비우스에게 항복했다. 이렇게 해서 그는 탐욕 그 자체보다 더 천한 죄악에 사로잡혀 있었음을 드러냈다. 그 것은 목숨에 대한 집념이었다. 아무리 죄많은 운명을 타고 난 사람이라도 다른 사람의 동정을 받을 수 있는 단 하나의 위안은 남게 마련이다. 그러나 페르세우스는 그의 비천한 마음 때문에 이 단 하나의 위로까지도 받을 수 없었다.

페르세우스는 아이밀리우스에게 만나기를 청했다. 아이밀리우스는 큰 불행을 당한 왕의 슬픔을 진정으로 가슴아파하며 부하들과 함께 그를 맞았다. 페르세우스는 그를 보자 비굴하게 땅에 머리를 숙이며 그의 다리를 붙잡고 살려 달라고 애원했다. 이 초라한 모습을 본 아이밀리우스는 더 이상 보고 있을 수가 없어서 슬픈 얼굴로 말하였다.

"가엾은 분, 운명의 탓으로 돌릴 수도 있을 텐데 어찌 그것마저 물리치고 이런 모습을 보이시오? 당신이 이런 사람이기 때문에 지금 같은 불행을 겪은 것이오. 당신은 지금 로마의 적답게 당당한 행동을 보여 주어야 할 텐데 오히려 이런 초라한 모습을 보여, 나의 승리까지 값어치 없이 만들고 있소. 어떤 괴로움에 처했을 때라도 용기 있게 행동하는 사람은 적으로부터도 존경을 받게 되는 법이오. 그러나 로마인은 아무리 큰 권력을 가지고 있었다고 해도 비겁한 사람은 경멸합니다."

그러면서 그는 손을 내밀어 페르세우스를 부축해서 투베로에게 맡겼다. 그리고 아들과 사위, 젊은 장군들을 막사로 데리고 들어오더니 한동안 아무 말 없이 앉아 있었다. 아이밀리우스는 한참 뒤에 천천히 입을 열었다.

"사람이 행운의 덕택으로 도시나 왕국을 정복해 놓고도 자기 스스로가 잘나서 그렇다고 생각하며 행동하는 것은 어리석은 것이오. 오늘 있었던 일을 보고 우리는 인간의 처지는 늘 변할 수 있으며 영원히 누릴 수 있는 것은 하나도 없다는 것을 알았을 것이오. 그래서 승리에 마음이 들떠 운명의 두려움을 돌아보지 않고 있을 때도 내일 우리가 어떻게 달라질지를 생각하면 기쁨조차 다 사라지고 마오. 세상 모든 일의 법칙을 우리가 조금이라도 깊이 생각해 본다면, 모든 것이 돌고 돌듯 인간의 위치도 늘 변한다는 것을 깨닫게 되어 가장 기쁠 때에도 슬퍼지기 마련이라네. 알렉산드로스 대왕의 후계자가 되어 가장 큰 권세를 누리던 사람이 하루 아침에 짓밟히는 것을 그대들이 보았다면, 또 어제까지 수천 수만 군대의 호위를 받고 있던 왕이 적의 손에 잡혀 그날그날 먹을 것을 받아먹는 꼴을 보았다면 우리는 지금 우리의 승리가 영원히 계속될 것이라는 어리석은 믿음은 갖지 말아야 할 것이오. 그러니 우리들에게 내린 이 행운의 값으로 하늘이 내일은 무엇을 우리에게 요구할지 미리 대비하고 있어야만 할 것이오."

아이밀리우스는 특히 젊은 장군들에게 자만심을 버리라고 이르고 각자의 막사로 돌려보냈다. 장군들은 그의 가르침을 듣고 교만한 마음을 누그러뜨렸다. 그 후 아이밀리우스는 군사를 병영에 되돌려 보내 쉬게 하고, 자신은 그리스 각지를 돌아다니며 두루 은혜를 베풀어 영예를 드높였다. 그는 지나가는 곳마다 민중들의 배고픔을 덜어 주고, 정치를 바로잡아 주며, 페르세우스에게서 빼앗은 곡식과 기름 등을 나누어 주었다. 페르세우스가 저장해 두었던 재물은 원하는 곳곳마다 다 나누어 준 뒤에도 남을 만큼 대단한 것이었다.

아이밀리우스는 또 델포이에 페르세우스 왕의 황금 조각상이 놓일 커다란 흰색 대리석 기둥을 만들고 있다는 것을 알게 되었다. 그래서 그는 싸움에서 진 사람은 이긴 사람에게 자리를 내주는 것이 당연하다며 페르세우스 대신 자기의 조각상을 세우라고 명령했다. 그리고 올림피아에 가서는 "페이디아스[15]가 호메로스의 제우스 상을 조각하였다"는 유명한 말을 했다고 전한다.

로마로부터 판무관 열 사람이 도착하자, 아이밀리우스는 마케도니아에게 그들의 영토를 돌려 주어 그대로 살게 하고, 시민들에게 자유와 독립을 주었으며, 로마에 100탈렌트의 세금을 내게 하였다. 그러나 이 세금은 왕정 시대에 물던 돈의 반밖에 안 되는 금액이었다. 그는 또 여러 가지 경기 대회를 개최하고, 큰 제사와 잔치를 베풀어 신에게 영광을 돌렸다. 왕의 재산은 끝도 없어서 이런 행사를 모두 치르고도 남을 정도였다.

잔치 자리에 나왔을 때는 그 사람의 공적과 지위에 따라 자리를 정하였고, 오락 행사를 할 때도 정성을 다했으며, 사소한 모든 일들까지 질서 있게 하는 것을 보고 그리스 사람들은 모두 놀라워 했다. 그들은 전쟁이라는 큰 일을 해낸 사람이 너무도 세밀한 일까지 빈틈없이 꼼꼼하게 처리하는 것을 보고 감탄했던 것이다.

성대하고 화려한 행사를 베푼 아이밀리우스는 많은 사람들의 감탄과 칭찬을 듣고 이렇게 말했다.

"잔치를 여는 것이나 전쟁을 지휘하는 것은 똑같은 정신으로 해야 하는 것입니다. 다만 전쟁에서는 적군에게 놀랄 만큼 두려움을 주어야 하고, 잔치에서는 손님에게 놀랄 만큼 기쁨을 주어야 한다는 것이 다를 뿐입니다."

그러나 사람들이 다른 무엇보다도 가장 크게 아이밀리우스를 칭찬했던 것은 그의 너그러운 아량이었다. 왕의 창고에서 수많은 금은 보물을 가지고 나왔지만 그는 거들떠보지도 않고 그것을 국고에 집어넣었다. 그리고 자식들이 책을 갖고 싶다고

---

15) 페이디아스(Phidias) : 기원전 5세기경 그리스 최고의 조각가

하자 그 많은 전리품 중에서 오직 그것만을 허락해 주었다.

그리고 전쟁에서 공을 세운 사람들에게 상을 줄 때도 사위인 아일리우스 투베로에게 5파운드 무게의 은잔 하나를 주었을 뿐이다. 투베로는 조그마한 농장에서 16명의 친척들과 근근이 생활을 했던 사람이었는데, 그는 평생 처음으로 집 안에서 은잔을 써보게 되었다고 한다. 그때까지 집안 사람이나 아내는 한 번도 금이나 은으로 된 그릇을 써본 일이 없었다.

모든 일이 이렇게 정리된 다음, 아이밀리우스는 마케도니아 인들에게 자유를 존중하며 질서를 지키라고 일렀다.

로마의 원로원은 아이밀리우스를 따라 페르세우스 정벌에 나갔던 병사들은 에페이로스의 도시들을 쳐서 전리품을 모두 가지라고 허락해 주었다. 아이밀리우스는 병사들을 이끌고 에페이로스를 향해 출발했다. 그는 도시를 불시에 습격하여 단번에 결판을 내려고 생각했다. 그래서 공격하기로 정한 날 10명의 대표들을 뽑아 각 도시에 있는 모든 집과 신전의 금은을 내놓으라고 요구하기로 했다. 그리고 이 명령을 전하러 가는 사람들에게 군대를 나누어 주어 재물을 조사하고 거두는 사람인 척 꾸미게 했다. 그들은 이런 작전을 써서 삽시간에 도시를 습격했다. 이렇게 해서 한 시간 동안에 15만 명을 노예로 잡고, 70개의 도시를 약탈하였다. 그러나 이러한 파괴를 거쳐 각 병사들이 얻은 것은 겨우 11드라크마밖에 안 되었다. 전쟁의 결과가 엄청난 데 비해, 거기서 얻은 소득이 너무 변변치 않은 것을 보고 세상 사람들은 많이 놀라워했다.

아이밀리우스는 그의 어진 성격과는 전혀 달리 이 사건을 저지른 뒤 오리코스로 갔다가 거기서 다시 이탈리아로 건너갔다. 그는 마케도니아 왕이 쓰던 배를 타고 티베르 강을 거슬러 올라갔다. 그가 탔던 배는 열여섯 줄로 앉아 노를 젓게 되어 있던 것이었는데, 온갖 전리품과 붉은색 막으로 장식된 아름다운 배였다.

배가 로마에 가까워지자 시민들은 모두 나와 이 광경을 구경했다. 노를 저으며 강을 거슬러 올라오는 배를 따라 양쪽 기슭을 따라 걷던 군중들은 성대하게 치러질 개선식에 큰 기대를 갖고 있었다. 그러나 페르세우스 왕의 보물을 탐내던 병사들은 충분한 상을 받지 못했다고 생각하여 불만을 드러냈다. 그들은 아이밀리우스가 가혹하고 독재적인 대장이라고 말하며 개선식을 하는 것도 달갑게 생각하지 않았다.

한편, 아이밀리우스의 정적으로 그의 지휘를 받고 있던 세르비우스 갈바라는 호민관이 있었는데, 그는 개선식 같은 건 할 필요가 없다면서 병사들을 선동하고 그들의 분노를 부추기기 시작했다. 그리고 오늘은 시간이 늦어 4시간 밖에 남지 않았기 때문에 아이밀리우스에 대해 폭로할 시간이 모자라므로 다른 날을 잡아주면 모든 것을 다 얘기하겠다고 말했다. 그러나 호민관들은 할 말이 있다면 지금 곧 하라고 세르비우스 갈바에게 명령했다.

그러자 갈바는 장황한 말을 늘어놓으며 아이밀리우스를 공격하기 시작했다. 시간 가는 줄도 모르고 갈바가 떠들어대는 사이 날이 저물어 밤이 되자 호민관들은 일단 집회를 중지시켰다. 그러나 병사들은 갈바의 연설에 취하여 그의 주위로 모여들어 다음날 아침 일찍이 카피톨리누스[16]를 가득 메웠다.

날이 밝자 그들은 곧 투표를 시작하였다. 맨 처음의 부족은 개선식을 반대하는 쪽으로 표가 모아졌다. 이 소문은 시민들과 원로원으로 퍼져나갔다. 많은 사람들은 아이밀리우스가 이런 모욕을 당하는 것을 슬퍼했지만 그것은 말뿐 실제로는 아무런 효과도 없었다.

원로원의 의장은 지금 진행되고 있는 일은 몹시 부끄러운 짓이라며 병사들의 불손한 행동을 억제시켜야 한다고 했다. 그렇지 않으면 카피톨리누스에 모인 그들은 아이밀리우스가 승리의 보답으로 받아야 할 명예의 개선식을 거행하지 못하게 할 것이며 나중에 걷잡을 수 없이 포악해질 것이라고 했다.

원로원 의원들은 군중을 헤치고 카피톨리누스로 올라갔다. 그들은 군중들에게 할 말이 있으니 잠시 투표를 중지시켜 달라고 호민관들에게 요구했다. 투표가 일단 멈추고 장내가 조용해지자 마르쿠스 세르빌리우스가 일어났다. 그는 집정관 자리에 있었던 사람으로, 혼자서 23명의 적과 맞서 모조리 쓰러뜨린 경력을 가진 사람이었다. 그는 그 자리에 모인 군중들 앞에서 조용히 입을 열었다.

"나는 아이밀리우스 파울루스가 얼마나 위대한 장군인지를, 이 자리에 질서 없이 모여 있는 무리들을 보고서야 깨달았소. 일리리아와 리구리아를 정벌한 것을 영광으로 생각하던 여러분들이 마케도니아 왕을 사로잡고 필리포스와 알렉산드로스의 모든 명예를 빼앗아 온 것은 왜 구경도 안 하려는지 알 수가 없소. 이 승리의 소문만 듣고도 신께 감사의 제물을 올리던 여러분들이 이제 와서는 그 위대한 승리의 장군을 보는 것조차 두려워하며 마땅히 함께 나누어야 할 기쁨을 멀리하려는 것은 도대

---

16) 카피톨리누스(capitol) : 로마에 있는 일곱 개의 언덕 중의 하나로 유피테르의 신전이 있던 곳.

체 어떻게 된 일이오? 여러분들은 아마 영광이 너무 커서 두려워하거나, 포로로 잡혀온 원수를 동정하는 것 같소. 만일 여러분들이 개선식을 반대하는 것이 대장을 시기하고 질투해서가 아니라, 마케도니아 왕을 불쌍히 여기는 마음 때문이라면 차라리 낫겠소. 여러분이 이처럼 어리석은 행동을 하고 있으니, 전쟁의 상처 하나 없이 집 안에서 몸이나 사리고 있던 사람이 함부로 장군의 임무를 떠들고 있는 것이오. 만일 장군의 임무를 재판해도 될 사람이 있다면, 그 사람은 적어도 장군처럼 전쟁의 상처를 몸에 가진 사람이 아니면 안 될 것이오."

세르빌리우스는 이렇게 말하고 나서 웃옷을 벗어 가슴의 상처를 드러냈다. 그리고 갈바를 향해 말했다. "그대는 내 상처를 보고 비웃을지도 모르겠소. 그러나 나는 나의 시민들에게 이런 상처를 보일 수 있다는 것을 큰 영광으로 생각하오. 이 상처들은 밤낮으로 전쟁터에서 말을 달리면서 얻은 상처니까 말이오. 그대는 어서 투표를 거두어 보시오. 나는 누가 비겁하고 누가 감사할 줄 모르는 자이며, 또 누가 자기의 장군을 저버리고 선동자들의 아부에 넘어가는 자인지를 이 두 눈으로 지켜볼 것이오."

그의 말은 병사들의 입을 다물게 했고 그들의 마음을 돌려 놓았다. 그래서 사람들은 아이밀리우스의 개선식에 한결같이 찬성의 표를 던졌다.

아이밀리우스의 개선식을 위해 사람들은 모두 흰옷을 입고 나와, 서커스라고 부

아이밀리우스 파울루스의 개선식.

르는 둥근 극장과 공회장의 관람석에 모여들었다. 신전의 문은 모두 활짝 열렸고 꽃다발과 향불 연기가 온 시내에 가득했다. 길은 말끔히 청소되었고, 말을 탄 관리들은 군중들의 질서를 잡고 행렬을 위해 길을 터놓았다.

개선식은 사흘에 걸쳐 계속되었다. 첫날은 빼앗아 온 동상과 조각, 그림 등만 구경시키는 데 종일이 걸렸다. 이들 물품들은 250대나 되는 마차에 실려 시내를 돌았다. 다음날은 마케도니아군의 무기와 갑옷 중 가장 훌륭하고 값진 것만 골라 실은 수레가 행렬을 이루었다. 수레 위에는 새로 닦아 눈부신 빛을 내며 번쩍이는 무기들이 높이 쌓여 있었다. 방패 위에는 투구가, 무릎 가리개 위에는 갑옷이 걸려 있었고, 또 크레타와 트라키아의 방패와 함께 화살통과 마구들이 쌓여 있었으며, 그 틈 사이로 마케도니아의 긴 창과 칼끝이 보였다. 수레가 흔들리면서 무기들이 부딪쳐 철거덕거리는 소리는 비록 적에게서 빼앗아 온 것이기는 했지만 보기만 해도 소름이 끼칠 정도였다.

무기를 실은 수레 뒤에는 3천 명의 병사들이 750개의 상자에 은돈을 가득 담아 네 사람이 하나씩 들고 걸어갔다. 그리고 그들을 뒤따라 은으로 만든 갖가지 잔들이 운반되었는데, 모두 엄청나게 컸으며 각 잔마다 아름다운 무늬들이 새겨져 있었다.

마지막 날은 아침 일찍 나팔수들이 돌격 나팔을 부는 것으로 시작되었다. 그들이 부는 곡은 제전이나 제사 때 듣던 것이 아니라 로마 군이 적을 공격하면서 사기를 복돋우기 위해 쓰는 가락이었다.

나팔수들이 지나간 다음에는 아름다운 장식의 긴 옷을 입은 젊은이들이 제물로 바칠 120마리의 살찐 소를 끌고 왔다. 소의 뿔은 금빛으로 칠을 했고 머리에는 꽃을 얹어 장식했다. 그리고 이와 함께 금은의 그릇에 술을 가득 담아 든 소년들이 걸어왔다. 그 뒤에는 3탈렌트씩의 금화가 가득 담긴 그릇을 든 사람들이 따랐는데 모두 77명이었다.

다음으로는 아이밀리우스의 명령으로 만들어진 잔이 뒤를 이었는데, 이 잔은 10탈렌트의 금으로 만들어 온갖 보석으로 장식한 것이었다.

그리고 안티고노스[17]와 셀레우코스의 술잔, 테리클레스[18]의 잔과 페르세우스의 식탁에서 쓰던 황금 접시 등이 차례로 구경꾼들 앞을 지나갔다. 그 다음에는 페르세

---

17) 안티고노스(Antigonus) : 알렉산드로스 대왕의 장군과 그 자손들.
18) 그리스의 코린트에서 생산되던 유명한 도자기.

우스의 전차가 나왔다. 그 위에는 왕의 갑옷과 그가 쓰던 왕관이 올려져 있었다. 좀 뒤떨어져서 포로가 된 왕의 아이들이 끌려오고, 바로 뒤에는 울부짖는 시종들과 가정교사들이 함께 왔다. 이들은 군중들을 향해 살려 달라고 손을 비비며 아이들에게도 그렇게 하라고 시켰다.

왕의 아이들은 남자 아이 둘에 여자 아이가 하나였는데, 모두 너무 어려서 자기들의 불행을 미처 깨닫지 못하고 있었다. 그것은 보는 사람들의 마음을 더욱 애처롭게 만들었다. 사람들은 눈물을 흘리며 어린 아이들의 뒷모습에서 차마 떼지 못하였다. 모든 로마 사람들의 눈길이 모두 아이들에게 쏠려 있었으므로 페르세우스는 거의 주목을 끌지도 못한 채 지나가 버렸다.

페르세우스 왕은 검은 옷을 입고 시골 사람들이 신는 장화를 신고 그의 어린 자식들과 신하들의 뒤를 따라 걸었다. 그는 너무도 어처구니 없는 불행에 정신이 나간 사람 같았다. 그 뒤를 따르는 친지들도 차마 볼 수 없을 만큼 처량한 모습이었다. 그들은 설움에 싸인 얼굴로 페르세우스를 바라보고 있었는데, 그들이 우는 것은 그들 자신의 운명 때문이 아니라 오직 왕의 마지막 모습을 슬퍼하는 것 같았다.

페르세우스는 행렬이 나오기 전에 아이밀리우스에게 사람을 보내어 자신을 행렬에 끌어내지 말아 달라고 부탁했다. 그러나 아이밀리우스는 그가 아직도 비겁하고 목숨에 대한 집착을 못 버리고 있는 것을 보고, 자신의 일은 자신이 알아서 하라고 말했다. 치욕을 당하고 싶지 않다면 스스로 목숨을 끊으라는 뜻이었다. 그러나 겁이 많은 페르세우스는 그럴 용기도 없는 사람이었다. 그래서 비겁했던 그는 전리품의 일부가 되어 버렸던 것이다.

행렬 속에는 그리스의 여러 도시에서 보낸 대표들이 아이밀리우스에게 보낸 4백 개의 황금관을 들고 따라오는 모습도 보였다. 그리고 바로 그 뒤에 아이밀리우스가 아름답게 치장한 전차를 타고 왔다. 그는 자줏빛 옷에 금줄을 늘어뜨리고, 오른손에 월계수 가지를 들고 있었다. 그리고 그의 부하 장군들도 월계수관을 머리에 쓰고 질서 있게 장군의 전차를 뒤따랐다. 그 부하 장군들은 노래를 부르기도 하고, 장군의 공을 찬양하기도 했다. 모든 사람들은 장군을 찬양하고 있었으며 그를 시기하는 자는 단 한 사람도 없었다.

그러나 행복이 절정에 이르면 그것을 줄이는 것이 신의 섭리이다. 그러므로 이 세상에 사는 사람들은 그 누구라도 재난을 완전하게 피할 수는 없는 법이다. 호메로스의 말처럼 "신이 우리들에게 좋은 일과 궂은 일을 똑같이 내려주신다면 그것은 다행스러운 일"일 것이다.

아이밀리우스에게는 아들이 넷 있었는데, 처음 아내에게서 얻은 둘은 스키피오와 파비우스의 집안에 양자로 들어갔다. 그리고 두 번째 부인에게서 낳은 나머지 두 아들은 아직 어렸는데 아이밀리우스와 함께 살고 있었다. 그런데 그 중 하나는 개선식을 올리기 닷새 전에 열네 살의 나이로 죽었고, 열두 살인 한 아이는 개선식이 끝난 지 사흘 뒤에 죽고 말았다. 로마 사람들은 가혹한 운명의 섭리에 몸서리를 치며 그의 슬픔을 함께 나누었다. 운명의 신은 기쁨에 넘친 이 집안에 뛰어들어, 승리와 개선의 노래 속에 눈물과 비애를 섞어 놓았다.

그러나 아이밀리우스는 참된 용기란 마케도니아 군을 쳐부수는 데만 필요한 것이 아니라 불행을 견디는 데도 필요한 것이라는 것을 잘 알고 있었다. 그는 자신에게는 좋은 일이 궂은 일보다 더 크다는 생각으로, 자기 개인의 슬픔을 나라의 영광으로 감추려고 했다. 그는 처음 아들을 매장한 뒤 곧 개선식을 거행했고, 개선식이 끝난 다음 또 한 아들의 장례를 치렀다. 사람들은 모두 그의 슬픔을 진정으로 위로하였다. 그러나 그는 자기의 불행을 슬퍼해 주는 사람들을 오히려 위로해 주었다. 아이밀리우스는 이렇게 말했다.

"나는 예전부터 인간의 운명이란 신의 뜻에 따르는 것이라고 생각해 왔소. 그래서 나는 아무것도 두렵지 않았지만 변덕스러운 운명의 신만은 언제나 두려워해 왔소. 이번 전쟁을 치르는 동안 신이 부드러운 바람처럼 우리들을 보호해 주는 것을 보고, 곧 궂은 일이 닥쳐올 것이라는 것을 짐작하고 있었소.

나는 브룬디시움[19]을 떠나 하루만에 이오니아 해를 건너 코르키라[20]에 도착했고, 닷새 만에 델포이에서 제사를 드리고, 다시 닷새만에 마케도니아에 도착했소. 그리고 제사를 지낸 다음 곧 전투를 시작하여 보름만에 영광스러운 승리를 거두었소. 나는 이런 큰 행운이 오래 계속되리라고는 생각하지 않았소. 왜냐하면 모든 일이 내게 유리하게만 만들어져 적의 위협이 전혀 없었기 때문이오. 내 운명이 곧 뒤바뀌리라고 걱정하기 시작한 것은 적의 대군을 무찌르고 저 전리품들과 함께 왕까지 포로

---

19) 장화 모양같이 생긴 이탈리아 반도의 남쪽으로 복사뼈 자리 뒤쪽에 있는 항구.

20) 코르키라(Corcyra) : 에페이로스 해안 근처에 있는 커다란 섬.

로 잡아 배에 태웠을 때였소. 그러나 우리는 모두 무사히 돌아와 온 나라는 기쁨과 찬사로 가득했소. 그러나 운명의 신은 큰 은혜를 베푼 다음에는 반드시 무슨 값을 요구할 것이라는 것을 나는 알고 있었기 때문에 여전히 걱정은 사라지지 않았었소.

그리고 드디어 내 집안에 이런 일이 생기고 말았소. 개선식을 하는 동안 나는 두 아들을 잇따라 무덤으로 보냈소. 살아 있다면 내 성을 물려받았을 자식들이었소. 그러나 이제는 더 이상 불행이 찾아오지는 않을 것 같소. 내 성공에 대한 값은 이제 충분히 치렀으니 말이오. 인간의 운명은 하루 앞을 알 수 없다는 것을 보여준 페르세우스 못지않게 나도 슬픈 사람이 되어 버린 것이오. 그러나 개선식에 나왔던 페르세우스는 아직도 자식들이 남아 있지만, 그들을 정복했던 아이밀리우스는 자식들을 다 빼앗기고 말았소."

사람들은 그의 훌륭하고 고귀한 이야기를 조용히 들었다. 진실한 마음을 가진 아이밀리우스는 자신의 진심을 사람들에게 이렇게 이야기하였다.

한편 그는 페르세우스의 신세를 가엾게 생각하여 여러 가지로 도와주고 싶어했다. 그러나 그가 할 수 있었던 일은 감옥에서 그를 꺼내어 깨끗하고 조용한 집으로 옮겨준 것이 전부였다.

역사가들의 기록에 의하면, 페르세우스는 갇혀 있는 동안 음식을 모두 거절하며 스스로 굶어 죽었다고 전해진다. 그러나 다음과 같은 특이한 이야기를 전하는 사람들도 있다. 그를 감시하고 있던 병사들이 무슨 이유에서인지 그를 몹시 괴롭혔는데, 나중에는 서로 번갈아가며 소리를 지르고 떠들어 그를 한잠도 잘 수 없게 만들었다는 것이다. 이렇게 해서 그는 결국 피로를 견디다 못해 지쳐서 죽었다고 한다. 그의 아들 중 둘도 페르세우스가 죽은 뒤 얼마 지나지 않아 죽었다. 그러나 셋째 아들인 알렉산드로스는 공예에 뛰어난 솜씨를 보였고 로마 어도 잘 배워 관청의 서기가 되었는데, 부지런하고 재주가 많아 일을 잘했다고 한다.

아이밀리우스가 마케도니아를 정복했던 일은 로마 사람들에게 많은 이익을 가져다주었다. 그가 많은 금과 은을 국고에 들여놓았기 때문에, 아우구스투스 카이사르와 안토니우스의 첫 번째 전쟁이 있던 때, 히르티우스(Hirtius)와 판사(Pansa)가 집정관이었을 때까지 시민들은 전혀 세금을 낼 필요가 없었다.

그렇기 때문에 아이밀리우스는 귀족이면서도 민중들의 존경을 받았고, 민중들의 환심을 사기 위해 애쓰지 않아도 특별한 사랑을 받았다. 스키피오 아프리카누스는 나중에 이 점에 대해서 아피우스의 공격을 받았다.

　이 두 사람은 당시 로마에서 중요한 인물로서 나란히 감찰관 후보로 나서게 되었는데, 스키피오는 원로원과 귀족의 지지를 받고 있었고 아피우스는 민중들의 절대적인 지지를 얻고 있었다. 그런데 아피우스는 스키피오가, 천한 노예의 신분에서 갓 해방된 민중들에게 둘러싸여 포룸에 나타난 것을 보고 외쳤다. "오, 아이밀리우스 파울루스여, 당신이 땅 속에서라도 이 일을 보셨다면 통곡을 하시오. 당신의 아들 스키피오는 거리의 선동자들과 리키니우스 필로니쿠스의 힘을 등에 업고 감찰관이 되겠다고 나섰소."

　그러나 스키피오는 늘 민중의 권리를 더 크게 하기 위해 노력하였으므로 민중들의 인기를 얻었다. 아이밀리우스는 비록 귀족의 편에 속해 있기는 했지만, 민중들에게 아부하는 사람들 못지 않은 사랑을 받고 있었다. 이러한 민중들이 여러 사람들 중에서도 특히 아이밀리우스를 지목하여 그를 감찰관의 자리에 앉힌 것을 보아도 충분히 짐작할 수 있다. 감찰관의 신분은 가장 신성하고 권력있는 자리였고, 사람들의 사생활까지도 단속하는 큰 권력을 가지고 있었다. 행실이 단정하지 못하면 원로원 의원이라도 쫓아낼 수 있었고, 원로원 의장을 임명할 수도 있었으며, 행실이 좋지 못한 기사들은 말을 빼앗아 부끄러움을 줄 수도 있었다. 감찰관은 또 모든 사람의 재산을 조사하고 인구를 등록시키는 일도 맡아 했는데, 아이밀리우스가 감찰관이었을 때의 인구는 34만 7천 4백 52명이었다고 한다.

　아이밀리우스는 원로원 의장으로, 이미 네 번이나 원로원 의원을 지낸 적이 있는 아이밀리우스 레피두스를 임명했다. 그리고 무능한 세 명의 원로원 의원은 관직에서 물러나게 했다. 그는 동료 감찰관이었던 마르키우스 필리푸스와 함께 기사들에 대해서는 관대하고 너그러운 태도를 보여 주었다.

　아이밀리우스는 이렇게 크고 중요한 일을 다 마친 다음 병을 얻어 자리에 눕게 되었다. 처음에는 병세가 위독한 것 같더니 얼마 지난 뒤에는 차츰 나아져서 생명에는 위험이 없다는 것을 알았다. 그러나 그는 이미 늙고 쇠약해져 있었기 때문에 병을 고치기는 힘들었다.

　의사의 권유에 따라 그는 이탈리아 남부에 있는 벨리아에서 요양을 했다. 그리고 그 바닷가에 오랫동안 머무르면서 평화롭고 한가로운 생활을 했다. 로마 시민들은 그가 보이지 않게 된 것을 몹시 섭섭해하며, 자주 모여 기도를 하거나 그의 이름을 부르며 그리워하기도 했다. 이런 소문을 들은 아이밀리우스는 아직 건강이 채 회복되지 않은 몸을 이끌고 로마에 돌아왔다. 그는 제사에 참석하여 다른 제관들과 함께 향을 올리고 제사를 드렸다.

그 다음날 그는 병이 낫도록 도와주신 신께 감사의 기도를 드리고 집으로 들어와 저녁상을 받았다. 그리고 아무런 이상도 느끼지 않고 조용히 혼수 상태에 빠져들어 사흘 동안 지내다가 아무 욕심 없는 얼굴로 생애를 끝마쳤다.

그의 장례식은 그의 높은 인격에 걸맞는 것이었다. 금이니 상아니 하는 값진 물건으로 장식되었다는 것이 아니라, 온 시민들은 물론 적국의 사람들까지도 그에 대한 사랑과 존경을 보냈다는 뜻이다. 로마에 와 있던 이베리아, 리구리아, 마케도니아 사람들까지 모두 그의 장례식에 나왔고, 그 중에서 젊고 힘이 센 사람들이 그의 영구를 메었다. 또 늙은 사람들은 그 뒤를 따르며 아이밀리우스는 나라의 은인이며 보호자였다고 높은 소리로 찬양을 드렸다. 아이밀리우스는 적국을 정복했을 때도 너그럽고 따뜻한 마음으로 적국의 시민들을 다스렸으며, 그 뒤에도 그들을 한 가족처럼 돌보아 주었기 때문이었다. 그가 남긴 유산은 겨우 37만 드라크마 정도였는데, 그 재산은 두 아들에게 물려 주었다. 그러나 작은아들 스키피오는 자신이 양자로 있는 집안은 부유하다며 자기의 몫을 형에게 양보하였다.

아이밀리우스 파울루스의 생애는 이렇게 끝이 났다.

티몰레온과
아이밀리우스 파울루스의 비교

이들 두 사람의 성격을 비교해 보면 뚜렷하게 나타나는 차이는 별로 없다. 전쟁의 공훈에 있어서도 이러한 사정은 비슷하다. 즉, 아이밀리우스는 마케도니아 인과 싸웠고 티몰레온은 카르타고 인과 싸움을 했다. 그리고 두 사람은 모두 영광스러운 승리를 거두어냈다.

아이밀리우스는 마케도니아를 무찌르고 안티고노스의 왕통을 7대에서 꺾었으며, 티몰레온은 시칠리아에서 참주들을 몰아내고 자유를 되찾아 주었으니 그 두 사람의 공적을 누가 낫다고 말하기는 어려울 것이다. 그러나 아이밀리우스는, 여러 번 로마 군을 정복하고 적의 세력이 가장 강할 때 적을 무찔렀지만, 티몰레온이 공격했던 디오니시오스는 이미 궁지에 몰려 아무 힘도 없을 때였으므로 아이밀리우스에게 더 큰 영광을 돌릴 수도 있을 것이다.

그러나 또 다른 한편으로 보면, 티몰레온은 되는 대로 급히 모은 무질서한 용병들을 이끌고도 많은 참주들과 카르타고의 대군에 맞서 싸웠지만, 아이밀리우스는 전쟁 경험도 많고 훈련도 잘 되어 있는 병사들을 지휘했다. 그러므로 두 사람이 전쟁에서 거둔 빛나는 공훈은 비슷하다고 해도 전투에 서투르고 명령에도 잘 복종하지 않는 병사들을 데리고도 그 만큼의 승리를 거둔 티몰레온의 공적이 더 훌륭하다고 말할 수 있을 것이다.

아이밀리우스와 티몰레온은 한결같이 청렴결백한 인물로 찬사를 받았던 사람이었다. 그러나 아이밀리우스는 어렸을 때부터 그 나라의 풍조를 익혀 왔으므로 좀 더 유리한 조건에 있었다. 그러나 티몰레온은 그런 조건의 도움을 받지 못했기 때문에 타고난 본성이 깨끗했다고 생각할 수 있다. 그 시대의 로마 사람들은 누구나 다 질서를 지키고 명령에 복종하며, 법과 여론을 존중하였다. 그러나 디온을 제외하면 시칠리아의 모든 그리스 장군들은 뇌물로 시칠리아 문제를 처리하고 있었다. 그리고 디온조차도 스스로 왕이 될 생각을 꿈꾸고 있었다고 보는 사람들이 많았다.

티마이오스의 기록을 보면, 길리포스는 탐욕적인 사람으로 군사령관을 지낼 때 받은 뇌물이 들통나서 위신을 잃었고, 다른 역사가들은 스파르타의 파락스와 아테네의 칼리포스가 시칠리아의 왕이 되기 위해 못된 행동을 하고 다녔다고 기록하였다. 파락스는 디오니시오스가 시라쿠사에서 망명해 떠돌아다닐 때 그를 따라다니던 자였고, 칼리포스는 디온 밑에 고용되어 있던 보병대장에 지나지 않았다. 그러나 티몰레온은 시라쿠사 인들의 간청으로 그들의 대장이 되기 위해 건너온 사람이었던 만큼 충분한 권력을 가지고 있었다. 그렇지만 티몰레온은 시라쿠사 인들이 자기에게 군과 정치를 맡아 달라고 했을 때도, 모든 시칠리아의 폭군들을 없애고 나서는 깨끗이 권력을 내던져 버렸다.

또 아이밀리우스는 마케도니아 같은 넓고 부유한 나라를 정복하고도 금전에는 한 푼도 손을 대지 않았다. 그는 많은 재물을 다른 사람들에게 나누어 주었으며 자신은 왕의 재물을 건드리지도 않았던 것이다. 그러나 이것은 좋은 집과 땅을 선물받았던 티몰레온을 비난하려는 뜻으로 하는 말은 아니다. 그가 훌륭한 일을 했기 때문에 이런 상을 받았다는 것은 결코 부끄러운 일이 아니기 때문이다. 그렇지만 티몰레온이 그것을 사양했더라면 그의 명예가 더욱 빛났을 것은 물론이다. 그러나 그렇게 한다는 것은 마땅히 받아도 좋은 것을 거절하는 것이므로 인간 이상의 덕이 필요한 일일지도 모른다.

강하고 튼튼한 사람의 신체는 아무리 춥거나 더워도 잘 견디듯이 가장 고결한 정신은 세력이 높을 때도 자만하지 않고 운이 나쁠 때도 비굴해지지 않는 것이다. 그렇게 볼 때 아이밀리우스의 덕은 한층 더 완전에 가까웠다고 생각할 수 있겠다. 그는 두 아들을 한꺼번에 잃는 큰 불행을 당하고도 큰 승리를 거두었을 때에 못지않은 의지력과 위엄을 보여 주었기 때문이다.

그러나 티몰레온은 그의 형에 대해 훌륭하고 고상한 행동을 했으면서도 자신의 감정을 억누르지 못하여 20년 동안이나 후회와 상심 속을 헤매며 세상 사람들을 멀리하였다. 사악한 행동을 보고 몸서리치며 물러서는 것은 당연하지만, 세상 사람들의 비평을 일일이 생각하며 두려워하는 것은 온순하고 정직한 성격을 드러내는 증거는 될 수 있어도 그것을 늠름한 기상이라고는 말할 수 없을 것이다.

15
펠로피다스
(PELOPIDAS, BC 410경~ 364)

히포클로스의 아들로, 그리스 보이오티아 지방 테베의 명문 집안에 태어나 유복하게 자라났다. 에파미논다스와의 우정으로 유명하며, 용감하고 성실한 성품을 지녔다. 레욱트라와 테기아에서 빛나는 전승을 거두었고, 망명 중에는 테베의 전제자들을 몰아냈다. 그가 이끄는 전투는 모두 승리를 거둔 뛰어난 장군이었으나, 알렉산드로스와 싸우다가 전사하였다.

싸움터에 나가기만 하면 용감하게 싸우는 병사를 칭찬하는 어떤 사람에게 카토는 이렇게 말했다.

"용기를 존중하는 것과 생명을 아끼지 않는 것은 다르다."

안티고노스 왕의 부하 중 건강이 좋지 않은데도 불구하고 아주 용감한 병사가 있었다. 왕은 그 사람을 불러 얼굴빛이 나쁜 까닭을 물었다. 그러자 그는 병이 있다고 대답했다. 왕은 즉시 유명한 의사들에게 그의 병을 고쳐 주라고 명령했다. 그런데, 이 병사는 병이 차츰 나아지자 위험을 무릅쓰고 용감히 싸우는 일이 없어졌다. 왕이 이를 괘씸히 여겨 병사를 꾸짖자 병사는 숨기지 않고 속마음을 털어놓았다.

"대왕님께서 병을 고쳐 주셨기 때문에 용감히 싸울 수 없습니다. 예전에는 몸이 병들어서 목숨이 아까운 줄 몰랐습니다."

이와 비슷한 이야기로 시바리스 인[1]은 스파르타 사람들에 관하여 이런 말을 했다.

---

1) 시바리스(Sybaris) : 이탈리아 남부에 자리한 도시. 옛날 그리스의 식민지였으며 타렌툼 만에 접하고 있는 교통의 요지였다. 한때 국력을 떨쳤던 도시였으며 사치와 방탕함으로 이름이 높았다. 지금도 시바리티즘이라는 말은 사치나 향락주의자를 뜻한다.

"그들이 전쟁에서 목숨을 아끼지 않는 일은 조금도 칭찬할 것이 못된다. 왜냐하면 그들은 고생을 하면서 몹시 초라하게 살고 있기 때문에 기꺼이 목숨을 버릴 수 있는 것이기 때문이다."

호화롭고 문란한 생활을 하고 있던 시바리스 인들은 스파르타 사람들이 명예 때문에 죽음을 두려워하지 않는다고 생각했다. 그러나 스파르타인들이 죽음을 겁내지 않은 이유는 그들의 용기 때문이었다. 그것은 다음의 시에도 잘 나타나 있다.

여기에 그들이 잠들어 있도다.
피를 헛되이 뿌리지 않았고
죽음을 높이 여기지도 않았다.
그들은 죽음과 삶을 원하지 않았다.
단지 삶과 죽음을 거룩하게 했을 뿐이다.

죽음을 피하려는 것이, 살기를 천박하게 원하지만 않는다면, 나무랄 일은 아니다. 또한 기꺼이 죽으려는 것이 목숨을 경시하는 데서 나오는 것이라면 그것도 역시 좋은 일이 못된다.

시인 호메로스는 전쟁터로 나가는 용감한 영웅들을 항상 튼튼히 무장시켜 내보냈다고 한다. 그리스의 법을 제정한 사람들은 전쟁 중에 방패를 버린 사람은 엄하게 벌하면서도 창이나 칼을 내던진 사람은 벌하지 않았다고 한다. 이것은 자기 몸을 지키는 일이 남을 공격하는 일보다도 더 중요하다는 점을 뚜렷이 보인 것이다. 이러한 점은 도시의 통치자나 군대의 사령관에게는 더욱 필요한 것이다. 이피크라테스가 말한 바와 같이, 경무장병은 손, 기마병은 발, 보병은 가슴, 장군은 머리라고 한다면, 장군이 위험한 곳에 가는 것은 그 사람만의 위험이 아니라 그에게 의지하는 모든 사람의 위험이 된다. 그래서 한 사람의 생명을 아끼는 일은 모든 사람의 생명을 보호하는 것이나 다름없는 일이다.

큰 인물이었던 칼리크라티다스는 점술가가 생명이 위험하니 조심하라고 했을 때 옳지 못한 태도를 보였다.

"스파르타에 한 사람쯤 없어지는 걸 가지고 뭘 그러십니까?"

만약 칼리크라티다스가 한 병사로 전투에 참가했다면 단순히 한 사람일지 모르지만 장군으로 나왔다면 상황은 달라진다. 모든 병사들의 생명이 그에게 달려 있기 때문이다. 그리고 자신의 죽음으로 인해 많은 사람들이 피해를 보았으니 그의 생각은 잘못된 것이었다고 말할 수 있을 것이다.

한편 안티고노스는 의미 있는 말을 전했다. 그가 안드로스 섬 근처 바다에서 싸움을 준비하고 있을 때 한 병사가 적의 배가 더 많다는 사실을 알렸다. 그러자 안티고노스는 그에게 물었다. "그러면 너는 나를 몇 척의 배로 계산했느냐?"

그는 용감하고 유능한 지도자 한 사람이 배 몇 척보다 더 중요하다는 것을 병사에게 깨닫게 해주었던 것이다. 카레스가 아테네 시민들에게 그가 입은 상처와 창으로 뚫린 방패를 자랑하고 있을 때, 티모테오스 장군은 그를 비웃었다.

"나는 사모스를 포위하고 있을 때 내 옆으로 날아오는 창을 수치스럽게 여겼소. 그것은 '대군을 거느린 장군이 지나치게 혈기에 찬 행동을 해서 목숨을 위태롭게 만들었구나' 하는 생각에서였소."

장군이 한 개인으로서 용기를 자랑하는 일이 승리와 패배를 결정짓는 중요한 요인이라면 위험을 무릅쓰고 몸소 싸워야 하는 것은 당연한 일일 것이다. 그런 경우라면 "장군은 노환으로 죽어야 한다. 적어도 늙도록 살아야 한다"는 말 따위는 생각하지 않아도 된다. 그렇지만 위험을 무릅쓰고 싸움을 했는데도 얻는 것이 적고 목숨을 잃어 더 큰 손실을 보았다면 아무도 목숨을 걸고 나서는 사령관을 바라지 않을 것이다.

펠로피다스와 마르켈루스는 다같이 위대한 인물이었지만 둘 다 경솔하게 행동하다가 목숨을 잃었다. 그들은 용기 있는 장군들이었다. 나라를 위해 강한 적과 싸우면서 공을 세우고 세상에 위대한 이름을 떨쳤다. 한 사람은 일찍이 싸움에 져본 적이 없었던 한니발을 격파하였고, 또 한 사람은 당시 바다와 육지에서 패권을 잡고 있던 스파르타 군을 물리쳤다. 그러나 훌륭한 인물이 절실히 요구되던 때 그들은 지나치게 모험을 하다가 생명을 잃어버리고 말았다.

히포클로스의 아들 펠로피다스는 에파미논다스와 마찬가지로 테베의 명문 집안 출신이었다. 젊은 나이에 많은 재산을 상속받았지만 자신은 재산의 주인이지 재산의 노예가 아니라며, 그 재산으로 가난하지만 선량하고 유능한 사람들을 많이 도왔다.

"대부분의 사람들은 마음이 좁아 재물을 쓸 줄 모르거나 허영심 때문에 잘못 쓰는 경우가 많다. 전자의 사람들은 자기 욕심의 종이 되고 후자의 경우는 쾌락의 종이 된다"는 아리스토텔레스의 말처럼 그는 자기 욕심의 노예가 되는 것을 거부했고 쾌락의 종이 되는 것도 물리쳤던 인물이었다.

그런데 다른 모든 사람들은 펠로피다스의 도움과 은혜를 고맙게 여겼지만 오직 에파미논다스만은 그에게 한 푼의 신세도 지려고 하지 않았다. 펠로피다스는 그의 고집을 알고 그를 따라 헌 옷을 걸치고 그처럼 식사하고 무술을 닦으며 고생을 참았다. 에우리피데스의 글에 있는 카파네오스[2]가 "큰 부자였지만, 부자라고 해서 조금도 뽐내지 않은 것"처럼, 펠로피다스는 테베에서 가장 가난한 사람보다 조금이라도 더 사치스런 생활을 하는 것을 오히려 수치스럽게 여겼던 사람이다.

원래 가난한 에파미논다스는 혼자 생활을 하면서 가난을 쉽게 견뎌낼수 있었다. 그러나 펠로피다스는 소문난 결혼을 하였고 자식들도 둔 처지라 주위에서 충고가 잦았다. 그는 돈을 아끼지 않고 나라를 위해 모든 시간을 바쳤기 때문에 재산이 기울어져 있었다. 그의 친구들은 그에게 사람이 살아가려면 돈이 필요하니 무시하지 말라고 충고했다. 그러자 그는 곁에 있는 눈 멀고 다리를 저는 사람을 가리키며 이런 말을 했다.

"물론 재산은 필요하지. 저기 있는 가난한 니코데모스를 위해서 말일세."

펠로피다스와 에파미논다스는 모든 방면에서 뛰어난 재능을 가지고 있었다. 펠로피다스는 신체 단련하기를 좋아했고, 에파미논다스는 학문을 즐겼다. 한 사람은 틈만 나면 사냥과 운동으로 시간을 보냈고, 또 한 사람은 연설을 듣고 사람들과 토론하는 데 시간을 보내곤 했다.

이 두 사람의 우정은 각별한 것이었다. 어떤 위기에서나 공적인 일을 해나가는 데에서 둘의 우정은 한결같았다. 아리스티데스와 테미스토클레스, 키몬과 페리클레스, 니키아스와 알키비아데스의 관계가 정치적 사정이 변할 때마다 서로 의심하고 미워하며 시기했다면, 펠로피다스와 에파미논다스는 그들과는 달랐다. 서로 함정에 빠뜨리는 일도 없었고 미워하지도 않았으며 정치나 군사에 있어 가장 참된 친구로 지냈다. 그들의 우정이 깊어진 것은 둘 다 덕성이 두터운 탓이었다. 그들은 부나 명예를 위해 행동하지 않았을 뿐더러 나라의 영광을 위해 애쓰며 서로의 장점을 자기 것으로 생각하는 사람들이었다.

---

2) 테베를 공격한 일곱 명의 용사 중 하나로 신화적인 인물이다. 그는 성벽을 기어오르면서 제우스도 나를 막지 못할 것이라고 뽐내다가 벼락에 맞아 죽었다고 한다.

세상 사람들은 그들의 깊은 우정이 만티네이아 전쟁[3]때부터 시작되었다고 한다. 당시 그들은 테베의 동맹국이던 스파르타에서 보낸 증원 부대에 함께 참가하여 싸우고 있었다. 그런데 이 전쟁 중에 스파르타 부대의 한 귀퉁이가 무너져서 많은 병사들이 도망치는 일이 생겼다. 그러나 힘겨운 싸움에도 두 사람은 끝까지 싸웠다.

펠로피다스가 정면에 일곱 군데나 상처를 입어 급기야 적과 아군의 시체더미 위에 쓰러지자, 에파미논다스는 그의 생명을 지킬 길이 막막함을 알면서도 펠로피다스의 무기와 몸을 지키며 목숨을 걸고 많은 적과 맞섰다. 그 역시 가슴은 창에 찔리고 어깨는 칼에 맞아 성한 몸이 아니었다. 그때 마침 스파르타 왕 아게시폴리스가 달려와서 다행히 두 사람의 생명을 구해 주었다.

이런 일이 있은 뒤 스파르타 사람은 테베의 우방이라고 말하면서도 내심은 테베인들의 의지와 힘을 질투하였다. 특히 그들은 이스메니아스와 안드로클레이데스가 주동이 되어 있는 당을 유독 싫어하였다. 이 당에는 펠로피다스도 끼어 있었는데, 이들은 서민들의 생활을 향상시키고 자유를 넓히는 일을 하고 있었다.

귀족파에 속하는 아르키아스와 레온티다스 및 필리포스 등은 대군을 거느리고 테베를 통과하고 있는 스파르타인 포이비다스를 자기들 편으로 만들어 우선 카드메아를 공격하게 하였다. 반대파인 당을 없애고 귀족의 정권을 세우려는 속셈에서였다. 이 제안을 승낙한 포이비다스는 데메테르 제전을 지내고 있는 테베를 갑자기 습격하고 이스메니아스를 체포하여 스파르타로 이송시켰다. 그리고 얼마 후 그를 죽이고 말았다.

펠로피다스와 페레니코스, 안드로클레이데스 등 많은 애국자들에게는 정치범이라는 죄인의 낙인이 찍혔다. 그러나 에파미논다스는 아무 일도 할 수 없을 것이라고 생각했는지 그냥 내버려 두었다. 그는 철학에만 몰두하고 있어서 실천력이 없다고 본 것이었다.

스파르타인들은 포이비다스를 군사령관 직에서 해임시키고 10만 드라크마의 벌금을 물게 하였다. 그러나 카드메아에는 그대로 군대를 주둔시켰다. 그런데 이것이 마치 폭행자는 처벌하면서도 폭행 그 자체는 인정하는 꼴이 되었다. 테베 인들은 그

---

3) 여기서 말하는 만티네이아 전쟁은 에파미논다스가 전사한 전쟁과는 다른 것이다. 이 전쟁은 스파르타를 돕기 위한 전쟁으로 제98 올림피아드 제3년에 일어난 일로 알려져 있다.

들의 정권이 허물어지자 아르키아스와 레온티다스에게 복종하지 않을 수 없게 되었다. 더욱이 이 두 사람이 스파르타인의 병력으로부터 보호받고 있는 것을 보고는 그들의 억압으로부터 벗어날 희망마저 잃어버리게 되었다. 이렇게 되자 스파르타로부터 바다와 육지의 세력을 빼앗기 전에는 그들의 사슬에서 풀려나올 수단은 아무것도 없는 것처럼 보였다.

레온티다스와 그의 일당은 망명자들이 아테네에 살며 민중들로부터 호의적인 대접을 받고 선량하고 덕이 있는 상류계급 인사들에게는 존경을 받고 있다는 것을 알자, 그들을 해치려는 계획을 세웠다. 그들은 우선 자객을 보내어 안드로클레이데스를 살해하였다. 그러나 다른 사람의 암살은 실패로 돌아가고 말았다.

한편 스파르타로부터 아테네에 명령이 내려왔다. "테베로부터 절대 망명자들을 받지 말 것이며, 여러 동맹국들 전체가 정치범이라고 찍은 자들이니 그들을 국경 밖으로 추방하라"는 경고문이었다.

그러나 아테네 사람들은 천성이 친절한 사람들이었다. 그리고 테베로부터 민주정치를 되찾을 때 큰 도움을 받았던 일도 있었다. 당시 아테네가 전제자를 타도하기 위하여 무장을 한 채 테베 국내를 통과했는데도, 테베는 그 군대를 보지도 듣지도 말라는 법령을 내렸었다. 그래서 아테네인들은 그런 은혜에 감사하고 보답하기 위하여 망명자들을 해치지 않기로 하였다.

펠로피다스는 망명자들 중에서 가장 젊은 사람이었지만 다른 사람들을 격려하기 위하여 비밀리에 많은 활약을 했다. 그는 때때로 망명자들 모임에서 이런 말을 하기도 했다. "외국 수비병이 우리나라의 곳곳에 주둔해 있습니다. 동포들은 노예나 다름이 없습니다. 그런 것을 보면서도 자기 목숨이 아까워서 남의 나라 눈칫밥이나 먹고 지내다니 이것은 수치스러운 일이 아닐 수 없습니다. 이것은 신이 두려운 줄 모르고 하는 짓입니다. 우리들은 트라시불로스의 대담한 용기와 애국 정신을 본받아 맹렬히 일어서야만 합니다. 그가 아테네의 독재자를 물리친 것처럼 우리도 테베의 자유를 찾아야 하는 것입니다."

펠로피다스는 동지들의 찬성을 얻자 곧바로 테베에 남아 있는 동지들에게 비밀리에 자신들의 계획을 알렸다. 계획은 차근히 진행되었다. 테베의 일류명사 카론으로부터는 그의 집을 동지들의 모임 장소로 얻을 수 있게 되었다. 한편 필리다스는 술책을 써서 그 무렵 고위 장군의 자리에 있던 아르키아스와 필리포스의 비서관이 되었다. 적의 기밀을 빼내기 위해서였다.

또 에파미논다스는 오래 전부터 청년들과 많은 모임을 갖고 그들의 정신을 일깨우고 있었다. 그는 경기장에서 청년들에게 스파르타인들과 씨름을 곧잘 시켰다. 그리고 테베 청년들이 이기면 곧바로 이렇게 꾸짖었다.

"체력에서는 스파르타 사람을 이기면서도 그들에게 굴종한다면 이것은 더욱 수치스러운 일이 아닐 수 없소."

드디어 거사 날짜가 결정되었다. 망명자들은 시내로 들어가는 가장 위험한 임무를 몇몇의 청년들에게 맡기고 다른 사람들은 페레니코스와 함께 아티카에 있는 트리아시아 평야에 남아 있기로 하였다. 그리고 만일 시내로 들어간 청년들에게 문제가 생길 경우에는 남아 있는 사람들이 가족들의 생활을 책임지기로 약속하였다.

먼저 시내로 들어가기를 자원한 사람은 펠로피다스였다. 그를 따라 멜론, 다모클리데스, 테오폼포스 등이 따라 나섰다. 그들은 모두 명문 집안 출신들이었으며, 명예와 용기에 있어서도 서로 지지 않으려는 용감한 사람들이었다.

결사대는 모두 열두 명으로 조직되었다. 그들은 남아 있는 사람들에게 작별인사를 하고 카론에게 사람을 보냈다. 그리고 짧은 웃옷에 사냥 때 사용하는 작대기를 든 차림으로 사냥개를 앞세우고 길을 떠났다. 이들의 이런 차림은 마치 사냥꾼이 들판에서 짐승을 쫓고 있는 것으로 보여 사람들을 만나도 의심을 받지 않도록 하기 위한 것이었다.

먼저 카론을 찾아간 사람이 동지들이 가까이 오고 있음을 알리자, 카론은 위험한 상황임을 알면서도 처음의 결심을 바꾸지 않았다. 그는 명예를 존중하는 사람답게 그들을 자기의 저택으로 불러들였다.

그러나 애국자이며 망명자의 친구인 히포스테니다스는 막상 큰일을 당하자 그에게 닥쳐오는 모험이 너무나 커 겁부터 먹는 눈치였다. 그는 일이 이렇게까지 진행되자 그들이 하려는 일이 스파르타의 정권을 전복시키는 일임을 알고 두려워졌다. 그래서 그는 몰래 집으로 돌아가서 멜론과 펠로피다스에게 사람을 보내어, 아직은 때가 이르니 다시 좋은 기회를 기다리도록 하라고 전하려고 했다. 그리고 이 말을 전할 클리돈이라는 사람에게 급히 집으로 돌아가라고 시켰다.

그런데 그가 떠날 채비를 하면서 말고삐를 찾는데 이상하게도 말안장이 보이지 않았다. 그의 아내가 말안장을 이웃 사람에게 빌려준 것이었다. 이 일로 부부는 말다툼을 하게 되었다. 언쟁이 심해지자, 부인이 목소리를 높이며 말했다. "이런 심부름은 가려는 사람이나 시킨 사람이나 분명 좋지 않은 일을 당할 테니 두고 보세요!"

클리돈은 말다툼으로 인해 많은 시간을 허비한 데다가 아내의 말을 듣고 보니 불길한 생각을 떨쳐 버릴 수가 없었다. 그래서 그는 결국 심부름을 그만두고 말았다. 이 영광스럽고 위대한 계획은 자칫하면 시작이 잘못되어 기회를 잃을 뻔했던 것이다.

한편 펠로피다스와 그의 동지들은 각자 흩어져 해가 저물기 전에 시내로 숨어 들어갔다. 그 날은 찬바람이 불고 눈까지 휘날렸기 때문에 집 밖으로 나오는 사람들이 없어서 그들은 별로 눈에 띄지 않았다. 일행은 그들의 동지들을 만나 곧바로 카론의 집으로 갔다. 카론의 집에는 망명하였던 사람들까지 합하여 모인 사람이 모두 48명에 이르렀다. 그리고 적의 기밀을 빼내려고 들어간 비서관 필리다스는 그 날 아르키아스 일파를 초대하였다. 필리다스는 적들에게 술자리를 베풀고 마음껏 마시고 놀도록 했다. 그들이 술에 취하여 정신이 없을 때 자객에게 그들을 넘겨 주려고 한 것이었다.

그런데 아르키아스가 아직 술에 취하기도 전에 망명자들이 시내에 숨어 들어왔다는 소식이 들려왔다. 그러나 이것은 사실이기는 했지만 아직 확실한 증거는 없었고 다만 망명자들이 시내에 잠입했다는 소문일 뿐이었다.

필리다스가 다른 이야기로 화제를 돌리려고 하자 아르키아스는 호위를 맡은 부하 한 사람을 카론의 집으로 보내어 곧 출두하라는 말을 전하게 했다.

이미 해는 저물어 펠로피다스를 비롯하여 집 안에 있던 사람들은 갑옷을 입고 칼을 차 언제라도 행동을 시작할 수 있게 준비를 갖추고 있었다. 그때 아르키아스의 호위병이 도착했다. 한 사람이 달려가 그가 전하는 말을 전해 들었다. 달려 나갔던 사람은 전제자들이 카론을 호출한다는 것을 알자 크게 놀라며 다른 동지들에게 그 사실을 알렸다.

동지들은 모두가 어찌할 바를 몰라 허둥댔다. 계획이 탄로나 행동을 시작하기도 전에 모두 전멸할지도 모르는 일이었다. 그러나 장군의 의심을 덜어 주기 위해서라도 명령대로 출두하는 것이 좋겠다고 모두가 의견을 모았다.

카론은 크게 망설였다. 그는 어떠한 위험에 부딪쳐도 두려워하지 않는 인물이었다. 그러나 배반자로 의심을 받고 자기 하나 때문에 많은 용사들이 떼죽음을 당할까 봐 몹시 두려웠던 것이다. 그는 집을 나서기 전에 아들을 여자들의 방으로 데려갔다.

아들은 아직 어렸지만 같은 나이 또래 중에서도 눈에 띄게 건강하고 귀여운 아이였다. 그는 이 아이를 펠로피다스에게 맡겼다.

"이 아이를 당신에게 맡기겠소. 그리고 만일 내가 배반을 했다고 생각되면 이 아이를 가차없이 죽이시오."

카론의 말을 듣고 여러 사람은 눈물을 흘렸다. 그러면서도 한편으로는 모두들 그를 나무랐다. 큰 어려움이 닥쳤다고 해서 그를 의심하는 비겁한 사람은 없었던 것이다. 그리고 어린아이를 이곳에 있게 하지 않고 위험이 적은 곳으로 보내면 전제자의 권력을 피해 있다가 나중에 나라를 위해, 또는 그의 동지들을 위해 복수하게 될 것이 아니냐고 타일렀다.

그러나 카론은 단호히 그 아이를 다른 곳에 보내는 것을 거절했다.

"내 아들이 자신의 아버지와, 그리고 이렇게 많은 용감한 동지들과 함께 용감히 죽는다면 그것은 의미 있는 삶이며 또한 안전한 것이오."

카론은 동지들 각자에게 인사를 나눈 다음 얼굴 가득히 미소를 머금은 채 밖으로 나갔다. 카론이 적의 문 앞에 당도하자, 아르키아스가 필리다스와 함께 그를 맞아 주었다.

"지금 막 들은 소식이오. 어떤 사람들이 시내로 들어와 숨어다니면서 시민 중 어떤 자와 내통하고 있다고 하오."

카론은 움찔 놀라며 되물었다. "그들이란 누구를 말하는 겁니까? 시민 중의 어떤 사람이라니 도대체 누구를 가리키는 것입니까?"

아르키아스가 아무 말도 못하자, 그는 아르키아스가 사건의 진상을 채 알지 못하고 있다는 것을 짐작했다. 이 계획에 참여한 사람으로부터 정보가 흘러간 것은 아니라는 것이 확실해졌다. "근거없는 소문에 마음 쓰지 마십시오. 낭패가 없도록 저희가 조사해 보겠습니다."

카론의 말에 옆에 서 있던 필리다스가 그렇게 하라고 말했다. 필리다스는 아르키아스를 안으로 데려가 술을 권한 다음, 이제 곧 미녀들이 나올 것이라면서 술자리를 오래 끌었다.

카론이 다시 집으로 돌아왔을 때 집에 있던 동지들은 이미 목숨을 내걸고 싸울 각오를 하고 있었다. 카론은 펠로피다스와 그의 동지에게는 사실을 이야기했다. 그리고 다른 사람들에게는 아르키아스가 다른 일로 자신을 불렀다고 적당히 거짓말을 했다.

그러나 이런 파란이 간신히 지나가고 나자, 운명의 신은 또 다른 어려움을 던져 주었다. 그것은 아테네의 최고 제관인 아르키아스가 같은 이름의 아르키아스에게 편지를 보내온 일이었다. 그 편지에는 뒤에 가서 알게 된 일이지만 막연한 추측으로 쓴 것이 아니라, 이 음모에 대해 폭로한 보고가 자세하게 적혀 있었다.

그 편지를 가지고 온 사람은 술에 취한 아르키아스에게 편지를 주었다.

"이 편지를 쓰신 분은 각하께서 곧바로 읽어 주시기를 바라고 있습니다. 아주 급한 것이라고 하시더군요."

"그래? 그렇게 긴급한 일이라면 내일로 미루어야겠군."

아르키아스는 이렇게 말하며 편지를 한 쪽으로 밀어놓고 필리다스와 하던 얘기를 계속했다. 이 때 그가 했던 이 말은 오늘날까지 그리스 사람들 사이에서 격언처럼 남아 있다.

어려움이 사라지자 일동은 "이제야말로 때가 왔다"며 두 패로 나누어 출발했다. 펠로피다스와 다모클리데스가 거느린 한 패는 레온티다스와 히파테스를 습격하기로 하였다. 이 두 사람은 이웃에 함께 살고 있었다.

그리고 카론과 멜론의 지휘하에 있는 나머지 패는 아르키아스와 필리포스에게 갔다. 그들은 갑옷 위에 여자옷을 걸치고 전나무와 소나무 가지로 엮은 모자를 써서 얼굴을 가렸다.

그들이 적의 문 앞에 나타나자 손님들은 기다리던 미인들이 왔는 줄 알고 모두 박수를 쳤다. 그들은 방 안을 둘러보고, 사람들을 주의깊게 살펴본 다음 칼을 빼들었다. 그리고 곧장 아르키아스와 필리포스를 향해 달려들었다.

필리다스는 다른 손님들에게 가만히 앉아 있으라고 말했지만 손님들은 그의 말을 따르지 않았다. 그러나 자신들의 장군을 구하려고 일어선 사람들은 이미 술에 잔뜩 취해 있는 상태였다. 그래서 일행은 비틀거리는 자들을 간단히 처치할 수 있었다.

한편 펠로피다스 일행의 일은 쉽게 풀리지 않았다. 레온티다스는 술을 먹지 않는 사람일 뿐더러 그 날 따라 문을 잠그고 이미 잠들어 있었다. 오래도록 문을 두드렸지만 사방은 잠잠했다. 한참 후 하인이 그 소리를 듣고 나와 빗장을 열어 주었다. 일행은 재빨리 하인을 처치하고 침실로 향하였다.

레온티다스는 소란한 소리를 듣고 사태가 심상치 않음을 짐작하고 단도를 집어들었다. 만약 그가 불만 껐더라면 침입자들끼리 어둠 속에서 치고받게 할 수 있었을지도 모르는 일이었지만, 그는 등불을 끌 생각을 미처 하지 못한 채 침입자들을 맞았다.

불빛으로 환히 보이는 침실 문 앞에 서서 그는 맨 먼저 들어온 케피소도로스를 한 칼로 찔러 죽였다. 그가 쓰러지자 펠로피다스가 덤벼들었다. 좁은 곳에서 케피소도로스의 시체를 넘나들며 처절한 싸움이 벌어졌다.

마침내 펠로피다스는 레온티다스를 죽이고, 일행은 곧 히파테스를 습격하였으며 같은 방법으로 집 안으로 침입했다. 그러나 히파테스는 집에 없었다. 이미 사태를 눈치 채고 다른 곳으로 몸을 숨긴 뒤였다. 일행은 그를 추적하여 숨어 있는 그를 찾아내어 살해하였다.

목적을 이룬 일행은 멜론의 패와 다시 합쳤다. 그러고는 아티카에 남아 있던 망명자들에게 빨리 오라는 기별을 보냈다. 그리고 시민들을 모아 해방을 이루자고 호소했다. 그들은 공회당 복도를 장식한 전리품의 무기를 꺼내 근처에 있는 무기 상인의 가게를 부수고 들어가 자기들을 도우려고 모여든 사람들을 무장시켰다. 그러는 동안에 파미논다스와 고르기다스는 청년단과 노인 부대를 완전무장시키고 대열에 합류했다.

이렇게 되자 시내는 큰 혼란에 빠졌다. 집집마다 불을 밝히고 우왕좌왕하는 사람들로 번잡을 이루었다. 시민들은 아직 무엇이 어떻게 되어 가는 것인지 알지 못해 날이 밝기만을 기다리고 있었다.

이 때 주둔하고 있던 스파르타 군은 1천5백 명이나 되었다. 많은 사람들이 줄지어 부대로 달려갔지만 곧바로 시내로 나와 진압하지는 않았다. 그들은 고함소리와 횃불, 사방에서 몰려드는 사람들 무리에 놀라 움직이지 않고 카드메아만 지키고 있었던 것이다.

날이 밝자 아테네로부터 무장을 갖춘 망명자들이 달려왔다. 그들은 시민대회를 열었다. 에파미논다스와 고르기다스는 펠로피다스와 그 동지들을 인도했고, 제관들은 화관을 들고 그들을 둘러싼 채 시민들을 향해 그들의 나라와 그들의 신을 위해 싸워야 한다고 연설을 했다. 모여 있는 군중들은 이들이 나타나자 일제히 일어서서 그들을 은인이라 부르며 환호했다.

멜론, 카론과 함께 장군으로 뽑힌 펠로피다스는 스파르타 군이 지키고 있는 카드메아를 포위하고 사방에서 공격하기 시작했다. 본국 스파르타에서 증원 부대가 오기 전에 카드메아를 다시 찾자는 것이었다. 펠로피다스는 수비대를 쫓아내는데 간신히 성공하여, 수비대는 항복하고 스파르타로 돌아갔다. 그런데 메가라에 이르던 도중 대군을 이끌고 테베를 공격하기 위해 오는 클레옴브로토스와 부딪치게 되었다. 스파르타는 테베의 총독으로 와 있던 세 사람 중 헤리피다스와 아르키소스를 사형에 처하고[4] 리사노리다스에게는 중한 벌금을 물게 하고 추방시켜 버렸다.

그리스인들은 이 일을 가리켜 트라시불로스 사건과 '자매' 사건이라고 부른다. 왜냐하면 그 사건은 주동자들의 용기와 그들의 위험, 그리고 운이 좋았던 점에 있어서 매우 비슷한 부분이 많았기 때문이다. 많지 않은 수의 군사로 오직 대담성과 기술만으로 자기들보다 강한 적을 정복한 것이었다. 그리고 이 사건이 특히 의의가 깊은 것은 그 이후까지 큰 영향을 주었기 때문이었다.

바다와 육지에서 세력을 잡고 있던 스파르타의 권세를 끝장나게 한 이 전쟁은 그날 밤부터 시작되었던 것이다. 그 날 밤 펠로피다스는 견고한 요새, 도성, 혹은 성채를 습격한 것이 아니었다. 그는 열두 사람 중의 한 사람으로서 강하게만 보이던 스파르타의 쇠사슬을 한 번에 부수어 버린 것이었다.

그 일이 있고 난 후 스파르타는 군사를 동원하여 보이오티아(테베)를 침입하였다. 그것을 보고 아테네 사람들은 크게 겁을 집어먹고, 테베의 동맹국이 아니라며 성명을 내고 보이오티아를 위해 애쓰고 있는 사람들을 법정에 고발하거나 벌금을 물게 하고 추방시켰다. 테베의 사정은 아주 위태로워졌으며 어느 나라도 도움을 주려고 하지 않았다. 그러자 장군이 된 펠로피다스는 동료 고르기다스와 함께 아테네와 스파르타를 이간질시키는 계책을 쓰기로 하였다.

그 무렵, 스파르타 장군 스포드리아스는 테베의 배반자들이 자수해 오는 것을 보호하기 위하여 군을 이끌고 테스피아이에 머물고 있었다. 그는 전장에서는 용맹스러웠지만 판단력이 부족한 사람이어서 터무니없는 희망과 어리석은 야심을 지니고 있었다. 펠로피다스와 그의 동료들은 그 장군에게 한 장사꾼을 비밀리에 보내 많은 돈을 주게 하고, 그의 마음을 끌어들이자는 제안을 했다.

"장군처럼 재능이 있으신 분이야말로 위대한 공을 세우셔야 합니다. 스파르타에게 아테네를 빼앗는 것만큼 즐거운 일은 다시 없을 것입니다. 그러니 방비가 허술한 아테네를 공격하셔서 피라이우스를 빼앗는 것이 어떻겠습니까? 더군다나 테베 인들은 아테네인을 배신자라 하여 아주 싫어하고 있기 때문에 군대를 출동시키

---

4) 수비의 임무를 맡은 자는 그곳에서 칼을 손에 쥔 채 전사해야 한다고 스파르타인들은 생각했다.

지 않을 것입니다."

이 술수에 넘어간 스포드리아스는 군대를 거느리고 밤중에 아테네 영토로 침입하여 엘레우시스까지 나갔다. 그러나 부하들은 싸울 생각도 없었고 이미 기습 계획이 탄로나 있었다. 결국 그는 스파르타를 위험한 전쟁에 몰아넣는 꼴만 만들어 놓았다. 그래서 그는 테스피아이로 되돌아오고 말았다.

일이 이렇게 되자 아테네는 다시 테베와 굳은 동맹을 맺고 모든 바다에서의 세력을 장악하기로 결정한 후 해군을 가진 여러 나라에 사신을 보냈다. 이것은 스파르타에 저항할 뜻을 가진 나라들을 모으려는 것이었다.

한편 테베 인들은 국경 안에 있는 스파르타인과 계속해서 잦은 충돌을 일으키고 있었다. 전투라고까지는 할 수 없었지만 그 충돌은 테베 인들을 훈련시켜 전쟁을 익히게 하는 데 매우 큰 도움이 되었다. 충돌이 심해짐에 따라 테베 인들의 사기는 점점 높아졌고 전쟁에 익숙해져 경험과 용기를 얻게 되었다.

스파르타 왕 아게실라오스가 보이오티아에서 부상당하여 돌아왔을 때 안탈키다스는 그에게 이렇게 말했다. "겁이 나서 싸우지도 못하던 테베 인들에게 전쟁 연습을 시켜 주셨으니 이것은 당연한 결과가 아니겠습니까?"

그러나 그들에게 전쟁을 가르쳐 준 사람은 아게실라오스라기보다는 좋은 기회가 있을 때마다 적을 공격하게 하여 사냥개를 훈련하듯이 병사들을 훈련시킨 테베의 장군들이었다. 장군들 중에서도 가장 공이 큰 사람은 펠로피다스였다. 그는 처음 장군으로 뽑힌 해부터 줄곧 신성군단의 사령관과 총사령관으로 평생토록 일했다.

스파르타인은 플라타이아와 테스피아이에서 쫓겨났고, 일찍이 카드메이아를 기습한 포이비다스는 전쟁 중 목숨을 잃었다. 그리고 타나그라에서는 스파르타의 상당수의 부대가 격파되고 지휘관인 판토이데스가 전사하였을 정도였다.

그러나 테베 인들은 이런 작은 전투로 인해 점차 자신을 얻어 갔으나 아직도 스파르타 군의 자부심은 꺾지 못했다. 이제까지의 전투는 전투다운 전투가 못되었으며 테베군은 다만 때를 잘 얻었을 뿐이었다. 때로는 공격하고 때로는 후퇴하는 법을 알아 적이 힘을 못쓰게 한 정도에 지나지 않았던 것이다.

그러나 테기라이 전투는 레욱트라 전투의 도화선이 되었고 펠로피다스에게는 위대한 명성을 가져다주었다. 그는 다른 어느 장군의 도움도 없이 혼자서 작전을 짰고 적을 완전히 소탕하였다. 펠로피다스는 오랫동안 오르코메노스 인의 도시에 주목하여 일격을 가할 기회를 노리고 있었다. 그곳은 스파르타에 소속되어 2개 대대를 수비를 위해 주둔시키고 있었다. 그 수비군이 로크리스로 이동했다는 정보를 듣자 펠로피다스는 방비가 없는 오르코메노스 시를 습격하려고 신성부대와 소수의 기병을 거느리고 행동을 시작했다.

그러나 그들이 도시 가까이 갔을 때 수비병의 지원군이 스파르타로부터 행진해 오고 있었다. 그는 산기슭 길을 멀리 돌아 소수부대를 이끌고 테기라이를 거쳐 퇴각하기로 했다. 그 길만이 유일한 통로였다. 그런데 멜라스 강이 크게 넘쳐 늪지대는 물바다가 되어 있었기 때문에 평야를 통과하기가 몹시 어려운 형편이었다. 그 늪지대 아래 쪽에는 테기라이의 아폴론 신전이 있었다. 그 신전은 페르시아 전쟁 당시까지만 해도 번성하여 에케크라테스가 사제로 있던 곳이었다. 그리고 가까운 곳에 솟아 있는 산은 아폴론이 태어난 곳이라고 하여 델로스라고 불리고 있었다.

멜라스 강은 여기까지 와서 다시 계곡을 흘러내려 갔다. 신전 뒤쪽에는 두 개의 샘이 솟아나오고 있었는데 물맛이 좋은 데다 물도 풍부하고 깨끗하여 한 샘은 종려나무, 또 한 샘은 올리브나무라고 불리었다. 아폴론의 어머니 헤라가 해산을 한 곳은 두 나무 사이가 아니라 같은 이름을 가진 바로 이 샘 사이였다고 한다. 헤라가 별안간 멧돼지를 만나 놀란 곳도 바로 이 샘 근처에 있는 프토움이라고 전해지고 있다. 또한 티티우스와 피톤의 전설도 아폴론의 출생과 관련되어 있다고 전해진다. 그러나 여기에 관한 자세한 증거는 들지 않기로 하겠다. 왜냐하면 조상 대대로 내려오는 전설에 의하면 아폴론은 헤라클레스나 디오니소스와는 많이 달랐기 때문이다. 그들은 인간으로 태어났다가 공로 때문에 지상에 딸린 육신을 벗어 버리고 신이 되었다고 전해지지만, 가장 오래된 기록을 보면 아폴론은 태어난 일이 없는 신이라고 하기 때문이다.

한편 테베 군이 오르코메노스로부터 테기라이를 향해 후퇴하고 있을 때 그들은 로크리스에서 진군해 오는 스파르타 군과 서로 마주치게 되었다. 그때 그들이 산골짜기의 험한 길로 오는 걸 본 병사 하나가 펠로피다스에게 달려가서 이렇게 말했다.

"우리는 적들의 손 안에 잡히고 말았습니다."

"그게 무슨 소리냐? 우리 손에 적이 들어온 것이다."

펠로피다스는 당당한 모습으로 이렇게 말하고는 선두에 세웠던 기병대에 명령하여 적을 공격하게 하였다. 그들은 300명의 보병부대를 모아 밀집대형으로 만들었다. 이렇게 하면 적들이 어느 쪽을 공격해도 수가 많은 적들 사이를 뚫고 나갈 수 있으리라고 생각했던 것이다.

스파르타 군은 두 개의 부대로 구성되어 있었다. 이 부대는 에포로스의 기록에 의하면 500명, 칼리스테네스에 의하면 700명, 그리고 폴리비오스 등에 의하면 900명으로 되어 있었다고 한다. 그들의 지휘관 고르골레온과 테오폼포스는 자신만만한 태도로 테베 군을 향해 쳐들어왔다.

테베 군의 공격은 치열했다. 펠로피다스는 달려드는 적장 두 명을 살해했다. 그리고 곧 그들의 뒤를 따라 달려든 자들도 거꾸러뜨렸다. 겁을 집어먹은 적은 양편으로 물러서서 마치 테베 군이 지나가라는 듯이 가운데를 비워 주었다. 펠로피다스는 트인 길을 빠져나가며 끝까지 저항하는 적들을 죽였다. 남아 있던 적의 병사들은 이런 모습을 지켜보고 모두 앞을 다투어 도망쳐 버렸다.

펠로피다스는 부근의 오르코메노스 사람들과 스파르타로부터의 원군을 염려하여 적들을 오래 뒤쫓지 않았다. 그러나 적의 가운데를 돌파하여 적군을 뒤엎었으므로, 전승비를 세우고 적군 전사자의 갑옷 등을 거두어 자신만만하게 본국으로 돌아갔다. 그때까지 스파르타 인들은 그리스인 혹은 야만인(비그리스인)들과 싸운 전쟁에서 그들보다 적은 소수 부대에게는 한 번도 져본 일이 없었다. 뿐만 아니라 그들은 군사의 수가 비슷했을 때도 역시 승리했었다. 그래서 그리스인들은 아무도 그들을 당해낼 수 없다고 여겼었다.

스파르타의 용맹은 싸우기도 전에 상대를 눌러 버렸고 같은 병력으로는 도저히 당해내지 못한다는 신화를 만들어냈었다. 그러나 이 전투로 인해 그리스의 모든 나라는 한 가지 사실을 알게 되었다. 용감하고 잘 싸우는 군인을 만드는 곳은 바비케와 크나키온 사이의 나라만이 아니라 어느 나라든지 수치를 두려워하는 청년들이 있으면 용감한 군인이 날 수 있다는 것을 보여준 것이었다.

전쟁을 승리로 이끄는 데 큰 힘이 되었던 신성군단은 고르기다스가 처음으로 훈련하여 성채 카드메아를 지키게 했다. 그래서 속칭 도시군이라고도 불리어졌다. 또 어떤 기록에 의하면, 신성군단은 친한 동지들로 이루어졌다고도 한다. 호메로스의 작품에 나오는 네스토르는 그리스 군을 향하여 "종족은 종족끼리 모이고, 종파는 종파끼리 모이라"고 호소했다고 한다. 팜메네스는 이것을 두고 장군으로서 잘한 일이 못된다고 말했다. 그는 서로 사랑하는 동지들끼리 같이 힘이 되어 싸우게 해야 한다며 사람은 대부분 위급하게 되면 종족이나 종파는 잊어버리기 때문이라는 것이다.

서로 사랑하는 사이일 경우 싸움터에서도 돕고 서로의 눈에 비겁한 자로 비추어지지 않으려고 노력할 것이다. 사랑하는 사람이 지금 자신과 같이 있지 않아도 그 자리에 있는 다른 사람보다 더 생각하는 것은 이상한 일이 아니다. 그러한 예로, 상처를 입고 죽어가는 사람이 적을 보자 가슴을 찔러 달라고 이렇게 애원했다는 이야기도 있다.

"등에 찔려 죽은 나를 보고서 내 친구들이 창피하게 생각할까 두렵소."

헤라클레스가 특별히 사랑한 이올라오스는 그를 따라 많은 전투에 나가 싸웠었다. 아리스토텔레스에 의하면, 그의 시대에는 사랑하는 동지들끼리 이올라오스의 무덤을 찾아가서 우정을 맹세했다고 한다. 이 신성군단은 카이로네아 전투가 있을 때까지 한 번도 패한 적이 없다고 한다.

필리포스 왕이 전후에 전사자들을 보기 위해 싸움터에 나간 일이 있었다. 그는 신성군단 300명이 한무더기로 죽어 있는 것을 보고 이상히 여겨 물었다. 그리고 그들이 애인들의 집단이라는 대답을 듣고 왕은 눈물을 삼키며 물었다.

"이런 사람들이 어찌 남부끄러운 짓을 할 리 있겠소? 그렇게 의심하는 자가 있다면 그는 반드시 파멸을 볼 것이오."

테베 사람들 사이에 이와 같은 애정이 처음으로 생기게 된 것은 라이우스로부터 비롯된 것이었다. 테베의 입법자들은 국민의 맹렬한 기상을 청년 시절부터 부드럽게 하려고 노력했다. 예를 들면, 피리불기를 공적인 의식이나 놀이에서 존중하게 하고, 운동경기에서 우정을 크게 장려한 것도 청년들의 성품을 좋게 하기 위한 것이었다. 또 아레스와 아프로디테의 딸이라고 하는 하르모니아 여신을 그들의 수호신으로 여긴 것 역시 이러한 목적 때문이었다. 그들은 강한 힘과 용기, 또 우아하고 조화된 태도가 합쳐지면 세상의 모든 일을 자연스럽게 이끌어갈 수 있다고 여겼던 것이다.

고르기다스는 신성군단을 배치할 때 그들을 맨 앞줄에 내세워 고루 분산해서 배치했다. 그 결과 그들은 용기는 잘 드러나지 않았고 오히려 약한 병사들과 섞이게 되면서 싸울 의지를 잃게 되었다. 펠로피다스는 그들이 테기라이에서 용감하게 싸우는 것을 본 후 결코 흩뜨러뜨리면서 배치하지 않았다. 그는 그들을 한 부대로 모아 적의 공세가 가장 심한 곳에 투입시켰다.

그런가 하면 말도 혼자 달릴 때보다 나란히 달릴 때 잘 달린다. 그것은 바람을 가르기 쉽기 때문이 아니라 같이 달리면 서로 경쟁심이 일고 더욱 강해지기 때문이다. 펠로피다스는 이와 마찬가지로 용맹스런 군인들도 한데 모으면 서로 용기 있는 행동을 다투어 할 것이라고 생각했던 것이다.

스파르타는 그리스의 다른 모든 나라들과 평화를 약속한 다음 갑자기 테베를 공격하기 시작했다. 클레옴브로토스 왕이 1만 명의 보병과 1천명의 기병을 이끌고 보이오티아로 진입했을 때 테베는 이 지상에서 사라지는가 싶었다. 보이오티아 인에게 이런 큰 공포는 처음이었던 것이다.

펠로피다스가 집을 나와 싸움터로 떠나려 하자 그의 아내는 먼 곳까지 따라 나서며 눈물을 흘렸다. 몸을 잘 돌보라는 아내를 바라보며 펠로피다스는 단호하게 말했다. "부인, 나 한 사람에게야 몸을 돌보라고 말할 수 있겠지만, 장군인 사람한테는 남의 생명을 구하라고 말해야 되지 않겠소?"

펠로피다스가 진영에 도착해 보니 장군들은 각기 다른 의견을 내놓고 있었다. 그들은 전투를 벌이자는 쪽과 기다리자는 쪽으로 나뉘어져 있었다. 펠로피다스는 즉각 전투를 벌이자는 에파미논다스를 지지했다. 펠로피다스는 비록 보이오티아의 상장군의 지위에 있지 않고 신성군대의 지휘관이었지만 국가를 위해 충성하였다. 결국 그들은 적과 싸우기로 결정하였다.

그들은 레욱트라에서 스파르타 군과 마주한 채 진을 쳤다. 그런데 어느 날 펠로피다스는 이상한 꿈을 꾸고 매우 불안해했다.

그곳은 스케다소스라는 사람의 딸들이 묻혀 있는 벌판이었는데 딸들은 '레우크트리다이'라고 불려지고 있었다. 그들은 어떤 스파르타인에게 폭행을 당하고 죽어 그곳에 묻혔는데, 자신의 딸들이 죽었을 때 아버지는 괘씸하기 짝이 없는 만행에 대하여 스파르타에 따지러 갔다. 그렇지만 아버지는 아무런 위로도 받지 못한 채 돌아와 스파르타인들에게 비통한 저주를 남기고 자살을 하고 말았다.

그때부터 수많은 예언과 신탁은 스파르타인들에게 "레욱트라에서의 신의 복수를 조심하라"고 경고했다. 사람들은 그 뜻을 이해하지 못했다. 스파르타 해안에 있는 작은 동네에 레우크트론이라 부르는 곳이 있고, 또 아르카디아에도 메갈로폴리스 시 가까운 곳에 같은 이름의 지방이 있었기 때문에 어느 곳을 말하는 것인지 확실치 않았던 것이다. 게다가 이 죄악의 사건은 너무나 오래 전의 일이었기 때문에 대부분의 사람들은 이 저주를 잊고 있었다.

그런데 펠로피다스의 꿈속에서 딸들의 아버지 스케다소스가 그에게 이런 말을 했다. "장군, 적을 이기고 싶으시거든 내 딸들에게 밤색 머리의 처녀를 제물로 바치시오."

잠에서 깨어난 그는 그런 짓을 한다는 것이 너무 잔인하다고 생각했다. 그는 꿈을 예언자와 지휘관들에게 얘기했다. 그들 중 어떤 사람은 꿈에서 시키는 대로 하는 것이 좋겠다고 주장하였다. 그런 주장을 하는 사람들은, 옛날 크레온[5]의 아들 메노이케오스[6], 헤라클레스의 딸 마카리아[7], 그리고 근대에 와서는 스파르타인에게 죽임을 당하여 그 사람의 가죽을 신탁에 의해 지금도 국왕이 보관하고 있는 철학자 페레키데스가 실행한 예들이라며 주장을 굽히지 않았다. 또한 레오니다스가 신탁에서 경고받은 대로 그리스 전체를 위해 자기 몸을 제물로 바쳤고, 테미스토클레스는 살라미스의 해전 직전에 디오니소스에게 사람을 제물로 바쳤다는 예들도 들었다. 그들은 모두가 예언에서 들은 대로 했기 때문에 싸움에서 이길 수 있었다는 것이었다.

또 아게실라오스는 아가멤논과 같은 곳에서 배를 출항하여 적을 향해 나아갔는데 아울리스에서 꿈에 그의 딸을 제물로 바치라는 예언을 듣고도 인정에 끌려 듣지 않았다. 그렇기 때문에 그는 페르시아 원정에서 실패하여 명예롭지 못한 신세가 되었다는 것이다. 그러나 이런 의견에 반대하는 사람들은 그와 같은 야만적이고 비열한 행동은 결코 어떤 신도 반가워하지 않을 것이라고 주장했다.

"세계는 악마가 아니라 신이 지배하는 것이오. 그렇기 때문에 신과 신령이 사람을 죽여 제물로 바치는 것을 반기리라고 생각하는 것은 잘못된 것이오. 만일 그것을 즐기는 신이 있다면 그 신은 분명 힘이 약해 우리들을 도울 수 없을 것이오. 그리고 그런 신이라면 마음에 둘 필요도 없소이다. 그러한 잔인한 욕망은 약한 마음에서나 생겨나는 것이기 때문이오."

군의 우두머리들은 논란을 계속했지만 쉽게 결정이 나지 않았다. 그때 갑자기 무리에서 혼자 떨어진 어린 암망아지 한 마리가 진영 안으로 들어와서 조용히 멈춰 섰다. 말은 윤기 있는 밤색 털을 지니고 있었고 모습 또한 의젓하였다. 모두가 말을 바

---

5) 크레온(Creon) : 오이디푸스의 어머니 형제로 비극에 나오는 일곱 용사의 공격을 받았을 때 테베의 왕으로 있었다.

6) 메노이케오스(Menoeceus) : 메노이케오스는 조국을 위해 목숨을 바쳤으며, 마카리아는 헤라클레이데스를 위해 함께 죽었다.

7) 마카리아(Macaria) : 아테네의 왕 테세우스의 아들 데모폰이 헤라클레스의 아이들을 맡았기 때문에 헤라클레스의 친척인 에우리스테오스가 싸움을 걸어왔다. 그때 지체 높은 처녀를 데메테르 여신에게 제물로 바치면 승리할 것이라는 신탁이 내려와 괴로워하고 있을 때 마카리아가 스스로 제물이 되었다.

라보았다. 바로 그때 갑자기 점술가 테오크리토스가 펠로피다스에게 큰 소리로 말했다. "보시오. 제물은 지금 여기에 있소. 달리 처녀를 구하지 맙시다. 신께서 보낸 이 망아지를 제물로 바치시오."

사람들은 그의 말을 듣고 곧바로 암망아지를 잡아 처녀들의 무덤에 끌고 갔다. 그리고 꿈에서 본 대로 엄숙한 의식과 기도를 드린 다음 말을 제물로 바쳤다. 제사가 끝난 다음 그들은 병사들에게 펠로피다스의 꿈이야기를 자세히 들려주었다.

드디어 전투가 시작되자 에파미논다스는 밀집 부대를 왼쪽으로 비스듬히 이끌었다. 스파르타 군의 오른편이 되게끔 다른 그리스 군으로부터 멀어지도록 하고 종대로 서서 공격을 가하여 스파르타 군을 격퇴하려는 작전이었다. 적은 그것을 눈치 채고 대열의 모양을 바꿔 오른편을 옆으로 넓혀 원형의 진을 만들어 에파미논다스 군을 포위하였다. 그러자 펠로피다스는 3백명의 군사를 거느리고 그들을 향해 돌격했다. 적이 전투태세를 달리하려고 움직이던 혼란한 틈을 찔렀던 것이다. 클레옴브로토스는 오른편으로 내뻗을 틈도 없었고 다시 원래대로 돌아갈수도 없게 되고 말았다.

그러나 스파르타 군은 전투술이 최고도로 발달되어 있어서 좀처럼 질서를 잃거나 혼란을 일으키지 않았다. 그들에게 편대를 바꾸는 것은 흔히 있는 일이었다. 각 병사들은 곁에 있는 사람을 옆에서 지켜주는 사람처럼 이용하였다. 그들은 어떤 위험도 막아내며 질서 있게 싸웠다. 그러나 에파미논다스가 지휘하는 테베 군이 다른 부대보다도 훨씬 앞서서 공격하고 펠로피다스가 돌진하여 그들의 대열 속으로 뛰어들었다. 스파르타 군은 용기와 훈련도 소용없이 무수한 사상자를 냈다. 그리고 일찍이 겪어보지 못한 큰 패전을 당하고 말았다.

펠로피다스는 당시 한 작은 부대의 대장에 지나지 않았다. 그러나 그는 이번 대승리로 인해 총사령관이었던 에파미논다스와 같은 위치에 설 수 있게 되었다. 펠로피다스와 에파미논다스는 함께 최고 지휘관이 되어 펠로폰네소스 반도로 쳐들어갔다. 그리스 여러 나라의 대부분을 스파르타와의 동맹으로부터 빠져나오게 하여 테베와 동맹관계를 다시 맺으려는 것이었다.

이 계획에 엘리스, 아르고스, 아르카디아의 전부가 테베를 따르기로 결정했고, 스파르타의 일부까지도 그들의 제안을 받아들였다.

그때는 한겨울로 섣달 그믐에 가까웠는데 새해에는 새로 뽑힌 사람들에게 모든 관직을 물려 주기로 되어 있었다. 그믐까지 그 관직을 내놓지 않은 자는 사형에 처한다는 법률이 정해져 있었다. 장군들은 법도 법이었지만 추위를 피하기 위하여 군대를 돌려주자고 했다. 그러나 펠로피다스는 에파미논다스와 그 나라 사람들을 격려하며 싸움을 계속하였다. 그래서 그들은 스파르타로 향해 에우로타스 강을 건너 도시들을 공략하고 해안을 정복하였다.

군대는 그리스인 7만 명이었고, 테베 인은 그들의 12분의 1정도였다. 소수 부대의 이름은 대단해서 동맹군들은 기꺼이 그들의 지휘에 복종했다. 그것은 마치 보호자를 필요로 하는 사람이 자기를 보호해 줄 만한 사람에게 스스로 복종하는 원리와 같은 것이었다. 뱃사람은 바다가 조용할 때나 항구에 배를 정박했을 경우에는 건방질 정도로 키를 잡는 사람을 무시하지만, 일단 바다가 험해져서 위험이 닥치면 키잡이의 명령을 듣고 모든 희망을 그에게 거는 것과 같은 이치인 것이다.

이것과 마찬가지로 아르고스, 엘리스, 아르카디아 사람들은 평화시에는 테베 인과 지도권을 다투었지만 전쟁이나 위험한 사태에 닥쳤을 때에는 한덩어리가 되어 기꺼이 테베의 장군에게 복종했다. 이 싸움에서 그들은 전 아르카디아를 하나의 나라로 합쳐서 메세네에 와 있는 스파르타인들을 내쫓았다. 그리고 전에 살던 메세네 인들을 불러모아 도시를 건설하게 해주었다.

일이 모두 마무리되자 군대는 자기 나라로 돌아가려고 했다. 그런데 코린트 지협을 지날 무렵 앞길을 막는 아테네 군과 싸움이 일어나 켄크레아이에서 그들을 격파했다.

다른 그리스 여러 나라는 테베가 승리하자 그들의 용기에 거듭 감탄했다. 그러나 정작 테베의 국민들은 이 승리를 별로 달가워하지 않았다. 오히려 두 장군이 돌아오자마자 그들을 재판에 회부시켜 사형을 명령했다. 법에 의하면 그들은 정월 안으로 사임하도록 되어 있었는데 넉달 동안이나 더 있으면서 메세네, 라코니아, 아르카디아 등 곳곳의 일을 처리하였다는 것이다.

펠로피다스가 먼저 재판을 받았다. 그러나 재판 결과 두 사람은 모두 무죄로 풀려났다. 에파미논다스는 정치 생활에서 받는 모욕에는 무관심한 것이 좋다고 생각하고 있었으므로 법정에 불려나와 규탄을 받으면서도 잘 참아냈다. 그런데 그보다 성미가 급한 펠로피다스는 그런 무례한 짓을 하는 사람들에게는 보복을 해야 한다는 친구들의 말에 귀를 기울여 그만 분노를 터뜨리고 말았다.

연설자 메네클리다스는 펠로피다스, 멜론 등과 함께 카론의 집에 모여 같이 뜻을 이룩한 동지 중의 한 사람이었다. 그러나 그는 뜻이 이루어진 다음 다른 동지들처럼 높은 지위를 얻지 못하게 되자 나쁜 생각을 갖게 되었다. 그는 웅변에 능한 것을 악용하여 권력 있는 사람들에 대한 공격을 재판이 끝나도 늦추지 않았다. 그는 에파미논다스의 자리를 빼앗고 그가 오래도록 정치 생활을 할 수 없게 만들었다. 그러나 펠로피다스는 아무리 공격해도 민심이 따라주지 않자 그와 카론을 서로 싸우게 하는 계획을 세웠다. 공격하는 대상자가 다른 누구보다 못하다는 식의 증명을 해보이려 했던 것인데 이것은 중상자들이 자신보다 더 훌륭한 사람을 공격할 때 쓰는 방법이었다.

민중의 말에 귀를 기울이고 있던 그는 카론만을 불러서 칭찬하고 전투의 승리를 찬양하였다. 레욱트라 전투 전에 카론이 거느린 기병대가 플라타이아에서 승리를 얻은 일이 있었다. 그러자 메네클리다스는 이 승리를 기념할 것을 만들자고 제안했다. 그런데 키지코스 사람인 화가 안드로키데스는 테베로 와서 다른 전쟁을 기념하는 그림을 그리고 있었는데 전쟁이 계속되었으므로 그림을 완성하지 못한 채 그림을 맡기고 가버렸다.

메네클리다스는 민중들에게 그 그림을 카론의 전투라는 이름으로 신전에 헌납하자고 하였다. 물론 그 목적은 에파미논다스와 펠로피다스의 영광을 덮어 버리려는 데 있었다. 메네클리다스는 유명하지도 않은 스파르타인 게란다스와 40여 명을 죽였을 뿐인 조그만 전투를 그 밖의 여러 중요한 전투보다 위에 올려 놓으려는 것이었다.

이 제의에 펠로피다스는 반대의 뜻을 나타냈다. 그는 테베 인의 관습은 명예를 한 개인에게 주는 것이 아니고, 승리의 영광을 국가에 돌리는 것이므로 이러한 일은 그릇된 일이라고 말했다. 그리고 펠로피다스는 이 재판 도중 카론을 칭찬하며 메네클리다스가 원한을 품은 중상자라는 것을 드러냈다. 그 결과 메네클리다스는 엄청난 돈의 벌금을 물게 되었다. 그러나 그는 훗날 그 벌금을 내지 못하게 되자 정부를 뒤엎으려고까지 작정하였다고 한다.

그 무렵 페라이의 참주 알렉산드로스[8]는 테살리아의 여러 나라와 전쟁을 시작하여 독립을 위협하고 있었다. 그러나 각 지방 도시는 사절을 테베에 보내어 구원군과 총지휘관을 보내 줄 것을 간청해 왔다. 펠로피다스는 에파미논다스가 펠로폰네소스 지방의 일로 바빴으므로 자기가 가겠다고 나섰다. 펠로피다스는 한가롭게 시

---

8) 페라이의 알렉산드로스는 백부를 독살하고 참주가 되었다. 숙부는 그의 형이며 알렉산드로스의 아버지인 보리도아를 죽였으며 그들과 동족인 야손은 테살리아의 자유를 빼앗았던 사람이다.

간을 보내고 있기가 싫었고 에파미논다스가 가 있는 곳에는 다른 장군이 더 이상 필요하지 않다고 생각한 것이다. 군대를 거느리고 테살리아에 도착한 그는 곧 라리사를 되찾았다. 그리고 알렉산드로스가 항복해 오자 그의 마음을 고쳐 보려고 애를 썼다. 그는 전제군주를 법률에 따라 민중에게 혜택을 베푸는 인자한 통치자로 만들어 보려고 했던 것이다.

그러나 알렉산드로스는 고집이 세고 난폭해서 거의 뜻대로 되지 않았다.

펠로피다스가 잔인한 행동을 일삼는 것을 보고 탓하자 알렉산드로스는 오히려 화를 내며 호위병들을 데리고 도망쳐 버렸다. 펠로피다스는 테살리아 인으로부터 전제군주의 위협을 씻어버리고 많은 친구를 얻은 후 마케도니아로 들어갔다. 그곳은 프톨레마이오스[9]가 마케도니아 왕 알렉산드로스와 싸우고 있던 곳이었다.

양쪽은 그에게 사절을 보내어 직접 양편의 전쟁 이유를 듣고 이를 판단하여 억울한 쪽을 도와 달라고 간청해 왔던 것이다. 그는 양편을 화해시킨 후 추방자를 귀국시키고 볼모로 국왕의 동생 필리포스와 귀족의 자제 30명을 데리고 테베로 돌아왔다. 이 사건은 다른 그리스인들에게 테베 인의 용맹과 정직함이 널리 알려지는 계기가 되었다고 한다.[10]

필리포스는 뒤에 그리스 전체를 정복하려고 계획한 사람이지만 당시는 아직 어린 소년에 불과했다. 그는 테베에서 팜메네스의 집에 머물고 있었다. 어떤 사람들은 에파미논다스의 행동이 그의 일생에 큰 영향을 끼쳤으리라고 추측하고 있다. 그러나 그는 전쟁 중 에파미논다스의 활동과 전략은 배웠을지 모르지만 평상시 생활에서의 절제와 정의, 관용, 온화함은 흘려 버렸을 것이다. 천성적으로도 후천적으로도 필리포스는 그런 여러 덕성을 갖추고 있지 못했기 때문이다.

그 얼마 뒤, 다시 테살리아 인으로부터 페라이의 알렉산드로스가 각 도시의 평화를 침범하고 있다는 소식이 들려왔다. 펠로피다스는 이스메니아스와 함께 사절이 되어 알렉산드로스에게 갔는데, 그들은 전쟁을 예상하지 못했기 때문에 군대를

---

9) 아민타스 2세에게는 세 명의 아들, 즉 알렉산드로스, 파데카스, 필리포스와 함께 서자인 프톨레마이오스가 있었는데, 서자인 프톨레마이오스가 알렉산드로스와 싸워서 모략으로 그를 죽이고 3년 동안 왕좌에 있었다.

10) 이 시대에는 자유를 위한 운동이 거의 없었는데 오직 테베만이 압박당하고 학대받는 자들을 위해 노력하는 유일한 나라였다.

끌고 가지 않았다. 그렇기 때문에 만일 일이 생기면 테살리아 인들의 도움으로 처리해야 할 형편이었다.

마케도니아는 프톨레마이오스가 국왕을 죽이고 정권을 가로챈 상태라서 나라 안이 혼란한 상태였다. 국왕의 당파가 펠로피다스에게 구원을 요청했기 때문이었다. 그는 이에 대해 조처를 취하려 했지만 군대를 갖고 있지 않았기 때문에 하는 수 없이 테살리아에서 병사들을 모아 프톨레마이오스 군을 향해 나섰다. 프톨레마이오스는 양군이 서로 맞서게 되었을 때 많은 돈을 뿌려 테살리아 용병을 매수하였다. 그러나 그는 펠로피다스의 명성을 익히 들어온 터라 두려움을 느끼고 그를 찾아와 용서를 빌었다. 그리고 자신이 정권을 잡은 것은 전왕의 동생에게 넘겨 주기 위한 것이라고 말했다. 그리고 앞으로는 테베의 친구는 친구로 대할 것이고 테베의 적은 적으로 대하겠다고 말하면서 그의 아들 필록세누스와 함께 50명의 볼모를 내주었다.

펠로피다스는 그 볼모들을 테베로 보냈다. 그리고 용병들의 배반을 괘씸하게 생각하고 있던 끝에 약간의 테살리아 인을 모아 파르살로스로 진격하였다. 그들의 재산과 가족이 파르살로스에 있다는 소식을 들었던 것이다. 그래서 펠로피다스는 만일 그곳을 점령하면 충분한 복수가 되리라 생각한 것이다.

펠로피다스가 도착하자 참주 알렉산드로스는 군대를 거느리고 성 밖에 모습을 드러냈다. 펠로피다스와 그의 친구들은 알렉산드로스가 자기의 죄를 변명하러 나온 것이라 짐작하고 그를 만나러 나갔다. 그들은 이미 알렉산드로스가 방자하고 잔인하다는 것은 알고 있었지만 테베의 권위와 명성이 있던 탓에 감히 난폭한 짓은 못하리라 안심했다. 그러나 알렉산드로스는 무장하지도 않고 군대를 거느리지도 않은 채 다가온 그들을 곧바로 체포하고 파르살로스를 점령했다.

알렉산드로스의 행동에 시민들은 크게 놀라 공포에 떨었다. 그런 불법 행위를 저지른 사람이라면 한 사람도 살려두지 않을 것이라고 생각했던 것이다.

한편 이 사건이 테베 인들에게 알려지자 그들은 크게 분개하여 군대를 보냈다. 이때 에파미논다스는 공직에서 물러나 있었으므로 다른 장수들이 군대를 지휘하였다.

펠로피다스를 페라이로 납치한 알렉산드로스는 그를 만나보려는 사람들은 누구라도 자유로이 만날 수 있게 해주었다. 그는 펠로피다스가 기가 죽어서 추태를 드러내는 모습을 보고 싶었던 것이었다.

그러나 펠로피다스는 자기를 찾아온 사람들에게, 참주는 자기에게 모욕적인 행동을 했기 때문에 곧 천벌을 받을 것이라며 오히려 페라이 사람들을 위로했다. 그리고 알렉산드로스에게 사람을 보내 자신의 말을 전하게 했다.

"시민들을 밤낮으로 괴롭히고 죽이면서 편히 있을 수가 없을 것이오. 그리고 시민들이 자유를 얻는 날에 복수를 할 것이 분명하므로 나를 죽이지 않는 것은 어리석은 짓이라고 생각하오."

알렉산드로스는 그의 대담함과 무례한 말에 놀랄 따름이었다.

"당신은 그렇게도 빨리 죽고 싶은가?"

알렉산드로스의 말을 전해들은 펠로피다스가 다시 이렇게 말했다.

"그대의 멸망을 빨리 오게 하기 위해서요. 그때가 되면 그대는 지금보다도 더 신들의 미움을 받을 테니까 말이오."

이 때부터 알렉산드로스는 펠로피다스의 모든 면회를 금지시켰다. 다만 야손의 딸이며 알렉산드로스의 아내인 테베만이 그를 만날 수 있었다.

그녀는 평소 펠로피다스가 용감하고 지조가 높다는 것을 전해듣고 그와 이야기를 나누고 싶어했다. 그녀가 처음 감옥에서 그의 모습을 보았을 때, 그는 초라하고 형편없는 차림에 위대함이라고는 찾아볼 수가 없었다. 펠로피다스는 머리카락을 빡빡 깎인 채 누더기 옷을 입고 더러운 음식을 먹고 있었다. 그의 이런 모습을 본 그녀는 울기 시작했다. 그러나 누군지 알게되자 그녀의 아버지 이름을 부르며 그녀에게 인사를 건넸다. 사실 그는 그녀의 아버지인 야손의 가까운 친구였던 것이다. 그녀는 펠로피다스에게 말했다.

"당신 부인이 너무나 가여워요."

"그렇습니까? 오히려 저는 당신이 가엾습니다. 당신은 알렉산드로스와 함께 살고 있으니 그야말로 보이지 않는 쇠사슬에 매여 있는 꼴이 아닙니까?"

그의 이 말은 그녀에게 깊은 자극을 주었다. 그녀는 이미 남편의 잔인함과 부정, 그녀의 막내동생을 학대하는 일 때문에 남편을 증오하고 있었던 것이다.

그때부터 테베는 몇 차례나 펠로피다스를 찾아와 자신이 받고 있는 모욕을 말했다. 그리고 그런 말을 하면 할수록 그녀의 분노와 증오는 한층 더 깊어만 갔다.

한편 테살리아에 파견된 테베의 장군은 아무런 성과도 없이 되돌아오고 말았다. 지휘에 서툴렀는지 아니면 운이 나빴는지 그들은 불명예스러운 후퇴를 했던 것이다. 테베 정부는 그들에게 각각 1만 드라크마의 벌금을 물게 한 다음 에파미논다스에게 다시 군대를 주어 진격하게 했다. 테살리아 사람들은 이 새로운 사령관의 이름에 힘을 얻어 곧 활동을 시작하였다.

전제자의 운명은 파멸의 구렁에 빠진 꼴이었다. 그만큼 그의 병사들은 공포에 휩싸여 있었다. 민중들은 정권을 바꾸려는 의욕에 가득 찼고 스스로 죗값을 치르게 되었다며 희망을 걸었다.

그러나 에파미논다스는 자기의 명예보다도 펠로피다스의 안전에 더 마음이 쓰였다. 그는 만약 사태가 위기에 몰리면 혹시 알렉산드로스가 자포자기하여 야수처럼 펠로피다스를 죽여 버리지 않을까 염려하였다. 그래서 에파미논다스는 전쟁을 극단까지 밀고 가지 않고 느리게 조금씩 움직여 폭군을 작은 지역에 가두어 감히 공격을 못할 지경에 몰아넣는 동시에, 야만적이고 사나운 성미를 자극하지 않도록 하였다.

에파미논다스는 그의 야만성을 잘 알고 있었다. 알렉산드로스는 산 사람을 땅에 묻고 사람을 곰이나 멧돼지 가죽에 싸서 개를 시켜 물어 뜯게 하기도 하고 또는 화살로 쏘아 대는 것을 즐기는 자였다. 그는 일찍이 동맹을 맺은 두 도시, 멜리보이아와 스코토사의 주민들을 한 곳에 모아놓고 호위병에게 포위하게 한 후 모조리 죽인 적도 있었다. 또한 자신의 큰아버지인 폴리프론을 살해한 창에 승리의 관을 씌우고 신이라고 부르며 그것에 기도를 드리기도 하였다.

언젠가 그는 에우리피데스의 비극 〈트로아데스〉를 구경하다가 갑자기 극장 밖으로 빠져나가더니 배우에게 이런 말을 했다.

"연기가 마음에 안 들어서 나온 것은 아니니 섭섭해하지 말게. 사람들을 모두 죽이면서도 한 번도 가엾게 여긴 일이 없던 나지만, 헤쿠바와 안드로마케의 슬픈 장면을 보니 눈물이 나와 밖으로 나온 것뿐이네."

그러나 알렉산드로스는 막상 원정군을 이끌고 오는 장군이 에파미논다스라는 소식을 전해듣자 두려움에 떨며 사신을 보냈다. 마치 "날갯죽지를 늘어뜨린 채 신음하고 있는 수탉처럼" 그는 어떤 조건에도 응할 것이니 화평을 하자고 애원했다. 그러나 에파미논다스는 그를 테베의 동맹자로 받아들일 것을 거절하고 30일간의 휴전만을 허락하였다. 그리고 그는 펠로피다스와 이스메니아스를 구한 다음 함께 본국으로 돌아왔다.

그런데 아테네와 스파르타가 페르시아 왕에게 사절을 보내어 동맹을 맺으려 한다는 소식을 듣고 테베에서는 펠로피다스를 사절로 보냈다. 그의 이름을 떨치기에는 아주 좋은 기회였다. 그가 페르시아의 여러 마을을 지나갈 때마다 사람들은 그에게 큰 영광을 보냈다. 스파르타 군과 싸워 거듭 승리를 거둔 그의 명성은 아시아에까지 퍼져서, 레욱트라에서 처음 승리한 이후 언제나 새로운 공을 세운 것이 널리 알려졌기 때문이다. 그는 페르시아의 지방 총독, 장군, 지휘관 할 것 없이 모든 사람들의 입에 이름이 오르내렸다.

"스파르타를 정복한 사람이 바로 저 사람입니다. 바로 어제까지만 해도 우리 대왕과 아게실라오스의 지휘로 엑바타나에서 싸웠던 그 스파르타를 에우로타스 강가 타이게토스 산맥에 있는 작은 마을로 만든 것이 바로 저 사람입니다."

아르타크세르크세스 왕은 매우 기뻐하며 펠로피다스에게 큰 영광을 베풀었다. 그리스에서 가장 큰 인물이 자기를 만나러 찾아온 것을 자랑으로 삼았던 것이다. 왕은 아테네에서 온 사절보다 더 조리 있고 스파르타에서 온 사람보다 더 간결하게 말하는 그를 보고 매우 놀랐다. 왕들이 대개 그렇듯이 그 왕 또한 다른 사람들 앞에서 총애하는 태도를 감추지 않았다. 이런 사실은 다른 나라에서 온 사절들도 모두 인정했다. 그리스인 중에서 페르시아 왕이 최대의 영예를 내려 준 사람은 스파르타인 안탈키다스였다. 왕은 그에게 자기가 쓰고 있던 화환을 향유에 담가서 선물로 주었던 적이 있었다.

펠로피다스에게는 그런 친근함을 보이지는 않았지만 특별히 많은 선물을 주고 그의 요구를 모두 허락해 주었다. 펠로피다스가 요구한 것은 모든 그리스 나라의 독립을 보장하고, 메세네를 다시 일으켜 세우는 것, 그리고 테베는 왕과 특별히 가까운 나라라는 것을 약속할 것 등 3개 조항이었다. 왕이 조건을 쾌히 승낙하자 펠로피다스는 왕의 친절과 호의를 증명하는 것 외의 모든 선물을 사양하고 귀국했다.

그런데 펠로피다스의 이런 행동은 다른 사절들을 모두 파면시키는 구실이 되었다. 사절 티마고라스는 많은 선물을 받고 본국으로 돌아갔는데 아테네는 그가 선물을 받은 것만으로도 충분한 죄가 있다고 보고 사형에 처하였다. 왜냐하면 그는 많은 금은 외에도 값진 침대와 그것을 만드는 노예까지 데리고 왔기 때문이었다. 마치 그리스인은 그런 물품을 만들지 못하는 듯이 행동했다고 본 것이었다. 그리고 그는 암소 여든 마리와 그것을 기를 사람까지 데려왔는데 자기에게 병이 있어 우유가 부족하다는 이유였다. 또 배를 타러 바다로 갈 때에도 가마를 타고 오는 바람에 그것을 멘 사람들에게 왕이 4 탈렌트의 돈을 치르게 했다.

그러나 아테네인들이 그를 불쾌히 여긴 것은 돈에 대한 욕심 때문만은 아니었다. 사실 짐을 메고 인부로서 같이 따라간 에피크라테스는 민중 대회에서 자기도 왕으로부터 선물을 받았다고 말했다.

"해마다 가난한 사람을 골라서 페르시아에 사절로 보냅시다. 그렇게 한다면 굳이 아홉 사람의 아르콘을 선출할 필요도 없을 뿐 아니라 가난한 자들은 왕의 선물을 받아 부자가 될 수 있을 것입니다."

그의 농담을 듣고 있던 민중들은 크게 웃었다.

사실 아테네인들이 분노한 것은 테베의 사절이 거둔 큰 성공 탓이었다. 펠로피다스의 명성은 대단한 것이었고, 그렇기 때문에 페르시아 왕이 그의 말에 기울어지는 것은 당연한 일이었다. 그렇지만 아테네인들은 그것까지 생각하지는 않았다. 펠로피다스가 메세네를 다시 세우고 그 밖의 그리스 여러 나라의 자유를 확보하는 사명을 다하고 돌아오자, 많은 사람들은 그를 위대한 인물로 치켜올리고 칭찬하는 소리를 더욱 높였다.

그런데 그동안 페라이의 알렉산드로스가 다시 본성을 드러내 테살리아의 여러 지방을 약탈하고 있었다. 아르카디아와 마그네시아 사람들은 서로 힘을 합쳐 싸우고 있다가 펠로피다스가 돌아왔다는 소식을 듣고 테베로 사람을 보내 그와 군대를 보내 달라고 요청했다. 테베는 서슴지 않고 이것을 허락하였다.

그런데 펠로피다스가 막 행군을 시작하려 할 때, 갑자기 태양이 빛을 잃기 시작하더니 대낮인데도 주변이 어두워졌다. 병사들은 이 현상을 보고 모두 사기를 잃고 불길하다고 생각했다.

펠로피다스는 부하들을 강제로 진군시키지 않기로 결심했다. 7천 명의 시민군을 위험한 곳으로 몰아넣을 수는 없다고 생각한 것이었다. 그래서 그는 자신과 행동을 같이하려는 기병 3백 명만을 거느리고 테살리아로 출발했다. 민중들과 점술가는 그들에게 불길한 징조가 있을 것이라고 예언했다.

그러나 알렉산드로스를 정벌하려는 펠로피다스의 의욕은 그럴수록 더 높아졌다. 자기가 겪었던 고생뿐만 아니라 테베와 나누었던 이야기로 짐작컨대 알렉산드로스는 집안 식구의 손에 죽을 때가 됐다고 생각했던 것이다. 그리고 이 원정에는 영광이 따랐다.

그 무렵 스파르타인은 시칠리아 섬의 참주 디오니시오스를 돕기 위해 장군들을 시칠리아로 보냈고, 아테네인들은 알렉산드로스의 황금을 받은 후 그를 은인이라 하여 동상까지 세우는 판이었다. 펠로피다스는 폭군에게 압박을 받는 민중을 위해 일어서서 그리스 모든 나라에 폭력과 부정한 정치를 깨뜨릴 수 있는 것은 오직 테베 뿐임을 알리고 싶었다.

펠로피다스는 파르살로스에 도착하자 군대를 편성하여 곧 알렉산드로스를 향해 나아갔다. 펠로피다스가 거느린 군대는 소수였다. 알렉산드로스는 자기의 보병이 테살리아 군의 갑절이나 됨을 알고 군대를 테티스 신전 근처까지 진군시켜 싸우게 했다. 폭군이 대군을 거느리고 온다는 보고를 받고 펠로피다스는 이렇게 말했다. "많을수록 좋지요. 많으면 한꺼번에 쳐부술 수 있으니까요."

양군 사이에는 키노스케팔라이 근처에 가파르고 높은 언덕이 있어 서로 이 산을 차지하려고 치열한 전쟁이 벌어졌다. 펠로피다스는 자기의 기병대가 더 우세함을 알고 적의 기병대를 우선 공격하라고 명령했다. 적의 기병대는 쫓겨서 벌판으로 흩어졌다. 그동안에 알렉산드로스는 산을 차지하고 테살리아 보병대가 그것을 빼앗으려고 산을 오르자 선두를 죽이고 후속 부대에 화살을 쏘았다. 펠로피다스는 기병을 다시 불러 평지의 적을 공격하게 하고, 산으로 올라가려고 싸우는 보병대와 함께 자신도 방패를 들고 내달리며 싸웠다. 그는 맨 앞으로 달려가 최전선에서 열심히 적을 무찔렀다. 그것을 본 모든 병사들은 그의 용기에 힘을 얻어 더욱 맹렬하게 적을 공격하였다. 적은 2, 3회의 돌격에 꺾이지 않았다. 그러나 기병대가 자기들 쪽으로 달려드는 것을 보자 진지를 버리고 대오를 고쳐 후퇴하려 했다.

펠로피다스는 언덕 꼭대기에 올라 적의 정세를 살폈다. 적은 아직 후퇴하고 있지는 않았지만 이미 혼란에 빠졌음을 알 수 있었다. 그는 사방을 둘러 알렉산드로스를 찾았다. 적의 오른쪽에서 알렉산드로스가 용병들을 지휘하고 있었다. 그를 보자 펠로피다스의 분노는 세찬 불길처럼 일어나기 시작했다.

그는 분노를 도저히 참을 수가 없어 어떤 위험도, 총지휘관이라는 무거운 책임도 잊은 채 알렉산드로스에게 달려갔다. 그러자 알렉산드로스는 감히 펠로피다스와 맞서 싸울 용기가 없어 뒤로 물러서더니 호위병들 속으로 숨어 버렸다.

용병대의 선두에 섰던 자들은 펠로피다스의 창에 찔려 죽거나 달아났다. 그러나 뒤쪽에 있던 많은 부대들은 그를 향해 소나기 같은 화살을 퍼부어댔다. 화살은 펠로피다스의 갑옷을 뚫고 들어가 몇 군데나 상처를 입혔다.

그의 위험을 염려한 테살리아 병사가 언덕을 내려 달려갔을 때 이미 그는 시체가 되어 있었다. 그때 기병부대도 달려와 적을 격파했으며, 테베 군은 달아나는 적을 멀리까지 뒤쫓아 3천 명 이상의 적을 죽이고, 곳곳은 시체로 뒤덮였다.

테베 병사들은 펠로피다스의 죽음에 울음을 참지 못했다. 병사들은 그를 아버지, 해방자, 스승이라 부르며 목놓아 울었다. 테살리아 인과 동맹국은 공식 포고를 내렸다. 그들은 옛날부터 용감한 행동에 대해서 바쳐온 그 이상의 영예를 보냈다. 그러나 그것만으로는 병사들의 슬픔을 당해 낼 수 없었다. 병사들은 누구 하나 갑옷을 벗으려 하지 않고 말고삐를 놓지도 않고 다친 데를 감싸지도 않은 채 그의 유해 곁으로 몰려들었다.

병사들은 마치 그가 아직 살아 있기라도 한 듯이 전리품을 그의 주위에 쌓아올렸다. 그들은 말갈기를 자르고 자신의 머리카락을 잘랐다. 그러고는 천막 안에 불도 피우지 않고 저녁도 먹지 않았다.

승리에도 불구하고 그들은 눈물과 침묵 속에 묻혀 지냈다. 그들은 위대하고 영광스러운 승리의 기쁨 대신 마치 노예가 된 것 같은 슬픔에 빠져 있었다.

그의 죽음이 각 도시에 전해지자 고관들, 청년들, 어린이들, 사제들 할 것 없이 모든 사람들이 승전기와 월계관, 황금의 갑옷을 바치며 그의 유해를 맞이했다. 테살리아의 장로들은 자신들 손으로 장사를 지내겠다고 테베 인을 찾아왔다.

"형제들이여, 지금 우리에게는 커다란 불행이 몰아 닥쳤소. 그러나 우리는 위로가 되고 영예스런 일에 대해서 생각해야 하오. 테살리아 사람은 살아 계신 펠로피다스를 섬길 수가 없었소. 그리고 이제는 그분이 알아줄 영예를 바칠 수도 없게 되었소. 그러나 만일 그의 유해를 얻어 장사지내게 해준다면, 그의 죽음이 테베보다도 테살리아에 더 큰 손실이었다는 것을 널리 세상에 알릴 수 있을 것이오. 형제들은 한 사람의 훌륭한 장군을 잃었소. 그러나 우리는 뛰어난 장군과 함께 자유도 잃었소. 우리가 펠로피다스를 다시 살릴 수 없는 한, 다시는 그대의 나라에서 대장을 청할 수는 없을 것이오."

테베 인은 그들의 청을 들어주었다.

장례는 엄숙하게 치러졌다. 황금, 상아, 붉은 의상으로 가득한 장례식이 아니라 일찍이 보지 못한 영광이 있는 장례식이었다.

필리스토스는 물질에 중점을 두고 디오니시오스의 장례식을 높이 평가했지만,

그런 것은 비극의 과장처럼 보일 뿐이다. 그리고 그것은 그의 전제자가 정치의 끝을 말했다는 것을 보여 주는 것과 다를 것이 없다.

알렉산드로스 대왕은 헤파이스티온[11]이 죽었을 때 말과 노새의 갈기를 잘라냈다. 수도의 성벽을 위에서부터 활쏘는 구멍까지 헐어내고 시내에도 화려한 것을 모두 거두었다. 그리고 장례식 때 온 시민이 슬퍼하는 것처럼 보이기 위해서 전 시민들이 상을 입은 것처럼 꾸몄다.

그러나 그 장례는 폭군의 명령에 의해 이루어졌으므로 많은 사람들에게 불쾌감을 자아냈을 뿐 아니라 오히려 죽은 자를 욕되게 만들었다. 사람들은 죽은 자에게 감사하기는커녕 쓸데없는 낭비를 했다고 비웃을 따름이었다. 그러나 한 공화국의 시민이 낯선 곳에서 죽자, 여러 나라 사람들은 청하지도 않은 많은 행운을 보내왔다. 그들은 다투어 같이 장사를 지내려 했고 정중히 월계관을 바치고 싶어했다.

"행복한 자의 죽음은 슬프지 않다. 도리어 운명의 힘에 시달리지 않고 행복을 얻었으니 가장 축복할 만한 것이다"라고 말했던 이솝의 말처럼 펠로피다스는 여러 나라 사람들의 사랑 속에 행복하게 죽음을 맞이하였던 것이다.

올림피아의 경기에서 승리한 디아고라스는 그의 아들들과 손자 역시 월계관을 받는 것을 보고 손자들이 둘러싼 자리에서 아들을 안으며 말했다.

"디아고라스! 이제는 죽어도 여한이 없구나. 어차피 신이 되지 못할 바에야 이것이 인간으로서 누릴 수 있는 가장 행복한 순간이 아닌가."

펠로피다스의 승리를 올림피아 경기에 비할 수는 없다. 여러 차례의 전쟁에서 승리한 그의 일생은 올림피아 경기보다 훨씬 영광스런 것이기 때문이다.

그는 한결같이 사람들에게 존경을 받으면서 지내왔다. 그리고 열세 차례에 걸쳐 대장의 자리에 있으면서 테살리아의 자유를 위해 폭군과 싸우다 쓰러진 것이다. 그의 죽음으로 그를 의지하던 여러 나라는 큰 슬픔에 잠겼다. 그러나 한편으로는 감사할 일도 생겼다.

그가 죽었다는 소식을 듣자 테베는 그 원수를 갚으려고 말키타스와 디오기톤 장군에게 7천 명의 보병과 7백 명의 기병을 맡겨 알렉산드로스를 정벌토록 하였다. 많

11) 헤파이스티온(Heppaestion) : 알렉산드로스 대왕의 어린 시절부터 가까이 지냈으며 그 곁에서 떠나지 않았던 마케도니아의 귀족으로 기원전 324년에 열병으로 죽었다.

은 군병들을 잃고 군사력이 떨어진 알렉산드로스는 테살리아의 여러 도시를 다시 돌려주고 마그네시아와 프티오티스에 있던 아르카디아 인들을 석방했으며 군을 철수하고 테베가 요구하는 대로 행동하겠다고 약속하였다. 테베는 이 정도에 만족하기로 하였다.

그런데 얼마 후 알렉산드로스는 천벌을 받아 펠로피다스의 원한은 저절로 풀어지게 되었다. 알렉산드로스의 부인 테베는 펠로피다스의 말을 잊지 않고 있었던 것이다. 폭군의 경호가 아무리 삼엄하더라도 테베 자신만은 남편 가까이 갈 수 있었다. 남편의 성실하지 못한 마음과 잔인한 점을 미워하고 있던 테베는 티시포노스, 피톨라오스, 리코프론 등 오빠들과 함께 암살을 계획하였다.

집은 호위대가 밤에도 자지 않고 지키고 있었다. 그러나 알렉산드로스 내외의 침실은 이층에 있었다. 문에는 개를 매어 놓았는데 주인과, 먹을 것을 주는 하인 내외를 제외한 모든 사람에게는 대단히 사나웠다. 테베는 남편을 죽일 결심을 하고 낮에 형제들을 가까운 방에 숨겨 두었다. 밤이 되자 테베는 다시 나와서 하인을 불러 남편이 잠들기를 원하고 있으니 개를 데리고 가라고 시켰다. 그리고 형제들이 올라올 때 발자국 소리가 나지 않도록 층계에는 양털을 깔았다.

무기를 가진 오빠들을 안내하여 2층에 올라온 테베는 그들을 침실 입구에서 기다리게 하고, 혼자 안에 들어가 알렉산드로스의 머리맡에 걸린 칼을 가지고 왔다. 그가 깊이 잠들었다는 것을 보이기 위해서였다. 그러나 그녀의 오빠들은 그 자리에 서서 우물쭈물하며 망설였다. 테베는 몹시 꾸짖으며 알렉산드로스를 깨워서 모든 것을 다 일러주겠다고 위협하였다.

오빠들은 등불을 들고 수치와 공포로 간신히 결심을 하였다. 테베는 그들을 침대 옆에까지 데리고 갔다. 오빠들 중 한 명이 알렉산드로스의 발을 누르고, 다른 한 명은 머리카락을 쥐고 뒤로 끌었고, 나머지 한 명이 가슴에 칼을 꽂았다.

이런 죽음은 알렉산드로스에게는 어울리지 않는 것인지도 모른다. 좀 더 오랫동안 고통을 주었어야 할 것이라는 말이다. 그러나 그는 자기 아내에게 살해된 최초의, 그리고 유일한 폭군이 되었다. 죽은 뒤에도 그의 시체는 페라이 시민들에 의해 짓밟혀졌다. 이것은 살아 있을 동안의 만행에 대한 마땅한 형벌인 셈이었다.

16
마르켈루스
(MARCELLUS , BC 271~ 208)

마르쿠스 클라우디우스 마르켈루스. 마르쿠스 집안 출신으로 대담하고 근면한 성격을 지니고 있었으며 그리스의 학문과 예술을 사랑했다. 다섯 번이나 집정관을 지내고 세 번이나 개선식을 했던 그는 갈리아 인과 싸워 승리를 거두고 시라쿠사를 함락시켰다. 한니발과 대항하다가 적의 복병에게 포위되어 전사하였으며 아테네 신전에 그의 조각상이 남아 있다.

포시도니오스가 전하는 바에 의하면, 마르켈루스라는 이름을 처음으로 갖게 된 사람은, 다섯 번이나 로마의 집정관을 지낸 마르쿠스 클라우디우스였다고 한다. 이 이름은 전쟁을 잘한다는 뜻을 지니고 있었다. 그는 오랜 전쟁의 경험으로 군사 지도에 뛰어나고, 신체가 강했으며, 풍채도 좋은 사나이였다. 그는 일단 싸움터에 나서면 항상 공을 세웠다. 그는 또 평소에는 겸손하고 남에게 친절하였으며 그리스의 학문과 예술을 숭상하여 그 방면의 우수한 학자들을 존경했다고 한다. 그러나 그 자신은 너무 할 일이 많아 학문과 예술에 깊이 빠져들지는 못했다.

　젊어서나 늙어서나
　전쟁에 온몸을 바쳐라

호메로스가 노래한 것처럼 이 시대의 로마인들은 전쟁을 하늘의 명령으로 여겼다. 그래서 로마인들은 젊었을 때에는 시칠리아 섬에서 카르타고 인들과 싸웠고, 중년시절에는 이탈리아를 방어하기 위해 갈리아 인들과 싸웠으며, 노년에는 보통 사람들 같으면 병역을 면제받았을 텐데도 휴식을 얻지 않고 한니발이 거느린 카르타고 군과 싸웠다. 그들의 용기와 뛰어난 전술은 늙은 나이에도 여전히 그들을 전쟁터로 불러내게 하였다.

마르켈루스는 온갖 종류의 전투에 다 능숙하였다. 특히 일대일로 싸우는 전투에서는 뛰어난 특기를 가지고 있었다. 그는 어떤 사람의 도전도 거절하는 법이 없었고, 모든 도전을 받아들여 반드시 적을 쓰러뜨리고 승리하고야 마는 성격이었다. 그가 시칠리아 섬에 있을 때 그의 형제인 오타킬리우스가 위급한 지경에 몰리자, 덤벼드는 적의 무리를 칼로 쳐 넘기며 형제를 위기에서 구해 내기도 했다. 당시 그는 아직 어린 나이였지만 용기로 말미암아 장군들로부터 많은 상과 영광을 얻었다.

차츰 소질이 드러나자 그는 쿠룰레 아이딜레[1]라는 자리에 임명되었고, 최고 사제들에 의해 복점관 자리에까지 이르렀다. 이 자리는 하늘의 징조를 관찰하는 일을 주로 했는데 법률로 만든 성스러운 자리였다.

한 번은 그가 아이딜레 자리에 있을 때, 한 사람을 원로원에 고소한 좋지 못한 사건이 있었다. 그에게는 자기와 같은 이름의 아들이 있었다. 아들은 한창 피어나는 꽃송이처럼 아름다운 얼굴을 지닌 어린 아이였으며 마음씨도 고왔다. 그런데 이 소년을 마르켈루스의 친구인 카피톨리누스라는 사나이가 능욕하려 했던 것이었다. 처음에는 소년이 스스로 유혹을 물리쳤지만 여러 차례에 걸쳐서 괴로움을 당하자 아버지께 이 사실을 알렸다. 마르켈루스는 몹시 화가 나서 그를 원로원에 고발했다. 카피톨리누스는 민중의 호민관에게 호소하여 갖은 방법으로 이 사건을 무마시키려고 했다. 그러나 호민관으로부터 거절을 당하자 이번에는 그런 짓을 한 일이 없다고 잡아뗐다.

원로원은 증인이 아무도 없었으므로 소년을 불러들였다. 소년은 몹시 부끄러움을 타면서 분노를 이기지 못한 채 그들 앞에서 눈물을 보였다.

원로원은 소년이 우는 것을 보고 더 이상 다른 증거가 필요하지 않다고 보고 카피톨리누스에게 벌금을 물게 했다. 마르켈루스는 그 돈으로 은으로 된 제기 닦는 기구를 만들어 신에게 바쳤다.

---

1) 조영관. 공공건물이나 문서, 경기 등을 맡아서 보던 관리의 이름.

21년 동안의 1차 포에니 전쟁[2]이 끝나고 갈리아 전쟁이 다시 시작되자 로마는 또 다시 괴로움에 빠졌다. 이탈리아의 산간 지방을 차지하고 있던 인수브레스 인들은 자기들만으로도 강하였으나 다른 갈리아 인 중에서 가이사타이 족 용병을 얻어 로마로 쳐들어오려는 것이었다. 이 갈리아 전쟁이 포에니 전쟁과 동시에 터지지 않은 것은 매우 다행한 일이었다. 갈리아 인들은 포에니 전쟁이 계속되는 동안 마치 자기네들은 전쟁에 이기는 자를 공격하겠다는 약속이라도 한 것처럼 조용히 중립을 지키다가 전쟁이 끝나자마자 공격을 시작했던 것이다.

포에니 전쟁은 이미 끝난 뒤였지만 로마인들은 오래 전부터 갈리아 군들을 두려워하고 있었다. 그들은 일찍이 갈리아 인에게 로마를 빼앗긴 일이 있었으므로 다른 어떤 종족보다 그들을 겁냈던 것이다. 그들의 두려움은 법률에도 잘 나타나 있는데, 원래 최고 사제는 모든 전쟁에서 면제되지만 갈리아 인의 전쟁 때에는 전쟁에 나가 싸워야 한다는 내용이 그것이다.

로마인들은 전쟁 준비를 크게 했다. 한꺼번에 그렇게까지 많은 군단을 무장시킨 일은 일찍이 없었다. 그리고 그들은 전례없는 제물을 바치고 승리를 빌었다. 원래 그들은 야만스럽고 잔인한 종교 의식을 가장 싫어하는 사람들이었다. 신에 대한 그들의 신앙은 모든 국민 중에서도 그리스인에 가장 가까웠다. 그러나 이 전쟁이 벌어질 때에는 오랜 시빌 경서[3]에 전하는 예언에 따라 한 쌍의 그리스인, 즉 남자 한 명과 여자 한 명, 그리고 갈리아 인 남녀 두 사람을 가축시장이라 부르는 곳에 생매장시켰다.

이들 그리스인과 갈리아 인에 대해서는 매년 11월에 종교적 의식을 행하며 제사를 드리는데 이 행사는 오늘날까지도 이어지고 있다.

로마 군은 전쟁 초기에는 종종 큰 승리를 거두기도 했지만, 심한 패배를 당하기도 했다. 플라미니우스와 푸리우스가 집정관이 되어 대군을 거느리고 나설 때까지는 전쟁의 운명을 결정지을 만한 전투가 없었다.

그런데 그들이 싸움터로 갔을 때 피케눔 지방을 흐르는 강물이 핏빛으로 보이고, 아리미눔 시에는 한꺼번에 세 개의 달이 나타났다는 보고가 들어왔다. 그로 인해 복

---

2) 로마가 카르타고와 싸웠던 세 차례에 걸친 전쟁으로 여기서 말하는 것은 그 중 첫 번째의 것으로 기원전 264~241년에 걸쳐 이루어진 것이다.

3) 시빌 경서(Sibylline Book): 그리스어로 기록된 책으로 고대 로마의 예언과 신탁을 모아 쓴 것이다.

점관들은 집정관의 임명이 잘못된 것이라고 주장했다. 원로원은 곧 군영에 편지를 보내 두 집정관에게 가급적 빨리 로마로 돌아오라고 명령했다. 그리고 싸움에서 적대행동을 취하지 말 것과 함께 곧 집정관직을 사임하라는 명령을 전했다.

그러나 이 편지가 전해졌을 때 플라미니우스는 이미 적군을 크게 무찌르며 국경 일대를 약탈하고 있는 중이라 편지를 보지도 않았다. 플라미니우스가 많은 전리품을 싣고 개선해 돌아오자, 민중들은 그가 소환 명령을 무시했다고 하여 그의 승리를 환영하지 않았다. 더구나 그들은 개선식을 거행하는 것까지 허락하지 않으려 했다. 그래서 간신히 개선식을 마치자마자 민중들은 곧 그와 그의 동료들을 관직에서 추방하여 평민의 지위로 떨어뜨려 버렸다.

이와 같이 로마에서는 모든 일이 종교의 지배를 받고 있었다. 그래서 제아무리 큰 공을 세운 사람이라도 예언이나 조상 때부터 내려오는 의식을 소홀히 할 수는 없었다. 그들은 나라의 안전을 위해서 높은 지위에 있는 사람들은 적을 쳐부수는 것보다 신에게 정성을 다하는 것이 더 중요하다고 생각하고 있었다.

여기에는 이런 이야기가 전해져 온다. 정의와 고결함으로 존경을 받고 있는 티베리우스 셈프로니우스가 자기의 후임 집정관으로 스키피오 나시카와 카이우스 마르키우스를 지명했을 때였다. 이 두 사람이 부임한 후, 그는 종교적 의식에 관한 책을 읽고 있었다. 그런데 그는 책 속에서 지금까지 자기가 모르던 일이 씌어 있는 것을 발견했다. 즉, 집정관이 된 자가 장래 일을 점치기 위하여 조짐을 살필 때는 교외에 가옥이나 천막을 빌려 그곳에서 조용히 마음을 가다듬고 있어야 하며, 어떤 조짐이 보이기 전에 긴급한 일이 있어 시내에 들어오게 된 경우에는 다시 교외에 나가 전과는 다른 집이나 천막을 빌려 그 행사를 다시 계속하라는 것이었다.

티베리우스는 그 사실을 모르고 같은 장소를 두 번 사용한 후 집정관들을 지명했다. 그러자 원로원은 그의 실수를 감춰 주기는커녕 스키피오 나시카와 카이우스 마르키우스에게 이 일을 알렸다. 그들은 통보를 받고 로마에 돌아온 후 사표를 제출했다. 그러나 이 일은 나중에 일어난 사건이다.

플라미니우스의 사건과 거의 때를 같이하여 코르넬리우스 케테구스[4]와 퀸투스 술피키우스가 성직에서 쫓겨난 일이 있었다. 두 사람은 모두 민중의 존경을 받고 있

---

4) 코르넬리우스 케테구스(Cornelius Cethegus): 기원전 204년 로마의 집정관을 지낸 사람.

었지만, 종교적 의식을 잘못 행했기 때문에 쫓겨나게 된 것이었다. 코르넬리우스는 제물로 바치는 동물의 내장을 바르지 못하게 쥐었고, 퀸투스는 제물로 바칠 짐승을 죽일 때 술이 달린 모자를 땅에 떨어뜨렸던 것이다.

또 독재관 미누키우스가 카이우스 플라미니우스를 그의 기병대장에 임명했을 때, 쥐의 울음 소리가 들렸다는 이유로 다른 사람을 대신 뽑았던 일도 있었다. 로마인들은 이렇게 사소한 일에까지 정성을 드렸으나 미신으로 기울어진 일은 없었으며, 조상 대대로 내려오는 의식을 조금도 변경하거나 복잡하게 하지 않았다.

플라미니우스와 그의 동료가 집정관직에서 물러나자 인테렉세스, 즉 집정관 서리는 마르켈루스를 새 집정관으로 앉혔다. 그는 집정관에 취임하자 크나이우스 코르넬리우스를 동료로 지명했다. 이때 갈리아 인들은 휴전을 제의했고 원로원도 휴전하기를 원하고 있었다. 그러나 마르켈루스는 민중의 사기를 복돋워 전쟁을 계속하기를 원했다.

그런데 마르켈루스의 노력에도 불구하고 휴전이 성립되었지만 가이사타이 족이 곧 이것을 파괴해 버리고 말았다. 그들은 알프스 산을 넘어와서 인수브레스 인들을 선동하여 다시 전쟁을 일으켰다. 3만 명에 가까운 가이사타이 인은 더 많은 인수브레스 군과 합쳐져 포강 저편에 있는 도시 아케라이를 습격하였다. 그리고 거기서 다시 브리토마르투스는 1만명의 가이사타이 군을 이끌고 포 강 유역 일대를 마구 짓밟았다.

이 보고를 들은 마르켈루스는 보병대와 중무기 전부와 기병대의 3분의 1을 아케라이에 있는 동료에게 맡기고, 자신은 기병대의 나머지와 정예병 600명을 거느리고 밤낮을 가리지 않은 채 강행군을 계속하였다. 그들은 도중에 클라스티디움이란 마을에 이르러서 드디어 1만 명의 가이사타이 군과 마주쳤다. 이 마을은 얼마 전에 로마의 영토가 된 곳이다. 그러나 여기서도 마르켈루스는 부하들을 쉬게 하지 않았고 식사할 시간도 주지 않았다.

마을에 있던 갈리아 군은 마르켈루스의 보병부대가 적은 것을 알고 그들을 얕잡아 보았다. 그들은 말타기에 능숙하여 세상에 당할 자가 없다고 자신하고 있었을 뿐 아니라 숫자에 있어서도 마르켈루스 군보다 우세했으므로 기병대 같은 건 눈에 들어오지도 않았다. 그들은 왕을 선두로 하여 밀물같이 달려들었다. 로마 군을 한꺼번에 짓밟고 위협하려는 듯한 기세였다.

마르켈루스는 부대가 포위당할 것을 염려하여 병력을 곳곳으로 나누어 적의 길이 만큼 펼치고 맞공세를 벌였다. 그런데 그가 말머리를 돌려 적군과 마주서려고 할 때, 그만 그의 말이 적의 모습과 그 함성에 놀라 뒷걸음을 치다가 옆으로 달아나려고 하였다. 그 모습은 병사들에게 몹시 불길한 생각을 갖게 했다. 마르켈루스는 부하들의 사기를 꺾어서는 안되겠다고 생각하여 다시 말머리를 적군 쪽으로 돌리고 태양을 우러러 예배하는 몸짓을 해보였다. 즉, 자기 말이 적 앞에서 몸을 돌린 것은 적을 무서워해서가 아니라, 태양에게 빌기 위한 것처럼 보이기 위해서였다. 로마인들이 신에게 예배할 때 우선 몸을 한 바퀴 돌리는 습관이 있었는데 그는 이것을 이용했던것이다.

그는 적과 마주서자 가장 훌륭한 적군의 무기를 빼앗아 유피테르 페레트리우스 신에게 바치겠다는 맹세를 했다. 이 때 갈리아 족의 왕이 마르켈루스를 발견했다. 왕은 그가 차고 있는 휘장을 보고 그가 대장임을 짐작하고 자기 편 대열에서 몇 걸음 앞으로 말을 내세웠다.

갈리아 족의 왕은 큰 소리를 지르고 긴 창을 휘두르면서 마르켈루스를 향해 돌진해왔다. 왕은 갈리아 군의 그 누구보다도 키가 컸고 금은으로 장식한 갑옷은 번갯불처럼 번쩍이고 있었다.

적군이 전투태세를 갖추는 것을 보고 있던 마르켈루스는 왕의 갑옷이 적군 가운데서 가장 좋고 아름다운 것임을 보고서 이것이야말로 유피테르에게 드리기로 맹세한 바로 그 물건이라고 생각했다. 그러고는 번개같이 말을 달려 왕의 가슴에 창을 꽂았다. 그러고는 말에서 내려 왕의 갑옷에 손을 대고 하늘을 우러러 말했다.

"오, 전투와 전장에서 장수의 공과 행동을 살피시는 유피테르 페레트리우스 신이여, 로마의 집정관, 제3의 로마 대장, 모든 로마인 중에서 가장 대장다운 저를 보아주소서. 저는 이 전투에서 얻은 비길 데 없는 전리품을 신께 바치겠나이다. 그러니 신의 보살핌으로 이 전쟁을 빨리 끝내도록 해주시옵소서."

한편, 로마의 기병대는 적의 기병대와 습격해 오는 보병의 대부대를 격파하여 대단한 승리를 거두었다. 얼마 안 되는 적은 수의 기병대가 엄청나게 많은 적의 기병과 보병으로 이루어진 대부대를 쳐부순 것은 놀라운 일이 아닐 수 없었다. 적의 대부분을 쓰러뜨리고 전리품을 거둔 마르켈루스는 동료 코르넬리우스의 군대와 함께 갈리아 족의 도시 중에서 가장 인구가 많은 밀라노 시를 포위했다. 이 도시는 적의 수도였다.

전투는 매우 치열했다. 로마 군은 포위를 하고 있는지 포위를 당하고 있는지조차 알 수가 없는 형편이었다. 그러나 마르켈루스가 도착하자 갈리아 인들은 그들의 왕이 죽었다는 것과 자기 편이 크게 지고 있다는 사실을 확인하고 부리나케 도망치기 시작했다. 갈리아 인은 밀라노 시를 빼앗기자 나머지 여러 도시와 재물들을 모두 로마인에게 내놓고 항복해 왔다. 마르켈루스는 관대한 조건으로 휴전을 약속했다.

원로원의 결의에 의하여 마르켈루스는 개선식을 올리게 되었다. 개선식은 장엄하고 화려하게 치러졌다. 수많은 전리품과 포로들은 개선식을 한껏 빛냈다. 그러나 그 모든 것 중에서도 관중의 눈을 가장 놀라게 한 것은 마르켈루스 장군이 스스로 신에게 바칠 것을 맹세한 적국 왕의 갑옷과 무기를 손수 들고 나오는 모습이었다. 그는 기다란 참나무를 잘라 잔가지를 쳐버리고 개선목을 만들어 거기에다 국왕의 갑옷을 입히고 무기들을 매달았다. 그는 이 개선목을 들고 전차에 올라 엄숙하게 행진을 했다. 장군 마르켈루스는 가장 눈부시고 가장 영광스런 개선의 모습으로 성문을 들어왔다.

번쩍이는 갑옷으로 장식된 군대는 마르켈루스의 뒤를 따르며 개선을 축하하는 노래, 유피테르를 찬양하는 노래, 그리고 마르켈루스를 위한 노래를 소리쳐 불렀다. 유피테르 페레트리우스의 신전에 도착하자 마르켈루스는 그 전리품을 바쳤다.

마르켈루스는 이러한 성대한 개선식을 한 사람 중 세 번째였다. 첫 번째 개선식은 카이니움의 국왕 아크론을 죽인 로물루스, 두 번째는 에트루리아의 왕 톨룸니우스를 죽인 코르넬리우스 코수스, 그리고 그 다음이 마르켈루스였다. 마르켈루스는 갈리아 족의 왕 브리토마르투스를 죽인 공로로 개선식을 했다. 그리고 이 개선식은 마지막이 되었는데 마르켈루스 이후에는 성대한 개선식을 올린 사람이 아무도 생기지 않았던 것이다.

유피테르 페레트리우스는 전리품을 받은 신의 이름인데, 페레트리우스(Feretrius)라는 어원을 보면 이 이름은 운반차를 뜻하는 페레트룸에서 온 것이라고 한다. 즉, 이것은 전리품을 페레트룸에 실어 신에게 바치는 데서 유래된 것으로 보인다. 그 당시에는 라틴어 가운데 그리스어가 많이 섞여 있었다. 또 어떤 설에는 번갯불을 날리는 유피테르의 '때린다'는 뜻의 페리레란 말에서 온 것이라고도 한다. 그러나 많은 사람들은 그것이 전장에서 적을 친다는 뜻이라 하여 오늘날까지도 적군과 싸울 때에는 라틴어의 페리, 즉 '치라!'고 외친다고 한다.

사람들은 대부분 전리품을 '스폴리아'라고 불렀으며 특별한 것은 '스폴리아 오피마'라고 불렀다. 누마 폼필리우스는 그의 법률 해석에서 제1, 제2, 제3의 스폴리아 오피마에 대해서 말하면서 제1은 유피테르 페레트리우스에게, 제2는 마르스에게, 제3

은 퀴리누스에게 바칠 것이라고 했다. 그리고 제1에 대한 상금은 3백 아스, 제2의 상금은 2백 아스, 제3의 상금은 1백 아스로 정했다고 한다.

그러나 가장 일반적인 설에 의하면, 오피마라는 것은 대장 자신이 결전장에서 제일 먼저 손댄 적의 대장을 죽이고 얻은 전리품만을 가리키는 것이라고 한다. 전쟁이 승리로 끝나자 로마인들은 기쁨에 들떴다. 그들은 포로를 돌려주고 받은 돈으로 금 조각상을 만들어 델포이의 아폴로 신전에 감사드렸다. 여러 동맹국에게는 전리품을 나눠주고 시라쿠사 왕 히에로에게도 많은 선물을 보냈다.

그 후 한니발이 이탈리아로 침입해 온다는 소식을 접하자 마르켈루스는 함대를 이끌고 곧바로 시칠리아 섬으로 갔었다. 칸나이에서 로마의 육군이 크게 패하고 몇만 명이 죽었다고 전해졌다. 몇몇 사람만이 간신히 카누시움으로 도망쳐서 죽음을 면했다는 소식을 듣자 로마의 민심은 다시 흉흉해졌다. 이미 로마 군의 주력 부대를 전멸시킨 한니발이 날뛰는 군대를 이끌고 로마를 바로 공격할까봐 두려워한 것이다.

마르켈루스는 함대에서 1천 5백 명의 군사를 급파하여 로마 방위에 나서게 하고, 다음으로는 원로원의 명령으로 카누시움으로 나갔다. 그곳에 많은 패잔병이 모여 있다는 소문을 들었기 때문이다. 그는 그 패잔병을 모아 성벽 밖으로 나와서 북방 지방을 약탈하는 적을 막아냈다.

이 때 로마의 중요한 장수들은 이미 전쟁터에서 목숨을 버린 후였다. 인격이 고결하고 지혜로운 파비우스 막시무스에 대해서 민중은 불평을 하고 있었다. 그는 지나치게 신중한 태도를 보여 겁쟁이로 비춰졌다. 그래서 민중들은 더 이상 그에게 기대를 걸지 않았다. 민중들은 그가 나라의 위태로움을 막아 주기는 하겠지만 적을 반격하지는 못할 것이라고 실망하고 있었던 것이다.

그래서 마르켈루스가 오자 민중들은 그에게 모든 희망을 걸었다. 그의 자신감 넘치고 대담한 행동이 파비우스의 신중성과 결합되면 싸움을 승리로 이끌 수 있으리라고 생각한 것이다. 민중들은 두 장군을 때로는 같이 집정관으로 뽑고, 때로는 한 사람을 집정관, 또 한 사람은 부집정관으로 뽑아 적군을 치게 하기도 했다.

그래서 포시도니오스는 "파비우스는 로마의 방패이며, 마르켈루스는 로마의 칼이다"라고 말했던 것이다. 한니발 또한 파비우스는 선생으로서 두려워했고 마르켈루스는 적으로서 두려워했다고 고백했다. 한니발은 파비우스가 자기가 장난치지 못하게 막았고 마르켈루스는 혹시나 잘못 건드려서 변이나 당하지 않을까 겁을 냈다.

그런데 한니발의 군대 가운데 함부로 지방에 돌아다니며 약탈을 일삼는 자들이 나타나기 시작했다. 마르켈루스는 그러한 군대를 찾아서 약탈에 나선 부대를 기습하며 서서히 적의 세력을 꺾어나갔다. 또한 민심의 흐름을 쫓으며 정세를 유리하게 만들려고 애썼다.

나폴리의 시민들은 자발적으로 로마에 마음을 기울이고 있었다. 그러나 놀라 시(市)에서는 서민 계급이 모두 한니발에게 의지하고 있었는데 그것은 원로원이 그들을 제대로 통솔하지 못했기 때문이었다. 놀라 시에는 반티우스라는 사람이 살고 있었는데 그는 명문 출신으로 뛰어난 용기로 이름이 높은 사람이었다. 또 그는 칸나이 전투에서 격전을 치렀던 장군이기도 했다. 그런데 그가 당시 전쟁 중 많은 수의 적을 무찌른 다음 몇 개의 창을 맞아 쌓인 시체 위에 쓰러져 있었다. 그래서 그는 결국 한니발 앞에 끌려가게 되었다.

그러나 한니발은 그에게 보상금을 요구하지도 않고 처벌하지도 않은 채 석방시켜 주었을 뿐만 아니라 손님으로서 큰 대우까지 해주었다. 또 한니발은 그의 용기를 칭찬하였다. 한니발의 은혜와 대우에 감복한 반티우스는 그후 가장 열성적인 한니발 당이 되었다. 그래서 그는 민중들을 선동하면서 로마에 항거하도록 설득하고 있었다.

마르켈루스는 이 이름 높은 반티우스를 사형에 처하기가 곤란했다. 그는 로마 군 입장에 서서 가장 큰 전투에 참가한 자였기 때문이었다. 그래서 마르켈루스는 반티우스가 명예욕이 많음을 알고 친절한 태도와 호감어린 대접을 통해 끌어들이려 하였다.

어느 날 반티우스가 인사를 했을 때 그는 누구인지 알면서도 모르는 척하며 이름을 물었다. "누구시지요?"

그는 이야기를 걸 기회를 만들고 싶었던 것이었다. "루키우스 반티우스입니다."

반티우스가 대답하자, 마르켈루스는 반가움과 놀라움을 못이기는 얼굴로 말했다. "칸나이에서 싸웠던 그 이름높은 용사가 당신인가요? 집정관 파울루스 아이밀리우스를 지키고 날아오는 창을 몸소 받았던 반티우스 말입니다. 당신이 정말 모든 사람들이 칭찬해 마지 않는 그 반티우스가 맞습니까?"

반티우스는 자기가 바로 그 사람이라고 하면서 그때 받은 상처를 보여 주었다. 마르켈루스는 말을 이었다.

"당신은 왜 이토록 로마를 사랑하는 많은 증거를 갖고 있으면서도 내가 이곳에 처음 왔을 때 곧바로 와 주지 않았소? 로마인들은 은혜를 모를 거라고 생각했던 것이오? 아니면 적군까지도 존중하는 당신을 제대로 대우하지 않을 것으로 여겼소?"

마르켈루스는 말 한 필과 황금 5백 드라크마를 그에게 주어 존경을 표하는 뜻을 더욱 뚜렷이 했다. 이 때부터 반티우스는 마르켈루스의 가장 충실한 협조자가 되었다. 반티우스는 그때부터 여러 가지 일을 고치기도 하고, 반란의 음모를 꾸미는 자들을 알려 주기도 했다.

로마에 반대하는 사람들이 의외로 많았기 때문에 그의 협조는 상당히 많은 도움이 되었다. 반란자들은 로마 군이 적을 공격하기 위해 시외로 나갈 때 그 군량과 무기 등을 빼앗을 음모를 하고 있었다. 마르켈루스는 부하 군대를 시내에 배치하고 군수품을 각 성문 옆에 두어 시민이 성 가까이 오지 못하도록 했다. 이렇게 해놓았으므로 성 밖에서 볼 때는 조금도 방비를 하지 않은 것처럼 보였다. 이 신중한 준비에 속은 한니발은 시내에 무슨 변이 일어난 줄 알고 전투 대열도 짓지 않은 채 군대를 몰아 시를 향해 진군하였다.

이 때 마르켈루스는 이미 열어 놓은 가까운 문에서 기병의 정예군을 선두로 하여 돌격을 가했다. 그러자 다른 성문으로부터 보병부대가 고함을 지르며 쏟아져 나왔다. 한니발은 전투 대열을 나누어 대항했다. 그러나 다시 제3의 성문으로부터 나머지 로마 군 부대가 뛰어나와 사방에서 공격을 가하자 어찌할 바를 몰라 했다. 뒤에서 계속 공격이 가해지자 용기를 잃고 가까스로 저항을 하는 정도였다.

한니발의 군대는 많은 피를 뿌리고 여러 명의 사상자를 낸 후 진영으로 돌아갔다. 그들이 로마 군에게 등을 보인 것은 이것이 처음이었다.

이 전투에서 적의 사상자가 5천 명을 넘었지만 로마 군의 사상자는 5백 명도 채 못되었다고 전해진다. 역사가 리비우스(Livius)는 이 때의 승리나 적의 전사자가 그리 큰 것은 아니라고 말하고 있다. 그렇지만 이 기묘한 전투의 승리는 마르켈루스에게 크나큰 영광을 주고, 패배의 경험이 있던 로마인들에게 미래에 대한 희망과 믿음을 굳게 해 준 것만은 확실하다. 그들은 그들과 상대해서 싸우는 적이 그렇게 대단한 것은 아니며 그들도 마찬가지로 패배할 수 있다는 것을 깨닫게 되었다.

로마의 민중들은 집정관 한 사람이 죽자 그를 대신할 사람을 선출하기 위해 마르켈루스를 불러들였다. 그들은 선거관의 뜻을 받아들이지 않고 마르켈루스가 도착할 때까지 선거를 연기시켰다. 그리고 전체 선거 투표자가 일치하여 그를 집정관의 자리에 올려 놓았다. 그런데 집정관을 뽑을 때 천둥소리가 울리자 복점관은 그의 임명이 잘못된 것이라고 말했다. 그러나 민중을 두려워한 나머지 그 주장을 알리지는 않았다. 마르켈루스는 이 사실을 알게 되자 스스로 집정관직을 내놓고 군대의 지휘만을 맡겠다고 했다.

마르켈루스는 부집정관이 되어 놀라 시에 돌아가 카르타고와 협력한 사람들을 모두 추방했다. 그런데 한니발이 급히 달려왔으나 마르켈루스는 대항해 싸우려고 하지 않았다. 그러나 한니발이 로마 군은 싸울 뜻이 없다고 생각하고 있을 때 마르켈루스는 돌연 공격을 시작했다. 한니발의 부하들 대부분이 물자를 구하러 나가 있던 틈을 이용해 공격을 한 것이었다.

이 전투 이전에 마르켈루스는 보병부대에게 해전에서 보통 사용하는 긴 창을 갖게 하여 그것을 적당한 거리에서 적을 향해 던지는 훈련을 시켜두었다. 당시 카르타고 군은 싸울 때 손에 잡고 쓰는 창만 가지고 있었지 던지는 창은 없었다. 그러므로 이날 로마 군과 싸우게 된 자들은 모두 등을 보이고 달아나는 수치를 당하였다.

카르타고 군은 전사자 5천 명, 코끼리 4마리가 죽고, 2마리를 빼앗기는 패배를 당하고 달아났다. 그러나 가장 중요한 사건은 그 후 사흘만에 스페인 인, 누미디아 인으로 이루어진 3백 명의 기병대가 카르타고 군을 저버리고 로마 군에 투항한 일이었다.

이것은 처음 있는 일이었다. 카르타고 군은 많은 나라 사람으로 이루어졌으나 한니발의 지휘 아래 늘 굳게 단결해 있었던 것처럼 보였다. 투항해 온 기병대는 이 전쟁에서 마르켈루스와 그의 후계자들을 위하여 충성을 다했다.

이 영광에 힘입어 세 번째의 집정관이 된 마르켈루스는 시칠리아 섬으로 출정했다. 한니발이 이탈리아 본토에서 싸움에 이기고 있는 것을 보고 기운을 얻은 카르타고인이 섬을 점령하려고 했던 것이다. 게다가 참주 히에로니모스가 죽임을 당한[5] 이후 시라쿠사에서는 온통 소요와 혼란이 계속되고 있었다. 로마에서는 아피우스를 장군으로 하여 그의 지휘하에 군대를 시라쿠사 시 전체에 파견해 두고 있었다.

마르켈루스가 군대를 인계받고 있을 때, 많은 로마인들이 그의 앞에 엎드려 자신들의 불행을 호소했다. 칸나이 전투에서의 커다란 패배로 인해 살아남은 로마 군은 더러는 도망쳐서 생명을 유지하고, 더러는 적에게 생포되어 그 수가 매우 많았다. 남

---

5) 히에로의 손자이며 게로의 아들인 히에로니모스는 부하에게 암살되었다. 마르켈루스가 세 번째로 집정관이 되기 전 해에 게로가 먼저 죽고 다음으로 히에로가 아흔살의 나이로 죽었으며 몇 달 뒤에 열다섯 살의 히에로니모스가 암살되었다.

아 있던 로마인은 로마의 성벽을 지킬 만한 수도 되지 못했다.

그러나 긍지가 높은 로마인은 얼마 안 되는 석방금만 내면 포로를 돌려 주겠다는 한니발의 제안을 원로원의 명령으로 거절했다. 그래서 그들은 모두 적의 손에 죽거나 노예로 팔려 이탈리아를 떠나고 말았다. 또 도망쳐서 생명을 건진 자들도 시칠리아에 보내어 한니발과의 전쟁이 끝나기 전에는 이탈리아에 돌아오지 못하게 했다.

마르켈루스가 시칠리아에 도착하자 이런 사람들이 한데 뭉쳐서 애원을 했다. 그들은 엎드려 눈물을 흘리며 명예로운 전쟁에 참가하게 해 달라고 청했다. 그리고 그들은 칸나이의 패배는 그들이 겁이 많아서가 아니라 오히려 불운 때문이었으며, 앞으로 충성과 노력으로 이것을 증명해 보이겠다고 맹세하였다.

마르켈루스는 이들을 가엾게 여기고 원로원에 글을 보냈다. 자기 부하들의 군단이 모자라서 보충할 때에는 이들 로마인들 가운데서 빌려 쓸 테니 허가해 달라는 것이었다. 많은 논쟁 끝에 원로원은 명령을 내렸다.

"본 원로원은 비겁한 병사의 복무를 필요로 하지 않는다고 결정을 보았다. 만일 장군이 이와 다른 견해를 가지고 있다면 그들을 쓸 수 있으나 어떠한 경우에도 그들의 선행을 보상해 주기 위하여 화관이나 군사적 표창을 주어서는 절대 안 된다."

이 명령은 마르켈루스의 마음을 불쾌하게 했다. 그는 시칠리아 전쟁이 끝나 로마로 돌아갔을 때 크게 원로원을 비난하였다.

"나라를 위해 많은 일을 한 나에게 불행한 동포들을 구제할 수 있는 자유도 거부하다니 참으로 서운한 일이오."

이 때 마르켈루스는 시라쿠사 인의 지배자 히포크라테스가 로마인에게 끼친 손해 때문에 몹시 화가 나 있었다. 히포크라테스는 카르타고 인에게 친절히 대하면서 참주가 될 야망을 이루기 위해 레온티니에 거주하는 많은 로마인을 죽였던 일이 있었던 것이다.

마르켈루스는 곧 레온티니를 포위하고 무력으로 도시를 점령했다. 그러나 시민들에게는 피해를 가하지 않고 탈주병만을 잡아 사형에 처하였다. 그런데 히포크라테스는 마르켈루스가 레온티니의 모든 장정을 남김없이 죽였다는 거짓 보고를 시라쿠사에 보냈다. 그리고 시민들이 이 거짓 보고에 놀라 혼란에 빠졌을 때 히포크라테스는 이 도시로 쳐들어와 그곳의 지배자가 되었다.

이 사실을 안 마르켈루스는 전 군사를 이끌고 시라쿠사로 나아가 성벽 가까이 진을 쳤다. 그리고 사절을 보내어 시민들에게 점령 당시의 진상을 밝히려 했다. 그러나 이미 히포크라테스가 권력을 잡고 있었으므로 아무런 효과도 얻지 못했다.

마르켈루스는 일이 이렇게 되자 수륙 양면으로부터 공격을 하기로 결정하고, 육상부대는 아피우스에게 맡기고 그는 해변으로부터 밀고 들어갔다. 60척의 전함은 각기 다섯 줄의 노를 가졌으며 모든 무기와 발사기구가 갖추어져 있었다. 그리고 8척의 큰 배를 쇠사슬로 이어매고 그 위로 거대한 다리를 조립하여 맨 위에 화살과 돌을 쏘아 던지는 기계를 설치하였다.

마르켈루스는 성을 공격할 준비가 충분함을 믿고 또 자기가 오늘날까지 거둔 빛나는 업적을 생각하며 자신만만하게 공격했다. 그러나 이러한 것은 아르키메데스와 그가 제작한 기계에 비하면 기하학자가 심심풀이로 만든 장난감 정도밖에 안 되었다.

사실 그는 히에로 왕의 간청이 아니었더라면 그것을 만들지도 않았을 것이다. 추상적 이론만 논하지 말고 그것을 이용하여 구체적인 무엇을 만들어 보라는 왕의 명령에 의해 이 기계를 고안했던 것이다.

기계에 관한 과학을 처음으로 시작한 사람은 에우독소스와 아르키타스였다. 그들은 이해하기 어려운 문제는 기계를 만들어 직접 풀어 보았다. 많은 기하학상의 문제를 푸는 데 필요한 비례중앙선을 구하기 위하여 여러 개의 곡선과 직선을 이용한 특수한 기구를 썼다. 플라톤은 이것을 보고 못마땅하게 여기며, 기하학을 순수이성의 영역을 떠나 감각의 영역으로 타락시켰다고 화를 냈다. 그리고 낮은 수준의 노동을 필요로 하는 물건과 연관시킴으로써 진정한 과학의 우수성을 없앴다고까지 말했다. 이렇게 해서 기계술은 기하학과 분리된 이래 철학으로부터 멸시를 받으며 일종의 군사기술이라고 보게 되었다.

그런데 아르키메데스는 그의 친척이요 또 가까운 사이인 국왕 히에로에게 편지를 보내 어느 정도의 힘만 가하면 아무리 무거운 물체라도 움직일 수 있다는 것을 말하고, 그 실험의 결과를 확신했다. 그는 만일 지구가 아닌 다른 천체에 그가 갈 수 있다면 이 지구라도 움직여 놓을 수 있을 것이라고 말했다.

이 말에 감탄한 히에로는 그것을 실제로 조그만 기계로 거대한 무게의 물체를 움직이는 실험을 해 보여 달라고 했다. 아르키메데스는 끌어내는 데에도 큰 노력과 수많은 사람의 힘을 요하는 큰 배에 어떤 장치를 한 다음, 사람과 짐을 가득 실어 놓고 자신은 멀리 떨어진 곳에 앉아 도르래의 한 끝을 손에 쥐고 밧줄을 감았다. 큰 배는 마치 순풍에 돛을 단 것처럼 일직선으로 미끄럽게 움직여졌다. 이 광경을 본 국왕은 크게 놀라 기술의 위대한 힘을 믿고 아르키메데스에게 간청하여, 포위되었을 때 공격과 수비 어느 쪽으로나 쓸 수 있는 전투기계를 만들게 했던 것이다.

그러나 당시에는 나라가 평온하고 번영했으므로 이러한 전투기계를 사용할 일이 없었다. 이런 기계를 언제든지 쓸 수 있도록 준비시킨 다음 그 사용법을 일러 주고 지시한 발명자가 있을 따름이었다.

사실 로마 군이 수륙 양면에서 동시에 쳐들어오자 시라쿠사의 시민들은 그 위력과 무력에는 아무도 대적할 수 없다고 생각하여 공포와 불안에 떨고 있었다. 이 때 아르키메데스가 자신이 만든 전투기계를 회전시켰다.

모든 종류의 발사무기가 육상부대를 향해 날아갔다. 거대한 돌이 놀라운 소리를 내며 무서운 힘으로 떨어졌다. 그 누구도 이에는 대항할 수가 없었으므로 로마 군의 대열은 깨어지고 곳곳에는 시체들이 산을 이루었다. 바다에서는 배들이 갈고리에 걸려 높이 떠올랐다가 물 속에 떨어졌다. 어떤 배는 크레인 끝에서부터 내려진 손 같은 것에 한 쪽 끝을 잡혀 곧게 세워졌다가 물 속에 던져지기도 하고, 성 안에서 조종하는 밧줄에 걸려 절벽이나 성벽에 부딪혀 탄 사람들이 모두 무서운 죽음을 당하기도 했다.

여기저기 배들이 까마득하게 높이 매달려졌다. 배에 탄 군사들은 모두 바다 속에 떨어질 때까지 빙글빙글 휘둘러지다가 나중에는 바위에 던져지거나 아니면 바다에 떨어졌다. 마르켈루스가 큰 배들을 연결하여 그 위에 장치한 성벽 공격용의 설비는 그 모양이 악기처럼 생겨서 하프라고 불렀다. 그런데 이것을 성벽 가까이 싣고 가던 중 10탈렌트 무게[6]의 큰 돌을 몇 번이나 맞아 모조리 망가지고 날려 버리게 될 지경에 처하였다.

마르켈루스는 당해낼 길이 전혀 없었다. 그래서 그는 부하들의 배를 일단 안전한 거리로 후퇴하게 하고 육상부대에도 퇴각 명령을 내렸다. 그리고 회의를 하여 만일 가능하다면 밤중에 성벽 바로 밑에까지 밀고 들어가 보기로 결정했다. 왜냐하면 아르키메데스가 여러 가지 물건을 던지는 기계는 긴 줄을 사용했기 때문에 아주 가까이 다가가면 던지는 물건이 모두 머리 위를 지나갈 것이라고 생각한 것이었다. 그러나 적들은 먼 거리뿐만 아니라 가까운 거리에 있는 적에게도 창살을 던질 수 있는 기

---

6) 1250 파운드에 해당한다.

계를 만들어 성벽에 있는 작은 구멍에 감추어두고 가까이 오기만을 기다리고 있었다.

로마 군은 발각되지 않은 줄로만 알고 성을 공격했다. 그러자 별안간 바로 머리 위에서 돌이 쏟아져 내리고 성벽 곳곳에서 창살이 날아오기 시작했다. 그들은 하는 수 없이 도망을 쳤지만 이번에는 먼 거리에서 사용하는 투창과 화살이 날아왔다. 마치 죽음의 소낙비같이 화살과 창이 쏟아져 내렸다.

이같은 적들의 공격에 많은 병사가 죽고, 그들은 배만 상한 채 쫓겨나고 말았다. 아르키메데스는 이 전투기계의 대부분을 성벽 바로 뒤에 설치해 두었기 때문에 로마 군들의 눈에 들키지 않고 큰 타격을 줄 수 있었다.

로마 군은 마치 자신들이 신과 싸우고 있는 것처럼 느꼈다. 그러나 조금도 상처를 입지 않은 마르켈루스는 그의 부하들과 기사들을 돌아보며 의젓하게 농담을 했다.

"그 기하학자가 바닷가에 앉아서 소꿉장난을 하고 있는 꼴이군. 우리 배를 마음대로 뒤집으며 장난을 하다니 이게 무슨 수치인가. 하기야 백 개 달린 손을 가졌다는 옛말 속의 거인이 창살을 날린다 해도 이보다는 나을걸세!"

사실 시라쿠사 군은 아르키메데스의 계획을 옮겨 주는 다리와 같아서 모든 것이 그의 생각에 따라 움직이고 있었다. 군대는 다른 무기들을 모두 버리고 그의 기계만 믿고 안심하고 있었다. 로마 군은 너무 겁이 나서 성 위에 무슨 장대나 밧줄만 얼핏 비추어도 정신없이 달아났다. 아르키메데스가 또 무슨 기계를 사용한다고 고함을 지르는 상태에 이르렀다. 마르켈루스는 하는 수 없이 공격을 단념하고 모든 것을 시간에 맡겼다.

아르키메데스가 발명한 기계는 세상을 놀라게 했다. 사람들은 그것이 인간의 힘으로서는 도저히 이룰 수 없는 지혜라고 생각했다. 그러나 정작 아르키메데스 자신은 이러한 일에 대해서 한 조각의 기록도 남기지 않았다. 이것은 아마도 그의 고상한 정신 탓일 것이다. 그는 공학의 모든 부문과 군사에게 이익을 주는 모든 기술은 천하고 속된 것이라고 무시하였다. 그리고 그는 연구에 대한 정열과 소망을 순수한 생각에만 집중시켰다.

온갖 사물에 대한 연구가 다른 무엇보다도 뛰어난 것이라는 데 대해서는 어느 누구도 의심하지 않는다. 그는 연구의 중심을 아름다움과 위대함에 놓았다. 그는 또 그것을 푸는 방법의 정확성과 증명하는 방법의 특이함으로 인해 위대성을 더욱 돋보이게 했다. 모든 기하학 가운데서 그가 내놓은 문제만큼 복잡하고 어려운 것은 없었다. 그러나 반면 그의 해설만큼 간단하고 쉬운 것도 없었다. 어떤 사람은 이것이 그의 천재성 때문이라고 했다. 또 어떤 사람은 이런 것이 얼른 보기에는 쉽고 어렵지 않은 것처럼 보이지만 그는 이루 말할 수 없을 정도의 노력과 고심을 거듭했을 것이라고 했다. 그가 낸 문제는 우리들이 아무리 연구를 해도 증명할 수가 없지만 한 번 그가 해석한 것을 보면 쉽게 결론으로 이끌어진다. 그리고 이런 문제라면 누구라도 풀 수 있었을 것이라는 생각을 갖게 해주는 것이다.

그러므로 세상 사람들이 흔히 말하듯이 그는 집 안에 있는 세이렌 여신[7]에게 반해서 모든 것을 잊고 있었다는 이야기도 일리가 있다. 그는 목욕탕에 들거나 몸에 향유를 바를 때에도 아궁이에 있는 재 위에 손가락으로 기하학의 도형을 그리거나, 향유를 바른 몸에다 도표를 그리고 있었다고 한다. 오로지 기하학에만 몰두해 있던 것을 보면 그의 과학에 대한 애착과 기쁨은 신들린 사람이나 다름 없었다고 해도 과언은 아닐 것이다.

그의 발견은 수없이 많았고 모두가 감탄할 만한 것이었다. 그러나 그는 죽은 뒤의 명예를 원하지 않기 때문에 나중까지 남겨 둔 것이 없다. 그는 친구와 친척에게 자신이 죽거든 무덤 위에 속이 빈 원통을 세우고 구체를 넣은 다음 그 속에 차는 구체의 입체비를 새겨 달라고 유언했다고 한다.

한편 시라쿠사 시는 아르키메데스의 힘이 미치는 한 절대로 함락되지 않을 것처럼 보였다. 마르켈루스는 시라쿠사 시를 포위만 하고 있으면서 틈을 타서 메가라 시를 공격하였다. 이 도시는 그리스인들이 시칠리아에 와서 세운 가장 오래된 도시였다. 그는 다시 아킬라이에 있는 히포크라테스 군대의 진영을 점령하고 진지를 구축하고 있는 적을 공격해서 적을 8천명 이상 죽였다. 그는 시칠리아 섬의 대부분을 쳐서 많은 도시를 카르타고인의 손아귀에서 빼앗고 항거하는 자들을 모조리 쳐부쉈다.

그런데 포위 작전이 진행되는 중에 시라쿠사로부터 배를 타고 바다로 나가려 한 스파르타인 다미포스라는 자가 로마 군에 붙잡히게 되었다. 시라쿠사 인들은 보석금을 낼 테니 그를 놓아 달라고 하여 양군 사이에는 여러 차례에 걸쳐 회의가 이루어졌다. 이 기회를 이용하여 마르켈루스는 적군의 누각 하나에 비밀리에 군대를 숨어들게 할

---

7) 호메로스의 시 《오디세이아》 제12권 39에 나오는 여신의 이름으로 반은 사람, 반은 새 혹은 물고기의 모습을 한 괴물이다. 노래를 잘 부르는 여신으로 알려져 있다.

수 있다는 것을 알아냈다. 성벽은 기어오르기도 어렵지 않고 또 수비도 소홀해 보였다. 다미포스의 석방 문제로 몇 차례 그 곳에 가 본 마르켈루스는 그 누각의 높이를 자세히 측정하여 거기에 맞을 만한 사다리를 만들어 침입할 기회를 엿보고 있었다.

이 무렵, 시라쿠사 인들은 디아나 여신의 제사를 드리느라고 온통 법석이었다. 그들은 술을 마시고 노래를 하며 딴 생각을 하지 못하는 처지였다. 이 때를 놓치지 않고 마르켈루스는 누각을 점령해서 날이 밝기도 전에 성벽 위에 부하들을 배치했다. 그러고는 헥사필룸을 향해 진격해 나갔다. 뒤늦게 잠이 깬 시민들이 소란한 소리에 놀라 나가보니 마르켈루스는 이미 곳곳에서 나팔을 불며 모든 시가 다 점령된 듯이 위세를 떨치고 있었다. 단지 시내에서 가장 화려하고 부유한 곳만이 엄중한 성으로 보호되어 있었다. 그곳은 네아폴리스와 티카로 나뉘어진 아크라디나라고 부르는 곳이었다. 그러나 결국 이 지역마저 점령되었다.

마르켈루스는 날이 밝자 헥사필룸을 지나 입성하였다. 부하 장병들이 모두 환성을 올리며 그를 축하했다. 마르켈루스는 높은 곳에 올라서서 눈 아래 펼쳐진 시가의 아름다움을 보고는 눈물을 지었다. 이제 부하 군대의 약탈이 시작되면 몇 시간 못가서 쑥밭이 될 것을 생각하니 슬퍼진 것이다. 그의 장수들 중에는 어느 한 사람도 병졸의 약탈 행위를 금하려 한 사람은 없었다. 도리어 많은 사람들이 이 도시에 불을 질러 잿더미로 만들어 버리자고까지 주장했다.

마르켈루스는 그럴 생각이 전혀 없었지만 간청에 못 이겨서 하는 수 없이 돈과 노예는 약탈해도 좋다고 허락했다. 그러나 자유민에게 폭행을 가하는 일과 시라쿠사 인을 죽이거나 잡아서 노예로 만드는 일은 엄격하게 금지시켰다. 마르켈루스는 동정 어린 눈으로 시가를 보았다. 막대한 재산과 시설이 동시에 사라지는 것을 보자 그의 마음에 안타까움이 일었다.

이때 로마가 약탈한 노획물은 다음 해에 카르타고에서 얻은 것에 못지 않은 것이었다. 얼마 후 그들은 점령하지 못한 다른 곳까지 계략으로써 함락시켰고 약탈 행위는 다시 시작되었다. 그러나 왕의 창고에 있던 황금만은 로마의 국고에 넣어 나라의 재산으로 하였다.

시라쿠사 점령에 있어서 가장 마르켈루스의 마음을 아프게 한 것은 아르키메데스의 죽음이었다. 때마침 아르키메데스는 기하학의 어떤 도식을 푸는 일에 열중하여 로마 군의 침입도, 수도의 점령도 전혀 모르고 있었다. 그가 연구에 열중하고 있을 때 한 로마 군인이 나타나 아르키메데스를 보고 마르켈루스에게 가자고 했다. 그러자 아르키메데스는 지금 풀고 있는 문제를 다 풀 때까지는 갈 수 없다고 거절했다. 그러자 화가 난 병사는 칼을 빼 그 자리에서 아르키메데스를 찔러 죽였다고 한다.

또 다른 사람이 전하는 바에 의하면, 병사가 칼을 들고 죽이려고 막 달려드는 것을 보고, 그는 문제를 모두 풀 때까지 기다려 달라고 요청하고 생각에 잠겨 있을 때 살해되었다고 한다. 어떤 사람은 그가 수학에 쓰는 여러 가지 기구, 일광시계, 해의 크기를 재는 기계 등과 함께 마차에 실려가는 도중 병사들이 그 상자 속에 금이라도 있는 줄로 생각하고 살해했다는 이야기도 있다.

아르키메데스의 죽음은 마르켈루스의 마음을 몹시 아프게 했다. 그는 아르키메데스를 죽인 병사를 보고 무서운 벌레라도 쳐다보는 듯이 돌아섰다. 마르켈루스는 아르키메데스의 죽음을 슬퍼하며 그의 가족을 찾아 잘 돌보아 주었다. 이때까지 로마인들을, 전쟁 잘하는 용감한 사람들이며 싸움터에서는 언제나 무서운 적이라고만 생각하고 있던 외국 사람들은 새삼 놀랐다. 그들이 유순하고 인정이 많으며 예의까지 있는 줄은 여태 생각하지 못했던 일이었다. 그들에게 정의감을 지니고 있음을 그리스인에게 보여 준 것은 마르켈루스가 처음이었다.

마르켈루스는 그와 가까이 한 사람들에 대해서 지극히 너그러운 태도를 보였고 여러 도시와 개인에 관해서도 참으로 어질게 대했다. 엔나, 메가라, 혹은 시라쿠사 시민에 대해서 준엄하고 가혹한 명령이 내렸을 때에도 우선 그런 강압 수단을 취하지 않을 수 없게 한 여러 도시에 책임을 물었다. 그 무렵 시칠리아에 엔기움이라는 도시가 있었는데 그다지 큰 도시는 아니지만 매우 오래된 도시였고 '어머니'라 부르는 여신의 신전이 있는 유명한 곳이기도 했다. 이 신전은 크레타인이 세운 것이라고 전해오며 메리오네스, 율리시스 등의 이름을 새긴 창과 놋쇠투구 등이 보존되어 있었다.

시민의 대부분은 열성적인 한니발 당이었지만 그 중 유명한 카르타고의 니키아스만은 로마와 가까이 해야 한다고 주장하였다. 그는 자기의 목적을 이루기 위하여 시민들이 모인 자리에서 한니발과 손잡는 것이 얼마나 무모한 짓인지를 주저하지 않고 말했다. 그의 웅변의 힘과 권위를 두려워한 시민들은 드디어 그를 묶어 카르타고인에게 넘기기로 결심했다. 그들의 계획을 눈치 챈 니키아스는 탈출을 하려고 했다. 그러나 이미 정탐꾼이 따라다니고 있다는 것을 알게 되자 일부러 엉뚱한 행동을 하면서 미친 척 굴기 시작했다. 그는 여신에 대해서 함부로 말을 하고 다녔다. 부정스런 말을 하면서 여신들을 경멸하였다.

이러한 니키아스를 보고 적들은 그가 스스로 파멸의 벌을 받을 짓을 한다고 좋아하였다. 그를 체포할 준비를 완전히 갖추고 시민 대회를 열었다. 니키아스는 여기서 시국 연설을 하다가 별안간 땅에 쓰러졌다. 사람들은 모두 놀란 채 한참 동안 조용히 그를 지켜보았다. 그는 다시 고개를 들고 떨리는 음성으로 말을 하기 시작했다. 그의 목소리는 차츰 날카롭고 힘이 있어 보였고 장내는 공포에 눌려 있는 듯했다. 이때에 그는 별안간 겉옷을 벗어 반나체가 되어 밖으로 달려나가면서 '여신들'이 자기를 잡으려고 쫓아온다고 고함을 질렀다. 그 자리에 있던 사람들은 두려움에 떨며 그를 붙들지도 않고 말리지도 않았으며 오히려 그가 지나갈 수 있게 길을 비켜 주었다. 그는 점점 신들린 사람처럼 소리치며 성문으로 도망쳐 버렸다.

그의 아내는 처음부터 이 계획을 알고 있었으므로 아이들을 데리고 미리 여신의 신전에 엎드려 죄를 용서해 달라고 빌며 남편을 찾아 헤매는 체했다. 그들은 방해도 받지 않고 그곳을 안전하게 빠져나와 시라쿠사에 있는 마르켈루스에게로 무사히 도피하였다.

마르켈루스는 엔기움 사람들이 로마에 항거하는 행동이 잦아지자 모조리 잡아 가두고 사형에 처하려고 했다. 니키아스는 울고만 있더니 그를 붙잡고는 자신을 미워하던 고향 사람들을 살려 주라고 간청했다. 이에 감동한 마르켈루스는 그들을 모두 석방하고 도시에도 아무런 피해를 끼치지 않았을 뿐만 아니라 니키아스에게는 많은 땅과 선물을 주었다고 하는데 철학자 포시도니오스가 이 이야기를 전하고 있다.

얼마 후 마르켈루스는 나라 안의 전쟁이 위급하게 되어 로마로 소환되었다.

그는 그의 승리를 빛내고 로마를 장식하기 위하여 시라쿠사로부터 가장 아름다운 장식물들을 수없이 가져갔다. 로마가 일찍이 가져보지 못했고 구경하지도 못했던 우아한 예술품들이었다. 피문은 무기와 야만족으로부터 빼앗은 전리품, 그리고 전쟁과 승리를 기념하는 물건으로만 가득했던 로마로서는 커다란 의미가 있는 것들이었다.

에파미논다스가 보이오티아의 벌판을 '군신의 무대'라고 부르고, 크세노폰이 에페소스를 '전쟁의 공장'이라고 부르는 것과 같이, 이 시대의 로마는 핀다로스의 말을 빌리자면 '전쟁을 즐기는 군신의 터전'이었다. 그러므로 살아 있는 듯한 착각을 불러일으키는 그리스의 아름다운 조각상을 가져다가 도시를 장식한 마르켈루스에 대한 대중의 인기는 대단했다.

그러나 노인들은 파비우스 막시무스를 오히려 칭찬했다. 그는 타렌툼을 점령했을 때 그런 종류의 물품은 건드리지 않은 채 황금과 값진 물건들만 빼앗아 오고 신의 조각상은 그대로 남겼던 것이다. 그래서 "성난 신들은 타렌툼 사람들에게 그대로 남겨두자"고 했던 그의 말은 오늘날까지 세상에 전해지게 되었다.

귀족들은 마르켈루스를 비난하며 자기의 개선을 빛내기 위하여 사람들뿐만 아니라 신마저 포로로 잡아와, 로마로 하여금 비난을 받게 했다고 법석을 떨었다. 그리고 전쟁이 아니면 농사밖에 모르는 로마인들에게 사치와 안락을 가르쳐 주는 꼴이 되었다고 비난하였다. 에우리피데스가 헤라클레스에 대하여, "거칠고, 세련되지 않고, 오직 큰 일에만 능하다"고 한 것처럼, 그러한 로마 평민들이 예술품과 예술가에 대하여 논하고 헛되이 시간을 낭비하게 하였다고 공격했다.

그러나 마르켈루스는 자신이 한 일을 자랑스러워 했다. 그는 거친 로마인들에게 그리스 예술의 아름다움을 감상하는 법을 가르쳐 주었다고 그리스인들에게 말했다.

마르켈루스는 자기를 시기하는 사람들이 개선식을 로마에서 올리는 것에 반대하자, 그들의 뜻을 받아들이기로 했다. 아직 시칠리아 섬은 완전히 평정되지 않았으므로 세 번씩이나 개선식을 올리는 것을 질투하리라 생각했던 것이다. 마르켈루스는 알바 산에서 개선식을 올리고 거기서부터는 소개선식으로 로마에 입성했다. 이 소개선식은 그리스어로 '에우야'라고 부르는데 이 의식에서 장군은 전차를 타지 않고 월계관도 쓰지 않았다. 나팔대가 앞서서 부는 일도 없이 샌들을 신고 걸어가 도금양(桃金孃)으로 만든 관을 쓰고 부드러운 피리소리 속에 걸어갔는데, 이것을 지켜보는 사람들에게 두려움이 아닌 친근감과 존경을 느끼게 하였다.

이런 것으로 짐작해 보면, 처음에는 대개선식과 소개선식의 구별이 공훈의 크고 작은 데서 생겨난 것이 아님을 알 수 있다. 큰 전쟁에서 많은 적을 죽이고 돌아온 군대는 부정을 씻기 위해서라도 풍습에 의해 무기나 병사들을 월계관으로 장식하고 위풍당당한 대개선식을 올렸을 것이다. 그러나 무력을 쓰지 않고 온정과 권유, 혹은 설득으로 목적을 달성한 장군들은 축제와 같은 소개선식의 명예를 주었다.

피리는 평화의 상징이었으며, 도금양 꽃은 신 가운데서도 가장 폭력과 전쟁을 싫어하는 베누스가 좋아하는 꽃이라는 사실도 이것을 뒷받침해 준다.

이런 개선식을 오바티온이라고 부르는 이유는 흔히 생각하는 것처럼 그리스어 에우아스모스에서 온 것이 아니다. 정식 개선의 경우에도 '에우야'를 외치기 때문이다.

그리고 이 행사는 어떤 의미에 있어 디오니소스를 위한 것이기도 한데, 이 신을 가리켜 에비우스 또는 트리암보스라고 부르는 것도 이것과 관계가 있다고 생각했다. 그래서 그리스인들은 이 말이 그리스 말이라고 왜곡한 듯하다. 그러나 사실은 그렇지 않다. 대 개선식에서는 사령관들이 황소를 제물로 바치고, 소 개선식에서는 양을 제물로 바치는 것이 관례였다. 그래서 라틴어 ovis에서 오바티온(ovation)이라 명명한 것이다.

이상한 점은 스파르타의 율법을 제정한 사람이 로마와는 달리 제사의 방식을 정했다는 것이다. 스파르타에서는 설득이나 계략으로 목적을 이룬 장군은 소를 제물로 바치고, 전투로 목적을 이룬 장군은 수탉을 올렸다. 이것은 스파르타인이 지나칠 정도로 호전적이지만 현명한 협상을 통해 얻은 승리가 무력이나 용기로 얻은 승리보다 인간적인 면에서는 더 낫다고 본 탓이었다.

마르켈루스가 네 번째로 집정관에 선임되었을 때 그의 반대당은 시라쿠사 인을 꾀어 로마로 사절단을 보냈다. 그들이 마르켈루스 때문에 많은 고통을 당했다고 원로원에 호소하게 한 것이다. 이 때 마르켈루스는 유피테르 신전에서 제물을 드리는 의식을 하고 있었다. 그들이 자유로이 자신을 비난하고 호소하도록 일부러 자리를 피해 준 것이다. 그런데 원로원에서는 본인이 없는데 규탄하는 것은 옳지 못하다고 하여 이것을 중지시켰다.

이 사실을 들은 마르켈루스는 곧 원로원에 들어가 집정관석에 앉은 다음 다른 일의 심의를 원로원에 부탁하고, 한 개인으로서 피고가 변명하는 자리로 내려섰다. 시라쿠사 인들에게 자기를 불평하는 자유를 주기 위해서였다. 그러나 정작 그들은 그의 정정당당한 태도와 믿음에 찬 행동을 보고 놀란 나머지 멍하니 서 있을 뿐이었다. 집정관의 관복을 입은 그의 모습은 갑옷을 입었을 때보다도 훨씬 더 무섭고 준엄해 보였다.

그러나 마르켈루스 반대파들이 격려를 하자 그들은 드디어 고발을 시작했다. 그것은 심판을 구하는 동시에 불만과 불평을 늘어놓는 것이었다. 자기들은 로마의 동맹국이며 우방임에도 불구하고 적에게도 차마 받지 않는 손해를 마르켈루스에게 받았다는 것이었다.

마르켈루스는 대답했다. "로마에게도 큰 해를 끼쳤지만 이들에게는 어떤 처벌도 내리지 않았습니다. 그리고 군대가 도시를 약탈하게 되었던 것은 여러 차례 평화를 권유했는데도 거절했기 때문입니다. 그들은 전쟁을 할 생각으로 전제자를 내세웠던 것입니다."

양쪽의 변론이 끝나자 관습에 의해 시라쿠사 인은 퇴장했다. 마르켈루스는 판결을 동료에게 듣게 하고 시라쿠사 인과 함께 퇴장했다. 그는 조금도 마음이 흔들리지 않고 고발을 두려워하지도 않았으며, 시라쿠사 인에게 분노하지도 않았고 태연히 판결이 내려지기를 기다렸다.

표결은 마르켈루스의 승리로 끝이 났다. 시라쿠사 인들은 마르켈루스 앞에 무릎을 꿇고 눈물을 지으며 용서를 빌고, 앞으로 오래도록 자비를 잊지 않겠다고 말했다. 그러자 마르켈루스는 그들의 눈물과 슬픔에 마음이 흔들려 대표자들과 화해를 했다.

원로원은 마르켈루스가 그들에게 자유를 준 것을 찬성하고 그들의 권리와 그들의 법률 및 남아 있는 재산들을 보호해 준 것을 확인했다. 이런 일로 말미암아 시라쿠사 인들은 마르켈루스에게 깊은 고마움을 느꼈다. 그래서 그들은 만일 마르켈루스나 그의 자손이 시칠리아에 오는 일이 있으면, 언제나 머리에 꽃을 꽂고 환영하며 신에게 제사를 드리도록 법까지 만들었다.

이 사건이 있은 뒤 마르켈루스는 한니발을 치려고 군사를 일으켰다. 그때 로마의 다른 집정관과 장군들은 한결같이 한니발과의 전투는 피하려고 하였다. 그들은 싸움터에서 칼로 승패를 결정할 용기를 잃고 있었다.

그러나 마르켈루스는 그들과 정반대의 행동으로 맞섰다. 마르켈루스는 그들이 앉아서 기다리는 동안 이탈리아는 파멸을 맞을 것이라고 생각했다. 파비우스가 지나치게 안전만 찾아 전쟁이 자연히 끝나기를 기다리는 것은, 마치 마음 약한 의사가 과감한 치료를 하지 못한 채 시간을 보내는 것과 같다고 여겼다. 그리고 환자의 체력이 약해진 것을 보고 병세가 나아진 것이라고 믿는 어리석음처럼, 로마 자신이 쇠약해져서 쓰러지고 말 것이라고 말했다. 기다리는 것은 나라의 병을 치료하는 좋은 방법이 아니라는 것이었다.

마르켈루스는 로마를 배신한 삼니움 인의 여러 도시를 점령하였다. 거기서 그는 많은 곡식과 황금을 얻고 한니발이 수비병으로 주둔시켜 놓은 3천 명의 부대를 포로로 잡았다. 그 후 부집정관 크나이우스 풀비우스가 열한 명의 군사 호민관과 함께 아풀리아에서 전사하고, 부대 역시 같은 운명에 처했다는 보고를 듣고는 로마에 편지를 보냈다.

"시민들이여, 마음을 굳게 먹어야 합니다. 우리는 지금 한니발의 승리를 패배로 바꿔 놓을 것입니다. 우리는 지금 한니발의 눈물을 보기 위해 군사를 이끌고 나아가고 있습니다.”

편지가 낭독될 때 로마 시민들은 불안한 마음으로 듣고 있었다. 리비우스의 기록에 의하면, 이 때 시민들은 전보다도 오히려 더 우울해졌다고 한다. 시민들에게는 마르켈루스가 풀비우스보다도 훨씬 가치있는 인물이었다. 그런 만큼 그를 잃게 될 위험도 컸던 것이었다. 마르켈루스는 편지에 쓴 바와 같이 루카니아로 공격해 갔다. 누미스트로에서 한니발과 싸우려는 것이었다. 적은 높은 언덕을 차지하고 있었다. 마르켈루스는 평야에 진을 치고 아침이 되기를 기다렸다.

전투 태세를 취하자마자 한니발이 도전해 왔다. 양군은 세 시간에 걸친 격렬한 전투를 치렀다. 그러나 좀체로 승패가 나지 않은 채 날이 저물자 전투를 중지하였다. 그들은 다음날 새벽에 다시 군대를 이끌고 나와 시체가 널려진 위에서 다시 승부를 결정하려고 했다. 그러나 한니발은 진을 거두어 퇴각해 버리고 말았다. 마르켈루스의 군대는 전사한 적군의 무기들을 거두고 아군의 시체를 매장한 다음 곧 적의 뒤를 쫓아 추격을 시작했다. 한니발은 여러 차례 꾀를 써서 복병으로 그를 맞이했지만 마르켈루스는 그 꾀에 빠지지 않았다. 마르켈루스는 한니발이 숨겨둔 많은 복병대에 들키지 않고 추격을 계속하여 모든 전투에서 승리를 거두었다.

한편 로마에서는 선거일이 가까워지자 마르켈루스는 계속 싸우게 하고 시칠리아로 나가 있는 다른 한 사람의 집정관만 소환했다. 로마로 소환된 집정관에게 원로원은 퀸투스 풀비우스를 독재관으로 지명하라고 요구했다. 이 독재관이란 직은 원로원이나 민중에 의해서 선출되지 않고 집정관이 뽑는 사람을 민중 대회에서 지명하기로 되어 있었다. 그들은 독재관을 딕타토르라고 불렀는데 그것은 지명을 뜻하는 디케레에서 유래한 말이다.

그러나 어떤 이는 딕타토르란 자기 뜻대로 명령할 수 있는 것인만큼 법령이나 다름없다고 했다. 그래서 로마인의 법령을 뜻하는 에딕트가 그 어원이 된 것이라고도 한다.

시칠리아 섬에서 소환된 마르켈루스의 동료는 독재관으로 지명하고 싶은 사람이 따로 있었다. 그는 자신의 의견을 강제로 바꾸기 싫어 즉시 배를 타고 시칠리아로 되돌아가 버렸다. 민중은 퀸투스 풀비우스를 독재관으로 선출하는 결의를 했고 원로원은 마르켈루스에게 특사를 보내 퀸투스 풀비우스를 지명하라고 명령했다. 이 명령에 따라 마르켈루스는 그를 독재관으로 선언했다. 그리고 자신은 부집정관으로서 다시 1년 동안 임무를 계속 맡게 되었다.

마르켈루스는 파비우스 막시무스와 의논하여, 파비우스는 타렌툼 시를 공략하고 자신은 계속해서 한니발과 싸워 타렌툼을 돕지 못하게 하기로 결정했다. 그는 카누시움 근처에서 드디어 한니발을 만났다. 한니발은 여러 번 군을 이동하여 전투를 피하고 있었다. 마르켈루스는 계속 추격하여 그의 진지를 공격하였다. 이 때에도 격렬한 전투를 했지만 밤이 될 때까지 승패가 나지 않았다.

그 다음날 마르켈루스는 다시 군대를 몰아 싸움을 걸었다. 괴로운 지경에 처한 한니발은 카르타고 군을 모았다. 그리고 최선을 다해 싸울 것을 호소했다. "우리는 많은 승리를 해왔다. 그러나 지금의 적을 물리치지 못한다면 우리는 더 이상 쉬지도 못할 것이고 공기를 마실 자유도 없어지게 될 것이다!"

전투가 벌어졌다. 그런데 마르켈루스가 명령한 군대가 행동의 때를 제대로 맞추지 못했으므로 실패의 책임이 그에게 돌아오는 듯했다. 그는 오른쪽 편이 심한 공격을 받고 있는 것을 보고 1군단을 최전선에 출동시켰다. 그런데 그 행동이 도리어 여러 부대의 배치를 어지럽게 하며 승리를 적에게 주게 되는 꼴이 되어 버렸다. 이 전투에서 로마 군의 전사자는 2천 7백 명이나 되었다.

마르켈루스는 진영으로 돌아와 부하 장병을 모아 놓고 말했다

"저기 누워 있는 시체들은 많소. 그리고 저것들은 모두 로마인의 팔이며 몸뚱이들이었소. 그러나 진정한 로마인은 단 한 사람도 없소이다."

군인들은 마르켈루스에게 용서를 빌었다. 그러나 그는 지고 있는 이상 절대로 용서할 수 없다고 말하고, 만일 이기기만 한다면 그 자리에서 용서해 주겠다고 약속했다. 그들은 오늘의 패배가 로마에 알려지기 전에 승리의 소식을 전해 주자며 다음날 다시 싸우기를 맹세했다. 그리고 적에게 등을 보인 부대는 밀 대신 말먹이로 쓰는 보리를 먹기로 결의하였다.

마르켈루스의 꾸지람은 부하들을 사무치게 했다. 부하들은 거의 모두가 부상자였다. 그러나 그들은 몸에 난 상처 이상으로 장군의 말(言)이 더 괴롭고 뼈에 사무쳤다. 다음날 아침 로마 군 진영 앞에는 전쟁 신호인 붉은 외투가 높이 휘날렸다. 치욕을 당한 부대는 스스로 선두에 서겠다고 했고 이것이 허락되자, 뒤를 따라 다른 부대들이 배치되었다.

이런 정보를 들은 한니발은 감탄하지 않을 수 없었다.

'몹시 괴롭구나. 져도 이겨도 싸움을 멈추지 않는 인간들을 어떻게 해야 하는가? 저 장군은 이기면 자신을 갖고 덤비고, 지면 치욕을 씻으려고 달려든다. 이런 적은 저 사람뿐이다. 이래 가지고서는 저 자와 평생 싸워야 할 것 아닌가?'

드디어 양군은 싸움을 시작했다. 그러나 시간이 지나가도 좀처럼 승부가 나지 않는 것을 보고 한니발은 전 부대를 제1선에 내세웠다. 코끼리가 로마 군의 전열을 짓밟자 큰 혼란이 일어났다. 이 광경을 본 호민관 플라비우스는 군기를 높이 들고 달려들었다. 맨 먼저 덤벼드는 코끼리를 깃대 끝의 뾰족한 쇠로 찔러 되돌아서게 했다. 돌아선 코끼리는 다음 코끼리를 밀치고 모든 코끼리들이 그 뒤를 따라 도망쳤다.

이를 본 마르켈루스는 기병대를 시켜 도망치는 코끼리와 뿔뿔이 흩어진 적군을 향해 돌격하라고 했다. 기병대는 맹렬하게 카르타고 군을 진영까지 몰았다. 부상한 코끼리들은 저희 편 군대를 밟아 많은 사상자를 냈다.

전투는 한니발 군의 전사자 8천 명을 낳았고, 로마 군의 전사자도 3천 명, 그리고 모든 병사들이 대부분 부상을 당했다.

한니발은 로마 군이 부상자가 많아 추격을 못하는 틈을 타서 깊은 밤중에 후퇴했다. 마르켈루스는 서서히 군대를 거느리고 캄파니아에 들어가 시누에사에서 부상한 병사들의 치료를 돌보며 여름을 보냈다.

마르켈루스로부터 멀리 떨어진 한니발은 이제 두려울 것이 없어지자 군사를 이끌고 이탈리아 곳곳을 약탈했다. 이로 인해 마르켈루스는 나라에서 좋지 않은 평을 듣게 되었다. 그의 명성을 비난하려는 사람들은 때를 만난 듯이 푸블리키우스 비불루스를 앞장 세워 공격했다. 이 사람은 영리하고 웅변에 능하며 기질이 사나운 호민관이었다.

"마르켈루스는 짧은 전쟁만을 치르고 온천[8]에서 휴양을 즐기고 있소. 마치 씨름꾼이 잠깐의 시합 후 목욕을 하고 있는 것처럼 말이오."

비불루스는 마르켈루스로부터 군대의 지휘권을 빼앗기 위해 민중들을 끈기있게 선동했다. 이러한 사실을 안 마르켈루스는 군대를 부장에게 맡기고 자신에 대한 오해를 씻어내기 위하여 로마로 급히 돌아갔다. 그러나 그가 돌아갔을 때는 이미 그를 쫓아내는 탄핵안이 만들어져 있었다. 그리고 민중이 플라미니우스 광장에 모이는

---

8) 마르켈루스가 군대를 쉬게 하고 있던 사무에사 근처에는 온천이 하나 있었는데 비불루스가 이것을 비꼬아 그를 비난했던 것이다.

날에 비불루스는 그를 탄핵하게 되어 있었다.

마르켈루스 자신은 그에 대해 간단한 해명만 했다. 그는 탄핵을 당할 위기에 몰렸다. 그런데 로마 시민 가운데 지위와 덕이 높은 사람들이 그를 높여 주는 긴 연설을 했다.

"로마의 장군들 중에서 적이 두려워하는 사람이 어디 있겠소? 그것은 바로 마르켈루스 한 사람뿐이오. 적은 그와 싸우기를 싫어하고 다른 장군과 싸우고 싶어하오. 그러니 마르켈루스를 비겁하다고 하는 사람은 적보다도 더 판단력이 없는 사람들이 아니겠소?"

연설이 끝나자 그를 내쫓으려 했던 탄핵자는 스스로를 속인 꼴이 되었고 민중은 마르켈루스의 행동을 지지했다. 그리고 그를 다섯 번째로 집정관의 자리에 뽑았다. 마르켈루스는 집정관에 취임하자 큰 반란으로 변할 것 같은 에트루리아의 혼란을 마무리하고 여러 지방의 도시를 돌아다니면서 민심을 살폈다. 그는 일찍이 맹세한 대로 시칠리아 전쟁에서 가져온 전리품들과, 신전을 지어 '명예'와 '미덕'의 두 신에게 바쳤다.

그런데 사제들이 두 신에게 하나의 신전을 바치는 것은 옳지 못하다고 하여 그는 다시 하나의 신전을 더 지었다. 그러나 사제들의 반대를 불쾌히 여겼던 그는 흉한 일이 생길 징조가 아닌가 하고 염려하였다.

그 무렵 마르켈루스를 위협하는 괴상한 일들이 연달아 일어났다. 몇몇 신전이 벼락을 맞는가 하면 유피테르의 신전에 있는 쥐가 황금을 갉았다느니, 소가 말을 했다느니, 코끼리 같은 머리통을 가진 아기가 태어났다느니 하는 소문이 들려왔다. 물론 이런 괴이한 일에 대해서 적당한 종교의식을 행했지만 신의 노여움이 풀린 듯한 징조는 보이지 않았다.

신에게 제물을 바치고 길흉을 점치는 사람들은 마르켈루스가 로마를 떠나서는 안 된다고 당부했다. 그러나 그는 싸움터에 나가고 싶은 생각으로 가득 차 있었다. 그 누구도 한니발과 싸우려 드는 그의 정열을 당해내지는 못할 것이었다. 그는 밤마다 한니발과 싸우는 꿈을 꾸었다. 친구나 친족들에게 얘기하는 것도 그것뿐이었으며 신에게 드리는 기도조차 한니발과 전쟁터에서 맞부딪치게 해 달라는 것이었다. 그는 높은 성 안에 두 군대를 가두어 넣고 승부가 날 때까지 싸워보는 것이 무엇보다 커다란 소원이었다.

그가 명예를 얻지 않았고 일찍이 판단력이 다른 장군들보다 떨어졌다면 세상 사람들은 그를 어리석고 명예욕에 사로잡힌 자라고 욕했을 것이다. 그러나 다섯 번째로 집정관에 취임했을 때 그는 이미 인생의 60 고개를 넘긴 사람이었다. 그는 제물을 바치고 신의 노여움을 풀게 하는 의식을 남김없이 치른 다음, 간신히 동료들과 함께 전쟁에 나갈 수 있게 되었다. 그는 온갖 수단을 써서 한니발을 끌어들이려 했다.

당시 한니발은 반티아와 베누시아 두 도시 중간에다 튼튼한 진영을 쌓고 있었다. 그는 도전을 피하고 있다가 로마 군의 한 부대가 로크리 에피제피리이 시로 향하고 있다는 소문을 듣자, 복병을 페텔리아라는 작은 산 아래에 두어 로마 군 2천 5백 명을 죽였다. 마르켈루스는 이 보고를 듣고 크게 화를 내며 복수전을 하려고 한니발 군 가까이까지 가서 진을 쳤다.

양군 사이에는 울창한 숲으로 뒤덮인 작은 산이 있었다. 그리고 그 양쪽에는 험한 벼랑이 있고 몇 갈래의 샘물이 소리를 내며 흘러내리고 있었다. 이 지점은 전략상 대단히 유리한 곳이었다. 그런데 마르켈루스는 먼저 이곳에 와 있던 한니발이 왜 이곳을 점령하지 않았는지 그 이유를 알 수가 없었다. 그러나 사실 한니발은 미리 복병을 숨겨 두고 있었던 것이다.

이곳은 누가 보더라도 전투에 꼭 필요한 곳이었다. 한니발은 로마 군을 끌어들이기에 적당하다고 믿고 숲속과 바위 그늘에 많은 궁수와 창병을 숨겨두었다. 그리고 그런 기대는 빗나가지 않았다. 로마 군의 진영에서도 이 지점에 대해서 의논이 있었다. 어떤 방법으로 점령할 것인지에 대해 모두가 사령관인 것처럼 자신의 의견을 말했다.

마르켈루스는 소수의 기병을 데리고 직접 시찰할 생각으로 점술가를 불렀다. 그리고 제물을 드리게 하고 길흉을 판단하게 하였다. 그런데 처음 제물로 잡은 짐승은 머리가 달려 있지 않았고 두 번째로 잡은 짐승은 유달리 머리가 크고 기관이 모두 좋았다. 마르켈루스는 첫 번째 제물의 불길한 징조를 두 번째 제물이 충분히 씻어 줄 것으로 믿었다. 그러나 점술가는 불안한 뜻을 나타냈다. 짐승의 내장을 가지고 점을 칠 때 불길한 기형 다음에 너무나 큰 행운이 나타나면 그 갑작스런 변화가 더욱더 의심스럽다는 것이었다. 그러나 핀다로스가 시에서도 읊었던 것처럼 마르켈루스도 운명을 비켜갈 수는 없었다.

활활 타오르는 불길도
무쇠로 만들어진 성벽도
운명을 거스르지는 못한다네.

마르켈루스는 그의 동료와 군사 호민관인 아들을 데리고 220명밖에 안 되는 호위병과 함께 그 지점을 살펴보기 위해 나갔다. 호위병 중에 로마인은 단 한 사람도 없었으며, 그가 그때까지 여러 차례 용기와 충성을 경험해 알고 있는 40명의 프레겔라 인을 제외하고는 모두가 에트루리아 인들이었다고 한다.

숲으로 덮인 산 위에는 로마의 진영을 한눈에 내려다보고 있는 한니발의 정찰병이 앉아 있었다. 그 정찰병의 신호를 받은 복병들은 마르켈루스가 가까이 갈 때까지 꼼짝도 하지 않았다. 그러다가 한꺼번에 '와아' 하고 일어나 사방에서 마르켈루스를 둘러쌌다. 그들은 투창으로 공격을 가하며 달아나는 자는 등 뒤에서 칼로 치고, 저항하는 자에게는 맹렬한 습격을 가했다.

이들에게 대항하는 것은 겨우 40명의 프레겔라 인들 뿐이었다. 에트루리아인은 적의 습격이 시작되자 맨 먼저 도망쳐 버렸다. 프레겔라 인은 용감하게 두 집정관을 에워싸고 방어했다. 그 중 크리스피누스는 투창을 두 개나 맞아 말 머리를 돌려 도망쳤고, 마르켈루스는 옆구리를 긴 창에 찔린 채 쓰러지고 말았다.

이 때까지 싸우고 있던 몇몇 프레겔라 인들은 쓰러진 집정관을 그곳에 둔 채 그의 아들만을 부축하여 군영으로 돌아왔다. 여기서 전사한 사람은 40명 남짓했다. 다섯 명의 호위병과 18명의 기병은 포로로 잡혔다. 크리스피누스도 이때 입은 상처로 며칠 뒤에 세상을 떠났다. 작은 전투에서 두 집정관을 잃은 불행은 로마인이 일찍이 경험하지 못했던 끔찍한 일이었다.

마르켈루스의 죽음을 전해들은 한니발은 모든 일을 제쳐놓고 서둘러 산으로 달려갔다. 그러고는 시체 옆에 서서 한동안 그를 바라보며 자신의 승리를 잊고 침묵을 지켰다. 그는 자신들을 끈질기게 괴롭혀 온 적이 쓰러졌는데도 전혀 기뻐하는 내색 없이 마르켈루스의 최후를 안타깝게 바라보았다. 한니발은 그의 유해로부터 반지를 뺀 다음 시체에 장군의 옷을 입혀 정중히 예를 갖추어 화장시키라고 명령하였다.

유골은 은항아리에 담아 황금관으로 덮은 후 마르켈루스의 아들에게 보내려 했다. 그런데 유해를 운반하는 도중 이들은 누미디아 인들과 마주치게 되었다. 누미다아 인들은 강제로 유해를 빼앗아 땅에 던져 버렸다. 이 이야기를 들은 한니발은 누미디아 인들을 처벌하였다.

"이것이 그의 운명인가 보군. 어쩔 도리가 없구나."

버려진 유골은 유족에게 보내지도 못했다. 한니발은 마르켈루스가 무덤에도 들어가지 못하게 된 것 역시 운명이라고 생각했다.

코르넬리우스 네포스와 바이리우스 막시무스는 이런 이야기를 기록으로 전하고 있다. 그런데 리비우스와 아우구스투스 카이사르에 의하면, 그 뼈를 담은 항아리는 그의 아들에게 전해져서 장엄한 장례식을 올렸다고 전한다.

로마에는 그를 위한 수많은 기념비가 세워졌고, 시칠리아에서는 그를 기념하기 위해 카타나에 있는 큰 체육관에 그의 이름을 붙였다.

그가 시칠리아로부터 가지고 온 조각, 회화의 한 부분은 사모트라케에 있는 카비리 신전과 린두스에 있는 아테나 신전에 보존되어 있다. 아테나 신전에는 그의 조각상이 세워져 있고, 다음과 같은 시가 새겨져 있다고 포시도니오스는 기록하고 있다.

> 나그네여, 로마의 큰 별이며
> 집정관의 자리에 일곱 번이나 올랐던
> 마르켈루스를 보라!
> 오랜 가문의 아들답게 적을 물리치려고
> 조국을 위해 칼을 들었노라.

이 비문을 쓴 사람은 마르켈루스가 다섯 번이나 집정관에 오르고 두 번이나 부집정관을 지낸 것을 합산하여 기록했다.

그의 집안은 오래도록 로마의 명문으로 이름을 날렸다. 집안의 대는 아우구스투스 카이사르의 누이 옥타비아와 카이우스 마르켈루스와의 사이에서 난 아들에게까지 이어졌다. 그 아들은 아우구스투스의 딸 율리아와 결혼한 후 아이딜레(조영관)의 지위에 있다가 죽었다. 그리고 어머니 옥타비아는 도서관을 세워 그를 추모했고, 아우구스투스는 극장을 만들기도 했다. 그 도서관과 극장은 모두 그의 이름을 따서 지어졌다고 한다.

펠로피다스와
마르켈루스의 비교

　펠로피다스와 마르켈루스의 일생에 관해 알려진 것은 이미 앞에서 말한 바와 같다. 두 사람은 성품이 매우 비슷했다. 둘 다 용감하고 성실했으며 대담했다. 마르켈루스는 자신이 점령한 도시에서 시민들을 죽였지만 에파미논다스와 펠로피다스는 어떤 싸움에서도 사람을 죽이거나 노예로 만들지 않았다. 테베 인이 오르코메노스에게 했던 행동들도 두 사람이 그곳에 있었다면 결코 하지 않았을 것이다.

　마르켈루스가 갈리아 인과 싸워서 얻은 공은 대단했다. 적은 수의 기병으로 적의 많은 보병과 기병을 무찌른 것이다. 이것은 역사에서 좀체로 찾아보기 힘든 일이다. 더욱이 그는 적의 왕을 죽였던 것이다. 펠로피다스의 경우는 그런 공을 미처 세우지 못한 채 전제자들에게 살해되었다. 그러나 펠로피다스는 레우크트라 및 테기라이의 빛나는 싸움을 통해 공을 세웠다. 그는 망명 중이었으나 수도에 몰래 들어와 테베의 전제자를 죽였다. 이것은 비밀스럽게 이룬 그의 공로 가운데 가장 뛰어난 것이다.

　마르켈루스의 기습이나 복병전도 그것에는 따라갈 수 없다. 한니발은 로마인에게 가장 무서운 적이었다. 이 점에서는 테베 인에 대한 스파르타인도 비슷했다. 스파르타인이 레욱트라와 테기라이 두 전쟁에서 펠로피다스에게 패배한 것은 사실이었다. 그러나 폴리비오스는 한니발이 마르켈루스에게 한 번도 패한 적이 없고 스키피오가 나타날 때까지 모든 전쟁을 이겼다고 전한다.

한니발의 군대가 마르켈루스에게 졌다고 씌어진 것은 로마의 역사가 리비우스, 카이사르, 코르넬리우스 네포스 등과 그리스인으로는 유바 왕에 의해서다. 어떻든 그런 패배가 싸움 전체에 영향을 주지는 못했다.

카르타고 군은 전략상의 이유 때문에 패한 것처럼 굴었을 수도 있다.

로마인들이 전쟁에서 그렇게도 많이 지고 장수들이 죽고 로마 전체가 혼란스러웠는데도 무릎을 꿇지 않은 것은 감탄할 만하다. 로마인들에게 한니발에 대한 두려움을 이기게 하고 병사들의 의지를 높여 주고 끝까지 싸우게 한 것은 마르켈루스의 힘 때문이다. 되풀이되는 패배에 실망하여 한니발의 군대만 보면 도망을 치던 사람들에게 부끄러움을 느끼게 해준 것이다. 병사들은 싸움에 지고도 죽지 않는 것은 병사의 수치라고 생각했다. 마르켈루스의 호소는 사람들에게 승리를 바라고 그렇지 못할 경우 통탄하라고 이른 것이다.

펠로피다스는 스스로 지휘권을 쥐고서 한 번도 져본 일이 없었다. 마르켈루스 당시 그 누구보다 많은 승리를 가지고 있다. 자주 이긴 마르켈루스나 져본 일이 없는 펠로피다스는 서로 비슷하다고 할 수 있다.

마르켈루스는 시라쿠사를 함락시켰다. 그렇지만 펠로피다스는 스파르타를 점령하지 못하고 죽었다. 그러나 따지고 보면 시칠리아를 빼앗는 것보다 군의 깃발을 스파르타 성벽까지 이르게 하는 것이 더 어려운 일이다. 그는 군사를 이끌고 에우로타스 강을 건너 처음으로 스파르타를 쳐들어 간 것이다.

펠로피다스가 이루어 놓은 공은 레욱트라 전쟁에 함께한 에파미논다스와 나누어야 한다. 그런 점에서 보면 마르켈루스는 이름도 전쟁의 승리도 온전히 그 자신에게 공이 돌려져야 한다. 그는 혼자서 시라쿠사를 공격했다. 동료의 도움 없이 갈리아 군과 싸워 승리했다. 다른 장군들이 한니발과 싸우기를 머뭇거릴 때 그가 나서서 전쟁의 흐름을 바꾸어 놓았다. 즉, 한니발을 공격하는 모범까지 보여 주었던 것이다.

그러나 두 사람은 모두 안타깝게 죽었다. 어리석은 최후라고 보는 사람도 있다. 한니발은 그 많은 전투를 치르면서도 다치는 일이 없었다. 크세노폰의 〈키로파이디아〉에 나오는 크리산테스 역시 그렇다. 그는 적을 치려고 할 때 물러나라는 나팔소리를 듣자 적을 둔 채로 물러났다. 이런 것에 비하면 두 영웅은 자신의 몸을 돌보지 않은 채 어리석게 죽은 것이다. 그렇다고 해서 두 영웅의 행동이 아주 이해가 가지 않는 것도 아니다. 펠로피다스는 적에 대한 원한이 뼈에 사무쳐 있었다.

"장수는 자신의 몸을 우선으로 돌보고, 그 다음은 명예로운 죽음을 임무로 한다."

에우리피데스가 말한 것처럼 뜻있는 죽음이란 남에게 죽는 것이 아니라 스스로 죽음을 맞는 것이리라.

펠로피다스가 싸운 진짜 이유는 전제자를 죽이는 것이었기 때문에 그가 취한 행동이 쓸데없는 것만은 아니었다. 그는 자신의 뜻을 이룰 승리가 눈앞에 보이자 적들에게 달려들었던 것이다. 대의를 위하여 용기있게 싸울 수 있는 영광스러운 기회는 오직 그때뿐이라고 생각했던 것이었다.

그러나 마르켈루스의 경우는 다르다. 그 전쟁은 만약 싸움에서 이겼다해도 그의 이름을 빛낼 수 있는 것은 못되었다. 그는 이성을 잃을 만큼 위험에 처하지도 않았다. 단지 부질없이 위험한 곳으로 들어가서 죽은 것이다. 집정관을 다섯 번이나 지내고 개선식을 세 번이나 올렸으면서도 하찮은 병사의 발 아래 목숨을 버렸다. 왕의 존경을 받는 사람이 한 척후병의 일을 보다가 이제까지의 모든 공을 누미디아 인 같은 병사에게 던진 꼴이 된 것이다. 적군마저도 그 죽음을 안타깝게 여겨 뜻밖에 얻은 적의 장수의 죽음을 앞에 내세우지 않았다.

장군의 죽음은 한 사람의 죽음이 아니기 때문에 그의 행동은 잘못되었다고 볼 수 있다. 이것은 그를 나쁘게 말하는 것이 아니라 함부로 생명을 내던진 행동을 탓하는 것이다.

펠로피다스가 죽은 다음 동맹국들은 그의 장사를 지내 주었다. 그리고 마르켈루스는 적군이 장례를 치렀다. 펠로피다스의 마지막은 부러운 최후였다. 그러나 은혜에 보답하는 선한 마음보다 더 위대한 것은 적의 용맹을 인정하는 마음이다. 전자는 개인적 이익이 우선 고려되지만, 후자는 미덕만으로 적의 존경을 받기 때문이다.

17

아리스티데스

(ARISTIDES, BC 525경~467)

아테네의 정치가이며 군인. 리시마코스의 아들로 알로페케에서 태어났다. 절제의 미덕을 가진 훌륭한 인격자로 재무관, 아르콘 등을 지냈다. 마라톤과 살라미스, 플라타이아 전투에 나가 큰 공을 세웠고, '정의로운 사람'이라는 이름을 얻었다. 정적이었던 테미스토클레스의 음모로 추방당했다.

아리스티데스는 리시마코스의 아들로서, 안티오키스 부족이며 알로페케 출신이었다. 그가 가지고 있었던 재산이 어느 정도였는지에 대해서는 여러 가지 설이 있다. 그 중 하나는 그가 몹시 가난하게 살았으며 죽은 후에 남은 두 딸이 가난 때문에 오랫동안 결혼도 못하고 있었다고 한다.

그러나 팔레론 사람 데메트리오스[1]는 그가 쓴 《소크라테스》에서, 아리스티데스는 팔레론에 땅을 가지고 있었으며 나중에 이 땅에 묻혔다고 한다. 그는 아리스티데스가 부유한 사람이었다는 증거도 대고 있다. 우선 그는 아르콘 에포니모스[2](수석 아르콘)라는 자리에 있었는데, 이 직책은 5백 메딤니[3] 이상의 수확을 거두는 가장 큰 부

---

1) 철학자 테오프라토스의 제자로 알렉산드로스 시대 직후의 사람. 마케도니아에 지배당하고 있던 아테네를 다스렸으며 많은 저서를 썼다고 하나 전해지는 것은 없다.

2) '아르콘'은 보통 장로에 해당하는데 매년 선출되는 아홉명의 아르콘 중에서 우두머리인 사람을 말한다. 그 재직 기간은 그 사람의 이름으로 불린다.

3) 아테네 시민의 재산 등급 중에서 첫째. 1메딤니는 약 52리터.

자 중에서 제비로 뽑는 지위였다. 다음으로 그는 도편 투표로 추방당했는데, 가난한 사람은 이 재판의 대상이 되지 않았고, 모두 세상의 시기를 받은 부유한 집안 사람들이 이 재판을 받았다. 또 그는 디오니소스 신전에 세발솥을 바쳤는데 거기에는 다음과 같은 글이 새겨져 있는 것을 오늘날도 볼 수 있다.

"안티오키스 부족이 우승 : 아리스티데스가 주최 : 아르케스트라토스가 극작과 연출[4]"

그런데 이 세 번째 증거는 가장 확실한 듯이 보이지만 사실은 가장 미약한 증거다. 누구나 다 알고 있는 일이지만 가장 가난하게 살았던 에파미논다스나 철학자 플라톤도 큰 연예를 맡아 했는데, 에파미논다스는 피리 연주, 플라톤은 소년들의 무용을 주최했었다. 플라톤에게는 시라쿠사의 디오니시오스가, 에파미논다스에게는 펠로피다스가 필요한 돈을 기부했던 것이다.

예의바른 사람은 친구의 도움을 함부로 거절하지 않는다. 친구들의 도움을 받아 자신의 재산을 늘리는 것은 부끄러운 일이겠지만 이익을 위한 것이 아니라 명예와 영광을 위한 도움이라면 기꺼이 받는 것이 옳다.

그러나 파나이티오스[5]는 데메트리오스가 디오니소스 신전의 솥에 대해 쓴 기록을 잘못 해석하였다고 주장했다. 페르시아 전쟁에서부터 펠로폰네소스 전쟁 말기까지 개최되었던 경연에서 승리한 사람 중 아리스티데스라는 이름은 두 번 나오는데, 그들은 모두 리시마코스의 아들이 아니라, 한 사람은 크세노필로스의 아들이고, 또 한 사람은 훨씬 후대의 사람이라는 것이다. 왜냐하면 그 이름을 새긴 글씨체 자체가 에우클리데스[6]가 수석 아르콘을 지냈던 시대 이후의 것이고, 또 아르케스트라토스라는 연출가의 이름은 페르시아 전쟁 당시에는 보이지 않고 펠로폰네소스 전쟁 중 몇 개의 연극을 써서 연출한 일이 있기 때문이라는 것이다. 그래서 파나이티오스의 주장은 다시 한 번 살펴보아야 할 필요가 있을 것이다.

그러나 도편 투표는 명문의 출신이거나 웅변에 탁월한 사람, 혹은 명성이 뛰어난

---

4) 디오니소스 제사 때는 연극과 무용, 음악 등의 행사를 했는데, 이것의 지도를 말하는 것이다. 당시 연극은 극을 쓴 사람이 직접 연출을 맡아서 했다.

5) 파나이티오스(Panaetius): 기원전 145년경의 스토아 학파 철학자.

6) 에우클리데스(Euclides): 기원전 404~403년에 아테네를 지배했던 30인. 참주(僭主)가 무너진 뒤, 아테네의 통치를 맡아 솔론의 법을 부흥시킨 사람.

사람들이 대상이 되었던 것은 사실이다. 예를 들면, 페리클레스의 스승인 라몬은 지혜가 남달리 뛰어났다고 해서 이 투표에서 추방되었었다.

또 이도메네오스의 말에 의하면, 아리스티데스가 아르콘이 된 것은 제비뽑기에 의해서가 아니라 아테네 시민 전체의 선거에 의한 것이었다고 한다. 또 데메트리오스가 기록한 것처럼 그가 아르콘이 된 것이 플라타이아[7] 전투에서 큰 공을 세운 뒤였다면, 흔히 귀족들이 차지했던 이 지위를 그가 차지할 수 있었을지도 모른다. 사실 데메트리오스는 아리스티데스뿐 아니라 소크라테스의 빈곤의 누명까지 벗기려고 노력한 사람이었다. 그래서 그는 소크라테스가 자기의 집을 가지고 있었을 뿐만 아니라 크리토에게 70미나의 돈을 이자로 빌려준 일도 있다고 기록하고 있다.

아리스티데스는 독재자를 몰아내고 민주적인 정권을 세운 클리스테네스와 가까이 지냈으며 그를 열렬히 지지했다. 그래서 그는 스파르타의 리쿠르고스를 정치가 중 가장 뛰어난 인물로 생각했으며, 귀족 정치를 지지하여, 민중을 위해 나섰던 테미스토클레스와 항상 대립했다.

어떤 사람의 말에 의하면, 아리스티데스와 테미스토클레스 두 사람은 어려서 놀이를 할 때나 진지한 토론을 할 때 늘 다투어 각자의 성격을 드러냈다고 한다. 테미스토클레스는 과감하여 무슨 수를 써서라도 자신의 생각을 밀고 나갔지만, 아리스티데스는 성격이 곧은 데다가 공정했기 때문에 비록 장난으로라도 속임수를 쓰면 참지 못했다.

케오스 사람인 아리스톤은 이 불화가 어떤 소년을 똑같이 사랑하면서 생겨난 것이었다고 말했다. 케오스 태생의 스텐실라오스라는 그 소년은 당시 가장 아름다운 소년이었는데, 두 사람 모두가 그에게 사랑을 느껴 감정을 억제하지 못했다고 한다. 이 소년이 나이가 많아져서 아름다움을 잃고 난 뒤에도 그들은 서로를 적대시하였고 항상 다투었는데, 이것이 나중에는 정치적인 대립으로까지 이어진 것이었다.

테미스토클레스가 정계에서 중요한 인물이 되었을 때 어떤 사람이, 편협한 생각을 버리고 공정하게 일을 한다면 아테네를 지배하는 위치에 설 것이라고 말했다. 이 말을 듣고 그는 이렇게 대답했다.

---

7) 플라타이아(Plataea): 보이오티아의 한 지역의 이름으로 기원전 479년 그리스 군이 이곳에서 페르시아 군을 크게 격파하였다.

"나를 지지하는 사람들이 나한테서 얻는 이익이 다른 사람들을 지지해서 얻는 것보다 못하다면 나는 그런 자리에 서고 싶지 않소."

그러나 아리스티데스는 누구의 힘도 빌리지 않고 자신의 신념대로 정치 생활을 해나갔다. 그는 친구를 두둔하여 다른 사람에게 해를 끼치거나, 은혜를 거절해서 남의 마음을 언짢게 하는 것을 싫어했다. 또 남의 힘을 빌려 권력을 얻으면 그들에게서 부정한 행동을 하도록 부추김을 당한다는 것을 알고 이것을 조심했으며, 올바른 사람은 오직 바른 행동과 말로 자신을 드러내는 것이라고 생각했다.

그러나 테미스토클레스가 그를 꺾으려고 여러 가지 정치적인 술책을 쓸 때는 그도 같은 방법으로 대항할 수밖에 없었다. 그래서 테미스토클레스가 민중들의 호감을 얻지 못하도록 하기 위해 여러 가지 방법으로 대항했다. 그는 테미스토클레스의 세력이 엄청나게 자라는 것을 막기 위해서는 민중들에게 조금 해를 끼치는 편이 낫다고 생각했다. 언젠가 테미스토클레스가 좋은 정책을 제안했을 때도 그는 반대를 위한 반대로 그에게 맞섰다. 그리고 회의장을 나오면서, 아테네 사람들은 테미스토클레스와 나를 모두 바라툼[8]에 던져 버려야 나라의 정치를 바로잡을 수 있을 것이라고 말했다.

또 어느 때는 그가 제출했던 법안이 여러 반대에 부딪히면서도 무사히 통과된 적이 있었다. 그러나 이 법안에 대해 민중들이 투표를 하려 하자, 아리스티데스는 불리한 결과가 나오게 될까봐 스스로 취소해 버렸다. 그는 또 테미스토클레스의 반대 때문에 국가에 유리한 의견까지 방해받을 것을 염려하여 다른 사람의 이름으로 자기의 법안을 제출하게 한 적도 여러 번 있었다.

아리스티데스의 곧은 태도는 다른 정치인들의 변덕과 좋은 대조를 이루고 있다. 그는 존경을 받아도 자만하거나 우쭐해하지 않았고, 불행에 빠졌을 때도 마음을 드러내지 않고 조용한 태도를 보여 주었다. 또 그는 돈이나 명예를 얻기 위해서 나라를 섬기는 것은 그릇된 것이라고 생각했다. 아이스킬로스가 암피아라오스를 두고 지은 시는 아리스티데스의 인격을 짐작하게 해준다.

겉으로 보이기 위해서가 아니라

마음으로부터 바른 사람이 되기를 원하니
진실한 마음에 씨를 뿌려
귀한 생각을 싹트게 하였구나.

이 시가 극장에서 낭독되었을 때 청중들은 모두 아리스티데스를 돌아보았다. 그는 이 시가 말하는 사람에 가장 가까운 사람이었기 때문이다.

아리스티데스는 좋은 일에 대해서만 정의를 걸고 싸운 것이 아니라 분노와 미움에 대해서도 마찬가지였다. 예를 들면, 그가 법정에 선 일이 있었는데 법관은 그의 말만 듣고 상대자의 진술은 듣지 않고 판결을 하려고 했다. 그러자 그는 급히 일어나 상대방의 말을 들은 후에 판결을 내려야 한다고 주장했다.

또 언젠가 그는 두 사람의 싸움을 해결하게 된 적이 있었는데 그 중 한 사람이, 상대방은 아리스티데스를 여러 가지 일로 모욕한 일이 있다고 말했다. 그러자 아리스티데스는 단호하게 그에게 말했다.

"나한테 그런 얘기는 할 필요가 없습니다. 당신은 상대가 무슨 잘못을 했는지만 말하면 됩니다. 나는 당신에 대한 일을 해결하려는 것이지 내 일을 해결하려는 것이 아니오."

그가 국고금의 관리인으로 선출되었을 때 그는 그의 동료들뿐만 아니라 테미스토클레스를 비롯해 먼저 그 자리에 있던 사람들이 거액의 돈을 빼돌렸다는 사실을 밝혀내고 이렇게 말했다. "그들은 머리는 좋았지만 손버릇이 지나쳤다."

그러자 테미스토클레스는 많은 사람들을 모아놓고 아리스티데스를 공격하였다. 이도메네오스는 테미스토클레스가 결산보고서를 보고 도리어 아리스티데스에게 부정 사실을 뒤집어씌우고 벌금형을 내렸다고 전한다. 그러나 아테네의 선량한 시민들은 이 일을 부당하다고 생각하고 아리스티데스의 벌금을 면제해 주었으며 그를 다시 국고금 관리인으로 임명하였다.

그런데 아리스티데스는 지금까지 자신이 너무 엄격하게 일을 처리했다는 것을 뉘우친 듯 감독을 느슨하게 풀어 주었다. 국고금을 훔쳐먹던 사람들은 아리스티데스를 칭찬하며 그를 다시 아르콘으로 뽑자고 시민들을 설득했다. 그러나 투표를 시작하려고 할 때 아리스티데스는 아테네 시민들을 비난하며 이렇게 말했다.

"내가 이 일을 성실하게 했을 때 여러분은 나에게 치욕을 주었소. 그런데 내가 도둑들이 국고금을 훔쳐나가는 것도 가만히 두었더니 여러분은 나를 훌륭한 시민이라고 칭찬하고 있소. 그러나 나는 여러분의 형벌보다도 오늘의 명예가 더 부끄럽소. 그리고 도둑들의 비위를 맞춰 주는 것이 나라의 재산을 성실하게 지키는 것보다 더 훌륭하다고 생각하는 여러분들에 대해서도 몹시 유감스럽게 생각하오.”

이 말을 마친 그는 공금을 훔쳐간 도둑들을 모두 가려냈다. 그 자리에 모였던 사람들은 모두 입을 다물었고 훌륭한 시민들은 그에게 진정한 찬사를 보냈다.

한편 아테네 군이 사르디스 시에 불을 지른 데 대한 보복을 구실로 그리스 전체를 정복하려고 마음 먹은 다리우스[9]는 다티스를 장군으로 하여 마라톤에 군대를 상륙시켰다.

아테네는 열 명의 장군을 뽑아 전쟁에 내보냈는데 그 중 가장 이름을 떨친 사람이 밀티아데스였고, 그 다음이 아리스티데스였다. 아리스티데스는 이 전투에서 주로 밀티아데스의 의견을 따랐지만, 싸움터에서는 그와 대등한 실력을 보여 주었다. 장군들은 군대를 매일 번갈아가며 지휘하였는데, 아리스티데스는 자기에게 지휘권이 넘어오자 그것을 밀티아데스에게 사양했다. 군을 잘 지휘하는 사람에게 군대를 맡기고 그의 명령에 복종하는 것은 진심으로 나라를 위하는 것이므로 결코 부끄러운 일이 아니라는 것을 가르쳐 준 것이었다. 그의 훌륭한 생각을 알게 된 장군들은 어리석은 경쟁을 삼가고 밀티아데스에게 모든 지휘권을 넘겨 주었다.

이 전투 도중 아테네 군의 중심부가 가장 강한 적의 저항으로 힘겨운 싸움을 하게 되었다. 페르시아 군은 레온티스 족과 안티오키스 족을 맞아 이곳에서 치열한 싸움을 했다. 테미스토클레스와 아리스티데스는 서로 힘을 합하여 나란히 적들을 맞아 싸웠다. 테미스토클레스는 레온티스 족이었고, 아리스티데스는 안티오키스 족이었기 때문이다. 마침내 아테네 군이 페르시아 군을 무찌르자 그들은 배로 쫓겨갔다. 그런데 그 배는 파도 때문에 섬 쪽으로 가지 못하고 아티카 쪽으로 밀려가게 되었다. 아테네 군은 그들이 혹시 아테네 시를 점령하게 될까봐 아홉 부족의 군사들을 이끌고 그 날로 아테네로 달려갔다.

이 때 아리스티데스는 마라톤에 남아 자기 부족들과 함께 포로와 전리품들을 지

9) 다리우스(Darius): 기원전 558~489? 페르시아 왕으로 두 번에 걸쳐 그리스를 침략했다. 기원전 490년에는 마라톤 싸움에서 크게 패배했다.

키는 임무를 맡게 되었다. 금은 보석이 산처럼 쌓여 있고 온갖 귀중품들이 군함과 막사 안에 있었지만 자기는 물론 부하들도 그것에 전혀 손을 대지 못하게 하였다. 그러나 모르는 사이에 몇 사람이 그 전리품들을 훔쳤는데 그 중에는 엘레우시스의 행사 때 횃불을 드는 직책을 맡은 칼리아스도 있었다. 그는 다른 사람들보다 머리가 유난히 길었고 머리에 늘 이상한 끈을 두르고 다녔다. 그런데 어느 페르시아 포로가 그를 왕인 줄 알고 그 앞에 엎드려 살려 달라고 빌었다. 그리고 애원하는 표시로 오른손을 잡고 금돈을 묻어둔 구덩이를 가르쳐 주었다. 그러자 잔인한 칼리아스는 금돈을 찾아낸 다음 비밀이 탄로날까봐 그를 죽여 버렸다.

이 일 때문에 칼리아스의 자손들은 락코 플루티라고 불리게 되었는데, 락코는 구덩이, 플루티는 재물을 뜻하는 말이었다. 굴에서 금을 훔쳐낸 칼리아스를 조롱하기 위해 희극 작가들이 이런 이름을 붙였던 것이다.

얼마 후 아리스티데스는 아르콘으로 뽑히게 되었다. 그러나 팔레론의 데메트리오스의 기록을 보면, 그가 아르콘이 되었던 것은 죽기 얼마 전으로 플라타이아 전투가 끝난 뒤라고 한다. 그러나 아테네의 공식적인 기록에는, 플라타이아에서 마르도니오스가 패한 것은 크산티피데스가 아르콘으로 있을 때였으며 그 후의 아르콘에는 아리스티데스라는 이름이 보이지 않는다. 그리고 아리스티데스라는 이름은 마라톤에서 승리를 거두었을 때 아르콘을 지냈던 파이니포스 바로 다음에 나와 있다.

아리스티데스의 여러 가지 미덕 가운데서 사람들이 가장 높이 칭찬했던 것은 정의로움이었다. 이것은 일상 생활에서 가장 널리 적용되는 것이었기 때문에 민중들의 눈에 띄었다. 그래서 아리스티데스는 가난한 집에서 태어났으면서도 가장 정의로운 사람이라는 뜻으로 왕자다운 사람, 신과 같은 사람이라는 칭호를 받았다. 그러나 왕이나 참주들은 이런 칭호를 탐내지도 않았고, 오히려 '성을 함락한 사람', '벼락왕', '정복자' 같은 이름을 자랑으로 삼거나 '독수리', '솔개'라는 이름으로 불리기를 원했다. 그런 사람들은 정의로 얻은 명성보다는 폭력이나 힘으로 얻은 명성을 더 좋아했던 자들이다.

그러나 그들이 감히 자기와 비교하는 신들은 흔히 영원성이나 권력, 덕성을 갖추고 있는 경우가 많은데 그 세 가지 중에서도 가장 거룩한 것은 덕성이다. 불, 바람 같은 자연이나 빈 허공은 영원성을 가지고 있고, 지진이나 천둥, 태풍이나 홍수는 힘을 가지고 있다. 그러나 정의와 공정함은 이성과 지성을 두루 갖춘 신만이 가질 수 있는 것이기 때문이다.

사람들이 신에게 두려움과 부러움, 존경을 함께 느끼는 것도 바로 이 세 가지 때문으로 보인다. 신을 부러워하는 것은 영원히 죽지 않는 영원성 때문이고, 두려워하는 것은 힘과 권력을 가지고 있기 때문이며, 존경을 느끼는 것은 그의 정의심 때문이다. 그러나 사람들이 이런 생각을 가진다고 해도 사라지지 않는 영원성이나, 운수에 좌우되는 힘은 인간으로서는 도저히 가질 수 없는 것이다. 그러나 사람들은 유일한 신의 성질인 덕을 소홀히 생각할 때가 많다. 그래서 큰 권력을 가진 사람이 정의를 행하면 신처럼 보이지만, 그렇지 못하면 사나운 짐승처럼 보이게 되는 것이다.

아리스티데스는 처음에 시민들의 존경을 받으며 '정의의 사람'이라는 이름까지 얻었다. 그러나 뒤에 와서 그가 미움을 받게 된 것은 테미스토클레스가 나쁜 소문을 민중들 사이에 퍼뜨렸기 때문이었다. 그는 아리스티데스가 모든 사건을 다 맡아 법정이 필요없게 만들었으며, 호위병이 없을 뿐이지 사실상 아테네의 왕이나 다름 없이 행동한다는 소문을 만들어냈다.

민중들은 마라톤에서의 승리로 교만한 마음을 가지고 있었기 때문에 자기들보다 지위나 명예가 높으면 무조건 불쾌하게 생각하고 있었다. 그래서 그들은 모두 시내에 모여 아리스티데스에 대해 도편 투표를 하기로 했다. 그들은 자신들의 시기심을 독재 정치에 대한 두려움이라고 그럴 듯하게 포장했다.

도편 투표는 본래 범죄를 벌하는 것이 아니라 한 사람의 권력이 너무 커지는 것을 누르기 위한 수단이었다. 그래서 이 투표는 세력이 너무 커져서 불안을 자아내는 사람을 추방하기 위해 만들어진 것이었다. 이 투표에 붙여진 사람은 사형이라는 돌이킬 수 없는 상황까지는 이르지 않았지만 10년 동안 다른 나라로 쫓겨났다. 그러나 나중에 이 투표는 지위가 낮은 사람에게까지 적용되더니, 히페르볼로스를 마지막으로 폐지되었다.

전하는 기록을 살펴보면, 도편 투표는 다음과 같은 이유로 없어지게 되었다. 그 당시 알키비아데스와 니키아스는 정치적으로 가장 큰 세력을 누리고 있었는데, 이들은 서로 반대파에 속해 있었다. 시민들은 이 두 사람 중 어느 하나를 도편 투표로 추방시키려고 했다. 그러나 그 두 사람은 이런 기미를 눈치채고 곧 한 당파로 뭉쳐 히페르볼로스를 도편 투표에 내보냈다. 시민들은 도리어 자신들이 당한 것을 알고 도편 투표를 없애 버렸다고 한다.

도편 투표는 맨 먼저 한 사람씩 도편에다 추방하려는 사람 이름을 써서 공회당에 있는 나무 판자로 두른 곳에 던져 넣는 것으로 시작된다. 그러면 아르콘들은 그것을 모두 한자리에 모아 도편의 갯수를 파악한다. 만약 투표자가 6천 명이 안 되면 그 투표는 무효가 된다. 그 다음 도편에 씌어진 이름대로 나누어 가장 많은 이름이 나온 사람을 10년 동안 추방하였다. 이 때 추방당한 사람이 추방당해 있는 동안 자기의 재산을 사용하는 것은 허락되었다.

아리스티데스에 대한 도편 투표가 있을 때 한 번은 이런 일이 있었다. 사람들이 모두 도편에다가 추방할 사람의 이름을 적고 있었는데, 글자를 모르는 시골 사람 하나가 아리스티데스에게 와서 아리스티데스라는 이름을 좀 써달라며 자기의 도편을 내밀었다. 아리스티데스는 깜짝 놀라며, 그 사람이 당신에게 무슨 해를 끼쳤느냐고 물었다. 그러자 그 시골 사람은, "그런 일은 없었지요. 어떻게 생긴 사람인지도 모르는걸요. 하지만 어디서나 정의의 사람이라고 떠들기 때문에 그 소리가 듣기 싫어서 그러오" 하고 대답했다. 이 말을 들은 아리스티데스는 아무 말도 하지 않고 자기의 이름을 도편에 써주었다.

이윽고 추방이 결정되어 아테네 시를 떠날 때, 그는 두 손을 치켜들고 아킬레우스[10]와는 반대로 이렇게 기도했다.

"아리스티데스를 그리워할 운명이 아테네를 찾아오지 말게 해주십시오."

그러나 3년 후에 크세르크세스가 테살리아와 보이오티아를 거쳐 아티카에 쳐들어오자 아테네 사람들은 있던 법을 취소하고 추방되었던 사람들을 돌아오도록 했다. 그들은 아리스티데스가 적군에 붙어서 많은 시민들까지 나라를 배반하게 만들까봐 두려웠던 것이다. 그러나 그것은 아리스티데스의 사람됨을 제대로 모르기 때문에 나온 생각이었다.

그는 이 정벌이 시작되기 전에도 끊임없이 그리스의 자유를 위해 격려했으며, 그가 돌아온 다음에도 장군이 된 테미스토클레스를 도와 자기의 정적을 나라에서 가장 높은 지위까지 올려놓았다. 그것은 모두 나라를 위한다는 생각으로 한 일이었다.

---

10) 아킬레우스(Achilles): 《일리아드》 제1부에서 아킬레우스와 아가멤논이 서로 다툴 때 하는 말이다. 그때 아킬레우스는 이렇게 말했다. "… 온나라가 한결같이 아킬레우스를 그리워할 때가 올 것이오. 그러나 그때는 당신이 아무리 뉘우쳐도 아무 소용이 없을 것이오. 피에 굶주린 헥토르에게 무수한 사람이 죽임을 당할 것이오. 그때가 되면 천하에서 제일가는 사람을 존경할 줄 몰랐던 것을 한탄하게 될 것이오."

에우리비아데스[11] 등이 살라미스에서 후퇴하려고 할 때 페르시아 함대가 밤중에 출동하여 섬을 완전히 포위한 일이 있었는데, 사람들은 아무도 이 일을 모르고 있었다. 그때 아리스티데스는 아이기나에서 배를 타고 기적적으로 이 포위망을 뚫고 들어와 테미스토클레스의 막사를 찾아갔다. 그는 테미스토클레스 장군만을 조용히 밖으로 불러내어 이렇게 말했다.

"테미스토클레스, 우리가 만일 현명하다면 누가 더 잘났는지를 다투는 쓸데없는 싸움은 그만둡시다. 당신은 장군으로서 군대를 지휘하고, 나는 당신을 도와 함께 나라를 구해 내야 합니다. 이 어려운 상황을 제대로 판단하여 좁은 바다에서 빠른 시간 내에 적과 대결할 수 있는 사람은 당신뿐이라는 것을 나는 알고 있기 때문이오. 동맹국의 장군들이 당신의 전략을 반대하고 있는 동안 적은 온 바다를 다 에워싼 채 우굴대고 있소. 그리스 군은 이제 싫어도 결사적으로 싸울 수밖에 없는 형편이오. 다른 길은 없소."

이 말을 듣고 테미스토클레스는 대답했다.

"나도 기꺼이 당신에게 지지 않기 위해서라도 싸워서 이겨야겠소."

테미스토클레스는 페르시아 군이 포위를 한 것은 자기가 세운 작전이었다는 것을 설명한 다음, 에우리비아데스를 만나 싸우는 길밖에는 도리가 없다는 것을 알려 주라고 아리스티데스에게 부탁했다. 자기가 말하는 것보다는 그의 신임을 얻고 있던 아리스티데스를 시켜 말하는 것이 더 효과가 있다고 생각했기 때문이다.

곧 장군들의 회의가 열렸다. 그런데 코린트의 장군 클레오크리토스가 테미스토클레스의 의견에 반대하고 나섰다. 그는 아리스티데스를 가리키며 그가 저렇게 잠자코 있는 것을 보면 그도 이 의견에 반대하는 것이 틀림없다고 말했다. 그러자 아리스티데스는, "테미스토클레스의 의견이 잘못되었다고 생각했다면 나도 침묵을 지키고 있지는 않았을 것이오. 내가 가만히 있었던 것은 그의 의견에 찬성하고 있기 때문이오" 하고 큰 소리로 대답했다.

그리스의 장군들이 회의를 하고 있었을 때 아리스티데스는 살라미스 앞쪽 해협에 있는 프시탈레아라는 작은 섬에 적군이 가득하다는 것을 알게 되었다. 그는 시민들 가운데 가장 용감한 사람들을 뽑아 작은 배 한 척에 모두 태웠다. 프시탈레아 섬

---

11) 에우리비아데스(Eurybiades): 스파르타의 장군으로 이 전쟁에서 그리스 군 연합 함대의 사령관이었다.

으로 간 그들은 페르시아 군과의 싸움에서 승리를 거두고 신분이 높은 자들을 포로로 잡았다. 그 중에는 페르시아 왕의 누이인 산다우케의 세 아들도 끼여 있었다. 아리스티데스는 이들을 테미스토클레스에게 보냈다. 포로를 받은 테미스토클레스는 신탁을 받은 예언자 에우프란티데스의 명령대로 디오니소스 오메스테스에게 그들을 제물로 바쳤다고 한다.

아리스티데스는 이제 섬의 주변에 군대를 배치하여 섬에 오는 자가 자기 편이면 한 사람도 잃지 않게 하고 적군이면 한 사람도 놓치지 말라고 명령했다. 프시탈레아 섬에 전승 기념비가 서 있는 것을 보면 두 함대의 가장 치열한 싸움이 바로 이 섬 근처에서 이루어졌던 것 같다.

전투가 끝난 다음 테미스토클레스는 아리스티데스의 생각을 알아보기 위해, 결과는 좋았지만 되도록 빨리 헬레스폰토스로 가서 그곳에 있는 배로 이어져 있는 다리를 끊어 버려야 한다고 말했다. 그러자 아리스티데스는 흥분된 목소리로 그런 계획은 절대 안 되며, 하루 빨리 페르시아 군을 그리스에서 쫓아내지 않으면 그들은 빠져나갈 길이 막히게 되어 결사적인 싸움을 걸어올 것이라고 경고했다. 이 말을 들은 테미스토클레스는 포로 중 페르시아 왕의 시종 아르나케스를 은밀히 불렀다. 그는 그리스 군이 다리를 끊어 버리려고 헬레스폰토스로 가려는 것을 자기가 페르시아 왕을 위해 못하게 했다는 말을 전하라고 했다.

이 말을 전해들은 페르시아 왕 크세르크세스는 급히 헬레스폰토스로 건너갔다. 그러나 마르도니오스는 30만 명 가량의 대군을 가지고 뒤에 남아 있게 되었다. 그는 군대를 이끌고 와서 그리스 군에게 자신만만한 도전장을 보냈다.

"그대들은 배를 조종할 줄도 모르는 적들과 싸워 바다를 정복했소. 그러나 지금 눈 앞에 보이는 테살리아와 보이오티아는 용맹스러운 군사들이 말을 달리며 싸우기에 좋은 싸움터이니 이곳에서 결판을 내도록 합시다."

한편 그는 몰래 아테네에 사람을 보내 아테네가 전쟁에 나가지 않는 조건으로, 도시를 재건하게 해주는 것은 물론 막대한 돈을 주어 그리스 전체의 주인이 되게 해주겠다는 뜻을 전했다.

스파르타는 이 소식을 듣고 불안해서 아테네에 사절을 보냈다. 사절들은 아테네의 식량 사정이 좋지 않으니 부녀자들과 노인들을 스파르타로 보내라고 청하였다. 당시 아테네의 도시와 지방들은 모두 적군에게 점령되어 황폐해져 있었고, 시민들의 굶주림도 심했기 때문이다.

이러한 뜻을 전해들은 아테네 사람들은 아리스티데스의 의견을 좇아 이렇게 통쾌한 대답을 했다. "모든 것을 돈으로 살 수 있다고 생각하는 것은 그것보다 가치있는 것이 있다는 것을 모르기 때문이니 탓할 생각은 없다. 그러나 스파르타의 행동은 조금 심하다. 아테네가 지금 어렵게 지내는 것만 보고, 우리들의 용맹과 도량을 잊고, 양식을 구하려고 그리스를 위해 싸우라고 권하는 것은 가소로운 일이다."

아리스티데스는 이 답변을 사절들에게 전하면서, 아테네 사람들이 그리스의 자유와 바꿀 수 있을 만큼의 황금은 땅 위에도 땅 속에도 없다고 스파르타에 전하라고 말했다. 그리고 마르도니오스의 말을 전하기 위해 왔던 사람에게는 해를 가리키며 이렇게 말했다.

"저 해가 하늘에서 돌고 있는 한 아테네는 국토를 짓밟고 신전을 더럽힌 페르시아와 싸울 것이다."

아리스티데스는 또 페르시아 인과 이야기를 하거나 그리스의 동맹에서 빠져나가는 자에게는 제관들이 저주를 걸도록 하자고 제안해서 동의를 얻었다.

마르도니오스가 다시 아티카로 침입을 하자 아테네 사람들은 모두 살라미스 섬으로 피난을 갔다. 아리스티데스는 스파르타로 가서 그들의 성의가 부족했기 때문에 아테네가 또다시 적의 손아귀에 들어갔다고 비난했다. 그리고 아직 남아 있는 그리스의 다른 지방을 구하기 위해 원병을 보내 달라고 요구했다.

에포로스[12]들은 이 말을 듣고도 히아킨토스[13]의 제사라며 온종일 연회장을 돌아다니며 시간을 보냈다. 그리고 밤이 되자 5천 명의 스파르타인을 뽑아 그들에게 7명씩의 노예를 주고, 아테네의 사절들 몰래 출발시켰다. 다음날 아리스티데스가 이 사실을 모르고 에포로스들을 찾아와 비난을 하자, 그들은 웃으면서 아리스티데스에게 말했다.

"지금 잠꼬대를 하고 있소? 스파르타 군은 벌써 페르시아를 향해 달려가고 있소이다. 아마 지금쯤이면 오레스테움에 도착했을거요."

이 말을 들은 아리스티데스는 적을 속이지 않고 같은 편을 속인 것은 유감스럽다

---

12) 에포로스(Ephor): 스파르타 최고의 관리로 모두 다섯명으로 구성되었으며 각각의 임기는 1년이었다.

13) 히아킨토스(Hyacintos): 아폴론이 사랑했던 미소년. 아폴론이 원반을 던지다가 실수를 하는 바람에 죽었는데 그 자리에 히아신스 꽃이 피었다고 한다. 히아킨토스의 제사는 아티카의 1월, 지금의 7월에 사흘에 걸쳐 행해졌다.

고 말했다. 이 이야기는 이도메네오스와 그의 제자들이 전하고 있는 것인데, 아리스티데스의 제안으로 이 사절단이 보내졌으며 키몬, 크산티포스, 미로니데스가 그곳에 갔다고 전한다.

아리스티데스는 장군으로 선출되어 8천 명의 군사를 거느리고 플라타이아로 갔다. 그는 거기서 스파르타 군을 거느리고 온 전 그리스 군 지휘관 파우사니아스와 만났다. 다른 그리스 군들도 모두 이곳으로 모여들었다. 페르시아 군은 아소포스 강[14) 근처에 진을 쳤는데 너무나 대군이라 진지를 만들지 못하고 사각형으로 담을 쌓아 그 안에 군량과 물자를 보관하고 있었다. 그 담은 한 면의 길이가 10스타디움[15)이나 되었다.

엘리스 출신의 예언자 디사메노스는 파우사니아스와 그 밖의 모든 그리스 장군들에게, 먼저 공격하지 않고 방어전을 하면 승리를 얻게 될 것이라고 말했다. 그러나 아리스티데스가 델포이에 사람을 보내 신탁을 물었더니, 아테네 군은 제우스, 키타이론 산[16)의 헤라, 판, 그리고 스프라기티데스라는 나무와 숲과 산의 여신(님프)께 기도를 드리고, 안드로크라테스, 레우콘, 피산드로스, 다모크라테스, 히프시온, 아크타이온, 폴리이도스 등의 여러 영웅들에게 제사를 드리고, 엘레우시스[17)의 데메테르와 페르세포네 두 여신의 벌판인 자기 나라 땅에서 싸운다면 이길 것이라는 대답을 보내왔다.

아리스티데스는 이 신탁을 받고 매우 당황했다. 이 신탁에서 제물을 바치라고 한 여러 영웅들은 모두가 플라타이아 시를 세운 사람들이었으며, 스프라기티데스라는 여신들의 동굴도 키타이론 산꼭대기에 있었다. 전설에 의하면, 옛날엔 이 동굴 속에 신탁을 내리는 장소가 있어서 이 지방에는 신령의 힘을 받은 사람이 많았으며, 그들은 님폴렙티(Nympholepti), 즉 '신들린 사람'이라 불렸다.

그런데 엘레우시스의 데메테르 벌판과 자기 나라 땅에서 전쟁을 해야 된다는 말은, 플라타이아로부터 되돌아가 싸움에서 손을 떼라는 말이나 다름없게 생각되었다.

---

14) 아소포스(Asopos)강: 테베의 남쪽을 흐르는 강.

15) 1스타디움은 약 180미터.

16) 키타이론 산(Mt.Cithaeron): 보이오티아와 아티카, 그리고 메가리스 경계에 있는 산. 여기에 제우스의 사당이 있다.

17) 아테네 근교에 있는 작은 도시로 여기에 데메테르와 페르세포네 여신의 신전이 있다.

아리스티데스가 이 생각으로 고민하고 있을 때 플라타이아 군대를 지휘하고 있던 대장 아림네스토스의 꿈속에 제우스가 나타나 그리스 군은 어떻게 하기로 결정했는지를 물었다. 꿈속에서 그는, "내일 엘레우시스로 군대를 거느리고 돌아가 아폴론의 신탁대로 그곳에서 페르시아 군과 싸우기로 했습니다" 하고 대답했다.

그러자 제우스는, "그것은 신탁을 잘못 해석한 것이다. 지금 진을 치고 있는 곳을 열심히 찾아 보면 반드시 그곳을 찾게 될 것이다"라고 하였다. 아림네스토스는 잠을 깨고 나서도 꿈속의 일이 선명하게 기억났다. 그는 플라타이아 시민들 중에서 나이 많고 경험이 풍부한 사람들을 불러 물어본 결과, 키타이론 산 아래 히시아이 근처에 엘레우시스의 데메테르 신과 그의 딸 페르세포네를 모신 오래된 사당이 있다는 것을 알게 되었다.

아림네스토스는 곧 아리스티데스와 함께 그들이 알려준 곳을 찾아갔다. 키타이론 산 줄기는 사당 한 편에 있는 평야까지 내리뻗어 기병이 말을 타고 움직이기에는 적당하지 않았다. 뿐만 아니라 가까운 곳에 안드로크라테스의 사당이 울창한 숲에 둘러싸여 있었다. 아폴론의 신탁으로 약속받은 승리가 실수없이 이루어지도록 하기 위해, 플라타이아 사람들은 아림네스토스의 제안에 따라 아티카 쪽을 향해 있는 플라타이아의 국경표를 없애 버리고, 그곳을 아테네와 합쳐 그들이 신탁의 지시대로 자기 나라 땅에서 싸울 수 있게 해주었다.

플라타이아 인들의 이 열성과 너그러움은 오래도록 칭송을 받게 되었다. 오랜 세월이 흘러 알렉산드로스 대왕은 아시아를 정복한 다음 플라타이아에 성벽을 다시 쌓아 주고 올림피아 대회에 사신을 보내 이렇게 선언했다.

"플라타이아 사람들은 페르시아 전쟁 때 자기네의 영토를 그리스에 내주고 그리스 전체를 위해 싸웠기 때문에 이제 그 땅을 되돌려 주노라."

한편 테게아 사람들은 아테네 사람들과 위치 문제 때문에 다툼이 생겼다. 테게아 인들은 스파르타 군이 우익을 맡는 이상 자기들은 오랜 습관대로 좌익을 맡아야겠다고 주장하며 자기네 조상들을 자랑했다. 아테네 사람들은 이 요구에 몹시 화를 냈으나 아리스티데스는 이렇게 말했다.

"지금은 테게아 인들과 이런 일로 다투고 있을 때가 아닙니다. 스파르타 군사들이여, 그리고 그 밖의 모든 그리스 군사들이여, 우리는 어디에 서서 싸우느냐에 따라 용기를 잃게 되거나 더하게 되는 것도 아닙니다. 여러분들이 우리에게 어디에서라고 결정하든 우리는 지금까지 수많은 전투에서 얻은 명예를 부끄럽게 하지 않을 것입니다. 우리는 동맹군들끼리 다투려고 여기에 온 것이 아니라 적과 싸우기 위해서 이곳에 왔습니다. 조상을 자랑하기 위해서가 아니라 우리가 그리스를 위해 용감하게 싸우려고 온 것입니다. 이번 전투는 각 도시, 각 장군, 각 병사들이 얼마나 그리스의 명예가 되는가를 보여 주어야 합니다."

그 자리에 있던 장군들은 이 말을 듣고 아테네 사람의 요구를 들어 그들에게 좌익의 자리를 양보해 주었다.

그리스의 운명이 위태로워지자 아테네의 처지는 더욱 위험해졌다. 명문 출신으로 큰 재산을 가진 사람들은 전쟁통에 재산을 모두 잃고 권력과 명예까지 다 잃게 되자 엉뚱한 사람들이 존경을 받고 이름을 떨치는 것을 시기하였다. 그들은 비밀리에 플라타이아의 어느 집에 모여 아테네 민중들의 세력을 꺾을 음모를 꾸미면서, 만일 이 일이 실패할 때는 페르시아 군에게 나라를 팔아서라도 자신들의 안전을 지키자고 결정했다.

아리스티데스는 이러한 음모가 진행되고 있다는 것과 많은 사람들이 가담하고 있다는 사실도 짐작하고 있었다. 그러나 이 위험한 상황에서 단호한 조치를 취해 일을 따진다면 어디까지 화가 미칠지 알 수가 없었으므로 그는 모조리 잡아 처단하는 것은 삼가야겠다고 생각했다. 그래서 많은 음모자 중에서 8명만을 체포하였다. 그러나 그 가운데 아이스키네스와 아게시아스는 재판을 하기 전에 이미 도망가고 말았다. 아리스티데스는 그 나머지 사람들을 모두 석방시켰다. 아직 잡히지 않은 사람들에게 죄를 뉘우칠 기회를 주려는 생각이었다. 그는 또 사람들에게 전쟁이라는 위대한 재판은 나라를 위해 충성을 다하는 자에게는 용서를 베풀어 준다고 말했다.

이 일이 있은지 얼마 후 마르도니오스는 그리스 군의 힘을 시험해 보려고 자기들의 우수한 기병대를 모두 출동시켜 공격해 왔다. 이 때 그리스 군은 메가라 군을 제외하고는 모두 키타이론 산 기슭에 진을 치고 있었는데 그곳은 바위가 많아 적을 공격하기에 불리한 곳이었다. 메가라 군 3천 명은 그보다도 넓은 곳에 진을 치고 있었는데 밀물같이 밀려들어 사방에서 공격을 가하는 페르시아 기병대 때문에 그들도 마찬가지로 어려움을 겪고 있었다. 그래서 급히 파우사니아스에게 사람을 보내 구원을 청하고 자기네들만으로는 페르시아의 대군에게 저항을 계속할 수 없다는 것을 알렸다.

이 말을 들은 파우사니아스는 메가라 군의 천막이 많은 활과 창으로 뒤덮여 있고 병사들은 이것을 피해 좁은 웅덩이에 쫓겨들어가 있는 것을 보았다. 그는 자신이 거느린 중무장한 스파르타 군으로 그들을 구해 낼 대책이 서지 않았다. 그래서 그는 자기 곁에 있는 그리스 장군들에게 메가라 군을 구출하는 데 자원할 사람은 없느냐고 물었다. 모두들 망설이며 나서는 사람이 없었다. 그때 아리스티데스가 아테네인의 명예를 위해 이 일을 맡겠다고 나섰다. 그는 부하 장군들 중에서도 가장 용감한 올림피오도로스에게 3백 명의 정예병과 활을 쏘는 병사들을 주어 출정시켰다.

이 부대가 곧 전열을 가다듬고 돌격하자 페르시아 기병대장 마시스티오스가 이들을 향해 말을 돌려 대항했다. 그는 체격이 좋고 힘도 센 사람이었다. 공격하는 군사와 방어하는 군사의 목숨을 내건 싸움이 벌어졌다. 그런데 마시스티오스가 탄 말에 화살이 꽂히는 바람에 그는 말에서 떨어지고 말았다. 그러나 마시스티오스는 갑옷이 너무 무거워 얼른 일어나지 못했고, 그러는 동안 한꺼번에 달려든 아테네 병사들에게 에워싸이고 말았다. 그러나 그는 머리와 가슴뿐만 아니라 팔과 다리까지도 모두 금과 구리 등으로 무장하고 있었기 때문에 아테네 병사들의 칼이 들어갈 자리가 없었다. 그러나 투구의 눈 구멍으로 누군가가 창을 꽂아 그를 죽여 버렸다. 페르시아 병사들은 그의 시체를 내버려 두고 모두 도망쳤다.

이 전투에서 얻은 그리스 군의 성과는 아주 컸다. 적을 많이 죽이지는 않았으므로 시체의 숫자는 적었지만, 페르시아 군의 슬퍼하는 모습으로 이 전쟁의 결과를 알 수 있었다. 마시스티오스의 죽음을 슬퍼하여 그들은 자신의 머리카락과 말의 갈기를 잘라 버리고 울음소리를 평야에 가득 채웠다. 그들은 용맹성이나 권위에 있어서 마르도니오스 대장 다음으로 마시스티오스를 생각하였으므로 그의 안타까운 죽음을 서러워했다.

이 기병전이 있은 뒤 양군은 모두 오랫동안 움직임이 없었다. 방어하는 자는 이기고 공격하는 자는 패할 것이라고 했던 예언자들의 말 때문이었다. 그러나 마르도니오스는 자기 편의 식량은 단 며칠 분밖에 남지 않았는데 그리스 군은 지원을 받아 나날이 강해지므로, 가만히 있을 수가 없었다. 그는 밤새 준비를 하여 새벽에 아소포스 강을 건너 갑자기 그리스 군을 치는 작전을 세웠다. 그는 전날 밤 모든 장군들에게 이 작전을 미리 알렸다.

그 날 한밤중에 말을 탄 병사가 조용히 그리스 군 진영에 다가와 아테네의 아리스티데스 장군을 만나게 해 달라고 했다. 그를 아리스티데스에게 데려가자 그 사나이는 조용히 입을 열었다.

"나는 마케도니아의 왕 알렉산드로스입니다. 위험을 무릅쓰고 이렇게 찾아온 것은 당신이 지금 뜻하지 않은 습격을 당할 위기에 놓여 있다는 것을 알리기 위해서입니다. 마르도니오스가 내일 아침에 공격해 올 것입니다. 그는 자기들이 이길 승산이 있어서가 아니라 식량이 부족해서 어쩔 수 없이 공격을 하는 것입니다. 그러나 예언자들은 제물을 드려도 신탁을 받아도 모두 안 좋으니 싸우지 말라고 하는 까닭에 병사들은 모두 사기를 잃었습니다. 그들은 운명을 시험해 보거나 아니면 굶어죽을 수밖에 없게 된 것입니다."

이야기를 마친 알렉산드로스는 아리스티데스에게, 이 이야기는 혼자만 알고 있고 다른 사람들에게는 알리지 말아 달라고 부탁했다. 그러나 아리스티데스는 지금 총사령관인 파우사니아스에게는 숨길 수 없다고 말하고 다른 사람에게는 비밀로 하겠다고 약속했다. 그리고 만약 그리스가 승리를 얻게 되면 그때는 모든 사람에게 알렉산드로스의 용기를 알릴 것이라고 말했다.

이런 얘기가 끝나자 알렉산드로스는 말을 타고 돌아가고 아리스티데스는 파우사니아스의 천막을 찾아갔다. 그는 알렉산드로스에게 들은 이야기를 자세히 전했다. 그리고 두 사람은 곧 다른 장군들을 모두 불러모아 전투가 곧 시작될 것 같으니 전투 준비를 갖추라고 명령했다.

헤로도토스가 전하는 기록을 살펴보면, 이 때 파우사니아스는 아리스티데스에게 아테네 군의 좌익을 우익으로 이동하게 하여 페르시아의 정규군과 싸우라고 청했다. 그것은 아테네 군이 그들과 싸워서 이겼던 일이 있으니 자신감도 남다를 것이고, 그들이 잘 쓰는 전술도 알고 있기 때문이었다. 그리고 스파르타 군은 좌익을 맡아, 페르시아 군에 가담한 그리스 부대와 싸우겠다고 했다.

그러나 아테네 장군들은, 파우사니아스가 자기들만 노예처럼 이쪽 저쪽으로 옮겨 전투가 가장 심한 곳으로 보낸다고 불평을 늘어놓았다. 그러나 아리스티데스만은 그렇지 않았다. 며칠 전만 해도 테게아 인들과 싸울 때 좌익을 맡겨 달라고 하더니 이번에는 스파르타 군이 자진해서 우익의 자리를 양보하고 가장 큰 영광을 주려는 데도 싫다고 할 뿐 아니라, 같은 그리스인과 싸우지 않고 야만족과 싸우는 것을 다행으로 생각하며 기뻐하지 않는 것은 무슨 이유냐고 오히려 사람들을 질책했다.

이 말에 마음을 돌린 아테네 장군들은 스파르타 군과 위치를 바꾸었다. 그리고 아리스티데스의 말은 아테네 병사들 사이에 널리 퍼져 나가게 되었다. 그들은 서로를 격려하며, 지금 쳐들어 오는 적은 마라톤에서 이긴 부대보다 더 용감한 것도 더 우수한 무기를 가진 것도 아니며, 같은 활과 화살을 가지고 있고, 변변치 못한 체력에 값지게 수놓은 옷과 금으로 장식한 갑옷을 입고 있을 뿐이라고 말했다. 그러나 우리는 무기와 육체에서는 그들과 다른 것이 없지만 용기는 승리의 경험으로 열 배나 더할 것이며, 다른 사람들처럼 단지 나라를 지키기 위해서만이 아니라 살라미스와 마라톤의 승리가 밀티아데스나 혹은 행운 때문이 아니라 아테네 시민 전체의 힘이었다는 것을 보여 주기 위해서 싸우는 것이라고 말했다.

아테네 병사들은 이런 말로 서로를 격려하며 급히 새로운 위치로 이동하였다. 그런데 페르시아 군에 가담해 있던 테베 인은 한 탈주병으로부터 이 이동 소식을 듣고 곧 마르도니오스에게 보고하였다. 마르도니오스는 아테네 군을 두려워해서였는지 아니면 스파르타 군과 싸우기를 원했기 때문인지, 곧 페르시아 군을 우익으로 옮기고 자기가 거느린 그리스 군을 아테네 군과 맞붙도록 위치를 바꾸어 버렸다.

적들의 이동이 끝나자 그것을 본 파우사니아스는 다시 우익으로 군대를 옮겼고, 마르도니오스는 다시 처음처럼 좌익으로 돌아갔다. 이렇게 하는 동안 그날은 전투를 하지 못한 채 해가 저물고 말았다.

그리스 군은 회의를 열고 진영을 훨씬 뒤로 옮겨 먹을 물을 얻을 수 있도록 했다. 근처의 샘은 적의 기병대가 위협을 하고 있었기 때문에 샘물을 길어 올 수가 없었기 때문이었다.

밤이 깊어지자 장군들은 각자 새로운 자리로 군대를 이끌고 갔다. 그런데 병사들은 한 곳에 모여 있기가 싫어서 참호를 떠나자 곧 플라타이아 시로 밀어닥쳐 질서 없이 여기저기에다 천막을 치는 혼란을 일으켰다. 이 때 스파르타의 병사들이 맨 나중으로 밀려나 다른 부대보다 뒤처지게 되었다. 그것은 아몸파레토스라는 열성적인 장수 때문이었다. 그는 오래 전부터 싸움을 하고 싶었는데 번번이 전투가 연기되자 몹시 못마땅했던 것이다. 그래서 그는 이제 또 이동한다는 소리를 듣고 비겁하게 도망을 가려는 것이라며 욕을 하고 고함까지 질러댔다. 그는 그 자리에서 한 발자국도 움직이지 않겠다며 자기 부대의 병사들과 함께 끝까지 남아 마르도니오스와 싸우겠다고 억지를 부렸다.

파우사니아스까지 와서 이 이동은 그리스 군 전체의 투표로 결정된 것이라고 타일렀다. 그러자 아몸파레토스는 두 손으로 커다란 돌을 번쩍 들어 파우사니아스 앞에 던지며 소리쳤다. "이것은 그리스의 비겁한 결정을 따르지 않겠으며 전투를 빨리 하자는 뜻으로 던지는 나의 투표요."

파우사니아스는 어떻게 해야 될지 몰라 이미 출발한 아테네 군에 사람을 보내, 이 사람을 데리고 갈 테니 기다려 달라고 했다. 그리고 자기는 나머지 군사들을 플라타이아로 보내고 아몸파레토스를 여러 가지 방법으로 달래 보았다.

이러는 동안 날이 밝아왔다. 그리스 군이 진영을 떠나는 것을 본 마르도니오스는 곧 군대를 정비하여 스파르타 군을 공격하기 위해 달려왔다. 그들은 굉장한 함성을 지르고 무기를 두들겨댔다. 그들은 싸움을 시작한다는 것보다 도망치는 그리스 군을 전멸시키려는 기세였다. 파우사니아스는 이 모습을 보고 이동을 중지시켰다. 그리고 각자 전투 대열에 서라고 명령을 내렸다. 그런데 아몸파레토스 일로 화가 났던 때문인지 아니면 급작스레 공격을 받아 정신이 없었는지, 그리스 군에게 전투 시작 명령을 내리는 것을 잊어버렸다. 그래서 그리스 군은 대열도 갖추지 못한채 스파르타 군이 공격당하고 있을 때에야 겨우 도착할 수 있었다.

한편 파우사니아스는 신에게 제물을 바치느라 정신이 없었다. 그러나 제물을 바친 후에도 승리의 징조가 나타나지 않았다. 그는 스파르타 군에게 방패를 앞에 세우고 조용히 앉아 다시 제물을 드릴 때까지 기다리라고 하였다. 적의 기병은 점점 가까이 다가오고 화살이 빗발같이 쏟아졌다. 이제 화살에 맞아 쓰러지는 병사들도 생기기 시작했다.

이 때 그리스 군 중에서 키도 크고 잘생긴 칼리크라데스라는 병사가 화살에 맞았다. 그는 숨이 끊어지기 전에 이렇게 말했다.

"집을 떠날 때부터 그리스를 위해 목숨을 바치기로 결심했으니 죽는 것은 슬프지 않다. 그러나 무기 한 번 써보지 못하고 죽는 것이 분할 뿐이다."

병사들의 고통은 엄청난 것이었지만, 그들이 참고 견디는 모습도 놀라운 것이었다. 덤벼드는 적에게 대항하지 않고 신과 장군이 싸우라고 명령을 내리기만 기다리며, 화살이 쏟아져도 자기 위치를 끝까지 지키고 있었던 것이다.

어떤 이야기를 보면, 파우사니아스가 대열에서 조금 떨어진 곳에서 신에게 제물을 바치며 기도를 드리고 있을 때 리디아 인 부대가 들이닥쳐 제물을 마구 빼앗아 던졌다고 한다. 파우사니아스와 곁에 섰던 사람들은 무기가 없었으므로 작대기와 채찍을 휘두르며 적과 싸웠다. 스파르타에서는 이 일을 기념하기 위해서 젊은 청년을 제단에 끌어다가 채찍으로 때린 다음 리디아 인이 행렬을 지어 행진하는 행사가 남아 있다.

파우사니아스는 제물을 드리고 또 드려도 신이 조금도 반가워하는 기색을 보이지 않는 것을 보고 신전 쪽을 쳐다보며 눈물을 흘렸다. 그는 두 손을 높이 치켜들고 키타이론 산의 헤라 여신과 이곳 플라타이아를 지키는 여러 신들에게 기도를 드렸다. 만일 그리스 군의 승리를 바라지 않는다면 모두 죽어 넘어지기 전에 싸우게 해 달라는 것이었다. 그래서 적들로 하여금 상대가 용감한 사람이었다는 것을 보여 주게 해 달라는 기도를 드렸다.

파우사니아스가 이러한 소망을 신들에게 말하자, 그 기도와 함께 제물에 좋은 징조가 나타났다. 예언자들은 이제 반드시 승리를 거둘 것이라고 말했다.

드디어 적을 향해 싸움을 시작하라는 명령이 내려졌다. 스파르타의 부대는 궁지에 몰렸던 맹수가 갑자기 돌아서서 으르렁거리며 달려드는 것 같은 기세였다. 페르시아 군은 자기들이 맞설 상대가 목숨을 내놓고 싸움을 걸어오고 있다는 것을 느꼈다.

페르시아 군은 버드나무로 엮어 만든 방패를 앞에 세우고 스파르타 군을 향해 활을 당겼다. 그러나 스파르타 군은 방패를 이어 전열을 굳히며 그대로 앞으로 나왔다. 그들은 막아서는 적의 방패를 치워 버리고 페르시아 군의 얼굴과 가슴을 창으로 찔러댔다. 페르시아 병사는 여기저기 쓰러졌지만 용감히 그들과 맞서며 버티고 있었다. 그들은 밀려 들어오는 창을 맨손으로 잡아 꺾어 버리고 처절한 백병전을 벌여 단검과 칼을 휘둘러 방패를 빼앗기도 했다.

그동안 아테네 군은 뒤처진 스파르타 군이 오기만을 기다리며 꼼짝않고 있었다. 그런데 갑자기 싸우는 군사들의 고함 소리가 들려오고 곧 파우사니아스가 보낸 전령이 달려와 싸움의 상황을 보고했다. 그들은 재빨리 스파르타 군을 구하기 위해 달려갔다. 그런데 그들이 전쟁터 가까이 왔을 때쯤 페르시아 쪽에 속한 그리스 군이 그들을 공격해 왔다. 아리스티데스는 군대를 앞질러 달려나와 큰 소리로 외쳤다.

"하늘이 무서운 줄 안다면, 그리스를 위해 목숨을 내건 채 싸우고 있는 군대를 도우러 가는 우리들의 앞길을 방해하지 마라."

그러나 상대가 이 말에 귀를 기울이지 않고 전투 태세를 갖추는 것을 본 아리스티데스는 우선 이들과 싸우기로 결정했다. 적의 군대는 5천 명이나 되는 큰 부대였다. 그러나 얼마 후 페르시아 군이 후퇴하는 것을 보고 대부분의 병사들도 곧 뒤로 물러나 도망가기 시작했다. 그러나 테베 인은 끝까지 저항하며 버티었다. 테베에서 세력이 있던 자들은 처음부터 페르시아 편이 되어 있었으며, 그들에게 복종하던 평민들도 이들과 행동을 같이하고 있었던 것이다.

이렇게 해서 전투는 두 곳으로 나뉘어 벌어졌는데 먼저 스파르타 군이 페르시아 군을 무찔렀다. 이 때 아림네스토스라는 스파르타 병사는 마르도니오스의 머리를 돌로 쳐서 죽였다. 이것은 암피아라오스의 신전[18]에서 내려온 신탁이 예언한 그대로였다.

마르도니오스는 리디아 병사를 그 신전에 보내고 카리아 사람 하나를 트로포니오스 동굴에 보내 신탁을 물었다. 그래서 카리아 사람은 자기 나라 말로 신탁을 받았고, 리디아 인은 암피아라오스의 신전 안에서 잠을 자다가 꿈을 꾸었다. 그 꿈에서 신이 보낸 어떤 사람이 그에게 와서 신전에서 나가라고 명령했다. 그러나 그가 이것을 거절했더니 큰 돌을 그의 머리에 던져 죽여 버렸다는 이야기다.

마르도니오스 대장이 이렇게 해서 죽자 페르시아 군은 뿔뿔이 흩어져 나무로 만든 성 안으로 도망쳐 들어갔다. 그 후 얼마되지 않아 아테네 군은 테베 군을 쳐부수고 그들의 귀족 300명을 싸움터에서 죽였다. 이 때 전령이 와서 페르시아 군을 진지 속에 몰아넣고 포위했다는 소식을 알려왔다. 아테네 군은 상대하던 그리스 군을 도망치게 그냥 내버려 두고 곧 페르시아 군을 공격하기 위해 달려갔다.

현장에 가서 보니 스파르타 군은 성을 공격해 본 경험이 없어 아직 공격도 하지 못하고 있었다. 그들은 스파르타 군을 도와 적의 진영을 무너뜨리고 진지를 빼앗은 뒤 많은 수의 적을 죽였다. 30만 명의 적군 중 4만 명은 아르타바조스와 함께 도망쳐 버리고 나머지는 완전히 전멸되었다. 그리스 군의 손해는 약 1360명 정도뿐이었는데 그 중에는 아테네인 52명, 스파르타인은 91명, 테게아 인 61명도 포함되어 있었다.

역사가 클리데모스는 아테네인들 모두가 가장 용감하게 싸운 아이안티스 부족[19] 사람들이었다고 전한다. 아이안티스 인들은 델포이에서 받은 신탁에 따라 제물을 스프라기티데스의 여신들에게도 바치기로 하고, 그 비용은 국가에서 내주기로 했다.

---

18) 암피아라오스(Amphiaraus): 테베와 싸운 일곱 명의 용사 중 한 사람. 그는 예언대로 타고 있던 마차와 함께 먼 곳으로 실려가고 말았는데 테베 사람들은 이 일이 일어난 곳에 굉장한 신전을 세웠다. 신탁을 얻으려는 사람들은 제물로 바친 짐승의 가죽을 깔고 그 위에서 기도를 하도록 되어 있다. 그러면 신은 그 사람의 꿈에 나타나 신의 뜻을 전한다고 한다.

19) 아이안티스(Aeantis)부족:《일리아드》에 나오는 아이아스(Ajax)의 후예.

헤로도토스는 아테네, 스파르타, 테게아 인들만 적과 싸우고 다른 그리스 부대는 전투에 참가하지 않았다고 기록하고 있으나 이것은 좀 이해하기 힘든 일이다. 전사자의 숫자나, 그곳에 세워진 무덤으로 보아 그리스 전체가 승리를 거두었다는 것이 분명하기 때문이다. 또 만일 세 도시만 싸우고 다른 도시는 전혀 싸움에 가담하지 않았다면 적어도 다음과 같은 말을 새겨 두지는 않았을 것이다.

> 그리스인의 힘과 용기로
> 페르시아를 치고 자유를 되찾았으니
> 제우스께 이 제단을 올리고
> 승리에 대한 감사를 드리노라.

이 전투는 아테네 달력으로는 보이드로미온[20]달 제4일, 보이오티아 달력으로는 파네모스 달 제27일에 일어났다. 오늘날에도 플라타이아에서는 이 날 그리스 민족 회의를 열고, 플라타이아 인들은 자유의 신 제우스에게 제사를 드리며 이 승리를 기념한다.

이들의 날짜가 서로 맞지 않는 것은 별로 이상할 것이 없다. 천문학에 대한 연구가 활발해진 오늘날에도 초승달과 그믐달이 지방마다 다르기 때문이다.

전투가 끝난 후, 아테네 사람들은 이 날의 영광을 스파르타 인에게 양보하지 않고 전승 기념탑을 세우는 데도 서로 다투게 되었다. 자칫하면 이 두 도시의 싸움은 그리스인들끼리 무기를 들고 싸움을 할 만큼 발전할 수도 있었다. 아리스티데스는 레오크라테스 등의 장군들에게 아테네와 스파르타의 싸움은 그리스 전체의 판정에 맡기도록 하자고 설득했다.

그래서 전 그리스인이 이 사건을 놓고 회의를 열었을 때 메가라 인 테오기톤은, 전승의 영광을 스파르타나 아테네가 아닌 다른 어느 도시에 주어야 한다고 주장했다. 그러자 코린트의 클레오크라테스가 일어섰다. 사람들은 그가 코린트에게 그 영광을 달라고 말하려는 것이라고 생각했다. 코린트는 스파르타와 아테네 다음으로

---

20) 보이드로미온(Boedromion)달: 아테네 달력 세 번째 달로 9월 하순부터 10월 초순에 해당한다. 당시의 역법은 달을 중심으로 하여 해마다 큰 차이가 생겼기 때문에 오늘날의 달력으로 어느 때라고 분명히 밝히기는 어렵다.

가장 용감하게 싸운 도시였기 때문이다. 그러나 그는 뜻밖에도 플라타이아 사람들에게 이 명예를 주는 것이 어떻겠느냐고 했다. 이렇게 하면 어느 편에서도 반감을 품지 않을 것이며, 이들에게 승리의 영광을 주면 민족의 불화도 씻을 수 있다는 것이 그의 생각이었다.

그의 얘기가 끝나자 아리스티데스가 아테네인을 대표하여, 그리고 파우사니아스가 스파르타인을 대표하여 이 의견에 찬성의 뜻을 나타냈다. 그들은 이 제안이 결정되자 플라타이아 인들을 위해 전리품 중 80탈렌트를 따로 떼어 주었다. 그리고 그것으로 아테나의 신전을 재건하고, 아테나의 조각상을 만들며 그림으로 신전을 꾸미게 했는데 그 그림은 지금까지도 그대로 남아 있다. 그런데 스파르타인과 아테네인은 각자 자기들끼리 전승비를 따로 세웠다.

제물을 드리는 의식에 관해서 델포이의 신탁을 물었더니 아폴론은, 자유의 신 제우스에게 제단을 바치고 제사를 드리기 전에 나라 안의 불을 모두 끄라고 대답했다. 야만인들이 그동안 들어와 있어서 불이 더럽혀졌으니 일단 이것을 모두 없애고, 델포이에 있는 깨끗한 불을 다시 옮겨 쓰라는 것이었다.

그리스 모든 나라의 지휘자들은 곧 그 근처를 돌아다니며 모든 사람에게 불을 끄게 하고 심지어는 화장을 하는 일까지 금지시켰다. 한편 플라타이아에서는 에우키다스라는 사람이 누구보다 빨리 신전에 가서 불을 가져오겠다며 델포이로 달려갔다. 그는 몸을 깨끗이 하기 위해 성수를 뿌리고 월계수관을 쓴 다음, 제단에서 불을 받았다. 그리고 다시 플라타이아를 향해 1천 펄롱(200km)을 달려 해가 지기 전에 도착했다. 그러나 그는 시민들에게 불을 건네 주고 그만 그 자리에 쓰러져 숨지고 말았다.

플라타이아 사람들은 그의 훌륭한 행동을 칭송하여 아르테미스 에우클리아[21] 신전에 그를 묻어 주고 비석에다 이렇게 새겼다.

> 에우키다스는 하루만에 델포이까지 뛰어갔다가
> 이곳에 돌아와 숨졌다.

사람들은 에우클리아를 여신 아르테미스와 같은 것으로 보았는데, 어떤 사람은

---

21) 아르테미스는 아폴론의 누이로 사냥의 여신이다. 에우클리아는 '이름이 높다'는 뜻의 부사이다.

에우클리아를 헤라클레스와 미르토의 딸이라고도 한다. 미르토는 메노이티오스의 딸로 파트로클로스와는 자매간이라고 한다. 파트로클로스는 평생을 처녀로 살다가 일생을 마쳤는데, 사람들은 제단과 조상을 세우고 신랑신부가 결혼 전에 이 제단에 제물을 바치도록 했다.

그 후 아리스티데스는 그리스인의 전체 회의가 열렸을 때, 다음과 같은 내용을 쓴 결의문을 제출하였다.

그리스의 모든 도시는 해마다 플라타이아에 대표와 사제를 보낼 것, 5년마다 엘리우테리아, 즉 자유의 제전을 개최할 것, 또 1만 명의 병사와 1천 마리의 말, 그리고 100척의 배로 그리스 연합군을 구성하여 야만족의 침입에 대비할 것, 그리고 플라타이아는 신들이 계신 성스러운 곳으로 삼아 이곳에서 그리스를 위해 제사를 지낼 것 등이었다.

플라타이아 사람들은 이 제안에 찬성하여 그 곳에서 그리스를 위해 싸우다가 쓰러진 모든 전사자에게 해마다 제사를 올리기로 했다. 이 제사는 마이막테리온 달[22]의 제16일에 맨 앞에 나팔수가 나아가 돌격 개시를 알리는 나팔을 부는 것으로 시작된다. 나팔수들 뒤에는 몰약(沒藥)과 꽃다발을 가득 실은 수레와 검은 황소가 뒤따르고, 그 다음에는 죽은 자를 위해 뿌리는 포도주와 우유를 담은 항아리와 올리브 기름과 향유 병을 든 자유인의 청년들이 따른다. 그 사람들이 자유를 위해 싸우다 죽었기 때문에 이 제사에는 노예가 참가할 수 없었다.

맨 뒤에는 플라타이아의 아르콘들이 따라가는데, 다른 때에는 쇠를 만져서도 안 되고 색깔 있는 옷을 입는 것도 금지되어 있었지만 이 날에는 붉은 웃옷을 입고 물병과 칼을 양 손에 높이 쳐들고 시내를 행진한다.

그들의 행렬이 묘지에 이르면 아르콘들은 샘물을 길어 무덤의 비석을 하나하나 씻은 다음 향유를 바른다. 그리고 불타는 장작더미 위에 황소를 죽여 올려놓고 제우스와 헤르메스께 기도를 드리며 죽은 용사들의 혼을 부른다. 그런 다음 커다란 잔에 포도주와 물을 섞어 붓고 또 한 잔을 따라 마시며 이렇게 말한다. "그리스인의 자유를 위해 목숨을 바친 분들을 위해 이 잔을 듭니다."

---

22) 마이막테리온(Maemacterion): 아테네 달력으로 다섯 번째 달. '마이막티스'는 폭풍우라는 뜻으로 제우스의 다른 이름으로 불리기도 한다. 이 달에 치러지는 제우스 제사에서 이 달의 이름이 붙여졌다고 하는데, 지금의 11월 하순에서 12월 초순 정도에 해당한다.

이 풍속은 플라타이아 지방에서 지금까지도 행해지고 있다.

한편 자기 나라로 돌아온 아테네 사람들은 민주 정치를 요구하기 시작했다. 아리스티데스는 이번 전쟁에서 민중들이 보여준 용기를 보더라도 이런 요구가 당연한 것이라 생각했다. 그리고 또 한편으로는 그들이 무기를 들고 있는 데다가 힘에 대한 자신감도 가지고 있으니 민주 정치에 대한 그들의 요구를 무시할 수가 없었다. 그래서 그는 모든 시민들에게 참정권을 주고 아르콘을 뽑을 때[23]도 아테네 시민 전체가 참가한다는 내용의 제안을 제출했다.

그런데 그때쯤 테미스토클레스가 나라를 위해 아주 좋은 한 가지 비밀계획이 있다고 민중들에게 말했다. 그는 이 계획은 공개적으로 말하기 곤란한 것이라고 했다. 그러자 민중들은 아리스티데스에게 그 계획을 말하여 잘 살펴보도록 하면 자기들은 그의 의견을 받아들이겠다고 했다. 테미스토클레스는 아리스티데스에게 비밀 계획을 털어놓았다. 그것은 바닷가에 머물러 있는 그리스 군함을 모조리 불태우자는 것이었는데, 그렇게 하면 아테네는 그리스에서 가장 강한 나라가 되어 그리스 전체를 지배할 수 있게 된다는 것이었다.

아리스티데스는 이 말을 듣고 시민들 앞에 나와 테미스토클레스의 계획은 우리나라에 매우 유리한 것이긴 하지만 그 방법이 몹시 나쁘고 그릇된 것이라고 말했다. 아테네 시민들은 이 말을 듣고 테미스토클레스에게 그런 계획이라면 절대로 안 된다고 거절했다. 민중들은 그만큼 아리스티데스를 믿었고 그의 생각이라면 무조건 따랐다.

그 후 그는 키몬과 함께 장군으로 뽑혀 다시 전쟁에 나가게 되었다. 그런데 파우사니아스를 비롯한 스파르타의 장군들이 동맹군들에게 오만하고 무례한 태도를 보이고 있었다. 그러나 아리스티데스는 동맹군들을 부드럽고 친절하게 대했고, 또 이것이 키몬의 온유하고 정중한 성격과 잘 합쳐졌기 때문에 곧 스파르타 장군을 누르고 지도적 위치를 차지하게 되었다. 이것은 힘이나 권위로서가 아니라 예절과 지혜로 얻게 된 존경이었다.

아리스티데스의 정의감과 키몬의 따뜻한 성격은 파우사니아스의 탐욕과 횡포와

---

23) 기원전 457년까지는 재산 정도에 따라 정해진 계급 중 맨 위의 두 계급만 아르콘을 뽑는 데 참가할 수 있었다.

비교되어 그들은 한층 더 아테네 사람들을 좋아하게 되었다. 파우사니아스는 동맹군의 지휘관들에게 늘 무례하게 화를 냈으며, 병사들을 매질하기도 하고 심지어는 하루 종일 닻을 어깨에 얹고 있게 하는 벌을 주기도 했기 때문이다. 그는 또 침대에 쓸 짚이나 말을 먹일 풀을 뜯거나, 혹은 샘물을 길어 올 때도 스파르타 군이 먼저 사용하기 전에는 손도 대지 못하게 하고 그곳에 병사들을 세워 먼저 오는 자를 쫓아 버리기도 했다. 아리스티데스가 그런 일을 비난하며 그릇된 점을 말해 주려고 할 때도 그는 오히려 눈살을 찌푸리며 들을 겨를이 없다며 이야기를 들으려고도 하지 않았다.

그리스 군의 여러 나라 장군들 특히 키오스, 사모스, 레스보스에서 온 사람들은 아리스티데스에게 와서 동맹군을 지휘해 달라고 청했다. 그들은 오래 전부터 스파르타와 관계를 끊고 아테네를 지지하던 사람들을 모두 결속시켰다. 아리스티데스는 이렇게 대답했다.

"그 얘기를 들으니 과연 그래야 할 것 같소. 그러나 그 생각이 진지한 것이라면 그것을 행동으로 보여 주시오."

이 말에 사모스 사람 울리아데스와 키오스 사람 안타고라스 등은 몰래 만나 의논을 하였다. 그들은 비잔티움으로 가서 파우사니아스의 군함을 포위하고 그들을 깨뜨리기로 결정했다.

파우사니아스는 이들이 몰려 온 것을 보고 굉장히 화가 나 이렇게 말했다.

"당신들이 내 배를 약탈하러 왔다면 나는 당신들의 나라까지 멸망시킬 수 있다는 걸 곧 보여 주겠소."

파우사니아스의 위협을 들은 장군들은 파우사니아스에게 다시 말했다.

"지금은 살려보내 주겠소. 그러나 플라타이아 전쟁에서 얻었던 행운은 고맙게 여기도록 하시오."

이 때 스파르타 사람들이 취한 행동은 그들의 넓은 도량을 잘 알게 해주는 것이었다. 그들은 자기 나라의 장군들이 승리에 도취된 나머지 오만해졌다는 것을 알자 그리스 군에 대한 지휘권을 깨끗이 내놓고 장군들을 불러들였다. 그들은 그리스 전체를 지배하는 일보다 옛 관습을 성실하게 지키는 것이 더 중요한 것이라고 생각했던 것이다.

스파르타인이 지휘권을 잡고 있을 때에도 그리스인 전체는 전쟁을 수행하기 위한 전쟁 비용을 나누어 내고 있었다. 그리스 각 도시는 각 지역의 힘에 맞게 부담금을 정하기 위해 아리스티데스를 보내 달라고 아테네에 청했다. 그래서 아리스티데스는 모든 도시들을 둘러보며 영토와 수입을 조사해 그들이 얼마나 부담할 수 있는지를 결정하게 되었다. 그리스 전체는 이 한 사람에게 모든 돈을 다 맡겨 놓은 셈이었다. 그러나 그는 모든 도시가 다 만족하도록 액수를 정했고 그 직책을 내놓을 때는 맡기 전보다 오히려 더 가난해져 있었다. 그는 금전에 관한 장부를 깨끗하고 올바르게 적었을 뿐 아니라 모든 사람에게 친절하고 따뜻하게 대했다.

사람들이 옛날 크로노스 시대[24]를 최고의 시대로 생각한 것처럼 아테네의 동맹국들은 아리스티데스가 그리스의 부담금을 정해 준 이 시대야말로 복된 시기였다고 그를 찬양했다. 그러나 그가 직책에서 물러난 지 얼마 후에 그 액수는 두 배로 올랐고, 나중에 다시 세 배로 뛰어올랐다.

아리스티데스가 정한 부담금은 460탈렌트였는데 페리클레스가 여기에다 3분의 1을 더 보탰다. 역사학자 투키디데스의 기록에 의하면, 펠로폰네소스 전쟁이 시작되었을 때 아테네는 동맹국으로부터 600탈렌트의 전쟁 비용을 받았다고 전한다. 그런데 페리클레스가 죽은 뒤, 선동가들은 그것을 조금씩 높여 결국에는 1천 3백탈렌트까지 올려놓았다. 그러나 이 연합국의 공금은 전쟁이 오래 갔거나 승패가 뒤바뀌었기 때문이 아니라, 구제사업이나 연예의 개최 비용으로 쓰였거나 신전과 신상을 세우는 데 낭비한 것이었다.

그런데 아리스티데스가 부담금 처리에 있어 많은 사람들의 칭찬을 받고 있었을 때도 오직 테미스토클레스만은 이것을 인정하지 않았다. 그는 사람이 아니라 오히려 돈을 담아놓은 주머니를 칭찬해야 한다고 빈정거렸다. 이것은 그가 아리스티데스에게 당했던 일을 복수하려는 것이었는데, 언젠가 테미스토클레스가 아리스티데스에게 이런 말을 한 적이 있었다.

"장군으로서 무엇보다 중요한 것은 적의 움직임을 남보다 먼저 꿰뚫어 보는 일이오."

그러자 아리스티데스는 이렇게 대답했다.

"물론 그것도 중요하지요. 하지만 장군에게 진정으로 중요한 것은 손을 더럽히지 않도록 잘 다스리는 일입니다."

아리스티데스는 모든 그리스인에게 페르시아와 싸우기 위한 동맹을 약속하라고

---

24) 제우스가 지배하기 전에 세계를 지배했던 신의 시대로 황금시대, 또는 지상 천국의 시대라고도 부른다.

하고 자기도 아테네를 대표해서 선서를 한 다음 벌겋게 단 쇳덩어리를 바닷물에 던져 넣었다.[25]

그러나 아리스티데스는 이후 정세가 한층 더 아테네의 강력한 지배를 요구하게 되었을 때, 맹세를 어기는 죄는 자기가 질 테니 나라를 위해 필요한 일은 무엇이든 하라고 했다. 테오프라토스가 평가한 대로 아리스티데스는 사사로운 일에 있어서는 정의만을 엄격하게 지켰지만, 공적인 일에서는 이따금 정의를 버리고 나라의 이익을 위해 행동하는 사람이었다. 그 하나의 예로, 사모스 사람들이 동맹 규약을 어기고 연합국의 공동 군자금[26]을 델로스 섬으로부터 아테네로 옮기자고 했을 때도, 아리스티데스는 옳은 일은 아니지만 나라를 위해서는 좋은 일이라고 말했다는 이야기가 전한다.

그러나 아리스티데스는 아테네를 많은 나라들을 지배할 수 있는 위치까지 끌어들인 뒤에도 자신은 그대로 가난하게 살았다. 그는 수많은 승리의 영광과 마찬가지로 가난함의 영광을 즐기고 있었던 것 같다. 다음과 같은 일화는 그의 이런 생각을 볼 수 있게 해준다.

아리스티데스의 친척인 칼리아스는 제전 때 횃불을 드는 사람이었는데, 언젠가 그가 다른 사람에게 고소를 당한 적이 있었다. 그때 고소를 했던 사람들은 고소의 이유를 간단히 말한 다음 재판관을 향해 이렇게 말했다.

"모두가 알고 있는 것처럼 아리스티데스는 그리스 전체에 두루 이름이 높은 분입니다. 그런데 그분이 다 해진 옷을 입고 다니는 것을 보면 그 가족들이 어떤 생활을 하고 있을지 짐작할 수 있을 것입니다. 밖에서 그렇게 다니는 것을 보면 집에서도 여러 가지 일로 궁색할 것이 뻔하다는 것을 알 수 있을 것입니다. 그런데 칼리아스는 그분의 이름 때문에 많은 도움을 받고 있으면서도, 그분의 고생하는 모습을 쳐다만 보고 있습니다."

칼리아스는 재판관들이 이들의 말을 듣고 마음이 달라져 자기에게 불리한 판결을 내리려는 것을 눈치 챘다. 그래서 그는 아리스티데스를 법정에 부르겠다고 요청했다. 아리스티데스가 사람들 앞에 나타나자 칼리아스는 이렇게 소리높여 말했다.

---

25) 약속을 어긴 자에 대한 저주는 바닷속에 던진 쇳덩어리가 다시 물 위로 떠오를 때까지 계속된다는 의미로, 약속을 꼭 지키기 위한 다짐의 뜻이다.

26) 아테네의 여러 동맹 도시들은 조약에 따라 군비를 델로스 섬으로 옮겼다. 그리스 사람들은 그 섬을 아폴론이 태어난 성스러운 땅이라고 여겨 침략을 받지 않는 땅이라고 생각했기 때문이다.

"저는 여러 번 선물을 드리며 받아 달라고 했지만 이분은 그때마다 그것을 거절 했습니다. 그러면서 제가 재물을 자랑하는 것 이상으로 이분은 가난을 자랑으로 삼 는다고 말씀하셨습니다. '세상에는 재물을 잘 쓰거나 나쁘게 쓰는 사람들은 많지만 고결한 정신으로 가난을 견디는 사람을 만나기란 어렵다. 가난을 벗어나고 싶지만 그러지 못하는 사람만이 가난을 부끄럽게 생각한다.' 이분은 이런 말씀을 하시면서 저의 선물을 받지 않으셨습니다."

칼리아스는 말을 마치고 이 말이 모두 진실이라는 것을 증명해 달라고 아리스티 데스에게 부탁했다. 아리스티데스는 칼리아스를 위해 유리하게 증언해 주었다. 이 말을 들었던 사람들은 모두 칼리아스와 같은 부자보다는 아리스티데스 같은 가난한 사람이 되고 싶다면서 법정을 나섰다고 한다. 이것은 소크라테스의 제자인 아이스 키네스가 전한 이야기이다.

플라톤은 아테네에서 이름을 떨친 인물 가운데, 아리스티데스만이 그런 존경을 받을 만한 인물이라고 했다. 테미스토클레스, 키몬, 그리고 페리클레스 등은 수많 은 건물과 돈으로 아테네 시를 풍부하게 만들었지만, 아리스티데스는 오직 덕으로 다스렸기 때문이었다.

아리스티데스는 테미스토클레스에 대한 태도에서도 그의 훌륭한 인격을 보여 주 었다. 모든 정치 활동에서 그는 테미스토클레스의 적이었고 그 때문에 도편 추방까 지 당했던 사람이었다. 그러나 테미스토클레스가 시민들로부터 도편 추방을 당하게 되었을 때 알크마이온과 키몬, 그 밖의 여러 사람들은 그를 추방하려고 비난을 퍼부 었지만 아리스티데스는 옛날의 원한을 잊고 그를 공격하지 않았다. 그는 테미스토 클레스가 영광스러운 자리에 올랐을 때 시기하지 않았던 것처럼 그에게 불행이 닥 쳐왔을 때도 그의 마음을 아프지 않게 하려고 애썼다.

어떤 기록에 의하면, 아리스티데스는 나랏일 때문에 폰토스에 갔다가 그곳에서 죽음을 맞았다고 한다. 그러나 또 다른 기록에는, 그가 끝까지 아테네에서 살며 시 민들의 존경을 받다가 나이가 많아 세상을 떠났다고도 한다. 그런데 마케도니아 사 람 크라테로스는 그의 최후에 대해 다음과 같은 이야기를 전하고 있다.

테미스토클레스가 추방된 뒤 민중들은 사나워지기 시작했고 많은 선동가들이 나타나 권력이 높은 사람들을 이유 없이 공격하게 되었다. 그중에 아리스티데스 가 끼여 뇌물을 받았다는 혐의를 받게 되었다. 암피트로페 사람인 디오판토스가 그를 고발했는데, 아리스티데스가 세금을 책정할 때 이오니아 사람들로부터 뇌물을 받고 세금을 적게 매겼다는 것이었다. 그러나 아리스티데스는 그에게 내려진 벌금 50 미나를 갚을 돈이 없어 아테네를 떠났다가 이오니아 어느 곳에서 죽었다는 것이다.

그러나 크라테로스는 항상 증거를 자세히 기록하고 역사가의 말도 인용하는 사람인데, 이 일에 대해서는 판결문이나 투표한 기록 같은 증거를 하나도 들지 않았다. 또 민중들이 세력이 큰 사람들을 공격했던 사실을 기록하고 있는 다른 모든 역사가들도 테미스토클레스가 추방된 일, 밀티아데스가 투옥된 일, 페리클레스가 벌금을 낸 일, 파케스가 유죄 판결을 받고 연단에 뛰어올라가 자살한 일 등은 자세히 기록하고 있지만, 아리스티데스가 그전에 도편 추방당했던 일은 기록하면서도 이 재판을 당한 일이나 벌금형에 대한 것은 기록에서 찾아볼 수 없다.

그뿐 아니라 아리스티데스의 묘비도 팔레론에 남아 있다. 전하는 이야기로, 그는 장례를 치를 만한 돈도 남기지 못해서 시가 그 비용을 마련해 주었다고 한다. 또 그의 두 딸들도 3천 드라크마씩의 돈을 정부에서 받아 결혼하였다고 전한다. 그리고 알키비아데스의 제안에 따라, 그의 아들 리시마코스는 국민들로부터 100 미나의 돈과 100 에이커의 경작지, 그리고 매일 4 드라크마의 돈을 받게 되었다. 또한 칼리스테네스는, 아리스티데스의 아들 리시마코스가 폴리크리테라는 외동딸을 남기고 죽었는데, 시민들은 그녀에게 올림피아 경기에서 우승한 자에게 주는 것과 똑같은 생활비를 주었다고 전하고 있다.

그런데 팔레론 사람인 데메트리오스, 로도스 사람인 히에로니모스[27], 음악가 아리스토크세노스[28], 그리고 아리스토텔레스의 《귀족론》은 — 그가 쓴 것이 확실하다면 — 아리스티데스의 손녀 미르토가 소크라테스와 같은 집에서 살았다고 전한다. 소크라테스에게는 아내가 있었지만 미르토가 과부가 되어 가난한 생활을 하는 것을 보고 그의 집에 데려와 함께 살게 했다는 것이다. 그러나 파나이티오스[29]는 소크라테스에 대한 책에서 이 사실을 부정하고 있다.

---

27) 히에로니모스(Hieronymus): 기원전 3세기의 아테네 철학자이며 역사가.
28) 아리스토크세노스(Aristoxenus): 기원전 4세기경 남이탈리아의 탈레움 사람으로 아리스토텔레스의 제자였다.
29) 파나이티오스(Panaetius): 기원전 2세기경의 로도스 사람으로 스토아 학파의 철학자.

또 팔레론 사람 데메트리오스는 그의 책《소크라테스》에서, 그는 아리스티데스의 손자 리시마코스가 이아케움[30] 신전 근처에서 해몽으로 점을 쳐주며 가난하게 살았는데, 이것을 본 데메트리오스가 민중에게 권유하여 그의 어머니와 이모에게 매일 반 드라크마씩의 돈을 주게 했다고 한다. 그리고 그가 뒤에 입법위원이 되었을 때 그 돈을 1 드라크마로 올렸다고 한다.

아테네가 시민들을 이처럼 대우한 것은 조금도 이상한 일이 아니었다. 아리스토기톤[31]의 손녀가 렘노스에서 너무 어렵게 살아 구혼자도 없다는 소문을 듣고, 명문가로 시집을 보내고, 혼수로 포타모스에 있는 농장 하나를 준 일도 있었다. 아테네는 오늘날까지 이처럼 너그럽고 선한 일을 많이 해 왔기 때문에 다른 나라 사람들의 존경을 받고 있다.

---

30) 이아케움(Iaccheum): 디오니소스의 다른 이름.

31) 아리스토기톤(Aristogiton): 기원전 9세기경의 사람. 그는 친구 하르모디우스와 함께 아테네의 독재자 히피아스와 그의 동생을 죽여 유명해졌다.

18
마르쿠스 카토
(MARCUS CATO, BC 234~149)

로마의 웅변가이며 정치가. 본래 성은 프리스쿠스였지만 재능이 뛰어나 '카토'라는 성을 얻었으며, 붉은 얼굴에 회색 눈을 하고 있었다. 비천한 집안에서 태어났으나 집정관, 감찰관 등의 높은 자리에 올랐으며 스페인 전쟁에 출정했고, 그리스에서 아시아군을 몰아냈다.

마르쿠스 카토(대 카토)는 투스쿨룸(Tusculum)[1]에서 태어났다. 그러나 그가 자란 곳은 사비니 인들의 지방이었다. 그곳에서 그는 아버지의 농장에서 관직에 나가기 전까지 살았다. 그의 조상들에 대해 알 수 있는 것은 별로 없다. 다만 그의 아버지 마르쿠스가 용감한 군인이었다는 것과, 그의 증조부인 카토가 여러 차례 무훈상을 받았으며 타고 있던 자신의 말을 다섯 필이나 잃었기 때문에 나라로부터 특별히 보상을 받은 일이 있다는 것 정도이다.

당시 로마 사람들은 명문 출신이 아니어도 자신의 노력으로 성공한 사람들을 신인이라고 부르는 풍습이 있었는데 카토 또한 그렇게 불렸던 사람이었다. 그러나 카토 자신은 높은 지위에 도달하고 명예도 높았으므로 신인임에는 틀림없지만, 무훈과 덕은 자신의 선조 때부터 쌓아온 것이었다고 스스로 말했다.

---

1) 투스쿨룸(Tusculum): 로마 남동쪽 20킬로미터에 있는 지방.

그의 성은 원래 카토가 아니라 프리스쿠스였는데, 그의 뛰어난 지혜 때문에 카토라는 성을 얻게 된 것이었다. 이것은 카투스(catus), 즉 현명하다는 말에서 나온 말이다.

그는 핏빛처럼 붉은 얼굴에 회색 눈을 가지고 있었는데, 어느 시인은 그의 외모를 조롱하면서 다음과 같은 에피그램[2]을 짓기도 했다.

불타는 듯한 벌건 얼굴
듣기 거북한 목소리
회색 눈을 가진 포르키우스
죽어서 지옥에 가더라도
받아줄 사람이 없다네.

카토는 어렸을 때부터 검소한 생활을 했으며 자기 스스로 신체를 단련해 전쟁터에서 싸우기에 알맞은 체력을 갖추었다. 또 그는 제2의 몸이라고 할 만한 웅변술을 익혔는데, 그는 이름도 없이 그저 편히만 살다말 사람이 아니라면 반드시 웅변술을 익혀야 한다고 생각했다.

그는 기회가 있을 때마다 주위 사람들을 변호해 주면서 웅변술을 익혀 훌륭한 웅변가로서도 널리 알려졌다. 부탁하는 사람이 있으면 변호인의 자리에 서는 것을 거절하지 않았기 때문에 그는 일찍부터 유능한 변호인이며 뛰어난 법률가로서 인정받게 되었다. 또 사람들 사이에서 언제나 눈에 띄었으며, 그와 이야기를 해본 사람은 누구나 그의 착실하고 무게 있는 성품을 알아보았다.

그러나 카토는 자기의 변호로 재판에서 이기더라도 그것을 자랑하지 않고 오히려 대수롭지 않게 생각했을 뿐 아니라 보수를 받는 일도 없었다. 그는 그런 종류의 논쟁에서 명성을 높일 생각이 없었고, 자신은 실제로 전쟁터에 나가 싸워서 이름을 떨쳐야 한다고 생각했다. 그래서 그는 젊었을 때부터 싸움터에 나가기 시작했고 그의 몸에는 적으로부터 받은 영광스러운 상처가 있었다. 그는 열일곱 살 때 처음 전쟁에 나갔다고 스스로 말하고 있는데, 그때는 한니발이 한창 기세좋게 이탈리아를 침략하고 다닐 때였다. 전투에 나선 카토는 민첩하고 대담하게 적을 상대했고 전장

---

2) 원래는 묘비에 쓰여지는 시를 말하는 것인데 나중에는 그것과 비슷한 형태로 쓴 시를 가리키는 말로 쓰였다.

에서는 한 발짝도 물러서지 않고 호령하며 공격했다. 그는 때때로 고함소리와 위협적인 말은 칼보다도 더 적을 두려움에 떨게 한다고 동료들에게 일러 주기도 했다.

행군을 할 때도 그는 무기를 전부 맡아 어깨에 메고 자기의 부하에게는 식량만 들고 다니게 했다. 부하가 어떤 음식을 만들어도 절대로 화를 내지 않았으며, 바쁘지 않을 때는 부하가 할 일까지 도맡아 했다. 그는 전쟁터에서는 물 외에는 아무것도 입에 대지 않았으며 갈증이 심할 때는 식초를 조금 마시고 몹시 피곤할 때는 포도주를 조금 마시는 정도였다.

카토의 농장 가까이에는 마니우스 쿠리우스[3]가 살던 초라한 집이 남아 있었는데, 카토는 자주 이 집을 찾아가서 그의 조그마한 땅과 초라한 집을 보면서 마니우스의 인격을 배웠다. 그는 가장 위대한 로마인으로서 세상에서 가장 강한 나라를 정복하고, 피로스를 이탈리아에서 쫓아내 여러 번 개선식을 올린 다음 이곳으로 와서 스스로 땅을 갈며 살았다.

삼니움 인들이 보낸 사절이 그를 찾아와 그가 아궁이 앞에서 무를 찌고 있는 것을 본 것도 이 집이었다. 그때 사절단들은 마니우스에게 많은 황금을 주려 했지만 그는 그것을 거절하며 이렇게 말했다.

"이런 음식을 고마운 마음으로 먹고 있는 사람에게 황금 같은 건 필요 없소. 나는 황금을 갖기보다는 그것을 가진 사람을 정복하는 것이 더 명예로운 일이라고 생각하오." 그런 마니우스를 가까이에서 지켜본 카토는 자신의 큰 집과 넓은 땅과 많은 하인들을 돌아보며 자신의 생활을 뉘우치고 쓸데없는 지출을 줄이고 절약하는 생활을 하기로 결심했다.

파비우스 막시무스가 타렌툼 시를 정복했을 때, 아직 청년이었던 카토도 여기에 참가하고 있었다. 그때 그는 피타고라스 학파의 네아르코스라는 사람과 가까이 지내며 그의 가르침을 열심히 배웠다. 플라톤은 "쾌락은 가장 큰 악의 미끼이며 영혼에 대한 가장 큰 장애는 육체이다. 그러므로 육체의 욕망을 버리면 인간은 영혼을 가장 자유롭고 깨끗한 것으로 만들 수 있다"고 했는데, 카토는 이 이야기를 듣고 소박하고 절제된 생활에 대한 생각을 더욱 굳게 되었다.

---

3) 마니우스 쿠리우스(Manius Curius): 기원전 290년에 집정관이 되어 삼니움의 반란을 진압하여 개선식을 두 번 올렸고 275년에는 피로스를 쳐부숴 다시 한 번 개선식을 했다.

그는 이것 외에는 만년에 이를 때까지 그리스 어를 배우지 않았다.

그의 웅변술은 투키디데스를 연구하면서 얻은 것도 적지 않았지만, 주로 데모스테네스의 도움을 많이 받았다. 그러나 그의 저술에는 그리스 식의 생각이나 격언들을 다듬은 흔적이 많이 눈에 띈다.

그 무렵 로마에는 발레리우스 플라쿠스라는 사람이 있었는데 그는 로마에서 제일가는 가문 출신으로 권력도 있었지만, 장래성이 있는 청년들을 키우는 데도 유달리 관심을 가진 사람이었다. 이 사람이 카토와 바로 이웃한 곳에 땅을 가지고 있었다. 그는 하인으로부터 카토가 이른 아침에는 법정으로 나가서 사람들을 변호하고, 저녁에는 농장에 돌아와 하인들과 함께 일을 한다는 얘기를 들었다. 또 하인은 그가 겨울에도 간단한 옷만 입고, 여름에는 벌거벗고 지내다시피하며, 식사 때는 하인들과 함께 앉아 똑같은 음식을 먹는다고 이야기했다.

발레리우스는 그것 말고도 그의 소박함과 공정한 태도를 보여주는 많은 이야기를 듣고 카토를 식사에 초대하였다. 카토의 뛰어난 성품을 가까이에서 본 발레리우스는, 나무를 크게 하기 위해서는 거기에 맞는 땅이 있어야 하므로 로마로 가서 정치에 참여하라고 권유했다.

이렇게 해서 로마로 간 카토는 법정에 서서 훌륭한 변론을 하여 짧은 시간 안에 많은 친구와 지지자들을 얻었다. 그는 발레리우스의 절대적인 힘을 얻어 곧 군사위원이 되고 이어서 재무관(콰이스토르)에 임명되었다. 그러고는 점차 이름이 높아져 발레리우스와 어깨를 나란히 겨루며 집정관의 자리에 서게 되었고, 나중에는 두 사람이 함께 감찰관으로 뽑혔다.

그러나 카토가 선배 원로원 의원들 중에서 가장 큰 인물로 본 것은 파비우스 막시무스였다. 그것은 그가 높은 명예와 권세를 가진 인물이었기 때문이 아니라, 그의 인격과 일상생활을 존경하여 자기가 본받을 만한 사람으로 생각했기 때문이다. 그래서 그 무렵 아직 젊은 나이였던 스키피오가 파비우스의 권력에 대항해 왔을 때도 그는 서슴지 않고 맞섰다.

카토는 스키피오와 함께 재무관이 되어 리비아 전쟁에 파견되었는데, 그때 스키피오는 언제나 사치스러운 생활을 하며 병사들에게도 지나친 돈을 주었다. 카토는 스키피오의 그런 행동을 보고 솔직하게 자신의 의견을 얘기했다.

"내가 염려하는 것은 당신이 공금을 함부로 쓰는 것 때문이 아니라 검소한 생활을 하던 병사들의 마음에 사치를 불어넣어, 조상 때부터 지켜오던 좋은 습관을 깨뜨릴까 걱정스러운 것이오."

그러자 스키피오는 태연한 표정으로 이렇게 대답하였다.

"지금 전쟁은 돛에 바람을 가득 안은 배처럼 바다 위를 달리고 있소. 그러니 까다로운 재무관은 필요하지 않소이다. 로마가 원하는 것은 전쟁의 승리이지 돈을 어떻게 썼느냐가 아니오."

이 말을 들은 카토는 시칠리아를 떠나 로마로 돌아왔다. 그는 곧 파비우스와 함께 원로원으로 가서 스키피오는 엄청나게 돈을 낭비하고 있으며, 장군이라기보다는 축제의 주최자인 것처럼 운동 시합과 연극 구경을 아이처럼 즐기고 있다고 비난했다. 원로원은 정무위원을 보내 사실을 조사하도록 했다. 그리고 만약 카토의 말이 사실이라면 스키피오를 로마로 데려오라고 했다.

그러나 조사위원들이 도착하자 스키피오는 승리를 확신할 만큼 전투준비가 갖추어졌다고 말하면서, 여유가 생길 때에는 기분 전환을 위해 유쾌한 생활을 즐기기도 하지만 결코 중대한 일을 소홀히 한 적은 없다고 말했다. 조사단은 그의 말을 믿고 스키피오를 아프리카의 싸움터로 보냈다.

그런데 카토는 이 때 연설로 이름이 드높아져 로마 사람들로부터 새로운 데모스테네스라고 불리고 있었다. 그러나 사람들의 칭송을 더욱 많이 받은 것은 웅변보다는 그의 생활 태도였다. 웅변은 그 시대 젊은이라면 누구나 다 관심을 갖고 잘하기 위해 노력하고 있었지만, 카토는 그들과는 달리 조상 때부터 내려온 부지런한 습관을 지키는 사람이었다. 그는 간단한 저녁식사와 차가운 음식으로 아침 식사를 했고, 초라한 집과 옷에 만족했으며, 다른 사람이 가진 것을 탐내지 않았다.

사실 그 무렵의 로마는 이미 힘이 강대해져 있었기 때문에 여러 나라를 거듭 정복하게 되었고 다른 나라의 풍속과 생활습관이 모두 섞여 있었다. 그래서 사람들은 모두 안락하고 편안한 생활에 젖어 있었지만 카토만은 그 어느 것에도 꺾이지 않고 자신의 생활방식을 지켜나갔다. 다른 사람들은 힘든 일을 한 뒤면 금방 휴식을 찾았지만, 카토는 젊어서 명예심에 불타고 있을 때 뿐만 아니라, 머리가 하얗게 세고 집정관에 오르고 개선식을 거행한 뒤에도 자신의 생활을 늦추지 않았다. 그는 올림픽에서 우승했던 사람이 자신의 명예를 지키기 위해 죽을 때까지 연습을 게을리하지 않는 것처럼 늘 자신의 마음을 단련시키는 일을 잊지 않았다.

카토가 스스로 말했듯이 그는 100드라크마 이상의 비싼 옷을 입어 본 적이 없었고, 군대의 사령관이나 집정관으로 있을 때 노예들처럼 포도주를 마셨으며, 30아스 이상 되는 음식을 먹지도 않았다. 이것은 모두 그의 건강한 육체 때문에 가능한 일이기도 했지만, 그는 이것이 나라를 위하는 길이라고 항상 생각했다. 바빌로니아에서 만든 수가 놓인 융단을 선물받았을 때도, 그의 초라한 농가는 칠도 되어 있지 않은 데다가 그것을 걸 만한 자리가 없어 팔아 버릴 정도였다.

그는 노예를 사는 데도 1천 5백드라크마 이상의 돈을 준 일 없었다. 그에게 필요했던 것은 겉보기에 좋은 노예가 아니라 말이나 소를 잘 거둘 줄 아는 튼튼한 노예였기 때문이었다. 그리고 이런 노예가 나이를 먹어 일을 못하게 되면 낭비를 줄이기 위해 팔아 버려야 한다고 생각했다.

그는 원칙적으로 필요없는 물건은 모두 비싼 것이라고 생각해서 비록 1아스를 주고 산 물건이라고 해도 쓸모없는 것이면 비싼 것이라고 했다.

그래서 그는 땅을 사더라도 꽃밭을 사서 물을 주느라고 수고하거나 뜰을 만들어 쓸고 가꾸는 것은 어리석다고 생각했으며, 곡식을 심거나 가축을 기를 수 있는 땅을 사야 한다고 했다.

이러한 그의 습성을 어떤 사람은 그가 인색하기 때문이라고 하고, 또 어떤 사람은 다른 사람들의 생활을 바로잡기 위해 일부러 절제를 고집했다고 칭찬하기도 한다. 그러나 노예를 늙을 때까지 짐승처럼 부려먹고 다시 내쫓거나 팔아 버린다는 것은 어쨌든 몰인정한 태도임에는 틀림없다. 사람을 사람으로 여기지 않고 돈만 생각하는 것처럼 보이기 때문이다. 의리나 법 같은 것은 사람을 상대로 할 때에 적용되는 것이지만 인정이나 친절 같은 것은 마치 샘물처럼 솟아나는 것이어서 이성이 없는 동물에게도 미칠 수 있는 것이다. 그러므로 마음이 어진 사람이라면 자신이 기른 말이나 개가 늙은 다음에도 가까이서 돌보고 보호해 주게 마련이다.

아테네 사람들은 파르테논 신전을 지을 때 아크로폴리스까지 돌을 실어 나르느라고 고된 일을 한 노새들을 몇 마리 풀어 자유롭게 풀을 뜯어먹도록 해준 일이 있었다고 한다. 그런데 그 중 한 마리가 스스로 돌아와 짐을 옮기고 있는 노새들을 격려하듯 아크로폴리스를 따라 오르내렸다. 사람들은 이것을 보고 그 노새를 죽을 때까지 국비로 길러 줄 것을 약속했다는 이야기가 있다.

또 올림픽 경기에서 세 번이나 키몬에게 우승을 안겨 주었던 그의 말은 죽은 뒤에도 주인의 기념비 곁에 묻혔다고 한다. 이 밖에도 개와 친구처럼 특별하게 지낸 사람들은 많다. 특히 크산티포스의 개는 아테네 사람들이 살라미스 섬으로 피난을 떠날 때 주인이 탄 배 옆을 나란히 헤엄쳐 그 섬까지 따라가다가 죽었는데, 그 개의 무덤이 있던 곳은 오늘날까지도 '개무덤'이라는 이름으로 남아 있다.

사실 생명을 가진 것들을 신발이나 옷처럼 더 이상 쓸모가 없다고 해서 내다버리는 것은 옳지 않은 일이다. 적어도 사람이라면 모든 것을 아끼고 사랑할 의무가 있으며, 그러기 위해서 인정있는 부드러운 태도를 습관으로 길러야 한다. 하물며 사람이 정을 붙이고 살던 집에서 내쫓긴다는 것은 말도 안 되는 일이다. 파는 사람에게도 또 사는 사람에게도 별 이익이 되지 않는 가엾은 생명을 단 얼마의 돈 때문에 낯선 곳으로 보내는 것은 옳지 않은 일이다.

그러나 카토는 이런 일이 자랑이라도 되는 것처럼, 나랏돈이 든다는 이유로 스페인에 장군으로 갔을 때 탔던 말을 그냥 버리고 귀국했다고 이야기했다. 이것은 그의 거만한 마음 때문인지 인색한 마음 때문인지는 여러 사람들의 판단에 맡겨두는 수밖에 없을 것이다.

그러나 카토가 보여 주었던 여러 가지 절제와 극기심은 그를 뛰어난 인물로 보지 않을 수 없게 한다. 그가 군대의 지휘관으로 있을 때도 그는 자기와 부하의 한 달 식량으로 여섯 말 이상의 밀은 받지 않았고, 군수품을 나르는 말의 먹이로는 하루에 보리 세 말을 넘기지 않았다.

사르디니아의 총독으로 있을 때 그의 전임자들은 공금으로 천막이나 침구, 옷들을 구입하고 군대의 식사나 파티 비용까지 주민들에게 거둬들였지만 카토는 놀랄 만큼 절약을 하여 공금을 아무 데도 쓰지 않았다.

그는 도시를 순찰할 때도 수레를 타지 않고 걸어다녔으며, 수행원도 오직 한 명만 두어 예복과 제사 그릇을 메고 따라다니게 했다.

이렇게 그는 사르디니아의 주민들에게 상냥하고 검소한 모습을 보여 주는 한편 행정적인 일에서는 한 치의 굽힘도 없는 엄격하고 공정한 태도를 보여 주었다. 그래서 그가 다스리던 시대의 로마는 그 어느 때보다도 한층 무섭고 공정한 때였다고 한다. 그의 말 또한 이러한 성격을 닮아 너그럽고 무서운 양면이 있었다. 그의 말은 은근하면서 동시에 힘찼고, 익살스러움 속에서도 위엄이 들어 있었으며, 평범하면서도 열렬한 무엇이 섞여 있었다. 플라톤이 소크라테스를 가리켜, 주위 사람들에게 보이는 겉모습으로는 단순하고 무뚝뚝해 보이지만, 그의 마음속 깊은 곳에는 듣는 사람들이 눈물을 흘릴 만큼 엄숙함과 슬픔이 들어 있다고 말하였다. 그러므로 카토의 문체가 리시아스[4]와 비슷하다고 말하는 사람들의 마음은 이해하기가 어렵다.

그러나 이러한 판단은 웅변가들의 여러가지 특색을 구별할 줄 아는 사람에게 맡겨 두는 편이 좋겠다. 사람의 성격은 겉모습에서도 나타난다고 생각하는 사람들도 있지만 사람은 또한 많은 부분이 그 사람의 말에서 나타나기도 하므로 여기에 카토가 했던 말들을 몇 가지 옮겨보도록 하겠다.

언젠가 로마 민중이 곡식을 지나치게 많이 분배해 달라고 소란을 피웠을 때, 카토는 그들을 진정시키기 위해 연설하며 이렇게 말했다.

"여러분, 사람의 배를 상대로 이야기를 하는 것은 여간 힘든 일이 아닙니다. 왜냐하면 배에는 귀가 달려 있지 않으니까요."

또 로마인들의 사치를 꾸짖을 때는 이렇게 말했다.

"물고기 한 마리가 소 한 마리 값보다 비싼 나라를 지키기는 어렵습니다."

그의 유명한 말 중에는 이런 것도 있다.

"로마 사람들은 양과 같아서 혼자 있을 때는 순종하지 않지만, 무리가 되면 남이 이끄는 대로 잘 따릅니다. 그러므로 여러분이 무리 속에 들어가 있을 때는 혼자 있을 때 절대로 그 의견을 따르지 않겠다고 했던 사람의 말을 들어야 합니다."

또 여자의 세력에 대해서는 이런 이야기를 했다.

"남자는 여자를 지배하고 세계를 지배하지만, 아내는 다시 남편을 지배합니다."

그러나 이 말은 테미스토클레스가 했던 말을 빌려 쓴 것인데, 테미스토클레스가 자신의 아들이 어머니에게 조르는 것을 보고 이렇게 말했었다.

"여보, 아테네 사람들은 그리스를 지배하고 있고 나는 아테네를 지배하고 있소. 그런데 당신은 나를 지배하고 이 아이는 다시 당신을 지배하고 있소. 그러니 이 녀석에게 권력을 함부로 쓰지 말도록 타이르시오. 이 아이 스스로는 모르겠지만 이 조그마한 아이가 그리스에서 제일 큰 권력을 가지고 있소."

카토는 또 로마 사람들이 여러 가지 물감의 가격뿐 아니라 직업의 가치까지도 좌우하고 있다고 말하면서, "염색하는 사람들이 자기들이 원하는 색깔로 옷감에 물을

---

4) 리시아스(Lysias): 기원전 4세기 아테네 웅변가. 스스로 왕이라고 나선 사람들을 규탄했다.

들이듯이, 청년들은 당신들이 칭찬하는 직업만 선택하려고 합니다" 하고 말하였다.

그는 시민들을 다음과 같이 타이른 적도 있었다.

"만약 당신들이 미덕과 절제로 이 만큼 강대해진 것이라면 그대로 이것을 지켜나가야겠지만, 좋지 않은 방법으로 위대해진 것이라면 이 만큼 이룬 것에 만족하고 나쁜 버릇을 고치는 데 힘을 쓰시오."

그는 늘 높은 지위를 욕심내는 사람들에게는 이런 말을 했다.

"당신들 앞에 세울 호위병을 찾는 걸 보니 당신들은 지금 자기 자신이 어디로 가고 있는지도 모르는구려."

또 로마 사람들이 같은 사람을 여러 번 집정관의 자리에 앉히는 것을 보고는 이렇게 말하기도 했다.

"여러분은 집정관의 지위를 너무 하찮게 보았거나 아니면 달리 쓸 만한 사람이 없다고 생각하는 것 같습니다."

카토는 그를 시기하는 사람이 몹시 방탕한 생활을 하고 있는 것을 보고 이렇게 욕하였다.

"저 사람의 어머니는 자신이 죽은 뒤까지 아들이 오래 살라고 기도해 주면 아마 축복이 아니라 저주로 생각할 것이오."

어떤 사람이 아버지로부터 물려받은 바닷가의 땅을 팔아 버린 일이 있었다. 카토는 그 사람을 바다보다 위대하다고 말하면서, "바다가 아무리 힘을 들여도 삼켜 버리지 못한 땅을 이 사람은 손도 대지 않고 한꺼번에 삼켜 버리는군요"라고 말했다.

에우메네스 왕[5]이 로마에 왔을 때, 원로원은 특별한 대접을 하였고, 유명한 인사들은 앞을 다투어 그를 만나려고 했다. 그러나 카토는 그에게 가까이 가려고도 하지 않았다. 그러자 곁에 있던 어떤 사람이 카토에게 말했다.

"저분은 훌륭한 왕이며 로마를 사랑하는 사람입니다."

그러자 카토는 이렇게 말을 받았다.

"그럴지도 모르지요. 그러나 왕은 어쨌든 사람들의 피땀을 빨아 먹고 삽니다. 지금까지는 에파미논다스, 페리클레스, 테미스토클레스, 마니우스 쿠리우스, 또 바르카

---

5) 소아시아 서해안에 가까운 도시 페르가몬의 왕. 기원전 172년 로마에 와서 마케도니아의 왕 페르세우스의 군비를 탄핵했다.

스라고 불리는 하밀카르[6] 같은 사람과 비교할 만큼 뛰어난 가치 있는 왕은 없습니다."

카토는 늘 자기의 적들이 자신을 미워하는 것은, 자신이 매일 날이 밝기 전부터 나랏일에 매달리고 자기 자신은 돌보지 않기 때문이라고 말했다. 또 좋은 행동을 하고 칭찬을 받지 못하는 것은 괜찮지만, 나쁜 짓을 하고도 벌을 받지 않는 것은 참을 수 없다고 말하기도 했다.

한 번은 로마에서 비티니아에 보낼 사절 세 사람을 뽑았는데, 그 중 한 사람은 병이 있어 다리를 절었고, 한 사람은 머리에 부상을 입었으며, 다른 한 사람은 바보로 알려져 있던 사람이었다. 그러자 카토는 로마는 다리도 없고 머리도 없고 심장도 없는 사절을 뽑았다고 비웃었다.

폴리비오스의 요청으로 스키피오는 아카이아 추방자[7]들을 위해 카토의 힘을 빌리려고 한 적이 있었다. 이 문제가 원로원에 올라갔을 때 의원들은 귀국을 허락해야 되느냐 마느냐 때문에 골치를 썩고 있었다. 그때 카토가 일어나서 이렇게 말했다.

"하루 종일 여기 이렇게 앉아 있다가는 늙은 그리스인들의 뼈를 여기에 묻는 것이 옳은지 아카이아에 묻는 것이 옳은지를 따지게 될 것이오."

원로원이 그들을 돌려보내기로 결정한 뒤 폴리비오스의 친구들은 그들이 귀국하는 것과 함께, 전에 아카이아에서 누리고 있던 영예를 되찾을 수 있도록 원로원에 제안하기 위해 먼저 카토에게 이 일을 의논했다. 그러자 카토는 싱긋이 웃으며 이렇게 말했다.

"오디세우스가 거인 키클로프스[8]의 동굴에서 빠져나온 다음, 모자와 허리띠를 되찾으러 다시 들어갔다던데, 폴리비오스 당신은 아마 그 사람 흉내를 내고 싶은가 보구려."

또 카토는 "현명한 사람이 어리석은 자로부터 배우는 것은, 어리석은 자가 현명한 사람한테서 배우는 것보다 더 많다. 왜냐하면 현명한 사람은 어리석은 자의 잘못을 보고 스스로 고치지만, 어리석은 자는 현명한 자의 좋은 행동도 흉내 내지 못하기 때문이다"라는 말을 자주 했다고 한다.

---

6) 하밀카르(Hamilcar): 한니발의 아버지로 카르타고의 장군이었다.
7) 제153회 올림피아드 제1년에 아카이아 사람 천 명이 페르시아 왕과 모의한 것이 발각되어 이탈리아로 쫓겨났는데, 이들이 아카이아 추방자이다.
8) 《오디세이아》 제6권에 나오는 괴물로 눈이 하나뿐이다. 그리스 신화 중 거마족(巨魔族)에 해당한다.

그는 젊은 사람의 얼굴이 창백한 것보다는 붉은 것을 좋아했다. 그리고 병사가 행군을 할 때 손을 많이 쓰고, 싸울 때는 다리를 많이 움직이며, 함성을 지르는 것보다 코고는 소리가 더 높아서는 안 된다고 했다.

그는 또 어떤 뚱뚱한 사람을 비웃으며 이런 말을 하기도 했다. "목과 허리 사이에 있는 것은 오직 배뿐이니 나라에 무슨 소용이 있겠습니까?"

식성이 몹시 까다로운 사람이 그와 사귀고 싶어 했을 때 카토는 그 사람에게 이런 말을 했다. "입이 심장보다 더 세게 날뛰는 사람과 어떻게 같이 지낼 수가 있습니까?"

또한 그는 "사랑하는 사람의 마음은 사랑하는 사람의 가슴속에 있다"는 말을 한 적도 있다.

그는 자기에게 평생 동안 후회되는 일이 세 가지 있다고 했는데, 첫째, 여자에게 비밀 얘기를 한 것, 둘째, 말을 타고 가야 할 곳을 배를 타고 갔던 일, 셋째, 하루 종일 아무 일도 하지 않고 지냈던 일이 그것이라고 했다. 또 행실이 바르지 못한 한 노인에게는 이런 얘기를 했다. "그러지 않아도 사람이란 늙어갈수록 초라해지는 법인데 주책스러운 행동까지 하시면 어떻게 합니까?"

독을 먹여 사람을 죽였다는 혐의를 받고 있던 한 정무위원이 나쁜 법을 통과시키려고 했을 때는, "당신이 주는 것을 입으로 마시는 것과 법으로 받아들이는 것 중 어느 것이 더 해로운 것인지 잘 모르겠소"라고 말했다.

또 생활이 몹시 방탕한 어떤 사람이 자기를 비난하는 말을 하는 것을 듣고는 이렇게 말했었다.

"당신과 나는 지금 같은 위치에서 다투고 있는 것이 아니오. 왜냐하면 당신은 그런 나쁜 말들을 계속 듣고 써왔던 사람이지만, 나는 그런 말을 들어본 적도 별로 없고, 또 그런 말을 하고 싶지도 않기 때문이오."

카토는 이웃에 가까이 살던 친구 발레리우스 플라쿠스와 함께 나란히 집정관으로 뽑혔을 때, 로마인이 '가까운 스페인'(이베리아)이라고 부르는 지방으로 가게 되었다. 그런데 그곳에 가서 어지러운 질서를 바로잡고 있을 때 이웃 지방에서 아주 많은 군사가 몰려와 위기에 몰리게 되었다. 그래서 그는 근처에 살고 있던 켈트리베리아 인들에게 도움을 요청했는데 그들은 그 요구를 들어주는 대가로 200탈렌트의 돈을 요구했다. 그러자 모든 병사들은 로마가 야만족의 도움을 구한다는 것은 부끄러운 일이라며 반대를 하고 나섰다. 그러자 카토는 그들에게 이렇게 말했다.

"여러분들은 걱정할 것이 하나도 없습니다. 만약 우리가 이기면 적으로부터 빼앗은 전리품으로 돈을 지불하면 되고, 지면 돈을 내라고 할 사람도 남아 있지 않을 테니까 말이오."

그는 결국 이 전투에서 승리를 거두었을 뿐 아니라 모든 일을 성공적으로 끝낼 수 있었다.

폴리비오스의 기록에 의하면, 카토는 바이티스 강의 한쪽 편에 있는 모든 도시의 성을 하루 만에 모두 허물었다고 하는데, 그 숫자가 엄청났으며 그 중에는 전쟁에 뛰어난 부족들도 끼여 있었다고 한다. 카토 자신도 스페인에서 자기가 보낸 날짜 수보다도 정복한 도시의 숫자가 더 많았다고 얘기했는데, 실제 그 숫자가 400에 이르렀던 것으로 보아 지나친 허풍은 아니었던 것 같다.

이 전쟁에서 많은 전리품을 얻은 병사들에게 카토는 1파운드 씩의 은을 나누어 주면서, 몇몇 사람이 은을 가지고 돌아가는 것보다는 여러 사람이 은을 가지고 돌아가는 것이 좋지 않느냐고 말했다.

그러나 카토 자신은 먹고 마시는 것 외에는 전리품에 전혀 손을 대지 않았는데, 그는 여기에 대해 이런 말을 덧붙이고 있다.

"나는 그런 방법으로 부자가 되려는 사람들을 나무라지는 않소. 그러나 나는 부유한 사람들과 재물로써 경쟁하거나, 재물에 욕심이 많은 사람들과 욕심을 다투기보다는, 용감한 사람들과 용기로써 겨루어 보고 싶을 뿐이오."

카토는 자신뿐 아니라 가까이 지내던 사람들에게도 손을 더럽히지 말라고 권하곤 했다. 카토와 같이 전쟁에 나갔던 그의 하인은 모두 다섯명이었는데, 그 중 파쿠스라는 남자는 전쟁 포로 중에서 소년 세 명을 샀다. 그러나 카토가 이 일을 알게 되자, 파쿠스는 감히 카토 앞에 얼굴을 들 수가 없어 목을 매어 자살했다고 한다. 그래서 카토는 그 소년 셋을 다시 팔아 받은 돈을 나라에 기부했다.

그가 스페인에 있는 동안 그의 정적이었던 대(大) 스키피오는, 태양처럼 떠오르고 있는 카토를 억제하고 스페인을 손에 넣기 위해 애를 썼다. 그 결과 그는 카토의 후임자로 지명되어 곧 스페인을 향해 떠나게 되었다.

카토는 보병 5연대와 기병 5백 명을 호위병으로 거느리고 로마로 되돌아왔다. 그는 로마로 돌아오는 도중 라케탄 족을 무찌르고, 로마 군에서 이탈한 600명의 탈영병을 붙잡아 사형을 시켰다. 이 일을 전해 들은 스키피오는 몹시 화를 냈는데, 이 이야기를 들은 카토는 그를 조롱하며 이렇게 말했다.

"가장 높은 명예를 가진 사람이 전쟁터에서 이름없이 싸우는 사람에게 용맹을 양보하려 하지 않고, 또 나와 같은 평민 출신의 사람이 이름 높은 가문의 유명한 사람과 용맹을 겨루게 된다면 로마는 더더욱 위대한 나라가 될 것이오."

그러나 원로원은 카토가 스페인에 세워 놓은 여러 가지 일들을 하나도 바꾸지 말라고 지시했기 때문에 스키피오는, 손해를 본 것은 카토가 아니라 자신이라는 것을 깨닫게 되었다. 스키피오는 카토의 명예를 떨어뜨리려 하다가 오히려 자기 자신의 명성을 잃게 되었으며, 아무런 공도 세우지 못한 채 한가한 세월만을 흘려보내야 했다.

카토는 개선식을 올리며 로마로 들어갔다. 그리고 자신의 위치에 자만하지 않고 생활을 게을리하지 않았다. 미덕을 위해서가 아니라 명예를 위해서 경쟁하는 사람들이 집정관의 자리에 올라서고, 개선식을 올릴 만큼 높은 영예를 얻은 뒤에는 나랏일에서 물러나 남은 인생을 안락하고 편안하게 보내는 사람이 대부분이었지만 카토는 그런 것을 절대로 용납하지 않았다. 마치 처음 관직에 나선 젊은이처럼 그는 뜨거운 열정으로 친구와 시민을 위해 노력했으며, 법정의 변호도, 군대의 임무도 한결같이 지속해 나갔다.

카토는 집정관 티베리우스 셈프로니우스[9]의 부장으로 임명되어 트라키아와 이스테르 지방에 출정하였고, 마니우스 아킬리우스가 그리스에 군대를 보냈을 때는 군단장의 자격으로 전장에 나가 안티오코스 대왕과 맞서 싸웠다.

안티오코스는 한니발 이후 로마 사람들이 가장 두려워하던 왕이었는데, 셀레우코스 니카토르가 지배하던 아시아를 거의 모두 손에 넣어 사나운 야만족을 잠재운 다음, 자기에게 아직도 싸움을 걸어올 유일한 나라인 로마를 공격하려 하고 있었다. 그는, 대군을 거느리고 바다를 건너온 것은 그리스의 자유를 되찾게 해주려는 것이라고 이유를 내세웠지만 그것은 한낱 구실에 지나지 않았다. 당시의 그리스는 로마의 도움으로 마케도니아의 필리포스 왕의 사슬에서 이미 풀려나 자유와 독립을 회복한 상태였기 때문이다.

안티오코스는 대군을 이끌고 그리스로 건너왔다. 그리스 전체는 갑자기 들끓기

---

9) 티베리우스 셈프로니우스(Tiberius Sempronius): 그라쿠스 집안의 사람으로 기원전 194년 스키피오의 동료로 집정관이 되었다.

시작했다. 각 도시의 선동가들이 안티오코스를 따르면 큰 이익을 얻게 될 것이라고 민중들을 선동하며 민심을 어지럽히고 있었던 것이다.

마니우스는 각 도시에 사절을 파견했다. 티투스 플라미니누스는 그의 전기에 썼던 것처럼 혁명을 노리는 사람들을 무력을 쓰지 않고 모두 눌러 버렸으며, 카토는 파트라이와 아이기움, 코린트 등지의 영토를 확장시켰다.

그때 카토가 아테네 사람들에게 그리스 어로 했던 연설은 아직도 남아 있다. 그 연설에서 그는 옛날 아테네 사람들의 미덕을 찬양하고, 크고 아름다운 아테네를 보기 위해 기쁜 마음으로 달려왔다는 말을 했다. 그러나 이 말은 어딘가 믿기 어려운 구석이 있는데, 만약 카토가 그리스 어를 할 줄 알았다고 해도 통역을 내세워서 자기 나라 말로 연설을 했을 가능성이 크기 때문이다. 그는 로마의 언어와 풍습을 존중하는 한편 지나치게 그리스의 것만 고집하는 사람들을 비웃어 왔었기 때문이다.

언젠가 그는, 그리스 어로 역사책을 쓰고 틀린 점이 있으면 독자들의 양해를 바란다고 쓴 포스투미우스 알비누스[10]를 비웃으며 말했다. "그리스 연방 회의[11]의 명령 때문에 어쩔 수 없이 쓴 책이라면 양해를 바랄 수도 있겠지."

아테네 사람들은 카토의 말이 짧으면서도 깊은 의미가 있는 것을 알고 놀랐다고 한다. 그래서 그가 말을 몇 마디 하면 통역은 그 뜻을 옮기기 위해 한동안 말을 해야 했다. 그래서인지 카토는 그리스 사람들은 입술로 말을 하고, 로마 사람들은 가슴으로 말을 한다고 얘기했던 것이다.

한편 안티오코스는 테르모필라이의 계곡을 대군으로 가로막고, 험한 지형을 이용하여 참호와 성벽을 쌓아 진을 쳤으며, 적군이 가까이 접근하지 못할 만큼 튼튼한 요새를 만들었다. 사실 로마 군도 이곳을 정면으로 밀고 들어가는 것은 이미 포기하고 있었다. 그러나 카토는 옛날에 크세르크세스가 지휘하던 페르시아 군이 이 산을 뒤로 돌아 그리스 군을 습격했던 사건을 기억하고 군대의 일부를 이끌고 한밤중에 출발을 했다.

그런데 산줄기를 타고 얼마쯤 갔을 무렵 길을 안내하던 포로가 길을 잃고 험한 벼랑길을 헤매기 시작했다. 병사들은 몹시 실망하는 한편 큰 두려움을 느꼈다. 위험을 깨달은 카토는 모든 군사에게 명령을 내릴 때까지 잠자코 기다리라고 말한 다음, 산

---

10) 로마의 역사학자로 기원전 151년에 집정관이 되었다.

11) 그리스 여러 나라의 대표들이 모여서 벌이는 회의로 봄과 가을 두 차례 걸쳐 이루어졌다.

을 잘 타는 루키우스 만리우스라는 사람을 데리고 캄캄한 산길을 탐색하러 나갔다. 달도 없는 밤중에 올리브 나무와 불쑥 내민 바위가 앞을 가려 어딘지도 모르고 얼마쯤 가는데 작은 오솔길이 나타났다. 카토는 그 길이 아래에 있는 적의 진지로 통하는 길이라고 생각하고 칼리드로몬 산의 꼭대기에 있는 한 바위에 표시를 해놓고 내려왔다. 그는 다시 군대를 이끌고 표시를 해놓은 바위까지 올라가 그곳에서 진군을 시작했다. 그런데 얼마 가지 않아서 절벽이 나타나고 길은 보이지 않았다. 아무것도 보이지 않고 소리도 들리지 않았으므로 적에게 얼마나 가까이 왔는지 알 수가 없었다.

날은 이미 밝아오고 있었다. 그때 어디선가 사람의 말 소리가 들려왔다. 절벽 아래를 내려다보니 바로 밑에 적의 진지와 감시병이 보였다. 여기서 카토는 모든 군사를 멈춰서게 하고, 특별히 믿어왔던 피르뭄 인 부대만을 따라오게 했다. 그들이 달려와서 카토를 둘러싸자 카토는 그들에게 이렇게 말했다.

"적병 하나를 잡아오도록 하시오. 그래서 이곳을 지키고 있는 것이 어느 부대이며, 병력은 어느 정도 있으며, 또 우리 부대의 습격을 받으면 어떻게 하라는 명령을 받고 있는지, 장비는 어느 정도인지를 알아내야겠소. 마치 사자가 잠자고 있는 짐승을 덮치듯이 날쌔고 대담하게 기습하도록 하시오."

카토의 이야기가 끝나자, 피르뭄 병사들은 곧장 벼랑을 뛰어내려 적의 감시병을 습격했다. 그들은, 뜻하지 않은 공격에 적들이 갈팡질팡하는 것을 보고 갑옷으로 튼튼히 무장하고 있는 한 병사를 붙들어 카토에게 끌고 왔다. 이 포로에게서 적의 군사들은 왕과 함께 산골짜기 좁은 곳에 진을 치고 있으며, 그곳 고갯길을 지키고 있는 아이톨리아 인의 정예 부대는 6백 명 정도라는 것을 알아냈다. 그들의 수가 많지 않다는 것을 알게 되자 카토의 부대는 곧 나팔을 요란하게 불고 함성을 지르면서 쳐들어갔다. 카토가 맨 앞에서 칼을 휘두르며 앞장 서 달리자 적병들은 벼랑 위에서 쳐들어오는 군사들을 보고 모두 대열에서 뛰쳐나가 온통 혼란에 빠지고 말았다.

그러는 동안, 산 아래에서는 마니우스가 전군을 이끌고 적의 방어 진지인 산골짜기로 쳐들어갔다. 안티오코스는 날아오는 돌에 이빨이 부러졌으며 아픔 때문에 말 머리를 뒤로 돌렸다. 군대들은 로마 군에게 전혀 대항하지 못했다. 그곳은 지형이 험악하여 한 발자국이라도 잘못 디디면 깊은 수렁이나 날카로운 바위에 부딪쳐 목숨을 잃게 되어 있어서 험한 길을 빠져나가 간신히 좁은 골짜기로 빠져나온 군사들도 로마 군의 무기와 공격을 겁내 서로 밀치며 쓰러지고 말았다.

카토는 스스로를 칭찬하는 데 결코 인색하지 않았고 어떤 공적은 자랑삼아 사람들에게 말하곤 했던 것 같다. 그는 이 전투에 대해서 이야기를 할 때 몹시 의기양양했다. 그의 말에 의하면, 그 날 그가 적군을 쫓아가며 쓰러뜨리는 것을 본 사람들은 "카토가 나라로부터 받은 은혜보다 로마가 카토로부터 받은 은혜가 더 크다"고 말했다고 한다.

또한 집정관 마니우스는 흐르는 땀도 씻지 않고 카토를 오랫동안 끌어안은 채 기뻐하며, 집정관인 자기와 로마 전국민의 힘을 한데 모아 오늘의 은혜를 갚아도 다 갚지 못할 것이라고 말했다고 스스로 이야기했다.

전쟁이 끝나자 카토는 곧 승리의 소식을 가지고 로마에 돌아왔다. 그는 무사히 바다를 건너 브룬디시움[12]에 도착하고 거기서 하루 동안에 타렌툼에 닿았으며, 다시 나흘 후에는 로마에 도착하여 비로소 이 승리의 소식을 알렸다. 로마 시는 기쁨으로 들떴고, 감사의 제물을 올리기에 바빠졌으며, 국민들은 로마를 당해 낼 만한 나라는 이 세상에 없다는 자랑을 주고 받았다. 이 전투는 카토의 군사적인 공로 중에서 가장 빛나는 것이었다.

정치에 있어서 그가 중요한 일로 생각한 것은 나쁜 행동을 하는 사람들을 찾아내 벌을 내리는 것이었다. 그래서 그는 많은 사람들을 고발하고, 또 다른 사람들에게도 이러한 일을 해야 한다고 권하고, 고발자를 찾아오도록 하기도 했다. 페틸리우스 일파가 스키피오에 대해서 제기한 소송도 그런 것들 중의 하나였다.

그러나 스키피오는 이름난 가문 출신으로 자신만만했기 때문에 그런 고발에는 신경도 쓰지 않았다. 그래서 카토도 그를 사형에 처할 길이 없다는 것을 알고 소송을 포기해 버렸다. 그러나 그는 스키피오의 동생 루키우스를 고발하여 나라에 많은 벌금을 바치게 했다. 루키우스는 그 돈을 다 갚을 수 없어 감옥에 들어가게 되었는데 나중에 호민관들의 힘으로 가까스로 석방되었다.

어떤 젊은이가 이미 죽은 아버지의 적이었던 사람의 시민권을 빼앗기 위해 재판을 마치고 가다가 카토와 만나게 되었는데 그때 카토는 젊은이에게 이렇게 말했다. "부모님이 세상을 떠난 뒤 바칠 제물은 양이나 염소의 피가 아니라 적의 눈물과 유죄 판결이오."

그러나 카토 자신 또한 아무런 사고 없이 편하게 지낼 수는 없었다. 정적에 의해

---

12) 장화 모양으로 생긴 이탈리아 반도의 남쪽 복사뼈 부분의 지방으로 지금의 브린디시.

서 재판정에 불려 나와 위기에 몰렸던 적도 한두 번이 아니었다. 그는 거의 50번이나 재판을 받았고, 맨 나중에 받았던 재판은 그의 나이가 86세나 되었을 때의 일이었다. 그때 그는 "한 시대를 살아온 사람이 다음 시대 사람들 앞에서 그 행동을 이해시키기는 참으로 곤란한 일"이라는 유명한 말을 했다고 한다. 그러나 그가 법정에 선 것은 이것이 마지막은 아니었다. 4년 뒤, 즉 그가 90세가 되었을 때 그는 세르빌리우스 갈바를 고발했다. 그의 일생은 네스토르[13]처럼 3대에 걸쳐 활동을 계속한 셈이었다. 왜냐하면 그는 대(大) 스키피오 때부터 정치에서 의견을 다투었으며 이것은 손자인 소(小) 스키피오 때까지 이르렀다. 소 스키피오는 대 스키피오의 양손자로, 페르세우스와 마케도니아 군을 정벌한 아이밀리우스 파울루스의 아들이었다.

집정관의 자리에서 물러나 지 10년 후에 카토는 감찰관 후보로 나섰다. 이것은 로마인으로서 도달할 수 있는 최고의 자리로, 사실 정치 생활에 나섰던 사람들의 마지막 목표라고도 할 수 있는 것이었다. 그 권한은 엄청난 것이어서 시민들의 사생활까지도 간섭할 수 있었다.

로마 사람들은 원래 결혼이나 가정, 파티 같은 것에 이르기까지 모든 사람들이 좋아하고 싫어하는 것은 모두 통제를 받아야 한다고 생각하였다. 그래서 인간의 성격은 공적인 정치 활동보다 사생활에 있어서 훨씬 더 뚜렷하게 나타나는 것이라고 믿고 있었다. 그래서 귀족과 평민 중 각각 한 사람씩 뽑아, 쾌락을 쫓아 그 지방의 풍습을 어지럽히거나 지나친 행동을 하는 사람들을 감시하고 처벌하기로 했다. 또 감찰관은 시민의 재산을 평가하고 신분을 기록하는 등 상당한 특권을 가지고 있었다.

카토가 이 자리에 입후보하자 이름 높은 귀족 계급은 모두 반대의 뜻을 드러냈다. 그들은 이름도 없는 천한 가문에서 나온 사람이 최고의 권력과 명예를 맡는다는 것은 귀족들에 대한 모욕이라고 생각했던 것이다. 또 행동이 떳떳하지 못한 몇몇 사람들은, 엄격한 카토가 권력을 쥐면 용서없이 무서운 처벌을 내릴 것을 알았기 때문에 자기의 잘못이 드러날까봐 몹시 두려워했다.

그래서 그들은 서로 의논하여 일곱 명이나 되는 후보자를 내세워 카토와 대항하게 하고, 민중들에게는 너그러운 사람을 뽑아 부드럽게 지배를 받는 것이 좋지 않겠느냐

---

13) 호메로스의 시 《일리아드》 제1권에 나오는 사람으로, 트로이 전쟁 때 그리스 군의 고문으로 있었으며 필로스의 왕이었다.

며 그들을 설득했다. 그러나 카토는 조금도 긴장을 늦추지 않고 연단에서 죄를 저지른 자들을 거침없이 위협하고, 지금 로마는 스스로를 깨끗이 청소해야 할 때라고 외치며 시민들에게 호소했다. 또 그는, 시민들이 현명하다면 나약한 의사의 듣기 좋은 말이 아니라 강직한 의사의 과감한 결정을 따라야 한다고 말했다. 그리고 바로 자신이 그런 사람이고, 귀족 출신으로는 발레리우스 플라쿠스가 있는데 그 사람과 함께 감찰관이 되면 괴물 같은 사치와 타락을 모두 잘라내고 나라에 이익을 가져올 것이라고 말했다. 그리고 덧붙여 다른 후보자들은 올바른 정치를 하는 사람을 두려워하고 있기 때문에 만약 그 자리에 앉는다 해도 참된 일을 할 수 없는 사람들이라고 했다.

로마 사람들은 이때 참으로 현명한 결단을 내렸다. 그들은 아첨하며 듣기 좋은 소리만 골라 하는 후보자들을 물리치고 카토의 엄격함과 성실성을 믿기로 했다. 그들은 카토와 플라쿠스를 감찰관으로 뽑았다. 사실 카토는 이미 감찰관이 되어서 민중들에게 명령이나 하는 사람처럼 후보 연설을 했던 것이다.

카토는 원로원 의장으로 동료이자 친구인 루키우스 발레리우스 플라쿠스를 지명하고, 그 밖의 많은 원로원 의원들을 자리에서 물러나게 했는데 그 중에는 루키우스 퀸티우스도 있었다. 그는 7년 전에 집정관을 지냈던 사람으로, 집정관으로서의 명성보다는 필리포스 왕을 정복한 티투스 플라미니누스와 형제라는 것 때문에 더 유명했던 사람이었다.

루키우스가 제명된 이유는, 한 미소년을 사랑하여 늘 가까이 두었으며 심지어 행군할 때까지도 데리고 다니면서 친구나 친척보다 더 큰 권력과 명예를 이 소년에게 모두 주었기 때문이었다. 그런데 루키우스가 마침 집정관으로 있을 때 술자리가 벌어졌는데, 그때도 소년은 루키우스 옆에 드러누워 있어 소년은 술에 취해 있는 루키우스에게 아양을 떨며 그를 얼마나 사랑하고 있는지를 나타내기 위해 이렇게 말했다.

"지금 로마에서는 격투 시합이 벌어지고 있어요. 나는 지금까지 그런 것을 한 번도 못 보았고, 또 사람 죽이는 구경도 하고 싶었지만 전부 다 그만두고 당신에게 와 있는 거예요."

그러자 루키우스는 그 말에 기분이 좋아져 이렇게 대답했다.

"그 정도 소원이라면 내가 들어주지."

그러고는 죄수 하나와 도끼를 든 시종을 술자리에 불러와서, 그 소년에게 죄인의 목을 자르는 것을 보고 싶으냐고 물었다. 소년이 그렇다고 대답하자 루키우스는 죄수의 목을 그 자리에서 자르라고 명령했다.

이 이야기는 여러 역사가들이 전하고 있는 것으로 키케로는 《노인론》의 대화 속에서 카토 자신이 이 이야기를 하는 대목을 썼다. 그러나 리비우스의 말에 의하면, 거기서 죽임을 당한 사람은 군에서 탈주했다가 잡힌 갈리아 인이며, 그 사람을 죽인 것은 시종이 아니라 루키우스 자신이었다고 전하고 있으며 이것이 카토의 연설 가운데 씌어 있다고 했다.

한편 루키우스가 카토 때문에 원로원에서 쫓겨났으므로 그의 형은 대단히 화가 났다. 그래서 그는 민중들에게 억울함을 호소하는 동시에 카토에게 루키우스를 제명시킨 이유를 밝히라고 요구했다. 카토는 술자리에서 있었던 이야기를 자세히 말했다. 그러나 루키우스는 그것은 거짓말이라면서 사실을 부인했다. 카토는 그렇다면 조사위원회에 이 일을 넘겨 따져보겠느냐고 덤벼들었다. 그러자 루키우스는 이것을 거부했고 카토의 처벌은 당연한 것으로 인정받을 수 있었다.

그러나 그 후 극장에서 연예가 있었을 때 루키우스가 집정관이었던 사람들을 위해 마련된 좌석을 지나 가장 초라한 자리에 앉는 것을 본 사람들은 민망한 생각을 감출 수가 없었다. 그래서 그들은 루키우스를 예전에 앉던 자리에 앉게 하고 예전에 있었던 사건에 대해서 위로해 주었다.

카토가 원로원에서 제명했던 또 한 사람은 집정관의 물망에까지 올랐던 마닐리우스라는 사람이었는데, 이 사람은 대낮에 딸이 지켜보는 앞에서 부인에게 키스를 했다는 것 때문에 이런 이름을 얻게 되었다. 그는 큰 천둥소리가 날 때 이 외에는 아내가 안기는 적이 없다고 하면서 제우스가 천둥을 내려줄 때마다 행복을 느낀다고 농담을 하기도 했던 사람이었다.

카토를 심하게 비난한 사람으로는, 개선식까지 올렸으며 카토 때문에 말을 빼앗긴 스키피오의 동생 루키우스가 있었다. 그는 카토가 이미 죽은 스키피오 아프리카누스를 더욱 욕되게 하기 위해 자기에게 이러한 처벌을 했다고 비난했다.

그러나 그가 많은 사람들로부터 미움을 받게 된 것은 다른 무엇보다 사치를 억제했던 일 때문이었다. 로마의 청년들은 이미 사치에 깊이 물들어 있었기 때문에 카토는 이 나쁜 병을 직접적으로 고칠 수는 없다고 생각했다. 그래서 그는 간접적인 방법으로 마차나 여자들의 장신구, 그리고 가구 등의 값이 천 5백 드라크마를 넘었을 때는 많은 세금을 붙여 10배 이상의 돈을 치르도록 했다. 또 1천 아스의 재산에 대해서 3 아스씩의 세금을 내도록 명령했다. 그러나 재산이 많더라도 절약하는 사람들에게는 세금을 적게 매겼는데 이것은 모두 사람들의 사치스런 생활을 억제하기 위해 만들어진 조치였다.

이렇게 되자 사치생활 때문에 많은 세금을 내게 된 사람들 뿐 아니라, 세금이 두려워서 더 이상 사치스러운 생활을 할 수 없게 된 사람들도 모두 카토를 미워하게 되었다. 그들은 재물을 자랑하지 못하게 된 것을 자기들의 재산을 뺏기는 것 못지 않을 만큼 못마땅해했다. 왜냐하면 사치라는 것은 우리 생활에 필요한 물건이 아니라 필요없는 물건에 돈을 쓰는 데서 나타나는 것이기 때문이다.

그래서 철학자 아리스톤은 필요하고 유익한 물건을 가지고 있는 사람들보다 쓸모없는 물건을 가지고 있는 사람들을 행복한 사람이라고 생각하는 것은 세상 일 중에서 이해하기 힘든 일 가운데 하나라고 말했다. 테살리아 사람 스코파스에게 한 친구가, 필요없는 물건이 있으면 자기에게 달라고 말하면서 자기는 필요하고 쓸 만한 것은 원하지 않는다고 하자 스코파스는 이렇게 말했다. "자네가 말하는 그 쓸모없는 물건들 때문에 나는 행복해지기도 하고 부자라는 말을 듣기도 한다네."

이와 같이 재물에 대한 욕심은 사람의 생활과 관계 있는 것이 아니라 속된 세상에서 얻어진 것이다. 카토는 이러한 비난을 한 귀로 모두 흘려 버리고 한층 더 강력한 정책을 썼다. 그는 공공 우물물을 자기 집으로 끌어다 놓은 수도관을 모두 끊어 버리고, 도로 안에 들어선 건물은 모두 헐어 버렸으며, 토목 공사의 시공비를 크게 줄이고, 공유지의 땅값은 크게 끌어올렸다.

이 일로 카토에게는 심한 미움의 화살이 쏟아졌다. 티투스 플라미니누스 일파는 힘을 합해 카토의 의견에 반대하고 나섰고, 신전이나 그 밖의 건물을 세우기 위해 쓴 비용과 임금이 부당한 방법으로 나온 것이라고 밝혔다. 그래서 그들은 카토의 모든 계획을 무효로 만들어 버리고 그를 고발하여 2탈렌트의 벌금을 매겼다. 그들은 또 카토가 나라의 돈으로 원로원 가까운 곳에 법정을 세우려 했을 때도 심한 반대를 했는데, 이 건물은 포르키아의 바실리카라고 불리는 것이었다.

그러나 일반 민중들은 감찰관으로서의 정책을 놀랄 만큼 지지하고 있었다. 히게이아[14]의 신전에 카토의 조각상을 세웠을 때 새긴 글에는 카토의 전투 공적이나 개

---

14) 히게이아(Hygeia): 의술의 신인 아이스쿨라피오스의 딸로 건강의 신으로 숭배되어 왔다.

선에 대한 것이 아니라 다음과 같은 글귀가 새겨져 있는 것으로 보아도 이러한 사실을 확인할 수 있다.

"로마가 나쁜 습관에 빠져 망해가고 있을 때, 카토는 감찰관의 자리에 올라 좋은 법과 훌륭한 덕으로 사람들을 다스려 나라를 다시 바로세웠다. 그러므로 이것을 기념하기 위해 그의 조각상을 세운다."

그런데 카토 자신은 조각상을 세우기 좋아하는 사람들을 비웃던 사람 중의 하나였다. 그는 남들이 조각가나 화가의 손으로 초상을 만들어 자랑하고 있지만 가장 아름다운 초상은 사람들의 마음속에 남겨야 하는 것이라고 말했다. 또 이름 없는 많은 사람들의 동상도 만들어지고 있는데 왜 카토의 동상은 세워져 있지 않느냐고 사람들이 물었을 때 이렇게 대답했다. "왜 동상을 세웠느냐고 묻는 말을 듣는 것보다, 왜 아직 동상을 세우지 않았느냐는 말을 듣는 편이 훨씬 더 좋군요."

카토는 정말 훌륭한 시민이란 남의 칭찬을 들었다고 해도 그것이 나라를 위한 것이 아니라면 그것을 거부해야 한다고 생각하고 있었다.

카토는 자기 자랑을 많이 했는데, 그의 말에 의하면, 과오를 범한 사람들이 자신들은 카토가 아니니 그럴 수밖에 없지 않느냐고 말하였다고 한다.

또 카토의 행실을 서투르게 흉내 낸 사람을 '왼손잡이 카토'라고 부르기도 했다. 또 원로원이 커다란 위험에 부딪혔을 때는 마치 한 배에 타고 있는 사람들이 키잡이에게 모든 것을 맡기듯 그가 출석하지 않았을 때면 중요한 문제를 다음으로 연기했던 일도 많았다. 이러한 일은 다른 여러 사람들의 기록에서도 쉽게 발견할 수 있다. 그는 개인 생활에서나 연설, 그 밖의 여러 가지 면에서 대단한 권위를 지니고 있었다.

카토는 좋은 아버지였고, 친절한 남편이었으며, 매우 검소한 생활을 즐기는 사람이었다. 그는 이러한 생활을 중요한 것으로 생각하고 행동했다.

카토가 이러한 일에 대해 얼마나 훌륭하게 행동했는지에 대해서는 다음과 같은 이야기로 알 수 있다. 그는 부자는 아니었지만 가문이 좋은 집안의 여자를 아내로 맞아들였다. 어떤 계급의 사람이나 생각이 깊은 사람은 있지만, 가문이 좋은 여자는 남편이 옳지 못한 일을 하는 것을 수치스러워 하고, 좋은 일을 할 때는 한층 더 남편을 도와주려 한다고 생각했다. 그는 아내와 자식을 때리는 남자는 가장 신성한 것에 손을 대는 무례한 자라고 말하곤 했다.

또 유명한 원로원 의원이 되는 것보다 좋은 남편이 되는 것이 더욱 훌륭한 일이며 자신도 그런 사람이 되고 싶다고 말하였다. 또 그가 소크라테스를 깊이 존경한 것은 그가 성미 사나운 아내와 어리석은 아이들을 잘 거느렸기 때문이라고 했다. 아들을 낳았을 때 카토는 급한 일을 제쳐두고 아내가 아기를 목욕시키고 옷을 입힐 때까지 곁에 함께 있었다. 아내는 자기 젖으로 아이들을 길렀으며, 때로는 종의 아이에게 젖을 물리기도 했다. 그렇게 하면 자기 자식을 형제처럼 느끼게 될 것이라고 생각한 것이었다.

아기가 자라 공부를 시작할 나이가 되자 카토는 직접 아이들에게 글을 가르쳤다. 그의 집에는 킬로라는 똑똑한 노예가 있어 많은 아이들을 가르치고 있었지만 카토는 그에게 모든 것을 맡겨두지는 않았다. 그는 자기 아들이 노예에게 꾸중을 듣거나 공부를 잘못했다고 귀를 잡아 끌리거나 하는 것을 별로 달갑지 않게 여겼다. 그래서 그는 직접 문법이나 법률, 체육 등을 아이들에게 가르쳤다. 또 아들에게 창 던지기와 갑옷을 입고 싸우는 법, 승마, 권투 등을 가르쳤으며, 심한 더위나 추위를 견디는 훈련, 소용돌이치는 험한 파도를 헤치고 건너가는 기술 등도 가르쳤다. 또 카토는 자기 아들을 가르치기 위해 커다란 글씨로 역사책을 써서 아이가 어릴 때부터 나라의 역사와 조상의 업적을 익힐 수 있도록 했다.

그는 자식 앞에서 마치 베스타의 성녀들을 대하듯이 조심스럽게 행동했고, 천한 말을 삼갔으며, 함께 목욕을 하는 일도 없었다. 로마에서는 이런 일이 흔했는데, 장인과 사위가 옷을 벗고 함께 목욕을 하는 것을 수치스러운 일로 생각했다. 그러나 로마인도 후에는 그리스인들로부터 벌거벗고 함께 목욕하는 것을 배웠고, 나중에는 심지어 여자 앞에서 알몸을 보이게 되었으며 이것을 그리스인들에게 가르치기도 했다고 전한다.

카토는 아들의 인격을 기르게 하는 데 애썼으며, 아들 또한 열성과 소질이 있어 발전이 눈에 보일 정도였다. 그러나 몸이 약했기 때문에 카토는 아들에 대해서만은 자기의 생활방식과는 달리 입에 맞는 음식을 많이 만들어 먹이게 했다.

아들은 약한 체질이었음에도 불구하고 군대에서는 용감한 군인으로 성장해갔다. 그래서 그는 아이밀리우스 파울루스가 페르세우스 왕을 정복한 전투에서 빛나는 공을 세웠다. 그런데 적에게 맞아서 그랬는지 아니면 무기가 너무 무거워서 그랬는지 그만 전투 중에 칼을 떨어뜨려 잃어버리고 말았다. 그는 몹시 상심하여 동료들에게 어딘가에 있을 칼을 찾아 달라고 부탁하여 그들을 데리고 다시 적진 속으로 뛰어들었다. 그들은 오랫동안 치열한 싸움을 벌여 적을 무찌른 뒤 산더미 같이 쌓여 있는 무기와 시체 속에서 간신히 잃어버렸던 칼을 찾아냈다. 이것을 알게 된 파울루스 장군은 이 젊은이의 용기에 매우 놀라 아들의 용기와 열성을 크게 칭찬하는 편지를 카토에게 보냈다.

젊은이는 나중에 파울루스의 딸 테르티아, 즉 스키피오의 누이와 결혼했다. 이 결혼은 아버지의 힘에 의해서가 아니라 자기 혼자의 힘으로 이룬 것으로 훌륭한 가문과 인연을 맺어 아버지를 기쁘게 해드렸다. 이와 같이 카토는 아들의 교육에 정성을 다한 보람을 얻을 수 있게 된 것이었다.

카토는 전쟁 포로 중에서 많은 노예를 샀는데 강아지나 망아지처럼 길들일 가치가 있는 젊은 사람들만을 골랐다. 카토는 노예가 자신이나 자기 아내가 심부름을 보내기 전에는 절대 남의 집에 드나들지 못하게 했다. 그리고 남들이, 카토는 지금 무얼 하고 있느냐고 물으면 언제나 모른다고 대답하도록 가르쳤다. 그는 노예들에게 일이 없을 때에는 언제나 잠을 자라고 명령했다. 그가 노예들에게 잠을 많이 자도록 한 것은 눈치 빠른 자보다 길들이기가 쉽고, 푹 자고 난 뒤에는 일을 잘할 수 있다고 생각했기 때문이었다. 또 노예들이 성욕 때문에 일에 전념하지 못하는 것을 보고, 돈을 주어 여자 노예와 짝을 지어 주고 다른 여자들은 가까이하지 못하게 했다.

카토는 젊어서 가난했을 때는 음식에 대해 절대로 불만스러운 기색을 나타낸 적이 없었다. 먹을 것을 가지고 종들과 다투는 것은 부끄러운 일이라고 생각했기 때문이었다. 그러나 그 후 살림이 넉넉해지자 가끔 친구나 동료들을 초대하고 음식을 대접했다. 그리고 식사가 끝나고 나면 곧 종들을 불러 실수를 했거나 요리를 서투르게 한 일을 따지고 벌을 주기도 했다.

그는 또 일부러 노예들의 패를 갈라 서로 싸우도록 했는데 서로 힘을 합해 대항하는 것을 두려워했기 때문이었다. 그리고 큰 죄를 지은 노예가 있으면 노예 전체의 의견을 물어보고 유죄가 결정되면 그 자리에서 죽여 버렸다.

그는 돈을 모으는 데 재미를 붙이게 된 뒤로는, 농사는 수입을 위한 것이 아니라 취미로 생각했다. 그리고 안전하고 확실한 사업에 돈을 투자하여 연못이나 온천, 양모 등을 생산해 낼 수 있는 땅이나, 삼림, 목장 등의 수입이 많은 땅을 사들이기 시작했다. 그래서 그는 날씨를 지배하는 유피테르 때문에 피해를 볼 일이 없어졌다고 기뻐했다고 한다.

또 그는 해외무역에도 손을 대기 시작했다. 당시 이것은 가장 투기적인 사업이라고 여겨지던 것이었는데, 그는 자기가 돈을 댄 사람들에게 공동으로 돈을 투자할 사람들을 찾아내게 하여, 투자한 사람과 배의 숫자가 각각 50이 되면, 그가 노예에서 해방시켜 준 퀸티오에게 배를 거느리고 장사를 하게 했다. 카토는 이 방법으로 손해를 보더라도 별로 크지 않고 이익을 볼 때는 막대한 돈을 끌어들일 수 있었다.

그는 또 노예들 가운데 희망하는 자에게는 돈을 빌려 주기도 했다. 돈을 빌린 노예들은 그 돈으로 어린 노예들을 사서 일을 가르친 다음 1년 후에 다시 내다팔았다. 그럴 때 카토는 그 가운데서 자기가 쓰고 싶은 노예가 있으면 다른 사람에게 파는 가격만큼을 주고 그 노예를 사가기도 했는데 그때는 미리 빌려준 금액은 그 값에서 공제했다.

카토는 자기 아들에게도 이런 방법을 가르쳐, 재산을 축내는 것은 여자나 할 일이지 남자가 할 일은 못된다고 말했다. 또 언젠가 그는 "자기가 상속받은 재산을 늘려 자손에게 남겨 주는 것은 가장 영광스럽고 신성한 일"이라고 말하기도 했다.

카토의 나이가 지긋해졌을 때쯤 플라톤 학파의 카르네아데스와 스토아 학파의 디오게네스가 아테네의 사절로 로마에 온 적이 있었다. 오로푸스 사람들이 원고가 되고, 시키온 사람들이 재판장이 되어 출두하지 않은 아테네 사람들에게 백 탈렌트의 벌금을 물린 사건이 있었으므로, 그 벌금을 면제해 달라고 사람들을 보내온 것이었다.

이때 로마의 젊은이들은 이 두 철학자를 쫓아다니며 연설을 듣고 매우 감동했다. 특히 카르네아데스의 아름답고 멋진 웅변은 많은 젊은이들의 마음을 사로잡았다. 그의 명성은 마치 폭풍처럼 젊은이들의 마음에 심한 회오리를 일으켰다. 이 놀라운 일은 입에서 입으로 전해졌다. 그는 모든 사람들의 마음을 휘어잡고 온 로마를 휩쓸었으며, 특히 젊은이들에게는 깊은 인상을 남겨 그리스 철학에 온 정신을 쏟게 만들었다.

대부분의 로마 사람들은 이런 현상을 기뻐하며, 젊은이들이 그리스의 학문을 연구하고 위대한 학자와 만나는 것을 좋은 일로 생각했다. 그러나 카토는 젊은이들이 입만 갖고 군사에 대한 관심을 표현할까봐 깊이 걱정했다. 청년들이 직접 전쟁에 나가서 공적을 세울 생각은 하지 않고 말만으로 명예를 세우려는 생각에 빠질 것이 염려스러웠던 것이다.

그런데 로마에서는 그 두 철학자의 명성이 나날이 높아만 갔고 그들이 원로원에 나타났을 때는 유명한 카이우스 아킬리우스[15]까지 스스로 통역을 맡겠다며 나서게 되었다. 그러자 카토는 적당한 이유를 만들어 그들 철학자를 로마에서 떠나게 해야 겠다고 결심했다. 카토는 원로원에 가서 사절로 온 그들이 제멋대로 젊은이들을 휩쓸고 다니는 데도 귀국시키지 않고 계속 머물게 하는 이유가 도대체 무엇이냐고 따져 물었다. 그리고 로마 젊은이들을 예전처럼 법률과 정치, 군사에 힘쓰도록 하기 위해서는 급히 사절단의 요청을 받아들여 주고 하루라도 빨리 그들을 제나라로 돌려보내야 한다고 말했다.

카토의 이런 행동을 카르네아데스에 대한 개인적인 시기심 때문이라고 말하는 사람도 있지만 사실 이것은 그가 철학에 대해 좋지 않은 생각을 가지고 있었기 때문이었던 것 같다. 그래서 그는 일종의 자존심 때문에 그리스의 학문이나 문화나 교육 방식들을 얕잡아 보려고 했던 것 같다.

그는 흔히 소크라테스를 말 많고 위험한 인물이라고 말했으며 권력을 잡기 위해 아테네의 좋은 풍습을 파괴하고 시민이 법을 무시하도록 부추겼다고 했다. 또 그는 소크라테스 학파를 조롱하여, 그의 제자들은 저렇게 오랫동안 들어앉아 배우느라고 늙어가고 있으니 아마 저승에 가서 미노스[16] 앞에서나 자기들이 배운 재주를 발휘할 수 있을 것이라고 이야기하기도 했다.

또 그의 아들이 그리스의 학문을 배우지 못하도록 하기 위해 노인답지않은 큰 목소리로 로마가 그리스 학문에 물들기 시작하면 로마는 곧 망하고 말 것이라고 예언하기까지 했다. 그러나 이러한 카토의 예언은 시간이 지나감에 따라 쓸데없는 걱정이었다는 것이 드러났다. 로마는 그리스 문화를 받아들이면서 나라의 영광은 더욱 높아져 절정에 이르게 되었다.

카토는 그리스 철학자들뿐만 아니라 로마에 와 있던 그리스의 의사들도 무척 싫어했다. 히포크라테스[17]에게 페르시아 왕이 큰 돈을 주며 왕진을 청했을 때 그리스

---

15) 원로원 의원 중 하나로 나이가 많았다. 로마의 역사를 그리스 어로 썼으며 기원전 142년에 이것을 책으로 내놓았다.

16) 미노스(Minos): 제우스와 에우로페 사이의 아들로 크레타 섬의 전설적인 왕이다. 죽은 뒤 지옥의 재판관이 되었다고 전해진다.

17) 히포크라테스(Hippocrates): 기원전 460? ~ 375? 아시아 서해안의 남쪽에 있는 코스섬에서 태어난 사람으로 소크라테스가 살았던 당시의 유명한 의사이다. 미신에서 떠나 실증적이고 과학적인 의학을 세워 의학의 아버지로 불린다.

의 적인 야만인은 치료하지 않겠다고 거절한 일이 있었다. 카토는 이 이야기를 전해 들었는지 그리스 의사들은 모두 이런 생각을 가지고 있을 것이라고 믿고, 아들에게 까지 그리스 의사들은 절대로 가까이하지 말라고 일렀다. 그는 스스로 병을 치료하는 방법들을 여기저기서 모아 책을 만들었는데, 집 안에 환자가 생기면 그 책을 보고 치료했다. 환자에게는 음식을 조절하게 했는데, 절대로 음식을 굶지 말도록 했고, 야채와 오리, 비둘기, 토끼 등 소화가 잘 되는 고기를 먹였다고 한다. 이러한 음식은 꿈을 많이 꾸게 만들었지만 소화에 부담을 주지 않아 환자에게 적당하다고 생각한 것이었다. 그는 이와 같은 방법으로 치료를 했기 때문에 자신은 물론 가족들도 병이 없이 건강하게 지낸다고 말하곤 했다.

그러나 그의 이 어리석은 치료법은 그 값을 치러야만 했다. 그는 아내와 자식들을 모두 병으로 먼저 잃고 말았던 것이다. 그러나 그 자신은 강철같이 굳게 단련된 육체 덕택으로 늙어서까지 여자와 가까이 지냈으며 나중에는 나이에 걸맞지 않게 결혼도 하였다. 아내가 죽은 뒤 홀아비가 된 카토는 아들을 파울루스의 딸과 결혼시킨 다음, 젊은 여자와 비밀스럽게 가까이 지냈다. 그런데 집이 좁은 탓에 그만 며느리가 이 일을 눈치 채게 되었다.

한 번은 카토의 아들이 그 젊은 여자가 뻔뻔스럽게 아버지의 침실로 가는 것을 보고 그 여자의 얼굴을 노려보았다. 이 광경을 본 카토는 젊은 아들과 며느리가 자기의 행동을 부끄러워 한다는 것을 알고 말없이 공회장으로 나가 친구들을 만났다.

그런데 그때 자기의 서기인 살로니우스가 인사를 하며 가까이 다가왔다. 카토는 살로니우스에게 딸은 시집보냈느냐고 큰 소리로 물었다. 그래서 그는 아직 딸을 아직 결혼시키지 않았다고 대답하자 카토는 이렇게 말했다. "그렇다면 아주 잘 됐군. 내가 좋은 신랑감을 하나 알고 있는데 나이가 좀 많은 게 한 가지 흠이라네."

살로니우스는 자기 딸을 카토 집안의 하녀나 다름 없으니 마음에 드시기만 하면 어떤 사람이라도 좋다고 했다. 그러자 카토는 주저하지 않고 그 신랑감이란 바로 자신이라고 대답했다. 이 말이 살로니우스를 놀라게 한 것은 당연한 일이었다. 카토의 나이에 결혼을 하겠다는 것도 그렇지만, 집정관을 지내고 개선식까지 올린 가문과 혼사를 맺는다는 것은 꿈에도 상상못할 일이었기 때문이었다. 그러나 카토의 말이 진심이라는 것을 알게 되자 살로니우스는 기쁘게 결혼을 허락했다.

결혼 날짜가 가까워오고 있을 때 아들은 친척들을 데리고 아버지 앞으로 가서 이렇게 새어머니를 모셔들이려는 것이 혹시 자기가 무슨 잘못을 저질러서 그런 것이냐고 물어보았다. 그 말에 카토는 큰 소리로 이렇게 대답했다.

"그렇지 않다. 네가 하는 일은 다 내 마음에 들었단다. 다만 나는 내 성을 따르는 자식을 더 낳아 너처럼 훌륭한 시민을 만들고 싶을 뿐이란다."

그러나 이 말은 아테네의 독재자였던 페이시스트라토스가 예전에 했던 말로, 나이가 많이 든 뒤에 아르고스의 티모나사와 결혼하기 위해 했던 말이라고 한다. 페이시스트라토스는 이 결혼으로 이오폰과 데살루스라는 두 아들을 얻었다고 한다. 카토는 두 번째 아내에게서 아들을 하나 얻었는데 외할아버지의 성을 따서 살로니우스라고 지어 주었다.

카토의 큰아들은 법무관을 지내다가 죽었는데 카토는 그가 쓴 책에서 이 아들이 용감하고 어진 성품을 가졌었다고 추억하고 있다. 그리고 자식을 잃은 슬픔을 조용하게 참으며 여전히 나라의 일을 게을리하지 않았다.

루키우스 루쿨루스나 메텔루스 피우스 같은 사람은 노년에 정치에서 물러났지만, 카토는 늙어서도 정치를 떠나지 않았다. 또 스키피오 아프리카누스처럼 자신의 공을 알아주지 않는다고 은퇴하여 한가로운 여생을 보내지도 않았다. 디오니시오스가 권세를 가진 왕으로 살다 죽는 것이 가장 영광스러운 일이라고 말했듯이 카토는 정치를 하면서 늙어가는 것이 가장 훌륭한 일이라고 생각했으며, 여가가 있을 때는 책을 쓰고 농사를 지으며 시간을 보냈다.

카토는 많은 책을 썼는데 그 중에는 특히 역사에 대한 것이 많다. 젊었을 때는 가난했기 때문에 늘 농사짓는 일에 몰두했는데, 카토 스스로 말했듯이 이익을 가져다주는 것은 농사와 절약, 두 가지밖에 없다고 생각했다. 그리고 나이가 들어서는 농사에 대해서 이론적인 흥미를 가지면서 《농업론》이라는 책을 썼는데, 그 가운데는 과자 만드는 법, 과일 저장법 등 온갖 일에 대한 그의 남다른 지식이 들어 있었다.

그는 시골에 가 있을 때면 날마다 친구나 이웃들을 초대하여 넉넉한 음식과 함께 유쾌한 시간을 보냈는데, 같은 또래의 노인들뿐 아니라 젊은이들과도 가까이 사귀었다. 그는 오랜 세월을 살아가는 동안 여러 종류의 사람들로부터 재미있고 이상한 이야기를 많이 들어왔기 때문에 사람들은 그의 말에 언제나 귀를 기울이곤 했다. 또 카토는 식사를 같이 하는 것이 사람과의 정을 두텁게 해주는 가장 좋은 방법이라고 생각했다. 그는 식사 때마다 훌륭한 시민들을 자주 칭찬했으며, 비겁한 말이나 가치

없는 말은 거의 하지 않았다.

카토의 마지막 정치 활동은 카르타고를 멸망시킨 일이었다. 카르타고를 실제로 완전하게 정복한 사람은 소(小) 스키피오였지만, 전쟁을 시작하게 만든 것은 카토의 역할이었다.

그때 카르타고 인과 누미디아의 왕 마시닛사 사이에 싸움이 일어났는데, 그 원인을 조사하기 위해 카토는 아프리카로 가게 되었다. 마시닛사는 처음부터 로마와 우호적으로 지내고 있었으며 카르타고 역시 대(大) 스키피오에게 정복된 뒤로 상당한 배상금을 내고 있었으므로 어려운 처지에 놓여 있었다.

그러나 카토가 직접 가서 보니 카르타고는 로마 사람들이 생각했던 만큼 약해져 있지도 않았고, 인구와 물자도 넉넉한 데다가 온갖 무기와 군수품을 지니고 있어 사기가 높은 상태였다. 그래서 그는 누미디아와 마시닛사의 싸움을 조정할 때가 아니며, 오래 전부터 원한을 가져 왔던 카르타고의 세력을 누르지 않고 내버려 두었다가는 다시 큰 위험에 빠지게 될 것이라고 판단했다.

카토는 급히 로마로 돌아와 원로원으로 찾아갔다. 카르타고가 전날 받았던 패전과 불행은 그들의 사기를 꺾었다기보다 지나친 자부심을 꺾은 정도에 불과하며, 카르타고를 약하게 만든 것이 아니라 오히려 전쟁 경험을 쌓게 해준 결과가 되었다고 하였다. 그리고 그들이 지금 누미디아에게 트집을 잡고 있는 것도 사실은 로마에 대한 전쟁 구실이므로 기회만 있으면 곧 전쟁을 걸어올 것이 틀림없다고 말했다.

그리고 카토는 미리 준비해 왔던 잘 익은 무화과를 땅에 떨어뜨렸다. 그리고 여러 의원들이 그것이 크고 아름답다고 감탄하자 카토는, "이 과일이 나는 땅이 로마에서 겨우 사흘밖에 안 되는 곳에 있습니다"라고 말했다.

그는 로마가 하루빨리 공격하도록 부추기기 위해 말끝마다 "또한 카르타고를 멸망시켜야 한다고 생각합니다"라는 말을 덧붙였다. 한편 나시카라는 별명을 가지고 있었던 푸블리우스 스키피오는 그의 의견에 반대하고 있었으므로 "카르타고를 그대로 두는 것이 로마를 위한 길이라고 생각합니다"라는 말을 말끝마다 했다.

나시카는 전쟁에서 승리한 뒤로 민중들이 너무 교만해져 있어서 원로원의 명령에 순종하지 않았을 뿐 아니라, 자기들 마음대로 정부를 움직이려 하는 것을 보고, 카르타고에 대한 두려움을 불러일으켜 민중들의 무모한 행동을 누르려고 했던 것이다.

그러나 카토의 입장에서는 카르타고가 옛날부터 강했던 나라였고 몇 번의 패배로 이제는 복수의 기회를 노리고 있으므로 로마가 잠시라도 틈을 준다는 것은 위험하다고 생각했다. 그러므로 그는 로마 안에 들어찬 공포와 걱정거리들을 하루빨리 없애 버리는 것이 옳다고 생각했다.

카토는 그런 이유로 카르타고에 대한 마지막 싸움인 제3차 포에니 전쟁을 일으켰다고 한다. 그는 전쟁을 시작한 뒤 오래지 않아 세상을 떠났지만, 죽기 전에 이 전쟁을 종결시킬 사람을 예언했다. 예언된 인물은 그때 아직 젊은 나이였는데 호민관으로서 전쟁에 나가 지혜롭고 용기있는 행동을 보였다. 그러한 행동이 로마에 알려졌을 때 카토는 호메로스의 다음 시를 인용해서 이렇게 말했다.

> 수많은 사람들 중에서 지혜로운 것은 오직 그 사람뿐
> 다른 사람들은 모두 흔들리는 그림자에 불과하다.[18]

이렇게 예언되었던 사람은 바로 소 스키피오였는데 그는 곧 행동으로 예언을 증명했다.

카토가 남긴 자손은 후처의 아들인 카토 살로니우스와 이미 죽은 장남의 아들, 즉 손자 하나뿐이었다. 카토 살로니우스는 법무관의 자리에 있다가 세상을 떠났지만, 그 아들 마르쿠스는 나중에 집정관의 자리에까지 올랐다. 바로 이 사람이 덕행과 역량으로 당대의 명사로 존경받던 철학자 카토(소 카토)의 할아버지였다.

---

18) 《오디세이아》 제10권 495에 있는 시.

아리스티데스와
마르쿠스 카토의 비교

지금까지 아리스티데스와 카토 두 사람에 대해서 중요한 사건들을 살펴보았다
이 두 사람을 여러 가지 면에서 서로 비교해 보면 별로 뚜렷한 차이가 나타나지
않는데 그것은 그만큼 이 두 사람에게 비슷한 점이 많기 때문이다.

시나 그림처럼 부분적인 점을 하나하나 비교해 본다면, 우선 두 사람은 모두 미
천한 신분으로 태어났지만 자기 자신을 갈고 닦아 정치에서 이름을 떨쳤다는 점에
서 서로 비슷하다.

그러나 아리스티데스가 살았던 때는 아테네가 아직 강해지기 전이었고 그의 경
쟁자가 되었던 사람들도 큰 재력을 가진 사람들은 없었다. 그 무렵은 사실 가장 부유
한 사람이라고 해도 5백 메딤니, 다음가는 기사계급이 3백 메딤니, 그리고 제우기타
이라고 불리는 맨 아래 계급이 2백 메딤니 정도밖에 가지고 있지 않았던 시대였다.

그러나 카토는 이름없는 시골 마을에서 태어났지만 넓은 바다와 같은 로마 정치
에 과감하게 몸을 던졌다. 비록 쿠리우스와 파브리키우스[1], 레굴루스[2] 등의 시대는

---

1) 가이우스 파브리키우스 루스키누스. 기원전 283년과 278년에 집정관을 지냈던 사람. 에페이로스의 왕 피
로스와 싸웠으며, 그 밖의 야만족들과도 싸워 승리를 거두었으며 두 차례나 개선식을 올렸다. 가난했지만
청렴한 사람으로 유명했다.
2) 마르쿠스 아틸리우스 레굴루스. 기원전 267년과 256년에 집정관을 지냈으며 씨뿌리는 사람이라는 별명
을 가지고 있었다.

이미 지난 지 오래되었지만, 아직까지 시골에서 갓 올라온 사람에게 나랏일을 맡길 때는 아니었다. 로마 시민들의 눈길을 끌기 위해서는 가문이 뚜렷하고 돈도 많아야 했으며, 정치를 하거나 돈으로 사람들을 매수하기도 해야 했다. 또 일반 민중들은 나름대로 자신들의 세력을 믿고 있었기 때문에 지도층에 대해 반항적인 기미를 보이기도 했던 때였다.

아리스티데스는 가문도 보잘것없고 재산도 넉넉하지 않았다. 그래서 그가 처음 정치에 손을 댔을 때의 재산은 4 내지 5 탈렌트밖에 없었다고 한다. 그리고 테미스토클레스는 언제나 그와 맞섰다.

그러나 카토는 스키피오 아프리카누스와 세르바우스 갈바, 그리고 퀸티우스 플라미니누스 같은 대단한 인물들과 오직 혀와 열정만으로 대항했던 사람이었다.

뿐만 아니라 아리스티데스는 마라톤과 플라타이아에서 장군 열 사람 중 한 사람으로 출정한 것뿐이었지만, 카토는 많은 경쟁자들을 모두 물리치고 당당히 집정관의 자리에 올라섰고, 실력 있는 일곱 명의 경쟁자를 물리치고 감찰관으로 선출되기도 했다.

또 아리스티데스는 전쟁에서도 뚜렷한 공을 세운 일이 없었다. 마라톤 전투에서는 밀티아데스가 승리의 영광을 가져갔고, 살라미스 전쟁에서는 테미스토클레스가, 그리고 헤로도토스의 기록에 의하면, 플라타이아에서는 파우사니아스가 가장 큰 승리의 영광을 차지했다고 한다. 그래서 그는 여러 전투에서 많은 공을 세운 소파네스, 아미니아스, 칼리마코스, 키나이기로스 등과 2위를 다투고 있었다.

그러나 카토는 집정관의 자격으로 스페인 전쟁에 나가 현명한 작전과 용맹으로 크게 이름을 날렸다. 또 테르모필라이에서는 다른 사령관 밑에서 명령을 받는 군사 위원이었지만, 적의 왕인 안티오코스가 앞에서 공격해 오는 군대에 정신이 없을 때 그들의 뒤를 공격하는 작전을 써서 이 싸움을 승리로 이끌었다. 그러므로 이 승리는 분명 카토의 공이었고, 전쟁의 결과 아시아 군은 그리스에서 쫓겨나가 나중에 스키피오가 아시아를 침략하는 길을 열어 준 셈이었다.

두 사람 모두 전쟁에 있어서는 결코 누구에게도 지지 않는 사람이었다.

그러나 정치에 있어서 아리스티데스는 테미스토클레스에게 꺾여 도편 추방을 당했으나, 카토는 로마에서 가장 강하고 세력이 큰 사람들과 평생토록 대립했지만 한 번도 그들에게 무릎을 꿇은 일이 없었다. 때로는 원고로, 때로는 피고로 수많은 재판에 나갔지만 카토는 언제나 이겼으며, 늘 무죄 판결을 받았다. 그것은 운이 좋아서가 아니라 방어하는 데는 성벽 같은, 그리고 공격하는 데는 예리하기 이를 데 없는 웅변 실력을 갖추고 있었기 때문이었다. 그의 뛰어난 웅변술은 불행을 막는 데 있어서는 재산보다 더 좋은 무기로 이용되었던 것이다.

안티파트로스는 아리스토텔레스가 죽은 뒤, 그에게는 여러 가지 훌륭한 점이 있었지만, 그중에서도 사람의 마음을 움직이는 기술이 뛰어났다고 칭찬했는데, 이 말은 카토의 경우에도 그대로 적용할 수 있는 말일 것이다. 사람으로서 이룰 수 있는 가장 완전한 미덕은 정치생활에 대한 것이라고 흔히 말하지만, 가정 생활에 있어서의 미덕 또한 결코 작은 것은 아니다. 국가라는 것은 결국 가정이 모여서 이루어진 것이므로, 각 시민들의 생활이 풍요로워지면 그만큼 튼튼한 나라가 되는 것은 당연한 일이다.

그래서 리쿠르고스가 스파르타에서 금과 은을 쓰지 못하게 하고 쓸모없는 철로 돈을 만들게 한 것도 시민들의 가정 살림을 어렵게 하기 위해서가 아니라, 재물에 대한 위험한 욕심을 잘라내어 모든 사람들이 유용하고 필요한 물건을 충분히 가지도록 하려는 것이었다. 즉, 리쿠르고스는 법을 제정했던 다른 사람들이 미처 생각지도 못한 사실을 알고 있었는데, 그것은 나라에 큰 위험을 끼치는 것은 돈을 많이 가진 사람들이 아니라, 너무 가난해서 원한이 생긴 사람들이라는 것을 알고 있었던 것이다.

카토는 국가의 지배자로서 뿐만 아니라 한 집안의 가장으로서도 훌륭한 사람이었다. 그는 자기의 재산을 늘렸을 뿐 아니라, 여러 사람들에게 가정과 농사에 대한 것을 가르쳤고, 그 분야에 대한 책까지 써서 많은 지식을 남겼다.

반면에 아리스티데스는 가난했기 때문에 그의 정의로움은 다른 사람들에게는 상당한 이익이 되었지만, 그 자신에게는 아무 소용도 없고 오히려 파멸을 가져오는 결과를 낳게 했다. 그러나 시인 헤시오도스는 정의로운 행동과 함께 가정 살림을 착실히 하라고 권유하면서, 게으르게 지내는 것은 부정의 원인이 된다고 비난했다. 호메로스도 그의 시 《오디세이아》에서 이렇게 노래했다.

일도 살림살이도
나는 즐겁지 않다네.
나의 기쁨은 오직
전쟁터에 나가는 것뿐.

호메로스는 집안 일을 소홀히 하는 사람은 부정한 일을 저지르고 남의 물건을 뺏으며 먹고 산다는 것을 교묘하게 나타내고 있는 것이다.

의사들은 올리브 기름을 겉에 바르면 피부가 좋아지지만 마시면 몹시 해로운 것이라고 말한다. 그러나 정의로운 사람이 남에게는 이롭고 자신이나 가정에게는 해로운 사람이라는 뜻은 아니다. 아리스티데스가 딸의 결혼 비용뿐 아니라 자기 자신의 장례 비용조차 남겨 두지 않았다는 것은 그런 면에서 하나의 결점으로 볼 수 있을 것이다.

카토의 집안은 4대째까지 집정관이나 원로원 의원을 지냈고, 손자나 증손자들도 나라에서 가장 높은 지위에까지 올랐다. 그러나 아리스티데스는 그리스에서 가장 위대한 인물이었지만, 그의 후손은 꿈을 해몽해 주고 겨우 끼니를 잇고, 시민들의 구호까지 받는 신세가 되었다. 그는 너무 가난하게만 살았기 때문에 후손들이 조상의 영광을 지킬 만한 것도 남겨두지 못했던 것이다.

그러나 여기에 대해서는 다른 의견을 가지고 있는 사람들도 물론 있을 것이다. 왜냐하면 가난 그 자체는 부끄러운 일이 아니며, 그것이 게으름이나 사치 혹은 분별없는 생활 때문에 만들어진 것일 때만 수치스러운 일이기 때문이다.

그러나 성실하고 청렴한 정치인의 가난은 오히려 그의 위대함을 증명해 주는 것이며 그 마음의 고결함을 드러내는 것이다. 자질구레한 일에 마음을 쓰는 사람은 큰 일을 이룰 수 없으며, 또 자기 자신이 여러 가지 일에 매달려 있으면 다른 사람들을 도와줄 수 없기 때문이다. 그러므로 정치를 하는 사람들에게 필요한 것은 큰 재산이 아니라 만족할 줄 아는 마음이다. 이런 마음은 사치를 탐내지 않게 하여 나랏일에 모든 마음을 쏟을 여유를 만들게 하기 때문이다. 결코 아무 결함도 갖고 있지 않다면 그는 신이겠지만, 인간의 여러 미덕 중에서도 특히 욕심이 없는 사람은 분명 신에 가까운 자일 것이다.

좋은 습관에 길들여진 몸은 지나친 옷이나 음식을 필요로 하지 않는 것처럼 사람이나 가정의 경우에도 건강하게 단련된 생활은 결코 지나친 돈이 아니라도 만족하며 지낼 수 있게 만든다. 필요한만큼만 얻을 수 있으면 그 이상은 필요하지 않은 것이다.

다 쓰지도 못할 것을 쌓아 두는 사람은 돈의 노예일 뿐이다. 필요가 없으면서도 구하려고 애쓰는 것은 어리석은 짓이며, 꼭 필요한 데도 인색하게 아끼는 것은 미련한 행동일 것이다.

그래서 카토에게 이런 질문을 하고 싶다.

"우리가 재물을 원하는 것은 그것을 즐기기 위해서인데, 어째서 당신은 큰 재산을 가지고 있으면서도 쓰지 않는 것을 자랑하는 것입니까? 거친 빵을 먹고 종과 함께 술을 마시며, 좋은 옷이나 집을 원하지 않는 것이 고상한 일이라면, 아리스티데스, 에파미논다스, 마니우스 쿠리우스, 카이우스 파브리키우스도 재산을 멀리했으니, 그들이야말로 칭찬받아야 마땅하지 않겠습니까?"

삶은 무를 제일 맛있을 것으로 믿고 아내가 빵을 만드는 동안 무를 삶는 사람은, 한 푼이라도 돈을 남기는 방법이나 쉽게 부자가 되는 방법을 쓴 책을 남길 가치가 없을 것이다. 검소한 생활에 만족할 줄 안다는 것은 필요없는 물건을 탐내거나 그런 욕망을 아예 끊어버리는 데 있는 것이다.

그러므로 아리스티데스는 칼리아스를 재판할 때, 가난을 부끄러워하는 사람은 스스로가 그것을 원하지 않는데도 할 수 없이 가난하게 된 사람들뿐이라고 말했다. 그러나 스스로 원해서 가난하게 사는 사람은 오히려 가난을 명예로운 일로 자랑할 수 있으며 아리스티데스 또한 그런 사람이었다. 그는 페르시아 군의 시체에서 입을 것을 벗기거나 천막에 들어가 물건들만 챙겼어도 쉽게 부자가 될 수 있었지만, 아무런 부정도 행하려 하지 않고 평생을 가난하게 살았던 사람이었기 때문이다.

전쟁에 대해서 살펴보면, 카토의 승리는 이미 위대한 국력을 가진 로마에게는 큰 보탬이 되지 않았다. 그러나 아리스티데스는 마라톤과 살라미스, 플라타이아 등의 전쟁을 통해 그리스인 중에서도 가장 뛰어난 업적을 이루었다. 카토가 안티오코스 왕을 물리치고 스페인의 성벽을 무너뜨린 것은, 아리스티데스가 크세르크세스 군을 물리치고 페르시아 군을 바다와 땅에서 10만 명이나 죽인 것과는 비교할 수 없다. 그러므로 아리스티데스의 공훈은 그 누구도 감히 따를 수 없는 것이다. 그는 다만 영광의 월계관을 다른 사람에게 사양했고, 금과 은을 자기보다 필요로 하는 사람들에게 넘겨준 것일 뿐이다.

그러나 카토가 늘 자기 스스로를 자랑하고 다닌 일을 탓하려는 것은 아니다. 카토는 자신의 연설에서도 자기를 칭찬하는 일은 자기를 비난하는 것과 마찬가지로 어리석은 일이라고 했다. 그러나 남의 칭찬을 바라지 않는 사람은 항상 스스로를 칭찬하고 다니는 사람보다는 더 훌륭한 사람일 것이다.

세상 사람들의 말에 무관심하다는 것은 경쟁을 부드럽게 하는 데 큰 도움이 되지만, 그 반면에 야심을 가진 사람은 자칫 남을 시기하는 경우가 많다. 아리스티데스는 전혀 야심이 없었지만 이와 달리 카토는 야심이 몹시 강했다.

아리스티데스는 나라가 위기에 처해 있을 때 여러 번 테미스토클레스를 도와 아테네를 구했으며, 심지어 그의 밑에서 일을 한 적도 있었다. 그러나 카토는 스키피오를 반대한 나머지, 한 번도 전투에 져본 일이 없는 한니발을 정복할 기회를 방해할 뻔했다. 그리고 카토는 그 뒤에도 계속해서 스키피오를 비방하여 로마에서 몰아내고, 스키피오의 동생에게까지 공금을 썼다는 수치스러운 죄를 뒤집어 씌웠다.

카토가 항상 큰 소리로 외치던 절제의 미덕을 진실로 깨끗이 실천한 것은 아리스티데스였다. 카토는 나이나 위치에도 맞지 않는 결혼을 했을 뿐 아니라, 그 때문에 자신의 인품을 크게 손상시켰다. 이미 노령의 나이에 이르러, 성장하여 결혼까지 한 아들 내외의 새 어머니로 자기 밑에 있던 하급 서기관의 딸을 맞아들였다는 것은 결코 자랑할 만한 일이 못된다. 이런 행동이 그의 성격 때문이었거나 혹은 아들에 대한 노여움 때문이었다고 하더라도 모두 그에게는 떳떳하지 못한 것이었다.

그리고 아들에게 말한 이유라는 것도 사실 핑계에 지나지 않는다. 만약 카토가 정말 그 아들에 못지 않은 훌륭한 자손을 하나 더 얻고 싶었다면 처음부터 명문가의 여자를 구해야 했으며, 천한 여자를 몰래 가까이 하고 또 아들에게 들킨 후에야 결혼을 할 이유는 없었을 것이다. 또 명예가 될 훌륭한 가문을 골라 인연을 맺었어야 하며, 자기 말에 거역하지 못할 사람을 장인으로 고르지는 않았을 것이다.

19

필로포이멘

(PHILOPOEMEN, BC 252경~182)

아카이아 군의 사령관. 메갈로폴리스 사람으로 웅변술과 그리스 철학에 능통했고 군인에 대한 애착이 남달랐다. 스파르타를 비롯한 수많은 적과 싸워 승리를 거두었으나, 디노크라테스의 독약을 받고 죽었다. 델포이에 그의 조각상이 남아 있다.

만티네이아 시에 사는 클레안드로스는 집안이 훌륭하고 세력도 당당한 사람으로 알려져 있었다. 그러나 불행한 일로 고향에서 쫓겨나 메갈로폴리스에 와서 크라우기스의 신세를 지게 되었다. 크라우기스는 필로포이멘의 아버지로 클레안드로스와는 허물없는 우정을 나누던 사이였다. 클레안드로스는 크라우기스가 살아 있을 동안에는 그의 덕택으로 편안한 생활을 할 수 있었다. 그래서 크라우기스가 죽었을 때 클레안드로스는 크라우기스의 아들 필로포이멘을 잘 가르쳐 주어 은혜에 보답하였다.

필로포이멘은 아킬레우스가 포이닉스에게 가르침을 받으면서 자란 것[1]처럼 클레안드로스에게서 교육을 받으면서 장래가 매우 촉망되는 인물로 자라났다. 유년 시절이 지나면서부터는 에크데모스와 데모파네스 두 사람으로부터 가르침을 받았다. 이

---

1) 호메로스의 《일리아드》 제9권

두 사람은 메갈로폴리스 사람으로 아카데미 학파[2]의 철학자로서 아르케실라오스의 동료였으며, 자신들의 철학을 정치적으로 적용하려고 애썼던 사람들이었다. 그들은 참주 아리스토데모스를 암살하여 조국을 전제적인 정치에서 구해냈으며, 시키온에서는 아라토스와 함께 참주 니코클레스를 몰아냈다. 또 키레네가 혼란에 빠져 어지러울 때는 시민들의 희망에 따라 그 도시로 건너가 선량한 정부를 되찾아 주었으며, 공화적인 정치 체계를 유지할 수 있도록 도와주었다.

그들은 필로포이멘을 가르쳐 준 것을 일생의 가장 큰 업적으로 생각했다. 철학의 참된 지식을 그에게 가르쳐 줌으로써 필로포이멘은 그리스에서 가장 큰 은인이 되었다고 믿고 있는 것이다. 실제로 그리스 또한 그를 깊이 사랑하여, 수많은 뛰어난 인물들의 뒤를 이은 마지막 위인이라고 생각했다. 어떤 로마 사람은 필로포이멘 이후 그리스에는 위인도 없었고 그리스의 이름에 값할 만한 사람도 없었던 만큼 그가 마지막 그리스인이었다고 말하기도 했다.

그의 모습은 몇몇 사람들이 생각하는 것처럼 그렇게 못생기지는 않았다. 그것은 오늘날까지 델포이에 남아 있는 그의 조각상을 보아도 알 수 있는 일이다. 이러한 잘못이 생긴 것은 그가 메가라에 머물렀을 때 한 부인이 그를 잘못 보고 실수를 해서 생겨난 오해였다. 그 부인은 남편이 외출하고 없는 사이 아카이아의 장군이 자기 집을 방문한다는 소식을 듣고 분주하게 음식 준비를 하였다. 그런데 그때 필로포이멘이 초라한 옷차림으로 들어오자 부인은 부하 병사가 먼저 온 것이라 생각하고 일을 좀 도와 달라고 부탁했다. 그는 곧 웃옷을 벗어던지고 장작을 패기 시작했다. 그러는 동안 그의 친구가 되는 이 집 주인이 들어와 그를 보고 깜짝 놀랐다.

"아니, 필로포이멘 장군, 이게 웬일이시오?"

필로포이멘은 도리스 지방의 사투리로 이렇게 대답했다.

"누추한 꼴을 하고 온 벌을 받고 있는 중이라오."

또 티투스 플라미니누스는 필로포이멘의 체격을 흉보며 이렇게 말한 적도 있다. "당신은 손발은 참 잘생겼는데, 배가 없군요." 즉, 그의 허리가 너무 가늘다는 얘기였다.

그러나 이 말도 실제로는 그의 군대를 평한 얘기였다고 하는데, 보병과 기병은 훌

---

2) 플라톤이 시작한 초기 아카데미에 비하여 중기 아카데미라고 불리며, 회의적인 경향이 강했다.

륭하지만 군자금이 모자라 봉급을 제대로 못 준다는 뜻이었다. 아무튼 필로포이멘에 대한 이러한 얘기들은 여러 가지로 널리 알려져 있다.

그는 명예욕이 아주 강한 사람이었다. 또 그의 명예욕에는 경쟁심이나 개인적인 감정도 적지 않게 섞여 있었다. 그는 에파미논다스를 부러워하며 그의 영리함과 고결함을 본받았으나, 정치에서는 그와 같은 따뜻함을 갖지 못했고 정치인이라기보다는 군인다운 불 같은 경쟁심이 더 높았던 사람이었다.

그는 어렸을 때부터 전쟁을 좋아했다. 말을 타거나 창과 칼을 다루는 것을 좋아했으며 군인이 되기 위해 필요한 능력을 갖추기 위해 훈련을 쌓았다.

그는 선천적으로 씨름에 남다른 소질이 있어 가끔 친구들의 도전을 받아들여 시합을 하기도 했다. 그러던 어느 날, 그는 우수한 군인이 되는 데 씨름이 장애가 되지 않는지 알고 싶다고 물었다. 사람들은 씨름꾼과 군인은 체격도 다르고 생활 방식도 전혀 다를 뿐 아니라, 특히 식사와 훈련에 있어서는 그 차이가 더욱 심하다고 대답해 주었다. 사실 씨름꾼은 충분히 잠을 자고 음식도 많이 먹으며, 규칙적인 연습과 휴식 시간을 가져야 하고, 이런 규칙적인 생활에서 벗어나면 실력을 잘 발휘하지 못하게 된다. 그러나 군인은 모든 변화를 잘 견뎌야 하며, 특히 음식을 굶고 잠을 자지 않는 일에도 익숙해야만 했다.

이 대답을 들은 필로포이멘은 곧 씨름을 중지하고 그것을 조롱했을 뿐 아니라, 뒷날 대장이 되어서도 씨름 같은 운동을 멸시하며, 그런 것들은 가장 중요한 일인 전쟁에 오히려 쓸모없는 몸을 만든다고 말하곤 했다.

선생들의 가르침을 받은 후 그는 라케다이몬(스파르타) 지방을 습격하는 전쟁에 무기를 들고 참가했다. 그때 그는 항상 맨 앞에 나서서 공격을 했고 후퇴할 때는 마지막에 물러나왔다. 그리고 싸움이 없을 때에는 사냥을 하거나 농사일을 하면서 몸을 튼튼하고 날쌔게 단련시켰다. 그는 아주 멀리 떨어진 시골에 좋은 농장을 가지고 있어서 매일 아침이나 저녁을 먹은 후 그곳으로 가서 일을 했으며, 밤이 되면 짚으로 만든 침대에 누워 일꾼들과 함께 잠을 잤다. 그리고 아침이 되면 누구보다도 일찍 일어나 일꾼들과 함께 포도 덩굴을 손질하거나 소를 돌봐 주고, 다시 시내로 들어가서 나랏일을 살피곤 하였다.

그는 또 전쟁에 나가서 얻은 물건으로 말과 무기를 사들이거나, 혹은 포로가 된 동지들을 구하는 몸값으로 썼다. 그러나 남의 재산을 탐내지 않기 위해서라도 일정한 자기 재산은 가지고 있어야 한다며 농사일을 무척 열심히 했다.

철학에 관한 책을 읽거나 웅변을 듣는 일도 즐겼으며 덕을 기르는 데 도움이 되는 책만을 골라 읽기 위해 책을 쓴 사람이 누군지에 대해서도 신경을 썼다. 그래서 그는 호메로스의 작품 가운데서도 용기를 복돋우는 데 도움이 된다고 생각한 곳에는 상당한 주의를 기울이곤 했다. 그 밖의 책 중에는 에우안겔로스의 《전략론》과 알렉산드로스 대왕의 전기를 즐겨 읽었다.

그는, 독서는 행동으로 옮기지 않으면 가치가 없는 일이라고 생각했다. 그래서 그는 《전략론》을 읽을 때 지도나 도표 같은 것은 무시하고 실제적인 지형의 기복이나 강의 방향 등 땅의 생김새를 일일이 살펴보았다.

그는 여행을 할 때도 험준하거나 평탄한 땅이 공격과 방어에 어떻게 쓰일 것인지를 연구하고, 이곳저곳의 강이나 수렁 혹은 산길에서는 어떤 작전을 쓰는 것이 좋은지를 생각했으며, 부대의 형태는 어떻게 만들어야 하는지에 대해 주위 사람들과 토론해 보기도 했다. 그는 군사적 연구에 대해 지나치게 큰 관심을 가지고 있었으며, 전쟁이야말로 평소에 쌓은 덕을 보여 주는 가장 큰 무대라고 생각했다. 그리고 군인이 아닌 사람은 나라에 쓸모없는 인물이라고까지 생각하였다.

그가 서른 살이 되었을 때, 스파르타의 왕 클레오메네스가 한밤중에 메갈로폴리스를 습격했다. 그들의 군대는 성문을 지키던 군인들을 쫓아내고 시의 중심부까지 밀려 올라왔다. 필로포이멘은 이 급박한 소식을 듣고 곧바로 뛰쳐나와 목숨을 걸고 용감하게 싸웠다. 그러나 끝내 적을 몰아내지는 못하였다. 대신 그가 뒤쫓아오는 적들을 막으며 클레오메네스와 맞붙어 싸우는 동안, 시민들은 안전하게 도망을 갈 수 있었다.

필로포이멘은 심한 공격을 받아 말을 잃고 몸에는 여러 곳에 상처를 입은 채 맨 마지막으로 후퇴했다. 메갈로폴리스 시민들은 메세네로 피난을 갔는데, 클레오메네스는 사람을 보내 시가지와 부근 영토를 다시 돌려 주겠다고 제안했다.

필로포이멘.

시민들은 그 소식에 모두 기뻐하며 다시 메갈로폴리스로 돌아가려고 서둘렀다. 그러나 필로포이멘은 그들이 시가지를 돌려 준다는 것은 허튼 속임수이며 시민들까지 모두 포로로 만들려는 속셈이라고 말했다. 그리고 도시를 비워 두면 그들은 빈 성벽과 집만 지키고 있을 수가 없으므로 곧 물러가게 될 것이라고 했다.

필로포이멘의 이 말은 시민들의 마음을 돌이키게 하였다. 그러나 클레오메네스는 도시를 거의 다 파괴하고 많은 재산들을 실어가 버리고 말았다.

안티고노스 왕[3]이 아카이아 군을 돕기 위해 도착한 뒤 그들은 곧 군대를 모아 클레오메네스를 추격했다. 그러나 클레오메네스는 셀라시아 산의 모든 길을 점령하여 유리한 위치를 차지하고 있었다. 안티고노스는 반드시 그들을 물리치겠다고 다짐하며 적의 진영 가까운 곳에 자리를 잡고 진을 쳤다.

필로포이멘은 시민들을 이끌고 기병대에 끼여 있었으며, 그 곁에는 강한 일리리아 보병대가 연합군의 측면을 막고 서 있었다. 그들은 저편 끝에 있는 안티고노스 왕이 창끝에 붉은 옷을 매달아 높이 올리며 전투의 시작을 알릴 때까지 조용히 진지를 지키며 기다리라는 명령을 받았다. 아카이아 군은 지휘관의 명령에 따라 진지를 굳게 지켰으나, 일리리아 인 부대는 자기 장군의 명령에 따라 곧 공격을 시작했다. 연합군의 보병과 기병 사이가 완전히 떨어져 있는 것을 본 클레오메네스의 동생 에우클리데스는 곧 가볍게 무장한 병사들을 출동시켜 일리리아 군의 뒤쪽을 습격하였다.

필로포이멘은 아카이아 군이 큰 혼란에 빠진 것을 보고 곧 안티고노스의 장군들에게 가서, 기병들을 내보내 스파르타의 경무장 부대를 공격하면 그들을 쉽게 물리칠 수 있을 것이라고 말했다. 그러나 그때만 해도 필로포이멘의 이름이 알려지지 않았던 때라서 장군들은 그의 말을 무시해 버렸다. 필로포이멘은 할 수 없이 자기가 데리고 있던 시민군만을 이끌고 혼자 출격했다. 그들의 부대는 적의 경무장 부대를 공격해 수많은 적군을 물리쳤다.

안티고노스 왕의 장군들도 용기를 되찾아 적이 혼란에 빠진 틈을 이용해 달아나는 적들을 추격했다. 필로포이멘은 말에서 내려 무거운 갑옷을 입은 채 험한 개울과 바위 사이를 달렸다. 그런데 갑자기 가죽 끈이 달린 창이 날아와 그의 두 허벅다리를 꿰뚫어 버렸다. 생명에는 지장이 없었지만 창날이 묻힐 만큼 깊숙이 박힌 상처에서

---

3) 마케도니아의 왕으로 안티고노스 3세. 기원전 263-221. 도손이라는 별명을 가지고 있었다.

는 피가 쏟아져 나왔고, 두 허벅다리는 사슬에 묶인 것처럼 꼼짝도 할 수가 없었다. 더욱이 창에 달린 가죽끈의 매듭 때문에 창을 뽑아낼 수도 없는 노릇이었다. 주위에 있던 사람들도 손을 쓸 수가 없어 머뭇거리고 있었다.

전투는 한창 고비에 이르러 있었으므로 그런 상태로 있을 수는 없었다. 필로포이멘은 한 발을 앞으로 하고, 또 한 발은 뒤로 하여 죽을 힘을 다해 창의 자루 한가운데를 두 동강으로 부러뜨려 뽑아 버렸다. 그리고 다시 칼을 뽑아들고 맨 앞에서 싸우고 있는 자기 편 군대의 한가운데로 뛰어들어 부하들을 격려하며 용맹스럽게 싸웠다.

승리를 거둔 뒤 안티고노스는 기병대를 보고, 왜 명령을 기다리지 않고 돌격했느냐고 물었다. 병사들은 메갈로폴리스의 한 젊은이가 갑자기 앞장서서 공격했기 때문에 할 수 없이 적과 맞붙게 된 것이라고 대답했다. 그러자 안티고노스는 만족스럽게 웃으며 말했다.

"그 젊은이가 제법 장군다운 행동을 했군."

이 싸움으로 필로포이멘은 크게 이름을 떨쳤다. 안티고노스는 그에게 장군으로 삼고 많은 봉급을 줄 테니 자기 군대에 들어오라고 했다. 그러나 필로포이멘은 자기의 천성이 남의 명령을 받지 못한다며 그의 제안을 사양했다. 그러나 그는 하는 일 없이 지내고 싶지는 않았다. 그래서 그는 마침 크레타 섬에 전쟁이 일어났다는 소식을 듣고 경험을 쌓기 위해 곧 그곳으로 건너갔다.

그는 크레타 섬에 머무르면서 착실하고 용감한 사람들을 만나 여러 가지 경험을 하고 재주를 익혀 많은 명성을 얻었다. 그래서 그가 다시 아카이아로 돌아왔을 때에는 곧바로 기병대장으로 임명되었다. 당시 아카이아의 기병들은 경험도 없고 용기도 부족한 사람들만 모여 있었다. 그들은 전쟁이 있으면 아무 말이나 타고 닥치는 대로 밀고 나갔으며, 때로는 사람을 사서 자기 대신 전쟁터에 나가게 하는 일도 있었다. 그러나 장군들은 그러한 사실을 알고 있으면서도 짐짓 모르는 체하는 경우가 대부분이었다. 왜냐하면 아카이아에서는 기병에 있는 것은 일종의 명예였고, 기사들의 세력이 대단히 커서 어떤 지위에 있는 사람도 마음대로 살리고 죽일 수가 있었기 때문이었다.

그러나 필로포이멘은 이것을 그대로 두고 볼 수가 없었다. 그는 스스로 각 도시를 돌아다니며 청년들을 한 사람씩 붙들고, 명예심에 호소하기도 하고 필요할 때는 벌을 주기도 했다.

필로포이멘은 그들에게 여러 가지 훈련을 시키고, 많은 사람들이 보는 앞에서 병사들끼리 시합을 시키기도 했다. 이렇게 해서 청년들은 짧은 시간에 놀라울 정도로 강하고 용감한 군인이 되었다. 더욱이 군무에 있어서 가장 중요한 재주인 말타기 기술을 보였고, 어떤 대형으로 변형시켜도 전체가 재빠르게 움직여 마치 한 사람이 움직이는 것같이 되었다. 이 기병대는 엘레아 군, 아이톨리아 군과 맞붙어 라리소스 강 부근에서 치열한 전투를 벌이게 되었다. 엘레아의 기병대장 다모판토스는 필로포이멘을 향해 돌격해 들어왔다. 필로포이멘은 가만히 서서 그가 가까이 돌격해 들어올 때까지 침착하게 기다렸다. 그리고 재빨리 창을 휘둘러 그를 말에서 떨어뜨렸다. 그러자 대장이 쓰러지는 것을 본 엘레아 군은 뿔뿔이 흩어져서 도망갔다.

필로포이멘은 가장 혈기 왕성한 젊은이보다 용감하고, 가장 노련한 장군에 못지않은 우수한 지휘력을 행동으로 보여 주었다. 그래서 그는 가장 뛰어난 군인이나 혹은 대장으로서의 자격을 사람들에게 인정받게 되었다.

아카이아는 처음에는 각 도시가 뿔뿔이 갈라져 있어서 별로 힘을 쓰지 못하고 있었다. 그런데 아라토스라는 사람이 이들 도시들을 모두 한데 묶어서 그리스다운 정치 형태를 확립했다. 그는 그때까지 흔적도 없던 아카이아 인의 명예와 힘을 되찾아 끌어올린 첫 인물이었다.

처음에는 흐르는 샘물에 조그만 나무조각 하나가 걸리지만 그곳에 점점 다른 돌들이 밀리고 쌓여 단단한 땅을 만들어내듯이, 아카이아는 모두 흩어져 힘을 쓰지 못하던 그리스를 일으키기 위해 우선 그들 자신들의 단결을 굳게 다지고, 다음으로 이웃 도시들을 전제자들로부터 해방시키면서 자기 편으로 끌어들여 펠로폰네소스 반도를 하나로 통합시키기 위해 노력하고 있었다.[4]

그러나 아라토스가 살아 있는 동안은 대부분이 마케도니아에 충성을 바치고 있었으며, 전에는 이집트의 프톨레마이오스를, 그리고 뒤에는 마케도니아의 안티고

---

4) 이것은 아카이아 동맹이 이루어지기까지의 과정을 설명한 것이다. 아카이아 인은 펠로폰네소스 반도의 북부지방에서, 동쪽으로는 코린트 해협, 서쪽으로는 아에리스 주와 접경을 이루고 살았다. 그래서 아카이아는 아테네와 스파르타가 서로 세력을 다투는 동안 그들 두 나라에게 끊임없이 시달렸다. 그리고 이 두 나라가 쇠퇴하자, 북쪽의 마케도니아가 그리스를 압박해 오기 시작했다. 그래서 아카이아는 기원전 280년에 지금까지의 사슬을 풀기 위해 지난날의 단결을 부활시켰다. 그 뒤 30년 간 아카이아, 아르카디아, 메가리스, 아르고스 등의 여러 중요한 도시들이 동맹을 맺었으며, 특히 시키온에서 아라토스가 나타나자 드디어 아카이아 동맹은 완성을 보게 되었다.

노스와 필리포스 왕의 힘을 빌리고 있었다. 그러므로 그들 여러 왕은 그리스 전체의 일에 끊임없이 간섭을 하고 있었던 때였다.

그러나 필로포이멘이 군대를 지휘하게 되면서부터 사람들은 아무리 강한 나라라도 상대할 수 있다는 자신감을 가지게 되었고, 외국의 힘을 빌릴 필요가 없다는 것을 깨닫게 되었다. 아라토스는 그 사람의 전기에도 쓴 것처럼 전쟁을 좋아하지 않았고 부드러운 태도로 왕들을 가까이 사귀어 모든 일을 처리하는 사람이었다. 그러나 필로포이멘은 용감하고 행동적인 사람이었으며 그가 지휘하는 싸움은 늘 승리를 거두었기 때문에 아카이아 인들의 용기와 사기는 크게 높아졌다.

필로포이멘이 처음으로 한 일은 아카이아 군의 무기와 대열을 바꾸는 것이었다. 그때까지 그들이 썼던 방패는 너무 좁고 가벼운 데다 몹시 얇아서 몸을 가리기에는 부족했으며, 그들의 창은 마케도니아 군의 창에 비하면 너무 짧은 것이었다. 그래서 무장이 가벼운 아카이아 군대는 원거리 전투에서는 효과적이었으나, 적과 접근해서 싸움을 할 때는 매우 불리했다. 싸움의 대형도 너무 흩어져 있어서, 병사들의 어깨를 붙이고 나란히 방패를 밀고 들어오는 마케도니아의 밀집된 방형진의 대열과 싸우면 두꺼운 창끝이나 쌓아올린 방패에 쉽사리 격퇴되곤 했다.

필로포이멘은 이런 점을 지적하면서 병사들에게 작은 방패와 짧은 창을 버리고 큰 방패와 긴 창을 들게 했으며, 머리와 허리, 다리 전체를 둘러싸는 갑옷을 입게 했다. 그리고 대열을 빈틈없는 밀집 대형으로 훈련시켰다.

그런 다음 필로포이멘은 병사들에게 이제는 결코 누구에게도 지지 않는 강한 군대가 되었다는 자신감을 심어주는 한편, 그들의 안락한 생활과 사치스런 생활 방식을 뜯어고쳤다.

그러나 오랫동안 편안한 생활을 하던 병사들의 습관을 짧은 시간에 고치기는 힘들었다. 그래서 그는 값비싼 옷이나 먹는 것에 낭비하던 돈을 다른 방면으로 돌려 호화로운 갑옷과 훌륭한 무기를 자랑하도록 만들었다. 사람들은 금은으로 만들어진 호화로운 식기를 녹여 갑옷과 방패를 장식하고, 넓은 운동장에 모여 말을 훈련시키거나 무술 연습을 하였으며, 여자들은 투구를 깃털로 장식하거나 군복에 수를 놓기에 바빴다. 이렇게 바뀐 모습들은 보는 것만으로도 용기를 돋구어 주었으며, 사람들은 위험을 무릅쓰고 용맹스러운 사나이가 되는 데 노력을 쏟게 되었다.

또 사람들은 그 밖의 모든 사치는 쾌락을 주는 동시에 게으름과 나약한 기풍을 만들기 때문에 감각뿐 아니라 정신까지도 둔하게 만든다고 생각했다. 그러나 군사적인 것에서의 사치는 이것과는 달리 생각하여, 찬란한 갑옷을 입고 나가면 오히려 용기를 드높일 수 있다고 여겼다. 호메로스의 시에서도 아킬레우스가 새로운 무기를 보면 그 것을 빨리 써보고 싶어 못 견뎌하며 새로운 용맹에 불타는 모습을 보이는 것과 같다.

그러므로 이렇게 좋은 무장을 갖추게 된 병사들은 새로운 전법을 열심히 배우고 익히며 조금도 빈틈없는 대형을 이루게 되었다. 그래서 그들은 이제 누구도 자신들을 이길 수 없을 것이라는 자신감을 갖게 되어 대단히 기뻐했다. 그들은 끊임없는 훈련을 거쳐, 이제는 무거운 무장을 갖추고서도 가볍게 움직일 수 있게 되었으며, 빨리 적과 싸워 자신들의 찬란한 갑옷을 자랑하고 싶어했다.

당시 아카이아는 스파르타의 참주인 마카니다스와 싸우고 있었다. 마카니다스는 강력한 군대를 훈련시키며 펠로폰네소스 전국토를 손아귀에 넣으려고 기회를 노리고 있었다. 그러한 그가 만티네이아를 침범했다는 소식이 들려오자 필로포이멘은 곧 그를 맞아 싸우기 위해 군사를 이끌고 출정하였다. 양쪽 군대는 만티네이아 부근에서 서로 진을 쳤다. 양군은 각자 자신의 도시 사람들을 거의 다 전투에 참가하게 했으며, 외국에서 산 용병부대까지 가지고 있었다.

마카니다스는 외국인 부대를 거느리고 전투를 시작하여 필로포이멘이 맨 앞에 배치한 타렌툼 인 부대와 아카이아 인의 경무장 부대를 곧 공격했다. 그런데 마카니다스는 기세를 모아 이쪽의 주력군을 공격하려 하지 않고 그들을 지나쳐 도망가는 병사들을 쫓았다. 아카이아의 동맹군들은 전쟁의 초반전을 보고 이미 싸움은 진 것이라고 생각했다.

그러나 필로포이멘은 이러한 상황을 대수롭지 않게 생각했다. 적의 일부가 밀집대형으로부터 떨어져 나오면서 구멍이 생겼다. 그는 적의 주력군이 벌판 저편에 무방비 상태로 있는 것을 보고도, 아무런 공격도 하지 않은 채 그들과 거리가 멀어질 때까지 그대로 내버려 두었다. 그리고 대장도 없는 스파르타의 기병들이 무방비 상태에 놓인 것을 자세히 확인하고 나서 밀집 대형이 노출된 측면을 재빨리 공격을 시작했다. 적군들은 마카니다스가 도망가는 적들을 쫓고 있는 것을 보면서 이미 싸움은 끝난 것이라 생각하고 안심하고 있었던 것이다.

필로포이멘은 4천 명 이상의 적들을 죽인 뒤, 외국인 용병 부대를 이끌고 말머리를 돌려 추격에서 돌아오는 마카니다스와 마주섰다. 그들 두 사람 사이에는 깊고 넓은 개울이 하나 있었는데, 한 쪽은 이 개울을 건너 도망을 하려는 생각을 했고 또 한 쪽은 그것을 막기 위해 말을 달렸다. 그들은 두 명의 장수가 아니라, 마치 노련한 사냥꾼과 그에게 쫓겨 목숨을 걸고 도망갈 길을 찾는 한 마리의 사나운 짐승 같았다. 드디어 마카니다스는 개울을 뛰어넘기 위해 말의 양 옆구리를 걷어찼다.

말은 두 앞다리를 이쪽 편 언덕에 걸었으나 뒷다리는 그만 물 속에 빠져 버려 버둥거리게 되었다. 언제나 필로포이멘의 곁에서 그를 도와온 심미아스와 폴리아이노스는 창을 비껴들고 그에게 달려들었다. 그러나 이들보다 앞서 폭풍처럼 달려간 것은 필로포이멘이었다. 그는 마카니다스를 향해 곧바로 달려가 적의 말이 고개를 쳐드는 것을 보고, 있는 힘을 다해 들고 있던 창을 말을 탄 장수에게 날렸다. 마카니다스는 창을 맞고 말에서 떨어졌다.

델포이에 있는 필로포이멘의 조각상은 바로 이 모습을 새겨 놓은 것인데, 뒷날 아카이아 인들이 그가 그 날 보여 주었던 용기를 기념하기 위해 만든 것이라고 한다.

그 승리를 거둔 뒤 오래지 않아 필로포이멘은 네메아 경기 대회[5]에서 두 번째로 대장에 뽑혔다. 잠시 휴가를 얻은 그는 이 행사에 실제 전투와 똑같은 군사 대형을 이끌고 나와, 군대의 재빠른 움직임과 전투의 갖가지 모습을 그리스인들에게 보여 주었다. 그는 이 행사를 마친 다음, 음악가들이 노래를 겨루고 있는 극장으로 갔다. 그를 따르는 젊은 병사들은 찬란한 군복을 입고 그들의 대장에 대한 높은 존경의 마음을 나타내고 있었다. 그들이 자리에 앉았을 때 악사 필라데스는 우연히 티모테오스가 지은 '페르시아 사람'을 노래하고 있었다.

그의 지휘 아래
그리스의 영광과 자유가 있다네.

극장 안에 있던 사람들은 이 노래를 듣고 모두 필로포이멘을 돌아보았다. 그리고 그에게 일제히 기쁨과 존경의 박수를 보냈다. 관중들은 그리스의 옛 영광을 다시 생각하며, 그들 민족의 정신을 되찾게 해준 필로포이멘을 우러러 보았다. 말이 주인

---

5) 네메아는 코린트 남서쪽 20킬로미터 지점에 있는 도시인데, 2년마다 경기가 베풀어졌다. 이것은 그리스의 여러 도시가 참가하는 행사로, 처음에는 클레오나이 사람들이 주최했으며 뒤에는 아르고스 사람들이 이 행사를 맡게 되었다.

을 알아보고 주인에게는 순종하지만 모르는 사람이 타면 말을 듣지 않듯이, 아카이아 군사들도 필로포이멘이 아닌 다른 장군이 지휘하면 기운을 내지 못하였다. 그의 모습이 보이면 병사들은 기쁨과 자신이 넘쳤다. 장군들은 많이 있었지만, 적이 겁을 내고 도망가게 하는 장군은 필로포이멘뿐이었기 때문이다. 다음의 이야기들은 이런 사실들을 확인하게 해준다.

마케도니아의 왕 필리포스는 필로포이멘을 죽이기만 하면 아카이아는 자신의 발밑에 엎드릴 것이라고 생각하고, 아르고스에 은밀히 자객을 보내 그를 암살하려고 하였다. 그러나 그의 음모는 곧 탄로가 나서 그리스 전체로부터 미움을 사게 되었다. 또 보이오티아 군이 메가라를 포위하고 도시를 함락시키려 하고 있을 때 필로포이멘이 지원군을 거느리고 가까이 왔다는 소문이 퍼졌다. 그러자 근거없는 이 소식을 들은 병사들은 성벽에 사다리를 세워 둔 채 모두 도망쳐 버렸다고 한다.

마카니다스의 뒤를 이어 스파르타의 왕이 된 나비스가 메세네를 습격했을 때 필로포이멘은 아무런 직책도 가지지 않은 평민이었다. 당시 아카이아의 사령관은 리시포스였는데, 필로포이멘은 그를 찾아가서 메세네를 구해 주라고 권유했다. 그러나 적이 이미 성 안에 들어가 있었으므로 리시포스는 이길 가망이 없다며 그의 권고를 듣지 않았다.

필로포이멘은 자기가 사는 곳의 주민들만을 거느리고 메세네를 구하기 위한 길을 나섰다. 그가 온다는 소식을 전해듣자 나비스는 미리 겁을 먹고 완전히 손에 넣었던 도시를 버린 채 뒷문으로 정신없이 빠져나갔다. 나비스는 자신들이 생명을 건진 것만도 다행스러운 일이라고 생각했다. 이렇게 해서 메세네는 필로포이멘 덕택으로 성을 무사히 되돌려 받을 수 있었다.

이런 몇 가지의 일들은 모두 그의 영광과 명성 때문에 가능했던 일이었다. 그러나 고르티니아 사람들이 장군이 되어 달라고 요청해서 그가 크레타로 간 일은 비난의 화살을 맞게 되었다. 마침 그의 조국은 나비스에게 괴로움을 당하고 있었으므로, 그는 싸움을 피해 도망가는 겁쟁이거나 아니면 다른 나라로 가서 이름을 떨치려고 야심을 쫓는 자라는 비난을 받게 된 것이었다.

그때 메갈로폴리스의 성문 밖에는 적군들이 밭을 점령한 채 진을 치고 있어서, 시민들은 성 밖으로 나갈 수도 없었고 길거리에다가 곡식을 심어 먹는 어려운 처지였다. 이런 때에 필로포이멘이 바다를 건너가 전쟁을 하고, 다른 나라에서 장군 노릇을 하고 있었다는 것은 그의 명성을 시기하는 적들에게 충분한 시빗거리를 준 것이었다.

그러나 어떤 사람들은 필로포이멘이 고르티니아 사람들의 요청을 받아들인 것은 아카이아 인들이 다른 사람을 장군으로 뽑고 그를 모르는 체했기 때문이라고 말하기도 했다. 사실 그는 잠자코 앉아 있지 못하는 사람이었고, 전쟁이나 지휘를 평생의 일로 생각했기 때문에 늘 무슨 사건인가가 일어나기를 기다렸다는 것이다. 이러한 필로포이멘의 생각은 그가 프톨레마이오스를 비난했던 다음의 말에도 잘 나타나 있다.

어떤 사람이 프톨레마이오스의 군대를 칭찬하며, 그는 군대를 잘 훈련시키고 자기 자신의 무예도 게을리하지 않는다고 말했을 때, 필로포이멘은 이렇게 말했다. "그 나이에 아직도 연습만 하고 실제로 써먹지는 못하는데, 도대체 무엇이 훌륭하다는 얘기요?"

어쨌든 메갈로폴리스 사람들은 당시 필로포이멘의 행동을 몹시 불쾌하게 생각했으며 배반당했다는 기분까지 갖게 되었다. 그래서 그들은 필로포이멘을 나라에서 추방시키려고 했다. 그러나 아카이아 사람들은 아리스타이노스 장군을 메갈로폴리스로 보내 그들의 계획을 중지시키려고 하였다. 아리스타이노스는 정치적으로는 필로포이멘과 항상 맞섰지만, 그를 추방시키는 일에는 결코 찬성할 수가 없었던 것이다.

한편 필로포이멘은 메갈로폴리스 사람들이 자신을 푸대접하고 있다는 사실을 알게 되었다. 그래서 그는 도시 주위의 여러 마을들에게, 시에 복종해야 할 아무런 의무도 없다고 말하여 그들을 시에서 빠져나오게 만들었다. 그는 그러한 주장을 공공연하게 말하였으며, 나중에는 아카이아 동맹의 전체 회의에서도 메갈로폴리스에 대한 반기를 들었다.

크레타 섬에서 고르티니아 인들을 지휘하며 싸우고 있는 동안 그는 펠로폰네소스, 특히 아르카디아 출신이었음에도 불구하고 그들의 방식대로 정면 공격을 하지 않고 크레타 식의 방법을 썼다. 그는 크레타 인을 상대로 속임수와 모략을 쓰고 복병을 사용함으로써 그러한 수단이 경험을 쌓은 장군을 상대로 할 때는 한낱 어린아이들의 장난에 지나지 않는다는 것을 보여 주었다.

크레타에서 큰 공을 세우고 이름을 떨친 다음 그는 펠로폰네소스로 돌아왔다. 이때 마케도니아의 필리포스는 로마의 티투스 퀸티우스에게 패하였고, 스파르타의 나비스는 아카이아 군과 로마 군을 상대로 동시에 싸움을 하고 있었다.

필로포이멘은 에파미논다스와 함께 곧 장군으로 임명되어 해전을 벌이게 되었다. 그러나 세상 사람들의 기대나 지금까지 가졌던 승리의 경험과는 달리 형편없는 결과를 가져오고 말았다.

어떤 역사가들의 말에 의하면, 에파미논다스는 훌륭한 육군인 자기 나라 사람들이 바다의 전쟁에 맛을 들이면, 플라톤의 말처럼 방탕한 수병이 될까봐 소아시아쯤에서 일부러 군대를 되돌렸다고 전한다.

그러나 필로포이멘은 바다에 대해서 어느 정도 알고 있으므로 땅에서와 마찬가지로 승리를 거둘 것이라고 생각했다가, 훈련이 부족하면 용기도 떨어지는 것이며 경험이라는 것이 얼마나 중요한 것인지를 알게 되었다. 그는 경험이 부족했기 때문에 이 전쟁에서 큰 패배를 경험했다. 또 그들이 타고 나갔던 배도 유명한 것이기는 했지만 이미 40년이나 되어 몹시 낡았기 때문에 물이 자꾸 새어들어 타고 있기도 위태로울 지경이었던 것이다.

싸움에서 이긴 적도 필로포이멘을 바다에서 완전히 쫓아 버렸다고 생각하고, 곧 기티움을 포위했다. 이 소식을 들은 필로포이멘은 곧 배를 타고 한밤중에 그곳으로 올라갔다. 그리고 승리에 들떠 방심하고 있던 적을 갑자기 습격하여 수많은 적을 죽이고 그들의 막사에다 불을 질렀다.

그 후 며칠이 지나 아카이아 군은 험한 산중을 행군하다가 갑자기 나비스의 습격을 받게 되었다. 적은 이미 유리한 지형을 차지하고 있었으므로 아카이아 군은 빠져나갈 방향을 찾지 못하고 갈팡질팡하고 있었다. 이때 필로포이멘은 잠시 멈추어 서서 근처의 지형을 살핀 다음, 전술이 싸움에서 얼마나 중요한 것인지를 보여 주었다. 그는 조심스럽게 군대의 대형을 바꾸며 장병들을 이동시켜 위험에서 벗어났으며, 오히려 적을 공격하여 그들을 격파시켰던 것이다.

필로포이멘은 도망치는 적들이 시내 쪽으로 가지 않고 그 근처에 뿔뿔이 흩어져 달아나는 것을 보고 추격을 하려 했다. 그러나 산에는 나무가 울창하게 들어선 데다가 개울과 절벽이 많아 말을 달리기에는 매우 곤란했다. 그래서 그는 병사들에게 어둠이 오기 전에 서둘러 천막을 치라고 명령했다.

필로포이멘은 적들이 어두워지기를 기다려 몇 명씩 몰래 시내로 들어가려는 것을 눈치 채고 성벽 가까운 곳에 있는 모든 개울과 언덕에 힘이 센 아카이아 부대를 숨겨 두었다. 그의 계략에 걸려 나비스의 군대는 큰 손실을 입었다. 그들은 부대를 이루지 않고 도망갈 기회를 보아 몇 명씩 흩어져 들어가고 있었으므로, 마치 그물에 잡힌 새처럼 모두 필로포이멘의 손아귀에 걸려들고 말았던 것이다.

이러한 일로 필로포이멘은 모든 그리스의 극장에서 굉장한 명예와 존경을 받았다. 또한 이 때문에 티투스 플라미니누스의 은근한 질투를 벗어날 수 없었다. 로마의 집정관인 플라미니누스는 명예욕이 대단한 사람이었다. 그는 평범한 아르카디아 사람보다는 자기가 더 큰 존경을 받아야 한다고 생각했으며, 지금까지 마케도니아와 필리포스 왕으로부터 빼앗겼던 자유를 한 장의 포고로 그리스에 되돌려 주었기 때문에 그가 아카이아 인을 위해 한 일은 필로포이멘이 이룬 일과는 비교할 수 없는 것이라고 믿고 있었다.

그 후 티투스는 나비스와 휴전을 했으나 나비스는 얼마 후 아이톨리아 군에게 속아 암살되었다. 이 때문에 스파르타는 혼란에 빠졌는데, 필로포이멘은 이 기회를 이용하여 군대를 이끌고 가서 권유와 위협으로 그들을 아카이아 동맹에 끌어들였다.

스파르타가 아카이아 동맹의 구성원이 되었다는 것은 결코 작은 일이 아니었다. 그의 이러한 행동은 강대한 도시를 끌어들여 동맹을 더욱 튼튼하게 만들었으므로 아카이아 사람들은 더 한층 그를 칭찬하며 호의를 베풀었다. 그는 또한 스파르타 귀족들의 환심을 사서 그들이 새로 얻게 된 자유의 수호자로서 존경을 얻게 되었다. 그래서 스파르타 사람들은 나비스의 집과 재산을 팔아 만든 120탈렌트의 은을 시의 이름으로 필로포이멘에게 바치기로 결의하였다.

이 때 필로포이멘은 허울만이 아니라 진정한 정직함을 갖춘 인물이라는 것을 보여 주었다. 처음에 스파르타인은 그에게 선물을 주는 임무를 맡으려고 하지 않았다. 사람들마다 모두 핑계를 대어 이 일을 다른 사람들에게 떠넘기려고 하였다. 그래서 스파르타인들은 필로포이멘과 가까운 사이인 티몰라오스에게 이 일을 부탁했다.

그렇게 해서 티몰라오스는 메갈로폴리스로 와서 필로포이멘의 집에 머물게 되었다. 그러나 그의 검소한 생활 태도를 가까이에서 직접 지켜보면서, 감히 뇌물을 가지고 온 뜻을 말할 수도 없었고 그는 그런 돈을 받을 사람이 아니라는 것도 깨닫게 되었다. 결국 그는 돈에 대해서는 아무 말도 꺼내지 못하고 스파르타로 돌아가고 말았다.

티몰라오스는 그 후 다시 한 번 파견되었지만 결과는 마찬가지였다. 그리고 마지막으로 세 번째 왔을 때 간신히 입을 열어 필로포이멘에 대한 스파르타 시민들의 호의를 이야기했다. 필로포이멘은 그의 얘기를 끝까지 들은 다음, 시민들에게 이렇게 말하라고 얘기했다.

"나는 당신들의 친구요. 그리고 친구는 보수 없이 도울 수 있는 것이오. 그러니 나를 돈으로 사서 부패한 사람으로 만들지는 말아 주시오. 그 돈을 가지고 계시다가 아카이아 동맹 회의에서 선동적인 연설로 시를 교란시키려는 사람의 입을 틀어막는 데 써주시오. 나는 친구의 좋은 말을 막는 것보다는 적의 나쁜 말을 막는 데 그 돈을 쓰는 것이 더 좋을 것이라고 생각하오."

필로포이멘이 부패에 물들지 않은 깨끗한 사람이었다는 것이 이런 이야기에서 도 분명히 알 수 있을 것이다.

그 후 아카이아의 장군 디오파네스는 스파르타가 반란을 꾀하고 있다는 소식을 듣고 전쟁을 일으켜 펠로폰네소스 반도 전체를 혼란 속에 몰아넣었다. 필로포이멘 은 이것을 보고 디오파네스를 달래 그의 분노를 가라앉히려고 노력했다. 그는 디오 파네스에게 로마 군과 안티오코스 왕의 대군이 그리스를 전쟁터로 만들려고 하는 때이니 만큼 진정한 장군이라면 나라의 평화를 위해서라도 이 두 나라를 살피고, 작 은 일에는 참고 견딜 줄 알아야 할 것이라고 말했다. 그러나 디오파네스는 그의 말 을 듣지 않고 티투스 플라미니누스와 함께 라코니아에 침입한 다음 곧 스파르타 시 를 향해 진군했다.

필로포이멘은 엄격하게 따지면 정의로운 결정은 아니었지만, 법에 구애받지 않 고 혼자 스파르타로 들어갔다. 그는 한낱 평민의 신분이었지만 아카이아 장군과 로 마의 집정관을 막기 위해 시내로 들어오는 성문을 굳게 닫았다. 그리고 한편으로 성 안에서 스파르타의 소요를 진압하고 스파르타를 다시 아카이아 동맹에 복귀시켰다.

그러나 이 일이 있은 지 오래지 않아 필로포이멘이 다시 장군의 자리에 있을 때 스파르타인과 분쟁이 생기자, 그는 스파르타에서 추방된 많은 정치범들을 소환하 고 80명 가량의 스파르타인을 사형시켰다. 폴리비오스는 그때 사형된 사람의 숫자 가 80명이었다고 기록하고 있지만 아리스토크라테스[6]에 의하면 350명에 달했다고 한다. 또 그는 스파르타의 성벽을 허물고 많은 땅을 빼앗아 메갈로폴리스에 복속시 켰으며, 전제자의 강제에 못이겨 스파르타 시민이 된 사람들은 모두 아카이아로 돌 려보냈다. 그리고 순종하지 않은 사람 300명은 모두 노예로 팔아 그 돈으로 아카이

---

6) 역사가로 어느 시대의 사람이었는지는 밝혀져 있지 않다. 스파르타의 역사에 대한 기록은 기원전 3세기의 학자 아테나이우스의 《학자의 향연》 제3권에 나와 있다.

아의 공회당을 지었다.

뿐만 아니라 그는 리쿠르고스의 교육 제도를 모두 없애 버리고 자녀의 교육이나 일상 생활을 모두 아카이아 식으로 바꾸게 했다. 스파르타 사람들이 리쿠르고스의 제도를 지키는 한 도저히 그들의 정신을 꺾을 수 없다고 생각했던 것이다. 이렇게 해서 스파르타 사람들은 큰 불행을 겪게 되었다. 그들은 필로포이멘에게 국가의 뿌리를 꺾이고 수치를 참으며 살 수밖에 없었다. 그러나 그 후 스파르타는 로마의 도움을 얻어 아카이아 동맹에서 탈퇴하고 불행한 처지에서도 그들의 힘이 미치는 데까지 예전의 제도를 되찾았다.

로마 군이 그리스에서 안티오코스 군과 싸우고 있을 때 필로포이멘은 다시 평민으로 있었다. 이 때 안티오코스는 칼키스에 머물면서 연애와 결혼 문제[7]로 세월을 보내고 있었고, 그의 부하들도 지휘관이 없는 틈을 이용해서 도시에 흩어져 방탕하게 지내고 있었다.

이것을 지켜 본 필로포이멘은 자신이 장군으로 선출되지 않은 것을 안타까워하기는커녕 오히려 로마 군의 승리를 부러워하며 이렇게 얘기했다.

"만일 내가 장군이었다면, 술집을 습격해서 안티오코스의 군대를 모조리 몰살시켜 버렸을 것이오."

로마 군은 안티오코스를 정복한 다음 그리스에 대한 압박을 점차 강화하였다. 로마의 세력 때문에 아카이아 동맹은 차츰 어려운 상황이 되어갔다. 많은 도시의 지도자들은 그들 앞에 무릎을 꿇었고, 로마의 세력은 신의 신탁대로 절정을 향해 치달아갔다.

그러나 필로포이멘은 경험이 풍부한 선장처럼 세찬 시대의 파도를 헤쳐 나가기 위해 키를 잡았다. 어떤 때는 웅변으로, 또 어떤 때는 돈을 써서 수많은 사람들이 그리스의 자유를 위해 단결하기를 필로포이멘은 호소하였다.

그때 메갈로폴리스에는 아리스타이노스라는 사람이 아카이아 사람들 사이에서 큰 세력을 가지고 있었다. 그가 어느 날 회의장에서 로마인에 대해 반항하거나 그들의 은혜를 저버려서는 안 된다고 연설했다. 이 말을 듣고 있던 필로포이멘은 가만히 듣고 있다 못해 그를 향해 이렇게 반문했다.

---

7) 안티오코스는 기원전 191년 그리스로 건너와 에우보이아 섬의 칼키스에 진영을 만들었다. 그러는 동안 클레오트레미스의 딸인 스무 살 된 소녀를 사랑하게 되었는데, 그녀 아버지의 요청으로 정식 결혼을 하게 되었다. 그때 안티오코스의 나이는 50이었다. 그는 축하 잔치의 분위기 속에서 겨울을 보내고 있었다.

"당신은 그리스의 종말을 보는 것이 그렇게도 소원이오?"

로마의 집정관 마니우스는 안티오코스를 정복한 다음, 스파르타에서 추방당한 사람들이 다시 본국에 들어갈 수 있도록 허락하라고 아카이아에 요구했다. 티투스 플라미니누스는 그들의 요구를 지지하였다.

그러나 필로포이멘은 반대의 뜻을 나타냈다. 그는 추방자들에게 나쁜 감정을 가지고 있지는 않지만, 그 일을 자기 자신이나 아카이아 사람이 아니라 티투스나 로마의 힘으로 성취하게 만들고 싶지는 않았던 것이었다. 그래서 그는 나중에 자기가 장군이 되었을 때에야 그들의 귀환을 허가했다. 그는 이처럼 남의 지배를 받는 것을 몹시 못마땅해했으며, 권력자에게는 한 발자국도 양보하지 않는 사람이었다.

그는 일흔 살이 되었을 때 여덟 번째로 아카이아 동맹의 장군이 되었다. 다른 사람 같으면 그저 임기나 마치고 조용히 여생을 즐기고 싶어하는 나이였지만 필로포이멘은 달랐다. 당시 그리스는 마치 사람의 몸이 병과 함께 쇠약해지듯이 그 세력이 점점 시들어가고 있었다. 그러나 이름난 운동 선수가 결승점에서 빗나가는 실수를 저지른 것처럼 그에게도 운명적인 일이 닥쳐왔다.

전해오는 이야기에 의하면, 어느 회의에서 어떤 사람이 누군가를 훌륭한 장군이라고 칭찬을 했다고 한다. 그때 필로포이멘은 다음과 같이 이야기했다.

"적에게 생포된 인물을 어떻게 사람으로 생각하시오?"

그런 뒤 며칠이 안 되어 필로포이멘과 사이가 나쁘고 다른 사람들에게도 미움을 받고 있던 디노크라테스라는 메세네 사람이 사람들을 선동하여 아카이아 동맹에 대해 반기를 들게 했다. 그리고 곧 그가 콜로니스라는 작은 도시를 점령하기 위해 침입해 온다는 소식이 들려왔다.

필로포이멘은 열병으로 아르고스 시에 누워 있다가 이 소식을 듣고, 4백 펄롱(80km)도 넘는 먼 곳에 있는 메갈로폴리스까지 하루 만에 달려갔다. 그리고 혈기왕성한 젊은이들을 모아 기병대를 만들고 곧 출정하였다. 병사들은 모두 이름난 집안의 자제들로 필로포이멘의 열성과 호의를 받아들였다.

메세네를 향해 진격해 가는 도중 그들은 에반드로스 산 근처에서 디노크라테스 군을 만나 그들을 모두 격파시켰다. 그런데 뜻하지 않았던 메세네의 국경 감시대 5백 명이 뒤늦게 나타나자, 도망갔던 적들이 다시 돌아서서 산 주위로 모여들기 시작했다.

필로포이멘은 포위를 당할 염려와 부하들의 생명을 아끼려는 생각으로 지형이

험한 산악 지대로 후퇴했다. 그는 스스로 군대의 후미를 돌보고, 여러 번 적의 추격을 맞으면서 대열의 방패 역할을 했다. 적은 감히 그에게 달려들지는 못하고 재빨리 에워싸면서 큰 소리로 떠들어댔다. 그러나 필로포이멘은 젊은 부하들을 하나라도 잃지 않기 위해 대열에서 벗어나 결국 적에게 포위되고 말았다.

적은 그를 두려워하여 가까이 오지는 못하고 멀리서 창과 화살을 빗발처럼 던져댔다. 그러나 험하고 가파른 바위산까지 쫓겨 달아나느라고 그의 말은 몹시 지친 상태였다. 그는 나이는 많았지만 오랜 단련으로 건강한 신체를 유지하고 있었다. 그러나 불행히도 병으로 몸이 쇠약해져 있었던 데다가 멀고 험한 길을 달려 피로가 쌓였고, 힘없는 말은 비틀거리며 걷다 주인을 돌이 깔려 있는 땅 위에 떨어뜨리고 말았다.

머리가 땅에 심하게 부딪힌 그는 한동안 말도 못하고 땅에 쓰러져 있었다. 적군은 그가 죽었는 줄 알고 달려들어 무기와 갑옷을 벗기려 했다. 그때 필로포이멘이 머리를 들고 눈을 부릅떴다. 적의 병사들은 한꺼번에 몰려들어 필로포이멘의 손을 뒤로 묶은 다음, 진지로 끌고가면서 온갖 욕설과 야유를 퍼부었다. 디노크라테스에게 이런 모욕을 당할 줄은 꿈에도 생각지 못했던 필로포이멘은 드디어 그의 포로가 되었던 것이다.

한편 메세네 사람들은 이 소식을 듣고 기뻐 날뛰며 성문으로 모여들었다. 그러나 수없이 많은 공적과 영광스러운 승리를 거듭했던 필로포이멘이 초라한 꼴로 끌려오는 것을 보자, 그들은 가엾은 생각에 눈물을 떨구며 인간의 운명이란 얼마나 덧없는 것인지를 생각하게 되었다. 그들의 눈물은 차츰 온정의 눈물로 바뀌었으며, 사람들은 예전에 전제자 나비스를 쫓아내고 자유를 되찾아 준 은혜를 떠올렸다.

그러나 또 다른 사람들은 디노크라테스의 환심을 사기 위해, 필로포이멘은 실컷 고생을 시켜 죽여야 한다면서, 포로로서 모욕을 준 다음에라도 다시 살려보낸다면 반드시 디노크라테스에게 원한을 품을 것이라고 했다.

마침내 그들은 필로포이멘을 지하실에 가두었다. 창문도 없이 바깥 공기나 햇빛이 전혀 들지 않는 지하 창고였는데, 심지어는 출입문도 커다란 돌을 끌어다가 막아놓은 곳이었다. 사람들은 그를 이곳에 가두고 병사들에게 지키게 했다. 한편 아카이아의 기병들은 도망쳐 가다가 필로포이멘의 모습이 보이지 않는 것을 발견하고, 분명 어딘가에 쓰러져 있을 것이라고 생각하며 그의 이름을 외쳐 불렀다. 자기들을 위해 그렇게까지 애써준 장군을 적의 손에 그냥 남겨두고 살아남았다는 것은 부끄러운 일이 아닐 수 없었다. 그들은 한동안 필로포이멘을 찾다가 마침내 그가 포로로 끌려갔다는 안타까운 소식을 듣게 되었다.

그들이 아카이아 동맹국에 이 사실을 알리자, 여러 나라들은 몹시 비통해하며 메세네에 그의 석방을 정식으로 요구하는 한편, 그를 구하기 위해 군대를 모았다. 디노크라테스는 이런 사태를 보고, 지금 때를 놓치면 필로포이멘을 죽이지 못하게 될 것이라는 것을 알게 되었다. 그래서 그는 아카이아 인들보다 선수를 치기로 결심했다.

한밤중이 되어 시민들이 모두 돌아가자, 디노크라테스는 필로포이멘을 지키고 있던 병사를 찾아가서 독약을 주었다. 그리고 필로포이멘이 그것을 다 마실 때까지 옆에서 지키고 있으라고 명령했다.

필로포이멘은 이 때 외투로 몸을 덮고 누워 여러 가지 마음의 고통으로 잠을 이루지 못하고 있었다. 병사가 들어와 불을 켜자 그는 눈을 뜨고 간신히 일어나 앉았다. 약을 받아든 필로포이멘은 그에게 아카이아 기병대와 특히 리코르타스라는 사람의 안부를 물었다. 모두 무사히 도망갔다는 대답을 듣고 필로포이멘은 고개를 끄덕이며 부드러운 얼굴로 그를 바라보았다.

"다행이오. 나는 비록 이 지경이 되었지만 말이오."

필로포이멘은 조용히 이 말을 남기고 독약을 마신 다음 다시 자리에 누웠다. 그리고 약이 몸에 다 퍼지기도 전에 그는 지나친 쇠약으로 천천히 숨을 거두었다.[8]

그가 죽었다는 소식은 아카이아의 여러 도시를 슬픔으로 감쌌다. 젊은이들은 메갈로폴리스에 모여들어 리코르타스를 지휘자로 선출하고 하루빨리 복수를 하기로 결의했다. 그리고 메세네 영토로 침입하여 그곳 지방들을 유린하였다. 그들은 메세네가 항복해 올 때까지 조금도 손을 늦추지 않았다.

디노크라테스는 필로포이멘을 죽이자고 주장했던 사람들과 함께 복수를 두려워하여 스스로 자살했다. 리코르타스는 고문하자고 주장했던 사람들을 투옥하여 더 심한 벌을 받도록 했다.

아카이아 사람들은 필로포이멘의 시체를 화장하고 유해를 항아리에 담아 고향으로 출발했다. 행렬 속의 사람들은 머리에 화환을 얹고 눈물을 흘리며, 포로로 잡은 적들을 쇠사슬에 묶어 끌고갔다. 그것은 개선식과 장례를 겸한 장엄한 행사였다.

---

8) 필로포이멘이 죽은 해는 기원전 183년. 이 해에 한니발도 죽었다.

유해가 든 항아리는 꽃과 리본에 묻혀 잘 보이지도 않았다. 아카이아 대장의 아들 폴리비오스[9]가 이 항아리를 들고 걸어가고, 신분이 높은 아카이아 사람들이 그의 뒤를 따라갔다. 병사들은 완전무장을 갖춘 채 말을 타고 이들의 뒤를 따랐는데, 슬픔에 고개를 숙인 이들의 모습은 승리의 기쁨과 마찬가지로 장엄하고 엄숙한 것이었다. 지나가는 모든 도시와 마을에서 나온 사람들은 마치 개선식을 맞이하는 사람들처럼 유해를 담은 항아리에 손을 얹어 축복을 한 다음, 행렬에 섞여 메갈로폴리스까지 따라갔다.

메갈로폴리스에 도착하자 노인들과 여자들, 그리고 아이들의 울음소리가 한데 섞여 시내는 온통 슬픔과 통곡소리로 가득했다. 그들은 필로포이멘을 잃은 것을 바로 그들 도시를 잃은 것이나 다름없는 일로 생각했다. 이렇게 해서 필로포이멘의 장례는 살아 있을 때 그가 세웠던 공적에 어울릴 만큼 화려하게 치러졌고, 끌고 간 포로들을 그의 무덤 곁에 세워 돌로 쳐서 죽였다.

그리스의 여러 도시들은 다투어 그의 조각상을 세워 그의 공적을 기렸다. 그러나 그 후 그리스가 수난의 시대를 맞고 코린트 시가 파괴된 다음[10] 어떤 로마 사람은 마치 필로포이멘이 살아 있기라도 한 듯이 그를 로마의 적이었다고 비난하면서 그 기념물들을 모두 없애 버리자고 제안했다.

그러나 집정관 뭄미우스나 그의 사절들은 그가 여러 차례 플라미니누스나 마니우스와 싸우기는 했지만 이 위인의 명예로운 기념물에 손을 대서는 안 된다고 했다. 그들은 공적과 덕을 제대로 구별하였으며, 사람들은 자기들에게 은혜를 베푼 사람에게 감사를 드릴 줄 알아야 한다고 믿었다. 그리고 군자는 다른 군자에게도 영광을 베풀 줄 알아야 한다는 것을 보여 주었다.

---

9) 기원전 205-123. 그리스의 역사가로《로마의 역사》를 썼다.

10) 기원전 146년, 즉 필로포이멘이 죽은 지 37년이 지난 해에 코린트의 도시들은 로마의 집정관 루키우스 뭄미우스에 의해 짓밟히고, 아카이아 동맹도 로마에 굴복하고 말았다.

20

플라미니누스

(FLAMININUS, BC 227경~174)

티투스 퀸티우스 플라미니누스. 로마의 정치가이며 뛰어난 군인으로 집정관을 지냈다. 공명심이 대단했고 외교능력이 남달랐던 그는 필리포스 왕과 싸워 그리스의 자유를 지키고 그리스를 위한 복지 사업에 힘썼다. 리비사에서 한니발을 죽인 뒤 조용히 노후를 보내다가 사망하였다.

　필로포이멘과 비교하기 위해 여기서 다루려는 인물은 티투스 퀸티우스 플라미니누스이다. 로마에 그의 조각상이 세워져 있는데, 그것은 카르타고에서 옮겨온 거대한 아폴로의 조각상 곁에 있으며 대형 원형극장과 마주하고 서 있다.

　티투스의 성격은 사랑할 때나 미워할 때나 다같이 열렬했다고 전한다. 그러나 다른 사람을 처벌할 때는 너그러운 태도를 보였으며, 그 일이 끝나면 더 이상 그것을 마음에 담아 두지 않았다. 그러나 은혜를 베풀 때는 아주 철저했다. 그래서 한 번 마음을 가진 사람들에게는 오래도록 변함없는 친절로 도움을 주었다. 그것도 마치 은혜를 베푸는 쪽이 아니라 은혜를 받는 사람인 것 같은 태도였다. 또 자신에게 도움을 주었던 사람들을 자신의 가장 귀중한 보물처럼 여기며 항상 돌보고 보호해 주는 데 정성을 기울였다.

　그는 항상 목마른 사람처럼 명예를 추구했으며 영광을 그리워했다. 그래서 그는 위대한 업적을 세울 기회만 생기면 망설이지 않고 그 일에 뛰어들곤 했다. 또 그는 자기에게 은혜를 베풀 만한 위치에 있는 사람보다는 은혜를 받기를 원하는 사람들과 사귀는 것을 더 좋아했다. 왜냐하면 원하는 것이 있는 사람은 그의 협조자가 될 수 있지만, 그에게 베풀려는 사람은 자신과 영광을 다투는 경쟁자라고 생각했기 때문이었다.

그는 로마가 역사적으로 가장 중요한 전쟁을 하고 있던 시대에 태어났다. 그래서 그는 다른 로마의 청년들과 마찬가지로 일찍부터 전쟁에 참가했고, 짧은 시간 동안에 명령자의 위치에까지 오를 수 있는 훈련을 익혔다. 전쟁 때마다 출정한 그는 군사 업무의 기초적인 과정을 직접 경험한 다음 한니발과 싸우고 있던 집정관 마르켈루스 밑으로 들어가 군사위원이 되었다.[1]

마르켈루스는 이 전쟁에서 복병에게 포위되어 전사하고 말았다. 티투스는 그 무렵 적의 손에서 타렌툼을 되찾고 그 지방의 총독으로 임명되었다. 이 때 그는 군사적으로 뛰어난 성과를 거두었을 뿐만 아니라 정치에서도 공정하고 의로운 행동을 했기 때문에 시민들로부터 많은 존경을 받았다. 그리고 이러한 공적 때문에 나르니아와 코사 두 곳에 이민을 보내 도시를 창설할 때 지도자로 임명되었다.

이렇게 되자 그는 커다란 야망을 품고 서둘러 집정관 후보로 나섰다. 로마에서는 대체로 집정관에 취임하려면, 그 전에 호민관[2], 법무관[3]에 이어 조영관[4]의 세 단계를 거치는 것이 관례였다. 그러나 티투스는 관례를 무시하고 단번에 집정관의 자리에 오르려고 했다. 선거일이 되자 그는 나르니아와 코사에서 주민과 세력가들을 데리고 나타났다. 호민관인 풀비우스와 마니우스는 자신들의 무리들을 이끌고 나와 티투스의 입후보를 강력히 반대했다.

"티투스는 아직 어린 젊은이에 불과합니다. 정부를 이끌고 갈 만한 기본적인 경륜조차 없는 이런 자가 감히 나라의 관례를 무시하고 최고 권력자의 지위를 탐낸다는 것은 말도 안 되는 일입니다."

원로원은 아무런 결정도 내리지 못하고, 이 문제를 시민들의 투표에 맡기기로 결

---

1) 이 때 플라미니누스의 나이는 스무 살이었다. 그리고 그가 그리스의 자유를 선언한 것은 33세 때의 일이다.
2) 로마 시대에 평민의 권리를 보호하기 위해 평민들이 뽑은 열명의 관리.
3) 원래는 두 사람의 집정관 중 군대를 지휘하는 한 사람에게 붙은 칭호였으나 뒤에는 집정관에 버금가는 최고 행정관이 되었다. 맨 처음에는 한 명이었지만 나중에 16명까지 늘었는데, 사법적인 일을 맡고 있다가 지방의 총독이 되기도 하였다.
4) 나라나 개인의 건물, 시장, 도로, 그 밖의 후생이나 경찰 업무를 담당하던 관리를 가리킨다.

정했다. 시민들의 투표 결과 그는 섹스투스 아일리우스와 함께 집정관으로 선출되었다. 그때 티투스는 아직 서른도 안 된 나이였다.

임무를 분담하기 위해 제비를 뽑은 결과, 그는 마케도니아 왕 필리포스와의 전투를 맡게 되었다. 로마를 위해서 이 일은 매우 잘된 것이었다. 왜냐하면 당시의 민심이나 상황을 살펴볼 때, 이 전투에 필요한 사람은 군사적 면에서만 뛰어난 장군보다는 그들을 회유할 수 있는 수단을 가진 온화한 사령관이었기 때문이다.

마케도니아의 왕 필리포스는 로마와의 전쟁에 충분한 무기와 병력을 공급할 수 있는 상태였다. 그러나 전쟁이 오래 계속되면, 필리포스 왕은 반드시 그리스의 원조를 요청해야 할 형편이었던 것이다. 그리스는 그의 병참기지가 되고, 만일의 경우에는 퇴각로로도 쓰일 수 있으므로 그리스가 물자 공급을 해주지 않으면 장기적인 전쟁을 계속할 수가 없었다. 그러므로 마케도니아와 그리스의 동맹을 깨뜨리지 않으면 전쟁은 종말을 지을 수가 없는 사정이었다.

이 때까지 그리스는 로마와 별로 접촉이 없었으므로, 그곳의 정치에 로마가 관여하기 시작한 것은 처음 있는 일이었다. 그래서 무엇보다 먼저 해야 될 일은 그동안 섬겨왔던 마케도니아와의 관계를 끊게 만들고 로마의 권위를 알리는 것이었다. 그러나 그것은 결코 간단한 일이 아니었다. 그리스 사람들이 로마를 섬기게 하기 위해서는 훌륭하고 뛰어난 로마의 우수성을 보여 주어야 했기 때문이다.

그러므로 필리포스 왕과 싸울 로마 군의 사령관은 전쟁보다는 정치적인 지략에 뛰어난 사람이어야 했고, 온정이 풍부하고 친절하며, 올바른 수단을 사용하고, 사람을 끌어들이는 힘이 있어야 했으며, 정의감이 강한 사람이어야 했다.

티투스가 이러한 성격을 갖추고 있었다는 것은 다음의 이야기에서 알 수 있을 것이다. 티투스는 필리포스와의 전쟁을 맡게 되자, 즉시 그리스를 향해 출발했다. 그는 적어도 전임자였던 술피키우스와 푸블리우스[5]의 잘못을 되풀이하지 않기 위해 전쟁을 서둘렀던 것이다. 이 두 사람의 집정관은 전쟁에 나가지 않고 시간을 보내다가 임기가 끝날 무렵이 되어서야 비로소 마케도니아와 싸우기 위해 나갔다. 그리고 싸움터에 나가서도 전쟁에 집중하지 않고, 수색전이나 소규모 전투로 세월을 보내면서 기껏 몇몇 통로를 점령하고 군량미나 빼앗는 정도였다. 그들은 그런 식으로 필

---

5) 술피키우스는 2년 전에, 푸블리우스는 1년 전에 집정관의 자리에 있었던 사람이다.

리포스와의 전투를 피했던 것이다. 그들은 임기 내내 국내에 머무르면서 집정관의 권세나 부리고 내정에만 몰두하다가, 집정관 자리에서 물러나서도 군사령관직을 계속할 속셈으로 연말이 다 되어서야 전쟁터로 출동했던 것이다.

그러나 티투스는 집정관의 자리에 앉아 로마에서 위세만 부리는 일을 경멸하면서, 전쟁터에 나가 싸움에 온 마음을 기울이기를 열망했다. 그는 나라 안에 편히 앉아 명예나 권리를 누리고 과시할 틈이 없었다. 그는 우선 자기의 형제인 루키우스를 함대 사령관으로 임명해 달라고 요청했다. 그리고 스키피오의 군대에서 정예병 3천 명을 뽑아 군대의 핵심 세력을 만들어 선두에 서게 했다. 이 병사들은 스페인에서 하스드루발을, 그리고 아프리카에서 한니발을 무찌른 용감한 군인들이었다.

티투스는 군대를 이끌고 에페이로스에 무사히 도착했다. 에페이로스에는 이미 푸블리우스 군이 들어와 진을 치고 있었는데, 아프소스 강을 끼고 험한 비탈에 진을 친 필리포스 군과 대치하고 있었다. 적이 유리한 지형을 미리 점령하고 있었기 때문에 푸블리우스로부터 군대의 지휘권을 넘겨받고, 몸소 지형을 살펴보았다. 아름다운 나무와 울창한 숲은 없었지만, 유명한 템페의 계곡에 못지 않을 만큼 중요한 전략적 장소였다. 웅장한 봉우리들이 겹쳐 솟아 있고, 계곡을 흐르는 아프소스 강의 빠른 물결은 페네오스 강에 못지 않았다. 강 옆에는 산기슭을 따라 좁은 길이 하나 나 있었는데, 워낙 험한 데다가 적군이 막고 있어서 이 길을 통과하는 것은 도저히 불가능한 것이었다.

티투스는 초조해졌다. 하루 빨리 끝내고 싶었지만, 군대를 이끌고 나갈 길은 아무 곳에도 없었다. 그런데 어떤 주민이 그를 찾아와 좋은 길을 알려 주었다.

"장군님, 다사레티스를 돌아서 린코스 지방으로 진군하시면 어떻겠습니까? 일단 그곳까지만 가시면 길도 그다지 험하지 않으니 필리포스 군의 뒤를 쉽게 공격할 수 있을 것입니다."

티투스는 그의 말을 곰곰이 생각해 보았다. 좋은 방법이기는 했다. 그러나 바다에서 너무 멀리 떨어져서 깊숙이 들어갔다가 군량미를 구하기가 어렵게 되거나, 만약 필리포스가 싸움에 응하지 않아 바닷가로 퇴각해야 된다면 로마 군은 쓸데없이 시간만 낭비하게 될지도 모르는 일이었다. 게다가 그의 전임자인 술피키우스와 푸블리우스도 바다에서 너무 멀리 떨어졌다가 실패한 경험이 있었다. 결국 그는 이 방법을 쓰지 않기로 하고, 여기저기 진을 치고 있는 적군들을 무찌르며 나가는 방법을 택하기로 결정했다.

그러나 필리포스 군의 주력군들이 밀집 대형을 이루면서 궁수와 경무장 부대를 대기시키고 있었기 때문에, 로마 군들은 맹렬히 공격했지만 별다른 성과를 거두지 못하고 있었다. 이런 상황에서 싸움이 계속 이어진다면 사상자는 더욱 늘어갈 뿐이고, 앞길은 좀처럼 열릴 기미가 없었다. 만약 그렇게 된다면 전쟁은 로마 군에게 유리해지기를 기대할 수 없는 형편으로 굴러가게 되어 있었다.

그런데 이 때, 그 부근에서 소와 말을 기르고 있던 주민 몇 사람이 티투스를 찾아왔다. 그들은 티투스에게 공손하게 말했다.

"장군님, 저 산에는 적이 감시하지 않는 사잇길이 하나 있습니다. 그 길을 따라가면 늦어도 사흘 안에는 산꼭대기에 닿을 수 있게 됩니다."

티투스는 주민들에게, 말은 그럴 듯하지만 어떻게 믿을 수 있겠느냐고 했다. 그랬더니 주민들은 티투스에게 이렇게 얘기했다. "사실 저희들이 로마를 돕는 것은 모두 카로프스 님께서 시켜서 한 일입니다."

이 말을 듣고 티투스는 고개를 끄덕였다. 카로프스는 마카타스의 아들로 에페이로스의 지도적인 인물인데, 필리포스 왕이 두려워 드러내 놓지는 않았지만 비밀리에 로마 군과 협력하고 있는 인물이었다. 티투스는 그들의 말을 받아들이기로 결정했다. 그리고 즉시 부대장 한 사람에게 보병 4천 명과 기병 3백 명을 주고, 주민들을 길잡이 삼아 사잇길로 올라가라고 명령했다. 이 부대는 적군의 눈을 피하기 위해, 밤에는 행군을 하고 낮이면 깊숙한 골짜기나 숲속에 숨었다. 마침 보름달이 뜰 무렵이라 밤에 행군하는 데는 큰 어려움을 겪지 않았다.

한편 티투스는 부대를 보낸 다음, 이 작전을 적이 눈치 채지 못하도록 하기 위해 매일 소규모 전투를 벌이게 했다. 그리고 뒤로 돌아간 부대가 산등성이에 나타나는 날만을 기다렸다. 드디어 기다리던 때가 오자, 그는 새벽에 전 군대를 불러 전투 준비를 명령했다. 그는 군대를 세 편으로 나누고 자신이 한 편을 맡은 다음, 강가에 있는 좁은 길을 따라 진격을 시작했다.

마케도니아 군은 좁은 길을 한 줄로 올라오고 있는 로마 군을 보자 창을 내던지며 공격을 했다. 산 위에 진을 치고 있던 마케도니아 군은 훨씬 유리한 위치를 차지하고 있었다. 로마 군 앞에는 비가 쏟아지듯 창이 날아왔다. 그러나 로마 군도 그들에게 지지 않고 치열한 공격을 감행하였다. 그들은 불리한 지형이었지만 좌우의 두 부대는 바위를 오르며 재빠르게 적을 공격했다.

이윽고 해가 떠서 멀리 우회군이 점령한 산꼭대기에 희미한 연기가 산안개처럼 피어오르는 것이 보였다. 적은 산을 등지고 있었기 때문에 산꼭대기에 로마 군이 있다는 것을 알 수가 없었다. 그러나 이것을 바라보며 싸우고 있던 로마 군은 긴장과 희망으로 사기가 높아졌다. 연기는 점점 짙어지면서 마치 구름처럼 뭉게뭉게 피어올랐다. 이것은 적을 공격하라는 로마 군의 신호였다. 돌격 명령과 함께 로마 군은 일제히 승리의 함성을 지르며 적군을 향해 내달렸다.

마케도니아 군은 아래위 양쪽에서 공격을 당하게 되자 정신없이 달아나기 시작했다. 티투스는 적을 뒤쫓아 전멸시키고 싶었지만, 워낙 험악한 산길이라서 그들을 모두 잡을 수는 없었다. 결국 적의 시체는 약 2천 명 정도에 불과했다. 그러나 로마 군은 적의 진지를 점령하고 많은 군수품과 천막, 노예들을 손에 넣었다.

비로소 그리스를 향해 진격할 길이 열렸다. 티투스는 모든 병사들에게 에페이로스 지방을 지나는 동안 절대 약탈을 하지 못하도록 명령을 내렸다. 그때 로마 군은 바다에서 너무 멀리 떨어져 있어서, 매월 받던 식량도 제대로 받지 못했지만 주민들의 재산을 노략질하는 일은 전혀 없었다. 이와 같은 로마 군의 깨끗한 행동은 그리스 사람들을 모두 놀라게 했다.

티투스가 이런 행동을 한 것은 필리포스 왕이 도망쳐 쫓겨가는 동안, 동맹을 맺고 있던 그리스 주민들의 도시를 모두 불사르고 재산을 약탈해 갔다는 얘기를 들었기 때문이었다. 그래서 티투스는 부하 장병들에게 이렇게 말했다.

"여러분, 우리는 로마인답게 행동해야 합니다. 앞으로 우리가 지나가는 그리스의 여러 나라들을 마치 내 나라처럼 여기고, 우리의 보호를 요청하는 나라처럼 생각하여 모든 좋지 못한 행동을 삼가도록 합시다."

로마 군의 질서있는 행동은 곧 효과가 나타났다. 로마 군이 테살리아로 들어가자 각 도시는 모든 성문을 열어 그들을 맞았으며, 테르모필라이에 이르는 그리스의 여러 나라들은 서둘러 그들과 동맹을 맺고 싶어했다. 그리고 아카이아 사람들은 필리포스 왕과의 약속을 깨고, 로마 군과 함께 싸우기로 결정했다. 뿐만 아니라 오푸스의 시민들은 동맹국인 아이톨리아의 보호도 거절하고, 직접 티투스에게 사절을 보내어 나라의 모든 일을 그에게 맡겼다.

에페이로스의 왕인 피로스에 대해서는 이런 이야기도 있다. 어느 날 피로스 왕이 산에 있는 망루에서 로마 군의 질서 있는 대열을 지켜보고 감탄하여 옆에 있던 신하에게 이렇게 말했다. "로마인은 야만인들이라고 들었는데, 적어도 저들의 규율만은 야만인 같지가 않구려."

사실 티투스를 만난 사람들은 누구나 피로스 왕과 같은 얘기를 했다. 그들은 마케도니아 사람들에게서, 야만족의 장군인 티투스가 모든 도시를 부숴 버리고 그리스 사람은 하나도 남김없이 노예로 팔아 버리기 위해 오고 있다는 얘기를 들어왔던 것이다. 그러나 막상 티투스를 만나본 사람들은 그리스인들과 조금도 다름없는 그의 말씨와 고상한 성품, 그리고 너그러운 마음씨를 발견하면서 그에게 마음이 끌리기 시작했다. 그를 만나 본 그리스 사람들은 군대가 떠나간 뒤에도 서로 모여서 티투스의 좋은 인상을 칭찬했다. 그리고 바로 그가 그리스의 자유를 지켜줄 사람이라고 얘기했다.

얼마 뒤 필리포스 왕은 평화 조약을 맺고 싶다는 뜻을 전해왔다. 그러자 티투스는 서로 군대를 철수하고, 그리스의 자유를 인정하자는 조건으로 휴전을 제안했다. 필리포스 왕이 이 제안을 거절하자 그를 지지하던 그리스의 사람들도 모두 등을 돌려 로마의 입장을 지지하게 되었다. 그래서 그들은 로마 군이 그리스에 온 것은 마케도니아로부터 그리스를 해방시키고, 그리스에 자유를 주기 위해서라고 믿게 되었다.

결국 보이오티아 지방을 제외한 그리스의 모든 나라와 도시들은 모두 티투스와 화해를 하였다. 그래서 그는 평화적인 대열을 유지하며 보이오티아를 향해 진군했다. 그러자 테베 시의 귀족들이 교외에까지 나와 티투스를 정중히 맞아들였다. 그들은 브라킬레스의 세력 때문에 마케도니아의 필리포스를 지지하는 한편 티투스에게도 은근한 태도를 보이면서 두 나라와 현재의 평화적인 관계를 계속 유지하고 싶어했다.

티투스는 그들을 정중히 맞이하고 친절하게 대했다. 그러나 행군은 멈추지 않았다. 다만 긴 행군에 지친 병사들의 피로를 덜어 주기 위해 걸음을 늦추어 주었다. 티투스는 테베의 귀족들에게 도시의 형편을 묻기도 하고, 자기가 이야기를 하기도 하면서 천천히 성 안으로 걸어들어갔다. 테베의 시민들은 그들이 성 안에 들어오는 것이 달갑지 않았지만 워낙 대군을 이끌고 들어오는 그들을 막을 수도 없었다.

성 안까지 들어온 티투스는 마치 이 도시 전체를 자기 마음대로 처리할 수 있다는 사실을 모르는 사람처럼 시민들 앞에 나서서 로마 군을 지지해 달라고 호소했다. 시민들은 티투스와 로마 군을 새로운 눈으로 바라보게 되었다.

티투스의 연설이 끝나고 나자 아탈로스 왕이 연단에 올라섰다. 그리고 티투스가 했던 말을 지지하며 시민들을 설득했다. 그런데 이 늙은 왕이 지나치게 열띤 연설을 토하다가 그만 도중에 기절을 하고 말았다. 왕은 응급 처치를 받은 뒤에, 배를 타고 아시아로 요양을 떠났다. 그러나 다시 일어나지 못하고 그곳에서 죽고 말았다. 결국 보이오티아는 로마와 동맹을 맺게 되었다.

티투스가 이렇게 그리스의 여러 곳을 돌아다니고 있는 동안 필리포스 왕은 로마에 사절단을 보냈다. 티투스를 로마로 되돌아가게 하려는 속셈이었다. 티투스는 그의 생각을 눈치 채고 재빨리 로마로 사람을 보냈다. 그리고 원로원이 전쟁을 지속시킬 생각이라면 자신을 계속 집정관 자리에 유임시켜 주거나, 아니면 사령관으로라도 있게 해 달라고 요청했다. 그리고 만약 전쟁을 끝내고 싶다면, 자신에게 휴전 조약을 체결할 수 있는 권한을 인정해 달라고 했다. 공명심에 불타고 있던 그로서는 다른 사령관 밑에서 명령에 따른다는 것은 결코 참을 수 없는 일이었던 것이다.

다행히 로마에 있던 친구들의 적극적인 주선으로 필리포스 왕의 제안은 묵살되고, 티투스는 계속해서 집정관의 자리에 남게 되었다. 원로원의 결정을 전해 들은 티투스는 새로운 희망을 안고 테살리아에 있는 필리포스 왕을 공격하러 나섰다. 그의 군대는 모두 2만 5천 명으로, 그 가운데는 아이톨리아 보병 6천 명과 기병 4백명이 포함되어 있었다. 한편 필리포스 왕도 그에 못지 않은 병력을 가지고 있었다.

양쪽 군대는 서로 군대를 일으켜 스코토사 근처에서 만났다. 그런데 가까운 거리에 대치한 양쪽 군대는 두려움을 느끼기는커녕 승리를 굳게 믿고 결전의 시간만 기다리고 있었다. 양쪽 군대는 가까이 접근해 있었지만, 그들은 대개의 경우처럼 만일의 불행을 염려하고 있지는 않았다. 그들은 오히려 사기가 하늘을 찌를 듯 높았으며 빨리 공을 세우고 싶은 마음뿐이었다.

로마 군은 알렉산드로스 대왕 밑에서 천하를 정복했던 마케도니아 군을 무찔러 보고 싶은 생각밖에 없었다. 그들을 정복한다면 온 천하를 정복한 것과 마찬가지이므로 로마 군의 명성은 최고가 될 것이 분명했다. 반면 마케도니아 군은 페르시아 군과 전혀 다른 로마 군을 무찔러 필리포스 군의 위대함을 드높이고 싶었다. 필리포스 왕 또한 알렉산드로스 대왕보다 더 위대하다는 것을 보여 주고 싶었던 것이다.

티투스는 병사들 앞에 나아가 격려의 연설을 하였다.

"로마의 병사들이여, 남자답게 싸우도록 합시다. 여러분은 지금 그리스를 전쟁터로 삼고 있소. 이곳은 큰 공을 세우기에 적당한 곳이며 적군 또한 상대할 만한 군대요. 그러므로 여러분은 여러분들의 뛰어난 용기와 힘을 다해 힘껏 싸워 주기 바라오."

한편 필리포스 왕도 큰 싸움을 앞두고 여느 때처럼 부하들의 사기를 북돋워 주기 위해 작은 언덕 같은 곳에 올랐다. 그런데 단순한 실수였는지, 아니면 너무 서두르느라 당황한 탓인지 그는 그만 어떤 커다란 무덤 위에 올라서고 말았다. 이 불길한 징조 때문에 병사들은 모두 사기가 떨어졌으며, 왕 또한 너무 놀라 침착함을 잃었다. 그는 군대를 모두 해산시키고 그 날은 하루 종일 막사 안에 틀어박힌 채 전투를 하지 않았다.

그 날 새벽, 밤새 무더웠던 탓에 온 들에는 안개가 자욱히 깔리고, 산에서도 안개가 내려와 바로 앞도 보이지 않았다. 티투스는 그 안개 속으로 수색대와 복병을 내보냈다. 그런데 그들은 안개 속을 헤매다가 키노스케팔라이라는 곳에서 필리포스 왕이 내보낸 수색대와 서로 마주치게 되었다. 키노스케팔라이란 개의 머리라는 뜻으로, 이 부근에는 여러 개의 뾰족한 작은 봉우리들이 솟아 있었는데 그것이 마치 개의 머리 모양같이 생겨서 붙여진 이름이었다.

이렇게 지형이 고르지 못한 곳에서 싸움이 벌어지면 흔히 그렇듯이, 양쪽 부대는 조금씩 밀고 밀리고 하는 가운데 계속 승패가 뒤바뀌었다. 양쪽의 사령관은 자기 편이 위험에 쫓겨오면, 계속 구원 부대를 출동시켰다. 그렇게 하다가 안개가 걷힌 뒤에 보니 양쪽 군대는 모두 출동하여 전체의 싸움이 되었다. 필리포스 왕은 자기 군대의 우익에 그 유명한 밀집 방형 부대[6]를 배치시켰다. 로마 군은 산에서 밀고 내려오는 그들 부대의 바늘쌈 같은 창과 방패를 깨뜨릴 수가 없었다. 그러나 움직이지 못하고 가끔씩 혼란을 일으켰다.

티투스는 자기 부대의 좌익이 무너지기 시작하는 것을 보고 곧 주력 부대를 우익으로 집중시켰다. 적의 좌익은 지형이 고르지 못한 탓으로 방형진의 대형을 제대로 가누지 못했다. 적이 가진 가장 큰 위력은 이 방형진의 전투 대열을 유지하는 것이었는데, 이 대열은 긴 창과 방패 때문에 대형이 흩어져 버리면 제대로 힘을 발휘할 수가 없었다.

마케도니아의 밀집 방형 부대는 엄청난 힘을 가진 커다란 짐승과 같았다. 그들이

---

6) 방형진이라고 하는 이 전법은, 방패와 창칼을 가진 병사가 열여섯 겹으로 늘어서서 이루는 전투 대열의 하나이다.

질서있게 무리를 지키며 방패와 방패로 연결되어 있을 때에는 철벽과도 같아 대항할 수 없었다. 그러나 대열이 무너져 하나하나 흩어져 버리자 그들은 곧 힘을 잃었으며, 거추장스러운 무기 탓으로 전투력 또한 많이 떨어졌다. 그들은 하나하나로 따로 있을 때보다는 전체의 한 부분으로 있을 때 훨씬 더 강했다.

티투스의 공격을 받은 마케도니아의 좌익은 무너지고 병사들은 모두 달아나 버렸다. 이 부대를 무찌른 로마 군의 일부는 도망치는 적을 추격하고, 나머지는 저편에서 싸우고 있는 마케도니아 부대를 측면에서 공격해 들어갔다. 이렇게 되자 승리를 다짐하고 있던 적의 우익도 삽시간에 무너져 적의 병사들은 도망가거나 혹은 항복해 왔다.

이 때 필리포스 왕을 놓친 것은 아이톨리아 군의 탓이었다. 로마 군은 왕의 부대를 뒤쫓았지만, 그 가운데 섞여 있던 아이톨리아 군은 마케도니아 군이 버리고 간 진영을 약탈하기에 정신이 없었다. 그들이 탐낸 것은 필리포스 왕의 머리가 아니라 그들의 전리품에 있었던 것이다.

결국 로마 군은 필리포스 왕을 놓치고 다시 진영으로 돌아왔다. 일단 필리포스 왕의 진지를 점령했다는 것만으로 만족할 수밖에 없었던 것이다. 그리고 필리포스 왕의 진지는 아이톨리아 군의 차지가 되어 버려 아무런 전리품도 남아 있지 않았다. 로마 군은 적의 시체 8천 명과 포로 5천 명을 얻은 것을 위안으로 삼아야 했다. 이 때문에 로마 군과 아이톨리아 군 간에는 싸움이 생겼다. 더욱이 아이톨리아 군은 한술 더 떠서, 필리포스 왕을 물리친 것은 자기들의 용맹성 때문이었다고 주장하며 그 소문을 그리스 전체에 퍼뜨리고 있었다. 그래서 이 전투에 대한 시나 노래들도 모두 아이톨리아 군의 공적을 더 높이 찬양하고 있다. 그 시대에 가장 유행했던 짧은 시로는 다음과 같은 것이 있다.

나그네여, 보아라.
그대가 서 있는 여기
무덤도 없는 산비탈은
3만 명의 테살리아 군이 쓰러진 곳
아이톨리아의 전사들이 저들을 무찌를 때
이탈리아에서 티투스의 로마 군이 와서 도왔다네.
마케도니아 왕의 애타는 슬픔

그 날은 용감하다던 필리포스도
암노루처럼 허둥지둥 달아났다네.

이 시는 알카이오스가 필리포스를 조롱하기 위해 지은 것이다. 그렇기 때문에 전사자의 숫자도 크게 과장이 되어 있다. 그러나 이 노래가 곳곳에서 불려졌을 때 필리포스보다 더 분노한 것은 티투스였다. 그래서 티투스는 알카이오스에 대해 이런 시를 지어 그를 공격했다.

나그네여, 보아라.
잎사귀도 없이 벌거벗은 채
우뚝 솟아 있는 이 나무는
알카이오스의 목을 졸라맬 날만
기다리는구나.

그리스의 모든 눈이 자기를 향해 있는 것을 알고 있던 티투스는 이 일을 몹시 못마땅해했다. 그래서 그 후부터는 아이톨리아 사람들의 이익에 관계되는 일은 절대 돌보지 않았고, 그들과 상의하는 일도 없었다. 이러한 티투스의 행동에 아이톨리아 사람들도 무척 화를 냈다.

이 무렵 필리포스 왕이 휴전을 요청하는 사절을 보내왔다. 필리포스 왕은 키노스 케팔라이 전투에서 참패를 당하고는 더 이상 버틸 힘이 없었던 것이다. 그런데 티투스가 사절단을 맞아들이고 그들의 제안에 귀를 기울이자, 아이톨리아 사람들이 그를 불리하게 만들기 위해 소문을 퍼뜨렸다. 즉, 티투스는 그리스의 자유를 유린한 필리포스의 군대로부터 뇌물을 받았으며, 그들을 충분히 뿌리뽑을 수 있음에도 불구하고 휴전을 맺으려 한다는 것이었다. 아이톨리아 사람들은 이런 악담을 퍼뜨려 로마와 동맹을 맺은 그리스의 여러 나라들을 혼란스럽게 만들었다. 그러나 그때 필리포스 왕 자신이 자기의 모든 것을 티투스와 로마에게 맡긴다고 제안해 왔기 때문에 이 터무니없는 소문은 곧 사라졌고, 그리스 사람들의 의심도 풀어지게 되었다.

티투스는 왕의 제안을 받아들이고 전쟁을 매듭지었다. 그런데 마케도니아 왕국은 필리포스에게 돌려 주었으나, 그리스의 모든 일에 간섭하지 못하도록 조건을 내세웠다. 또 왕의 군대를 그리스에서 철수시키고 1천 탈렌트의 배상금을 물게 하였으며, 10척의 배만 남기고 나머지는 모두 몰수해 버렸다. 그리고 필리포스 왕의 아들인 데메트리오스 왕자를 볼모로 잡아 로마로 데려갔다.

티투스가 필리포스와 휴전을 한 것은 현명하고도 다행스러운 결정이었다. 왜냐하면 로마의 오랜 적이었던 아프리카의 영웅 한니발이 로마 군 때문에 자신의 조국 카르타고에서 추방된 뒤, 안티오코스 왕에게 가서 그를 충동질하고 있었기 때문이다. 안티오코스 왕은 이미 대왕의 칭호를 받고 있을 정도로 위력을 떨치고 있었던 때였으므로, 세계 제국을 건설하고 싶은 꿈을 꾸고 있었으며, 특히 로마와 힘을 겨루고 싶어했다. 그러므로 만일 티투스가 너그러운 조건으로 휴전을 하지 않았다면 필리포스는 분명 안티오코스와 함께 로마와 싸웠을 것이다. 그렇게 되면 로마는 한니발에 못지 않은 가장 강력한 두 왕과 싸우게 되어 괴로움을 면하지 못하게 되었을 것이다.

그러나 티투스는 좋은 기회를 놓치지 않고 휴전을 결정하게 되어, 새로 닥쳐올 위기를 미리 막을 수 있었다. 그렇게 해서 결국 안티오코스는 처음으로, 그리고 필리포스는 마지막으로 그들의 희망을 잃게 되었던 것이다.

티투스는 그리스를 어떻게 다스릴지에 대해 고민을 했다. 그때 원로원에서 열 명의 의원들이 파견되어 티투스에게 좋은 생각을 일깨워 주었다. 그들은 그리스에 완전한 자유를 주고, 코린트, 칼키스, 디미트리아스의 세 곳에는 군대를 주둔시켜 안티오코스의 침략에 대비하라고 하였다. 그런데 바로 이 때 아이톨리아 사람들이 다시 들고 일어나기 시작했다. 그들은 여러 도시에 반란을 일으킬 것을 호소하는 한편, 티투스에게는 일찍이 필리포스가 그리스의 족쇄라고 했던 이 세 도시에 군대를 주둔시키지 못하도록 압력을 가했다. 그 뿐 아니라 그들은 그리스 전체를 향해 이렇게 말했다.

"지금 여러분들에게 씌워진 쇠사슬은 오히려 옛날보다도 더 무거운 것이오. 다만 잘 다듬어져 있기 때문에 몸에 닿았을 때 아픔을 느끼지 못하는 것뿐이오. 그런데도 여러분은 티투스를 은인이라고 생각하며 고마워하고 있소? 그들은 그리스의 발에 감았던 사슬을 풀어 여러분의 목에 걸어놓은 것이란 말이오."

티투스는 아이톨리아 사람들의 선동을 듣고 몹시 불쾌했지만 한편으로는 당황스럽기도 했다. 그러나 동맹국인 그들에게 군대를 이끌고 갈 수도 없는 노릇이었다. 그는 원로원에 사람을 보냈다. 그리스에 주려는 자유를 쓸데없는 조건을 붙이지 말고, 세 도시에 군대를 주둔시키는 것도 폐지하자는 것이었다. 로마의 원로원은 그의 제안을 받아들이기로 결정했다.

이 무렵 코린트 지협 경기 대회가 열리고 있었다. 경기장 주변에는 수많은 그리스 사람들이 몰려들어 이 축제를 구경하고 있었다. 그리스 전체에서 전쟁이 그쳤기 때문에 사람들은 이제 마음놓고 이 큰 행사에 참석해서 시간을 즐기고 있었다.

티투스는 로마가 결정한 일들을 알리기 위해 경기장에 전령을 보냈다. 전령은 경기장으로 달려와 돌연히 우렁찬 나팔을 불었다. 나팔소리가 울려퍼지자 사람들은 모두 무슨 일인가 하고 입을 다물며 그를 올려다보았다. 전령은 입을 열고 우렁찬 목소리로 선언했다.

"로마의 원로원 의원이며 집정관, 그리고 군사령관인 티투스 퀸티우스 플라미니누스는 필리포스 왕과 마케도니아의 군대를 정복하였습니다. 그리고 코린트, 로크리스, 포키스, 에우보이아, 프티오티스의 아카이아, 마그네티아, 테살리아, 그리고 페르하이비아 등의 각 도시와 주민들에게 영토와 법률과 자유를 되찾아 주기로 결정했습니다. 또 모든 세금을 면제하고, 모든 도시에서 수비대를 철수하기로 결정했음을 알립니다."

군중들은 처음에 전령의 말을 잘 알아듣지 못해서 소란이 일어났다. 사람들은 서로 무슨 일이냐고 묻다가 전령에게 다시 한 번 포고문을 읽어 달라고 소리쳤다. 전령은 다시 한 번 목청을 돋구어 포고문을 읽었다.

낭독이 끝나자, 경기장 안에 있던 모든 사람들은 환호를 올리고 기쁨의 함성을 터뜨렸다. 그 소리가 어찌나 컸던지 먼 바다에까지 들릴 정도였다. 사람들은 이제 경기 구경 같은 것에는 더 이상 관심이 없었다. 그들은 기쁨에 열광한 채 뛰어다니며, 그리스를 해방시키고 자유를 지켜 준 티투스에게 한없는 감사와 존경을 보냈다.

사람의 목소리가 믿을 수 없을 만큼 클 때가 있다는 얘기는 가끔 듣는 것이지만, 이 때 그것을 실제로 증명하는 일이 일어났다. 그때 운동장 위를 날고 있던 까마귀가 떨어진 것이었다. 사람들이 외치는 소리가 너무나 우렁차고 강해서 공기가 찢겨져 새를 지탱하지 못하게 되면서, 마침 진공 상태를 날던 새가 떨어지고 만 것이었다. 아니면 그 우렁찬 외침이 마치 날아가는 돌처럼 까마귀를 맞추어 떨어뜨린 것인지도 모른다. 혹은 바닷물이 무섭게 몰아치는 것처럼 공기가 크게 흔들려 까마귀를 떨어뜨린 것일 수도 있다.

한편 관중들이 모두 흩어져 티투스에게 달려오고 있는 것을 보고 그는 얼른 몸을 피했다. 그 많은 사람들에게 물렸다가는 죽을지도 모르는 일이었기 때문이다. 군중들은 티투스가 관람하고 있던 천막을 둘러싼 채 쉬지 않고 함성을 올렸다. 그들은 밤이 될 때까지 그곳을 에워싸고 있다가 하나 둘씩 흩어져 집으로 돌아갔다. 그러나 길에서 친척이나 친구들, 아는 사람을 만나면 다시 얼싸안고 기쁨을 나누었고, 다들 몰려가 축하의 잔치를 열었다. 이 때 그리스인들의 기쁨은 그 어느 때보다 크고 대단한 것이었다.

그리스는 자유를 되찾기 위해 크고 무서운 전쟁을 수없이 해왔다. 그러나 자기들의 피를 흘리지 않고 다른 나라 사람들의 도움으로 완전한 자유를 되찾았던 일은 단 한 번도 없었다. 그리스에는 용기와 지혜를 갖춘 사람들이 얼마든지 있었다. 그러나 진정한 정의를 지니고 있었던 사람은 없었던 것이다. 아게실라오스, 리산드로스, 니키아스, 알키비아데스 같은 사람들은 전술에 있어서 모르는 것이 없는 사람들이었고, 바다든 육지든 어디서 싸워도 승리를 거두는 장군들이었다. 그러나 그들은 자신들의 승리를 어떤 사람들을 위해 써야 하는지, 참된 영광을 이루기 위해 어떻게 해야 하는지를 모르고 있었다.

사실 지금까지 그리스의 거듭된 승리들은 부끄러운 것으로 생각할 수도 있는 것들이었다. 마라톤 싸움이나 살라미스 해전, 플라타이아와 테르모필라이에서 벌어졌던 전투, 그리고 키몬 장군이 에우리메돈과 키프로스 섬에서 거둔 승리를 제외하면 그들은 모두 자기 민족과 싸워 스스로 자유를 잃어버렸던 것이었다. 동족을 찔러 죽이고, 동족을 노예로 팔아서 승리의 기념비를 세웠다. 그래서 그들의 전승 기념비는 큰 도시 사이의 분쟁이 빚어낸 불행의 상징이었으며, 명예가 아니라 치욕의 기념물일 뿐이었다.

어쩌면 같은 조상[7]으로부터 전해져 온 타다 남은 불꽃 같은 옅은 추억이 있었는지, 외국인인 로마 사람들이 그리스를 가장 큰 위기로부터 구해 내고 전제자의 손아귀에서 풀어 자유를 회복시켜 주었던 것이다. 그리스 사람들이 이런 이야기를 주고받으며 가슴속에 품은 티투스에 대한 감사의 말을 하고 있는 동안, 티투스는 자기가 약속한 모든 일이 시행되도록 온갖 노력을 기울였다.

---

7) 그리스인들은 로물루스 시대 이전부터 이탈리아 반도의 남부에 식민지를 만들었다. 그래서 로마 최초의 주민은 이들 그리스 사람들이었다고 한다.

티투스는 한편 렌툴루스를 아시아로 보내 바르길리아 사람들을 해방시키고, 티틸리우스[8]를 트라키아로 보내 그 지방의 여러 도시와 섬에 있는 필리포스의 군대가 철수했는지 확인하게 했다. 그리고 푸블리우스 빌리우스를 안티오코스에게 보내 왕의 통치하에 있는 그리스인들의 지위 문제를 상의하게 하였다. 이 일들을 모두 처리한 다음, 티투스는 칼키스를 거쳐 바다 건너 마그네시아로 갔다. 그는 그곳에서 수비대를 철수시키고, 민주적인 정부를 다시 세웠다.

그런 뒤 그는 곧 아르고스의 네메아 경기 대회[9]의 대회장으로 선출되었다. 그는 모든 행사를 성대히 마련하여 자신의 능력을 다시 한 번 드러냈다. 그 자리에서는 자유의 선언을 한 전령을 다시 한 번 내세웠는데, 이 때 그리스 사람들의 기쁨은 말로는 다 표현할 수 없는 것이었다고 한다.

그는 다시 그리스의 여러 도시들을 돌아다녔다. 그는 가는 곳마다 안정과 질서를 확립하고, 당쟁을 막았으며, 시민들끼리의 친목을 역설하는 한편, 본국에서 추방된 사람들을 소환하였다. 티투스는 마케도니아와 싸워서 이긴 것보다도 그리스의 평화를 위해 노력하는 것을 더 기쁘게 생각했다. 그래서 그리스 사람들은 티투스가 자기들에게 자유를 되찾아 준 것은, 그의 여러 가지 업적 중에서 가장 작은 부분에 불과하다고 생각하게 되었다.

이런 이야기가 전해온다. 철학자 크세노크라테스가 아테네에 와서 살고 있을 때였는데, 너무 가난해서 외국인이 내야 하는 세금을 못 내고 있었다. 그러자 세금을 맡은 관리가 그를 잡아 감옥으로 끌고 갔다. 그때 정치가인 리쿠르고스가 그 철학자를 구해 주고, 관리인의 지나친 행동에 대해 벌을 내렸다. 그런 일이 있은 지 얼마 후 그 철학자는 리쿠르고스의 아들을 만나게 되었을 때 이렇게 말했다.

"그대의 아버지께서 내게 은혜를 베풀어 주셨는데 과연 그 보람이 있소이다. 그 일로 온 세상이 모두 아버님을 칭송하고 있으니 말이오."

티투스 퀸티우스와 로마가 그리스 사람들에게 베풀었던 은혜 또한 그리스뿐만 아니라 온 세상의 칭송을 받았다. 그 일로 로마는 세계의 여러 국민들로부터 깊은 신

---

8) 폴리비오스는 이 임무를 맡았던 사람이 스테르티니오스라고 기록하고 있다.

9) 그리스의 4대 축제 가운데 하나로, 올림피아드, 즉 올림픽 경기 기간의 제2년과 제4년의 7월에 거행되었다. 여기서는 씨름과 경마, 그리고 악기 연주 등의 행사를 하였다.

뢰를 얻게 되었다. 로마인은 어느 곳을 가도 환영을 받았으며, 스스로 사절단을 보내 로마에게 보호를 요청하기도 했다. 많은 도시들뿐만 아니라 왕들도 핍박을 받을 때면 언제나 그들을 찾게 되어, 로마는 아주 짧은 시간 동안에 전세계로부터 존경을 받게 되었다. 이것은 하늘의 도움과 축복이 아닐 수 없었다.

한편 티투스도 그리스의 해방을 특별히 명예롭게 생각했다. 그는 델포이에 자기가 쓰던 방패 말고도 따로 하나의 방패를 만들어 아폴론 신전에 바쳤다. 그것은 은으로 만든 둥글고 작은 방패였는데, 다음과 같은 시가 새겨져 있다.

> 말을 즐겨 타시는
> 제우스의 쌍둥이 두 분[10]께
> 위대한 아이네아스[11]의 후손 티투스가
> 그리스의 자유와 명예를 위해
> 이것을 바칩니다.

그리고 아폴론에게 금관을 바쳤는데, 거기에도 이런 시를 새겨 놓았다.

> 라토나 여신의 아들이신 그대에게
> 로마의 장군 티투스가 이 관을 올립니다.
> 포이보스[12]여
> 그대의 눈부신 머리 위에 이것을 얹으시고
> 위대한 티투스의 이름을 지켜 주십시오.

그리스에는 이와 같은 사건이 두 번 있었는데, 둘 다 코린트에서 생긴 일이었다. 한 번은 로마의 황제 네로가 똑같이 코린트 시에서 지협 경기 대회를 열 때 그리스의 자유를 되찾아 주는 선언을 했다. 그러나 티투스는 이 선언을 전령을 시켜서 했지만, 네로

---

10) 유피테르(제우스)와 라토나(레토) 여신 사이에서 태어난 쌍둥이가 바로 아폴로와 아르테미스이다.

11) 트로이 전쟁 때의 용사로, 그리스 신화에는 그가 뒤에 로마를 건설했다고 전하고 있다.

12) 그리스 신화에는 아폴론을 태양신으로 섬기며 이 이름을 붙이고 있다.

황제는 직접 광장의 연단에 올라서서 했다. 그러나 이것은 이보다 훨씬 뒤의 일이다.

드디어 티투스는 가장 난폭하고 무법적인 폭군인 스파르타의 나비스를 징벌하기 위한 준비를 시작했다. 그런데 그 일의 마무리에 가서 그가 그리스 사람들의 기대에 어긋나는 행동을 하여 큰 실망을 하게 만들고 말았다. 그를 사로잡을 기회가 충분히 있었는데도 휴전을 해서 그와 평화조약을 맺었던 일 때문이었다. 그래서 스파르타 사람들은 더욱 심한 억압을 받게 되고 말았다. 티투스가 그와 화해를 서둔 것은, 전쟁이 계속되면 새 사령관이 파견되어 자신의 영광을 그 사람들에게 빼앗길까봐 염려스러웠거나, 아니면 필로포이멘에 대한 시기심 때문이었던 것 같다.

필로포이멘은 당시 여러 전쟁에서 승리를 거두어 크게 이름을 떨치고 있었으며, 나비스와의 전쟁에서도 용기와 전략을 뚜렷이 드러내고 있었다. 게다가 아카이아 사람들이 그에 대한 연극을 만들어 행사가 있을 때마다 선보이고 있었기 때문에, 티투스는 자기의 영광을 넘보는 그에게 몹시 신경이 곤두섰던 것이다.

한낱 아르카디아의 평민이었던 필로포이멘이 고향에서 몇 번 이겼다고 해서, 로마의 집정관이며 그리스 전체의 수호자인 자기와 대등한 인물로 일컬어지고 있는 것이 그로서는 너무나 못마땅했다.

그러나 티투스는 휴전의 이유를 이런 말로 변명하였다.

"물론 폭군인 나비스를 완전히 파멸시킬 수도 있었소. 그러나 그렇게 되면 다른 스파르타인들까지 피해를 입을 위험이 있소. 그런 염려 때문에 나는 그와 휴전을 맺기로 결정한 것이었소."

아카이아 사람들은 여러 가지로 티투스에게 영예를 바쳤다. 그러나 그는 도무지 반갑지 않았다. 다만 아카이아 사람들의 선물 가운데 꼭 한 가지만은 기쁜 마음으로 받아들일 수 있었다.

한니발 전쟁에서 포로가 된 많은 로마인들은 노예가 되어 여기저기로 팔려 갔다. 그리스에는 그렇게 해서 온 사람들이 천이백 명 가량 있었다. 그들의 처지는 참으로 비참한 것이었다. 그런데 노예살이를 하던 그들은 로마의 군인들 가운데서 자신의 아들이나 형제, 아는 사람들을 만나게 되었다. 이 만남은 그들의 심정을 한층 더 처량하게 만들었다. 그들은 모두 노예와 자유민, 포로와 승리자로서 서로 만나게 되었던 것이다.

티투스는 그들의 비참한 신세를 진심으로 동정했다. 그러나 노예에게는 주인이 있는 이상 그들을 강제로 빼내 올 수가 없었다. 그런데 아카이아 사람들이 이 노예들을 한 사람당 5미나씩 주고 사서 모두 한 곳에 모은 다음, 티투스가 본국으로 떠나려고 배를 탈 때 그에게 넘겨준 것이었다.

티투스는 몹시 기뻐하며 만족스러운 기분으로 출항했다. 그는 자신의 영광스러운 공적에 어울리는 거룩한 선물을 받고, 자신의 열렬한 애국심에 걸맞는 보람을 얻은 것이었다. 티투스는 로마로 개선을 했다. 그 행렬에서 가장 빛나는 것은 노예의 몸에서 해방된 로마 병사들의 긴 행렬이었다. 그들은 다른 노예들과 마찬가지로 머리를 깎고 있었지만, 관례에 따라 머리에 펠트 모자[13]를 쓰고 있었다.

그러나 개선 행렬에서 그들 못지않게 사람들의 눈을 끈 것은 그리스 군의 투구와 마케도니아 군의 방패와 긴 창 등의 전리품이었다. 그 밖에도 많은 금과 은이 있었는데, 투디타누스에 의하면, 금화 3,713파운드, 은화 43,270파운드, 그리고 필리픽스라고 불리는 금화 14,514장이 있었다고 전한다. 그리고 이것들 말고도 필리포스가 전쟁 배상금으로 지불하기로 한 돈 1천 탈렌트가 따로 있었다.

티투스는 영예로운 전쟁을 한 명예로운 장군이었지만 온정도 많은 사람이었다. 그는 원로원을 움직여 필리포스 왕이 물어야 할 1천 탈렌트의 배상금을 면제해 주고, 볼모로 잡혀 있던 그의 왕자도 마케도니아로 돌려보내 주었다.

그런데 얼마 뒤 안티오코스 왕이 수많은 함대와 강력한 군대를 거느리고 그리스로 침입해 왔다. 그리고 그리스의 여러 나라가 로마와의 동맹을 끊고 반란을 일으켰다. 특히 아이톨리아는 로마와의 불화 때문에 그들을 더 적극적으로 지지하고 나섰다. 그들은 그리스의 자유를 되찾아 준다는 명목으로 전쟁을 시작했다. 그러나 그리스는 이미 완벽한 자유를 누리고 있었으므로 그것은 허튼 핑계일 뿐이었다. 전쟁을 일으킬 아무런 구실이 없었으므로 그들은 터무니 없는 이유를 달고 나온 것이었다.

그리스에서 반란과 혁명의 움직임이 일어나자 로마는 몹시 불안해졌다. 그래서 마니우스 아킬리우스를 집정관으로 선출하여 군대의 지휘를 맡기고, 티투스에게는 부사령관의 임무를 주어 그리스와의 외교를 담당하도록 했다.

티투스가 그리스 땅에 들어서자, 동요하던 여러 도시들은 로마 편으로 되돌아왔다. 또 이미 배반의 행동을 취했던 도시들도 모두 그의 설득으로 마음을 고쳐먹었다.

---

13) 로마 사람들은 노예를 풀어줄 때, 자유의 상징으로 필레룸이라고 부르는 펠트로 만든 모자를 씌워 주었다.

티투스는 그들이 가지고 있는 자신에 대한 신뢰와 사랑을 마치 뛰어난 의사가 처방하는 약처럼 이용했던 것이다.

그러나 아이톨리아의 꼬임에 넘어간 몇몇 도시는 어떻게 해 볼 도리가 없었다. 티투스는 그들의 행동에 분노하며 이를 갈았지만 나중에 승리를 거둔 뒤에는 그 도시들이 피해를 당하지 않도록 보호해 주었다.

안티오코스는 테르모필라이에서 로마 군과 맞부딪쳐 크게 타격을 입었다. 안티오코스는 싸움터에서 겨우 달아나 정신없이 배에 올랐다. 그리고 돛을 올리고 곧장 아시아로 돌아가 버렸다. 적을 무찌른 로마 군은 집정관 마니우스의 지휘로 곧 아이톨리아의 여러 도시들을 공격하고, 한편으로는 마케도니아의 필리포스 왕을 시켜 반란을 꾀했던 도시들을 공격하게 했다. 필리포스 왕은 성난 사자처럼 도시들을 무찔러 나갔다. 돌로페스, 마그네시아, 아타마네, 아페란티아 등이 이렇게 무너져 갔다.

그러나 마니우스의 성과는 보잘것없는 것이었다. 그는 겨우 헤라클레아를 점령하고, 아이톨리아의 손에 들어간 나우팍토스를 포위하고 있을 뿐이었다.

티투스는 사정없이 짓밟히고 있는 그리스인들을 가엾게 여겨 펠로폰네소스를 떠나 뱃길로 나우팍토스에 도착했다. 그는 마니우스를 만나자 곧 그의 어리석은 작전을 탓했다.

"마니우스 장군, 기껏 안티오코스를 정복하고는 필리포스에게 승리의 영광을 다 넘겨주고 계시니 나는 도저히 이해를 못하겠소. 당신이 작은 도시 하나를 포위한 채 허송 세월을 보내는 동안, 필리포스 왕이 수많은 도시와 국가들을 병합하고 있는 것이 안 보이시오?"

마니우스는 아무 대답도 하지 않았다. 티투스는 그를 내버려 두고 포위된 성 가까이로 갔다. 성 위에 나와 있는 아이톨리아 사람들은 그를 알아보고 눈물을 흘리며 애원했다. "티투스 장군님, 살려 주십시오."

티투스는 마음이 괴로워서 아무 말도 할 수가 없었다. 그는 죽음을 앞두고 있는 그들에게 등을 돌리고, 한숨을 쉬며 눈물을 흘렸다.

티투스는 며칠 뒤 마니우스를 찾아가 갖은 말로 그를 설득했다. 마침내 마니우스는 노여움을 풀어, 아이톨리아 사람이 원로원을 찾아가 휴전을 애원할 기간을 주고 그동안은 휴전할 것을 약속했다.

그런데 티투스를 가장 곤란하게 했던 것은 칼키스 시민에 대한 마니우스의 노여움을 푸는 일이었다. 로마 사람들은 이곳 사람들을 특별히 미워했다. 그것은 전쟁 초기에 안티오코스가 이곳 사람의 딸과 결혼한 일 때문이었다. 이 결혼은 시기적으로도 좋지 않았던 데다가, 두 사람의 나이를 보아도 전혀 어울리지 않는 것이었다. 안티오코스 왕은 이미 중년을 지난 나이였고, 아내는 아직 어린 소녀였다. 그 여자는 클레오프톨레모스의 딸로, 세상에서 보기드문 아름다운 여인이었다.

이 결혼 때문에 칼키스 사람들은 안티오코스를 열렬히 지지하게 되었고, 그 도시는 안티오코스 군대의 본부가 되었다. 그래서 왕은 테르모필라이에서 패배하고 도망갈 때도 칼키스로 급히 가서 젊은 신부와 금은보화, 그리고 신하들을 거느리고 아시아로 떠났던 것이다.

마니우스는 이런 여러 가지 일로 분노하여 곧 군대를 이끌고 칼키스로 달려갔다. 이 소식을 들은 티투스는 급히 그를 뒤쫓아가, 간신히 그의 화를 가라앉혔다.

그 덕분으로 칼키스 사람들은 생명을 건졌다. 그들은 티투스에 대한 감사의 표시로, 도시에서 가장 크고 좋은 건물을 티투스에게 바쳤다. 그리고 그 건물에 다음과 같은 글을 새겨 오늘날까지 남기고 있다.

> 이 체육관을 헤라클레스와 티투스 님께 바칩니다.

그리고 그 건너편에 있는 건물에도 다음과 같은 글을 새겼다.

> 델포이니움을 헤라클레스와 티투스 님께 바칩니다.

시민들은 그러고도 모자라, '티투스의 제관'이라는 이름의 제관을 뽑아 해마다 티투스에게 제사를 드렸다. 그 제사가 끝나면 그들은 티투스의 덕을 기억하는 노래를 불렀다. 그 노래는 아주 길었는데 맨 마지막 구절은 이렇게 끝이 난다.

> 우리의 희망을 들어주고
> 우리의 목숨을 구해 준 로마를
> 오늘도 내일도 영원히 노래하네.
> 아가씨들이여, 노래 불러라.

로마와 티투스,

그리고 제우스 신을 위해.

이 춤과 노래는 로마를,

그리고 우리를 구한 티투스를 위한 것이라네.

티투스는 그리스의 다른 도시들로부터도 상당한 영예를 받았다. 이 영예를 빛나게 한 것은 무엇보다 그의 따뜻하고 너그러운 성격 때문이었다. 그는 때때로 많은 정치가들과 의견의 충돌을 일으켰고, 경쟁심 때문에 싸운 일도 많았지만 끝까지 원한을 품고 있는 일은 결코 없었으며 곧 노여움을 풀었다. 필로포이멘과 아카이아 군의 사령관 디오파네스와도 가끔 대립이 있었지만, 분노 때문에 섣부른 행동을 한 일은 한 번도 없었다.

그의 말투는 우아하면서도 힘을 가지고 있었다. 언젠가 아카이아 사람들이 자킨토스 섬을 정벌하려고 한 적이 있었는데, 그때 티투스는 그 계획을 반대하며 이렇게 지적했다. "그 계획은 너무나 무모한 것이오. 여러분의 펠로폰네소스에서 벗어나 그렇게 멀리까지 손을 뻗친다는 것은, 마치 자라가 등딱지에서 목을 너무 길게 내뻗는 것처럼 위험한 일이오."

또 필리포스 왕과 휴전을 하기 위해 처음 만났을 때, 필리포스는 이런 말을 했다. "나는 혼자 왔는데, 장군께서는 왜 이렇게 많은 병사들을 데리고 왔소?"

그러자 티투스는 이렇게 말했다.

"왕께서는 스스로 자신을 쓸쓸하게 만드신 것입니다. 친구와 친척들을 모두 싸움터에서 잃었으니까 말입니다."

한 번은 메세네의 디노크라테스라는 사람이 중요한 임무를 띠고 찾아온 적이 있었다. 그런데 그는 지나치게 술을 즐긴 나머지 몹시 취해서, 여자옷을 입고 춤을 추며 주정을 했다. 다음날 그는 티투스를 찾아와, 메세네가 아카이아의 지배에서 벗어나려 하고 있으니 도움이 필요하다고 용건을 말했다. 그러자 티투스는 이렇게 그를 책망했다.

"글쎄, 생각해 보지요. 그런데 그렇게 큰 일을 맡고 오신 분이 어떻게 술자리에서 노래를 부르고 춤을 출 수 있었는지 나로서는 놀랍군요."

또 언젠가 안티오코스의 사절단이 아카이아의 사절단에게, 자기네 왕의 군대가 대단히 크고 여러 종류의 부대가 있으며, 어떻게 편성되어 있는지를 자랑삼아 늘어놓았다. 이 말을 듣고 있던 티투스는 이런 이야기를 했다.

"한 번은 친구가 나를 저녁 식사에 초대를 했소. 가서 식탁을 보니, 음식의 종류가 엄청나고 맛도 아주 좋았지요. 그래서 나는 놀라며 어쩌면 이렇게 많은 음식을 만들었는지를 그 친구에게 물었소. 그랬더니 그 친구가 그러더군요. 사실 종류가 많지만 모두 다 돼지고기로 만든 것이며 조리 방법만 조금씩 다르다는 것이었소. 아카이아인 여러분, 이것과 마찬가지요. 안티오코스의 부대가 투창병이니 창병이니 보병이니 해서 종류가 많은 모양이지만, 다 그게 그거요. 가진 무기가 조금씩 다를 뿐이지 전부 다 시리아 사람 아닙니까?"

그리스가 다시 안정을 되찾은 것도 티투스의 그런 현명함 때문이었다. 그리스가 평온해지고 안티오코스와의 전쟁도 끝이 나자 티투스는 로마로 돌아갔다. 로마에는 감찰관 자리가 그를 기다리고 있었다. 이것은 로마 최고의 자리였으며, 정치 생활의 최종 목표나 다름없는 것이었다.

티투스는 마르켈루스와 함께 감찰관의 자리에 올랐는데, 마르켈루스는 다섯 번이나 집정관을 지낸 마르켈루스의 아들이었다. 그 두 사람은 원로원 의원 중에서 시민들의 평판이 나쁜 네 명의 자격을 박탈하고, 자유민 부모를 가진 로마인의 아들 딸에게 시민권을 주었다. 이것은 당시 귀족 계급과 사이가 나빴던 호민관 테렌티우스 쿨레오라는 사람이 법을 만들고, 그들이 이것을 시행한 것이었다.

이 때 로마에서 가장 크게 이름을 날리고 있던 두 사람은 아프리카누스 스키피오와 마르쿠스 카토였다. 티투스는 스키피오를 원로원 의장에 임명했다. 그러나 카토와는 다음과 같은 사건 때문에 서로 반감을 가지게 되었다.

티투스에게는 루키우스라는 동생이 있었는데, 그는 형과는 달리 행실이 단정치 못하고 명예를 하찮게 여기는 사람이었다. 그 루키우스는 항상 어떤 미소년을 데리고 다녔다. 그는 군대를 거느리고 출정을 할 때나 총독으로 부임을 할 때도 늘 소년을 옆에 두었다.

그러던 어느 날 술자리에서 그 미소년이 애교를 부리면서, 루키우스가 그리워서 검투사 시합을 보지 못했다며 사람 죽는 구경을 하고 싶다고 했다. 루키우스는 기분이 좋아 즉시 그 소원을 들어주기로 했다. 그리고 사형수 하나를 감옥에서 끌어내 그 미소년 앞에서 죽여 버렸다.

그런데 발레리우스 안티아스는, 루키우스가 미소년이 아니라 자기의 애인인 어떤 여자 때문에 이런 사건을 저질렀다고 전한다. 그러나 역사가 리비우스는 카토가 했던 연설을 인용하면서, 루키우스는 갈리아 족의 탈영병이 어떤 여자를 데리고 나타난 것을 보고 그를 체포한 뒤, 자기 애인의 소원을 풀어 주기 위해 손수 탈영병을 죽였다고 말했다. 그러나 아마도 이 이야기는 카토가 루키우스의 죄를 크게 하기 위해 만들어낸 것으로 보인다. 키케로가 쓴 〈노년에 대하여〉을 비롯하여 다른 여러 책들을 보면, 죽은 사람은 탈주병이 아니라 사형이 확정된 죄인이었다고 씌어 있는 것을 볼 수 있을 것이다.

어쨌든 카토는 감찰관이 되었을 때 집정관까지 지낸 루키우스를 원로원에서 제명시켜 버렸다. 이 일은 루키우스뿐만 아니라 티투스에게도 수치스러운 일이었지만, 카토는 그런 것까지 고려하지는 않았다.

티투스 형제는 초라한 옷차림으로 시민들 앞에 나타나, 이름 높은 자신의 집안에 그런 모욕을 준 까닭이 무엇이냐고 카토에게 물었다. 그러자 카토는 눈썹 하나 까딱하지 않고 그의 동료와 함께 연단에 올라, 술자리에서 무슨 일이 있었는지 아느냐고 티투스에게 물었다. 티투스는 전혀 그 일을 몰랐기 때문에 모른다고 대답했다. 그러자 카토는 술자리에서 있었던 일을 자세히 설명하고, 루키우스에게 틀리는 점이 있으면 말하라고 했다. 루키우스는 아무 말도 없었다. 그러자 시민들은 티투스 형제가 받은 벌은 당연한 것이라고 여기고, 카토가 연단에서 내려오자 그를 집까지 배웅했다.

티투스의 분노는 대단했다. 감찰관까지 지낸 사람을 매장하려는 카토를 그냥 두고 볼 수가 없었던 것이다. 그는 원로원의 절반 이상을 차지하는 카토의 반대파에 가담했다. 그리고 카토가 원로원의 이름으로 만든 모든 계약들을 반대하여 무효로 만들어 버렸다. 그러고는 카토를 상대로 소송을 걸고 그를 자리에서 내쫓기 위해 여러 가지로 애썼다. 물론 티투스의 그런 행동은 결코 정의로운 것은 아니었다. 그는 다만 행실이 나빠 벌을 받은 동생 때문에 합법적인 권리를 행한 카토에게 반항했던 것이다.

그 후 극장에서 무슨 행사가 있었을 때 원로원 의원들은 관습에 따라 가장 좋은 좌석에 앉아 있었다. 그때 루키우스는 초라한 옷차림으로 이들의 자리를 지나 맨 뒷좌석에 가서 앉았다. 이것을 본 시민들은 민망하여, 그에게 원래 앉던 높은 자리로 가서 앉으라고 소리를 쳤다. 그래서 그는 집정관들이 앉는 자리에 다시 앉았고, 집정관들도 기꺼이 그를 맞아들이게 되었다.

티투스의 타고난 공명심은 많은 공훈을 세우게 했다. 젊었을 때 여러 전쟁에서 거둔 전공들은 집정관의 자리에 있을 때에는 마치 불꽃을 피워올리는 좋은 땔감처럼 온 세상 사람들의 우러름을 받았다. 그는 또 집정관직에서 물러난 뒤에도 스스로 군사 호민관의 자리를 맡아 국민들의 칭송을 받았다.

그러나 나이가 지긋이 든 다음에도 청년처럼 열광적으로 공명심을 쫓았기 때문에 때때로 사람들의 비난을 받기도 했다. 한니발에 대한 그의 행동도 바로 이러한 실례로, 그의 반생애의 명성에 먹칠하는 좋지 못한 결과를 낳았다.

한니발은 카르타고에서 패배하여 쫓겨간 뒤, 곧 안티오코스 왕을 찾아가 보호를 요청했다. 그러나 프리기아에서 패한 안티오코스가 로마의 휴전 제안을 받아들이자, 그는 그곳을 떠나 이곳저곳을 돌아다녔다. 그러다가 찾아간 사람이 비티니아의 왕 프루시아스였다. 로마 사람들은 한니발이 프루시아스의 궁전에서 머물고 있다는 사실을 알고 있었지만, 그는 이미 늙었으며 따르는 사람도 없었기 때문에 그냥 내버려 두었다. 그러나 티투스는 다른 사람들과는 생각이 달랐다.

티투스는 원로원 일로 프루시아스 왕을 찾아 갔다가 한니발이 살아 있는 것을 보고는 분통이 터졌다. 그래서 그는 왕의 간곡한 애원도 물리치고 기어이 그를 죽이려고 했다.

한니발은 언젠가 자신에게 내려졌던 신탁 때문에 이미 죽음을 예상하고 있었다. 그 신탁이란, '리비사의 땅이 한니발을 덮을 것'이라는 내용이었다. 한니발은 이 신탁에서 말하는 리비사가 아프리카의 리비아를 가리키는 것으로 생각했다. 그래서 자신은 조국인 카르타고에 묻힐 것이라고 믿고 있었다.

그러나 비티니아의 바닷가에 모래땅이 있는데 바로 그 근처에 리비사라는 마을이 있었다. 물론 한니발은 그런 사실을 모르고 있었지만, 하필이면 그가 살고 있던 마을이 바로 리비사였다. 한니발은 처음부터 프루시아스 왕이 마음도 약하고 힘도 강하지 못한 사람이라는 것을 알고 있었다. 그래서 왕이 로마의 협박에 넘어가 자기를 죽일까 두려워서, 자기 방에서부터 일곱 개의 지하도를 파고 도망갈 길을 마련해 놓고 있었다. 이 지하도는 상당히 길었고, 바깥으로 통한 출구는 쉽사리 눈에 띄지 않게 되어 있었다. 한니발은 티투스가 자기를 죽이려 한다는 소식을 들었다. 그래서 곧 지하도로 도망가기로 결심했다. 그러나 지하도의 출구는 이미 프루시아스 왕의 호위병들이 지키고 있었다. 결국 한니발은 달아날 길을 잃고 스스로 목숨을 끊고 말았다.

어떤 사람의 이야기로는, 그가 웃옷을 목에 감고 자신의 하인에게 숨이 끊어질 때까지 당기게 했다고 한다. 그러나 테미스토클레스나 미다스처럼 황소의 피를 마시고 죽었다는 이야기를 전하는 사람들도 있다. 그러나 리비우스의 책을 보면, 한니발은 평소부터 이런 일을 예상하고 늘 독약을 지니고 있었다고 적고 있는데, 그때 그는 독약을 탄 술잔을 마시기 전에 이렇게 말했다고 한다.

"좋아, 로마의 끊임없는 시름 하나를 들어주지. 이 늙은이가 미워서 죽을 날만 기다리고 있다니 말이야. 그러나 이것이 티투스의 자랑이 될 수는 없지. 로마의 조상은, 그들의 적이며 정복자였던 피로스에게 그를 독살하려는 음모까지 알려 주었으니 말이야."

한니발은 이렇게 해서 죽었다. 그는 참으로 뛰어나고 오만한 장수였지만, 이처럼 허무하게 죽음을 맞이하고 말았다. 한니발의 죽음을 접한 로마의 원로원은 티투스가 분수에 지나친 행동을 했다고 비난했다. 날개를 잃어버린 새처럼 날지도 못하는 늙은 한니발이 조용히 여생을 보내도록 내버려 두지 않고, 티투스가 굳이 괴롭혔기 때문에 서둘러 그를 무덤으로 보냈다고 생각한 것이었다. 그들의 생각으로는 티투스가 아무 정치적인 이유도 없이 다만 자신의 명예를 위해 그를 잔인하게 죽음으로 몰아넣은 것이나 다름없었다. 이런 티투스의 행동은 너그럽고 따뜻한 모습을 보여준 스키피오 아프리카누스의 행동과 비교할 때 사람들을 더욱 못마땅하게 만들었다.

스키피오는 그 당시 한 번도 져본 일이 없던 한니발을 아프리카에서 격파했지만, 한니발을 본국에서 추방하지 않았을 뿐만 아니라 자기에게 넘겨 달라고 요구한 일도 없었다. 그만큼 스키피오는 한니발을 존경했던 것이다. 그는 전투를 시작하기 전에 그를 만나 인사를 나누었고, 정복한 다음 휴전 협정을 맺을 때도 모욕적이거나 교만한 태도를 보이지 않았고 지극히 공손하게 그를 대했다. 그 후 스키피오는 에페소스에서 다시 한니발을 만났다. 그들은 나란히 걸으며 얘기를 나누고 있었는데, 그때 한니발이 이런 말을 했다.

"역사상 제일 가는 장군은 알렉산드로스 대왕이고, 다음은 피로스, 그리고 세 번째는 바로 나, 한니발이오."

이 얘기를 듣고 스키피오는 미소를 지으며 한니발에게 물었다.

"그러면 내가 만일 장군을 이기지 못했더라면, 어떻게 말씀하셨겠소?"

"그야 물론 나는 세 번째가 아니라, 맨 첫 번째였겠지요."

많은 로마 사람들은 스키피오의 그런 행동을 옳다고 생각하며 그를 칭송했다. 반면 티투스의 행동은 시체를 다시 욕보인 것과 같다고 비난했다. 그러나 티투스의 행동을 칭찬한 사람도 전혀 없지는 않았다. 한니발은 불덩어리 같은 사람이라서 언젠가 바람을 만나면 반드시 큰 불을 일으킬 것이라는 생각 때문이었다. 그들은 한니발이 젊었을 때 로마에게 무서운 시련을 준 것도, 그가 힘이 장사였거나 칼을 잘 써서가 아니라 뛰어난 지혜와 로마에 대한 불타는 적개심 때문이었다고 생각했다. 그런 적개심은 나이를 먹었다고 해서 달라지거나 사라지는 것이 아니었다. 더구나 사람의 운명이 늘 변한다고 해도 그 사람의 생각이나 기백까지 빛이 바래는 것은 아니기 때문에, 원한을 가지고 있는 사람은 언제까지라도 그것을 풀기 위해 늘 새로운 힘을 얻는다는 것이었다.

과연 그 뒤에 생긴 몇 가지 사건들은 티투스의 행동이 어느 정도 옳은 것이었다는 사실을 증명해 주었다.

그후 평범한 음악가 집안에서 태어난 아리스토니코스라는 사람은 에우메네스의 아들이라는 명성 때문에 아시아 전체에 소요와 반란을 일으켰다. 또 미트리다테스는 술라와 핌브리아에게 엄청난 패배를 당하고도, 다시 군대를 일으켜 루쿨루스에게 대항해 무서운 적수가 되었다.

만약 한니발이 살아 있었다면, 로마 또한 다시 위험한 지경에 처했을지도 모르는 일이다. 그러나 한니발은 적어도 카이우스 마리우스처럼 초라한 신세로까지 떨어지지는 않았다. 그는 한 나라의 왕을 친구로 삼았으며, 배나 말을 타고 다니며 군사 문제를 연구하기도 했으므로 적어도 거지가 되었던 마리우스의 처지보다는 나았다. 그러나 마리우스를 비웃던 로마 시민들은 머지 않아 그에 의해 채찍으로 맞고 로마의 길바닥에서 죽임을 당했다.

사람이란 앞으로 어떤 일을 당할지 모르는 것이기 때문에 지금 눈앞에 보이는 것만 가지고 위대하다거나 비참하다고 말할 수는 없는 것이다. 운명의 변화는 목숨이 다한 뒤에야 그치는 것이기 때문이다.

그래서 어떤 역사가는 티투스가 한니발을 죽인 것은 혼자만의 생각이 아니라 루키우스 스키피오와 함께 한니발을 죽이라는 원로원의 명령 때문이었다고 얘기하고 있다.

그 후 티투스에 대한 기록들은 보이지 않는다. 그가 조용히 지내다가 생애를 마쳤다는 간단한 기록들만 전해져 올 뿐이다.

필로포이멘과
플라미니누스의 비교

먼저 티투스가 그리스에 베푼 위대한 은혜에 대해서는, 필로포이멘이나 그보다 더 훌륭한 누구라 할지라도 비교할 만한 사람이 없다. 그리스 사람들은 그리스 사람들과 전쟁을 벌였지만, 티투스는 그리스 사람이 아니면서도 그리스 사람을 위해 싸운 사람이었다.

필로포이멘은 자기 나라 동포들이 곤경에 빠져 있을 때, 그들을 구할 길이 없자 크레타 섬으로 건너가 버렸다. 그러나 그동안 티투스는 그리스 한가운데서 필리포스 왕과 싸워 승리를 거두었다. 그렇게 해서 그는 그리스의 모든 나라와 도시에 자유를 안겨 주었다. 또 전투의 결과로 살펴보아도, 필로포이멘이 아카이아 군의 사령관으로 있으면서 죽인 그리스인의 숫자는 티투스가 그리스를 위해 싸우면서 죽인 마케도니아인의 숫자보다도 많았다.

그들 두 사람은 각각 결점을 가지고 있었는데 티투스는 지나친 공명심, 그리고 필로포이멘은 완고함이었다. 티투스는 분노에 쉽게 동요되었고, 필로포이멘은 한 번 맺힌 분노를 쉽게 풀지 못한다는 데 그들의 단점이 있었다. 티투스는 한 번 친해진 사람들은 언제까지나 친구로 대했으나, 필로포이멘은 그렇지가 않았다. 그는 조금이라도 감정이 상하면, 지금까지 좋았던 마음까지 모조리 씻어 버렸다. 그는 스파르타에 은혜를 베풀었지만, 얼마 뒤에는 그 성벽들을 허물어 평지로 만들어 버리고, 온 국토를 짓밟았으며, 마지막에는 정부까지 파괴하려고 했다. 필로포이멘은 자신의 분노와 개인적인 원한 때문에, 자신의 생명까지 헛되이 잃은 사람이었다. 그는 아무런 준비도 없이 메세네를 공격했기 때문에 큰 패배를 당했던 것이다. 또 티투스는 전투를 할 때면 언제나 치밀한 전략을 세우는 등 신중함을 보였지만 필로포이멘에게는 이런 모습이 드러나지 않았다.

그러나 장군으로서의 필로포이멘의 명성은 좀 더 확고한 기반 위에 서 있었던 것으로 보인다. 두 사람이 참가했던 전투와 전승 기념비의 숫자로 보아도, 필로포이멘이 가진 군사적인 능력이 훨씬 뛰어났다고 말할 수 있다. 그러한 결과들은 모두 그가 가진 뛰어난 군사 지식 덕분이었으며, 결코 행운의 힘이었다고는 말할 수 없는 것이다.

더구나 티투스의 영예는 가장 부강한 로마의 뒷받침이 있었지만, 필로포이멘의 영예는 그리스가 힘을 잃어가고 있을 때 스스로 세운 것이었다. 그러므로 티투스의 영광은 로마와 나눠 가져야 될 것이지만, 필로포이멘의 영광은 오로지 그 자신의 힘만으로 이루어진 것이었다. 티투스는 이미 있던 좋은 군대를 지휘하기만 했으나, 필로포이멘은 열악한 상황에 있던 군대를 훈련시켜 뛰어난 군대를 만들어낸 사람이었다.

필로포이멘은 언제나 동포인 그리스 사람과 싸워야 했다는 점에서 장군으로서 불행했다고 생각할 수도 있을 것이다. 그러나 이것은 그의 역량을 드러내는 데는 좋은 조건이 되었다. 왜냐하면 서로의 사정과 환경을 알고 있는 상태에서 적을 이겼다는 것은 그가 우월한 능력과 용기를 가지고 있다는 사실을 증명하기 때문이다. 사실 그는 그리스인 중에서도 가장 전쟁을 잘하는 크레타와 스파르타를 상대로 해서 싸웠다. 그는 가장 교활한 적에게는 교활함으로, 가장 용맹한 적에게는 용맹함으로 그들을 이겨낸 것이었다.

그리고 또 하나 기억할 것은, 티투스는 훈련이 잘된 군대를 인계받은데 비해, 필로포이멘은 새로운 무기를 만들고 자기의 부하들을 훈련시키며 전술을 가르쳤다는 점이다. 그는 전쟁에 이길 수 있는 방법을 그대로 이용했을 뿐이었다. 또 필로포이멘은 스스로 용감함을 보이며 여러 차례 성과를 거두었지만, 티투스에게는 그런 일이 한 번도 없었다. 그런 까닭에 아이톨리아 사람 아르케데모스는 티투스를 비웃으며 이런 말을 했다.

"아이톨리아 사람인 나도 칼을 높이 치켜들고 마케도니아 장군을 공격하려 달려
갔다. 그러나 그때 티투스는 꼼짝도 않은 채 손을 들고 신께 기도를 드리고 있었다."

그러나 티투스는 장군으로서나 외교사절로서는 늘 완벽한 성공을 거두었다. 한
편 필로포이멘도 장군으로 있을 때는 물론, 평민으로 있을 때에도 아카이아를 위해
애를 썼으며, 누구에게도 그 일을 양보하지 않았다. 메세네에서 나비스를 쫓아내고
주민들의 자유를 되찾아 준 것도, 또 디오파네스와 티투스가 공격해 왔을 때 스파르
타 시로 먼저 들어가 성문을 닫고 재빨리 사태를 수습한 것도 그가 평민의 자격으로
있을 때 거둔 성과였다.

이와 같이 그는 진정한 장군의 정신을 충분히 갖추고 있었다. 뿐만 아니라 그는
법을 무시해야 할 때와 법을 지켜야 할 때를 잘 알고 있었다. 그는 법의 정신을 지켰
지만, 그것에 구애되지는 않아야 진정한 장수로서의 자격이 있다고 생각했다.

티투스가 그리스 사람들에게 보여준 정의감과 너그러움, 그리고 따뜻한 마음은
그의 위대한 성품을 짐작하게 해준다. 그러나 필로포이멘이 로마인들에게 보여준
용기와 행동은 더욱 고귀한 무엇인가가 있다. 왜냐하면 구걸하고 있는 사람의 소원
을 들어주는 것은 쉬운 일이지만, 강한 자를 두려워하지 않고 대항한다는 것은 어려
운 일이기 때문이다.

그러나 이 두 사람을 비교하여 누가 더 훌륭하고 누가 덜 훌륭하다고 판단한다는
것은 쉽지 않은 일이다. 그러므로 군사적인 노련함에 있어서는 그리스인에게, 정의
와 너그러움에 있어서는 로마인에게 월계관을 드리는 것이 좋을 것 같다.

21
피로스

(PYRRHUS, BC 365 ? ~ 272)

에페이로스의 아이아키데스 왕의 아들. 몰로시아의 반란을 피해 일리리아의 왕 글라우키아스의 보호를 받으며 자라났다. 베레니케의 딸 안티고네와 결혼하여 왕위를 되찾고 에페이로스의 왕이 되었다. 마케도니아를 물리쳐 '독수리'라는 영광스러운 이름을 얻었으며 가장 훌륭한 장군으로 평가받고 있다. 갈리아 군을 이끌고 안티고노스가 거느린 아르고스 성을 공격하다가 전사하였다.

역사가들이 전하는 기록에 의하면, 대홍수가 있은 뒤 테스프로티아와 몰로시아에서 처음 왕이 된 사람은 파이톤이었다고 한다. 그는 펠라스고스와 함께 에페이로스로 들어온 사람들 중의 한 사람이었다. 그러나 데우칼리온과 피라는 도도나[1]에서 제우스를 숭배하는 풍습을 만들어내고 몰로시아 사람들 속에 섞여 그 지방에 살았다는 또 다른 설도 있다. 그 뒤 오랜 세월이 흘러, 아킬레우스[2]의 아들인 네오프톨레모스가 이곳에 군대를 이끌고 와서 그곳을 점령하고 나라를 일으켰는데, 이것이 바로 피리다이 왕가였다. 이것은 네오프톨레모스가 어렸을 때 피로스라는 이름으로 불렸기 때문에 붙여진 이름이었다. 네오프톨레모스는 힐로스의 아들인 클레오다이오스의 딸 라나사와 결혼을 하여 아들을 낳았는데, 이름을 피로스라고 지어 주었다.

---

1) 에페이로스 테스프로티아의 토마루스 산에 있는 작은 도시.
2) 그리스 신화에 나오는 영웅.

이 때부터 아킬레우스는 에페이로스에서 신처럼 높이 존경을 받았으며, 그 나라 말로 아스페토스라고 불리게 되었다. 이들 상고 시대 왕들의 왕성한 시대가 지난 뒤, 나라는 암흑 속에 빠져들고 힘이 약해져 세상에 별로 알려지지 않았다. 그러다가 타리파스라는 왕이 나타나자 비로소 다시 이름을 떨치기 시작했다. 그는 여러 도시에 그리스의 풍속과 문화를 도입하여 공정하게 나라를 다스렸다. 그리고 알케타스라는 아들을 낳았다. 알케타스는 아리바스를 낳고, 아리바스는 트로아스라는 여자와 결혼을 하여 아이아키데스라는 아들을 낳았다. 아이아키데스는 라미아 전쟁 당시 이름을 떨쳤던 장군으로, 대장군 출신인 메논의 딸 프티아를 아내로 맞아들여 데이다메이아와 트로아스라는 두 딸과 아들 피로스를 낳았다.

그 뒤 뜻밖에도 몰로시아 사람들이 반란을 일으켰다. 그들은 아이아키데스 왕을 내쫓고 네오프톨레모스(아리바스의 형제)의 아들들을 다시 불러들였다. 그리고 아이아키데스 왕을 지지하던 사람들을 모조리 잡아 죽여 버렸다.

이 때 안드로클레이데스와 안겔로스는 어린 피로스를 안고 적들의 눈을 피해 도망을 가려고 했다. 그러나 그것도 그리 쉬운 일은 아니었다. 많은 시종이 따랐고, 유모까지 끼여 있어서 적들의 눈을 속인다는 것은 어려운 일이었다. 하는 수 없이 두 사람은 안드로클레이온, 히피아스, 네안드로스 등의 충성스러운 청년들에게 어린 왕자를 맡기고, 급히 마케도니아 땅의 마을인 메가라로 달아나게 했다. 그리고 한편으로 그들 두 사람을 추격해 오는 사람들을 갖은 말과 힘으로 막았다. 피로스를 맡은 청년들은 안드로클레이데스가 시키는 대로 메가라를 향해 열심히 달렸다. 그러나 적은 가로막는 사람들을 무찌르며 사나운 기세로 그들을 뒤쫓아왔다.

이윽고 해가 저물고 밤이 찾아왔다. 피로스 왕자를 맡은 청년들은 이제 목적지인 메가라 시를 눈앞에 두고 무사히 피신할 수 있을 것이라고 생각했다. 그러나 그때 커다란 강이 눈앞을 가로 막았다. 강물은 며칠 전에 쏟아진 비로 불어나 달빛을 받으며 세차게 흘러가고 있었다.

엄청난 장벽을 만난 그들은 절망에 빠졌다. 그런데 강 건너편에 사람들이 있는 것이 보였다. 그제야 다시 힘을 얻은 청년들은 피로스 왕자를 높이 들어보이며 애타게 도움을 청했다. 그러나 그들의 목소리는 요란한 강물 소리에 섞여 저쪽까지는 들리지 않았다. 그러는 동안에 시간은 자꾸 흘러만 갔다. 청년들은 더 이상 시간을 끌 수가 없었다. 그때 한 사람이 떡갈나무 껍질을 벗겨서 아기가 누구라는 것을 바늘로 쓴 다음 돌멩이로 싸서 강 건너에 던졌다. 혹은 돌로 싼 것이 아니라 창 끝에 매어서 던졌다는 이야기도 있다.

〈어린 피로스 왕의 구출〉,
니콜라 푸생.

강 건너편에 있던 사람들은 떡갈나무 껍질에 쓰여진 글씨를 읽고 사태가 위급하다는 것을 깨달았다. 그들은 몇 개의 나무를 잘라 뗏목을 만들어 타고 강을 건너왔다. 강 이쪽 편에 내려 피로스 왕자를 처음 건네받은 사람은 묘하게도 아킬레우스라는 이름을 가지고 있었다고 한다. 잇달아 뗏목을 타고 건너온 사람들은 일행들을 모두 강 건너까지 실어다 주었다. 이렇게 해서 뒤따라오던 적을 피한 피로스 왕자 일행은 일리리아[3]의 왕인 글라우키아스를 찾아갔다. 왕은 왕비와 나란히 거실에 앉아 있었다. 일행은 피로스 왕자를 그들 앞에 내려놓았다. 글라우키아스 왕은 아이아키데스와 원수지간인 카산드로스[4]가 두려워 한동안 생각에 잠긴 채 아무 말도 없이 앉아 있었다.

그런데 그때 어린 피로스 왕자가 엉금엉금 기어가 왕의 옷자락을 잡았다. 왕은 무릎 앞에 서 있는 아기를 보고 웃음을 지었다. 그리고 철도 모르는 어린 것이 쫓겨온 신세를 생각하고 측은한 마음이 생겨나는 것을 느꼈다. 다른 설에 의하면, 아기는 왕의 옷자락을 붙든 것이 아니라 곁에 있던 신의 제단을 붙잡았는데, 이 때 왕은 어떤 신이 어린 아이를 시켜서 한 일이라고 생각했다고 전해진다. 어쨌든 왕은 어린 피로스를 보고 곧 왕비에게 아기를 주며 자기 아이들과 함께 기르게 했다.

---

3) 아드리아 해 동쪽 해안에 있던 나라.

4) 기원전 316~299년까지의 마케도니아 왕으로 알렉산드로스 대왕의 부하장군 안티파트로스의 아들이다. 대왕의 누이인 테살로니카와 결혼하여 왕이 되었다.

그런 얼마 후 카산드로스의 부하들이 쫓아와 피로스 왕자를 내놓으라고 다그쳤다. 왕은 고개를 가로저었다. 그러자 카산드로스는 2백 탈렌트를 줄 테니 피로스 왕자를 내놓으라고 다시 요구했다. 그러나 글라우키아스 왕은 그들의 말을 듣지 않았다. 이렇게 해서 피로스 왕은 글라우키아스 왕의 궁전에서 그의 아이들과 함께 자라날 수 있었다.

세월이 흘러 피로스 왕자는 어느덧 열두 살의 소년이 되었다. 글라우키아스 왕은 에페이로스로 쳐들어가서 피로스에게 왕위를 되찾아 주었다. 이렇게 해서 피로스 왕자는 자신의 나라를 다시 찾고 왕좌에 앉게 되었다. 피로스의 얼굴은 왕으로서의 위엄보다는 사람들에게 두려움을 느끼게 하는 무엇이 있었다고 한다. 그는 다른 사람들의 이와는 달리 윗니 전체가 하나의 뼈로 되어 있었고 틈 대신 줄이 그어져 있었다. 그 모양이 사람들을 몹시 무섭게 했다.

또 피로스에게는 비장(脾臟) 병을 고치는 재주가 있어서 많은 사람들이 그를 찾아왔다. 피로스가 병을 고치는 방법은 흰 수탉으로 제사를 지내고, 병자를 반듯이 눕힌 뒤 비장이 있는 곳을 오른발로 지긋이 누르는 것이었다. 그에게 치료의 은혜를 받지 못하는 사람은 아무도 없었다. 그는 아무리 가난한 사람이라도 거절하지 않았으며, 언제나 제사에 쓸 닭 한 마리를 보수로 받는 데 만족했다. 그의 엄지 발가락에는 신비한 힘이 깃들어 있었다고 전해지는데, 그가 죽은 뒤 화장을 했을 때도 그 발가락만은 상처 하나 없이 그대로 있었다는 이야기가 이 사실을 증명해 준다.

다시 세월이 흘러 피로스가 열일곱 살이 되었을 때 왕권은 제법 기반을 갖추게 되었다. 그런데 그때 글라우키아스의 한 왕자의 결혼식이 있었다. 피로스는 함께 자라난 왕자와의 정을 생각하여 그 결혼식에 참석할 생각으로, 많은 예물을 준비하여 일리리아로 떠났다. 그런데 그 틈을 이용하여 몰로시아 사람들이 다시 반란을 일으키고 말았다. 그들은 왕의 부하들을 모조리 쫓아내고, 재산을 약탈하고 네오프톨레모스를 왕으로 내세웠다. 다시 왕국을 잃고 거지 신세가 된 피로스는 그의 누님 데이다메이아와 결혼한 데메트리오스를 찾아갈 수밖에 없었다.

피로스의 누이인 데이다미아는 어린 나이에 록사나의 아들 알렉산드로스와 결혼을 했는데 그 집안에 불행이 닥쳐와 남편과 헤어지고 말았다. 그리고 나이가 찬 뒤에 다시 데메트리오스와 결혼하여 그의 아내가 되어 있었다.

그런데 바로 그 무렵에 입소스(Ipsus) 대전[5]이 일어났다. 이 전쟁에는 알렉산드로스의 뒤를 이은 왕들이 모두 참가하고 있었다. 피로스는 아직 나이가 어렸지만 데메트리오스의 군대에 끼어 출정하여 크게 이름을 떨쳤다. 데메트리오스는 싸움에서 졌지만 피로스는 그를 저버리지 않고 끝까지 행동을 같이했다. 데메트리오스는 그의 신뢰에 보답하기 위해 그리스에 가지고 있던 여러 도시들을 피로스에게 주어 다스리게 했다. 피로스는 그 도시들을 잘 지켜 주었다. 그 후 데메트리오스는 이집트의 프톨레마이오스 왕과 휴전을 맺게 되었는데, 이 때 피로스는 볼모가 되어 이집트로 잡혀가게 되었다. 이집트로 간 피로스는 프톨레마이오스 왕과 무척 가까워졌다. 사냥도 함께 다니고 운동경기도 함께 하면서 피로스는 자신의 용기와 인내력을 보여 주어 왕을 놀라게 했다. 당시 프톨레마이오스는 여러 왕비들을 거느리고 있었다. 그 가운데서 가장 지혜롭고 세력이 큰 왕비는 베레니케였는데 피로스는 특히 그녀의 환심을 샀다.

피로스는 권력을 가진 사람들을 자기 편으로 끌어들이는 특별한 재주가 있었으며, 자기 밑에 있는 자들에게도 너그러운 태도를 보일 줄 아는 사람이었다. 모든 일을 올바르고 단정하게 처리했기 때문에, 피로스는 베레니케의 마음을 사로잡았다. 그래서 왕궁에 있던 많은 귀공자들 가운데서 뽑혀 베레니케의 사위가 되었다. 베레니케의 딸 안티고네는 베레니케가 프톨레마이오스의 왕비가 되기 전에 필리포스와의 사이에서 얻은 딸이었다. 피로스는 이 결혼으로 큰 세력을 얻게 되었으며, 안티고네 또한 좋은 아내로서 남편이 왕위를 되찾을 수 있게 하는 등 여러 모로 남편이 뜻을 이루도록 도와주었다.

피로스는 아내의 도움을 얻어 왕좌를 찾기 위해 에페이로스로 길을 떠났다. 그때 국민들은 네오프톨레모스의 잔인한 정치에 진저리를 내고 있었으므로, 피로스를 기쁘게 맞아 그를 왕으로 받아들였다. 그러나 국민들은 네오프톨레모스가 이웃나라 왕들과 힘을 합쳐 전쟁을 일으킬까봐 두려워 그를 내쫓지는 못했다. 할 수 없이 피로스는 네오프톨레모스와 함께 왕이 되어 나라를 다스리도록 협정을 맺었다.

---

5) 입소스는 소아시아의 프리기아 남부에 있던 마을로, 기원전 301년에 알렉산드로스 대왕의 계승 문제로 이곳에서 전쟁이 일어났다. 이곳은 리시마코스와 셀레우코스가 그리스와 마케도니아를 파괴하려고 서둘던 안티고노스와 그의 아들 데메트리오스와 싸워 크게 이긴 싸움터로 유명하다. 안티고노스는 이 전쟁에서 사망했다.

그러나 시간이 지나갈수록 네오프톨레모스를 내쫓으라는 소리가 높아져 두 왕의 감정은 은근히 날카로워져 갔다.

그러던 어느 날, 피로스의 의심을 더욱 짙게 하는 사건이 일어났다. 에페이로스에는 왕과 국민들이 함께 모여 서로의 충성과 어진 정치를 맹세하는 큰 행사가 있었다. 모두 몰로시아의 파사로에 모여 군신 아레스[6]에게 제사를 드리면서, 왕은 국법에 따라 국민을 다스릴 것을 약속하고, 국민은 법에 따라 정부를 유지하겠다는 맹세를 하는 행사였다. 이 행사에 두 왕은 가까운 벗들을 데리고 참가했다.

행사가 끝난 다음 그들은 모두 즐거운 마음으로 선물을 주고 받았다. 그 가운데 네오프톨레모스의 친구인 겔로라는 사람은 피로스에게 두 쌍의 소를 선물로 바쳤다. 그런데 피로스의 술 따르는 시종인 미르틸로스가 그 소를 자기에게 달라고 졸라댔다. 그러나 피로스는 이것을 다른 사람에게 주어 버렸기 때문에 미르틸로스는 몹시 기분이 상하고 말았다. 겔로는 미르틸로스가 불쾌한 마음을 가지고 있는 것을 보고, 곧 그를 저녁 식사에 초대하였다. 그러고는 피로스를 독살시키면, 많은 돈과 높은 벼슬을 주겠다고 꾀었다. 미르틸로스는 그의 말을 듣고 계획을 받아들이는 체했지만, 이 사실을 피로스에게 낱낱이 보고해 버렸다.

피로스는 미르틸로스를 시켜 술을 따르는 시종의 우두머리인 알렉시크라테스를 이 음모에 가담시켰다. 피로스는 여러 가지 증거를 잡아 이 음모를 세상에 알리려고 했던 것이다. 겔로는 이 속임수에 보기좋게 넘어가고 말았다. 그는 피로스의 독살 음모가 틀림없이 성공할 것이라고 믿고 자기와 가까운 사람들에게도 이 비밀을 얘기했다. 그는 술잔을 들면서 자기의 누이 카드메이아에게도 이 일을 누설하였다. 곁에는 네오프톨레모스의 가축을 치는 사몬이라는 사람의 아내 파이나레테가 있었지만, 그 여자는 긴 의자에 벽 쪽으로 누워 있었기 때문에 잠을 자고 있다고 생각했다. 그래서 겔로는 아무도 이 말을 듣지 못했다고 생각했다. 그러나 파이나레테는 그가 하는 말을 모두 듣고 이튿날 곧 피로스의 왕비인 안티고네를 찾아가 자기가 알고 있는 사실을 그대로 일렀다. 피로스는 이 이야기를 듣고도 아무 말도 하지 않았다. 그러나 얼마 후 제사를 드리는 날이 되자, 네오프톨레모스를 식사에 초대하여 죽여 버렸다.

당시 에페이로스에서 인망이 높은 사람들은 모두 피로스를 지지하고 있었고, 네오

---

6) 로마의 마르스 신.

프톨레모스를 제거하기를 바라고 있었다. 그래서 그들은 피로스가 혼자 왕좌에 앉아 그가 품은 뜻을 마음껏 펴라고 늘 피로스에게 권유를 하고 있었다. 그러던 참에 피로스는 네오프톨레모스가 음모를 꾸미는 것을 알고 증거를 잡아 그를 죽여 없앤 것이다.

이렇게 해서 피로스는 혼자 에페이로스를 다스리는 왕이 되었다. 피로스는 자기가 왕위를 되찾도록 도와준 프톨레마이오스 왕과 베레니케 왕비를 생각하는 마음에서, 그의 아들의 이름을 프톨레마이오스라고 지었다. 그리고 에페이로스 반도에 도시를 세우고 베레니키스라는 이름을 붙였다. 그는 이제야말로 큰 뜻을 펴볼 때라고 생각하고 가슴속에 계획을 세웠다. 그의 이런 희망과 계획은 가까운 곳에 있었다. 피로스는 자신의 계획을 실현하기 위해 이웃 나라로 눈을 돌렸다. 마침 아주 좋은 기회가 그를 찾아왔다. 그는 다음과 같은 일을 구실로 마케도니아의 국정에 참여할 수 있는 방법을 발견했다.

그 무렵 카산드로스의 맏아들 안티파트로스는 자신의 어머니를 죽이고 동생 알렉산드로스를 쫓아냈다. 추방당한 알렉산드로스는 곧 데메트리오스와 피로스에게 사람을 보내 도움을 요청했다. 데메트리오스(피로스의 매형)는 다른 복잡한 일이 있어서 그의 요청을 받아들일 수가 없었지만 기회를 노리고 있던 피로스는 곧 그를 도와주겠다는 약속을 했다. 그러면서 알렉산드로스가 보낸 사절단에게, 도와주는 대신 마케도니아의 팀파이아와 파라우아이아 지방, 그리고 마케도니아가 정복한 땅 가운데 암브라키아와 아카르나니아, 암필로키아 등을 달라고 하였다. 젊은 알렉산드로스는 이 요구를 받아들였다.

피로스는 즉시 이들 지방에 군대를 이끌고 들어가 아무런 방해도 받지 않고 모두 점령해 버렸다. 그는 이곳을 지킬 군대를 남겨둔 다음 다시 안티파트로스를 향해 진군했다. 마케도니아의 나머지 지방들을 빼앗아 그의 동생에게 주려는 것이었다. 안티파트로스는 피로스의 공격을 받자 몹시 당황했다. 리시마코스[7]에게 도움을 청했지만 그는 다른 일 때문에 도와줄 수가 없다는 대답을 해왔다. 그러나 프톨레마이오스 왕의 뜻이라면 피로스는 절대로 어기지 못한다는 것을 알고 있던 리시마코스는, 왕이 쓴 것처럼 거짓 편지를 만들어 피로스에게 보냈다. 그것은 안티파트로스에게 3백 탈렌트를 받는 조건으로 피로스의 군대를 철수하기 바란다는 내용이었다.

---

7) 마케도니아의 장군으로 알렉산드로스 대왕을 섬겼다.

그러나 피로스는 편지를 보자마자 그것이 위조된 것이라는 것을 알아챘다. 프톨레마이오스 왕은 언제나 "아버지로부터 아들에게, 건강을 바라며"라는 인사로 시작되는데 그 편지는 "프톨레마이오스 왕으로부터 피로스 왕에게, 건강을 바라며"라고 시작되어 있었기 때문이다.

피로스는 이 사실을 알고 리시마코스의 행동을 비난했다. 그러나 그는 휴전을 하기로 결정을 내렸다. 그리고 이 사실을 맹세하기 위해 여러 왕들을 부르고 제사를 지내기로 했다. 그런데 제물로 쓸 숫양과 수소, 수퇘지를 각각 마련하고 제단으로 끌고 나오는데 별안간 양이 죽어 넘어졌다. 이것을 본 사람들은 대수롭지 않게 생각하고 웃어 넘겼다. 그러나 제사를 맡았던 예언자 테오도토스는 피로스 왕에게 맹세를 하지 말라고 넌지시 일러 주었다. 양이 죽어 넘어진 것은 왕 가운데 한 사람이 죽게 된다는 예언이라는 것이었다. 그래서 결국 피로스는 테오도토스의 말을 듣고, 휴전 선서를 하지 않았다. 일은 알렉산드로스의 성공으로 끝날 기미를 보였다.

그런데 그때 데메트리오스가 뒤늦게 알렉산드로스를 도와주겠다고 찾아왔다. 반가운 일이 아니었다. 두 왕은 며칠을 함께 지내면서 서로 딴 마음을 품게 되었다. 그러자 데메트리오스는 때를 놓치지 않고 젊은 알렉산드로스 왕을 암살한 다음, 스스로를 마케도니아의 왕으로 선포했다.

일이 이렇게 되자 피로스의 입장이 곤란하게 되고 말았다. 피로스와 데메트리오스는 이전부터도 사이가 좋지 않았다. 데메트리오스는 테살리아를 자주 침략했을 뿐만 아니라, 흔히 다른 왕들처럼 정복병이 들어 서로를 미워하며 시기하고 있었다. 더욱이 피로스의 누님인 데이다메이아까지 죽은 다음에는 두 사람의 사이가 더욱 나빠져 심한 싸움을 일으키기 시작했다. 그런데 이제 두 사람이 다같이 마케도니아에 손을 뻗치게 되자 충돌은 피할 수 없는 일이 되고 말았다. 데메트리오스는 재빨리 아이톨리아를 정복하고, 부하 장군인 판타우코스에게 군대를 주어 그곳을 지키게 했다. 그리고 자신은 피로스와 싸우기 위해 출정했다.

피로스도 이 소식을 듣자 곧 그를 맞아 싸우기 위해 출정했다. 그러나 서로 길이 어긋나 버려 그는 곧 판타우코스의 군대와 충돌하게 되었다. 이 싸움은 오랫동안 치열하게 계속되었다. 특히 양쪽의 장수들이 맞붙은 곳은 더욱 치열했다. 판타우코스는 데메트리오스의 장군들 가운데서도 가장 뛰어난 장수로 인정받고 있었다. 그는 피로스에게 찾아와 장군끼리 일대일로 싸우자고 도전했다. 피로스는 이 제안을 받아들였다. 피로스는 그 시대에 어느 왕에게도 지지않는 사람이었고, 뛰어난 아킬레우스의 후손이라고 스스로 자처하는 사람이었다. 두 사람은 대열에서 뛰어나와 맞붙었다. 처음에는 창으로 싸우다가 곧 창을 내던지고 칼을 뽑으며 달려들었다. 두 자루의 칼이 부딪치는 소리가 쩌렁쩌렁 울렸다.

양쪽 군대는 모두 숨을 죽이고 싸움이 끝날 때까지 그들을 지켜보았다. 피로스는 몸에 가벼운 상처를 입었고, 판티우코스는 목과 허벅다리에 상처를 입어 말에서 떨어지고 말았다. 그러나 곧 그의 친구들이 판티우코스를 구하러 달려들었기 때문에 그 자리에서 죽일 수는 없었다. 에페이로스 군은 자신들의 왕이 승리하는 것을 보고 모두 신이 나서 달아나는 적을 뒤쫓기 시작했다. 그들은 수없이 많은 적을 죽이고 5천 명의 포로를 잡아가지고 돌아왔다.

마케도니아 군은 에페이로스 군에게 크게 패하고 말았다. 그러나 마케도니아 사람들은 그들이 입은 손해 때문에 분노하거나 피로스를 증오하지는 않았다. 오히려 그들은 그의 용감한 행동을 칭찬했으며, 그가 싸운 이야기는 사람들 사이에서 화제가 되어 번져 나갔다. 그들은 피로스야말로 군대를 지휘할 만한 장군다운 사람이며 알렉산드로스 대왕과 비교할 만한 훌륭한 왕이라고 말했다. 또 피로스를 제외한 다른 왕들은 모두 옷이나 호위병 등으로 어깨에 힘을 주면서 알렉산드로스 대왕의 흉내를 냈지만, 피로스는 다만 용기와 힘으로써 알렉산드로스 대왕의 모습을 재현했다고 말했다. 실제로 피로스가 전략이나 군대를 지휘하는 방법에 대해 뛰어난 재능을 갖추고 있었다는 것은 그가 뒤에 남긴 비망록 속에서도 확인할 수 있는 사실이다.

전하는 말에 의하면, 안티고노스에게 누가 가장 훌륭한 장군이냐는 질문을 했던 이야기가 나온다. 안티고노스는 잠시 생각하다가 이렇게 대답했다고 한다.

"피로스가 가장 훌륭한 장군이지요. 만일 그분이 오래 산다면 말입니다."

안티고노스는 그 당시의 장군들에 대해서만 말했지만, 한니발도 역사상 가장 뛰어난 지휘관은 피로스이며, 둘째는 스키피오, 그리고 세 번째가 한니발 자신이라고 이야기했다. 사실 피로스는 전쟁에 관한 일에 그의 모든 사상과 지식을 쏟았던 사람이었다. 그는 오로지 군사에 대한 일만이 왕으로서 연구할 만한 가치가 있는 일이라고 했으며, 다른 일은 모두 쓸데없는 일이라고 생각했다.

어느 술자리에서 한 신하가 피로스에게 이런 질문을 한 적이 있었다.

"피톤과 카피시아스 두 사람 중 누가 더 뛰어난 음악가라고 생각하십니까?"

그러자 피로스는 이렇게 대답했다. "폴리스페르콘이 가장 뛰어난 장군이오."

군사에 대한 일이 아니면 상대할 흥미조차 없다는 듯한 대답이었다. 그러나 그는 백성들에게 다정한 왕이었다. 또 마음이 따뜻하고, 은혜를 잊지 않고 보답하기 위해 애쓰는 사람이기도 했다.

아이로포스가 죽었을 때, 그는 몹시 슬퍼하며 이런 말을 했다.

"사람의 운명이 다했다는 것이 나를 몹시 슬프게 만드는군요. 그러나 그것보다 더 슬픈 것은 그가 죽기 전에 은혜를 미처 갚지 못했다는 것이오."

빚진 돈은 그 사람의 후손에게도 갚을 수가 있지만, 명예에 대한 은혜는 그 사람이 살아 있을 때가 아니면 결코 갚을 수가 없다. 그래서 명예를 중요하게 여기는 사람들은 은혜를 갚지 못하면 마음에 큰 짐을 졌다고 생각하는 것이다.

또 언젠가 그가 암브라키오에 있을 때였는데, 어떤 입버릇이 나쁜 사람이 피로스를 심하게 욕을 하며 돌아다녔다. 사람들은 피로스에게 그를 추방시켜 버리라고 말했다. 그러나 피로스는 웃으며 말했다. "차라리 그 사람이 여기 있으면서 나를 욕하는 게 났소. 안그러면 온 세상을 돌아다니면서 그럴 거 아니오?"

또 한 번은 청년들 몇몇이 술을 마시면서 피로스를 마구 욕했다. 그 사실이 탄로나 그들은 모두 잡혀 왔다. 그때 그들 중 한 사람이 이렇게 말했다.

"우리가 피로스 왕을 욕한 것은 사실입니다. 그러나 술이 더 취했더라면 아마 욕도 심했을 것입니다."

피로스는 그 말을 듣고 껄껄 웃고는 그 청년들을 모두 놓아 주었다.

왕비 안티고네가 죽은 다음, 피로스는 정치적인 타산에 따라 몇 사람의 왕비를 맞아들이게 되었다. 파이오니아 왕 아우토레온의 딸인 비르켄나, 일리리아 왕의 딸 바르딜리스, 그리고 시칠리아 시라쿠사 왕 아가토클레스의 딸 라나사가 새 왕비가 되었다. 그 중 라나사는 아가토클레스가 정복한 코르키라 섬을 재산으로 가지고 왔다. 피로스는 새 왕비들에게서 두 명의 아들을 얻었다. 안티고네와의 사이에 이미 큰 아들 프톨레마이오스가 있었고, 거기에 라나사가 알렉산드로스를 낳고, 비르켄나가 막내인 헬레노스를 낳아 피로스는 모두 세 명의 아들을 얻게 되었다. 그들은 어렸을 때부터 전쟁터에 나가면서 피로스에게 훈련을 받아 좋은 군인이 되었다. 막내아들이 아직 어렸을 때, 한 번은 피로스에게 이런 질문을 했다.

"아버님, 나중에 누구에게 이 나라를 물려 주실 겁니까?"

"가장 날카로운 칼을 다룰 줄 아는 자에게 이 왕국을 물려줄 것이다."

그런데 이 대답은 오이디푸스가 그의 아들들에게 한 비극적인 저주의 말과 비슷한 것이었다.

주어진 몫을 정하지 말고
칼로 유산을 나누어라.

마케도니아 전투가 끝난 뒤 피로스는 승리의 북을 두드리며 에페이로스로 돌아갔다. 에페이로스 사람들은 그에게 '독수리'라는 명예로운 칭호를 바쳤다. 피로스는 이 칭호를 받고 기뻐하며 국민들에게 말했다.

"내가 독수리가 된 것은 모두 여러분들의 힘입니다. 내가 이렇게 하늘 높이 날 수 있게 된 것은 바로 여러분들이 뛰어난 날개로 내 곁에 있기 때문입니다."

얼마 동안 평화로운 시간이 지나갔다. 그러던 어느 날 데메트리오스의 병이 위독하다는 소식이 전해져 왔다. 피로스는 이 틈을 타서 마케도니아의 몇몇 지방을 공격하기로 결심했다. 처음에 그는 다만 적을 혼란에 빠뜨리려는 생각으로 군대를 이끌고 나갔다. 그러나 마케도니아 군대가 꼼짝도 하지 않자 그들은 아무런 저항도 받지 않고 마케도니아의 수도인 에데사까지 진군해 갔다.

마케도니아 사람들은 모두 피로스에게 투항해 오고, 마케도니아는 저절로 정복될 기세를 보였다. 사태가 이와 같이 위급해지자 데메트리오스의 병은 씻은 듯이 나았다. 그는 친구들과 사령관들을 모두 모아 대군을 이끌고 피로스를 공격했다. 피로스는 처음부터 몇몇 지방의 재산을 약탈할 생각만으로 군대를 이끌고 왔기 때문에 싸우지 않고 군대를 후퇴시켰다. 그러나 마케도니아의 공격을 피할 수는 없었다. 그래서 피로스는 제대로 싸우지도 못하고 병력의 일부를 잃은 채 적의 치열한 추격을 받게 되었다. 데메트리오스는 이렇게 해서 피로스를 물리치기는 했지만, 피로스를 얕잡아 보아서는 안 된다고 생각했다. 데메트리오스는 큰 전쟁을 일으켜 안티고노스의 왕국들을 되찾기 위해, 10만 명의 육군과 500척의 군함을 준비하고 있었다. 그러나 피로스 같은 강력한 적을 이웃으로 두고 있었기 때문에 그 뜻을 펴지 못하고 있었다.

데메트리오스는 다른 왕들을 공격하기 위해서는 우선 피로스와 휴전을 맺는 수밖에 없다고 결론을 지었다. 그러나 휴전이 성립되었을 때 엄청나게 군비를 늘렸기 때문에 이 계획이 모조리 들통나고 말았다. 이러한 사실을 알고 이웃 나라의 왕들은 모두 펄쩍 뛰면서 피로스에게 다음과 같은 내용의 편지를 보냈다.

"데메트리오스가 먼 나라를 치기 위해 떠난다는 데도 마케도니아를 빼앗을 기회를 그냥 버려두는 피로스를 이해할 수가 없소. 데메트리오스는 군비 확장 때문에 정신이 없으므로 지금 공격하면 그를 마케도니아 밖으로 쉽게 내쫓을 수가 있소. 그런데도 데메트리오스가 전쟁에 이기고 더욱 강해져서 돌아오기를 앉아서 기다리고 있다는 것은 어리석기 짝이 없는 일이오. 그러고 있다가는 지금 앉아 있는 자리까지 빼앗기게 될 것이오. 도대체 코르키라 섬과 라나사를 빼앗긴 것이 분하지도 않단 말이오?"

이 때 피로스는 코르키라 섬과 함께 왕비를 잃었기 때문이었다. 피로스의 왕비였던 라나사는 피로스가 다른 왕비들을 가까이 하는 것을 보고 몹시 화가 나서 친정인 코르키라로 돌아가 버렸다. 그리고 데메트리오스에게 청혼을 하기 위해 그를 초청했다. 그래서 데메트리오스는 코르키라 섬으로 건너와 라나사와 결혼을 하고, 코르키라 시에 군대를 주둔시키고 있었던 것이다.

여러 왕들은 이런 편지를 보내는 한편, 데메트리오스의 계획을 방해하기 위해 전쟁 준비에 여념이 없는 그의 움직임을 유심히 지켜보고 있었다.

이때 프톨레마이오스는 대군을 거느리고 그리스로 가서, 여러 도시들을 부추겨 데메트리오스에게 반기를 들게 했다. 그리고 리시마코스는 트라키아를 떠나 마케도니아의 위쪽 지방을 침범하고 약탈했다.

한편 피로스는 베로이아 시를 공격하기 위해 출정하였다. 과연 예상했던 대로 데메트리오스는 우선 마케도니아에 쳐들어온 적을 막기에 바빠서 거의 무방비 상태였다. 피로스는 도시 근처에 진을 치고 밤을 맞았다. 그날 밤 피로스는 꿈을 꾸었는데, 알렉산드로스 대왕이 부른다는 얘기를 듣고 달려갔더니 왕은 병석에 누워 있었다. 왕은 반갑게 맞으며 자기가 도와주겠다고 정중하게 약속을 했다. 피로스는 두려운 생각이 들었지만 용기를 내어 물었다. "대왕께서 이렇게 편찮으신데 어떻게 저를 도울 수가 있습니까?"

알렉산드로스는 이렇게 대답했다. "내 이름을 빌려 주겠소."

그러고는 니사이아[8] 산 명마를 타고, 따라오라는 듯이 사라져 버렸다.

---

8) 카스피 해 남쪽 메디아에 있는 평원으로 훌륭한 말이 많은 것으로 유명하다.

피로스는 잠에서 깨어난 뒤 곧 꿈을 생각해 내고, 용기가 저절로 솟아나는 것을 느꼈다. 날이 밝아오자 피로스는 곧 서둘러서 베로이아 시를 공격했다. 베로이아의 성문은 본격적으로 공격도 하기 전에 활짝 열렸다. 피로스는 이렇게 해서 베로이아를 쉽게 점령하고 이곳을 싸움의 본부로 삼았다. 그리고 여러 장군들을 보내 나머지 지방들을 공격하게 했다.

마케도니아 군은 피로스의 군대가 여러 도시를 점령하고 있다는 소식을 듣고 모두 싸울 용기를 잃고 말았다. 데메트리오스도 이제 더 이상 리시마코스에게 가까이 가기가 두려웠다. 마케도니아의 왕이며 위대한 명성을 가지고 있는 리시마코스에게 더 가까이 갔다가는 자기의 군대가 모두 그에게 가 버릴 것 같았기 때문이었다. 그래서 그는 마케도니아 인들의 미움을 받고 있는 피로스를 공격하기로 결심하고 군대를 돌렸다.

베로이아 시 근처에 와서 진을 치자, 많은 병사들이 그의 군대를 찾아 왔다. 그러나 그들은 데메트리오스를 돕기 위해 온 것이 아니었다. 그들은 다같이 입을 모아 피로스를 칭찬하면서 마케도니아 병사들에게 이렇게 외쳤다.

"피로스는 도저히 이길 수 없는 뛰어난 장군이다. 그는 정복한 시민들을 너그럽고 친절하게 대한다."

그 사람들 속에는 마케도니아 군복을 입은 피로스의 부하들이 섞여 있었다. 그들은 마케도니아 병사들을 선동하기 시작했다. "자, 이제 때가 왔소. 데메트리오스의 가혹한 정치를 벗어 버리고, 시민들을 사랑하고 병사들을 아끼는 새로운 왕을 맞아야 할 때요. 피로스를 우리의 왕으로 모십시다!"

이들의 말을 듣고, 마케도니아의 대부분의 병사들은 크게 동요하였다. 이 때 피로스의 군대가 도착하여 양쪽 군대가 마주서자 마케도니아 병사들은 새로운 영웅인 피로스를 찾느라고 두리번거렸다. 그러나 피로스는 눈에 띄지 않았다. 피로스는 투구를 벗고 있었기 때문이었다. 이윽고 피로스가 투구를 쓰자, 마케도니아 병사들은 투구에 꽂힌 아름다운 깃털과 염소의 뿔을 보고 그가 누구인지를 알아보았다. 피로스를 본 병사들은 모두 무기를 버리고 피로스에게 달려왔다. 피로스의 호위병들이 떡갈나무 가지를 머리에 꽂는 것을 보고 흉내를 내는 사람도 있었다. 또 심지어 데메트리오스를 향해 어서 항복하라고 소리를 지르는 병사들도 있었다. 그리고 모두 피로스를 새로운 왕으로 모시자고 소리높여 외쳤다.

데메트리오스는 이런 부하들의 모습을 지켜보고는 이제 어떻게 해볼 도리가 없다는 것을 깨달았다. 항복을 하는 것 말고 다른 길은 없었다. 데메트리오스는 테가 넓은 마케도니아 인의 모자를 쓰고, 보통 병사들이 입는 옷으로 갈아 입고는 아무도 모르게 도망치고 말았다. 이렇게 해서 피로스는 칼도 한 번 휘두르지 않고 적의 진지를 점령하고 마케도니아의 왕이 되었다.

그런데 이 때 리시마코스가 도착해서 데메트리오스를 격퇴시킨 것은 피로스 혼자의 힘이 아니라 자기의 힘도 적지 않았다고 하면서, 마케도니아를 두 사람이 나눠 가져야 한다고 주장했다. 새로 얻게 된 시민들이 자기를 어느 정도 지지할지 아직 의심스러웠으므로, 피로스는 이 요구를 받아들이지 않을 수가 없었다. 이것만이 새로운 전쟁을 피하는 길이었기 때문이었다. 그러나 얼마 후 그들은 이것이 평화적인 해결이 아니라 나중에 벌어질 싸움의 원인이라는 것을 깨닫게 되었다.

사람의 야심은 끝이 없어서 바다도, 산도, 황야도 막아낼 수가 없으며, 유럽과 아시아의 한계도 그들의 욕심을 막지 못했다. 또 서로 이웃해 있는 두 나라가 고요히 지낼 것을 기대할 수는 없는 일이며, 세상에는 항상 전쟁이 끊이지 않는 법이었다. 그들은 서로를 시기하고 더 우월한 자리를 차지하기 위해 다투며, 다만 전쟁과 평화라는 두 단어를 필요할 때마다 적당히 사용하고 있는 것뿐이었다. 싸움이 그쳤다고 해도 그것을 평화라고 말할 수는 없으며, 오히려 공공연하게 싸움을 하는 것이 더 떳떳한 일이었다. 피로스의 행동도 그런 하나의 보기가 될 만한 것이었다.

피로스는 마케도니아를 정복한 뒤 데메트리오스가 다시 일어설까봐 두려워, 그리스와 결탁하기 위해 아테네로 갔다. 아테네에 도착한 피로스는 아크로폴리스로 올라가 아테나 여신에게 제사를 드렸다. 그리고 나서 다시 내려와 아테네 시민들에게 말했다. "나는 여러분들이 나에게 베풀어 주신 은혜와 믿음에 감사를 드립니다. 그러나 나는 여러분들에게 한 가지 충고를 하고 싶습니다. 만약 아테네가 평화를 지키기 바란다면, 나 피로스 외에는 어떤 왕도 이곳에 발을 들여놓지 못하게 하시오."

그 후 피로스는 데메트리오스와 평화조약을 맺었다. 그때 데메트리오스는 그리스의 주변 여러 도시들을 거느리고 있었는데, 조약을 맺자 안심하고 아시아 원정길에 올랐다. 그러나 데메트리오스가 아시아로 떠나자 리시마코스는 피로스를 설득하기 시작했다. 테살리아 사람들을 선동하여 그리스의 여러 도시에 있는 데메트리오스의 영토를 점령해 버리라는 것이었다. 피로스는 리시마코스의 권유를 받아들이기로 했다. 마케도니아 군은 늘 전쟁을 해야 손이 덜 간다는 것도 있지만, 피로스 자신도 가만히 쉬고 있지 못하는 성격이었기 때문이었다. 이러한 사실을 전혀 모르는 데메트리오스는 시리아로 진격했다. 그러나 그 곳에서 다시 일어서지 못할 만큼 큰 패배를 당하고 말았다.

리시마코스는 데메트리오스의 소식을 들었다. 이제 걱정거리를 하나 덜게 되자 그는 곧 병력을 돌려서 에데사에 머물러 있던 피로스의 호송 부대를 습격했다. 피로스의 군대는 군량미를 옮기던 부대가 포위되어 버리자 굶주림 때문에 큰 고생을 하게 되었다. 그런 다음 리시마코스는 편지나 소문을 퍼뜨려 마케도니아의 장군들을 난처한 입장에 빠뜨렸다. 마케도니아를 섬겨오던 종의 자손이며 외국인인 피로스를 왕으로 받아들이고, 알렉산드로스 대왕의 친구이며 동료인 자기 나라 사람들을 내쫓아 버릴 수가 있느냐는 것이었다. 이러한 리시마코스의 공작에 사람들이 동요하자, 피로스는 할 수 없이 에페이로스 군과 원군을 거느리고 마케도니아에서 물러나고 말았다. 이렇게 그는 마케도니아를 손에 넣을 때와 마찬가지로 마케도니아를 잃고 말았다.

국민들의 마음이란 그렇게 잘 변하는 것이다. 그러나 왕으로 불리는 사람들은 민중들의 배신을 나무랄 수는 없는 일이다. 왜냐하면 왕이란 의리도 명예도 살피지 않는데, 민중들은 배신과 불의의 스승인 왕 자신을 본받는 것일 뿐이기 때문이다.

피로스는 마케도니아를 잃고 에페이로스로 돌아왔다. 운명은 그에게 조용히 자기 나라를 다스리며 평화롭게 살 수 있는 기회를 준 것이다. 그러나 그는 이런 운명을 받아들일 수 있는 사람이 아니었다. 그는 남을 괴롭히거나 자신이 남의 괴롭힘을 받지 않고는, 살아가는 재미를 느낄 수 없는 사람이었다. 그는 일리아드에 나오는 아킬레우스처럼 가만히 앉아 쉬고 있지 못하는 사람이었다.

그는 자기 자리를 지키면서
고요히 살지를 않네.
모든 생각은 전쟁을 향해 있고
전쟁의 함성만을 그리워하네.

그가 새로운 전쟁을 기다리고 있을 때 마침 좋은 기회가 생기게 되었다. 그때 로마는 타렌툼 시와 전쟁을 하고 있었다. 타렌툼은 로마를 막아낼 만한 힘이 없었지만, 어리석고 완고한 타렌툼의 정치인들이 휴전을 반대했기 때문에 전쟁을 그만둘 수도 없었다. 그래서 그들은 피로스에게 군대를 이끌고 와서 싸움을 해 달라고 요청했다. 피로스는 이웃 나라 왕들 중에 가장 한가롭게 지내고 있었고, 또 지휘관으로서의 능력도 뛰어난 것으로 알려져 있었기 때문이다. 일부 현명한 사람들은 나라를 망칠 일이라고 반대를 했지만, 전쟁에 미쳐 있던 군중들의 외침과 소란 때문에 그들의 말은 묻혀 버리고 말았다.

그런데 그 가운데 메톤이라는 유명한 시민이 있었다. 그는 이 일을 결정짓는 마지막 시민 대회에 이상한 몰골을 하고 나타났다. 그는 시들어 버린 화관을 머리에 얹고 작은 횃불을 든 채, 피리를 부는 소녀 하나를 앞세우고 주정뱅이처럼 비틀거리며 대회장으로 들어왔다. 그의 몰골을 보고 어떤 사람은 박수를 치기도 하고 또 어떤 사람은 웃음을 터뜨리기도 했다. 그러나 그를 말리는 사람은 없었다. 사람들은 오히려 여자에게 피리를 불고, 메톤에게는 춤을 추라고 외쳤다. 메톤이 진짜 춤을 출 것처럼 하자 장내가 조용해졌다. 그러자 메톤이 소리쳤다. "타렌툼 시민 여러분, 내가 떠들고 싶어 할 때 여러분이 방해를 하지 않은 것은 참 잘한 일이오."

시민들은 메톤의 말에 모두 입을 다물었다.

"타렌툼 시민 여러분, 즐겁게 놀고 싶으면 그렇게 하십시오. 여러분이 자유롭게 즐길 수 있는 기회는 지금이 마지막이니까요. 그러나 피로스의 군대가 들어오면, 여러분은 전혀 다른 문제를 생각하고 전혀 다른 생활을 해야 할 거요."

시민들은 메톤의 말이 옳다고 생각했다. 그러나 로마와 휴전을 맺게 되면 모두 죽임을 당할 것이라고 두려워한 시민들 몇몇이 입을 모아 이렇게 떠들어댔다. "자유를 가진 타렌툼 시민들을 로마의 노예로 만들려는 메톤을 그냥 두어서는 안 되오. 그가 술에 취해서 쓸데없는 험담을 하고 있는데도, 여러분은 어리석게도 이 모욕을 참고만 있을 거요? 빨리 그를 내쫓으시오."

그러자 시민들은 메톤에게 몰려가 그를 대회장 밖으로 내쫓아 버렸다. 이렇게 해서 전쟁을 강행하기로 결정하고 사절단을 보내기로 했다. 사절단은 타렌툼 시민들뿐만 아니라 이탈리아에 있는 전 그리스 사람들의 이름으로 보내는 것이었다. 그들은 피로스에게 많은 선물을 바치고, 이름 높은 장군의 구원을 바란다는 뜻을 전했다. 그리고 루카니아, 메사피아, 삼니움 및 타렌툼 사람들로 구성된 기병 2만과 보병 35만 명이 준비되어 있다고 말했다. 이 말을 듣자 피로스뿐만 아니라 에페이로스 국민 전체가 전쟁을 부르짖으며 열광하였다.

그런데 테살리아 사람인 키네아스라는 현명한 사람이 있었다. 그는 위대한 웅변가인 데모스테네스의 제자였는데, 그에게 웅변술을 배워 그 시대의 어느 누구보다 뛰어난 인물로 평가받고 있던 사람이었다. 그가 토해내는 생기 있는 웅변은 마치 그림을 그린 것처럼 듣는 사람들의 마음에 깊이 새겨졌다. 그는 피로스와 늘 함께 일했고, 그의 명령에 따라 여러 도시를 돌아다니며 민심을 거두었다. 그래서 그는 에우리피데스[9]의 다음 시를 입증한 사람이었다.

말(言)은 정복자의 창과 칼이 할 수 있는
모든 일을 할 수 있다네.

피로스는 "내가 힘으로 빼앗은 것보다 키네아스가 혀로 얻은 땅이 더 많다"는 얘기를 자주 했다고 한다. 그래서 피로스는 중요한 일이 생겼을 때면 키네아스를 앞에 내세울 때가 많았다. 키네아스는 피로스가 이탈리아로 원정을 떠나려고 바쁘게 준비하고 있는 것을 보고, 한가로운 시간을 틈타 다음과 같은 이야기를 주고받았다.

"전하, 로마 사람들은 전쟁을 잘하고, 많은 국민들을 지배하고 있습니다. 그런데 만일 신이 우리에게 승리를 주신다면, 그 다음에는 어떻게 하실 것입니까?"

"그야 물어볼 것도 없는 일이오. 우리가 일단 로마를 정복한다면, 그리스 사람이나 다른 야만인의 도시들도 우리에게 저항할 수 없을 것이오. 그러면 우리는 이탈리아의 주인이 되는 것이지요. 로마가 얼마나 강하고 넓은지는 누구보다도 당신이 더 잘 알지 않소?"

키네아스는 잠시 잠자코 있다가 다시 물었다.

"전하, 그러면 이탈리아를 정복하신 다음에는 어떻게 하실 겁니까?"

키네아스가 왜 그런 질문을 하는지를 깨닫지 못한 피로스는 이렇게 대답했다. "그 다음에는 시칠리아가 부르고 있소. 그곳은 생산되는 물건도 많고 사람도 많이 사는 섬이오. 그곳을 손에 넣는 것은 별로 어렵지 않소. 아가토클레스가 죽은 뒤로 소요와 분쟁으로 들끓고 있으니 말이오."

---

9) 그리스 3대 비극 시인 중 한 사람.

키네아스는 다시 물었다.

"그렇겠군요. 그러면 시칠리아를 손에 넣은 다음에는 전쟁이 끝날까요?"

"인간에게 승리를 주고 안 주고를 결정하는 것은 오직 신이 하시는 일이오. 그렇게 가까이 갔다면 바로 손에 닿을 수 있는 리비아와 카르타고를 누가 가만히 두겠소? 아가토클레스가 시라쿠사에서 달아났을 때도 그는 불과 몇 척 안 되는 배로도 그것을 정복하지 않았소? 이 나라들을 다 정복하면 지금 우리를 멸시하는 작은 적들은 감히 저항도 못할 것 아니오?"

키네아스는 이렇게 대답했다.

"맞는 말씀이십니다. 그런 큰 힘을 가진다면 마케도니아쯤은 간단히 되찾고, 그리스 전체도 지배할 수 있게 될 것입니다. 그러면 그렇게 정복한 다음에는 어떻게 하실 겁니까?"

피로스는 웃으면서 대답했다.

"그때에는 편히 쉬어야지. 날마다 마시고 놀며 즐거운 이야기로 세월을 보내야지."

여기까지 이야기를 끌어온 키네아스는 이렇게 말했다.

"전하, 편안히 쉬며 놀고 싶다면, 지금도 할 수 있습니다. 지금 우리가 가지고 있는 것만으로도 그럴 준비는 충분합니다. 그런데도 그걸 얻으시려고 남에게 고생을 시키고 자신도 고생하시니 마지막에 우리가 얻는 것은 도대체 무엇입니까?"

이 말을 들은 피로스는 깊은 생각에 잠겼다. 즐거운 생활을 떠나 무서운 전쟁을 일으키는 것이 과연 현명한 일인지를 다시 생각하게 된 것이다. 그러나 그런 생각도 잠시뿐, 그는 계획을 바꾸지 않았다.

그는 전쟁 준비를 끝내고 먼저 키네아스에게 3천 명의 군대를 주어 타렌툼으로 보냈다. 그런 다음 타렌툼으로부터 도착한 많은 수송선, 갤리선과 모든 종류의 배를 구해 코끼리 20마리, 기병 3천, 보병 2만, 궁수 2천, 투석병 5백 명을 싣고 출항하였다.

배들은 파도를 가르며 이탈리아 타렌툼을 향해 나아갔다. 그런데 바다를 반쯤 건넜을 때 갑자기 폭풍이 일어났다. 계절에 맞지 않는 폭풍이었다. 수많은 배들이 심한 파도에 밀려 떠내려갔다. 그러나 피로스 왕이 탄 배는 선장과 선원들의 익숙한 솜씨로 고생 끝에 무사히 육지에 닿았다.

한편 다른 배들은 모두 풍랑으로 흩어져 이리저리 제멋대로 밀려가고 말았다. 어떤 배는 이탈리아 해안을 아주 벗어나 멀리 리비아와 시칠리아 근처까지 밀려갔고,

더러는 야피기움 곳을 돌다가 밤이 되자 바위투성이의 해안에 부딪혀 산산조각이 나고 말았다. 그러나 왕이 탄 배는 크고 튼튼하게 만들어져 있어서 바다 쪽으로 밀려 가는 동안은 아무리 큰 파도가 덮쳐와도 끄덕도 하지 않았다.

그러나 바람의 방향이 바뀌어 파도가 정면에서 밀려오자 배는 산산이 부서질 것 같았다. 더군다나 뒤에서 미친듯이 날뛰는 파도 때문에 자칫하면 바람에 날려 멀리 표류할 위기였다. 피로스는 죽음을 각오하고 바다에 뛰어들었다. 그의 주위에 있던 호위병들과 동료들도 뒤따라 물 속에 뛰어들었다. 그러나 어두운 밤인 데다가 성난 파도 때문에 왕을 도울 길은 없었다.

피로스는 날이 새고 바람이 가라앉을 때쯤 간신히 헤엄을 쳐서 바닷가에 닿았다. 그리고 너무 지친 나머지 정신을 잃고 말았다. 그러나 뛰어난 정신력을 가진 피로스 는 운명과의 싸움을 포기하지 않았다.

날이 밝자 그 지방의 주민인 메사피아 사람들이 왕을 발견하여 구조해 주었다. 그러는 동안 폭풍을 피하고 떠돌던 전함 몇 척도 도착하였다. 그러나 거기에는 폭 풍 속에서 살아남은 부하 몇 명과 2천 명도 안 되는 기병, 그리고 코끼리 두 마리만 이 실려 있었다.

피로스는 이들을 거느리고 타렌툼을 향했다. 이 소식을 들은 키네아스는 타렌툼 군을 이끌고 나와 그들을 마중나왔다. 타렌툼에 도착한 피로스는 시민들의 움직임 을 살피며, 흩어진 배들이 조금이라도 더 도착하기를 기다렸다.

그는 타렌툼 시민들을 힘으로 억압하려는 생각은 조금도 없었다. 그런데 이 시 민들은 강력하게 나가지 않으면 협조하지도 않고 자기 자신들을 구출하려는 생각 도 못하는 자들이었다. 그들은 여전히 목욕탕이나 집 주변에서 술잔치를 즐기며 안 이한 생각으로 시간을 보내고 있었다. 그들은 피로스가 대신 싸우기만 바라고 있을 뿐이었던 것이다.

그러한 시민들의 태도를 본 피로스는 먼저 운동장과 공공 놀이터를 모두 폐쇄해 버렸다. 그들은 그런 곳에 모여서 전쟁을 거들먹거리고 입으로만 전쟁을 하고 있었 기 때문이다. 그런 다음 제전과 술잔치 등을 모두 금지시켰다. 그리고 시민들을 모아 무기를 잡게 하고, 이것에 응하지 않는 자에게는 가혹한 벌을 주었다.

피로스가 이런 엄격한 조치를 내리자, 많은 시민들은 그를 미워하며 도시를 떠나 고 말았다. 그들은 생활의 구속을 받아본 일이 없기 때문에 자기 마음대로 살 수 없는 것은 '자유가 없는 노예 생활'이라면서 모두 떠나 버린 것이다. 피로스는 어이가 없어 하면서도 그들을 그냥 내버려 둘 수밖에 없었다.

그때 로마의 집정관 라이비누스가 대군을 이끌고 루카니아에까지 공격해 그곳을 약탈하고 있다는 소식이 전해졌다. 피로스가 기다리고 있던 연합군은 아직 도착할 기미를 보이지 않고 있었다. 그러나 그는 적이 가까이 와 있는 데도 꼼짝않고 있다는 것은 부끄러운 일이라고 생각했다.

그는 먼저 로마 군의 사령관에게 전령을 보내어, 로마와, 이탈리아에 있는 그리스 사람들과의 불화를 해결하고 평화를 찾도록 중재자가 되겠다고 제안했다.

그러나 라이비누스의 대답은, 로마는 피로스가 필요하지 않으며 적이 되더라도 무서울 것이 없다는 것이었다. 그는 몹시 화가 나 군대를 독려했다. 그리고 판도시아와 헤라클레아 사이에 있는 평야에 진을 쳤다.

로마 군이 가까운 시리스 강 건너편에 진을 치고 있다는 보고를 들은 피로스는 말을 타고 강가로 달려갔다. 강 건너편으로 로마 군이 보였다. 그는 로마 군대의 대열과 규율, 보초들의 배치, 질서정연한 동작과 잘 배치된 진영을 보고 놀라움을 감출 수가 없었다. 그는 옆에 있던 부하에게 이렇게 말했다.

"메가클레스, 저들은 야만인이라고 하던데 군기를 보니 그런 것 같지도 않군. 어쨌든 좀 싸워보면 저들의 힘을 알 수 있겠지."

피로스는 불안한 마음이 들기 시작했다. 그래서 원군이 올 때까지는 강을 건너오는 적을 막는 데만 힘을 쓰기로 하고 강 기슭에 병력을 배치시켰다.

이러한 동향을 살핀 로마 군은 곧 강을 건너 공격을 하려고 서둘렀다. 그들은 깊이가 얕은 여울을 이용해서 기병들을 이곳저곳으로 보냈다.

그들이 강을 건너기 시작하자, 그리스 군은 포위될까 두려워서 즉시 후퇴를 했다. 피로스는 싸울 생각도 하지 않고 후퇴하는 그들을 보고 어이가 없었다. 그는 곧 전군에게 전투 대열을 갖추고 적과 대항하라고 명령하고, 자기 자신도 직접 3천 명의 기병대를 이끌고 대기하였다. 피로스는 로마 군이 강을 건너느라고 한창 혼란스러운 때를 이용해서 공격을 할 계획이었다.

그러나 제일 먼저 무수한 방패들이 나타나더니, 그 뒤를 따라 기병들이 질서 있게 대열을 이루면서 건너왔다. 이것을 본 피로스는 부대를 집결시키고 직접 선두를 지휘하며 공격을 시작했다. 피로스가 날쌘 장수답게 이곳저곳을 뛰어다니며 몸소 적과 맞붙어 싸우는 모습은 훌륭했다. 그는 창칼 속에 몸을 내던지고 덤벼드는 적의 병사들을 떨쳐 버리면서도 전체의 상황을 조금도 놓치지 않고 파악했다. 성난 짐승처럼 싸우다가도 적에게 밀리는 대열 쪽에 번개처럼 나타나 병력을 증강시키고 적을 물리쳤다.

이 때 마케도니아 사람인 레온나토스라는 자가 그의 곁에 있었는데, 로마 군인 하나가 피로스가 가는 곳마다 따라다니며 기회를 노리고 있는 것을 보고 그에게 말했다.

"전하, 저기 다리가 희고 검은 말을 탄 저 놈을 조심하십시오. 전하만을 살피고 따라다니면서 다른 병사에게는 눈도 돌리지 않습니다. 아무래도 무슨 무모한 짓을 하려는 것 같으니 부디 조심하십시오."

피로스는 그의 말을 듣고 대답했다.

"레온나토스, 어느 누구도 운명이라는 것은 피할 수가 없다네. 그러나 저 놈이나 아니면 다른 놈이라도 나하고 싸우는 것은 별로 재미가 없을 것이네."

이렇게 두 사람이 이야기를 주고받고 있을 때, 그 로마 군이 창을 겨눈 채 곧장 달려와 피로스의 말을 찔렀다. 그 순간 그의 말도 레온나토스의 창에 찔려 두 사람은 동시에 말에서 떨어졌다. 그러자 주위에 있던 부하들이 급히 달려와 로마 병사를 죽이고 피로스를 구했다. 그 로마 군은 프렌타니아 사람으로 이름은 오플라쿠스였으며 기병대장의 한 사람이었다고 한다.

이런 일이 있은 뒤로 피로스는 항상 조심을 하게 되었다.

그는 기병대가 후퇴하고 있는 것을 발견하고 곧 그의 보병부대를 출동시켜 적과 대항하게 했다. 그리고 군복과 갑옷을 벗어 곁에 있던 메가클레스와 바꿔 입고 주력부대를 지휘했다. 로마 군의 저항도 만만치 않아 승부는 쉽게 나지 않았다. 양쪽 군대는 일곱 번이나 밀고 밀리면서 치열한 싸움을 계속했다.

왕이 갑옷을 바꿔 입은 것은 그의 생명을 보호하는 데는 크게 도움이 되었지만, 그 때문에 전우를 잃고 전쟁의 승리도 잃을 뻔했다. 로마 군이 피로스의 갑옷을 입은 메가클레스를 피로스로 생각하고 한꺼번에 달려들었기 때문이었다.

메가클레스는 그들을 맞아 용감하게 싸웠지만 많은 적을 당해내기는 어려웠다. 덱소우스라는 로마 병사는 제일 먼저 그에게 치명상을 입히고 갑옷과 투구를 벗겼다. 그러고는 사령관인 라이비누스에게 달려가며 피로스를 죽였다고 크게 소리를 질러댔다. 그 소리를 들은 로마 군은 기쁨의 함성을 올렸다.

반면 그리스 군들은 모두 사기가 꺾이고 말았다. 피로스는 이 뜻밖의 사태를 보고 즉시 투구를 벗어 얼굴을 드러냈다. 그러고는 두 손을 높이 치켜올리며 그리스 병사들을 향해 소리쳤다.

"나 피로스는 여기 있다. 병사들이여! 모두 힘을 내서 로마 군을 무찔러라."

피로스는 병사들 사이를 돌아다니며 자신이 살아 있는 모습을 보여 주는 한편 코끼리 부대를 출동시켰다. 코끼리 부대는 커다란 발자국 소리를 울리고 코를 휘저으며 로마 군을 향해 돌격했다. 로마 군이 타고 있던 말들은 거대한 코끼리를 보자 모두 겁을 집어먹고 사람을 태운 채 도망을 치기 시작했다. 이리저리 날뛰는 말들 때문에 혼란스러워지자 로마 군의 대열은 서서히 무너졌다. 이런 모습을 지켜본 피로스는 테살리아 기병들에게 돌격 명령을 내렸다. 기병들은 달아나는 로마 군을 추격하여 적에게 큰 손실을 입히고 물러났다.

이 작전은 그리스의 승리에 도움을 주었다. 죽어 쓰러진 적의 병사는 아주 많았다. 디오니시오스의 기록에 의하면, 로마 군의 손해는 1만 5천 명에 이르렀다고 한다. 그러나 히에로니모스는 7천 명을 넘지 않았다고 기록하고 있다. 또 피로스 군의 손해는, 디오니시오스의 기록으로는 1만 3천 명, 히에로니모스의 기록으로는 4천 명 이상이었다고 전해진다.

그러나 이 때 피로스 쪽은 가장 뛰어난 정예부대를 잃었는데 이 속에는 피로스가 가장 믿고 신뢰하던 장군들과 특별히 가까운 친구들도 끼어 있었다고 한다. 그는 로마 군이 버리고 간 진지를 점령하고, 로마에 가담했던 몇몇 도시의 항복을 받았을 뿐만 아니라 그 주위에 있던 지방까지 약탈하면서 로마 시에서 37킬로미터 떨어진 지점까지 진군해 나갔다.

이 전투가 끝난 다음에야 비로소 루카니아와 삼니움의 군대가 도우러 왔다. 피로스는 그들이 늦게 온 것을 몹시 나무라기는 했지만, 에페이로스와 타렌툼 군대만 가지고도 로마 군을 격파한 것을 매우 만족스러워했다.

한편 전쟁에서 지고 로마로 돌아간 라이비누스는 카이우스 파브리키우스의 비난을 받았다. 그는 "에페이로스 군대가 로마를 이긴 것이 아니라 피로스가 라이비누스를 이긴 것"이라고 말했다. 패전의 원인이 적의 군대가 강했기 때문이 아니라 지휘관의 능력이 모자랐기 때문이라는 뜻이었다.

그러나 로마의 원로원은 그를 집정관 자리에서 쫓아내지는 않았다. 오히려 재빨리 새 군대를 모집하고, 그들은 더욱 자신만만해서 다시 싸움을 하러 나왔다. 피로스는 이것을 보고 무척 놀라워했다. 지금 피로스의 군대는 숫자로도 부족하기 때문에 도저히 이길 수가 없었던 것이다. 그는 생각 끝에 휴전을 하기로 마음을 먹었다. 이미 큰 승리를 거둔 이상 휴전을 한다고 해도 충분히 명예를 지킬 수 있다는 생각이었다.

피로스는 로마가 휴전을 희망하는지 알아보기 위해 우선 키네아스를 로마로 보냈다. 키네아스는 로마에 도착하자마자 세력이 있는 주요 인물들을 만나 휴전에 대한 이야기를 꺼냈다. 그리고 이야기를 끝낸 다음에 피로스 왕이 보낸 귀한 선물을 그들의 부인과 자식들에게 주었다. 그런데 그들은 모두 선물을 거절하며 한결같이 이렇게 대답했다.

"만약 휴전이 공정하게 이루어진다면 우리는 결코 반대하지 않습니다. 그리고 피로스를 우리의 친구로 생각할 것입니다."

키네아스는 원로원에게 나가 힘찬 연설을 하였다. 생포한 포로들을 무조건 석방하고, 로마가 이탈리아 전체를 지배할 수 있도록 도와주는 대신, 우호관계를 맺고 타렌툼을 침략하지 않겠다고 약속해 달라는 것이 휴전의 조건이었다. 그러나 청중의 마음은 조금도 움직일 기미를 보이지 않았고, 원로원 의원들마저 아무 대꾸도 없었다. 키네아스의 웅변도 여기서는 힘을 발휘하지 못했던 것이다.

그러나 로마의 평민들은 휴전을 바라고 있는 것이 분명하였다. 그들은 이미 전투에서 한 번 진 데다가, 이탈리아의 여러 도시와 힘을 합쳐 더욱 강해진 피로스의 군대와 또다시 싸우고 싶은 생각은 없었던 것이다. 이렇게 로마의 여론은 두 갈래로 갈라져 휴전을 결정하지 못하고 있었다.

이 때 아피우스 클라우디우스라는 사람이 나섰다. 그는 로마에서 이름난 인물이긴 했지만, 이미 나이가 들고 눈까지 멀어서 정치적인 일에는 별로 관여를 하고 있지 않았다. 그러나 그는 피로스의 휴전 내용을 듣고 로마의 여론이 갈라져 있는 것을 보자 가만히 앉아 있을 수가 없었다.

그래서 그는 원로원에서 휴전 조약에 대해 투표를 한다는 날 집을 나섰다. 그는 하인들의 부축을 받으며 마차에 올라 포룸을 거쳐 원로원으로 향했다. 원로원 입구에 도착한 그는 아들과 사위들의 부축을 받으며 안으로 들어갔다. 장내는 물을 끼얹은 듯이 조용했다.

그는 가까스로 연단에 올라갔다. 그리고 조용하지만 힘있는 목소리로 말을 꺼냈다.

"사랑하는 동포 여러분, 나는 맹인이 되었을 때 슬펐습니다. 그러나 지금은 귀가 멀지 않은 것을 슬퍼합니다. 수치스러운 휴전을 얘기하며 로마의 명예에 먹칠을 하고 있다는 이야기를 듣게 되었으니 말입니다. 우리가 아직 나이가 어리고 우리 아버지들이 한창 활동하시던 그때에, 알렉산드로스 대왕이 이탈리아를 침략한다면 문제 없이 격파시켜 천하무적이라는 그들의 명성을 헛소문으로 만들겠다거나 아니면 거기에 로마의 영광을 더하겠다고 장담했습니다. 그런데 그렇게 말했던 여러분들은 지금 어디에 있습니까? 여러분, 여러분들은 지금 마케도니아의 밥에 불과한 카오니아와 몰로시아 따위를 겁내고 있으니 예전의 말은 모두 껍데기뿐인 말이 되어 버렸습니다. 그리고 여러분들이 지금 그토록 두려워하는 피로스는 예전에 알렉산드로스의 호위병이었던 사람의 천한 종에 지나지 않았으며, 그가 지금 여기에 굴러온 것도 이탈리아에 있는 그리스인들을 구하러 온 것이 아니라, 제 나라에서 쫓겨 도망온 것입니다. 그는 마케도니아의 한 귀퉁이를 얻고도 그것을 지키지 못했던 군사들을 이끌고 와서 감히 로마의 친구이며 수호자가 되겠다고 지껄이고 있는 것입니다. 여러분, 피로스가 여러분과 친구가 되겠다는 것은 그가 무사히 돌아가기 위한 구실임을 알아야 합니다. 그것은 우리를 모욕하는 일일 뿐더러 또 다른 침략자들을 불러들이는 셈이 됩니다. 피로스의 무엄한 행동을 벌하지 않고 그냥 돌려보낸다면, 세상 사람들은 로마를 우습게 여기고 저마다 싸우려고 덤벼들 것입니다."

전쟁을 호소하는 클라우스의 긴 연설이 끝나자 원로원 의원들은 드디어 결정을 내렸다. 그리고 로마 시민들도 새롭게 용기를 다지며, 힘을 합쳐 궐기하기로 했다. 그래서 원로원은 다음과 같은 답변으로 키네아스의 제안을 거절했다. "피로스가 이탈리아에서 물러간다면 그의 희망대로 휴전을 할 수도 있다. 그러나 군대를 가지고 그대로 버티고 있다면 만약 1천 명의 라이비누스를 물리친다 해도, 로마는 결코 물러서지 않을 것이다."

키네아는 애쓴 보람도 없이 그냥 돌아갈 수밖에 없었다. 그러나 전하는 기록들을 보면, 로마에서 이 문제가 처리되고 있는 동안, 키네아스는 로마 사람들의 생활 방식에 큰 관심을 가지고 있었다고 한다. 그는 정치계의 유명한 사람들과 이야기를 나누면서 로마의 정치 제도를 살피고 로마의 풍속을 관찰했다고 한다. 그래서 그는 피로스에게 돌아갔을 때, 자기가 본 것을 이렇게 보고했다.

"로마의 원로원이라는 것은 마치 왕들의 모임 같았습니다. 그리고 국민들은 레르나[10]에 사는 용과 싸우는 사람들 같았습니다. 집정관은 벌써 예전보다 두 배나 많은 숫자의 군대를 모집하고 있었고, 아직도 그 몇 배나 되는 장정들을 모을 수 있었습니다."

피로스의 계획은 여지없이 깨지고 말았다. 그러나 아무런 명분도 없이 군대를 철수할 수는 없는 일이었다. 그런데 얼마 후 카이우스 파브리키우스가 포로 교환에 대한 문제를 가지고 피로스를 찾아왔다. 키네아스는 피로스에게 카이우스에 대해서 이야기를 해주었다.

"카이우스는 정의롭고 뛰어난 장군으로 로마에서도 가장 존경받고 있는 사람 중의 하나입니다. 그런데 그는 굉장히 가난한 사람이라고 합니다."

피로스는 이 말을 듣고 곧 파브리키우스를 개인적으로 불렀다. 피로스는 그를 반갑게 맞아들이고, 남몰래 황금을 선물로 주었다.

"카이우스, 이 선물은 어떤 야비한 목적이 있어서 드리는 뇌물이 절대 아닙니다. 그저 당신에 대한 존경으로 드리는 나의 정표이니 부디 받아 주십시오."

그러나 파브리키우스는 이것을 냉정하게 거절했다. 피로스는 파브리키우스의 정직함을 보고 더 이상 권하지는 않았다.

피로스는 그가 코끼리를 본 일이 한 번도 없다는 것을 알고 그에게 자신의 위엄을 보여 주고 싶었다. 그래서 다음날 막사 뒤에 코끼리를 숨겨놓고 회담 도중에 신호를 보내 장막을 들추게 했다. 코끼리는 길다란 코를 파브리키우스의 머리 위로 흔들며 땅이 꺼질 것 같은 괴상한 소리를 질렀다. 그러나 카이우스는 조용히 코끼리를 한 번 돌아보더니, 빙긋이 웃으면서 말했다.

"어제는 황금으로 나를 움직이려고 하시더니, 오늘은 이 짐승으로 놀라게 하시는군요."

그날 저녁 피로스는 파브리키우스를 식사에 초대했다. 이런저런 이야기가 오갔는데, 특히 그리스의 철학에 대한 이야기가 대부분을 차지했다. 키네아스는 에피쿠로스[11] 학파의 철학을 이야기하며 신이나 국가 또는 인생의 목적에 대한 주장을 설명했다.

"그들은 인간의 가장 큰 행복을 쾌락이라고 생각해서 정치에 관여하지 않고 살았습니다. 정치는 행복을 해치고 방해하는 것일 뿐 아니라 완전한 행복을 주지 못한다고

---

10) 아르고스에 있는 개천으로 여기서 헤라클레스가 용을 죽였다고 한다.
11) BC 341~270 아테네의 철학자. 쾌락주의를 주장했다.

생각한 것이지요. 또 신들은 공포와 희망을 완전히 벗어나 인간의 일에는 아무 관심을 두지 않고, 영원한 행복과 평화를 누리며 살고 있다는 것이 그들의 생각이었습니다."

키네아스는 자신의 생각에 도취되어 이렇게 말을 이어갔다. 그러나 그의 말이 채 끝나기도 전에 파브리키우스가 갑자기 피로스를 향해 외쳤다.

"오, 헤라클레스여! 우리와 전쟁을 하고 계신 피로스 왕과 삼니움 사람들도 그렇게 생각하도록 해주십시오."

피로스는 이 말을 듣고 새삼 그의 기백과 현명한 성품에 감탄했다. 그래서 로마와 싸우기보다는 그들을 친구로 삼고 싶다는 생각이 더욱 간절해졌다. 피로스는 파브리키우스에게 말했다.

"카이우스, 평화 조약이 맺어지도록 그대가 힘을 좀 써주시오. 그리고 그 일을 마친 다음에는 나의 친구이자 부하가 되어 주시오."

파브리키우스는 엷은 웃음을 띠며 조용한 태도로 이렇게 얘기했다. "그렇게 하시면 왕께서 불리해지십니다. 만약 그렇게 되면 지금 왕을 우러러 보는 사람들도 모두 왕보다는 저를 섬기고 싶어 할 테니까요."

피로스는 이 말을 듣고도 조금도 노여워하지 않았다. 오히려 그의 대장부다운 위대한 정신을 크게 칭찬하고, 포로에 대한 문제는 그에게 모두 맡겨 버렸다. "카이우스, 포로들을 모두 데려가시오. 그리고 휴전을 합시다. 만약 원로원이 휴전을 받아들이지 않는다면 포로들은 사투르누스[12] 명절이 지난 다음에나 다시 돌려보내 주시오."

카이우스 파브리키우스는 이렇게 해서 포로가 된 로마인들을 데려갔다. 그러나 결국 휴전이 성립되지 않았기 때문에, 그 포로들은 사투르누스 명절이 지난 뒤 다시 피로스에게 돌려 보내졌다. 로마 원로원은 피로스에게 되돌아가지 않는 포로는 모두 사형을 시킨다는 법령을 내렸던 것이다.

그 얼마 후 파브리키우스가 로마의 집정관이 되었을 때 어떤 사람 하나가 그에게 편지 한 통을 가져왔다. 그 편지는 피로스의 시의로부터 온 것인데, 피로스 왕을 독살시켜 칼 한 번 쓰지 않고 전쟁에서 이기게 해 줄테니 거기에 대한 돈을 달라는 내용이었다. 파브리키우스는 이 간사한 음모에 화가 치밀어올라 동료 집정관의 동의를 얻어 급히 피로스에게 편지를 써 보냈다.

---

12) 로마 신화에 나오는 농업의 신.

"로마의 집정관 카이우스 파브리키우스와 퀸투스 아이밀리우스는 피로스 왕께 이 글을 드립니다. 우리들 생각으로는 왕께서 적도 친구도 잘못 알고 계신 것 같습니다. 여기 함께 넣어 보내는 편지는 왕의 시의가 우리에게 보내왔던 것입니다. 이것을 읽어 보시면, 왕께서는 지금 어질고 선한 사람들과 싸우며 악하고 간사한 무리들을 믿고 있다는 것을 알게 되실 겁니다. 이 사실을 알려드리는 것은 왕을 아껴서가 아니라, 왕을 암살하고 비열하게 전쟁에서 이겼다는 세상의 비난을 듣고 싶지 않기 때문입니다."

편지를 받아본 피로스는 자기의 생명을 노리는 음모가 있다는 것을 알고, 곧 시의를 처단했다. 그리고 파브리키우스와 로마의 은혜를 갚기 위해 포로를 모두 돌려보내고, 키네아스를 보내 다시 휴전을 제의하였다.

그러나 로마는 포로를 그냥 받아들이지 않았다. 적으로부터 지나친 은혜를 받고 싶지도 않았고, 음모에 가담하지 않았다는 것에 대한 대가로도 지나치다고 생각했던 것이었다. 그래서 로마는 타렌툼과 삼니움 사람들을 같은 숫자만큼 석방해서 돌려보냈다.

그러나 휴전에 대해서는 생각을 굽히려 하지 않았다. 그들은 피로스에게 타고 왔던 배에 군대를 모두 싣고 에페이로스로 돌아가기 전에는 휴전에 응할 수 없다는 대답을 보내왔다. 그 후 피로스는 이곳 일을 일단락짓고 다른 곳으로 주둔지를 옮겨야만 했다. 그는 두 번째 전투를 하기 위해 아스쿨룸 시 근방까지 밀고 올라가 로마를 공격할 계획을 세웠다.

피로스 군이 진격을 시작하자 로마 군도 나와 마주섰다. 그들은 늪이 많고 수풀이 우거진 거친 강에서 서로 만나게 되었다. 지형 때문에 피로스는 코끼리와 기병을 이용할 수 없었으므로 보병만 가지고 전투를 해야 할 불리한 상황이었다. 싸움은 치열했고 양쪽 군대에서 계속 사상자들이 생겨났지만 승부는 좀처럼 나지 않았다. 밤까지 싸우다가 싸움은 중단되었다.

다음날 피로스는 작전을 바꾸어 코끼리를 출동시킬 수 있는 곳으로 적을 끌어냈다. 피로스는 양쪽 산비탈을 점령하고, 사이사이에 많은 궁수와 투석수들을 숨겨놓았다. 그리고 평지에는 보병부대를 철통 같은 밀집 대형으로 집결시켜 총공격했다.

로마 군은 자신들이 전투하기에 불리한 지형에 서 있다는 것을 깨달았지만 그렇다고 물러설 수도 없었다. 전날의 작전은 소용이 없었으므로, 평지에서 각각 맞붙어야 될 형편이었다. 로마 군은 코끼리 부대가 습격하기 전에 생울타리 같은 적의 창들을 칼로 꺾으려고 뛰어들었다. 그들은 마치 죽음도 두려워하지 않는 사람들처럼 피로스 군의 병사들에게 마구 달려들었다.

피로스 군의 공격도 만만치 않았다. 양쪽 군대는 목숨을 건 필사적인 전투를 벌였다. 싸움은 오랫동안 계속되었다. 그런데 피로스가 지휘하던 부대가 드디어 로마 군을 무너뜨리기 시작했다. 그리고 곧 이 기회를 틈타 코끼리 부대도 공격을 시작했다.

코끼리들의 무서운 공격은 도저히 당해낼 수 없을 만큼 잔인했다. 코끼리들은 긴 코로 적의 병사들을 후려치고 그 커다란 발로 그들을 마구 짓밟아대기 시작했다. 코끼리가 한 번 지나간 곳은 마치 큰 태풍이나 지진이 지나간 자리처럼 아무것도 남아 있지 않았다. 아무리 용감한 로마 군이라고 해도 그런 코끼리를 상대로 싸우는 것은 역시 무리였다. 그들은 생명을 건지는 것만이 의무라고 생각할 정도였다. 그들은 멀지 않은 자기들의 진영으로 쫓겨 달아났지만 그러는 동안에도 마구 짓밟혀 넘어지는 병사들이 많았다.

히에로니모스의 기록을 보면, 로마 군 전사자가 6천 명이었고 피로스 군은 3천 5백 5명의 병사를 잃었다고 한다. 그러나 디오니시오스는 아스쿨룸에서 두 번 싸웠다거나 로마 군이 졌다거나 하는 기록은 전혀 남기고 있지 않다. 다만 양쪽 군대는 날이 저물도록 싸우다가 밤이 되어 헤어졌는데, 피로스는 투창을 맞아 팔에 상처를 입고 배낭은 삼니움 병사들에게 약탈당하였으며, 양쪽 군대의 전사자는 모두 1만 5천 명 이상이라는 것만을 기록해 놓고 있다.

전투가 끝나고 양쪽 군대는 서로 갈라졌다. 피로스는 누군가가 승리를 축하한다고 말하자 이렇게 대답했다고 한다.

"로마 군과 한 번만 더 이렇게 싸웠다가는 우리는 완전히 망할 거요."

피로스는 이 전쟁에서 친한 친구와 가까운 부하 장군들을 모두 다 잃었기 때문에 이런 말을 했던 것이다. 더구나 이제 본국에서 더 불러올 만한 청년도 없었고, 이탈리아에 있는 동맹군들도 슬슬 꽁무니를 빼려는 눈치였다.

그러나 로마 군은 사방에서 쉽게 사람이 몰려들어 금세 군대를 보충하였고, 엄청난 손해를 입었음에도 불구하고 전혀 사기가 떨어지는 기색이 아니었다. 오히려 그들은 새로운 힘과 결심을 굳히며 전쟁을 계속하겠다는 움직임을 보이고 있었다.

그러나 이러한 어려운 사정으로 곤경에 빠져 있던 피로스에게 새로운 희망이 다가왔다. 시칠리아에서 사절단이 찾아와 아그리겐툼과 시라쿠사, 그리고 레온티니 등 세 도시를 주겠으니, 그 섬에 와 있는 카르타고 사람들을 몰아내고 여러 폭군들을 섬에서 내쫓아 달라고 요청해 왔던 것이다. 또 이것과 때를 같이 하여 그리스에서도 소식이 왔는데, 일명 케라우노스로 불리던 마케도니아의 왕 프톨레마이오스가 갈리아 족과 싸우다가 전사하여 왕위가 비었다는 내용이었다. 마케도니아는 지금 왕을 필요로 하고 있으므로 피로스 자신이 왕이 되겠다고 말할 수 있는 아주 좋은 기회였다.

피로스는 이렇게 좋은 기회를 한꺼번에 주는 운명을 불평했다. 둘 중 한 가지의 기회는 포기해야 된다는 것 때문에 피로스는 한동안 생각에 잠겼다. 결국 그는 아프리카와 아주 가까운 거리에 있는 시칠리아로 가는 것이 더 장래성이 있다는 판단을 하였다. 그래서 그는 여느 때처럼 즉시 키네아스를 세 도시에 파견하여 그를 맞을 준비를 갖추게 했다.

한편 피로스는 타렌툼에 많은 군대를 남겨두고 떠나려고 했는데, 시민들은 이것을 별로 달갑지 않게 생각했다. 그들은 심한 반대를 하면서 처음처럼 로마와 계속 전쟁을 하든가, 아니면 타렌툼을 옛날 그대로 놓아두고 군대를 깨끗이 철수하라고 요구했다. 그들의 요구를 들은 피로스는 다른 말은 하지 않고, 다만 오래지 않아 돌아올테니 그때까지만 기다려 달라는 말을 남기고는 출항하였다. 시칠리아 섬에 도착해 보니 모든 일은 뜻대로 되어 있었고, 세 도시는 기꺼이 그를 맞아들였다. 그들 시민들은 군대나 무력을 쓰지 않아도 피로스의 명령을 잘 따랐고, 그를 따뜻하게 맞아 주었다.

피로스는 주민들의 요청을 받아들여 보병 3만 명, 기병 2천 명, 군함 2백 척을 이끌고 카르타고 군을 공격하였다. 그들 군대는 페니키아[13] 인들을 완전히 격파하고 그 지방 일대를 모조리 짓밟았다. 그 중에서 에릭스는 가장 강하고 튼튼한 성벽으로 둘러싸인 도시였는데 그곳에는 무시하지 못할 만큼 많은 군대가 버티고 있었다. 피로스는 이곳을 공격하여 빼앗기로 결심하고 전 군대에게 전투준비를 갖추라고 명령했다. 그리고 자신도 완전무장을 하고 나와서 공격 명령을 내리기 전에 병사들 앞에서 맹세했다.

"사랑하는 나의 병사들이여! 시칠리아 섬의 모든 그리스 동포들이 보는 앞에서 우리는 전투를 치르게 된다. 이 전투에서 내가 아킬레우스의 후손이라는 것과 대군

---

13) 시칠리아 서쪽에 있던 나라. 당시 상업의 주도권을 장악하고 아프리카 북부 해안과 지중해 서부에 식민지를 건설하고 있었다.

을 지휘할 만한 장군이라는 것을 증명하게 된다면, 헤라클레스에게 제물을 드리고 성대한 연극제를 개최할 것을 약속하겠다."

피로스의 당당한 선언을 들은 병사들은 창을 높이 쳐들면서 환호성을 질렀다. 공격 나팔 소리가 드높이 울려퍼지고, 궁수부대들은 성벽에 사다리를 걸쳤다. 피로스는 제일 먼저 성벽을 기어올라가 다가오는 적들을 물리쳤다. 달려드는 적들은 붙잡아 성 안팎으로 떨어뜨리고, 칼을 쳐서 적병을 쓰러뜨리기도 했다.

피로스의 주위에는 시체가 산처럼 무더기로 쌓였다. 그러나 피로스 자신은 상처 하나도 입지 않았다. 그가 용감하게 싸우고 있는 모습은, 그를 지켜보던 적군의 심장을 서늘하게 만들었다. 그리고 그것은 호메로스의 말을 증명하는 것이기도 했다.

> 모든 미덕 중에서 오직 강한 용기만이 신의 영광을 받고
> 신을 기쁘게 하며 드높이 피어난다.

에릭스 시는 곧 무너지고 말았다. 피로스는 미리 약속했던 대로 헤라클레스에게 큰 제사를 드리고, 온갖 구경거리와 연극을 벌였다.

축제가 끝난 뒤, 피로스는 메세나 지방의 마메르티네[14] 인을 정벌하였다. 마메르티네 인은 그리스의 여러 도시들을 번번이 괴롭히고, 심지어는 세금을 거두어 가기도 했다. 이들은 인구도 많고 전쟁도 잘 하는 종족으로, 마메르티네라는 종족의 이름도 군신의 자손이라는 뜻이었다.

피로스는 그들을 공격하여 많은 사람들을 사로잡았다. 그리고 먼저 공물을 징발했던 자들을 모조리 사형시키고 본격적인 전투를 벌이기 시작했다. 피로스의 군대는 쉬지 않고 진군하여 그들의 요새들을 하나씩하나씩 포위해 나갔다. 마메르티네 군은 오래지 않아 요새를 포기하고 사방으로 달아났다.

이렇게 되자 카르타고 군은 더 이상 견디지 못하고 평화를 요청해 왔다. 동맹군까지 모두 참패를 당하자 그들은 싸울 힘을 모두 잃어버린 것이었다. 그들은 휴전을 제의하면서, 만약 이것이 받아들여지면 많은 돈과 배를 바치겠다고 약속했다. 그러나 피로스는 이것으로 만족할 수가 없었다. 그는 이렇게 대답했다. "만일 평화를 원

---

14) 카파니아 또는 오스카 용병의 혈통을 받은 종족으로 그들은 라틴어의 한 갈래를 언어로 썼다.

한다면 조건은 오직 하나밖에 없소. 그것은 카르타고인이 시칠리아에서 완전히 물러가고, 아프리카 바다를 그리스와 카르타고의 국경으로 삼는 것뿐이오."

피로스는 대군을 거느리고 있었을 뿐 아니라 지금까지 계속되는 승리로 자신만만해져 있었다. 그리고 그리스를 떠날 때 가졌던 큰 포부대로 그의 목표는 아프리카에 있었다.

피로스는 드디어 아프리카로 갈 것을 결심했다. 그런데 많은 배를 가지고 있었지만 그것을 움직이려면 노를 저을 사람이 많이 필요했다. 그래서 피로스는 노를 저을 선원을 구하기 위해 각 도시에서 강제로 사람을 끌어모았다. 그는 원래 그렇게 독재적인 사람은 아니었지만 강제로 사람들을 동원하고 응하지 않는 자에게는 엄한 벌을 내렸기 때문에 폭군이라는 말을 듣게 되었다.

그는 처음에는 한없이 너그럽고 남을 잘 믿는 자비로운 사람이었다. 그러나 점차 왕권이 확고하게 굳어져 가면서, 은혜도 모르고 사람도 믿을 줄 모르는 폭군이 되어 갔던 것이다. 시칠리아 사람들은 그런 피로스를 매우 불쾌하게 생각했지만, 그에게 대항할 힘이 없었으므로 복종하는 수밖에 다른 도리가 없었다. 그리고 그럴수록 피로스는 더욱 강력하고 독재적인 수단을 쓰게 되었던 것이다.

그 중에서도 피로스가 토이논과 소시스트라토스를 시기하고 의심한 것은 가장 심한 경우였다. 이 두 사람은 시라쿠사 시의 가장 중요한 인물이었다. 피로스를 시칠리아로 불러들인 것도 그들이었고, 여러 도시를 그에게 넘겨준 것도 바로 그들이었다. 또 피로스가 도착하여 일을 하는 데 가장 크게 도와준 사람도 바로 그들이었다.

그런데 피로스는 그런 은혜를 모두 잊고, 그들이 선동하지 않을까 하는 밑도끝도 없는 의심을 하기 시작했다. 그래서 피로스는 그들을 더 이상 가까이 하지도 않았고, 고향에서 가만히 쉬게 두지도 않았다.

소시스트라토스는 피로스의 그런 의심을 알아차리고 겁이 나 한밤중에 몰래 도망가 버리고 말았다. 그러자 피로스는 토이논이 소시스트라토스와 짜고 자기를 죽이려고 했다면서 그를 죽여 버렸다. 그러자 시민들의 태도가 갑자기 달라졌다. 그 변화는 엄청난 것이었으며 한 군데서가 아니라, 피로스를 증오하고 있던 여러 도시에서 한꺼번에 일어났다. 어떤 도시는 카르타고와 손을 잡았고, 또 어떤 도시는 마메르티네 사람들에게 도움을 요청하기도 했다. 여기저기서 반란이 일어나고, 시칠리아 사람들은 피로스에게 대항하는 당을 만들기도 했다.

일이 이렇게까지 번지자 피로스는 그들의 불평과 반항으로 어쩔 줄 모르고 있었다. 그런데 그때 마침 타렌툼과 삼니움에서 사람이 와서 편지를 전해 주었다. 타렌툼과 삼니움이 로마 군의 공격을 받아 시내에 갇혀 나가지 못하고, 겨우 방비만 하고 있으니 어서 와서 구해 달라는 내용이었다. 이것은 그가 시칠리아에서 도망간 것이 아니라는 구실을 만들어 주는 것이었다.

그때 시칠리아는 폭풍 속에 갇힌 배처럼 이러지도 저러지도 못하는 형편이었다. 피로스는 위기에 처한 배에서 탈출하는 선원처럼 급히 이탈리아로 향했다. 피로스는 떠나기 바로 전에, 시칠리아 섬을 돌아보면서 부하들에게 이렇게 말했다.

"우리는 지금 로마와 카르타고 사람들이 서로 싸우게 될 좋은 전쟁터를 남겨두고 가는 것이라네."

얼마 후 피로스의 이 말은 과연 사실로 나타났다.

피로스는 군대를 이탈리아로 돌리면서 심한 고생을 했다. 그들이 배로 떠나자 야만인들이 추격해 왔기 때문에 바다에서 카르타고 군을 맞아 싸움을 해야 했던 것이다. 카르타고 군은 바다에서의 싸움에 아주 능숙했다. 피로스도 그들과 맞서 열심히 싸우기는 했지만, 카르타고 군에게 많은 배를 빼앗기고 간신히 이탈리아로 도망을 갔다. 그런데 거기에는 벌써 마메르티네 군이 1천 명의 병사를 이끌고 한 발 앞서 기다리고 있었다.

그들은 지형이 험한 곳마다 기다리고 있다가 돌연히 피로스 군을 기습하여 그들을 혼란에 빠뜨렸다. 피로스는 맨 앞에 나서서 용감하게 전투를 지휘했지만, 두 마리의 코끼리가 쓰러져 죽고 군대의 후미 부분에 있던 많은 병사들을 잃고 말았다. 피로스는 군대의 뒤로 달려가 반격을 했지만, 전쟁에서 잘 싸우는 용감한 마메르티네 군에게 포위되어 큰 타격을 받고 말았다.

그러다가 피로스는 그만 적의 칼에 머리를 맞아 부상을 입고 잠시 전선에서 물러났다. 이것을 본 마메르티네 군은 더욱 기세를 올렸다. 그때 마메르티네 군 가운데서 체격이 크고 요란스러운 무장을 한 장수 하나가 뛰어나왔다. 그는 피로스가 살아 있다면 어서 덤벼 보라고 거만하게 소리를 질렀다.

피로스는 화가 머리끝까지 나서 부하들이 말리는 것도 뿌리치고 달려나왔다. 피로 뒤덮인 채 험악한 표정을 하고 있는 그의 얼굴은 보기만 해도 무시무시하였다. 피로스는 두 손으로 칼을 부여잡고 미친듯이 야만인을 향해 달려들어 적의 몸뚱이를 두 동강으로 갈라 버렸다. 이것을 본 마메르티네 군의 병사들은 두려움에 떨었다. 그리고 피로스 군의 앞길에서 하나둘 비켜났다.

피로스는 아무런 저항도 받지 않고 무사히 타렌툼에 도착했다. 그때 그를 따라온 군대는 보병 2만 명과 기병 3천 명이었으며, 여기에 타렌툼의 정예 부대를 보충하였다. 그리고 즉시 로마 군이 진을 치고 있는 삼니움의 국경으로 군대를 이끌고 진군했다.

그때 삼니움 군은 로마 군에게 거듭 참패를 당하여 완전히 싸울 기력을 잃고 있었다. 또 시칠리아에 가 있으면서 돌보지 않았던 피로스에 대한 불평도 대단해서 군대에 가담하려는 자의 숫자도 얼마되지 않았다.

피로스는 그들에게 아무 변명도 하지 않고 군대를 둘로 나누었다. 한 부대는 루카니아로 보내 그 곳에 있는 집정관의 부대가 이쪽으로 오는 것을 막게 하고, 자기는 남은 부대를 직접 거느리고 삼니움에 머물고 있던 마니우스 쿠리우스의 군대를 공격하기로 했다.

그때 마니우스는 군대를 이끌고 베네벤툼 시 부근의 유리한 곳에 먼저 진을 치고, 또 한 사람의 집정관이 거느린 로마 군이 오기만을 기다리고 있었다. 그러다가 피로스의 군대가 쳐들어 온다는 소식을 듣자 그는 곧 제관을 시켜 제사를 지내고, 진지를 옮겨야 할 것인지 아닌지를 물어보라고 했다. 마니우스는 이곳에서 싸울 수밖에 없다는 것을 알고 결심을 굳혔다.

한편 피로스는 군대가 도착하기 전에 마니우스를 공격하려고 준비를 서둘렀다. 그는 코끼리 부대와 정예 부대를 이끌고 밤중에도 계속 적진을 향해 행군을 했다. 그러나 돌아가는 길은 너무나 멀고 산은 깊은 데다가 숲을 통과하는 동안 들고 있던 횃불도 모두 꺼지고 말았다. 불빛 하나 없는 깊은 산 속은 칠흑 같았다. 피로스의 군대는 암흑 속에서 길을 잃고 우왕좌왕하여, 한 발짝도 앞으로 나아가지 못했다. 그러는 동안 산속의 밤은 깊어만 갔다.

이윽고 해가 뜨고 날이 밝아왔다. 로마 군은 건너편 산에서 피로스의 군대가 내려오고 있는 것을 발견했다. 무시무시하게 무장을 한 군대와 번쩍거리는 갑옷을 입은 피로스, 그리고 거대한 코끼리의 대열을 본 로마 군들은 모두 겁을 먹고 말았다. 그러나 신에게서 내려온 예언은 아주 희망적이었고, 사태도 긴급하게 돌아가고 있었다.

마니우스는 침착하게 작전을 세웠다. 그는 피로스 군이 대열을 가다듬기 전에 그들을 공격하기로 하고, 재빨리 병사들을 앞세워 피로스 군의 선봉 부대를 습격하라고 명령했다. 피로스 군은 밤새도록 산을 헤매느라고 몹시 지쳐 있었고 미처 싸울 준비도 하지 못하고 있었다.

로마 군은 마침내 피로스 군의 선봉 부대를 물리치고, 군대를 혼란 속에 몰아넣었다. 그리고 그때를 틈타 적병들을 마구 쓰러뜨리고, 코끼리까지 몇 마리 사로잡아 버렸다. 이 승리는 마니우스를 비롯한 로마 군 병사들에게 대단한 자신감을 안겨 주었다.

이제 마니우스는 뒤로 물러서는 척하면서 피로스를 넓은 평원으로 끌어들였다. 피로스 군이 로마 군의 술책에 속아 평지로 들어오자, 로마 부대가 한꺼번에 밀어닥쳤다. 양쪽 군대는 치열한 접전을 벌였지만 곧 피로스 군의 일부가 무너지기 시작했다. 그러나 다른 쪽에서는 피로스의 코끼리 부대가 로마 군을 공격하여 참호 속으로 몰아넣어 버렸다.

그러자 마니우스는 참호를 지키기 위해 남겨 두었던 나머지 부대들에게 출정 명령을 내렸다. 그들은 그동안 참호 속에서 쉬고 있었기 때문에 힘이 넘쳤다. 그들이 던져대는 창살은 마치 소나기처럼 코끼리를 향해 쏟아져 내렸다. 코끼리들은 이같은 공격을 받고 이리저리 흩어졌는데, 그러면서 자기 편 군사들을 마구 짓밟아 죽이고 말았다. 피로스 군은 완전히 무너지고, 살아남은 군사들은 정신없이 도망치고 말았다.

로마는 이 승리로 세상에서 가장 강한 나라라는 명성을 얻게 되었다. 이렇게 해서 그들은 이탈리아 전체를 무력으로 정복하고, 또 시칠리아까지 점령한 다음 피로스의 군대까지 완전히 박살을 냈던 것이다.

피로스는 이렇게 6년 동안 전쟁을 하고는, 이탈리아와 시칠리아에 대한 모든 희망을 잃고 말았다. 그러나 전쟁에서의 실패가 그의 용기까지 빼앗아간 것은 아니었다. 그는 전투에서 졌지만, 전략과 용기에 있어서는 그 시대 제일의 장군으로 이름을 떨쳤다. 다만 그는 자기가 거둔 승리를 뿌리치고, 헛된 욕망을 가졌기 때문에 가지고 있던 것마저 모두 잃고 말았던 것이다. 그래서 안티고노스는 피로스를 주사위 노름꾼에 비유하면서, "주사위는 잘 던지지만, 그 주사위를 이용할 줄은 모르는 사람"이라고 말하곤 했다.

피로스는 패배의 쓰라림을 가슴속 깊이 묻어둔 채, 조국인 에페이로스로 돌아갔다. 그때 그를 따라온 군대는 겨우 보병 8천 명과 기병 5백 명뿐이었다. 그러나 군사들에게 줄 돈도 다 떨어져서 그 적은 수의 군대도 유지하기 힘들어지자, 그는 다시 새로운 전쟁을 찾기 시작했다.

피로스가 본국에 돌아온 지 얼마 뒤, 갈리아 군대가 얼마쯤 그들에게 합세해 왔다. 피로스는 새로운 용기를 얻어 곧 마케도니아를 공격하였다. 그러나 마케도니아를 정복하려는 것이 아니라, 노략질이나 하면서 영토를 짓밟아 보려는 생각이었다. 이 때 마케도니아는 데메트리오스의 아들 안티고노스가 왕좌에 앉아 있었다.

피로스는 몇 군데의 도시들을 점령하고 끊임없이 전진하여 마케도니아 땅의 통치자가 되어가고 있었다. 마케도니아의 군대 중 병사 2천 명도 그에게 귀순해 왔다. 일이 이렇게 순조롭게 진행되자, 피로스는 더 큰 야망을 품고 안티고노스 왕을 향해 진격을 시작했다. 안티고노스는 그들을 막기 위해 군대를 거느리고 나왔다. 양쪽의 부대는 좁은 골짜기에서 맞붙었다. 지형이 워낙 험하여 오직 앞으로밖에 나갈 수가 없는 곳이었다.

피로스는 안티고노스 군의 뒤를 치기 위해 선봉 부대를 산으로 올려보냈다. 이 작전은 성공적이었다. 피로스 군이 적을 뒤에서 습격하자 마케도니아 군은 앞뒤 양쪽에서 공격을 받게 되어 큰 혼란에 빠져들었다. 마케도니아 군의 후방을 수비하던 갈리아 군의 대 부대가 끝까지 저항을 해왔지만, 피로스 군의 치열한 공격으로 그들은 결국 병력의 반 이상을 잃고 말았다. 코끼리를 거느리고 있던 병사들도 사방에서 포위를 당하자 모두 항복을 해 왔다.

피로스는 아주 큰 승리를 거두었다. 그는 계속 이어지는 승리에 힘을 얻고 굳게 방어망을 치고 있던 마케도니아 보병의 주력군을 대담하게 공격했다. 마케도니아 병사들은 방금 전에 본 피해 때문에 두려움에 싸여 거의 싸우려고도 하지 않았다. 피로스는 적에게 가까이 다가가, 마케도니아 군의 장군들 이름을 하나하나 부르며 손을 흔들었다. 이름이 불리어진 장군들은 모두 부하들을 이끌고 순순히 피로스에게 귀순해 왔다. 그리고 안티고노스는 비참하게 패배를 당하자 몰래 말을 타고 어느 항구 도시로 달아나고 말았다.

피로스는 이곳에서 갈리아 군을 이긴 것을 무엇보다 기쁘게 생각했다.

그래서 빼앗은 무기와 전리품 중에서 가장 좋은 것들만을 골라 아테나 이토니아 신전으로 보내고 이런 글을 적어 바쳤다.

몰로시아의 피로스 왕은
안티고노스와 싸워 그들을 크게 무찌르고
씩씩한 갈리아 인들을 정복하였으므로
이 방패를 이토니아 여신께 바치노라.
아킬레우스의 후예는 세상에 알려진 것처럼
어제도 오늘도 용맹스럽도다.

그 후 피로스는 계속 바다 가까이에 있는 여러 도시들을 빼앗고 아이가이 시를
점령했다. 그는 그곳의 시민들을 학대하고, 갈리아 인을 남겨 두어 도시를 수비하
도록 했다.

갈리아 군은 몹시 탐욕스러운 부대로 이름이 나 있었다. 더구나 피로스의 지휘를
받고 있는 그들이 도시를 가만히 놓아둘 리가 없었다. 그들은 온 도시를 뒤져 재물을
빼앗고, 심지어는 왕들의 무덤을 파헤쳐 온갖 보석들을 찾아내면서 땅 속에 묻혀 있
던 왕의 유골들을 아무렇게나 던져 버리기도 했다.

그러나 피로스는 이런 야만적인 행동을 못 본 척하고 있었다. 다른 일로 몹시 바
빠서였거나, 아니면 그들의 비위를 건드리고 싶지 않았던 것인지도 모른다. 그리고
그는, 평민이 되었으면서도 왕이 입는 자줏빛 옷을 입고 다니는 안티고노스를 부끄
러운 줄도 모르는 놈이라고 비웃기도 했다.

피로스는 새로운 왕국에서 자리를 굳히기도 전에, 또다시 새로운 정복을 꿈꾸고
있었다. 그런데 그 무렵 스파르타에서 쫓겨난 클레오니모스가 피로스를 찾아와서
스파르타를 정복해 달라고 부탁을 해왔다. 피로스는 마케도니아에서의 기반을 아
직 다지지도 못한 상태였지만 그의 청을 기꺼이 받아들였다.

클레오니모스는 원래 스파르타의 왕위를 물려받을 왕자였지만, 너무 거만하고
포악한 성격 때문에 시민들의 빈축을 사서 조카인 아레우스에게 왕위를 빼앗기고
말았다. 이 일 때문에 그는 자기의 조국을 미워하게 되었는데, 게다가 아내에 대한
일로 이 미움은 더욱 커지게 되었다. 클레오니모스는 이미 나이가 많이 들었는데,
레오티키데스의 딸인 킬로니스라는 젊은 여자와 결혼을 하였다. 이 여자는 킬로니
스의 왕족으로 몹시 아름다운 여자였다. 그런데 이 여자는 아레우스 왕의 아들인 아
크로타토스라는 청년과 사랑을 하고 있었다. 자기의 아내가 다른 젊은 남자와 정을

통하고 있다는 것은 그에게 몹시 수치스러운 일이었다. 게다가 이 일은 모든 스파르타 사람들에게 알려져 있는 공공연한 비밀이었다. 클레오니모스는 이 두 가지 일로 더없는 불명예를 안고 있었다.

왕위를 빼앗기고, 또 아내까지 다른 사람에게 빼앗긴 클레오니모스는 더 이상 자신의 처지를 참을 수가 없었고 조국에 대한 미움은 나날이 더해만 갔다. 그래서 그는 피로스에게 찾아가 보병 2만 5천 명과 기병 2천 명, 코끼리 24마리의 대군을 이끌고 스파르타를 향해 출병을 하게 만들었던 것이다.

그러나 피로스의 머릿속에는, 클레오니모스에게 스파르타를 찾아준다는 것보다는 펠로폰네소스 반도를 모조리 정복할 생각이 가득 들어차 있었다. 이러한 그의 속셈은 세상 사람들도 모두 짐작할 수 있는 것이었다.

한편 피로스가 쳐들어온다는 소식을 들은 스파르타는 서둘러 사절단을 보냈다. 그들은 메가폴리스에 미리 나와서 기다리다가 피로스의 군대를 만났다. 그러나 피로스는 세상의 소문은 사실이 아니라면서, 자기가 여기에 온 것은 안티고노스의 속박을 받고 있는 여러 도시들을 해방시키려는 것이라고 말했다. 그리고 덧붙여서 이렇게 말했다.

"내 어린 아들들에게 스파르타 식의 교육을 시켜 세상 어느 누구보다도 훌륭한 인물로 만들고 싶은 것이 또한 내 소망이오."

사절단은 피로스의 말을 듣고 적지 않게 안심을 했다. 그래서 피로스를 스파르타 영토 안으로 안내했다. 그러나 피로스는 스파르타 땅에 들어서자마자, 군대를 시켜 여러 지방들을 마구 짓밟으며 약탈을 일삼기 시작했다. 전쟁 선포도 없이 마구잡이로 땅을 짓밟기 시작하자 사절단은 몹시 놀랐다. 그들은 곧 피로스에게 다시 찾아갔다.

"피로스 왕, 전쟁 선포도 내리지 않고 이렇게 남의 땅을 마구 짓밟을 수 있습니까?"

사절단들이 피로스의 잘못을 따지고 들었다. 그러나 피로스는 대수롭지 않은 일이라는 듯이 무심히 대답했다.

"그렇게 말씀하시는 그대들은, 먼저 본심을 드러내놓고 일을 합니까?"

그의 말을 듣고, 사절단 가운데 한 사람인 만드로클레이다스가 피로스에게 대꾸했다. "만일 대왕이 신이시라면, 아무 잘못 한 것이 없는 우리는 아무 해도 입지 않을 것이오. 그러나 대왕이 사람이라면, 대왕보다 더 강한 사람도 있다는 것을 잊지 말아야 할 것이오."

피로스는 진격에 진격을 거듭한 결과 드디어 스파르타에 도착했다. 클레오니모스는 도착한 그날 밤 피로스를 찾아와 야간에 스파르타를 공격하라고 권유했다. 그러나 피로스는 다음과 같은 말로 그의 청을 거절했다.

"밤중에 도시를 점령하면 병사들이 심한 약탈을 할 것이오. 낮에도 쉽게 할 수 있는 일을 군이 이 밤에 해야 할 필요는 없지 않소?"

그때 스파르타는 공격을 예상하지 못하고 있었기 때문에 도시에는 군대가 별로 남아 있지 않았다. 그 무렵 스파르타의 왕 아레우스가 고르티니아 족을 도와 크레타 섬에서 전쟁을 하고 있었기 때문에 군대는 대부분 그곳에 가 있었고, 그만큼 스파르타는 무방비 상태였다고 할 수 있다. 그러나 바로 이것 때문에 스파르타는 멸망을 면할 수 있었다.

피로스는 스파르타가 저절로 손 안에 굴러떨어질 것이라 생각하고, 성 밖에서 진을 친 채 쉬고 있었다. 그때 클레오니모스는 친구들과 하인들과 함께 잔치를 준비하고 있었다. 피로스가 들어오면 그를 위해 성대한 잔치를 열려는 것이었다. 밤이 되어 시민들은 의사당에 모여들었다. 그들은 우선 부녀자들을 크레타 섬으로 피난시키기로 결정하였다. 그러나 여자들은 이 결정을 받아들이지 않았다. 특히 아르키다미아는 칼까지 뽑아들고 직접 의사당까지 달려와 비겁한 결정을 내린 남자들에게 물었다.

"우리가 비록 여자라고는 하지만, 우리의 수도를 가만히 앉아서 빼앗기고 싶지는 않습니다. 우리 또한 여러분들과 함께 싸워 이 도시와 이 도시의 명예를 끝까지 지킬 것입니다."

아르키다미아의 열띤 연설을 듣고 시민들은 생각을 바꾸었다.

그들은 피로스 군의 진영 바로 앞에 도랑을 파고, 여기저기에 수레를 반쯤 파묻은 다음 그 위에 흙을 엷게 덮었다. 코끼리 부대의 돌격을 막으려는 생각이었다. 밤까지 작업이 이어지자 부녀자들도 모두 나와 치마를 걷어올리고 일을 거들었다. 부인들은 등옷에 작업복을 허리띠처럼 걸치고 있었고, 처녀들은 작업복 하나를 걸친 채 모두 열심히 일을 도왔다. 그리고 다음날 싸우러 나갈 청년들은 밤 작업을 쉬게 했다. 여자들은 모두 자기에게 맡겨진 일을 열심히 하여 전체 참호의 3분의 1을 완성시켰다. 필라르코스의 기록에 의하면, 참호는 폭 6큐빗, 깊이 4큐빗, 길이 8백 피트에 달하는 것이었다고 전했으며, 히에로니모스는 그보다 좀 작았다고 말하고 있다.

동이 터오기 시작했다. 새벽이 되자마자 피로스 군은 천천히 움직이기 시작했다.

그러자 스파르타의 부녀자들은 참호를 남자들에게 맡기며 잘 지켜 달라고 부탁하고, 남편들에게 갑옷을 입혀 주며 눈물을 흘렸다.

"여보, 부디 용감하게 싸우세요. 스파르타의 이름에 부끄럽지 않게 이 땅을 딛고, 적을 무찔러야 해요. 나라를 위해 용감히 싸우다가 아내와 어머니의 품에 안겨 죽는 것보다 영광스러운 일은 없을 거예요. 저는 당신을 돌봐 달라고 신께 기도를 올리겠어요."

그때 클레오니모스의 아내 킬로니스는 집에 돌아가 목에 올가미를 매고 있었다. 스파르타가 적의 손으로 넘어가면, 잡히기 전에 목숨을 끊을 생각이었던 것이다.

이윽고 날이 밝아오자 피로스는 직접 보병을 지휘하며 성으로 쳐들어 갔다. 그러나 참호를 만들기 위해 새로 파낸 흙에 자꾸 발이 빠져 병사들은 제대로 싸울 수가 없었다. 게다가 스파르타 군의 저항도 만만치가 않았다.

피로스의 아들 프톨레마이오스는 갈리아 군과 카오니아 정예군 2천 명을 골라서 데리고 도랑 끝으로 달려갔다. 수레를 묻어서 막은 바리케이드를 쳐부수고 공격을 하려는 것이었다. 그러나 파묻어 놓은 수레가 워낙 많은 데다가 몹시 단단하게 묻어 두었기 때문에 좀체로 넘어 들어가기가 힘들었다.

스파르타 군도 무너지는 부분을 막으려고 했지만 수레 때문에 마음대로 부대를 이동할 수가 없었다. 그러나 용감한 갈리아 군대는 사나운 힘으로 땅 속에서 수레를 하나씩 끌어내기 시작했다.

사태가 위급해진 것을 본 스파르타의 왕자 아크로타토스는 3백 명의 군사를 거느리고 적의 눈에 띄지 않게 시내를 빠져 나갔다. 그리고 작은 언덕을 돌아 갈리아 군의 뒷부분을 습격하여 프톨레마이오스를 포위했다.

아크로타토스는 부하들의 사기를 북돋우며, 맨 앞에 서서 갈리아 군을 습격했다. 갑자기 공격을 받은 갈리아 군은 수레와 참호 사이로 쫓겨 달아나다가 할 수 없이 후퇴를 하고 말았다. 성 위에 있던 스파르타의 노인들과 부녀자들은 아크로타토스의 눈부신 활약을 지켜보고 있었다. 그리고 그런 애인을 가진 킬로니스를 모두 부러워하는 눈길로 쳐다보았다.

아크로타토스는 갈리아 군을 물리치고 다시 시내로 되돌아와 자기의 진지로 갔다. 자기의 자리로 돌아온 아크로타토스는 그 전보다 훨씬 더 씩씩하고 아름다워 보였다. 온몸은 적의 피로 붉게 물들어 그의 용감함은 더욱 돋보였다. 그때 어느 늙은

이 하나가 그의 뒤를 쫓아가며 이렇게 소리를 쳤다.

"아크로타토스, 이젠 됐으니 어서 킬로니스를 찾아가 재미나 좀 보시오. 스파르타를 위해 당신 같은 용감한 아들 하나만 만들어 주면 됩니다."

피로스가 싸우고 있던 곳에서는 치열한 전투가 계속 이어지고 있었다.

스파르타 군의 공격은 피로스가 놀랄 만큼 뛰어났다. 특히 필리오스라는 스파르타 군 병사의 활약은 피로스를 깜짝 놀라게 할 만한 것이었다.

필리오스는 피로스 군을 수없이 죽여 쓰러뜨리며 돌격해 왔다. 그의 온몸은 피로 물들어 있었고, 상처로 여기저기가 찢어져 있었다. 그는 마침내 쓰러질 지경이 되자 스파르타 군의 대열 뒤로 물러나 거기서 쓰러졌다. 그는 자기의 시체를 적의 손에 넘겨줄 수 없다는 생각으로 마지막 안간힘을 다해 뒤로 물러나 그곳에서 마지막 숨을 거두었다.

이윽고 피비린내가 진동하는 전쟁터에 밤이 찾아오고, 전투도 일단 끝이 났다. 그날 밤 피로스는 스파르타 시에 벼락을 던져 불바다로 만들고 기뻐하는 꿈을 꾸었다. 잠을 깨고 생각해 보니 아주 좋은 징조의 꿈이었다. 피로스는 즉시 자고 있던 부하들을 깨워 불러 모았다.

"자고 있는데 불러서 정말 미안하오. 그러나 나는 방금 스파르타를 공격하라는 계시를 받았기 때문에 어쩔 수가 없었소. 내가 손으로 벼락을 던져서 스파르타를 불바다로 만드는 꿈을 꾸었소. 이것은 곧 우리의 승리를 뜻하는 것이니, 여러분들은 서둘러 전투를 준비해 주시오."

장군들은 틀림없이 좋은 꿈이라며 기뻐했다. 그러나 리시마코스 장군만은 고개를 설레설레 저으며 피로스에게 말했다.

"전하, 벼락을 맞은 땅은 신성한 것이기 때문에 사람이 발을 들여놓아서는 안 됩니다. 그러니 이 꿈은 스파르타로 쳐들어가지 말라는 신의 계시입니다."

그러나 이 말을 듣고도 피로스는 가볍게 웃어 넘겼다.

"리시마코스 장군, 그것은 전혀 근거없는 소리요."

그는 칼을 뽑아 손에 잡은 다음, "좋은 징조는 오직 피로스를 위해 싸우는 것뿐"이라며 즉시 전 군사에게 공격 명령을 내렸다. 그는 새벽부터 행동을 개시하여 군사를 이끌고 공격해 나갔다. 병사들은 용기를 드높이며 피로스의 명령을 따랐다. 그러나 스파르타 군의 반격도 대단했다.

스파르타 군의 숫자는 피로스 군에게 상대도 안될 만큼 적었지만, 그들의 굳센 용기와 각오는 그 몇 배의 힘을 발휘하고 있었다. 특히 여자들까지 나서서 군대를 도와 음식을 나르거나 무기를 옮겨다주고 있었고 다친 병사들을 간호하기도 했다.

마케도니아 군은 참호를 메워 보려고 여기저기서 나무를 모아오기도 하고, 무기와 시체를 그 속에 마구 던져넣기도 했다. 그러나 스파르타 군이 이것을 막기 위해 물밀듯이 몰려왔기 때문에 전투는 한창 고비를 이루고 있었다.

그때 피로스가 말을 달려 참호와 수레로 된 바리케이드를 넘어갔다. 지키고 있던 군사들은 미친듯이 저항하며 아우성을 쳤고, 몰려 있던 여자들도 이리저리로 도망을 쳤다. 피로스는 스파르타 군을 하나하나씩 쳐 넘기며 성을 향해 앞으로 나갔다. 그런데 그때 크레타 사람 하나가 피로스를 향해 활을 당겼다. 화살은 재빨리 날아와 피로스가 탄 말의 옆구리에 꽂혔다. 그러자 피로스는 말과 함께 미끄러져 땅에 떨어지고 말았다. 스파르타 군은 이 순간을 틈타 피로스를 공격해 들어왔다.

피로스는 곧 공격을 중지하라는 명령을 내렸다. 스파르타인은 거의 대부분 부상을 당하거나 전사했으므로 곧 휴전을 제의해 오리라고 생각했던 것이다.

그러나 행운의 신은 스파르타인의 용기에 만족했는지, 아니면 자신의 자비로움을 보여 주고 싶었던지, 희망을 잃어버린 스파르타 군에게 안티고노스가 구원병을 보냈다. 안티고노스의 부하 장군인 아미니아스가 코린트에서부터 용병들을 모아 가지고 나타난 것이었다. 그리고 그들이 시내에 들어온 것과 동시에 스파르타의 아레우스 왕도 크레타에서 2천 명의 군대를 거느리고 달려왔다. 아레스 왕은 도착하자마자 부녀자들과 노인들을 모두 집으로 돌려보내고, 그 자리에 새로 도착한 군대를 배치했다.

적의 부대가 증강된 것을 본 피로스는 화가 나서 참을 수가 없었다.

그러나 몇 번씩이나 공격을 해도 모두 실패로 돌아가고, 자꾸 새로운 손해만 늘어갈 뿐이었다. 피로스는 더 이상 스파르타를 포위 공격할 수 없다는 것을 알았다. 그러나 스파르타 영토에서 물러날 수는 없었으므로, 지방 여러 곳을 약탈하며 겨울을 보내기로 마음을 먹었다. 그러나 운명의 힘이란 인간의 힘으로는 도저히 거스를 수 없는 것이었다.

이 때 아르고스[15]는 두 개의 파벌로 갈라져서 서로 싸움을 벌이고 있었다. 그 두

---

15) 스파르타의 동쪽에 있던 나라.

개 파벌의 한 쪽은 아리스테아스, 다른 쪽은 아리스티포스가 주동이 되어 있었다. 이들 사이의 싸움은 나라 안이 쑥밭이 되는 것도 아랑곳하지 않을 만큼 치열했다. 그런데 아리스티포스가 안티고노스의 지지를 받고 있는 것을 보고, 아리스테아스는 피로스의 구원을 요청해 왔다.

피로스는 아리스테아스의 요청을 기꺼이 받아들였다. 그는 야망에 가득 찬 사람이어서, 하나의 승리를 다른 승리를 위한 발판으로 생각했으며, 만약 실패를 하면 더 큰 성공을 거두어 그 실패를 보상하고야 말았다. 그는 승리나 실패를 남이 주는 대로 가만히 보고 앉아 있지 못하는 사람이었던 것이다.

피로스는 즉시 군대를 몰아 아르고스를 향했다. 스파르타의 왕 아레우스는 피로스 군이 달려오는 것을 보고, 가장 험한 산골짜기에 군대를 숨겨 두었다.

피로스는 전쟁을 시작하기 전에 신에게 제물을 드렸다. 그런데 제물로 쓴 짐승의 간장이 하나밖에 없는 것을 발견한 제관이, 가까운 사람을 잃을 염려가 있다고 피로스에게 말했다. 그러나 피로스는 이 말을 대수롭지 않게 넘기고 아르고스를 향한 발길을 서둘렀다.

아레우스 왕은 피로스 군이 산골짜기를 지나갈 때까지 기다렸다가 대열이 거의 끝날 무렵, 그의 뒤를 따르고 있던 갈리아와 몰로시아 군을 습격했다. 복병을 만나게 된 피로스 군은 혼란에 빠지고 말았다. 그런데 피로스는 제관의 예언을 잊어버리고, 아들 프톨레마이오스에게 호위병 몇을 데리고 가서 후속 부대를 도와주라고 명령을 내렸다. 그리고 자신은 군대를 이끌고 험한 산골짜기를 빠져나왔다. 프톨레마이오스는 아버지의 명령을 받고 후속 부대를 돕기 위해 달려갔다. 그곳에는 이미 치열한 싸움이 벌어져 있었다.

프톨레마이오스는, 에발코스가 지휘하는 스파르타 군대와 피로스 군이 격전을 벌이고 있는 것을 보고 싸움판으로 뛰어들었다. 그는 뛰어난 장수였으며, 솜씨도 훌륭했다. 그러나 그를 발견한 스파르타 군이 모두 달려들기 시작할 때, 크레타의 압테라 출신의 오리소스라는 병사가 프톨레마이오스의 옆구리를 향해 창을 던졌다. 프톨레마이오스는 치명상을 입고 말에서 떨어져 곧 그 자리에 쓰러지고 말았다. 장군이 쓰러져 죽은 것을 본 군사들은 모두 용기를 잃고 달아나기 시작했다.

스파르타 군은 승리의 기세를 몰아 용기를 잃고 달아나는 적군을 추격했다. 손에 잡히는 대로 적군을 죽이며 평야를 향해 달리다가 드디어 피로스가 거느리고 있는 본대와 마주치게 되었다. 피로스는 스파르타 군의 앞길을 막고 그들의 뒷부분을 둘러싸 꼼짝도 못하게 만들었다.

피로스는 아들의 전사 소식을 듣고 분노와 슬픔을 가누지 못했다. 그는 격앙된 목소리로 몰로시아의 기병대장을 불러 적을 섬멸하라는 명령을 내렸다. 그리고 스스로 군대의 맨 앞에 나서서 창을 움켜쥐고 적군 속으로 뛰어들었다.

피로스는 전쟁터에서 언제나 용맹스럽게 싸우는 장수였지만, 이 때는 아들의 원수를 갚기 위해 분노에 불타고 있었기 때문에 한층 더 눈부신 용기를 발휘했다. 그의 곁에는 스파르타 군의 시체가 산더미처럼 쌓여갔다. 피로스는 자신이 얼마나 무서운 영웅인지를 보여 주며 에발코스를 향해 달려나갔다.

에발코스는 피로스의 창끝을 이리저리 피하며 칼을 휘둘렀다. 칼이 피로스의 손을 스쳐 잡고 있던 말고삐를 끊었다. 그리고 그와 동시에 피로스의 손에서 날아간 창이 에발코스의 허리를 꿰뚫어 버렸다. 고삐를 놓친 피로스는 말에서 뛰어내려 에발코스의 죽음을 확인하고, 아직 남아 있는 스파르타 군을 모조리 공격하기 시작했다.

싸움은 스파르타 군의 전멸로 막을 내렸다. 이 전투는 스파르타로서는 공연한 손해를 불러들인 셈이 되었다. 이미 전쟁은 끝났는데 장군들의 괜한 욕심 때문에 쓰디쓴 패배를 스스로 불러들인 결과가 되었던 것이다.

피로스는 사랑하는 아들의 영혼을 위로해 주기 위해 이처럼 빛나는 싸움을 전개했다. 그리고 스파르타 군을 모조리 베어 죽임으로써 자신의 고통과 슬픔을 마음껏 씻어 내었다.

싸움을 끝낸 피로스는 다시 아르고스를 향해 걸음을 재촉했다. 그는 안티고노스가 이미 산꼭대기에 진을 치고 있다는 소식을 듣고, 나우플리아[16]로 군대를 돌려 그곳에 진을 쳤다. 그리고 다음날 아침 안티고노스에게 다음과 같은 말을 전하는 전령을 보냈다.

"안티고노스, 당신이 만약 진짜 싸울 용기가 있다면 여기 평지로 내려와서 나한테 한 번 덤벼 보시지요."

그러나 피로스의 모욕적인 도전을 받은 안티고노스는 이렇게 대답했다.

"나는 내가 싸우고 싶을 때 싸움을 한다. 만약 살고 싶은 생각이 없다면, 죽는 방

---

16) 코린트의 남쪽 아르고스 만에 있던 도시로 해군 기지였다.

법도 여러 가지가 있을 것이다."

이렇게 양쪽 군대의 장수가 팽팽하게 맞섰으므로 전투는 좀처럼 시작될 기미를 보이지 않았다. 가운데 끼여서 고생을 하는 사람은 오히려 아르고스 사람들이었다. 그들은 안티고노스와 피로스의 싸움으로 자신들의 땅이 얼마나 못쓰게 변할지 걱정이 태산 같았다. 그래서 그들은 두 장군에게 사절단을 보내기로 했다. 양쪽 군대가 똑같이 철수를 하면, 중립을 지키며 양쪽 나라 모두와 우호적으로 지내겠다는 내용이었다.

안티고노스는 아르고스 사절단들의 간절한 요청에 넘어가 즉시 그들의 제안을 받아들이고, 약속을 지키겠다는 뜻으로 자기 아들을 볼모로 보냈다. 그러나 피로스는 아르고스의 철수 요청을 받아들이기는 했지만, 볼모를 맡기지는 않았기 때문에 아르고스 인들은 그의 약속을 의심스러워 했다.

그런데 바로 그 날 피로스는 이상한 광경을 두 가지나 보게 되었다. 신에게 바친 황소들이 머리와 몸뚱이가 따로 떨어진 채, 마치 살아 있는 것처럼 혀를 내밀고 자기의 피를 핥는 모습이었다. 또 아르고스의 아폴론 리키우스 신전에 있던 여자 사제 하나가 미친 것처럼 거리로 달려 나와서 이렇게 소리를 지르는 것이었다. "온 시가지에 송장이 가득차 있는데, 갑자기 독수리 한 마리가 싸움터에 나왔다가 사라지는 것을 보았어요."

피로스는 그것이 무엇을 뜻하는지는 정확히 알 수 없었지만 왠지 모르게 불안한 마음이 들었다.

그날 밤은 별빛만 희미하게 보일 뿐 아주 캄캄하고 어두웠다. 피로스는 아리스테아스와 약속한 대로 군사들을 이끌고 성 밑까지 갔다. 거기에는 아리스테아스가 디암페레스 문을 미리 열어놓고 그를 기다리고 있었다.

피로스는 갈리아 부대를 데리고 들어가 아무도 모르는 사이에 도시 가운데 있는 광장을 점령해 버렸다. 그러나 성문이 너무 낮아서 코끼리를 끌고 들어갈 수가 없자 성문 위에 있는 탑을 허물어 버렸다. 그리고 어둠 속에서 코끼리 부대가 들어간 다음 다시 탑을 쌓았다.

이렇게 하는 동안 시간이 많이 흐르고 군대도 소란스러워 잠자던 시민들이 모두 깨어나고 말았다. 시민들은 '방패'라고 부르는 중요한 성채를 비롯해서 여기저기에 몰려들기 시작했다. 그리고 한편으로는 급히 안티고노스에게 달려가 구원을 청했다. 안티고노스는 즉시 달려와 성 밖에서 군대를 멈추었다. 그리고 자신의 아들과 몇몇 장군들에게 명령을 내려, 군대를 이끌고 시내로 들어가 아르고스 사람들을 구해 주라고 했다.

스파르타의 왕 아레우스도 크레타 군 1천 명과 스파르타의 정예부대를 이끌고 곧 달려 나왔다. 그들은 공격 준비가 모두 끝나자, 어둠 속에서 갈리아 군을 습격했다. 갑작스러운 공격을 받은 갈리아 군은 제대로 힘을 쓰지도 못하고 적의 칼날에 쓰러지고 있었다. 그때 피로스가 군대를 이끌고 킬라라비스 거리로 들어왔다. 그들은 갈리아 군이 자신의 함성소리를 들을 수 있도록 "와아, 와아!" 하고 크게 소리를 질렀다.

그러나 광장에 있던 갈리아 부대로부터 들려오는 대답 소리는 영 시원치가 않았다. 그것은 우렁차고 힘있는 소리가 아니라 몹시 곤란한 처지에 빠져 있는 듯한 외침이었다.

피로스는 갈리아 부대가 고생을 하고 있다는 것을 알아차리고, 기병대와 함께 즉시 진격을 하기로 결심했다. 그러나 시내에는 여기저기에 개울과 하수구가 있었으므로, 그는 앞장을 선 기병대에게 조심스럽게 움직이도록 했다. 어둠 속에 서 있는 그들은 누가 적이고 누가 자기 편인지도 구별할 수 없었다. 그래서 좁다란 거리에서는 밤새도록 아우성과 소란만이 일어났다. 드디어 새벽빛이 사방에 들어차고, 날이 밝아오기 시작했다. 피로스는 곧 '방패'라고 부르는 넓은 광장에 적군이 가득 들어 차 있는 것을 발견했다. 그러나 그를 더더욱 놀라게 한 것은 그 광장 가운데 높이 솟아 있는 동상이었다. 늑대와 황소가 서로 맞붙어 싸우는 모습을 조각한 것이었다. 이것을 본 피로스의 머릿속에는 오래 전에 들었던 신탁이 떠올랐다.

"늑대와 황소가 싸우는 것을 보는 날, 너 피로스는 죽음을 맞으리라."

아르고스 인들이 전하는 이야기에 의하면, 이 동상은 오래 전 이곳에서 황소와 늑대가 싸웠던 것을 기념하기 위해 세운 것이라고 한다. 즉, 다나오스라는 사람이 처음으로 티레아티스 부근의 피라미아에 배를 대고 아르고스를 향해 오고 있었는데, 늑대와 황소가 싸우고 있는 것을 발견했다고 한다. 다나오스는 자기가 이방인으로서 이 지방을 공격하러 왔으니 저 늑대는 자기를 상징하는 것이라고 생각했다. 그는 걸음을 멈추고 싸움을 구경했다. 결국 늑대가 황소를 이기는 것을 본 다나우스는 아폴론 리케이오스께 동상을 세워드리겠다고 맹세를 드리고, 아르고스 시를 점령하였다. 그는 그때 왕이었던 겔라노르의 왕위를 빼앗았고, 반란자들은 겔라노르를 쫓아내 버렸다. 이렇게 해서 약속대로 세워진 것이 바로 동상이었다.

이 동상을 본 피로스는 자연히 힘을 잃고 말았다. 그는 자신의 계획이 완전히 실패할 것이라고 판단하고, 후퇴하는 것밖에는 다른 길이 없다고 생각했다. 그러나 성문이 너무 좁아서 퇴각을 하는 것도 쉽지가 않았다. 그래서 그는 성 밖에 머물러 있던 아들 헬레노스에게 전령을 보냈다. 성벽을 부수어서 길을 만들고, 만약 적이 심하게 공격을 하면 도와 달라는 것이었다.

그런데 전령은 너무 당황하고 서두른 나머지, 명령을 제대로 전하지 못했다. 잘못된 명령을 받은 아들 헬레노스는 코끼리 부대와 정예부대를 이끌고 성문 안으로 들어오고 만 것이었다.

이 때 피로스는 뒤쫓는 적을 막아내며 질서 있게 후퇴하고 있었다. 그러나 좁은 성문에 이르러 헬레노스의 부대와 마주치자 그만 대열은 심한 소란을 일으키고 말았다. 수많은 병사들이 좁은 성문을 사이에 두고 엎치락뒤치락하고 있었다. 피로스는 병사들에게 후퇴하라고 외쳤지만, 파도처럼 밀려 들어오는 헬레노스 군대와 부딪혀 병사들은 앞길을 찾을 수가 없었다. 그런데다가 성문에 가장 큰 코끼리가 가로로 쓰러져 길을 막은 채 이리저리 날뛰고 있었다. 이 코끼리의 이름은 정복자라는 뜻의 니콘이었는데, 후퇴하는 군대 속에서 제 주인을 찾으며 닥치는 대로 사람들을 짓밟고 있었다.

이 코끼리는 마침내 주인의 시체를 찾고는, 시체를 코로 들어올려 두 상아 위에 얹고 돌아섰다. 이 충성스러운 짐승은 슬픔을 견딜 수 없다는 듯이 크게 두어 번 울더니, 마구 날뛰며 아무나 닥치는 대로 떠받고 짓밟기 시작했다.

이같은 소란 속에서 누구 하나 몸을 자유롭게 움직일 수 있는 사람은 없었다. 그들은 모두 한 덩어리가 되어 이리저리로 휩쓸리고 있었다. 그들은 뽑아들고 있던 칼조차 칼집에 꽂을 수가 없어서, 서로 떠밀리다가 이 사람 저 사람을 마구 찔러대곤 하였다. 이런 북새통 속에서 피로스의 군대는 같은 편끼리 한 덩어리가 되어 서로에게 칼날을 겨누고 있었고, 때로는 전우를 해치기도 했다.

피로스는 폭풍과 같은 혼란을 지켜보고, 자기의 신변이 위험하다는 것을 깨달았다. 그는 얼른 투구 위에 썼던 왕관을 벗어서 곁에 있던 부하에게 맡겼다. 그러고는 말을 채찍으로 내리치며 적군의 무리 속으로 뛰어들었다.

그런데 그가 칼을 휘두르며 적들을 쓰러뜨리고 있을 때 갑자기 옆구리가 뜨끔한 것을 느꼈다. 아르고스의 한 병사가 그의 옆구리를 창으로 찔렀던 것이다. 피로스는 자기를 찌른 자를 죽여 버리려고 말머리를 돌렸다. 그 순간 어디선가 기왓장 하나가 날아와 피로스의 투구를 내리쳤다.

피로스를 찌른 병사는 아르고스의 초라한 노파의 아들이었는데 그 노파는 많은 부녀자들처럼 자기 지붕에 올라가 싸움을 내려다보고 있다가, 피로스가 자기 아들을 죽이려는 것을 보고 놀라 기왓장을 빼내 그에게 힘껏 던졌던 것이다. 피로스는 목덜미에 기왓장을 맞아 정신을 잃고 말았다. 고삐를 놓치고 말에서 떨어진 그는 리킴니오스의 무덤 바로 곁에 쓰러졌다.

사람들은 그가 누군지 알아보지 못했다. 그런데 안티고노스의 부하인 조피로스가 쓰러져 있는 피로스를 발견하고, 두세 명의 부하와 함께 그를 근처에 있는 어떤 집 문 앞으로 끌고 갔다. 그들은 일리리아의 칼을 빼들고 그의 목을 베려고 했다. 그런데 바로 그때 피로스가 정신을 차리고, 그들을 무서운 눈으로 노려보았다. 그들은 그 눈이 너무나 두려워 온몸을 와들와들 떨다가 겨우 그의 입과 턱 위를 칼로 쳤다. 그리고 그가 쓰러지자 피로스의 목을 베었다.

피로스의 목을 베었다는 소식을 듣고 안티고노스의 아들 알키오네오스는 곧 그곳으로 달려왔다. 그는 피로스의 머리를 확인하고, 안티고노스에게 찾아가 그의 발 앞에 던졌다. 안티고노스는 자기의 발 앞에 떨어져 있는 피로스의 머리를 보자 두 눈에 눈물이 가득 고였다. 그리고 그는 아들을 지팡이로 후려치면서 소리를 질렀다. "이 야만스러운 놈아, 저리 썩 꺼져 버려라."

아들을 내쫓아 버린 안티고노스는 옷소매로 얼굴을 가리고 흐느껴 울었다. 그는 자기의 할아버지인 안티고노스와 아버지인 데메트리오스가 목이 잘려 죽은 것을 생각하고, 새삼스럽게 비통한 슬픔을 떠올렸던 것이다. 그는 피로스의 머리와 몸을 모아 정중하게 화장을 시켜 주었다.

그런 얼마 후 아들 알키오네오스가 남루한 옷차림을 하고 있는 헬레노스를 데리고 왔을 때, 그는 아들에게 담담하게 말했다.

"이번의 행동은 그래도 좀 낫구나. 그래서 네 눈에는 이 사람이 입고 있는 초라한 옷이 보이지 않느냐? 아직까지 우리가 이기고 있다고는 하지만, 손님 대접을 이렇게 해서야 되겠느냐?"

이렇게 말한 안티고노스는 헬레노스를 따뜻하게 대접해 주었다. 그리고 그를 왕자로 맞아들여, 자기 아버지의 왕국인 에페이로스를 다스리게 했다. 또 손에 넣은 피로스의 주요 장군들에게도 은혜를 베풀어, 진지와 전군을 돌려 주었다고 전한다.

22

카이우스 마리우스

(CAIUS MARIUS, BC 157 경~ 86)

로마의 정치가이며 군인, 법무관, 스페인 총독 등을 지냈으며 집정관을 일곱 번이나 계속해서 지낸 최초의 인물이다. 아버지는 마리우스, 어머니는 풀키니아였으며 가난하고 비천한 집안에서 태어났다. 아프리카에 출정하여 유구르타를 물리치고, 테우토네스 족과 킴브리 족을 물리쳐 큰 공을 세웠으나 말년에 로마 시민을 학살하는 등 잔인하고 포악한 성격을 드러냈다.

카리우스 마리우스의 세 번째 이름이 무엇이었는지는 전혀 알려져 있지 않다. 이것은 스페인을 점령한 퀸투스 세르토리우스[1]나 코린트를 정복한 루키우스 뭄미우스[2]의 경우와 마찬가지다. 다만 뭄미우스는 그가 전쟁에서 거둔 공적 때문에 아카이쿠스라는 별명을 얻었는데, 이것은 스키피오가 아프리카누스라고 불리고, 메텔루스가 마케도니쿠스라고 불렸던 것과 비슷한 경우이다. 이런 사실을 증거로 하여, 역사가인 포시도니오스[3]는 카밀루스, 마르켈루스, 카토와 같은 세 번째 이름이 로마인의 고유한 이름이었다는 의견에 반박하면서, 그렇다면 이름이 둘뿐인 사람은 따지고 보면 이름이 없는 것과 다름없지 않느냐고 했던 것이다.

---

1) 로마의 장군이며 정치가. 기원전 ?~72.
2) 로마의 장군이며 집정관을 지냈다. 기원전 146년 경.
3) 기원전 1세기 초의 그리스 역사가요 철학자로 스토아 학파였다.

그러나 포시도니오스의 논리를 따른다면 로마의 여자들은 이름이 없었다는 결론이 나오게 된다. 왜냐하면 그는 첫 번째 이름이 각 개인의 고유한 이름이라고 보았는데, 여자들에게는 이런 첫 번째 이름이 없었기 때문이다. 그는 또 두 번째와 세 번째 이름 가운데 하나가 씨족 전체에 공통되는 성이라고 했는데, 폼페이우스, 마리우스, 코르넬리우스 등이 그런 예로 그리스의 헤라클레스 가문, 펠로프스 가문에 해당한다고 했다. 또 둘 중 다른 하나는 그 사람의 성격이나, 행동, 생김새의 특징을 말하는 것으로, 마르키누스, 토르콰투스, 술라 등으로 그리스의 므네몬, 그리코스, 또는 칼리니코스 따위와 같다고 했다. 그러나 이런 것들은 습관의 변화에 따라 많은 여지가 생겨나는 것이기 때문에 쉽게 결론을 지을 수 없는 문제이다.

갈리아 주의 라벤나[4]에는 돌로 만든 마리우스의 조각상이 세워져 있는데, 그의 성격이 난폭했다는 것은 이것만 보고도 충분히 짐작할 수 있다. 그는 타고난 천성 자체가 용맹스러워서 몹시 전쟁을 즐겼으며, 정치보다는 군사적인 일에 더 큰 관심을 두고 있었다. 그래서 그는 권력을 잡았을 때도 자신의 감정을 다스리지 못했다. 그리고 그리스의 문화에 대해서는 전혀 관심이 없었으며, 그리스 어를 사용하는 일도 없었다고 전해진다.

그는 그리스에 대해 가르치는 선생들을 노예처럼 생각했고, 그런 공부에 시간을 낭비한다는 것은 우스운 일이라고 여겼다. 그 때문에 그는 두 번째 개선식을 끝내고 제사를 드릴 때도 그리스 연극을 상연하는 것을 보고는, 잠시 앉아만 있다가 곧 나가고 말았다.

철학자 크세노크라테스[5]는 평소 성격이 몹시 엄한 것으로 소문이 나 있었다고 하는데, 그래서 그의 스승인 플라톤은, "크세노크라테스, 저 그라케스[6] 여신도 한 번쯤 섬겨 보게"라고 충고했다고 한다. 이처럼 마리우스에게도, 누군가가 그리스의 뮤즈 여신[7]이나 그라케스 여신을 사귈 수 있게 충고했더라면 그가 그렇게 비참한 종말을 맞지는 않았을 것이다.

그는 전쟁과 평화의 두 가지 면에서 누구와도 비교할 수 없는 큰 공적을 쌓았다.

---

4) 피렌체 북동쪽에 있는 항구도시.
5) 기원전 396~314. 플라톤의 제자 가운데 한 명.
6) 아름다움과 매력과 행복을 주는 세 명의 여신.
7) 예술과 학문을 맡은 아홉 명의 여신.

그러나 그는 지나친 욕망과 채워질 수 없는 야심에 사로 잡혀, 이러한 공적들을 보잘것없는 집념으로 만들어 버렸다. 그는 잔악함과 복수심 때문에 스스로의 말년을 비참하게 마무리했던 것이다. 이러한 사실들은 그의 일생을 하나하나 되짚어 보면 더욱 뚜렷하게 밝혀질 것이다.

카이우스 마리우스.

마리우스는 날품을 팔아 그날그날을 연명해 가는 아주 가난하고 비천한 집안에서 태어났다. 아버지의 이름은 그와 같은 마리우스였고, 어머니는 풀키니아라고 불리었다. 그는 자신의 일생의 많은 부분을 아르피눔 지방의 작은 마을인 키르라이아톤에서 보냈다. 그래서 그가 로마 시로 나와서 도시의 풍속과 환락을 맛본 것은 제법 나이가 들어서였다. 그러나 그는 도시의 세련된 생활 방식에 젖어들지 않고, 로마의 오랜 전통과 일치하는 소박하고 엄격한 생활을 꾸려 나갔다.

그가 한 사람의 병사로 처음 전쟁터에 나간 것은 스키피오[8] 아프리카누스가 누만티아를 포위하고 켈티베리아 인[9]과 싸우고 있을 때였다. 이 때 스키피오는 강력한 적과 부패한 자신의 부대라는 두 가지의 적과 싸움을 해야 할 형편이었다. 켈티베리아 군의 저항은 완강했고, 로마 군은 사치와 오락으로 군기가 형편없이 풀려 있었던 것이다.

스키피오는 군대의 기율을 바로 잡기 위해 모든 군인답지 못한 행동을 철저하게 금지시키는 군기 개혁을 단행했다. 이 때 마리우스는 스키피오의 엄격한 지침들을 누구보다 철저하게 지켜서 장군의 눈길을 끌었다.

그는 또 스키피오가 보는 앞에서 적과 일대일로 결투를 벌여 이김으로써 타고난 용맹을 기꺼이 발휘하였다. 마리우스는 이런 일로 여러 차례에 걸쳐 상을 받았으므로, 스키피오는 그를 유심히 살펴보게 되었다.

하루는 여러 장군들이 모여 식사를 하며 이런저런 이야기들을 나누고 있었는데,

---

8) 소 스키피오를 말하는 것으로, 그는 기원전 134년과 133년에 두 차례에 걸쳐 북부 스페인에 있는 누만티아를 정복하기 위해 나섰다. 그때까지 몇 사람의 집정관들이 이 도시를 공격했으나 거듭 실패를 하고 말았는데, 이 스키피오가 군대의 기강을 바로잡고, 집정관으로서 직접 원정을 하여 드디어 로마의 오래된 소망을 이루었다.

9) 이베리아 반도, 즉 오늘날의 스페인 지방에 이주해 온 켈트 족을 가리킨다.

그 중 한 사람이 스키피오에게 이렇게 말했다. "장군님, 로마가 만약 장군님을 잃는다면 다시는 장군님 같은 훌륭한 장수를 얻을 수 없을 것입니다."

스키피오는 이 말을 듣고 슬며시 웃었다. 그러고는 옆자리에 있던 마리우스의 어깨에 손을 얹으며 이렇게 얘기했다.

"걱정할 것 없소. 새로운 장군이 바로 여기 있으니 말이오."

마리우스는 이처럼 사람들의 기대를 한 몸에 받고 있는 젊은이였다. 스키피오는 현재의 일을 보고 먼 앞날의 일을 내다볼 줄 아는 특별한 눈을 가지고 있었던 것 같다. 마리우스에게는 스키피오의 이 한마디가 마치 신의 계시처럼 들렸다. 그래서 그는 가슴속에 큰 뜻을 간직한 채 정치계에 몸을 던졌다.

그는 카이킬리우스 메텔루스의 도움으로 호민관의 자리에 올랐다. 마리우스는 메텔루스를 자기의 친아버지처럼 섬겨 왔었다. 호민관이 된 마리우스는, 제일 먼저 선거에서 부정을 없애기 위해 투표 방법을 바꾸자는 제안[10]을 내놓았다. 그런데 귀족들은 이 법안을 자신들의 세력을 억누르기 위한 것으로 오해하여, 집정관 코타에게 원로원을 움직여 마리우스를 소환하도록 했다. 그에게 이런 법안을 내놓은 이유를 따지는 한편 아무 문벌도 없이 호민관이 된 그의 기를 죽이려는 속셈이었다.

그러나 마리우스는 조금도 두려워하지 않고 당당하게 원로원에 출두했다. 그리고 겁먹은 기색 없이 단호한 어조로 자신의 생각을 말했다.

"여러분, 제가 제출한 이 법안은 선거를 좀 더 정의롭게 만드는 데 목적이 있습니다. 그런데 집정관 코타는 터무니없이 저를 소환하여 이 자리에 서게 했습니다. 그러므로 나는 코타에게 이렇게 말하겠습니다."

그는 코타를 돌아보며 이렇게 말했다.

"만일 당신이 이 소환을 취소하지 않으면, 나는 당신을 감옥에 집어넣어 버리겠소."

아직 신출내기인 마리우스의 말을 들은 코타는 그의 건방진 태도에 몹시 화가 났다. 그리고 메텔루스에게 물었다.

"메텔루스, 그대는 마리우스와 나 중 누구의 생각이 옳다고 생각하시오?"

메텔루스는 자리에서 일어나 코타의 의견을 지지하는 뜻을 비추었다. 그러자 마리우스는 밖에서 대기하고 있던 관리를 불러 메텔루스를 감옥으로 끌어내라고 소리

---

10) 이 법안은, 돈으로 표를 매수하는 것을 막기 위한 것으로 투표장으로 통하는 길을 좁히자는 것이었다.

쳤다. 메텔루스는 몹시 놀라 다른 호민관들에게 도움을 청했지만, 그를 도와주는 사람은 없었다. 이렇게 되자 원로원은 모두 마리우스에게 굴복하고 말았다. 그리고 즉시 마리우스의 소환 문제를 거두어들였다.

마리우스는 이 일로 한층 더 자신만만해져 시민 대회에 이 법안을 들고 나갔다. 시민들은 그의 법안을 인정해 주었다. 이 때의 승리로 그는 뜻하지 않았던 칭찬까지 받게 되었다. 그는 위협을 겁내지 않는 대단한 인물이며, 평민의 이익을 위해 참된 용기를 낼 줄 아는 인물이라는 평판을 얻게 되었던 것이다.

그러나 그는 곧 이 평판에 어긋나는 행동을 하여 그에 대한 민중들의 생각을 바꾸어 놓았다. 민중들에게 식량을 나누어 주자는 법안이 나왔을 때, 그는 이것을 단호하게 반대했던 것이다.

이렇게 해서 그는 공동의 이익을 거스르는 일이라면 귀족이든 평민이든, 아니면 어느 당파라도 가리지 않는 정의로운 사람이라고 인정받게 되었다. 그래서 그는 평민들이나 귀족들 모두에게 존경을 받는 인물이 되었다.

그는 호민관의 임기가 끝나자, 곧 더 높은 조영관[11]에 입후보하였다.

조영관, 곧 아이딜레는 두 계급으로 나뉘어져 있었는데, 하나는 그들이 일을 볼 때 앉는, 다리가 굽은 의자 쿠룰레에서 이름을 따온 쿠룰레 아이딜레이고, 다른 하나는 그보다 좀 아래 자리인 평민 아이딜레였다. 그래서 선거는 먼저 쿠룰레 아이딜레를 뽑은 다음에 평민 아이딜레를 뽑는 것으로 진행되었다.

마리우스는 먼저 쿠룰레 아이딜레 자리를 지망하였지만, 당선될 자신이 없어지자 곧 평민 아이딜레로 입후보를 옮겼다. 사람들은 그의 행동을 보고, 염치도 없는 사람이라며 평민 아이딜레로도 뽑아 주지 않았다.

마리우스는 이렇게 해서 하루에 두 번이나 낙선되는 쓴잔을 마시고 말았다. 그러나 당사자인 마리우스는 이것을 조금도 부끄러운 일로 생각하지 않았다. 그리고 얼마 후 법무관 선거가 있자 다시 여기에 입후보했다. 이 때에도 그는 낙선될 것이 뻔했지만, 다행히도 간신히 당선이 되었다.

그러나 그는 최하점이어서 당선자의 이름을 부를 때도 맨 나중에 호명되었을 뿐 아니라, 선거에서 부정을 저질렀다는 혐의를 받게 되었던 것은 카시우스 사바코라

---

11) 아이딜레라고도 부르며, 신전이나 공회당, 그 밖의 공공건물에 대한 보안 업무를 맡은 관리를 말한다.

는 사람의 하인 때문이었다. 하인은 투표를 할 수가 없었는데, 그가 유권자들 틈에 섞여 투표소에 있었던 것이다. 게다가 사바코는 마리우스와 아주 가까운 친구 가운데 하나였다.

마리우스가 재판을 받게 되자 사바코는 증인으로 불려나가게 되었다. 재판관은 그에게 왜 하인을 투표소에 불러들였느냐고 물었다. 그러자 사바코는 이렇게 변명했다. "그 날은 날씨가 너무 더웠소. 그래서 몹시 목이 말라 내 하인에게 물을 떠오라고 시켰습니다. 그리고 물을 마신 다음에는 곧 하인을 돌려보냈소."

사바코의 증언은 빈틈이 없었으므로 잘못을 따질 수가 없었고, 이 때문에 마리우스는 일단 무사할 수 있었다. 그러나 사바코는 그 이듬해에 감찰관[12]의 명령에 따라 원로원에서 추방을 당하고 말았다. 그것은 그가 거짓으로 증언을 했기 때문이거나, 아니면 평소의 교만한 행동 때문이었던 것 같다.

마리우스의 재판은 계속 이어져 카이우스 헤렌니우스라는 사람이 다음 증인으로 나왔다. 그러나 법정까지 나온 헤렌니우스는 다음과 같은 이유를 대며 증언을 거절했다. "나는 마리우스 집안의 보호자[13]이므로 로마의 오랜 습관을 따라 증언을 거절하겠습니다. 마리우스는 그의 부모와 함께 나의 보호를 받는 사람이기 때문에 나는 증언을 할 수가 없습니다."

재판관이 그의 발언을 인정하기로 했다. 그런데 그때 마리우스가 갑자기 나서서 이렇게 말했다. "옛날에는 헤렌니우스 가문의 보호를 받는 주종관계에 있었소. 그러나 내가 관리로 뽑힌 이상 이러한 관계는 이미 끝이 났소."

그러나 마리우스의 주장은 그릇된 것이었다. 관리로 뽑혔다고 해서 모두 전통적인 주종관계에서 벗어나는 것이 아니라, 쿠룰레 이상의 관리로 선출되어야만 이러한 관계를 벗어날 수 있다고 법으로 정해져 있었기 때문이다.

첫날의 재판은 마리우스에게 매우 불리하게 진행되었으며, 마리우스 자신도 재판관들이 자기에게 호의를 가지고 있지 않다는 것을 알았다.

그러나 마지막 날, 재판은 뜻밖의 결과를 불러왔다. 재판관들이 던진 무죄와 유죄의 표가 똑같이 나왔던 것이다. 이렇게 해서 마리우스는 예상을 뒤엎고 무사히 무

---

12) 집정관을 지냈던 사람 중에서 뽑는 직책으로 풍기단속 등을 주로 맡은 높은 관리.
13) 고대 로마 시대에는 노예가 해방된 뒤에도 옛주인이 보호자로서 존속되었다.

죄로 풀려나게 되었다.

그러나 마리우스는 아무런 업적도 없이 법무관직을 지냈다. 그리고 임기가 끝나자 곧 스페인의 총독으로 임명되었다. 그 당시 스페인은 아주 미개한 상태였다. 그들은 농사를 짓지도 않고, 다른 생업에도 종사하지 않으면서 남의 것을 빼앗아 먹으며 생활하는 사람이 대부분이었다. 마리우스는 살인과 강도가 버젓이 행해지고 있는 스페인에 도착하자 제일 먼저 그들을 소탕하는데 힘을 기울였다.

그런 다음 그는 정치적인 일에 손을 댔다. 그러나 그에게는 다른 정치가들처럼 돈이 있는 것도 아니었고, 웅변술도 익히지 못했다. 그의 밑천이라고는 오로지 단호한 성격과 인내심과 간소한 생활 방식뿐이었다.

그러나 그는 이러한 보잘것없는 밑천을 가지고도 세상 사람들의 인정을 받게 되었고, 곧 여기저기에서 세력을 키우기 시작했다.

이렇게 되자 그는 로마의 명문 집안 카이사르 가문의 율리아라는 처녀와 결혼을 하게 되었다. 그 유명한 로마의 율리우스 카이사르가 바로 율리아의 조카였는데, 카이사르는 마리우스에게 많은 것을 배웠다고 전해진다.

마리우스는 인내심과 참을성이 많은 것으로 칭찬을 받았는데, 그것은 그가 외과 수술을 받았던 일로도 충분히 짐작할 수 있다.

카이우스 마리우스.

마리우스는 두 다리에 큰 종기가 나서, 여기저기 곪고 퉁퉁 부어 수술을 받기 위해 의사를 찾아갔다. 이 수술은 고통이 너무 심해서, 환자들의 몸부림을 막기 위해 몸을 꽁꽁 묶어 놓고 하는 것이었다. 그러나 마리우스는 몸에 밧줄을 감지 않고 수술을 받았다. 그는 한쪽 다리를 뻗은 채 입을 꼭 다물고 신음소리 한 번 내지 않았다. 그리고 한쪽 다리를 마저 수술하려고 할 때 마리우스는 이렇게 말하며 수술을 거절했다. "수술할 필요 없소. 이 수술은 고통을 받을 만한 가치도 없다는 것을 알았소."

그 후 카이킬리우스 메텔루스가 집정관

이 되어 아프리카의 유구르타 왕과 싸우게 되자, 마리우스는 그의 부관으로 출정을 하게 되었다. 이 전쟁에서 마리우스는 찬란한 공을 세워 이름을 크게 떨쳤다. 그러나 그는 다른 사람들처럼 자기의 공을 대장에게 돌려 메텔루스의 명예를 드높일 생각은 없었다. 그는 부관으로서 자기에게 기회를 준 운명에게 감사를 드리며, 오로지 자기의 이름을 떨치기 위해 이 기회를 이용했다. 이 전쟁에는 어려운 고비가 많았지만, 아무리 작은 기회도 놓치지 않았다. 그는 치밀한 작전과 침착한 행동으로 다른 어떤 장군들보다 뛰어난 능력을 발휘했고, 일반 병사들과 똑같은 식사를 하며 고생을 나누었다. 이런 그의 행동들은 병사들의 신임을 크게 얻었다.

사람이란 아무리 어려운 일이라도 자기의 상관들이 함께 하면, 복종이나 명령이라는 생각을 하지 않게 되어 훨씬 수월하게 해낼 수 있다. 이것은 로마의 병사들도 마찬가지였다. 그들이 가장 고마워하고 감동한 것은, 장군이 자기들과 같은 잠자리에서 잠을 자고, 자기들이 먹는 것과 똑같은 음식을 먹으며, 함께 참호를 파고 성벽을 쌓는 것이었다. 그들은 자신들의 해이한 모습을 너그럽게 봐주거나 영광과 전리품을 나누어 주는 장군이 아니라, 고생과 위험을 같이하는 장군을 존경하였다.

마리우스는 이와 같은 행동으로 병사들을 격려하고 그들의 마음을 감동시켰다. 그래서 오래지 않아 아프리카는 물론 로마에 마리우스의 명성과 영광이 넘치게 되었다. 어떤 병사들은 자기 고향에 보낸 편지에서, 마리우스를 집정관으로 뽑아야만 이 전쟁이 끝날 것이라고 적기도 했다.

그러나 마리우스의 드높은 명성은 메텔루스를 몹시 언짢게 만들고 말았다. 더욱이 투르필리우스 사건으로 메텔루스는 더욱더 괴로움에 빠지게 되었다. 투르필리우스는 메텔루스 가문과 오랜 친구로 가깝게 지내고 있었는데, 그가 대장장이와 목수들을 지휘하며[14] 유구르타 원정단에 끼여 바가(Vaga)라는 중요한 도시를 지키고 있었다.

그런데 투르필리우스는 주민들을 지나치게 너그럽게 대하고, 경계를 소홀히 하다가 그만 적의 속임수에 빠져들고 말았다. 그래서 그는 유구르타 군의 습격을 받아 적의 포로 신세가 되고 말았다. 그런데 유구르타가 바가 시에 들어오자, 시민들은 그들을 환영하면서도 투르필리우스만은 풀어 주라고 애원을 했다. 그 덕에 투르필

---

14) 로마 당시에는 공인장이라고 불렸는데, 전쟁에 필요한 공작물을 만드는 목수나 그 밖의 공인들을 지휘하는 사람으로, 로마 군대에서 상당한 지위를 가지고 있었다.

리우스는 아무런 상처도 입지 않고 무사히 석방되었다.

그러나 바로 이 때문에 그는, 바가 시를 적에게 팔아넘긴 반역자라는 혐의를 뒤집어쓰게 되었다. 군법회의가 열리자, 마리우스는 재판관의 신분으로 나가 투르필리우스를 몹시 꾸짖으며 동료들을 설득시켰다. 메텔루스는 어쩔 수 없이 투르필리우스를 사형시키고 말았다. 그러나 투르필리우스가 죽은 지 얼마 후 그가 아무 죄도 없다는 것이 판명되었다. 이렇게 되자 메텔루스는 죄없는 친구를 죽인 자신을 탓하며 큰 슬픔에 빠지게 되었다.

그래서 다른 사람들은 모두 그를 찾아가 사과를 하고 위로했다. 그러나 마리우스만은 마치 장한 일을 한 것처럼 자랑을 일삼으며, 메텔루스는 자기가 보호해 주어야 할 친구를 제 손으로 죽였으니 그 죄를 어떻게 갚겠느냐고 떠들어댔다. 이 일 때문에 마리우스와 메텔루스는 만나기만 하면 서로를 노려보며 대립하는 사이가 되었다. 언젠가 마리우스가 메텔루스와 같은 지위가 되고 싶어서 로마로 돌아갈 생각을 하고 그를 찾아가 부탁을 한 일이 있었다. 그러나 메텔루스는 이 핑계 저 핑계를 대며 계속 귀국 허가를 내주지 않고 있었다. 마리우스가 자꾸 독촉을 하자 메텔루스는 이렇게 말했다.

"마리우스, 당신은 로마로 가서 집정관이 되고 싶은 모양인데, 아예 좀 더 기다리다가 내 아들 녀석이랑 같이 집정관이 되는 것이 어떻겠소?"

아직 어린 소년인 메텔루스의 아들과 함께 집정관이 되라는 말은 마리우스를 일부러 모욕하자는 것이었다. 그러나 마리우스는 그 말을 못 들은 체하고 계속 로마로 보내 달라고 애원을 했다. 결국 메텔루스는 자기의 집정관 임기가 12일 남았을 때 겨우 그에게 귀국을 허가해 주었다.

허가를 받은 마리우스는 진영에서 우티카 항구까지의 먼 길을 이틀 낮과 하룻밤 사이에 달려갔다. 그리고 항구에 도착해서는, 앞날의 운수를 알아보기 위해 신에게 제물을 바쳤다. 그런데 제물을 바치던 제관은 깜짝 놀라며 믿을 수 없을 만큼 놀라운 행운이 마리우스에게 찾아올 것이라고 얘기했다. 이러한 길조를 듣고 가슴이 설레인 마리우스는 곧 순풍을 부는 지중해에 배를 띄웠다. 지중해를 나흘 만에 건넌 마리우스는 다시 말을 타고 로마로 향했다. 로마 시민들은 마리우스가 돌아온다는 소식을 듣고, 전쟁에서 큰 공을 세운 그를 맞아들이기 위해 성문으로 모여들었다.

마리우스는 시민들의 대단한 환영을 받으며 성문 안으로 들어갔다. 그리고 호민관의 안내를 받아 민회에 들어가서 연단에 올라섰다. 그는 메텔루스를 노골적으로 비난하고, 자신을 집정관으로 뽑아 달라고 시민들에게 호소했다. 그리고 만약 자기를 집정관으로 선출해 주면, 반드시 유구르타를 죽이거나 사로잡아서 끌고 오겠다고 약속했다.

시민들은 우레와 같은 박수로 그의 요구를 받아들인다는 뜻을 나타냈다. 이미 대세가 결정이 나 있는 상태에서 드디어 집정관 선거가 시작되었다. 시민들은 너도나도 마리우스가 집정관이 되어야 한다고 웅성거리며 투표를 했다. 개표 결과, 모든 시민들이 원하던 대로 마리우스가 집정관으로 당선되었다.

집정관의 자리에 오른 마리우스는 많은 군대를 편성하기 위해, 곧 청년들을 끌어모았다. 그러나 법과 관습을 무시하고 천민이나 노예들까지 뽑아들였다. 그때까지의 모든 장군들은 자유민으로서 가문도 좋고 어느 정도 재산이 있는 사람이 아니면 무기를 내주지 않았었다. 무기는 어떤 명예나 표창을 뜻하는 것으로 여기고 있었기 때문에 그런 자격이 없는 노예나 천민들에게는 무기를 주지 않는 것이 법이며 전통이었던 것이다.

그런데 마리우스는 이러한 그의 행동은 세상 사람들의 미움과 반감을 사게 되었다. 그러나 그가 반감을 사게 된 것은 비단 이것 하나 때문은 아니었다. 그는 갑자기 변한 사람처럼 몹시 오만한 태도를 보이고 거만한 호언 장담을 하여, 귀족들의 감정을 상하게 만들고 있었던 것이다. "내가 집정관의 자리를 얻을 수 있었던 것은 멍청한 귀족과 부자들을 이긴 대가이다."

그는 민중들에게 연설을 하는 자리에서 이런 말까지도 서슴지 않았다.

"귀족들이 죽은 자신의 조상이 남긴 기념물이나 남의 조각상을 자랑으로 삼는다면, 나는 전쟁에서 입은 상처를 나의 자랑으로 삼고 있소."

또 아프리카의 리비아에서 패한 여러 장군들을 비난하는 말을 아무렇지도 않게 내뱉기도 했다. 그런 장군들 중에는 알비누스와 베스티아라는 사람이 있었는데, 그들은 좋은 가문에서 태어났지만 경험이 부족하여 전쟁에서 지고 말았다. 마니우스는 그 두 사람을 자기와 비교하면서 이렇게 물었다.

"베스티아나 알비누스 가문의 옛조상들은 한결같이 자기네 가문 때문이 아니라 그들의 용기와 공적으로 이름을 떨쳤소. 그러니 베스티아나 알비누스 가문의 후손이라면 적어도 나 정도는 되어야 하지 않겠소?"

귀족들은 마리우스의 이런 거만한 행동을 보며 그를 몹시 싫어했다. 그러나 마리우스가 이런 태도를 드러낸 것은 단순히 시기심이나 허영심 때문은 아니었다. 그는 아무런 이익도 없이 자기가 미움을 살 만한 행동을 할 사람이 아니었다. 그것은 오히려 원로원에 대한 악담을 거리낌없이 말하는 사람을 위대한 사람으로 생각하는 민중들의 심리가 그를 부채질한 것이라고 볼 수 있다. 즉 그는 민중들의 호응과 지지를 얻기 위해 귀족들을 여지없이 공격했던 것이다.

마리우스는 군대를 이끌고 아프리카의 리비아로 갔다. 이제 전쟁의 모든 지휘권은 집정관인 마리우스 자신의 손에 쥐어져 있었으며, 그것은 장군으로서 얻을 수 있는 가장 큰 명예였다.

마리우스가 리비아에 도착했을 때 전쟁은 거의 막바지에 치달아 있었다. 이제 남은 것은 유구르타를 죽이거나 생포하는 일밖에 남지 않았다.

그렇게 전쟁을 이끌어 왔던 것은 메텔루스였지만 그의 승리와 영광은 이미 마리우스의 손에 넘어가 있었다. 메텔루스는 자기를 배신하고 출세를 한 마리우스를 보고 질투와 분노를 참지 못해 몸을 숨겨 버렸다. 그리고 부대장인 루틸리우스에게 군의 지휘권을 마리우스에게 넘겨 주라고 했다.

마리우스의 기쁨은 하늘을 찌를듯이 높았다. 그러나 메텔루스에게서 빼앗은 승리의 영광은 곧 보복을 당하게 되어, 술라에게 모든 것을 빼앗기게 되고 말았다.

리비아에서 한참을 더 들어간 벽지에 보쿠스라는 야만인의 왕[15]이 살고 있었는데 그는 유구르타의 장인이었다. 그렇지만 보쿠스는 유구르타를 믿을 만한 사람이 아니라고 생각하고, 그의 세력이 점점 더 커지는 것을 시기하고 있었다. 그래서 보쿠스는 유구르타가 전쟁을 하고 있을 때도 조금도 도와주지 않았다. 그런데 쫓기고 쫓기던 유구르타가 마지막으로 보쿠스에게 희망을 걸고 찾아오자, 보쿠스는 그러고 싶은 마음이 없었지만 도움을 청하는 사위를 차마 물리칠 수가 없어서 그를 받아들였다. 그리고 마리우스가 그를 내놓으라고 할 때마다 요구를 거절하는 체했다.

그러는 한편 보쿠스는 유구르타를 팔아넘기려고, 몰래 마리우스의 재무관인 리키우스 술라를 끌어들였다. 전쟁 중에 술라에게 도움을 받은 일이 있었기 때문이었

---

15) 야만인이라고 한 것은, 로마에서 볼 때 아프리카, 즉 누미디아(오늘날의 알제리 지방)보다 더 멀리 있던 마우리타니아(오늘날의 모로코 지방)의 주민들을 가리킨다.

다. 그런데 술라가 그의 말을 믿고 만나러 갔을 때, 갑자기 보쿠스는 마음이 바뀌어 유구르타를 술라에게 넘겨줄 것인지, 술라를 잡아 가둘 것인지를 망설이게 되었다. 그렇게 얼마 동안 고민한 끝에, 보쿠스는 처음의 생각대로 유구르타를 술라에게 넘겨 주었다. 이렇게 해서 유구르타를 생포한 술라는 큰 영광을 차지하게 되었던 것이다.

이 사건 때문에 마리우스와 술라는 서로 사이가 멀어져 버렸다. 그리고 이 두 사람들의 불화는 로마를 멸망시킨 뜨거운 적대감의 씨앗이 되었다. 많은 사람들이 마리우스의 건방진 행동을 미워하여, 이 성공을 술라 쪽에 돌렸기 때문이었다. 또 술라 자신까지 자기의 공훈을 내세우며, 보쿠스가 유구르타를 자기에게 넘겨 주는 장면을 도장에 새겨 늘 사용하였다.

야망과 시기심으로 똘똘 뭉쳐 있는 마리우스에게 이러한 술라의 행동은 몹시 못마땅한 것이었으며, 참을 수 없는 분노까지 느끼게 만들었다. 그런데다가 마리우스를 미워하던 귀족들도, 전쟁을 시작할 때는 마리우스가 공을 세웠지만, 전쟁을 끝맺음한 것은 순전히 술라의 공이라고 떠들어대곤 했다. 이것은 민중들이 가지고 있던 마리우스에 대한 믿음이나 존경을 깎아내리려는 것이었다.

이런 여러 가지 이유들은 그들 두 사람의 보이지 않는 전쟁을 더욱 부추기고 말았다.

그러나 마리우스에 대한 시기와 증오의 폭풍은 이탈리아가 위험을 맞자 곧 사라지고 말았다. 그들에게는 서쪽에서 불어닥치는 위험의 소용돌이를 막기 위해 무엇보다 훌륭한 장군이 필요했던 것이다.

집정관에 입후보했던 귀족들과 부자들을 아무리 살펴보아도 마리우스만큼 훌륭한 지휘관은 없었다. 로마 사람들은 자신들의 운명을 맡길 사람은 이제 마리우스뿐임을 깨닫고, 전쟁터에 나가고 없는 그를 집정관으로 뽑았다.

한편 유구르타가 사로잡혔다는 소문과 때를 같이하여, 로마에는 킴브리 족과 테우토네스 족이 침입하고 있다는 소식이 들려왔다. 사람들은 처음에 너무나 엄청난 수효와 세력을 자랑하는 그들의 군대를 보고 믿지 못했지만, 그것은 사실과는 차이가 있었다. 전쟁에 참여할 수 있는 청년의 숫자만 해도 30만 명이었고, 그보다 훨씬 더 많은 수의 부녀자와 아이들이 그들을 뒤따르고 있었기 때문에 엄청난 병력으로 보였던 것이다.

그들은 예전에 켈트 족이 티르헤니아 사람들을 내쫓고 이탈리아에서 가장 살기 좋은 땅을 점령했다는 말을 듣고, 새로운 땅과 살 곳을 찾아 구름같이 밀려오고 있었다.

그들은 원래 다른 민족들과는 사귀지 않고, 광활한 땅들을 이리저리 헤매고 있었기 때문에, 그들이 어떤 인종이며 어디에서 왔는지는 아무도 알 수가 없었다. 다만 키도 크고 푸른 눈동자를 가졌으며 게르만 민족의 약탈자를 '킴브리'라고 부르는 것으로 보아, 북쪽 바다에 살던 게르만 민족의 한 갈래라고 짐작했다.

어떤 사람들의 이야기로는, 켈트 족의 영토는 극해[16]와 북극해에서 시작하여 동쪽으로는 마이오티스 호[17]와 폰토스[18]에까지 이를 정도로 넓었다고 하며, 그 넓은 땅에는 여러 종족들이 함께 섞여 살고 있었다고 전한다. 그들은 한꺼번에 쏟아져 이동한 것이 아니라, 오랜 세월을 거치면서 매년 여름마다 조금씩 흘러나와 마침내 전 대륙을 휩쓸게 되었다. 이 때문에 각 종족들은 제각기 다른 이름을 가지고 있었는데, 군대 전체는 켈토-스키타이 군이라는 공통된 이름으로 불리었다.

또 다른 설에는, 오래 전 그리스 사람들과 접촉이 있었던 킴메리이 인들은 스키타이 인과의 분쟁으로 본국에서 쫓겨난 조그마한 분파였다고 전하면서, 리그다미스라는 사람의 지휘로 마이오티스 호를 건너 아시아로 갔다고 한다. 그들 가운데 가장 숫자가 많고 사나운 종족은 아직도 극해에서 멀리 떨어져 있는 어떤 지방에 살고 있다고 한다. 이곳의 주민들은 태양까지 가릴 만큼 울창한 밀림 속에서 살고 있는데, 이 밀림은 내륙 지방까지 깊숙이 이어져 헤르키니아 지방까지 뻗어 있다.

그들이 살고 있는 곳은 위선의 간격이 아주 좁은 세상의 꼭대기에 해당하는 곳으로, 하늘이 사람의 머리에 닿을 만큼 가까이 내려와 있고 밤과 낮의 길이가 거의 1년 내내 똑같다고 한다. 그러므로 호메로스도 율리시즈[19]가 죽은 사람들의 영혼을 불러내는 장면의 배경을 이곳으로 선택했던 것이다.

오래 전 킴메리이라고 불리던 이 종족이 바로 지금의 킴브리 족인데, 바로 이들이 이탈리아를 향해 달려오고 있는 것이었다. 그러나 지금까지 말한 것들은 모두 정확히 사실이라기보다는 짐작이나 억측에 가까운 얘기들이다.

그러나 이들 야만족의 숫자는 앞에서 얘기한 것보다 더 많았다는 데에 역사가들의 의견은 일치하고 있다.

---

16) 지금의 북해.
17) 지금의 아조브 해.
18) 지금의 흑해 연안에 있던 왕국.
19) 그리스 말로는 오디세우스.

이 야만인들은 아무도 함부로 덤비지 못할 만큼 대단히 용맹스럽고 잔인했다고 한다. 그들이 전쟁을 할 때는 마치 멀리서 타들어오는 불길처럼 거세어 아무도 그들의 앞을 가로막지 못했으며, 그들의 습격을 받으면 곧 그들의 먹이가 되고 말았다. 그래서 알프스 산맥 너머의 갈리아 지방을 지키던 군대는 로마의 가장 훌륭한 사령관과 함께 많은 군사를 거느리고 있었지만, 이들 종족에게는 무참히 짓밟히고 말았다.

갈리아에서 로마 군을 완전히 쳐부순 이들 대종족은 그 다음의 진군 방향을 로마로 결정했다. 공격하는 길목마다 닥치는 대로 죽이고 마음껏 노략질을 한 그들은 이제 로마를 빼앗고, 오직 이탈리아 전체를 약탈하고 싶은 생각뿐이었다.

여기저기서 야만족의 공격 소식을 들은 로마 시민들은 몹시 놀라고 당황하여, 곧 마리우스를 두 번째로 집정관에 뽑으며 이 전쟁을 맡겼다. 로마의 법에는 부재자, 또는 집정관을 지낸 뒤 일정한 기간이 지나지 않은 사람은 다시 집정관으로 선출할 수 없게 되어 있었다. 그래서 몇몇 사람들은 마리우스를 집정관으로 뽑는 일은 부당한 일이라면서 반대의 뜻을 나타내기도 했지만, 민중들은 그런 사람들의 의견을 무시해 버렸다.

민중들은 스키피오가 연속해서 집정관을 지낸 일이 있었으니 그 법을 굽힌 것이 처음도 아니며, 공동의 이익을 위해서는 법을 어길 수도 있다고 생각했던 것이다. 더구나 스키피오를 재선시킬 때는 로마 시가 짓밟힐 위험이 있어서가 아니라 카르타고의 수도를 차지하고 싶어서 법률을 어겼던 것이지만, 지금의 위기는 로마의 생명이 달려 있는 것이므로 결코 잘못된 것이 아니라고 생각했다. 결국 이들의 주장이 승리를 거두어서 마리우스의 집정관 재선은 통과되었다. 마리우스는 군대를 이끌고 아프리카를 출발하여 지중해를 건넜다. 그는 로마에 돌아와 야누아리 달[20] 초하루에 개선식을 거행했다.

그런데 이 개선식에 죽은 줄로만 알았던 유구르타가 끌려나오는 것을 보고 시민들은 모두 깜짝 놀랐다. 시민들은 유구르타를 사로잡을 수 있으리라고는 꿈에도 생각하지 못하고 있다가 뜻밖의 광경을 보았던 것이다. 유구르타가 살아 있는 동안 아프리카에서의 전쟁이 끝나지 않을 것이라고 생각하고 있던 그들은 사로잡힌 채 끌려나온 유구르타를 보고 놀라움을 감추지 못했다.

---

20) 로마 달력으로 1월에 해당한다.

유구르타는 지략이 무궁무진하여 어떤 불행도 자기에게 도움이 되게 만들었고, 용맹성 또한 지략에 못지 않았던 사람이었다. 그래서 그는 개선식에 끌려 나왔을 때 터져나오는 분통을 참지 못하고 그만 미쳐 버렸다고 한다. 개선식 행진이 끝난 다음, 사람들은 그의 옷을 벗겨 빼앗기도 하고 금귀고리를 뺏으려다가 그의 귀까지 찢기도 했다. 그리고 드디어 벌거숭이가 된 채 감옥에 수감되었을 때는 정신이 이상해져서 유령 같은 웃음을 띠며 이렇게 말했다고 한다. "이런, 목욕탕이 왜 이렇게 차갑지?"

차가운 감옥에 갇힌 유구르타는 엿새 동안 굶주림과 싸우면서 마지막 순간까지 목숨을 붙잡으려고 신음하다가 결국 흉악한 죗값을 치르며 숨을 거두고 말았다.

그리고 기록에 의하면, 개선식 행렬에서 보여준 마리우스의 전리품은 금이 3천 7파운드, 은덩어리가 5천7백 75파운드, 금돈과 은돈을 합쳐 28만 7천 드라크마였다고 한다.

개선식이 끝나자마자, 마리우스는 곧 카피톨리누스의 유피테르 신전으로 의원들을 불렀다. 그런데 그때 마리우스는 자기의 행운에 도취되어서인지, 아니면 미처 생각을 못했는지 개선식 때 입었던 옷차림 그대로 회의장에 나타났다. 원로원에는 군복을 입고 들어오지 못하게 되어 있었기 때문에 의원들은 마리우스의 차림새를 보고 눈살을 찌푸렸다. 마리우스는 의원들의 기색을 눈치채고 재빨리 나가서 자줏빛 단을 두른 평상복으로 갈아 입고 다시 들어왔다.

얼마 후 마리우스는 다시 군대를 거느리고 적을 찾아 나섰다. 그는 킴브리 족과 싸우러 가는 도중에도 세심한 주의를 기울여 군사들을 쉴새없이 훈련시켰다. 먼거리를 강행군하면서 뜀박질이나 보행 연습을 시켰고, 자기의 배낭은 노예의 힘을 빌리지 않고 각자 자기가 메게 했으며, 자기가 먹을 음식은 직접 만들어 먹도록 했다. 그래서 이 때부터 '마리우스의 노새'라는 말이 생겨났는데, 어떤 일을 시켜도 불평없이 묵묵히 일하는 사람들을 가리켜 이렇게 부르게 되었다.

그러나 어떤 사람들은 이 말의 유래를 다른 곳에서 찾기도 한다. 스키피오가 누만티아를 포위하고 있을 때 공격에 앞서서 장비를 검사했다. 그때 스키피오는 병사들이 타는 말과 무기뿐만 아니라 노새와 짐마차까지도 자세히 살폈다. 이 때 마리우스의 말과 노새는 그가 직접 먹이고 길들인 것으로 다른 것들보다 훨씬 몸집이 좋고 성질도 온순했다. 이것을 본 스키피오는 마리우스의 노새를 칭찬했는데, 그 뒤에도 몇 번이나 노새 칭찬을 했다. 그래서 병사들은 참을성이 강하고 부지런한 전우를 칭찬할 때 농담조로 '마리우스의 노새'라고 부르게 되었다고 한다.

한편 마리우스에게는 이상할 정도로 큰 행운이 따랐다. 야만인들이 방향을 바꾸어 스페인을 공격했던 것이다. 이것은 마리우스로 하여금 자신의 군대를 훈련시키도록 충분한 시간을 만들어 병사들의 사기를 높일 수 있게 했고 동시에 자신의 인품을 알리는 데도 여유를 얻을 수 있게 했다.

군대를 지휘할 때 보이는 그의 맹렬한 말씨와 가차없는 처벌은 병사들이 군대의 군율을 익히게 되자 도리어 유익하고 정의로운 방법이라는 생각으로 바뀌게 되었고, 그의 사나운 성격이나 서릿발 같은 얼굴 표정들도 자신들을 향한 것이 아니라 오직 적군에게 두려움을 주기 위한 것이라고 생각하게 되었다. 그리고 그 가운데서도 병사들이 가장 기분좋게 생각한 것은 그가 부하들에게 상이나 벌을 줄 때 엄격하다는 점이었다. 한 번은 이런 일이 있었다.

카이우스 루시우스는 마리우스의 조카였는데 부관으로 있었다. 그는 대체로 원만한 성격이었지만, 남색을 즐기는 것이 문제였다. 루시우스는 자기의 부하인 미소년 트레보니우스에게 엉뚱한 욕심을 품고, 몇 번이나 그에게 자기 뜻을 말했지만 좀처럼 말을 듣지 않았다. 그러던 어느 날 밤, 그는 마음이 너무 달아 트레보니우스를 데려오라고 하인을 보냈다.

트레보니우스는 상관의 명령을 어길 수가 없어서 할 수 없이 하인을 따라 루시우스의 막사로 갔다. 루시우스는 그를 꾀어 보려고 갖은 말로 설득을 했지만 말을 듣지 않자 급기야는 힘을 쓰기 시작했다. 그러자 트레보니우스는 칼을 뽑아 들고 루시우스를 찔러서 죽이고 말았다.

마리우스는 사건이 일어났다는 소식을 듣고 곧 진영으로 달려와 군사 재판을 열었다. 재판에는 많은 사람들이 나왔다. 그러나 트레보니우스에게 불리한 증언을 하는 자들은 많았지만 누구 하나 그를 변호해 주려는 사람은 없었다. 그런데 마리우스는 죽은 루시우스의 숙부였다.

트레보니우스는 겁도 없이 대담하게 나와서 자기가 당한 일을 낱낱이 말하고, 여러 증인을 불러내어 자기가 루시우스의 선물을 여러 번 거절했던 사실을 밝혔다. 트레보니우스 자신의 말과 여러 증인들의 증언으로 추잡한 행동을 한 루시우스의 행동이 드러났다. 마리우스는 트레보니우스의 용기에 감탄하여 그를 칭찬하였다. 그리고 전공을 세운 사람에게 주는 화관을 가져오게 해서 그에게 손수 씌워 주며 이렇게 말했다.

"나는 그대를 용서하겠소. 용감한 군인이 필요한 이런 때에, 그대는 매우 훌륭한 행동을 했소. 그리고 이 관은 그대에게 상으로 내리는 것이오."

병사들은 마리우스의 공평하고 너그러운 판단에 환호를 올렸다. 그리고 이 소식은 곧 로마에까지 널리 퍼지게 되어, 마리우스는 다시 세 번째로 집정관직에 뽑혔다. 이 선거에는 사실 야만족들이 여름에 쳐들어 올 것이라는 예측도 큰 영향을 끼쳤는데, 시민들은 마리우스가 아닌 어떤 장군에게도 그들의 목숨을 내걸고 싶지 않았던 것이다.

그러나 해가 바뀌어도 야만족들은 침입해 오지 않았고, 마리우스의 임기도 무사히 지나갔다. 다시 선거일이 가까워지고 있었다. 마리우스는 동료 집정관이 죽었기 때문에, 군대의 지휘권을 마니우스 아퀼리우스에게 맡기고 서둘러 로마로 돌아갔다.

로마로 돌아온 그는 다시 집정관이 되고 싶은 야심을 가지고 있었지만, 다른 많은 명사들도 집정관의 후보로 나서고 있었다.

그런데 다른 어느 호민관들보다 세력이 컸던 루키우스 사투르니누스라는 사람이 있었는데, 그가 마리우스를 지지하고 나서기 시작했다. 사투르니누스는 민중들이 모인 자리에 나와 열변을 토하며 마리우스를 집정관으로 뽑자고 호소했다. 마리우스는 거듭해서 집정관이 되고 싶어하는 지나친 욕심을 숨기고, 겉으로는 집정관의 자리를 사양한다는 뜻을 나타냈다. 그러자 사투르니누스는 이렇게 말했다.

"나라가 이런 어려움에 처해 있을 때, 개인의 안일만을 위하여 군대를 저버린다는 것은 국가에 대한 배신과 다름없는 것이오. 그러니 마리우스 장군은 로마의 부름을 받아 어서 나라를 구하는 길에 나서시오."

시민들은 사투르니누스의 이러한 행동이 마리우스가 연출하는 연극이라는 생각이 들기는 했지만, 나라를 구하기 위해서는 그의 능력과 행운이 필요했기 때문에 그를 다시 집정관으로 뽑아 주었다. 그리고 동료 집정관으로는 카툴루스 루타티우스를 선출했는데, 이 사람은 귀족과 평민들에게서 한결같은 지지를 받고 있는 사람이었다.

얼마 뒤 마리우스는 적이 가까이 다가왔다는 소식을 듣고, 서둘러 알프스 산맥을 넘어갔다. 마리우스의 군대는 론 강 근처에 진지를 구축하고 먼저 충분한 군량미를 저장했다. 전투를 할 때 군수품이 부족해서 어려움을 겪는 일을 미리 막기 위해서였다. 군량미를 실어 가려면 길도 멀고 막대한 비용이 들었는데, 마리우스는 이것을 아주 쉽고 빠르게 만들었다.

론 강 하구는 모래와 진흙이 많이 쌓여 있어서 깊이가 얕았으므로, 배가 드나들기에 아주 힘이 들었다. 그래서 마리우스는 군대의 휴식 시간을 이용해서 병사들에게 큰 수로를 파게 했다. 강물이 흐르는 방향을 바꾸어 다른 쪽으로 물이 흘러가게 하려는 것이었다. 이 수로가 만들어지자, 배는 아주 쉽게 뭍으로 올라올 수 있게 되어 군량을 모으는 데 별로 힘이 들지 않았다. 이 수로는 아직도 마리우스의 이름을 붙여 마리아나 운하[21]라고 불리고 있다.

한편 적의 모든 군대는 두 갈래로 나뉘어, 킴브리 족은 알프스 북부를 넘어 카툴루스 군을 향하고, 테우토네스 족과 암브론족은 해안을 따라 리구리아 지방을 거쳐서 마리우스 군을 향해 다가오고 있었다. 킴브리 족은 다소 지체가 되어 접전하기까지 많은 시간이 걸렸지만, 테우토네스 족과 암브론족은 빠른 속도로 이동해 어느새 마리우스 군 앞에 모습을 드러냈다.

마리우스 앞에 나타난 적의 숫자는 상상도 못할 만큼 엄청나게 많았다. 그들은 몹시 험상궂은 모습을 하고 있었고 고함소리는 마치 성난 짐승의 울음 소리 같았다. 그들이 친 천막은 평야를 가득히 덮을 정도였다.

야만족은 곧 싸움을 걸어오기 시작했다. 그러나 마리우스는 그들을 본 척도 하지 않고, 군대를 진지에서 한 발짝도 내보내지 않았다. 그는 병사들을 진지에서 나오지 못하도록 명령을 내리고, 만약 섣불리 용기를 과시하려고 나서는 자나 적군의 야유를 못 참고 달려드는 자는 나라의 반역자로서 처단하겠다고 선포했다. 그리고 병사들을 모아놓고 이렇게 말했다.

"지금은 작은 전투에 이기거나 전리품을 챙기기 위해 전쟁을 하는 것이 아니오. 우리는 지금 단 한 가지, 먹구름처럼 혹은 태풍처럼 밀어닥치는 적을 무찌르고 이탈리아를 지켜야 한다는 것을 잊지 말아야 하오. 그러니 여러분들은 서투른 공명심에 휩쓸리지 말고, 다음 명령이 있을 때까지 진지를 굳게 지켜 주시오."

마리우스는 말을 마친 뒤, 작전 계획을 가슴에 되새기며 적의 움직임을 살펴보았다. 그리고 병사들 일부를 장벽 위에 세워 적의 동정을 살펴 보고하라고 했다. 사실 이것도 마리우스가 세운 작전 중의 하나였는데, 이것은 야만스럽고 괴상한 적의 생김새와 고함소리, 그리고 그들의 무기와 움직임을 병사들이 눈과 귀로 익히게 하려

---

21) 오늘날의 마르세유 근처에 있는 아를 시 교외에서 시작되어 리용 만까지 이르렀던 것으로 보인다. 이 운하는 전쟁 중에 로마군에게 도움을 준 마실리아 사람에게 마리우스가 주었는데, 그들은 이 운하를 지나가는 배에 세금을 매겨 큰 이익을 얻었다.

는 것이었다. 특히 적들의 짐승 같은 고함소리를 미리 익혀 두면 병사들의 무서움이 조금이라도 덜해질 것이라고 생각했다. 익숙하지 않은 것에 대해서는 두려움을 느끼지만, 아무리 무서운 것이라도 자꾸 보게 되면 두려움이 없어진다는 것이 마리우스의 생각이었던 것이다.

병사들은 이렇게 날마다 적을 내려다보며 지냈다. 그 결과 병사들의 두려움은 훨씬 줄어들었다. 그런데 무서움이 줄어들자 적이 내뱉는 욕설을 가만히 참고 있을 수가 없게 되었다. 병사들은 자신들을 비웃는 적을 한꺼번에 모조리 쓸어 버리고 싶은 생각 때문에 못견딜 지경이었다.

야만족들이 그 근처 지방들을 쑥밭으로 만들며 노략질하는 한편 계속 싸움을 걸어오는 데도 가만히 앉아 쳐다만 보아야 하는 병사들 사이에는 불평이 터져 나왔다. 병사들이 투덜거리는 소리는 마리우스의 귀에까지 들려왔다.

"도대체 마리우스는 우리를 어떻게 보길래 싸움도 시키지 않고 가만히 앉아 있기만 하라는 거야? 여자처럼 우리들을 마냥 가둬 놓는 이유가 뭐야? 또, 다른 장군들은 왜 물어보지는 않고 가만히 있는거야? 이탈리아는 다른 녀석들이 지켜 주기를 기다리고, 우리한테는 참호나 파고, 진흙이나 치우고, 강물하고 씨름이나 하라는 거야? 우리한테 고작 이런 일이나 시키려고 그 고된 훈련을 시킨거야 뭐야?"

"로마로 돌아가면 겨우 이게 집정관인 자기의 공이라고 말할 셈인가 보군. 아니면 카이피오[22]나 카르보[23]처럼 질까봐 겁이 나서 이러고 있는 것이든지. 그렇지만 그 두 사람은 마리우스처럼 뛰어난 장군도 아니었고, 군대도 우리한테 비하면 훨씬 약골들이었잖아? 그리고 만약 우리가 그들처럼 지게 된다고 해도, 최소한 싸움은 해야 할 것 아니야? 동맹국들이 저렇게 약탈당하고 있는 꼴을 보고만 있으란 말이야?"

병사들의 불만은 가지각색이었지만 그 소리는 한결같이 높았다. 마리우스는 병사들의 이런 불평들을 들으며 속으로는 무척 기뻐했다. 그것은 병사들의 사기와 용맹이 굳세어졌다는 증거가 되기 때문이었다. 그러나 마리우스는 서두르지 않고 이런 말로 병사들을 달랬다.

---

22) 기원전 105년, 즉 마리우스가 관례를 무시하고 집정관이 되었을 때 프랑스의 론 강에서 카르보와 마찬가지로 크게 패했다.

23) 집정관의 한 사람으로 기원전 113년에 오늘날의 시타이엘마르크에서 킴브리 족에게 크게 패했다.

"로마의 병사들이여! 나도 여러분의 마음을 모르는 것은 아니다. 나는 여러분들의 용기를 믿지 못해서가 아니라 다만 신께서 내려 주신 승리의 때와 장소를 기다리는 것뿐이다. 이제 그때가 가까워졌으니, 여러분들은 나의 말을 믿고 조금만 더 기다려 주기 바란다."

실제로 마리우스는 마르타라는 시리아 여자를 가마에 태워 데리고 다녔는데, 점을 귀신같이 잘 친다고 소문이 자자한 여자였다. 마리우스는 이 여자의 예언에 따라 신께 제물을 바치는 제사를 지내고 있었다.

마르타가 어떻게 해서 로마까지 왔는지는 알 수가 없다. 그러나 그녀가 로마의 원로원에 나타나서 나라의 장래에 대해 점을 쳐주겠다고 했으나 원로원 의원들이 그녀의 말을 듣지 않고 쫓아내 버렸다고 한다. 그러자 마르타는 로마의 귀부인들과 가까이 하면서 그들의 점을 쳐주기 시작했는데, 그 점괘가 신통하게 잘 맞았다. 부인들은 다투어 마르타를 찾아 갔는데, 그들 가운데는 마리우스의 아내와 딸도 끼여 있었다.

마리우스의 딸과 아내가 한 번은 검투사 시합을 구경갈 때 마르타를 데리고 갔는데, 그때 마르타가 발 밑에 자리를 잡고 앉아 어느 용사가 이길 것인지를 모두 맞추는 것을 보고 이 두 여자는 몹시 감탄했다. 그래서 마리우스의 아내는 마르타를 마리우스에게 보냈다. 이 때부터 그녀는 마리우스의 가마를 타고 돌아다니게 되었고, 그의 제관처럼 모든 제사를 맡아 하게 된 것이다.

마르타는 제사를 올릴 때, 고리가 달리고 안과 밖이 모두 짙은 분홍색의 제복을 입고, 리본과 꽃을 동여맨 창을 가지고 나타났다. 이런 연극 같은 제사의 풍경을 보고, 사람들은 마리우스가 정말 이 여자를 믿어서 그러는 것인지, 혹은 군대를 통솔하기 위해 병사들을 속이는 연극을 하는 것인지 궁금하게 생각했다.

그러나 민도스의 역사가인 알렉산드로스가 전하고 있는 독수리에 대한 이야기는 확실히 이상한 일이다. 그의 기록에 의하면, 마리우스가 싸움에서 이길 때마다 언제나 독수리 두 마리가 날아와서 군대의 행렬을 따라다녔다는 것이다. 병사들은 독수리를 붙잡아서 놋쇠로 만든 목걸이를 끼워 주었기 때문에 이들이 하늘에 나타나면 곧 알아볼 수가 있었다. 그래서 병사들은 군대가 이동을 할 때 그 독수리가 보이면, 환성을 지르며 승리를 확신했다고 한다.

이 때에는 이런 일 말고도 주목할 만한 징조들이 나타났다. 대개는 흔히 있는 일들이었지만, 이탈리아의 도시 아메리아와 투데르 시에서 생긴 일은 좀 특이했다. 한밤 중에 두 도시의 하늘에 갑자기 창과 방패 모양을 한 불꽃이 수없이 나타났다는 얘기가 그것인데, 이 불빛들은 처음에 이리저리 옮겨 다니더니 나중에는 한 곳에 모여 마치 병사들이 싸움을 하듯 번쩍거렸다. 그리고 불빛이 반으로 갈라져 한 쪽이 서쪽으로 밀려나자, 나머지 반이 그것들을 쫓아가더니 이윽고 모두 사라져 버렸다는 이야기다.

이 일이 있은 지 얼마 되지 않아, 페시누스[24]에서 키벨레 여신[25]을 섬기는 바타케 스라는 제관이 찾아왔다. 그리고 이번 전쟁에서 로마가 승리한다는 신탁을 받았으 며 이것을 전하기 위해서 왔다고 말했다. 원로원은 그 신탁을 고마운 마음으로 듣고, 승리를 내려주신 키벨레 여신께 신전을 지어 드리기로 했다.

자기의 일을 만족스럽게 마친 바타케스는 로마를 떠나기 전에, 민중들이 모인 자 리에 나가 이 승리의 신탁을 되풀이해서 말했다. 그런데 아울루스 폼페이우스라는 호민관이 갑자기 나서더니 바타케스를 연단에서 끌어내려 버렸다. 그 호민관은 바 타케스가 승리를 예언해서 돈을 벌려고 하는 협잡꾼이라는 욕을 하며, 그의 예언을 가짜라고 공격했다.

민중 대회는 도중에서 해산되고 말았다. 그런데 아울루스 폼페이우스는 집에 도 착하자마자, 그 길로 심한 열병에 걸려 일주일만에 죽어 버리고 말았다. 이렇게 해 서 도리어 바타케스의 말이 옳다는 것이 증명되었다.

한편 마리우스는 여전히 싸움을 시작할 기미를 보이지 않고 있었다. 테우토네스 족은 싸움을 걸기 위해 온갖 방법을 다 쓰고, 그들의 진지까지 쳐부수려 했다. 그렇 지만 로마 군이 담 위에서 던지는 창에 피해를 입고 곧 물러날 수밖에 없었다. 그러 나 계속해서 마리우스는 꼼짝도 하지 않았다.

그러자 테우토네스 족은 마리우스 군을 버려 두고, 알프스를 넘어 로마로 쳐들어 가기로 결정을 했다. 짐을 꾸린 테우토네스 족은 마리우스 군의 진영을 유유히 지나 알프스를 향해 나아갔다. 마리우스는 지나가는 테우토네스 족의 행렬을 보고 비로 소 그 수가 얼마나 엄청난지를 파악할 수 있었다. 테우토네스 족의 행렬은 꼬박 엿

---

24) 소아시아의 갈라티아에 있던 도시의 이름. 이곳에 아나톨리아의 여신인 키벨레의 본 신전이 있었다.

25) 신들의 어머니라고 여겨졌으며, 프리기아를 비롯한 고대 소아시아의 여신이다. 그리스 신화에 나오는 레 아에 해당하며 그리스 어로는 벨레라고 부른다.

새 동안 계속 이어졌던 것이다. 그들은 로마 군의 진영을 지나가면서, 가끔 이런 말로 병사들의 속을 뒤집어 놓기도 했다.

"어이, 비겁한 친구들! 우리는 지금 너희들의 아내를 만나러 가는 길이니, 전할 말이 있으면 어서 얘기하게."

테우토네스 족의 무리가 모두 지나가자, 마리우스도 진지를 버리고 그들의 뒤를 따라갔다. 적이 멈추면 로마 군도 따라 멈추고, 적이 뛰면 로마 군도 그들을 따라 뛰었다. 그리고 밤이 되면 유리한 장소를 찾아 바리케이드를 튼튼하게 치고, 기습에 대비하였다.

이렇게 양군은 전진에 전진을 거듭하여 드디어 '섹스틸리우스의 샘'이라는 마을에 이르렀다. 거기서 조금만 더 가면 바로 알프스 산맥이었다. 마리우스는 그곳에서 결전을 벌이기로 작정하고 모든 병사들에게 전투 태세를 갖추라고 명령했다. 로마의 운명을 가늠해 보기로 결정을 한 것이다. 마리우스는 진지를 정했는데, 그곳은 싸우기에는 더없이 유리했지만 마실 물이 없는 것이 흠이었다. 그러나 마리우스는 그렇기 때문에, 병사들이 목숨을 걸고 더 열심히 싸울 것이라는 생각을 했다. 부하들이 물이 없어서 어떻게 하느냐고 물어왔을 때, 마리우스는 적의 진지 앞을 흐르고 있는 강물을 손으로 가리키며 이렇게 말했다.

"저기 가서 실컷 마시면 되지 않소? 그러나 물값은 피로 치를 각오를 해야 할 것이오."

부하들은 강물을 돌아다보고 다시 한 번 물었다.

"그렇다면 저희들의 피가 아주 다 마르기 전에 싸워야 하지 않습니까?"

"먼저, 진지를 튼튼히 해야지요."

마리우스는 낮지만 단호한 목소리로 대답했다.

병사들은 마리우스의 명령이 마음에 안들어 투덜거리기는 했지만, 그의 말에 순순히 복종했다. 그런데 그만 일이 벌어지고 말았다. 군대를 따라다니며 잡일을 하던 시종들이 자기들이 마실 물과 말에게 먹일 물을 구하려고 무리를 이루어 시냇가로 내려갔던 것이다. 그들은 물을 얻기 위해서는 적과의 싸움도 각오해야 한다고 생각하고, 칼, 도끼, 창 등을 물통과 함께 들고 내려갔다.

과연 적들은 덤벼들었지만, 그렇게 많은 숫자는 아니었다. 그들 대부분은 목욕을 마치고 밥을 먹거나, 술을 마시고 있었고, 더러는 아직까지 목욕을 하고 있었기 때문이다. 원래 이곳 부근은 온천이 많은 지방이라 야만적인 그들은 이 땅의 신비로운 풍경과 자원에 도취되어 그것을 마음껏 즐기고 있던 중이다.

그들은 로마인들이 물을 긷기 위해 내려오는 것을 보고 깜짝 놀라, 로마 군이 먼저 기습 공격을 한 것으로 생각했다. 이 소식을 들은 수많은 테우토네스 족들이 강 쪽으로 달려나왔다. 그리고 반대쪽에 자리한 로마의 진영에서도 종을 잃지 않으려는 로마의 병사들이 달려나갔다.

마리우스도 여기저기서 달려나가는 병사들을 더 이상 붙잡아 둘 수가 없게 되었다. 그래서 병사들에게 싸울 기회를 주기로 결단을 내렸다. 이렇게 되자 테우토네스 족 쪽에서도 로마 군에 못지 않은 수의 무리들이 떼를 지어 달려나왔다.

로마 군의 상대는 암브론 족으로 그 숫자가 3만 명이 넘었고 야만족 중에서도 가장 강한 부대로 이름나 있었으며, 그 전에 마리우스와 카이피오군을 격파한 것도 바로 이 부대였다.

그러나 그들은 배를 잔뜩 채우고 술까지 마신 뒤였지만, 질서있게 다가오고 있었다. 그러면서 자기네들끼리 사기를 돋구려는 것인지, 혹은 로마 군을 한층 더 겁주려는 것인지 계속해서 "암브론! 암브론!" 하고 자기네 종족 이름을 외쳐댔다.

한편 마리우스의 부대 중에서 제일 앞장서서 싸우러 나간 것은 리구리아 부대였다. 그들은 "암브론"이라고 외치는 적의 함성 소리가 들리자, 자기네들도 "암브론"이라고 외치며 응수했다. 리구리아 사람들도 그 뿌리를 따지자면 같은 암브론이었던 것이다.

"암브론! 암브론!"

양쪽 부대는 서로 질세라 필사적으로 함성을 지르며 가까워져 갔다. 이윽고 암브론의 부대가 강을 건너오기 시작했다. 그런데 강 바닥이 고르지 못한 탓에 그들은 서로 엎어지고 미끄러지며 혼란에 빠지고 말았다. 이 때를 놓치지 않고 리구리아 부대가 달려들었다. 맨 앞에 섰던 리구리아 병사들과 암브론의 싸움이 시작되자, 마리우스는 그들을 돕기 위해 로마 군을 출동시켰다.

산에서 달려내려간 로마 군은 리구리아 군을 도우며 용감히 싸웠다. 암브론 군의 병사들은 강물 속으로 죽어 넘어지기 시작했다. 그들 대부분은 물 속에서 허우적거리다가 칼에 찔려 죽고, 서로 밀리다가 강 속으로 빠지기도 했다. 강물은 그들의 붉은 피로 물들고 쌓인 시체들은 강물의 흐름을 막았다.

로마 군은 승리를 다짐하며 적을 향해 쳐들어갔다. 무사히 강을 건너간 적군들은 돌아서 싸울 생각도 하지 못하고 자기네 진지로 달려가다가 뒤쫓아간 로마 병사들의 칼에 맞아 쓰러졌다. 로마 군은 적의 진지까지 침범해 들어갔다.

그런데 그때 암브론 족의 여자들이 도끼와 칼을 둘러메고 나와 로마 군을 향해 아우성을 치며 덤벼들었다. 여자들은 도망쳐오는 자기 종족을 배신자로, 뒤쫓아오는 로마 군을 적으로 여겨 닥치는 대로 달려들었다. 그들은 병사들 틈에 끼여 맨손으로 로마 군의 방패를 빼앗기도 하고, 로마 군의 칼날을 움켜잡기도 하다가, 칼에 맞고 쓰러지는 경우가 대부분이었다.

전투는 이처럼 장군의 작전이 아니라 우연한 계기로 벌어졌다.

로마 군이 암브론 족을 죽이고 진지로 돌아온 것은 이미 해가 넘어가고 밤이 내려앉은 다음이었다. 그러나 승리를 가슴에 품은 로마 군들은 승리의 노래를 부를 수도, 술잔치를 벌일 수도, 보람 있는 전투를 끝낸 뒤의 깊은 단잠도 이룰 수가 없었다. 그 밤은 어느 때보다도 더 철저하게 경계를 하면서 공포에 휩싸인 채 밤을 새워야 했다.

로마 군은 아직까지 성벽이나 울타리도 만들어 놓지 못한 상태였다. 게다가 강 건너편에는 아직까지 구름처럼 많은 적군이 남아 있었고, 도망간 암브론 족이 밤을 틈타 그들을 습격할지도 모르는 일이었다.

멀리 적의 진영에서 들려오는 통곡소리는 밤새도록 그치지 않았다. 그들의 울음 소리는 마치 짐승의 울음 소리처럼 주위의 산과 기슭, 양쪽의 강가에 메아리치고 있었다. 벌판 곳곳에서 들려오는 처참하고 끔찍한 소리들 때문에 로마 군은 밤새 몸서리를 쳤고, 마리우스도 마음이 놓이지 않아 뒤척이고 있었다. 그러나 적의 공격 없이 다음날이 밝아왔다. 적은 그 밤도 그 다음날도 공격해 오지 않고, 다만 대열을 정돈하고 전투 준비에 분주해 보일 뿐이었다.

마리우스는 이 때를 이용해서 적의 배후에 있는 산비탈에 군대를 매복시켰다. 그 산비탈은 숲이 많이 우거지고 골짜기가 깊었는데, 마리우스는 클라우디우스 마르켈루스에게 3천 명의 병사를 주어, 그곳에 숨어 들어가라고 했다. 그리고 전투가 시작되면 야만족의 배후를 공격하라고 미리 지시를 해두었다.

그날 밤 마리우스는 나머지 병사들에게 일찍 저녁을 먹고, 잠자리에 들라고 했다. 다음날 새벽이 되자 마리우스는 진지 앞으로 병사들을 불러모아 대열을 정돈시킨 뒤, 먼저 기병대에게 출격 명령을 내렸다.

로마의 기병대는 산비탈을 내려가기 시작했다. 이것을 본 테우토네스 족은 그들이 산비탈을 채 내려오기도 전에 갑자기 무기를 들고 산으로 달려올라왔다. 그들은 첫 번째 싸움에서 패배한 일로 마음이 격분해 있어서 이성을 잃고 있었던 것이다.

마리우스는 적이 산을 올라오고 있는 것을 보고, 각 부대에 명령을 내렸다.

"각 부대는 모두 제자리를 지켜라. 그리고 적이 가까이 오면 먼저 창을 던진 다음, 방패로 적을 막으면서 칼을 휘둘러 적을 무찔러라."

"적은 땅이 경사져 있어 싸우기가 힘들 것이며, 공격도 힘이 없을 것이다. 또 걸음이 불안하기 때문에 대열도 유지하기 어렵다."

마리우스는 전군에게 작전 계획을 알리고 솔선해서 앞장섰다. 그는 무예에 있어서나 용기에 있어서 어느 누구보다 강한 사람이었다.

로마 군은 적이 가까이 오기를 기다리며 서 있었다. 그리고 적군이 산비탈을 기어올라와 선봉 부대가 로마 군 바로 앞에까지 왔을 때 투창을 움켜잡았다. 공격 명령이 떨어지자 무섭게, 그들은 적의 머리와 가슴을 향해 창을 날렸다. 적들이 산비탈 여기저기에 쓰러져 뒹굴기 시작했다.

계속되는 적의 공격과 거기에 대항하는 로마 군의 창 아래 적의 선봉 부대는 모두 섬멸되고, 이어서 후속 부대가 나타났다. 로마 군도 후속 부대를 내보냈다. 그들은 산비탈을 뛰어 내려가면서 적을 산기슭 쪽으로 몰아부쳤다.

한편 암브론 족은 평지에서 공격 준비를 하고 있다가, 그들의 배후에 혼란이 일어난 것을 깨달았다. 적의 뒷산에 숨어 있던 마르켈루스의 부대가 로마 진영에서 터져나온 함성을 듣고, 적의 배후를 공격하기 시작한 것이다. 암브론 족은 앞뒤 양쪽에서 공격을 받아 혼란에 빠지고 말았다. 그들은 저항할 힘을 잃고 모두 산산이 흩어져 달아나기 시작했다.

마리우스는 이 때를 놓치지 않고, 앞장서서 도망가는 적을 뒤쫓았다. 이렇게 해서 얻은 적의 전사자와 부상자, 그리고 생포한 포로의 숫자는 10만 명이 훨씬 넘었다. 그리고 수많은 전리품과 천막, 그리고 마차를 손에 넣었다.

로마 군은 자신들이 얻은 전리품을 모두 마리우스에게 바치기로 했다. 이것은 엄청난 것이었다. 그러나 병사들은 사느냐 죽느냐의 중요한 갈림길에서 마리우스가 세운 공훈에 비하면, 그 정도의 선물은 아무것도 아니라고 생각했다.

이 전쟁에서 얻은 전리품의 분배와 전사자의 숫자에 대해서는 여러 역사가들의 견해가 다르다. 이 지방 마실리아 인들은 포도원 울타리를 뼈로 쌓았다고 하는데, 시체가 썩고 겨울비에 잦아들면서 땅이 기름지게 되어 다음 해의 수확이 놀랄 만큼 늘었다고 한다. 이것은 "땅은 사람의 시체로 살찐다"고 했던 아르킬로코스[26]의 말을 증명하는 것이었다.

큰 전쟁이 끝난 뒤에는 큰비가 내려 더러워진 땅을 깨끗이 씻으려는 신비한 힘이 있는 것이라고 해석된다. 그러나 다른 쪽으로 생각해 보면, 원래 공기라는 것이 사소한 힘에도 곧 변하는 것이므로 사람의 피와 살이 썩어서 생긴 증기가 하늘로 올라가 큰비가 되어 내리는 것이라고 볼 수도 있다.

전투가 끝난 뒤 마리우스는 적에게서 빼앗은 갑옷과 무기를 모아들였다. 그 가운데서 가장 훌륭하고 아름다운 것을 골라 개선 행진 때 쓰기로 하고, 나머지는 장작더미 위에 쌓아놓고 제사를 드리기로 했다. 병사들은 무기를 갖추고 머리에는 꽃으로 만든 관을 쓴 다음 그 주위에 질서 있게 모여들었다.

마리우스는 로마의 풍속을 따라 자주색 단을 두른 긴 옷을 몸에 두르고 나왔다. 그는 두 손으로 횃불을 하늘 높이 쳐들었다가 장작더미에 불을 붙이려고 했다. 그런데 바로 그때, 저 멀리에서 말을 타고 달려오는 몇 사람의 모습이 보였다. 로마인들이었다. 모든 병사들은 몹시 긴장한 채 말없이 그들을 기다렸다. 말을 탄 사람들이 마리우스 앞에 도착하여 말에서 뛰어내렸다. 그리고 마리우스에게 정중하게 인사를 드린 뒤 이렇게 말했다.

"마리우스 장군님, 축하드립니다. 장군님은 다섯 번째로 로마의 집정관이 되셨습니다. 이것은 원로원에서 보낸 편지입니다."

병사들은 기쁨에 넘쳐 일제히 환호성을 울리며 방패와 칼을 두들겨 댔다. 하늘을 찌르는 듯한 요란한 소리가 산과 들을 울리며 멀리멀리 퍼져 나갔다. 부하 장군들은 새로운 월계관을 마리우스의 머리에 얹어 드렸다. 월계관을 쓴 마리우스는 그제야 전리품을 쌓아둔 장작더미에 불을 지르고 신께 제사를 올렸다.

그러나 운명은 인간이 기쁨을 완전하고 순수하게 간직하도록 허락하지는 않는 것 같다. 그래서 인간의 삶은 행복과 불행이 뒤섞여 있는 것이다. 이것이 곧 운명, 혹

---

26) 기원전 7세기경의 그리스 시인.

은 네메시스[27]라는 이름으로 불리는 것이다.

마리우스는 며칠도 못되어 동료 집정관인 카툴루스에 관한 소식을 들었던 것이다. 그 소식은 맑고 고요한 하늘에 몰려오는 먹구름처럼 로마를 다시 공포의 도가니로 휩쓸었다.

킴브리 족을 막기로 한 카툴루스는 알프스 산길을 막아야만 했는데, 그러려면 군대를 여러 편으로 갈라서 배치해야 했다. 그러나 적의 수가 워낙 많아서 이 작전은 도리어 위험한 결과를 불러들이는 것이었다. 그 때문에 카툴루스는 알프스에서 내려와 이탈리아의 아디게 강으로 후퇴할 수밖에 없었다.

카툴루스는 강을 앞에 두고, 양쪽 기슭에 튼튼한 진지를 쌓아 거기서 적을 막기로 했다. 그리고 적이 알프스를 넘어 여기까지 올 것을 대비하여, 다리를 하나 만들어 강 건너에 있는 우군이 건너올 수 있도록 했다.

적은 로마 군을 아주 우습게 생각하여 경멸하고 있었다. 싸우기만 하면 틀림없이 이길 것이라는 것이었다. 그들은 공연히 자기들의 힘과 용기를 자랑하려고, 알프스의 눈보라도 가리지 않고 눈과 얼음에 묻힌 산꼭대기로 올라가서 방패를 썰매처럼 깔고 단숨에 미끄러져 내려왔다.

강에서 조금 떨어진 곳에 진을 친 그들은 먼저 로마 군의 진지를 살폈다. 그리고 마치 옛날 얘기에 나오는 거인처럼, 근처의 산을 허물어 막고, 커다란 통나무를 뿌리째 뽑아 강물에 띄워 보내 다리 기둥을 뒤흔들어 놓기도 했다.

적의 이같은 행동은 로마 군을 공포에 떨게 했다. 무서움에 못이겨 진지를 버리고 달아나는 로마 병사들도 생기기 시작했다. 그대로 있다가는 로마 군의 명예는 돌이킬 수 없을 만큼 더러워질 것이었다. 카툴루스는 싸움의 패배는 어쩔 수 없을망정 로마의 명예를 더럽힐 수는 없다고 생각했다.

카툴루스는 자신의 명예보다는 부하들의 명예를 사랑할 줄 아는 훌륭한 지휘관의 모습을 보여 주었다. 그는 도망가는 부하들을 도저히 되불러들일 수 없다는 것을 알고, 독수리가 그려진 자신의 장군기를 앞세워 도망가는 부하들의 맨 앞으로 말을 달렸다. 이것은 나라의 치욕을 자신에게 돌리고, 병사들이 도주하는 것이 아니라 장

---

27) 지나친 행운이나 그것을 따라다니는 교만을 벌한다는 그리스의 여신. 아티카에 이 여신을 모신 신전이 있다.

군의 명령에 따라 후퇴하고 있는 것처럼 보이려는 것이었다.

킴브리 족은 강 건너편에 있던 로마 군의 진지를 함락시켰다. 그러나 거기서 버티고 있던 로마 군은 조국의 이름을 걸고 용감하게 싸웠다. 킴브리 족은 진지를 빼앗기는 했지만, 로마 군의 용기에는 놀라지 않을 수 없었다. 그래서 그들은 청동으로 만든 황소에 석방의 조건을 새기고, 포로들을 전부 놓아 주었다. 이 청동소는 전쟁이 끝난 다음 가장 귀중한 전리품이 되어 카툴루스의 집으로 옮겼다고 한다. 야만인들은 무방비 상태에 놓여 있는 이 지방을 마음대로 돌아다니면서 농토를 짓밟고 마을을 약탈했다.

카툴루스가 패배하자 로마는 곧 마리우스를 불러들였다. 시민들은 그가 돌아오면 개선식을 올릴 생각으로 들떠 있었다. 로마 원로원은 마리우스의 개선식을 만장일치로 결정하고, 전쟁에 대한 일을 상의하기 위해 그를 기다리고 있었다.

그러나 마리우스는 개선식을 거절하였다. 그것은 부하 장병들과 함께 나누어야 할 영광을 자기 혼자 받고 싶지 않아서였거나, 또는 승리의 영광을 로마 시와 앞날의 운명에 잠시 맡기고, 한 번 더 화려한 공을 세운 다음 더 큰 영광을 받으려는 것이었다.

마리우스는 로마 시를 위해 몇 가지 조치를 취한 다음, 곧 로마를 떠나 카툴루스에게 달려갔다. 한편, 갈리아에 두고 온 자기의 군대를 불러들였다. 군대가 도착하자 마리우스는 카툴루스와 전선을 나누어 맡았다. 마리우스의 군대는 포 강을 지키면서 적이 강을 건너지 못하게 막았다.

그러나 킴브리 족은 전투를 벌이지 않고 테우토네스 족이 오기만을 기다린다며 버티고 있었다. 테우토네스 족의 멸망을 모르고 있었는지, 아니면 알면서도 모른 체했는지는 알 수가 없었다. 그들은 테우토네스 족의 패망을 알리는 전령을 무자비하게 대했으며, 한편으로는 마리우스에게 사절단을 보내 자기들과 동족들이 살 땅과 도시를 달라고 요구해 왔기 때문이다.

킴브리 족으로부터 사절단이 왔을 때, 마리우스는 웃으며 이렇게 물었다.

"킴브리 족은 당신들이고, 그러면 동포는 누구를 말하는 것이오?"

"테우토네스 족이오."

마리우스 곁에 있던 로마인들은 이 말을 듣고 웃음을 터뜨렸다. 테우토네스 족은 이미 멸망해서 없고, 남아 있다고 해봐야 유랑자가 되어 떠돌아다니는 몇몇 뿐이었기 때문이다. 마리우스는 웃음을 참지 못하면서 이렇게 얘기했다.

"그렇다면 동족 걱정은 할 필요가 없소. 그들은 영원토록 살 땅을 가지고 있으니 말이오. 우리가 이미 그 땅을 주었소."

킴브리 족의 사절단은 그의 말뜻을 알아듣고 몹시 화가 나 자리를 차고 일어섰다. "좋소. 우리 킴브리 족은 이제 곧 원수를 갚아 주겠소. 테우토네스 족이 도착하는 대로 당신들에게 이와 똑같은 대접을 해주겠소."

킴브리 족의 사절단이 악담을 퍼붓자, 마리우스는 이렇게 말했다.

"그럴 것 없소. 테우토네스 족은 벌써 와 있소. 자, 인사나 하고 가시지요."

그는 포로로 잡아두었던 테우토네스 족의 왕들을 쇠사슬에 묶은 채 끌고 나오게 했다. 이 왕들은 도망을 치다가 알프스 산 속에서 세쿠아니 사람들에게 잡혀 마리우스에게 넘겨졌던 것이다.

킴브리 족의 사절단은 곧 진지로 돌아가 이 사실을 보고했다. 그들은 이내 마리우스를 공격하기 위해 군대를 이끌고 나왔다. 그러나 마리우스는 싸움에 응하지 않고 진지 속에만 박혀 있었다. 적이 제풀에 지쳐 쓰러지게 만들려는 것이었다. 전하는 기록들을 보면, 마리우스는 이 때 로마의 투창을 새롭게 고쳤다고 한다.

그때까지의 투창은 자루 끝에 쇠날을 박아 놓고 두 개의 쇠못으로 지탱할 수 있게 만든 것이었다. 마리우스는 두 개의 쇠못 중 하나를 뽑아내고, 부러지기 쉬운 나무를 끼워 넣었다. 투창이 적의 방패에 꽂혔을 때 나무못이 부러지면서 쇠못이 구부러지기 때문에 그 투창은 방패에서 빠지지 않아 땅에 질질 끌리게 되는데, 이렇게 하면 적은 그 방패를 자유로이 사용할 수 없게 되는 것이었다.

드디어 킴브리 족의 왕 보이오릭스가 기병대를 이끌고 로마 군의 진지로 왔다. 그는 마리우스가 진영 밖으로 나오자 몹시 화가 난 목소리로 말했다.

"마리우스, 이 졸장부야! 엎드려 있지만 말고 날짜와 장소를 정해 어서 결판을 내자."

마리우스는 고개를 끄덕이며 대답했다.

"로마 군은 너희들 명령대로 움직이는 군대가 아니다. 그러나 이번 한 번만은 너희들의 소원을 풀어 주마. 오늘부터 사흘 뒤, 베르켈라이 평야에서 만나기로 하자."

사흘 뒤, 베르켈라이 평야에는 양쪽의 군대가 밀려들었다. 이곳은 로마 기병들에게 유리한 장소였고, 킴브리 족으로도 대군을 움직이기에 적당한 곳이었다. 카툴루스는 3만 2천 명, 마리우스는 3만 3천 명의 군대를 끌고 나왔다.

술라의 기록에 의하면, 마리우스는 자신의 군대를 좌우를 나누어 배치하고 중앙은 카툴루스에게 맡겼다고 한다. 술라는 또 마리우스가 군대를 이렇게 배치한 것은 전선이 길게 이어져 있는 경우에는 대개 중앙에는 전투가 별로 없고, 좌우 양쪽의 싸움이 치열할 것을 예상했기 때문이라고 했다. 그렇게 되면 승리의 영광은 당연히 마리우스에게 돌아오게 되어 있었으므로, 카툴루스에게는 싸워 볼 기회조차 주지 않으려는 속셈이었다고 술라는 덧붙이고 있다. 그리고 카툴루스는 자기의 명예를 지키기 위해, 이 전투에서 보인 마리우스의 질투심을 여러 가지로 비난했다고 전한다.

킴브리 족의 보병들은 진지에서 쏟아져 나와 각 측면의 길이가 30펄롱(6km)이나 되는 사각형의 전투 대열을 만들어 천천히 진격해 왔고, 1만 5천 명을 헤아리는 기병대 또한 기세좋게 전진했다. 킴브리 족은 모두 맹수가 입을 벌린 듯한 모양의 투구를 쓰고, 꼭대기에는 새털로 된 깃을 높게 꽂고 있어서 키가 엄청나게 커보였다. 그리고 가슴에는 철갑을 두르고, 손에는 눈부시게 빛나는 방패를 들고 있었다. 적의 전법은 두 개의 창을 던진 뒤, 큰칼을 빼들고 달려드는 것이었다.

그런데 적의 기병대는 로마 군을 정면으로 공격해 오지 않고, 오른쪽으로 서서히 방향을 바꾸기 시작했다. 그들은 로마 군을 왼쪽에 있는 자기편 보병 부대 사이에 끌어들여 포위 공격을 하려는 것이었다. 로마 군 장군들은 곧 그들의 속셈을 알아차렸지만, 이미 달려나가고 있는 병사들을 멈추게 할 수는 없었다. 로마 군의 한 병사가 적이 도망친다고 외치는 바람에, 대열 전체가 그 뒤를 쫓아갔던 것이다. 이것을 본 적의 보병 부대는 밀물처럼 밀어닥치기 시작했다.

이 때 마리우스는 제사를 올리기 위해 손을 씻은 다음, 두 손을 치켜 들고 기도를 했다. "이 전쟁에서 이기면, 수소 백 마리를 제물로 바치겠습니다."

카툴루스 또한 마리우스처럼 손을 씻고 이 날의 운명[28]에게 감사를 드리겠다고 맹세했다. 제사가 끝난 다음 마리우스는 제물을 검사해 보고는 "승리는 내 것이다!"라고 큰 소리로 외쳤다.

그런데 술라의 기록에 따르면, 전투가 시작되어 양쪽 군대가 밀어닥쳤을 때 마리우스에게 하늘의 노여움이 내렸다고 한다. 수많은 군사들이 싸우고 있었으니 당연한 것이었겠지만, 갑자기 엄청난 흙먼지가 구름처럼 일어나 양쪽 군대를 모두 덮

---

28) 카툴루스는 전쟁이 끝난 뒤 실제로 '이 날의 운명'이라는 이름의 신전을 지었다고 한다.

어 버린 것이었다.

적을 뒤쫓던 마리우스의 군대는 앞을 볼 수 없게 되자 적을 놓쳐 버리고 말았다. 마리우스는 앞이 안 보이는 가운데서 계속 앞으로 나가다가 그만 적의 진지를 지나쳐 버리고 말았다. 그러는 동안 카툴루스는 이리저리 헤매다가 우연히 적군을 만나 격전을 벌일 수 있게 되었다. 술라는, 이렇게 해서 싸움은 주로 카툴루스 군이 맡게 되었으며 그 속에 자신도 끼여 있었다고 적고 있다.

싸움은 다시 로마 군에게 유리한 쪽으로 돌아갔다. 태양이 킴브리 족의 얼굴을 정면으로 내리비치고 있었기 때문에, 강한 햇빛에 잘 견디지 못하는 그들은 어려움을 겪게 되었던 것이다. 추운 나라의 깊은 숲속에서 생활한 그들에게 무더위와 햇빛은 다시 없는 적이었다. 숨을 몰아쉬며 방패로 햇빛을 가렸지만, 온몸에서 흘러내린 땀으로 창과 칼과 방패를 제대로 쥐고 있을 수도 없었다. 때는 하지도 지난 6월이었지만, 오늘날의 아우구스투스라는 달을 사흘 앞둔 때여서 더위가 한층 심했던 것이다.

더군다나 적군을 가린 모래와 흙먼지 또한 로마 군에게는 적지 않은 용기를 불러일으켰다. 회오리를 일으키는 먼지로 까마득한 적의 무리가 보이지 않았기 때문에 로마 병사들은 겁내지 않고 달려가 앞에 보이는 적들을 무찔러 나갔던 것이다. 구름처럼 겹겹이 밀려오는 엄청난 수의 적을 보았다면 기가 죽어서 싸울 용기도 잃고 말았겠지만, 적군의 엄청난 무리를 볼 수 없었으므로 겁없이 달려가 싸울 수가 있었던 것이다.

로마 군은 평소의 훈련 덕택에 몸이 잘 단련되어 있었으므로, 심한 더위 속에서 이리저리 뛰면서 싸워도 쉽게 지치지 않았다. 카툴루스가 쓴 회고록을 보아도, 이 전투에서 땀을 흘리거나 숨을 헐떡거리는 사람은 한 사람도 없었다고 기록하고 있다.

적의 대부분과 정예 부대는 도망도 치지 못하고 대열 그대로 죽어 넘어졌다. 킴브리 병사들은 서로 허리띠에 사슬을 매고 있었기 때문이다. 이것은 전투 대열을 분산시키지 않으려는 목적이었지만, 도리어 이 사슬 때문에 싸우기가 힘들었을 뿐만 아니라 옆의 병사가 쓰러지면 함께 쓰러지거나 아니면 시체를 메고 싸워야 할 형편이었던 것이다. 로마 군은 제대로 움직이지 못하는 적을 상대로 거침없이 공격했다. 그러나 도망친 적들도 없지는 않았다.

그런데 도망치는 적들을 쫓아간 로마 군은 적의 진영에서 참으로 비참한 장면을 목격하고 말았다. 검은 옷을 입고 수레 위에 서 있던 킴브리의 여자들이 도망쳐 들어오는 자기네 군사들을 닥치는 대로 죽이고 있었다. 어떤 여자는 자기의 남편을 죽이고, 어떤 여자는 자기 형제를, 혹은 자기 아버지를 죽이기도 했다. 그러고는 어린 자식들을 제손으로 목졸라 죽인 다음 수레나 짐승의 발 밑에 던지고는 스스로 목숨을 끊기도 했다. 또 양쪽 발목에 자기가 죽인 자식들을 동여매고, 수레의 굴대에 목을 매어 자살하는 여자들도 있었다. 그리고 남자들은 목을 매달 나무가 없어서 소의 뿔이나 다리에 자기의 목을 동여매고 소를 때려서, 이리저리 끌려다니며 찢기고 밟혀 죽기도 했다.

킴브리 족은 이렇게 비참한 방법으로 스스로의 목숨을 끊었지만, 전쟁이 끝난 뒤 포로가 된 사람은 6만 명이나 되었고, 전사자의 수는 그 갑절이 되었다고 한다.

전리품을 거둬들인 로마 군 중에서 가장 값나가는 물건들을 얻은 것은 마리우스의 군대였다. 그러나 적의 무기와 깃발, 나팔 등은 카툴루스 군의 손에 들어갔다. 이렇게 전리품을 나눠 가진 두 군대는 서로 자기들의 공이 컸다고 다투게 되었다. 카툴루스 군은 적에게서 빼앗은 무기를 내보였고, 마리우스 군도 값나가는 물건들을 증거로 내세우며 서로 자신들의 공이 컸다고 주장했다. 이 싸움을 보다 못해 마침 파르마[29]에 와 있던 사절단이 중재를 위해 왔다.

카툴루스의 병사들은 사절단을 이끌고 적의 시체 사이를 돌아다니며, 적의 가슴에 꽂혀 있는 창들을 가리켰다. 카툴루스 부대는 자기 군대의 창에 모두 장군의 이름을 새겨 놓았기 때문에 누가 적을 죽였는지를 쉽게 알아볼 수 있었다. 물론 시체에 꽂혀 있던 창의 대부분은 카툴루스의 이름이 새겨져 있었다. 그러나 그 이전에 거둔 승리와 명성 때문에 승리의 영광은 결국 마리우스에게 돌아가게 되었다.

로마 시민들은, 지난날 갈리아로부터 로마 시민들을 구해준 것에 못지않은 승리를 거둔 마리우스를 로마 제3의 창건자[30]로 받들며 존경했다. 집안에 무슨 경사가 있을 때에도, 그들은 먼저 "모든 신과 마리우스를 위하여"라고 말한 다음 술을 따르고 제사를 지냈다. 그리고 시민들은 두 차례에 걸친 개선의 영광을 마리우스가 모두 독차지해야 한다고 생각했다.

로마로 돌아온 마리우스는 개선식을 올리기로 했다. 그러나 승리의 영광을 카툴

---

29) 이탈리아 중부의 도시로 당시 로마의 영토에 속해 있었다.

30) 로마의 첫 번째 창건자는 로물루스다. 그리고 갈리아 족을 격파하여 로마를 구한 제2의 창건자는 카밀루스다.

루스와 나누겠다며 함께 개선식을 올렸다. 그러나 마리우스의 생각이, 승리를 거두 었어도 겸손할 줄 아는 위인이라는 것을 보여 주고 싶은 것이었는지, 아니면 자기 가 혼자서 영광을 독차지하면 카툴루스 병사들이 소란을 일으킬까봐 두려워서였는 지는 알 수 없다.

마리우스는 다섯 번을 계속해서 집정관의 자리에 올라 있었다. 그런데 그는 또 다시 더 큰 욕심을 품고 여섯 번째의 집정관의 자리를 탐내고 있었다. 그래서 그는 다른 어떤 집정관 후보도 한 적이 없었고 마리우스 자신이 처음 집정관의 후보로 나 섰을 때도 하지 않았던 짓을 하면서, 거듭 집정관이 되게 해 달라고 민중들에게 구 걸을 하고 다녔다.

그는 민중들의 환심을 사기 위해서는 수단과 방법을 가리지 않았고, 이것은 집정 관의 명예와 체면을 떨어뜨리는 정도에까지 이르렀다. 마음에도 맞지 않는 짓을 하 면서 민중들에게 굽신거렸던 그는, 자신이 지금까지 이루어 왔던 지위나 위엄을 손 상시켰을 뿐 아니라 자신의 좋은 성격마저 배반하고 말았다.

지나칠 정도의 명예욕 때문에, 정치적인 사건을 처리하는 데도 무기력해져 버 렸다. 예를 들어 민중들의 회의에 나갔을 때도, 그는 전쟁터에서의 용기는 찾아볼 수 없었고 말도 제대로 못하고 쩔쩔매는 행동을 보였다고 한다. 또 그는 지나가는 말 한 마디에도 지나치게 신경썼다고 하는데 여기에 대해서는 다음과 같은 이야기 가 전해진다.

마리우스는 카메리눔 시민 1천 명에게 전쟁에서 세운 공훈을 표창하여 로마의 시 민권을 준 일이 있었다. 그런데 사람들이 민회를 열고, 이것은 법에 어긋나는 것이 라고 주장하여 마리우스를 규탄했다. 마리우스는 간신히 민중에게 대답했다. "전쟁 의 소리가 너무 요란해서 법의 소리를 듣지 못했던 것이오."

그러나 그의 말소리는 군중들이 떠드는 소리에 묻혀 버리고 말았다. 마리우스는 당황해서 어쩔 줄을 몰랐다.

국민들은 전쟁 때 그를 필요로 했고, 그가 보여준 용기와 빛나는 승리 때문에 높 은 지위와 절대적인 권력을 주었다. 그러나 전쟁이 끝나고나자 시민들은 그를 외면 하고 말았다. 그래서 이제 그는 로마의 최고 통치자가 되기 위해서 민중들의 환심에 의지할 수밖에 없었다. 이렇게 해서 그는 모든 미덕을 버리고, 오직 민중들의 눈치 를 살피는 사람이 되어 버렸던 것이다.

그 때문에 마리우스는 모든 귀족들과 대립할 수밖에 없었고, 당연히 그들의 미움을 사게 되었다. 그들 가운데서도 가장 두려운 적은 메텔루스였다. 메텔루스는 마리우스에게 배신을 당한 일이 있었기 때문에 서로 원수나 다름이 없는 사이였다. 게다가 메텔루스는 진실과 정의를 사랑하는 사람이었기 때문에, 비굴한 방법과 수치스러운 수단으로 국민에게 아첨하는 사람을 몹시 미워하고 있었다.

마리우스는 메텔루스에 대한 두려움 때문에 고민하다가 결국 그를 로마에서 내쫓지 않으면 안 되겠다고 생각했다. 그는 당시의 법무관이었던 글라우키아와 민중들의 지지를 모으고 있던 사투르니누스를 꾀어내어 메텔루스를 추방할 계획을 세웠다. 이 두 사람은, 돈에 굶주려 싸움을 일삼는 무지한 민중들을 마음대로 움직일 수 있는 사람들이었다. 마리우스는 이 두 사람과 손을 잡고 온갖 나쁜 방법을 써서 여러 가지 법률을 통과시켰다. 그는 또한 민중 대회장에 군대를 끌어들여 메텔루스를 교묘히 위압하였다.

그래서 루틸리우스가 기록한 것을 보면, 마리우스는 민중을 돈으로 사서 여섯 번째로 집정관에 오르고 메텔루스를 쫓아냈다고 한다. 또 동료 집정관으로 뽑은 발레리우스 플라쿠스는 동료가 아니라 마리우스의 꼭두각시에 지나지 않는 사람이었다고 한다.

로마는 예로부터 한 사람을 이렇게 여러 번 집정관으로 선출한 일이 없었는데, 단 한 사람 코르비누스 발레리우스가 있었지만 그의 첫 임기와 마지막 임기 사이에는 45년이나 되는 긴 세월이 걸렸다. 그러나 마리우스는 첫 번째 당선 이래 계속해서 다섯 번이나 거듭 집정관의 자리를 차지했던 것이다.

마리우스는 글라우키아와 사투르니누스 등의 도움을 얻어 집정관이 되기는 했지만, 귀족들의 미움을 사고 있었다. 가장 높은 권력의 자리를 차지하기는 했지만, 마리우스 주위의 사람들은 온갖 비열한 행동을 서슴지 않았다. 특히 사투르니누스의 행패는 몹시 심했다.

사투르니누스는 호민관에 함께 입후보하여 경쟁을 하게 된 노니우스를 암살했다. 그런 뒤 호민관에 당선되어 토지의 분배에 대한 법안을 내놓았는데, 이것은 귀족들의 권리를 크게 줄이고, 원로원은 민중이 결정한 모든 사항을 반대하지 않겠다는 맹세를 하라는 것이었다. 그러자 마리우스는 이 조항에 대해 반대하는 시늉을 하며 원로원 의원들에게 말했다.

"나는 절대 그런 맹세를 할 수 없으며, 여러분이 현명하다면 나와 같은 생각일 것이오. 만약 이 법률에 나쁜 목적이 없다고 해도, 이 맹세는 자발적인 것이 아니라 강제적인 것이기 때문에 나는 이것을 받아들일 수가 없소. 만약 강제적인 조치에 허리를 굽힌다면 이것은 다시 없는 원로원의 수치가 될 것이오."

그러나 마리우스의 속마음은 이것과는 정반대였다. 그는 오로지 메텔루스를 함정에 빠뜨리기 위해서 이런 말을 한 것뿐이었다. 거짓이나 속임수도 어떤 목적을 위해서는 좋은 수단이라고 생각하는 마리우스로서는, 원로원에서 한 이 말을 지킬 생각도 없었다.

마리우스는 메텔루스가 자기가 한 말을 철저하게 지키며 핀다로스[31]의 말처럼 "진실은 미덕의 근본"임을 믿고 있는 사람이라는 것을 알고 있었다. 그렇기 때문에 마리우스는 메텔루스가 그 법에 맹세를 하지 않겠다는 말을 하도록 만들어, 두 번 다시 씻을 수 없는 민중들의 미움을 받게 만들려는 속셈이었다.

마리우스의 생각은 그대로 들어맞았다. 메텔루스는 그 법률에 맹세를 하지 않겠다고 말했고, 원로원은 메텔루스의 의견을 따르기로 하고 헤어졌다.

그 뒤 며칠이 지나서 민회가 열리게 되었다. 사투르니누스는 원로원 의원들을 민회에 불러내어 맹세를 하라고 요구했다. 원로원 의원들은 맹세를 하지 않겠다고 결정은 내렸지만, 막상 민중들을 대하고 보니 두려워졌다.

그때 마리우스가 연단으로 나왔다. 장내는 물을 끼얹은 듯 조용해졌고, 청중들의 눈은 모두 마리우스를 향해 모아졌다. 마리우스는 전날 원로원에서 했던 얘기는 까맣게 잊은 사람처럼 이렇게 얘기를 시작했다.

"나는 이 중요한 문제에 대해 아무렇게나 말할 만큼 어리석은 사람은 아닙니다. 그러나 만약 법률이라면, 나는 기꺼이 이것을 따르겠다는 것을 맹세합니다."

마리우스는 "만약 법률이라면"이라는 단서를 붙여 자신의 파렴치한 행동을 얼버무린 것이다. 민중들은 마리우스의 말에 만족하여 환호와 갈채를 보냈고, 귀족들은 그의 배신에 어이가 없어 멍청히 서 있기만 했다.

마지막으로 메텔루스의 차례가 왔다. 메텔루스의 친구들은 그에게 다가가, 만약 맹세를 거부하면 사투르니누스가 만들어 놓은 함정에 빠져 심한 벌을 받게 될 것이니 맹세를 하라고 간청했다. 그러나 메텔루스는 자신의 소신을 굽히지 않는 당당한

---

31) 기원전 522~448년. 그리스의 서정시인.

얼굴로 입을 열었다.

"나는 그릇된 법률에 맹세를 할 수 없소. 그런 비굴한 행동을 하기보다는 차라리 어떤 벌이라도 받겠소. 처벌이 무서워서 비굴한 행동을 한다는 건 내게는 있을 수 없는 일이오."

말을 마친 메텔루스는 자리를 차고 포룸(공회장)을 나가면서 곁에 있던 친구들에게 말했다.

"옳지 못한 행동을 한다는 것은 비열한 짓이고, 별 위험이 없을 때 명예로운 행동을 하는 건 누구나 할 수 있는 평범한 일이오. 그러나 정의롭고 용기 있는 사람이라면 위험을 무릅쓰고서라도 정의로움을 지켜야 하는 법이오."

메텔루스가 이런 말을 남기고 집으로 돌아가 버리자 사투르니누스는 민회에서 다음과 같은 내용의 동의를 구했다.

"집정관들이 메텔루스에게 물과 불, 그리고 집을 사용하지 못하도록 하는 처벌을 내린다."

사투르니누스의 동의안은 만장일치로 통과되었다. 군중들의 험악한 분위기로 보아 메텔루스를 사형에 처한다고 해도 반대하지 않을 눈치였다.

그러나 정의로움이 무엇인지를 아는 많은 사람들은 누구나 메텔루스를 걱정하며 그의 주위에 모여들었다.

그러나 메텔루스는 자기 때문에 시민들 사이에 소란이 생기는 것은 바라지 않는다면서, 로마를 떠날 결심을 드러냈다. 현명하고 신중한 메텔루스는 자신을 배웅나온 사람들에게 작별인사를 하며 이런 말을 남겼다.

"일이 제대로 돌아가서 국민들이 자신들의 행동을 뉘우친다면 나는 다시 부름을 받아 돌아올 수도 있겠지요. 그러나 만일 이대로 나간다면, 차라리 나는 여기에 없는 편이 나을 것입니다."

이렇게 로마를 떠난 메텔루스는 이 나라 저 나라를 떠돌면서 많은 사람들의 아낌과 존경을 받았으며, 로도스 섬에 머물러 철학을 공부하며 시간을 보냈다. 그에 대한 이야기는 그의 전기[32]에서 다시 상세하게 쓸 것이므로 여기까지만 이야

---

32) 메텔루스의 전기는 전해오지 않는다. 플루타르코스가 그의 전기를 썼는지는 확실하지 않지만, 만약 썼다면 이것은 다른 수많은 전기들과 함께 사라진 것으로 보인다.

기하겠다.

메텔루스가 이렇게 로마를 떠나 버리자 사투르니누스의 횡포는 나날이 늘어만 갔다. 그러나 마리우스는 사투르니누스의 힘을 빌렸던 탓으로 그가 아무리 난폭한 짓을 해도 모른 척할 수밖에 없었다. 날이 갈수록 마리우스는 사투르니누스의 꼭두 각시가 되어가고 있었던 것이다.

그는 사투르니누스가 무력으로 정권을 잡으려고 해도 가만히 있을 수밖에 없었고, 그럼으로써 오히려 그의 불법적인 만행을 거들어 주는 셈이 되었다. 한편으로 마리우스 자신도, 귀족들의 감정을 거스를까봐 평민들의 눈치를 살피며 비열하기 짝이 없는 행동까지 하기에 이르렀다.

그러던 어느 날, 사투르니누스가 무력으로 정권을 뒤엎으려는 것을 눈치 챈 몇몇 유력자들이 마리우스를 찾아왔다. 남들의 눈에 띄지 않게 한밤중에 몰래 마리우스를 찾아온 그들은 사투르니누스에 대해 조처를 취해 달라고 부탁했다. 마리우스는 그들의 말에 쉽게 고개를 끄덕였지만, 한편으로는 몰래 사투르니누스를 다른 방으로 불러들였다. 그러고는 몸이 아프다는 핑계를 대고 이 방 저 방을 들락거리며 양편의 감정을 자극했다. 그러나 그 결과 마리우스는 양쪽으로부터 미움과 원한을 사게 되고 말았다.

마침내 원로원이 움직임을 보였다. 그들은 로마의 기사들과 힘을 합쳐 공공연하게 마리우스에 대한 불만과 미움을 나타냈다. 일이 이 지경까지 이르자 마리우스도 그냥 앉아 있을 수만은 없었다.

마리우스는 군대를 풀어 공회장을 포위해 버렸다. 그리고 반란자들을 유피테르 신전에 몰아넣고 수도관을 끊었으며 바깥에는 군대를 두어 경비를 했다. 마실 물도 없이 유피테르 신전에 갇혀 있던 반란자들은 더 이상 견디지 못하고, 생명의 안전을 보장해 주면 항복을 하겠다는 뜻을 전해왔다.

마리우스는 그들의 목숨을 보장해 주겠다는 약속을 하고, 실제로도 온갖 노력을 기울였다. 그러나 그들이 유피테르 신전에서 풀려나 공회장으로 나오자마자 군대는 닥치는 대로 그들에게 칼을 휘둘렀다. 공회장은 그들의 피로 물들고 여기저기에는 시체가 아무렇게나 나뒹굴었다. 이 사태 때문에 마리우스는 배신자로 몰리게 되었고, 귀족과 평민들 모두에게 심한 미움을 받게 되었다.

이런 일들 때문에 마리우스는 감찰관 선거에도 나서지 않았다. 여러 사람들은 그가 후보로 나설 것이라고 예상하고 있었지만, 온갖 나쁜 수단을 써서 권력을 누려온 그로서는 이제 그런 방법을 쓰지 않는 이상 당선되리라는 기대를 할 수 없었던 것이다. 그러나 마리우스는 사람들의 사생활이나 윤리 문제에 간섭하여 원수를 만들고 싶지 않기 때문에 감찰관 자리를 양보한 것이라고 핑계를 댔다. 그래서 결국 그보다 세력이 약했던 사람이 감찰관으로 당선되었다.

그럴 때쯤 원로원에서는 추방된 메텔루스를 다시 귀환시키자는 법안이 상정되었다. 마리우스는 그 법안이 통과되지 않게 하기 위해 애를 썼지만, 민중들이 한결같이 찬성표를 던지는 바람에 그의 노력은 물거품이 되고 말았다.

메텔루스의 귀환이 결정되자 마리우스는 곧 로마를 떠날 준비를 서둘렀다. 메텔루스가 돌아와 다시 권력을 잡게 되면 자기에게 어떤 보복을 할지 두려웠던 것이다. 그러나 형식상 키벨레 여신에게 제물을 바치겠다고 약속했던 예전의 맹세를 행하기 위해 로마를 떠난다고 했다. 그는 카파도키아[33]와 갈라티아[34]를 향해 배를 띄웠다.

한편 마리우스의 가슴속에는 또 다른 계획이 들어 있었다. 그는 원래 정치에는 어울리지 않는 인물이었다. 그가 높은 지위에 앉을 수 있었던 것도 모두 전쟁터에서 세운 공훈 때문이었다. 그래서 그는 전쟁이 없는 평화로운 생활이 계속된다면 자신의 세력과 명성도 점점 줄어들 것이라는 사실을 깨달았다. 생각이 여기까지 미치자, 그는 어떤 방법을 써서라도 전쟁을 일으켜 잃어버린 자신의 명예를 되찾아야겠다고 결심하게 되었다.

마리우스는 아시아의 여러 나라를 돌아다니며 전쟁의 구실을 찾았다. 특히 폰토스의 왕인 미트리다테스가 전쟁 준비에 힘쓰고 있다는 소식을 듣고 그를 찾아가 왕의 노여움을 자극했다. 만약 전쟁이 일어난다면 자신이 미트리다테스를 정벌하는 군대의 사령관이 될 것이 분명했기 때문이다. 그렇게 되면 마리우스는 로마를 전쟁에서 거둔 전리품으로 채우고 자신의 집은 폰토스에서 빼앗은 물건과 미트리다테스의 값진 재물로 채우리라는 것이 그의 속셈이었다.

그러므로 마리우스는 미트리다테스의 정성스런 대접에도 아랑곳하지 않고 왕의 노여움을 일으킬 만한 말들만 골라서 했다. "왕이시여, 로마를 정복할 힘이 없으시

---

33) 중앙 아시아의 동쪽에 있던 나라. 지금의 터키.
34) 중앙 아시아의 중앙에 위치한 나라. 지금의 터키.

다면 로마의 명령대로 복종을 하십시오."

미트리다테스 왕은 평소 로마 사람들이 무례한 말을 잘 한다는 것을 듣고 있었지만, 마리우스의 거만한 말을 듣고는 놀라움을 감출 수가 없었다. 그러나 왕은 마리우스의 기대대로 전쟁을 일으키지는 않았다.

다시 로마에 돌아온 마리우스는 시민의 광장인 공회장 근처에 새로 자기 집을 지었다. 손님들이 먼 길을 걷는 수고를 덜어 주기 위해서라고 그는 말했지만, 자기 집에 찾아오는 손님이 다른 사람들보다 적기 때문이었을 수도 있다. 그러나 실제로는 또 다른 이유가 있었다.

마리우스는 상냥하지도 않고 정치에도 무능했기 때문에, 마치 전쟁 때나 쓰이는 무기처럼 평화시에는 로마 시민들에게 버림을 받았다. 마리우스는 다른 사람들이 자신의 인기와 영광을 좀먹는다고 생각했는데, 그중에서도 가장 미워했던 사람이 술라였다. 술라는 귀족들이 마리우스에게 반감을 가지고 있었을 때 이것을 이용해서 세력을 잡은 사람이며, 마리우스와 항상 정치적으로 맞섰던 사람이었기 때문이다.

그런데 누미디아의 보쿠스 왕이 로마의 동맹자가 되면서 승리의 신의 조각상을 카피톨리누스에 세우고, 그가 유구르타 왕을 술라에게 넘겨 주는 장면을 새겨 넣은 금메달을 선물한 적이 있었다. 이것은 그때의 공적을 모두 술라의 것으로 인정한다는 것이었다. 마리우스는 분노와 시샘으로 어찌할 바를 몰랐다.

그는 격분한 나머지 폭력을 써서라도 이 선물을 없애 버릴 계획을 세웠다. 그러나 술라도 가만히 있지만은 않았다. 마리우스와 술라, 두 사람은 마치 먹이를 앞에 둔 짐승처럼 으르렁거렸다. 그들의 싸움은 예사롭지가 않아서 잘못하면 내란이라도 일어날 듯한 기세였다.

그런데 바로 그때, 갑자기 로마를 위협하는 동맹국 전쟁[35]이 일어나 폭발 직전까지 갔던 로마의 내란은 피할 수 있게 되었다. 동맹국 전쟁은 이탈리아에서도 가장 싸움을 잘한다고 알려진 여러 나라가 서로 힘을 합쳐 로마를 공격한 전쟁이었다. 그들 동맹국들의 무기와 군대의 사기는 로마를 꺾어 버릴 수도 있을 만큼 강력하였

---

35) 기원전 90~80년의 전쟁. 이탈리아에 있는 동맹 도시에도 로마의 시민권을 주자고 한 드루수스의 법안이 통과되지 않으면서 일어난 전쟁이다.

다. 뿐만 아니라, 장군들의 지혜로운 전략과 뛰어난 전술에 있어서도 로마와 겨루어 볼 만한 것이었다.

동맹국 전쟁은 전세가 여러 번 뒤바뀌면서, 승리를 예측할 수 없는 치열한 싸움을 벌이고 있었다. 이 전쟁에서 술라는 세력을 키워나가고 있었지만, 마리우스의 명성과 영광은 점점 떨어지고 있었다. 마리우스는 작전에 있어서 너무 동작이 느렸고, 지나치게 조심하는 듯한 태도를 보였기 때문이다.

그는 이미 65세가 넘는 노인이었다. 그래서 예전 같은 정열과 활동력이 많이 사라져 버렸거나, 아니면 그 자신의 고백처럼 병이 들고 몸이 약해져 근력이 떨어졌던 것인지도 모른다.

그러나 마리우스는 전투에서 패배한 일은 한 번도 없었다. 명예에 대한 욕망 때문인지 그는 정신력으로 체력의 한계를 극복하기 위해 온갖 노력을 다했다. 그래서 한 번은 큰 전투에서 승리를 거두어 6천 명의 적을 죽인 일도 있었다.

그는 적이 아무리 욕설을 하면서 싸움을 걸어와도 꼼짝도 하지 않고, 굳게 진지를 지킬 뿐이었다. 실제로 동맹군 중에서도 가장 뛰어난 세력과 명성을 자랑하는 푸블리우스 실로가 그에게 싸움을 걸어온 적도 있었다.

"마리우스, 당신이 진짜 장군이라면 거기서 나와 한 번 싸워 봅시다."

그때 마리우스는 이렇게 대답했다고 한다.

"만일 당신이 진짜 장군이라면, 싸우지 않으려는 나를 싸우게 만들어 보게."

마리우스의 얼굴에는 피곤함이 역력히 드러났다. 그는 될 수 있으면 싸움을 하지 않으려고 애썼다. 또 한 번은 적이 공격할 좋은 기회를 주었는데도, 로마 군은 겁을 집어먹고 공격을 하지 않았다. 양쪽 군대가 철수를 했을 때, 마리우스는 부하 장군들을 모아놓고 이렇게 말했다.

"적이 비겁한 것인지 여러분들이 비겁한 것인지 모르겠소. 적은 여러분들의 등을 볼 용기가 없었고, 여러분들은 적의 등을 안 보고 싶어했으니 말이오."

이렇게 시간을 보내던 마리우스는 마침내 몸이 쇠약해서 고된 일을 감당하지 못하겠다며 사령관직에서 물러났다.

그 얼마 후 이탈리아의 동맹국은 마침내 로마에 항복을 해왔다. 그런데 그때 미트리다테스가 군대를 이끌고 로마의 영토를 침입해 들어왔다. 그러자 수많은 후보자들이 서로 자기가 그들을 정벌할 사령관이 되겠다고 여기저기서 나섰다. 그런데 뜻밖에도 마리우스를 로마 군의 총사령관으로 임명하자고 제안한 사람이 있었다. 그는 대범하고 뱃심좋기로 유명한 호민관 술피키우스였다.

술피키우스의 제안 때문에 국민들의 여론은 두 갈래로 나뉘게 되었다. 어떤 자는 마리우스를 편들고, 또 어떤 자는 술라에게 총사령관직을 맡겨야 한다고 주장했다. 술라를 지지하는 사람들은 이런 말로 마리우스를 비웃기도 했다.

"마리우스는 자신이 고백했듯이, 늙고 쇠약한 몸인데다가 카타르 병까지 앓고 있소. 그러니 바이아이[36]에 가서 온천물에 몸이나 담그고 있는 게 나을 거요."

마리우스는 바이아이 지방의 미세눔 부근에 굉장히 화려한 별장을 가지고 있었는데, 그렇게 많은 전쟁을 치른 장군에게는 좀 지나칠 정도로 호화로운 집이었다. 이 별장은 나중에 7만 5천 드라크마의 값에 코넬리아에게 팔렸다가, 그 후 얼마 되지 않아서 루티우스 루쿨루스가 2백 50만 드라크마의 값을 치르고 다시 이 집을 샀다. 그만큼 이 별장은 극도로 사치스럽고 화려했는데, 이것으로 당시의 로마가 얼마나 사치스러웠는지를 알 수 있을 것이다.

한편 마리우스는 자기를 비웃는 소리들을 모른 체하고 있었다. 그는 마치 소년 같은 정열을 품은 채 전쟁에 출정할 생각을 하고 있었던 것이다. 그래서 매일 '마르스의 광장'으로 나가 젊은이들과 함께 몸을 단련하고, 무거운 갑옷을 입고 날쎄게 달리며 말 위에서 재주를 부리는 등 자신의 실력을 과시했다.

시민들은 그런 마리우스를 보며, 장한 행동이라고 칭찬을 하고 일부러 광장에 찾아와 그가 다른 사람과 겨루는 모습을 구경하기도 했다.

그러나 생각이 깊은 사람들은, 가난하게 태어나 부자가 되고, 한낱 이름없는 몸에서 로마의 높은 영광을 누렸던 그가 이제는 가진 것에 만족하며 조용히 살아야 할텐데, 아직까지도 욕망과 야심을 버리지 못해 안달하는 것을 보고 몹시 안타까워했다. 그리고 늙고 노쇠한 그가, 도대체 무엇이 아쉬워서 지난날의 영광과 승리의 기념비를 내던지고 멀리 카파도키아와 흑해까지 들어가서 미트리다테스 왕의 부하인 아르켈라오스와 네오프톨레모스를 상대로 싸우려는지 의아해했다. 더구나 마리우스 자신이, 자기 아들에게 장군이 되는 길을 가르치기 위해 출정하겠다고 구실을 대는 것을 보고 그의 행동을 더욱 우스꽝스럽게 생각했다.

---

36) 나폴리 안에 있는 한 지방의 이름으로 로마 부자들의 별장들이 많았다고 한다.

오래 전부터 계속되어 왔던 로마의 불안과 병폐는, 결국 마리우스가 술피키우스라는 흉악한 인물을 끌어들임으로써 폭발하고 말았다. 술피키우스는 사투르니누스를 존경하고 본받으면서, 그가 실패한 것은 소극적이고 계획성이 부족했기 때문이라고 비난했다.

사투르니누스가 했던 실수를 되풀이하지 않기 위해, 술피키우스는 6백 명의 기사들을 끌어들여 자기를 호위하게 하고 그들을 '원로원 반대당'이라고 이름붙였다. 술피키우스는 무장을 한 이들 무리를 이끌고 회의를 하고 있던 두 집정관을 습격했다.[37] 두 집정관은 공회장에서 겨우 빠져나와 도망을 갔다. 그러나 그들은 한 집정관의 아들을 잡아 무참하게 죽여 버렸다.

또 한 사람의 집정관이었던 술라는 쫓겨서 달아나다가 마리우스의 집으로 몸을 피했다. 술피키우스 일행은 설마 그곳에 숨었으리라고는 생각지 못하고 마리우스의 집을 지나쳤기 때문에 술라는 무사히 목숨을 구할 수 있었다. 이 때 마리우스는 술라를 손수 뒷문으로 안내해서 밖으로 내보내 주었으며, 달아난 술라는 무사히 자기 군대의 진영으로 돌아갈 수 있었다.

그러나 술라 자신이 쓴 회고록을 보면, 그는 마리우스의 집으로 피신했던 일을 부인하고 있다. 그는 술피키우스에게 납치가 되었는데, 그가 칼을 휘두르며 자신이 제안했던 법률에 동의하라고 협박을 해서, 그가 잠시 마리우스와 상의를 하기 위해 그 집에 들어갔다는 것이다. 그런 다음 다시 공회장에 간 그는 협박에 못이겨 문제의 법안을 철폐했다고 기록하고 있다.

어쨌든 이렇게 해서 실권을 손에 넣은 술피키우스는, 마리우스를 군사령관으로 임명하게 만들었다. 마리우스는 곧 총사령관에 취임하고 군사위원 두 사람을 술라에게 보내 군대를 넘겨받으려고 했다. 그러나 술라는 3만 5천 명의 군대를 선동한 뒤 무장시켜 로마를 향해 진군해 오고 있었다. 그리고 도중에 마리우스가 보낸 군사위원이 오자 두 사람을 그 자리에서 죽여 버렸다

이 소식을 들은 마리우스는 몹시 흥분해서 로마에 있던 술라의 친구와 그 일파 중 몇몇을 죽여 버렸다. 마리우스의 포악함이 드러나자, 로마는 다시 피로 물들기 시작했다.

---

37) 술피키우스는 이탈리아의 여러 동맹도시들을 로마의 종족으로 편입시키자고 제안했다. 그러나 두 집정관은 이것을 막기 위해, 일부러 여러 축제일을 정하여 이 날에는 사무를 보지 못하게 했다. 그래서 술피키우스는 이런 일을 저질렀던 것이다.

마리우스는 술라 일파 몇 사람을 죽여 분을 푼 다음, 노예를 전쟁에 사용할 방법을 생각했다. 노예들을 잘만 훈련시키면 싸움도 잘 하고 용맹스럽다는 것을 그는 알고 있었던 것이다. 마리우스는 전쟁에 나가는 노예에게는 자유를 주겠다고 선포했다. 그러나 이 포고에 응한 노예는 겨우 셋뿐이었다.

그러는 동안에도 술라의 군대는 조금씩조금씩 로마에 가까워지고 있었다. 마리우스는 군대가 없었으므로, 이미 싸울 생각조차 하지 않고 있었다. 드디어 술라가 성안으로 들어오자, 마리우스는 별 저항도 해보지 않고 도망쳐 버렸다. 그러자 마리우스의 주위에 있던 사람들도 모두 로마를 떠나 여기저기로 흩어졌다.

마리우스는 부하들과도 헤어지게 되자 솔로니움이라고 불리던 자기의 시골 집으로 갔다. 그곳에 도착하자 그는 자신의 아들인 마리우스를 시켜 가까운 곳에 있던 장인 무키우스에게 식량을 얻어 오게 하고, 외국으로 망명할 준비를 서둘렀다. 그는 곧 그곳을 떠나 오스티아로 향했다. 오스티아에서는 친구인 누메리우스가 배를 준비하고 있었다. 그는 배에 올라 아들을 기다렸다. 그러나 아무리 기다려도 아들이 나타나지 않자 사위인 그라니우스만을 태우고 배를 출항시켰다.

한편 마리우스의 아들은 무키우스의 농장에 심부름을 갔다가 새벽에 습격을 받게 되었다. 물건들을 모두 모아 짐을 꾸리고 있는데, 술라의 군대가 들이닥쳤던 것이다. 그들은 마리우스가 무키우스에게 갔을 것이라고 짐작하고 있었다.

적을 먼저 발견한 농장 관리인은 콩을 잔뜩 실은 수레 속에 마리우스의 아들을 숨겼다. 그러고는 그 수레를 이끌고 밖으로 나갔다. 도중에 적의 군대를 만났지만 무사히 지나갈 수 있었다. 마리우스의 아들은 무사히 아내가 기다리는 집으로 돌아가 다시 필요한 물건들을 챙기고는 밤이 되기를 기다려 오스티아로 갔다. 그리고 거기서 배를 얻어 타고, 바다를 건너 아프리카로 향했다.

한편 마리우스는 바람을 타고 이탈리아의 해안을 항해하고 있었다. 그러나 배가 테라키나에 가까워지자, 마리우스는 그곳의 유력자인 게미우스와 원수지간이므로 선원들에게 멀리 돌아서 가라고 말했다. 선원들은 배의 방향을 돌렸다. 그런데 갑자기 바람의 방향이 바뀌면서 배는 자꾸 육지 쪽으로 밀려가기 시작했다. 더구나 세찬 파도에 배가 곧 부서질 것처럼 심하게 요동을 치자 선원들은 도저히 항해를 할 수 없다고 했다. 게다가 마리우스는 곧 죽을 것처럼 심하게 멀미를 하고 있었고, 식량도 거의 바닥이 난 상태였다.

마리우스는 어쩔 수 없이 키르케이움 근처의 해안에 닻을 내리게 했다. 그러나 풍랑은 차츰 더 사나워지고, 배도 심하게 흔들려 사람들은 배에서 내리기로 했다. 또 식량도 구해야 했다.

지금 처해 있는 위험 때문에 앞일을 가늠하지 못하는 사람들처럼, 배에서 내린 그들은 모든 것을 운명에 맡기고 무작정 그 근처의 지방을 헤매다녔다. 그들이 딛고 있는 땅은 적의 땅이고, 사람들은 모두 적이었지만 그런 사실은 문제가 아니었다. 어쨌든 빨리 식량을 구하는 것만이 그들이 살 길이었다. 그래서 그들에게는 오히려 사람을 아무도 못 만나게 되는 것이 걱정이었다.

마리우스의 일행은 이리저리 떠돌다가 밤늦게 양치기들의 오두막이 두서너 채 있는 것을 발견했다. 그러나 그 양치기들도 몹시 가난해서 마리우스에게 줄 것이 아무것도 없었다. 그러나 그들은 마리우스의 얼굴을 알아보고, 위험에 처해 있다는 사실을 알려 주었다.

"마리우스 님, 기병대들이 마리우스 님을 잡으려고 조금 전까지도 이 근처를 돌아다녔습니다. 어서 몸을 피하십시오."

마리우스는 눈앞에까지 위험이 닥쳐왔음을 깨달았다. 그를 따라온 사람들은 오랫동안 굶주린 데다가 이런 얘기까지 듣자 더 이상 서 있지 못하고 쓰러지기도 했다. 마리우스는 할 수 없이 산길을 따라 멀리 떨어져 있는 숲속으로 갔다. 그는 그곳에서 비참한 하룻밤을 새웠다.

다음날이 되자 굶주림은 참을 수 없는 지경이 되었다. 그러나 마리우스는 빨리 이곳을 벗어나야 한다는 생각으로 가까스로 일어나 바닷가를 걸었다. 그리고 부하들에게 용기를 잃지 말라고 격려하며, 마지막 희망을 절대로 버려서는 안 된다고 했다. 마지막 희망이라는 것은 그가 오래 전에 받은 계시를 말하는 것이었다.

그것은 마리우스가 아주 어린 시절, 시골에서 살았을 때의 일이다. 어느 날 그는 독수리 둥지가 떨어지는 것을 보고 얼른 옷으로 받았다. 거기에는 7개의 독수리 알이 들어 있었다. 이 일이 하도 이상해서 마리우스의 부모들은 점쟁이를 찾아갔다. 점쟁이는 신이 내린 계시라면서 이렇게 말했다.

"이 아이는 아주 큰 인물이 될 것이오. 가장 높은 권력과 지위를 일곱 차례나 차지할 운명을 가지고 태어났습니다."

어떤 역사가들은 이 이야기가 실제로 있었던 사실이라고 주장했다. 그러나 다른 사람들의 얘기를 들어보면, 이것은 마리우스가 불행한 처지에서 지어낸 이야기였는데 사람들이 나중에 그의 전쟁에 참가하면서 이 이야기를 그대로 믿게 되어 기록한 것이라고도 한다. 왜냐하면 독수리는 한 번에 두 개 이상의 알을 품지 않기 때문이다. 옛시인 무사이오스도 이런 사실을 잘못 알고 이렇게 읊었던 일이 있었다.

독수리는 세 개의 알을 낳아, 두 개를 부화하고, 한 개만 기른다네.

그러나 마리우스가 궁지에 몰려 곤경에 처해 있을 때에도, 입버릇처럼 자신이 일곱 번째로 집정관 자리에 오를 것이라고 말했던 것은 모든 사람들이 인정하고 있는 사실이다.

한편 그의 일행이 이탈리아의 민투르나이라는 도시에서 약 20펄롱(4km)쯤 걸어왔을 때, 멀리서 그들을 쫓는 한 무리의 기병대가 달려오는 것을 발견했다. 그런데 그때 바다에는 우연하게도 두 척의 배가 떠 있었다. 일행은 있는 힘을 다해 바다로 뛰어갔다. 그리고 곧바로 물에 뛰어들어 배를 향해 헤엄쳐 갔다.

마리우스의 사위 그라니우스를 따라간 사람들은 그 중 한 척의 배를 붙잡고 기어올랐다. 그 배는 근처에 있는 아이나리아 섬으로 가는 배였다. 그러나 몸이 무겁고 늙은 마리우스는 얼마쯤 헤엄을 치다가 그만 지쳐서, 하인의 도움을 받으며 겨우 물 위에 떠 있었다. 그러자 다른 한 척의 배가 다가와 그를 건져올렸다. 그런데 그때 쫓겨오던 기병대가 바닷가에 닿았다. 기병대는 마리우스가 배에 탄 것을 보고 선원들을 보고 소리쳤다.

"배를 이리로 갖다 대든지, 아니면 마리우스를 물에 던지고 빨리 떠나라."

마리우스는 선원들을 붙잡고 눈물까지 글썽거리면서 자기를 살려 달라고 애걸했다. 선원들은 그 짧은 시간에 몇 번이나 이럴까 저럴까를 생각하다가 결국 마리우스를 넘겨주지 않겠다고 대답했다.

이 말을 들은 기병대는 발을 동동 구르면서 분노를 터뜨렸지만 할 수 없이 돌아가고 말았다. 그러자 선원들의 마음이 다시 달라졌다. 그들은 마리우스를 실은 배의 방향을 육지쪽으로 돌렸다. 홍수로 물이 넘쳐 늪을 이루고 있는 리리스 강의 어귀까지 배를 몰아온 그들은 여기에 닻을 내리고 마리우스에게 말했다. "장군께서는 배에서 내려 식사라도 하십시오. 편찮으신 데가 있으면 치료도 받으시구요. 지금은 바람이 자는 시간이니 다시 바람이 불 때까지 기다려야겠습니다."

마리우스는 뱃사람들의 말을 곧이듣고 그들이 시키는 대로 했다. 배에서 내린 마리우스는 근처 해변에 누워 앞날의 운명에 대해 이리저리 고민을 하고 있었다. 그러자 뱃사람들은 서둘러 닻을 올리더니 뒤도 돌아보지 않고 급히 떠나 버렸다. 그들은 마리우스를 넘겨주자니 비겁하다는 소리를 들을 것 같고, 그렇다고 해서 위험을 무릅쓰고 그를 데리고 다닐 수도 없었던 것이다.

모든 사람들로부터 철저하게 버림을 받은 마리우스는 바닷가에 죽은 듯이 누운 채 한참을 있었다. 그러다가 겨우 정신을 차린 그는 절망과 고통을 삼키며 길도 없는 늪을 무작정 걸었다. 흙탕물이 고여 있는 연못과 수렁 같은 늪과 구덩이를 건넜다. 마리우스는 걷고 또 걸어 한 노인이 살고 있는 오두막집에 닿았다. 그는 노인의 발 밑에 엎드려 부디 자기를 숨겨 달라고 간청했다.

"나는 지금 쫓기고 있는 몸입니다. 나를 숨겨 주셔서 이 위험을 벗어날 수 있게 해 주신다면, 뒷날 이 은혜는 결코 잊지 않을 것입니다."

눈물을 흘리며 애걸하는 마리우스를 보고 노인은 고개를 끄덕였다. 이 노인은 전에 마리우스를 본 일이 있어서인지, 그의 풍채와 용모를 보고 평범한 사람같지 않게 느껴서인지 어쨌든 그를 도와주기로 결심했다.

"이 집이라도 좋으시다면 상관이 없습니다만 쫓기는 몸이라면 여기보다는 더 깊숙한 곳으로 가시는 것이 좋을 것 같습니다."

마리우스는 노인을 따라 늪지대의 가장 깊은 곳으로 갔다. 강기슭에는 움푹 패인 동굴이 하나 있었는데, 노인은 마리우스를 이곳으로 안내해 들어갔다. 그리고 마리우스에게 누우라고 한 다음, 갈대 잎 등으로 풀더미를 만들어 그의 몸을 덮어 주고 집으로 돌아갔다.

그런데 잠시 후 오두막 쪽에서 사람들의 떠들썩한 고함소리가 들려왔다. 게미니우스가 테라키나에서 파견한 사람들이 마리우스를 잡기 위해 들이닥친 것이었다. 그들은 이리저리 수색을 하다가 우연히 이곳까지 와 로마 사람을 숨기고 있으면 빨리 내놓으라고 노인을 위협했다.

이것을 눈치 챈 마리우스는 위험을 느끼고 곧 굴 속에서 뛰어나왔다. 그러고는 옷을 벗어 버리고 진흙탕이 괸 웅덩이 속으로 뛰어들었다. 그 소리를 듣고 주위를 탐색하던 사람들이 달려와 진흙투성이가 된 마리우스를 끌어냈다.

기병대는 마리우스를 벌거숭이인 채로 민투르나이까지 끌고가서 관리들의 손에 넘겼다. 그때 로마는 마리우스를 찾아내는 대로 무조건 사형시키라는 명령을 각 도시에 내리고 있었던 것이다. 그러나 마리우스를 인계받은 테라키나의 관리들은 일을 신중하게 처리해야겠다는 생각으로, 그를 우선 판니아라는 여자의 집에 가두어 두었다.

그 여자는 마리우스에게 원한이 있어 그를 잘 대해줄 리가 없다고 생각했기 때문이다. 전에 판니아는 틴니우스라는 사람과 결혼을 해서 살고 있었다. 그런데 이 남편과 이혼을 하게 되자, 판니아는 자기가 시집올 때 가져왔던 지참금을 다시 내놓으라고 요구했다. 그것은 상당한 액수의 돈이었다. 그러자 남편은 이에 맞서서 아내를 간통죄로 고소해 버렸다.

이 사건은 마리우스가 여섯 번째로 집정관의 자리에 올라 있을 때의 일이었다. 마리우스는 이 사건을 맡아 자세하게 조사를 했다. 판니아는 오래 전부터 행실이 바르지 못한 여자였고, 남편은 그 사실을 알면서도 돈이 탐이 나서 그녀와 결혼하여 살아왔다는 사실이 밝혀졌다. 마리우스는 두 사람 다 사람같지 않아서, 남편에게는 여자의 재산을 돌려주고, 여자는 부정한 행실을 한 벌금으로 동전 네 닢을 내라고 판결을 내렸다. 이 일 때문에 판니아는 수치를 당하고, 마리우스에게 원한을 품게 되었던 것이다.

그러자 이 때 마리우스를 만난 판니아는 과거의 원한 같은 것은 모두 잊은 듯 마리우스를 정성껏 대접하였다. 그녀는 마리우스를 위로하며 그녀가 할 수 있는 힘껏 마리우스를 도와주었다. 그때 마리우스는 희망을 되찾을 수 있는 아주 좋은 징조를 발견했다.

그가 판니아의 집으로 끌려왔을 때, 문이 열리자마자 노새 한 마리가 뛰어나와 곁에 흐르고 있던 개울물을 마셨다. 그러고는 생기 있고 명랑한 모습으로 마리우스 앞으로 오더니 그를 똑바로 쳐다보면서 높은 소리로 한 번 울고, 다시 저쪽으로 껑충거리며 뛰어갔다. 마리우스는, 노새가 풀을 먹지 않고 물을 마셨으니 이것은 바다로 가면 살아날 수 있다는 구원의 계시라고 해석했다. 새로운 희망을 갖게 된 마리우스는 판니아에게 이것을 얘기하면서, 거듭 감사의 말을 했다. 그리고 나서 방으로 들어가 자리에 누웠다.

한편 민투르나이 시의 행정관과 시의 의원들은 회의를 열고, 마리우스를 곧바로 죽이기로 결정을 했다. 그러나 시민들 가운데는 그런 일을 맡아 할 자가 하나도 없었다. 그래서 갈리아 족, 혹은 킴브리 족의 기병이 마리우스를 죽이기로 결정되었다.

그 병사는 마리우스의 방으로 숨어 들어갔다. 마리우스가 누워 있는 곳은 등불도 없어 무척 어두웠다. 그러나 그 속에서 마리우스의 눈빛이 불을 뿜듯이 자기를 노려

보고 있는 것을 발견했다. 그때 어둠의 밑바닥에서 "이놈, 감히 카이우스 마리우스를 죽이려고 덤벼들어!" 하는 소리가 들려왔다. 병사는 그 소리에 너무 놀라 방 안에다 칼을 버리고 달려나갔다. 그리고 겁먹은 소리로 이렇게 고함을 쳤다.

"저는 도저히 카이우스 마리우스 님을 죽일 수가 없습니다."

밖에 서 있던 사람들은 이 외침을 듣고 모두 놀라고 말았다. 그리고 놀라움은 금세 동정으로 변하고 동정은 다시 스스로에 대한 부끄러움으로 변했다. 그들 모두는 마리우스의 은혜를 입은 사람들이었다. 이탈리아를 구했을 때 그의 은혜를 받지 않은 사람은 없었던 것이다. 그들은 그런 마리우스를 도와주지 못한 것만 해도 부끄러운 일인데, 그를 죽이려고까지 했던 자신들에 대해 노여움을 느끼기 시작했다. 그들은 곧 마리우스를 풀어 주기로 결정하고 이렇게 말했다.

"아무 데나 가고 싶어하는 곳으로 가게 내버려 둡시다. 그리고 우리가 그를 괴롭히고 이 곳에서 내쫓은 일에 대해서 신께 용서를 빕시다."

사람들은 마리우스를 바닷가로 안내하기 위해 모두 그의 방으로 들어갔다. 민투르나이 시민들은 마리우스에게 무엇이든 보태주고 싶어서 다투어 이것저것 물건을 가져오며, 그가 빨리 출발할 수 있도록 서둘렀다.

마리우스는 시민들의 안내를 받으며 바다 쪽을 향해 출발했다. 그런데 얼마쯤 갔을 때 마리카[38]의 작은 숲이 나타났다. 이곳 사람들은 이 숲을 신성한 장소로 받들고 있었는데, 무엇이든 한 번 가지고 들어간 물건은 다시 가지고 나오지 못하게 되어 있었다. 그래서 사람들은 이곳을 피해 먼 길로 돌아다녔는데, 마리우스로서는 그럴 만큼 시간이 넉넉하지 않았다. 사람들은 모두 어떻게 해야 할지를 몰라 우물쭈물하고 있었다. 그때 무리들 속에서 한 노인이 앞으로 나서며 소리쳤다.

"마리우스 장군을 구하기 위해서인데, 어떤 길인들 못 가는 길이 있겠소?"

이렇게 외친 노인은 앞장서서 짐을 지고 그 숲속으로 향했다. 이 노인을 본 나머지 사람들도 다투어 그를 뒤따랐다.

바닷가에는 마리우스가 떠날 준비가 모두 끝나 있었다. 벨라이우스라는 사람이 배를 한 척 내놓았던 것이다. 마리우스는 민투르나이 시민들에게 고마움을 전하고

---

38) 키르케, 즉 호메로스의 〈오디세이아〉에 나오는 님프의 이름으로, 오디세우스의 부하들을 돼지로 변하게 했다는 마녀이다. 이 지방에서는 키르케를 마리카라는 이름으로 불렀다.

배에 올랐다.

　마리우스를 태운 배는 바람을 듬뿍 맞으며 지중해를 달려갔다. 그런데 우연히 풍랑을 만나게 된 배는 아이나리아라는 섬에 닿게 되었다. 뜻밖에도 마리우스는 그곳에서 사위인 그라니우스를 비롯해 여러 사람들을 만났다.

　기쁨을 나눈 마리우스와 사위는 부하들과 함께 배를 타고 다시 아프리카를 향해 출항했다. 그러다가 도중에 마실 물이 떨어지게 되어 다시 시칠리아 섬의 에릭스에 잠시 들르게 되었다. 그런데 미리 그곳을 지키고 있던 로마의 한 법무관을 만나 하마터면 모두 잡힐 뻔했다. 결국 물을 구하러 내려갔던 수행원 16명은 그에게 잡혀 죽임을 당하고 마리우스 일행은 서둘러 그곳을 떠났다.

　마리우스는 배를 전속력으로 달려 메닝크스 섬에 도착했다. 그는 이곳에서 아들이 케테구스와 함께 탈출하여 누미디아의 왕 히엠프살에게 구원을 요청하러 갔다는 소식을 들을 수 있었다. 이 소식을 듣고 크게 힘을 얻은 마리우스는 더욱 서둘러 카르타고로 전진했다.

　당시의 아프리카 총독은 섹스틸리우스라는 로마인이었다. 마리우스는 그가 자신에게 아무런 피해도, 은혜도 받은 적이 없었던 사람이므로 어쩌면 동정심을 베풀어 자기를 도와줄지도 모른다고 기대하였다. 그러나 마리우스가 부하 몇 명을 데리고 배에서 내리자, 장교 한 명이 앞을 가로막으며 이렇게 말했다.

　"마리우스, 아프리카 땅에 발을 들여 놓아서는 안 된다는 것이 섹스틸리우스 총독의 명령입니다. 만일 명령을 따르지 않으시면, 원로원의 결정에 따라 로마의 적으로 대할 수밖에 없으시답니다."

　이 말을 들은 마리우스는 슬프고 분한 나머지 말이 나오지 않아

〈카르타고의 폐허 가운데 있는 마리우스〉,
존 밴덜린.

한참이나 그대로 바라보고만 있었다. 다시 장교가 그를 재촉했다.

"왜 말이 없으십니까? 총독께 뭐라고 전해드려야 합니까?"

마리우스는 깊은 한숨과 함께 입을 열었다.

"가서, 그에게 이렇게 전하시오. 의지할 곳 없이 떠도는 카이우스 마리우스가 카르타고의 폐허 속에 말없이 앉아 있더라고 말이오."

마리우스는 정복된 이 도시의 운명이 지금 자신의 운명과 마찬가지라고 생각했던 것이다.

한편 누미디아의 히엠프살 왕은 깊은 고민에 빠져 있었다. 마리우스의 아들이 구원을 받기 위해 자신을 찾아왔기 때문이다. 왕은 그를 도와주려니 로마가 두렵고, 거절하자니 비겁한 것 같아 이러지도 저러지도 못한 채 고민만 하고 있었다. 결국 그는 마리우스의 아들을 잡아두었다가, 세상의 흐름을 살펴가며 결정을 내리기로 마음을 먹었다. 그래서 그들을 아주 정중하게 대접하였고, 가겠다고 하면 무슨 구실을 내세워서라도 잡아두었다. 결국 이렇게 되자 마리우스의 아들 일행은 행동의 자유를 잃고 말았다. 감옥에 갇힌 건 아니었지만, 항상 감시를 받았고, 마음대로 돌아다닐 수도 없었다.

그런데 엉뚱한 사람의 도움으로 그들은 탈출할 길을 찾게 되었다. 마리우스의 아들 마리우스는 용모가 깨끗한 미남이었다. 그런데 왕의 후궁 하나가 당치도 않은 고생을 하는 그를 보고 동정을 느끼게 되었다가, 나중에는 그것이 사랑으로 변하고 말았다. 그는 처음에는 후궁의 말을 믿지 않았지만 점차 그녀의 사랑이 진심이라는 것을 알고, 그녀의 소원을 들어주는 한편 도움을 얻어 탈출을 하기로 했다. 후궁은 그에 대한 사랑 때문에 탈출을 도와주게 되었고, 이렇게 해서 그 일행은 히엠프살의 손에서 빠져나오게 되었다.

그는 급히 아버지 마리우스를 찾아갔다. 몇 번이나 죽음의 고비를 넘어 만나게 된 아버지와 아들은 서로 기쁨을 나누며 바닷가를 거닐었다. 그런데 마리우스는 몇 마리의 전갈들이 서로 싸움을 하고 있는 것을 발견하였다. 아주 불길한 조짐이라고 판단한 마리우스는 곧장 고깃배를 얻어 타고 가까운 곳에 있는 케르키나스 섬으로 건너갔다.

그런데 배가 막 떠나자마자 히엠프살 왕이 보낸 기병대가 달려오는 것이 보였다. 이렇게 해서 그들은 또 한 번 간신히 목숨을 구할 수 있었다.

케르키나스 섬에 내린 마리우스는 그곳에서 로마의 소식을 정확히 듣게 되었다. 술라는 보이오티아에서 미트리다테스와 싸우고 있으며, 로마의 두 집정관 옥타비우스와 킨나는 서로 파벌 싸움을 벌이고 있다는 것이었다.[39] 이 싸움은 결국 옥타비우스의 승리로 끝이 나고, 킨나는 로마 시에서 쫓겨나게 되었다. 그리고 코르넬리우스 메룰라가 킨나에 이어 집정관의 자리에 올랐다. 그러나 킨나는 이탈리아의 여러 곳에서 다시 군대를 모아서 로마로 쳐들어가, 옥타비우스와 전투를 벌이고 있다는 소식이었다.

마리우스는 이 소식을 전해듣고 로마로 돌아갈 결심을 했다. 그는 아프리카로 도망해 왔던 이탈리아 사람들과 마우리타니아 인의 기병들을 모아 군대를 편성했다. 그러나 그 숫자는 1천 명이 겨우 될까말까 하는 정도였다. 마리우스는 이들 군대를 이끌고 바다를 건너 에트루리아의 텔레몬으로 갔다. 마리우스는 이곳에서 노예들을 모으고, 군대에 들어오는 자에게는 자유를 주겠다고 선언했다. 그리고 한편으로 농부나 유목민들도 그의 명성을 듣고 몰려 왔으므로, 마리우스는 그 중 건강하고 용감한 자들을 골라 잠깐 동안에 상당한 수에 달하는 병력을 얻을 수 있었다. 그는 이들을 40척의 배에 가득히 태우고 바다로 나갔다.

마리우스는 옥타비우스가 아니라 킨나와 손을 잡기로 미리 생각을 해두었다. 옥타비우스는 정의롭고 빈틈없는 인물이었으며, 킨나는 술라를 미워하며 로마의 현정권에 반대하고 있다는 것을 알았기 때문이었다.

그는 킨나에게 사람을 보내, 그를 집정관으로 받들고 모든 명령에 복종하겠다는 뜻을 전했다. 킨나는 마리우스의 제안을 받아들이고 그를 부집정관으로 임명하는 동시에, 그 지위의 상징인 파스케스[40]를 보내왔다.

그러나 마리우스는 지금 자신의 처지에는 그런 물건이 어울리지 않는다면서 이것을 사양했다. 그는 평범한 옷을 입고, 로마에서 쫓겨났던 그때부터 한 번도 자르지 않은 긴 머리를 한 채 킨나를 만나러 갔다. 그는 이미 칠순이 넘은 늙은 나이로 어정어정 걸음을 옮겼다. 민중들의 동정을 모으려는 속셈이었다. 그러나 초라한 옷차

---

39) 옥타비우스와 킨나가 집정관이 된 것은 기원전 87년으로 술라가 미트리다테스 왕을 정벌하러 떠나기 전이었다. 킨나는 술라가 정벌의 길을 떠나자 과거의 술피키우스가 내놓았던 법안을 다시 들고 나왔다. 즉 이탈리아의 여러 동맹도시에게 로마의 시민권을 주자는 것이었다. 그러나 옥타비우스는 킨나의 법안에 반대를 하면서 큰 싸움을 벌이게 되었다. 공회장에서 잔인한 유혈사태가 일어난 뒤 킨나는 로마에서 추방을 당했다. 그러나 로마의 동맹시들이 그들의 이익을 위해 싸웠던 킨나를 지지하면서 킨나의 군대에 가담하게 되었다. 그래서 킨나는 3천 군단이라는 대군을 이끌고 로마로 쳐들어오려는 것이었다.

40) 집정관과 같은 높은 지위의 권위를 나타내는 일종의 표장(標章)으로, 도끼자루 둘레에 막대기다발을 묶고 도끼의 날이 위로 향하게 만들어진 물건이었다.

림을 하고 있기는 했지만, 그의 얼굴은 털끝만큼도 위엄을 잃지 않았으며, 침울한 얼굴 표정 속에도 운명에 대한 분노로 가득 차 있었다.

이윽고 마리우스와 킨나는 손을 맞잡고, 잃어버렸던 권력과 명예를 되찾자고 다짐을 했다. 마리우스는 곧 행동을 개시하여 먼저 바다를 휘어잡았다. 그는 곡물을 실어나르던 배를 공격하여 식량을 확보하고, 이어서 여러 항구도시들을 손에 넣었다. 특히 오스티아 시를 점령했을 때에는 시민들의 재산을 모조리 빼앗고, 많은 사람들을 살해하였다. 그의 가슴에 복수의 피가 끓어오르기 시작한 것이다. 그는 또 모든 강을 막아서 바다로부터 로마로 식량이 들어가는 길을 완전히 끊어 버렸다.

그 다음 마리우스는 곧 로마를 향해 진군하여 야니쿨룸이라는 언덕에 진을 쳤다. 옥타비우스는 정치를 잘못해서가 아니라, 법률을 너무 고집스럽게 지키려 했기 때문에 필요한 조처를 하지 않아 큰 손해를 입게 된 것이다.

예를 들면, 로마의 시민들이 옥타비우스를 찾아가, 노예에게 자유를 주겠다고 약속하고 그들을 군대로 동원하라고 한 적이 있었다. 그러나 옥타비우스는 고개를 끄덕거리면서도, 대답은 이렇게 했다.

"좋은 생각이오. 그러나 나는 법을 지키기 위해 마리우스와 싸워 그가 그렇게 하지 못하도록 만들었소. 그런데 그런 내가 이제 와서 로마의 노예들에게 특권을 준다는 것이 말이나 됩니까?"

물론 옥타비우스의 말은 옳았다. 그러나 눈앞에 닥치는 위험도 생각지 않고 정의만을 쫓는 그를 부하들은 별로 탐탁하게 여기지 않았다. 그래서 그의 부하들은 예전에 아프리카 원정군의 총사령관이었으며, 마리우스의 공작으로 추방되었던 메텔루스의 아들 메텔루스가 로마에 오자 옥타비우스를 버리고 모두 그에게 몰려갔다. "메텔루스 장군님! 우리들을 지휘해 주십시오. 많은 경험과 훌륭한 능력을 가진 장군께서 우리들을 지휘해 주시면, 목숨을 걸고 싸워 반드시 로마를 지키겠습니다."

그러나 메텔루스는 고개를 저었다.

"아니, 도대체 이게 말이 됩니까? 옥타비우스 장군은 로마의 집정관이오. 어서 그에게 돌아가 그분의 명령을 들으시오."

메텔루스는 몹시 화를 내며 이렇게 말하고, 자신도 한 사람의 병사로 싸울 뿐 지휘를 맡을 수는 없으며 우리는 로마의 법을 지켜야 한다고 말했다. 그러나 메텔루스의 앞에서 물러나온 그들은 그 길로 킨나에게 달려가고 말았다. 메텔루스는 이 소식을 듣고 절망에 빠져 곧 로마를 떠나고 말았다.

그렇지만 옥타비우스는 칼다이아 사람들[41]과 시빌 경서[42]의 예언을 믿고 로마에 머물러 있었다. 그들은 옥타비우스에게 모든 일이 다 잘 될 것이라고 예언했던 것이다.

옥타비우스는 참으로 정직한 사람이었다. 그는 오랜 전통과 법을 하나도 어김없이 받들었으며, 민중들에게 아첨하거나 굴복하지 않고 집정관으로서의 명예를 지켜온 사람이었다. 그러나 그는 미신이나 예언을 대할 때는 정치나 군사에 뛰어난 사람답지 않게 이것을 너무 깊이 믿는 것이 탈이었다.

그래서 그는 마리우스가 로마에 들어오기도 전에 미리 숨어 들어와 있던 적에게 잡혀 죽임을 당하고 말았다. 그때 그의 품 속에서는 점쟁이가 준 예언을 적은 글이 들어 있었다고 한다. 그런데 마리우스는 점이나 예언을 믿고 성공을 거둔 데 반해, 옥타비우스는 그 때문에 파멸을 했다는 것은 참으로 이해할 수 없는 일이다.

사태가 이렇게 되자, 원로원은 킨나와 마리우스에게 대표를 보내 시민들을 함부로 죽이지 말고 평화적으로 들어와 달라고 간청을 하였다. 킨나는 집정관으로서 이 대표들을 정중히 맞아들이고 그들에게 친절한 대답을 해 주었다. 마리우스는 그의 곁에 서 있었지만 한 마디도 하지 않았다. 얼굴을 잔뜩 찌푸린 채 험악한 표정을 하고 있는 것으로 보아 그가 로마 시를 피로 물들일 결심을 하고 있다는 것이 뚜렷이 나타났다. 회담이 끝나고 나자 그들은 시내를 향해 군대를 움직였다.

킨나는 군대를 성 밖에 두고 호위병만을 거느린 채 로마 시내로 들어갔다. 그러나 마리우스는 성문 앞에 이르자 몹시 화를 내며 들어가려고 하지 않았다. "나는 추방을 당한 사람이오. 그러므로 법률에 의해 이 땅에는 발을 들여놓지 못하게 되어 있소. 만일 내가 들어가기를 원한다면, 다시 투표를 하여 추방령을 취소해 주시오."

그는 마치 법을 아주 존중하는 사람처럼, 나라의 자유로운 결정에 의해 추방이 취소된 후 당당하게 나라를 되찾는 것처럼 보이고 싶었던 것이다.

마리우스의 비위를 거슬리지 않기 위해 시민들은 곧 민회를 소집했다. 그러나 막 투표가 시작되었을 때쯤, 그는 자기가 한 말은 모조리 잊은 것처럼 군대를 이끌고 로마 시내로 들어왔다. 그의 뒤로는 '바르디아이이'라고 부르는 군대가 따랐는데, 그들

---

41) 소아시아에서 온 사람들로, 미신이 퍼져 있던 로마에 모여들어 점을 치면서 생계를 이어가고 있었다.

42) 시빌이라는 여자 예언자의 말을 모아 놓은 책.

은 노예 중에서 선발한 호위대로 몹시 살기등등한 표정을 짓고 있었다. 시내에 들어온 마리우스는 마치 이성을 잃은 복수의 화신 같았다. 그는 바르디아이이에게 명령을 내려 무자비한 학살을 저질렀다. 바르디아이이는 비명과 울음으로 메아리치는 로마의 하늘을 향해 마구 칼을 휘둘러댔다. 로마는 피로 물들었다. 그들은 마리우스가 고개만 움직여도 무조건 살인 명령으로 알아들었다.

안카리우스라는 사람은 법무관을 지낸 뒤 원로원 의원으로 있던 사람이었는데, 그가 마리우스를 찾아가 인사를 했을 때, 그는 인사조차 받지 않았다. 그러자 바르디아이이가 우르르 달려들어 그 자리에서 칼로 찔러 그를 죽이고 말았다. 이 때부터 마리우스가 인사를 하지 않거나 받지 않으면 그것은 곧 상대방을 죽이라는 신호가 되었다. 큰 길이건 집 안이건 장소를 가리지 않았다. 이렇게 되자 마리우스의 친구들까지도 무서워서 그에게 가까이 가지도 못하였다.

이렇게 엄청난 학살이 이루어지는 동안, 킨나는 그의 지나친 행동에 싫증이 났다. 그러나 마리우스의 원한은 나날이 식을 줄 모르고 불타올랐다. 그는 조금이라도 의심이 가는 사람은 친척이든 친구든 간에 모두 죽여 버렸다. 거리마다 살인 부대가 휩쓸고 다녔다. 하인은 주인을 배신하고, 친구는 친구를 고발했으며, 친척은 친척을 밀고했다. 거리에는 목 없는 시체들이 뒹굴고, 시체 썩는 냄새는 하늘을 뒤덮었다.

이러한 상황에서 코르누투스의 노예들이 했던 행동은 정말 기특한 것이었다. 로마의 명사였던 코르누투스는 피신을 가지 못해 집 안에 숨어 있었다. 그의 종들은 주인을 구하기 위해, 시체 하나를 가져와 목을 매어 자살한 듯이 달아매고, 손가락에 금반지를 끼웠다. 그리고 마리우스의 앞잡이들이 오자 그들이 이 시체로 그들을 속이고 성대하게 장례를 치렀다. 다행히 아무도 이 속임수를 눈치 채지 못해서, 코르누투스는 무사히 도망하여 갈리아로 피신하였다.

그러나 웅변가였던 마르쿠스 안토니우스[43]는 더없이 가까운 친구 집에 숨어 있었으나 목숨을 구하지 못했다. 이 친구는 몹시 가난하고 신분이 낮은 사람이었다. 그는 로마에서도 가장 귀한 사람이 자기 집에 찾아왔으므로, 정성을 다해 대접을 하고 싶었다. 그는 하인에게 이웃에 가서 포도주를 좀 사오라고 시켰다. 술집 주인은 이 하인이 전에 없이 고급술을 찾으므로 이상하게 생각하고 물었다. "아니, 오늘은 웬일

---

43) 카이사르가 죽은 뒤 로마를 다스렸던 안토니우스의 할아버지로, 기원전 99년에 집정관을 지냈다.

로 그렇게 비싼 술을 찾는 것이냐?"

마음이 단순한 하인은 술집 주인과 오랫동안 가까이 지내왔기 때문에 그만 사실을 애기해 버리고 말았다.

"사실은요, 마르쿠스 안토니우스가 집에 숨어 있어요. 그래서 우리 주인님이 대접을 하려구요."

음흉한 술집 주인은 이 하인이 돌아가자마자 마리우스에게 달려갔다. 마침 저녁을 먹고 있던 마리우스는, 그가 마르쿠스 안토니우스가 숨은 곳을 알고 있다는 말을 듣고 너무 기뻐 함성을 지르며 손뼉을 쳤다고 한다.

그는 곧 일어서서 자기가 직접 나서려고 했으나, 주위에 있던 사람들은 그를 말렸다. 그래서 그는 안니우스에게 병사를 내주어 가능한 빨리 안토니우스의 목을 베어오라고 명령했다.

안토니우스가 숨어 있던 친구의 집에 도착한 안니우스는, 병사들을 집 안으로 들여보냈다. 방 안에 들어간 병사들은 안토니우스를 발견하자 차마 그를 죽일 용기가 나지 않아 미루며 눈치만 보고 있었다. 안토니우스는 입을 열어 그들에게 구원을 청하는 말을 했다. 그의 조리 있고 품위 있는 말에 감동한 병사들은 감히 손을 대지 못하고, 고개를 숙인 채 눈물을 흘리기 시작했다.

문 밖에서 기다리던 안니우스는 아무리 기다려도 병사들이 나오지 않자 집 안으로 뛰어 들어갔다. 그는 자기가 들여보낸 병사들이 안토니우스의 말을 들으며 눈물을 짓고 있는 것을 보고, 어이가 없었다. 그리고 부하들을 욕하며 안토니우스에게 달려들어 자기 손으로 그의 목을 베어 버렸다.

한편 마리우스와 함께 킴브리 족을 정복했던 카툴루스 루타티우스도 살아남지 못했다. 그의 친구들은 마리우스를 찾아가 카툴루스를 살려달라고 애원했지만, 그의 대답은 한결같이 죽인다는 것뿐이었다. 그 소식을 들은 카툴루스는 살아날 희망이 없다는 것을 알고, 방 안에 숯불을 피워 가스를 맡고 자살했다고 한다.

거리에는 손발이나 머리가 없는 시체가 아무렇게나 나뒹굴었다. 이제 시민들은 그것을 보고도 불쌍히 여기는 사람도 없었고, 섣불리 동정을 했다가 자기마저 죽임을 당할까봐 누구 하나 얼씬도 하지 않았다.

그러나 그것보다 더욱 지긋지긋한 것은 바르디아이이 군사들의 행패였다. 그들은 시민의 재산을 약탈하고, 가족들 앞에서 아버지를 죽이고, 부녀자를 겁탈하고, 아이들을 학대했다. 그들의 행패는 날이 가도 그칠 줄 모르고 더욱 심해져 가기만 했다.

이것을 보다 못한 킨나와 동료 장군 세르토리우스는 서로 의논을 한 끝에, 밤중에 그들의 진영을 습격하여 바르디아이이 군들을 남김없이 죽여 버렸다.

그러는 동안 마치 바람의 방향이 바뀌듯 불안한 소식들이 로마로 전해져 왔다. 술라가 미트리다테스의 군대를 쳐부수고 로마의 영토를 되찾은 뒤, 대군을 이끌고 로마로 돌아오고 있다는 것이었다. 이 소식이 전해지자, 무서운 학살의 회오리도 잠시 멎었다. 마리우스는 적이 온다는 말을 듣고 잠시 주춤했던 것이다.

마리우스와 그 일당들은 전쟁이 눈 앞에 다가온 것을 미끼로, 마리우스를 일곱 번째로 집정관의 자리에 뽑았다. 그가 집정관에 취임한 것은 새해가 시작되는 1월 1일이었는데, 그 날 그는 타르페이아 절벽[44]에서 섹스투스 루키누스를 던져 죽여 버렸다. 이 사건은 마리우스 일파와 나라의 운명을 예고하는 무서운 전조처럼 보였다.

술라의 군대는 로마에 점점 가까워지고 있었다. 마리우스의 야심은 아직 그대로 였지만, 이제 몸도 지칠 대로 지치고 다시 술라와 싸울 생각으로 마음에는 수심이 가득했다. 술라의 군대는 옥타비우스나 메룰라의 군대하고는 사뭇 달랐다. 과거에 그를 로마에서 내쫓고, 지금은 미트리다테스를 멀리 흑해까지 몰아넣은 술라가 지금 자신을 향해 다가오고 있는 것이었다.

마리우스는 겁을 먹고 몸을 일으켜 세울 힘도 없었다. 바다로 땅으로 도망다니던 지난날과 죽을 고비를 겪었던 일들이 하나하나 눈앞에 떠올라 가슴이 답답해져오고, 견딜 수 없는 두려움이 밀려들었다. 그는 잠도 제대로 잘 수 없었고 악몽에 시달렸다.

사자의 굴은 사자가 나가고 없어도 무서운 법이다.

누군가가 자신을 향해 이런 소리를 하고 있다는 환상으로 그는 몹시 괴로워했다. 가슴을 짓누르는 근심을 잊기 위해 밤마다 술을 마시고 취한 상태에서 억지로 잠을 청하기도 했다.

그러던 어느 날, 술라가 가까이 왔다는 소식이 바다로부터 들려오자 그는 새로운 공포에 휩싸였다. 그는 미래에 대한 두려움과 현재의 무거운 짐 때문에 괴로워했다.

---

44) 로마의 카피톨리누스 언덕에 있는 낭떠러지로, 정치범들을 밑으로 떨어뜨려 사형시켰다고 한다.

철학자 포시도니오스가 전하는 이야기로는, 그는 이 때 어떤 사소한 원인으로 늑막염에 걸리고 말았다고 한다.

또 역사가인 피소의 기록을 보면, 어느 날 마리우스는 저녁 식사를 마친 뒤 친구들과 산책을 하다가 우연히 자기의 인생에 대한 이야기를 하게 되었다고 한다. 그때 그는 어렸을 때의 이야기를 시작으로 자기가 겪었던 운명의 고비들을 손꼽으며 얘기한 다음, "바른 정신을 가진 사람이라면 더 이상 행운을 의지하며 살지는 않을 것"이라고 말했다. 그런 뒤 곧 친구들과 헤어져 집으로 돌아온 그는 자리에 누워 7일 동안 앓다가 운명을 마감했다고 한다. 어떤 사람은 마리우스의 야심이 그가 병석에 누워 있을 때 더 잘 나타났다고 한다. 정신이 이상해진 그는 미트리다테스와 전쟁을 한다는 환상에 사로잡혀, 호령을 하고 함성을 지르는 등 실제로 싸우고 있는 듯이 행동했다고 한다. 그는 자기의 야심 때문에 미트리다테스와 그토록 싸움을 하고 싶어했던 것이다.

70년이라는 긴 세월을 살았고, 최초로 일곱 번이나 계속 집정관을 지내고, 여러 명의 왕을 합쳐도 부족할 만큼 부귀와 영화를 누렸지만, 그는 자기의 소망을 다 이루지 못하고 죽어야 하는 운명을 탓하며 한숨을 지었다. 플라톤은 죽음이 가까웠을 때 운명에 감사드리며 이렇게 말했다고 한다.

"첫째, 사람으로 태어난 것, 둘째로, 야만인이나 짐승이 아닌 그리스인으로 태어난 것, 셋째로, 소크라테스와 같은 시대에 태어났던 것을 감사드립니다."

타르소스의 안티파트로스[45]도 죽기 전에, 자기가 살아 있는 동안에 누렸던 행복을 회상하며 고백을 했는데, 그는 로마에서 아테네까지 바닷길을 무사히 건너갔던 일까지 행운으로 헤아렸다고 한다. 그는 이처럼 사소한 것까지도 모두 행운이었다고 감사히 여기면서, 인간이 가지고 있는 가장 귀한 보물창고인 기억 속에 평생토록 간직하고 있었던 것이다.

그러나 기억도 짧고 생각도 깊지 못한 사람들은 지난 일들을 시간의 흐름 속에 묻어 버리고 만다. 단 한 가지도 기억 속에 담아두지 못한 그들은, 오로지 앞날의 한 줄기 행운만 꿈꾼 나머지 자기의 손에 쥐어져 있는 현재는 외면하고 만다. 그러나 미래라는 것은 운명에 따라 빼앗길 염려가 있다. 그렇지만 그들은 현재의 운명이 주는 것

---

45) 스토아 학파의 철학자 가운데 한 사람.

도 바람에 내던져 버리고 불확실한 미래만을 쫓으려고 한다. 이것은 이상한 일은 아니다. 큰 집을 지으려면 기초를 튼튼히 다져야 하는 것처럼, 사람들의 행복도 미리 이성을 계발하고 교양을 쌓아두어야만 하는 것이다. 이것이 먼저 기초가 되지 않고는 자기가 꿈꾸는 끝없는 욕망은 아무리 채우려고 해도 끝내 채울 수가 없는 것이다.

이렇게 해서 마리우스는 일곱 번째 집정관이 되어 불과 17일 동안 그 자리에 있다가 세상을 떠났다. 그가 죽자 로마 시는 온통 기쁨으로 들끓었다. 이제는 마리우스의 혹독한 학정에서 벗어날 수 있을 것이라는 희망 때문이었다. 그러나 시민들은 며칠도 못 되어 늙고 병든 폭군 대신 젊고 혈기왕성한 또 다른 폭군을 맞이해야 했다.

그는 바로 아들 마리우스였다. 그는 아버지보다 더욱 잔인했고 더욱 야만적이었다. 그는 로마에서 존경받고 있는 훌륭한 시민들을 모두 잡아다가 학살했다. 처음에 그는 전쟁터에 나서면 위험이 어떤 것인지 모르는 사람처럼 대담했기 때문에 '군신 마르스의 아들'이라고 불리었다. 그러나 그의 행동이 곧 본색을 드러내자 그 뒤부터는 '베누스[46]의 아들'이라고 불리게 되었다. 그는 나중에 술라에게 쫓겨 프라이네스테[47]로 도망을 가서 목숨을 지키기 위해 애쓰다가, 시가 함락되고 술라의 군대가 쳐들어오자 스스로 목숨을 끊었다고 전한다.[48]

---

46) 비너스 여신을 말한다.

47) 이탈리아에 있는 로마의 동맹도시 가운데 하나.

48) 아버지인 마리우스는 기원전 86년에 죽었고, 아들인 마리우스는 아버지가 죽은 뒤 4년 만에 죽었다. 그는 당시 파피루스 카보와 함께 집정관의 자리에 있었다

23
리산드로스

(LYSANDER, ? ~ BC 395)

스파르타의 군인이며 정치가. 헤라클레스의 후손으로 아버지는 아리스토클레이토스이며 가난한 집안에서 자라났다. 당시 최고의 권력을 얻었으며 해전에도 뛰어났다. 재물과 쾌락에 대해 깨끗한 성품을 지닌 인물이었고, 왕위 계승권을 개혁하려 했으나 실패하였다. 플라타이아 전투에 나가 싸우다가 전사하였다.

아칸토스 사람들이 델포이[1]에 바친 보물을 모아 진열한 방에는 다음과 같은 글이 새겨져 있다: "이것은 브라시다스[2]와 아칸토스 사람들이 아테네 사람들로부터 빼앗은 전리품이다." 이 때문에 보물을 진열한 방 안의 입구 옆에 서 있는 대리석 조각상을 브라시다스의 석상이라고 생각하는 사람들이 많지만, 사실 이것은 리산드로스의 모습을 모방한 것이다. 이 석상을 보면 리산드로스는 옛날 풍속대로 긴 머리를 늘어뜨리고 있으며, 수염도 덥수룩했다. 역사가 헤로도토스는 이런 머리 모양에 대해 다음과 같이 얘기하고 있다. "아르고스 사람들은 큰 싸움에서 지게 되면 슬퍼서 머리를 모두 자르고, 스파르타 사람들은 머리를 길렀다고 한다."

---

1)　그리스 중부에 있는 포키스의 옛 수도로 파르나소스 산기슭에 있다. 신탁으로 유명한 아폴론 신전이 여기에 있다.

2)　펠로폰네소스 전쟁 초기, 즉 기원전 422년경의 스파르타 장군.

리산드로스.

그러나 이것은 사실과는 다르다. 또 바키아다이[3] 사람들이 코린트에서 쫓겨나 라케다이몬[4]으로 도망갈 때 그들은 짧은 머리를 하고 있었는데, 이것을 본 스파르타 사람들은 그런 모습이 초라하다고 생각하고, 머리를 기르게 되었다는 얘기가 있는데 이것도 잘못 전해진 것이다. 스파르타 사람들의 머리가 긴 것은 리쿠르고스[5]의 법령에 의해서 실시되었던 것이다. 리쿠르고스는 늘 이런 말을 했다고 전해 온다. "머리가 길면 잘생긴 사람은 더욱 잘생겨 보이고, 못생긴 사람은 한결 더 험상궂게 보인다."

리산드로스의 아버지는 아리스토클레이토스라는 사람이었다. 그는 헤라클레스의 후손이었지만 왕족은 아니었다. 리산드로스는 가난하게 자랐다. 그는 다른 스파르타 사람들처럼 스파르타의 풍습에 복종하며 이것을 열심히 익혔다. 그는 언제나 스파르타의 청년다운 씩씩한 기상을 지니고 있었으며, 훌륭한 일을 함으로써 명예로운 이름을 얻고 싶어했다. 스파르타의 다른 청년들처럼 그는 명예에서 얻는 기쁨을 당연한 것으로 여겼고, 다른 모든 것으로부터 얻어지는 쾌감은 비굴한 것으로 생각했다.

본래 스파르타 사람들은 자기에 대한 평판을 민감하게 받아들여, 칭찬을 들으면 의기양양해지고 악평을 들으면 두려워했다. 그리고 만약 이런 일에 관심을 두지 않는 사람이 있으면, 그는 청년으로서 기백이 없고 큰 일을 할 수 없는 사람이라고 생각했다.

어렸을 때부터 스파르타 식으로 철저히 훈련을 받은 리산드로스는 일생을 통해 공명심과 명예를 얻으려는 정열을 보여 주었다. 그러므로 그가 죽는 순간까지 공명심과 명예에 대해 집착했던 것은 전혀 비난할 일이 아니다. 오히려 그는 스파르타 사람들의 기준으로 보면 지나치다고 생각될 만큼, 자기보다 높은 지위에 있는 사람들에게 맹목적으로 복종했다.

그리고 그는 높은 권력을 가진 사람이 아무리 거만스러운 태도를 보여도, 자기 자신에게 이롭다고 생각될 때는 복종하는 사람이었다. 이러한 행동은 그의 정치적인

---

3) 코린트에서 과두정치를 하면서 2백 년간을 살다가 이 무렵 세력을 잃고 스파르타로 도망해 왔다.

4) 스파르타의 옛 이름.

5) 기원전 9세기 경의 스파르타의 정치가로, 스파르타 법을 제정한 사람이다.

기반에서도 적지 않은 몫을 차지한다고 평가받고 있다.

아리스토텔레스는 "위대한 인물들은 대체로 우울증을 가지고 있다"고 지적하면서, 그 예로 소크라테스, 플라톤, 헤라클레스 등을 들었는데, 리산드로스도 젊었을 때는 그렇지 않았지만 나이가 들어서는 우울증에 걸렸다고 전한다.

리산드로스의 성격 중에서도 특히 눈에 띄는 것은 그의 청빈함이다. 그는 누구에게 돈을 받은 일도 없었고, 재물을 쌓기 위해 부정한 일을 저지른 적도 없다. 그러나 나라를 부강시키려는 욕심은 가지고 있었기 때문에, 황금을 멀리해 왔던 스파르타의 오랜 전통을 깨고 국민들에게 돈의 소중함을 일깨워 주었다. 그래서 그는 아테네와의 전쟁에서 이긴 뒤에도 단 1드라크마도 챙기지 않았지만 스파르타의 금고에는 수많은 금은과 재물을 채워 넣었다.

또 시칠리아의 참주 디오니시오스가 리산드로스의 딸에게 값진 옷을 보냈을 때도 그는 선물을 사양하면서 이렇게 말했다. "선물은 고맙지만, 우리 애는 이런 값비싼 옷을 입으면 오히려 더 미워보일 것 같소."

그런데 이렇게 선물을 거절했던 리산드로스는 얼마 후 사절로 디오니시오스 왕을 찾아가게 되었다. 그때 왕은 다시 비단옷을 두 벌 내놓으며 마음에 드는 것을 골라 딸에게 갖다 주라고 했다. 그러자 리산드로스는, "저보다는 본인이 더 잘 고를 것 같으니, 아예 두 벌 다 가져가겠습니다"라고 말했다. 이렇게 해서 옷을 두 벌이나 가져왔지만 그는 그것을 딸에게 주지 않고 국고에 집어넣었다고 한다.

리산드로스가 처음으로 해군 사령관이 된 것은 펠로폰네소스 전쟁[6]이 끝나갈 무렵이었다. 그 무렵 아테네의 함대는 시칠리아 앞바다에서 크게 타격을 입고 바다에서의 세력을 잃어가고 있었다. 그래서 사람들은 아테네가 곧 휴전을 제안해 올 것이라고 생각하고 있었지만, 아테네에서 추방되었던 알키비아데스 장군이 돌아와 총사령관이 되자 상황은 뒤바뀌고 말았다.

알키비아데스는 짧은 시간 동안 아테네의 해군들을 강화시켜, 곧 스파르타와 동등하게 대결할 만한 힘을 길렀다. 놀란 스파르타의 해군은 전쟁의 결과에 대해 걱정을 하기 시작했다. 그들은 더욱 본격적으로 전쟁에 힘쓰기 위해, 강력한 군대를 모집하고 새로운 장군을 구했다. 이렇게 해서 해군 총사령관의 자리에 오른 것이 리

---

6) 기원전 431~404. 스파르타와 아테네 사이의 전쟁.

산드로스이다.

　해군 사령관이 된 리산드로스는 에페소스[7]로 갔다. 이곳은 스파르타 해군의 요새였다. 리산드로스가 도착하자, 시민들은 그를 기쁘게 맞으며 스파르타에 대한 협조를 아끼지 않았다. 그러나 에페소스는 몇 가지 문제점이 있었다. 이 도시는 리디아[8]와 바로 이웃하고 있었기 때문에 페르시아 사람들이 많이 섞여 살고 있었으며, 페르시아 풍속에 너무 젖어 있어서 야만적인 생활에 빠져들 위기였다. 게다가 정치가 어지럽고 힘도 너무 약했다.

　리산드로스는 에페소스의 이러한 문제들을 해결하고 스파르타의 편으로 끌어들이기 위해서 이곳에 군대의 본부를 설치했다. 그는 모든 배는 이 항구를 이용하도록 명령하는 동시에 조선소를 세워 군함을 만들게 했다. 이렇게 되자 항구는 배들로 가득 차고 시장에는 상품이 넘쳤으며, 시민들도 돈을 만질 수 있게 되었고, 일터는 생기를 띠기 시작했다. 뒷날 에페소스의 번영은 바로 이 때 리산드로스가 벌인 사업으로 비로소 싹을 틔우기 시작했던 것이다.

　이 무렵, 리산드로스는 페르시아의 왕자 키로스가 리디아의 수도인 사르디스에 와 있다는 소식을 듣게 되었다. 리산드로스는 페르시아의 군사령관인 티사페르네스를 몰아낼 생각을 하고 있었기 때문에, 진작부터 페르시아의 왕이나 왕자를 한 번 보고 싶었던 참이었다.

　티사페르네스는 스파르타 군을 도와 바다에서 아테네의 세력을 물리치라는 지시를 받고 있었다. 그러나 그는 알키비아데스의 세력이 두려워 감히 싸우려고도 하지 않고, 전투 준비도 게을리하고 있었다. 게다가 수병들에게 봉급도 적게 줌으로써 함대를 약화시키고 있었다.

　리산드로스는 곧 키로스 왕자를 만나기 위해 사르디스로 갔다. 키로스는 리산드로스를 반갑게 맞고 그의 말을 주의깊게 들어 주었다. 키로스는 티사페르네스를 개인적으로도 탐탁지 않게 여기고 있었으므로, 날마다 리산드로스를 만나 그의 말을 귀담아 들었다. "잘 알겠소. 나 또한 티사페르네스의 사람됨을 알고 있었소. 이제부터는 활기 있게 전쟁을 수행할 수 있도록 스파르타를 적극적으로 도와드리겠소. 페

7)　소아시아의 서쪽에 있던 옛도시. 고대 7대 건축물 가운데 하나인 아르테미스 신전이 있다.

8)　소아시아쪽에 있던 고대 왕국. 크로이소스 왕 때 소아시아의 대부분을 차지했던 강대한 제국이었다.

르시아의 왕자로서 약속을 드립니다."

키로스의 마음을 움직이게 한 것은, 리산드로스가 자기보다 높은 사람에게 순순히 복종할 줄 아는 사람이었기 때문이다.

리산드로스가 일을 마치고 돌아가려고 하자 키로스는 그를 위해 잔치를 베풀어 주었다. 술잔을 주고받으며 즐거운 이야기들이 오고갔다. 잔치가 끝날 무렵 키로스는 리산드로스에게 물었다. "리산드로스 장군, 나는 당신의 친구로서 뭔가 선물을 하고 싶소. 무엇이든 들어드릴 테니 청이 있으면 말씀해 보시오."

리산드로스는 잠시 생각에 빠져 있다가 이윽고 입을 열었다.

"왕자님께서 그렇게까지 말씀을 하시니, 고마운 마음을 어떻게 표현해야 할지 모르겠습니다. 지금 저희 병사들은 3오볼의 봉급을 받고 있습니다. 그들에게 4오볼의 봉급을 줄 수 있도록 도와주시면 감사하겠습니다."

키로스는 병사들을 아끼는 그의 마음을 기쁘게 생각했다. 그는 리산드로스에게 그 자리에서 1만 다리크[9]의 돈을 내주었다. 에페소스로 돌아온 리산드로스는 키로스가 준 돈으로 병사들의 봉급을 올려 주었다. 이 소식은 적군의 귀에까지 들어가게 되었다. 소문이 널리 퍼지자, 아테네 함대의 병사들은 밤을 틈타 스파르타 군에게 넘어왔다. 떼를 지어 귀순해 온 그들은 돈을 더 많이 주는 리산드로스 밑에서 싸우겠다는 것이었다. 리산드로스는 그들을 모두 받아들였다.

이렇게 되자 아테네 함대는 텅 비게 되었다. 리산드로스에게 넘어가지 않고 남아 있는 군사들은 사기가 떨어지고, 불평과 불만이 늘어 매일같이 장군에게 덤벼드는 일이 예사였다.

반면에 리산드로스의 해군은 더없이 강해졌다. 그러나 그는 감히 전투를 시작하려고 하지는 않았다. 알키비아데스의 해군은 아직도 강했으며, 장군의 전략도 무시할 수 없었기 때문이다. 더군다나 알키비아데스는 땅이나 바다를 가리지 않고 언제나 승리만을 거두어 온 명장으로 이름높은 장군이었던 것이다.

그러나 알키비아데스도 마찬가지로 리산드로스를 두려워하고 있었기 때문에 전쟁은 좀처럼 일어날 기미를 보이지 않았다. 양쪽 군대는 상대편의 움직임을 지켜보며 계속 시간만 끌고 있었다.

---

9) 페르시아의 금화.

그러다가 알키비아데스는 사모스 섬을 떠나 포카이아로 가게 되었다. 그는 해군의 지휘권을 함장인 안티오코스에게 맡기고 사모스 섬을 떠났다. 그런데 안티오코스는 리산드로스를 모욕하고 약을 올려 주고 싶은 생각을 갖게 되었다. 그는 군함 두 척을 거느리고 에페소스 항구로 갔다. 그곳에는 스파르타의 군함들이 머물러 있었다. 안티오코스는 이것을 보고 그 앞을 왔다갔다 하면서 스파르타 군을 마구 놀리고 비웃었다.

리산드로스는 화가 머리끝까지 올라와, 즉시 함대 몇 척을 내보냈다. 그러자 아테네 군의 함대가 안티오코스를 구하기 위해 달려왔다. 이것을 본 리산드로스는 전 함대에게 출동 명령을 내렸다. 이렇게 해서 전 함대가 모두 총출동하여 전투를 벌였으나 알키비아데스가 없는 아테네 군은 아무 힘도 쓰지 못했다. 스파르타 군은 아테네 함대 15척을 빼앗고 전투에서 승리를 거두었다. 그리고 이 해전을 기념하여 전승 기념비를 세웠다.

안티오코스의 철없는 행동으로 시작된 이 전투의 패배는 아테네 시민들을 몹시 흥분시켰다. 그들은 사령관인 알키비아데스가 일을 잘못 처리해서 생겨난 일이라며 그를 사령관 직에서 내쫓아 버렸다. 그는 일반 장군으로서 사모스 섬에 되돌아갔다. 그러나 군대의 병사들이 그를 장군으로 받아들이지 않을 뿐만 아니라 갖은 모욕을 퍼붓자, 알키비아데스는 견디지 못하고 케르소네소스[10]로 가버렸다. 사실 이 해전은 그다지 큰 싸움은 아니었다. 그러나 스파르타가 아테네의 장군 알키비아데스를 몰락시켰다는 의미에서는 아주 유명한 전투가 되었다.

리산드로스는 그리스의 여러 도시에서, 가장 담대하고 야심이 있다고 생각되는 유명한 사람들을 에페소스로 초청했다. 리산드로스는 이 모임에서 정치 군사를 장려하여 나중에 이곳에 세워진 10인 과두정치 체제의 기초를 닦았다. 그는 바로 눈앞에 다가와 있는 혁명을 완수하기 위해 다같이 힘을 모으자고 격려하면서 다음과 같이 말했다.

"아테네가 멸망할 날도 이제 얼마 남지 않았습니다. 아테네가 망하면 각 나라의 정치체계도 함께 무너지게 됩니다. 그렇게 되면 여러분들은 각기 자기 나라로 돌아가 새로운 정권을 세워야 합니다."

그는 직접적인 행동을 통해 자기의 뜻을 거스르는 자는 절대로 세력을 가질 수 없다는 것과 장군으로서의 권력을 보여 주었다. 그는 자기와 가까운 사람들에게 중요

---

10) 오늘날 터키의 갈리폴리스 반도에 해당한다.

한 임무를 맡기고 명예와 권세를 주었다. 그리고 그들의 야망을 채워 주기 위해 무슨 일이라도 할 것처럼 보였다. 이렇게 되자 많은 사람들은 리산드로스와 가까워지기 위해 애를 썼고, 그의 뜻을 거스르지 않았다. 그들은 리산드로스가 집권하게 되면 자신들이 가진 어떠한 소망이라도 이루어질 수 있다는 것을 알고 있었던 것이다.

그러나 그러한 계획을 채 다 세우기도 전에 리산드로스는 해군 총사령관 직을 내놓아야 했다. 새로운 사령관은 칼리크라티다스라는 사람이었는데, 사람들은 처음부터 그를 좋아하지 않았다. 칼리크라티다스는 정의롭고 용감한 사람이었으며 도리아 사람다운 진실성과 공명정대함을 가지고 있었지만, 리산드로스를 따르던 사람들은 그의 미덕에 만족할 수가 없었다. 그들에게 칼리크라티다스는 옛 영웅들의 동상에 지나지 않았다. 그들이 바라는 것은 오직 리산드로스처럼 철저히 자신들의 이익을 뒷받침해 주는 열정적인 사람이었다. 그러므로 리산드로스가 배를 타고 이곳을 떠날 때 그들은 실망스러운 마음을 감추지 못해 눈물까지 흘렸다.

한편 리산드로스도 그들이 칼리크라티다스를 미워하도록 부채질했다. 그는 키로스 왕자에게서 받았던 군자금의 나머지를 사르디스의 페르시아 군에게 보내 버리고 병사들에게 이렇게 말했다.

"만약 봉급을 더 받고 싶으면 새로 온 사령관에게 말하라. 그가 어떻게 하는지 지켜보겠다."

마침내 칼리크라티다스가 부임해 오자 리산드로스는 군대의 지휘권을 넘겨 주면서 이렇게 말했다. "나는 바다의 왕자인 최고의 해군을 장군에게 인도하오."

그러나 칼리크라티다스는 그의 자만심을 꺾기 위해서 이렇게 말했다.

"그렇다면 장군, 군대를 이끌고 사모스 섬이 왼쪽으로 보이는 밀레토스에 가서 군대를 넘겨 주어야 되지 않소? 우리 해군이 바다의 왕자라면 사모스 섬에 있는 아테네 군을 겁낼 필요가 없을 테니까 말이오."

"지금부터 함대를 지휘하는 것은 내가 아니라 장군이오."

이렇게 응수한 리산드로스는 칼리크라티다스를 난처하게 만들어놓고, 곧 에페소스를 떠나 펠로폰네소스 반도를 향해 출항했다.

스파르타 해군의 새로운 사령관이 된 칼리크라티스는 몹시 곤란한 처지에 빠지고 말았다. 그는 따로 군대에 쓸 자금을 본국에서 가져오지 않았으며, 그렇다고 이 지방의 어려운 처지를 알면서 세금을 내라고 할 수도 없는 일이었다. 그런데 리산드로스마저 한 푼의 돈도 넘겨주지 않고 떠나 버린 것이었다.

이런 어려움에서 벗어날 길은 하나밖에 없었다. 리산드로스가 그랬던 것처럼 페르시아 왕의 장군들을 찾아가 도움을 요청할 수밖에 없었다. 그러나 칼리크라티다스는 그런 일을 할 만한 사람이 아니었다. 그는 자유와 명예를 존중하는 사람이었기 때문에 야만족에게 구걸을 하느니보다는 차라리 같은 그리스 사람에게 지는 편이 낫다고 생각하는 사람이었다. 그리고 페르시아를 몹시 하찮게 여겨, 많은 황금을 가졌다는 것 말고는 아무것도 볼 만한 것이 없다고 생각했다.

그러나 지금은 그런 것을 생각하고 있을 처지가 아니었다. 그는 어쩔 수 없이 키로스 왕자를 만나기 위해 리디아로 갔다. 궁전을 찾아간 그는 수비병에게, 스파르타의 해군 총사령관 칼리크라티다스가 면담을 하러 왔음을 전해 달라고 했다. 그러자 수비병이 대답했다. "외국에서 오셨군요. 그런데 지금 전하께서는 시간이 없소. 술잔치가 열리고 있어서요."

칼리크라티다스는 천연스럽게 말했다. "그럼, 잔을 비우실 때까지 기다리겠소."

이 말을 들은 수비병들은 웃었다. 그리고 철모르는 그의 행동을 비웃고 욕하고 쫓아내 버렸다. 문 앞에서 내쫓긴 그는 그대로 돌아갈 수가 없어 다음날 다시 면회를 요청했다. 그러나 역시 거절당하고 말았다.

에페소스로 돌아가는 배에 몸을 실은 그는 분노와 복수로 들끓고 있었다. 그는 비단 페르시아뿐만 아니라 이런 야만족을 이용하려고 덤비던 비굴하고 무례한 자들을 저주하였다. 칼리크라티다스는 곁에 있던 친구들에게 맹세했다.

"스파르타에 돌아가면 즉시 그리스 여러 나라가 화해를 하도록 만들겠소. 그리스가 힘을 합하면 얼마나 무서운지를 그들에게 보여 주겠소. 그래서 더 이상 그리스가 야만족의 힘을 빌려 싸움을 하는 일이 없도록 만들겠소."

그의 생각은 이처럼 커다란 포부로 가득 차 있었다. 그리스의 평화를 되찾고 힘을 합쳐 아시아를 모조리 정복하자는 것이었다. 그는 스파르타 사람다운 높은 포부를 가지고 있었고, 일찍이 세상을 살다간 어느 영웅 못지 않은 위대한 용기를 보여 주었다. 그러나 그는 이처럼 고귀한 뜻을 이룰 기회도 갖지 못한 채, 얼마 뒤 아르기누사이[11] 해전에서 전사하고 말았다.

---

11) 소아시아 레스보스 섬 사이에 있던 섬들.

스파르타 해군의 총사령관인 칼리크라티다스의 죽음은 스파르타를 불리한 형편으로 만들었다. 모든 동맹국의 군대들은 이제 아테네 해군에 대한 두려움으로 꼼짝도 못하게 되었던 것이다.

스파르타는 칼리크라티다스 다음으로 총사령관직을 맡길 사람을 찾았다. 그러나 전세를 뒤엎고 승리를 가져다줄 만한 장군은 눈에 띄지 않았다. 그런데 동맹국의 여러 도시들이 사절단을 보내, 리산드로스를 다시 총사령관으로 임명하라고 요청해 왔다. 그렇게 하면 한층 더 힘을 얻을 수 있을 것이라는 얘기였다. 또 페르시아의 키로스 왕자도 같은 뜻의 편지를 보내왔다.

그러나 스파르타의 법은 같은 사람이 다시 사령관이 되는 것을 금지하고 있었다. 동맹국들의 요청을 거절할 수도 없고, 그렇다고 법을 어길 수도 없어 스파르타 정부는 깊은 고민에 빠졌다. 생각끝에 그들은 아라코스를 명목상의 사령관으로 삼고, 리산드로스를 부사령관으로 임명한 다음 실질적인 권한은 그에게 주었다.

여러 동맹국들과 각 도시의 지도자들은 이 조처에 박수를 보냈다. 리산드로스가 다시 재기함으로써 그들은 소아시아의 민주적인 권력을 억누르고 자기들이 큰 권력을 잡을 수 있을 것이라고 생각했던 것이다.

그러나 공명정대한 장군을 좋아하는 사람들은 불안을 감추지 못했다. 리산드로스는 칼리크라티다스와는 달리 매우 교활하고 음흉한 인물이었기 때문이다. 그는 전쟁에서 승리를 거두기 위해서는 온갖 모략과 불법도 서슴지 않았고, 자기에게 유리할 때만 정의를 부르짖고 그러지 않을 때에는 진실마저 내팽개치는 사람이었다. 그리고 그는 더 큰 이익을 위해서는 비열한 수단도 가리지 않았다. 언젠가 어떤 사람이, 헤라클레스의 후손은 전쟁에서 간사한 꾀를 써서는 안 된다고 말했을 때 리산드로스는 크게 웃으며 이렇게 대답했다.

"사자 가죽이 모자라면 여우의 가죽이라도 이어 붙여야지요."

수단과 방법을 가리지 않는 리산드로스의 성격은 밀레토스 시에서 그대로 드러났다. 여기서 그는 자기를 따르는 시민들에게 이렇게 약속했다.

"여러분들이 민중들의 정부를 타도하고 적들을 내쫓으려 한다면, 나는 언제든지 여러분들을 도울 것이오."

그러나 그를 따르던 시민들이 마음을 바꾸어 민중 정치가들과 화해를 하였다. 리산드로스는 이 일이 몹시 못마땅했지만, 겉으로는 환영하며 서로 협조를 아끼지 않도록 도움을 주기도 했다. 그러나 이들을 개인적으로 만날 때면 그들의 배신을 꾸짖으며 민주 세력을 공격하라고 등을 떠밀었다.

이렇게 되자 그들은 다시 분쟁을 일으켰다. 리산드로스는 이 소식을 듣고 즉시 군대를 시내 곳곳에 풀어 자기를 따르던 추종자들을 잡아들였다. 그는 추종자들을 마치 곧 죽일 것처럼 감옥에 가두는 한편 민중 정치가들을 격려했다. "내가 이곳에 있을 동안은 안심하고 행동하시오."

그러나 이것은 민중 정치가들을 안심시킨 후 모조리 잡아 죽이려는 속임수였다. 민중들의 편인 정치 지도자들은 리산드로스의 말을 믿고 시내에 남아 있다가 모두 잡혀 사형을 당하고 말았다. 그런 다음 리산드로스는 감옥에 가두었던 자신의 추종자들을 모두 풀어 주었다.

안드로클레이데스의 기록을 보면, 리산드로스는 이런 말을 했다.

"아이는 주사위로 속이고, 어른은 맹세로 속인다."

이 말은 곧 리산드로스가 자신의 약속이나 맹세를 아무렇지도 않게 깨뜨리는 사람이었음을 알 수 있게 해준다.

이것은 사모스 섬의 참주인 폴리크라테스[12]를 본받아 한 말이었는데, 스파르타의 사령관이 그런 위인을 본받은 것은 명예롭지 못한 일이다. 또 그가 신을 마치 원수처럼 생각하는 것도 스파르타인답지 않은 일이다. 적을 꺾기 위해 맹세를 깨뜨리는 사람은 적이 두려워서 그런 것이겠지만, 이것은 신을 무시하는 행동이었다. 그러나 리산드로스는 이렇게 맹세를 어기면서 자신의 세력을 점차 넓혀가고 있었다.

얼마 뒤 리산드로스는 사르디스로 오라는 키로스 왕자의 초청을 받았다. 키로스 왕자는 그에게 많은 군자금을 주고, 자기가 페르시아에 다녀올 동안 리디아의 통치권을 맡기기 위해 그를 초청한 것이었다. 키로스는 리산드로스에게 우선 약간의 군자금을 내놓고, 앞으로 더 많은 돈을 주겠다고 약속했다. 그리고 자기가 리산드로스를 절대적으로 믿고 있다는 것을 나타내기 위해 젊은이답게 솔직한 어조로 말했다.

"나는 장군을 믿고 있기 때문에 앞으로도 계속해서 힘껏 도울 생각이오. 만일 부왕께서 자금을 내주지 않으면, 내 재산을 털어서라도 장군을 돕겠소. 그래도 부족하다면 내가 앉아 있는 의자라도 팔겠소. 그러니 장군은 다른 건 걱정마시고 오로지 아

---

12)　기원전 ?~522. 사모스 섬의 참주. 문학과 미술을 장려했다고 한다.

테네를 정복할 생각만 하시오."

키로스는 아버지를 만나러 메디아로 떠나는 길에 다시 한 번 리산드로스에게 말했다. "장군, 내가 다스리고 있는 도시에서 세금을 받아서 쓰시오. 그리고 그 도시들도 다스려 주기 바라오. 그리고 마지막으로 부탁이 하나 있는데, 내가 돌아올 때까지는 아테네 해군과 싸우지 말고 계시오. 내가 페니키아와 킬리키아에 가서 군함들을 얻어올 테니 그때까지만 기다리시오."

부탁과 약속을 남기고 키로스 왕자는 메디아로 떠났다. 리산드로스는 이제 더이상 군자금 걱정을 하지 않아도 되었다. 그러나 넉넉하지는 않았지만 가지고 있는 군함으로도 충분히 싸워 볼 만하다고 생각한 리산드로스는 가만히 앉아 있을 수만은 없었다. 몇 번을 망설이다가 그는 드디어 결심을 굳히고 함대를 출동시켰다.

리산드로스는 몇몇 섬을 아테네의 손아귀에서 벗어나게 하고, 아이기나와 살라미스 섬을 쳐들어가 마침내 아티카에 상륙하였다. 그곳에는 마침 데켈레아로부터 스파르타의 아기스 왕[13]이 육군을 이끌고 들어와 있었다. 그는 왕을 찾아가 인사를 드렸다. 그리고 자기가 거느리고 있는 해군의 위력을 자랑하며, 어느 바다로 가나 왕자의 권위를 자랑한다고 뽐냈다.

그러나 아테네 함대가 그들을 뒤쫓아 온다는 소식이 들려오자 리산드로스는 에게 해를 거쳐 소아시아로 서둘러 달아나 버렸다.

소아시아로 도망온 리산드로스는 방비가 소홀한 적의 땅을 돌아보았다. 헬레스폰토스[14]가 허술한 것을 발견한 그는 육군을 거느리고 있던 토락스와 힘을 합쳐 헬레스폰토스 해협에 있는 람프사코스 시를 바다와 육지에서 한꺼번에 치고 들어갔다. 이 도시를 집어삼킨 리산드로스는 마음대로 약탈을 하라고 허락하고 군사들을 풀어 주었다.

그 무렵 케르소네소스 반도의 엘라이우스에는 아테네 함대 1백 80척이 닻을 내리

---

13) 스파르타는 독재를 막기 위해 두 사람의 왕을 두었는데, 당시에는 아기스와 파우사니아스가 왕이었다. 리산드로스는 아기스 왕과 특히 가까이 지내고 있었다.

14) 다르다넬레스 해협의 옛 이름. 에게 해와 흑해의 외해인 마르마다 해와 이어져 있으며 아시아와 유럽의 경계를 이룬다. 헬레스폰토스란 헬레의 바다라는 뜻인데, 그리스 신화에 나오는 헬레라는 여자가 황금의 양을 타고 계모 이노를 피해 달아나다가 이곳에 빠져 죽었다고 해서 붙여진 이름이다.

고 있었다. 그들은 람프사코스 항구가 리산드로스의 손에 들어갔다는 소식을 듣고 세스토스로 갔다. 이곳에서 충분한 군량미를 실은 아테네 함대는 곧 출항하여 스파르타 함대가 있는 람프사코스가 마주 보이는 아이고스 포타미 강[15]에 닻을 내렸다.

이 때 아테네 함대를 지휘하던 여러 장군 중에는 필로클레스라는 장군이 있었다. 그는 일찍이 포로들의 오른손 엄지손가락을 잘라 창을 잡지 못하게 하고, 노를 젓는 노예로 만들자는 법령을 제정하여 통과시켰다.

양쪽 군대는 마주한 채 멀리 떨어져 있었다. 아테네 군은 다음날 아침 전투를 개시할 작전을 세운 채 일찍 잠자리에 들었다. 그러나 리산드로스의 생각은 달랐다. 그는 다음날 새벽, 마치 전투를 벌일 것처럼 병사들을 모두 배에 태우고 군대를 모두 배치했다. 그리고 명령을 내리기 전까지는 절대 움직여서는 안 된다고 지시했다.

날이 밝아왔다. 아테네 함대는 스파르타 군을 향해 일제히 노를 저어왔다. 그들은 전투 대열을 갖추고 공격 준비를 하였다. 그러나 새벽부터 전투 준비를 갖추고 있던 리산드로스는 아무런 움직임도 없었다. 그는 작은 배를 두세 척 내보내, 전함들이 싸우지 못하도록 감시를 하고 있을 뿐이었다.

해가 저물고 저녁이 되었다. 아테네 함대는 싸움을 돋구다가 지쳐 진지로 돌아가 버렸다. 리산드로스는 몇 척의 배를 뒤따라 보내 적의 병사들이 모두 배에서 내렸다는 보고를 들은 다음에야, 자신의 군대도 상륙시켰다.[16] 이런 식으로 사흘이 지났다. 아테네 군은 자신들이 무서워 적들이 꼼짝도 못한다고 생각하며 스파르타 군을 비웃기 시작했다.

그때 일반 평민이 되어 케르소네소스 성에 살고 있던 알키비아데스가 아테네 장군들을 찾아왔다. 조국에 대한 사랑을 간직하고 있던 알키비아데스는 아테네 장군들에게 충고를 하기 위해 먼 길을 달려왔던 것이다. 그는 상황을 돌아본 뒤에 장군들에게 말했다.

"아테네 군이 진을 치고 있는 이 해안은 지형적으로 불리한 위치에 놓여 있소. 그리고 항구가 아니기 때문에 병사들이 상륙을 하는 데도 어려움이 많소. 또 이곳은 세

---

15) 헬레스폰토스 해협으로 흘러들어가는 트라키아의 강. 염소의 강이라고도 부른다.

16) 당시의 군함은 시설이 변변치 못해서 배 안에서 숙식을 해결할 수가 없었다. 그래서 병사들은 밤이 되면 육지로 내려와 식사를 하고 잠을 잤다.

스토스에서 멀리 떨어져 있기 때문에, 오랫동안 주둔할 경우 식량을 실어나르기가 힘듭니다. 게다가 지금 적은 한 사람의 사령관 밑에서 질서 있게 움직이고 있소. 적은 우리의 허점을 벌써 알고 이런 작전을 세운 것이오. 그러니 서둘러 세스토스 항구로 가야 됩니다. 그래야만 식량도 구하기 쉽고 적과도 안전한 거리를 유지할 수 있소."

그러나 장군들은 알키비아데스의 충고를 받아들이지 않았다.

"충고는 고맙지만 전쟁을 맡은 것은 우리요."

하지만 알키비아데스는 계속해서 함대를 세스토스로 이동해야 된다고 주장했다. 그러자 티데우스라는 장군이 벌컥 화를 내며 소리를 질렀다.

"함대를 지휘하는 것은 우리지 당신이 아니오. 그러니 잔소리 그만하고 어서 나가시오."

알키비아데스는 그대로 머물러 있다가는 무슨 모략을 당할지 몰라 더 이상 입을 열지 않고 그대로 돌아가 버렸다.

닷새 째 되는 날, 아테네 함대는 전날과 마찬가지로 스파르타 함대에게 싸움을 걸다가 해가 저물어 진지로 돌아왔다. 그들은 적을 얕잡아 보고 경계를 소홀히 하고 있었다. 리산드로스는 몇 척의 배를 내보내 적이 상륙하는지를 살피라고 했다. 그리고 배의 함장들에게 명령을 내렸다.

"적이 배에서 모두 내리는지 확인하고 급히 돌아오라. 그리고 돌아오면서 배 앞에서 방패를 내걸어 멀리서도 볼 수 있도록 신호하라."

그 배들이 떠나자, 리산드로스는 전 함대를 하나하나 돌아다니며 지휘관들을 만나고, 병사들을 모두 제 위치에 배치시켰다.

"정찰선의 방패가 보이면, 그것을 신호로 즉시 출동하라. 힘차게 노를 저어 나가 적을 공격하라."

리산드로스는 육군의 지휘관인 토락스에게도 함대와 동시에 공격을 개시하라는 명령을 전달했다.

드디어 돌아오는 정찰선 뱃머리에서 방패가 번쩍거리는 것이 보였다.

장군이 탄 배에서 공격 나팔 소리가 울렸다. 스파르타의 함대는 신호에 따라 일제히 아테네 군을 향해 출동했다. 동시에 육지에서도 공격이 시작되었다. 거리는 3km에 지나지 않았다. 스파르타 병사들은 힘차게 노를 저어 삽시간에 적의 함대 쪽으로 다가갔다.

스파르타의 함대가 바다를 가득 메우며 밀려오고 있는 것을 제일 먼저 발견한 것은 아테네 함대의 코논 장군이었다. 그는 배에서 내리고 있던 병사들에게 소리를 쳤다. "서둘러 배에 올라라! 모두 자기 위치로 가라. 적이 온다. 스파르타가 오고 있다!"

　코논은 뜻하지 않은 사태를 알리며 명령과 애원으로 전투 태세를 갖추었다. 그러나 그의 눈물겨운 노력은 아무 소용이 없었다. 배에서 내린 아테네 군은 이미 사방으로 흩어져 시장으로 물건을 사러 갔거나, 바람을 쏘이러 갔거나, 막사에 들어가 잠을 자거나, 밥을 먹고 있거나 하고 있었기 때문이다. 전투 경험이 부족한 아테네 장군들은 이런 일은 꿈에도 생각지 못하고 병사들을 아무렇게나 내버려 두었던 것이다.

　스파르타의 함대는 이미 눈앞까지 다가와 함성을 울리고 바다 물결을 진동시키고 있었다. 코논은 하는 수 없이 자신이 지휘하던 8척의 배를 이끌고 간신히 키프로스 섬으로 빠져나갔다. 그리고 에바고라스 왕에게 투항하였다.

　한편 리산드로스의 배는 아테네 함대를 가리지 않고 공격했다. 아테네의 함대는 더러는 텅 비어 있는 채로, 혹은 수병들이 배에 오르는 순간에 모조리 적의 손에 넘어갔다. 무장도 하지 않은 채 배에 오르던 아테네 병사들은 꼼짝없이 적의 창칼에 맞아 바닷물 속으로 떨어지거나, 혹은 육지로 도망가다가 날아오는 창에 맞아 쓰러졌다. 간신히 스파르타의 함대를 피한 병사들도 육지에서 달려오던 토락스의 육군에게 모두 죽임을 당했다.

　전쟁은 간단하게 끝이 났다. 3천 명의 포로에 장군들도 여럿이 잡혔다. 파랄루스라고 부르는 신성한 배와 코논이 몰고 달아난 8척의 군함을 빼고 아테네 함대는 1백80척의 함대를 모조리 적의 손에 넘기고 만 것이었다. 바다에서 승리를 거둔 리산드로스는 이제 육지로 내려와 적의 진영을 짓밟았다. 그런 뒤 빼앗은 아테네의 군함을 모두 밧줄에 달아 끌고 승리의 군악을 울리며 람프사코스로 돌아갔다. 그 시대에 가장 오래 끌고 있던 승리를 리산드로스는 이처럼 불과 한 시간만에 끝내 버린 것이다. 별로 힘도 들이지 않고 이렇게 큰 승리를 거둔 일은 그 전에는 한 번도 없었던 일이었다.

　그 이전까지 이 전쟁은 헤아릴 수 없을 만큼 여러 번 전세가 뒤바뀌었고, 그리스 역사상 가장 많은 장군들의 목숨을 앗아간 전투를 치렀다. 그런데 이런 전쟁이 오직 한 사람의 장군과 뛰어난 작전 계획으로 가장 짧은 시간에 끝을 맺게 된 것이었다.

　그래서 어떤 사람들은 전쟁이 이처럼 쉽사리 마무리될 수 있었던 것은 신의 도움 때문이라고 생각하고 있다. 리산드로스가 적의 함대를 향해 출동 명령을 내리던 순간, 그의 배 양쪽 키 위에 '카스토르와 폴룩스[17]의 별이 나타나는 것을 보았다는 사람들도 있기 때문에 이 주장은 더욱 신빙성을 더해 준다. 또 이 때 하늘에서 떨어진 운석은 이 전쟁의 비참한 살육을 미리 알리는 것이었다고 생각하는 사람들도 있다. 이러한 믿음은 다음과 같은 이야기 때문에 생겨난 것이다.

그때 아이고스 포타미 강에 하늘로부터 커다란 돌이 하나 떨어졌는데, 케르소네소스 지방에 사는 사람들은 지금까지도 이 돌을 성스러운 것으로 받들고 있다.

아낙사고라스[18]는 이런 주장을 했다고 한다. "하늘에 걸려 있는 물건들은 천체에 어떤 움직임이나 변화가 생기면, 그 위치를 벗어나기도 한다. 그렇게 되면 다른 물체들도 따라서 떨어지게 되는 것이다."

그의 학설에 의하면, 별들은 언제나 그 자리에 박혀 있는 것이 아니며 돌처럼 어떤 무게를 지니고 있다고 한다. 그래서 선회 운동을 할 때에 공기의 저항과 마찰을 받아 빛을 내게 된다고 한다. 그러므로 무한한 허공에 있는 차고 무거운 이 물건은 계속해서 심하게 움직이기 때문에 땅에 떨어지지 않는다는 것이 그의 주장이다.

그러나 아낙사고라스의 이 학설보다 훨씬 그럴듯한 의견이 다른 몇몇 사람들에 의해 뒷받침되고 있다. 별똥별, 즉 유성이란 무슨 이상이 생겨 하늘의 불에서 궤도를 벗어나 떨어지는 것으로, 밑에 깔린 공기층에 닿아 발화하자마자 곧 꺼지는 불이나, 세찬 바람이 별안간 위로 솟구쳐 오를 때 갑자기 폭발해서 타는 불이 아니라는 것이다. 그러나 하늘에 걸려 있는 물체들은 선회 운동을 할 때 힘이 약해지면 불규칙적인 운동 때문에 궤도를 벗어나게 된다. 그렇게 되면 땅으로 떨어지게 마련인데, 대개는 사람이 사는 곳을 피하여 바다에 떨어지기 때문에 눈에 띄는 일이 드물다는 것이다.

다이마코스는 《종교론》이라는 책을 통해 아낙사고라스의 주장을 지지하고 있다. 이 책에 의하면 당시 이 커다란 돌이 떨어지기 전 75일 동안 하늘에 커다란 불덩어리가 나타나 이리저리 왔다 갔다 하며 별똥별처럼 불꽃을 떨어뜨렸다고 한다. 그러다가 75일 째가 되는 날, 두려움으로 벌벌 떨다가 얼마 뒤 그곳을 찾아갔는데, 불은 자

---

17) 카스토르는 형, 폴룩스는 아우인 쌍둥이 별이다. 제우스와 레다 사이에 태어난 이 쌍둥이 형제는 우애가 매우 두터웠다고 한다. 뱃사람들을 지키는 불사의 수호신으로 여겨지며, 하루씩 하늘과 지하에서 교대로 산다고 전해진다. 카스토르는 지하의 신, 폴룩스는 하늘의 신이다.

18) 기원전 500~403. 그리스의 철학자.

취도 없고 다만 커다란 돌 하나가 땅에 누워 있더라는 것이다. 그것은 무척 거대했지만 하늘에 나타났던 불덩어리와는 비교도 안 되는 것이었다. 다이마코스의 이런 이야기를 믿을 만한 사람은 별로 없겠지만 혹시 그의 말이 사실이라면, 높은 절벽에 있던 돌이 돌개바람을 타고 하늘로 올라갔다가 바람이 약해지면서 떨어진 것이라는 주장은 그릇된 것이라고 할 수 있다. 그러나 오랫동안 하늘에 나타났던 것이 진짜 불덩어리였고 그 불꽃이 다 탄 다음 공기층에 밀려 커다란 돌을 이곳으로 날라온 것이라는 주장도 전혀 무시할 수는 없다. 그러나 이런 문제에 대한 더 자세한 연구는 이 책에서 다룰 것이 아니므로 이 정도에서 그치겠다.

리산드로스가 포로로 잡은 아테네인 3천 명은 동맹회의의 의원들에 의해 사형 선고를 받았다. 이 결정이 있은 뒤 리산드로스는 포로들 가운데, 아테네의 사령관 중 하나였던 필로클레스를 불렀다.

"필로클레스 장군, 당신은 아테네 사람들을 선동하여 그리스인 포로들에게 차마 사람으로는 하지 못할 짓들을 해왔소. 그들의 손가락을 잘라 병신을 만들었으니, 이제 당신은 그 만행의 죄를 무엇으로 받겠소?"

필로클레스는 비참한 지경에 처해 있었지만, 떳떳함을 잃지 않은 어조로 말했다. "지금 내가 만들었던 법안에 대해 이렇다 저렇다 시비를 가릴 수 있는 사람은 없소. 당신은 정복자요. 그러니 당신이 정복당하게 되었을 때 당신에게 내려질 처벌을 나에게 내리면 될 게 아니오?"

말을 마친 필로클레스는 목욕을 깨끗이 한 뒤 옷을 갈아 입고 부하들을 앞세워 사형장으로 갔다. 이것은 테오프라스토스[19]라는 철학자가 그의 역사책에 기록하고 있는 이야기이다.

승리의 뒤처리를 모두 끝낸 리산드로스는 함대를 이끌고 그리스의 각 도시들을 돌아다녔다. 그럴 때 아테네 사람들이 보이면 리산드로스는 이런 말을 했다.

"당신들의 고향인 아테네로 돌아가시오. 만약 아테네가 아닌 다른 곳에서 눈에 띄는 자는 그 즉시 사형을 당할 것이오."

아테네에는 식량이 풍부하여 포위하는 시간이 오래 걸리기 때문에 그는 아테네인들을 모두 고향에 돌아가게 하여, 식량이 빨리 떨어지도록 하려는 생각을 했던 것이다.

---

19) 아리스토텔레스가 사랑했던 제자.

그는 또 아테네의 지배를 받던 모든 도시에서 민중의 정치 체계를 무너뜨리고, 스파르타인 장군들에게 도시를 맡겼다. 그들 밑에는 10명의 아르콘으로 구성된 정치 위원회를 두고 장군과 함께 도시를 다스리게 했다. 이 10명의 통치자들은 자기가 에페소스에게 훈련시켰던 사람들로 구성되어 있었다. 리산드로스는 적의 도시였건, 처음부터 스파르타와 동맹을 맺었던 도시였건, 가리지 않고 정치 제도를 바꾸어 자기가 꾀했던 조치를 시행했다.

그런 다음 그는 함대를 이끌고 여러 도시들을 돌아다니면서 자신의 권력을 다져 나갔다. 그는 마치 그리스 전체의 최고 통치자인양 군림하고 있었다. 아르콘을 임명할 때도 문벌이나 재산 같은 것은 따지지 않고, 모두 자기의 친구나 추종자들 중에서만 통치자를 골랐다. 그리고 그들에게 상과 벌을 주는 절대적인 권한을 주었다. 그는 수많은 사형 집행 현장에 몸소 나타나곤 해서 자기의 추종자들에게 반항하는 반대파들을 내쫓는 일을 돕기도 했다. 리산드로스가 전 그리스에서 실시한 정치는 스파르타가 패권을 잡으면 세상이 어떻게 되는지를 소름끼칠 만큼 잘 보여 주는 것이었다.

희극시인인 테오폼포스[20]가 스파르타 사람들을 술집 주인에게 비유하여 쓴 다음과 같은 글도, 그들의 잔인성을 나타내기에는 부족한 것이다.

처음에는 사람들에게 포도주처럼 달콤한 자유를 맛보여 주고,
다음에는 쓰고 시큼한 식초를 마시게 했다.

그러나 실제로 스파르타는 처음부터 몹시 독하고 쓴맛을 보여 주었으며, 리산드로스는 각 도시에 있던 민중의 정부를 모두 부수고, 가장 포악하고 야만적인 독재자들을 통치자로 임명하였다.

리산드로스는 전쟁의 뒤처리로 이렇게 얼마간의 시간을 보낸 다음 스파르타에 사람을 보냈다. 자기가 군함 2백 척을 거느리고 개선할 것이라는 것을 알리기 위해서였다. 그런 다음 리산드로스는 아티카로 가서 자신을 기다리고 있던 스파르타의 두 왕 아기스와 파우사니아스를 만났다. 그들은 서로 힘을 합쳐 아테네를 공격했다. 그러나 생각과는 달리 아테네의 저항은 끈질겼다.

---

20) 기원전 380년 경의 그리스의 역사가, 희극 작가이며 시인.

리산드로스는 더 이상 기다리고 있을 수가 없어 다시 함대를 돌려 소아시아로 갔다. 그는 그 지방의 여러 도시들의 정부를 무너뜨리고 10인 과두 정치를 실시하였다. 그리고 실시 과정에서 반항하는 자들을 모조리 사형시키고 수많은 사람들을 추방시켜 버렸다. 특히 아테네 군의 사령부가 있던 사모스 섬에서는 주민들을 송두리째 몰아내 버리고, 아테네 장군에게 쫓겨났던 사람들을 그곳에 불러들여 살게 했다.

또한 세스토스 섬을 아테네로부터 빼앗고, 주민들을 모두 몰아냈다. 그리고 스파르타 함대에서 선장이나 항해사로 있던 사람들을 불러 그 땅을 나누어 주었다. 그러나 이 조처는 스파르타 정부의 완고한 반대로 취소되고 말았다. 이것은 스파르타 정부로부터 리산드로스가 처음으로 반대를 받은 조치였다. 그래서 세스토스는 얼마 뒤 다시 주민들에게 되돌려졌다.

그러는 한편 리산드로스는 고향을 오랫동안 잃어버리고 떠돌아다니던 아이기나 사람들에게 나라를 되찾아 주었다. 그리고 밀로[21]와 스키오네에서 아테네인들을 내쫓고 주민들을 불러들여, 그 두 도시를 다시 일으켜 세웠다. 이런 리산드로스의 행동을 보고 모든 그리스인들이 기뻐하며 그를 칭송했다.

이 무렵 아테네에 식량이 끊어져 시민들이 모두 비참한 상태에 놓여 있다는 소식이 들려왔다. 리산드로스는 이 이야기를 듣자마자 곧 피라이우스[22] 항구로 갔다. 아테네는 곧 항복해 왔다. 아테네로서는 어떠한 조건이라도 받아들이지 않을 수 없는 궁색한 사정에 놓여 있었던 것이다.

리산드로스는 항복 받을 준비를 끝내고 스파르타에 보고문을 띄웠다. 스파르타에 전해오는 이야기를 보면, 그때 리산드로스는 다섯 명의 에포로스(정무위원)들에게 '아테네를 정복함'이라고 써서 보고를 했다. 그러자 에포로스들은 '정복했으면 그것으로 충분함'이라는 답변을 전해 왔다고 한다. 그러나 이것은 간결한 말투를 뽐내기 위해 날조한 것이고, 실제로 에포로스들이 아테네에 요구한 것은 다음과 같았다.

스파르타 정부는 다음과 같은 조건으로 항복을 수락한다.

---

21) 에게 해의 키클라데스 제도에 있는 섬 가운데 하나, 또는 밀로 섬에 있던 폐허가 된 도시를 가리킨다. 1820년에 발견된 '밀로의 비너스 상'으로 유명해졌다.

22) 아티카와 보이오티아 지방에 있던 아테네의 항구.

첫째, 아테네는 피라이우스의 성벽을 허물 것.

둘째, 그리스의 각 도시에서 물러나 본국의 영토만을 점유할 것.

이러한 조건이 확인되면 평화를 허락한다.

만일 평화를 원한다면, 추방자들을 즉시 소환하라.

그리고 귀국이 보유할 수 있는 군함의 수는 현지 사령관의 재량에 맡긴다.

아테네는 이처럼 불리한 항복조건에 대해 이렇다 저렇다 할 처지가 못되었다. 물론 이러한 조건은 받아들일 수 없다며 죽음을 각오하는 사람도 없지는 않았다. 그러나 하그논의 아들 테라메네스 같은 사람은 그런 조건이나마 받아들여 항복을 하자고 했다. 그때 클레오메네스라는 젊은 웅변가는 그에게 이렇게 얘기했다. "나는 당신의 의견에 반대하오. 어떻게 감히 저 성을 허물어뜨릴 수가 있소? 저것은 테미스토클레스[23]가 스파르타에 대항하여 아테네의 영원한 번영을 위해 쌓았던 것이오. 그러니 저 성을 허물라는 스파르타의 조건을 받아들인다는 것은 테미스토클레스의 정신을 거스르는 것이오."

테라메네스는 이렇게 말하는 클레오메네스를 돌아보며 슬프지만 조용한 어조로 이렇게 말했다. "여보게 젊은이. 나는 테미스토클레스의 정신을 거역하자는 것이 아닐세. 그분이 이 성을 쌓은 것도 아테네를 구하자는 것이었고, 우리가 지금 이것을 허물려는 것도 아테네를 구하자는 뜻일세. 만일 성이 있어야 나라가 튼튼하다면, 성이 없는 스파르타는 가장 초라한 나라일걸세."

리산드로스는 12척의 배만 남기고 나머지의 모든 아테네 함대와 성벽을 차지했다. 그리고 정치 체계를 바꾸어 이곳에도 10인 정부를 세울 준비를 서둘렀다.

이러한 조치를 취하기 위해 그가 아테네의 성 안에 들어온 것은 무키온 달 16일이었다. 이 날은 일찍이 아테네가 살라미스 해전에서 페르시아군을 격파했던 바로 그날이었다. 아테네 시민들은 옛날의 그 승리를 생각하면서, 그 날의 패배를 더욱 슬퍼했다.

아테네에 들어온 리산드로스는 시민들에게 포고령을 내렸다.

---

23) 아테네의 정치가이며 아테네 함대의 건설자. 기원전 527~460년 페르시아 함대를 살라미스 해전에서 격파하였다. '테미스토클레스' 전기를 참조할 것.

"현재 아테네 시민들은 기일이 지났는데도 성을 허물지 않고 있다. 이것은 휴전의 첫 번째 조건을 위반한 것이다. 때문에 스파르타는 아테네에 대해 새로운 조처를 취하겠다."

어떤 기록을 보면, 그는 아테네의 전 시민을 노예로 팔아 버리는 것이 어떻겠느냐고 동맹국 회의에서 물은 일도 있었다고 한다. 그리고 그때 테베의 에리안토스는 아테네 시를 완전히 파괴해 버리고, 아테네의 전국토를 목장으로 만들자고 제안했다고 한다.

그런데 나중에 동맹국의 장군들이 한 자리에 모여 술을 마시고 있을 때, 어떤 포키스 사람이 에우리피데스[24]의 〈엘렉트라〉에 있는 첫 노래를 읊었다. 그것은 이렇게 시작된다.

> 아가멤논의 어린 딸 엘렉트라[25]여,
> 그대가 살던 이 집에 찾아왔지만
> 아, 집은 허물어지고 잡초만 무성하여라.

이 노래는 그곳에 모인 사람들의 굳어진 마음에서 구슬픈 마음을 이끌어냈다. 그래서 그들은 그리스의 이름난 도시이며, 그토록 많은 영웅들을 낳았던 아테네를 파괴해 버린다는 것이 얼마나 부끄러운 일인지를 깨닫게 되었다.

그 후 아테네인들은 리산드로스가 명령하는 대로 하겠다는 뜻을 전해 왔다. 리산드로스는 피리부는 사람들을 시내로 모아들인 뒤, 그 소리에 맞춰 긴 성벽을 허물게 했다. 성은 허물어지고 군함들은 모두 불태워졌다. 동맹군의 장군들은 아테네의 멸망을 축하하는 뜻으로, 머리에 화관을 쓰고 춤을 추며 마치 이 날이 자유가 시작되는 날인 듯 기뻐했다.

리산드로스는 곧 정치 제도를 바꾸는 일에 착수했다. 아테네 시에는 30명의 아르콘을, 피라이우스에는 10명의 통치자를 두어 도시를 다스리게 했다. 또 아크로폴리

---

24) 기원전 480~406. 그리스의 비극 시인.
25) 그리스 신화에 나오는 아가멤논 왕과 클리타임네스트라 왕비 사이의 딸. 나중에 언니를 시켜 아버지의 원수인 어머니를 죽이게 했다.

스에는 군대를 주둔시키고, 칼리비오스라는 스파르타인을 수비대장으로 임명했다. 그런데 수비대장이 된 지 얼마되지 않아, 그가 아우톨리코스라는 사람을 지팡이로 때리려고 하는 사건이 발생했다. 아우톨리쿠스는 크세노폰[26]이 《향연》에서 언급했던 것처럼 유명한 운동선수였다. 그런데 그가 지팡이를 휘두르는 칼리비우스를 발로 차서 넘어뜨리고 말았던 것이다.

리산드로스는 한낱 운동선수가 수비대장 칼리비우스를 모욕했다는 보고를 받았다. 그러나 리산드로스는 욕을 당한 수비대장을 동정하는 것이 아니라 오히려 그를 이렇게 나무랐다.

"칼리비우스, 자네는 자유민을 다룰 줄도 모르는구려."

그러나 30명의 아르콘들은 칼리비우스에게 잘 보이기 위해, 죄없는 아우톨리코스를 사형에 처하고 말았다.

리산드로스는 아테네에 대한 처리가 마무리되자 트라키아를 향해 출항했다. 그는 당장에 필요가 없는 공금과 나머지 자기가 받은 선물과 금품을 모두 스파르타에 보내기로 했다. 그는 당시 그리스 전체의 통치자와 같은 위치에 있었기 때문에 그에게 선물을 바치는 사람이 꽤 많았다. 그는 이것들을 스파르타로 보내는 임무를 시칠리아 원정군의 사령관이었던 길리포스에게 맡겼다.

그런데 길리포스는 이토록 많은 금품들을 수송하려 하자 욕심이 생기기 시작했다. 그래서 도중에 돈 자루의 밑을 뚫고 돈을 훔쳐낸 다음 다시 꿰맸다. 그는 각 자루마다 얼마가 들어 있다는 돈의 액수를 적어 두었다고는 미처 생각지 못했던 것이다. 길리포스는 스파르타로 돌아가 훔친 돈들을 자기 지붕 밑에 감추었다. 그리고 돈 자루들을 에포로스들에게 전달했다.

에포로스들은 자루를 헐고 돈을 세어 보았다. 이상하게도 돈의 액수와 적혀 있는 금액이 달랐다. 에포로스들은 그 까닭을 알 수가 없었다. 그런데 평소부터 주인 길리포스를 미워하던 하인이 그들을 찾아와 수수께끼 같은 말을 하였다.

"주인님 집의 지붕 밑에는 올빼미가 많이 살고 있습니다."

그 시대에 유통되던 돈은 아테네의 영토가 넓었던 탓에 아테네의 상징인 올빼미가 새겨져 있었다. 길리포스는 돈에 대한 어처구니 없는 욕심 때문에 자신의 명예를

---

26) 아테네의 철학자이며 장군.

더럽히고 수치스럽고 초라하게 스파르타를 떠나야 했다.

스파르타의 현명한 사람들은 길리포스 같은 큰 인물까지도 꺾어버리고 마는 황금을 두려워하기 시작했다. 그래서 그들은 황금을 나라에 보낸 리산드로스는 파멸을 보낸 것과 다름없다면서 비난했다. 그리고 에포로스들에게 모든 금품은 파멸이라며 나라 밖으로 다시 실어내라고 건의했다. 에포로스들은 이 일을 상의했다. 이 때 그들 중의 어떤 사람은 이렇게 주장하기도 했다.

"앞으로는 스파르타에 금과 은을 들여오지 못하도록 금지시키고, 선조 대대로 써오던 화폐를 써야 합니다."

역사가 테오폼포스는 스키라피다스가 이런 말을 했다고 했고, 에포로스(Ephorus)[27]는 플로기다스가 한 말이라고 전한다.

그런데 여기서 말하는 스파르타의 화폐라는 것은 무쇠로 만들어진 것이었다. 빨갛게 단 무쇠를 식초를 탄 물에 넣어 무르게 만든 화폐는, 그렇게 만들어졌기 때문에 가지고 다니기가 무척 불편했으며, 무게와 부피가 큰 데 비해서 돈의 가치가 너무 작았다. 스파르타의 화폐는 모두 이런 것이었다고 짐작되며, 지역에 따라 무쇠나 구리로 만든 꼬챙이를 사용하기도 했다. 그러므로 오늘날에도 적은 돈의 단위를 오볼[28]이라고 하는데, 1드라크마는 6오볼에 해당하는 것이다. 그리고 드라크마란 한 줌에 쥘 수 있는 분량을 뜻하는 것이다.

한편 리산드로스를 지지하는 사람들은 금은을 추방하자는 이같은 제안을 반대하고 나섰다. 금과 은을 그대로 나라에 넣어두자는 것이 그들의 주장이었다.

이러한 혼란 속에서 결국 그 돈은 나랏일에만 쓰고, 만일 이 돈을 사사로이 가지고 있는 사실이 발견되면 즉시 사형에 처한다는 법률이 만들어졌다. 이것은 마치 그 옛날 리쿠르고스가 남긴 법률은 돈에 대한 탐욕을 두려워한 것이 아니라 돈 자체에 대한 두려움 때문에 생긴 것처럼 되어 버렸다.

개인이 돈을 소유할 수는 없게 했지만 정부가 이것을 가지고 있는 한, 결코 국민들이 돈에 대해 가지는 욕심은 줄어들 수가 없다. 정부에서만 돈을 소유한다는 것은 사실 금은 자체에 대한 일종의 권위를 부여하는 것이 되어, 국민들은 실제의 가

---

27) 기원전 4세기 경의 그리스 역사가.
28) 그리스어 오벨루스가 꼬챙이를 뜻하는 데서 온 말이다.

치 이상으로 생각하게 된 것이다. 결국 이것은 돈에 대한 국민들의 욕구를 부추긴 것이 되고 말았다.

나라가 금은을 소중히 여기는 것을 본 사람들은 그것을 쓸데없는 물건이라고 경멸할 수가 없게 되며, 시민 전체가 소중히 여기는 물건을 어느 한 사람이 무시할 수는 없는 것이다. 그리고 도덕적으로 보아도 한 개인의 나쁜 생활이 온 나라를 휩쓸기보다는 나라의 정책이 개인의 사생활에 끼치는 영향이 훨씬 빠른 법이다. 그리고 전체가 부패하면 각각의 부분도 부패하기 쉽지만, 한 부분에 나타난 악습이 전체에 영향을 미칠 때는 다른 올바른 부분에 의해 고쳐지기 마련이다.

스파르타도 이것처럼 시민이 자기 집에 금과 은을 들여놓는 것을 막기 위해 사형에까지 이르는 엄격한 법을 세웠다. 그러나 결국 정부는 돈의 유혹으로부터는 시민들을 보호하지 못했을 뿐만 아니라, 돈을 갖는 것은 이처럼 고귀한 일이라는 것을 알려 주는 셈이 되고 말았다.

한편 리산드로스는 빼앗은 전리품들을 재료로 자기 자신과 여러 장군들의 동상을 만들어 델포이에 세우게 하고, 또 금으로 카스토르와 폴룩스의 쌍둥이 별을 만들어 디오스크로이에게 바쳤다. 그러나 이 별은 레욱트라[29] 전투 때 잃어버리고 말았다.

그 밖에도 키로스가 그의 승리를 기념하여 보낸 선물은 델포이에 있는 브라시다스와 아칸토스 사람들의 보물 진열실에 바쳤다. 이 선물은 황금과 상아로 만든 군함의 모형인데, 길이가 2큐빗이나 되는 노가 달린 것이었다. 또 델포이의 알렉산드리데스가 전하는 바에 의하면, 리산드로스는 이밖에도 은화 1탈렌트 52미나, 금화 11개를 바쳤다고 한다. 그러나 이것은 그가 가난하고 깨끗하게 살았다고 하는 다른 기록들과는 일치하지 않는 것이다.

이 때의 리산드로스는 그리스 역사상 가장 큰 권력을 쥐고 있었다. 그러나 그가 가지고 있던 자부심은 그가 가진 권력보다도 더 컸다고 사람들은 평가하고 있다. 두리스는 자신의 역사책에 이렇게 적고 있다. "각 도시들이 마치 신에게 제사를 드리듯이 사람을 모시고 제물을 바친 것은 그리스 역사상 리산드로스가 처음이었으며, 사람으로서 찬가를 들은 것도 그가 처음이었다."

지금까지 전하는 그 노래 가운데 하나는 이렇게 시작된다.

---

29) 고대 그리스의 보이오티아에 있던 도시. 이곳에서 테베 군이 스파르타를 격파했다.

넓은 스파르타에서 태어나신 그리스의 위대한 장군을
우리는 승리의 노래로 축하하리라.

사모스 사람들은 헤라[30] 여신께 드린던 제사의 이름을 리산드로스 제라고 고치기까지 하였다. 리산드로스는 당시의 시인 중에서 코이릴로스를 특별히 좋아했는데, 늘 데리고 다니면서 자신의 업적을 찬양하는 노래를 짓게 했다. 그 밖에도 여러 시인들이 그를 찬양하는 시를 지었는데 안틸로코스에게는 너무 기쁜 나머지 그의 모자를 은화로 가득 채워 주기도 했다. 또 콜로폰이라는 도시에 살던 안티마코스와 헤라클레아에 살던 니케라토스는 서로 한 편씩 시를 지어 겨루기도 했는데, 결국 니케라토스가 승리하자, 안티마코스는 화가 나서 자기가 지은 시를 찢어 버렸다고 한다. 그때 안티마코스의 시에 감동을 받았던 플라톤은 아직 청년이었는데, 경쟁에 진 안티마코스를 이렇게 위로했다.

"글을 모르기 때문에 손해를 입은 사람은 바로 그 무지한 사람 자신입니다. 마치 맹인이 눈이 보이지 않아 고생하는 것과 마찬가지죠."

피티아 경기 대회에서 거듭 여섯 번이나 우승을 했던 아리스토노스라는 유명한 하프 연주자가 있었는데, 그는 얼마 뒤에 열린 대회에서 리산드로스에게 이렇게 아첨하는 말을 했다.

"각하, 제가 이번에도 우승을 하면 그때는 각하의 이름을 빌려 인사를 하겠습니다."

그러자 리산드로스는 이렇게 말했다.

"그래, 내 노예라고 사람들에게 알리고 싶다는 말이지?"

리산드로스가 가진 이같은 큰 야심은 그보다 높거나 비슷한 지위에 있는 사람들에게 반가운 일이 아니었다. 그러나 자기를 따르는 사람들이 많아지고 아첨하는 말들에 둘러싸이게 되고부터는 그의 야심은 교만과 함께 점점 두드러지게 되었다. 그는 사람들에게 상을 주거나 벌을 내릴 때도 정도가 지나쳤다. 친구들이나 자기를 따르는 사람들에게는 그 도시를 다스릴 만큼 절대적인 권력을 주었고, 미워하는 사람에게는 사형을 내리는 것도 서슴지 않았다. 정적들을 추방시키는 것은 아주 너그러

---

30) 제우스의 누이이며 아내.

운 조치에 속할 정도였다.

그런 예로 다음과 같은 일이 있었다.

밀레토스 시의 민중 지도자들은 과두 정치의 횡포 때문에 망명을 가거나 숨어 있었다. 그러자 리산드로스는 이렇게 공포했다.

"나는 그대들에게 약속하겠다. 내게로 오면 절대로 해치지 않을 것이며 그대들을 따뜻하게 대할 것을 맹세한다."

이 말을 믿고 숨어 있던 사람들이 모두 나타났다. 그러자 리산드로스는 그들을 모조리 잡아 가두고 그곳의 통치자에게 맡겨 모두 죽이고 말았다. 그렇게 해서 죽은 사람의 수는 8백 명에 달했다. 그리고 각 도시에서 이런 방법으로 죽임을 당한 사람의 수는 일일이 세기도 힘들 정도이다.

리산드로스는 자기 자신이 가진 노여움뿐만 아니라, 자기를 따르던 추종자들이 가졌던 노여움까지도 모두 도맡아 풀어 주었던 것이다. 그리고 그들의 무모한 욕심을 채워 주기 위해 무차별적인 학살까지도 망설이지 않았다.

스파르타의 에테오클레스는 이런 말을 했다.

"만약 리산드로스가 둘이었다면 그리스는 버티지 못했을 것이다."

테오프라스토스에 의하면, 아르케스트라토스도 알키비아데스를 두고 똑같은 말을 했다고 한다. 그러나 아르케스트라토스가 했던 말은 알키비아데스의 교만과 사치, 그리고 방탕함을 두고 한 말이었지만, 리산드로스의 권세가 증오와 공포의 대상이 된 것은 사납고 무자비한 그의 성격 때문이었다.

스파르타는 리산드로스에 대한 불평을 듣고, 처음에는 별로 대수롭지 않게 생각했다. 그러나 얼마 뒤 페르시아의 총독 파르나바조스가 리산드로스를 탄핵하자 스파르타는 이 일을 문제삼기 시작했다. 파르나바조스는 스파르타에 사절을 보내 리산드로스가 영토를 약탈하고, 명예를 깎아내렸다며 항의를 해왔던 것이다.

스파르타의 에포로스들은 리산드로스의 처사를 몹시 불쾌하게 여겼다. 그래서 그들은 리산드로스의 친구인 토락스 장군이 은화를 가지고 있다는 사실을 발견하고 그를 사형시켜 버렸다. 그리고 리산드로스에게 비밀 문서를 보내 본국으로 불러들였다.

이 비밀 문서를 스키탈레스라고 하는데, 에포로스들은 누구를 장군으로 임명하여 보낼 때 둥근 나무 하나를 골라 똑같이 둘로 쪼갠 다음, 하나는 자기네가 보관하고 하나는 그 사령관에게 주었다. 그런 뒤, 정부가 그 사령관에게 비밀 명령이나 어떤 중요한 일을 알릴 때는 양피지를 길고 가늘게 잘라 이 스키탈레스를 빈틈없이 똘똘 만다. 그런 다음 양피지에 내용을 적고, 다시 양피지만을 벗겨 사령관에게 보낸다. 이것은 글씨가 모두 끊어져 있기 때문에 사령관은 글씨를 바로 읽을 수가 없었다. 그러나 자기가 가지고 있는 나무조각에다가 이 두루마리를 맞춰 감으면 글씨를 읽을 수 있게 되는데, 이 두루마리도 나무조각과 같이 스타프라고 불렸다.

리산드로스는 헬레스폰토스에서 이 비밀 문서를 받고 불안에 휩싸였다. 그가 가장 두려워한 것은 파르나바조스의 고발이었다. 그래서 그는 파르나바조스에게 달려가 곧 회담을 요구했다. 파르나바조스와 만난 리산드로스는 그에게 다음과 같은 내용의 편지를 스파르타 정부에 보내달라고 부탁했다.

"사실을 알아본 결과, 리산드로스는 잘못한 것이 없으니 고발을 취소합니다."

그러나 파르나바조스는 "크레타 사람은 크레타 식으로 대하라"라는 속담처럼 리산드로스의 요청을 들어주는 척 편지를 써보였다. 그러나 그는 이런 일을 예측하고 미리 써두었던 편지와 이것을 슬쩍 바꿔치기 했다. 그렇지만 편지의 알맹이가 바뀐 것을 모르는 리산드로스는, 스파르타로 이것을 가지고 갔다. 그리고 에포로스들에게 이 편지를 제출하고 마음을 푹 놓고 있었다.

전쟁 중에 파르나바조스는 페르시아의 다른 어느 장군보다 스파르타를 위해 힘을 썼기 때문에 큰 영향력을 가지고 있었다. 그러므로 그의 의견은 몹시 중요한 것이었다. 페르시아 총독의 편지를 읽어본 에포로스들은 그 편지를 리산드로스에게 보여 주었다.

'오디세우스 말고도 그처럼 꾀가 있는 사람이 여기 또 있구나.'

리산드로스는 당황하여 그 자리에서 총총히 물러나왔다. 어떻게 해서라도 스파르타를 빨리 떠나는 수밖에 다른 도리가 없었다. 그는 며칠 뒤 에포로스들을 만나 이렇게 출국 허가를 신청했다. "전쟁 중에 암몬[31] 신께 제물을 드리겠다고 맹세를 했었소. 그러니 나의 출국을 허가해 주시오."

어떤 사람들은 실제로 그런 일이 있었다고 믿었다. 리산드로스가 트라키아의 아피타이 시를 공격하고 있을 때 그의 꿈에 암몬이 나타났는데, 이것을 본 리산드로스는 신의 뜻이라고 생각하고 즉시 스파르타 군의 포위를 풀었다. 그리고 아피타이 인

---

31) 이집트의 태양신인 아멘의 그리스 식 이름. 그리스에서는 제우스와 동일시되었다.

들에게 암몬을 섬기라는 명령을 내리고, 암몬 신전이 있는 리비아로 떠났다고 한다.

리산드로스는 스파르타에서의 엄격한 생활이 싫어서 외국에 나가 돌아다니려는 생각이었다. 리산드로스의 스파르타에서의 생활은, 마치 넓은 풀밭을 뛰놀던 말을 마구간에 끌어다 넣고 일을 시키는 것과 같았다. 그러나 에포로스들은 리산드로스가 스파르타를 떠나려고 한 이유를 다르게 생각했다.

리산드로스는 에포로스들에게 아주 어렵게 출국허가를 얻어 곧 출항하였다. 그러나 리산드로스가 떠나자 스파르타의 두 왕은 그가 그리스 전체의 권력을 장악하려는 것임을 깨달았다. 두 왕은 여러 도시에서 리산드로스의 추종자들을 몰아내고 정권을 시민들에게 돌려주기로 결심했다.

아테네 시민들이 반란을 일으켰다. 그들은 아테네의 필레 성을 습격하여 30인의 통치자들을 몰아내 버렸다. 두 왕은 시민들의 반란을 지지할 생각이었다. 그러나 재빨리 스파르타로 돌아온 리산드로스가 시민들의 마음을 먼저 휘어잡고 말았다. "우리는 아테네의 과두 정치를 지지하고 시민들의 반란을 하루 빨리 진압해야 합니다. 만약 그러지 않으면 우리는 우리가 정복한 아테네를 잃고 맙니다."

스파르타 시민들은 그의 말을 지지하고 먼저 아테네 30인의 통치자들에게 2백 탈렌트의 군자금을 보내기로 했다. 그리고 에포로스들에게는 리산드로스를 그곳의 사령관으로 보내라고 요구했다. 에포로스들은 시민들의 요구를 거절할 수가 없었다. 그러나 스파르타의 두 왕은 리산드로스의 세력이 더 이상 커지는 것을 바라지 않았고, 또다시 그에게 아테네를 장악할 기회를 주고 싶지 않았다. 그래서 결국 그들은 군사 원조는 하되 리산드로스를 사령관으로 보내는 것은 받아들이지 않기로 했다. 그리고 두 왕중 한 사람이 지휘권을 맡기로 결정하여 파우사니아스 왕이 출정하기로 결정되었다.

그런데 파우사니아스 왕은 겉으로는 30인의 통치자들을 돕는다는 것을 구실로 내세웠지만 실제로는 반란자들과 평화 조약을 맺어 리산드로스가 그들을 꼭두각시로 삼아 아테네 시를 지배하지 못하게 하려는 데 속셈이 있었다.

파우사니아스 왕은 아테네에 도착하자마자 곧 반란을 일으킨 각 파벌들을 화해시켜 손쉽게 반란을 진압했다. 그렇게 해서 그는 본래의 목적을 달성하고, 리산드로스의 야망을 꺾어 놓았다.

그러나 얼마 안 되어 아테네 시민들은 다시 반란을 일으키고 말았다. 일이 이렇게 되자 파우사니아스 왕은 과두 정치에 얽매인 아테네 시민들을 해방시켰기 때문에 그들이 옛날처럼 무례한 소란을 일으키게 된 것이라는 비난을 받게 되었다. 반면에 리산드로스는 자기 은혜를 팔거나 이름을 떨치기 위해서가 아니라 오로지 스파르타의 이익을 위해 애쓰는 인물이라는 칭송을 얻게 되었다.

리산드로스는 특히 자기의 반대파들에게 대담한 말과 행동으로 그들을 제압하는 능력이 있었다고 한다. 예를 들면, 아르고스와 국경 문제로 다툴 때, 리산드로스는 상대방의 주장이 옳다는 것을 알면서도 칼을 뽑아 휘두르며 이렇게 소리를 질렀다. "날카로운 칼을 가진 자의 말이 가장 옳은 법이오."

또 동맹국 회의가 있었을 때, 메가라의 대표들이 무례한 말을 했을 때 리산드로스는 이렇게 말했다. "이것 보시오. 당신네들이 지금 그런 말을 해도 될 만큼 강한 나라라고 생각하시오?"

또 보이오티아가 입장을 확실히 하지 않자, 그는 그 나라 대표들에게 이렇게 물었다. "그럼 당신네 나라의 땅을 통과할 때 창을 옆으로 하고 가는 것이 좋겠소, 아니면 똑바로 세우고 가는 것이 좋겠소?"

한번은 코린트 시민들이 반란을 일으켰을 때, 그곳의 성벽까지 다가간 스파르타 군이 공격을 망설이고 있었다. 그때 토끼 한 마리가 적의 참호 속에서 튀어나와 도랑을 넘어 달아나는 것이 보였다. 리산드로스는 병사들을 향해 이렇게 꾸짖었다. "성에서 토끼가 낮잠을 잘 만큼 서투른 놈들을 두려워하다니 부끄럽지도 않으냐?"

이 무렵 아기스 왕은, 동생 아게실라오스와 아들 레온티키데스를 남겨 놓고 세상을 떠나게 되었다. 리산드로스는 아게실라오스를 지지하며 그에게, 자기가 헤라클레스의 진정한 혈통을 이어받았으니 왕위를 계승하는 것이 바람직하다고 주장하도록 권유했다. 레온티키데스는 아기스의 아들이 아니라 아테네의 장군 알키비아데스의 아들이라고 의심을 받고 있었기 때문이었다.

알키비아데스가 본국에서 추방되어 스파르타에 와 있을 때, 그는 아기스의 왕비 티마이아와 매우 가까이 지내고 있었다. 이 사실을 알게 된 아기스 왕은, 왕비의 잉태 날짜를 헤아려 보고, 자기 자식이 아니라며 레온티키데스를 돌보지 않았던 것이다. 그런데 병을 얻은 아기스 왕은 요양을 위해 헤라이아로 갔다가, 그곳에서 죽기 직전에 레온티키데스와 그 친구들이 애원하는 것을 듣고, 레온티키데스를 자기 아들로 인정했다. 그리고 임종을 지켜보던 사람들에게 레온티키데스가 자기 아들이 틀림없음을 스파르타 시민들에게 증언하라는 유언을 남기고 세상을 떠났다. 왕의 유언을 들은 사람들은 레온티키데스에게 왕위를 물려 주기 위해 민중들 앞에서 왕의 유언을 증언했다.

한편 아게실라오스는 리산드로스의 강력한 지지를 받았을 뿐 아니라 명성도 매우 높았던 사람이었다. 그러나 디오피테스의 예언 때문에 큰 타격을 받고 있었다.

디오피테스는 신탁에 관한 지식이 풍부한 사람이었는데, 다음과 같은 예언을 외우고 다니며, 예언에서 말하는 절름발이가 아게실라오스를 가리키는 것이라고 주장을 했던 것이다.

> 튼튼한 두 다리로 서 있는 위대한 스파르타여,
> 절름발이 왕정을 조심하여라.
> 비참한 전쟁의 폭풍에 이리저리 휘말려
> 마침내 멸망을 보게 되리라.

이 신탁 때문에 많은 사람들이 레온티키데스 쪽으로 기울어졌다. 그러나 리산드로스는 디오피테스의 해석이 잘못된 것이라고 말하며 다음과 같이 주장했다. "이 예언은 절름발이가 스파르타의 왕이 되어서는 안 된다는 뜻이 아니라, 불의의 씨앗인 사생아가 헤라클레스의 진정한 후손과 나란히 왕이 되면 우리나라가 절름발이가 된다는 뜻이오."

이런 주장과 함께 리산드로스의 강력한 세력은 마침내 아게실라오스를 왕위에 앉게 만들었다. 리산드로스는 아게실라오스를 왕좌에 앉힌 뒤, 아시아 원정을 주장하며 왕을 충동질하기 시작했다.

"왕이시여, 페르시아를 정복하여 세계의 제왕이 되셔야 합니다."

그는 또 한편으로 소아시아에 있는 자기 추종자들에게 편지를 보내, 페르시아와 곧 전쟁을 할 것이니 아게실라오스 왕을 장군으로 보내라고 스파르타에 요청하도록 했다. 리산드로스의 추종자들은 그의 명령대로 스파르타에 사절단을 보내 그 뜻을 전했다.

이렇게 해서 아게실라오스 왕은 페르시아 원정군의 총사령관으로 추대되었다. 아게실라오스 왕은 이것을 큰 영광으로 생각하고, 자기를 왕위에 올려준 것 못지않은 은혜로 여기며 리산드로스에게 고마워했다.

그러나 이 왕은 누구에게도 못지않은 큰 야심을 가진 인물이었다. 그렇기 때문에 똑같은 야심가인 리산드로스와 아기스 왕은 지배자로서의 능력은 둘 다 뛰어났지만, 상대방에 대한 끝없는 질투 때문에 큰 일을 하는 데는 문제가 있었다. 그런 사람들은 흔히 자기에게 도움을 줄 수 있는 사람들까지도 적으로 만들어 버리기 때문이다.

드디어 아게실라오스 왕은 아시아 원정길에 올랐다. 그는 30명의 군사위원을 거느리고, 그 중에서 리산드로스를 특별히 우두머리로 대우하며 원정길에 데리고 갔다. 왕과 리산드로스는 처음 얼마간은 뜻이 맞아 일을 잘해 나갔다. 그러나 지중해를 건너 소아시아 땅에 들어서자 사정은 달라지기 시작했다.

아시아에 있는 여러 지방은 이미 리산드로스에게 정복되었던 곳이었다. 그 지방 사람들은 대부분 왕을 잘 알지 못했기 때문에, 왕을 따르는 사람은 매우 드물었다. 그러나 리산드로스는 그 전부터 그들과 친분이 있었기 때문에 모두 몰려들어 과거의 관계를 새롭게 가지고자 했으며, 그를 두려워하던 자들은 호의를 보이려고 애를 썼다. 그렇게 되자 수많은 사람들이 왕을 제쳐두고 리산드로스에게만 모여들었다.

연극을 할 때 하인이나 노예 같은 신분이 낮은 배역을 맡은 배우가 주인공이 되어 관객의 눈길을 한몸에 받는 반면, 왕은 왕관을 쓴 채 대사 한 마디 없이 앉아 있는 경우가 있다. 이러한 장면과 똑같은 일이 리산드로스와 아게실라오스 왕에게 일어난 것이었다. 실질적인 모든 영예는 리산드로스에게 바쳐지고 왕은 아무런 실권도 없이 이름만의 왕에 지나지 않았다.

아게실라오스 왕은 리산드로스의 명성에 깜짝 놀라 그의 분에 넘치는 세력을 억누르고, 자기 다음의 위치에 머무르게 해야겠다고 생각했다. 그러나 은인이며 친구인 그에게 수치를 줄 수는 없는 일이었다. 그래서 왕은 천천히 리산드로스의 세력을 약하게 만들 결심을 했다.

우선 리산드로스에게 중대한 일을 맡기지 않고 군대의 지휘관도 나눠주지 않았다. 그리고 리산드로스를 후원하는 사람들은 거들떠보지도 않았고, 그들의 의견은 일체 들어주지 않았다. 이런 일이 여러 번 거듭되자, 리산드로스는 자기가 후원해 주는 것이 도움이 되지 않고 도리어 그들에게 장애가 된다는 것을 깨달았다. 그래서 그들을 후원해 주는 일을 포기하고 그들에게 이렇게 권유했다.

"이제부터는 나에게 후원을 해 달라고 하지 마시고, 직접 왕에게 가거나 나보다 나은 다른 사람에게 부탁하는 것이 좋겠소."

이 말을 들은 리산드로스의 지지자들은 더 이상 그런 일 때문에 리산드로스를 괴롭히지 않았다. 그러나 그들은 여전히 리산드로스를 존경할 뿐 아니라 어디에서 만나든 반가워하며 그에게 인사를 했다.

이러한 일은 아게실라오스 왕의 질투심에 다시금 불을 질러 왕을 한층 더 괴롭혔다. 참다 못한 왕은 부하 장군을 각 도시의 총독이나 사령관으로 임명하면서, 리산드로스에게는 아무 일도 맡기지 않았다. 그리고 나중에는 급기야 그를 왕의 식탁에서 고기를 썰어 주는 사람으로 만들고 이오니아 사람들을 모욕하기 위해 이런 말까지 했다. "청이 있으면 내 식탁에서 고기를 썰고 있는 녀석에게 가서 여쭈어 보시지."

리산드로스는 이런 모욕을 더 이상 참고 있을 수만은 없었다. 그는 왕과 담판을 짓기로 결심하고 왕을 찾아가 서슴없이 이유를 물었다. 그래서 두 사람 사이에는 다음과 같은 스파르타 식의 대화가 오갔다.

"왕께서는 친구를 대하는 방법을 너무도 잘 아시는군요."

"내 위에 서려는 친구에게는 그렇게 대하지. 그러나 나의 권세를 한층 더 높여 주려는 친구와는 마땅히 그 권세를 나누어 가지지."

"제 행동보다 왕의 말씀이 옳을지도 모릅니다. 그러나 세상의 눈도 있으니, 저에게 왕의 마음에 덜 거슬리고 왕을 더 잘 섬길 수 있는 일을 맡겨 주십시오."

그 결과 리산드로스는 헬레스폰토스의 특사로 떠나게 되었다. 그는 결코 왕과 화해를 할 수는 없었지만 맡은 임무에는 충실하고자 애썼다.

헬레스폰토스에는 페르시아의 한 부대를 지휘하는 스피트리다테스라는 용감한 장군이 있었는데, 그는 파르나바조스와 몹시 사이가 안 좋았다. 리산드로스는 스피트리다테스를 꾀어서 반란을 일으키게 한 뒤, 아게실라오스 왕에게 데리고 갔다. 리산드로스는 왕에게 자신의 충성심을 보여 좋은 직책을 얻고 싶었던 것이다.

그러나 아게실라오스 왕은 리산드로스에게 새로운 임무를 내려 주지 않았다. 그래서 임기를 마친 그는 울분과 수치를 안고, 아무런 명예도 얻지 못한 채 조국 스파르타로 돌아갔다. 그러나 그는 가만히 있지는 않았다. 아게실라오스 왕을 원망했으며 스파르타 정부에 대해 전보다 더 큰 불만을 품기 시작했다.

그는 지금이야말로 오래 전부터 생각하고 있엇던 자기의 계획을 행동으로 옮길 때라고 생각했다. 그는 스파르타의 정치 체제를 완전히 뒤바꾸고, 새로운 정치 체제를 만들기 위해 다음과 같은 계획을 세우고 있었다.

헤라클레스의 후손들은 도리아 인들과 결합하고 펠로폰네소스로 들어온 이래, 종족을 번식시켜 스파르타에서 가장 큰 세력을 가지고 있었다. 그런데 헤라클레스의 자손이라고 해서 모두 왕이 될 수 있는 것이 아니고, 에우리폰트와 아기스라고 불리던 두 가문 중에서만 뽑히게 되어 있었다. 같은 헤라클레스의 자손이라도 그 두 가문이 아니면, 문벌이 아무리 좋아도 왕위에 오르지 못하고 다른 여러 종족들처럼 자기의 역량만으로 명예를 떨칠 뿐이었다.

리산드로스는 헤라클레스의 자손이었지만, 국왕이 될 수 없는 집안에서 태어났기 때문에, 큰 공을 세워 수많은 지지자들을 얻고 나라에 큰 이익을 주었음에도 불구하고 자기보다 못한 사람들에게 지배를 받고 있는 것을 견딜 수가 없었다. 그래서 그는 정권을 이 두 가문에서 빼앗아 헤라클레스의 자손 전체에게 주려고 계획을 세웠던 것이다.

어떤 사람의 설에 의하면, 헤라클레스의 자손에만 자격을 제한한 것이 아니라, 스파르타 사람 전체에게 왕이 될 수 있는 자격을 주려고 한 것이라고도 한다. 즉, 누구든지 헤라클레스처럼 큰 공을 세우고 사람들의 지지를 받으면 왕이 될 수 있도록 하자는 것이었다. 리산드로스는 자기가 이미 신과 같은 존경을 받고 있으므로, 실력을 가지고 스파르타의 왕위를 다툰다면 자기를 제쳐놓고 왕이 될 만한 사람은 아무도 없다고 생각하고 있었다. 리산드로스는 개혁을 단행하기 위해 처음에는 웅변으로 시민들의 여론을 돌릴 계획을 세웠다. 그는 연설 준비를 위해 할리카르나소스 사람인 클레온의 원고를 검토하기 시작했다. 그러나 그렇게 혁신적이고 중대한 일을 위해서는 더 강력한 수단을 써야 한다고 생각을 바꾸었다. 연극의 결말에서 감동을 주기 위해서는 사람의 능력 이상의 힘이 필요하듯이, 민중의 마음을 사로잡는 미신과 종교로 씨를 뿌리지 않으면, 클레온의 도도한 웅변도 별 수확을 가져오지 못하리라고 생각하게 된 것이었다. 이렇게 생각한 리산드로스는 목적을 달성하기 위해 아폴론의 신탁과 예언을 수집하고 정리하기 시작했다.

역사가 에포로스의 기록에 의하면, 리산드로스는 아폴론의 신탁을 뜯어 고치려고 무척 애를 썼다고 한다. 그래서 페리클레스를 도도나[32] 시에 보내 여사제들을 꾀어내려고 했지만, 그들은 유혹에 넘어가지 않았다. 하는 수 없이 이번에는 리산드

---

32) 고대 그리스의 북서쪽 에페이로스에 있던 도시. 제우스의 신전이 있었으며 이 신전에는 가장 오래된 신탁이 전해져 오고 있었다.

로스가 직접 암몬 신전을 찾아가, 제관에게 뇌물을 주며 거짓 신탁을 하나 지어 달라고 부탁했다. 그러나 암몬 신전의 제관들도 리산드로스의 이런 행동에 몹시 화를 내고, 한술 더 떠서 스파르타 정부에 고발하기에 이르렀다. 리산드로스는 다행히 무죄 판결을 받았지만, 암몬 신전에서 온 사절단은 리비아로 돌아가며 스파르타 시민들에게 이렇게 말했다.

"스파르타의 시민 여러분, 그대들이 리비아에 와서 살게 된다면 우리가 그대들보다 공정한 재판관이라는 사실을 깨닫게 될 것이오."

그들은 스파르타의 재판이 그릇되었음을 지적하고, 스파르타 사람은 리비아에 가서 살게 될 것이라는 옛 신탁을 떠올리게 했던 것이다.

리산드로스의 이와 같은 음모와 계책은 결코 단순하지 않았으며, 수학의 증명처럼 모두 일관된 목적을 위한 것이었다. 그러므로 역사가이며 철학자였던 에포로스의 역사적 기록에 근거를 두고 이 사건을 서술해 나가고자 한다.

이 무렵, 폰토스에 사는 어떤 여자가 아폴론 신의 아이를 뱄다는 소문이 퍼져 나가기 시작했다. 사람들은 대부분 그 여자의 말을 믿으려 하지 않았지만, 그에 못지 않게 그 사실을 믿는 사람들도 많았다. 그러므로 이 여자가 사내아이를 낳자 상당한 지위에 있는 명사들까지도 그 아이를 기르는 데 도움을 주었다. 이 아이의 이름은 무슨 이유인지 모르지만 실레노스라고 불리었다. 리산드로스는 이 일을 기초로 하여 자기의 계획을 꾸며 나갔다. 그는 이 아이의 신비한 탄생을 믿고 있는 사람들을 모두 끌어들이는 한편, 델포이에서 이상한 이야기를 들었다는 소문을 스파르타에 퍼뜨렸다.

그 이야기란 델포이의 제관들이 아득한 옛날부터 절대 비밀로 지켜오던 신탁이었는데, 이 신탁의 비밀 문서는 아무도 손대거나 읽을 수 없는 것이었다. 다만 언젠가 아폴론의 아들이 나타나면, 이 문서를 숨기고 있던 제관들로부터 아폴론의 아들이라는 것을 확인한 다음 그 문서를 볼 수 있다고 했다.

그러므로 실레노스가 할 일은 델포이에 가서 아폴론의 아들이라는 것을 확인받고 그 문서를 건네받는 것이었다. 그리고 이 음모에 가담한 제관들은 여러 가지 사실을 조사하여 실레노스가 신의 아들임을 인정하고 비밀 문서를 건네 주는 일을 하게 되어 있었다. 그러면 실레노스는 이 문서를 많은 사람들 앞에서 낭독하는데, 그 속에는 다른 예언과 함께 모든 음모의 골자가 되는 신탁이 들어 있었다. 그것은 스파르타의 국왕에 대한 신탁으로 "스파르타는 모든 사람들 가운데 가장 훌륭한 사람을 왕으로 뽑아야 한다"는 것으로, 실레노스는 이 대목을 더욱 강조하여 읽으면 되는 것이었다.

실레누스가 청년이 되어 이 계획은 드디어 행동에 옮겨질 수 있게 되었다. 그런데 그때 이 음모의 주된 배역을 맡았던 한 사람이 막상 일을 하려고 하자 겁을 먹고 빠져 버렸기 때문에 이 음모는 실패로 돌아가고 말았다. 그러나 이 음모는 리산드로스가 살아 있는 동안에는 묻혀 있다가 그가 죽고 난 뒤에야 세상에 밝혀졌다.

리산드로스는 아게실라오스가 소아시아에서 돌아오기 전에 보이오티아 전쟁에 끌려들어가 전사했는데, 리산드로스 자신이 그리스를 이 전쟁에 끌고 들어갔다고 말하는 것이 옳을지도 모른다.

이 전쟁의 원인에 대해 여러 갈래의 이야기가 있는데, 그 중에는 전쟁의 주동이 리산드로스였다는 주장도 있고, 누구는 테베 시민들 때문이라고도 한다. 또 리산드로스와 테베 시민 양쪽에 다 책임이 있다고 말하는 사람들도 있다.

전쟁이 일어나게 된 이유를 테베 시에 돌리는 이유는 다음과 같은 사건 때문이다. 여기에는 아게실라오스 왕이 아울리스에서 제사를 지낼 때 테베 인들이 와서 제단을 뒤엎고 제물을 던져 버린 일이 그 원인이었다는 주장과, 안드로클레이데스가 암피테오스와 함께 페르시아 왕에게 돈을 받고 스파르타를 그리스 전쟁에 휘몰아가기 위한 목적으로 포키스의 영토를 마구 짓밟았다는 주장이 엇갈리고 있다.

또 리산드로스가 전쟁의 주동자였다고 주장하는 사람들은, 다른 동맹국들은 가만히 있는데 테베가 전리품의 10분의 1을 요구하자 리산드로스가 이 요구를 거절했던 것이 원인이 되었다고 한다. 리산드로스가 그들의 요구를 듣지 않고 모든 금과 은을 스파르타로 실어 왔기 때문에 테베 시민들이 불쾌하게 생각하여 전쟁을 시작하게 되었다는 것이다.

그러나 리산드로스가 테베 시민들에게 가장 분노를 느낀 것은, 그가 아테네에 세운 30인의 정권을 타도하는 데 테베가 협조한 일 때문이었다. 스파르타는 이 제도를 시행하기 위해 여러 도시에 다음과 같은 입장을 알렸다.

"모든 도시는 아테네에서 온 망명자들을 발견하면 즉시 체포하라. 스파르타는 그들을 체포하지 않거나 체포를 방해하는 나라와는 즉시 동맹을 파기한다."

그러나 테베는 이에 대해, 헤라클레스와 디오니소스에 못지않은 테베 시민다운 법령을 선포하였다.

"보이오티아의 모든 도시와 집들은 피신처를 구하는 아테네인들에게 문을 열어 둔다. 그리고 만약 체포된 아테네 시민이 구원을 청할 때 도움을 거부하는 자에게 는 1탈렌트의 벌금을 부과한다. 또 과두 정치 제도를 타도하기 위해 아테네 시민이 아티카로부터 보이오티아를 통과할 경우, 테베 인들은 그들을 보지도 말고 듣지도 말아야 한다."

테베 시민들은 이처럼 그리스인다운 법령을 공포하고 모두 이에 따라 행동했다. 그렇기 때문에 트라시불로스 일당이 아테네의 아성인 필레 성을 점령할 때, 그들은 테베를 기지로 삼아 무기와 군수품을 공급받아 본국으로 쳐들어가도록 도와주었으 며, 비밀을 철저하게 지켜 주었다. 이런 이유 때문에 리산드로스는 테베를 미워하게 되어 전쟁을 일으키게 된 것이다.

리산드로스는 성격이 워낙 사나운 데다가 점점 늙어감에 따라 더욱 완고하고 괴 팍해져 갔다. 그러므로 리산드로스는 테베의 이같은 행동을 가만히 지켜보고 있을 수가 없었다. 그는 에포로스들을 움직여 테베 시에 전쟁을 선포하자고 제안하고, 허 락을 받아냈다. 그리고 스스로 사령관이 되어 출전하였다.

리산드로스가 출전한 뒤, 스파르타는 곧 파우사니아스 왕에게 다른 군대를 주어 리산드로스를 도와 싸우게 했다. 그래서 리산드로스는 포키스를 거쳐 공격해 나가 기로 했다.

리산드로스가 진격을 시작한 지 얼마 안 되어 오르코메노스[33]가 항복을 해왔다. 리산드로스는 진격을 계속하여 레바데아[34]를 무너뜨린 뒤, 할리아르토스[35]에서 파 우사니아스의 군대와 만날 생각을 했다. 그는 파우사니아스 왕에게 편지를 보내, 자 기도 다음날 새벽에 그곳으로 가겠으니 플라타이아에서 이동하여 할리아르토스 성 밑에서 만나자고 했다. 그런데 이 편지를 가지고 가던 병사가 그만 테베 군의 정찰 대에게 붙잡히고 말았다.

그들은 편지를 보고 리산드로스의 작전을 짐작할 수 있었다. 그리고 마침 도착한 아테네 증원군에게 테베 시의 수비를 맡기고, 곧바로 할리아르토스로 진군해 나갔

---

33) 보이오티아 북서쪽에 있던 도시.
34) 아티카와 보이오티아의 한 지방.
35) 보이오티아에 있던 조그마한 지방.

다. 리산드로스보다 조금 먼저 그곳에 도착한 그들은 군대를 나누어 하나는 시내에, 나머지는 성 밖에 머무르기로 했다.

이런 테베 군의 움직임을 지켜보던 리산드로스는 언덕 위에서 진을 치고 파우사니아스를 기다릴 생각이었다. 그러나 시간이 지나도 왕의 군대는 도착할 기미를 보이지 않았다. 그는 더 이상 파우사니아스의 군대를 기다리고 있을 수가 없어 자기 군대만으로 성을 공격하기로 마음먹었다.

리산드로스는 전 군사에게 무장을 시키고 동맹군을 격려하며 대열을 지어 성벽으로 접근해 갔다. 그러자 성 밖에 있던 테베 군의 일부가 성벽을 오른쪽으로 돌아 키수사라고 부르는 샘 근처에서 리산드로스 군의 배후를 습격하였다.

전설에 의하면, 옛날 디오니소스가 태어났을 때 유모가 이곳에서 그를 목욕시켰다고 한다. 이 샘물은 맑은 포도주 빛깔을 띠고 있었으며 물맛이 매우 달았다. 그리고 이 샘의 주위에는 스토락스라는 갈대가 우거져 있었는데, 이 갈대는 투창의 자루로 쓰이는 것이라고 한다. 또 이곳에는 알레아라고 부르는 무덤이 있는데, 할리아르토스 사람들은 라다만티스[36]가 이곳에 살았다는 증거로 이 무덤을 가리킨다. 또 그바로 옆에는 알크메네의 유적이 있는데, 그들 말로는 그녀는 남편 암피트리온이 죽은 뒤 라다만티스와 결혼하여 살다가 이곳에 묻혔다고 한다.

성 안에 들어가 있던 테베 군의 일부는 할리아르토스 군과 합세하여 전투 준비를 마치고 있었다. 그들은 리산드로스 군의 선두가 성벽에 가까이 오자 재빨리 성문을 열고 돌격해 왔다. 그리고 리산드로스와 그 곁에 있던 점술사, 그리고 그 밖의 몇몇 병사들을 순식간에 죽여 버렸다. 이렇게 되자, 리산드로스의 부대는 갑자기 우왕좌왕하며 무너지고 자신들의 주력 부대가 있는 쪽으로 뿔뿔이 도망을 갔다. 그러나 테베 군도 공격을 멈추지 않고 공격했기 때문에 스파르타 군은 부근의 산으로 도망갔지만 약 천 명이 죽고 말았다.

테베 군은 험한 산길도 가리지 않고 추격하는 도중에 3백 명 가량의 병사를 잃었다. 이들은 스파르타 군과 내통하고 있다는 의심을 받고 있었기 때문에, 누명을 벗기 위해 목숨을 걸고 싸우다가 이런 일을 당했던 것이다.

---

36) 제우스와 에우로페 사이에서 태어난 아들로, 살아 있을 동안에는 정의의 모범이었으며 죽은 뒤에는 형제 미노스, 아에아코스와 함께 저승의 재판관이 되었다고 한다.

파우사니아스는 플라타이아에서 테스피아이 쪽으로 진군하는 길에 이 패배의 소식을 들었다. 이 소식을 들은 파우사니아스 왕은 즉시 대열을 정비하고 할리아르토스를 향해 달려갔다. 그리고 그와 동시에 트라시불로스도 아테네 군을 이끌고 테베 시로부터 도착했다.

파우사니아스 왕은 리산드로스의 시체를 거두기 위해 휴전을 요청하려고 했다.[37] 그러자 스파르타 군의 나이 든 병사들은 그의 처사를 몹시 불쾌하게 여기며 왕의 면전까지 나가서 이렇게 말했다.

"리산드로스 장군의 주검을 거두기 위해 휴전을 한다는 것은 말이 안 됩니다. 저희들은 리산드로스 장군의 주검 바로 곁에서 끝까지 싸우겠습니다. 그래서 우리가 승리하면 장군의 주검을 거두어 장례를 치를 것이며, 불행히 패배한다면 스파르타인답게 전사한 장군과 운명을 같이하겠습니다."

파우사니아스 왕은 그들의 말에 감동을 받았지만, 이미 얻은 승리로 자신만만해져 있는 적을 상대로 싸운다는 것은 어리석은 일이라고 생각했다. 만약 적군을 무찌를 수 있다고 해도 성 바로 밑에 있는 리산드로스의 시체를 거두기 위해서는 휴전을 할 수밖에 없는 노릇이었다. 그래서 왕은 사람을 보내 휴전 협정을 맺고 리산드로스의 시체를 거두어들였다.

군대를 돌려 보이오티아의 국경을 넘어 맨 처음 도착한 우방국은 파노파이아였다. 파우사니아스는 이곳에 리산드로스의 시체를 묻었다. 리산드로스의 비석은 델포이에서 카이로네아로 가는 길가에 오늘날까지 남아 있다.

스파르타 군이 이곳에서 야영을 하고 있을 때, 어떤 포키스 인이 전투에 참가하지 않은 자들에게 그때의 전투 상황을 이야기했다.

"리산드로스 장군이 호플리테스[38]를 건너자마자 적들이 습격을 해왔습니다."

리산드로스의 친구이며 스파르타의 장군이었던 한 사람이 의아해하며 물었다.

"호플리테스가 뭡니까?"

그러자 얘기를 하고 있던 포키스 사람이 대답했다.

---

37) 그리스 사람들은 전사자의 매장을 중요하게 생각했다. 그렇기 때문에 휴전을 제의한다는 것은 전쟁의 패배로 받아들여졌다.

38) 강의 이름인 동시에 완전무장한 병사를 가리킨다. 여기서 말하는 것이 둘 중 어느 것을 뜻하는 것인지 가늠할 수가 없다.

"리산드로스가 전사한 성벽 가까이를 흐르고 있는 작은 강의 이름입니다."

이 말을 들은 리산드로스의 친구는 이렇게 탄식하며 목놓아 울었다.

"아, 정해진 운명을 피할 수 있는 사람이란 아무도 없는가 봅니다!"

그가 이렇게 말한 것은 일찍이 리산드로스가 받았던 신탁 때문이었다.

> 세차게 소리치는 호플리테스를 조심하라
> 땅의 용이 쫓아와 너를 물 것이다.

그러나 다른 설에 의하면, 호플리테스 강은 할리아르토스 성벽 밑을 흐르는 강이 아니라, 코로네아[39) 근처를 흐르는 필라로스 강의 지류라고 한다. 옛날에는 이 강을 호플리아스라고 불렀고, 지금은 이소만토스 강이라고 부른다.

리산드로스를 죽인 자는 네오코로스라는 할리아르토스 인이었는데, 그의 방패에는 한 마리 용의 그림이 그려져 있었다고 하며, 신탁이 가리키는 것이 바로 이것이 아닌가 생각된다.

또 전설에 의하면, 펠로폰네소스 전쟁 중에 테베 인들이 아폴론 이스메니오스의 신전으로부터 신탁을 받은 일이 있었는데, 그것은 그 뒤의 델리움 전투와 30년 후에 일어난 할리아르토스의 전투에 대한 예언이었다고 한다.

> 창을 들고 늑대사냥을 갈 때는 멀리 있는 경계선을 조심하라.
> 오르칼리데스 산에는 수많은 여우의 소굴이 있느니라.

이 신탁에서 말하는 '멀리 있는 경계선'이란 아티카와 보이오티아의 국경, 즉 델리움 지방을 뜻하는 것이고, 오르칼리데스 언덕은 지금 여우산이라고 불리는 곳으로 헬리콘 산을 바라보고 있는 할리아르토스 땅의 일부를 가리키는 것이다.

스파르타 사람들은 리산드로스의 죽음을 더없이 슬퍼했다. 그리고 파우사니아스 왕을 사형시켜야 한다고 떠들어대며 심문회를 열었다. 그러자 파우사니아스 왕

---

39) 보이오티아의 서쪽에 있는 마을.

은 선고를 기다릴 용기가 없어 테게아[40]로 망명하여 죽을 때까지 아테나의 신전에 숨어 있었다고 한다.

리산드로스가 죽은 뒤 그의 청빈했던 생활이 드러나자 시민들은 그를 더욱 존경하게 되었다. 그는 막대한 돈을 다루었고 절대적인 권세를 가졌으며 전 그리스의 여러 도시들과 페르시아 왕의 존경까지 받았으나, 그의 재산은 보잘것없는 것이었기 때문이다. 이 일을 기록하고 있는 역사가는 테오폼포스인데, 그는 칭찬에 인색하고 비난을 즐겼던 사람인 만큼 더욱 믿을 만한 이야기라고 볼 수 있다.

역사가 에포로스가 전하는 바에 의하면, 그 무렵에 아시아로 출정을 갔던 아게실라오스 왕이 돌아왔다고 한다. 그런데 여러 동맹국들 사이에 분쟁이 생겨 아게실라오스 왕은 리산드로스의 문서를 조사할 필요가 생겨 그의 옛집을 찾아가게 되었다. 왕은 거기서 리산드로스가 계획했던 음모를 알게 되었다. 스파르타의 정치 제도를 변혁하려고 쓴 연설문의 초안을 발견하게 된 것이었다. 그 연설문은, 에우리폰티와 아기스의 후손들로부터 왕위를 물려받을 수 있는 자격을 빼앗고, 스파르타에서 가장 훌륭한 인물이면 누구나 왕이 될 수 있게 하자는 호소문이었다.

아게실라오스 왕은 그 연설문을 세상에 발표하여 리산드로스가 얼마나 음흉한 인물이었는지를 알리려고 했다. 그러나 그때 에포로스의 의장이었던 라크라티다스라는 사람이 그를 말리며, 왕에게 이런 말을 했다.

"왕이시여, 이미 무덤 속에 들어가 있는 리산드로스를 다시 끄집어 낸다는 것은 명예롭지 못한 일입니다. 너무나 훌륭하고 선동적인 글이라고 시민들이 생각할지 모르니 고인과 함께 묻는 것이 좋겠습니다."

리산드로스가 죽은 뒤, 그는 여러 가지의 명예를 받았다. 그 가운데 하나는 스파르타 정부가 그의 딸과 파혼한 약혼자들에게 벌을 내린 것이다. 약혼자들은 리산드로스가 부자인 줄 알고 구혼을 했다가, 그가 죽고나자 남긴 재산이 너무나 보잘것없는 것을 알고 결혼을 취소했던 것인데, 스파르타 정부가 이들에게 벌금을 매기는 벌을 내리게 된 것이다.

스파르타에서는 결혼을 하지 않거나 늦게 결혼하는 자, 또는 부정한 결혼을 하는 자들에게는 형벌을 내리는 법률이 있었다. 그래서 문벌이 좋고 가까운 집안과 결

---

40) 아르카디아 남동쪽에 있던 도시.

혼하려는 것이 아니라 돈이 많은 집안과 결혼하려는 것은 부정한 결혼으로 인정되었던 것이다.

리산드로스에 대해 우리가 찾아볼 수 있는 기록은 이 정도이다.

술라

(SULLA, BC 138 ~ 78)

루키우스 코르넬리우스 술라. 로마의 군인이며 정치가로 귀족 출신이었으나 가난하게 자랐다. 군대의 총사령관, 독재관, 집정관 등을 지냈으며 권력과 재물, 쾌락에 대한 욕구가 남달랐다. 용감하고 지략이 뛰어난 그는 로마 역사상 최초의 전면적인 내전(BC 88~82)에서 승리했다. 로마 공화정의 마지막 세기에 공화정을 강화하기 위한 헌정개혁을 실시했다.

루키우스 코르넬리우스 술라는 파트리키우스 즉 귀족 집안에서 태어났다. 그의 조상 중에는 집정관의 위치에 있었던 루피누스란 사람도 있었다. 그러나 그는 집정관이란 지위에 있었다는 명예보다는 수치스러운 일로 더욱 유명했다. 왜냐하면 그가 법으로 금지했던 10파운드 이상의 은으로 만든 식기를 가지고 있었기 때문이다. 이런 일로 하여 루피누스는 집정관의 지위를 박탈당했다고 한다. 이러한 일이 있은 후 집안은 기울기 시작하여, 술라는 젊은 시절부터 허술한 셋방에서 가난하게 자라야 했다. 이러한 이유로 훗날 술라가 분수에 넘치는 생활을 하고 있다고 비방하는 사람들도 생겨났다. 예를 들어, 술라가 아프리카에서의 공적을 자랑하며 교만을 부리고 있을 때 어떤 지위가 높은 사람은 이런 말로 그를 비난하기도 했다.

"젊은 시절 가난하게 살았고 그의 부모로부터 물려받은 재산도 없는 그가 이렇게 호화스럽게 사는 것을 보면, 그는 별로 정직하고 청렴한 사람은 아닌 것 같다."

그 당시 로마는 이미 예전처럼 청렴결백을 자랑하는 시대는 아니었고, 시민들도 사치와 방탕을 일삼고 있었다. 그러나 시민들은 조상의 재산을 탕진하는 것도, 조상보다 더 부자가 되는 것도 결코 정직한 행동이 아니라고 생각했다.

훗날, 권력을 장악하게 된 술라는 많은 사람들을 자신에게 반대한다는 이유로 사형에 처했다. 당시 한 해방된 노예가 죄인 한 사람을 숨겨 주었다는 혐의를 받고 체포되었던 일이 있었는데, 이 노예는 "타르페이아의 절벽[1]에서 떨어뜨려 죽이라"는 선고를 받았다. 그는 이 선고를 받은 후 술라를 두고 이렇게 말했다.

"술라와 나는 같은 집에서 살았었소. 나는 2층 방을 2천 세스테르티우스[2]에 세를 들었고, 술라는 아래층 방을 3천 세스테르티우스에 세들고 있었지요. 그래서 당시 술라와 나의 재산 차이는 1천 세스테르티우스에 불과했었소. 그런데 이제 나와 그의 차이는…."

여기서 말하는 1천 세스테르티우스는 아티카의 돈으로 환산했을 때 250드라크마에 지나지 않는 것이었다고 한다.

술라의 얼굴 모습은 지금 남아 있는 여러 가지 조각상을 통해 충분히 짐작해 볼 수 있다. 그의 눈은 푸른빛이었고 몹시 날카로웠으며, 얼굴은 희고 붉은 마마자국이 거칠게 퍼져 있었다. 그의 이러한 얼굴 때문에 사람들에게 무서운 인상을 주어 그와 가깝게 지내려는 사람이 별로 없었다. 그의 별명이 술라[3]라고 붙여진 것도 바로 이러한 얼굴 생김 때문이었다. 아테네의 어떤 광대는 술라의 얼굴을 보고, "술라의 얼굴은 밀가루에 굴려 범벅이 된 한 개의 딸기라네"라며 조롱했다고 한다.

이것은 그의 생김새만 가지고 이야기하는 것이 아니다. 그는 태어날 때부터 입버릇이 고약했고, 젊은 시절에는 광대나 천박한 배우들과 함께 다니곤 했기 때문이다. 이러한 술라는 나중에 권력을 손에 쥔 뒤에도 여전히 배우들과 어울리곤 했고, 그러한 자리에선 자신의 위치도 잊고 술을 마시며 상스러운 말로 농담을 하기도 했다. 그래서 그는 술판을 한 번 벌이게 되면 아무리 중요한 일이 있어도 모두 미루어 버렸다고 한다.

평소에는 근엄하고 엄숙한 표정을 짓고 있던 술라는 친한 친구들과 술자리를 하

---

1) 고대 로마시대에 국가적 범죄자를 처형하던 절벽. 당시의 의사당이 있던 언덕에 있었다

2) 고대 로마시대의 화폐. 은화였다가 청동화로 바뀌었다.

3) '술라'는 '구리빛' 또는 '붉은 마마'라는 뜻이다. 그러나 술라라는 이름에 대해서는 다른 설이 있으므로 어느 것이 올바른 설인지는 확인할 수 없다.

게 되면 다른 사람으로 변했다. 천한 무희들에게 치근덕거리고 다른 사람들에게 아양을 부리기도 했다. 이러한 술라의 방탕한 성격은 늙어서까지도 고치지 못한 병적인 것이었다.

젊은 시절 술라는 메트로비우스라는 광대와 사랑에 빠졌었다. 그리고 천하지만 돈은 많았던 니코폴리스라는 부인과도 가깝게 지내곤 하였다 이 여자는 오랫동안 술라와 친하게 지냈고, 젊은 술라의 건강한 매력 때문에 그를 무척 사랑했다. 그 때문인지는 몰라도 그녀는 죽을 때 자신의 모든 재산을 술라에게 물려 주었다. 또 술라는 자신을 무척이나 사랑하던 계모로부터도 재산을 물려받아 어느 정도의 재산을 모을 수 있었다.

마리우스가 집정관이 되어 유구르타와의 전쟁을 치르기 위해 출정할 때, 술라는 재무관으로 선발되어 아프리카로 건너갔다. 술라는 이 전쟁에서 많은 공을 세웠고, 운이 좋게도 누미디아의 왕 보쿠스와 친분을 맺을 수 있었다. 보쿠스 왕의 사절단이 산적을 만났을 때 그들을 도와 탈출시키고, 많은 선물을 주며 무사히 돌아갈 수 있도록 도와주었기 때문에 보쿠스와 친분을 나눌 수 있었던 것이다.

그때 보쿠스에게는 로마와의 전쟁에서 패하여 도망을 온 사위 유구르타 왕이 와 있었다. 그러나 보쿠스 왕은 이 유구르타 왕을 몹시 싫어하고, 두려워하고 있었기 때문에 그를 로마 군에게 팔아넘기기 위한 계획을 세우고 있었다. 그러나 차마 자신이 직접 그럴 수는 없었으므로, 보쿠스 왕은 이 일을 술라에게 부탁했다. 술라는 마리우스의 허락을 받아, 적은 병력을 거느리고 유구르타 왕을 체포하기 위해 길을 떠나게 되었다. 술라는 자기의 사위를 팔아 버리려는 야만인인 보쿠스 왕의 말을 믿고, 자신의 목숨을 건 채 적의 심장 속으로 들어가는 모험을 했던 것이다.

보쿠스 왕은 술라와 유구르타 왕이 자신의 수중으로 들어오자 한 쪽을 배신하지 않으면 안 될 처지에 놓여 있었다. 보쿠스의 왕은 여러 가지 생각을 한 끝에, 처음 계획한 대로 유구르타 왕을 술라에게 인도하였다. 이러한 모험을 한 술라의 공적으로, 마리우스는 전쟁에서 승리하게 되었다. 그러나 마리우스를 시기하던 로마 사람들이 전쟁의 영광을 술라에게 돌리자, 마리우스는 이것을 무척이나 불쾌하게 생각했다. 더구나 로마인의 존경을 받게 된 술라는 더욱 오만해졌기 때문에 마리우스는 그가 몹시 못마땅했다. 명예욕에 불타게 된 술라는, 보쿠스 왕이 유구르타 왕을 자신에게 넘겨 주는 모습이 새겨진 반지를 끼고 다녔고 도장으로 사용했다.

마리우스는 이러한 술라의 행동이 못마땅했지만 그는 자신이 시기할 만한 정도의 인물이 못 된다고 생각하여 2차 집정관 시절에는 부장으로, 3차 집정관 때에는 군사위원으로 술라를 임명하였다. 그리고 술라의 힘으로 많은 공적을 올리게 되었다. 술라는 부관의 자리에 있을 때 텍토사게 인의 왕 코필루스를 사로잡았고, 군사위원으로 있을 때는 강대국이었던 마르시 인을 설득하여 로마와 동맹을 맺게 했던 것이다.

그러자 마리우스는 술라를 시기하기 시작했다. 그래서 그는 술라에게 더 이상 공적을 세울 기회를 주지 않았고, 그의 출세를 방해하기 시작했다. 이를 눈치 챈 술라는, 마리우스의 동료 집정관으로 인격으로는 유명했지만 장군으로서의 활약이 부족했던 카툴루스의 휘하로 옮겨갔다. 이렇게 되자 카툴루스는 모든 중요한 일을 술라에게 맡겼고, 술라는 자기의 재능을 발휘하여 크게 명성을 떨치게 되었다.

술라는 뛰어난 전술로 알프스의 여러 야만족을 정복했으며, 군사들의 양식이 떨어졌을 때 양식을 구하는 임무를 스스로 맡아 엄청난 양식을 모으기도 했다. 그 양식이 얼마나 많았던지 카툴루스의 군대를 배불리 먹이고도 남아 마리우스의 군대에도 나누어 줄 만큼 많은 양이었다고 한다.

이러한 사건은 술라가 자신이 쓴 《회상록》에서도 밝혔듯이, 마리우스의 마음에 큰 상처로 남게 되었다. 이로 인하여 마리우스는 더욱 술라를 시기하게 되었던 것이다.

훗날 마리우스와 술라의 적대감은 내전으로 번졌고, 마침내 로마를 분열시켜 전제 정치로 몰아넣는 중요한 원인이 되었다. 이 원인은 아주 작고 사소하게 시작되었지만 이렇게 큰 일로 번지게 되었던 것이다. 이러한 사실은 시인 에우리피데스가 얼마나 현명한 사람이었으며, 그가 로마 내전의 원인을 얼마나 잘 밝혀낸 사람이었는지를 알려 준다. 그는 다음과 같이 경계하였다.

"가장 위험한 것이 바로 야심이다. 그래서 야심에 따라 행동하는 사람에겐 가장 무서운 불행이 뒤따르는 법이다."

술라는 장군으로서 많은 명성을 얻게 되었다. 그는 이런 명성을 바탕으로 이제는 정치에 나서도 되겠다고 생각했다. 그래서 전쟁이 끝나고나자 곧 법무관에 입후보하였다. 그러나 로마인들은 그를 법무관으로 뽑아 주지 않았다.

법무관에 낙선한 술라는 이것은 자기 자신의 힘이 부족해서가 아니라며 모든 책임을 로마인들에게 돌리며 이렇게 말했다.

"로마 시민은 내가 보쿠스 왕과 친하기 때문에 나를 법무관으로 선출하기 전에 조영관으로 선출하려 했던 것이오. 내가 조영관이 되면 리비아에서 맹수들을 가져 와 사냥 대회를 개최하고 맹수들끼리 싸움도 붙여 많은 구경을 시켜 줄 것이기 때문 에 그들은 다른 사람을 법무관으로 뽑은 것이오."

그러나 술라의 이러한 말이 거짓임은 머지 않아 밝혀졌다.

다음 해 다시 법무관에 입후보한 그는 당선되었지만 로마 시민의 지지로 당선된 것이 아니라 아첨과 뇌물에 의해 당선되었기 때문이다. 그래서 다음과 같은 이야기 가 전해진다.

술라가 법무관의 자리에 있을 때 어떤 일로 카이사르(율리우스 카이사르의 백부 섹스투스 카이사르)와 시비가 생겼다. 이 때 술라는 카이사르에게 화를 내며 소리쳤다.

"나는 나의 직권으로 카이사르 당신을 처벌하겠소!"

그러자 카이사르는 술라를 비웃듯이 말했다.

"당신이 직권을 개인적으로 사용하는 것은 당연한 일이오. 당신은 그것을 돈을 주고 샀으니 말이오."

술라의 법무관 임기가 끝나갈 무렵 그는 카파도키아로 파견되었다. 겉으로 드러 난 임무는 아리오바르자네스를 도와 다시 왕위에 앉힌다는 것이었지만,[4] 실제로는 미트리다테스의 세력을 꺾으려는 데 목적이 있었다. 이 때 미트리다테스 왕은 잦은 전쟁으로 물려받은 것만큼 많은 영토를 손에 넣고 있었다. 술라는 적은 수의 군대를 이끌고 갔지만 주변 여러 나라의 도움을 얻어 카파도키아 군을 크게 무찌르고 한 패 였던 아르메니아 군과의 전쟁에서도 승리를 거두었다. 그리고 고르디우스를 왕위에 서 몰아내고 아리오바르자네스에게 다시 왕위를 되찾아 주었다.

술라의 군대가 유프라테스 강 주변에 머물고 있을 때 파르티아의 아르사케스 왕 의 사절로 파르티아 장군 오로바조스가 찾아왔다. 당시 파르티아와 로마는 외교관 계가 있었는데 술라와 처음 동맹을 맺게 되었다. 이것이 술라에게는 무척이나 큰 행 운이었음은 말할 필요도 없을 것이다.

술라가 파르티아와 동맹을 맺을 때 술라는 의자를 세 개 준비했다. 그리고 자기가

---

4) 미트리다테스 왕은 당시 카파도키아의 혈통을 이은 왕과 왕자를 고르디우스를 시켜 독살시키고 자기 아들 에게 왕위를 물려주었다. 그러자 카파도키아 국민들이 반란을 일으켜 원로원의 도움으로 아리오바르자네 스를 왕으로 추대했다. 그런데 얼마 후 미트리다테스의 사위인 아르메니아 왕인 티그라네스에게 쫓겨났다. 이렇게 되어 아리오바르자네스는 로마 원로원에 도움을 부탁했고 그래서 술라가 파견된 것이다.

가운데 앉고 좌우에 아리오바르자네스 왕과 파르티아의 장군 오로바조스를 앉게 했다. 이 때문에 오로바조스 장군이 동맹을 맺고 돌아갔을 때 파르티아의 왕은 모욕적인 대우를 그대로 받아들였다는 이유로 그를 사형시켜 버렸다. 이러한 술라의 태도는 한편으로는 야만인에 대해 위엄을 보였다고 칭찬을 받았지만, 다른 한편으로는 술라가 교만에 찬 행동을 한 것이라고 비난을 하는 사람들도 있었다.

술라가 파르티아와 동맹을 맺을 때, 파르티아 인 한 사람이 수행원으로 따라갔었는데 그는 관상을 아주 잘 보는 사람이었다. 그는 술라의 얼굴과 행동을 주의깊게 보고난 후 술라를 이렇게 표현했다.

"이 사람은 세상에서 가장 높은 자리에 오를 사람이오. 이미 크게 되었을 사람인데 그렇지 못한 것이 이상합니다."

술라가 큰 공적을 세우고 로마로 돌아오자 그는 한층 더 유명해졌고, 그만큼 더욱 교만해져 있었다. 그의 교만함을 보고 켄소리누스라는 사람은 술라를 고소하게 되었는데 그는 다음과 같은 이유를 댔다.

"술라는 로마의 동맹국으로부터 큰 돈을 받았습니다. 이것은 법으로 금지된 것이며 우리 로마의 수치이기도 합니다. 그래서 나는 술라를 공갈죄로 고소합니다."

그러나 켄소리누스는 얼마 후 그 고소를 취하했다.

그러던 중 보쿠스 왕 때문에 술라와 마리우스의 권력다툼은 다시 불이 붙기 시작했다. 보쿠스 왕은 로마인에게 환심을 얻고 술라를 기쁘게 하기 위해, 조각상들을 만들어 유피테르 신전 안에 세웠다. 그리고 그것들과 함께 유구르타를 술라에게 넘겨주는 모습의 조각을 만들어 금박을 입힌 뒤 다른 조각상과 함께 세웠다. 이러한 모습을 본 마리우스는 마침내 분노를 터뜨렸고, 다른 사람을 시켜 그 조각상을 끌어내리려 했다. 그런데 로마의 다른 사람들은 술라의 편에 서서 마리우스의 행동을 막으려고 했다. 이렇게 되자 로마는 둘로 나뉘어 혼란과 소요의 도시로 변해가기 시작했다.

그러던 중 오래 전부터 연기를 뿜어내고 있던 동맹국 전쟁[5]의 불길이 뜨겁게 솟아올랐고, 이것 때문에 술라와 마리우스의 권력다툼도 잠시 중단되었다. 이 동맹국 전쟁은 매우 치열하여 승세가 몇 번씩이나 뒤바뀌었고, 이 때문에 로마의 시민들은 많은 괴로움을 당했다. 이 전쟁에서 마리우스는 공을 세우지 못해, 전쟁을 승리로 이

---

5) 로마와 이탈리아 여러 도시의 전쟁을 말한다. 기원전 90~88년 사이에 발생한 전쟁이다.

끌기 위해서는 우수한 전술과 건강한 육체가 필요하다는 것을 보여 주었다.

그러나 술라는 많은 전투에서 승리하여 큰 공적을 세우고 있었다. 로마 시민들은 술라를 위대한 장군이라고 떠들어댔고, 술라의 친구들은 누구보다 뛰어난 장군이라고 말했다. 심지어 적들도 그를 누구보다 운이 좋은 사람이라고 말했다. 하지만 술라의 반응은 옛날 아테네 사람인 코논의 아들 티모테오스[6]와는 다른 반응을 보여 주었다. 티모테오스는 많은 전쟁에서 승리했지만 그를 시기하는 사람들이 그의 승리는 모두 행운이었다고 이야기하고, 그가 잠자는 동안 운명의 여신이 아테네에 그물을 던지는 모습을 그려 그를 조롱하기도 했다. 그는 무척 화가 났으며, 그들은 자기의 정당한 명예를 빼앗으려는 사람이라고 마구 대들었다. 그리고 다시 전쟁에 나갔다가 실패하고 돌아와 아테네 시민들에게 이렇게 이야기했다.

"아테네 시민 여러분, 이번 전쟁을 보면 나와 운명의 신은 아무런 관계가 없음을 알 수 있을 것입니다."

이런 티모테오스의 교만을 본 운명의 신은 노여워서인지, 그 다음부터는 그를 돕지 않아 아무런 공을 세우지 못한 채 패전만을 거듭하게 되었다. 그래서 그는 아테네 시민들의 미움을 사게 되어 결국 나라에서 쫓겨나고 말았다.

그러나 술라는 이러한 티모테오스와는 달랐다. 술라는 신의 도움이나 행운이 따랐다는 말을 기꺼이 받아들였고, 자기 스스로도 그렇게 이야기했던 것이다. 그리고 모든 공을 운명의 여신에게로 돌렸다. 그러한 행동이 자기 스스로를 더욱 뛰어난 것처럼 보이기 위해서였는지 아니면 정말로 운명의 신이 도왔다고 느꼈는지 알 수는 없다. 그는 《회고록》에 이렇게 기록하고 있다.

"내게 행운을 가져다준 많은 결과들은 대부분 깊게 생각하고 한 행동은 아니었다. 그러한 행동은 순간적으로 떠오른 영감에 따라 행동한 것이다. 나는 전쟁을 위해서보다는 행운을 위해서 태어난 것이다."

술라는 자신의 공보다는 운명을 더욱 높이 여김으로써, 자기 자신은 완벽한 행운의 사람인 것처럼 생각한 것 같다. 술라는 또한 메텔루스와 친하게 지낸 것도 신의 은총이라 말했는데, 메텔루스는 술라와 같은 동료였고, 개인적으로는 술라의 장인이 되는

---

6) 아테네 최후의 명장이다. 아테네를 스파르타의 지배에서 해방시켰으며, 수많은 도시들을 아테네로 귀속시켰다. 기원전 354년 비잔티움에서 전쟁을 치르고 있을 때 매국노라는 누명을 쓰고 에우비아 섬의 칼키스로 망명하여 쓸쓸하게 죽었다.

사람이었다. 로마 시민들은 술라와 메텔루스가 크게 대립하리라 예상했지만 의외로 그들은 절친하게 지냈다. 루쿨루스에게 바친《회상록》에서도 술라는 이렇게 밝혔다.

"꿈 속에서도 신이 가르치는 대로 행동하는 것보다 더 믿을 만한 것은 없다."

그리고 이《회상록》에는 다음과 같은 이야기가 기록되어 있다.

술라가 동맹국 전쟁 당시 군대를 이끌고 전투를 위해 가고 있을 때였다. 술라의 군대가 라베르나 숲을 지날 때 갑자기 땅이 갈라지며 불기둥이 솟았다. 이것을 본 점술가들은 이렇게 예언했다.

"이것은 보통 사람이 아닌 남달리 뛰어나고 생김새도 특이한 사람이 정권을 손에 넣을 것이며, 이 사람이 로마를 어려움에서 구한다는 징조요."

그때 술라는 단호하게 말했다.

"그 사람이 바로 나요. 내 금발 머리는 다른 사람들과 다른 특이한 외모를 갖게 했고, 이미 나는 많은 공을 세웠으니 내가 바로 그 사람임에 틀림없소."

술라는 신의 뜻에 대해 이런 말을 할 정도였다.

술라의 성격은 매우 불규칙하였고, 모순으로 가득 차 있었다는 것은 누가 보더라도 분명한 사실이다. 술라는 자기 마음이 내키는 대로 다른 사람의 것을 빼앗기도 하고 더 많은 것을 주기도 하였다. 그는 자기에게 필요한 사람에게는 더없이 비굴했고 자기로부터 도움을 필요로 하는 사람에게는 더없이 거만하게 행동했다. 또 죄인을 처벌하는 것도 불공평했다. 사소한 죄를 지은 사람에게 무거운 벌을 내리는가 하면 큰 범죄를 저지른 사람을 쉽사리 용서하기도 했다. 이처럼 술라는 사납고 복수심이 강했지만, 자신의 이익을 위해서는 비굴한 모습을 보이며 그의 성격을 감추기도 했던 사람이었다.

동맹국 전쟁 중에, 술라의 병사들이 법무관 급의 부장이었던 알비누스를 몽둥이와 돌로 때려죽인 사건이 벌어졌다. 그때 술라는 병사들의 이러한 범죄를 모른 척하고 거만하게 이렇게 말했다. "군인은 전투에서 특별한 용맹성을 드러내면 군의 규율을 어긴 죄도 용서받을 수 있을 것이다."

술라는 군대의 신망을 얻기 위해 무척 애를 썼다. 그것은 동맹국 전쟁이 끝난 뒤 경쟁자 마리우스의 세력을 꺾고 미트리다테스 왕과의 전쟁에서 총사령관이 되려는 야심 때문이었다. 술라는 어떤 비난의 화살도 대수롭지 않게 받아들이며 오로지 군대의 신망을 얻기 위한 노력을 계속했다.

전쟁에서의 공로를 인정받은 술라는 로마에 돌아와 집정관의 자리에 오르게 되었다. 그때 술라의 나이는 이미 50이었는데, 대사제 메텔루스의 딸 카이킬리아와 결혼하여 로마 명문가와의 인연을 맺게 되었다. 이 결혼으로 술라는 많은 사람들에게 비난을 받았다. 사람들은 술라가 집정관의 자격은 가지고 있지만 메텔루스와 같은 명문 집안과 혼인할 만한 자격은 없다고 생각했던 것이다. 이것은 그 시대의 역사가인 리비우스의 기록에도 잘 나타나 있다.

더구나 술라는 결혼을 처음 한 것도 아니었다. 젊었을 때 일리아라는 여자와 결혼하여 딸이 하나 있었고, 두 번째 부인인 아일리아와는 자식이 없다는 이유로 이혼을 한 경력이 있었다. 셋째 부인이었던 클로일리아와는 정숙한 여인이라는 칭찬과 함께 많은 위자료를 주고 이혼하였는데, 며칠 뒤 카이킬리아와 결혼을 하게 되면서, 이 이혼이 카이킬리아와의 결혼을 위한 핑계였다는 것이 밝혀지게 되었다.

그러나 술라는 카이킬리아의 말을 매우 소중히 여겼다. 그래서, 많은 사람들이 추방된 마리우스 일파의 사람을 귀국시켜 달라고 그녀를 찾아와 부탁하곤 했을 정도이다.

그리고 아테네를 점령했을 때 아테네 시민들에게 가혹한 벌을 내린 것도, 아테네 시민들이 카이킬리아를 모욕하는 말을 했기 때문이었다고 한다.

그 무렵 술라는 미트리다테스와의 전쟁에 로마 군의 총사령관이 되어 출정하겠다는 야심을 품고 있었다. 그래서 그는 집정관의 지위 정도는 아무것도 아니라고 생각하고 있었다.

그러나 그의 야심을 가로막는 것이 있었는데 그것이 바로 마리우스였다. 마리우스는 공명심과 큰 야심에는 변함이 없었다. 늙은 마리우스는 제대로 움직이지도 못하는 몸으로 몇 차례 전쟁을 치렀지만 아무런 공도 세우지 못했다. 그러나 먼 곳에서 군대를 지휘하고자 하는 그의 마음은 결코 변하지 않았다.

술라가 군대에서 여러 가지 일들을 처리할 동안 마리우스는 집에서 총사령관이 되려는 흉계를 꾸미고 있었다. 그러나 이러한 마리우스의 계획은 로마를 큰 재앙에 빠뜨리게 하는 반란을 가져오고 말았다. 이러한 재앙을 신들이 미리 알리기라도 하듯이 그 무렵 이상한 일들이 벌어지기 시작했다. 로마의 군대 깃발에 갑자기 불이 붙어 쉽게 꺼지지 않는 일이 있었고, 까마귀 세 마리가 새끼를 거리로 물고 나와 뜯어먹은 후 다시 둥지로 가져간 일도 있었다. 또 어떤 신전에서는 그 신전의 보물이었던 금괴를 쥐들이 갉아먹는 일도 생겨났다. 이것을 알게 된 신전지기는 쥐덫을 놓아 쥐를 잡았는데, 쥐덫에 잡힌 암쥐가 그 속에서 새끼 다섯 마리를 낳고 세 마리를 잡아먹은 일도 있었다.

그리고 그 중 이상한 일은 맑은 하늘에서 갑자기 나팔소리가 들려왔던 일이었다. 그 소리는 어찌나 크고 구슬펐던지 온 시민들을 공포와 슬픔에 잠기게 하였다. 에트루리아에서 온 점술가는 그런 일들을 보고 이런 말을 했다. "이것은 세상이 뒤집히고 새로운 세상이 올 것이라는 신의 계시로 보입니다."

그 점술가의 말에 의하면, 이 세상에는 모두 여덟 개의 시대가 있는데 각 시대마다 생활 방식과 제도가 각각 다르다고 했다. 그리고 각각의 시대는 신이 정한 시간으로 나뉘어져 있는데, 한 시대가 다하고 다른 시대가 다가올 때는 땅과 하늘에 이상한 징조가 생긴다는 것이었다. 그리고 현명한 사람과 점술가들은 머지않아 다른 생활 방식과 제도를 가진, 즉 신들이 인간을 다른 방식으로 돌보아 주는 시대가 다가오는 것을 판단할 수 있다고 했다. 시대가 바뀔 때에는 이상한 징조가 일어나기 때문에 예언가나 점술이 성행하고 이들의 예언도 잘 맞는데 그것은 신들이 분명한 징조를 보여 주기 때문이라는 것이다. 그러나 한 세대가 지나면 그러한 징조들이 비밀에 싸여 분명하지 않기 때문에 점술가들의 예언은 불확실하고 애매해질 수밖에 없다는 것이 이 점술가의 말이었다. 이것은 그때 가장 풍부한 지식을 가지고 있었다는 토스카나 현인들의 이야기였다.

원로원에서는 군신 벨로나의 신전에 많은 점술가들을 모아놓고 이러한 이상한 징조에 대해 의논을 하고 있었다. 그런데 참새 한 마리가 메뚜기를 물고 날아 들어와 반은 떨어뜨리고, 나머지 반은 입에 문 채 다시 밖으로 날아가 버렸다.

점술가들은 이것을 보고 시골의 대지주와 도시의 평민 사이에 분쟁과 분열이 생긴다는 징조라고 예언했다. 도시의 평민은 참새처럼 시끄럽고, 시골의 대지주는 메뚜기처럼 조용히 땅에서 생활하기 때문이라는 것이었다.

이렇게 세상이 혼란스러워지자 마리우스는 호민관 술피키우스를 자기 편으로 끌어들였다. 술피키우스는 못된 일이라면 누구에게도 지지 않는 사람이었다. 그는 다른 악당들과 누가 더 악한 사람인가를 따질 필요가 없는, 어떤 점에 있어서는 가장 악한 사람이었다. 그는 잔인하고 탐욕스러웠으며 수치도 법도 모르는 사람이었기 때문에 노예나 외국인들에게 로마의 시민권을 팔고, 공회장의 계산대에서 돈을 받기까지 했던 인물이었다. 그는 3천 명의 뛰어난 사병을 거느리고 있었고, 기사 계급의 청년들을 모아 원로원 반대당이라 이름 붙여 자신을 보호하게 하였다. 또 그는 원로원의 의원이라 해도 2천 드라크마 이상의 빚을 지는 것은 법에 어긋나는 일이라고 하였다. 그러나 그가 죽은 뒤 남긴 그의 빚은 3백만 드라크마가 넘었다고 한다.

어쨌든 마리우스는 이러한 자를 앞잡이로 세워 자신의 야심을 달성하려고 하였다. 술피키우스는 폭력을 휘두르며 모든 일을 처리하고 훗날 위험한 결과를 가져올 많은 법령을 만들었다. 그 가운데 하나가 마리우스를 미트리다테스 정벌의 총사령관에 임명한다는 법령이다. 그러자 두 명의 집정관은 정무 중지[7]를 선언한 후 카스토르와 폴룩스의 신전 부근에서 회의를 열게 되었다.

이 때 술피키우스는 그의 부하들과 몰려와 많은 사람을 죽였다. 이 가운데는 집정관인 폼페이우스의 아들도 끼여 있었는데, 폼페이우스는 사람들 속에 끼여 간신히 탈출해 목숨을 건질 수 있었다. 그러나 술라는 마리우스의 집으로 피신했지만 끝내 술피키우스의 부하들에게 붙잡혔다. 그래서 정무 중지를 해제할 것을 강요받아 결국 이것을 받아들이고 말았다. 술피키우스는 폼페이우스를 집정관의 자리에서 내쫓았지만, 술라에게는 집정관 지위를 허가해 주었다. 대신 미트리다테스 정벌의 총사령관은 마리우스에게 주어졌다.

술피키우스는 놀라에 있는 군대를 마리우스에게 인계하기 위해 즉각 군사위원들을 파견했다. 그러나 술라는 그들에 앞서 놀라에 도착해 있었다. 그리고 그곳의 병사들에게 마리우스와 술피키우스의 만행을 알렸다. 이러한 만행을 알게 된 병사들은 분함을 참지 못하고 뒤늦게 도착한 군사위원들을 돌로 때려서 죽여 버리고 말았다. 군사위원들이 죽었다는 사실을 들은 마리우스는 술라를 지지하는 사람들을 사형에 처하고 그들의 재산을 빼앗았다. 술라에게 복수하기 위해서였다. 이런 일이 일어나자 많은 사람들은 도망치기 시작했다. 어떤 사람은 군영이 있는 곳에서 시내로, 또 어떤 사람은 군영이 있는 곳에서 시내로 피난을 하느라 로마는 큰 혼란에 빠지게 되었다.

원로원은 당황했지만 어떤 일이든 스스로 행동할 수는 없었다. 원로원의 의원들은 술피키우스와 마리우스의 명령에 따를 수밖에 없었기 때문이다. 술라가 군사를

---

7) 이것은 집정관 관례에 의해 임시로 정한 휴가이다. 보통 정무중지는 집정관이 출정하기 직전에 정해졌다. 그 기간 동안에는 모든 정무가 중지된다.

이끌고 가까이 온다는 정보를 알고 원로원은 마리우스의 명령에 따라 술라의 진군을 막기 위해 법무관 두 명 브루투스와 세르빌리우스를 술라에게 보냈다.

그들은 술라에게 준엄한 말투로 이야기했다가 하마터면 죽을 뻔했다. 술라의 병사들은 그 모습을 보고 그들의 파스케스를 부러뜨리고, 옷을 찢은 뒤 온갖 욕설을 퍼부어 내쫓아 버렸다. 로마의 시민들은 이러한 몰골로 돌아온 법무관들을 보고 더 이상 술라의 군대를 진압할 방법이 없다며 큰 절망에 빠졌다.

마리우스와 술피키우스가 군대를 동원하는 등 전투 준비를 하는 동안, 술라는 6개 군단을 이끌고 로마로 향하고 있었다. 술라의 군대는 사기가 하늘을 찔러 단숨에 로마를 정복할 것 같은 기세였다. 그러나 술라는 전쟁의 결과를 두려워하여 로마 주변에서 머무르고 있었다. 술라의 승리를 위해 제사를 지낸 점술가 포스투미우스는 술라에게 두 손을 내밀며 이렇게 말했다.

"전쟁을 해야 합니다. 전쟁을 하면 틀림없이 승리를 거둘 수 있습니다. 만일 전쟁에서 지게 되면 저는 어떤 벌이라도 받겠습니다. 나를 못 믿겠으면 나를 묶어놓고 떠나십시오."

술라도 그 날 꿈속에서 한 여신을 보았다. 그는 달의 여신인지 아테나 여신인지, 아니면 벨로나 여신인지는 확인할 수 없었지만, 로마 사람들이 카파도키아 사람들로부터 배워 숭배하고 있는 여신이었다. 이 여신은 술라에게 천둥과 번개의 망치를 주며 말했다.

"술라여, 원수들의 이름을 부르며 이것을 던져라."

술라는 꿈속에서 이 망치로 그의 적들을 모두 때려 죽였다. 그러나 술라가 깨어 보니 그것은 꿈이었다. 하지만 술라는 이 꿈으로 많은 힘을 얻을 수 있었다. 술라는 그의 부하들에게 이러한 이야기를 하고, 날이 새기를 기다려 로마로 진군했다.

술라의 군대가 피카나 부근에 이르렀을 때, 로마 시내에서 온 몇 명의 대표가 그를 찾아왔다. 그들은 술라 앞에서 목멘 소리로 애원했다.

"술라 장군, 로마를 위해 진군을 멈추어 주시오. 그러면 원로원은 이미 결정한 대로 정당한 조치를 취할 것을 약속하겠소. 그러나 술라 장군이 이대로 계속 진군한다면 로마는 큰 혼란에 빠질 것이고 많은 사람이 죽거나 다치게 될 것이오."

술라는 이 대표단의 말을 따르기로 했다. 그리고 부장들을 불러 야영준비를 하라고 명령했다. 대표단은 술라의 말을 믿고 로마로 돌아갔다.

그러나 대표단이 떠나자 술라는 루키우스 바실루스와 카이우스 뭄미우스를 불러 지금 당장 에스퀼리누스 언덕의 성벽과 성문을 점령하라고 명령하고, 그들의 뒤를 이어 자신도 로마를 향해 진군하기 시작했다.

술라의 군대는 성벽과 성문을 쉽게 점령했다. 약속을 어기고 쳐들어오는 술라의 군대를 본 로마 시민들은 지붕으로 올라가 돌과 기왓장을 던지며 저항했으며 저항에 바실루스의 부대는 성벽까지 후퇴하고 말았다.

이 때 술라가 성벽에 도착했다. 로마 시민들이 저항하고 있는 것을 본 술라는 크게 화를 내며 병사들에게 명령했다.

"병사들이여, 집집마다 불을 놓아라. 그리고 모든 집에 불화살을 쏘아라."

명령을 내린 술라는 스스로 횃불을 들고 군대를 지휘했다. 이것은 미리 계획된 작전이 아니라 술라가 분노를 이기지 못해 이성을 잃고 한 명령이었다.

술라의 눈에는 로마 시민이 모두 자기의 적으로 보였다. 눈앞에 보이는 로마 시민들을 가리지 않고 닥치는 대로 죽이며, 불로 길을 만들어 로마 시로 진군해 들어갔다.

술라 군의 칼은 로마 시민의 피로 물들고 로마 시내는 연기로 가득했다.

로마에 있던 마리우스는 한 번 싸워보지도 못하고 대지의 여신 텔루스 신전까지 쫓겨갔다. 그 곳에서 마리우스는 모든 노예에게 자유를 주겠으니 자기를 위해 싸워 달라고 호소했지만, 그들은 술라의 공격을 감당하지 못한 채 로마를 버리고 달아나 버렸다.

술라는 로마를 손에 넣었다. 그는 즉시 원로원을 소집하여 마리우스와 그에게 협력한 사람들에게 사형을 선고하도록 했다. 사형을 선고받은 사람들 가운데는 호민관이었던 술피키우스도 끼여 있었다. 술피키우스는 어느 노예의 집에 숨어 있었는데 노예의 밀고 때문에 잡히고 말았다. 술라는 우선 그를 고발한 노예에게 자유를 준 다음, 술피키우스를 타르페이아 절벽에 던져서 죽여 버렸다.

술라는 마리우스를 잡기 위해 그의 목숨에 많은 현상금을 걸었다. 이것은 은혜를 모르는 행동이었다. 예전에 술라가 술피키우스에게 쫓기어 마리우스의 집으로 피신해 도움을 요청하고 마리우스의 도움으로 무사히 도망친 일이 있는데 술라는 이것을 까맣게 잊은 것처럼 행동했다. 그때 마리우스가 술라를 죽였다면 마리우스는 로마의 주인이 될 수도 있었을 것이다. 그러나 단 며칠 사이에 입장이 뒤바뀐 술라는 마리우스를 전혀 다르게 다루었다.

이러한 술라의 태도는 원로원 의원들을 몹시 불쾌하게 만드는 것이었다. 그러나 술라의 세력이 너무나 막강했기 때문에 누구도 이러한 생각을 겉으로 드러내지는 못했다.

로마의 시민들도 이런 술라의 이런 행동을 못마땅하게 여겼지만 아무런 불평도 할 수 없었다. 그러나 로마 시민의 불만은 곧 행동으로 나타났다. 술라의 조카 노니우스와 술라를 지지하던 세르비우스가 어떤 지위에 오르려고 선거에 입후보했으나, 시민들은 그들을 당선시키지 않았던 것이다. 더구나 당선된 사람은 술라를 반대하던 사람이었다. 이것은 술라에겐 큰 수치였다. 그러나 술라는 이런 일을 환영한다는 듯이 선전을 하고 다녔다.

"이번 선거의 결과는 내가 시민들에게 많은 자유를 주었다는 증거요. 그래서 자유로운 로마 시민은 이렇게 투표를 할 수 있었던 것이오."

술라는 이렇게 환영의 말을 하였지만 마음속까지 편한 것은 아니었다. 시민들이 자신에 대해 얼마나 큰 반감을 가지고 있는지를 확인했기 때문이다.

술라는 자기에 대한 반감을 없애기 위해 반대파에 속하는 루키우스 킨나[8]를 집정관에 당선시켰다. 물론 그 전에 킨나를 불러 술라 자신을 지지하겠노라는 약속을 받아냈다. 집정관에 당선된 킨나는 작은 돌을 쥐고 유피테르의 신전에 올라가 선서하면서, 술라 지지자들의 위협 때문에 이런 맹세를 했다. "내가 만일 술라를 배신한다면, 내가 손에 쥐고 있는 돌이 던져지듯 로마에서 쫓겨나도 좋습니다."

그리고 손에 쥐고 있던 돌을 여러 사람이 보는 앞에서 던졌다. 그러나 킨나는 집정관에 취임한 뒤 술라와의 약속을 깨뜨릴 마음으로 호민관의 한 사람이었던 비르기니우스를 끌어들여 그를 고발하였다. 그러나 술라는 고발 같은 것은 하나도 무섭지 않다는 듯, 군대를 이끌고 미트리다테스를 정벌하기 위해 떠나버렸다.

술라가 이탈리아의 한 해안 도시에서 한창 전쟁 준비를 하고 있을 때 미트리다테스 왕은 페르가몬에서 지내고 있었다. 이 때 미트리다테스에게는 여러 가지 이상한 징조가 일어나기 시작했다. 페르가몬 주민들이 승리를 축하하려고 왕관을 손에 쥔 승리의 여신 상을 어떤 기계장치를 이용해 왕의 머리 위에 올리고 있는 도중, 왕의 머

---

8) 기원전 87년 옥타비우스와 집정관의 위치에 올랐다. 그 후 옥타비우스와 싸워 로마에서 추방되었으나, 다시 마리우스, 세르토리우스와 힘을 합쳐 로마를 점령했다. 그러나 부하에게 암살되는 비참한 최후를 맞는다.

리에 닿으려는 순간 산산이 부서지고 단상 가운데 떨어진 왕관은 망가지고 말았다. 주민들은 이러한 모습을 보고 두려워하며 떨었고 왕 자신도 무척 불안함을 느꼈다. 이 때는 모든 일이 순조롭게 해결되고 있을 때였기 때문에 두려움과 불안은 더했다.

당시 미트리다테스는 소아시아를 로마로부터 빼앗았고 또 비티니아와 카파도키아까지 점령하고 있었다. 그래서 왕은 수도를 페르가몬으로 옮기고 공을 세운 부하들에게 재물과 영토, 그리고 왕국을 나누어 주었다. 그의 아들들도 많은 영토를 다스리고 있었고, 다른 아들 아리아라테스는 대군을 이끌고 트라키아와 마케도니아를 무찔렀다. 그리고 다른 많은 장군들도 각각 자신의 군대를 이끌고 나가 여러 나라들을 하나씩 점령해 나가고 있었다.

특히 그 당시 가장 용감한 장군이었던 아르켈라오스는 함대를 이끌고 나가 바다에서의 주도권을 장악했고, 키클라데스 제도를 비롯한 말레아 곶 동쪽의 모든 섬을 정복한 뒤 에우보이아마저 손에 넣었다. 그는 바다에서 뿐만 아니라 땅에서도 용맹을 떨쳐 아테네로부터 테살리아까지 모든 나라를 손에 넣고 그들로부터 로마와 손을 끊도록 했다.

미트리다테스 군은 전쟁에서 모두 승리했지만 오직 카이로네아에서 한 번의 실패를 맛보아야 했다. 카이로네아에서는 마케도니아의 총독이었던 센티우스의 부장 브루티우스 수라가 기다리고 있었다. 그는 침착하고 용감한 전투로 밀려오는 아르켈라오스 군을 세 번의 전투 끝에 물리쳐 버렸다.

아르켈라오스 군은 후퇴를 거듭하다가 바다로 도망갔다.

브루티우스 수라가 이 전쟁에서 승리했을 때 루키우스 루쿨루스가 보낸 명령이 그에게 도착했다. "미트리다테스 왕을 정벌할 로마 군의 총사령관으로 술라가 임명되었다. 모든 전투의 지휘권을 술라 장군에게 넘겨주기 바란다."

명령을 받은 브루티우스 수라는 곧 그곳을 떠나 센티우스에게 돌아갔다. 이때 브루티우스 수라는 새로운 혁명을 일으킬 수 있는 상황이었음에도 불구하고 명령에 따라 돌아간 것이었다. 많은 사람들은 이러한 그의 행동을 명예로운 것이라 칭찬하였다.

마침내 술라가 도착했다는 소식이 그리스에 널리 퍼졌다. 그리스의 많은 도시국가에서는 사절단을 보내 그를 환영했다. 그러나 아테네에서는 축하사절을 보내지 않았다. 당시 아테네는 폭군 아리스티온이 다스리고 있었는데 그는 시민들의 의사를 무시하고 미트리다테스 왕과 손잡고 있었다.

이런 아테네를 괘씸하게 여긴 술라는 전 군대를 이끌고 아테네 정복에 나섰다. 먼저 아테네의 항구도시 피라이우스를 포위하여 식량의 수송을 막았고, 많은 기계와 전법을 사용하여 성을 포위해 버렸다. 아테네의 몰락은 얼마 남지 않은 것 같았다. 식량이 모자란 아테네는 시간이 지나면 저절로 항복할 수밖에 없기 때문이었다. 그러나 로마에서 새로운 혁명이 일어날 것을 두려워한 술라는 빠른 시일 내에 전쟁을 끝내고 싶었다. 그는 많은 인명피해를 냈고 비용을 낭비하였다. 특히 공성기계를 움직이려면 1만 마리의 노새가 필요했는데, 나중에 이 기계는 무게를 이기지 못해 스스로 부서져 버렸다. 또 적의 불화살을 맞아 다른 많은 기계들도 불타 없어지고 말았다.

이 기계를 새로 만들기 위해 술라는 성스러운 숲이라고 일컬어지던 숲에서까지 나무를 베어 왔다. 그리고 마침내 아테네에서 가장 울창한 숲을 이루고 있었던 아카데미와 리케움의 나무까지 잘라내어 숲을 망가뜨려 버렸다.

전쟁에는 많은 돈이 필요했다. 그래서 술라는 에피다우로스[9]와 올림피아에 보관되어 있는 보물을 가져오게 했다. 그리고 델포이의 암픽티온 동맹[10]에도 편지를 보냈다.

"그곳 신전에 보관되어 있는 보물을 잘 맡아 주겠으니 내게 보내 주시오. 만일 그 보물을 사용하게 되더라도 꼭 같은 값으로 갚겠소."

그리고 신전이 서 있는 포키스 출신의 부하인 카피스를 보내 보물을 확인하고 무게를 달아 받아오도록 했다.

델포이에 도착한 카피스는 신에게 바친 성스러운 물건에 손을 대는 것이 두려웠다. 그래서 암픽티온 회의에 가서 눈물을 지으며 보물이 필요한 이유를 설명하고 애원을 했다. 그때 누군가 이런 말을 했다.

"이상한 일이 생겼습니다. 성전 안의 영묘 쪽에서 하프를 켜는 소리가 분명하게 들려왔습니다."

카피스가 이 말을 믿어서였는지 아니면 술라에게 공포감을 주기 위해서였는지는 모르지만, 그는 술라에게 급히 사람을 보냈다. 그러나 이런 사실을 들은 술라는 무서워하기는커녕 오히려 카피스를 비웃으며 이렇게 말했다.

---

9) 아르고스 해안의 지명이다. 이 곳에는 의술의 신 아이스쿨라피오스의 신전이 있었고, 엘리스에 있는 올림피아에 제우스의 신전이 있었다. 그리스는 각 도시국가에서 여러 시대를 거쳐 보내온 보물을 이곳에 보관했다.

10) 델포이의 아폴론 신전을 수호하려고 그리스 각 도시국가가 체결한 동맹회의이다.

"음악은 노여움의 징조가 아니오. 카피스는 즐거운 마음으로 보물을 가져오도록 하시오. 이 음악은 신이 보물을 우리에게 주시겠다는 징조임이 분명하니 말이오."

술라는 카피스에게 하루빨리 보물을 옮겨오라고 명령했다. 카피스는 그리스 사람들이 이 사실을 눈치 채지 못하도록 어두운 밤을 틈타 보물을 옮겨왔다. 그런데 그것들 가운데는 왕가의 헌납품[11]인 큰 은술통이 있었는데 이것은 너무 크고 무거워서 수레에 실을 수가 없었다. 할 수 없이 암픽티온 동맹은 그 술통을 조각을 내어 실어가게 하였다. 이런 결정을 한 동맹회의 대표들은 옛날 일을 회상하며 마음아파하였다.

옛날 티투스 플라미니누스와 마니우스 아킬리우스는 마케도니아의 여러 도시를 정복했으며, 파울루스 아이밀리우스는 안티오코스의 군대를 그리스에서 격파했던 로마의 유명한 장군이었다. 이들은 결코 그리스의 신전을 더럽히지 않았고 오히려 신전에 보물을 바치고 신을 경배하는 모습까지 보여 주었다. 그리고 장군들은 부하들의 환심을 사려는 행동은 하지 않았다. 그들은 이러한 행동을 적을 두려워하는 것보다 더욱 수치스럽게 여겨 정해진 임무만을 수행하며, 검소한 생활을 하고 부하들을 너그럽게 대했다.

하지만 이 시대의 장군들은 거의 폭력으로 높은 지위에 오른 사람들이어서 적들보다도 자기의 동료들끼리 더 많은 싸움을 했다. 그래서 이들은 많은 군대를 유지해야 했고, 이 때문에 그만큼 많은 돈을 써야 했다. 그들은 이러는 사이 자신들도 모르게 국가를 팔아먹게 되었다. 그들은 언제나 비열하고 사악한 사람의 노예가 되어 갔던 것이다.

이것이 바로 마리우스가 로마에서 쫓겨난 이유였으며, 또한 이것이 그가 돌아와 술라와 대항해 싸울 수 있게 된 원인이 되었고, 킨나가 옥타비우스를 암살하고, 핌브리아가 플라쿠스를 암살하게 된 원인이 되기도 했다.

이러한 일이 발생한 것은 대부분 술라에게 책임이 있었다고 볼 수 있다. 그는 자신의 부하들에게 많은 상을 주고 돈을 뿌려, 다른 장군의 병사들이 자신의 장군을 배신하고 자기의 부하로 들어오도록 만들었다. 그 때문에 술라는 돈을 물쓰듯 부하들에게 주었고 날이 갈수록 점점 더 많은 돈이 필요하게 되었다. 더욱이 아테네 포위

---

11) 여기서 말하는 것은 옛날 리디아의 왕 크로이소스가 헌납한 것을 말한다. 크로이소스는 그외에도 많은 보물과 네 개의 은으로 만든 큰 술통을 헌납했다. 이것의 대부분은 이미 250년전 신성전쟁 때 포키스 사람들에게 약탈되었다. 그래서 그 신전에 단 한 개의 술통이 남아 있었다.

작전 중에는 그 필요가 더욱 절실했다.

술라는 아테네를 정복하겠다는 야심에 사로잡혔다. 아마도 그는 아테네를 정복하여 명성을 떨치려 했는지도 모른다. 그러나 아테네는 이미 그 옛날의 유명한 도시가 아니었다. 술라가 아테네를 정복하겠다는 야심은 점점 더해갔는데, 그것은 매일 같이 성벽에 올라와 자신의 아내 메텔라를 조롱했던 참주 아리스티온에 복수하기 위해서였는지도 모른다.

아리스티온은 방탕하고 잔인한 인물이었다. 그는 마치 미트리다테스 왕의 병적이고 부도덕한 성격을 모두 모방한 듯했다. 당시 아테네에서는 밀 1메딤니가 1천 드라크마로 거래되던 때였다. 그래서 시민들은 아크로폴리스 주변에 자라는 거친 풀을 먹고 살거나, 가죽구두나 기름을 담았던 부대를 삶아 먹으며 겨우겨우 목숨을 유지하고 있었다. 그러나 아리스티온은 매일 잔치를 열어 시간을 보내고, 갑옷을 입고 술과 춤을 즐겼다. 그리고 그것도 싫증이 나면 성벽에 올라가 로마 군을 욕하곤 하였다.

그러면서도 그는 아테나 신에게 드리는 성화마저도 기름이 없어 꺼질 정도로 돌보지 않았다. 아리스티온은 여자 제사장이 12분의 1 메딤니의 밀을 구하러 왔을 때는 밀 대신 그만큼의 후추를 주어 쫓아버렸고, 원로원의 의원과 제사장들이 아리스티온을 찾아와 아테네의 시민을 불쌍히 여겨 제발 술라와 휴전하라고 하자 활을 쏘아 그들을 내쫓아 버렸다.

그러는 동안에도 아테네 시민들은 계속 굶주림으로 죽어가고 있었다. 아리스티온도 억눌린 시민들의 반란이 무서워 더 이상 끝까지 버틸 수가 없었다. 그래서 술친구 두세 명을 술라에게 보내 휴전을 요청하였다. 그러나 이 사람들은 휴전을 위한 제안을 하는 것이 아니라, 테세우스[12], 에우몰포스 등 옛 장군의 무용담과 메디아와 싸워 승리한 이야기만 늘어놓았다. 술라는 더 이상 그들의 말을 듣지 않고 이렇게 명령했다.

"로마가 나를 아테네로 보낸 것은 당신들의 역사강의나 잠꼬대를 듣고 오라는 것이 아니었소. 내가 아테네로 온 것은 반역자들을 징벌하기 위해서요. 당신들은 이제 돌아가시오."

이런 도중 술라는 어떤 정보를 듣게 되었다. 그 정보는 케라미코스 구에서 몇명

---

12) 그리스 신화에 나오는 장군이다. 아테네의 왕자였고 아티카의 여러 국가를 통합시켰다. 그리고 헤라클레스의 아마존족 정벌에도 참여했다.

의 노인이 하던 이야기를 로마 군이 엿들은 것이었다.

"헵타칼쿰의 통로나 샛길을 아리스티온이 지키지 않고 있습니다. 만일 이곳으로 로마 군이 쳐들어 온다면 도저히 막을 수가 없습니다. 아리스티온은 정말 몹쓸 폭군이라서 ……."

밤이 되자 술라는 이 곳으로 나가 지형을 살폈다. 그 곳은 과연 아주 좋은 돌파구였다. 술라는 전쟁의 승리를 확신하며 즉시 행동을 개시했다.

술라의 《회상록》에는 전투가 다음과 같이 기록되어 있다.

처음으로 성벽에 올라간 로마 군은 마르쿠스 테이우스였다. 그는 앞을 막는 아테네 군의 투구를 칼로 쳐 칼이 부러지자 아테네 군사를 맨손으로 사로잡았다. 이렇게 해서 로마 군들은 마치, 노인들의 이야기처럼 아테네의 한 모퉁이에서 공격을 시작하여 아테네를 모두 점령했다.

로마 군은 피라이우스 문과 신성문 사이의 성벽을 허물어뜨렸다. 그들은 자정쯤 나팔과 피리를 크게 불어 하늘과 땅을 울리며 아테네로 몰려 들어갔다. 술라는 병사들에게 약탈과 살인을 마음대로 할 수 있도록 허락했다. 그러자 로마 군은 눈에 띄는 모든 것을 칼로 쳐부수며 시가지로 들어가, 승리의 함성을 높이 질러댔다. 술라도 무너진 성벽을 통해 아테네에 들어갔다.

이 때 로마 군의 칼에 맞아 죽은 사람은 다 헤아릴 수 없을 정도로 많았다. 그래서 피로 물든 땅의 면적을 계산하여 죽은 사람의 수를 예상할 따름이라고 한다. 아테네 시의 다른 곳에서 죽은 사람들의 수는 말할 것도 없고, 아고라에서 흘린 시민들의 피만으로도 냇물을 이루어, 이중문[13] 안쪽의 케라미코스 지역 전체에 젖어들었고, 냇물을 이룬 피는 성 밖의 교외까지 흘러갔다고 전해진다.

로마 군의 칼에 맞아 죽은 사람의 수도 많았지만, 아테네의 멸망을 보고 울분에 못 이겨 자살한 사람의 수도 적지 않았다. 특히 의로운 시민들은 아테네가 다시 일어날 희망을 잃은 데다가, 술라의 인정도 기대할 수 없어지자 스스로 목숨을 끊고 말았다.

술라는, 아테네에서 추방된 미디아스와 칼리폰이라는 사람과 함께 종군하고 있던 원로원 의원의 의견에 따라 마지막에 이르러 이 피비린내 나는 파멸을 중지시켰

---

13) 아테네의 케라미코스 지역은 성의 안과 밖의 두 구역으로 나뉘어져 있다. 이 경계를 나타내는 것은 성벽에 있는 이중문이다. 이중문은 아테네 시의 서북쪽에 있다.

다. 그는 원한도 어느 정도 풀어졌고 복수심도 채워졌기 때문에 옛 아테네 사람들에게서 받았던 존경심을 가졌던 것이 생각났던 것이다. 그는 이렇게 말했다.

"몇몇 사람을 위해 많은 사람을, 그리고 죽은 사람을 위해 살아 있는 사람을 용서하기로 하겠소."

술라의 《회상록》을 보면, 그가 아테네를 함락시킨 것은 카르티우스 달[14]의 첫날이었다고 한다. 이 달은 아테네 달력의 안테스테리온 달[15]과 같다. 이 달에 아테네는 옛날 대홍수[16] 때의 비참했던 기억을 떠올리며, 매년 행사를 치르는 풍습이 있었다.

아테네가 술라의 손에 넘어가자 폭군 아리스티온은 아크로폴리스 신전 안으로 도망갔다. 그런데 술라의 군대가 이 신전을 포위하고 있었다. 아리스티온은 많은 시간을 이 신전에서 버텼으나 물이 떨어져 마침내 항복을 하고 말았다. 그런데 아리스티온이 항복을 하고 나오자 갑자기 맑게 개었던 하늘에 먹구름이 몰려오더니 갑자기 비가 쏟아졌다. 그래서 잠깐 사이에 이 성전은 물에 잠기고 말았다. 사람들은 이것을 보고 신의 뜻이라고 이야기했다.

얼마 후 술라는 피라이우스 항구를 점령하고, 유명한 필론[17]이 지은 무기창고를 포함해 거의 모든 도시들을 불태워 버렸다.

그동안 미트리다테스 왕의 장군이었던 탁실레스가 트라키아와 마케도니아를 출발하였다. 그는 보병 10만 명과 기마병 1만 명, 전차 90대를 이끌고 남쪽으로 내려갔다. 그는, 무니키아에 머물면서 바다에서의 패권을 포기하지도 않고 로마와의 전투도 피하고 있는 아르켈라오스를 끌어들였다. 전쟁을 오래 끌어 로마 군의 군량 보급을 막으려 했던 것이다.

그러나 술라는 탁실레스의 작전을 잘 알고 있었다. 그래서 그는 군대의 식량을 구할 수 없는 불모의 땅을 떠나, 기름진 땅을 가진 보이오티아 지방으로 들어갔다. 사람들은 탁실레스 군의 주력 부대가 기마병과 전차라는 사실을 알고 있었으면서

---

14) 지금의 3월을 가리킨다. 그러나 당시 로마의 달력으로는 첫 번째 달이었다.

15) 아티카의 달력 여덟 번째 달을 말한다. 이 달에는 꽃의 축제가 행해졌다.

16) 그리스 신화에 나오는 홍수이다. 테살리아 왕 데우칼리온이 그의 아내와, 제우스가 내린 9일의 홍수를 피해 인류를 다시 퍼뜨린 사건을 말한다.

17) 당시보다 300년 전에 살았던 건축가이다. 그가 만든 무기 창고는 백 척의 배를 수용할 수 있는 커다란 것이었다.

도, 험한 지형을 가진 아티카를 떠나 땅이 고른 보이오티아 벌판으로 간 것은 잘못 판단한 것이라고 말했다.

그러나 술라는 많은 군수물자와 식량을 확보하기 위해서는, 이곳에서의 위험한 전투를 피할 수가 없었다. 또 이 때 술라가 신임하는 장군인 호르텐시우스가 자신을 돕기 위해 이곳으로 오고 있는데, 중간의 산길(테르모필라이)에 잠복 중인 적군들로부터 호르텐시우스를 보호하기 위한 이유도 여기에 있었다.

호르텐시우스는 중간에 적이 잠복하고 있는 것을 알고 있었다. 그래서 그는 필자의 고향(카이로네아) 사람인 카피스라는 훌륭한 안내인을 구해서, 적이 모르는 다른 길로 파르나소스 산을 넘었다.

그들은 산을 넘어 티토라라는 시에 도착했다. 예전에 이곳은 번창한 도시가 아니라 험한 산에 둘러싸인 작은 성에 불과했었는데, 옛날 크세르크세스의 군대가 침입했을 때 포키스 사람들이 피난했던 곳으로 유명한 곳이었다. 호르텐시우스는 낮에는 이곳에서 진을 치고 적의 침입에 대비하다가, 밤이 되면 험하고 가파른 길을 지나 파트로니스로 내려가 드디어 술라가 기다리고 있던 곳에 도착할 수 있었다.

술라는 호르텐시우스와 의논하여 엘라테아 평야 중심에 솟아 있는 산 위에 진지를 정했다. 엘라테아 평야는 넓고 기름진 땅이었으며, 숲이 울창한 이 산 기슭에는 시냇물이 흐르고 있었다. 이 산은 피로보이오토스 산이었는데, 술라는 이곳의 지형을 보고 몹시 기뻐했다.

술라의 군대는 기병 1천 5백 명과, 보병 1만 5천 명 정도였다. 이것은 적의 군대와 비교하면 매우 보잘것없는 병력으로, 피로보이오토스 산에 있던 술라의 군대는 적에게 매우 허약한 군대로 보였다. 그래서 적의 많은 장군들은 로마 군의 병력이 허약한 것을 알고 서로 공격하려고 앞을 다투었다.

장군들은 공격을 미루고 있던 아르켈라오스를 설득하여 군대를 출동시켰다. 말과 전차와 방패가 넓은 평야를 뒤덮었다. 진을 치고 있던 많은 병사들이 내지르던 함성이 하늘에 가득 울려퍼졌다. 그들의 화려하고 값진 몸치장은 쓸모없는 겉치레가 아니었고 오히려 적의 간담을 서늘하게 할 정도였다. 금과 은으로 장식한 갑옷들은 번쩍번쩍 빛났고, 구리와 강철을 이용해 만든 메디아와 스키타이 인의 갑옷은 전투 대형을 바꿀 때마다 불처럼 환하게 빛나 무서운 위세를 자랑했다.

이런 모습을 본 로마 군은 참호에 숨어 겁을 떨쳐 버릴 수 없었다. 술라도 이 병사들에게 더 이상 전쟁을 강요할 수 없었기 때문에 적군의 모욕과 비웃음을 참으며 가만히 있을 수밖에 없었다.

그러나 이것은 술라에게는 아주 다행스러운 일이었다. 적군은 로마 군의 이런 모습을 우습게 여기며 규율이 흐트러져 버렸다. 적들은 로마 군은 막을 필요도 없다고 생각하여, 적은 수의 군대만을 남기고 여러 곳으로 노략질을 위해 떠났다. 그들은 허락도 없이 파노페 시를 파괴하고, 레바데아 시를 약탈하며, 그곳 신전까지 마구 부수고 노략질을 했다.

술라는 여러 곳의 도시들이 파괴당하는 것을 보고는 더 이상 참을 수 없었다. 그래서 그는 군사들을 이끌고 케피소스 강의 물줄기를 바꾸기 위해서라며 몇 개의 도랑을 파게 했다. 그는 작업을 할 때 병사들이 게으름을 피우지 못하게 철저히 감시했다. 그리고 게으름을 피우는 병사가 발견되면 큰 벌을 내렸다. 술라가 병사들에게 이런 일을 시킨 것은 노역보다는 전쟁의 위험을 택하게 하려는 데 있었다. 그리고 그런 목적은 얼마 후 곧 달성되었다. 병사들은 고된 노역에 지쳐 술라가 지나가자 이렇게 호소해 왔다.

"장군님, 우리들을 빨리 적과 싸울 수 있게 해주십시오."

하지만 술라는 고개를 저으며 이렇게 대답했다.

"아직은 안 된다. 너희가 요구하는 것은 적을 무찌르기 위해서가 아니라 이 노역에서 벗어나려는 것이기 때문이다. 만약 너희가 정말로 싸우기를 원한다면 즉시 무기를 들고 저 산으로 올라가라."

술라가 말한 산은 파라포타미 사람들이 쌓아 놓은 오래된 성이 있는 곳이었다. 그러나 그 성은 이미 폐허가 되어 있었기 때문에, 성이라기보다는 사방이 절벽으로 둘러싸인 바위산에 가까웠다. 하지만 그 산은 아소스 강을 사이에 두고 헤딜리움 산과 마주 서 있어서 전략적으로는 매우 중요한 곳이었다. 아소스 강이 이 절벽의 기슭에서 급류로 변해 케피소스 강으로 흘러가 거센 물결을 일으키는 곳이어서 이 바위산은 누구도 뚫을 수 없는 완벽한 요새였던 것이다. 술라는 '구리방패부대'라는 적의 부대가 이 바위산을 점령하려는 것을 알고 더욱 탐이 났던 것이다. 이렇게 해서 술라의 부대는 목숨을 내걸고 적과 싸워 끝내 이 바위산을 점령할 수 있었다.

이 전쟁에서 패배한 아르켈라오스는 카이로네아로 군대를 이동했다. 이것을 보고 로마 군에 가담한 카이로네아 출신의 병사들은 술라를 찾아와 애원했다.

"장군님, 우리는 고향 카이로네아가 적에게 짓밟히는 것을 가만히 보고 있을 수는 없습니다. 우리도 그들과 싸우게 해주십시오."

이 말을 들은 술라는 군단장인 가비니우스에게 군대를 주고, 카이로네아로 가라고 명령했다. 그리고 카이로네아 출신의 병사들을 따로 조직해서 그곳으로 급히 보냈다. 카이로네아 출신의 병사들은 열심히 싸웠다. 그러나 용감하고 민첩한 장군이었던 가비니우스를 앞설 수는 없었다.

유바[18]의 말에 의하면, 이 사람은 가비니우스가 아닌 에리키우스였다고 한다. 그러나 그가 누구였든지 간에, 카이로네아는 동맹국 로마에게 구원을 받아 그 위기를 무사히 넘길 수 있었다.

이 전쟁에서 승리한 뒤, 로마 군의 승리를 알리는 듯한 징조가 여러 곳에서 나타났다. 레바데아와 트로포니우스의 동굴에서는 로마가 승리한다는 신탁과 소문이 전해졌다. 술라는 자신의 《회상록》 10권에서 그 내용을 이렇게 이야기하고 있다.

승리의 신탁을 가장 먼저 전해준 이는 퀸투스 티티오스라는 그리스의 상인이었다. 그는 로마에도 어느 정도 이름이 알려져 있던 사람이었는데, 카이로네아 승전 후 술라를 찾아와서 이런 말을 했다.

"트로포니오스의 신탁에 의하면, 카이로네아에서 다시 전투가 있을 것이라고 합니다. 그러나 이번에도 로마 군이 승리할 것이라고 했습니다."

다음에는 살베니우스라는 병사가 이탈리아의 미래에 대한 신탁을 얻어 왔다. 이 병사 또한 트로포니오스의 신탁을 받아왔는데, 이 두 사람이 본 트로포니우스는 똑같이 위엄 있고 훌륭한 체격을 가지고 있었다고 하며, 그 모습이 마치 올림피아의 제우스와 같았다고 전했다. 이런 말들을 듣고 자신을 얻은 술라는 아소스 강 건너 헤딜리움 산으로 군대를 이동시켰다.

그곳에서 멀지 않은 곳에는 아르켈라오스의 진지가 있었다. 그는 아콘티움 산과 헤딜리움 산 사이에 있던 아시아(Assia)에 진지를 구축하고 있었는데 이곳은 지금까지도 아르켈라오스라고 불리고 있다.

술라는 이곳으로 진지를 옮기고 하루가 지난 뒤, 무레나에게 1군단과 2대대의 병

---

18) 누미디아의 왕자였는데 카이사르가 로마로 데려왔다. 그리고 후에 안토니우스의 클레오파트라 사이에 태어난 딸 클레오파트라와 결혼했고, 마우리타니아의 왕이 되었다.

력을 넘겨주며, 이곳에 남아 적이 전투 준비를 하려 할 때 방해를 하라는 명령을 내리고 곧 출동시켰다. 술라는 출동에 앞서 케피소스 강가로 가 제사를 지내고 카이로네아로 진군했다. 그는 그곳에 남아 있던 로마 군과 합세하여 적의 부대가 있는 투리움 산을 점령하려 했다.

투리움 산은 원추형으로 높이 솟아 있는 험한 산이었는데, 꼭대기에는 오르토파고스라 부르는 곳이 있었다. 그리고 산기슭에는 몰로수 강이 흐르고 있었고, 아폴론 투리우스의 신전도 여기에 서 있었다. 이곳의 아폴론 신을 투리온이라고 부르는 것은 카이로네아 시를 건설했다고 하는 카이론 신의 어머니 투로에서 그 이름을 따왔기 때문이라 한다. 또 다른 이야기에 의하면, 아폴론 카드모스의 길을 안내하는 암소가 신의 명령으로 이곳에 나타났기 때문이라고도 한다. 페니키아 말로 암소는 '토르'이기 때문이다.

술라가 카이로네아에 도착하자 그곳에 있던 군단장들은 부하를 무장시키고 마중나와 술라의 머리에 월계관을 씌워 주었다. 술라는 무척 기뻐하며 군대를 돌아보았다. 그리고 앞으로의 전투에 대비하여 군사들을 격려했다.

그런데 그때 호몰로이코스와 아낙시다모스라는 카이로네아 사람이 찾아왔다. 그들은 술라에게 인사를 한 뒤 술라를 찾아온 이유를 이야기했다.

"저희가 장군님을 찾아온 것은 저희에게 약간의 군대를 주셨으면 해서입니다. 그러면 저희가 투리온의 적들을 몰아내겠습니다."

그들은 투리온의 산모퉁이인 페트로코스라는 곳을 통해 뮤즈 신전을 거쳐 산꼭대기로 올라가는 길을 알고 있었다. 산꼭대기에 올라가 공격을 하면 적은 벌판으로 쫓겨나게 될 것이 분명했다.

술라는 이들의 용맹스러움에 감탄했다. 그리고 옆에 서 있던 가비우스의 생각을 물어보았다. 그들이 충성심과 용맹이 매우 뛰어난 것 같다고 가비우스가 말하자 술라는 곧 그들에게 군대를 주었다. 그리고 모든 병사들을 전투 태세로 다시 배치시켰다. 그는 기병대를 양쪽에 나누어 자신은 오른쪽을 맡고, 무레나에게 왼쪽의 군대를 맡겼다. 그리고 갈바와 호르텐시우스 장군에게 예비 대대 군사를 주어 뒤쪽 고지를 지키게 했다. 술라는 적이 강한 기병대와 경무장부대를 바깥쪽으로 배치한 것을 보고 자기의 군대를 포위하려는 작전인 것을 알아차렸던 것이다.

한편 두 명의 카이로네아 사람은 술라가 임명한 장군 에리키우스를 안내하면서 조용히 투리온 산을 올라갔다. 그리고 산꼭대기에 오르자마자 공격을 시작했다. 적군은 이런 뜻밖의 공격에 큰 혼란을 일으켰고 많은 사상자를 냈다. 그들은 겁을 집어먹고 산비탈을 달려 내려오다가, 자기들의 창에 찔려 죽기도 했고 언덕에서 굴러떨어져 죽기도 했다. 이 때 죽은 적들의 수는 3백 명에 이르렀으며, 나머지의 군사들도 모두 산 밑으로 달아났다. 그러나 산 밑에서는 무레나의 군사가 기다리고 있다가 도망쳐오는 그들을 거의 다 잡아 죽였다.

간신히 목숨을 건진 적군 병사들은 아르켈라오스의 부대로 도망갔다. 패배의 소식을 들은 병사들은 큰 공포에 떨기 시작했으며, 지휘관들 또한 몹시 당황했다. 이렇게 모두 겁을 먹고 있을 때, 술라가 전속력으로 그들을 공격해 왔다. 그들은 큰 낫을 단 전차를 사용해 볼 기회마저 잃어버렸다. 그 전차는 먼 거리에서 달려와 공격하도록 되어 있어서, 짧은 거리에서는 힘없이 던진 창처럼 아무 힘도 내지 못하는 것이었다. 그런데 적의 모습도 이 전차와 마찬가지여서 술라 군의 병사들에게는 아무 위협도 되지 않았다.

처음에 이 전차가 힘없이 달려나오자 로마 군은 간단하게 이 전차를 처치해 버렸다. 그리고 로마 군은 마치 경마장에서 경마를 구경하는 것처럼, 그런 전차라면 계속 보내 보라며 비웃었다.

그러자 적군은 긴 창을 내밀고, 방패를 나란히 맞대어 틈새를 보이지 않고 공격해 들어왔다. 이에 대항하여 로마 군은 적을 향해 창을 밀치며 공격을 했다. 적군의 맨 앞에 선 병사들은, 자유를 주겠다는 미트리다테스 왕의 부하 장군들의 약속을 믿고 여러 지방에서 몰려온 1만 5천 명의 노예들이었다. 이를 본 로마 군의 한 장군은, 사투르누스 기념일에만 사람 구실을 하던 노예들이 로마 군과 맞서려고 나왔느냐며 그들을 조롱했다. 그러나 이 노예부대는 탄탄한 대형과 용맹으로 맞섰기 때문에, 아무리 강한 로마 군이라고는 하지만 그들을 쉽게 무너뜨릴 수는 없었다. 하지만 얼마 후 이들 노예부대도 로마 군의 돌 던지는 기계와 화살 때문에 끝까지 견디지 못하고 흩어져 달아나고 말았다.

이 때 아르켈라오스는 로마 군을 포위하기 위해 오른쪽에 자리잡고 있던 부대를 출동시켰다. 그러나 그들 앞에는 이미 호르텐시우스가 기다리고 있었다. 호르텐시우스는 적의 옆쪽을 공격하기 위해 군대를 이끌고 달려왔다. 그러나 이 때 아르켈라오스가 2천 명의 강력한 기병을 거느리고 쳐들어와서, 호르텐시우스는 방향을 돌려 다시 언덕으로 도망칠 수밖에 없었다. 그의 병력으로는 도저히 적의 강력한 기병과 맞설 수가 없었던 것이다. 그러나 그들은 점점 로마 군의 주력군과 멀어지게 되어 적에게 포위당할 위험에 빠지고 말았다.

아직 전투에 참여하지 않고 오른쪽에 있던 술라는 이 이야기를 듣고, 군대를 동원해 호르텐시우스를 돕기 위해 달려왔다.

아르켈라오스는 술라가 이끄는 군대가 일으키는 먼지를 보고 사태가 어떻게 변하는지를 파악하고, 군대를 로마 군의 오른쪽을 공격해 들어왔다. 장군이 없는 군대를 무찌르는 것이 한결 쉬울 것이라고 생각한 것이었다.

한편, 거의 같은 시간에 탁실레스는 구리방패부대를 이끌고 무레나 군대를 공격했다. 양쪽의 군대가 내지르는 함성은 주위의 산들을 울리기에 충분했다.

술라는 어느 쪽부터 공격을 해야 할지 판단이 서지 않았다. 그러나 곧 자신이 원래 자리했던 오른쪽으로 돌아갈 것을 결정하고 호르텐시우스에게 4코호트의 군대를 주어 무레나를 돕게 하였다. 그리고 술라 자신은 나머지 1코호트(480명)의 군대를 거느리고 오른쪽으로 급히 돌아갔다. 그곳의 로마 군은 아르켈라오스의 공격을 필사적으로 버텨내고 있었지만 곧 전멸할 것처럼 보였다. 그러나 달려오는 술라의 모습을 보자 그들은 새로운 힘을 얻어 공격해 오는 것을 물리치기 시작했다. 마침내 아르켈라오스의 군대는 로마 군에게 밀려 도망을 치기 시작했다. 로마 군은 그들을 따라잡기 위해 아콘티움 산까지 올라갔다.

술라는 무레나의 군대가 위험하지 않을까 염려하여 그 부대가 싸우고 있는 쪽으로 군대를 돌렸다. 그러나 무레나의 군대도 탁실레스의 군대를 무찌르고 그들을 추격하는 중이었다. 이것을 본 술라는 승리의 확신을 굳혔다. 그들의 부대는 모두 합세하여 적을 뒤쫓아, 진지로 도망가던 적군들을 많이 죽였다. 이들은 진지를 버리고 칼키스로 도망갔는데, 무사히 도망친 숫자는 겨우 1만 명밖에 되지 않았다.

술라의 기록을 보면, 이 전투에서 행방불명된 로마 군의 수는 열네 명이었는데 그 가운데 10명은 해가 질 무렵 다시 진지로 돌아왔다고 한다.

술라는 이 승리를 기념하기 위해 군신 마르스와 승리의 여신 빅토리아, 그리고 베누스 여신의 이름을 새긴 기념비를 세웠다. 이번의 승리는 용기만이 아니라 행운도 따랐다는 뜻에서였다.

그런 다음 들판에서의 승리를 기념하기 위해 몰루스의 개천가에 기념비를 세우고,

투리온 산꼭대기에 또 하나의 기념비를 세워 뛰어난 전술로 승리했음을 기념하였다. 이 비석에는 호몰로이코스와 아낙시다모스에게 공을 돌리는 뜻에서 그리스어로 비명을 새겨 넣었다. 그리고 승리를 자축하는 뜻으로 테베 시의 오이디푸스 우물가에서 큰 연예 대회를 열었다. 그러나 술라는 테베와 사이가 나빴기 때문에 이 연예 대회의 심사위원으로 테베 시 사람은 한 명도 뽑지 않고, 모두 다른 지역의 사람들을 임명했다. 또 테베의 영토 절반을 빼앗아 델포이의 아폴론과 올림피아의 제우스에게 바치고, 그것으로 생긴 수입은 그가 신전에서 빌려 쓴 돈을 변상하는데 사용하게 했다.

그런데 이 무렵 술라에게 중요한 소식이 들려왔다. 술라의 반대파인 플라쿠스(Flaccus)가 새로운 집정관에 임명되어, 군대를 이끌고 이오니아 해를 건너오고 있다는 정보였다. 그가 오는 이유는 미트리다테스와 싸우기 위해서라고 했지만, 원래 목적이 술라를 치기 위한 것이었음은 누구나 알 수 있는 일이었다. 때문에 술라는 플라쿠스와 싸우기 위해 테살리아를 향해 진군을 서둘렀다.

술라의 군대가 멜리테아 부근에 도착했을 때, 불길한 보고가 여러 곳에서 들어왔다. 술라가 싸우고 지나온 곳에 다시 미트리다테스의 군대가 침입하여 약탈을 하고 있으며 그의 군대는 전보다 더욱 강해졌다는 보고였다.

그런데 도릴라오스라는 장군이 8만 명의 정예부대를 이끌고 함대로 칼키스에 상륙한 뒤, 보이오티아에 들어와 술라에게 싸움을 걸어왔다. 아르켈라오스는 도릴라오스에게 마음대로 전투를 벌이지 말라고 명령했으나, 도릴라오스는 아르켈라오스의 대군이 소수의 로마 군에게 패한 것은 내부에 배신자가 있었기 때문이었다며 이 명령을 무시했다.

도릴라오스의 도전을 받은 술라는 다시 보이오티아로 돌아왔다. 그리고 술라는 도릴라오스에게 아르켈라오스가 현명한 장군이었다는 것과 로마의 군대가 얼마나 강하고 용맹스런 군대인지를 보여 주었다. 도릴라오스는 틸포시온 부근에서 술라의 로마 군과 작은 전투를 몇 번 벌이게 되었다. 그제야 그는 전쟁에서의 승리가 단순히 무기에 의해 결정되는 것이 아님을 깨닫게 되었다. 도릴라오스는 전쟁의 시간을 오래 끌어 군수물자의 보급을 끊고 로마 군이 스스로 지치게 하는 것이 더 좋은 방법임을 알았던 것이다.

그러나 당시 아르켈라오스는 자신의 군대가 있는 오르코메노스에서 전투를 한다면, 우수한 기병을 거느리고 있는 자신이 반드시 승리할 것이라고 생각하고 있었다.

오르코메노스의 여러 평야는 넓고 아름답기로 유명했다. 오르코메노스 시에서 시작되는 이 평야에는 나무 한 그루 없었고, 멜라스 강의 입구에는 늪지대가 펼쳐져 있어 매우 평탄한 곳이었다. 멜라스 강은 오르코메노스 바로 밑에서 시작한 강이었는데 수심이 깊어 배가 들어올 수 있었다. 이러한 강은 그리스에서 단 하나 멜라스 강밖에 없었다. 이집트의 나일 강처럼 낮에는 물이 불었고, 주변의 식물들도 나일 강의 식물과 비슷했다. 다만 그 모양이 좀 작고 열매가 많이 열리지 않는 것이 조금 다를 뿐이다. 강의 길이는 길지 않았고 울창한 숲 속에 가리워진 늪에 이르면 이 강은 다시 작은 지류로 변했다. 그리고 호수의 가장자리에서 케피소스 강과 합쳐져 있었다.

로마 군과 아르켈라오스 군은 그리 멀지 않은 곳에 자리를 잡고 있었다. 아르켈라오스 군은 그곳에서 아무 일도 하지 않고 있었지만, 술라는 군대를 동원해서 적이 주둔한 곳의 양쪽에 많은 도랑을 파도록 했다. 이곳은 적군의 기병대가 움직이기 좋은 곳이었기 때문에 도랑을 파서 적의 진군을 방해하고, 그들을 늪지대로 몰아넣으려는 작전이었다.

그러나 적군은 이 작업이 끝날 때까지 기다리고 있지는 않았다. 아르켈라오스는 곧 군대를 이끌고 공격해 왔다. 로마의 군대는 작업을 하고 있던 도중에 갑자기 적이 밀어닥치는 것을 보고, 모두 놀라서 뿔뿔이 달아나 버렸다.

술라는 노여움 때문에 어쩔 줄을 몰랐다. 그는 말에서 뛰어내려 군기를 높이 들고 적을 향해 나아가며 소리쳤다. "로마의 군사들이여! 내가 이곳에서 죽는다면 내게는 영광된 일이다. 너희들이 어디서 장군을 배반했느냐고 묻는 사람이 있으면, 오르코메노스에서 배반했다고 대답하라!"

도망치던 로마 군은 술라의 외침을 듣고 돌아섰다. 어느새 2개의 코호트(대대)가 술라를 구하기 위해 달려왔다. 술라는 이 군대를 이끌고 용감히 적을 공격했다. 전투의 승리는 로마 군에게 기울어졌다. 술라는 도망치는 적군을 뒤쫓지 말라고 명령하고 잠시 군대를 쉬게 한 뒤 다시 도랑을 파게 했다.

적은 다시 공격을 시작했다. 이 때 적군의 오른쪽을 지휘하던 장군은 아르켈라오스의 양아들이었던 디오게네스였다. 그는 이 전투에서 용감하게 싸웠지만 끝내 목숨을 잃고 말았다.

적의 궁수 부대는 로마 군이 갑자기 접근하자 도망도 못가고 화살을 칼 대신 휘두르며 싸웠으나, 도랑 속으로 밀려들어가 죽거나 부상을 당했다. 적은 많은 군사를 잃고 진지로 돌아가 아픔과 슬픔으로 밤을 지새웠다.

다음날도 술라는 병사들에게 계속 도랑을 파게 했다. 그러자 적군도 대군을 이끌고 다시 싸우러 왔다. 로마 군은 적을 맞아 용맹스럽게 싸워 그들을 물리쳤다. 그리고 적진 깊숙이 쳐들어가 진지를 빼앗았다. 늪은 붉은 피로 물들었고, 호수는 적의 시체로 가득 찼다. 이 전투가 지난 지 2백 년이 지난 지금에도[19] 그 늪과 호수에서는 이 때 죽은 이들의 창이나 방패, 그리고 군복들이 발견되곤 한다. 여기서 카이로네아와 오르코메노스의 전투 이야기는 끝내도록 하겠다.

한편 로마에서는 킨나와 카르보가 많은 사람들에게 불법과 폭력을 휘두르고 다녔다. 그래서 유명한 사람들은 그들의 폭력을 피해 술라가 있는 곳으로 피난해 오고 있었다. 그 중에는 술라의 부인인 메텔라도 있었는데 그녀는 사람들의 눈을 피해 이곳으로 간신히 피신해 왔다. 메텔라는 울면서 로마에서의 일을 술라에게 이야기했다.

"로마의 우리 집도, 시골의 농장도 모두 원수가 불태웠어요. 남은 것은 이제 아무 것도 없어요. 이제 로마로 돌아가요. 돌아가서 고생하는 로마 시민과 친구들을 구하고 다시 예전의 평화를 되찾아요."

술라는 고민에 빠졌다. 킨나의 횡포를 그대로 두고 볼 수도 없었고, 자기가 벌이고 있는 미트리다테스와의 전쟁도 포기할 수 없었던 것이다. 술라는 어떻게 결정하는 것이 바른 선택인지 시간가는 줄도 모르고 고민하고 있었다.

이 때 델로스 섬의 상인인 아르켈라오스가 술라를 찾아왔다. 그는 미트리다테스의 부하였는데, 술라와 몇 번 전쟁을 치렀던 아르켈라오스 장군의 휴전 제안서를 가지고 왔다. 이것은, 어떻게 할지를 고민하던 술라에게는 구원과도 같은 것이었다.

술라는 아르켈라오스 장군과 만나기 위해 아폴론 신전이 있는 유명한 해안도시 델리움으로 떠났다. 두 장군은 약속한 시간에 만나 서로 인사를 했다. 그리고 아르켈라오스 장군이 휴전 문제를 먼저 꺼냈다. 아르켈라오스는 술라에게 아시아와 폰토스에 대한 욕심을 버리고 떠나 로마의 적과 싸우라고 했다. 술라가 그렇게 한다면 자금과 군함, 그리고 군대를 지원하겠다는 것이었다. 그러나 술라는 그의 말을

---

19) 이 전투는 기원전 86년에 벌어졌다. 그래서 플루타르코스가 이 영웅전을 쓴 것이 정확히 2백 년 뒤라면, 트라야누스 황제 시대인 서기 114년 쯤이다.

비웃으며 말했다.

"아켈라오스 장군! 이제 미트리다테스 왕을 잊어버리고 스스로 왕이 될 생각은 없소? 당신이 왕이 된 다음, 로마의 동맹국이 되어 군함과 군사를 준다면 그것을 고맙게 받겠소."

아르켈라오스는 자신은 그런 반역자인 행동은 할 수 없다고 대답했다. 그러나 술라도 지지않고 이렇게 이야기했다.

"미트리다테스는 카파도키아의 야만인이오. 그 야만인의 노예, 노예라는 말이 실례가 된다면 그의 친구인 장군! 당신은 내가 제안한 커다란 이익을 비열하다는 이유로 거부하면서, 로마의 사령관인 내게는 반란을 요구하고 있소. 장군은 12만 대군을 나와의 전투에서 잃은 뒤, 겨우 살아남은 몇몇 패잔병을 이끌고 도망을 쳤소. 그리고 오르코메노스의 늪에서 이틀 동안 숨어지내다가, 보이오티아의 모든 길을 시체로 막은 사람이 아르켈라오스 장군, 당신 아니었소?"

이 말을 들은 아르켈라오스는 순순히 술라의 뜻에 맞는 휴전 조약을 내놓고 휴전을 간청했다. 휴전 조약은 다음과 같다.

"미트리다테스는 아시아와 파플라고니아를 포기한다. 그리고 비티니아는 니코메데스 왕에게, 카파도키아는 아리오바르자네스 왕에게 다시 돌려 준다. 로마에게는 2천 탈렌트의 배상금과 군함 70척을 준다. 그러면 로마의 장군 술라는 위의 영토를 제외한 나머지를 미트리다테스의 영토로 인정하고, 로마의 동맹국임을 선포한다."

이런 조약으로 휴전을 한 술라는 아르켈라오스와 함께 테살리아와 마케도니아를 거쳐 헬레스폰토스로 향했다. 그러나 진군 도중에 아르켈라오스가 라리사에서 병에 걸리고 말았다. 술라는 그를 마치 동료 장군을 대하듯 간호했다. 이런 모습을 본 사람들은 술라를 의심했다. 그들은 카이로네아의 승리가 정당하게 싸워 이긴 것이 아니라 돈을 주고 산 것이 아닐까 의심을 품기 시작했던 것이다. 또 미트리다테스가 아끼던 부하 중 포로가 된 자들을 석방하고, 아르켈라오스와 사이가 나쁜 아리스티온에게 독약을 먹여 죽게 했는데 이것이 그들의 의심을 더욱 짙게 하였다.

술라는 이런 의심을 받게 되자 많은 변명을 했고, 《회상록》에도 그러한 변명의 글을 남기고 있다.

그런데 얼마 후 미트리다테스의 사절단이 찾아와 휴전 조약 가운데 몇 가지는 약속을 할 수가 없다고 했다. 그들은 우선 파플라고니아를 포기할 수 없고, 군함도 지원할 수 없다는 것이었다.

술라는 이 말을 듣고 무척 화가 났다.

"파플라고니아와 군함을 줄 수 없다니요? 로마 사람을 죽인 그의 오른손을 잘라 버리려다가 용서해 주었더니 이제 와서 그런 말을 하는 거요? 나는 내 발 밑에 엎드려 감사하다는 인사를 할 줄 알았소. 그러나 내가 아시아로 건너가면 아마 그런 말버릇을 고치게 될 것이오. 그동안 페르가몬에 앉아 큰소리나 실컷 치고 있으라고 전하시오. 지금까지 한 번도 보지 못한 큰 전쟁이 벌어질 테니 말이오."

사절단은 술라의 말을 듣고 겁에 질렸다. 아르켈라오스는 앞으로 나와 눈물을 흘리며 술라에게 용서를 구했다. 그는 이번 협정이 성립되지 않으면 자살이라도 해서 용서를 빌겠다고 했다. 그리고 직접 미트리다테스를 만나 약속을 지키도록 이야기하겠다고 말했다. 그러자 술라는 마지못해 아르켈라오스를 미트리다테스 왕에게 보냈다.

술라는 미트리다테스 왕의 회답을 기다리며 마이디카를 함락시켰다. 그리고 마케도니아로 돌아왔을 때 아르켈라오스가 필리피에서 그를 기다리고 있었다.

아르켈라오스는 모든 일이 술라의 뜻대로 되었고, 미트리다테스 왕이 술라를 만나고 싶어한다고 이야기했다. 미트리다테스 왕이 이렇게 결정한 것은 핌브리아가 집정관 플라쿠스를 죽인 후 점점 자신의 목을 조여오고 있었기 때문이었다. 그래서 그는 핌브리아의 로마 군을 술라의 힘을 빌려 막아 보려는 속셈을 가지고 있었다.

술라와 미트리다테스 왕은 아시아 연안의 다르다노스에서 만났다. 미트리다테스 왕은 군함 2백 척, 무장한 병사 2만 명, 기병 6천 명, 그리고 수많은 전차를 이끌고 왔다. 그러나 술라는 단지 4코호트의 군대와 기병 2백 명만을 거느리고 갔다. 미트리다테스 왕이 술라에게 인사를 전하자 술라는 아르켈라오스와 약속한 휴전 조약을 인정하겠느냐고 물었다. 미트리다테스 왕이 못 들은 척하자 다시 술라가 이야기했다.

"어떻게 된 일입니까? 나는 휴전 협정을 요구한 사람이 먼저 이야기를 꺼내고, 승리한 사람은 그 말을 듣는 것으로 알고 있습니다마는."

그러자 왕은 마침내 입을 열었다. 그러나 술라가 듣고 싶었던 이야기는 아니었다. 왕은 이 전쟁은 여러 원인이 있으며 그것은 신들이 원인일 수도 있고, 로마가 원인일 수도 있다고 말했다. 술라는 그의 말을 막고 이렇게 말했다.

"나는 당신이 훌륭한 웅변가라는 사실을 알고 있소. 가장 비열한 행동을 하고도 옳은 일을 한 것처럼 잘 꾸며댄다고 하더군요. 그런데 과연 그게 사실이군요."

이렇게 왕을 비난한 그는 다시 한 번 아르켈라오스와의 약속을 인정하겠느냐고 물었다. 미트리다테스 왕은 그 약속을 인정할 수밖에 없었다. 술라는 그때서야 왕을 안고 키스했다. 그런 뒤 그는 아리오바르자네스 왕과 니코메데스 왕을 불러 미트리다테스와 화해를 시켰다.

미트리다테스는 술라에게 군함 70척과 궁수 5백 명을 주고 폰토스로 떠났다. 이렇게 휴전이 성립되자 술라의 군대는 불평을 늘어놓기 시작했다. 로마에게 가장 큰 적이며 아시아에 살던 로마 사람 15만 명을 죽인 왕이, 4년 동안 약탈하고 강제로 빼앗은 큰 보물을 가지고 떠나는 것을 배웅했다는 것 때문이었다.

술라는 그의 군대를 설득하며, 핌브리아와 미트리다테스를 동시에 적으로 삼아 싸울 수는 없었다고 말했다. 그리고 부대를 이끌고 핌브리아를 찾아 이동했다. 핌브리아는 티아티라 부근에 머물고 있었다. 술라는 그러한 사실을 미리 알고 그 주변에 자리를 잡았다. 병사들은 참호를 파서 적의 침입을 방어하였다. 술라의 부대가 주변에 왔다는 소식을 들은 핌브리아의 군사들은 옷을 벗고 술라의 부대로 도망쳐 왔다. 그리고 그들은 참호를 파고 있는 술라의 부대를 도왔다.

이런 부하의 모습을 본 핌브리아는, 술라와 싸워서는 절대로 이길 수가 없다는 것을 알았다. 그러나 그렇다고 해서 화해를 구할 수도 없는 상황이었다. 이렇게 되자 핌브리아는 자신의 막사에서 스스로 목숨을 끊고 말았다.

자신을 막을 수 있는 것은 아무것도 없다는 것을 알게 된 술라는 아시아를 마음놓고 다스리기 시작했다. 아시아 각 국가에 2만 탈렌트의 세금을 물게 하고, 병사들을 민가에서 머물 수 있도록 했다. 이렇게 되자 아시아는 며칠만에 거지가 될 형편이었다. 각 가정에서는 세금을 내고, 병사를 먹이고, 하루에 16드라크마의 용돈을 주어야 했다. 백인대장을 맡게 된 경우는 더욱 심했다. 그들에게는 50드라크마의 용돈을 주어야 하며, 집에서 입는 옷과 나들이옷 한 벌까지 주어야 했기 때문이다.

술라는 모든 군함을 이끌고 에페소스를 떠나 피라이우스 항에 사흘만에 도착했다. 그리고 그곳에서 여러 가지 제사를 지내고, 테오스에서 태어난 아펠리콘의 장서를 빼앗았다. 이 책들은 테오프라스토스와 아리스토텔레스의 저서로서 매우 희귀한 책이었다. 그 책들을 로마로 가져온 그는 이것을 문법학자 티란니온에게 주어 정리하게 하였다. 로도스 사람인 안드로니코스는 이 책을 티란니온에게 빌렸는데, 이렇게 해서 이 책은 지금까지 남아 있게 되었던 것이다.

　초기 소요학파 철학자[20]들은 학문이 깊고 현명한 사람들이었지만, 아리스토텔레스와 테오프라스토스의 저서는 많이 가지고 있지 않았다. 그리고 가지고 있던 책도 정확한 책은 아닌 것 같았다. 그것은 회의파 철학자 넬레우스의 후계자들이 가지고 있었는데 그들은 그것을 소중히 여기지 않았기 때문이었다.

　술라는 아테네에 머물렀다. 그러나 그는 그곳에서 두 다리를 사용할 수 없게 되는 병에 걸렸다. 많은 의사들이 병을 고치려 했지만 아무도 치료하지 못했고, 어떤 병인지조차 알아내지 못했다. 그 후 스트라보(Strabo)라는 그리스 지리학자가 이 병이 중풍의 초기 증상이라고 이야기했다.

　술라는 아이데프소스의 온천으로 가서 병을 치료하기 위해 머물렀다. 그의 머릿속에는 온통 로마의 생각뿐이었지만 건강 때문에 어쩔 수가 없었다. 그는 시름을 잊기 위해 가수와 광대, 배우들과 어울려 시간을 보냈다. 시간이 흐르자 그의 다리는 조금씩 움직일 수 있게 되었고, 산보도 할 수 있게 되었다.

　그러던 어느 날, 바닷가에서 산책을 하고 있는데 어부들이 신기한 생선을 술라에게 선물로 바쳤다. 술라는 선물을 준 어부에게 어디 사람이냐고 물었다. 어부들은 할라이아이 사람이라고 대답했다.

　그때 술라는 갑자기 고함을 질렀다.

　"뭐, 할라이아이 사람이라고? 아직도 그곳에 사람이 살고 있단 말이냐?"

　갑작스런 호통에 놀란 어부들은 꼼짝도 못하고 있었다.

　술라가 오르코메노스 전투에서 승리하고 적을 뒤쫓아갈 때, 술라는 적을 쫓으며 보이오티아의 안테돈, 라림나, 할라이아이라는 도시를 점령하고 시민들을 마구 학살했던 적이 있었다. 그 도시 사람들이 폰토스 군을 도왔기 때문이었다.

　예전에 있었던 이 일 때문에 고함을 쳤던 술라는, 잠시 후 웃음띤 얼굴로 어부들에게 안심하고 돌아가도 좋다고 말했다. 어부들은 기쁜 마음으로 돌아갔다. 이런 일이 있은 후, 할라이아이 사람들은 다시 도시를 세울 용기를 얻었다고 한다.

　술라의 건강은 회복되었다. 그는 군대를 이끌고 테살리아와 마케도니아를 지나

---

20)　아리스토텔레스 학파라고도 부른다. 아리스토텔레스가 아테네의 한 숲 속의 산책길에서 소요하며 철학을 강의하였다고 해서 이렇게 이름 붙였다.

해안으로 향했다. 그리고 이곳에서 군대를 1천 2백 척의 배에 나눠 태우고 디라키온에서 브룬디시움으로 건너가려 했다. 병사들은 배에 오를 준비가 되는 동안 잠시 쉴 수 있었다. 디라키온은 예로부터 신성한 도시로 유명한 곳이었다. 그곳에서 다시 얼마를 가면 님파이온이 나오는데, 이곳 또한 아주 신성한 곳으로 초지에서 불의 샘이 솟아오른다는 이름난 도시였다.

전해오는 이야기에 의하면, 이곳에서 군대가 쉬고 있을 때 병사 몇 명이 숲속에 사는 사티로스를 조사하게 했는데 신원을 알 수 없었다. 술라는 이것이 신령한 동물이 아닐까 겁이나 사티로스를 풀어 주게 하였다. 그리고 빨리 이탈리아로 가기 위해 서둘렀다.

술라는 이탈리아를 향해 출발했다. 그러나 이탈리아에 도착하자마자 전투에 지친 병사들이 제각기 흩어질 것을 걱정했다. 그의 군사들은 스스로 술라를 떠나지 않겠다는 약속을 했다. 그들은 술라가 전쟁 자금이 필요한 것을 알아채고 각자 능력에 맞게 돈을 거두어 술라에게 내놓았다. 그러나 술라는 그것을 받지 않았다.

이 때 술라는 4백 50코호트의 대군을 거느린 15인의 장군들과 싸울 자신이 없었다. 그러나 군대의 단결과 신탁에 의해 승리한다는 믿음을 갖게 되었다.

술라는 이탈리아 타렌툼 부근에 상륙하여 제사를 지냈다. 그리고 제물로 쓴 짐승의 간을 꺼내보았더니 두 오라기의 댕기를 맨 월계관 같은 무늬가 있었다. 그리고 바다를 건너오기 직전에 헤파이우스 산기슭 벌판에서 한낮에 두 마리의 산양이 싸우는 모습을 보았다. 그것은 허깨비를 본 것이었는데 그것들은 점점 높이 올라가더니 모습을 감춰 버리고 말았다.

그 며칠 뒤 마리우스의 아들과 집정관 노르바누스가 대군을 이끌고 술라를 공격해 왔다. 술라의 군대는 전투 준비를 마치지 못한 상태였다. 그러나 평상시의 용기를 가지고 맞서 싸워 적을 격파했다. 노르바누스는 이 전투에서 7천 명의 전사자를 내고 카푸아 시에 감금되었다. 이처럼 술라의 병사들이 각자 자기 고향으로 돌아가지 않고 술라와 함께 싸웠던 것은 앞에서 이야기한 길조를 믿었기 때문이었다.

술라의 기록을 보면, 술라가 실비움에 있을 때 폰티우스라는 사람의 노예가 군신 벨로나의 계시를 받았다며 술라를 찾아와 이런 말을 했다고 한다.

"술라 장군은 승리할 것입니다. 그러나 빨리 움직이지 않으면 로마의 카피톨리누스는 불타고 말 것입니다."

그런데 정말로 이 노예가 예언한 퀸틸리스, 지금의 율리우스 달 6일에 의사당은 불타고 말았다.

또한 술라의 부하 장군인 마르쿠스 루쿨루스는 피렌티아에서 16코호트(대대)의 부대와 함께 진주하고 있었다. 이 때 적은 50코호트의 병력으로 쳐들어왔다.

루쿨루스는 부하들의 뛰어난 투지는 자신있었지만, 그들이 아직 전투 준비를 하지 못하고 있었기 때문에 어떻게 해야 좋을지 모르고 있었다. 그래서 작전 계획을 세우고 있는데, 주변 목장에서 갑자기 시원한 바람이 일어나더니 그 바람이 꽃을 몰고 와 병사들의 방패 위에 내려놓았다. 이 모양은 마치 병사들이 화관을 쓴 것처럼 보였다. 이 일은 루쿨루스의 병사들에게 많은 용기를 주었다. 루쿨루스의 병사들은 많은 적을 맞아 용감히 싸워 승리를 거두었다. 그들은 8천 명의 적을 죽이고, 적의 진지까지 빼앗았다. 이 루쿨루스는 후에 미트리다테스와 티그라네스를 정복한 루쿨루스의 동생이었다.

한편 술라는 여전히 강력한 적의 대군에 포위되어 있었다. 그때 술라는 이러한 꾀를 생각해냈다. 그는 집정관인 스키피오에게 휴전을 하자고 요청했고, 스키피오는 휴전에 동의했다. 술라와 스키피오는 휴전을 위한 협상을 계속했다. 술라는 여러 가지 핑계로 회담을 미루고 한편으로는 유혹의 손길을 뻗쳤다.

술라는 다른 병사를 시켜 스키피오의 병사들을 꾀어내게 했다. 적진에 들어간 병사는 스키피오의 병사와 만나며 돈으로, 약속으로, 아첨으로, 설득으로 적의 마음을 돌려놓았다. 이렇게 한 뒤 술라의 군대 20코호트가 스키피오 군대 가까이에서 일제히 인사를 하자 40코호트가 넘는 스키피오의 군대가 넘어와 버렸다. 스키피오는 자신의 군대에게 배신당하고 막사에 남았다가 포로로 잡혔지만 곧 풀려나게 되었다.

술라는 자신의 군대 20코호트를 미끼로 사용해 적군 40코호트를 낚았던 것이다. 이러한 소식을 들은 카르보는 술라와 싸우는 것은 사자와 여우를 섞어 놓은 사람과 싸우는 것과 같은데, 여우가 더 말썽이라며 탄성을 질렀다.

얼마 후 85코호트를 거느린 소 마리우스(마리우스의 아들)가 시그니아로 진격했다. 술라는 마리우스의 군대를 보고는 지난 밤에 꾼 꿈을 기억했다.

꿈에 얼마 전에 죽은 대 마리우스가 나타났다. 그는 술라가 아닌 그의 아들 마리우스에게 경고했다. "나의 아들 마리우스야! 내일의 전투는 너에게 큰 손실을 안겨줄 것이니 부디 조심하여라."

술라는 이 전투에 자신이 있었다. 그래서 전투를 결심하고, 주변에 있는 돌라벨라를 불렀다. 그러나 이미 적군은 모든 통로를 막고 있었고, 그 적군을 통과하려면 싸우는 수밖에는 다른 도리가 없었다. 이 전투로 병사들은 지쳐 버렸다. 그러나 그들을 더욱 괴롭힌 것은 폭우였다. 병사들은 잠시라도 쉬기 위해 방패를 깔고 누워 버렸다. 그러자 장군들은 술라에게 전투를 연기하자고 간청했다.

술라는 장군들의 청을 받아들이고, 그곳에 진지를 구축하기 위해 참호를 파기 시작했다. 이러한 술라의 군대를 본 마리우스는 그것을 틈타 술라의 군대를 무찌르기 위한 총공격 명령을 내렸다. 그리고 자신도 선두에 서서 무섭게 공격해 왔다. 마리우스의 군대를 본 술라의 군대는 몹시 격분해 참호를 파는 작업을 내팽개치고 칼을 들고 나와 적과 대항했다. 그들의 용맹성에 놀란 마리우스의 군대는 제대로 싸워 보지도 못하고 도망가기 시작했다. 그들은 많은 사상자를 내고 물러났다.

마리우스도 말 위에 올라 프라이네스테로 달아났다. 그러나 성문이 굳게 닫혀 있었다. 그는 성에서 내려온 밧줄에 몸을 묶어 간신히 목숨을 구할 수 있었다.

역사가 페네스텔라의 말에 의하면, 마리우스는 이 전투를 구경도 못했다고 한다. 그는 전투 명령과 동시에 잠이 들어 병사들이 도망치는 소리에 겨우 잠에서 깨어나 도망을 쳤다는 것이다. 술라는 23명의 병사를 잃고, 2만 명의 적군을 죽이고, 8천 명의 포로를 잡았다고 《회상록》에 기록했다.

이 때 술라의 부하 장군들인 폼페이우스, 크라수스, 메텔루스, 세르빌리우스도 전투에서 승리를 거두고 있었다. 술라는 모든 전투에서 아주 적은 병사를 잃었고, 많은 적들을 죽였다. 그러자 이것을 본 반대파의 제일 가는 인물인 카르보는 겁을 먹고 밤중에 바다를 건너 리비아로 달아나 버렸다.

그러자 마지막 전투에서, 삼니움 사람 텔레시누스가 마지막에 나타나 지칠대로 지친 술라의 부대에 맞서겠다는 듯 로마 입구에서 기다리고 있었다.

그 얼마 전 술라는 마리우스를 잡기 위해 프라이네스테를 포위했었다. 그때 마리우스를 구출하려고 남쪽에서 달려온 장군이 바로 텔레시누스였다. 그러나 그의 앞에는 술라의 군대가, 뒤에는 폼페이우스 군이 밀려 오고 있었다. 잘못하면 양군에 포위당해 전멸할 수도 있는 상황이었다.

텔레시누스는 뛰어나고 노련한 장군이었다. 그래서 그는 밤에 군대를 이끌고 로마로 갔던 것이다. 텔레시누스는 로마를 점령할 수도 있었다. 그러나 그는 콜리나문에서 10펄롱(2km) 떨어진 곳에서 야영을 하기로 했다. 그는 다른 유명한 장군보다 먼저 로마에 도착한 것이 기뻤다. 그리고 자신의 전술에 의기양양했다. 그는 다음날 로마를 정복하겠다고 생각했다.

날이 밝자, 로마 귀족의 청년들이 먼저 싸움을 걸어왔다. 텔레시누스는 이 전투에서 큰 승리를 거두었다. 로마의 귀족 청년들은 대부분 죽었는데, 그 중에는 유명한 가문의 아들인 클라우디우스도 끼어 있었다. 이 청년 귀족들이 전투에서 패하자 로마 시내는 적의 공격에 함락이라도 된 듯 소란스러워졌다.

그때 술라의 선발대인 발부스가 기병 7백 명과 함께 다가오는 모습이 보였다. 발부스는 잠시 말을 쉬게 한 뒤 적을 향해 무서운 기세로 뛰어들었다.

그러는 동안 술라의 부대가 도착했다. 술라는 선발대를 불러 잠시 쉬게 하고, 전투 준비를 시작했다. 이러한 술라의 모습을 본 돌라벨라와 토르콰투스라는 두 장군은 이 전투를 반대했다.

"장군! 적들은 카르보나 마리우스의 군대가 아니라 로마를 증오하는 삼니움과 루카니아 사람의 군대입니다. 이들은 로마의 가장 무서운 적이고, 이미 병사들은 지쳐 있으므로 그들을 상대로 싸우게 하는 것은 위험합니다."

그러나 술라는 그들의 말을 듣지 않았다.

오후 4시가 되자 갑자기 돌격 나팔이 울려퍼졌다. 이 전투는 무척 치열했다. 술라군의 오른쪽을 맡은 크라수스의 부대는 적을 섬멸하고 있었으나 왼쪽의 부대는 적을 당해내지 못해 위험에 빠졌다. 술라는 이들을 구하기 위해 달려갔다.

술라는 힘차고 빠른 말을 타고 있었는데, 달려오는 술라를 본 적의 병사 두 명이 긴 창을 던졌다. 술라는 목숨을 잃을 뻔했으나, 뒤따라오던 호위병이 말의 엉덩이를 차 말이 놀라 뛰는 순간 창이 빗나가 말의 꼬리만 건드리고 땅에 꽂혔다. 술라는 델포이의 아폴로 신전에서 받은 작은 신상을 전투 때 꼭 가지고 있었는데, 그때 그는 이 신상을 꺼내 키스하며 이렇게 외쳤다.

"델포이의 아폴로 신이시여! 수많은 전투에서 승리한 행운아 코르넬리우스 술라에게 많은 영광을 주신 당신이, 이제 조국의 한가운데서 저를 버려 저와 이 시민들을 무참히 죽게 하려 하십니까?"

그리고 도망가는 병사들을 설득하고, 위협해서 다시 싸우게 했으나, 그의 군대는 다시 쫓겨 진지로 돌아오고 말았다. 이 짧은 전투에서 술라는 많은 장군을 잃었다. 구경나온 로마 시민들도 무참히 짓밟혔기 때문에 로마는 이제 적에게 함락되리라 생각하게 되었다. 또 프라이네스테 성의 포위도 무너지고 말았다. 많은 패잔병이 그 도시로 달려가 술라가 죽고, 로마가 적에게 함락되었으니 빨리 오라고 루크레티우스 오펠라를 권유하여 포위를 풀었기 때문이었다.

밤이 깊자 술라에게 크라수스가 보낸 사람이 도착했다. 그는 술라에게 크라수스와 부하들을 위해 식량을 운반하게 해 달라고 간청했다. 크라수스 군은 적을 격파하고 안템나의 성벽까지 추적하여 그곳에 진을 치고 있었기 때문이었다.

적의 대부분이 죽었다는 이야기를 들은 술라는 날이 밝자 안템나로 향했다. 술라가 도착하자 적군 3천 명은 항복을 제안해 왔다. 술라는 나머지 사람들을 처치한다면 항복을 받아주겠다고 약속했다. 그들은 술라의 말을 믿고 다른 병사들을 무참히 학살하여 수많은 시체를 남겼다.

술라는 귀순해 온 사람들을 원형 경기장에 모이게 했는데 경기장에 모인 사람은 모두 6천 명이었다. 그는 벨로나 신전에 원로원 의원들을 소집한 다음 연설을 하기 시작했다. 그런데 그때 미리 명령을 받은 로마 군들이 귀순자들을 죽이기 시작했다. 작은 장소에서 6천 명의 숫자가 지르는 비명을 멀리서도 들을 수 있을 정도였다.

이 소리를 들은 원로원의 의원은 공포에 떨었다. 그러나 술라는 놀라지도 않고 태연스럽게 연설을 계속했다.

"여러분, 나의 말을 잘 들어야 합니다. 문 밖의 일은 생각도 하지 마시오. 오직 죄인들을 죽이고 있을 뿐입니다."

이를 본 로마 시민들은 아무리 어리석다고 해도, 술라의 폭정에서 벗어나지 못했다는 것을 알 수 있었다.

마리우스는 원래 포악한 성격의 소유자였다. 그래서 모든 것을 손에 넣은 뒤에까지도 폭정을 한 것이다. 그러나 술라는 처음에는 공손하고 겸손했고, 공평한 지도자라는 평판을 들었었다. 젊을 때의 술라는 명랑하고 상냥한 성격을 가지고 있었고, 인정이 많아 눈물도 많이 흘렸다.

그러나 그는 권력을 잡은 뒤부터 교만해지더니 사납고 무자비한 성격으로 변해버린 것이다. 사람의 성격이 운명에 의해 달라지는 것인지, 아니면 숨어 있던 악한 마음이 권력을 잡고 나서 가면을 벗는 것인지는 알 수 없다.

술라는 닥치는 대로 사람을 죽여 시가지를 시체로 가득 채웠다. 그는 죄가 없는 시민들도 부하가 개인적인 감정으로 죽이겠다고 하면 허락을 해줄 정도였다. 로마가 이런 지경에 이르자 소장의원 카이우스 메텔루스는 원로원에 나와, 이런 사태가 언제쯤이면 끝나겠느냐고 술라에게 물었다.

그러고는 다시 이렇게 말했다.

"장군께서 죽이기로 결심한 자를 용서하라고 하는 것은 아닙니다. 다만 용서하기로 한 사람들은 안심할 수 있게 해주십시오."

이 말에 술라는 누구를 용서해야 할지 아직 정하지 않았다고 대답했다. 그는 다시 질문했다. "그러면 누구를 용서하지 못하는지 이야기해 주십시오."

이 물음에 술라는 그렇게 하겠다고 대답했다. 그러나 어떤 역사가에 의하면, 이 질문을 한 사람은 메텔루스가 아니라 술라의 추종자였던 아피디우스였다고 전하기도 한다.

잠시 후, 술라는 아무와도 상의하지 않고 80명의 사형자 명단을 공고했다. 그리고 다음날 다시 2백 20명의 명단을 발표했고, 또 이튿날 같은 수의 명단을 발표했다. 그러고는 분노에 차 있는 시민들에게 이렇게 말했다.

"이번에 발표된 명단은 내가 간신히 생각해 발표한 사람들일 뿐이오. 그리고 만일 빠뜨린 사람이 생각나면 다시 추가해서 공포하겠소."

그리고 사형되기로 공포한 자를 숨겨 주거나 보호하는 자는 어떤 경우라 해도 모두 사형에 처할 것이라고 선언했다. 그러는 한편, 만일 사형자로 발표된 사람을 발견하는 즉시 죽인다면 2탈렌트의 상금을 주겠다고 규정하고, 노예가 주인을, 아들이 아버지를 죽인 경우에도 죄가 되지 않는다고 했다. 그 중에서도 가장 공정하지 못한 것은 시민권의 박탈을 그 사람의 아들과 손자에게까지 계속 이어지게 하고, 그들의 재산을 모두 몰수한 일이었다.

술라의 이러한 명령은 로마뿐만 아니라 이탈리아의 모든 도시로 퍼졌다. 그리고 신전은 물론 친구의 집이나 고향집에서도 이 피의 폭풍우는 면할 수 없었다. 그래서 아내의 품에서 남편이 죽고, 어머니의 품에서 아들이 죽는 것은 쉽게 볼 수 있는 일이 되었다. 사적인 감정이나 공적인 원한에 의해 죽은 사람도 무척 많았다.

또 재산이 많은 사람도 불행을 피해가지는 못했다. 어떤 살인자는 누구는 집이 탐나 죽이고, 누구는 정원이 탐나 죽였으며, 또 누구는 좋은 목욕탕을 가지고 있어 죽였다고 자랑을 하고 다니기도 했다.

퀸투스 아우렐리우스라는 사람은 본래 온순하고 착한 사람이었다. 그는 이 세상의 어떤 일과도 관계가 없는 사람이었고, 만일 죄가 있다면 이러한 고통을 당하는 사람들을 보고 마음 아파하던 것뿐이었다. 그런데 거기서 뜻밖에 자신의 이름을 발견했다.

"아! 나의 목숨도 이제 다하였구나. 알반의 농장이 나를 고발하는구나."

그는 탄식하고 얼마 가지 못해 찾아다니던 한 살인자에게 살해되었다. 이 때 소 ⑷ 마리우스는 술라에게 잡히는 것이 두려워 자살을 했다. 이것을 알게 된 술라는 프라이네스테로 갔다. 그것은 마리우스에게 협력했던 사람을 죽이기 위해서였다. 그는 한 사람씩 조사하여 협력자를 잡는 것은 시간 낭비라고 생각했다. 그래서 술라는 1만 2천 명의 시민들을 모두 한 곳에 모아놓고 죽이려고 했다. 그러나 오직 한 명, 술라가 머물고 있던 집의 주인은 제외되었다. 하지만 그는 조국을 망친 놈에게 구원을 받을 수는 없다며, 다른 사람들과 함께 죽음을 선택했다.

이런 사건들 중에서 가장 잔인한 사건은 바로 루키우스 카틸리나의 행동이었다. 그는 전쟁이 끝나기 전에 자신의 형을 죽였는데 그런 다음에 술라에게 청하여 사형될 사람의 명단에 형의 이름을 넣어 달라고 했다. 그렇게 해서 자기의 죄를 씻으려 했던 것이다. 술라가 그 부탁을 들어주자 그는 보답으로 반대당의 한 사람인 마르쿠스 마리우스를 암살하여 그 머리를 공회장에 있던 술라에게 바쳤다. 그리고 아폴로 신전으로 가 성수로 손을 씻었다.

로마 시민들이 술라를 증오했던 것은 오로지 이 학살 때문만은 아니었다. 예를 들면, 그가 스스로 자신이 독재관임을 선포한 것도 그 중 하나였다. 이 독재관이라는 직책은 1백 20년 동안 임명된 적이 없는 관직이었다.

그리고 자신의 모든 불법적인 행동에 책임을 묻지 못하도록 대사령을 발표하고, 계속 전권을 장악할 수 있는 법령을 발표했다. 이 전권에는 건설과 파괴, 영토의 처분 등과 함께 관리를 마음대로 임명할 수 있는 권리 등 모든 것이 포함되어 있었다.

몰수한 재산을 공매처분할 때에도 재판관을 마음대로 조종해 횡포를 부리는 등 그는 몰수하는 것보다 부정하게 처분하는 것 때문에 더욱 큰 원한을 샀다. 아름다운 여자나 저속한 광대, 해방된 노예에게까지 자신과 친한 사람에게는 많은 식민지와 도시에서 거두어들인 세금을 마구 주었다.

또 당사자가 싫어하더라도 술라의 명령이면 누구와도 결혼하게 했다. 폼페이우스도 마음에 없는 결혼을 하게 된 사람들 가운데 하나였다. 술라는 폼페이우스의 충성심을 더욱 굳게 하기 위해 그와 인척 관계를 맺으려 했다. 그래서 폼페이우스는 자신의 아내를 버리고 아이밀리아와 결혼했던 것이다. 아이밀리아는 술라의 첫 부인이 낳았던 딸이었다. 그런데 임신 중이었던 아이밀리아 또한 자신의 남편인 마니우스 글라브리오와 억지로 이혼하고 폼페이우스와 결혼한 것이었다. 그러나 아이밀리아는 그 후 폼페이우스의 집에서 아기를 낳다가 죽고 말았다.

프라이네스테 전투에서 공을 세운 루크레티우스 오펠라 장군이 집정관에 입후보하자 술라는 포기하라는 압력을 넣었다. 그러나 오펠라는 뜻을 굽히지 않고, 많은 사람들의 지지를 받으며 공회장에 나왔다. 화가 난 술라는 한 백인(百人) 대장에게 오펠라를 죽이라고 명령하고 카스토르와 폴룩스 신전의 단 위에서 그것을 지켜보고 있었다.

그런데 화가 난 로마 시민들이 이 백인 대장을 잡아 술라에게 데려왔다. 그러나 술라는 이렇게 말했다. "왜 소란을 피우는가? 그는 오펠라를 죽이라는 나의 명령에 따랐을 뿐이다. 어서 그를 석방해 주어라."

드디어 술라의 개선식이 개최되었다. 그것은 무척 성대하고 화려한 것이었다. 미트리다테스 왕으로부터 빼앗은 값비싼 전리품이 개선식 행렬을 이루었다. 그러나 무엇보다 영광스러운 광경은 망명자였던 로마의 병사들이었다. 그들은 머리에 화관을 쓰고, 술라를 구세주이며 아버지라 불렀다. 카이우스 마리우스에게 추방당했던 그들은 술라의 은혜로 다시 로마로 돌아올 수 있었기 때문에 술라에게 감사의 마음을 가졌던 것이다.

개선식이 끝난 후 술라는 시민들을 모아놓고 자기의 영광스런 공적과 많은 행운을 이야기했다. 그리고 마지막에 가서 이렇게 말하며 이야기를 마쳤다.

"이처럼 나에게는 많은 행운이 따랐소. 그러니 앞으로 나를 부를 때는 펠릭스라 불러 주기 바라오."

펠릭스는 행운이라는 말이었는데, 이 때부터 술라는 그리스에 보내는 편지나 교섭에 스스로를 에파프로디투스[21]라 칭하며 서명했다. 그래서 지금까지 남아 있는 전승비에는 모두 '루키우스 코르넬리우스 술라 에파프로디투스'라 기록되어 있다.

얼마 후 부인 메텔라는 쌍둥이를 낳았다. 한 명은 남자아이였고 다른 한 명은 여자아이였다. 술라는 이들에게 '행운을 타고난 사람'이란 뜻의 말을 골라 남자 아이에

---

21) 사랑의 여신에게 사랑받은 사람이라는 뜻이다.

겐 파우스투스, 여자 아이에겐 파우스타란 이름을 붙였다.

그 후 술라는 스스로 독재관의 직책을 내놓았다. 그리고 마치 평범한 시민인양 거리를 돌아다녔다. 이것은 학살의 책임자로서, 혁명을 일으킨 주동자로서 무척 위험한 행동이었다. 그는 독재관직을 그만두면서 집정관 선거의 자유를 시민들에게 돌려 주었다. 그리고 선거가 다가왔지만 그는 입후보하지 않았다.

집정관 선거에서는 그의 반대파였던 마르쿠스 레피두스가 당선되었다. 이것은 폼페이우스가 지원해 주었기 때문에 가능했던 일이었다. 집으로 돌아가는 폼페이우스를 붙들고 술라는 이렇게 말했다.

"이 사람, 카툴루스를 제쳐놓고 레피두스를 후원하다니 이상하군. 레피두스가 당선되어 적의 세력을 강하게 만들었으니, 이제 편한 잠을 자기는 틀렸군. 자네도 경계해야 할 거야."

술라의 이 말은 정확하게 적중하였다. 얼마 후, 레피두스는 지위가 높아져 폼페이우스와 그의 지지자들에게 적대감을 드러내기 시작했던 것이다.

술라는 재산의 10분의 1을 헤라클레스 신전에 바치고, 큰 잔치를 열었다. 준비한 음식이 너무 많아 남은 음식을 산더미만큼 강에 버렸고, 포도주는 40년 이상 된 것만 사용하게 했다. 이 잔치는 며칠 동안 계속되었다.

그런데 잔치가 한창 벌어지고 있을 때, 부인 메텔라가 병이 들고 말았다. 제관은 술라에게 환자를 보지 못하게 했는데, 초상이 나서 그의 집에 부정이 탈까봐 염려스러웠던 것이다. 그래서 술라는 부인의 곁에 한 번도 가지 않았고, 부인이 죽기 전 이혼장을 써서 다른 집으로 쫓아내 버렸다. 그래서 결국 메텔라는 그곳에 가서 죽었다.

술라는 이처럼 종교적 관심에서 금지시킨 법률은 결코 어기는 법이 없었다. 하지만 이 메텔라의 장례를 자신이 정한 법에 어긋나게 많은 돈을 들여 성대하게 치러 주었다.

술라는 슬픈 마음을 달래기 위해 매일 광대나 배우들과 어울렸고, 자신이 정한 사치 금지법을 어기면서 매일 큰 잔치를 열었다.

몇 달 후, 로마에서는 검투사의 경기가 개최되었다. 당시 경기장은 남녀의 구별 없이 구경할 수 있었기 때문에 술라도 경기장에 구경을 갔다. 술라의 근처 자리에는 무척 아름다운 여인이 앉았다. 그녀는 얼마 전 남편과 이혼한 발레리아였다. 발레리아는 메살라의 딸이고, 웅변가 호르텐시우스의 누이였다. 발레리아는 술라의 뒤로 가서 옷의 실오라기 하나를 뽑아 자기 자리로 돌아갔다. 이상하게 여긴 술라가 유심히 쳐다보고 있으니 그녀는 이렇게 말했다.

"용서하시기 바랍니다. 저는 다만 각하의 행운을 조금 나누어 갖고 싶었습니다."

술라는 이 말에 기분이 상하지 않았고 오히려 애정을 느꼈다. 술라는 몰래 사람을 보내 그녀가 누구이고, 어떤 가문이며, 어떻게 생활하는지를 알아오게 하였다. 그리고 서로 시선을 보내고, 웃음을 교환하곤 했다. 그리고 얼마 후 혼담이 오가고 다시 얼마 후에는 결혼을 했다.

이 결혼은 발레리아에게는 부끄러움 없는 결혼이었지만 술라에게는 떳떳한 결혼이 될 수 없었다. 그는 단지 발레리아의 얼굴과 교태에 사로잡혀 결혼하는 것이었지, 순수한 동기에서 나온 결혼은 아니었던 것이다.

술라는 발레리아와 결혼한 후에도 여전히 여배우, 피리부는 여자, 춤추는 여자들과 어울리며 놀거나 잠자리를 같이 했다. 그들은 언제나 술라의 곁을 맴돌았다. 당시 술라와 함께 있었던 사람으로는 희극 배우 로스키우스, 광대 소렉스, 여장 배우 메트로비우스였는데, 술라는 특히 메트로비우스를 총애했다.

이런 생활이 계속되자 그의 병은 더욱 심해졌다. 술라는 자신의 내장이 다 썩도록 그것을 알지 못했다. 병은 점점 심해져서 그의 몸에서 진물이 나고, 이 투성이가 되었다. 사람들이 계속 그의 몸에서 이를 잡았지만, 너무 많아 감당할 수가 없었다. 술라의 옷과 목욕탕, 음식물 할 것 없이 진물이 흐른 곳에는 이가 무수히 들끓었다. 하루에도 몇 번씩 목욕을 했으나 도저히 이를 처치할 수 없었다.

예전에도 이 병으로 죽은 사람이 있었다. 펠리아스의 아들 아카스투스가 그랬고, 시인 알크만과 신학자 페레키데스, 올린티아 사람 칼리스테네스가 감옥에 있을 때, 그리고 법률학자 무키우스도 그 병으로 세상을 떠났다. 그리고 악당으로 유명한 사람으로는 에우누스를 꼽을 수 있다. 그는 도망친 노예였는데, 시칠리아에서 노예반란을 일으켰으나 실패하여 로마로 끌려왔다. 그때 에우누스는 이 병에 걸려 죽었다.

술라는 자신의 생명이 다했음을 알았다. 그래서 술라는 자신의 최후 기록을 남겨 두었다고 전해진다. 그는 죽기 이틀 전 《회상록》 제22권을 끝마쳤는데 거기에는 이런 사실이 나타나 있다.

칼데아 출신의 한 점술가는 그가 행복한 생활 중 가장 최고에 이르렀을 때 사망할 것이라는 예언을 했다. 그리고 부인인 메텔라보다 조금 전에 죽었던 아들도 꿈에 나타나 이렇게 간청했다.

"이제 세상 일은 모두 잊으십시오. 그리고 저와 어머니가 계시는 곳에 오셔서 평안하고 고요하게 사세요."

그러나 술라는 죽는 순간까지도 정치에서 손을 떼지 않았다. 죽기 열흘 전 쯤 디카이아르키아의 분쟁을 조정해 주고, 그들을 위해 새로운 법을 만들어 주었다. 또 죽기 바로 전날에는 공금을 갚기를 연기하고 술라가 죽기만을 기다리고 있던 관리 그라니우스를 불러, 하인들에게 목졸라 죽이도록 명령했다. 이 때 술라는 무척 흥분해서 고함을 지르다가 농양(膿瘍)이 터져 많은 피를 흘렸다. 그리고 이 일로 몸이 더욱 쇠약해져 다음날 죽고 말았다.

술라에게는 메텔라가 낳은 두 어린 아이가 있었다. 그리고 술라가 죽은 후에 발레리아가 딸을 낳았는데 유복자라는 뜻을 가진 포스투마라는 이름을 지어 주었다.

술라가 죽자 많은 사람들은 레피두스에게 몰려와 격식을 갖춘 장례를 반대했다. 그러나 폼페이우스는 자기에게 아무 재산도 물려 주지 않은 술라에게 불만은 있었지만, 술라의 시신을 로마로 옮겨와 성대하게 장례를 치러 주었다.

전해오는 이야기로는, 로마의 귀부인들이 기증한 향이 너무 많아 2백 10개의 가마로 옮겼다고 한다. 그리고 술라의 형상과, 집정관의 권표를 나타내는 상은 값비싼 유향과 육계로 만들어졌다.

그 날 아침에는 흐리고 비가 올 것 같아 오후 3시경에 유해를 발인했다. 그런데 갑자기 거센 바람이 불어 쌓아놓은 장작이 아주 잘 탔으므로 화장을 하기에는 안성맞춤이었다. 그리고 화장이 끝날 무렵 폭우가 퍼부어 늦은 저녁까지 그치지 않았다고 한다. 행운의 신은 그의 장례식까지 그를 떠나지 않고, 장례식을 집행했던 것이다.

술라의 기념비는 마르스 광장에 세워져 있다. 그 비석에는 술라가 생전에 마련한 비문이 있는데 거기엔 이렇게 새겨져 있다.

"친절한 행동은 그의 친구들 가운데서도 가장 뛰어났고, 악의에 가득 찬 행동은 어떤 적대자에게도 절대 뒤지지 않는 그런 일생을 보냈다."

리산드로스와
술라의 비교

리산드로스와 술라의 생애를 비교해 보면 두 사람은 모두 스스로의 힘으로 위대한 인물이 되었다는 점에서 먼저 공통점을 찾아낼 수 있다.

리산드로스는 시민들의 동의를 얻어 영예를 차지했다. 그 시대는 시민들이 자신의 자유로운 의견을 말할 수 있는 시대였다. 리산드로스는 그러한 시민들의 의사를 존중하고 그들에게 거슬린 행동을 하지 않았으며, 결코 법률에서 벗어나는 행동을 한 적도 없었다. 그러나 술라는 달랐다. "세상이 어지러워지면 악한 자들이 이름을 떨친다"는 말처럼 당시의 로마는 몹시 부패해 있었고, 시민들도 갈피를 잡지 못하는 상태였다. 그래서 당시의 로마는 통치자가 번번이 바뀌었고 글라우키아와 사투르니누스 같은 인물이 메텔루스를 몰아냈으며, 집정관의 자식들이 원로원에서 죽임을 당하고, 군대가 돈에 팔리고, 불과 칼로 언론을 탄압하는 법이 만들어지고 있었다. 그러므로 그러한 때에 술라가 최고의 권력을 손에 넣은 것도 이상한 일은 아니다.

물론 이런 어지러운 시대에 정권을 잡았다고 해서 그 사람을 탓하려는 것은 아니다. 그러나 나라의 질서가 이토록 어지러웠던 만큼, 정권을 잡았다는 사실만으로 그가 훌륭한 사람이었다고 판단할 수는 없다는 것이다.

한편 리산드로스는 냉정하고 엄격한 스파르타에서 최고의 지휘관과 절대적인 권력을 부여받았으므로 가장 뛰어나고 훌륭한 인물이었다고 볼 수 있다. 그러나 그는 자기의 지위를 여러 차례에 걸쳐 사양했다. 하지만 시민들은 여전히 그가 필요하여 다시 높은 지위에 선출하곤 했다.

그러나 술라는 일단 군대의 총사령관으로 뽑히자, 10년 동안이나 줄곧 자기의 권력을 내놓지 않았다. 그는 때로는 집정관이나 속주 총독으로, 때로는 독재관으로서 자기의 지위를 지키며 군대를 장악하고 독재자가 되었다.

리산드로스가 정치 제도를 바꾸고 개혁을 꿈꾸었던 것은 사실이었다. 그러나 이것은 술라에 비하면 아주 부드럽고 합법적인 계획이었다. 리산드로스는 온 나라를 한꺼번에 뒤엎으려던 것이 아니라, 왕위 계승권만을 고쳐 정치를 개혁해 보려 했었다. 그리고 스파르타는 혈통이 아니라 덕으로 그리스를 통치했다는 사실로 미루어 볼 때도, 가장 유능한 사람이 스파르타를 다스리게 한다는 것은 바람직한 일일 것이다.

사냥꾼은 좋은 사냥개를 얻으려 하고, 말타는 사람은 좋은 말을 얻으려 하며 그것이 어떤 새끼를 낳을 것인지는 생각하지 않는다. 좋은 말도 노새를 낳을 수 있기 때문이다. 그와 마찬가지로 한 나라의 왕을 뽑을 때도 그 인물 자체의 됨됨이가 중요한 것이지 그 사람이 어느 가문의 사람인지는 문제가 안 된다.

스파르타인들도 왕을 내쫓은 일이 몇 번 있었다. 왕이 왕으로서의 자격을 갖추지 못했기 때문에 가치없는 인물로 취급당했던 것이다. 그러므로 문벌이 좋은 사람이라고 해도 죄악을 저지르면 추해지는 것처럼, 사람이란 문벌이 아니라 그 사람 자체의 됨됨이로 따지는 것이 바람직한 것이다.

또 리산드로스가 법을 어긴 것은 동지들을 구하기 위한 것이었지만, 술라는 동지를 해치기 위해서 법을 어겼다는 사실을 기억해야 한다. 리산드로스가 동지의 세력과 지배권을 유지시켜 주기 위해 많은 정적들을 불법적으로 죽인 것은 사실이다. 그러나 술라는 자신이 그들에게 권력을 준 뒤 그것을 시기하였다. 그래서 육지에서는 폼페이우스를, 바다에서는 돌라벨라의 지휘권을 줄이고, 오펠라가 많은 공을 세운 다음 집정관이 되려 하자 그를 눈앞에서 죽여 버렸다. 그는 이처럼 자신의 권세를 위해서는 가장 가까운 사람들까지도 잔인하게 대해 모든 사람들의 공포와 증오를 한 몸에 받았던 사람이었다.

또 쾌락과 재물을 즐긴 데서도, 한 사람은 다른 사람을 다스릴 만한 인물이었던 반면, 또 한 사람은 사람을 학대하는 독재자의 성격을 가졌음을 우리는 발견할 수 있다. 리산드로스는 좋은 기회가 많았음에도 불구하고 조금도 방탕한 행동을 하지 않았다. 그러므로 "집 안에서는 사자, 집 밖에서는 여우"라는 격언은 적어도 리산드로스와는 거리가 먼 것이다. 그는 늘 규칙을 지켰고, 스파르타인다운 인물됨을 보여 주었다.

그러나 술라는 젊어서 가난했을 때나 늙었을 때나 한결같이 걷잡을 수 없는 욕망을 억누르지 못했다. 그래서 역사가 살루스티우스(Sallustius)는, 술라 자신은 음란하고 정의롭지 못한 행동을 하면서도 시민들에게는 정조와 금주에 대한 법률을 만들어 지키게 했다고 전한다.

그는 매일같이 부자들을 사형에 처하고 그들의 재산을 몰수하였으며, 그래도 돈이 모자라자 여러 동맹 도시에 독립을 주어서까지 돈을 손에 넣었다. 그러나 술라와 그 추종자들의 낭비 때문에 로마의 재정은 하루도 편할 날이 없었다.

한 번은 거대한 저택을 경매에 붙인 일이 있었는데, 그는 비싼 값을 부르는 사람들을 물리치고 자기의 친구에게 헐값으로 낙찰시키려고 했다. 그때 경매관이 더 비싼 값을 부르는 사람이 있다고 말했더니, 술라는 술기운을 빌려 이렇게 소리를 질렀다. "내가 빼앗은 재산을 내 마음대로 처분하겠다는데, 뭐가 잘못됐단 말인가?"

술독에 빠져 이렇게 외치는 술라에게, 어떤 판단력이나 분수를 갖기 바란다는 것은 힘든 일일 것이다.

그와는 달리, 리산드로스는 자기의 전리품과 자기에게 선물로 들어온 재물까지도 모두 본국에 보내 국가의 공금으로 쓰게 했다. 그러나 그가 스파르타에 돈을 보냄으로써 끼친 해는 술라가 로마의 돈을 빼앗음으로써 끼친 해에 못지 않게 큰 것이라고도 볼 수 있다. 하지만 어쨌든 리산드로스가 돈에 대해 얼마나 담담했던가는 이러한 사실로 충분히 짐작해 볼 수 있을 것이다.

그런데 그들은 각기 자기 나라 사람들에 대해서는 기이한 행동을 했다는 점에서 다시 공통점을 발견할 수 있다. 걷잡을 수 없이 방탕했던 술라는 시민들에게 엄격한 생활을 강조하였고, 사치를 경멸했던 리산드로스는 스파르타에 재물에 대한 욕구를 퍼뜨렸다. 그렇게 해서 술라는 자기가 만든 법도 지키지 못한 사람이 되었으며, 리산드로스는 자기가 경멸하는 것을 시민들은 탐내게 하여 그들을 자기보다 못한 사람으로 타락시켰다.

한편 군사 면에 있어서는 수많은 승리와 뛰어난 지략, 그리고 그들이 처했던 위험의 정도로 보아 리산드로스보다는 술라가 한층 더 훌륭했던 것으로 보인다.

리산드로스는 두 차례의 해전에서 두 번 다 승리를 거두었으며, 아테네를 함락시킨 것도 그의 덕택이었다. 또 보이오티아와 할리아르토스에서 일어났던 일은 운이 나빴던 탓으로 돌릴 수 있을 것이다. 그러나 플라타이아에서 왕의 군대를 끝까지 기다리지 않고, 전쟁욕에 사로잡혀 무모하게 공격을 서둘렀던 것은 그의 전략이 부족했음을 보여 준다. 그때 그는 도착 직전이었던 왕의 군대를 기다리지 않고 불리한 상황임을 알면서도 성벽으로 다가갔기 때문에, 사소한 싸움에서 이름도 없는 적의 손에 쓰러지고 만 것이다. 레욱트라에서의 클레옴브로토스처럼 뛰어난 적의 공격에 용감하게 맞섰던 것도 아니고, 키로스나 에파미논다스처럼 도망가는 군대를 불러모으기 위해, 또는 커다란 승리를 위해 장렬하게 전사한 것도 아니었다. 이들은 모두 장군다운 최후를 맞았지만 리산드로스는 한낱 병졸처럼 무모하게 나섰다가 아까운 목숨을 내던지고 말았던 것이다.

그러한 리산드로스를 보며 우리는 "성벽으로 둘러싸인 강한 도시는 공격하지 말라"는 스파르타의 옛 격언을 떠올리지 않을 수 없을 것이다. 왜냐하면 그런 곳에서는 아무리 용감한 장수일지라도, 때로 이름없는 병졸이나 부녀자, 또는 아이들의 손에 죽기가 십상이기 때문이다. 그러나 그는 이것을 지키지 않았기 때문에 트로이 성에서 파리스에게 죽은 아킬레우스처럼 어이없이 목숨을 잃고 말았다.

반면에 술라는 본격적인 전투에서 몇 차례나 큰 승리를 거두었고 헤아릴 수 없을 만큼 수많은 적을 물리쳤다. 로마를 두 번이나 싸워 이겼으며, 아테네의 피라이우스 항구도 함락시켜 버렸다. 더군다나 이 항구를 점령할 때도, 리산드로스처럼 식량 보급을 끊는 방법을 쓴 것이 아니라 본격적인 대전투를 벌여 아르켈라오스 군을 바다로 내몰아 버렸던 것이다.

이 두 사람이 어떤 장군을 상대로 싸움을 벌였는가 하는 점도 중요하다. 리산드로스가 알키비아데스의 부하인 안티오코스를 격파했던 것이나, '칼보다 혀가 날카로운 사람'으로 알려진 아테네의 웅변가 필로클레스를 이긴 것은 술라에 비하면 어린 아이의 장난에 지나지 않는 것이다. 왜냐하면 미트리다테스는 이 두 사람을 자기의 마부 정도로 생각하고, 마리우스는 자기의 호위병 정도로밖에 여기지 않을 인물들이었기 때문이다.

반면에 술라는 왕과 집정관, 그리고 장군과 선동가 등을 하나하나 열거하지 않더라도, 로마에서 가장 강한 마리우스를 상대로 싸웠다는 점에서 높이 평가할 만하다.

또 그가 상대했던 미트리다테스는 그 어떤 왕보다 강했으며, 람포니우스나 텔레시누스는 이탈리아의 누구와도 비교할 수 없을 만큼 용맹스러운 사람이었다. 그런데도 불구하고 술라는 마리우스를 몰아내고, 미트리다테스를 꺾었으며, 람포니우스와 텔레시누스를 죽여 버렸던 것이다.

그러나 지금까지 얘기한 많은 얘기들보다 더 중요한 일은 다음과 같다. 리산드로스는 항상 시민들의 협력을 받고 공을 세운 사람이었지만, 술라가 보이오티아에서 싸움을 벌였을 때는 거의 나라에서 쫓겨난 사람과 다름없는 신세였다는 것이다. 당시 로마의 정권을 완전히 장악하고 있던 정적들은 그의 아내를 쫓아내고 집을 허물고 동지들까지 모두 죽여 버렸다. 그러나 그는 모든 것을 떨치고 일어나 조국을 위해 강력한 적과 맞서 승리를 거두었다. 그리고 나중에 미트리다테스가 술라의 정적을 무찌르도록 도와주겠다고 했을 때도, 전혀 마음의 움직임을 보이지 않는 훌륭한 모습을 보여 주었다. 그리고 미트리다테스 왕이 아시아를 포기하고, 함대를 넘겨 주고, 비티니아와 카파도키아를 모두 옛 왕에게 돌려 주겠다고 선언했을 때에야 비로소 그와 손을 잡고 휴전을 받아들였다.

이것은 술라가 한 행동 중에 가장 고결한 정신을 보여 주는 것이다. 그는 사사로운 이익을 미루고 나라의 이익을 앞세워, 충실한 사냥개처럼 결코 적을 꺾을 때까지 놓아 주지 않았다. 그리고 이 일이 완결된 뒤에야 비로소 자기의 사사로운 원한을 갚으려 하였다.

두 사람의 성격을 비교하기 위해서는 아테네 시에 대해 취한 정책들을 살펴보는 것이 가장 좋을 것이다. 술라가 이 도시를 손에 넣었을 때 아테네는 미트리다테스의 세력을 지지하고 있었지만, 그는 이 도시에 독립과 자유를 되돌려 주었다. 그러나 리산드로스는 그리스에서 가장 으뜸가는 자리를 차지하고 있던 아테네가 한꺼번에 무너지는 것을 보고도, 조금의 동정도 나타내지 않았을 뿐만 아니라, 그들의 민주 정부를 파괴하고 30인의 참주들을 치켜세웠다. 이상과 같은 사실로부터 우리는 그들의 인생을 다음과 같이 얘기할 수 있을 것이다.

먼저 영광스러운 사업에서는 술라가 리산드로스보다 더 위대했으며, 술라가 저지른 죄에 비하면 리산드로스의 그것이 더 적었다고 말할 수 있다. 또 리산드로스는 절제와 극기에서 뛰어난 모습을 보여 주었으며, 용기와 지략에 있어서는 술라가 좀더 훌륭했다고 볼 수 있을 것이다.

25
키몬

(CIMON, BC 510경~451경)

아테네의 장군이며 뛰어난 정치가. 아버지는 밀티아데스이고 어머니는 헤게시필레이다. 어렸을 때 누이 엘피니케와 함께 고아가 되어 방랑을 하며 떠돌았다. 고상하고 선량한 성품을 지니고 있었으며, 어렸을 때부터 정치적으로 뛰어난 자질을 보였다. 아시아 정복을 목표로 아테네 군을 지휘했으나 결국 실패하고, 이집트로 가던 배에서 사망했다.

예언자 페리폴타스는 오펠타스 왕과 그 백성들을 거느리고 테살리아에서 보이오티아로 이주해 왔다. 이곳에서 그들은 가문을 이루고 살았는데 대대로 이름을 떨치며 번영을 이루었다고 한다. 그들은 카이로네아를 중심으로 살았는데, 그것은 이들이 야만족을 내쫓고 처음으로 얻은 도시였기 때문이다. 이 부족은 용맹했으나, 페르시아의 침입과 그 뒤를 이은 갈리아 족의 그리스 침략으로 거의 멸종되다시피했다. 이 가문의 사람들 중에서 살아남은 사람은 오직 다몬이라는 청년 하나뿐이었다. 성이 페리폴타스인 그는 얼굴이 매우 아름다웠고, 같은 또래의 청년들 사이에서도 유난히 돋보이는 사람이었다. 그렇지만 그는 교육을 제대로 받지 못했기 때문에 성질이 거칠고 강건했으며, 한편으로는 누구에게도 지지 않으려는 높은 기백을 지니고 있었다.

그런데 카이로네아에서 겨울을 보내고 있던 로마 군의 지휘관이 이 청년을 보고 반하여 어느새 그를 사랑하게 되었다. 그래서 그는 다몬의 비위를 맞추기 위해 선물을 주면서 그를 꾀었다. 그러나 다몬이 그의 간청을 번번이 거절하자 지휘관은 폭력을 쓸 생각까지 하게 되었다.

그 무렵 카이로네아는 예전의 번영은 찾아볼 수 없을 만큼 황폐해져 있어 모든 나라로부터 멸시당하고 있었다. 나라는 힘을 잃고 있었고 국민들은 모두 굶주리고 있었다. 다몬은 이러한 나라의 형편을 깨닫는 한편 자신에 대한 모욕감 때문에 로마 군에게 보복을 하기로 결심했다. 그래서 그는 자기 또래의 동지 16명을 몰래 모아서 이 로마 지휘관을 상대로 한 음모를 꾸몄다. 그들은 로마 군의 지휘관이 제사를 지내는 날 습격하기로 결심하고, 그 전날 밤 모두 얼굴을 검게 칠하고 용기를 내기 위해 술을 마셨다.

다음날 그들은 새벽녘에 제사를 드리고 있던 지휘관을 습격하고 주위에 있던 호위병들을 모두 죽여 버렸다. 그리고 나서 도시를 재빨리 빠져나갔다.

카이로네아 시의회는 즉시 모임을 갖고 회의를 거쳐, 다몬과 그 일당에게 사형을 내리기도 했다. 그것은 로마 군에 대한 두려움 때문에 어쩔 수 없이 내린 결정이었다. 이 소식을 들은 다몬은 그날 밤 동지들과 함께 다시 도시에 나타났다. 그리고 시의회 의원들이 저녁 식사를 하고 있던 식당으로 들어가 그들을 모조리 죽여 버렸다.

때마침 로마 군을 이끌고 이 지방을 지나가고 있던 장군 루키우스 루쿨루스는 카이로네아 시에 이런 일이 생긴 것을 알고 사건의 진상을 자세히 조사하게 되었다. 결국 루쿨루스는, 시민들에게는 아무런 죄가 없으며 오히려 시민들이 로마 군에게 억울한 일을 당했다는 것을 알고 군대를 데리고 도시를 떠났다.

그러나 다몬은 여전히 그 부근의 지방들을 짓밟으면서 시를 공격하려는 기미를 보이고 있었다. 그러자 시민들은 그에게 편지를 보내 시로 돌아오면 안전을 보장하겠다는 뜻을 전했다. 다몬은 그런 시민들의 말을 믿고 카이로네아로 돌아왔고, 시민들은 그에게 경기감독관의 직책을 주었다. 그러나 나중에 다몬이 목욕탕에서 나와 몸에 향유를 바르고 있을 때 습격하여 죽여 버렸다.

그 뒤 이 목욕탕에는 가끔 유령이 나타나 울부짖었기 때문에 얼마 지나지 않아 문을 닫아버렸다고 한다. 그리고 지금까지도 그 근처에 사는 사람들은, 가끔 사람의 그림자 같은 것이 나타나 괴상한 소리를 내는 것을 듣거나 보았다고 말하고 있다.

다몬은 몇몇 자손을 남겼는데, 그들은 대부분 포키스의 스티리스 시 부근에 살고 있었다. 이 자손들은 아스볼로메니라는 이름으로 불리는데, 이 말은 '그을음을 칠한 사람'이라는 뜻의 아이올리아 사투리이다. 이것은 다몬이 로마 지휘관을 죽일 때 얼굴을 검게 칠했기 때문에 붙여진 이름이었다.

그런데 다몬이 죽은 뒤 얼마 후, 카이로네아와 이웃하고 있던 오르코메노스 시 사이에는 불화가 생기게 되었다. 오르코메노스 시의 시민들은 로마 사람들을 몇 명 꾀어내어, 로마 지휘관의 암살 사건은 다몬 일당만이 아니라 카이로네아 시민 전체의 죄라면서 그들을 고발했던 것이다. 이 일로 마케도니아 인을 재판관으로 한 재판이 열리게 되었는데, 이것은 그때까지 그리스에 로마의 재판관이 파견되어 있지 않았기 때문이다. 재판이 시작되자 카이로네아 시민들은 자신들의 무죄를 증언해 달라고 루쿨루스에게 호소했다. 루쿨루스는 그가 조사했던 사건의 진상들을 적어서 법정으로 보냈다. 그래서 카이로네아 시의 무죄가 밝혀져, 시민들은 큰 위험을 간신히 피할 수 있었다.

위기에서 벗어난 카이로네아 시민들은 그 뒤 디오니소스의 조각상과 함께 루쿨루스의 상을 나란히 광장에 세워 그에 대한 고마움을 나타냈다. 지금 이 글을 쓰고 있는 나[1] 또한 이미 몇 세대가 지났지만 그의 은혜에 대해 감사의 마음을 가지고 있다.

우리는 어떤 사람의 성격이나 행적을 기록하는 것이 그의 겉모습만을 새긴 동상보다 훨씬 영광스러운 기념비라는 것을 알고 있다. 그러므로 그의 은혜를 갚기 위해 우리는 이 책 속에 그의 전기를 써 넣으려는 것이다. 이런 기록은 사실만을 그대로 썼을 때, 우리가 가지고 있는 감사의 마음을 충분히 드러낼 수 있다. 만약 있지도 않은 공적까지 역사에 기록한다면, 오히려 그 사람 자신이 용납하지 않을 것이기 때문이다.

초상화를 그리는 것도 이것과 마찬가지다. 어떤 화가가 아름다운 얼굴을 그릴 때 만약 그 얼굴에 무슨 허물이나 결점이 있다고 하더라도 그것을 빠뜨리거나 감추어서는 안 된다. 만약 그렇다면 그 그림은 원래의 얼굴과 닮지 않은 얼굴을 만들거나 아니면 본래의 아름다움을 손상시키기 때문이다. 이와 마찬가지로 아무런 허물도 없는 사람은 있을 수 없으므로 우리는 그 사람의 고상한 행동이나 장점들을 있는 그대로 자세하게 묘사해야 한다. 또 어떤 감정이나 정치적인 상황 때문에 저질러진 실수나 잘못은 일시적인 잘못이지 본성이 나빠서가 아니라는 것을 분명히 해야 할 것이다. 그러나 이러한 실수나 잘못들을 지나치게 강조해서 드러낼 필요는 없다. 왜냐하면 아직 자연은 전혀 아무런 흠도 없이 완전한 미덕을 갖춘 인간을 창조해내지는 못했기 때문이다.

---

1) 플루타르코스.

이렇게 여러 가지를 생각해 보면서 나는 루쿨루스와 비교할 만한 인물로서 키몬을 선택했다. 그들은 둘 다 군인으로서 야만족을 토벌하는 데 공이 컸으며, 온건한 정치가로서 누구보다도 내란을 잘 다스려 잠시나마 평화를 가져오게 했다. 또 키몬 이전의 그리스 사람이나 루쿨루스 이전의 로마 사람 중에는 이들처럼 멀리까지 나아가 전쟁을 했던 사람이 없었다. 디오니소스[2]와 헤라클레스[3]에 관한 이야기나 페르세우스[4]가 에티오피아와 메디아 그리고 아르메니아를 정벌하러 갔던 일, 그리고 이아손[5]의 원정에 대한 이야기들이 있기는 하지만 이것들은 모두 전설에 지나지 않는 것이다.

키프로스에 있는 키몬의 흉상.

또 그들 두 사람은 자신들이 계획한 사업을 완성하지 못했다는 데서도 공통점을 발견할 수 있다. 그리고 그들은 적에게 큰 손해를 안겨 주었으나 적을 끝까지 추격하여 완전히 정복하지는 못했다는 데서도 같다. 뿐만 아니라 두 사람은 모두 관대하고 너그러운 성격을 가지고 있었으며 호탕한 생활을 즐겼다. 그 밖에 여기서 언급하지 않은 다른 공통점들은 이들 두 사람의 전기를 읽는 동안에 밝혀질 것이다.

키몬은 밀티아데스와 헤게시필레의 아들로 태어났다. 아르켈라오스와 멜란티오스가 키몬에게 바친 송시에 의하면 어머니 헤게시필레는 트라키아의 올로로스 왕의 딸이었다고 한다. 그러므로 역사가 투키디데스[6]는 키몬의 외가에 해당한다. 투키디데스는 아버지의 성이 올로로스였고 트라키아에 있는 금광을 상속받았으며 그곳에

---

2) 그리스 신화에 나오는 신으로 쾌락에 빠져 있던 군대를 이끌고 나가 인디아의 갠지스 강까지 정벌했다. 도중에서 정복된 여러 민족에게 포도주를 만드는 법과 법률, 그리고 숭고한 인생의 향락을 가르쳤다고 한다.
3) 동쪽으로는 아마존의 여인국, 서쪽으로는 아프리카를 지나 헤라클레스의 기둥이라고 불리고 있는 지금의 지브롤터 해협, 그리고 다시 스페인을 거쳐 피레네 산맥과 알프스 산맥을 넘어 이탈리아로 들어왔다.
4) 제우스의 아들. 아프리카로 가서 괴물인 메두사를 죽였다. 그리고 에티오피아의 공주 안드로메다를 바다의 괴물로부터 구하고 그녀와 결혼하였다. 그리고 지금 자기의 이름이 붙어 있는 페르시아를 정복하였다.
5) 아이손과 폴리메데 사이에서 태어난 아들. 콜키스의 황금양모를 구하기 위해 아르고라는 큰 배와 함께 탐험대를 이끌고 원정하였다.
6) 기원전 471~400년의 대역사가. 《펠로폰네소스 전쟁사》가 유명하다.

서 가까운 스카프테 힐레라는 도시에서 죽었다고 한다. 그의 유해는 아티카 지방으로 옮겨져 키몬 가문의 묘지에 이장되었다. 그래서 지금도 그의 무덤은 키몬의 누이 엘피니케의 무덤 곁에 있다. 그러나 투키디데스는 할리모스 시, 밀티아데스는 라키아다이 시의 시민이었다.

키몬의 아버지 밀티아데스는 아테네 법정이 내린 50탈렌트의 벌금을 내지 못하여 감옥 안에서 죽었다고 한다. 그래서 어린 키몬과 그의 누이 엘피니케는 고아가 되어 버렸다.

키몬은 젊은 시절 부랑자로 술이나 마시면서 돌아다녔다. 그의 할아버지는 너무도 어리석고 단순했기 때문에 바보라는 뜻의 코알레모스라는 별명으로 불리었는데, 키몬 또한 그 할아버지와 똑같다는 얘기를 들었다.

키몬과 같은 시대를 살았던 타소스의 스테심브로토스의 말에 의하면, 그는 당시의 많은 아테네인들이 가지고 있었던 학문이나 음악에는 재능이 없었다고 한다. 그리고 아티카 사람만이 갖는 재빠른 몸놀림이나 유창한 웅변술도 그에게는 보이지 않았다. 다만 그의 성격은 고상하고 담백했으며, 아테네 출신이면서도 오히려 펠로폰네소스 인다운 기질을 가지고 있었다고 한다.

그래서 키몬은 에우리피데스가 헤라클레스를 묘사했던 것처럼 "거칠고 소박하기는 하지만 큰 일을 해내지는 못할" 사람이었다. 이것은 헤라클레스를 두고 한 말이었지만 스테심브로토스가 전하는 키몬에 대한 기록을 보면 그에게도 해당되는 것 같다.

키몬은 젊었을 때 누이인 엘피니케와 동거했다는 나쁜 소문이 있었다. 엘피니케 또한 정숙한 여자는 아니었다고 하며 특히 화가인 폴리그노토스와 정을 통하는 사이였다고 한다. 이 때문에 폴리그노토스는 그 시대의 플레시아나크티움, 지금은 포이킬레라고 부르는 주랑에 그려진 트로이 전쟁 때의 여자들 그림에서 라오디케(트로이 공주)를 엘피니케의 얼굴로 나타냈다고 한다.

폴리그노토스는 명문 집안에서 태어났으며 보수를 바라고 그림을 그린 것이 아니라 고향인 아테네를 빛내기 위해 이 그림을 그렸다고 한다. 이러한 사실은 여러 역사책과 멜란티오스의 다음 시 등에도 잘 나타나 있다.

그는 오직 영웅들의 행적을 위해
광장과 신전을 빛냈으며

붓을 놀린 값으로 삯을 바라지 않았다네.

　어떤 역사가들은, 엘피니케가 집안이 너무 가난해서 신랑을 얻을 수가 없었기 때문에 키몬의 정식 아내가 되어 살았다고 전한다. 그런데 나중에 칼리아스라는 큰 부자의 눈에 띄게 되어 그와 사랑을 하게 되었다. 칼리아스는 아버지의 벌금까지 갚겠다고 했으므로 엘피니케는 키몬의 승락을 얻어 그와 결혼을 하였다고 한다.

　키몬은 아마 여자를 좋아하는 기질이 있었던 것 같다. 시인 멜란티오스가 키몬을 두고 지은 시를 보면 아스테리아라는 살라미스 여자와 므네스트라라는 여자를 사랑했다고 씌어 있다. 또 메가클레스의 아들 에우리프톨레모스의 딸 이소디케에게는 보통 이상의 사랑을 가졌다고 한다. 이 가운데 이소니케는 키몬의 정식 아내가 된 여자였는데 오래 살지 못하고 죽어 버렸다. 그녀가 죽었을 때 키몬이 얼마나 큰 슬픔에 빠졌는지는 그를 위로하기 위해 바쳐진 시에서 느낄 수 있다. 철학자 파나이티오스는 그 시를 자연주의자 아르켈라오스가 지었다고 추측하였는데, 연대로 보아 옳은 얘기인 것으로 생각된다.

　또 키몬은 그 밖의 모든 점에서는 고상하고 선량한 성품을 지녔다고 한다. 그는 아버지 밀티아데스의 용기와 테미스토클레스의 지혜에 뒤떨어지지 않았고, 정의로움에 있어서는 오히려 이들보다 뛰어났다고 전해진다. 또 군사적인 전략에 있어서도 이 두 사람 못지 않았으며, 정치적인 면에서는 그들보다 오히려 더 현명했다.

　키몬의 이러한 성격들은 그가 어렸을 때부터 나타났다.

　메디아 군이 침입했을 때, 테미스토클레스는 아테네인들에게 수도를 포기하고 살라미스 섬으로 가서 저항하자고 주장했다. 그러나 아테네 시민들 대부분은 너무나 어처구니없는 일이라며 놀라고만 있었다. 그때 테미스토클레스의 작전을 누구보다 빨리 이해한 키몬은, 명랑한 얼굴로 동지들을 이끌며 케라메이코스 구를 지나 아크로폴리스로 갔다. 그리고 들고 갔던 말고삐를 수호신인 아테네 여신의 신전에 바쳤다. 아테네를 위기에서 구할 수 있는 것은 기병(육군)이 아니라 해군이라는 뜻을 시민들에게 알리자는 것이었다.

　키몬은 신전에서 엄숙히 참배를 드리고 말고삐를 바친 다음 신전 벽에 걸려 있던 방패들을 모조리 내리게 했다. 그러고는 그 중 하나를 들고 바다로 나갔다. 키몬의 이런 행동은 많은 아테네 시민들을 감동시키고 그들에게 싸울 용기를 불러일으켰다.

시인 이온의 말에 의하면, 그는 얼굴이 아주 잘생겼으며 덩치가 크고 윤기나는 짙은 색 머리카락을 가졌다고 한다.

그는 이 살라미스 해전에서 용감하게 싸워 큰 공을 세웠다. 그래서 아테네 시민들 사이에서 이름을 드날리게 되었으며 그들은 모두 키몬에 대한 칭찬과 사랑을 아끼지 않았다. 전투에서 그가 돌아오자 많은 사람들이 그를 추종하였고, 마라톤에서 세운 아버지의 공적 못지 않은 큰 업적을 세우라고 격려했다.

그가 정치에 몸을 던지자, 테미스토클레스의 정치에 싫증을 느끼고 있던 시민들은 그에게 열렬한 환영과 지지를 보냈다. 시민들은 그의 단순하고 솔직한 성격과 어진 마음씨를 보고 그에게 중요한 지위를 주었다.

그때 가장 큰 도움을 준 사람은 아리스티데스[7]였다. 그는 키몬의 숨은 능력을 알아보고, 테미스토클레스의 교활하고 대담한 행동에 저항할 만한 인재로 키우기 위해 그를 적극적으로 도와주었다.

메디아 군이 그리스에서 격파된 다음, 키몬은 아테네 군의 장군으로 임명되어 아시아로 떠나게 되었다. 그는 파우사니아스 왕과 그가 거느린 스파르타 군의 뒤를 따르고 있었는데, 이 때까지 아테네의 해군은 바다의 해상권을 아직 장악하지 못하고 있었다. 키몬의 지휘로 아테네 군은 뛰어난 규율과 함께 좋은 무기를 갖추고 있어서 연합군들 사이에서도 단연 두각을 나타냈다.

그런데 이 때 스파르타 왕 파우사니아스는 페르시아 왕과 은밀히 내통하면서 그리스를 팔아넘기려는 음모를 꾸미고 있었다. 그러면서도 그는 자신의 권위를 믿고 권력을 남용하면서 그리스 연합군들에게 몹시 불손한 태도를 보이고 있었다.

이러한 사실을 알게 된 키몬은 기회를 노려 파우사니아스로부터 그리스 연합군의 지휘권을 조금씩 빼앗기 시작했다. 키몬은 파우사니아스의 횡포에 괴로워하고 있던 사람들에게 친절하고 상냥한 태도를 보여 주었던 것이다.

이러한 키몬의 태도는 차츰 연합군 병사들의 입에 오르내리게 되었다. 그래서 그들 대부분은 파우사니아스의 교만과 혹독한 억압을 벗어나 하나둘씩 키몬과 아리스티데스에게 넘어갔다.

이렇게 되자 두 사람은 연합군의 지휘권을 받아들였다. 그리고 스파르타의 에포

---

7) 기원전 525~467. 아테네의 정치가이며 군인.

로스들에게 편지를 써서, 파우사니아스 왕은 스파르타의 얼굴에 먹칠을 하고 있으며 그리스의 골칫덩어리가 되었으니 어서 본국으로 불러들이라고 요구했다.

파우사니아스 왕에 대해서는 이런 이야기가 전해온다.

그가 군대를 이끌고 비잔티움에 머무르고 있을 때, 이곳에는 명문 집안의 딸인 클레오니케라는 아름다운 아가씨가 있었다. 파우사니아스 왕은 클레오니케를 몹시 탐내어 그녀의 부모에게 딸을 데려오라고 했다. 클레오니케의 부모들은 이미 왕의 포악함을 알고 있었으므로 요구를 거절할 수가 없었다. 그래서 할 수 없이 딸을 욕망의 희생물로 바치게 되었다.

왕에게 간 클레오니케는 수줍은 생각으로 한참을 망설이다가 침실 밖에 있던 시종들에게 불을 모두 꺼달라고 부탁했다. 그녀는 모든 불이 꺼지자 어둠 속을 말없이 걸어 들어갔다. 그런데 왕의 침대 곁으로 가다가 그만 잘못해서 등잔을 쓰러뜨리고 말았다. 깊이 잠들어 있던 왕은 갑작스러운 소리에 놀라 잠을 깼다. 왕은 분명 자기를 암살하려는 사람이 숨어 들어온 줄 알고 곁에 있던 칼을 뽑아 클레오니케를 찔렀다. 이렇게 해서 클레오니케는 그 자리에서 숨지고 말았다.

이런 일이 있고난 다음부터 그의 침실에는 밤마다 클레오니케의 유령이 나타났다. 파우사니아스 왕은 두려움 때문에 편안하게 잠을 이룰 수가 없었다. 그러다가 어느 날 밤에는 그 유령이 꿈속에 나타나 왕에게 이렇게 분노에 찬 말을 하였다. "정욕과 폭력이 따르는, 사악한 종말로 너의 길을 재촉하라."

파우사니아스 왕의 이러한 행동은 그리스의 여러 동맹국 병사들을 노엽게 만들었다. 그래서 그들은 키몬의 지휘를 받아 파우사니아스 왕을 비잔티움에서 포위해 버렸다. 그러나 파우사니아스 왕은 이들의 손길에서 재빨리 벗어나 헤라클레아에 사는 무당을 찾아갔다. 클레오니케의 영혼을 불러내어 노여움을 풀려는 것이었다. 나타난 클레오니케의 영혼은 이렇게 말했다.

"파우사니아스 왕이여, 어서 스파르타로 가라. 그러면 모든 재앙으로부터 벗어날 수 있을 것이다."

파우사니아스 왕은 이제 유령의 분노에서 벗어난 것이라고 생각하고 기뻐했다. 그러나 재앙에서 벗어난다는 이 말은 곧 그의 죽음을 의미하는 것이었다.

한편 키몬은 정식으로 사령관이 되어 트라키아를 향해 떠났다. 트라키아의 스트리몬 강 상류에 있는 에이온 시가 페르시아에게 점령되고, 그 부근에 사는 그리스인들이 침략을 받고 있다는 소식을 들었던 것이다.

그는 트라키아에 상륙하자 우선 페르시아 군을 격파해 버리고 에이온 시내에 몰아넣었다. 그런 다음 트라키아 인은 페르시아 군에게 식량을 대주고 있었으므로 그들의 식량 보급을 끊어야 한다고 생각한 것이다. 이렇게 해서 키몬은 에이온 시에 들어가 있는 페르시아 군대를 완전히 궁지에 몰아넣었다.

페르시아 왕을 위해 지휘를 맡고 있던 부테스 장군은 결코 빠져나갈 수 있는 길이 없다는 것을 깨닫고 절망에 빠졌다. 그래서 부테스 장군은 자멸할 결심을 하고 모든 시가지에 불을 질렀다. 그리하여 많은 사람들과 재물들은 모두 불 속에서 타 없어지고 말았다.

키몬이 성에 들어가보니 모든 것은 불타버리고 무엇 하나 남아 있는 것이 없었다. 페르시아 인들은 모두 불에 타죽었고, 귀중한 재산들도 그들과 함께 모두 재로 변해 버린 뒤였다. 그 때문에 얻을 수 있는 전리품은 아주 적었다. 그러나 이곳의 땅은 매우 아름답고 비옥하였으므로 이 부근 지역을 손에 넣고 아테네의 식민지로 삼았다.

이런 키몬의 공을 기념하기 위해 아테네 시는 헤르메스 신의 석상 셋을 세웠는데 거기에는 각각 이런 글들이 새겨져 있다.

> 결코 꺾일 줄 모르는 용감한 정신은
> 아름다운 스트리몬 강가에서
> 메디아 인들을 굶주림과 칼로 몰아넣고
> 그들을 모두 전멸시켜 버렸다네.

> 아테네의 시민들은 이 석상들을 높이 세워
> 거룩한 용사들에게 보답하노라.
> 천 년이 지난다고 해도
> 우리의 후손들은 이 정신을 본받아
> 나라와 가족을 지키기를 부탁한다.

> 그 옛날에 아테네는 메네스테오스를
> 아트레우스의 아들과 함께 트로이에 보냈노라.

이 싸움터에서 그들은 가장 빛나는 용맹을 떨쳤노라고
호메로스가 읊었듯이
옛날이나 지금이나 아테네는 영광의 용사라 불린다네.

글 속에 키몬의 이름은 보이지 않지만, 사람들은 누구나 이것이 키몬에 대한 보기 드문 칭찬이라는 것을 알고 있었다. 이러한 영광은 테미스토클레스나 밀티아데스에게서도 찾아볼 수 없는 것이었다.

예전에 밀티아데스는 자기가 승리를 거둔 데 대해 월계관을 상으로 달라고 요구했던 적이 있었다. 그때 데켈레아 출신인 소카레스라는 사람이 군중들 사이에서 일어나 이렇게 소리쳤다.

"당신이 혼자서 적과 싸워 그들을 다 물리쳤다면 그런 영광도 혼자 받을 수 있겠지요. 그러나 그렇지도 않으면서 월계관을 달라고 하다니 말도 안 되는 얘기요."

이 사람의 말은 몹시 비꼬는 듯했지만 군중들은 그에게 박수갈채를 보냈다.

그러나 아테네인들은 키몬에게만은 특별한 영광을 주었다. 그것은 다른 아테네 장군들이 적의 공격을 막아내고만 있었던 것과 달리, 키몬은 자신이 먼저 적을 공격했기 때문이었다. 또 그는 에이온 시와 암피폴리스에 식민지를 창건하기까지 했다.

한편 키몬은 스키로스 섬에도 이민을 보냈는데, 여기에는 다음과 같은 이유가 있었다. 스키로스 섬의 주민들은 원래 테살리아에서 온 돌로페스 사람들이었는데, 이들은 이 섬에 정착해 오랜 세월 동안 농사는 게을리하면서 해적질을 업으로 삼고 있었다. 여기에 재미를 붙인 그들은 항구에 상품을 들여 오는 상인들에게까지 강도짓을 하고, 나중에는 크테시온 항구에 닻을 내린 테살리아 인들을 감옥에 가두고 행패까지 부리게 되었다.

이 테살리아 인들은 얼마 후 감옥에서 탈출하여 암픽티온[8] 법정에 억울함을 호소했다. 암픽티온 회의는 곧 재판을 열어 스키로스 정부에 벌금을 내렸다. 그러나 스키로스 정부는 이 결정을 거부하고, 그 대신에 돈을 약탈해 간 자들에게 돈을 물어내라고 명령했다.

---

8) 고대 그리스에서 신전을 보호하기 위해 이웃 나라들과 맺었던 동맹으로 가장 유명한 것은 델포이의 암픽티온이었다.

그러자 겁이 난 해적들은 키몬에게 몰래 편지를 써보냈다.

"급히 함대를 이끌고 와서 우리를 도와 주시기 바랍니다. 그러면 장군에게 우리의 도시를 넘겨 주겠습니다."

이렇게 해서 크테시온 시를 점령한 키몬은 해적질을 일삼던 돌로페스 사람들을 몰아내고 에게 해의 안전을 되찾아 주었다.

섬을 완전히 정복한 키몬은 오랜 옛날 사람인 테세우스[9]의 무덤을 찾기 시작했다. 테세우스는 아이게오스의 아들이었는데, 아테네의 난리를 피해 이곳으로 왔다가 리코메데스에게 속아 살해되었던 사람이었다.

아테네 사람들은 오래 전에, 테세우스의 유해를 본국으로 가져와서 정중히 모셔야 한다는 신탁을 받은 일이 있었는데 이러한 일 때문에 키몬은 테세우스의 무덤을 찾기 시작했던 것이다. 그 전에도 여러 사람들이 이 신탁을 지키기 위해 애를 써봤지만, 스키로스 주민들이 무덤이 있는 장소를 숨길 뿐 아니라 조사를 허락하지 않았기 때문에 테세우스가 어디에 묻혀 있는지도 모르고 있었다. 그러나 이곳을 정복하면서 키몬은 이제 마음놓고 이 섬을 조사할 수 있게 되었다.

키몬은 오랫동안 고생을 하여 마침내 테세우스의 유해를 자신의 배에 싣고 아테네로 돌아왔다. 테세우스가 추방된 지 4백 년만의 일이었다. 이 일로 키몬은 아테네 시민들로부터 그 전보다 더 존경을 받게 되었다. 그 하나의 예로 그는 비극시인들의 작품을 경연하는 대회에 심사위원으로 추대를 받기도 했다.

그때 아직 청년이었던 소포클레스[10]는 여기에 처음으로 몇 개의 작품을 내놓았다. 그런데 여러 시인들의 연극을 보던 관객들이 여러 가지로 의견이 갈라져 제각기 자기가 좋아하는 시인이 가장 훌륭하다며 열광을 하였다. 경연대회를 주관하던 아르콘[11] 아프세피온은 지금까지의 관례대로 추첨을 해서 심사위원을 뽑는다는 것이 별로 좋지 않은 방법이라고 생각하여 잠시 망설이고 있었다.

그런데 때마침 키몬이 다른 장군들 아홉 명과 함께 신에게 예배를 드리러 왔다. 아프세피온은 그들 일행을 붙잡아 심사를 맡아 달라고 부탁했다. 키몬과 아홉 명의

---

9) 그리스 신화에 나오는 영웅으로 아테네의 왕 아이게오스의 아들이다. 입헌정부를 세우고 아티카의 여러 나라를 아테네에 복속시켰다. '테세우스' 전기 참조.

10) 그리스의 3대비극 시인 중 하나.

11) 아테네의 최고 통치자로 모두 9명으로 구성되었다.

장군은 아테네의 열 개 종족을 대표하는 사람들이었기 때문이었다.

이처럼 명예로운 심사위원들이 자리에 앉자 경연은 더욱 치열해졌다. 결국 승리는 소포클레스에게 돌아갔다. 그러자 그와 함께 경쟁을 했던 아이스킬로스[12]는 소포클레스에게 진 것 때문에 노여워져서 시칠리아 섬으로 가 버렸다. 그리고 그곳에서 생애를 마친 뒤 겔라 시 외곽 어딘가에 묻혔다고 한다.

당시 시인이었던 이온은 자기가 젊었을 때 키오스에서 살다가 처음으로 아테네에 와서 살게 되었을 때의 얘기를 이렇게 기록하고 있다.

그 무렵 그는 가끔 라오메돈에게 저녁 초대를 받곤 했는데, 어느 날 키몬과 그 밖의 많은 손님들과 함께 저녁을 먹게 되었다. 식사가 끝난 뒤 풍습에 따라 신들을 위해 술잔을 기울일 때, 사람들은 키몬에게 노래를 청했다. 키몬이 멋지게 노래를 부르자 그 자리에 있던 손님들은 모두 칭찬을 아끼지 않았다.

"키몬 장군은 테미스토클레스보다 더 뛰어난 사람인 것 같소."

이런 칭찬의 말은 테미스토클레스가 다음과 같은 말을 했기 때문에 나온 것이었다. "나는 노래를 부를 줄도, 하프를 켤 줄도 모르지만 나라를 부강하게 하는 방법은 잘 알고 있소."

저녁 식사가 모두 끝난 뒤 사람들은 모여 앉아 이야기를 나누었다. 그러다가 화제가 키몬의 공적으로 옮겨졌다. 그의 이름을 유명하게 만든 공적이 무엇이었는가를 말하는 사람들의 의견은 모두 달랐다. 그때 키몬이 사람들에게 말했다. "여러분들은 내가 가장 통쾌하고 소중하게 여기고 있는 그 일을 잊으셨나 봅니다."

그러면서 키몬은 다음과 같은 일을 얘기했다.

그리스 군이 세스토스와 비잔티움을 정복하고 수많은 야만인 포로와 전리품을 얻었을 때, 연합군은 키몬에게 분배를 모두 맡겼다. 키몬은 수많은 포로들을 한 쪽에, 또 수많은 재물들을 다른 한 쪽에 놓고 둘 중 아무것이나 먼저 선택하라고 했다. 연합군은 분배가 별로 공평하지 못하다고 불평을 했다. 그러자 키몬은 이렇게 말했다.

"여러분이 가져가고 남은 것을 가져도 우리는 불평을 안 할 것이오. 그러니 어서 어느 것이든 갖고 싶은 쪽을 가져가시오."

포로들은 버리고 전리품들을 가져가자는 사모스의 헤로피토스의 말에 따라 연

---

12) 소포클레스와 함께 그리스의 3대 비극 시인 중 하나.

합군은 옷과 온갖 재물들을 가져갔다. 그들은 황금팔찌와 목걸이, 그리고 값진 빨간색 옷을 걸치고 돌아다니며, 아테네가 일이라고는 해본 일도 없는 벌거벗은 포로들을 가진 것을 보고 비웃었다.

그러나 얼마 지나지 않아서 사정은 완전히 뒤바뀌고 말았다. 포로들의 친척이나 친구들이 프리기아, 리디아 등지에서 찾아와 많은 몸값을 치르고 그들을 찾아갔던 것이다. 그래서 키몬은 그의 군대에게 넉 달 동안 봉급을 줄 수 있는 충분한 돈을 얻을 수 있었을 뿐만 아니라, 그래도 돈이 남아 아테네의 국고에 넣었다.

키몬은 전쟁에서 많은 재산을 얻어 부유한 몸이 되었다. 그리고 명예롭게 얻은 그 재산을 아테네 시민들을 위해 썼다. 키몬은 자기 농장의 울타리를 허물어, 지나가는 사람이나 가난한 아테네 시민들이 자유롭게 곡식과 과일을 따먹게 했다. 그리고 자신의 집에는 소박한 음식이지만 날마다 충분하게 장만하여, 어려운 사람들은 누구든 와서 실컷 먹을 수 있게 해주었다. 이렇게 해서 굶주리는 시민들이 없어졌기 때문에, 그는 다른 걱정 없이 오로지 나랏일에만 몰두할 수 있게 되었다.

그런데 아리스토텔레스의 기록에 의하면, 그는 아테네 시민들 전부에게 음식을 나누어 준 것이 아니라 그가 사는 곳의 구민들, 즉 라키아 사람들에게만 그렇게 한 것이라고 전한다. 그는 또 멋진 옷을 입은 청년 몇 명을 데리고 다녔는데, 그것은 남루한 옷을 입은 노인을 만나면 옷을 바꿔 입히기 위해서였다고 한다. 그뿐만 아니라 그는 젊은이들의 주머니에 돈을 가득 넣고 다니게 하여 장터 같은 곳에서 가난해 보이는 사람을 만나면 말없이 그 손에 돈을 건네주도록 했다. 이런 모든 행동들은 희극 시인 크라티우스가 그의 작품 〈아르킬로코스 일가〉 속에서도 이야기하고 있다.

> 나, 가난하고 늙은 메트로비우스도
> 그리스의 가장 고귀한 분이신
> 키몬이 베풀어 주시는 음식을 먹으며
> 죽을 때까지 편히 지내려 했는데
> 아, 그분은 먼저 가시고
> 나만 홀로 남았구나.

레온티니의 고르기아스[13]는 키몬에 대해 이렇게 말했다.

"키몬은 재물을 잘 쓰려고 모았으며, 과연 모은 것들은 제대로 써서 이름을 남겼다."

또 30인의 참주 가운데 한 사람이었던 크라티우스는 자기가 쓴 시 속에서 자신의 소원을 이렇게 노래하였다.

> 스코파드의 부와
> 키몬의 덕,
> 그리고 아게실라오스 왕의 승리.[14]

스파르타의 리카스는 김노파이디아이[15] 행사 때 모여드는 외국 사람들에게 잔치를 베풀어 준 일만으로도 그리스 전체에 이름을 떨쳤다. 그러나 키몬은 외국 사람과 자기 나라 사람을 가리지 않고 누구에게나 따뜻한 대접을 했다. 그의 너그럽고 정의로운 행동은 그리스의 어떤 옛 영웅들보다도 훨씬 뛰어난 것이었다.

아테네는 일찍이 그리스의 여러 나라에 곡식을 심고, 샘을 찾아내고, 불을 사용하는 법을 알려 주었던 것을 자랑으로 삼고 있다. 그런데 키몬은 자기 집을 모든 사람들을 위해 열어두고, 자기 땅에서 나는 모든 열매들을 누구든지 자유롭게 따먹게 하여 다시 크로노스 시대[16]의 낙원이 돌아온 듯한 느낌을 주었다.

그러나 키몬의 그러한 행동을 좋아하지 않는 사람들도 있었다. 키몬이 그러한 행동을 하는 것은 시민들의 인기를 끌기 위한 것으로, 그들에게 아첨을 하려는 것이라고 비난을 하는 것이었다.

그러나 이런 사람들도 키몬의 다른 행동들까지 보았다면 곧 자신의 생각이 잘못되었다는 것을 깨닫게 될 것이다. 키몬의 이러한 행동은 이 일에서 뿐만 아니라 다른 곳에서도 내내 나타나는 것이었으며, 이것이 곧 그의 성격이었던 것이다. 키몬

---

13) 기원전 485~380. 그리스의 수사학자.

14) 스코파드는 테살리아의 유명한 부자이며, 아게실라오스는 스파르타의 왕이다. '아게실라오스'의 전기 참조.

15) 벌거숭이 놀이라고도 하며, 스파르타의 주요 행사들 가운데 하나였다.

16) 로마 신화의 사투르누스에 해당한다. 제우스 이전의 황금 시대에 세계를 지배하던 신으로 보통 농사의 신으로 일컬어진다. 고대 로마시대에는 이 신의 제삿날인 12일에 노예들을 해방시키고 그들을 잔치에 초대했다고 한다.

은 시민들의 인기를 무시하지는 않았지만, 언제나 귀족의 이익과 스파르타의 정책을 지지하였던 사람이다.

테미스토클레스가 지나칠 정도로 민중들에게 아부하는 정책들을 내놓았을 때 키몬은 아리스티데스와 함께 적극적으로 반대했다. 또 에피알테스가 민중들의 환심을 사려고 귀족들의 아레오파고스의 법정[17]을 해산시키려 했을 때도, 그는 반대를 나타냈다. 뿐만 아니라 아리스티데스와 에피알테스를 제외한 모든 정치인들이 정부의 공금으로 자기의 배를 채우고 있었을 때도, 키몬만은 홀로 깨끗한 생활을 지켰다. 그는 사사로운 이익 때문에 행동하는 그런 사람들과는 달랐던 것이다.

이런 이야기도 전해온다. 로이사케스라는 페르시아 사람이 자기 주인인 페르시아 왕을 배반하고 아테네로 망명했다. 그는 부패한 정치인들 때문에 여러 차례에 걸쳐 시달림을 당해야 했다. 견디다 못한 로이사케스는 키몬을 찾아가서 자신을 도와달라고 부탁했다. 그래서 그는 키몬의 호의를 얻기 위해 금화와 은화들을 바구니에 가득 담아 문 앞에 놓았다. 그러자 키몬은 얼굴 가득히 미소를 띠며 이렇게 물었다.

"로이사케스, 당신은 나를 친구로서 사귀려는 거요, 아니면 돈으로 사귀려는 것이오?"

로이사케스가 친구로서 사귀려는 것이라고 대답하자 키몬이 다시 말했다.

"그렇다면 저 돈은 다시 가져가시오. 당신이 나와 친구가 된다면 필요할 때는 언제든지 그만한 돈을 달라고 할 것이오."

그 무렵 아테네의 동맹국들은, 페르시아와 전쟁을 하기 위한 군비는 부담하겠지만, 배나 군대는 보내지 않겠다는 결정을 보내왔다. 그들은 이제 전쟁에 지쳐서, 고향에 내려가 밭이나 갈면서 평화롭게 살고 싶었던 것이다. 게다가 이미 적군이 나라 밖으로 쫓겨났기 때문에 페르시아로부터 새로운 걱정거리도 없었다.

아테네의 다른 장군들은 모두 동맹국의 군대를 동원하려고 무척 애를 썼다. 말을 듣지 않는 경우에는 재판 수속을 밟거나 벌금을 내게 하기도 했다. 이렇게 되자 아테네 정부는 동맹국 여러 나라들로부터 미움을 사게 되었다.

그러나 키몬은 정반대의 방법을 썼다. 원하지 않는 자들에게는 억지로 시키지도 않고, 군 복무에서 벗어나려는 사람들에게는 일정한 돈을 받거나 사람 없는 배만 보

내게 하였다. 그러므로 그들이 나라 안에 틀어박혀 안이한 생활을 하면서 사사로운 유혹에 끌려가도록 내버려 두었다. 그렇게 해서 그들은 사치와 어리석음 때문에 하나둘씩 농부나 상인이 되어갔다.

그동안 키몬은 아테네 시민들을 차례로 전쟁에 내보내어 군사적인 훈련을 시키고, 동맹국들로부터 받은 돈과 무기로 아테네를 그리스에서 제일가는 강대국으로 키워가고 있었다. 그들은 동맹국들이 태만하게 시간을 보내고 있는 사이에 사방으로 끊임없이 발을 뻗치면서 군사일에 능숙해져 갔다.

그렇게 되자 동맹국들은 군사력이 강대해진 아테네를 점차 두려워하게 되었다. 그래서 그들은 아테네에게 아첨하기 시작했고 모르는 사이에 아테네의 속국이나 노예가 되어갔다.

페르시아 왕의 코를 납작하게 만드는 데도 키몬만큼 큰 공헌을 했던 사람도 없었다. 그는 단순히 그리스를 위험에서 구하는 것만으로는 만족하지 않았다. 그래서 그는 페르시아 군이 그리스에서 후퇴할 때도 멈추지 않고 추격을 계속하여, 적이 숨을 돌이키고 군대를 다시 모을 만한 틈을 주지 않았다. 적의 여러 도시들을 손에 넣고 그 영토를 유린하였으며, 다른 도시들도 반란이나 투항으로 귀순시켰다. 그 때문에 이오니아 지방에서 팜필리아 지방에 이르는 소아시아의 모든 지역에서는 페르시아 군의 그림자도 찾아볼 수 없게 되었다.

이 때 키몬은 페르시아의 여러 장군들이 팜필리아 해안에서 싸우려고 기다리고 있다는 소식을 듣게 되었다. 페르시아 장군들 밑에는 많은 수의 육군과 대함대가 있었다. 키몬은 켈리도니아 군도까지의 전 해상에서 적을 모두 몰아내기로 결심하고, 크니도스와 트리오피온 갑(岬)으로부터 200척의 군함을 거느리고 출항하였다. 이 군함들은 속력이 빠르고 방향을 바꾸기도 쉬운 우수한 능력을 갖춘 배들로 일찍이 테미스토클레스가 연구하여 만들어 놓았던 것이었다. 키몬은 이 군함의 폭을 넓히고 큰 갑판을 더 넓혀서, 더 많은 병사들이 적과 맞서 싸울 수 있도록 만들었다.

배는 먼저 파셀리스 지방을 향해 나아갔다. 그런데 이곳의 주민들은 원래 그리스에서 이민해 왔던 사람들이었음에도 불구하고 저항을 하며 페르시아에 충성을 다하려고 하였다. 그러므로 키몬은 곧 이곳에 상륙하여 그 땅을 짓밟으며 도시의 성벽 밑에까지 달려나갔다.

키몬의 군대에 있던 키오스 사람들은 이곳 주민들과 가까웠으므로 장군의 노여움을 풀어 주려고 노력했다. 그리고 한편으로는 화살 끝에 여러 가지 정보를 쓴 편지를 매달아 성 안으로 쏘아 보냈다. 결국 주민들은 10탈렌트의 배상금을 물고, 아테네 군과 합심하여 페르시아 군과 싸운다는 조건으로 화해를 하였다.

역사가 에포로스의 기록에 의하면, 페르시아 함대의 사령관은 티트라우스테스였고, 육군의 사령관은 페렌다테스였다고 전한다. 그러나 역사가 칼리스테스는 전 군대의 총사령관은 고브리아스의 아들 아리오만데스였다고 주장하고 있다. 아리오만데스는 군대를 좀 더 강력하게 만들어서 싸울 생각으로, 우선 전쟁을 피해 에우리메돈 강 하구에 배를 정박시키고 있었다. 그는 키프로스 섬에서 80척의 페니키아 함대가 오기를 기다리고 있었던 것이다.

이러한 정보를 알게 된 키몬은, 적이 먼저 싸우기를 원하지 않는다면 자기 쪽에서 손을 써서 적군을 싸움에 끌어들일 생각을 하고 함대에 출동 명령을 내렸다. 아테네 함대가 밀려오는 것을 본 야만인들은 전투를 피하기 위해 강 하구 쪽으로 깊숙이 퇴각해 버렸다. 그러나 아테네 군이 계속해서 따라붙자, 그들은 6척의 함대를 가지고 대항해 왔다고 파노데모스는 전하고 있다. 그러나 에포로스의 기록으로는 350척이었다고 한다.

그러나 페르시아 군은 엄청난 대군을 갖고 있었음에도 불구하고, 곧 뱃머리를 돌려 육지로 달아나기 시작했다. 앞장서서 달아난 배들은 재빨리 육지에 내려 그 근처에 머물러 있던 육군에게로 피해 달아났다. 그러나 그러지도 못한 자들은 배와 함께 침몰되거나 포로로 잡혔다. 싸움터에서 도망쳐간 배도 많았고, 수많은 배가 격침되었는데도 아테네 함대가 손에 넣은 군함의 수는 2백 척이나 되었다. 이 숫자만으로도 그들 군대의 수효가 얼마나 엄청났던 것이었는지를 짐작할 수 있을 것이다.

그때 해군의 참담한 패배를 본 페르시아의 육군이 바닷가로 진격해 들어왔다. 키몬은 부하 병사들을 상륙시켜서 적의 육군을 물리치는 모험을 해야 할 것인지에 대해 무척 망설였다. 해전으로 이미 지쳐 있는 그리스 군을 이제 막 달려드는 수많은 새로운 적과 싸우게 하는 것은 무모한 일이었기 때문이다. 그러나 부하 병사들은 의연한 태도로 싸울 결심을 드러내면서 얼굴 가득히 승리의 빛을 뚜렷이 나타냈다. 이 광경을 본 키몬은 해전에서의 땀도 채 마르기 전에 상륙을 명령했다.

육지에 내린 아테네 군은 무서운 함성을 내지르며 적을 향해 돌격해 나갔다. 여기에 맞서 페르시아 군도 완강히 버티면서 아테네 군의 공격에 맞섰으므로 그들 사이에는 순식간에 불꽃튀는 격전이 벌어졌다. 그런 격렬한 싸움 중에 아테네의 쟁쟁한 장군들이 여기저기서 쓰러져갔다. 그토록 치열한 접전을 벌여, 아테네 군은 드디어 페르시아 군을 물리치기 시작했다. 그들은 적군을 죽이거나 사로잡았으며, 적의 진지를 점령한 후 적이 버리고 간 천막 안을 마음대로 약탈했다. 그 속에는 야만인들이 싸움터에서 얻어 모아둔 갖가지 재물과 보배들이 많이 쌓여 있었다.

이렇게 해서 키몬은 우수한 운동선수처럼 하루 만에 두 번의 승리를 거두었다. 바다에서 거둔 승리는 살라미스 해전의 승리보다 더욱 큰 것이었고, 땅에서의 승리는 플라타이아 싸움에서의 영광보다도 더욱 큰 영광이었다.

여기에서 용기를 얻은 키몬은 또 한 번 승리를 거두기 위해 곧바로 군대를 돌렸다. 페니키아 함대를 치기 위한 출항이었다.

키몬은 히드룸에 80척의 페니키아 지원군이 나타났다는 소식을 듣고 빠른 속도로 달려갔다. 그때까지 페니키아 함대는 페르시아의 주력 함대가 모두 전멸되었다는 사실을 모르고 있었으므로 빨리 전쟁의 결과에 대한 보고가 전해져 오기만을 기다리며 망설이고 있었다. 그러다가 갑자기 아테네 함대의 습격을 받자 페니키아 함대는 몹시 놀라고 당황하여 제대로 싸워보지도 못하고 배와 함께 전멸되고 말았다.

거듭 이어진 패배로 페르시아 왕은 싸울 힘을 잃고 평화 조약을 맺었다. 그래서 페르시아의 육군은 말을 달려 하룻길 이내의 그리스 땅으로는 가까이 가지 않을 것이며, 페르시아 함대는 키아네아 군도와 켈리도니아 군도 사이의 바다에는 절대로 나타나지 않겠다는 약속을 했다. 역사가인 칼리스테네스가 전하는 바에 의하면, 페르시아 왕은 이처럼 굴욕적인 조건을 맺은 일이 한 번도 없었다고 전하기도 한다.

그러나 키몬이 거둔 뜻밖의 승리에 그는 기가 꺾여서 할 수 없이 이런 불리한 조건으로라도 조약을 맺게 된 것이었다. 그래서 페리클레스와 에피알테스가 각각 50척과 30척의 배를 이끌고 켈리도니아 군도 근처까지 갔을 때, 페르시아 함대는 그림자조차도 찾아볼 수 없었다고 한다. 크라테로스가 수집한 아테네의 조례집 속에 이 협정문의 사본이 실려 있는데, 그것을 보면 실제로 이러한 협정이 맺어졌음을 알 수 있다.

아테네는 이 협정을 계기로 평화의 신전을 세우고, 이 조약을 맺었던 사절 칼리아스에게 특별한 영광을 주었다고 전해온다.

아테네 시민들은 이 싸움에서 얻은 전리품을 경매에 붙여서 엄청난 돈을 국고에 채울 수 있었다. 그들은 이렇게 해서 만들어진 돈으로 갖가지 사업을 일으켰다. 아크로폴리스의 남쪽에 성벽을 쌓았고, 흔히 '두 다리'[18]라고 부르는 긴 장벽의 기초공사도 이 때 시작되었다. 이 장벽을 쌓는 곳은 질척한 진흙땅으로 되어 있어서 기초공사를 위해 수많은 돌과 자갈을 묻고 깔아야 했는데, 거기에 드는 비용은 모두 키몬이 내놓았다고 한다.

키몬은 또 그늘진 산책로를 꾸미며 아테네 시가를 아름답게 꾸미기도 했다. 덕분에 시민들은 넓고 아름다운 운동장과 공원에서 마음껏 자연을 즐길 수 있게 되었다. 또한 광장에는 쥐방울 나무들을 심고, 메마르고 거칠었던 아카데미에는 공사를 하여 울창한 나무가 이리저리 뻗은 숲과 산책로를 만들었으며, 숲에는 넓은 육상경기 코스를 만들었다.

그런데 그 무렵 케르소네소스 반도를 지배하고 있던 페르시아 인들이 이곳에서 물러가기는커녕 오히려 행패를 부리고 있다는 소식이 들려왔다. 키몬은 이 소식에 분개하여 곧 함대를 이끌고 출동했다. 그러나 페르시아는 키몬이 데리고 온 병력이 얼마 안 되는 것을 보고 그들을 비웃으면서, 트라키아 인들과 함께 저항을 해왔다. 그러나 키몬은 단 네 척의 군함으로 적의 군함 13척을 빼앗고, 페르시아 인들을 멀리 쫓아내 버렸다. 그런 뒤 트라키아 인들에게 항복을 받고, 케르소네소스를 아테네의 영토로 만들었다.

그 뒤 타소스 섬 주민들이 아테네에 반기를 들었으므로 그는 다시 함대를 출동시켰다. 키몬의 군대는 바다에서 해전을 벌여 적의 함대를 격파하고 군함 33척을 빼앗았다. 그리고 그들의 성을 포위하여 함락시키고, 금광이 있는 타소스의 영토를 아테네의 영토로 삼았다. 이렇게 되자, 키몬에게는 곧바로 마케도니아를 침공할 수 있는 길이 뚫리게 되었다. 그래서 사람들은 키몬이 마음만 먹으면 마케도니아를 점령하는 것은 어렵지 않은 일이라고 생각했다. 그러나 그가 이 기회를 그냥 흘려보내자, 사람들은 그가 돈을 탐낸 나머지 알렉산드로스 왕에게 매수당한 것이라고 의심을 하기 시작했다. 이것을 틈타 그의 정적들이 한데 뭉쳐, 키몬을 나라를 팔아먹으려는 매국노라고 모함하며 그를 고소하기에 이르렀다.

재판이 시작되자 키몬은 법정에 나가 이렇게 변호했다.

---

18) 아테네 시와 피라이우스 항구, 그리고 팔레움 항구를 잇는 긴 성벽이다. 북쪽의 피라이우스 장벽은 40 스타디움, 남쪽의 팔레움 장벽은 36스타디움이었는데 이렇게 큰 줄기가 있어 흔히 '두 다리'라는 이름으로 불리었다.

"다른 아테네 사람들이 부유한 이오니아의 테살리아 사람들을 친구로 사귀고 있을 때, 나는 스파르타의 친구가 되어 그들의 검소한 생활을 본받으려고 애썼소. 나는 그들의 검소한 습관과 절제와 단순한 생활을 다른 어떤 재물보다도 훌륭한 것이라고 생각해 왔고, 그들을 닮으려고 노력했던 것이오. 뿐만 아니라 나는 적에게서 빼앗은 물건으로 나라를 풍족하게 만드는 것을 자랑으로 여겨왔으며, 지금 이 자리에서도 그 생각은 변함이 없소."

스테심브로토스는 이 재판에 대한 기록을 남기고 있는데, 이 재판이 열리고 있을 때 키몬의 누이인 엘피니케가 찾아왔다고 한다. 그녀는 키몬을 고소한 사람들 중에서도 가장 큰 미움을 가지고 있었던 페리클레스에게 가서 키몬을 도와 달라고 간청했다. 그때 페리클레스는 엘피니케의 말을 듣고는 빙그레 웃으면서 이렇게 말했다고 한다.

"엘피니케, 이런 사건에 끼어드시기에는 나이가 너무 많으신 것 같소."

그러나 이렇게 말한 페리클레스는 법정에 나가서 그 누구보다 부드럽고 온화한 태도를 나타냈으며, 형식적인 증언만 마지못해서 한 번 했을 뿐이라고 한다. 결국 키몬은 무죄로 판결되어 풀려날 수 있었다.

그 뒤 키몬은 평민 계급의 세력을 억누르는 데 많은 애를 썼다. 당시 평민들은 귀족들을 짓밟고 모든 정치 권력을 손에 쥐려고 항쟁을 계속하고 있었던 것이다.

그러나 얼마 뒤 키몬이 아테네를 떠나고 나자 평민들은 마치 굴레를 벗은 말처럼 날뛰기 시작하여, 이전까지 있었던 모든 법과 습관들을 뒤엎어 놓았다. 그들은 또 에피알테스의 선동으로 아레오파고스 법정으로부터 사건의 심리권을 빼앗아 모든 재판권을 손에 넣고 민주적인 정치체제를 만들었다. 이렇게 된 데에는 평민의 이익을 수호하겠다며 그들 사이에서 이미 큰 세력을 넓혀 놓았던 페리클레스의 힘이 큰 영향을 미쳤다.

다시 아테네로 돌아온 키몬은 아레오파고스 법정의 권위가 땅에 떨어져 있는 것을 몹시 한탄했다. 그래서 그는 재판소를 예전과 같은 상태로 끌어올리고, 클리스테네스[19] 시절의 귀족주의를 다시 일으켜 세워 혼란에 휩쓸린 나라를 구하려고 힘썼다.

---

19) 기원전 510년경의 아테네 정치가. 참주 히피아스를 몰아내고 정적 이사고라스를 물리쳐, 참주정치를 추방하고 민주적인 정치 개혁을 단행하였다. 그리고 귀족들의 세력을 억제하고 참주가 다시 고개를 들지 못하도록 하기 위해 도편 추방이라는 제도를 만들었다. 이 제도는 민중들의 투표에 의한 추방 형벌인데, 투표에 오스트라콘, 즉 질그릇 조각을 사용했기 때문에 질그릇 형벌이라고도 부른다.

키몬이 이렇게 나서자 반대당은 맹렬한 기세로 그를 막아서기 시작했다. 그들은 키몬을 공격하고, 심지어는 키몬과 누이의 관계에 대한 예전의 소문까지 들추어내며 그가 스파르타와 한 패라고 몰아부쳤다. 시인 에우폴리스[20]가 쓴 그 유명한 시들은 이 분쟁의 원인이 키몬에게 있었다고 적고 있다.

> 그는 그리 나쁜 사람은 아니었지만
> 술과 향락을 즐겼다네.
> 그래서 그가 스파르타에서 자는 날마다
> 누이는 쓸쓸히 빈 방을 지켰다네.

그가 주책없는 술꾼이었으면서도 그토록 많은 도시들을 점령하고 수많은 전투에서 승리를 거두었다는 사실을 두고 볼 때, 만약 술에 정신을 잃지 않고 직무에만 충실했더라면 아마 그리스에서 키몬을 능가할 만한 인물은 찾기 힘들었을 것이다.

키몬은 아주 어렸을 때부터 라케다이몬[21]을 좋아했다. 그래서 쌍둥이 아들을 얻었을 때 아이들의 이름을 라케다이모니오스, 그리고 알레오스라고 지었을 정도였다. 스테심브로토스가 전하는 말에 의하면, 이들 쌍둥이는 클리토리움에 사는 클레이토리아라는 부인이 낳은 아이들이었다고 한다. 그래서 페리클레스는 가끔 천한 어머니에게서 낳은 자식이라며 쌍둥이 형제를 몰아 세웠다고 한다. 그러나 지리학자인 디오도로스는 이 두 아이와 또 한 아들 테살로스는 모두 메가클레스의 아들에 우리프톨레모스가 낳은 딸 이소디케가 낳았다고 주장하고 있다.

그러나 키몬이 스파르타 사람들의 도움을 받았던 것은 사실이었다. 스파르타는 테미스토클레스를 몹시 미워하며 그의 세력을 꺾기 위한 사람으로 젊은 키몬을 선택했던 것이다. 아테네 사람들은 키몬이 스파르타와 친했던 까닭에 적지 않은 이득을 보았다. 그래서 처음에는 그런 키몬을 나쁘게 생각하기는 커녕 오히려 좋아했었다. 왜냐하면 그때는 아테네가 조금씩 세력을 키우기 위해 열심히 동맹국들을 자기네 편으로 끌어들이고 있을 때였기 때문이다. 그래서 아테네 시민들은, 키몬이 스파

---

20) 아티카 시대의 시인으로 아리스토파네스 이전의 희극 시인 중 가장 뛰어났던 사람.
21) 스파르타의 옛 이름.

르타 사람들 사이에서 좋은 평판을 받고 있고 동맹국 여러 나라들을 정중하게 대하여 국제 관계도 잘 조정해 주었으므로 그에게 호의를 나타냈다.

그러나 아테네의 국력이 강력해지자, 그들은 키몬이 스파르타를 지나칠 정도로 존중하고 있는 것이 못마땅해졌다. 키몬은 연설 때마다 늘 스파르타를 들먹였으며, 아테네 시민들이 어떤 잘못을 저질렀을 때는 항상 이런 말로 나무랐다. "스파르타 사람들은 이러지 않습니다."

많은 아테네 사람들은 그런 키몬에 대해 불만의 소리를 높였고, 그들의 미움은 날이 갈수록 커져만 갔다. 그러다가 시민들로부터 가장 큰 비난과 저주를 받게 된 사건이 일어났다.

스파르타에서 제욱시다모스의 아들 아르키다모스 왕이 나라를 다스린지 4년 째 되던 해에 일찍이 한 번도 없었던 큰 지진이 일어났다. 여기저기서 땅이 쩍쩍 갈라지고 타이게토스 산에서는 바윗돌이 굴러 내려와 스파르타 시는 겨우 다섯 채의 집만을 남기고 모두 파괴되어 버렸다.

지진이 있기 바로 전 한 체육관에서는 많은 젊은이들이 몸을 단련하고 있었다. 그런데 난데없이 산토끼 한 마리가 안으로 뛰어 들어왔다. 그때 날쌘 젊은이 몇몇이 목욕탕에서 벌거벗은 몸으로 향유를 바르다가 이 토끼를 잡기 위해 이리저리 뛰어 다녔다. 그러다가 토끼가 바깥으로 나가자 너댓 명의 젊은이들도 토끼를 쫓아 체육관을 빠져 나왔다. 그 순간 지진으로 체육관이 푹석 주저앉아 그 안에 있던 젊은이들은 모두 죽고 말았다. 시민들은 이 때 죽은 젊은이들의 무덤을 만들어주고 시스마티아스[22]라고 불렀는데 아직까지도 남아 있다.

아르키다모스 왕은 이 뜻밖의 재난을 당하고 넋을 잃었지만 곧 정신을 차렸다. 시민들은 허물어진 집을 헤집고 들어가 물건들을 하나라도 구해 내기 위해 정신이 없었다. 아르키다모스 왕은 그들이 무기를 잡고 자기에게 모이도록 하기 위해 곧 나팔수를 시켜 적이 습격 때 부는 비상나팔을 불게 했다. 바로 이것 때문에 스파르타는 구원될 수 있었다. 왜냐하면 스파르타의 농노들이 속속 스파르타로 모여들어, 지진에서 살아남은 시민들을 한꺼번에 죽여 없앨 계획을 세우고 있었기 때문이다.

그런데 이 비상 나팔로 스파르타 시민들이 모두 무기를 들고 모여드는 것을 보

---

22) 지진 때문에 쓰러진 사람들의 무덤이라는 뜻.

자 농노들은 스스로 물러날 수밖에 없었다. 그러나 근처 도시로 한 걸음 물러난 그들은 스파르타에 대한 전쟁을 공공연하게 일으켰다. 이 농노들에게 도움을 준 것은 라코니아 사람들[23]이었다. 그리고 이와 때를 같이하여 메세네 사람들도 스파르타를 공격해 왔다.

이렇게 되자 스파르타는 아테네에 페리클리다스를 보내, 구원병을 요청하도록 했다. 아리스토파네스는 다음과 같은 시를 써서 이 일을 비웃었다.

　　새파란 얼굴에 붉은 옷을 입고
　　제단에 엎드려 도와달라고 애걸하는구나.

스파르타의 구원 요청을 받은 아테네의 여론은 두 갈래로 갈라졌다. 에피알테스는 이런 말로 반대의 뜻을 나타냈다.

"우리의 경쟁자인 스파르타를 돕는다는 것은 말도 안 되는 얘기요. 그들이 쓰러지도록 그냥 내버려 두어 더 이상 거만한 짓을 못하게 해야 합니다."

그러나 키몬은 스파르타의 요청을 받아들여야 한다고 주장했다. 크리티아스가 전하는 말에 의하면 그는 다음과 같이 시민들에게 호소했다.

"여러분! 조국 아테네의 발전을 생각하기 전에 스파르타의 위기를 먼저 생각해야 합니다."

이렇게 말한 키몬은 곧장 많은 군사를 이끌고 스파르타를 향해 출정했다. 역사가 이온은, 키몬이 아테네 시민들의 마음을 움직이기 위해 다음과 같은 재치 있는 말을 했다고 전하였다.

"그리스를 외다리로 서게 해서는 안 됩니다. 그렇게 되면 아테네는 그리스 민족 전체의 운명을 혼자서 짊어져야 합니다. 스파르타는 그리스의 운명을 함께 나누어 지는 동반자인 것입니다."

키몬은 스파르타 시민들을 위기에서 구해 주고 다시 아테네를 향해 군대를 돌렸다. 그런데 도중에 코린트 시를 거쳐가게 되었다. 아테네 군이 코린트 땅에 발을 들이자 코린트의 라카르토스가 앞을 가로막고 섰다.

---

23) 스파르타와 예속 관계에 있었지만 농노보다는 압박이 덜했다.

"남의 집을 방문할 때도 먼저 문을 두드리고 주인의 허락을 얻는 법인데, 어째서 군대를 이끌고 남의 나라에 함부로 발을 들여 놓은 것이오?"

이 말을 듣자 키몬은 이렇게 대답했다.

"그대의 나라도 언젠가 메가라 시와 클레오나이 시의 성문을 들어갈 때, 강한 자의 권리로 문을 부수고 들어가지 않았소? 우리도 지금 그러고 있는 것이오."

라카르토스는 더 이상 아무 말도 못했다. 이렇게 해서 아테네 군은 코린트 땅을 지나 아테네로 들어갔다.

그런데 얼마 후, 스파르타에서 다시 구원을 요청해 왔다. 스파르타는 메세네 사람들과 반란을 일으킨 농노들이 함께 점령하고 있던 이토메 성을 빼앗으려는 계획을 가지고 있었던 것이다.

키몬은 다시 한 번 스파르타를 돕기 위해 군대를 이끌고 출정했다. 그런데 스파르타 사람들은 뜻밖에도 용맹스럽고 질서정연한 아테네 군을 보자 그만 겁을 집어먹고 말았다. 그래서 그들은 아테네 군이 정변을 일으키려 한다는 누명을 씌워 그들이 성에 들어오는 것을 가로막았다.

아테네 군은 스파르타의 불손한 대접에 화가 나서 아테네로 돌아와 버렸다. 이때부터 아테네 시민들은 스파르타를 몹시 미워하게 되어, 만약 누가 스파르타에 대한 칭찬이라도 하면 원수로 생각할 정도였다. 그들은 마침내 키몬에게도 사소한 구실을 붙여 도편 재판을 하였다. 이렇게 해서 그는 아테네에서 10년간 추방을 당하게 되었다.

그동안 스파르타는 델포이를 점령하고 있던 포키스 군을 물리치고, 타나그라에 머물러 있었다. 아테네 군은 이들을 공격하기 위해 곧 출정을 서둘렀다.

그러자 쫓겨났던 키몬도 자기의 부족인 오이네이스 부대를 이끌고 달려왔다. 다른 장군들과 힘을 합쳐 스파르타 군을 물리치려는 것이었다.

그러나 '500인 회의'[24]는 이 소식을 듣고 모임을 소집하여, 키몬이 전투 중에 반란을 일으켜 스파르타를 끌어들이려는 계획을 가지고 있으므로 그를 출정시킬 수 없다는 결정을 내렸다. 할 수 없이 키몬은 자신의 군대를 떠나야 했다. 그는 떠나기 전에 아나플리스토스 족의 에우티포스와 스파르타를 지지한다는 의심을 받고 있던 사람들에게 부탁의 말을 했다.

---

24) 장로회의라고도 부른다. '페리클레스 전기' 참조.

"여러분, 부디 열심히 싸워서 여러분과 나의 누명을 벗겨 주시오. 건투를 빕니다!"

이 때 키몬의 말을 듣고 있던 사람은 약 2백 명 정도였다. 그들은 키몬이 입었던 갑옷을 들고 나가며 그의 말을 가슴 깊은 곳에 새겨 넣었다. 그리고 전쟁에 나가 목숨을 내걸고 싸워 마침내 모두 전사하고 말았다.

이렇게 되자 아테네 시민들은 그토록 훌륭한 용사들의 죽음을 슬퍼하면서, 자신들이 품었던 의심을 후회했다. 그래서 시민들은 키몬에 대한 가혹한 벌을 거두어들이기로 했다. 키몬이 이루었던 지난날의 수많은 공적과 타나그라에서 참패를 당한 오늘의 현실을 떠올렸던 것이다. 더구나 봄이 가까워지면 펠로폰네소스(스파르타)가 침입해 들어올 것을 예상하고, 키몬을 다시 아테네로 불러들이고 싶어했다. 시민들의 이런 생각을 알아차리고 맨 먼저 키몬의 소환을 제안했던 사람은 페리클레스였다. 이와 같이 당시의 사람들은 나라의 이익을 위해서는 개인적인 당파의 이해를 버릴 줄 아는 현명한 생각을 가지고 있었다.

키몬은 아테네에 돌아오자마자 전쟁을 중단시키고 곧 두 도시를 화해시켰다. 그러나 평화가 찾아오자, 아테네 시민들은 가만히 있지 못하고 여기저기에 군대를 내보내 국력을 키우고 싶은 생각을 억누를 수가 없었다. 이러한 모습을 본 키몬은, 아테네가 그리스의 다른 도시들과 싸움을 하거나 대함대를 이끌고 그리스의 여러 섬과 펠로폰네소스 반도 사이를 마구 휘젓고 다니면서 그리스나 아테네의 동맹국들에게 근심을 끼쳐서는 안 된다고 생각했다. 그래서 그는 아테네 시민들의 패기를 먼 곳으로 돌리려고 했다.

키몬은 2백 척의 배에 병사들을 태우고 곧 출항하기로 결심했다. 그는 키프로스 섬과 이집트로 원정을 가서 야만인들과의 전쟁으로 아테네 군을 단련시키는 한편, 그리스의 오랜 적인 그들을 무찔러 당당한 전리품으로 나라를 풍족하게 만들려는 야심을 가지고 있었다. 서둘러 모든 준비가 끝나고 드디어 출정하기 전 날, 키몬은 꿈을 꾸었다. 화가 잔뜩 나 있는 암캐 한 마리가 키몬을 보고 목이 터져라 짖고 있는데, 그 소리에 사람의 목소리가 섞여 나왔다.

"어서 떠나라. 얼마 안 있으면 너는 나와 내 새끼들에게 즐거움을 줄 것이다."

이 꿈이 무엇을 뜻하는지 쉽게 알 수가 없었다. 키몬은 자신과 가까이 지내는 사람 중에서 점을 잘 치는 포시도니아의 아스티필로스에게 이 꿈을 해몽해 달라고 했다.

"이 꿈은 장군의 죽음을 예언하는 것입니다. 개는 원수를 보면 짖습니다. 그런데 그 개에게 즐거움이 된다는 것은 곧 원수의 죽음을 뜻하는 것이 아니겠습니까? 그리고 개 짖는 소리와 사람의 목소리가 섞여서 들렸다는 것은 그 원수가 메디아 사람임을 가리킵니다. 메디아 군은 야만인과 그리스인이 섞여 있기 때문이지요."

키몬은 곧 디오니소스 신에게 희생물을 바쳤다. 제관이 제물로 쓸 짐승의 배를 갈랐다. 그러자 개미들이 떼로 몰려들어 짐승이 흘린 피를 겨자씨만큼씩 물더니 어느 틈엔가 키몬의 엄지 발가락을 시뻘겋게 덮어놓고 갔다. 이것을 발견하고 키몬이 놀라고 있을 때 제관이 다가왔다.

"장군님! 제물로 쓴 짐승의 간이 잘못되어 있습니다."

그러나 키몬은 이 말을 듣고도 자신의 계획을 포기할 수가 없었다. 키몬은 군대를 이끌고 즉각 출항 명령을 내렸다. 그는 먼저 군함 60척을 이집트로 보냈다. 그리고 나머지 부대를 거느리고 나아가 페니키아와 킬리키아[25] 군으로 구성된 페르시아 함대를 무찔렀다. 그런 다음 그는 잃었던 도시들을 되찾고 이집트를 공격할 작전을 구상하였다.

키몬은 페르시아 왕국을 완전히 멸망시키고 싶었다. 게다가 페르시아에서 대단한 권력을 가지고 있던 테미스토클레스는, 그리스와 전쟁이 있게 되면 언제든지 자기가 군대를 지휘하겠다고 했기 때문에 키몬은 더더욱 페르시아를 공격하고 싶던 것이다.

그러나 테미스토클레스는 키몬의 뛰어난 전략과 용기, 그리고 언제나 그를 따라다니는 승리의 운을 당해낼 자신이 서지 않았다. 그래서 키몬이 쳐들어왔다는 소식을 들었을 때 불안과 절망을 못 이겨 그는 그만 스스로 목숨을 끊어 버리고 말았다.

한편 키몬의 함대는 키프로스 섬 근처에 멈추어, 다시 새로운 계획을 세웠다. 그러고는 어떤 비밀을 물어보기 위해 암몬 제우스 신전으로 사절을 보내 신탁을 물었다. 이 때 물어본 것이 무엇이었는지는 전혀 알 길이 없다. 사절단이 도착하자, 신은 다른 말을 하지 않고 이해하기 어려운 말 한 마디를 던져 주었다.

"키몬은 나와 함께 있으니 너희들은 그냥 돌아가라."

사절단은 이 말을 듣고 어리둥절한 채로 다시 배를 타고 돌아갔다.

그런데 이집트 본부로 돌아왔을 때 키몬이 이미 죽었다는 사실을 알게 되었다.

---

25) 아시아의 남동쪽, 지금의 타우로스 산맥 남쪽에 있던 나라.

사절단은 신탁을 받은 날짜를 꼽아보고, 키몬이 자기와 함께 있다는 말은 그가 이미 죽었다는 뜻임을 깨닫게 되었다.

어떤 사람은 키몬이 키프로스 섬의 키티움 시를 포위 공격하고 있을 때 병을 얻어 죽었다고 하고, 또 어떤 사람은 페르시아 군과 싸우다가 입은 상처가 악화되어 죽었다고 한다. 어쨌든 키몬은 죽기 전에 자신의 운명을 예감하고, 부하 장군들에게 이런 말을 했다고 한다.

"이제 고국으로 돌아가야겠소. 그리고 돌아가는 길에는 절대 내가 죽었다는 말을 하지 마시오."

부하 장군들은 키몬의 말에 따라 그리스로 돌아가는 동안 키몬의 죽음을 숨겼다. 그래서 적군은 물론 동맹국들도 이 사실을 전혀 모르고 있었다. 파노데모스의 말처럼, 그가 사망한 지 30일이 지날 때까지 아테네는 이미 고인이 되어 버린 사람의 지휘를 받고 있었던 것이다.

그가 죽은 뒤 그리스의 장군들 가운데 단 한 사람도 페르시아 군을 이긴 사람이 없었다. 더구나 그리스의 각 나라의 정치 선동가나 전쟁을 주장하는 당파들은 자기네들끼리의 세력 다툼으로 국민들을 혼란에 빠져들게 했다.

이렇게 그들이 서로 싸움을 벌이는 동안, 그리스의 힘과 세력은 땅에 떨어지고 말았다. 그러는 한편 페르시아는 숨을 돌릴 수 있는 시간을 벌게 되어 다시 일어설 힘을 키우고 있었다.

오랜 시간이 흐른 뒤, 아게실라오스 왕은 아시아를 공격하여 해안 지방의 페르시아 군과 싸움을 벌였다. 그러나 조국 스파르타의 소란 때문에 별다른 성과를 거두지 못한 채 되돌아와야 했다. 그러자 페르시아는 그 지방의 그리스 도시에 들어가 마구 행패를 부리기 시작했다.

키몬이 그리스를 보호하고 있던 시대에는 바다에서 4백 펄롱(80km) 안에는 페르시아의 기병이나 군인들의 그림자조차도 불가능했었지만, 그가 죽고 나자 그리스는 마구 짓밟히게 된 것이다. 키몬의 유해는 아티카로 옮겨 장례를 치렀다. 이곳에는 오늘날까지도 '키몬의 무덤'이라는 이름이 적힌 기념비들이 몇 개 남아 있다. 그러나 키프로스 섬에도 어떤 무덤이 있는데, 키티온 주민들은 이것을 키몬의 무덤이라고 여겨 특별한 존경을 나타낸다고 한다.

수사학자인 나우시크라테스가 전하는 이야기에는 이런 것이 있다. 어느 해인지

이 섬에 흉년이 들어 사람들이 먹을 식량이 다 떨어지고 질병이 돌아 사람들이 죽어 가기도 했다. 그래서 섬 사람들이 신에게 제사를 지내고 신탁을 받았더니 이런 신탁 이 내려왔다고 한다.

"키몬을 잊지 말아라. 그를 신으로서 존경하고 숭배하여라."

키몬은 그러한 그리스의 장군이었다.

26
루쿨루스
(LUCULLUS, BC 117경~56)

로마의 군인이며 뛰어난 연설가. 크세노크라테스 밑에서 철학을 공부했으며 학문에 대한 애정이 남달랐다. 젊은 시절부터 엄격하고 강직한 성품을 나타내었으며, 아시아 정복을 꿈꾸었으나 결국 실패하고 말았다. 미트리다테스 전쟁 때 화폐를 주조하여 '루쿨루스의 동전'이라는 이름으로 불리기도 했다. 말년에 정신이상에 걸려 죽었다.

루쿨루스의 할아버지는 집정관을 지냈던 루쿨루스였고[1], 어머니의 친정 오빠는 누미디쿠스의 별명을 가진 메텔루스[2]였다. 그러나 루쿨루스의 아버지는 뇌물을 받았다는 혐의 때문에 형벌을 받은 일이 있었다. 그리고 어머니인 카이킬리아도 평판이 별로 좋지 않은 사람이었다. 루쿨루스가 아직 정치계에 나가기 전인 젊은 시절, 그는 아버지의 원수를 갚기 위해 당시 아버지를 고발했던 사람을 눈여겨보고 있었다. 그 사람은 당시 복점관이었던 세르빌리우스라는 사람이었는데, 루쿨루스는 그가 나라에 반역을 일으키려는 음모를 꾸미는 것을 알아내고 즉시 그를 고발했다. 이일로 루쿨루스는 사람들의 주목을 받게 되었다.

---

1) 루쿨루스의 원래 이름은 루키우스 리키니우스 루쿨루스였으며, 그의 할아버지의 이름도 루쿨루스였다. 할아버지인 루쿨루스가 집정관을 지낸 것은 기원전 151년의 일이었다.

2) 메텔루스는 아프리카의 누미디아를 정벌한 공적으로 누미디쿠스라는 별명을 얻었다.

로마인들은 근거가 없는 일이라고 해도 이런 일들은 고발해야만 한다고 생각했다. 그래서 그들은 마치 사냥개가 사나운 맹수에게 달려들듯이, 불의를 향해 용감하게 뛰어든 젊은이에게 칭찬을 아끼지 않았다.

그러나 이 고발 때문에 루쿨루스는 원수를 만들게 되어 마침내는 큰 싸움까지 일어나게 되었다. 몇 명이 죽고 많은 부상자들이 생겨났다. 그러나 세르빌리우스는 겨우 도망을 쳤다.

루쿨루스는 라틴 어와 그리스 어를 자유롭게 구사할 수 있었으며, 웅변에서도 재능을 나타냈다. 그래서 술라는 자신의 인생과 공적을 기록하기 위해 《회고록》을 쓸 때, 저술을 루쿨루스에게 맡겼다. 루쿨루스의 글다듬는 재주가 뛰어나다는 것을 알고 있었기 때문이다.

루쿨루스의 연설은 다른 사람들과는 아주 달랐다. 대부분의 웅변가들은 광장에서 연설할 때 "성난 고기가 바다에서 날뛰듯" 보이거나, 아니면 "재미도 없고 생기도 없는" 말을 하기가 일쑤였다. 그런데 루쿨루스는 다만 자기네의 정치 목적만을 유창하게 늘어놓는 그런 웅변가들과는 달랐다. 그래서 그의 연설을 듣는 사람들은 누구나 고개를 끄덕이며 귀를 기울였다고 한다.

루쿨루스는 아주 어렸을 때부터 자기 자신을 수양하기 위해 여러 가지 학문을 공부하였다. 그리고 파란 많은 세월을 겪은 뒤에는 철학에서 안식과 평온을 찾았다. 특히 폼페이우스와 사이가 벌어진 이후로는 세상으로 내달리려는 욕망을 스스로 억제하기도 했다. 그가 학문을 얼마나 사랑했는지는 다음과 같은 이야기로도 알 수 있다.

그는 젊었을 때 법률가인 호르텐시우스와 역사학자인 시센나(Sisenna)와 함께 마르시 전쟁[3]에 대한 기록을 그리스어나 라틴 어로 시나 산문을 지어 보자는 얘기를 농담으로 했었는데, 이것이 진지하게 발전되어 행동으로 옮기기로 했다. 그래서 그들 세 사람은 어떤 식으로 글을 써나갈 것인지를 제비를 뽑아 결정했다. 그렇게 해서 루쿨루스가 그리스 어로 쓴 전쟁사는 오늘날까지 전해진다.

루쿨루스는 동생인 마르쿠스를 각별히 아끼고 사랑했는데, 관직에 오를 나이가 되었을 때도 동생이 어느 정도 나이 들 때까지 기다리며 자신의 승진을 보류하고 있

---

3) 마르시족, 즉 게르마니아의 한 종족을 중심으로 해서 일어났던 동맹전쟁.

었다. 로마 시민들은 이것을 보고 그의 우애에 깊이 감동하여 그가 로마에 없었는데도 동생과 함께 아이딜레[4]로 선출하였다.

루쿨루스는 마르시 전쟁 당시에 아직 젊은 나이였지만, 무용과 전략으로 크게 이름을 떨쳤다. 그때 보여준 그의 침착한 태도와 따뜻하고 너그러운 성품은 술라로부터 많은 칭찬을 받았다. 술라는 그를 가까이 두고 여러 가지 일들을 맡겼는데, 특히 화폐를 주조하는 일은 중요한 일 중의 하나였다. 미트리다테스 전쟁 때 사용된 화폐의 거의 대부분은 루쿨루스가 펠로폰네소스에서 만든 것이었다. 이 돈은 전쟁으로 날개돋친 듯 유통되었고 루쿨루스의 동전이라는 이름으로 나중에까지 오래 사용되었다.

그 후 술라는 아테네를 점령하였다. 그러나 바다를 제패하고 있는 적군에게 포위당하여 군수품의 보급이 끊기게 되었다. 그래서 술라는 루쿨루스를 이집트로 보내 그곳에서 배와 함께 식량을 가져오라고 했다.

그때는 한겨울이었지만, 그는 그리스와 로도스 섬의 군함을 각각 세 척씩 이끌고 넓은 바다로 나갔다. 근처 바다에는 적들이 우글거렸지만 그는 조금도 두려워하지 않고 그들 가운데를 무사히 빠져나갔다. 그렇게 해서 크레타 섬에 도착한 그는 주민들을 로마 편으로 끌어들였다.

그리고 나서 그는 키레네 시로 갔다. 그곳 시민들은 잇달아 계속되어 온 학정과 숱한 전쟁 때문에 이미 지칠 대로 지쳐 있었다. 이것을 본 루쿨루스는 그들에게 옛날 플라톤이 그들에게 했던 예언들을 상기시켜 분쟁을 가라앉히고 정치를 안정시켰다. 당시 키레네 시민들은 플라톤에게 좋은 법률을 만들고, 질서 있는 나라답게 민주 정치를 세워 달라고 부탁했었다. 그때 플라톤은 이런 말로 그들의 요청을 거절했다.

"키레네 사람들은 너무 부자들이라서 법률을 만들어 주기가 어렵소."

실제로 부유하고 순탄한 처지에 있는 사람을 다스리는 것처럼 어려운 일은 없다. 그리고 반대로 운명에 짓눌려 피폐해진 사람들을 다스리는 것만큼 쉬운 일은 없다. 이 때 키레네 시민들의 처지가 바로 이러했기 때문에 그들은 루쿨루스의 법률에 기꺼이 따랐던 것이다.

---

4) 루쿨루스 형제가 아이딜레, 즉 조영관에 선출된 것은 기원전 79년의 일이다. 아이딜레는 아이데스, 즉 집이나 신전을 뜻하는 말에서 생겨난 관직의 이름이다. 건축물과 신전의 감독, 공회당과 시가지의 치안, 그리고 오락 등을 도맡는 관리이다.

그런 다음 루쿨루스는 이집트로 가기 위해 항해를 했는데, 도중에 그만 해적선의 습격을 받아 배를 거의 다 잃고 말았다. 간신히 몸을 피한 루쿨루스는 처음의 계획대로 이집트로 나아가, 드디어 알렉산드리아 항구에 이르렀다.

그런데 뜻밖에도 마치 왕의 입항 때처럼 이집트의 모든 함대가 즐비하게 늘어서서 그를 맞이했다. 그리고 젊은 프톨레마이오스 왕은 루쿨루스에게 특별한 대접을 해주고, 그 전까지 외국 장군들을 한 번도 맞아들인 일이 없는 궁전 안에 그의 숙소를 마련해 주었다. 그런 다음 왕은 온갖 음식으로 그를 대접했다. 왕은 또 다른 국빈들에게 주던 것보다 네 배나 되는 선물을 루쿨루스에게 주었다. 그러나 루쿨루스는 그 가운데서 필요한 것만을 받고 나머지는 모두 되돌려 주었다. 그리고 왕이 80탈렌트나 되는 선물을 주었지만 그것도 사양하였다.

그는 멤피스[5]나 이집트의 다른 명승지에도 찾아가지 않았다고 한다. 그런 유람은 한가한 사람들이나 하는 구경이며, 적지에서 야영을 하고 있는 술라를 뒤에 두고 온 자기로서는 할 일이 아니라는 것이었다.

왕은 전쟁의 결과를 염려하여 로마와의 동맹 관계를 맺지 않았다. 그러나 돌아가는 루쿨루스를 키프로스 섬까지 배웅하게 했다. 출항을 할 때 왕은 성대한 송별식을 열어 주고 항해가 무사하기를 기원하였다. 그리고 황금에 값진 에메랄드를 박은 귀한 선물을 주었다.

루쿨루스는 처음에 이 선물을 받지 않으려고 했으나 왕이 거기에 새겨져 있는 왕의 초상을 보여 주자 더 이상 사양하지 못하고 받았다. 왕을 불쾌하게 만들어 좋지 않은 인상을 주고 떠나면 바다 위에서 어떤 변을 당할지도 모를 일이었기 때문이다.

해안을 지나가는 동안 그는 해적이 없는 도시들로부터 많은 함대를 모아가지고 키프로스 섬으로 향했다. 그런데 적군이 산너머에 숨어서 기다리고 있다는 정보가 들어오자 그는 함대를 한곳에 모이게 했다. 그러나 병력이 적었으므로 그들과 맞서 싸운다는 것은 어려웠다. 그래서 그는 섬의 각 도시에 사절을 보내 이런 요구를 전달했다.

"로마의 장군 루쿨루스는 키프로스 섬에서 이번 겨울을 보낼 것이오. 그러니 군량을 공급해 주시기 바라오."

---

5) 이집트의 폐허가 된 도시로 오래된 고적들이 많다. 기원전 3,300년경에 메네스가 건설했지만 기원전 525년에 파괴되고 말았다. 카이로 남쪽으로 15킬로미터쯤 떨어진 곳에 있다.

이 일을 알게 된 적의 함대는 경계를 늦추었다. 루쿨루스는 이것을 틈타 즉시 출항을 서둘렀다. 적의 눈을 피하기 위해 낮에는 돛을 내리고 밤에만 돛을 올리면서 항해를 계속하여 마침내 로도스 섬에 도착했다.

루쿨루스는 로도스 섬에서 다시 배를 모은 다음 코스와 크니도스의 주민들을 꾀어내어 미트리다테스 왕에게 반기를 들게 했다. 그리고 그들과 힘을 합쳐 사모스 섬을 정복하였다.

그런 다음 루쿨루스는 키오스 섬으로 건너가서 미트리다테스의 지지자들을 몰아내고 참주 에피고노스를 사로잡았다. 그 덕분에 압제에 시달리던 콜로폰 주민들은 자유를 되찾게 되었다.

그 무렵 미트리다테스 왕은 페르가몬을 떠나 피타네로 와서 포위되어 있었다. 그러나 숨돌릴 틈도 없이 핌브리아가 포위망을 좁혀왔다. 그러자 미트리다테스는 거듭해서 승리를 거두고 있는 이 장군과 감히 싸워볼 엄두도 내지 못했다. 달아날 길이라고는 오직 바다뿐이었다. 왕은 오랜 고민 끝에 여기저기에 흩어져 있던 함대를 불러모았다.

핌브리아는 미트리다테스의 계획을 알아차렸지만, 군함이 없었기 때문에 루쿨루스에게 원조를 요청했다.

"루쿨루스 장군! 미트리다테스가 바다로 도망가려 하고 있습니다. 그는 야만인들의 왕 가운데서도 가장 잔인하고 포악한 왕이니 장군께서 그 자를 무찔러 주십시오. 우리 로마는 그동안 많은 전투와 온갖 고생을 하면서 그 자를 잡으려고 해왔습니다. 그러니 우리 힘을 합해서 이번 기회에 그 자를 잡아 버립시다. 미트리다테스는 지금 쫓기고 쫓기다가 그물에 걸린 짐승과 같은 꼴입니다. 그러므로 손만 쓰면 그는 쉽게 우리 손아귀에 들어올 것입니다. 만약 이 기회를 놓친다면 로마는 이제 그를 무릎 꿇릴 기회를 영원히 잃고 말 것입니다. 그리고 만약 그 자를 잡기만 한다면 누구보다도 큰 영광을 받는 것은 그가 도망치지 못하게끔 퇴각로를 막고 있는 당신일 것입니다. 내가 땅에서 막고 장군이 바다에서 막는다면 우리의 승리는 의심할 필요가 없습니다. 이것은 오르코메노스와 카이로네아에서 세운 술라의 공적과도 비교할 수 없을 만큼 대단한 것입니다. 그렇게 되면 로마 사람들은 예전에 이루어졌던 많은 공적들은 기억하지도 못할 것입니다."

핌브리아의 말은 조리에 어긋나는 것이 하나도 없었다. 만약 가까운 곳에 있던 루쿨루스가 이 제안을 받아들여 함대를 이끌고 항구를 봉쇄했더라면 전쟁은 그것으로 매듭을 지었을 것이며, 그 뒤에 일어난 수많은 재난들도 분명히 피할 수 있었을 것이다.

그러나 루쿨루스는 핌브리아의 제안을 받아들이지 않았다. 그것은 술라에 대한 충성을 자신의 이익이나 국가의 이익보다 더 크게 생각했기 때문이었는지, 혹은 핌브리아가 나라에서 버림받은 다음 군대의 지휘권이 탐나 친구를 죽인 것이 마음에 안 들었는지, 아니면 미트리다테스를 살려두어 그의 원수로 남아 있게 하려는 운명의 장난이었는지도 모른다. 아무튼 그는 미트리다테스가 도망치도록 그냥 내버려 두었다. 미트리다테스는 핌브리아 군을 비웃듯 바다로 도망치고 말았다.

루쿨루스는 먼저 트로아스 지방에 있는 렉툼 곶으로 가서 미트리다테스의 함대를 격파해 버렸다. 그리고 다시 테네도스를 향해 뱃머리를 돌렸다. 그곳에는 네오프톨레모스가 엄청난 함대를 가지고 그들을 기다리고 있었다. 이것을 본 루쿨루스는 해전에 매우 능숙한 다마고라스가 지휘하던 5층짜리 노가 달린 큰 배로 바꿔 탔다.

루쿨루스의 함대가 테네도스에 가까워지자 네오프톨레모스는 함대를 이끌고 나와 맹렬한 기세로 공격을 시작했다. 네오프톨레모스는 앞장 서있는 루쿨루스의 배를 발견하자 전속력으로 돌격하라는 명령을 내렸다.

다마고라스는 적군의 대장이 탄 배가 거대하고 청동으로 장식된 것을 보고 재빨리 뱃머리를 돌렸다. 그러므로 수면 밑에 잠긴 부분과 충돌하여 루쿨루스의 배는 아무런 피해를 입지 않았다. 그러는 동안 뒤따르던 다른 군함들이 달려왔기 때문에 루쿨루스는 다시 배를 돌려 총공격을 명령하였다. 로마 함대의 공격을 받은 적은 산산이 부서져 달아났다. 그들은 네오프톨레모스를 멀리까지 추격하고 돌아왔다.

그런 뒤 루쿨루스는 해협을 건너고 있던 술라를 찾아갔다. 그리고 그와 합류하여 군대를 수송하는 일을 도와 주었다.

얼마 뒤 휴전이 체결되고 미트리다테스는 에욱시네 해[6]를 향해 떠났다. 술라는 아시아의 각 나라마다 2만 탈렌트의 세금을 매기고 루쿨루스에게 그 세금을 받게 하고, 화폐를 만들게 했다. 술라의 엄격한 군정 밑에 있던 아시아의 도시들에 대해 루쿨루스는 청렴하고 공정하게 법을 이행했다. 그래서 그곳 주민들은 가혹한 정치에

---

6) 흑해의 옛 이름.

서 풀려나 평화를 누릴 수 있었다.

그런데 그때 미틸레네 시민들이 로마에 대해 반란을 일으켰다. 루쿨루스는 되도록이면 그들의 생각을 돌이켜 보려고 했다. 그들이 로마에 대해 반감을 가진 것이 마리우스 사건[7] 때문인 것을 알아낸 루쿨루스는 이 사건에 대해 적절한 벌을 내리려고 했다.

그러나 미틸레네 시민들의 반감은 누그러지지 않았으며 뉘우치는 기색도 찾아볼 수 없었다. 오히려 그들의 반감은 스스로의 파멸도 깨닫지 못한 채 날이 갈수록 더욱 험악해져 다른 도시에까지 반란을 번지게 할 형편이었다.

루쿨루스는 참지 못하고 군대를 출동시켰다. 오랜 전쟁으로 단련된 로마의 군대는 우선 바다에서 미틸레네 군의 해군을 손쉽게 물리쳤다. 그리고 그들을 도시 안에 몰아넣고 포위하였다. 그런 뒤 루쿨루스는 도시를 함락시키기 위해 꾀를 생각해냈다. 그는 엘레아로 돌아가는 것처럼 낮 동안 포위를 풀고 군대를 이동시켰다가 몰래 다시 돌아와 복병을 숨겼다.

반란을 일으켰던 시민들은 로마 군이 가 버린 것으로 알고 모두 쏟아져 나와 노략질을 하려고 했다. 이것이 바로 루쿨루스가 노린 기회였던 것이다. 루쿨루스는 곧바로 공격 명령을 내렸다. 반란군은 자신들이 속았다는 것을 깨달았지만 이미 때는 늦어 버린 상태였다. 루쿨루스는 저항을 하는 적들을 5백 명 가량 죽이고 6천 명을 포로로 잡았으며, 수많은 전리품을 얻었다.

그는 아시아에 머물러 있었기 때문에 술라와 마리우스가 이탈리아에서 일으킨 내란에는 조금도 휩쓸리지 않았다. 그러나 루쿨루스는 다른 어떤 장군들 못지않은 총애를 받았다. 그래서 술라가 자신의 회고록을 루쿨루스에게 맡기는 호의를 보여 주기도 했다. 그리고 죽을 때가 가까워서는 폼페이우스를 제쳐놓고 루쿨루스를 자기 아들의 후견인으로 결정했다. 이 일로 루쿨루스와 폼페이우스 사이에는 반목과 질투가 생겨났는데, 그들 둘은 다같이 젊은 나이로 명예욕에 불타고 있었기 때문에 서로에 대한 미움은 더욱 컸다.

술라가 죽고나서 루쿨루스는 마르쿠스 코타와 함께 집정관의 자리에 올랐다. 제 176차 올림피아드가 열렸을 때였다(BC 74년). 그들은 미트리다테스 전쟁을 두고 회의

---

7) 당시 미틸레네 시민들은 몇 년 전에 로마의 관리인 마리우스를 잡아 미트리다테스 왕에게 넘겨 주었다고 한다. 왕은 이 사람을 노새에 싣고 페르가몬 시내를 한 바퀴 돌게 한 다음 펄펄 끓는 쇳물을 입에 부어 죽였다.

를 하였는데 그때 코타는 이렇게 선언했다. "이 전쟁은 끝을 맺은 것이 아니라 잠시 멈춘 것 뿐이오."

두 사람은 자기가 맡을 영지를 추첨으로 결정했는데, 루쿨루스는 알프스의 갈리아 지방을 다스리게 되었다. 그런데 이 지방은 큰 공을 세울 만한 곳이 아니었기 때문에 그는 이 결정을 몹시 서운해했다. 그러나 그보다도 더욱 염려되는 것은 이베리아(스페인)로 가서 이름을 떨치고 있던 폼페이우스의 명성이었다. 이베리아의 전쟁이 끝나고 나서 미트리다테스를 정복할 사람은 폼페이우스라고 모두들 떠들고 있었기 때문이었다.

폼페이우스는 로마로 편지를 보내, 만일 군자금을 보내 주지 않는다면 세르토리우스와의 전쟁을 그만두고 로마로 돌아가겠다고 했다. 그러자 루쿨루스는 자기가 집정관을 지내고 있는 동안에 폼페이우스가 로마로 돌아오지 못하게 하기 위해 서둘러 군자금을 만들어 보냈다. 만약 그런 대군을 거느리고 폼페이우스가 로마로 들어오면 로마는 그의 손에 마음대로 놀아날 것이라는 사실을 그는 알고 있었던 것이다. 뿐만 아니라 폼페이우스는 미트리다테스 정벌군의 사령관 자리까지 차지할지도 모르는 일이었다.

이 때 로마에서 가장 큰 세력을 가지고 있던 것은 케테구스였는데 그는 루쿨루스에 대해 좋지 않은 감정을 품고 있었다. 그는 뛰어난 말솜씨와 과감한 행동으로 민중들의 인기에 영합하며 세력을 떨치고 있었다. 그의 교만한 성격과 방탕한 생활에 대해 루쿨루스는 혐오감을 숨기지 않고 드러냈다. 그렇게 되자 두 사람의 사이의 대립은 더욱 팽팽해져갔다.

루쿨루스에게는 루키우스 퀸타우스라는 또 한 사람의 정적이 있었다. 그는 정치적인 선동가로 큰 세력을 가지고 있었는데, 언제나 술라의 정책에 반대만 하는 사람이었다. 그래서 루쿨루스는 이 사람과도 적대적인 관계로 대립했다. 그러나 개인적으로 그를 만날 때면 타이르고, 공적으로 만날 때는 책임을 물어 그의 사나운 야심을 꺾어 버렸다.

그러던 중 킬리키아 총독으로 가 있던 옥타비우스가 죽었다는 소식이 들려왔다. 그의 뒤를 이어 킬리키아의 총독이 되겠다는 사람들이 벌 떼처럼 몰려드었다. 루쿨루스도 그 중의 한 사람이었다. 킬리키아 자체야 보잘것없지만 그곳은 카파도키아와 국경을 맞대고 있었기 때문에 그곳 총독으로 임명되기만 하면 미트리다테스와의 전쟁을 지휘할 수 있게 될 것이 확실했다. 그러므로 그는 그 자리가 다른 사람에게 넘어가지 않게 하기 위해 수단과 방법을 가리지 않게 되고 나중에는 자기의 성격에 어긋나는 행동까지 하였다. 목적을 달성하기 위해서는 필요한 행동이었지만, 이것은 사실 명예롭지 못한 것이었다.

그 무렵 프라이키아라는 미모와 재치를 겸한 여자가 로마에 살고 있었는데 여러 가지 면에서 보아 한낱 창녀에 지나지 않았다. 그런데 자기를 찾아오는 손님들을 매혹시켜, 가까운 사람들의 소망을 이루어 주거나 그들을 이롭게 도와준다는 소문이 나 있었다. 그렇기 때문에 그녀는 주위 사람들로부터 큰 세력을 지니고 있었다. 그녀는 다시 로마에서 가장 큰 명성과 권력을 지니고 있던 케테구스의 마음을 사로잡으면서 자신의 세력을 키웠다. 케테구스는 로마의 중요한 모든 사건에 손대고 있었고, 그런 케테구스가 하는 일에는 언제든지 프라이키아의 입김이 스치게 된 것이다.

루쿨루스는 온갖 찬사와 선물을 보내 프라이키아를 교묘히 자기 편으로 끌어들였다. 한편 그녀의 입장에서 보아도 루쿨루스 같은 사람과 함께 일을 한다는 것은 자랑스러운 일이었던 것이다. 이렇게 해서 케테구스는 루쿨루스를 킬리키아 총독의 자리에 앉히기 위해 애를 써주게 되었다.

막상 루쿨루스가 총독의 자리에 앉게 되자 이제는 케테구스나 프라이키아에게 굽신거릴 필요가 없어져 버렸다. 그래서 그는 곧 미트리다테스를 몰아내기 위한 전쟁에 온 힘을 기울여 시민들의 호응과 지지를 얻었다.

그런 일을 해낼 만한 적임자는 루쿨루스 자신밖에 없었다. 왜냐하면 폼페이우스는 아직 스페인에서 세르토리우스와 싸우고 있는 중이었고 메텔루스는 나이가 너무 많아서 전쟁을 감당할 수 없었기 때문이다. 이렇게 되면 남은 장군이라고는 루쿨루스와 코타뿐이었다. 그런데 또 코타는 원로원에서 필사적인 노력을 기울인 결과 프로폰티스 해를 수비하고 비티니아를 지킨다는 임무로 아시아로 파견되어 있었다.

루쿨루스는 자기의 지휘에 있는 군단 하나를 거느리고 아시아로 건너갔다. 거기에는 많은 군대가 있었으므로 그는 그들 군대까지 모두 통솔하기로 했다. 그러나 그 군대는 사치스러운 생활에 길들여 있었고, 오랫동안 훈련도 받지 않은 채 노략질만 일삼는 쓸모없는 자들이었는데 '핌브리아 군대'와도 섞여 있었다. 이 핌브리아 군대는 그들이 핌브리아의 지휘를 받고 있던 당시 장군과 결탁하여 집정관이며 장군인 플라쿠스를 죽이고, 얼마 뒤에는 다시 핌브리아를 술라에게 넘겨준 일이 있었던 부대였다. 그러므로 그들은 장군의 명령 같은 것은 우습게 생각하는 깡패집단과 다를 것이 없었다. 그러나 그들이 싸움터에서 보여 주는 용기는 남달랐으며 참을성이 강하고 전쟁 경험도 풍부하였다.

루쿨루스는 짧은 시간 동안에 이 군대를 길들여 참된 장군으로서의 면목을 보여 주었다. 병사들은 얼마 전까지만 해도 자신들의 비위를 맞추고 아부하는 장군들 밑에서는 마음대로 움직였지만 이제 참다운 지휘관이란 어떤 것인가를 처음으로 깨닫게 되었다.

한편 미트리다테스는 처음 로마 군과 싸울 때의 그가 아니었다. 그는 그때 궤변가처럼 실속도 없는 큰소리를 치면서 겉보기에만 화려하고 숫자만 엄청난 군대를 몰고 나와 로마 군과 싸웠었다. 그러나 이제 그는 과거의 경험을 되새기면서 병력을 알맞게 추려낸 다음, 금과 은 등의 무기 장식을 금지시키고 야만족들이 내지르는 장난스러운 함성이나 허세도 못하게 하였다. 화려한 무기나 금은의 장식들은 그것을 가진 자를 보호하기보다는 오히려 적들에게 그것을 빼앗고 싶은 욕심을 불러일으키게 한다는 것을 깨달았던 것이다. 그런 다음 그는 로마 군처럼 날이 넓은 칼과 큰 방패로 병사들을 무장시켰다.

로마 식의 밀집 대형을 익힌 12만 명의 보병, 1만 6천의 기병, 그리고 커다란 낫을 휘두르는 네 필의 말이 끄는 전차가 백여 대 준비되어 있었다. 그는 군함에도 금박을 입힌 선실이나 호화로운 목욕탕 따위를 모두 없애 버렸으며, 배에 여자들을 태우지 못하게 하는 대신 여러 무기와 군수품을 싣는 배로 새롭게 만들었다.

이렇게 준비를 끝낸 미트리다테스는 어마어마한 군대를 이끌고 비티니아를 공격해 들어왔다. 그러자 로마의 고리대금업자와 세금청부업자들에게 시달리던 그 지방의 주민들은 그를 마치 구세주처럼 열광적으로 맞아들였다.

루쿨루스는 얼마 뒤 살인마처럼 백성들의 피땀을 빨아먹던 이들 무리들을 모두 쫓아냈지만, 이 때는 아시아 주민들의 행패를 먼저 다스리는 것이 급선무였다. 그래서 그는 행패를 부리는 무리들을 엄격하게 다스리는 한편 여기저기서 아우성을 치며 일어나는 소요들을 진압하는 데 온 힘을 다했다.

루쿨루스가 이런 일로 시간을 끌고 있는 동안, 코타는 기회를 잡아 자기가 먼저 미트리다테스를 정벌하여 공을 세우려고 마음먹고 전투 준비를 서둘렀다. 그러는 동안 루쿨루스가 이미 프리기아까지 진입해 들어왔다는 소식이 들려왔다. 승리는 이미 자신의 손 안에 들어온 것이라고 믿고 있던 코타는 승리의 영광을 독차지하고 싶은 생각에 성급하게 출전을 하였다.

그러나 그의 군대는 땅과 바다에서 한꺼번에 참패를 당하고 말았다. 군함 60척과 보병 4천 명을 잃은 것은 물론, 자신은 칼케돈 시로 쫓겨가 포위를 당하는 형편이 되고 말았다. 그래서 만약 루쿨루스가 구해 주지 않으면 적의 손에 사로잡혀 죽임을 당할 처지였다.

루쿨루스는 코타를 구해 주기로 결심을 하였다. 물론 많은 부하 장군들 중에는 무방비 상태에 있는 미트리다테스의 본국을 습격하라고 권하는 사람들도 있었으며, 이것은 전체 군대의 공통된 마음이기도 했다. 그들은 코타가 얕은 꾀를 써서 혼자 영광을 차지하려다가 수많은 병사들을 잃었을 뿐 아니라, 루쿨루스의 군대가 한 번으로도 무찌를 수 있는 적을 그 욕심 때문에 망쳐 버렸다며 분통을 터뜨리고 있었다.

그러나 루쿨루스는 고개를 가로저으며 그들에게 이렇게 말했다.

"나는 적의 왕국 전체를 얻는 것보다 한 사람의 로마인을 구하는 것이 도리라고 생각하오."

그때 아르켈라오스라는 사람이 있었는데, 그는 미트리다테스의 부하 장군으로 보이오티아 전투에서 싸움을 했으며 나중에 왕을 버리고 로마로 넘어온 사람이었다. 그는 루쿨루스의 이야기를 듣고 이렇게 단언했다.

"장군님! 그곳은 무방비 상태일 것입니다. 그러니 장군께서 그곳에 닿기만 하면 왕국 전체를 손에 넣으실 수 있습니다."

그러나 루쿨루스는 다시 말했다.

"나는 짐승이 자리를 비운 것을 틈타 동굴을 습격하는 것은 비겁한 사냥꾼이라고 생각하오. 나는 그보다 더 비겁한 사람은 되고 싶지 않소."

그리고 나서 루쿨루스는 보병 3만 명과 기병 2천 5백 명을 거느리고 미트리다테스 군을 찾아 나섰다.

이윽고 미트리다테스의 군대와 마주치게 된 로마 군은 처음에 적의 엄청난 숫자를 보고 주춤하였다. 그렇게 많은 군대를 맞아 정면으로 대결을 벌인다는 것은 어리석은 일이었다. 그래서 루쿨루스는 생각끝에 되도록이면 시간을 끌어서 적을 지치게 만든 다음 전투를 벌이기로 결정하였다.

그러나 스페인의 세르토리우스가 미트리다테스를 돕기 위해 보냈던 마리우스의 군대가 자꾸만 싸움을 걸어왔다. 루쿨루스는 그들과의 싸움을 도저히 피할 수가 없음을 깨닫고 즉시 전 군대에 전투 준비를 갖추라고 명령했다.

마리우스의 군대도 이미 전투 대열로 나서고 있어 명령만 떨어지면 곧 전투가 시작될 판이었다. 그런데 바로 그 순간, 별안간 하늘이 갈라지면서 커다란 불덩어리가 나타나더니 양쪽 군대 사이에 쏟아지기 시작했다. 그 모양은 마치 커다란 술통 같았는데 은을 녹인 것 같은 빛을 내고 있었다.

이러한 광경을 지켜본 양쪽 군대는 겁을 집어먹고 싸울 생각을 버린 채 각자의 진영으로 후퇴하였다. 이 이상한 일은 프리기아에 있는 오트리아이 부근에서 일어났던 일이었다.

루쿨루스는 미트리다테스의 대군을 앞에 두고 오랫동안 버틴다는 것은 도저히 인간의 힘과 노력으로는 불가능하다는 것을 알았다. 그래서 그는 적의 형편을 알아보기 위해 포로를 끌어냈다. 그리고 야영을 함께 하던 군대의 숫자와 남아 있는 식량이 얼마나 되는지를 물었다. 루쿨루스는 대답을 들은 다음, 다시 한 사람씩 두 사람의 포로를 불러내어 같은 것을 물어보았다. 세 포로의 대답을 종합해 본 결과 3, 4일이 지나면 적의 식량이 모두 떨어질 것이라는 것을 알아낼 수 있었다.

루쿨루스는 이렇게 해서 시간을 끌어 적을 지치게 하는 작전이 옳았음을 확신하고 더욱 결심을 굳혔다. 그래서 그는 되도록 많은 식량을 끌어 모으는한편 적이 굶어서 아우성치게 되는 날이 오기만을 느긋하게 기다리고 있었다.

드디어 미트리다테스는 군량미가 부족하여 더 이상 버틸 수 없는 지경이 되었다. 그래서 그는 군대를 돌려 키지코스로 향했다. 키지코스 시는 칼케돈 전투에서 3천 명의 군대와 10척의 군함을 잃는 등 엄청난 피해를 입어 몹시 쇠약해져 있는 상태였다. 그래서 미트리다테스는 이 도시를 점령해 버릴 생각이었다. 그는 루쿨루스 군의 눈을 피해 비오는 어두운 밤을 틈타 진군을 하였다. 빗속의 행군은 밤새 계속되어 새벽녘에 키지코스 시가 내려다보이는 아드라스테아 산의 중턱에 다다랐다.

한편 루쿨루스는 적의 움직임을 알아차리고 곧 적을 뒤쫓기 시작했다. 그러다가 '트라키아 사람들의 마을'이라는 곳에 와서 군대를 멈추었다. 여기까지 온 그는 자기 군대가 이리저리 흩어지며 끝까지 적을 뒤쫓지 않은 것을 다행으로 생각했다. 이곳은 전략적으로 아주 중요한 곳이어서 적군이 식량을 옮길 때도 반드시 지나야 할 길목이었기 때문이었다.

이것을 파악한 루쿨루스는 승리에 대한 믿음을 얻었다. 그리고 이 승리의 확신을 알려 주고 싶어진 그는 병사들이 참호파는 일을 끝내자 그들을 불러모아 놓고 입을 열었다. "여러분! 앞으로 2, 3일 안에 피 한 방울 흘리지 않고 승리를 안게 될 것이오."

미트리다테스는 땅 위에서 10개의 진영을 연결하여 키지코스 시를 완전히 에워싸고, 나머지 한 쪽은 바다로 막아 도시를 완전히 포위하고 있었다. 그러나 이곳 키지코스 시민들은, 미트리다테스와 싸울 준비를 갖추고 있었고 로마를 돕기 위해서라면 어떤 어려움이라도 참아낼 각오도 되어 있었다. 그렇지만 루쿨루스의 군대가 어디에 있는지를 몰랐고 또 소식도 전혀 들을 수가 없어서 한편으로는 불안을 느끼고 있었다.

그런데 실제로 루쿨루스의 군대는 그들의 도시에서도 바라다보이는 아주 가까운 곳까지 다가와 있었다. 그러나 미트리다테스 군은 언덕 위에 진을 치고 있는 로마 군을 가리키면서 시민들을 깜쪽같이 속였다.

"저기 언덕에 있는 것이 보이지요? 저것은 아르메니아와 메디아에서 달려온 군대요. 티그라네스 왕이 우리를 돕기 위해 보낸 것이지요."

키지코스 시민들은 구름처럼 몰려든 엄청난 군대에 포위되었다는 것을 알게 되면서, 살아날 희망을 조금씩 잃고 있었다. 만일 루쿨루스의 군대가 달려온다고 해도 자신들이 구원될 길은 없다는 생각 때문에 그들은 절망하고 단념하기 시작했다. 그때 아르켈라오스가 몰래 보낸 데모낙스가 성 안으로 들어와 루쿨루스가 도착했다는 사실을 알렸다. 그러나 시민들은 절망에 빠진 자신들을 위로하려고 지어낸 얘기라며 그것을 믿지 않았다. 그런데 그때 적군에게 잡혔다가 도망나온 한 소년이 있어서 시민들이 그 소년에게 루쿨루스 군이 어디 있는지 아느냐고 물어보았다. 처음에 소년은, 시민들이 바로 눈앞에 로마 군을 두고서 그런 것을 묻자 농담으로 생각하고 웃기만 했다. 그러나 그들의 질문이 진지한 것이라는 것을 알고 손가락으로 뻗어 로마 군이 있는 곳을 가리켰다. 그제야 시민들은 이것이 사실이라는 것을 비로소 알아차리고 다시금 용기를 얻게 되었다.

그런데 루쿨루스의 진영과 별로 떨어지지 않은 곳에 다스킬리티스라는 호수가 있었다. 이 호수에는 작은 배들이 떠 있었는데 루쿨루스는 그 중 가장 큰 배를 한 척 끌어내어 수레에 싣고 바다로 나가 물 위에 띄웠다. 그리고 밤이 깊어지자 이 배에 군사를 가득 태워, 적의 눈을 피해 키지코스 시내로 들여보냈다.

그런데 신들도 키지코스 시민들의 용기를 칭찬하고 그들을 격려하려는 것처럼 다음과 같은 징조들을 나타내 보였다.

마침 시내에는 페르세포네[8] 제전이 열리고 있었다. 그런데 적의 포위 때문에 제물로 쓸 암송아지를 구할 수가 없어, 제관은 밀가루로 만든 암송아지를 바치려고 생각하고 있었다. 그런데 무슨 기적인지, 제물로 쓸 다른 짐승들과 함께 바다 건너 본토의 목장에서 풀을 뜯고 있던 암송아지 한마리가 홀로 바다를 헤엄쳐 건너오는 것이었다. 이렇게 해서 시민들은 제대로 된 제물을 구해 격식대로 제사를 드릴 수 있게 되었다.

또 그날 밤에는 페르세포네 여신이 시의 서기를 지내고 있던 아리스타고라스의 꿈에 나타나 이렇게 말했다. "내가 왔다. 폰토스의 나팔에 대항할 리비아의 피리를 가지고 말이다. 그러니 시민들에게 아무 염려도 하지 말라고 전해라."

그러나 시민들은 여신이 예언한 이 말이 무슨 뜻인지를 알지 못하였다. 그런데 바로 그때 바다 쪽에서 갑자기 큰 바람이 일어나더니 회오리를 만들어 불어오기 시작했다. 그리고 성벽 아래에 있던 미트리다테스 군의 공성기계가 삐걱거리는 소리가 들려왔다. 이 기계는 테살리아의 니코니데스라는 사람이 만들어낸 신기한 무기였는데, 폰토스 군이 이 기계를 조작하느라고 그런 소리를 내는 것이었다. 이것은 조금만 있으면 무슨 일이 일어날지를 짐작하게 해주었다. 그래서 시민들은 성이 공격을 받을 것이라는 두려움 때문에 모두들 벌벌 떨고 있었다.

그런데 바로 그때 난데없이 남쪽에서 태풍이 불어닥쳤다. 그리고 성벽 밑에서 삐걱거리고 있던 공성기계들을 향해 돌진하더니 그 기계들을 모두 박살내기 시작했다. 성벽 밑에 즐비하게 늘어서 있던 기계들이 모두 파괴된 것은 순식간이었다. 이 폭풍은 마지막으로 높이가 1백 큐빗[9](45m)이나 되는 나무로 된 구름다리를 순식간에 땅에 내동댕이치고 말았다.

전하는 이야기에 의하면, 그날 밤 일리움 시에는 온몸이 땀으로 범벅이 된 아테나 여신이 여러 시민들의 꿈에 나타났다고 한다. 그리고 여신은 한 군데가 찢어진 옷자락을 보이면서 이렇게 말했다고 한다.

---

8) 그리스 신화에 나오는 여신으로 제우스와 데메테르 여신 사이에서 태어난 딸이다. 하계의 신 하데스와 결혼하여 저승의 여왕이 되었다. 로마 신화에서는 프로세르피나라고 하며 봄의 여신이라고도 한다. 이 여신은 결혼식 때 제우스로부터 키지코스 시를 선물로 받았는데, 그래서 이 여신은 이 곳의 수호신이 되었다.

9) 약 18~22 인치 정도. 1큐빗은 45cm.

"지금 막 키지코스 사람들을 구하고 돌아왔노라."

일리움 주민들은 이 일을 기념하기 위해 비를 세웠는데, 그것은 얼마 전까지도 남아 있었다. 그리고 이 기념비에는 그때의 신비로운 이야기와 시민들이 결정한 내용이 새겨져 있다고 한다.

미트리다테스는 부하 장군들에게 속아서 한동안 진영 안에 식량이 부족하다는 사실을 알지 못하고, 다만 키지코스 시민들의 저항에만 신경을 곤두세우고 있었다. 그러나 자기의 부하 병사들이 굶주리다 못해 심지어는 서로 잡아먹어야 할 형편에까지 이르른 것을 뒤늦게 알게 되자, 야망과 자만이 갑자기 사라져 버리고 말았다. 루쿨루스는 전쟁을 구경거리로 생각한 것이 아니라, "사람의 배를 싸움터로 한다"는 속담처럼 수단과 방법을 다하여 식량을 끊어 버렸던 것이다.

그때 마침 미트리다테스는 루쿨루스가 좀 떨어진 곳에 있는 다른 부대를 공격하러 나간다는 정보를 얻게 되었다. 그래서 그는 이 기회를 이용하기로 하고 즉시 짐싣는 말과 그 밖의 짐승, 그리고 전투를 감당할 수 있는 기병대를 비티니아로 보냈다. 식량을 구하기 위한 것이었다.

적의 움직임을 전해 들은 루쿨루스는 그날 밤에 즉시 진지로 되돌아왔다. 그리고 다음날 새벽 10개 코호트[10]의 보병과 기병대를 거느리고 비티니아로 적을 찾아나섰다.

때는 겨울이라 눈발이 휘날리고 있는 몹시 추운 날씨였다. 이런 강추위 속에서 적을 쫓는 일은 여간 힘든 일이 아니어서 자꾸만 낙오자가 생겨나기 시작했다. 그러나 루쿨루스는 그런 부하들을 격려하면서 계속해서 적을 뒤쫓아, 드디어 린다코스 강에서 적을 만나 격파시켰다. 여기서 쓰러진 적의 부상자와 전사자의 숫자는 엄청났다. 그래서 아폴로니아 시의 부인들까지 나와서 전리품을 거두어 갔을 정도였다. 전사자가 얼마나 많았는지는 6천 마리의 말과 수많은 짐싣는 짐승, 그리고 1만 5천 명 이상의 병졸들을 사로잡았다는 사실로도 미루어 짐작할 수 있을 것이다. 로마 군은 이처럼 수많은 포로와 짐승들을 이끌고 적의 눈 앞을 유유히 지나 진영으로 되돌아갔다.

그런데 살루스티우스의 기록에 의하면, 이 때 처음으로 로마 군은 낙타 구경을 하였다고 한다. 그러나 이것은 무슨 착오에서 비롯된 것 같다. 왜냐하면 이것은, 훨씬

---

10) 대대 병력. 300명에서 600명 사이.

전에 안티오코스 군을 정복한 스키피오 군과 오르코메노스와 카이로네아에서 아르켈라오스 군과 싸운 로마 군도 낙타를 보지 못했다는 뜻이 되기 때문이다.

한편 미트리다테스는 목숨을 지키기 위해 달아날 결심을 했다. 그래서 그는 우선 루쿨루스를 속여 다른 곳으로 이동시키기 위해, 자기의 함대 사령관인 아리스토니코스에게 그리스 앞바다로 나가라는 명령을 내렸다. 그러나 아리스토니코스는 출항하려는 순간에 부하들에게 배반을 당하여, 자신이 로마 군의 어떤 장군을 매수하려고 준비했던 금화 일만 개와 함께 루쿨루스의 손에 넘겨지고 말았다. 미트리다테스는 더 이상 주춤거릴 수가 없어 배를 타고 즉시 달아났다. 그리고 부하 장군들에게 지휘권을 넘겨 주었지만 그들도 모두 달아나 버리고 말았다.

루쿨루스는 도망치는 적의 뒤를 재빨리 추격하기 시작했다. 그렇게 해서 그라니코스 강 부근에서 적을 습격하여 많은 수의 포로를 손에 넣고 2만 명에 달하는 적의 병사를 죽였다. 결국 미트리다테스 군의 총 피해는 병사와 노무자들을 모두 합쳐 거의 30만 명에 이르렀다고 전해진다.

루쿨루스는 키지코스 성 안으로 들어갔다. 그러자 시민들은 큰 환영과 감사를 보내며 그를 기쁘게 맞아들였다. 루쿨루스는 그곳에서 즐겁게 지낸 다음 군대를 정비하여 헬레스폰토스 해협을 향해 출항하였다. 그리고 나서 트로아스 지방에 도착한 루쿨루스는 베누스 여신[11]의 신전 안에 천막을 치고 잠을 잤다. 그런데 그날 밤 꿈속에 베누스 여신이 나타나 그에게 이런 말을 했다.

"위대한 사자여! 사슴의 무리들이 가까이 있는데 어찌하여 잠을 자고 있는가?"

놀라서 잠이 깬 루쿨루스는 곧 장군들을 불러모아 꿈이야기를 하였다. 그런데 그 한밤중에 갑자기 일리움 사람 몇 명이 달려오더니 깜짝 놀랄 소식을 전했다. 미트리다테스 왕의 5층으로 된 노젓는 커다란 군함 13척이 아카이아 항구 앞에 나타나 렘노스 섬을 향해 가고 있다는 것이었다.

루쿨루스는 곧 출동 명령을 내려 함대를 출동시켰다. 13척의 함대를 쉽사리 포위한 다음, 루쿨루스는 함대의 사령관인 이소도로스를 죽여 버리고 또 다른 적들을 찾아 나섰다. 그때 적의 함대는 항구에 들어서 마침 기슭에 내리려던 참이었다. 루쿨루스는 함대에게 공격명령을 내렸다. 그러나 닻을 내리고 갑판 위에서 대항해 오는

---

11) 그리스 신화의 아프로디테에 해당한다.

적을 공격하기란 쉬운 일이 아니었다. 왜냐하면 이쪽의 배는 물 위에 떠 있는 반면에 그들의 배는 모래톱 위에 굳게 자리를 잡고 있었기 때문에 배후로 돌아갈 공간이 없어 타격을 줄 수가 없었던 것이다.

루쿨루스는 예상 밖의 피해만을 입고 잠시 주춤하였다. 그러나 단념하지 않고 가장 뛰어난 정예 부대를 보내 뭍에 상륙시키는 데 성공하였다. 섬 가운데 유일한 상륙 지점에 내린 루쿨루스의 정예 부대는 적의 배후로 돌아가 공격을 시작하였다. 뜻하지 않은 공격에 다급해진 병사들은 닻줄을 끊고 배를 바다 위로 띄우느라 서로 부딪치며 혼란을 일으켰다.

루쿨루스의 함대는 바로 이 때를 틈타 총공격을 감행했다. 눈깜짝할 사이에 적은 대부분 죽어 넘어지고, 나머지는 모두 포로가 되었다. 그 포로들 가운데는 세르토리우스가 보낸 마리우스라는 장군이 있었는데 그는 외눈박이였다. 루쿨루스는 전투 직전에 그를 죽이지 말고 사로잡으라고 명령을 내렸는데, 그것은 마리우스에게 욕된 죽음을 주기 위한 것이었다.

전투가 끝난 다음 루쿨루스는 함대를 이끌고 미트리다테스 왕을 뒤쫓기 시작했다. 루쿨루스는 부하 장군 보코니우스에게 미리 함대를 주고 니코메디아로 보내 왕이 도망갈 길을 막아 두었기 때문에 그가 아직 비티니아를 벗어나지 못했을 것이라고 짐작했던 것이다.

그런데 보코니우스는 그만 사모트라케 섬에 닻을 내리고 제사를 올리느라고 시간이 늦어지고 말았다. 이 기회를 틈타 비티니아를 벗어난 미트리다테스는 루쿨루스보다 먼저 폰토스에 도착하기 위해 전속력으로 바다를 헤쳐 나가고 있었다. 그런데 갑작스러운 폭풍이 일어나 함대는 모두 이리저리로 흩어져 버렸다. 그리고 몇 척은 침몰하여 그 배에 깨어진 파편들이 며칠씩 그 부근의 바다를 떠다녔다. 그때 미트리다테스 왕은 어느 상인의 배를 빌려타고 있었는데, 아주 크고 튼튼하게 만들어져 있어서 태풍을 용케 견뎌냈다. 그러나 아무리 뛰어난 선원들의 솜씨로도 바다 기슭까지 배를 항해해 갈 수는 없었다. 더구나 억센 파도 때문에 배는 곧 바다 속으로 침몰할 형편이었다.

그런데 이 때 해적선이 하나 다가왔다. 미트리다테스는 모든 것을 운명에 맡기고 해적선에 옮겨탔다. 해적들이 배반한다면 왕은 그 자리에서 죽을 수밖에 없었던 것이다. 그러나 해적들은 왕을 도와서 그를 폰토스의 헤라클레아 시까지 태워다 주었다.

그 얼마 전 루쿨루스는 원로원에서 장담을 한 일이 있었지만 그는 어떠한 천벌도 받지 않았다.[12] 그 장담이란, 원로원이 1개 함대를 만들 수 있는 돈 3천 탈렌트를 루쿨루스에게 주기로 결정한 일에 대해 루쿨루스가 이런 뜻을 원로원에 보내 그 결정을 제지시킨 일이었다.

"나는 그런 막대한 돈을 받지 않고, 여러 동맹국들의 군함만 가지고도 미트리다테스를 바다에서 전멸시킬 수 있는 충분한 힘이 있습니다. 나를 믿으시오."

그런데 신의 도움이 있었던지, 루쿨루스는 과연 그 일을 훌륭히 해냈다. 여기에는 프리아푸스의 디아나[13] 여신이 일찍이 폰토스 군이 자기 신전을 짓밟고 신상을 다른 곳으로 옮겨간 일을 노여워하여, 미트리다테스 함대에 폭풍우를 내렸다는 이야기도 있다.

여러 사람들은 루쿨루스에게 전쟁을 미루라고 계속해서 권유하고 있었다. 그러나 루쿨루스는 그들의 말을 무시하고 항해를 하여, 비티니아와 갈라티아[14]를 지나드디어 미트리다테스의 본국을 침공하였다.

이 전쟁에서 무엇보다 중요한 것은 군량이었으므로 그는 갈라티아 사람 3만 명을 동원하여 각자 밀 한 자루씩을 지고 따라다니게 했다. 그러나 누구도 꺾을 수 없는 엄청난 기세로 진격을 하게 되자 식량에 대한 걱정도 사라지게 되었다. 미트리다테스의 군대는 아무 데도 보이지 않았으며, 발을 들여놓기만 하면 그대로 정복지가 되었다. 정복하는 땅이 점점 넓어지면서 물자도 풍족해졌고, 나중에는 오히려 식량이 남아 돌 정도가 되었다. 군영 안에서는 황소 한 마리가 1드라크마, 노예 하나가 4드라크마의 헐값에 사고 팔릴 정도였고, 그외의 다른 전리품들은 아무도 거들떠 보지도 않을 정도였다. 병사들은 이제 부럽거나 아쉬운 것이 아무것도 없었으므로, 전리품들은 오히려 귀찮은 물건이 되어 일부러 내다버리거나 망가뜨려 버리기도 했다.

루쿨루스는 로마 기병대를 거느리고 진격을 계속하여 어느덧 테미스키라와 테르모돈 평야에까지 이르렀다. 그러나 전투는 한 번도 벌어지지 않았다. 기껏해야 힘 없는 나라의 영토를 유린하는 것뿐이었다. 그러자 병사들은 불평을 늘어놓기 시작

---

12) 그리스 로마 사람들은, 자기의 성공이나 행운을 지나치게 장담하는 사람에게는 천벌이 내려진다고 믿고 있었다.

13) 그리스 신화의 아르테미스 여신.

14) 소아시아 중부에 있던 고대의 왕국. 지금의 터키.

했다. "계속 항복만 받고 있으니 우리의 주머니는 언제 황금으로 두둑하게 채워지는 거지? 포위만 하면 간단히 **빼앗을** 수 있는 황금을 버리고 그냥 지나가는 이유가 뭐냐 말이야? 어디 있는지도 모르는 미트리다테스를 찾아 티바레니아와 칼데아의 황야까지라도 가겠다는 거야?"

그러나 루쿨루스는 병사들의 불평이 얼마나 위험한 것인지는 꿈에도 생각지 못하고 모든 것을 대수롭지 않게 넘겨 버렸다. 뿐만 아니라 그는, 아무 가치도 없는 시골 마을이나 돌아다니면서 시간을 낭비하는 것이 미트리다테스에게 시간적 여유를 주는 것이라며 비난하는 사람들에게 이렇게 변명하는 것이었다.

"바로 그것이 내 작전이오. 이렇게 시간을 보내는 것은 미트리다테스에게 시간을 주어 다시 한 번 나에게 대항하게 하려는 계획 때문이오. 우리가 쫓아가면 그는 달아나기만 했고, 지금이라도 그는 저 끝없는 황야로 도망가 버릴 것이오. 카프카스 산맥의 저 수많은 계곡들이 안 보입니까? 저곳으로 도망가면 아무도 찾을 수 없는 곳으로 숨어 버릴 수도 있소. 전쟁을 싫어하는 왕 몇천 명쯤은 숨을 수 있는 넓고 거대한 곳이란 말이오. 그러니 미트리다테스를 쫓으면 오히려 영영 놓치고 말지도 모르오. 그뿐만 아니오. 아르메니아의 왕 티그라네스가 버티고 있소. 그의 군대는 파르티아 군을 아시아에서 몰아내고, 그리스 이민 도시를 메디아로 옮겼으며 시리아와 팔레스타인을 정복했소. 또 셀레우코스의 후손인 왕들을 죽이고 공주와 왕비까지 납치하였소. 그만한 세력을 손에 쥐고 있는 티그라네스가 누군지 아시오? 바로 미트리다테스의 사위요. 그러니 그가 미트리다테스를 돕기 위해 우리를 공격해 올지도 모르는 일이오. 우리가 미트리다테스를 자기 나라에서 내쫓아 버리면 티그라네스를 끌어들이는 결과를 가져오게 되는 것이오. 자기 장인이며 한 나라의 국왕을 궁지에서 구한다는 핑계를 주기 때문이오. 티그라네스는 지금 로마와 싸울 기회만 노리고 있소. 그렇기 때문에 나는 미트리다테스를 욕보여 티그라네스에게 보내는 것보다는, 그가 스스로 힘을 길러 싸우러 오기를 기다리는 것이고 그래서 시간을 주는 것이오. 우리는 지금까지 우리가 여러 번 전멸시킨 적이 있는 콜키스와 티바레니아 군을 상대로 싸우게 될 것이오. 그러나 메디아 군이나 아르메니아 군과는 싸우지 않을 것이오."

루쿨루스는 이러한 이유로 아미소스 시를 포위한 채 공격은 하지 않고 시간만 끌고 있었다. 그러는 동안 겨울이 다 지나가자 그는 아미소스 시의 포위를 무레나에게 넘기고 미트리다테스를 정복하기 위해 출동했다.

그때 미트리다테스 왕은 로마 군과 다시 결전을 벌일 생각으로 카비라에 주둔하고 있었다. 그가 데리고 있던 병력은 보병 4만 명에, 특히 자신의 자랑이던 날쌘 기병 1만 4천 명이었다.

왕은 이 군대를 거느리고 리코스 강을 건너 평야로 나와 로마 군에게 싸움을 걸어왔다. 로마 군의 기병도 마주 출전하여 기병전이 벌어졌는데 결국 싸움은 로마의 패배로 돌아갔다. 그런데 그때 로마 군에서 제법 이름이 알려져 있던 폼포니우스라는 로마 기병이 부상을 당하여 포로로 잡혀갔다. 그는 아픔에 신음하면서 미트리다테스 왕 앞에 끌려갔다. 왕이 그에게 말했다.

"너를 살려 줄 테니, 나를 섬기겠느냐?"

폼포니우스는 당당한 태도로 대답했다.

"왕께서 로마 군과 화평을 맺으신다면 그러지요. 그러나 전쟁을 계속한다면 나는 죽을 때까지 싸울 수밖에 없습니다."

왕은 그의 대답에 감탄하여 아무런 해도 끼치지 않았다.

루쿨루스는 미트리다테스의 기병이 평야를 완전히 점령해 버린 것을 보고 평야에서의 전투를 피하기로 결심했다. 그러나 산지는 너무 험해서 진을 칠 만한 장소도 없어 망설이고 있었다. 그런데 그때 부하들이 동굴에 숨어 있던 몇 명의 그리스 사람을 포로로 잡아 왔는데, 그 포로들 가운데 가장 나이가 많은 아르테미도로스가 루쿨루스에게 말했다.

"장군님! 저를 길 안내자로 삼으신다면 제가 좋은 곳으로 안내해 드리겠습니다. 그곳은 군대의 안전을 위해서도 좋을 뿐 아니라 카비라를 한눈에 내려다볼 수 있는 전략적인 곳이기도 합니다."

루쿨루스는 그 말을 믿고 아르테미도로스를 안내자로 삼기로 했다. 밤이 깊자 루쿨루스의 군대는 횃불을 치켜들고 안내자를 뒤따르기 시작했다. 그들은 좁은 산골짜기를 몇 개나 빠져나와 무사히 목적지에 도착했다.

이튿날 아침, 날이 밝은 뒤에 보니 적군이 눈앞에 바로 내려다보였다. 그것은 밑에 자리잡은 적을 공격하기에도 좋았고, 후퇴를 하여 수비할 때도 적의 강한 공격을 받을 염려가 없는 훌륭한 곳이었다. 루쿨루스가 그곳에 진을 치고 당분간은 싸움을 걸지 않기로 마음먹었다.

미트리다테스도 마찬가지로 싸움을 걸지 않았다. 그런데 미트리다테스 군의 한

무리가 노루를 쫓다가 그만 몇 명의 로마 군과 맞닥뜨리게 되었다. 그리고 양쪽 군대에서 조금씩 증원군이 나오게 되어 작은 싸움이 벌어지게 되었다.

"장군님! 어서 공격 명령을 내려 주십시오."

그러나 루쿨루스는 병사들을 진정시키고 몸소 평지로 내려갔다. 그는 이런 혼란스럽고 위험한 상황이 닥쳤을 때 장군의 침착한 결정 하나가 얼마나 중요한 것인지를 보여 주려는 것이었다. 루쿨루스는 맨 앞에서 도망쳐 오는 병사들에게 외쳤다.

"모두들 거기 멈추어라! 나를 따라 적과 다시 싸우자!"

쫓겨오던 로마 군은 장군의 명령에 따라 그에게 모여들었다. 그러자 다른 병사들도 하나둘씩 이 무리에 끼어들어 적을 향해 공격을 퍼붓기 시작했다. 그렇게 되자 로마 군은 어렵지 않게 적을 무찌를 수 있었다. 드디어 적은 쫓겨가고 루쿨루스는 부하들을 거느리고 진지로 돌아갔다. 그러고는 관례에 따라 도망쳤던 병사들에 대한 벌을 시행하였다. 벌을 받는 병사들은 다른 전우들이 보는 앞에서 웃옷의 허리띠를 풀고 12피트(3.6m) 길이의 참호를 파라는 명령을 받았다.

미트리다테스의 진영 안에는 올타코스라는 꾀많은 사람이 있었다. 그는 마이오티스 호숫가에 사는 단다리오이라는 부족의 족장이었는데 전투에서 용맹스럽고 힘이 남달리 세기로 유명했다. 또 그는 지략도 뛰어나고 사람들과도 쉽게 친해졌으며 남을 설득시키는 특별한 말재주도 가지고 있었다. 올타코스는 늘 같은 부족의 한 족장을 시기하면서 업적을 다투고 있었는데, 그런 그가 루쿨루스를 암살하겠다고 자원을 해왔다. 미트리다테스 왕은 그의 암살 계획을 허락하였다.

그는 미리 짜놓은 연극대로, 왕에게 무례한 행동을 한 뒤 말을 타고 로마 군의 진지로 도망을 갔다. 진작부터 올타코스의 이름을 들어왔던 루쿨루스는 그를 따뜻하게 맞아들였다. 그는 올타코스를 잠시 시험해 보고, 그의 뛰어난 지략과 굳은 지조를 알게 되었다. 그래서 루쿨루스는 그를 식사에도 초대하고 군사회의에도 참석하게 해주었다.

이렇게 해서 루쿨루스의 신임을 얻게 된 올타코스는 어느 날 기회를 잡았다. 점심 때 식사를 끝낸 병사들이 모두 밖으로 나와 휴식을 취하고 있을 때였다. 올타코스는 하인을 시켜 말을 끌어내게 해서 그것을 타고 루쿨루스의 막사로 달려갔다. 그는 이미 장군과 가까이 지내고 있었으므로 자기를 막을 사람은 없을 것이라고 생각하고, 급한 일로 장군을 뵈러 왔다고 말했다. 이 때 만일 많은 장군들의 죽음의 원인이 된 잠이 루쿨루스를 도와주지 않았다면 그는 아무런 의심도 받지 않고 막사 안으로 들어갈 수 있었을 것이다.

이 때 루쿨루스는 낮잠을 자고 있었다. 그래서 막사를 지키고 있던 호위병 메네데무스가 그를 막으며 말했다.

"시간을 잘못 택하셨습니다. 장군께서는 며칠째 제대로 못 주무시고 일을 보시다가 조금 전에 잠이 드셨습니다. 그러니 지금은 안 되겠습니다."

그러나 올타코스는 거절당하고도 쉽사리 물러날 수가 없었다.

"나는 지금 꼭 장군을 만나야겠으니 말리지 마시오. 장군의 건강보다 더 중요한 일이니 지금 곧 만나뵈야만 하오."

그러나 메네데무스는 비켜서지 않고 화를 벌컥 내며 말했다. "아무리 중요한 일이라고 해도 절대 안 됩니다. 나로서는 루쿨루스 장군의 신변 보호보다 더 중요한 일은 없소. 그러니 잔소리 말고 썩 물러가시오." 호위병 메네데무스는 이렇게 말하면서 그를 두 손으로 밀어냈다. 올타코스는 그의 완강한 태도에 겁을 먹고 물러설 수밖에 없었다. 그는 루쿨루스를 암살할 계획을 포기하고 말에 올라타자마자 미트리다테스에게 달아나 버렸다.

이처럼 사람의 행동이라는 것은 약과 같아서, 때와 사정이라는 저울대의 기울어짐에 따라 삶과 죽음의 고비가 결정되는 것이다.

그 뒤 루쿨루스는 소르나티우스에게 10개 코호트(약 600명)의 병력을 주어 식량을 구해오도록 했다. 이 소식을 전해들은 미트리다테스는 부하 장군 메난드로스를 시켜 그들을 뒤쫓게 했다. 소르나티우스를 뒤쫓아간 메난드로스의 군대는 적의 완강한 저항에 부딪혀 격렬한 전투를 벌이게 되었다. 결국 메난드로스는 이 싸움에서 수많은 병력을 잃고 돌아오고 있었다.

다시 로마 군의 장군 아드리아누스가 군대를 거느리고 충분한 식량을 구하기 위해 파견되었다. 미트리다테스는 이 기회를 놓치지 않기 위해 다시 메네마코스와 미로에게 많은 기병과 보병을 주어 그들을 무찌르게 했다. 그러나 그 대군도 역시 로마 군에게 크게 당하여, 살아 돌아온 병사는 단 두 명뿐이었다고 한다.

미트리다테스는 이러한 참패를 숨기고, 지휘관들이 서투른 데다가 너무 서둘러서 약간의 피해가 있었던 것이라고 병사들에게 말했다. 그러나 그런 비밀이 끝까지 숨겨져 있을 리가 없었다. 로마의 장군 아드리아누스가 군량과 전리품을 수레에 가득 싣고 그들의 진영을 지나가는 것을 보고 병사들은 모든 사실을 알게 되었다.

이것을 본 미트리다테스 왕은 속이 뒤집히고, 병사들은 놀라움과 두려움으로 들끓었다. 왕은 할 수 없이 진지를 옮기기로 결정하였다. 그런데 이런 결정이 내려진 뒤 왕 가까이에 있던 시종들이 자기네 물건들을 슬그머니 먼저 실어내면서 다른 사람들이 그러는 것은 방해하였다. 그러자 격분한 군사들은 억눌려 있던 불평과 분노를 터뜨리기 시작하여, 시종들의 물건을 빼앗고 그들을 죽이기 시작했다. 이렇게 해서 왕의 진영은 순식간에 혼란에 휩싸이고 말았다. 그러는 가운데 도릴라오스 장군이 죽고 말았다. 그가 가진 것이라고는 자줏빛 옷 하나였는데, 바로 그것 때문에 죽임을 당하고 만 것이었다. 또 제관인 헤르마이오스도 진영의 입구에서 짓밟혀 죽었다.

미트리다테스 왕은 시종도 하나 없이 아우성치는 무리에 섞여 진지를 빠져나왔다. 그 많던 말도 하나도 보이지 않아 그는 허둥거리며 걸어가고 있었다. 그때 프톨레마이오스라는 시종 하나가 말을 타고 가다가 군중 속에 섞여 도망가고 있는 왕을 발견하고 말을 왕에게 넘겨 주었다. 왕은 말에 올라타자마자 곧 달아났다.

그때 로마 군은 이미 그들 바로 뒤를 쫓고 있었지만 왕은 끝내 잡히지 않았다. 그것은 왕이 탄 말이 빨랐기 때문은 아니었다. 사실 로마 군은 그때 왕에게 바짝 다가서 있었지만 그들이 가진 돈에 대한 욕심과 공명심 때문에 그를 놓치고 말았다. 그때까지 로마 군은 미트리다테스를 잡기 위해 수많은 고비와 위험을 겪으며 달려왔지만 이 두 가지 이유 때문에 그들은 영광의 순간을 놓치고 말았다. 왕이 타고 달리던 말이 거의 손에 잡히게 된 순간, 금은 보화로 온몸을 장식한 노새 한 마리가 갑자기 그들의 눈 앞에 뛰어들었던 것이다. 이 노새가 우연히 이곳에 달려온 것인지 아니면 왕이 로마 군의 추격을 늦추려고 미리 명령을 내렸던 것인지는 모르지만, 이 노새를 가득 메운 금을 본 순간 로마 군은 갑자기 눈이 뒤집히고 말았다. 그들은 서로 금은 보화를 다투어 자기 품에 집어넣고, 흩어진 돈을 줍기에 바빴다. 그러는 동안 미트리다테스 왕은 위험한 순간을 피할 수 있었다.

루쿨루스가 돈에 대한 욕심 때문에 받은 피해는 이것뿐이 아니었다. 그때 로마 군은 미트리다테스의 모든 비밀을 간직하고 있는 칼리스트라토스를 사로잡았다. 그런데 루쿨루스의 명령으로 그를 데려오던 병사들이 칼리스트라토스가 허리띠에 금화를 가지고 있는 것을 보고 그만 그를 죽여 버렸다. 그러나 이러한 일을 당하고도 루쿨루스는 병사들이 적의 진지를 약탈하도록 허락해 주었다.

얼마 뒤 루쿨루스는 카브라를 비롯한 요새들을 손에 넣고, 막대한 보물과 함께 몇몇 비밀 감옥들을 발견하였다. 이들 감옥 속에는 수많은 그리스인들과 왕의 친척들이 갇혀 있었다. 이미 오래 전에 자신들의 목숨을 포기하고 있었던 그들은 루쿨루스 덕분에 구출되었다. 그들은 은혜를 받거나 구조를 받았다기보다는 차라리 새로운 생명을 얻은 것이나 다름 없었다. 이 때 목숨을 건진 사람 중에는 미트리다테스의 누이 가운데 하나인 니사도 있었다.

한편 달아난 미트리다테스는 자신의 최후가 가까워진 것을 느꼈는지, 시종인 바키데스를 보내 피난가 있던 자기 가족들을 모두 죽이게 했다. 그들은 대부분 멀리 페르나키아로 피신해 있어서 안전하였지만 왕 자신이 보낸 자객의 손에 의해 어느 누구보다 비참한 죽음을 맞았다. 이 가운데는 나이가 마흔 쯤 되었지만 아직 결혼을 하지 않았던 왕의 두 누이 록사나와 스타티라, 그리고 이오니아 태생의 두 왕비도 끼여 있었다. 두 왕비는 키오스의 베레니케와 밀레토스의 모니메였는데, 모니메라는 여자는 일찍이 금화 1만 5천 개를 보내며 왕이 환심을 사려고 했을 때도 모두 거절했던 사람이었다. 그러다가 정식으로 혼인 계약을 맺고 왕관과 왕비의 칭호를 받은 다음에야 비로소 왕의 뜻을 받아들였던 여자로, 그리스 사람들 사이에 널리 알려져 있었다.

그러나 미인은 일찍 죽는다는 말처럼, 모니메의 왕비로서의 생활은 결코 행복한 날이 없었다. 그녀의 아름다움이 가져온 것은 남편이 아니라 주인이었으며, 아내로서 누리는 가정은 없었으며 내내 그녀를 따라다닌 것은 야만인의 감시뿐이었다. 그래서 그녀는 그리스에서 가슴속에 그려보던 생활의 꿈을 모두 빼앗긴 채, 먼 타향에 와서 꿈속에서만 행복을 그리며 탄식하며 세월을 보내왔다.

그러한 때에 도착한 바키데스는 왕의 뜻을 전하며, 가장 쉽고도 고통스럽지 않은 방법을 택해 최후를 마치라고 말했다. 모니메는 하염없이 눈물을 흘리며 머리에 쓴 왕관을 벗어 거기에 달린 끈으로 자신의 목을 졸랐다. 그러나 왕관의 머리띠가 끊어져 버리고 말았다. 모니메는 이렇게 탄식했다.

"이런 몹쓸 것이여, 이런 작은 일에도 도움이 되지 못하는 왕관이었단 말인가."

이렇게 말한 모니메는 머리띠에 침을 뱉고 바키데스에게 목을 내밀었다.

또 한 사람의 왕비였던 베레니케는 독약을 마시려고 했는데, 곁에 있던 어머니가 함께 마시자고 했다. 몸이 쇠약해진 어머니는 반만 마시고도 숨을 거두었으나 베레니케는 좀처럼 죽지 못하고 괴로워하였다. 그래서 그녀는 결국 바키데스의 힘을 빌려 목졸려 죽었다.

왕의 누이인 록사나는 왕을 저주하고 원망하면서 독약을 마시고 죽었다. 그러나 스타티라는 싫은 소리 한 마디 하지 않고, 자신의 신변이 위태로우면서도 누이들을 잊지 않고 깨끗이 죽을 길을 열어 주었다고 고마워하면서 죽었다.

천성이 너그럽고 따뜻한 루쿨루스는 이 소식을 전해듣고 몹시 슬퍼했다. 그러나 그런 사소한 슬픔 때문에 전쟁을 그만둘 수는 없었다.

루쿨루스는 추격을 늦추지 않고 미트리다테스를 뒤쫓아 탈라우라까지 갔다. 그러나 그곳에서 루쿨루스를 기다리는 것은, 미트리다테스가 나흘 전에 아르메니아의 티그라네스 왕을 찾아갔다는 소식이었다. 루쿨루스는 티그라네스와 싸울 생각은 없었으므로 군대의 진군 방향을 바꾸었다.

그는 칼데아를 공격하고 이어 티바레니아를 손에 넣었다. 그런 다음 소 아르메니아로 쳐들어가 도시와 요새들을 점령하였다. 그리고 티그라네스에게 아피우스를 사절로 보내 미트리다테스 왕을 넘겨 달라고 요구했다.

그는 아직도 포위를 계속하고 있던 아미소스 시로 되돌아왔다. 아미소스 시는 그 때까지도 함락되지 않은 채 로마 군의 타격만 늘어가고 있었다. 그것은 아미소스 시의 수비를 지휘하고 있던 칼리마코스 때문이었다.

칼리마코스는 군사과학과 성을 수비하는 전술에 뛰어나 여러 가지 기계를 만들어내고 로마 군에게 타격을 주고 잇었다. 그는 뒷날 그것 때문에 혹독한 벌을 받게 되는데 이 때는 루쿨루스가 쓴 술책에 넘어가고 말았다.

루쿨루스는 교묘한 작전을 써서 그가 시(市)를 버리지 않을 수 없게 만들었다. 즉, 그는 적군이 낮에 잠시 쉬는 틈을 이용해서 별안간 습격을 감행하여 성벽의 일부를 차지할 수 있었다. 그러자 칼리마코스는 로마 군에게 노략질 당하는 것이 싫어서였는지 미리 탈출하기 위해서였는지 성 안에 불을 지르고 달아나 버렸다.

배를 타고 도망가는 적을 추격하는 로마 군은 아무도 없었다. 그들은 성벽에 불길이 치솟는 것을 보고 성 안으로 달려가 불을 끌 생각은 하지 않고 노략질을 하기에 바빴다. 루쿨루스는 화염에 휩싸인 도시를 구해 내기 위해 병사들에게 시민들을 도와 불을 끄라고 명령했다.

그러나 군사들은 그의 말을 전혀 듣지 않은 채 약탈을 허락해 달라고 한꺼번에 소리를 지르며 방패를 두들겨댔다. 루쿨루스는 마지 못해 그들의 요구를 받아들였다. 약탈을 허가하면 불을 끄는 데 도움을 줄지도 모른다고 생각했던 것이다. 그러나 병사들은 노략질을 위해 오히려 횃불을 마구 흔들어대어 도시 전체를 잿더미로 만들어 놓고 말았다.

이튿날 아침에야 시내에 발을 들여놓은 루쿨루스는 눈앞에 펼쳐진 비참한 광경을 보고 눈물을 글썽였다. 그는 곁에 선 막료들에게 말했다.

"나는 술라가 항상 운이 좋았던 장군이라고 생각해 왔는데 오늘이야말로 그 생각이 더욱 절실하오. 술라는 아테네를 정복했을 때도 그 도시를 고스란히 구할 수 있었으니 말이오."

그는 계속 말을 이었다.

"나는 그런 술라를 본받으려고 했소. 그러나 이제 난 뭄미우스[15] 같은 사람이 되고 말았구려."

그러나 루쿨루스는 도시를 재건하기 위해 힘이 자라는 데까지 노력했다. 그리고 그 노력의 결과였는지 갑자기 하늘에서 비가 내려 불도 쉽게 꺼졌다. 그는 아미소스에 머물고 있는 동안 하루도 쉬지 않고 도시를 일으켜 세우는 일에 힘썼다. 건물을 다시 세우고, 피난갔던 시민들을 다시 불러모으고, 또한 그리스의 이주민들도 받아들였으며, 도시의 영토를 넓혀 1백 펄롱(20km)의 땅을 더 마련해 주었다.

아미소스는 아테네가 바다에서 군림하고 있을 때 건설된 식민도시였다. 옛날 아테네 시민들은 아리스티온의 학정을 피해 이곳으로 왔던 것이다. 그러나 본국에서의 불행을 피해 여기로 온 것이 결국 남의 불행을 나누어 가지러 온 셈이 되었다.

루쿨루스는 아미소스에서 이들이 당한 불행을 가엾게 여겨 살아남은 시민들에게 각각 옷과 2백 드라크마의 돈을 나누어 주어 고향으로 돌려보냈다. 이 때 문법학자 티란니온[16]이 포로로 잡혔는데, 무레나[17]가 그를 노예로 달라고 하였다. 그런데 루쿨루스가 이것을 허락하여 넘겨 주자 무레나는 티란니온을 풀어 주어 자유인이 되게 했다.

이것은 루쿨루스의 은혜를 그릇되게 이용해 먹은 일이 되고 말았다. 루쿨루스는 학식이 높은 사람을 먼저 노예로 만들었다가 해방하는 것을 원하지 않았다. 왜냐하

---

15) 로마의 사령관으로서, 기원전 146년에 그리스의 아카이아 동맹국과의 전쟁 중에 코린트 시를 함락시킨 뒤, 도시를 폐허로 만들었다.

16) 술라가 아테네에서 가져온 아펠리콘의 장서를 정리한 사람. '술라 전기' 참조.

17) 술라 전기에 나오는 무레나의 아들로서 키케로의 뒤를 이어 기원전 62년에 집정관이 되었다.

면 사람에게 허울만의 자유를 주는 것은 참된 자유마저 빼앗는 것이라고 생각했기 때문이었다. 마음과 행동에서 무레나가 루쿨루스보다 관대하지 못한 사람이었음을 보여준 것은 이것이 처음은 아니었다고 한다.

루쿨루스는 다시 소아시아 여러 도시에 대한 뒷 처리에 몰두하게 되었다. 시간을 쪼개야 할 전쟁도 없었으므로 그는 오로지 정치와 법률을 살피는 데 노력을 기울였다. 이곳은 오랫동안 질서가 잡혀 있지 않아 사람들은 말할 수 없을 만큼 비참한 희생물이 되어 있었다. 세금 청부업자와 고리대금업자들 때문에 피와 땀을 빨아먹히고, 심한 학대를 받는 노예가 되어 있었다. 그들은 어린 아들과 딸들을 팔아 세금을 갚았고, 각 도시는 신전에 있던 보물과 신상을 팔아 빚을 갚는 형편이었다.

그러다가 결국 사람들은 노예가 되었지만, 그렇게 되기 전까지 받아야 하는 고통은 더욱 비참한 것이었다. 때로 그들은 밧줄에 묶여 말에 끌려 다니기도 했고, 뜨거운 햇빛 아래 서 있기도 했으며, 또 살을 에는 추운 겨울 날 얼음 속으로 뛰어들어야 할 때도 있었다. 그래서 그들은 오히려 노예가 된 다음의 생활을 더 만족스러워하기도 했다.

이런 참혹함을 본 루쿨루스는 되도록 빨리 그러한 학정을 몰아내고 주민들을 구하기 위해 노력했다. 그러기 위해 그는 세 가지 조건을 공포했는데, 첫째, 이자율을 1퍼센트 이하로 내리고, 둘째, 원금을 넘는 이자는 모두 없앴으며, 마지막으로 채권자는 채무자의 수입에서 4분의 1 이상을 받을 수 없도록 했다. 그리고 만약 채권자가 이자를 원금에 보탤 때는 그에게서 모든 권리를 박탈한다는 것이었다. 이 법이 시행된 지 4년 만에 모든 사람들은 자신들의 빚을 모두 갚았으며, 땅도 원래의 임자에게 모두 돌아가게 되었다.

그러나 세금 청부업자들이 가만히 있을 리가 없었다. 애초에 이 지방의 공채는 술라가 부과한 2만 탈렌트의 세금으로부터 시작된 것이었는데, 이 세금에 이자가 늘고 또 늘어 결국 주민들은 12만 탈렌트의 돈을 물어야 하게 되었다. 이 돈은 세금낼 돈을 빌려주었던 고리대금업자나 세금 청부업자들이 받게 될 것이었는데, 그들은 루쿨루스의 법 때문에 주민들로부터 4만 탈렌트밖에 못 받고 말았다. 그것은 원래 받아야 할 돈의 절반도 안 되는 것이었다. 결국 그들은 2만 탈렌트의 돈을 번 셈이 되기는 했지만 12만 탈렌트의 돈을 모두 받아야 한다고 생각했다.

그래서 그들은 마치 루쿨루스 탓에 자신들이 큰 피해를 입은 것처럼 로마로 가서 그에 대한 악담을 퍼붓고 정치인들을 매수하여 그를 공격하게 했다. 그들은 큰 세력을 가지고 있었기 때문에 많은 정치가들을 채무자로 부리고 있었던 것이다. 그러나 루쿨루스는 이미 올바른 정치로 구제된 시민들의 절대적인 존경을 받고 있었다. 뿐만 아니라 다른 지방에서도 그와 같은 어진 총독을 맞이하기를 바라며, 그가 다스리고 있는 도시를 부러워하고 있었으므로 루쿨루스의 태도는 태연하였다.

한편 티그라네스 왕에게 파견된 아피우스 클로디우스는 루쿨루스의 처남이었는데, 그는 왕의 안내자들에게 이끌려 공연히 먼 길을 돌아 지루한 여행을 하고 있었다. 그런데 그때 마침 시리아 출신의 해방노예 하나가 그를 지름길로 안내했다. 그래서 그는 왕의 안내자들을 버리고 며칠만에 유프라테스 강을 건너 다프네 부근에 있는 안티오키아[18]에 닿았다. 그러나 때마침 티그라네스 왕은 페니키아로 출정하여 자리에 없었으므로 아피우스는 그곳에서 기다리라는 왕명을 받았다.

이곳에서 한가하게 머무는 동안 그는 자르비에노스를 비롯한 여러 추장들과 가까이 지냈다. 고르디에네[19]의 왕 자르비에노스 등의 여러 족장들은 티그라네스 왕이 두려워서 아르메니아에 겉으로는 복종을 하고 있었지만, 속으로는 모두들 불평이 대단했다. 아피우스는 그 족장들의 마음을 돌리는 데 성공했다. 그리고 티그라네스에 의해 정복된 땅의 밀사들과도 몰래 만나 루쿨루스의 원조를 약속했다. 이러한 일들은 모두 비밀리에 이루어졌고, 그들은 서로 비밀을 굳게 약속했다.

원래 아르메니아는 그리스인들을 가혹하게 대접했을 뿐 아니라 왕 자신의 성미도 세력이 커짐에 따라 차츰 더 사납고 건방지게 변해갔다. 그는 사람들이 탐낼 만한 물건은 모두 다 갖고 있었고 세상 모든 것은 자기 하나만을 위해 있는 것처럼 생각할 정도였다. 처음에 보잘것없던 그는 여러 나라를 정복하고, 파르티아의 권세까지 꺾은 다음에는 킬리키아, 카파도키아로부터 그리스 사람들을 이주시켜 메소포타미아를 가득 채워 놓았다. 그는 또 천막을 치고 이동 생활을 하던 아라비아인들을 가까운 곳에 정착시켜 그들을 이용해 무역을 하면서 이익을 얻고 있었다.

마치 종처럼 티그라네스를 섬기는 자들 가운데는 왕도 많이 있었다. 티그라네스는 그들 가운데 네 사람을 뽑아 자기 시종이나 호위병처럼 늘 데리고 다녔는데, 그가

---

18) 시리아의 옛 수도로 지금 시리아의 안티오크이다. 이 곳은 당시 아르메니아의 티크라네스 왕의 영토였다. 디프네는 안티오키아 근처에 있는 지방으로 옛부터 신성한 곳으로 여겨졌으며 온천이 있는 휴양지로도 유명했다.

19) 티그리스강 상류의 지역.

말을 타면 달려가 시중을 들고, 그가 앉아서 무슨 일을 보고 있으면 손을 맞잡은 채 항상 대기하고 있었다. 본래 손을 맞잡고 서 있는 이 자세는 노예로서 절대 복종하겠다는 표시였다. 그들은 마치 자유를 팔아 버린 사람처럼, 봉사한다기보다는 오히려 주인의 벌을 기다리는 자세로 서 있었던 것이다.

그러나 아피우스는 이런 광경을 보고도 전혀 놀라거나 두려워하지 않았다. 그는 왕을 만나게 되자 다음과 같이 말했다.

"나는 루쿨루스 장군의 승리의 결과물 중 하나인 미트리다테스 왕을 찾으러 왔습니다. 그를 나에게 넘겨 주시오. 만약 우리의 요구를 받아들이지 않으면 왕을 상대로 전쟁을 선포하겠습니다."

그렇지 않아도 억지로 미소를 짓고 있었던 티그라네스는 이 젊은 사람의 말을 듣고 화가 나서 견딜 수가 없었다. 그러나 침착한 표정을 잃지 않으려고 노력하면서 곁에 있던 측근들에게 조용히 말했다.

"젊은 사람의 대담성이 놀랍구려."

25년 동안 노예가 아닌 자유인의 말이라고는 듣지 못하고, 절대적인 대왕 노릇만을 해왔던 그로서는 사실 이 말 한 마디도 놀라웠던 것이다. 그러나 티그라네스는 다음과 같이 대답했다.

"나는 미트리다테스 왕을 넘겨줄 수 없소. 그리고 로마 군이 공격을 해온다면 보기좋게 무찔러 주겠소."

또 그는 루쿨루스가 편지 속에서 자신을 '왕 중의 왕'이라고 부르지 않고 그냥 '왕'이라고만 부른 데 화가 나, 답장에서 루쿨루스에게 임페라토르[20]라는 경칭을 쓰지 않았다. 그러나 아피우스에게는 대단히 많은 선물들을 보냈다. 그리고 아피우스가 그것들을 모두 사양하자 전보다 더 많은 선물을 다시 보냈다. 아피우스는 자기가 무슨 노여움이 있어서 선물을 거절하는 것처럼 보일까봐 그 중에서 큰 술잔 하나를 가진 다음 나머지는 모두 되돌려 보냈다. 그런 다음 지체없이 루쿨루스에게 돌아갔다.

이 때 티그라네스는 자기의 장인이고, 왕국에서 쫓겨나기까지 한 미트리다테스 왕을 만나 이야기를 나눈 적도 없었다. 더구나 그를 거만한 태도로 경멸하여 기후가 안좋은 먼 곳으로 보내 버렸다. 그런데 아피우스가 다녀간 다음부터는 그에게 존경

---

20) 총사령관 또는 황제라는 뜻.

과 예의를 갖추기 시작했다. 그들은 궁전의 깊숙한 곳에서 만나 조용히 밀담을 나눈 다음 자신들에게 지금까지 불화가 있었던 것은 신하들에게 허물이 있었기 때문이라고 뒤집어 씌웠다. 그런데 이 때 불화를 일으킨 신하라고 해서 죽임을 당한 사람들 가운데 메트로도로스라는 철학자도 끼여 있었다. 그는 웅변술이 뛰어나고 학식이 풍부하여 미트리다테스에게 깊은 존경을 받고 있었으므로 '왕의 아버지'라고까지 불리기도 했다.

언제인가 왕은 그를 티그라네스에게 사절로 보낸 일이 있었다. 로마 군과 싸우는 데 도움을 부탁하기 위해서였다. 그때 티그라네스는 이런 질문을 했다.

"메트로도로스여, 당신 생각으로는 내가 어떻게 하는 것이 좋겠소."

메트로도로스는 티그라네스의 이익을 생각했는지, 미트리다테스에 대한 충성심이 부족해서였는지, 이렇게 말했다.

"사신의 자격으로는 원조를 요청하지만, 개인적으로 말씀드린다면 원조를 하지 않는 것이 좋겠습니다."

그런데 티그라네스는 이 일을 미트리다테스에게 그대로 전하였다. 그는 메트로도로스에게 벌이 내릴 것이라고는 생각지 않았지만, 미트리다테스는 몹시 격분하여 그를 즉시 불러들여 체포해 버렸다. 티그라네스는 자신이 했던 일을 몹시 후회했지만, 그가 죽임을 당한 것은 단지 이 일 때문은 아니었다. 미트리다테스는 진작부터 메트로도로스를 미워하고 있다가 이 일을 계기로 제거해 버린 것이었을 뿐이다. 나중에 로마 군의 수중에 들어온 미트리다테스의 비밀 문서 가운데서 메트로도로스를 사형시키라는 명령이 발견된 것으로 보아도 알 수 있는 일이다. 그러나 실제로 티그라네스가 미트리다테스의 노여움을 부추겨 그를 죽음으로까지 몰아갔다는 것은 의심할 수 없는 사실이다. 그래서 티그라네스는 비용을 아끼지 않고 성대하게 장례를 치러, 자신의 배신으로 죽은 사람을 위로해 주었다.

티그라네스의 궁전에서 목숨을 잃은 사람으로는 웅변가인 암피크라테스라는 사람도 있었다. 전하는 이야기를 보면 그는 아테네를 떠나 티그리스 강가의 셀레우키아[21] 시로 도망을 갔다고 한다. 그러자 그곳의 시민들이 모두 모여들어 논리학을 강

---

21) 이라크의 티그리스 강가에 있던 고대 도시. 기원전 312~302년에 시리아의 왕 셀레우코스에 의해 건설되었다. 바빌론에서 58km 쯤 떨어진 곳에 있는 큰 도시였다.

의해 달라고 부탁했다. 그때 그는 오만하게 말했다.

"접시에다가 돌고래를 담을 수는 없소."

그는 셀레우키아를 떠나 미트리다테스의 딸이며 티그라네스의 왕비인 클레오파트라를 찾아갔다. 그러나 티그라네스의 명령으로 곧 의심을 받아 모든 아테네인들과의 접촉이 금지되었다. 그래서 그는 스스로 굶어 죽고 말았다. 그의 장례는 클레오파트라의 힘으로 정중하게 치러졌으며 무덤은 지금도 사파라고 불리는 곳에 남아 있다고 한다.

루쿨루스는 아시아에서 너그러운 정치와 평화의 은혜를 베푸는 한편, 주민들을 즐겁게 하고 인기를 얻는 데도 소홀하지 않았다. 그가 에페소스에 머무르고 있는 동안 여러 도시의 주민들은 운동 경기와 개선식 축제, 씨름 경기와 검투사 시합 등으로 기쁘게 보냈다. 각 도시들도 그 답례로서 여러 가지 행사를 개최하고, '루쿨루스 운동제'라고 이름을 붙여 그의 명예를 기렸다. 이것은 다른 어떠한 영광보다도 귀중한 것이었으며 참으로 따뜻한 사랑의 표시였다.

드디어 아피우스가 돌아와 보고를 하자 루쿨루스는 티그라네스와 전쟁을 하지 않을 수 없게 되었다. 루쿨루스는 우선 군대를 모은 뒤 폰토스로 가 시노페 시를 공격했다. 시노페 시는 미트리다테스 왕을 섬기는 킬리키아 군대가 수비를 하고 있었다. 그래서 루쿨루스는 이 도시를 포위하고 공격할 때를 노리고 있었다. 그러나 포위 사실을 깨달은 그들은 많은 시민들을 죽이고 시가지에 불을 지른 다음 밤중에 도망을 가려고 했다. 그런데 그때 잠을 자고 있던 루쿨루스가 꿈속에서 어떤 낯선 사람에게 이런 말을 들었다.

"조금 더 진격하시오. 아우톨리코스가 장군을 기다리고 있소."

잠을 깬 루쿨루스는 그 꿈이 무엇을 말하는 것인지 알 수가 없었다. 그러나 마음을 크게 먹고 그 날로 시를 점령한 다음 바다로 도망치는 킬리키아 군을 쫓았다. 시를 완전히 점령하고 보니 죽은 적은 8천 명이었다. 그는 재산을 본래의 시민들에게 모두 돌려 주고 다시 질서를 되찾기 위해 노력을 기울였다.

한편 킬리키아 군대는 배로 달아나기 위해 바다 쪽으로 도망을 가고 있었다. 루쿨루스는 함대를 몰아 그들을 뒤쫓기로 했다. 그런데 바로 그때 부하들이 바닷가에서 버려져 있던 조각상 하나를 찾아 그에게 가지고 왔다. 그것은 킬리키아 군대가 가지고 왔다가 미처 배에 싣지 못하고 내버린 것이었는데, 스테니스[22] 형제가 만든 뒤

---

22) 알렉산드로스 대왕 때의 형제 조각가.

어난 작품 가운데 하나였다. 루쿨루스는 이 조각상이 누구의 것인지를 몰라 궁금해하고 있었는데, 그때 곁에 서 있던 어떤 사람이 말했다.

"이 조각상은 시노페 시를 창건한 아우톨리코스의 조각상입니다."

아우톨리코스는 헤라클레스가 아마존의 여인국을 정벌할 때 테살리아에서 참가한 사람 가운데 하나로 데이마코스의 아들이었다. 그는 데몰레온과 플로기우스라는 두 용사와 함께 본국으로 돌아가다가 케르소네소스 반도의 페달리움 앞바다에서 난파당하고 말았다. 그러나 그는 무기와 함께 무사히 구출되어 시노페로 갔다. 그리고 그곳에 살던 시리아 사람들을 몰아내고 그 땅을 점령하였다. 시리아 사람들의 역사를 보면, 그때 시노페를 차지하고 있던 시리아 인들은 아폴론 신의 아들 시로스와 아소포스의 딸 시노페의 후손이라는 전설이 있다.

이 이야기를 듣고 루쿨루스는 고개를 끄덕이면서, 술라의 《회고록》에서 읽은 "꿈속에서 받은 계시처럼 믿을 만한 것은 없다"는 말뜻을 새삼스럽게 깨달았다.

그 얼마 후 루쿨루스는 미트리다테스와 티그라네스가 리카오니아와 킬리키아에 병력을 수송할 준비를 모두 갖추었다는 소식을 들었다. 루쿨루스는 자기보다 앞서서 아시아로 쳐들어가려는 것이 그들의 목적이라는 것을 알았으나 좀 이상한 점이 있었다. 만일 아르메니아 왕이 로마 군을 공격할 생각이 있었다면, 왜 미트리다테스가 한창 세력을 올리고 있을 때 돕지 않고, 또 힘이 기울어졌어도 아직 세력이 남아 있을 때도 가만히 있다가 그가 조금씩 조금씩 파멸되는 것을 조용히 지켜보고 있었는지를 알 수가 없었던 것이다. 더구나 그가 무엇이 아쉬워서 전쟁에서 승리할 희망도 아주 식어 버린 지금에야 전쟁을 하려는지, 또 왜 하필이면 쓰러져서 다시는 일어서지 못할 자와 손을 잡고 함께 죽을 자리를 찾고 있는지 알 수가 없었다.

그런데 그 무렵 미트리다테스의 아들이며, 보스포로스 해협을 지키는 임무를 맡고 있던 마카레스가 루쿨루스에게 휴전을 요청하면서 금화 1천 장의 값어치를 가진 왕관을 보내왔다. 그리고 로마의 친구와 동맹국이 되기를 원했다. 루쿨루스는 이 전쟁은 이제 완전히 막을 내린 것으로 판단하고 소르나티우스에게 6천 명의 군사를 주어 폰토스 지방을 지키게 했다. 그리고 자신은 1만 2천 명의 보병과 3천 명의 기병을 거느리고 제2의 전쟁터를 향해 진군을 시작했다.

이 정도의 병력을 가지고 강력한 티그라네스를 상대한다는 것은 누가 보아도 경솔하고 무모하게 보였다. 그들이 상대할 적은 전쟁을 좋아하는 수많은 나라와 수십

만의 기병을 거느리고 있었으며, 거듭해서 승리를 이룬 용맹스러운 왕의 지휘를 받고 있었다. 더구나 로마 군은 지금 깊은 강과 사계절 눈에 묻힌 산맥들로 둘러싸인 광막한 곳으로 들어가려는 것이었다. 그러므로 이미 군기가 흐트러진 로마의 병사들은 불평과 반항을 한층 심하게 드러내기 시작했다.

한편 로마에서도 민중 선동가들이 똑같은 이유로 루쿨루스를 비난하고 있었다. "그는 나라에서 원하지도 않는 전쟁을 잇따라 일으키고 있습니다. 이것은 장군으로 있는 동안 절대 무기를 놓치지 않고, 자신의 이익을 위해 나라를 곤경에 빠뜨리려는 처사입니다."

이러한 비난과 불평에도 불구하고 루쿨루스는 힘들고 고된 진군을 계속하고 있었다. 그들이 유프라테스 강에 닿았을 때는 겨울이었다. 강물은 넘칠 듯이 불어나 있어 배를 가지고 부교를 만들려면 많은 시간과 노동력이 필요했다. 루쿨루스는 어떻게 하면 빨리 강을 건너갈 수 있을까 하는 생각으로 초조해하고 있었다. 그런데 그날 저녁 무렵이 되면서부터 강물이 조금씩 줄어들기 시작했다. 강물은 밤새도록 줄어들어 새벽이 되자 강바닥이 드러났다. 강에는 여기저기에 작은 섬들이 나타나고 그 사이에 강물이 조금씩 남아 있을 뿐이었다. 강 건너편에 있던 주민들은 이 이상한 광경을 보고 분명 신의 도움이라고 생각하며 루쿨루스에게 존경을 나타냈다. 그들은 하도 신기한 일을 당했던터라, 강물도 루쿨루스 장군을 도와 스스로 입을 다물고 이 사람의 앞길을 열어 준 것이라고 생각했다.

루쿨루스는 이 기회를 이용해서 군대를 모두 강을 건너게 했다. 그런데 강기슭에 올라갈 무렵에 다시 한 번 좋은 징조가 나타났다. 유프라테스 강 건너 편에 사는 주민들은 여러 신들을 섬기고 있었는데 그 중에서도 가장 존경하여 받드는 신이 페르시아의 디아나[23] 여신이었다. 이곳 주민들은 이 여신에게 암송아지만을 제물로 드렸는데, 제물로 쓸 암송아지 등에 여신의 문장인 횃불 모양의 낙인을 찍은 다음 놓아서 기르고 있었다. 그래서 제사를 드리기 위해 암송아지를 잡으려면 여간 애를 먹는 것이 아니었다.

그런데 루쿨루스의 군사들이 강을 모두 건너갔을 때, 웬일인지 암송아지 한 마리가 여신의 바위 위에 서 있는 것이었다. 그러더니 억지로 묶였던 것처럼 스스로 쓰

---

23) 그리스의 아르테미스 여신.

러지더니 모가지를 길게 뺐다. 그것은 마치 루쿨루스에게 자기 몸을 제물로 써 달라고 하는 시늉 같았다. 그래서 루쿨루스는 이 암송아지를 잡아 제사를 드렸다. 그리고 자신들이 무사히 강을 건널 수 있도록 도와준 유프라테스 강의 신에게 감사드리기 위해 따로 황소 한 마리를 잡아서 제물로 바쳤다.

강을 건너던 날 밤, 루쿨루스의 군대는 거기서 야영을 했다. 그리고 다음날부터 며칠 동안 계속해서 행군을 했다. 그들은 소페네 지방을 통과했는데 루쿨루스는 군대에 엄명을 내려 주민들에게 손끝 하나도 대지 못하게 했다.

병사들이 많은 물자를 저장해 둔 곳으로 보이는 성을 가리키며 약탈하자고 요구했을 때도, 루쿨루스는 고개를 가로저으며 멀리 보이는 타우로스 산맥을 가리키고 이렇게 말했다.

"저것이 우리가 먼저 정복해야 할 성이다. 그 밖의 성들은 저 성을 정복하는 자를 위해 남겨져 있는 것이다."

루쿨루스 군은 강행군을 계속하여 마침내 티그리스 강을 건넜다. 강 건너에는 바로 아르메니아 땅이 펼쳐져 있었다.

전쟁의 불길이 바로 눈앞에까지 다가와 있었지만 티그라네스 왕은 그런 사실을 전혀 알아차리지 못했다. 처음에 어떤 사람이 로마 군의 침입을 알렸지만 왕은 터무니 없는 유언비어를 퍼뜨린다고 오히려 그 사람의 목을 잘라 버렸기 때문에 그 이후로는 아무도 진실한 정보를 보고하려 하지 않았던 것이다. 대신 왕의 주위에는 아첨꾼들만이 들끓었으며, 그들은 다투어 왕을 추켜 세우는 데 바빴다.

"대왕께서 수십만 대군을 거느리고 일어서기만 하면, 에페소스에서 대왕을 맞아 싸우려던 루쿨루스도 도망가고 말 겁니다."

"대왕님을 당할 자가 천하에 어디 있겠습니까? 감히 루쿨루스가 덤벼든다면 그는 그것만으로도 위대한 장군이라는 소리를 들을 것입니다."

그는 두주불사 형의 강한 체격의 소유자였으며, 정신력도 강하여 항상 낙천적이었다.

이 때 티그라네스 왕의 측근들 중 하나인 미트로바르자네스는 처음으로 왕에게 사실을 알렸다. 그러나 그가 받은 상은 루쿨루스를 산 채로 잡고 로마 군대를 완전히 무찔러 버리라는 명령과 함께, 3천 명의 기병과 엄청난 보병을 거느리고 즉시 루쿨루스 군을 향해 출정하라는 것이었다.

이 때 루쿨루스는 병력을 나누어 그 일부는 그들이 점령한 진지들을 수비하게 하고, 그는 나머지 병력들을 이끌고 계속 앞으로 전진하고 있었다. 그는 혹시라도 여기저기에 흩어져 있던 부대들이 모여 완전한 전투 태세를 갖추기 전에 적의 습격을 받게 될까봐 걱정하여, 일단 행군을 멈추게 했다. 그리고 섹스틸리우스 장군에게 1천 6백 명의 기병과 중장비병, 경장비병 등을 주어 앞서가라고 명령했다. 그런 다음 자신은 나머지 병력들을 거느리며 진지를 구축하기 시작했다. 진지가 다 완성되면 모두 합세하여 적을 공격할 작정이었던 것이다. 그는 섹스틸리우스 장군에게 엄격하게 명령을 해두었다.

"진지가 완전히 구축되었다는 신호를 보내기 전까지는 절대로 싸움을 시작해서는 안 되오. 알겠소?"

섹스틸리우스 장군은 루쿨루스의 명령을 가슴에 새겼다. 그러나 미트로바르자네스의 군대가 느닷없이 들이닥치자 명령을 지키느라 당하고 있을 수만은 없게 되었다. 그는 하는 수 없이 전투 명령을 내렸다.

이 전쟁 중에 미트로바르자네스는 로마 군의 칼에 맞아 전사하고 말았다. 그러자 아르메니아 군의 병사들도 모두 흩어져 달아나 버렸다.

로마 군은 이미 달아나버린 적들은 더 이상 쫓지 않고, 눈앞에 있는 적들만을 닥치는 대로 찔러댔다. 이 싸움이 끝난 뒤, 티그라네스는 자기가 세운 티그라노케르타[24]라는 도시를 버리고, 타우로스 산맥 속으로 달아났다. 그리고 그곳에서 여러 곳에 나뉘어 있던 자신의 군대를 불러들이기 시작했다.

그러나 루쿨루스는 티그라네스가 군대를 모두 불러모을 만한 시간을 주고 앉아 있지는 않았다. 그는 무레나를 왕이 있는 곳으로 보내 그에게 몰려들고 있던 군대의 앞길을 막아 버렸다. 그리고 다시 섹스틸리우스에게는, 티그라네스를 돕기 위해 타우로스로 달려가고 있던 아라비아의 대군을 공격하게 했다.

섹스틸리우스는 아라비아 군의 진지를 습격하여 대부분을 죽이고 나머지는 모두 흩어지게 만들었다. 무레나 또한 티그라네스를 쫓다가 적군이 좁은 계곡을 지나는 것을 기다려 습격을 감행했다. 티그라네스는 군수품을 내버린 채 서둘러 달아났

---

24) 티그리스 강의 동쪽에 있던 도시. 건설한 지가 얼마 되지 않았던 때로, 규모가 매우 컸으며 높이 15m의 성벽으로 둘러싸여 있었다고 한다.

다. 그리고 그곳에서도 아르메니아의 병사들이 수없이 죽어서 쓰러지고, 또 수없이 포로가 되어 잡히기도 했다.

로마 군은 큰 승리를 거둔 다음, 티그라노케르타 시를 포위하였다. 티그라노케르타 시에는 킬리키아에서 강제로 끌려온 그리스인들과 아디아베니 인, 아시리아 인, 고르디에네 인, 카파도키아 인들이 살고 있었다. 이 야만족들은 티그라네스가 그들 도시를 함락시키고 강제로 이곳에 옮겨와 살게 한 종족들인데, 그들 또한 그리스인들처럼 고통받고 있었다.

이 도시는 크고 아름다웠으며 부유한 도시였다. 이곳은 평범한 시민들과 지위높은 귀족들이 왕에게 아부하기 위해 바친 재물들로 장식되어 있었다. 이것을 잘 알고 있던 루쿨루스는 도시를 포위하고 여기저기를 마구 부수기 시작했다. 그렇게 하면 왕이 분함을 참지 못하고 성급히 싸움에 휘말릴 것이라고 생각했던 것이다. 과연 루쿨루스의 짐작은 틀리지 않아 왕은 곧 군대를 이끌고 나왔다.

그러자 미트리다테스는 티그라네스에게 편지를 써서 진지하게 충고를 했다. 로마 군과의 본격적인 전투를 피하고 기병대를 시켜 보급로를 끊는 작전을 쓰라는 것이었다. 미트리다테스로부터 파견되어 와 있던 탁실레스 또한 왕에게 간청했다. "노여움을 거두시고 로마 군과의 싸움은 피하십시오. 그렇지 않으면 큰 상처를 입게 됩니다."

티그라네스 왕은 처음에는 미트리다테스 왕과 탁실레스의 권유와 간청에 귀를 기울였다. 그러나 아르메니아와 고르디에네 군이 모여들고 메디아와 아디아베니의 왕들이 군대를 이끌고 오자 왕은 생각이 달라지고 말았다. 또한 바빌론 저쪽에서 바다를 건너 수많은 아라비아 군이 오고 카스피 해로부터 그곳에 사는 알바니아 군과 그 이웃 이베리아에서도 군대가 도착했다. 뿐만 아니라, 왕의 요청과 돈에 넘어간 아락세스 강 유역의 몇몇 종족들까지도 티그라네스에게 모여들었다. 그러자 티그라네스 왕은 다시 야만인다운 허풍을 늘어놓기 시작했다.

그가 여는 잔치나 회의에서는 언제나 승리에 대한 자만과 기대, 그리고 야만적이고 위협적인 말 외에는 아무것도 들을 수 없었다. 이렇게 되자 탁실레스는 전투를 반대하는 의견을 가졌다는 혐의로 자칫 목숨까지 잃을 뻔했다. 또 그는 티그라네스가 큰 승리의 영광을 얻는 것을 시기한다는 의심까지 받게 되었다. 그래서 티그라네스는 미트리다테스 왕이 자기의 영광을 나누어 가지자고 할까봐, 그가 도착하기 전에 서둘러 군대에 진군을 명령하면서 허풍을 떨었다. "로마의 모든 장군과 한꺼번에 싸우지 못하고 보잘것없는 루쿨루스 한 사람과 싸우게 된 것이 유감일 뿐이오."

그러나 그처럼 많은 보병과 기병들이 자기 뒤를 따르는 것을 돌아다보면서 한 이 말은 결코 지나친 과장이나 허풍이라고 생각할 수만은 없다. 루쿨루스가 원로원에 낸 보고서를 보면, 티그라네스는 2만 명의 궁수와 투석수, 5만 5천 명의 기병(그중 1만 7천 명은 철기병),[25] 그리고 반은 연대의 형태로 반은 밀집 대형으로 배열된 15만 명의 중장비 보병을 가지고 있었을 뿐 아니라, 길을 닦고 다리를 놓고 강물을 돌리고 벌목을 하는 따위에 필요한 잡역부 3만 5천 명이 군대의 뒤를 따르고 있었다고 한다. 그러한 티그라네스 군의 세력과 위용은 참으로 놀랄 만한 것이었으며, 그런 장담과 허풍이 나올 만도 한 것이었다.

티그라네스의 대군은 타우로스 산맥을 넘어서서, 티그라노케르타를 포위하고 있던 로마 군을 내려다보았다. 시내에 갇혀 있던 야만인들은 그들 군대가 나타나자 환호성을 지르며 기뻐했다. 그리고 성벽 위에 올라서서 아르메니아 군의 모습을 가리키면서 로마 군을 위협하기도 했다.

루쿨루스 군대의 작전 회의는 두 갈래의 의견으로 갈라졌다. 한 쪽은 포위를 풀고 티그라네스 군과 싸움을 벌이자는 것이었고, 또 한 쪽은 등 뒤에 적의 대군이 있으니 포위를 풀면 위험하다는 것이었다. 루쿨루스는 조용히 그들의 의견을 듣고 있다가 이렇게 입을 열었다.

"여러분이 말한 두 의견은 그 자체로서는 결점이 있소. 그러나 그것을 합쳐서 생각해 보면 완전한 작전을 세울 수가 있소."

그는 군대를 두 편으로 나누었다. 그래서 무레나에게 6천 명의 보병을 주어 도시를 계속 포위하게 하고, 자신은 나머지 24개 코호트의 군대를 이끌고 적을 향해 출동했다. 이 군대는 1만 명 남짓한 보병과 기병, 그리고 1천 명 정도의 궁수와 투석수로 이루어져 있었다.

티그라네스는 넓은 평야를 가로질러 흐르는 강 주변에 진을 치는 로마 군을 보고 몹시 가소롭다는 듯 웃었다. 왕의 주위에 있던 아첨배들도 이것을 보고는 왕의 비위를 맞추기에 다시 바빠졌다. 어떤 사람은 루쿨루스를 비웃었고, 어떤 사람은 전리품

---

25) 중무장한 기병의 하나. 윗몸 전체를 갑옷으로 무장했을 뿐만 아니라 말의 온몸까지 철갑을 두른 완전무장한 기병.

을 나눌 제비를 미리 뽑자고 조르기도 했다. 그리고 여러 왕과 장군들은 모두 티그라네스 앞에 나서며 이렇게 말하였다.

"대왕께서는 가만히 보고만 계십시오. 제가 혼자 나가서 적을 무찌르고 돌아오겠습니다."

티그라네스도 로마 군을 두고 이런 유명한 말을 했다.

"사신으로 왔다면 너무 많고, 군대로 왔다면 너무 적군!"

그들은 이렇게 로마 군을 비웃으며 농담을 해대고 있었다.

한편 루쿨루스는 먼동이 터오는 것을 보고 곧 군대를 출동시켰다. 야만인들은 강의 동쪽 기슭에 진을 치고 있었다. 루쿨루스는 마침 강이 서쪽으로 굽이쳐 돌아가는 곳을 발견하고, 건너기 쉬운 그쪽으로 군대를 이끌고 갔다. 그런데 적의 진영에서 보면 그 모양은 마치 후퇴하는 행렬처럼 보였다. 티그라네스 왕은 이 광경을 보고 탁실레스에게 말했다.

"로마에서 왔다는 저 무적의 군대가 달아나고 있는 꼴이 보이시오?"

그러나 탁실레스는 이렇게 대답했다.

"대왕께 이익이 되는 일이라면 저도 기쁠 따름입니다. 그러나 로마 군은 보통 행군을 할 때는 결코 저런 옷을 입지 않습니다. 잘 보십시오. 무장을 단단히 하고 방패도 광채를 내고 있으며 투구에도 가죽을 씌워서 쓰고 있지 않습니까? 로마 군이 저렇게 차리고 나선 것은 분명히 공격해 오려는 채비입니다. 틀림없습니다. 저들은 이제 곧 이곳으로 쳐들어 올 것입니다."

탁실레스의 말이 채 끝나기도 전에 독수리가 그려진 로마 군의 깃발이 나타났다. 로마 군이 돌아선 것이었다. 로마 군은 강을 건너기 위해 어느덧 대형을 가다듬고 있었다. 티그라네스 왕은 그것을 보고 몹시 당황하여 두세 번 거듭해서 이렇게 소리쳤다.

"아니, 저것들이 정말 우리에게 덤비겠다는 건가?"

그는 비로소 제정신을 찾고 군대를 정돈했다. 왕 자신은 주력 부대를 맡아 가운데서 서고 아디아베니 군에게는 왼쪽을, 메디아 군에게는 오른쪽을 맡겼다. 그리고 메디아 군 앞에는 완전무장한 기병들을 모두 내세웠다.

그런데 루쿨루스가 강을 건너려는 순간 몇몇 장군들이 그 자리에 갑자기 주저앉으면서, 이렇게 소리쳤다.

"장군님! 오늘은 로마에게는 운이 몹시 나쁜 날입니다. 옛날 카이피오[26]의 군대가 킴브리 족과 싸워 전멸된 것도 바로 오늘입니다."

그러나 루쿨루스는 아주 당당한 소리로 우렁차게 대답했다.

"그러면 이 날을 로마 군에게 행운이 깃드는 날로 고치면 되지 않소?"

이 날은 10월 노네스 바로 전 날이었다.

루쿨루스는 이렇게 장군들을 격려하며 강을 건넜다. 그는 가장자리에 술이 달린 망토를 걸치고 비늘이 돋친 것 같은 갑옷으로 몸을 감싸고 있어서 특별히 두드러져 보였다. 그는 맨 앞에 서서 적군을 향해 나아갔다. 이미 그의 손에는 칼이 단단히 잡혀 있었다. 그것은 백병전을 하라는 신호였다. 루쿨루스는 적이 많은 궁수들을 준비시키고 있는 것을 보고, 그들이 활을 쏠 시간을 주지 않으려 한 것이었다. 로마 군은 일제히 함성을 올리며 적을 향해 내달렸다. 앞에 내다보이는 언덕의 기슭에는 이름 높은 철기병대가 버티고 있었다.

거기서 불과 4펄롱(800m) 떨어진 곳에는 드넓은 평야가 펼쳐져 있었는데 루쿨루스는 이것을 발견하고 트라키아와 갈라티아의 기병들에게 출동명령을 내렸다. "적의 측면을 공격하라. 그리고 적의 긴 창을 모두 베어 버려라!"

적의 철기병대가 가지고 있는 유일한 방어 수단이 그들의 긴 창이었기 때문에 루쿨루스는 그것을 없애라고 했던 것이다. 그들은 갑옷을 입었다기보다 오히려 뻣뻣하고 무거운 갑옷에 둘러싸여 있었으므로 제대로 움직일 수가 없었다. 그러므로 루쿨루스는 이러한 약점을 이용하여 적의 철기병대를 부수려고 했던 것이다.

그런 다음 루쿨루스는 2개 코호트의 군대를 거느리고 산으로 올라갔다. 산꼭대기에 도착한 그는 우뚝 서서 이렇게 외쳤다. "자! 승리는 이제 우리의 것이다. 나를 따르라."

이렇게 소리를 지른 루쿨루스는 적의 철기병을 향해 돌격하며 이렇게 말했다. "로마의 용사들이여! 창을 멀리서 던지지 말고, 두 손으로 겨누어 잡아라. 그런 다음 적의 다리를 향해 창을 꽂아라."

철기병들은 다리만 내놓고 다른 부분은 갑옷으로 둘러싸고 있었기 때문에 이 작

---

26) 기원전 105년의 갈리아 총독이었다. 그는 지금 프랑스의 프로방스에서 킴브리 족과 테우토네스 족을 맞아 크게 패했다. 그때 남은 로마 군의 생존자는 겨우 18명이었다고 한다.

전은 승리를 보장하는 것이었다. 그러나 이 전법은 써볼 기회조차 없었다. 로마 군의 공격이 시작되자마자 그들이 아우성치며 모두 달아나 버렸기 때문이었다. 그들은 아직 전투를 시작하지 않은 자기편 보병 속으로 허겁지겁 숨어 들어갔다.

이 갑작스러운 일 때문에 티그라네스 군은 커다란 혼란에 빠져들고 말았다. 보병들은 느닷없이 뛰어든 철기병의 말발굽을 피해 이리저리 뛰어다니고, 그러다가 넘어져서 짓밟혀 죽는 사람도 하나 둘이 아니었다. 군대의 숫자가 워낙 엄청나다보니 미처 손쓸 사이도 없이 그들은 모두 쓰러지고 말았다. 그들은 피 한 방울 흘리기도 전에 미리 겁을 먹고 달아나 자기들끼리 밀고 밀리며 죽어갔던 것이다.

티그라네스 왕은 더 이상 버틸 수가 없어 몇 안 되는 부하들을 데리고 말에 올랐다. 그는 말을 타고 달리다가 같은 운명에 처해 있는 아들을 보고 눈물을 흘렸다. 그리고 왕관을 벗어 아들에게 씌워 주며 말했다.

"아들아, 우리는 서로 다른 길로 가야 한단다. 제발 너만이라도 어떻게 해서든지 살아남아라. 알겠느냐?"

그러나 티그라네스의 아들은 왕관을 머리에 쓰고 있기가 두려워 가장 믿는 시종 한 사람에게 맡겼다. 그런데 이 시종은 추격해 온 로마 군에게 잡혀 포로가 되었으므로, 왕관은 결국 수많은 전리품들과 함께 루쿨루스의 손에 넘어가게 되었다. 이 전쟁에서 적의 보병 전사자는 10만 명을 넘었으며 기병 중에는 도망간 자가 거의 없었다. 반면에 로마 군의 피해는 부상이 백 명, 그리고 전사자는 겨우 5명이었다고 한다.

철학자 안티오코스는 그의 책 《신들에 관하여》에서 이 전투에 대해 기록을 했는데, "세상이 생겨난 이래 이런 전투는 처음이었다"고 적고 있다. 그리고 철학자 스트라보는 그의 《사화집》에서 "로마 군은 그런 가련한 노예들과 싸우느라고 갑옷까지 갖춰 입었던 것을 부끄러워했으며, 칼을 대기도 아까웠다"고 쓰고 있다. 또 리비우스도 "그런 어림도 없는 병력으로 대군을 맞아 싸운 것은 로마로서는 처음 있는 일이었다. 그들은 그때 20분의 1도 안 되는 병력으로 승리를 거두었다"고 말했다.

로마의 유명한 장군들과 군사 경험을 가진 사람들은 모두 루쿨루스를 칭찬했다. 그들은 루쿨루스가 가장 강대한 두 왕을 정반대의 두 가지 방법, 즉 속전과 지연 작전을 써서 물리쳤다면서 찬사를 아끼지 않았다. 그는 권세의 절정에 서 있던 미트리다테스의 힘을 시간을 끄는 작전으로 소모시켰고, 반대로 티그라네스는 가장 빠른 속전으로 무찔렀던 것이다. 이처럼 공격에서 지연 작전을 쓰고, 방어전에서는 급습 작전을 쓴 장군은 루쿨루스를 제외하고는 찾아보기 어렵다.

한편 미트리다테스는 루쿨루스가 이번에도 그 전처럼 조심스럽게 지연 작전을 쓸 것이라고 예상하고 있었다. 그래서 그는 전투를 서두르지 않고 천천히 진군하면서 티그라네스 군을 기다리고 있었다. 그런데 얼마쯤 진군하고 있었을 때 공포에 질린 얼굴로 후퇴하고 있는 아르메니아 군을 만나게 되었다. 미트리다테스는 옷이 찢겨진 채 부상당한 병졸들을 만나 패전 소식을 듣자 티그라네스의 행방을 찾기 위해 행군을 서둘렀다.

티그라네스는 가련한 신세가 되어 있었다. 미트리다테스는 그를 만나자 일찍이 그로부터 받았던 거만하고 무례한 행동에 대한 기억들도 잊고 말에서 뛰어내려 그를 맞았다. 그는 똑같은 처지에 있는 티그라네스의 불행을 슬퍼하고 자기의 호위병을 나누어 주며 위로하였다. 그리고 장래의 일에 대해 이야기하면서 그를 격려하고 용기를 불어넣어 주었다. 그런 두 왕은 힘을 합쳐 다시 주위에 있는 군대를 불러모으기 시작했다.

그러는 동안 티그라노케르타 시에서는 그리스인과 야만인들 사이의 싸움이 일어났다. 그리스인들이 나머지 도시들을 루쿨루스에게 넘겨 주려 꾀하고 있었기 때문이었다. 루쿨루스는 이것을 이용하여 곧 도시를 점령해 버렸다. 그러고는 시 소유로 되어 있던 재물들을 손에 넣고, 시가지를 병사들에게 약탈하도록 내버려 두었다. 여기서 많은 보물들이 발견되었는데 금은화만 해도 8천 탈렌트에 이르렀다. 그 밖에도 그는 전리품을 처분한 돈을 각각 8백 드라크마씩 병사들에게 나누어 주었다.

이 도시에는 티그라네스가 지은 커다란 극장이 있었는데, 이곳에는 그가 여러 곳에서 붙잡아 온 배우들도 많이 있었다. 이 사실을 알게 된 루쿨루스는 그들을 채용하여 승리를 축하하는 여러 가지 연예 대회를 열었다. 그리고 그리스인들에게는 여비를 주어 고향으로 돌려보내고, 강제로 끌려왔던 야만인들에게도 본국으로 돌아갈 길을 터주었다. 이렇게 해서 고향으로 돌아간 티그라노케르타 시민들은 여러 곳에서 다시 옛도시를 부흥시키고, 루쿨루스를 은인이며, 그 도시의 건설자로 존경하고 받들었다.

다른 몇 가지 면에서도 루쿨루스는 성공을 거두었다. 그는 원래 전쟁에 의한 업적보다 정의롭고 인자한 정치로 이름을 떨치고 싶어했던 사람이었다. 전쟁에서의 성공이라는 것은 보통 부하 병사들의 힘과 운명에 달려 있지만, 어진 정치는 그 사람만의 너그럽고 올바른 성격으로 만들어지는 것으로 생각했기 때문이다.

그는 더 이상 무력적인 힘을 쓰지 않고 어진 정치를 이용하여 야만족을 다스렸다. 그러자 아라비아의 여러 왕들과 소페네 사람들이 그에게 항복해 왔다. 뿐만 아니라 루쿨루스의 어진 정치를 본 고르디에네 사람들도 자기네 고향을 버리고 가족과 함께 그를 따르겠다고 했다. 그런데 고르디에네 사람들에게는 그런 결정을 내릴 만한 이유가 있었다.

고르디에네의 왕 자르비에노스는 티그라네스의 압박에 못이겨 그를 섬기고 있었다. 그러다가 루쿨루스의 시절로 간 아피우스를 만나자 그는 루쿨루스와 몰래 동맹을 맺을 뜻을 전해왔다. 그런데 이 계획이 그만 탄로가 나서, 로마 군이 아르메니아로 진격하기 전에 왕은 가족들과 함께 처형을 당하고 말았다. 루쿨루스는 이 일을 잊지 않고 고르디에네에 들어갔을 때 왕의 장례를 성대하게 치러 주었다. 왕의 옷과 금은 보화, 그리고 티그라네스로부터 빼앗은 전리품을 쌓은 뒤 루쿨루스는 몸소 불을 지르고, 죽은 왕의 친구와 가족들과 함께 향유를 부었다. 그리고 많은 돈을 내놓으며 그의 비석을 만들어 세우게 하고 로마의 동맹자라는 칭호를 주었다. 이처럼 따뜻한 루쿨루스의 행동은 고르디에네 사람들을 감동시켰다.

그러나 다른 한편으로 루쿨루스가 얻은 것도 적지 않았다. 자르비에노스의 왕궁에서는 금과 은으로 가득 찬 보물창고와 함께 엄청난 양의 곡식이 발견되어 루쿨루스는 이것으로 병사들의 식량을 충분히 얻을 수 있었다. 그래서 그는 본국에서 단한 푼의 군자금도 받지 않고 전쟁을 계속할 수 있게 되어, 본국에서도 대단한 칭찬과 존경을 받게 되었다.

그가 이곳에 도착한 지 얼마 뒤, 파르티아 왕이 보낸 사절단이 와서 우호동맹을 맺자고 제안해 왔다. 루쿨루스는 그들의 제안을 쾌히 받아들이고 자기의 사절단을 별도로 파르티아에 보냈다. 그런데 그가 보낸 사절단이 돌아와, 파르티아 왕이 두 가지 마음을 품고 있다는 사실을 알려 주었다. 왕은 로마와 동맹을 맺는 한편, 티그라네스에게도 몰래 편지를 보내 메소포타미아를 돌려준다면 그를 돕겠다고 제안했던 것이다.

사절단의 보고를 들은 루쿨루스는 이미 꺾은 티그라네스와 미트리다테스는 잠시 제쳐두고 파르티아와 함께 겨루기로 결심했다. 이름난 운동선수처럼, 그는 연달아 파르티아 왕까지 꺾어 아시아의 가장 강한 세 왕을 물리쳤다는 명성을 얻으려는 것이었다.

루쿨루스는 폰토스에 머물고 있던 소르나티우스와 그 밖의 장군들에게 사람을 보냈다. 고르디에네에서 다시 진격을 시작하여 아시아로 멀리 갈 것이니 모두 군대를 이끌고 오라는 내용이었다. 그러나 이 명령을 들은 병사들은 모두 불평을 늘어놓으며 반항하기 시작했다. 장군들이 아무리 달래도 아무 소용이 없었다. 이미 군기가 문란해져 있던 병사들은 이제는 아주 본격적으로 나서며, 폰토스마저 버리고 모두 돌아가겠다고 떠들어댔다.

이 소식이 전해지자 루쿨루스의 군대도 들끓기 시작했다. 그들은 많은 전리품들로 부자가 되어 있어서 이제는 사치스러운 생활을 하고 싶어졌던 것이다. 그래서 그들은 폰토스 병사들의 이야기를 듣고 오히려 본받을 만한 일이라며, 오랫동안 공을 세우느라고 고생을 했으니 이제는 고향으로 돌아가 편히 쉬어야 되겠다고 공공연하게 떠들었다.

이처럼 반란의 기색이 짙어지자 루쿨루스는 파르티아를 정복할 뜻을 버리고 다시 티그라네스를 치기 위해 출정했다. 그때는 한여름이었는데, 타우로스 산맥의 들판은 아직도 푸른빛을 지니고 있었다. 이 지방의 기후가 서늘해서 그만큼 추수철이 늦었던 것이다. 루쿨루스는 실망하며 식량걱정을 하기 시작했지만 발걸음을 늦추지 않고 서둘러 군대를 진군시켰다.

그들 군대는 산맥을 내려가다가 아르메니아 군과 두세 차례 작은 싸움을 벌이고 그들을 쫓아낸 다음 마을을 습격하였다. 그리고 티그라네스에게 보내기 위해 모아두었던 식량을 빼앗아 버렸다. 그렇게 해서 루쿨루스는 식량 문제를 해결하고 도리어 적들에게 걱정을 안겨 주었다.

루쿨루스는 적의 진영을 포위한 다음 그 주위에 참호를 파거나 지방을 약탈하여 적이 싸우러 나오도록 유인하였다. 그러나 티그라네스 군은 이미 몇 차례나 참패를 경험했기 때문에 도저히 나와서 싸울 용기를 내지 못하고 있었다. 루쿨루스는 티그라네스 군을 끌어낼 수 없으리라고 판단하고, 군대를 돌려 아르탁사타로 진군해갔다. 아르탁사타는 티그라네스의 성이 있는 곳으로 이곳에는 왕비와 어린 왕자들이 있었다. 그러므로 이곳을 포위하고 있으면 티그라네스는 위험을 무릅쓰고라도 싸울 것이라고 생각한 것이다.

전하는 바에 의하면 카르타고의 장군 한니발은 안티오코스가 로마 군에게 패전한 뒤 아르메니아의 왕 아르탁사스를 찾아갔다고 한다. 그때 그는 왕에게 여러 가지 좋은 충고를 했는데 그 중에는 이런 이야기가 있다.

당시 아르탁사타는 아무도 살지 않는 곳이었는데, 한니발은 이 땅을 눈여겨보고 장래에 세워질 도시의 모형을 만들어 두었다. 그런 뒤 한니발은 왕을 이곳으로 데려와 모형을 보여 주면서 도시를 건설하라고 권유했다. 왕은 한니발의 이야기를 기꺼이 받아들이고 그에게 마음대로 도시를 만들어보라고 했다. 그렇게 해서 이곳에 크고 아름다운 도시가 세워졌는데, 왕은 자신의 이름을 따서 아르탁사타라고 이름을 짓고 아르메니아의 수도로 삼았다고 한다.

한편 자신의 가족이 있는 도시가 위협을 당하자 티그라네스는 가만히 있을 수가 없었다. 그는 루쿨루스가 아르탁사타로 달려가고 있다는 소식을 듣자 곧 전 군대를 이끌고 서둘러 그를 뒤쫓았다. 그는 로마 군보다 한 발 앞서 아르사니아스 강으로 가서 루쿨루스를 막아낼 작정이었다. 아르탁사타로 들어가려면 반드시 이 강을 건너야 한다는 것을 알고 미리 도착하려 했던 것이다.

사흘 만에 그의 군대는 로마 군보다 앞서 아르사니아스 강에 도착하여 건너편에 진지를 구축했다. 이윽고 이곳에 도착한 루쿨루스는 강 건너편에 먼저 와 있던 티그라네스의 군대를 발견했다. 그는 병사들에게 진영을 만들라고 명령을 내린 뒤, 승리를 확신하며 제사를 올렸다. 그런 다음 12개 코호트의 보병(약 7200명)을 맨 앞에 세우고 병사들에게 강을 건너라고 명령했다. 그리고 적의 포위를 대비하여 일부의 군대를 강 이쪽에 남겨 두었다.

티그라네스는 수많은 정예 기병대를 이끌고 싸우러 나왔다. 맨 앞에는 마르도이 출신의 궁수들과 긴 창을 든 이베리아 병사들이 말을 타고 달려 나왔다. 이들은 용감하기로 이름난 부대로서 왕의 신임을 가장 두텁게 받고 있었다. 그러나 이 부대는 눈에 띌 만한 용맹을 보여 주지는 못했다. 왜냐하면 그들은 먼 거리를 두고 싸워야 힘을 낼 수 있는데, 로마의 보병들이 마구 밀어닥치자 버틸 수가 없었던 것이다. 그들은 제대로 싸워 보지도 못하고 좌우로 갈라져 도망치고 말았다.

이것을 본 로마 군 기병대는 달아나는 그들을 뒤쫓기 시작했다. 그런데 그때 티그라네스 주위에 있던 적의 복병들이 느닷없이 쏟아져 나왔다. 그들은 엄청난 숫자였으며 달려드는 모습도 몹시 용맹스러웠다. 루쿨루스는 자기를 향해 달려드는 이 복병들을 보고 그만 당황하고 말았다. 그는 급히 나팔을 불어 기병대를 불러들이는 한편, 스스로 제일 앞에 나서서, 정면에서 버티고 있던 사트라페니 군을 공격했다. 그러자 적들은 깜짝 놀라 그대로 뒤돌아서 달아나기 시작했다. 그리고 이 부대가 달아나는 것을 보고 티그라네스의 나머지 병사들도 모두 허둥거리며 도망치기 시작했다.

루쿨루스와 싸운 세 왕 중에서도 폰토스의 왕 미트리다테스의 도망은 가장 수치스러운 것이었다. 그는 로마 군이 내지르는 함성 소리만 듣고도 겁에 질려 달아났기 때문이었다. 로마 군은 밤 늦게까지 그들을 뒤쫓으며 적을 죽이거나 포로로 잡고, 챙기기도 지겨울 만큼 많은 전리품과 보물들을 얻었다.

그래서 역사가 리비우스는, 포로와 전사자의 수는 1차 전쟁 때보다 적었지만 2차 전쟁에서는 신분이 높은 자들이 많이 죽고 포로가 되었다고 기록하고 있다. 루쿨루스는 이 대승리로 더욱 자신을 얻게 되어, 내륙 깊은 곳까지 쳐들어가 야만족을 모두 정벌하려고 생각했다. 그러나 이미 겨울이 닥쳐오기 시작해서 눈보라가 치고 맑은 날에도 서리가 하얗게 내렸다. 물이 얼어서 말들은 물을 마실 수가 없었으며 두꺼운 얼음이 깨져 말이 다리에 상처를 입어 강을 건널 수도 없게 되었다. 또 길이 험하고 밀림이 울창하여 군대가 지나가면 나뭇가지에 쌓였던 눈이 쏟아져 옷이 마를 사이가 없었으며, 밤이면 차가운 땅 위에서 잠을 자야 할 형편이었다.

승리의 기분에 들떠 있던 병사들은 처음 며칠 동안은 이런 고생을 잘 참고 견뎠지만 얼마 되지 않아 장군을 찾아다니며 고생을 호소하였다. 그러나 이러한 자신들의 얘기가 받아들여지지 않자 병사들은 반항을 하기 시작했다. 병사들은 밤마다 천막에서 함성을 지르며 금방이라도 반란을 일으킬 기세였다. 그러나 루쿨루스는 이것에 굴하지 않고 그들을 달래며 간청했다.

"우리는 로마의 원수인 한니발이 건설한 아르탁사타 시를 함락시켜야만 한다. 그때까지 여러분들은 인내심을 가지고 잘 견뎌 주기를 바란다."

그러나 이 말도 병사들에게는 아무런 효과가 없었다. 결국 루쿨루스는 군대를 돌려 타우로스 산맥을 다시 넘어갔다. 그들이 도착한 곳은 미그도니아 지방이었는데 이곳은 기후가 따뜻하고 땅도 기름진 곳이었다. 거기에는 니시비스라고 부르는 도시가 있었는데, 그리스 사람들은 이 도시를 '미그도니아의 안티오키아'라고 부르고 있었다.

이곳을 지키고 있던 군대의 사령관은 티그라네스의 동생이며 총독인 구라스라는 자였다. 이곳에는 또 칼리마코스라는 사람이 있었는데, 그는 일찍이 아미소스에서 로마 군을 괴롭혔던 뛰어난 기계로 이 도시를 방어하고 있었다. 그러나 루쿨루스는 이 도시를 포위하고, 온갖 꾀를 다 써서 곧 함락시켰다.

루쿨루스는 항복할 뜻을 전한 구라스를 따뜻하게 맞아들였다. 그러나 칼리마코스는 보물이 숨겨진 곳을 알려줄 테니 살려 달라고 애원했지만, 루쿨루스는 그를 사슬로 묶게 한 다음 자기에게 끌고와 처형하였다. 이것은 그리스인들에게 은혜와 온정을 베풀려던 루쿨루스의 뜻을, 그가 아미소스 시에 불을 질러 버림으로써 망쳐놓은 데 대한 대가였다.

지금까지의 그는 전투가 있을 때마다 행운이 따라다니며 돕는 것처럼 운이 좋았다. 그러나 이제부터는 바람의 방향이 바뀐 것처럼 온 힘을 다해 애를 써도 반드시 장애에 부딪혔다. 그는 장군으로서 훌륭한 용기와 인내력을 보여 주었지만 언제나 결과는 좋지 못해서 아무런 명성도 얻을 수가 없었다. 더구나 실패와 공연한 분쟁들만 자꾸 생겨나 지금까지 거두었던 명성조차 거의 잃게 되고 말았다.

그 원인은 여러 가지가 있겠지만 그 중에서도 가장 큰 것은 역시 루쿨루스 자신에게 있었다. 그는 병사들의 환심을 사려고 애쓰지 않는 사람이었으며, 병사들이 마음에 들어하는 모든 행동은 장군의 체면을 깎아내리는 일이라고 생각했다. 뿐만 아니라 그는 행동을 함께해야 할 동료 장군들에게도 상냥하게 대하는 법이 없었으며, 자기만한 인물은 아무도 없다는 듯이 그들을 얕잡아 보았다. 그에게는 훌륭한 점도 많았지만, 이러한 단점들도 적지 않았다.

루쿨루스는 키가 크고 풍채도 좋았으며, 말재주가 있고 모든 일에 신중한 태도를 보여 주었다. 그런데 역사가 살루스티우스의 기록에 의하면, 그의 장병들은 전쟁 초기부터 그에게 불만을 품고 있었다고 한다. 그들은 키지코스와 그 뒤의 아미소스 전투 때에도 한겨울에 야영을 해야 했으며, 이후에도 계속 겨울을 적의 땅에서 지내야 했기 때문에 처음부터 불평이 컸던 것이다. 때로는 로마 군에게 협조하려는 도시들도 있었지만, 루쿨루스는 주민들에게 피해를 주어서는 안 된다면서 그들을 벌판에서 재웠다. 병사들의 이러한 불만과 불평은 로마의 호민관들 탓에 더욱 심해졌다. 루쿨루스를 시기하던 호민관들은 병사들의 불평을 부채질하며 이렇게 그를 공격했다.

"루쿨루스는 오로지 권력과 재물에 대한 욕심 때문에 일부러 전쟁을 지연시키고 있습니다. 그는 킬리키아, 비티니아, 파플라고니아, 폰토스, 아르메니아, 그리고 멀리 파시스 강까지 점령하고, 또 얼마 전에는 티그라네스의 성까지 약탈하였습니다. 이것은 나라를 위해서가 아니라 재산을 약탈하기 위해 전쟁을 일삼는 사람들이나 할 수 있는 행동입니다."

이런 비난으로 루쿨루스를 몰아세웠던 사람은 법무관이었던 루키우스 퀸티우스였는데 그의 주장은 시민들의 지지를 크게 얻었다. 그래서 로마 시민들은 결국 루쿨루스 대신 다른 사람을 파견하기로 결정했다. 그리고 투표를 통해, 루쿨루스가 거느리고 있던 병사들은 모두 제대시키기로 결정되었다.

루쿨루스는 이 일로 큰 장벽에 부딪히게 되었다. 그런데 그때 푸블리우스 클로디우스라는 자가 나타나 그의 일을 직접적으로 방해하기 시작했다. 클로디우스는 매우 오만하고 부끄러움도 모르는 사람이었는데, 그는 남도 아닌 루쿨루스의 처남이었다. 루쿨루스의 아내 또한 행실이 좋지 못한 여자로 동생인 클로디우스와 관계를 맺고 있다는 말까지 떠돌고 있었다.

당시 푸블리우스는 루쿨루스가 거느린 군대에 복무하고 있었는데, 그는 자기가 기대하는 만큼 높은 지위에 오르지 못해 불만을 가지고 있었다. 그리고 그의 불만은 드디어 음흉한 흉계로 발전하게 되었다. 그는 몰래 핌브리아 군대와 손을 잡고 반란을 일으킬 음모를 꾸민 것이다. 푸블리우스는 핌브리아 병사들을 달콤한 말로 유혹하여 루쿨루스에게 반항을 하도록 선동했다. 이 부대는 예전에 핌브리아의 음모에 매수되어 집정관 플라쿠스를 죽이고 핌브리아를 자기네 지도자로 뽑았던 적이 있었다. 그런 그들이었기 때문에 이 부대는 클로디우스의 말에 귀를 귀울이며 그를 병사들의 친구라고 여길 만큼 쉽게 넘어갔다. 게다가 클로디우스는 병사들의 불우한 처지를 매우 안타까워하는 듯한 말로 그들을 자기 편으로 끌어들였다.

"전쟁과 고생은 끝날 줄을 모르는데, 이렇게 끌려 다니면서 닥치는 대로 싸움만 하고 있다가는 여러분의 일생은 헛되이 끝이 나고 말 것이오. 더구나 여러분은 그런 고생의 대가로, 황금과 술잔을 가득 실은 루쿨루스의 마차와 낙타만 끌고 다니고 있소이다. 그런데 지금, 폼페이우스의 군대에 있던 병사들은 모두 제대하여 기름진 땅이 있는 고향 땅에서 가족들과 함께 오붓하게 살아가고 있소. 더군다나 그들은 우리처럼 미트리다테스와 티그라네스를 무찔러 아무도 없는 사막으로 내쫓은 적도 없고, 아시아의 수많은 성들을 허물어 뜨린 적도 없는 사람들이오. 그들은 기껏해야 이베리아로 귀양간 자나 도망친 노예들을 상대로 싸웠는데도 지금 아주 편안한 생활을 누리고 있는 것이오. 그러니 끝도 없는 고생을 할 바에야, 차라리 병사들의 재산을 늘리는 것을 가장 큰 영광으로 생각하는 다른 장군들을 위해 남은 힘을 바치도록 합시다!"

이러한 클로디우스의 말에 병사들은 모두 솔깃해졌다. 그래서 그들은 티그라네스를 공격하라는 루쿨루스의 명령도 들은 척하지 않았으며, 미트리다테스가 폰토스로 돌아가 다시 왕국을 건설하고 있는 것을 보고도 겨울이라는 핑계로 진군 명령조차 거부하였다. 그들은 모두 고르디에네에 주저앉아 루쿨루스 대신 새 사령관이 오기만을 기다리고 있는 것이었다.

그 무렵 미트리다테스가 파비우스의 군대를 무찌르고 소르나티우스와 트리아리우스를 공격하기 위해 군대를 이끌고 온다는 소식이 들려왔다. 이 소식을 듣자 병사들은 가만히 있기가 부끄러워 루쿨루스를 따라 출전하였다.

그런데 트리아리우스는 야심이 많은 사람이어서, 루쿨루스가 온다는 소식을 듣고는 미트리다테스를 정복한 공을 빼앗길까봐 서둘러 싸움을 걸었다. 이 싸움은 로마 군의 참패로 돌아가 전사자는 7천 명에 이르렀다. 그 중에는 백인 대장이 150명, 군사위원도 24명이나 끼여 있었으며, 미트리다테스에게 진지까지 빼앗기고 말았다.

이 패전이 있은 며칠 뒤에 도착한 루쿨루스의 병사들은 몹시 격분하여 트리아리우스를 찾아나섰다. 루쿨루스는 눈에 띄면 위험하게 될 것을 알고 트리아리우스를 숨겨 주었다.

한편 큰 승리를 거둔 미트리다테스는 루쿨루스가 왔다는 소식을 듣고 전투를 피하며 대군을 거느리고 달려오고 있는 티그라네스를 기다렸다.

루쿨루스는 티그라네스 군이 도착하기 전에 미트리다테스를 무찌르기로 결심하고, 군대를 서둘러 출동시켰다. 그런데 얼마쯤 나가던 군대가 갑자기 중간에서 주저앉고 말았다. 핌브리아 부대가 반란을 일으켰던 것이다. 그들은 루쿨루스에게 항의했다.

"우리는 원로원의 법령에 의해 이미 제대한 사람들이오. 또 사령관의 자격은 이미 다른 사람한테 넘어갔으니, 우리는 당신의 명령을 따를 이유가 없소."

사태가 이렇게 되자 루쿨루스는 자신의 지위는 아랑곳하지 않고 병사들 하나하나를 잡고 달랬다. 그는 이 막사에서 저 막사로 일일이 병사들을 찾아다니면서 심지어 눈물까지 흘리면서 그들의 손을 잡고 애걸했다. 그러나 병사들은 그의 손을 뿌리치고, 빈 지갑을 내동댕이치며 소리를 질러댔다.

"전쟁으로 혼자 돈을 벌고 있으니 전쟁도 혼자서 하시오."

마침내 다른 부대의 병사들이 그들을 달래고 진정시켜, 그들은 여름이 끝날 때까지만 머무르겠으며 그동안 적이 공격하지 않으면 그 다음부터는 마음대로 하겠다는 약속을 받아냈다. 루쿨루스는 정복한 영토를 야만인에게 빼앗길 수는 없었으므로 그런 조건이나마 받아들이고 군대를 붙잡아 둘 수밖에 없었다.

그러므로 루쿨루스는 병사들이 싫어하는 일을 시킬 수도, 적을 공격하기 위해 그들을 이끌고 나갈 수도 없었다. 그는 다만 군대가 머물러 있다는 것에 만족하며, 티그라네스가 카파도키아를 침범하는 것도 가만히 보고 있을 수밖에 없었다. 벌써 완전히 정복한 것으로 보고한 미트라다테스가 날뛰는 것을 보고도, 그가 다시 대군을 거느리고 잃었던 땅을 되찾는 것을 보고도 루쿨루스는 맥없이 앉아 있어야 했다.

그때 로마에서 정치위원들이 파견되어 왔다. 로마의 원로원은 폰토스가 정복되었다는 루쿨루스의 보고를 받고 그곳의 뒷처리를 위해 파견된 것이었다. 그러나 그들은 루쿨루스가 병사들의 무례한 행동과 조롱을 받고도 아무 대꾸도 못하는 것을 목격하게 되었다.

여름이 다 갈 무렵 병사들은 갑옷을 입고 칼을 뽑아들고 나와 고래고래 소리를 지르며 적과 싸울 듯한 시늉을 했다. 그러나 그때는 이미 적군이 멀리 이동해 간 뒤였다. 병사들은 허공에 칼을 내지르고 약속한 기일이 되었다며 고향으로 돌아가 버리고 말았다.

얼마 남지 않았던 병사들도 곧 폼페이우스의 편지를 받고 그 쪽으로 넘어가 버렸다. 폼페이우스는 선동가들의 힘을 빌어 민중의 환심을 얻고, 미트라다테스와 티그라네스에 대한 전쟁을 치를 새 장군으로 임명되어 있었다.

그러나 원로원과 귀족들은 루쿨루스가 억울한 일을 당한 것이라고 생각하였다. 그는 전쟁을 빼앗긴 것이 아니라 다 이루어놓은 전쟁의 승리를 빼앗긴 것이며, 군대의 지휘권이 아니라 그것을 쥐고 있는 동안에 거둔 영광을 다른 사람에게 빼앗긴 것이기 때문이었다.

그러나 루쿨루스를 따라 아시아에서 싸운 사람들이 더욱 억울하게 된 것은, 루쿨루스가 이 전쟁 중에 세운 그들의 공에 대해서 보수를 줄 권한을 잃어버리게 된 것이었다. 그뿐만 아니라 폼페이우스는, 루쿨루스를 아무와도 만날 수 없게 만들었다. 그는 또 루쿨루스가 로마에서 보낸 10명의 정치위원들과 함께 만들었던 여러 가지 규칙과 명령을 모두 무시하라고 명령을 내리고 그와 반대되는 법령을 따르라고 선포했다. 루쿨루스보다 훨씬 더 큰 권력을 가지고 있는 폼페이우스가 내린 이러한 조치들을 사람들은 따르지 않을 수 없었다.

그러나 친구들의 중재에 힘입어 두 장군은 갈라티아의 어느 마을에서 서로 만나게 되었다. 두 사람은 다정하게 인사를 나누고 서로의 승리를 축하하였다. 나이는 루쿨루스가 더 많았지만 명성은 폼페이우스가 더 높았다. 폼페이우스는 여러 번 승리를 거두었고 이미 두 번이나 개선식을 올린 적이 있었다. 두 장군은 각자가 거둔 승리의 표지로 월계수로 만든 파스케스(fasces)[27]를 들고 있는 릭토르[28]를 앞세우고 있었다. 그런데 폼페이우스는 덥고 메마른 나라들을 거쳐 멀리 행군해 왔기 때문에 월계수가 많이 시들어 있었다. 그것을 보고 루쿨루스는 싱싱한 자기의 월계수 가지를 나누어 주었다. 폼페이우스의 막료들은 이것을 좋은 징조로 생각했다. 실제로 루쿨루스가 세운 전쟁의 승리는 폼페이우스의 이름을 더욱 빛나게 하는 결과를 가져왔다.

그러나 두 사람의 만남은 이 회의가 끝난 다음 더욱 나빠졌다. 폼페이우스는 루쿨루스가 내렸던 포고들을 모두 무효로 만들고, 군대도 겨우 개선식을 올릴 만한 병력인 1천 6백 명만 남겨 주었다. 그러나 그 군대의 병사들마저도 루쿨루스를 따라가고 싶어하지 않았다.

루쿨루스가 이렇게 된 것이 타고난 성격 때문인지, 운이 나빠서인지는 모르지만 장군으로서 무엇보다 부족했던 것은 인화력이었다. 만일 그가 용기와 신속성, 판단력과 정의감 등의 많은 장점들과 함께 이러한 능력을 갖추었더라면, 로마의 판도는 유프라테스 강이 아니라 멀리 아시아의 끝과 히르카니아 해[29]에까지 이르렀을 것이다.

왜냐하면 당시 다른 여러 나라들은 티그라네스에게 몇 차례나 정복당하여 재생이 불가능한 상태였고, 파르티아의 세력도 크라수스가 발견한 것처럼 강해지기 전이었으며, 나라 안의 불화와 나라 밖의 전쟁으로 아르메니아 군의 침공조차 막아내지 못하고 있었다. 그러므로 루쿨루스의 경우에는, 나라를 위해 세운 공보다는 그런 것 때문에 다른 사람으로 하여금 로마에 끼친 손해가 훨씬 많았다고 볼 수도 있다. 왜냐하면 그가 파르티아와의 국경과 티그라노케르타, 니시비스 등 아르메니아의 여러 곳에 세운 전승 기념비, 그리고 거기서 가지고 온 많은 보물과 티그라네스의 왕관을 개선식에서 보여 주었기 때문에 크라수스는 아시아 정벌에 대한 꿈을 꾸기 시작했으며, 그곳 야만인 왕국은 그저 로마의 먹이요 전리품에 불과한 것이라고 생각하도록 만들었기 때문이다. 그러나 크라수스는 곧 파르티아 군의 화살 맛을 보

---

27) 권표(權標). 관직을 표시하는 작은 막대기.

28) 파스케스를 들고 장군 앞에 서는 관리.

29) 히르카니아는 고대 페르시아 제국의 한 지방으로 오늘날 카스피 해의 남동쪽에 있다.

자, 비로소 루쿨루스의 승리는 절대로 적군이 약했기 때문이 아니라 오직 그의 용기와 전략에 의한 것임을 확인하게 되었다.

루쿨루스가 로마에 들어왔을 때, 동생 마르쿠스는 고소를 당해 있었다. 마르쿠스가 재무관을 지내고 있을 때 술라의 명령을 따른 일 때문에 카이우스 멤미우스의 고소를 받은 것이었다. 그런데 마르쿠스가 곧 무죄 석방이 되고 나자 멤미우스는 이제 무대를 바꾸어 루쿨루스를 고소해 버렸다. 그는 루쿨루스에 대한 온갖 비난과 모략을 퍼부으며 민중들을 선동했다.

"루쿨루스는 전리품을 혼자서 다 가졌습니다. 그는 그것들을 챙기려고 지금까지 전쟁을 질질 끌었던 것입니다."

멤미우스는 이렇게 말하면서 루쿨루스가 개선식을 못 올리도록 사람들을 설득했다. 이렇게 되자 로마 내부에는 커다란 정치적 싸움이 일어나게 되었다.

루쿨루스는 큰 시련에 부딪히게 되었다. 그러나 귀족들이 나서서 각 종족들을 찾아다니며 호소를 한 결과 간신히 개선식을 치를 수 있게 되었다.

플라미니누스 대 원형극장을 장식한 루쿨루스의 전리품은 사람들의 눈을 휘둥그레지게 만들었다. 이 개선식은 행렬의 길이나 물건의 숫자로서 사람들을 놀라게 한 것이 아니었다. 여기에서 선보인 물건들은 주로 야만인 왕들의 무기와 전쟁기계 등의 엄청난 분량으로 결코 얕잡아볼 수 없는 광경이었다.

개선식의 행렬을 따라 나온 것은 중갑기병, 큰 낫이 달린 대형전차 10대, 미트리다테스 왕의 막료와 장군들 60명, 누런 구리로 뱃머리를 날카롭게 만든 군함 110척, 높이가 6척이나 되는 미트리다테스의 황금동상, 보석들이 박혀 있는 방패 하나, 은그릇을 담은 들것 20개, 금술잔과 갑옷, 화폐 등을 담은 들것 32개 등이었다. 이런 것들은 모두 사람들이 짊어지고 나왔다. 그 밖에도 8마리의 노새에는 황금으로 만든 침대가 놓여 있었고, 56마리의 노새는 금괴를, 그리고 107마리의 노새는 270만 개나 되는 은화를 잔뜩 싣고 있었다.

또 폼페이우스가 해적을 토벌할 때 제공해 준 군자금과 국고에 납부한 금액 및 각각의 병사들에게 950드라크마씩 지불하였다는 사실 등을 기록한 목판도 따라 나왔다. 개선식이 끝난 다음 루쿨루스는 로마의 모든 시민들과 함께 비키라는 마을에서 큰 잔치를 베풀었다.

얼마 후 루쿨루스는 방자하고 버릇이 나쁜 여자였던 클로디아와 이혼하고 카토의 누이 세르빌리아와 결혼했다. 그러나 이것도 행복한 결혼은 아니었다. 클로디아와의 생활에서 느끼던 불행과 처남과의 나쁜 소문은 면했으나, 세르빌리아 또한 모든 면에서 클로디아에게 지지 않는 악한 여자였다. 루쿨루스는 카토를 존경하는 마음으로 얼마 동안 참고 지냈다. 그러나 결국 얼마 후 그녀와도 이혼을 하고 말았다.

그 무렵 원로원은 루쿨루스에게 큰 기대를 품고 있었다. 그의 명성과 세력이 매우 높았으므로 폼페이우스의 교만한 행동을 꺾고 귀족들의 이익을 지켜 주기 바란 것이었다. 그러나 그는 정치적인 모든 일에서 손을 떼어 많은 사람들이 실망하였다. 루쿨루스가 정치에서 은퇴한 것이, 귀족들의 지위가 기울어지고 부패한 것을 보았기 때문인지, 또는 지금까지의 영예에 만족하고 나머지 생애를 평화롭게 보낼 생각이었는지는 알 수가 없다.

세상 사람들은 루쿨루스의 이러한 변화를 다음과 같은 말로 칭찬하였다.

"얼마 전에 마리우스는 킴브리 족을 정복하고, 또 저 찬란한 공을 세우고 대단한 존경을 받은 다음에도, 평범한 삶에 만족하지 않았지요. 그 사람은 끝없는 공명심과 권세욕 때문에 나이가 들어서도 젊은 사람들과 섞여 정치를 하지 않았습니까? 그렇기 때문에 마리우스는 그런 무서운 죄를 남기고 무서운 고생을 했던 것입니다. 그러고 보면 적어도 루쿨루스는 그런 어리석은 불행은 피한 것이지요."

세상 사람들의 이러한 말처럼, 키케로도 카틸리나[30] 사건 이후에 정치에서 물러나 여생을 보냈더라면, 또 스키피오도 누만티아와 카르타고 군을 정복한 뒤에 은퇴생활을 했다면 훨씬 더 복된 인생이 되었을 것이다. 왜냐하면 정치를 하는 것도 다른 모든 일들처럼 해야 할 시기가 정해져 있기 때문이다. 그래서 정치가들도 씨름선수처럼 체력과 젊음이 다하면 쓰러지고 마는 것이다.

그러나 크라수스와 폼페이우스는 늙은 루쿨루스가 쾌락과 사치에 젖어 있는 것을 보고 비웃음을 그치지 않았다. 나이에 맞지 않는 그런 생활을 즐기는 것은 정치를 하거나 전쟁을 치르는 일에 못지 않게 해로운 일이란 것이었다.

루쿨루스의 생애는 마치 옛날의 희극과 같다. 처음에는 우리들에게 정치와 전쟁에서의 웅장하고 큰 활약들을 보여 주고, 나중에는 먹고 마시고 잔치를 열며 흥청거

---

30) 기원전 108~62. 아프리카 총독과 법무관을 지냈던 사람으로 기원전 63년에 집정관들과 결탁하여 로마를 손아귀에 넣으려고 했다. 그러나 집정관이었던 키케로 때문에 실패하여 만리우스 군에게 도망갔다가 살해당했다.

리는 장면으로 결말을 짓는다. 이러한 마지막 장면에는 보통 호화로운 저택이나 사치스러운 목욕탕, 그리고 그림이나 조각 같은 물건들이 등장한다.

그는 전쟁터에서 벌어들인 막대한 재산을 모두 저택을 꾸밀 골동품들을 사모으는 데 탕진했다. 그래서 사치가 더욱 발달된 오늘날에 있어서도 루쿨루스의 정원보다 더 화려하고 아름다운 로마 황제의 정원은 찾아볼 수가 없다.

그는 나폴리 해안에다 저택을 지었다. 이 저택은 여러 산에 터널을 파서 언덕들이 마치 공중에 걸린 것처럼 꾸몄으며, 집 주위에는 바다에서 둥근 바위들을 가져다 놓았고, 바닷물을 끌어들여 물고기들을 길렀다. 그리고 바다 가운데에도 여러 채의 집을 지었다. 스토아 철학자 투베로는 이 집을 구경하고 놀란 나머지 이런 말을 남겼다.

"루쿨루스는 토가를 입은 크세르크세스[31]로군."

그는 또 투스쿨룸[32] 근처에도 여러 채의 별장을 가지고 있었다. 이 집들에는 모두 경치좋은 전망대와 많은 사람이 잘 수 있는 시원하고 넓은 방, 그리고 산책로도 갖추어져 있었다. 폼페이우스는 이곳에 놀러 왔다가 루쿨루스에게 이렇게 말했다.

"여름에는 시원하겠지만 겨울에는 살기 힘들겠소."

그러자 루쿨루스는 미소를 띠며 대답했다.

"아니, 나를 황새나 학보다도 둔한 사람으로 취급하시오? 철따라 옮겨 사는 법도 모르는 줄 아느냔 말이오?"

어떤 법무관이 막대한 비용과 고통을 감수하고 시민을 위해 연극을 상연하려고 했다. 그런데 합창단원들에게 입힐 진홍색 웃옷을 구할 수가 없었다. 그래서 그는 루쿨루스를 찾아가 옷을 빌려 달라고 부탁했다. 그러자 루쿨루스는 이렇게 말했다.

"글쎄, 그 옷이 있는지 없는지는 집에 가서 찾아봐야 알겠소. 있으면 빌려드리지요."

이튿날 법무관을 만난 루쿨루스는 몇 벌이나 필요하냐고 물었다.

"한 백 벌쯤이면 넉넉하겠습니다."

"그래요? 그러면 그 갑절을 가져가시오."

---

31) 페르시아의 왕으로 기원전 480년에 그리스를 공격하여 페르시아 전쟁을 일으킨 장본인이다. 이 왕은 아토스 산을 뚫어서 터널을 만들고, 헬레스폰토스 해협에 다리를 놓으려고 큰 토목공사를 벌이기도 했다. 토가는 로마 시민들이 입던 긴 옷으로 '로마 사람'이라는 뜻을 나타낸다.
32) 로마 남쪽에 있던 지방으로 요양지로 유명하다.

시인 호라티우스[33]는 이 일을 두고 "있는지 없는지도 모르는 재산이 눈에 띄는 재산보다 많지 않으면 부자라고 말할 수가 없다"고 말했다.

루쿨루스는 일상적인 식사도 다른 때에 못지 않게 성대했다. 값진 진홍색 융단을 깐 식탁과 보석이 박혀 있는 그릇들, 그리고 무희들의 춤과 연극을 구경하면서 식사를 했다. 음식 또한 온갖 진기한 것과 향기로운 것을 모두 갖추었으며 신기한 요리 솜씨로 만들어진 음식만을 먹었다. 그래서 그에게 식사 초대를 받은 사람은 누구나 감탄하고 부러워하지 않을 수 없었다.

폼페이우스가 병이 들었을 때, 의사는 메추리를 잡아먹으라고 권했다. 그러나 그때는 여름철이라 이 새를 구할 수가 없었다. 그때 하인이 나서서, 루쿨루스의 집에서 그 새를 기르고 있으니 거기 가서 얻어오면 어떻겠느냐고 물었다. 그러자 폼페이우스는, "아니, 루쿨루스가 그처럼 호화로운 음식을 먹지 않았다면 내가 살아날 길이 없다는 말이냐?"라고 말하며, 쉽게 구할 수 있는 다른 처방을 썼다고 한다.

카토는 루쿨루스의 친구이며 처남이었는데, 그는 루쿨루스의 생활 방식을 못마땅해하고 있었다. 그러던 어느 날 원로원 회의가 열렸는데, 젊은 의원 하나가 일어나 절약과 검소함을 실천하는 생활을 하자고 길게 연설을 했다. 그러자 카토는 끝까지 듣지 못하고 벌떡 일어나 이렇게 말했다.

"크라수스처럼 돈을 벌고, 루쿨루스처럼 사는 당신이 어떻게 카토처럼 말을 할 수가 있소?"

그런데 어떤 설에 의하면, 이 말은 카토가 아니라 다른 사람이 한 말이라고 한다.

루쿨루스는 호화로운 생활 때문에 여러 가지 이야기를 남겼다. 그런 일화들을 살펴보면 그는 그런 생활을 부끄럽게 생각하기보다는 오히려 자랑으로 여겼던 것 같다. 그는 언젠가 로마에 찾아온 그리스 사람 몇몇을 여러 날 동안 성대하게 대접하였다. 그런데 손님들은 그리스인답게, 자기들 때문에 많은 돈을 쓰는 것이 미안해서 다음부터는 초대를 사양하겠다고 했다. 그러자 루쿨루스는 그들을 향해 웃으며 말했다.

"손님 여러분! 이것은 여러분을 위한 대접이기도 합니다만, 대부분은 나 자신을 위해서 하는 일이니 그런 걱정은 하지 마십시오."

어느 날 그는 혼자 식사를 하게 되었는데, 음식이 꼭 한 사람의 분량씩 나왔다. 그

---

33) 기원전 65~8. 로마의 서정 시인.

러자 그는 요리하는 하인을 불러 화를 냈다. 그러자 하인은 대답했다.

"오늘은 손님이 없어서 큰 잔칫상을 차릴 필요가 없다고 생각했습니다."

그러자 루쿨루스가 말했다.

"아니, 너는 오늘 루쿨루스가 루쿨루스를 손님으로 초대한 사실을 몰랐단 말이냐?"

이 말은 온 로마에 퍼져 나가 사람들의 입에 오르내리게 되었다.

그러던 어느 날 루쿨루스는 혼자 공회장을 산책하고 있다가 키케로와 폼페이우스를 만났다. 키케로는 원래 가까운 사이였고, 폼페이우스는 미트리다테스 전쟁 때 지휘권 문제로 다투기는 했지만 자주 만나서 이야기를 나누는 사이였다. 서로 인사가 오가고 나자 키케로가 물었다.

"오늘 저희들을 식사에 초대해 주실 수 있으십니까?"

"좋지요. 영광입니다."

그러자 키케로가 덧붙였다.

"그런데, 저희들은 당신이 보통 때 혼자 드시는 식사에 초대해 주시기 바랍니다."

루쿨루스는 난처한 표정을 짓더니 그러면 하루를 미루어 달라고 했다. 그러나 두 사람은 꼭 오늘이라야 되고, 하인에게 미리 연락을 하지도 말라고 했다. 키케로와 폼페이우스는 그가 하인을 시켜 그가 혼자 식사할 때와는 달리 성대한 음식을 준비할까봐 염려했던 것이다. 그러나 루쿨루스의 요청에 못이겨 셋이 함께 있는 자리에 하인 하나를 불렀다.

"오늘은 아폴로[34]에서 저녁을 먹을 테니 준비해 두어라."

이렇게 해서 손님들은 루쿨루스의 이 꾀에 넘어가고 말았다. 왜냐하면 루쿨루스는 자기 집에 있는 여러 방에 각각 이름을 붙이고, 그곳을 사용할 때의 음식의 비용과 여러 가지 여흥의 종류들을 정해 놓았기 때문이다. 그래서 어느 방에서 식사를 하겠다고 하면, 곧 얼마의 비용으로 어떤 형식으로 어떤 식탁을 준비해야 하는지가 정해져 있었던 것이다.

아폴로라는 방에서 식사를 할 때의 비용은 5만 드라크마였다. 그래서 그 날도 그만한 돈이 쓰인 식사가 나왔다. 폼페이우스와 키케로는 식사가 나오는 것을 보고 매

---

34) 루쿨루스의 집에 있던 식당 이름으로, 가장 훌륭한 식당이었다.

우 놀랐다. 이런 일을 보면 루쿨루스는 돈을 마치 포로나 야만인처럼 한낱 쓸모없는 것으로 취급했다는 것을 짐작할 수 있다.

그러나 그가 도서관을 갖추어 놓은 것은 눈여겨볼 만한 일이다. 그는 좋은 책을 수없이 수집하였다. 그런데 이처럼 책을 수집한 것보다 그 책을 널리 이용하도록 한 것은 더욱 훌륭한 일이었다. 그의 도서관은 늘 열려 있었고, 도서관에 딸려 있던 산책로와 열람실은 로마의 시민들뿐 아니라 모든 그리스인들까지 드나들 수 있게 되어 있었다. 그래서 사람들은 그곳을 마치 뮤즈의 신전처럼 즐겁게 드나들며, 서로 얘기를 나누고 명상에 잠기기도 했다.

루쿨루스 자신도 자주 이곳에 나와, 학자들과 이야기를 나누거나 정치를 논하면서 시간을 보냈다. 이렇게 해서 그의 저택은 로마를 찾아오는 손님들의 집이었으며 때로는 시민들의 공회당이 되기도 하였다.

그가 이렇게 도서관을 갖추었던 것은 원래 철학을 사랑하고 여러 학파에 대해서도 관심이 많았기 때문이다. 그러나 그 중에서도 특히 그는 처음부터 플라톤의 아카데미 철학에 관심이 깊었다. 그리고 아카데미 학파 가운데서도 카르네아데스[35]의 학설과 필로[36]의 지도로 발달한 신아카데미 학파가 아니라, 당시의 석학이며 웅변가였던 아스칼론[37]의 안티오코스[38]를 대표로 한 구아카데미 학파의 입장을 지지하였다. 그래서 그는 안티오코스와 가까이 지내면서, 그가 키케로를 비롯한 필로파 철학자들과 대항할 수 있도록 도와주었다.

필로파 인물들 중의 하나인 키케로는 자신들이 주장하는 학설을 변호하기 위해 논문을 썼는데, 그는 여기에서 루쿨루스의 입을 빌려 구파의 입장을 전개하고, 자신의 입을 통해 이에 대한 반대론을 펼치고 있다.

그래서 그는 이 책의 제목을 《루쿨루스》라고 했다. 키케로는 루쿨루스와 아주 가까운 친구 사이였으며, 정치에서도 같은 입장을 가졌기 때문이었다.

---

35) 기원전 214~129. 그리스의 철학자.

36) 아테네의 철학자. 미트리다테스의 전란을 피해 로마로 와서 철학을 강의했다. 키케로가 그의 수제자인데, 그는 필로를 제4기 아카데미 학파의 창시자라고 일컬었다.

37) 팔레스타인의 해안에 있는 폐허의 항구 도시.

38) 아카데미 신파에서 다시 구파로 돌아와 스토아 학파의 교리에 접근했다. 제5기 아카데미 학파의 창시자로 불린다. 루쿨루스는 아시아 원정 때 그를 함께 데려갔다고 한다.

루쿨루스는 로마에 돌아온 이후, 정치적인 이해 때문에 흔히 일어나는 위험을 크라수스와 카토에게 떠넘겼다. 그러나 정치에서 완전히 물러난 것은 아니었다. 그는 폼페이우스의 지나친 권력을 염려하던 원로원 의원들이 자기에게 도움을 청했을 때도 거절하고, 크라수스와 카토를 대표자로 나서게 했다.

그러나 루쿨루스는 폼페이우스의 지나친 야심과 오만을 꺾기 위해 노력했고, 이두 사람을 도와야 할 때에는 언제든지 포럼에 나타났다. 그에게도 폼페이우스에 대한 미움과 원한이 남아 있었던 것이다. 그래서 루쿨루스는 폼페이우스가 일찍이 아시아의 여러 왕을 정복한 뒤에 내렸던 포고를 모두 무효로 만들어 버렸다. 그리고 폼페이우스가 병사들에 대해 토지 분배에 대한 법안을 내놓자 카토와 협력하여 이것도 방해하였다.

그 결과 폼페이우스는 크라수스와 카이사르의 힘을 빌려, 무기와 군대를 시내로 끌어들였다. 그리고 카토와 루쿨루스파를 공회장에서 몰아내고 자기의 법안을 강제로 통과시켰다. 사태가 이렇게 번지자 귀족들은 폼페이우스에게 욕설을 퍼부으며 격분하였다. 그러자 폼페이우스는 다시 베티우스라는 자를 내세워 자기를 암살하려던 음모를 꾸며댔다. 원로원은 베티우스를 데려다가 조사를 했다. 베티우스는 여러 사람들의 이름을 고발하더니, 막상 시민들 앞에 나가자 루쿨루스가 시킨 일이라고 말해 버렸다.

물론 그의 말을 믿는 사람은 아무도 없었다. 그리고 이것이 폼페이우스가 조작해낸 일이라는 것도 며칠 후 밝혀지게 되었다. 게다가 며칠 뒤 베티우스의 시체가 감옥에서 내던져 있는 것으로, 사건의 음모는 더욱 확실해졌다. 병으로 죽었다는 베티우스의 시체에 목을 졸라맨 흔적과 두들겨 맞은 상처가 나타나 있는 것으로, 그는 자신을 이용하려던 자들에 의해 살해된 것임이 확실해진 것이다.

이런 일이 있은 뒤 루쿨루스는 정치에서 더욱 멀어져 갔다. 그래서 키케로가 로마에서 추방되고, 카토가 키프로스 섬으로 멀리 떠났을 무렵 완전히 정치와 손을 끊었다.

그는 죽기 얼마 전부터 지능이 점점 떨어졌다고 전해진다. 코르넬리우스 네포스라는 사람은 그의 죽음이 나이와 병 때문이 아니라, 그의 시종 칼리스테네스가 준약 때문이라고 한다. 그 종은 주인의 총애를 받으려고 정신을 북돋우는 약을 권했던 것인데, 이 약이 정반대 효과를 나타내 정신이 이상하게 되고 나중에는 죽음으로까지 몰아갔던 것이라는 이야기다. 루쿨루스의 정신이 이상해진 다음부터는 모든 일을 동생이 대신 관리하였다.

그의 죽음은 로마 시민들을 슬프게 했다. 그들은 마치 루쿨루스가 정치와 군사적인 일의 절정에 머물러 있다가 죽은 것처럼 몹시 슬퍼했다. 그의 유해는 가장 높은 계급에 있는 청년들에 의해 공회장을 지나갔다. 그러자 시민들은 그를 술라의 무덤이 있는 군신 마르스의 광장에 묻어야 한다고 떠들어댔다. 그러나 이것은 너무나 뜻밖의 일이라 아무 준비도 되어 있지 않았으므로, 동생 마르쿠스의 간청으로 미리 정해져 있던 묘지에 묻기로 했다. 그곳은 루쿨루스의 별장이 있던 투스쿨룸이라는 곳이었다.

이렇게 해서 루쿨루스는 눈물을 흘리는 시민들이 지켜보는 가운데 땅으로 돌아갔다. 그리고 그의 동생 또한 나이나 명성에서처럼, 수명에서도 조금 늦게 얼마 뒤 형을 뒤쫓아 땅에 묻혔다.

키몬과
루쿨루스의 비교

✕

조국이 내란으로 어지러워지는 것을 보지 않고, 비록 부패되어 있기는 했지만 자유를 가지고 있었을 때 최후를 마친 루쿨루스는 축복받은 사람이었다. 다른 여러 가지와는 달리 이것만큼은 키몬과 비슷하다. 키몬 역시 그리스 각국이 서로 싸우지 않고 번영의 절정을 누리고 있는 동안에 죽었기 때문이다.

물론 키몬은 군대의 사령관으로서 싸움터에서 숨을 거두었다. 그는 루쿨루스처럼 본국으로 소환당하는 일도 없었고 정신이 이상해지는 일도 없었으며, 수많은 투쟁의 영광을 사치와 향락으로 오염시키지도 않았다.

이것을 보면 옛날 오르페우스[1]가 "이승에서 착하게 살면 저승에서 술잔치를 약속받는다"고 했던 말을 플라톤이 비난했던 사실을 떠올리지 않을 수 없다.

정치나 군사에서 조용히 물러나 학문을 즐기며 인생의 가을을 지낸다는 것은 그

---

[1] 그리스 신화에 나오는 아폴론의 아들로 음악의 신, 또는 전설 속에 나오는 인물로 기원전 1200년 경 트라키아 지방에서 살았던 시인이며 음악가로, 그의 하프 소리는 죽은 자까지도 감동시키고, 사나운 짐승까지도 그의 음악을 즐겼다고 한다.

사람에게 좋은 위로가 될 것이다. 그러나 쾌락을 쫓기 위해 공을 세우거나, 군대의 장군으로서 대군을 지휘하다가 쾌락과 사치에 빠져든다는 것은 잘못된 일이다. 더군다나 이것은 아카데미 학파의 학자로서는 물론, 크세노크라테스의 가르침을 따른다고 자칭했던 루쿨루스로서는 어울리지 않는 일이었으며, 오히려 에피쿠로스[2]의 흐름을 쫓는 사람들이나 할 수 있는 행동이었다.

키몬과 루쿨루스 사이에는 놀랄 만한 차이점이 있다. 키몬은 젊은 시절을 방탕하고 무절제한 생활로 보냈으며, 반대로 루쿨루스는 엄격하고 강직한 생활을 했다. 우리는 당연히 선한 방향으로 차차 달라진 사람을 더 높이 평가하는데, 그것은 악이 점차 사그라들고, 선이 조금씩 채워진 사람이 한층 더 선량한 바탕을 가지고 있다고 믿기 때문이다.

이 두 사람은 다같이 부자였지만, 그 부를 이용하는 방법에서도 두 사람은 상반된다. 그들은 둘 다 야만인들로부터 빼앗은 재물로 부를 얻었지만 키몬은 그 돈으로 아테네의 아크로폴리스 남쪽에 성을 쌓았고, 루쿨루스는 나폴리 해안에 호화로운 별장을 지었다.

더욱이 키몬이 어려운 사람들을 위해 음식을 베풀었던 것과, 루쿨루스가 몇몇 손님들을 위해 호화 찬란한 식탁을 마련했던 것은 완전히 다르다. 한 사람은 얼마 안 되는 돈으로 많은 사람들을 대접하였지만, 다른 한 사람은 막대한 돈으로 몇 안 되는 친구를 위해 사치를 제공했기 때문이라고 볼 수도 있다. 만일 키몬이 본국에 돌아와 전쟁을 하지 않고 한가한 생활을 했다면 그 또한 난잡하고 호화로운 생활을 했을지도 모른다. 왜냐하면 그는 술과 친구를 가까이 했고, 그의 전기에서도 말한 것처럼 여자를 좋아했기 때문이다.

그러나 야심이 많은 사람은, 전쟁이나 정치에 재미를 붙이면 사소한 쾌락 같은 것에 시간을 소비하지 않는 법이다. 만일 루쿨루스가 군대의 장군으로 있다가 전쟁터에서 죽었다면, 아무도 그에게서 흠집을 잡아내지 못했을 것이다.

전쟁에 있어서는, 땅이나 바다에서 두 사람 다 훌륭한 장군이었음은 의심할 필요가 없다. 그러나 하루 동안에 역기와 레슬링 두 종목에서 우승한 사람에게 특별한 상을 주듯이, 땅과 바다에서 하루 만에 두 번의 빛나는 승리를 거둔 키몬을 로마의 장

---

2) 기원전 341~270. 사모스 출신의 그리스 철학자. 쾌락주의와 유물론의 창시자.

군보다 더 높이 평가할 수밖에 없다.

뿐만 아니라 루쿨루스는 자기 나라에서만 사령관직을 임명받았으나, 키몬은 다른 나라 군대의 사령관까지 겸하여 조국의 이름을 빛냈다. 또 루쿨루스는 이미 동맹국들 사이에 군림하고 있던 조국에 적의 영토를 보탰지만, 키몬은 한낱 동맹국 중하나에 불과했던 조국을 제일 높은 자리로 끌어올리고 적을 정복하였다. 그는 페르시아 군이 바다를 버리고 도망가게 만들었으며, 스파르타 군이 지휘권을 아테네에 넘기게 만들었다.

부하 장병들의 존경과 복종을 받는 것도 장군의 역량으로 본다면, 자기 군대로부터 비웃음을 당한 루쿨루스와 다른 나라 병사들의 존경까지 받았던 키몬 사이에는 상당한 차이점이 있다. 한 사람은 장군으로 임명되어 조국을 떠났다가 군대의 버림을 받고 돌아왔으며, 또 한 사람은 다른 사람을 섬기기 위해 떠났다가 모든 동맹국들의 복종과 존경을 받고 돌아왔다.

더욱이 키몬은 조국 아테네를 위해, 적과의 평화 조약과 동맹국에 대한 지배권, 그리고 스파르타와의 우호관계라는 몹시 어려운 세 가지 공적을 성공시키고 귀국했다.

두 사람은 다같이 아시아 정복이라는 긴 목표를 세웠지만 둘 다 실패하고 말았다. 그러나 키몬은 군대의 장군으로 있다가 승리의 절정에서 죽임을 당해 어쩔 수 없었지만, 루쿨루스는 군대의 불평을 다스리지 못해서 일을 그르쳤다. 즉, 키몬은 불운 때문에 계획을 이루지 못한 것이었지만, 루쿨루스의 경우에는 자기 자신의 잘못도 적지 않았던 것이다.

그러나 이런 면에서는 키몬도 루쿨루스와 마찬가지로 고통을 당했다.

아테네 시민들은 키몬을 법정에 소환하여 규탄을 일삼았고 마침내는 도편 투표로 그를 추방시켜 버렸다. 플라톤의 말을 빌리자면, 아테네 시민들이 그를 내쫓은 것은 "10년 동안 그의 목소리를 듣고 싶지 않아서였다"고 한다.

원래 높은 정신을 가지고 태어난 사람은 세상 사람들의 사랑이나 인정을 받지 못하는 경우가 많다. 왜냐하면 그런 사람들은 바르지 못한 행동을 고치기 위해, 의사가 어긋난 뼈를 제자리에 맞출 때처럼 고통을 주기 때문이다. 이렇게 생각해 보면, 키몬이나 루쿨루스는 다같이 그런 기질을 타고난 사람들인지도 모른다.

전쟁의 업적에 있어서는 루쿨루스가 키몬보다 뛰어났다. 그는 로마인으로서는 처음으로 타우로스 산맥을 넘고, 티그리스 강을 건너고, 티그라노케르타와 카비라,

그리고 시노페와 니시비스를 왕들이 보는 앞에서 불태워 버렸다. 그는 북쪽으로는 파시스 강에, 동쪽으로는 메디아 일대를 손에 넣었으며, 남쪽으로는 아라비아의 여러 왕국을 거쳐 홍해에 이르는 모든 지역을 정복했다.

그는 또 여러 왕의 세력을 꺾어 쫓기는 짐승처럼 사막으로, 혹은 밀림으로 숨어들게 만들었다. 루쿨루스가 얼마나 철저하게 적을 무찔렀는지는 다음과 같은 사실로 알 수 있다. 즉, 키몬이 죽은 다음에 페르시아 군은 언제 그에게 당했느냐는 듯이 무기를 쥐고 나타나 이집트에서 그리스의 대군을 격파했다. 그러나 미트리다테스와 티그라네스 왕은 루쿨루스가 본국에 돌아가 버린 다음에도 꼼짝도 하지 못하였다. 미트리다테스는 루쿨루스에게 몇 차례 거듭된 피해를 당하고는 맥이 풀어져, 폼페이우스와 한 번 싸워보지도 못하고 멀리 보스포로스로 가서 죽고 말았다. 그리고 티그라네스는 무기를 버리고 옷을 벗고 폼페이우스 앞에 엎드려 왕관을 바쳤다. 그러나 그는 폼페이우스가 아니라 루쿨루스의 승리에 굴복했던 것이다.

티그라네스는 왕의 표장을 다시 받게 되었을 때 무척 기뻐했는데, 그것은 그가 왕위를 상실했었다는 증거였다.

장군의 경우도 씨름선수처럼 다른 사람이 쉽게 물리칠 수 있도록 상대방을 거의 무찔러서 넘겨 주는 사람이 가장 큰 공을 세운 사람으로 인정받는 법이다. 키몬이 장군으로 선출되었을 때, 페르시아 군은 이미 테미스토클레스, 파우사니아스, 레온티키데스 등과 싸우느라 세력이 반 이상 꺾여 있었다. 그러나 루쿨루스가 티그라네스를 만났을 때, 적은 거듭되는 승리로 사기가 절정에 달해 있었다.

또 수적으로 말해도, 루쿨루스가 상대했던 적은 키몬이 상대한 적과는 비교도 안 될 만큼 어마어마하게 많았다.

이러한 여러 가지 점을 살펴볼 때, 누가 더 뛰어나고 누가 더 못하다고 말하기는 매우 어렵다. 생각해 보면 하늘은 두 사람에게 똑같이 은혜를 베풀어 한 사람에게는 할 일을, 또 한 사람에게는 해서는 안 될 일을 가르쳐 주셨는지도 모른다. 그들은 다 같이 고상하고 신적인 사람으로서 신의 축복을 받았던 것이다.

27
니키아스
(NICIAS, ?~BC 413)

아테네의 뛰어난 군인이며 정치가. 내성적이고 수줍은 성격을 지니고 있었으며 모든 일을 공정하고 너그럽게 처리했다. 그가 이끄는 전쟁에는 항상 행운이 뒤따랐으나, 정치적으로는 소극적인 태도를 보여 시민들의 비난을 받기도 했다. 신에 대한 두려움이 커 점이나 신탁에 귀를 기울였으며, 그리스의 평화를 위해 많은 애를 썼다.

니키아스의 생애는 크라수스의 생애와 좋은 대조가 된다. 크라수스가 파르티아에서 겪은 불행과 니키아스가 시칠리아 섬에서 겪은 불행이 잘 비교되기 때문이다. 그러나 투키디데스는 아름답고 세련된 글로 읽는 사람의 마음을 움직였지만, 나는 그런 글재주와 다투려는 생각은 없다. 또 나는 티마이오스[1]가 저지른 실수를 되풀이하고 싶지도 않다. 그는 《역사》를 기술하여, 투키디데스보다 앞서고 싶어 했고, 필리스토스[2]를 객담이나 늘어놓는 초보자로 만들고 싶어 했다. 그는 두 역사가들이 이미 기록했던 육지와 바다에서의 싸움에 관한 기록과 그들의 공개 연설들 속에 자기의 묘사를 끼워 넣었던 것이다. 그러나 그는 결국 시인 핀다로스[3]의 시구(詩句)에 나

---

1) 기원전 345~250. 그리스의 역사가. 시칠리아 태생으로 아가토클레스에게 쫓겨와 아테네에서 50년 동안 살았다. 고대의 시칠리아와 이탈리아에 대한 역사책을 썼다.
2) 기원전 4~3세기경의 역사가. 시칠리아의 시라쿠사 태생.
3) 기원전 523~442. 테베 태생의 서정 시인.

오는 사람처럼 되고 말았다.

　　맨발로 뛰며 리디아의 전차와 경쟁하는 사람.

　그리고 나중에는 자신이 얼마나 치졸하고 유치한 작가인가를 보여 주었다. 그것은 시인 디필로스[4]의 다음 시구와 같았다.

　　둔해진 머리에 시칠리아 산 비계 덩어리.

　티마이오스는 흔히 크세나르코스[5]의 견해를 빌려 이렇게 말하곤 했다.

　"아테네 시민들은 승리를 의미하는 이름을 가진 장군[6]이 시칠리아 원정을 맡지 않은 것을 불길한 징조로 생각했다."

　"헤르메스의 신상들이 부숴진 것은 아테네 군이 헤르몬의 아들 헤르모크라테스에게 참패를 당할 징조였다."

　혹은 더욱 심한 말도 했다.

　"헤라클레스는 데메테르의 딸 페르세포네의 도움을 받아 저승의 개를 잡았다. 그러므로 페르세포네 여신을 모시는 시라쿠사 시민을 도와야 한다. 또 그는 트로이의 왕 라오메돈에게 진 원한 때문에 트로이 시를 정벌했으니, 트로이 사람의 후손인 에게스타 사람들을 보호해 준 아테네에 대해 노여움을 품게 될 것이다."

　그는 이런 실없는 말들을 자랑스럽게 늘어놓고 다니곤 했다. 그러나 티마이오스가 그런 말을 《역사》에 적어넣은 것은, 필리스토스의 글에서 흠을 찾고 아리스토텔레스와 플라톤에게서조차 결점을 찾아내는 그 사람의 기질 때문일 것이다.

　나는 이와 같이 문체의 한 구절을 따지며 다른 사람의 책과 경쟁을 일삼는다는 것은 천박하고 현학적인 것이라고 생각한다. 더구나 그 대상이 결코 우리로서는 따라잡을 수 없는 우수한 작품일 경우에는 더욱 의미없는 짓이 될 것이다. 그

---

4)　기원전 330년 경 그리스의 희극 시인.
5)　아리스토텔레스가 그의 《시학》의 첫머리에서 인용하고 있는 그리스의 희극 시인이며 무언극 시인.
6)　니키아스의 이름은 그리스말 니케, 즉 승리에서 나온 것이다

런데 니키아스의 행동에 대해 기록한 투키디데스와 필리스토스의 기록들을 보면, 그들은 니키아스가 여러 가지 어려운 곤경에 빠졌을 때의 행동만으로 그의 성격을 나타내고 있다.

따라서 나는 소홀한 역사가라는 평을 면하기 위해서라도 이러한 부분을 간단히 정리해 보려고 한다. 또 널리 알려져 있지 않은 다른 사람들의 기록이나 오랜 기념물들에 흩어져 있는 여러 자료들을 발견하고 모으는 데도 힘쓸 것이다. 물론 단순하고 쓸모없는 지식의 조각들을 무조건 긁어모으려는 것이 아니라, 니키아스의 진정한 모습을 이해하는 데 도움이 되는 것만을 추리려는 것이다.

니키아스에 대한 첫 번째 기록으로 볼 것은 아리스토텔레스가 그를 두고 한 말이다: "아테네에는 애국심이 강하여 민중들의 사랑을 많이 받고 있는 사람이 셋 있다. 니케라토스의 아들 니키아스, 멜레시아스의 아들 투키디데스, 그리고 하그논의 아들 테라메네스가 바로 그들이다. 그러나 맨 나중에 말한 테라메네스는 앞의 두 사람에 비해 좀 떨어지는데, 그는 케오스 섬[7] 태생의 외국인이라는 소문이 있어서 진짜 아테네 시민인지 아닌지도 알 수 없는 데다가 정치인으로서도 지조없는 행동을 해서 코토르노스[8]라는 별명까지 얻었기 때문이다."

아리스토텔레스가 말한 세 사람 중에 가장 나이가 많은 사람은 투키디데스였는데, 그는 페리클레스에 반대한 보수파의 대표자였다. 니키아스는 그에 비해 아직 나이가 어렸다. 니키아스는 페리클레스가 살아 있는 동안에 함께 장군으로 출정한 적도 있고, 또 자기 혼자서 군대를 지휘한 적도 있었다. 페리클레스가 죽고 난 뒤 그는 곧 아테네에서 최고의 권력을 누리게 되었다. 평민들을 선동하는 클레온의 횡포를 벗어나기 위해 귀족들과 부자들이 나서서 그를 뒷받침해 준 덕택이었다. 그러나 그는 평민들 사이에서도 호감을 잃지 않아서 그들 스스로가 니키아스의 승진을 도와주기도 했다. 클레온은 평민들에게 아첨하기 위해 여러 가지 이익을 만들어 주었지만, 그의 탐욕과 오만과 이기심 때문에 도리어 평민들은 니키아스를 지지했던 것이다.

니키아스의 자부심도 물론 약한 것은 아니었다. 그러나 그는 평민들에게 아부한

---

7) 에게 해의 키클라데스 군도의 북서쪽에 자리한 섬.
8) 그리스의 비극 배우들이 키를 커보이게 하기 위해 신었던 바닥이 두꺼운 반장화.

다는 평을 들을까봐 염려하는 사람이었으므로 너무 심하거나 무례한 태도를 보이지는 않았다. 그는 또 천성이 내성적이고 수줍은 편이었지만 전쟁에서는 늘 행운이 따라 승리를 거듭하였으므로 이러한 성격의 단점은 대체로 숨겨졌다. 그리고 정치적인 면에서는 그의 그런 소극적인 태도 때문에, 오히려 평민들의 비위를 거슬리는 일이 없어서 호응을 얻었다. 원래 평민들은 자기들을 경멸하는 사람을 두려워하지만, 자신들을 두려워하는 사람에게는 힘닿는 데까지 도움을 주고 싶어 하는 법이다. 그러므로 평민들은 니키아스의 그런 태도가 자신들에 대한 최대의 존경이라고 여겼다.

페리클레스는 빈틈없는 성격과 웅변의 힘으로 아테네를 휘어잡고, 아테네를 지배했던 사람이다. 그는 민중들의 인기를 얻기 위해 비겁한 행동이나 아첨하는 말을 하는 사람이 아니었다. 이런 점에 있어서 니키아스는 페리클레스보다 부족한 면이 있었다. 니키아스는 페리클레스만한 역량을 가지지 못했기 때문에 자신의 막대한 재력으로 민중들의 인기를 끌어모았기 때문이다.

니키아스는 또 클레온처럼 능란한 웅변술이나 민첩한 재치도 가지고 있지 못했다. 클레온은 대담한 익살로 아테네 시민들을 웃기며 그들을 마음대로 조종했던 사람이었다. 그러나 이러한 재능이 없었던 니키아스는 연극이나 체육대회 등을 개최하여 민중의 환심을 사려 했다. 이렇게 열렸던 대회들은 그의 재력이 뒷받침되었던 탓에 놀랄 만큼 성대하고 화려한 것이었다고 한다.

니키아스가 신전에 바친 봉납물 가운데 지금까지 남아 있는 것은 두 가지이다. 하나는 아테네의 아크로폴리스에 서 있는 조각인데, 이것에 입혀졌던 금칠은 안타깝게도 벗겨져 있다. 또 하나는 디오니소스 신전에 있는 향로대인데, 이것은 앞에서 말한 여러 대회에서 승리한 사람들이 바친 것이었다.

언젠가 연극제가 개최될 때의 일이었다. 그 대회의 비용도 물론 니키아스가 대는 것이었는데, 니키아스는 연극 속에 자신의 노예 가운데 하나가 디오니소스로 등장한 것을 보았다. 그 노예는 얼굴이 잘생기고 체격도 뛰어난 사람으로 아직 수염도 안 났을 만큼 나이도 젊었다. 아테네 시민들은 그의 아름다운 모습을 보고 모두 감탄하여 우렁찬 박수를 보냈다. 니키아스는 연극이 끝나자 자리에서 일어나 시민들을 향해 말했다.

"이처럼 신의 축복을 받은 사람을 노예로 둔다는 것은 있을 수 없는 일이오. 그러니 나는 저 사람을 자유인으로 풀어 주겠소."

이렇게 말한 니키아스는 즉시 그 노예를 해방시켜 주었다.

또 니키아스가 델로스 섬[9]으로 보내는 행렬을 얼마나 아름답게 차려서 보냈는가에 대한 이야기도 전해 내려온다. 그 당시에는 그리스의 각 도시에서 델로스 섬에 합창단을 보내 신의 영광을 노래하는 행사가 있었다. 그런데 이 행사는 질서가 잡혀 있지 않아, 합창단이 도착하면 주민들은 무질서하게 밀려나와 노래를 부르라고 소동을 일으키곤 했다. 그렇게 되면 합창단은 소란에 못이겨 서둘러 옷이며 꽃을 몸에 걸치고 배에서 내리는 것이었다.

그런데 니키아스가 합창단을 거느리고 델로스 섬에 도착했을 때, 그는 우선 그들을 제물로 쓸 짐승과 그 밖에 제사에 쓸 물건들과 함께 레네아[10]에 내리게 했다. 그리고 미리 금박과 단청을 칠하고 꽃과 융단으로 장식한 다리를 준비해 두었다가 밤 사이에 델로스 섬까지 다리를 만들었다.

다음날 아침이 되자, 니키아스는 합창단을 아름답게 단장시키고 다리를 건너며 신께 바치는 노래를 부르게 했다. 델로스 섬의 주민들은 이 아름다운 광경에 모두 넋을 잃었다. 니키아스는 다리를 다 건너자 제사를 드리고, 다시 연예 대회를 열었다. 그리고 연예 대회가 끝난 뒤에는 큰 잔치를 열었다.

이 행사가 다 끝난 다음, 니키아스는 청동으로 만든 종려나무를 신께 바치고, 1만 드라크마를 주고 산 땅을 헌납하였다. 그리고 델로스 주민들에게 이 토지에서 난 수입으로 신께 제사를 드리고 잔치를 열라고 했다. 이 말을 들은 주민들은 니키아스에게 여러 신들의 축복이 내리기를 기도했다.

니키아스는 이러한 일을 모두 돌기둥에 새겨 그곳에 세웠다. 그런데 뒷날 거센 바람에 종려나무가 넘어지면서 낙소스 인들이 세운 커다란 조각상을 깨뜨리고 말았다. 니키아스의 이러한 행동은 남에게 자랑하고 싶어하는 허영심이나 민중들로부터 인기를 얻으려는 욕망에서 나온 것일 수도 있다. 그러나 미신을 잘 믿었던 그의 성격에 비추어 보면, 순수한 신앙심에 우러나온 행동으로 볼 수도 있다.

투키디데스가 전하는 말을 들어보아도, 그는 신을 몹시 두려워했으며 점이나 신탁에 무척 귀를 기울였다고 한다. 파시폰의 《대화록》을 보면, 그는 매일 신들에게 제

---

9) 아폴론이 태어난 곳으로, 그리스 각 도시에서 순례자가 많이 모여들었다.

10) 델로스 섬 옆에 있던 작은 섬.

물을 바치고 집에는 점쟁이들을 끌어들였는데, 겉으로는 나랏일을 묻는다고 했지만 사실 대부분이 자신의 개인적인 일, 특히 자기가 소유하고 있던 은광에 대한 일이었다고 한다.

그는 라우리움[11]에 엄청난 값어치를 가진 은광을 가지고 있었는데 이것으로 많은 수입을 얻고 있었지만 큰 손해를 볼 때도 있었다. 그는 수많은 노예를 사들여 밤낮으로 은을 캐내고 있었는데, 그가 소유한 대부분의 재산은 여기서 나오는 것이었다. 그런데 그의 주위에는 그에게 달라붙어 재산을 뜯어먹으려는 자들이 많았다. 그 가운데는 여러 부류의 사람들이 있었지만 니키아스는 별로 거절하는 법 없이 모든 사람들의 요구를 다 들어주었다. 해를 미칠 염려가 있는 사람에게는 두려움 때문에, 그리고 단순히 도움을 바라는 사람들에게는 어진 마음 때문에 거절을 하지 못했던 것이다.

이러한 그의 마음은 여러 희극 시인들의 작품 가운데서도 찾아볼 수 있다. 예를 들어, 텔레클레이데스라는 희극 시인은 거짓말을 일삼는 한 사람을 등장시켜 이렇게 말하고 있다.

"그는 카리클레스에게 1파운드를 주었어. 왜냐하면 그가 사생아라는 사실을 말할까봐 두려워서였지. 그런데 니키아스는 그에게 4파운드를 주었어. 나는 그 이유를 알지만 말할 수는 없다네."

에우폴리스도 〈마리카스〉라는 희극 중에서, 어떤 나쁜 사람이 착한 가난뱅이를 들볶는 장면을 이렇게 썼다.

사람 1 : 니키아스를 어디서 만났나?

사람 2 : 거리에서 한 번 보았을 뿐이네.

사람 1 : 니키아스를 만났다는 사실을 부정하지 않는 걸 보니 분명 고소할 생각을 하고 있군.

사람 3 : 그렇다면 여러분들은 모든 걸 다 알고 있겠군. 니키아스는 이제 꼬리를 잡히고 만 거야.

사람 2 : 이런 멍텅구리들! 그런 훌륭한 분을 도대체 누가 잡으려고 한단 말인가?

11) 아티카와 보이오티아의 남쪽 끝에 자리한 항구.

또 아리스토파네스[12]의 연극 가운데에서 클레온이 다음과 같이 협박하는 장면이 나온다. "모든 연설자들이 입도 열지 못하게 해서, 니키아스를 혼내주고 말 거야."

프리니코스는 비겁하고 유혹에 빠지기 쉬운 그의 마음을 조롱하여 이런 시를 썼다.

> 그는 정직한 사람이었네.
> 적어도 그는 니키아스처럼 비겁하지는 않았지.

이처럼 그는 민중들을 선동하는 사람들을 몹시 두려워했다. 그는 그들에게 무슨 흠이라도 잡힐까 두려워 시민들과 어울리지도 않았고 식사도 함께 하지 않았으며, 친구들과 유쾌하게 떠들어대는 시간도 가지지 못했다. 그는 장군으로 있을 때 밤중까지 남아 일을 했으며, 관청에 제일 먼저 나와 맨 나중까지 남아 있었다. 일이 없을 때도 그는 종일 집에 틀어박혀 좀처럼 바깥에 나가려 하지 않았다. 그래서 그를 거리에서 마주치는 일도 드물었고, 집으로 찾아가도 잘 만나주지 않았다.

"면회를 거절하게 되어 정말 죄송합니다. 주인께서는 지금 매우 중대한 일이 있어서 손님을 만나실 수가 없습니다."

니키아스를 찾아간 사람들은 언제나 이런 대답을 들어야 했다.

니키아스의 이러한 생활을 누구보다 잘 도와준 것은 히에로라는 사람이었다. 그는 어릴 때 이 집으로 와서, 니키아스에게 문학과 음악을 배우고 자라났다. 그런 그는 니키아스를 몹시 섬기는 데다가 꾀도 아주 많아, 그의 생활을 신비롭게 감싸 주었다. 그는 또 칼코스[13]라는 이름으로 불리기도 한 디오니시오스의 아들이라고 자칭하였다. 디오니시오스가 쓴 시는 오늘날까지도 몇 편 전해지는데, 그는 일찍이 이탈리아로 사람들을 이끌고 가서 투리이 시를 세운 사람이다. 히에로는 점쟁이들과 접촉하며 니키아스에게 점괘를 얻어 주기도 했다. 그리고 시민들을 만날 때마다 이런 말을 하곤 했다.

---

12) 그리스의 희극시인.

13) '구리'를 뜻한다. 디오니시오스는 아테네 시민들에게 처음으로 동화, 즉 구리로 만든 돈을 쓰라고 주장했다 한다.

"장군님은 시민들을 위해 애쓰시느라고 밤낮없이 바쁘시지요. 식사를 하거나 목욕을 하시다가도 중요한 일이 생기면 언제나 달려나갑니다. 밤잠도 못 주무시고 애를 쓰시니 집안이 어떻게 되는지도 모르시고, 그분 건강도 말이 아니지요. 그런데다가 재산도 다 탕진하시고, 친구들을 대접할 틈도 없으시니 이것저것 다 잃고 만 셈이지 뭡니까? 다른 분들은 정치를 하면서도 나랏돈을 써서 친구와 재산을 만든다는데 말씀입니다."

이런 히에로의 이야기는 시민들의 마음 깊숙이 파고들었다. 사실 니키아스의 생활은 히에로가 말한 그대로였다. 그러므로 아가멤논이 했던 다음과 같은 탄성은 바로 그에게도 해당하는 것이었다.

> 헛된 영광에 일생을 보낸 나는
> 뭇사람들에게 부림당하는 노예였다네.[14]

아테네 민중들은 역량있는 사람들의 재능을 이용하다가도 기회만 오면 그들을 꺾고 그의 명성을 빼앗아 버렸다. 그들은 페리클레스를 비난했고, 다몬을 추방했으며, 안티폰을 시기했다. 특히 레스보스 섬을 정복한 파케스 장군은 그의 지휘권에 대한 설명을 요구당하자, 수치를 못이겨 법정에서 칼을 뽑아 자살해 버렸다.

니키아스는 이러한 일들을 잘 알고 있었기 때문에 되도록이면 힘들고 어려운 전투를 맡지 않으려고 했다. 군대의 지휘권을 맡게 되더라도 늘 조심스럽게 행동했으며, 이 조심성이 그의 성공을 뒷받침해 주기도 했다. 그러나 그는 어떠한 승리나 성공도 결코 자신의 용기나 전술탓이 아니라 운이 좋았기 때문이라고 말하여, 세상 사람들의 시기를 피하려고 애썼다.

니키아스는 사실 행운을 타고난 사람이기도 했다. 당시 아테네는 많은 승리를 거두었지만, 또 그만큼 패배를 맛보기도 했다. 그러나 행운의 여신이 니키아스를 도왔는지, 그는 패배한 전투에는 한 번도 참가하지 않았던 것이다.

아테네 군이 칼기디케 군에게 패배한 것은 트라키아에서였다. 그때 아테네 군을 지휘했던 장군은 칼리아데스와 크세노폰이었다. 또 아이톨리아에서 패배를 겪었던

---

14) 에우리피데스의 비극 〈아울리스의 이피게니아〉 제450연.

장군은 데모스테네스였으며, 델리온에서 1천 명의 전사자를 냈던 때는 히포크라테스가 군대를 지휘하고 있었다. 이 때는 전염병 때문에 사람들이 죽었던 것이었지만 그 책임은 모두 페리클레스가 짊어져야 했다. 페리클레스는 전쟁을 오래 끌 생각으로 시골에서 살던 사람까지 모두 시내로 데려와 살게 했다. 그런데 갑자기 좁은 곳에 많은 사람들이 들어차게 된 데다가, 달라진 생활 환경 때문에 전염병이 돌았던 것이다.

이처럼 많은 재난들이 몰아닥쳤을 때, 아무런 비난도 받지 않았던 유일한 사람이 바로 니키아스였다. 더구나 그는 전쟁에서 여러 차례에 걸쳐 승리를 거두었다. 그는 라코니아 해안에 가까운 전략적인 섬 키테라를 점령하여 이주민들을 보냈고, 반란을 일으킨 트라키아의 도시들을 진압하였고, 메가라 시민들을 시내에 몰아넣은 채 미노아 섬을 점령했으며, 그것을 이용하여 니사이아 항구까지 공략하였다. 그는 또 코린트 해안에 군대를 상륙시켜 격퇴하러 달려온 코린트 군을 무찌르고 리코프론 장군을 죽이기도 했다.

이 전쟁 때의 일이다. 그는 군대를 거느리고 돌아오다가 문득 전사한 부하 장군의 시체를 묻어 주지 못한 일이 생각났다. 그래서 그는 함대를 멈추게 하고, 시체를 넘겨달라고 적에게 요구했다. 그리스의 관습에 따르면, 전사자를 묻기 위해 먼저 휴전을 요구하는 것은 패전을 인정하는 것이나 다름없었다. 그러므로 그런 경우에는 승리에 대한 모든 권리를 포기해야 했으며, 전승 기념비도 세울 수 없었다. 싸움터를 점령하고 있는 자가 이긴 편이었으므로 시체를 요구하는 것은 싸움터를 점령하지 못한 패자라는 것을 인정하는 것과 마찬가지였던 것이다. 그러나 니키아스는 그럼에도 불구하고 두 사람의 시체를 찾기 위해 승리의 영광을 버리려 했던 것이다.

또 그는 라코니아의 해안을 침공하여 스파르타 군을 무찔렀으며, 아이기나 섬 사람들이 점령하고 있던 티레아 섬을 빼앗고 많은 포로들을 아테네로 태워왔다.

데모스테네스가 필로스에 요새를 쌓고, 바다와 육지 양쪽에서 밀려오는 펠로폰네소스 군을 물리친 이후도 스파크테리아[15] 섬에는 전투에서 패배한 스파르타 군 4백여 명이 여전히 버티고 있었다. 아테네는 이 4백 명의 스파르타 군을 사로잡아 큰 수확을 올리려고 애를 썼다. 그러나 이 섬은 천연적인 요새여서 여간 어려운 일이 아니었다. 이 섬은 물이 없어서 사람이 살지 않았다. 그러므로 군량과 먹을 물을 싣고

---

15) 필로스 맞은편에 있던 작은 섬.

파도가 넘실거리는 바다를 건너가야만 했다. 그러나 여름도 아닌 겨울에 그런 일을 한다는 것은 불가능했다. 그때서야 아테네 군은 스파르타가 휴전을 제안해 왔을 때 응하지 않았던 것을 후회하기 시작했다.

그때 휴전을 거절한 것은 클레온의 끈질긴 선동 때문이었다. 클레온은 자신의 정적인 니키아스가 휴전을 지지하려는 기미를 보이자, 무턱대고 그의 의견에 반대하면서 시민들을 선동했던 것이다. 그런데 전쟁이 끝나지 않고 자꾸 길어지는 데다가, 자기의 군대가 심한 고생을 하고 있다는 소식을 듣게 되자 아테네 시민들은 클레온에 대해 분노를 터뜨리기 시작했다. 그러나 클레온은 모든 책임을 니키아스에게 떠넘기면서, 스파르타 군에 대해 포위를 풀지 않는 것은 니키아스가 겁이 많고 우유부단했기 때문이라고 했다. 그러고는 시민들에게 덧붙였다. "내가 장군으로 나가기만 하면 당장 적을 사로잡아 버릴 것이오."

그러자 시민들은 이렇게 응수했다. "그러면 어서 나가서 적군을 잡아와 보시오."

사태가 이렇게 변하자 니키아스는 곧 장군직을 클레온에게 넘겨 버렸다.

"클레온! 당신이 원하는 만큼 군대를 가지고 가시오. 여기서 가만히 앉아 큰소리만 치지 마시고 지금 곧 달려나가 나라를 위해 큰 공을 세우란 말이오."

클레온은 뜻밖의 사태에 당황하여 처음에는 시민들의 제안을 사양해 보려고 했다. 그러나 아테네 시민들은 끝까지 주장을 꺾지 않았으며 니키아스 또한 그를 종용하였다. 그래서 클레온은 결국 용기를 내서 장군직을 넘겨 받았다. 그런 다음 그는 시민들을 향해 큰소리로 외쳤다.

"섬에 내린 뒤 20일 안에 그곳에 있는 스파르타 군을 모조리 없애거나, 아니면 모조리 잡아 아테네로 끌고 오겠소."

시민들은 이 말을 믿기는커녕 비웃기부터 했다. 클레온은 예전부터 허풍을 일삼았으며, 그 때문에 놀림감이 된 것도 한두 번이 아니었던 것이다.

다음날 시민들은 이른 아침부터 민회에 나가 클레온이 오기만 기다리고 있었다. 그러나 그는 시간이 꽤 흐른 뒤 머리에 월계관을 쓰고 나타나 이렇게 말했다.

"오늘은 바빠서 안 되겠으니 민회는 내일로 연기해 주시오. 지금도 신에게 제사를 드리고 막 달려오는 길입니다. 그리고 지금부터는 또 외국 손님들과 식사를 하기로 되어 있습니다. 그러면 나는 바빠서 이만 가 봐야겠소."

이 말을 들은 시민들은 웃음을 터뜨리고 흩어져 버렸다.

그런데 이때에는 클레온에게도 행운이 따랐다. 그는 데모스테네스의 도움을 받아 교묘히 전쟁을 지휘함으로써, 자기가 약속한 날짜 안에 스파르타 군의 대부분을 포로로 잡아 아테네로 돌아왔던 것이다.

이 일은 니키아스에게 커다란 수치가 되었다. 실패가 두려운 나머지 장군직을 내놓고 자신의 원수에게 공을 세울 기회를 넘겨 주었으니, 마치 싸움터에서 적에게 방패를 빼앗긴 것과 다름없는 꼴이었다. 아리스토파네스는 그의 작품 〈새〉에서 이 사건을 이야기하고 있다.

"지금은 중요한 때요. 그러므로 우리는 니키아스처럼 시간을 허비하여 기회를 놓치는 실수를 해서는 안 됩니다."

그는 또 〈농부들〉이라는 작품에서도 니키아스를 비웃고 있다.

사람 1 : 나는 고향에 남아서 농사나 지으며 살았으면 좋겠네.
사람 2 : 아니, 누구 말리는 사람이라도 있단 말인가?
사람 1 : 누구긴, 바로 당신네 아테네인들이지. 나랏일을 그만두고 고향에 내려갈 수만 있다면, 그 사람한테 1천 드라크마라도 줄걸세.
사람 2 : 좋아. 그러면 합계는, 니키아스가 자기 구실을 포기하고 낸 돈까지 합쳐서 2천 드라크마가 되는군.

니키아스는 클레온이 자신의 명성과 권력을 키우도록 도와주었기 때문에 아테네 시에까지 큰 해를 끼쳤다. 클레온의 횡포는 점차 심해져 누구도 다스릴 수 없는 지경이 되고 말았다. 그리고 그러한 결과는 니키아스 자신에게까지 피해를 끼치게 되었다. 클레온의 많은 횡포 가운데서도 연설의 예절을 파괴한 것은 특히 심했다. 그는 군중들 앞에서 연설을 할 때 고래고래 소리를 지르고, 옷자락을 뒤로 젖힌 채 허벅다리를 툭툭 치거나 연단 앞에서 이리저리 날뛰기도 했다. 이같은 무례한 행동은 점차 나랏일을 하는 높은 지위의 사람들에게까지 영향을 미쳐 만사를 혼란 속에 몰아넣고 말았다.

그때 알키비아데스는 이미 아테네에서 강한 힘을 드러내기 시작했다. 그는 정치 연설로 사람들의 시선을 모으고 있었는데, 클레온처럼 문란하고 난폭한 행동을 하지는 않았다. 이집트의 국토가 너무 기름지기 때문에 '온갖 독초와 약초가 함께 자라는 땅'이라고 일컬어지듯이, 알키비아데스 또한 선과 악이 다같이 섞여 있어서 아테네의 정치에 큰 변화를 일으키고 있었다.

니키아스가 클레온의 손아귀에서 벗어난 다음에도 혼자서 아테네를 가라앉힐 수는 없었다. 니키아스가 모든 일을 평화롭게 처리해 놓으면, 금방 알키비아데스가 나타나 자신의 야심에 걸맞는 혼란과 전쟁을 일으키곤 했기 때문이었다. 그 전까지 평화를 교란시켰던 사람은 주로 클레온과 브라시다스[16]였다. 전쟁은 클레온에게 횡포를 감추는 수단이 되어 주었고, 브라시다스에게는 이름을 떨치는 기회가 되었다. 그러나 이 두 사람은 전투 중에 암피폴리스에서 한꺼번에 전사해 버리고 말았다.

니키아스는 스파르타가 오래 전부터 평화를 갈망하고 있었으며, 아테네 또한 더 이상 전쟁을 감당할 자신이 없다는 것을 알아차렸다. 그래서 그는 두 도시 사이를 화해시키고 그리스의 다른 나라들도 설득하여, 더 이상 시련을 겪는 일이 없도록 만들려고 했다. 그는 이것이 정치가로서의 성공이라고 생각했기 때문에 한층 열심히 노력했다.

부유한 사람이나 늙은 사람, 혹은 지주나 농민들도 모두 평화가 오기만을 기다리고 있었으며, 다른 사람들도 차츰 전쟁에 대한 열성을 잃어가고 있었다. 그러므로 그는 휴전을 성립시키자는 뜻을 스파르타에 전했다. 스파르타는 니키아스가 공정하고 너그러운 사람이라는 것을 알고 있었고, 또 그가 필로스에서 클레온에 잡혔던 포로들을 친절하게 대해 준 일도 있었기 때문에 그의 말을 따르기로 했다.

이렇게 해서 스파르타와 아테네 사이에는 1년 간의 휴전 조약이 맺어지게 되었다. 두 도시에 평화가 찾아오자 사람들은 서로 자유롭게 넘나들며 고요하고 평화로운 생활을 즐기게 되었다.

> 이제 내 창은 거미줄에 얽히고
> 내 방패는 거미의 집이 되어라.

사람들은 이런 합창단의 노래에 도취되었다. 그리고 "세상이 평화로울 때 잠을 깨우는 것은 군대의 나팔 소리가 아니라 닭 울음소리"라는 속담을 새삼 기억해내기

---

16) 스파르타의 장군.

도 했다. 또 그들은 "3의 9배인 27년 동안 전쟁이 계속될 것"[17]이라는 예언을 저주하면서, 그런 말을 하는 사람들을 보면 비웃어 버렸다.

사람들은 이제야말로 모든 재앙에서 벗어나 참다운 평화를 맞게 되었다고 생각했다. 그들은 니키아스를 높이 칭찬하면서, 그는 신의 은총을 받은 자이며 그의 순수한 신앙심 때문에 그리스 전체에도 큰 복이 내렸다고 말했다. 전쟁은 페리클레스의 장난이라고 생각한 것처럼 그들은 평화가 니키아스 덕택이라고 생각하였다. 페리클레스는 공연히 그리스를 재난 속에 몰아넣었으며, 니키아스는 그리스 여러 나라 사람들의 시름을 씻어 주고, 그들 사이에 우정의 씨앗을 심어 주었기 때문이다. 그래서 사람들은 이것을 '니키아스의 평화'라고 불렀는데, 이 말은 지금까지 남아 있다.

스파르타와 아테네의 휴전 조건은 각자 빼앗은 도시와 영토 및 포로들을 되돌려 주고, 제비를 뽑아 어느 편이 먼저 조약을 이행하는가를 결정하자는 것이었다. 테오프라스토스에 의하면, 니키아스는 스파르타 사람들에게 막대한 뇌물을 먹이고 먼저 조약을 이행하는 제비를 뽑도록 했다고 한다.

그러나 코린트와 보이오티아가 그 결과에 대해 불만을 품고, 다시 전쟁을 일으킬 기세를 보였다. 그러자 니키아스는 아테네와 스파르타의 시민들을 설득하여 평화를 다시 되새기고, 서로 더 강화된 힘과 믿음의 기반에 서서 두 도시의 평화 유지를 다짐하였다.

사태가 이렇게 착착 진행되고 있는 동안, 알키비아데스는 이 모든 협정에 대해 불만을 품고 있었다. 그는 성품이 본래 음흉해서 평화를 싫어하였을 뿐 아니라 스파르타가 니키아스만을 높이고 자기를 무시하는 것도 몹시 불쾌했다. 그래서 그는 처음부터 휴전을 반대했지만 별로 큰 영향을 미치지는 못하고 있었다.

그런데 스파르타 사람들이 가끔씩 아테네의 기분을 상하게 하더니, 나중에는 보이오티아와 동맹을 맺는 등 배신까지 하자 아테네 사람들은 스파르타를 다시 미워하게 되었다. 더군다나 조약에 따라 요새들을 파괴하지 않고 아테네에 돌려주기로 했는데도 약속한 파낙툼과 암피폴리스를 돌려주지 않자, 아테네 시민들은 드디어 분개하기 시작했다. 알키비아데스는 이 기회를 이용하여 시민들을 선동하는 한편,

---

17) 투키디데스에 의하면, 아테네 시민들은 펠로폰네소스 전쟁의 초기부터 "이 전쟁은 9년의 3배 동안 계속된다"는 신탁을 듣고 웅성거렸다고 한다. 실제로 이 전쟁은 431~404년까지 계속되었으므로, 이 예언은 정말 들어맞았다.

아르고스를 움직여 사절단을 아테네로 보내 동맹을 성립시켰다.

그런데 이와 때를 같이 하여 아테네와 불화의 원인이 된 모든 문제에 대한 권리를 가진 스파르타 사절단이 왔다. 그들은 먼저 원로원에 나가서 예비적인 회담을 하였다. 여기서 그들은 아주 공정하고 타당한 제안을 내놓았다. 알키비아데스는 이 사절단이 민중 대회에 나가서 좋은 인상을 줄 것을 염려하였다. 그래서 그는 혼자서 사절단을 찾아갔다. 그는 사절단에게 마음에도 없는 원조를 약속하고, 그 대신 그들이 전권을 가지고 왔다는 뜻을 밝히지 않겠다는 맹세를 받았다. 사절단은 알키비아데스의 꾀에 속아 넘어가, 니키아스를 저버리고 알키비아데스의 말을 믿게 되었다.

민중 대회에 사절단을 안내해 온 알키비아데스는 민중들이 보는 앞에서 그들에게 물었다. "여러분은 모든 일을 해결할 권한을 가지고 왔습니까?"

사절단은 약속대로 아니라는 대답을 했다. 그런데 바로 그때, 알키비아데스는 갑자기 낯빛을 바꾸며 원로원 의원들을 소집시켰다. 그러고는 사절단이 원로원 회담에서 했던 말을 확인시키며, 민중들을 향해 외쳤다.

"여러분! 스파르타 사절단의 말을 잘 들으십시오. 그들은 원로원에서는 이 소리를 하고 여기 나와서는 또 딴소리를 하고 있습니다. 도대체 이런 사기꾼들의 말을 어떻게 믿을 수 있겠습니까?"

알키비아데스의 말을 들은 시민들은 환성을 올렸다. 사절단은 그제야 자신들이 알키비아데스의 속임수에 걸려들었다는 것을 깨달았지만, 이미 손을 쓸 수도 없는 처지였다. 니키아스 또한 그들을 어떻게 도와야 할지 몰라 넋이 빠진 채 가만히 있었다. 시민들은 곧 아르고스에서 온 사절단을 불러 동맹을 맺으려고 했다. 그런데 바로 그때 느닷없이 지진이 일어나 민중 대회는 중단되어 버렸다. 니키아스에게는 이 지진이 마치 구원의 손길처럼 느껴졌다.

다음날 다시 이 문제에 대한 회의가 열렸을 때 니키아스는 온갖 방법을 다 써서 아르고스와의 동맹을 중지시켰다. 대신 스파르타와의 일을 잘 해결하겠다는 약속을 하고, 사절단의 자격으로 아테네를 떠났다.

스파르타에 도착한 그는 대단한 환영을 받았다. 스파르타인들은 그를 아테네의 명사이자 스파르타의 친구로서 대접해 주었다. 그러나 보이오티아를 지지하는 사람들의 세력이 너무나 컸으므로 결국 아무런 성과도 거두지 못했다.

그는 수치스러운 마음으로 귀국길에 올라, 자기가 스파르타에서 받았던 모욕과 이제 아테네에 도착해서 받게 될 시민들의 분노를 생각하며 절망에 빠져들었다. 아테네 시민들은 자신의 말을 믿고, 필로스에서 잡았던 스파르타의 포로들을 거저 돌려보낸 일까지 있었기 때문이다. 사실 그때의 포로들은 모두가 스파르타의 높은 집안 출신들로서, 그의 친구나 친척들도 나라의 권세가들이 대부분이었다. 그런 중요한 포로들을 무상으로 돌려보냈으니, 아테네 시민들의 분노에 찬 소리를 어떻게 감당할지 염려스러웠던 것이다.

그러나 아테네 시민들은 분노했지만 니키아스의 죄를 묻지는 않았다. 그들은 알키비아데스를 장군으로 뽑고, 아르고스와 동맹을 맺었다. 그리고 스파르타와의 동맹을 포기한 엘리스와 만티네이아와도 동맹을 맺은 다음, 필로스 섬으로 해적들을 보내 라코니아 해안을 노략질하게 했다. 이렇게 되자 또다시 전쟁의 불길이 고개를 들기 시작했다.

한편 니키아스와 알키비아데스의 불화도 점점 심해져 이제 절정에 다다르게 되었다. 민중들은 두 사람 중 하나를 도편 추방시켜야 되겠다고 결심했다. 아테네 시민들은 일찍부터 나라에 해를 끼칠 만한 사람의 이름을 도기 파편이나 찰흙판 등에 써서, 투표를 통해 추방시키는 관례가 있었다. 재산이 너무 많거나 권력이 너무 높아서 민중들의 질투와 시기를 받게 된 사람은 이 재판으로 10년 간의 추방을 당하게 되는 것이었다.

드디어 두 사람에 대한 재판이 결정되었다. 투표 날짜가 점점 가까워지자, 두 사람은 어쨌든 둘 중 하나는 추방을 면할 수 없을 것이라는 생각 때문에 몹시 두려워하였다. 하지만 그의 전기에서 이미 썼던 것처럼, 민중들은 알키비아데스의 생활 태도를 못마땅해하면서 그의 대담함과 과감성을 두려워하고 있었다.

한편 니키아스는 재산이 많은 것 때문에 민중들의 질투를 받고 있었고, 그의 생활 습관, 특히 비사교적이고 은밀한 태도로 많은 사람들의 미움을 샀다. 뿐만 아니라 그는 가끔 민중들과 정면으로 대립하여 그들에게 이로운 일이면 싫은 일도 강제로 시켰기 때문에 그들의 미움은 더욱 커져만 갔다.

이렇게 해서 이 싸움은 전쟁을 원하는 젊은이들이 나이 많고 평화를 원하는 자를 상대로 하는 싸움이 되었다. 그래서 전자는 니키아스를, 후자는 알키비아데스를 도편 추방시키려고 애썼던 것이다.

그러나 "세상이 어지러워지면 악한 자가 설친다"는 말이 있듯이, 두 파가 서로 싸우느라 바쁜 동안, 아테네는 어느새 천하고 야비한 자들의 무대가 되어 있었다. 페리토이다이 구 출신의 히페르볼로스도 그런 사람들 가운데 하나였다. 그는 아무런 소질도 권세도 없는 자였지만, 수단과 방법을 다 써서 세력을 키우고 아테네의 명예를 더럽히고 있었다. 그는 형틀에 목을 매는 편이 더 어울릴 만한 자여서, 자기 자신조차도 도편 재판으로 추방되리라고는 꿈에도 생각하지 못하고 있었다. 그는 오히려 니키아스와 알키비아데스 중 한 사람이 추방되고 나면 자기가 그 대신 권력을 잡을 욕심에 가슴 설레고 있었다.

그때 알키비아데스와 니키아스는 은밀히 손을 잡고, 자기들 대신 바로 히페르볼로스에게 도편 추방을 뒤집어 씌우는 데 성공했다.

사람들은 처음 얼마 동안 이 일을 농담삼아 이야기했다. 그러나 도편 추방이 그토록 보잘것없는 자에게 적용되었다는 것은 아테네의 명예가 더럽혀진 것이라고 생각하게 되었다. 아무리 형벌이라고 해도 그 나름대로의 위엄은 있었고, 도편 추방은 투키디데스나 아리스티데스 같은 사람들에게나 내려지는 벌이었다. 그러므로 히페르볼로스의 입장에서 이러한 벌은 오히려 명예로운 것이었고 그를 마치 당대의 큰 인물들처럼 우러러 보이게 했다. 희극시인 플라톤[18]도 이 사건에 대해 다음과 같은 글을 남겼다.

> 그놈은 그만한 벌을 받고도 남을 자였지만
> 그런 자를 처벌하라고 도편을 마련한 것은 아니었다네.

이 일이 있은 뒤로 아테네는 더 이상 이 형벌을 사용하지 않았다. 이렇게 해서 참주의 친척이었던 콜라르기 사람 히파르코스가 처음으로 받았던 이 벌은 히페르볼로스를 마지막으로 중단되었다. 이처럼 사람의 운명이라는 것은 누구도 예측할 수 없는 것이다. 만일 니키아스가 알키비아데스와 함께 모험을 감행하여 두 사람 중 하나가 추방을 당했다면, 그는 상대방을 추방하고 고요하게 아테네를 다스렸거나 아니면 생애를 망친 무서운 재난을 모면하고 뛰어난 장군이었다는 명성을 얻게 되었을 것이다.

테오프라스토스는 히페르볼로스가 도편 재판으로 쫓겨난 것은 알키비아데스와

---

18) 기원전 4세기경의 아테네 시인.

니키아스 때가 아니라 파이악스와의 불화 때문이었다고 주장하고 있지만, 대부분의 역사가들은 이 의견을 인정하지 않고 있다.

아이게스타와 레온티니는 아테네에 사절단을 보내 시칠리아 섬의 원정을 청했다. 니키아스는 이것에 반대했지만 알키비아데스 등의 찬성론자들에게 지고 말았다. 대회가 열려 그 문제가 논의되기도 전에, 사람들의 머릿속은 이미 정복의 야망으로 가득 차 있었다. 청년들은 체육관에서, 노인들은 일터나 놀이터에 모여 앉아 시칠리아와 그 주변의 바다와 땅을 그려 보기에 여념이 없었다. 그들은 모두 시칠리아를 대수롭지 않게 여기고, 이곳을 다리 삼아 카르타고를 거쳐 멀리 아프리카를 누르고 헤라클레스의 기둥[19]까지 이르러 지중해를 손아귀에 넣을 궁리까지 하고 있었다.

니키아스는 시칠리아 정복을 반대하고 나섰지만, 시민들에게 이 주장이 받아들여질 리가 없었다. 니키아스를 지지하는 사람은 몇 명 되지도 않았고, 그나마 세력이 있는 사람은 한 사람도 없었다. 부자들도, 군함을 마련하고 그 밖의 비용을 부담하기 싫어서 전쟁을 반대한다는 비난을 들을까봐 침묵을 지켰으므로 니키아스의 실망은 더욱 커져만 갔다.

그러나 그는 알키비아데스, 라마코스와 함께 전쟁에 나갈 장군으로 뽑힌 다음에도, 자신의 뜻을 굽히지 않고 전쟁 반대론을 펼쳤다.

"먼 나라까지 달려가서 무서운 전쟁을 하려는 알키비아데스는 나라를 위태롭게 만들어 자기의 야심과 이기심을 채우려는 것입니다."

그러나 니키아스의 이런 호소도 아무런 효과가 없었다. 시민들은 전쟁 경험이 많고 침착한 성격을 가진 그가 알키비아데스의 용감함과 라마코스의 낙천적인 성품을 잘 조화시키면 반드시 승리를 얻을 수 있을 것으로 확신했다. 그러므로 니키아스의 반대론은 도리어 그들의 확신을 더욱 굳게 해주는 구실에 불과했다. 그때 정치 선동가 중에서 가장 적극적으로 전쟁을 부르짖던 데모스트라토스는 이런 제안을 내놓았다.

"여러분! 이제 니키아스가 더 이상 아무 말도 못하게 쐐기를 박읍시다. 그러니까 이 세 사람의 장군에게 절대적인 권력을 주어, 아테네에서나 외국에서나 스스로 모든 것을 결정지을 수 있도록 해주자는 겁니다."

이 말을 들은 민중들은 너도나도 덩달아 이 제안에 찬성하고 나섰지만, 제관들은

---

19) 지브롤터 해협.

이 전쟁을 철저히 반대했다. 그러나 알키비아데스에게도 이들 제관들과 맞설 만큼의 점쟁이들이 따로 있었다. 그 점쟁이들은 어떤 오래된 예언을 시민들에게 들려 주었다: "아테네는 시칠리아에서 큰 영광을 얻을 것이다."

그리고 알키비아데스가 보낸 사자들도 암몬의 신전으로부터 다음과 같은 신탁을 얻어 왔다: "아테네는 시라쿠사 사람들을 모두 잡을 것이다."

불길한 징조를 나타내는 예언이나 사건들도 여기저기서 일어났지만, 사람들은 모두 잠자코 비밀로 덮어두었다. 뚜렷하고 확실한 징조가 나타난다고 해도 이미 아테네 시민들의 마음을 돌려놓을 수는 없었기 때문이었다.

아테네 시내에 있던 헤르메스의 조각상들이 모두 부서져 불구가 되었지만 이것도 별 영향을 주지는 못했다. 남은 것은 '안토키데스의 헤르메스'라고 불리는 조각상뿐이었는데, 이것은 아이게우스[20] 종족이 안토키데스의 집 앞에 세웠기 때문에 붙여진 이름이었다.

또 어떤 사람이 갑자기 열두 신의 제단 위에 올라탄 채 날카로운 돌로 자신의 손발을 잘라낸 일도 있었다. 그리고 델포이에서는 청동으로 만들어진 종려나무의 열매가 떨어지는 이상한 일도 있었다. 이 종려나무는 메디아와의 전쟁 때 얻은 전리품으로 만들어 바쳐진 것인데, 이 나무 위에는 황금으로 만든 아테나 여신의 신상이 안치되어 있었다. 그런데 이 신상에 까마귀 떼가 며칠 동안 달려들더니, 황금으로 만든 열매들을 쪼아 땅에 떨어뜨렸다. 그러나 아테네 시민들은 이것이 시라쿠사인들로부터 뇌물을 받은 델포이 사람들이 일부러 꾸며낸 이야기라며 믿지 않았다.

또 어떤 신탁은, 클라조메나이[21]의 아테나 여신을 섬기는 여인을 아테네로 불러오라는 것도 있었다. 그래서 사람들은 그녀를 데리러 갔는데, 그 여자의 이름은 고요함을 뜻하는 헤시키아였다. 그래서 시민들은 아테네가 조용히 지내야 한다는 신의 뜻이라고 생각하기도 했다.

점성가인 메톤은 군대에서 중요한 직책에 앉아 있었는데, 전쟁의 승리를 의심했는지 혹은 이런 불길한 징조들이 무서웠는지 몰라도 미치광이처럼 자신의 집에 불을 질러 버렸다. 다른 설에 의하면, 그는 미친 것이 아니라 원정에 나가 있던 아들

---

20) 아테네의 왕이며 테세우스의 아버지.
21) 소아시아의 이즈미르 근처에 있던 그리스의 이민도시.

을 군에서 면제시키기 위해 일부러 그런 짓을 했다고도 한다. 그래서 그는 자기 집에 불을 지르고 다음날 아침 광장에 나가 사람들을 붙들고 이렇게 애원했다. "우리 집이 지난 밤에 모두 불에 타버렸소. 그러니 내 아들을 병역에서 면제시켜 주시오."

또 철학자 소크라테스는 하늘에서 자주 계시를 받았는데, 그 가운데는 "이 전쟁은 아테네의 파멸을 가져오게 되리라"는 것도 있었다. 소크라테스는 이 계시를 몇몇 사람들에게 이야기했다. 그래서 이 계시는 일부 시민들에게 널리 퍼져 나가기도 했다. 그리고 군대가 출정하기로 결정된 날짜에 대해서도 많은 사람들이 놀라움을 숨기지 못했다. 그때는 바로 아도니스[22]의 기념일이었으므로 시내 곳곳에는 아도니스의 조각상을 든 장례 행렬이 줄을 이루고, 여자들은 가슴을 치며 돌아다녔다. 그래서 미신을 따르는 사람들은 전쟁의 처음은 영광스럽겠지만, 나중에는 실패하고 말 것이라고 걱정하였다.

니키아스는 시칠리아 원정을 맨 처음부터 반대했다. 그리고 끝까지 자신의 신념을 굽히지 않았고, 정벌의 꿈에 사로잡히거나 높은 지위에 유혹되지도 않았다. 이러한 점에서 그는 덕이 높고 절개가 있는 인물이라는 것을 알 수 있다. 그러나 갖은 노력을 했음에도 불구하고 전쟁을 막아내지 못하고, 원하지도 않는 장군직을 떠맡아 지나치게 조심하면서 머뭇거린 것은 결코 훌륭한 행동이 아니었다. 또 쓸데없이 자기의 주장만을 밀어부치고, 그 주장이 받아들여지지 않았다고 해서 불평을 늘어놓거나 후회를 하는 것 또한 어리석은 행동이었다. 때문에 그는 동료 장군들의 사기를 꺾어놓았고, 승리할 수 있는 기회를 놓치고 말았던 것이다.

그는 또 아테네의 하늘을 그리워하는 심정으로 시간을 그냥 흘려보내어 신속하고 과감히 운명을 결정짓지도 못하였다. 라마코스는 시라쿠사 시로 곧바로 달려가, 적의 성벽 밑에서 결전을 벌이자고 주장했고, 알키비아데스는 시칠리아의 다른 도시들과 우호관계를 다진 뒤 공격을 감행하자고 설득했다. 그러나 니키아스는 두 사람의 의견을 모두 꺾고 그저 시칠리아 섬 주변을 왔다갔다 하면서 아테네 함대의 위세만을 자랑했다. 그러다가 그는 아이게스타 시민들을 위해 몇 명 안 되는 작은 부대를 한 번 보내더니 아테네로 돌아가자고 고집을 부렸다. 그는 이렇게 전쟁에 나갔으면서도 싸울 생각은 않고, 도리어 부하들의 사기를 떨어뜨리고 용기를 꺾어 놓기가 일쑤였다.

---

22) 그리스 신화에 나오는 미소년.

그러는 사이 아테네는 알키비아데스를 본국으로 불러들였다. 반역죄로 고소를 당했기 때문에 재판을 받으라는 것이었다. 라마코스는 장군의 지위에 올라 있기는 했지만, 실권은 모두 니키아스에게 있었다. 그러므로 알키비아데스까지 가 버리자 그는 마치 니키아스의 부하 장군 같은 처지가 되었다.

그러나 니키아스는 더욱 빈둥거리면서 시간만 낭비하고 있었다. 아테네 군은 그런 니키아스를 보면서 차츰 사기가 떨어져, 시칠리아에 처음 도착했을 때 보여 주었던 왕성한 용기와 희망을 찾아볼 수가 없게 되었다.

한편 적은 처음에 아테네의 군대를 보고 겁을 집어먹었으나 시간이 갈수록 용기를 회복하고 나중에는 아테네 군을 얕잡아 보게 되었다.

알키비아데스가 아직 함대를 거느리고 있었을 때, 아테네 군은 60척의 군함을 끌고 시라쿠사로 갔다. 10척은 그곳의 움직임을 살피기 위해 항구 안까지 들어가고, 나머지는 앞바다에서 전열을 가다듬었다. 항구 안으로 들어간 배들은 전령을 시켜 이렇게 선포했다.

"아테네 군은 레온티니 인들에게 빼앗긴 도시를 되찾아주려고 왔다. 그리고 시라쿠사의 군함 하나를 붙잡았는데, 그곳에서 시라쿠사 모든 주민들의 종족별, 세대별 명단을 발견하였다."

이 명단은 원래 시에서 멀리 떨어진 제우스 올림피우스 신전에 보관되어 있던 것이었는데, 전쟁이 일어나자 군인을 선발하기 위해 이 명단을 가져오게 했다. 그런데 공교롭게도 이것이 아테네 장군의 손으로 넘어가게 되었던 것이다. 시라쿠사의 점쟁이들은 이것을 매우 불길한 징조로 생각하고, "아테네 군은 시라쿠사 시민을 모조리 사로잡으리라"는 신탁을 떠올렸다. 그러나 이 신탁은 나중에 아테네의 칼리포스가 디온을 죽이고 시라쿠사를 정복했던 일을 예언한 것이었다는 이야기도 있다.

이 일이 있은 뒤 얼마 되지 않아 알키비아데스는 시칠리아 섬을 떠나고 지휘권은 니키아스가 모두 갖게 되었다. 라마코스도 장군의 자리에 있기는 했지만, 그는 너무나도 가난한 사람이었다. 그래서 그는 전쟁에서 죽음을 두려워하지 않는 용감하고 정직한 사람이었음에도 불구하고, 공금으로 자기의 옷과 구두를 사야 할 만큼 비참한 형편이라 부하들 앞에서 큰소리를 칠 수가 없었다.

한편 니키아스는 재산도 많았지만 군사적인 명성에서도 뒤지지 않았으므로 부하들을 마음대로 호령하였다. 한번은 이런 일이 있었다.

언젠가 그는 장군들을 모두 모아놓고 어떤 공적인 일을 의논하게 되었다. 그때 니키아스는 가장 나이가 많았던 시인 소포클레스에게 의견을 말해 보라고 했다. 그러자 소포클레스는 니키아스에게 대답했다. "나이는 내가 제일 많지만, 자리는 장군이 가장 높습니다." 그러한 니키아스였으므로, 라마코스가 장군으로 훨씬 뛰어났다고 해도 그를 지배하고 있었다.

니키아스는 모험을 피하여 적으로부터 멀리 떨어진 해안을 돌며 적에게 자신감을 안겨 주었다. 그러다가 조그만 적의 요새인 히블라를 공격하였다가 격퇴된 일이 있은 다음부터는 아예 드러내놓고 멸시를 당하게 되었다.

마침내 그는 아무런 성과도 없이 카타나[23]로 물러났다. 그때까지 한 일이란 그리스의 이주민들이 아니라, 원주민들의 지역인 히카라를 공략하고, 그곳에서 유명한 기생 라이스를 잡아 펠로폰네소스 반도에 보낸 것뿐이었다.

니키아스는 한여름이 다 지나가도록 카타나에서 꼼짝도 하지 않았다. 그런 아테네 군을 비웃고 있던 시라쿠사 군은 드디어 먼저 움직이기 시작했다. 사기가 높은 시라쿠사의 병사들은 자기들이 먼저 아테네 군을 치겠다고 다투며, 심지어는 진지 밖에까지 나와 니키아스 군을 놀려댔다.

"이것 봐! 카타나에 아주 눌러 살려고 온 거야? 레온티니 시민들에게 도시를 되찾아 주겠다던 얘기는 어떻게 된 거야?"

이런 조롱을 받자 니키아스는 더 이상 참고 있을 수가 없었다. 그는 시라쿠사를 치기로 결심하고 시가지 가까이 진지를 구축할 계획으로 다음과 같은 계략을 썼다. 즉, 그는 카타나에서 시라쿠사 시로 사람을 보내 이런 정보를 일부러 흘려보냈다.

"만일 아테네 군의 진지와 무기를 빼앗고 싶으면 아무 때나 날을 정해 카타나로 들어가기만 하면 됩니다. 그들 대부분은 지금 카타나 시내에 들어가 살다시피 하고 있소. 그러니 시라쿠사 군이 카타나의 성문을 닫고, 아테네 군의 무기 창고에 불을 질러 버리면 되는 것이오. 게다가 아테네 군에게 질린 카타나 인들도 이런 계획을 실행할 생각으로 시라쿠사의 군대만 기다리고 있소."

이 정보는 곧 시라쿠사 군을 움직이게 만들었다. 그들은 수비 병력도 얼마 남기지 않고 모두 카타나를 향해 달려갔다.

---

23) 시칠리아 섬 동쪽 해안에 있는 도시. 오늘날의 카타니아.

그 사이 카타나를 떠난 니키아스는 적의 눈을 피해 시라쿠사에 도착했다. 그는 번개같이 항구를 점령하고, 적의 기병대의 습격을 막을 수 있을 만한 곳에 자리를 잡았다. 이것은 니키아스가 원정 중에 지휘한 작전 중 가장 뛰어난 것이었다. 카타나로 달려갔던 시라쿠사 군들이 허탕을 치고 돌아올 때, 니키아스는 그들을 기다렸다가 싸움을 벌였다. 시라쿠사 군의 우수한 기병대 때문에 큰 손해를 입히지는 못했지만, 니키아스의 군대는 승리를 거두었다. 이 전투에서 승리를 거둔 아테네 군은 아나포스 강에 있던 모든 다리를 끊어버렸다. 이것을 본 시라쿠사의 헤르모크라테스 장군은 부하들을 격려했다.

"싸움을 저렇게도 두려워하다니, 니키아스는 아마 전쟁을 하러 온 게 아니라 전쟁을 피하러 왔나 보군."

헤르모크라테스는 이렇게 말했지만, 시라쿠사 시민들의 마음은 몹시 암담했다. 아테네 군에게 패배한 것도 그렇지만, 다리가 끊겨 갇혀 버린 것 때문이었다. 그들은 대개 15명의 장군을 두고 전쟁을 했지만, 이때에는 장군을 셋만 뽑아서 그들에게 절대적인 권한을 주었다.

전쟁이 잠시 휴식을 맞고 있는 동안, 아테네 군은 진지에서 멀지 않은 곳에 있던 제우스 신전을 탐내고 있었다. 거기에는 엄청나게 많은 금과 은, 그리고 갖가지 보석들이 가득 차 있었던 것이다. 그러나 니키아스는 이것을 허락하지 않고, 오히려 시라쿠사 군이 신전을 지킬 수비대를 보낼 만한 시간적 여유를 만들어 주었다. 그는 병사들이 마음대로 신전의 보물을 약탈해 봐야 아테네에는 아무런 이익이 없을 뿐 아니라, 장군인 자신은 신을 모독했다는 누명만 쓰게 될 것이라는 생각을 했던 것이다.

니키아스는 통쾌한 승리를 장담하며 여기까지 왔으나, 곧 군대를 낙소스[24]로 철수시켰다. 니키아스의 군대는 이곳에서 겨울을 보내며, 아무 일도 하지 않고 막대한 비용만을 소비했다. 낙소스에서 그들이 한 일이라고는 반기를 든 시칠리아 원주민 몇몇을 꺾었던 일밖에 없었다.

한편 시라쿠사 군은 다시 용기를 내어 아테네 군과 맞붙을 준비를 서둘렀다. 그들은 카타나의 영토를 몇 차례나 쑥밭으로 만들어 놓고, 아테네의 진지에 불을 놓기도 했다. 그러자 병사들은 모두 니키아스 장군을 비난하기 시작했다. 속으로 무슨

---

24) 키클라데스 제도에서 가장 큰 섬.

생각을 하고 있는지, 가만히 앉아 있다가 기회만 자꾸 놓쳐 버린다는 것이었다. 니키아스는 실제로 전투가 시작되면 말할 수 없는 용기로 맹활약을 했기 때문에 아무도 그를 탓하지 않았지만, 계획을 세우고 그것을 행동으로 옮기기까지는 아주 많은 시간이 걸리는 사람이었다.

그러므로 그가 다시 시라쿠사로 갔을 때는 작전을 얼마나 신속하고 능숙하게 처리했는지 그가 함대를 거느리고 탑소스 해안에 병사들을 상륙시킨 것조차 적은 눈치 채지 못하였다. 그러고는 적이 달려올 틈도 주지 않고 곧바로 에피폴라이를 점령해 버렸다. 그제야 시라쿠사 군은 에피폴라이를 되찾기 위해 허둥지둥 군대를 보냈다. 그러나 니키아스는 탁월한 지휘력으로 적의 정예 부대를 모두 물리치고, 3백 명의 포로를 잡았으며, 지금까지 한 번도 져본 일이 없었던 시라쿠사의 기병대를 뿔뿔이 흩어져 달아나게 만들었다.

그러나 시칠리아인들을 가장 놀라게 하고 모든 그리스인들이 칭찬한 것은 시라쿠사를 에워싸는 긴 성벽을 번개같이 쌓아올린 일이다. 이 도시는 아테네에 못지 않을 만큼 넓었으며, 바다와 개펄이 널려 있고 지형이 들쑥날쑥하여 그 주위에 성을 쌓는다는 것은 몹시 곤란했다. 그러나 니키아스는 바로 이곳에, 그것도 아주 짧은 기간 동안에 공격용 성벽을 쌓아올렸다. 이때 그는 신장병 때문에 직접 일을 감독하기도 어려운 사정이었지만 이런 놀라운 공사를 해냈던 것이다.

여기서 보여준 니키아스의 부지런함과 병사들의 뛰어난 용기는 높이 칭송받아야 할 것이다. 시인 에우리피데스는 아테네 군이 최후에 가서 파멸을 만났을 때를 이렇게 노래했다.

아테네 군은 여덟 번이나 시라쿠사를 꺾었으나
신의 무심함으로 마침내 지고 말았네.

실제로 아테네 군은 여덟 번이 넘게 적을 격파하였으나 승리의 절정에서 그만 패배를 당하고 말았다. 니키아스의 몸은 병으로 쇠약했지만, 그는 자신을 돌보지 않고 모든 작전을 직접 지휘하였다. 그러나 병이 점점 심해지자, 하인 몇 명의 간호를 받으며 진영 안에 누워 있을 수밖에 없었다. 그래서 라마코스는 니키아스 대신 군대의 지휘권을 맡게 되었다.

그런데 시라쿠사 군이 아테네 군의 성벽을 방해하려고 이 성벽을 가로지르는 다른 성벽을 쌓기 시작했다. 이 일 때문에 양쪽 군대 사이에는 전투가 벌어졌다. 그런데 아테네의 승리가 확정되는 순간, 승리감에 들뜬 병사들이 너무 서둔 나머지 대열을 잃고 흐트러지게 되었다. 그 때문에 라마코스는 부하들과 떨어져서 혼자 싸우다가 적의 기병대를 만나게 되었다.

맨 앞에서 달려드는 적의 용사는 칼리크라테스 장군이었다. 라마코스는 그를 맞아 용감하게 싸워, 처음에 상처를 입고 다음에는 상대방의 급소를 찔렀다. 그러나 두 사람은 다 치명적인 상처를 입고 전사하고 말았다.

라마코스의 시체와 무기는 모두 적의 손에 들어갔다. 적의 장군이 죽은 것을 보자 시라쿠사 군은 병석에 누워 있는 니키아스를 향해 물밀듯이 쳐들어 왔다. 니키아스는 사태가 위급한 것을 알고 급히 일어나 명령을 내렸다.

"공성기계와 목재에 불을 질러라! 빨리 서둘러라."

그들은 이미 만들어진 공성기계와 더 만들려고 준비해 두었던 나뭇더미에 불을 질렀다. 불길은 바람을 따라 하늘 높이 치솟았다. 이 불길을 보자 시라쿠사 군은 말머리를 돌려 진영으로 돌아갔다. 이렇게 해서 니키아스는 시라쿠사 군을 퇴각하게 하고 자신과 군대의 생명과 재산을 보호할 수 있었다.

이때부터 니키아스는 혼자 대장의 자리에 앉게 되었다. 그러자 시칠리아의 여러 도시들이 동맹을 맺기 위해 사절단을 보내고, 해안에는 군량을 가득 실은 배가 잇따라 도착했다. 일이 순조롭게 진행되는 것을 보고 모두들 니키아스의 편을 들면서 전쟁의 영광을 나눠 가지고 싶어 했다. 그러자 시라쿠사 시민들도 더 이상 버티지 못하고 몇 가지 조건과 함께 휴전을 요청해 왔다.

한편 이때 스파르타는 길리포스를 장군으로 하여 시리쿠사에 구원군을 출발시켰다. 길리포스는 바다를 건너오던 도중에 시라쿠사가 완전히 포위되어 항복할 지경이 되었다는 소식을 들었다. 그러나 시칠리아 전체가 아테네의 손에 들어갔다고 해도 이탈리아에 있는 자기네 식민 도시들만은 구해야겠다는 생각으로 그는 항해를 재촉했다. 아테네 군은 가는 곳마다 정복을 거듭하고, 그들의 장군은 행운과 지략에서 당해낼 수가 없다는 소문이 널리 퍼져 있었기 때문이었다.

니키아스 자신도 자기의 거듭되는 큰 행운에 신이 나서 평소의 침착성도 잃고 있는 상태였다. 특히 그는 적군이 휴전 조건에 항복할 것이라고 믿었으므로, 길리포스가 오고 있다는 것도 무시하고 바다의 경계를 소홀히 하였다.

길리포스는 허술한 방어를 쉽게 피해 시칠리아에 군대를 무사히 상륙시켰다. 그러나 그가 내린 곳은 시라쿠사와는 멀리 떨어져 있었기 때문에, 그곳 주민들조차도 길리포스의 상륙을 눈치 채지 못하였다.

그러므로 시라쿠사 주민은 니키아스에게 항복할 날짜까지 결정하고, 그 조건을 의논하기 위해 집회를 열었다. 그들은 아테네 군의 장벽이 시가지를 완전히 포위하기 전에 항복하는 것이 조금이라도 유리할 것이라는 생각으로 항복을 서둘렀다. 조금만 더 있으면 성은 완전히 포위될 것이며, 그것을 위해 자재도 이미 다 준비되어 있었던 것이다.

이런 마지막 판국에 곤길로스라는 코린트 장군이 군함 1천 척을 거느리고 시라쿠사 항구에 도착했다. 시민들은 앞을 다투어 그를 둘러싸고 바깥 소식을 물었다. 곤길로스는 시라쿠사 시민들을 향해 입을 열었다.

"여러분! 이제 조금만 있으면 길리포스 장군도 이곳에 도착할 것이오. 그리고 내가 타고 온 것 외에도 여러 군함들이 지금 이곳을 향해 달려오고 있소. 그러니 아무 걱정 마시오."

군중들은 이 코린트 사람의 말을 좀처럼 믿으려고 하지 않았다. 그런데 이번에는 길리포스가 보낸 사람이 달려와 장군의 말을 전했다. "길리포스 장군이 곧 도착할 것이오. 그러니 시라쿠사는 서둘러 전투 준비를 갖추시오."

시민들은 그제야 그들의 말을 믿고 용기를 내어 전투 준비를 하였다.

마침내 길리포스의 군대가 도시를 향해 밀려오자 성 안에 있던 시라쿠사의 군대도 아테네 군을 공격하기 위해 나섰다.

니키아스는 스파르타 군의 도착으로 사정이 달라진 것을 알고 전군에게 전투 태세를 가다듬으라고 명령했다. 그리고 적을 맞아 싸우기 위해 곧 출정을 준비했다. 길리포스는 싸움을 시작하기 전에 아테네 군이 보는 앞에서 자기 군대에게 무기를 걸쳐 놓게 하고 니키아스에게 전령을 보냈다. "아테네 군에게 닷새 동안의 휴전을 허락한다. 그동안 시칠리아에서 완전히 물러나라."

니키아스는 이런 모욕적인 제안에 화가 나 아무 대답도 하지 않았다. 그러자 아테네의 장병 하나가 이런 말을 했다.

"아니, 허름한 외투²⁵⁾를 뒤집어 쓰고 지팡이를 끌고 왔다고 해서, 시라쿠사 놈들이 갑자기 기운이 나 아테네를 얕잡아 보는 거야? 우리는 길리포스하고는 상대도 안 되는 스파르타 놈들을 3백 명이나 포로로 잡았다가 귀찮아서 다 되돌려보내 버렸다구."

역사가 티마이오스의 기록을 보면, 길리포스를 경멸한 것은 아테네 군이 아니라 시라쿠사 시민들이었다고도 한다. 그들은 처음에 길리포스의 긴 머리카락²⁶⁾과 볼품없는 외투를 보고 속으로 비웃었는데, 나중에는 길리포스의 지나친 욕심과 천박한 성품 때문에 그를 더욱더 미워하게 되었다고 한다.

그러나 티마이오스는 이런 말을 덧붙이고 있다.

"길리포스가 나타나자, 마치 하늘에 올빼미가 나타난 것처럼 떼를 지어 수많은 사람들이 사방에서 몰려들었다."

왜냐하면 시라쿠사 시민들은 외투와 지팡이를 스파르타가 가진 힘의 상징처럼 여겼기 때문이다. 투키디데스뿐만 아니라 시라쿠사 인으로서 이 전쟁을 직접 목격한 필리스토스도, 길리포스가 아니었더라면 시라쿠사는 별 도리가 없었을 것이라고 그의 책에 적고 있다.

길리포스와의 첫 싸움은 아테네 군의 승리로 돌아가, 어느 정도의 시라쿠사 인과 함께 코린트에서 온 곤길로스가 전사하였다. 그러나 다음날 전투에서 길리포스는 진정한 장군의 힘을 발휘하였다. 무기도 말도 장소도 전날과 다름없었지만, 그는 이것들을 전혀 다르게 이용하여 아테네 군을 격파해 버렸다. 그의 군대는 아테네 군의 진지까지 추격하여, 장벽을 쌓기 위해 널려 있던 돌과 자재들을 모두 가져가 버렸다. 그리고 그것으로 자신들이 쌓던 성을 더욱 길게 쌓아올렸다. 이렇게 되자 아테네 군은 성을 쌓아 시가지를 막아 버리려던 계획을 완전히 포기할 수밖에 없었다.

이 승리로 시라쿠사 군은 완전히 사기를 회복하여 다시 함대를 바다에 띄우고 그곳에서도 대항을 시작했다. 그들은 땅으로 기병을 보내 적을 소탕하고, 바다에서는 함대로 대항을 했다. 아테네 군은 번번이 전투에서 패배하고 많은 병사들이 그들의 포로로 잡혀갔다. 뿐만 아니라 길리포스는 시칠리아의 여러 도시들을 직접 돌아다니며 아테네 동맹보다 강력한 세력을 만들어 나가고 있었다.

---

25) 스파르타인들이 입던 웃옷으로, 그들은 이 옷이 다 떨어질 때까지 입는 습관이 있었다고 한다.
26) 스파르타 사람들은 리쿠르고스의 법령에 따라 머리카락을 길게 늘어뜨렸다.

옛날처럼 조심스러워지고, 자신감도 없어진 니키아스는 아테네에 편지를 보냈다. "군대를 좀 더 보내 주든지, 아니면 시칠리아에서 군대를 철수하도록 허락해 주시오. 그리고 나는 병 때문에 더 이상 버틸 수가 없으니 장군직에서 물러나겠소."

아테네는 이 편지를 받기 전부터 증원 부대를 보낼 생각을 하고 있었다. 그러나 그때는 승리를 거듭하고 있었던 시기였고, 또 니키아스의 명성을 시기하는 사람들의 반대도 있어서 지금까지 이 문제를 끌어왔던 것이다. 그러나 니키아스의 편지를 받은 다음에는, 증원군을 보내는 데 대해서 반대하는 사람이 없었다. 그래서 아테네는 데모스테네스를 장군으로 하는 대군을 시칠리아에 보내기로 결정했다. 그러나 때는 겨울이었으므로 우선 에우리메돈에게 군자금을 주어 보내기로 하고, 증원군은 봄을 기다려 출정시키기로 했다. 그리고 이미 전쟁터에 나가 니키아스의 지휘밑에 있던 에우티데모스와 메난드로스를 공동 사령관으로 임명하여 니키아스를 도울 수 있도록 했다.

그러는 동안 니키아스는 바다와 육지 양쪽에서 적의 공격을 받게 되었다. 처음에는 아테네의 해군이 적군에게 밀렸지만, 점차 질서를 회복하여 많은 적의 군함을 침몰시키고 나머지는 육지로 쫓아버렸다.

그러나 이때 지상군을 지휘하던 길리포스는 아테네 군을 무찌르고 플렘미리움 항까지 함락시켜 버렸다. 그리고 그곳에 저장되어 있던 해군용 군수품과 많은 군자금을 손에 넣고, 많은 아테네 군을 죽이거나 사로잡았다.

이 패배로 아테네 군은 군량 수송이 막혀 버렸기 때문에 엄청난 타격을 입었다. 지금까지는 항구를 자유롭게 드나들면서 빠르고 쉽게 군수품을 옮겨 올 수 있었지만 이제는 수송선과 전투 없이는 그것이 불가능해졌던 것이다. 더구나 시라쿠사의 해군은 아테네의 해군보다 훨씬 숫자가 많았고, 지금까지 아테네 해군에게 패배한 것도 힘이 모자라서가 아니라 질서를 되찾지 못했기 때문이었다. 이러한 시라쿠사 군은 단단히 마음을 먹고 큰 승리를 거두기 위한 기회만 노리고 있었다.

니키아스는 숫자도 줄어든 데다가 사기마저 꺾여 있는 군대를 가지고 싸움을 한다는 것은 어리석은 일이라고 판단하고, 데모스테네스가 군대를 이끌고 올 때까지 기다리기로 마음먹었다. 그러나 새로 임명된 메난드로스와 에우티데모스는 경쟁심과 공명심에 들떠 가만히 있지를 못했다. 그들은 데모스테네스가 오기 전에 빛나는 공을 세워 니키아스보다 뛰어난 장군이라는 소리를 듣고 싶었던 것이다. 그래서 그들은 니키아스에게 전투를 하자고 계속 졸라댔다.

"장군! 아테네의 명예를 위해서라도 우리는 싸워야 합니다. 시라쿠사의 도전에 응하지 않고 이렇게 틀어박혀 있다는 것은 아테네의 수치입니다."

니키아스는 결국 그들의 강요에 못이겨 시라쿠사의 도전을 받아들이기로 했다. 그러나 싸움이 벌어지자, 아테네 군의 좌익은 코린트 사람인 아리스톤의 눈부신 활약으로 완전히 허물어져 버렸다. 니키아스는 엄청난 수의 병사들을 잃고 몹시 낙심하였다. 군대를 혼자 지휘하는 동안에도 실패를 했던 그가 이제 동료 장군들의 협력을 받고서도 일을 그르쳐 버린 것이었다.

그런데 그때 데모스테네스가 지휘하는 아테네 군이 먼 바다에 모습을 드러냈다. 그들의 모습은 보기만 해도 거창해서 시라쿠사 군이 두려움을 느낄 정도였다. 73척의 군함에 5천 명의 중무장병과 3천 명의 투창수, 투석수, 궁수로 구성된 그들 군대는 번쩍이는 갑옷을 입고 군기를 휘날리면서 달려오고 있었다. 피리소리에 맞추어 노를 저어오는 아테네 군의 사기는 하늘을 찌를 듯 높았으며, 이것을 지켜보던 시라쿠사 군의 사기는 땅에 떨어졌다.

절망에 빠진 시라쿠사 병사들은 지난 번의 승리는 단지 행운이었을 뿐이라며, 결코 당해낼 수 없는 적과 싸워야 하는 자신들의 신세를 한탄하였다.

니키아스는 이런 광경을 보며 기쁨을 느꼈다. 그러나 땅에 내리자마자 적을 공격하자고 서두는 데모스테네스를 보자 그 기쁨도 금방 사그러들고 말았다.

"시라쿠사 군을 공격해서 빨리 도시를 함락시키든지, 아니면 패배해서 아테네로 돌아가든지 어서 결판을 냅시다."

니키아스는 데모스테네스의 성급함과 대담함에 놀라 이렇게 말했다.

"모험은 피하는 것이 좋소. 시간을 끌면 끌수록 포위되어 있는 시라쿠사도 떨어져 나갈 것이오. 그러면 그들은 멀지 않아 항복 조건을 내걸고 협정을 맺으러 달려올 것이오. 그러니 제발 섣부른 싸움은 피합시다."

사실 니키아스는 시라쿠사 시에 심어둔 몇 명의 첩자들과 내통하고 있었는데 그들은 니키아스에게 다음과 같은 사실을 보고해 왔었다.

"시라쿠사 인들은 이미 전쟁의 짐이 너무나 무겁다고 느끼며 고생스러워하고 있습니다. 뿐만 아니라 길리포스에 대한 평판도 매우 좋지 않으니 머지않아 저항을 그치고 휴전을 요구할 것입니다."

그러나 니키아스는 이러한 생각을 다만 자기의 추측인양 언뜻 비추기만 했으므로 다른 장군들은 그 말을 믿지 않았다. 그들은 오히려 니키아스가 겁이 많아서 그런 주장을 하는 것이라며 입을 모아 니키아스를 공격했다.

"아니, 장군은 처음에 저지른 실수를 또다시 되풀이하려는 겁니까? 우리나라의 엄청난 군대를 보고 적이 겁을 먹고 있을 때는 가만히 있다가, 나중에 적들의 눈에 익어 대수롭지 않게 되면 그때서야 공격을 하겠다는 거냔 말입니다. 도대체 왜 그렇게 꾸물거리고 머뭇거리기만 하는 겁니까?"

그러면서 장군들은 데모스테네스의 주장을 적극적으로 지지하였다. 니키아스는 할 수 없이 그들의 의견을 따라갈 수밖에 없었다.

데모스테네스는 밤이 깊어지자 육군을 이끌고 출동했다. 그는 우선 시에서 조금 떨어져 있는 에피폴라이를 습격하여 적을 무찔렀다. 아테네 군은 잠들었던 적의 병사들이 잠을 깰 시간도 주지 않고 모조리 찔러 죽였으며, 나머지는 모두 내쫓아 버렸다. 데모스테네스는 승리의 기세를 몰아 계속 진격해 나가다가 드디어 보이오티아 군과 맞닥뜨리게 되었다. 보이오티아 군은 아테네 군에게 최초로 대항해 온 부대였다. 그들은 철통 같은 대오를 이루며 창을 겨누고, 우렁찬 함성 소리와 함께 달려들었다.

아테네 군은 그들의 공격을 미처 맞받아치지 못하고 여기저기서 꺾이기 시작했다. 앞에서 도망쳐 온 자들이 뒤에서 달려나가는 병사들과 맞부딪치면서 큰 혼란이 일어났고, 도망쳐 오는 동료들을 본 부대들은 잘 싸우고 있다가도 덩달아 도망을 쳤다. 게다가 배에서 내려 전진해 오던 부대들과 마주치자 서로를 적군으로 생각하여 아군끼리 서로 찔러 죽이는 사태가 벌어졌다.

어둠 속에서 서로 밀고 밀리던 아테네 군은 온통 절망에 빠졌다. 멀리 떠 있는 달에 창끝과 갑옷만 번쩍일 뿐 누가 누구인지도 몰랐던 것이다. 더구나 아테네 군은 달을 등지고 있었기 때문에 자기 그림자에 전우의 그림자가 겹치고, 수많은 무기와 방패의 번쩍임 때문에 자기가 상대하는 적군의 숫자는 훨씬 많아 보이고 무기 또한 엄청나 보였다.

아테네 군의 혼란을 보고 시라쿠사 군은 이쪽저쪽에서 압박을 가해 왔다. 아테네 군의 결과는 비참한 패배뿐이었다. 도망치다가 적의 손에 죽은 자, 자기 편의 손에 죽임을 당한 자, 바위에서 굴러떨어진 자, 벌판을 헤매다가 기병대의 습격으로 죽은 자 등으로 어둠 속에는 2천 명의 아테네 병사들이 널려 있었다. 살아서 진영으로 돌아온 병사들도 없지는 않았지만, 그들 대부분은 무기도 가지고 있지 않았다.

끔찍한 패배를 당한 데모스테네스는 얼굴을 들지 못했다. 니키아스는 이런 일이 있을 것을 예상하고 있었지만 그의 경솔함을 탓하지 않을 수 없었다. 데모스테네스는 자신의 잘못을 솔직하게 인정하고 이렇게 말했다.

"문제는 앞으로의 일입니다. 이제 증원군을 더 바랄 수도 없는 형편인 데다가 남아 있는 군대로는 이길 수도 없으니, 제 생각으로는 되도록 빨리 시칠리아를 떠나는 것이 좋을 것 같습니다. 또 설령 우리가 이길 수 있다고 해도 이곳은 군대를 주둔시키기에는 위험한 곳입니다. 더군다나 지금은 날씨가 무더워 질병이 생기기 십상이니 하루라도 빨리 이곳을 떠나야 합니다."

그때는 초가을이었는데, 들판에는 수많은 시체들이 누워 있었고 남아 있는 병사들도 모두 지칠대로 지쳐 있었다. 그러나 니키아스는 철수를 반대했다. 시라쿠사 군이 두려워서가 아니라 전쟁에서 패배한 장군으로 조국에 돌아간다는 것이 두려웠던 것이다. 니키아스는 자신의 심정을 솔직하게 털어놓았다.

"나는 동포의 손에 잡혀 죽느니 차라리 적의 손에 잡혀서 죽는 편을 선택하겠소."

이 말은 비잔티움의 레오가 자신의 동포들에게 한 다음의 말과 정반대되는 것이었다.

"나는 여러분과 함께 적에게 죽느니보다 차라리 여러분의 손에 죽겠소."

니키아스는 진영을 옮기는 문제에 대해서도 천천히 상의해 보자는 말만 하고 회의를 끝마쳤다. 데모스테네스는 자신의 고집대로 군대를 움직였다가 무서운 재난을 당한 것을 생각하고 할 수 없이 니키아스의 뜻에 따르기로 했다. 또 다른 장군들도 철저하게 반대하는 것을 보고, 니키아스에게 무슨 다른 계책이 있을 것이라고 생각했다. 그래서 여러 장군들은 군대의 철수에 대한 말을 더 이상 꺼내지 않았다.

그러나 얼마 후 시라쿠사 군을 돕기 위한 새로운 군대가 도착하고, 아테네 진영에 전염병이 돌자 니키아스도 더 이상 버틸 수가 없었다. 그는 군대를 철수하기로 하고 아테네 병사들을 배에 태울 준비를 하라고 명령했다. 시라쿠사 군은 아테네 군이 철수를 하리라고는 예상하지 못했으므로 아무런 감시도 하고 있지 않았다.

그런데 모든 준비를 끝내고 아테네 군이 배에 오르는 그 날 뜻밖에도 월식이 일어났다. 아테네 군은 처음보는 이 이상한 일에 놀라 모두 두려워하였다. 그리고 니키아스 또한 미신 때문이었는지 무척 놀라고 당황해하였다.

당시의 사람들은 태양이 월말쯤에 어두워지는 현상이 가끔 나타나는데, 이것이 달의 작용 때문이라는 것을 잘 알고 있었다. 그러나 도대체 무엇이 달빛을 가려 갑자기 어두워지는 것인지는 쉽사리 이해할 수가 없었다. 그래서 그들은 이 현상을 불길한 징조로 생각하면서, 어떤 재난을 예고하는 신의 계시라고 믿고 있었다.

아낙사고라스는 달이 차고 기울어지는 것과 월식이 생기는 원인을 분명하게 설명했지만 그때까지는 널리 알려져 있지 않았다. 또 이것은 오래된 학설도 아니었고 아낙사고라스 또한 아직 권위가 생기기 전이었으므로, 그런 말은 가까운 친구에게도 마음놓고 할 수가 없었다. 당시의 사람들은 과학자들을 하늘을 쳐다보는 미치광이라고 비웃거나 신의 힘을 부정하는 자라고 비난하였다. 프로타고라스[27]는 그런 이유 때문에 추방을 당했고, 아낙사고라스는 감옥에 갇혔다가 페리클레스의 힘으로 겨우 구출되었다. 또 소크라테스는 이런 학문과 관계가 없었는 데도 그가 과학자라는 이유 때문에 사형을 당했다.

이런 학문이 제대로 인정받기 시작한 것은 그 얼마 후 플라톤 때부터였다. 그의 저술이 세상에 빛을 던져 주면서, 비로소 자연의 필연성이 신성시되고 그것의 원리가 밝혀지게 되었다. 그러자 천체 연구에 가해졌던 비난과 욕설도 점차 수그러들기 시작했다. 플라톤의 친구였던 디온은, 참주 디오니시오스를 징벌하기 위해 자킨토스에서 출항했을 때 월식이 일어났지만 조금도 꺼리지 않고 그대로 시라쿠사로 가서 그 참주를 내쫓았던 것이다.

그런데 니키아스는 이때 좋은 점쟁이를 데리고 있지 않았다. 그리고 그의 미신을 늘 깨우쳐 주던 가까운 친구 스틸비데스도 얼마 전에 죽고 없었다. 그러나 필로코로스가 지적했듯이 월식은 철수하려는 자에게는 불길한 일이 아니라 도리어 유리한 것이었다. 두려움에 휩싸여 하는 일은 감추어져야 하는 것이기 때문에 어둠은 친구요, 빛은 적이 되기 때문이다.

아우토클레이데스가 점술에 대해 쓴 책을 보면, 그 시대 사람들은 월식이나 일식이 있은 후 사흘 동안은 아무 일도 하지 않았다고 한다. 그러나 니키아스는 달이 다시 한 번 찼다가 기울어져 제대로 될 때까지 기다리기로 했다. 그만큼 시간이 지나야만, 어두웠던 땅에 내렸던 혼란이 사라진다고 생각했던 것이다.

---

27) 기원전 481~411. 트라키아의 철학자.

니키아스는 그러는 동안 모든 일을 제쳐 놓고 신에게 제사를 지내는 일에만 몰두했다. 그러나 그때 바다와 육지 양쪽에서 적의 공격이 시작되었다. 적의 보병대는 아테네 군의 진영과 쌓아둔 장벽을 공격해 왔으며, 바다에서는 고깃배를 탄 어린아이들까지 나와 아테네 군에게 싸움을 걸며 조롱을 했다.

그런데 그런 아이들 가운데 하나가 아테네 군함에 너무 가까이 갔다가 그만 잡히고 말았다. 그 소년은 시라쿠사의 이름난 가문의 아들 헤라클레이데스였다. 이 소년의 삼촌인 폴리코스는 헤라클레이데스를 구하기 위해 곧 10척의 군함을 이끌고 들어와 아테네 함대를 공격했다. 그러자 시라쿠사의 나머지 함대들도 모두 달려오기 시작했다.

여기에 아테네 함대가 맞서면서 싸움은 격렬한 전투로 변해갔다. 심한 해전 끝에 아테네는 많은 함대와 함께 사령관과 에우리메돈을 잃고 말았다. 이렇게 되자 아테네의 병사들은 두려움에 몸을 떨며 여기서는 더 이상 견딜 수 없다고 아우성을 쳤다. 승리를 거둔 시라쿠사 함대가 곧 항구를 봉쇄하고 아테네 군이 빠져나갈 길을 모두 막아 버리자 병사들의 두려움은 더욱 커졌다. 그러나 니키아스를 비롯한 여러 장군들은 병사들의 요구를 들어줄 수가 없었다. 바다에는 아직 많은 수송선과 2백 척에 가까운 군함이 떠있었기 때문이었다.

니키아스는 이 배들을 버리고 갈 수는 없다고 생각하고, 곧 정예 부대와 가장 뛰어난 투창수, 투석수들을 뽑아 110척의 군함에 나누어 실었다. 그리고 진지와 헤라클레스 신전까지 쌓은 긴 장벽을 버리고, 나머지 군대를 바닷가에 배치시켰다. 이렇게 해서 시라쿠사 시민들은 아테네 군의 포위가 시작된 이래 처음으로 헤라클레스께 제사를 올릴 수 있게 되었다. 시민들은 제관(祭官)과 장군을 따라 모두 신전으로 달려가 제사를 드렸다.

제관들은 제사가 끝난 뒤, 아테네 군을 맞아 싸우려고 배에 오르고 있던 시라쿠사 병사들에게 갔다. 그리고 희생물에 나타난 징조를 보고 다음과 같은 예언을 했다.

"만일 시라쿠사가 먼저 공격하지만 않으면, 분명히 승리를 거둘 것이오."

그들이 제사를 올린 헤라클레스는 결코 먼저 공격을 하는 법이 없고 언제나 적이 공격하기를 기다렸기 때문에 이런 예언이 나타난 것이었다.

이 예언을 들은 시라쿠사 군은 승리를 확신하며 곧바로 출항하였다.

이때 벌어진 해전은 이 전쟁 중에 있었던 어떤 싸움보다 치열한 것이었다. 남아서 바라보는 아테네 군과 성벽 위에 올라서 있던 시라쿠사 인들은 배의 조그마한 움직임에 따라 번번이 뒤바뀌는 전세를 손에 땀을 쥐고 지켜보았다. 아테네 군의 배들은 사방에서 달려드는 날쌘 적의 공격을 받아 매우 불리한 처지에 놓여 있었다. 더구나 시라쿠사의 병사들은 정확하게 돌을 던져 아테네 군에게 심한 타격을 주었다. 사람을 가득 싣고 있던 아테네의 배는 재빨리 방향을 바꾸는 적의 배를 따라잡지 못해 창과 칼을 휘둘러도 대부분 빗나가고 말았다.

시라쿠사 군의 이런 전법은 코린트의 함장인 아리스톤에게 미리 배운 것이었다. 아리스톤 또한 이 전투에 참가하고 있었는데, 승리가 시라쿠사 군의 손에 넘어오는 순간 전사하고 말았다.

아테네 군은 더 이상 버티지 못하고 땅으로 도망쳤다. 이제는 엄청난 손해를 입은 데다가 바다로 도망갈 길조차 완전히 잃고 말았다. 그러나 땅으로도 어떻게 길을 트고 어디로 가야 할지 막막한 형편이었다. 절망한 아테네 군은 시라쿠사 인들이 자기네들의 군함을 끌고가도 멀거니 보고만 있었고, 휴전을 요청하여 시체를 찾아야 한다는 생각도 못하고 있었다. 죽은 전우를 묻어 주지 못하는 것은 가슴아픈 일이었지만, 바로 자신들 옆에서 신음하는 병자와 부상자들을 뒤에 두고 갈 것을 생각하면 오히려 죽은 사람의 처지가 부러울 정도였다.

이 참변을 당한 날, 그들은 어떻게든 그곳에서 달아나고 싶어 했다. 이러한 기미를 예측한 길리포스와 동료 장군들은 적이 도망갈 길을 끊어버리고 그들을 모두 전멸시키기로 결심했다. 그런데 그날 밤 시라쿠사 시민들은 승리와 헤라클레스의 기념일이 겹쳐서 제물을 바치고 잔치를 벌이느라 정신이 없었다. 길리포스는 아테네 군의 철수를 막기 위해 시라쿠사 군을 동원시킨다는 것은 도저히 불가능하다고 판단하고 이 계획을 포기했다.

그런데 헤르모크라테스는 혼자 계획을 세워 니키아스에게 속임수를 쓰기로 했다. 그는 부하 몇 명을 니키아스에게 은밀히 정보를 빼내 주던 첩자인 것처럼 꾸며 그에게 보냈다.

"니키아스 장군님! 오늘 밤은 절대 철수하지 마십시요. 시라쿠사 군이 눈치를 챈 모양입니다. 길목마다 군대를 매복시키고 철저히 감시하고 있습니다."

니키아스는 이 말에 속아 그날 밤을 그냥 보냈다. 그러나 다음날 그는 밤의 거짓이 아침의 현실로 변하는 것을 보았다. 새벽이 되자, 시라쿠사 군이 먼저 쏟아져 나와 그들의 앞길을 모두 막아 버린 것이었다.

산길에는 모두 군대가 배치되고, 강을 건널 만한 곳에는 진지가 만들어지고, 다리란 다리는 모두 끊겼으며, 벌판에는 적의 기병대가 기다리고 있었다. 아테네 군은 싸우지 않고는 단 한 발자국도 옮길 수가 없게 된 것이었다. 그들은 그 날 하루를 진영 속에 갇혀서 보내고, 이튿날 출발하였다.

떠나는 아테네 군의 병사들은 모두 울음을 터뜨렸다. 어찌나 슬퍼하는지 적국이 아니라 고향을 떠나는 것처럼 보일 정도였다. 전우의 비참한 죽음과 부상자들을 버리고 가는 설움, 앞으로 자신들에게 닥쳐올 운명에 대한 두려움을 그들은 숨길 수가 없었던 것이다.

그러나 이토록 비참한 광경 속에서도 더욱 비참한 것은 니키아스의 모습이었다. 그는 병으로 수척해진 데다가 거듭되는 싸움과 패배로 오랫동안 시달려 왔다. 게다가 약도 구할 수 없는 적의 땅에서 목숨을 잇기 위한 식사조차 제대로 하지 못해 그의 모습은 처량하기 그지 없었다.

그러나 그는 건강한 장군들 이상으로 애를 썼다. 다른 장군들은 그가 절망적인 운명과 싸우면서도 이처럼 노력하는 것은 자신의 목숨 때문이 아니라 자기가 거느린 자들에게 희망을 잃지 않게 하기 위한 것임을 알 수 있었다.

다른 사람들의 눈물은 공포와 슬픔 때문이었지만, 니키아스의 슬픔은 성대했던 원정의 너무나 비참한 결말 때문이었다. 장군의 모습을 지켜보던 병사들은 그가 이 원정을 막기 위해 얼마나 열심히 충고하고 반대했던가를 회상하였다. 그래서 그들은 남의 잘못 때문에 당해야 하는 그의 고통을 동정하지 않을 수 없었다. 언제나 성실한 자세로 신을 섬기고 받들어온 이 장군의 신세가 가장 천하고 약한 병졸의 신세보다 조금도 나은 것이 없음을 보면서, 하늘의 무심함을 탓하는 사람도 있었다.

그러나 니키아스는 명랑한 얼굴과 밝은 목소리를 잃지 않으려고 애쓰며, 병사들을 위로하고 격려했다. 그러면서 그는 철수가 계속된 여드레 동안 적의 빗발치는 공격에 부상을 입으면서도 자신의 군대를 끝까지 인솔해 갔다. 그렇기 때문에 그의 군대는 철통같이 뭉쳐져, 그 동안 적의 공격에 무수히 시달렸으면서도 패배하지 않았던 것이다.

그러나 데모스테네스가 지휘하던 부대는 참주 겔론의 동생인 폴리젤로스의 별장 근처에서 적에게 포위되어 투항하고 말았다. 그때 데모스테네스는 칼을 뽑아들고 자살을 하려고 했지만 달려드는 적병에게 잡혀 뜻을 이루지 못했다. 시라쿠사 군은 데모스테네스가 포로로 잡힌 사실을 니키아스에게 알렸다. 기병을 보내 사실을 확인한 니키아스는 헤어날 수 없는 절망에 빠지고 말았다. 결국 그는 길리포스에게 고개를 숙이고 휴전을 요청했다.

"아테네 군이 시칠리아에서 조용히 철수할 수 있게 해주시오. 그러면 전쟁에 대한 손해를 배상하겠소. 그리고 그 보증으로 충분한 수의 인질을 남겨 두겠소."

그러나 시라쿠사는 이 제안을 한마디로 거절해 버렸다. 뿐만 아니라 온갖 조롱과 위협으로 아테네 군을 모욕하며, 무기도 떨어진 아테네 군을 향해 화살과 돌을 던져대는 것이었다. 식량과 음료수마저 끊어진 아테네 군은 고생이 이만저만이 아니었다. 그러나 니키아스는 부하들을 격려하며 그날 밤을 지내고, 다음날 후퇴를 계속하여 아시나로스 강까지 갔다. 그러나 적은 여기까지 쫓아와 잔인한 살육전을 벌였다.

목이 타는 듯한 갈증에 시달린 아테네 병사들은 강물을 보고 달려들었다가 시라쿠사 군의 칼에 맞아 쓰러졌다. 그리고 더러는 적에게 쫓겨 강에 빠져 죽고, 더러는 물 속에서 적에게 죽임을 당하기도 했다.

이 참혹한 광경을 보다 못한 니키아스는 길리포스에게 무릎을 꿇고 빌었다.

"길리포스 장군! 부디 승리자로서의 자비를 베푸십시오. 내게가 아니라 아테네의 병사들에게 말입니다. 나도 일찍이 승리의 영광을 맛보았던 사람이오. 그러나 운명은 나의 마지막을 이토록 비참하게 끝맺음하려는 모양이오. 전쟁의 운이란 예측할 수 없음을 아신다면, 또 아테네 군이 스파르타를 이겼을 때 어떻게 대우했던가를 기억하신다면 부디 나의 부탁을 거절하지 말아 주십시오."

길리포스는 그의 말과 비참한 모습 때문에 마음이 움직였다. 그는 아테네와 휴전을 맺었을 때 니키아스가 준 도움을 기억하는 한편, 그를 포로로 잡아 스파르타로 데려간다면 자기가 얼마나 큰 영광을 얻게 될지도 생각했다.

결정을 내린 길리포스는 니키아스를 부축하면서 마음을 굳게 먹으라고 위로했다. 그리고 부하들에게 아테네 군을 죽이지 말고 모두 사로잡으라는 명령을 내렸다. 그러나 이 명령이 모든 병사들에게 전달되기까지는 꽤 시간이 걸렸고, 그러는 동안에도 많은 아테네 병사가 쓰러져 갔다. 또 아테네 병사를 노예로 팔아먹으려고 몰래 끌고 간 병사들도 적지 않았다.

포로들을 모두 한 곳에 모으고 갑옷과 무기를 빼앗은 시라쿠사 군은 승리를 축하하며 기뻐했다. 그들은 머리에 월계관을 쓰고, 자신들의 말을 아름답게 치장했다. 그리고 빼앗은 말의 갈기와 꼬리를 잘라 품에 넣고, 시내를 향해 행진했다. 그리스의 한 나라가 그리스의 다른 한 나라를 이처럼 완전하게 정복한 것은 역사상 처음 있는 일이었다.

시라쿠사 시는 곧 동맹국들을 불러모아 회의를 열었다. 니키아스를 비롯한 포로들의 처리 문제를 의논하려는 것이었다. 그때 민중 지도자인 에우리클레스가 맨 먼저 일어나 제안을 했다.

"니키아스를 사로잡은 날을 영원히 기념하기 위해 이 날을 공휴일로 정하고, 모든 신들께 제사를 지낸 다음 잔치를 열도록 합시다. 내 생각으로는 아시나로스 강의 이름을 따서 아시나리아 제라고 했으면 좋겠습니다."

그 날은 아테네의 카르네이우스[28] 달 26일이었다. 에우리클레스는 다시 덧붙였다. "아테네 군과 그 동맹군의 포로들은 모두 노예로 팔아 버리고, 여기에 가담했던 시칠리아 인들은 시라쿠사에 있는 채석장에 보내 일을 시키는게 어떻겠습니까?"

시라쿠사 시민들은 에우리클레스의 제안에 모두 찬성했다. 그러나 헤르모크라테스는 그의 의견에 반대했다.

"승리를 거둔 자가 자비를 베푸는 것은 승리 그 자체보다도 영광된 일이오. 그러니 승리자인 우리는 아테네 군에게 자비를 베풀어 줍시다."

그러나 시민들은 헤르모크라테스의 말이 끝나기가 무섭게 고함을 치며 반대했다. 다음으로 길리포스가 일어났다.

"여러분! 나는 아테네 장군들을 나의 조국인 스파르타로 데리고 가서 개선식을 하고 싶소. 그러니 그들은 죽이지 말고 나에게 넘겨 주시오."

그러자 시라쿠사 시민들은 길리포스를 향해 욕설을 퍼부었다. 시라쿠사 시민들은 전쟁 초기부터 그의 거친 말씨와 행동, 그리고 스파르타 식의 거만한 태도를 못마땅해하고 있었기 때문이었다. 역사가 투키디데스의 말처럼 시라쿠사 인들은 길리포스의 마음속에 가득 들어찬 천박함과 탐욕을 미리 알고 있었던 것이다. 길리포스의 그러한 성격은 뇌물을 받고 스파르타에서 추방된 그의 아버지로부터 물려받은 것일지도 모른다. 이것은 나중에 길리포스도 똑같은 죄목으로 스파르타를 떠나야 했던 사실로도 알 수 있는 일이다. 그때 길리포스는 리산드로스가 스파르타로 보낸 공금을 빼돌려 자기집 기왓장 밑에 숨겨 놓았다가 발각되었는데, 이 사건에 대해서

---

28) 아테네의 메타기트니온 달에 해당하며, 오늘날의 8월 하순부터 9월 상순이다.

는 '리산드로스의 전기'에 자세하게 기록하였다.

　역사가 투키디데스나 필리스토스의 기록에 따르면, 데모스테네스와 니키아스는 시라쿠사 사람들의 명령에 의해 살해당했다고 했다. 그러나 티마이오스는 이러한 사실을 부정하고 있다. 그들은 동맹국 회의가 열리고 있는 때 헤르모크라테스가 보낸 사형 선고를 읽고나서 자살했다는 것이 티마이오스의 주장이다. 그들의 시체는 성문 밖에 내던져져 시민들에게 공개되었다고 한다.

　내가 들은 바로는, 시라쿠사의 한 신전에는 아직까지 니키아스의 유물이 남아 있다고 한다. 그 유물은 니키아스가 썼던 방패인데, 붉은 바탕에 금장식이 되어 있어 매우 아름답다고 한다.

　아테네 병사들의 대부분은 시라쿠사의 채석장에 끌려가 고된 일을 했다. 그런데 그들은 하루에 1파인트[29]의 보리와 반 파인트의 물밖에 공급받지 못했기 때문에, 대부분 병들거나 굶어서 죽고 말았다. 그러나 시라쿠사 군이 몰래 빼돌린 경우도 있고, 처음부터 하인이나 노예로 팔린 경우도 있었다. 그리고 이런 노예들은 이마에 말의 낙인이 찍혔다고 한다.

　그러나 그들은 신중하고 단정하게 행동했기 때문에 더러는 노예의 몸에서 풀려나기도 했고 주인들에게 좋은 대접을 받기도 했다. 또 그들 가운데 얼마쯤은 에우리피데스 덕분에 구원받은 경우도 있었다. 에우리피데스의 시는 그리스 이민 시민들보다 시칠리아 원주민들이 더 좋아했는데, 그들은 에우리피데스의 시를 읊거나 써줄 수 있는 여행자가 오면, 아주 기뻐하며 서로 연락하였다. 그렇기 때문에 아테네로 돌아온 포로들 중에는 에우리피데스의 시를 읊어서 먹을 것을 얻어먹거나, 노예에서 풀려난 사람들도 꽤 있었다.

　시칠리아 인들이 에우리피데스의 시를 얼마나 좋아했는지에 대해서는 이런 이야기도 있다. 언젠가 카우누스의 배가 해적에게 쫓겨 시칠리아의 어느 항구로 들어가 보호를 요청한 일이 있었다. 그때 주민들은 그들의 요청을 거절했는데, 갑자기 주민들 중의 한 사람이 에우리피데스의 시를 아느냐고 물었다. 선원들이 알고 있다고 대답하자 주민들은 갑자기 태도를 바꾸어 항구에 들어오도록 허락해 주었다고 한다.

　전하는 기록들을 보면, 아테네 시민들은 처음에 그들의 패배를 믿지 못했다고 한

---

29) 약 0.6리터에 해당한다.

다. 패전 소식을 가장 먼저 전한 것은 어느 외국인이었는데, 그는 피라이우스[30]의 어느 이발소에서 머리를 깎다가 그 이야기를 꺼냈다. 그 사람은 아테네 시민들이 당연히 그 사실을 알고 있을 것이라 생각했던 것이다.

아테네가 패배했다는 말을 들은 이발사는 깜짝 놀라며 단숨에 아테네로 달려가 이 소식을 전했다. 패전의 소식을 들은 아르콘들과 시민들은 모두 아우성을 치며 두려움에 떨었다.

아르콘들은 서둘러 회의를 열고 그 외국인을 불렀다.

"당신은 그런 얘기를 어디서 들었소?"

그러나 이 외국인은 제대로 대답을 못했다. 그러자 시민들은 그가 거짓 소문을 퍼뜨려 아테네를 어지럽혔다며 몹시 분노했다. 그래서 그 외국인은 수레바퀴에 묶인 채 며칠 동안 고문을 당해야 했다. 그러나 며칠 뒤 패전 소식이 정식으로 전해져 그의 말은 진실이었다는 것이 밝혀지게 되었다.

아테네 시민들은 니키아스가 스스로 예언한 재난이 정말 그에게 닥쳤다는 사실을 믿기가 너무나 어려웠던 것이다.

---

30) 아테네의 항구도시.

현대지성 클래식 **6**

플루타르코스 영웅전 전집 I

1판 1쇄 발행 2000년 10월 5일
2판 1쇄 발행 2016년 4월 6일
2판 8쇄 발행 2023년 3월 1일

발행인 박명곤   **CEO** 박지성   **CFO** 김영은
기획편집 채대광, 김준원, 박일귀, 이승미, 이은빈, 이지은, 성도원
디자인 구경표, 임지선
마케팅 임우열, 김은지, 이호, 최고은
펴낸곳 (주)현대지성
출판등록 제406-2014-000124호
전화 070-7791-2136   **팩스** 0303-3444-2136
주소 서울시 강서구 마곡중앙6로 40, 장흥빌딩 10층
홈페이지 www.hdjisung.com   **이메일** main@hdjisung.com
제작처 영신사

ⓒ 현대지성 2016

"Inspiring Contents"
현대지성은 여러분의 의견 하나하나를 소중히 받고 있습니다.
원고 투고, 오탈자 제보, 제휴 제안은 main@hdjisung.com으로 보내 주세요.

현대지성 홈페이지

현대지성 클래식 살펴보기